dtv

Die über 700 Stichwort-Artikel vermitteln Grundkenntnisse der Kirchengeschichte, wobei auch die Vielfalt des kirchlichen Lebens der großen Konfessionen in der Gegenwart berücksichtigt wurde. An der langen Liste der integrierten Stichworte wird ersichtlich, daß beide Autoren die Ereignisse und Bewegungen jeweils in größere Zusammenhänge stellen, um so die geschichtliche Entwicklung deutlicher hervortreten zu lassen. Umfangreiche Quellen- und Literaturangaben zu den einzelnen Artikeln ermöglichen dem Interessenten weitere Vertiefung.

Carl Andresen, geb. 1909 in Agerskov (Dänemark), gest. 1985 in Göttingen, 1956 Ordinarius für Neues Testament, Patristik und Christliche Archäologie an der Univ. Marburg/Lahn, 1961 Ordinarius für Kirchengeschichte und Christliche Archäologie an der Univ. Göttingen, 1977 Emeritus.
Buchveröffentlichungen: Nomos und Logos. Die Polemik des Celsus wider das Christentum (1955); Die Kirchen der Alten Christenheit (1971); Einführung in die Christliche Archäologie (1972); Geschichte des Christentums, Bd. I: Von den Anfängen bis zur Hochscholastik (1975).
Herausgeber: Das Augustinusgespräch der Gegenwart, Bd. I (^{2}1975), Bd. II (1981); Bibliothek der Alten Welt, Abt. Antike und Christentum (1960 ff.); Lexikon der Alten Welt (1966); (Mitherausgeber) Arbeiten zur Kirchengeschichte (1971 ff.); (Mitherausgeber) Theologische Wissenschaft (1972 ff.); Handbuch der Dogmen- und Theologiegeschichte (1980 ff.); Bibliographia Augustiniana (^{2}1973).

Georg Denzler, geb. 1930 in Bamberg, 1967–71 Dozent in München, Freising und Tübingen, seit 1971 Ordinarius für Kirchengeschichte an der Univ. Bamberg.
Buchveröffentlichungen: Kardinal Guglielmo Sirleto 1514–85 (1964); (mit L. A. Dorn) Tagebuch des Konzils (1965); Die Propagandakongregation in Rom und die Kirche in Deutschland im ersten Jahrzehnt nach dem Westfälischen Frieden (1969); Papsttum und Amtszölibat (1973–76); (mit V. Fabricius) Die Kirchen im Dritten Reich, 2 Bde (^{2}1985), Christen und Nationalsozialisten, Darstellung und Dokumente (^{2}1995); Widerstand oder Anpassung? Kath. Kirche und Drittes Reich (1984); Die verbotene Lust. 2000 Jahre christl. Sexualmoral (1988; ^{4}1997); Die Geschichte des Zölibats (1993); Das Papsttum (1997).
Herausgeber: Papsttum – heute und morgen (1975); Kirche und Staat auf Distanz (1977); Priester für heute (1980); A. B. Hasler: Wie der Papst unfehlbar wurde (1981); (mit E.-L. Grasmück) Glaube und Geschichtlichkeit. Gedenkschrift zu J. v. Döllingers 100. Todestag (1990); Päpste und Papsttum (bisher 27 Bände; 1971 ff.).

Georg Denzler
Carl Andresen

Wörterbuch Kirchengeschichte

von Geburtstagsgeld im Herbst 1998 gekauft.

Deutscher Taschenbuch Verlag

Die italienische Ausgabe ist unter dem Titel ›Dizionario storico del Christianesimo‹, herausgegeben von Marina Airoldi und Dorino Tuniz, bei Edizioni Paoline, Mailand 1992, erschienen.

Originalausgabe
1. Auflage Mai 1982
5. aktualisierte Auflage Juli 1997

Umschlagkonzept: Balk & Brumshagen
Umschlagbild: ›Jakob und die Himmelsleiter‹, Glasfenster (13. Jh.)/Freiburg im Breisgau
(© AKG, Berlin)
Gesamtherstellung: C. H. Beck'sche Buchdruckerei, Nördlingen
Printed in Germany · ISBN 3-423-32503-6

Inhalt

Vorwort 7
Bibliographie 8
Enzyklopädien und Lexika 8
Einführungen 8
Handbücher, Lehrbücher und ähnliche Werke 9
Zeittafeln 9
Atlanten 9
Quellenwerke 10
Konziliengeschichte 10
Dogmengeschichte 11
Kirchliche Rechtsgeschichte 11
Papstgeschichte 11
Bibliographien 12
Zeitschriften 12
Abkürzungen 13
Allgemeine Abkürzungen 13
Verlagsorte 14
Biblische Bücher und außerkanonische Schriften 15
Häufig zitierte Sammelwerke, Handbücher und Zeitschriften . . . 16
Integrierte Stichwörter 19
Stichwörter 35
Papstliste 647
Personenregister 651

Meinem Freund und Mitautor Carl Andresen (gestorben 1985) in dankbarer Verehrung.

Vorwort

Das ›dtv-Wörterbuch der Kirchengeschichte‹ ist zwar nicht für Fachkollegen geschrieben, es will aber auch ihnen zu Diensten sein, indem es interessierten Lesern und damit einem weiteren Personenkreis den Zugang zur Fachsprache der Kirchenhistoriker zu ebnen bemüht ist. Darin wandelt es auf dem bereits durch das ›dtv-Wörterbuch zur Geschichte‹ vorgezeichneten Pfad. Von ihm hat es auch die äußere Gestalt und die innere Gestaltung übernommen. Wenn hier und dort die gleichen Stichworte auftauchen, so wird nur der flüchtige Leser von Überschneidungen sprechen können. Eine vergleichende Lektüre macht sehr bald die Darstellungsunterschiede deutlich. Es ist eben doch ein Unterschied, ob ein Historiker oder ein Kirchenhistoriker kirchengeschichtliche Ereignisse darstellt. Solcher Unterschied macht sich auch bei der Auswahl der Stichworte geltend. Eben dadurch erweist sich die Verzahnung der beiden Wörterbücher als eine Bereicherung der Information. Sie bedeutet vor allem eine Entlastung der jetzt vorgelegten Bände (vgl. z.B. die Bibliographie).

Für die Bearbeitung der Stichworte zeichnen nur zwei Kirchenhistoriker verantwortlich. Dies spiegelt wider, wie weit der Rahmen der von ihnen vertretenen Disziplin »Kirchengeschichte« gespannt ist. Wohl haben sie in ihrer Forschungsarbeit unterschiedliche Schwerpunkte gebildet – der eine in der Alten Kirche, Mittelalter und Geistesgeschichte, der andere in Papstgeschichte, Gegenreformation und Neuzeit –, beide aber haben sie aufgrund ihrer »venia legendi« Recht und Pflicht, in ihren Vorlesungen die ganze Kirchengeschichte vorzutragen. Die Auswahl der von ihnen erarbeiteten Artikel erstreckt sich daher auf alle Gebiete der Kirchengeschichte. Bei der Zuweisung der Artikel – das sei nicht geleugnet – hat natürlich eine Rolle gespielt, daß der eine einer protestantischen, der andere einer katholischen Fakultät angehört. Differenzen bei der Darstellung entstanden jedoch dadurch nicht. Alle Stichworte wurden gemeinsam »gelesen« – als Manuskript und bei der Drucklegung. So ist denn auch dieses Vorwort in beider Namen geschrieben. Wir können nur hoffen, daß solcher ökumenischen Einmütigkeit das Echo nicht versagt bleibe.

Unter den kleinen und großen Helfern möchten wir vor allem Herrn K.F. Schäfer (dtv) für die sorgfältige Betreuung der Drucklegung und die vorbildliche Zusammenarbeit herzlich danken.

Carl Andresen, Göttingen
Georg Denzler, Breitbrunn/Ammersee

Auch für die 5. Auflage wurden die Quellen- und Literaturangaben auf den neuesten Stand gebracht, allerdings um den Preis, daß mancher ältere Titel gestrichen werden mußte.

Breitbrunn/Ammersee, Dezember 1996 Georg Denzler

Bibliographie

Enzyklopädien und Lexika

Biographisch-Bibliographisches Kirchenlexikon, bearb. u. hg. v. F. W. Bautz, Bd. I, Hamm 1975.

Dictionnaire d'histoire et de géographie ecclésiastiques, hg. v. A. Baudrillart u. a., Paris 1912 ff.

Dictionnaire de théologie catholique, hg. v. A. Vacant – E. Mangenot, fortgesetzt v. E. Amann, 15 Bde, Paris 1903–50.

Dizionario degli Istituti di Perfezione, hg. v. G. Pelliccia – G. Rocca, R 1974 ff.

Enciclopedia Cattolica, 12 Bde, Città del Vaticano 1949–54.

Evangelisches Kirchenlexikon. Internationale theologische Enzyklopädie, hg. v. E. Fahlbusch – J. Milič Lochman – J. Mbiti – L. Vischer, 4 Bde. u. Reg. Bd., Gö ^{4}1986–96.

Evangelisches Lexikon für Theologie und Gemeinde, hg. v. H. Burkhart – U. Swarat, 3 Bde, Wuppertal 1982 ff.

Evangelisches Soziallexikon, hg. v. T. Scholer, St ^{7}1980.

Evangelisches Staatslexikon, hg. v. H. Kunst – S. Grundmann, St 1966, ^{2}1975.

Handbuch theologischer Grundbegriffe, hg. v. H. Fries, 2 Bde, Mn 1962–63.

Herders Theologisches Taschenlexikon, hg. v. K. Rahner, 8 Bde, Fr-Bas-W 1972–73.

Lexikon religiöser Grundbegriffe. Judentum, Christentum, Islam, hg. v. A. Th. Khoury, Fr 1987.

Lexikon der Sekten, Sondergruppen und Weltanschauungen. Fakten, Hintergründe, Klärungen, hg. v. H. Gasper – J. Müller – F. Valentin, Fr-Bas-W 1990, ^{4}1992.

Lexikon für Theologie und Kirche, hg. v. M. Buchberger, 10 Bde, Fr 1930–38, 2. Aufl. hg. v. J. Höfer – K. Rahner, 10 Bde u. Reg.-Bd., Fr 1957–68; Taschenbuchausgabe, Fr 1986.

Neues Handbuch theolog. Grundbegriffe. Erweiterte Neuausgabe, 5 Bde, Mn 1991.

Realenzyklopädie für protestantische Theologie und Kirche, hg. v. A. Hauck, 24 Bde, L ^{3}1896–1913.

Reallexikon für Antike und Christentum, hg. v. T. Klauser, St 1950 ff.

Die Religion in Geschichte und Gegenwart, hg. v. K. Galling, 6 Bde, T ^{3}1956–62; Studienausgabe, 7 Bde, St 1986.

Sacramentum mundi. Theologisches Lexikon für die Praxis, 4 Bde, Fr–Bas–W 1967–69.

Staatslexikon, hg. von der Görres-Gesellschaft, 6 Bde, Fr-Bas-W ^{7}1986–92.

Taschenlexikon Religion und Theologie, hg. v. E. Fahlbusch, 4 Bde, Gö ^{3}1978, 5 Bde, Gö ^{4}1983.

Theologische Realenzyklopädie, hg. v. G. Krause – G. Müller, B–NY 1977 ff.

Weltkirchenlexikon, hg. v. F. H. Littell – H. H. Walz, St 1960.

dtv-Wörterbuch zur Geschichte, verfaßt v. K. Fuchs – H. Raab, 2 Bde, Mn 1972, ^{8}1992.

Einführungen

Fast jedes Handbuch (siehe auch *Handbücher*) enthält eine mehr oder weniger umfangreiche Einführung in die Kirchengeschichte.

G. Denzler, Kirchengeschichte: E. Neuhäusler – E. Gössmann (Hg.), Was ist Theologie?, Mn 1966, 138–168.

–, Die Kirchengeschichte als theologische Wissenschaft: H. Vorgrimler – R. Vander Gucht (Hg.), Bilanz der Theologie im 20. Jahrhundert, Bd. 3, Fr–Bas–W 1970, 435–470.

G. Ebeling, Studium der Theologie. Eine enzyklopädische Orientierung, T 1975, ³1983.

M. Greschat u. a., Studium und wissenschaftliches Arbeiten. Eine Anleitung, Gü 1970.

K. Hammer, Grundfragen der Kirchengeschichte, Kö 1970.

R. Kottje (Hg.), Kirchengeschichte heute. Geschichtswissenschaft oder Theologie?, Trier 1970.

J. Overath, Einführung in das Studium der mittleren und neueren Kirchengeschichte, Bern 1979

–, Kirchengeschichte. Orientierungshilfen, Standpunkte, Impulse für heute, F 1987.

C. Poulet, Initiation à l'histoire ecclésiastique, 2 Bde, P 1944–46.

A. Raffelt, Proseminar Theologie. Einführung in das wissenschaftliche Arbeiten und in die theologische Bücherkunde, Fr–Bas–W ⁶1977.

G. Ruhbach, Kirchengeschichte, Gü 1974.

G. Ruppert, Geschichte ist Gegenwart. Ein Beitrag zu einer fachdidaktischen Theorie der Kirchengeschichte, Hi 1984.

K. V. Selge, Studium der Kirchengeschichte, Da 1982.

E. Wolf, Kirchengeschichte: R. Bohren (Hg.), Einführung in das Studium der evangelischen Theologie, Mn 1964, 151–180.

Handbücher, Lehrbücher und ähnliche Werke

K. Aland, Geschichte der Christenheit, 2 Bde, Gü 1980–82.

B. Altaner – A. Stuiber, Patrologie. Leben, Schriften und Lehre der Kirchenväter, Fr–Bas–W ⁹1980.

C. Andresen u. a. (Hg.), Theologische Wissenschaft, Bd. 6–8: Geschichte des Christentums, St 1975 ff.

H.-G. Beck, Kirche und theologische Literatur im byzantinischen Reich, Mn 1959, (Ndr.) 1977.

E. Benz, Beschreibung des Christentums. Eine historische Phänomenologie, Mn 1975.

N. Brox – O. Engels – G. Kretschmar – K. Meier – H. Smolinsky (Hg.), Die Geschichte des Christentums. Religion, Politik, Kultur, 14 Bde, Fr-Bas-W 1991 ff.

K. Bihlmeyer, Kirchengeschichte, 3 Bde, 18. Aufl. hg. v. H. Tüchle, Pa 1966–69.

H. Drobner, Lehrbuch der Patrologie, Fr-Bas-W 1993

O. Eggenberger, Die Kirchen, Sondergruppen und religiöse Vereinigungen. Ein Handbuch, Z ⁴1986.

A. Fliche – V. Martin (Hg.), Histoire de l'Eglise depuis les origines jusqu'à nos jours, P 1934 ff. (fast alle 25 Bde erschienen).

A. Franzen, Kleine Kirchengeschichte, Fr-Bas-W 1965, ⁹1980.

R. Fröhlich, Grundkurs Kirchengeschichte, Fr 1980.

M. Greschat (Hg.), Gestalten der KG, 12 Bde, St 1981–85.

H. Gülzow – H. Lehmann (Hg.), Christentum und Gesellschaft, 14 Bde, St 1980 ff.

G. Haendler – K. Meier – J. Rogge (Hg.), KG in Einzeldarstellungen, B 1978 ff.

K. Heussi, Kompendium der Kirchengeschichte, T 1909, ¹⁸1991.

E. v. Ivánka (Hg.), Handbuch der Ostkirchenkunde, D 1971.

H. Jedin (Hg.), Handbuch der Kirchengeschichte, 7 Bde, Fr–Bas–W 1962–1979.

F. W. Kantzenbach, Christentum in der Gesellschaft, 2 Bde, H 1975–76.

R. Kottje – B. Moeller (Hg.), Ökumenische Kirchengeschichte, 3 Bde, Mz–Mn 1970–74, ²1977–79.

H. Küng, Das Christentum. Wesen und Geschichte, Mn 1994.

J. Lortz, Geschichte der Kirche in ideengeschichtlicher Betrachtung, 2 Bde, Mr ²²⁻²³1962–64.

P. Meinhold, KG in Schwerpunkten. Ein ökumen. Versuch, Graz 1982.

B. Moeller, Geschichte des Christentums in Grundzügen, Gö [3]1983.

E. Mühlenberg, Epochen der Kirchengeschichte, Hei 1980.

H. Reller u.a. (Hg.), Handbuch Religiöse Gemeinschaften, Gü [4]1993

L. J. Rogier – R. Aubert – M. D. Knowles (Hg.), Geschichte der Kirche, 5 Bde, Ei–Z–Kö 1963–77.

K. D. Schmidt, Grundriß der Kirchengeschichte, Gö [9]1990.

K. D. Schmidt – E. Wolf (Hg.), Die Kirche in ihrer Geschichte, Gö 1961 ff.

Zeittafeln

K. Aland, Kirchengeschichte in Zeittafeln und Überblicken, Gü 1984.

H. Bornkamm, Zeittafeln zur Kirchengeschichte, Gü [4]1980.

K. D. Schmidt – G. Ruhbach, Chronologische Tabellen zur Kirchengeschichte, 5. Aufl. bearbeitet v. H. Reller, Gö 1986.

Atlanten

H. P. Beach – C. H. Fahs, World Missionary Atlas, NY 1925.

E. Bernleithner, Kirchenhistorischer Atlas von Österreich, W 1966.

H. Emmerich, Atlas Hierarchicus. Weltatlas der katholischen Kirche, Mödling [4]1976.

A. Freitag – J.-M. Lory, Atlas du Monde chrétien, Bru 1959.

K. Hartmann, Atlas-Tafel-Werk zu Bibel und Kirchengeschichte. Karten, Tabellen, Erläuterungen, 5 Bde, St 1979–83.

–, Atlas-Tafel-Werk zur Geschichte der Weltreligionen, 3 Bde, St 1987–90.

K. Heussi – H. Mulert, Atlas zur Kirchengeschichte, T [3]1937.

H. Jedin – K. S. Latourette – J. Martin (Hg.), Atlas zur Kirchengeschichte. Die christlichen Kirchen in Geschichte und Gegenwart, Fr–Bas–W 1970.

H. Kinder – W. Hilgemann, dtv-Atlas zur Weltgeschichte, 2 Bde, Mn 1964–1966, [16]1980.

F. H. Littell – E. Geldbach, Atlas zur Geschichte des Christentums. Karten, Übersichten, Kommentare, Wie 1980.

J. Riley-Smith, Großer Bildatlas der Kreuzzüge, Fr-Bas-W 1991.

F. Van der Meer – C. Mohrmann, Bildatlas der frühchristlichen Welt, Gü 1959.

Quellenwerke

J. Alberigo – P.-P. Joannou – C. Leonardi – P. Prodi (Hg.), Conciliorum Oecumenicorum Decreta, Bas-Fr-R-W 1962, Bol [3]1973.

O. Bardenhewer – T. Schermann – (J. Zellinger) – C. Weyman (Hg.), Bibliothek der Kirchenväter, 61 Bde, Kö 1911–28.

N. Brox (Hg.), Schriften der Kirchenväter. Neue Reihe, 10 Bde, Mn 1983–1986.

N. Brox – W. Geerlings – G. Greshake – R. Ilgner – R. Schieffer (Hg.), Fontes Christiani. Zweisprachige Neuausgabe christlicher Quellentexte aus Altertum und Mittelalter, Fr-Bas-W 1990 ff.

Corpus Christianorum seu nova Patrum collectio, Turnhout-P 1953 ff.

H. Denzinger – A. Schönmetzer, Enchiridion symbolorum, definitionum et declarationum de rebus fidei et morum, Ba-Fr [36]1976.

W. Gessel – P. Wirth (Hg.), Bibliothek der griech. Literatur, (bisher) 36 Bde, St 1971 ff.

G. D. Mansi (Hg.), Sacrorum conciliorum nova et amplissima collectio, 31 Bde, Fi-V 1759–98, (Ndr. u. Fortsetzung unter dem Titel) Collectio Conciliorum Recentiorum Ecclesiae Universae, 53 Bde, Lyon-P 1899–1927, (Ndr.) 1960–62.

A. Mercati (Hg.), Raccolta di Concor-

dati su materie ecclesiastiche tra la Santa Sede e le autorità civili, 2 Bde, R 1919–54, Bd. 1, ^{2}1954.
J. P. Migne (Hg.), Patrologiae cursus completus, series graeca, 161 Bde, P 1857–66.
J. P. Migne (Hg.), Patrologiae cursus completus, series latina, 221 Bde, P 1844–55.
C. Mirbt (Hg.), Quellen zur Geschichte des Papsttums und des römischen Katholizismus, T 1895, ^{4}1924, (Ndr.) 1934; 6. Aufl. hg. v. K. Aland, Bd. I, T 1967.
J. Neuner – H. Roos, Der Glaube der Kirche in den Urkunden der Lehrverkündigung, 12. Aufl. hg. v. K. Rahner – K.-H. Weger, Rb 1986.
H. A. Oberman – A. M. Ritter – H.-W. Krumwiede (Hg.), Kirchen- und Theologiegeschichte in Quellen, 4 Bde, Neukirchen 1977–81.

Konziliengeschichte

G. Alberigo (Hg.), Geschichte der Konzilien, D 1993
W. Brandmüller (Hg.), Konziliengeschichte, Pa 1980 ff.
G. Dumeige – H. Bacht (Hg.), Geschichte der ökumenischen Konzilien, 12 Bde, Mz 1963–90.
C. J. Hefele, Conciliengeschichte, 9 Bde, (Bd. 8–9 hg. v. J. Hergenröther), Fr 1855–90, Bde 1–6, ^{2}1873–90.
C. J. Hefele – H. Leclercq, Histoire des conciles d'après les documents originaux, 11 Bde, P 1907–52.
H. Jedin, Kleine Konziliengeschichte, Fr-Bas-W ^{5}1986.

Dogmengeschichte

A. Adam, Lehrbuch der Dogmengeschichte, 2 Bde, Gü ^{4}1981.
C. Andresen (Hg.), Handbuch der Dogmen- und Theologiegeschichte, 3 Bde, Gö 1980–84.
K. Beyschlag, Grundriß der Dogmengeschichte, 2 Bde, Da 1982–83.
J. Feiner – M. Löhrer (Hg.), Mysterium salutis. Grundriß heilsgeschichtlicher Dogmatik, 5 Bde, Ei–Z–Kö 1965–76.
A. Grillmeier, Jesus der Christus im Glauben der Kirche, 3 Bde, Fr–Bas–W 1979 ff.
W.-D. Hauschild, Lehrbuch der Kirchen- u. Dogmengeschichte, Bd. 1, Mn 1995.
B. Lohse, Epochen der Dogmengeschichte, St ^{5}1983.
M. Schmaus – J. Geiselmann – A. Grillmeier (Hg.), Handbuch der Dogmengeschichte, Fr–Bas–W 1951 ff.

Kirchliche Rechtsgeschichte

E. Eichmann, Lehrbuch des Kirchenrechts auf Grund des CIC, 3 Bde, 11. Aufl. neu bearbeitet u. hg. v. K. Mörsdorf, Mn–Pa–W 1964–80.
A. Erler – E. Kaufmann (Hg.), Handwörterbuch zur deutschen Rechtsgeschichte, B 1971 ff.
H. E. Feine, Kirchliche Rechtsgeschichte, Bd. I: Die katholische Kirche, Kö–W ^{5}1972.
J. Listl – H. Müller – H. Schmitz (Hg.), Grundriß des nachkonziliaren Kirchenrechts, Rb 1980.
W. M. Plöchl, Geschichte des Kirchenrechts, Bde 1–3, W–Mn ^{2}1960–70, Bde 4–5, W–Mn 1966–69.

Papstgeschichte

E. Caspar, Geschichte des Papsttums von den Anfängen bis zur Höhe der Weltherrschaft, 2 Bde, T 1930–33 (nur bis zur Mitte des 8. Jh.).

–, Das Papsttum unter fränkischer Herrschaft, hg. v. U. Gmelin, Da 1965.
G. Denzler (Hg.), Päpste und Papsttum, (bisher 27 Bde) St 1971 ff.
A. Franzen – R. Bäumer, Papstgeschichte. Das Petrusamt in seiner Idee und in seiner geschichtlichen Verwirklichung in der Kirche, Fr–Bas–W 1974, ²1980.
H. Fuhrmann, Von Petrus zu Johannes Paul II. Das Papsttum: Gestalt und Gestalten, Mn ²1984.
J. Gelmi, Die Päpste in Lebensbildern, Graz 1983.
A. Haidacher, Geschichte der Päpste in Bildern. Mit einem geschichtlichen Überblick v. J. Wodka, Hei 1965.
J. Haller, Das Papsttum. Idee und Wirklichkeit, 5 Bde, St ²1950–53, (Ndr.) Da 1962.
H. J. N. D. Kelly, Reclams Lexikon der Päpste, St 1988.
H. Kühner, Das Imperium der Päpste, F 1980.
B. Moser (Hg.), Das Papsttum. Epochen u. Gestalten, Mn 1983.
M. Pacaut, La Papauté des origines au concile de Trente, P 1976.
L. Pastor, Geschichte der Päpste seit dem Ausgang des Mittelalters, 16 Bde, Fr 1886–1928, (Ndr.) Fr–Bas–W ¹¹1958–59.
B. Schimmelpfennig, Das Papsttum. Von der Antike bis zur Renaissance, Da ⁴1996
J. Schmidlin, Papstgeschichte in neuester Zeit, 4 Bde, Fr 1933–39.
F. X. Seppelt, Geschichte der Päpste von den Anfängen bis zur Mitte des 20. Jahrhunderts, Bd. I, II, IV, V, L 1931–41; Bd. III, Mn 1956; 2. Aufl. der Bände II (1955), IV (1957), V (1959) hg. v. G. Schwaiger.
F. X. Seppelt – G. Schwaiger, Geschichte der Päpste, Mn 1964.
W. Ullmann, Kurze Geschichte des Papsttums im Mittelalter, B–NY 1978.

Bibliographien

Archivum Historiae Pontificiae, R 1963 ff.
Byzantinische Zeitschrift, L 1892 bis 1943, Mn 1950 ff.
Revue d'histoire ecclésiastique, Lv 1900 ff.
Theologische Literaturzeitung, L–B 1878 ff.
Theologische Revue, Mr 1902 ff.

Zeitschriften

Archivum Historiae Pontificiae, R 1963 ff.
Byzantinische Zeitschrift, L 1892 bis 1943, Mn 1950 ff.
Church History, NY-Ch 1932 ff.
Historia de la Iglesia en España, Madrid 1979 ff.
Historisches Jahrbuch der Görres-Gesellschaft, Kö 1880 ff., Mn 1950 ff.
Jahrbuch für Antike und Christentum, Mr 1958 ff.
Journal of Ecclesiastical History, Lo 1950 ff.
Revue d'histoire de l'eglise de France, P 1910 ff.
Revue d'histoire ecclésiastique, Lv 1900 ff.
Rivista di storia della chiesa in Italia, R 1947 ff.
Römische Quartalschrift für christliche Altertumskunde und Kirchengeschichte, Fr 1887 ff.
The Catholic Historical Review, Wa 1915 ff.
Zeitschrift für Kirchengeschichte, St 1877 ff.

Abkürzungen

Allgemeine Abkürzungen

Akad.	Akademie
allg.	allgemein
amer.	amerikanisch
anglik.	anglikanisch
Anm.	Anmerkung
apost.	apostolisch
Art.	Artikel
AT	Altes Testament
atl.	alttestamentlich
Aufl.	Auflage
bayr.	bay(e)risch
Bd(e)	Band (Bände)
bes.	besonders
bez.	bezeichnet(e)
Bez.	Bezeichnung
Bf.	Bischof
bibl.	biblisch
Bt.	Bistum
BRD	Bundesrepublik Deutschland
byz.	byzantinisch
bzw.	beziehungsweise
c.	canon
ca.	circa
CIC	Codex Iuris Canonici
DDR	Deutsche Demokratische Republik
ders.	derselbe
d. Gr.	der Große
d. h.	das heißt
dies.	dieselbe
Diöz.	Diözese
dt.	deutsch
Dtl.	Deutschland
ebd.	ebenda
Ebf.	Erzbischof
Ebt.	Erzbistum
EKD	Evangelische Kirche in Deutschland
Engl.	England
engl.	englisch
Enz.	Enzyklika
Erg.	Ergänzung
err.	errichtet(e)
ev.	evangelisch
f., ff.	folgende
folg.	folgende
Fs.	Festschrift
Fkr.	Frankreich
frz.	französisch
gegr.	gegründet
gen.	genannt
Ges.	Gesellschaft
ges.	gesellschaftlich
Gesch.	Geschichte
gesch.	geschichtlich
griech.	griechisch
Hb.	Handbuch
Hg.	Herausgeber
hg.	herausgegeben
hist.	historisch
hl.	heilig
Hzg.	Herzog
It.	Italien
it.	italienisch
Jb.	Jahrbuch
Jh.	Jahrhundert
kan.	kanonisiert
Kard.	Kardinal
kath.	katholisch
KG	Kirchengeschichte
kg.	kirchengeschichtlich
Kg.	König
kgl.	königlich
Kl.	Kloster
klass.	klassisch
Kon-greg.	Kongregation
Konst.	Konstitution
KR	Kirchenrecht
krit.	kritisch
Ks.	Kaiser
–l.	–lich
L, Lit.	Literatur
lat.	lateinisch
luth.	lutherisch
MA	Mittelalter
ma.	mittelalterlich
Mill.	Million(en)
n.	Nummer
Ndr.	Nachdruck
NF	Neue Folge
NT	Neues Testament
ntl.	neutestamentlich
NZ	Neuzeit

öff.	öffentlich	spez.	speziell
offiz.	offiziell	St.	Sankt
o. J.	ohne Jahr	syr.	syrisch
orth.	orthodox	theol.	theologisch
Östr.	Österreich	u. a.	und andere(s)
östr.	öst(er)reichisch	übers.	übersetzt
P	Periodika	Übers.	Übersetzung
philos.	philosophisch	Univ.	Universität
polit.	politisch	u. ö.	und öfter
prakt.	praktisch	urspr.	ursprünglich
preuß.	preußisch	u. s. w.	und so weiter
Prof.	Professor	v.	von, vom
prot.	protestantisch	vatik.	vatikanisch
Prov.	Provinz	VELKD	Vereinigte Evangelisch-Lutherische Kirchen in Deutschland
Q	Quellen		
ref.	reformiert		
rel.	religiös	veröff.	veröffentlicht(e)
rhein.	rheinisch	vgl.	vergleiche
röm.	römisch	W.	Werk
russ.	russisch	Wiss.	Wissenschaft
sc.	scilicet (nämlich)	wiss.	wissenschaftlich
schol.	scholastisch	Zs.	Zeitschrift
Span.	Spanien	zw.	zwischen
span.	spanisch		

Wörter, die auf -ich oder -isch enden, sind gelegentlich abgekürzt (z. B. päpstl. = päpstlich, rhetor. = rhetorisch).

Verlagsorte

A	Amsterdam	Gö	Göttingen
Au	Augsburg	Gü	Gütersloh
B	Berlin	H	Hamburg
Ba	Barcelona	Han	Hannover
Bas	Basel	Hei	Heidelberg
Bo	Bonn	Hi	Hildesheim
Bol	Bologna	Hl	Halle
Br	Breslau	I	Innsbruck
Bru	Brüssel	Je	Jena
C	Cambridge	K	Kempten
Ch	Chicago	Kö	Köln
D	Düsseldorf	L	Leipzig
Da	Darmstadt	Lei	Leiden
Ei	Einsiedeln	Lo	London
Erl	Erlangen	Lv	Leuven, Louvain
F	Frankfurt/M.	Lz	Luzern
Fi	Florenz	Ma	Madrid
Fr	Freiburg	Mar	Maredsous
G	Genf	Mi	Mailand
Gie	Gießen	Mn	München

Mr	Münster	Str	Straßburg
Mz	Mainz	T	Tübingen
N	Nijmegen	Tn	Turin
Na	Neapel	Tou	Toulouse
Nü	Nürnberg	Up	Uppsala
NY	New York	V	Venedig
O	Oxford	W	Wien
P	Paris	Wa	Washington
Pa	Paderborn	Wie	Wiesbaden
R	Rom	Wr	Weimar
Rb	Regensburg	Wü	Würzburg
Sa	Salzburg	Z	Zürich
St	Stuttgart		

Biblische Bücher und außerkanonische Schriften

Am	Das Buch Amos (AT)
Apg	Die Apostelgeschichte (NT)
Apk	Die Apokalypse (Offenbarung, NT)
ApkEl	Die Elias-Apokalypse (Apokryphen, NT)
ApkMos	Die Moses-Apokalypse (Apokryphen, NT)
ApkPetr	Die Petrus-Apokalypse (Apokryphen, NT)
AscIs	Das Buch Ascensio Isaiae (Apokryphen, NT)
Bar	Das Buch Baruch (AT)
1 Clem	1. Klemensbrief (Apostolische Väter)
2 Clem	2. Klemensbrief (Apostolische Väter)
Dan	Das Buch Dan (Apokryphen, AT)
Did	Die Didache (Apostolische Väter)
Eph	Der Brief an die Epheser (NT)
4 Esra	Das 4. Buch Esras (Apokryphen, AT)
Ez	Das Buch Ezechiel (AT)
Gal	Der Brief an die Galater (NT)
Hebr	Der Brief an die Hebräer (NT)
Hen	Das Buch Henoch (Apokryphen, AT)
Herm	Das Buch Pastor Hermae (Apostolische Väter)
Hiob	Das Buch Ijob (AT)
Jak	Der Brief des Jakobus (NT)
Jes	Das Buch Iesaja (AT)
Joh	Das Evangelium nach Johannes (NT)
1 Joh	Der 1. Brief des Johannes (NT)
2 Joh	Der 2. Brief des Johannes (NT)
Kol	Der Brief an die Kolosser (NT)
1 Kor	Der 1. Brief an die Korinther (NT)
Lk	Das Evangelium nach Lukas (NT)
Makk	Das Buch der Makkabäer (AT)
Mk	Das Evangelium nach Markus (NT)
1 Mos	Das Buch Genesis (AT)
2 Mos	Das Buch Exodus (AT)
4 Mos	Das Buch Numeri (AT)
Mt	Das Evangelium nach Matthäus (NT)
Past	Die Pastoralbriefe (NT)
1 Petr	Der 1. Brief des Petrus (NT)
2 Petr	Der 2. Brief des Petrus (NT)
Phil	Der Brief an die Philipper (NT)
Polyk	Die Epistula Polycarpi (Apostolische Väter)
Ps	Die Psalmen (AT)
Ri	Das Buch der Richter (AT)
Röm	Der Brief an die Römer (NT)
Sib	Die Bücher der Sibyllinen (Apokryphen, AT)

1 Thess	Der 1. Brief an die Thessalonicher (NT)	2 Tim	Der 2. Brief an Timotheus (NT)
1 Tim	Der 1. Brief an Timotheus (NT)	Tit	Der Brief an Titus (NT)

Häufig zitierte Sammelwerke, Handbücher und Zeitschriften

AAS	Acta Apostolicae Sedis
ACO	Acta conciliorum oecumenicorum, hg. v. E. Schwartz, Str–B 1914ff.
AHC	Annuarium Historiae Conciliorum
AHP	Archivum Historiae Pontificiae
AKG	Archiv für Kulturgeschichte
AkKR	Archiv für katholisches Kirchenrecht
Algermissen	K. Algermissen, Konfessionskunde, 8. Aufl. neu bearbeitet v. H. Fries – W. de Vries – E. Iserloh – L. Klein – K. Keinath, Pa 1969
Altaner-Stuiber	B. Altaner – A. Stuiber, Patrologie. Leben, Schriften und Lehre der Kirchenväter, Fr–Bas–W ^{8}1978
AmrhKG	Archiv für mittelrheinische Kirchengeschichte
Aßfalg	J. Aßfalg – P. Krüger, Kleines Wörterbuch des Christlichen Orients, Wie 1975
Atlas KG	Atlas zur Kirchengeschichte. Die christlichen Kirchen in Geschichte und Gegenwart, hg. v. H. Jedin – K. S. Latourette – J. Martin, Fr–Bas–W 1970
BSLK	Die Bekenntnisschriften der Evangelisch-Lutherischen Kirche, hg. v. Deutschen Evangelischen Kirchenausschuß, Gö ^{8}1979
ByZ	Byzantinische Zeitschrift
CH	Church History
Chalkedon	Das Konzil von Chalkedon. Geschichte und Gegenwart, hg. v. A. Grillmeier – H. Bacht, 3 Bde, Wü 1951–54, ^{5}1978
COD	Conciliorum Oecumenicorum Decreta, bearbeitet v. J. Alberigo – P.-P. Joannou – C. Leonardi – P. Prodi – H. Jedin, Fr–Bas–W 1962, ^{3}1973
CollFr	Collectanea Franciscana
Conc.	Concilium. Internationale Zeitschrift für Theologie
CSEL	Corpus scriptorum ecclesiasticorum latinorum, hg. v. der Wiener Akademie der Wissenschaften, W 1866ff.
DA	Deutsches Archiv für Erforschung des Mittelalters
D–S	H. Denzinger, Enchiridion symbolorum, definitionum et declarationum de rebus fidei et morum, 36. Aufl. hg. v. A. Schönmetzer, Ba–Fr–R 1976
Eggenberger	O. Eggenberger, Die Kirchen, Sondergruppen und religiösen Vereinigungen. Ein Handbuch, Z 1969, ^{5}1990.
EvTh	Evangelische Theologie
Fahlbusch	E. Fahlbusch, Kirchenkunde der Gegenwart, St-B-Kö-Mz 1979
HbDG	Handbuch der Dogmengeschichte, hg. v. M. Schmaus – J. Geiselmann – A. Grillmeier, Fr–Bas–W 1951ff.

HbDThG	Handbuch der Dogmen- und Theologiegeschichte, hg. v. C. Andresen, 3 Bde, Gö 1980–83
HbStKR	Handbuch des Staatskirchenrechts, hg. v. E. Friesenhahn – U. Scheuner, 2 Bde, B 1974–75
Heimbucher	M. Heimbucher, Die Orden und Kongregationen der katholischen Kirche, 2 Bde, Pa [3]1933–34, (Ndr.) 1965
Heyer	F. Heyer, Konfessionskunde, B–NY 1977
HJ	Historisches Jahrbuch der Görres-Gesellschaft
Hutten	K. Hutten, Seher, Grübler, Enthusiasten. Sekten und religiöse Sondergemeinschaften der Gegenwart, St [12]1982
HZ	Historische Zeitschrift
IKZ	Internationale Kirchliche Zeitschrift
JbAC	Jahrbuch für Antike und Christentum
KThQ	Kirchen- und Theologiegeschichte in Quellen, hg. v. H. A. Oberman – A. M. Ritter – H. W. Krumwiede, 4 Bde, Neukirchen 1977–81
Listl, Grundriß	Grundriß des nachkonziliaren Kirchenrechts, hg. v. J. Listl – H. Müller – H. Schmitz, Rb 1980
LThK	Lexikon für Theologie und Kirche, 2. Aufl. hg. v. J. Höfer – K. Rahner, 10 Bde, Fr–Bas–W 1957–65; Reg.-Band, ebd. 1967
LThK Vat.	Lexikon für Theologie und Kirche. Das Zweite Vatikanische Konzil. Konstitutionen, Dekrete und Erläuterungen. Lateinisch und deutsch. Kommentare, 3 Bde, Fr–Bas–W 1966–68
LuJ	Luther-Jahrbuch
Mansi	G. D. Mansi, Sacrorum conciliorum nova et amplissima collectio, 31 Bde, Fi–V 1759–98, (Ndr. und Fortsetzung unter dem Titel) Collectio Conciliorum Recentiorum Ecclesiae Universae, 53 Bde, Lyon-P 1899–1927, (Ndr.) 1960–62
Mercati	A. Mercati, Raccolta di Concordati su materie ecclesiastiche tra la Santa Sede e le autorità civili, Bd. I, R 1919, [2]1954, Bd. II, R 1954
MG	Monumenta Germaniae Historica (Cap = Capitularia; Conc = Concilia; Const = Constitutiones; Ep = Epistulae; SS = Scriptores)
MIÖG	Mitteilungen des Instituts für Österreichische Geschichtsforschung
Mirbt	C. Mirbt, Quellen zur Geschichte des Papsttums und des römischen Katholizismus, T [4]1924
Mirbt-Aland	C. Mirbt, Quellen zur Geschichte des Papsttums und des römischen Katholizismus, Bd. I, 6. völlig neu bearbeitete Aufl. hg. v. K. Aland, T 1967
MThZ	Münchener Theologische Zeitschrift
N–R	J. Neuner – H. Roos, Der Glaube der Kirche in den Urkunden der Lehrverkündigung, 9. Aufl. neubearbeitet v. K. Rahner – K.-H. Weger, Rb 1971
PG	Patrologiae cursus completus, series graeca, hg. v. J. P. Migne, 161 Bde, P 1857–66

PL	Patrologiae cursus completus, series latina, hg. v. J. P. Migne, 217 Bde, P 1844–55; 4 Register-Bde, P 1878–90
QF	Quellen und Forschungen aus italienischen Archiven und Bibliotheken
RAC	Reallexikon für Antike und Christentum, hg. v. T. Klauser, St 1950ff.
Reller	Handbuch Religiöse Gemeinschaften. Freikirchen, Sondergemeinschaften, Sekten, Weltanschauungsgemeinschaften, Neureligionen, hg. v. H. Reller, Gü 1978
RGG	Die Religion in Geschichte und Gegenwart. Handwörterbuch für Theologie und Religionswissenschaft, 3. völlig neu bearbeitete Aufl. hg. v. K. Galling, 6 Bde, T 1957–62
RHE	Revue d'histoire ecclésiastique
RHM	Römische Historische Mitteilungen
RQ	Römische Quartalschrift für christliche Altertumskunde und für Kirchengeschichte
RTA	Deutsche Reichstagsakten
Sehling	E. Sehling, Die evangelischen Kirchenordnungen des XVI. Jahrhunderts, L bzw. T 1902ff.
Spuler	B. Spuler, Gegenwartslage der Ostkirchen, F [2]1968
StM	Studien und Mitteilungen aus der Geschichte des Benediktinerordens
StZ	Stimmen der Zeit
ThG	Theologie und Glaube
ThLZ	Theologische Literaturzeitung
ThPh	Theologie und Philosophie
ThpQ	Theologisch-praktische Quartalschrift
ThQ	Theologische Quartalschrift
ThR	Theologische Rundschau
ThRv	Theologische Revue
ThZ	Theologische Zeitschrift
TRE	Theologische Realenzyklopädie, hg. v. G. Krause – G. Müller, B–NY 1977ff.
WA	M. Luther, Werke. Kritische Gesamtausgabe (»Weimarer Ausgabe«), Wr 1883ff.
Wendlandt	H. C. Wendlandt, Die weiblichen Orden und Kongregationen der katholischen Kirche in Preußen von 1818 bis 1918, Pa 1924
ZbKG	Zeitschrift für bayerische Kirchengeschichte
ZbLG	Zeitschrift für bayerische Landesgeschichte
ZevKR	Zeitschrift für evangelisches Kirchenrecht
ZKG	Zeitschrift für Kirchengeschichte
ZkTh	Zeitschrift für katholische Theologie
ZMR	Zeitschrift für Missionswissenschaft und Religionswissenschaft
ZNW	Zeitschrift für neutestamentliche Wissenschaft
ZRGG	Zeitschrift für Religions- und Geistesgeschichte
ZSavRGkan (germ)	Zeitschrift der Savigny-Stiftung für Rechtsgeschichte, kanonistische (germanistische) Abteilung
ZSchwKG	Zeitschrift für Schweizer Kirchengeschichte
ZThK	Zeitschrift für Theologie und Kirche

Integrierte Stichwörter

Abendländisches Kirchenschisma → Reformation
Abendländisches Papstschisma → Papstschismen
Abstinenz → Fasten
Absolutismus → Staatskirchentum
Admonitio generalis (789) → Karolingische Reform, → Reichskirche
Adveniat → Caritasverbände, → Sammlungen
Akkommodationschristologie → Origenistische Streitigkeiten
Allegorese → Schriftauslegung
Allgemeinbegriffe → Ockhamismus, → Scholastik, → Skotismus
Allgemeines Konzil → Konziliarismus, → Reformkonzilien
Anabaptismus → Täuferbewegungen
Anamnese → Anglikanismus, → Uniformitätsakte
Anathema →Exkommunikation
Angeliken → Barnabiten
Annales ecclesiastici → Magdeburger Zenturien
Anstaltspflege → Armenpflege
Antimodernisteneid →Lehrverpflichtung, → Liberalismus, → Modernismus
Antijudaismus → Antisemitismus
Apartheidpolitik → Sklaverei
Apokalyptik → Antichrist, → Romideologie, → Urchristentum
Apokatastasislehre → Allversöhnungslehre, → Origenistische Streitigkeiten, → Pregizerianer
Apokryphen → Urchristentum
Apokryphenstreit → Bibelgesellschaft
Apologie → Augsburger Konfession
Apostellehren → Kirchenordnung
Apostolat → Mission, → Volksmission
Apostoliker → Beginen, → Bußprediger, → Enkratiten
Apostolische Kirche des Ostens → Nestorianische Kirche
Apotaktiker → Enkratiten
Arabische Wissenschaft → Artistenfakultät
Archidiakon → Sendgericht, → Visitation
Archimandrit → Koinobitentum
Aretologie → Martyrerkult
Aristotelesstudium → Artistenfakultät
Arme von Lyon → Waldenser
Armenier, unierte → Katholische Ostkirchen, → Mechitharisten
Armenisch-orthodoxe Kirche → Wardanischer Krieg
Arnoldshainer Thesen → Bekennende Kirche, → Evangelische Kirche in Deutschland
Askese → Bernhardinisches Zeitalter, → Markionitische Kirche, → Messalianer, → Mönchtum, → Säulenheilige, → Trappisten

Asketikon → Messalianer
Audientia episcopalis → Schiedsgerichtsbarkeit
Augustana (in)variata → Augsburger Konfession
Aussätzigenseelsorge → Armenpflege
Autodafé → Inquisition, → Ketzergesetzgebung
Autokephalie → Nestorianische Kirche, → Serbisch-orthodoxe Kirche, → Syrisch-orthodoxe Kirche
Aviz-Orden → Ritterorden

Babylonische Gefangenschaft → Avignoner Exil
Bauernbewegung → Lollarden, → Reformation, → Schwärmer, → Taboriten
Beichte → Bußpraxis
Bekennende Gemeinden → Evangelikale Gemeinden
Bekenntnisfreiheit → Religionsfreiheit
Benefratelli → Barmherzige Brüder
Bergisches Buch (1577) → Konkordienbuch
Berleburger Bibel → Pietismus
Berliner Ordinarienkonferenz → Röm.-Kath. Kirche
Beschauliche Orden → Ordenswesen
Besserungsstrafen → Abendmahlsbulle, → Exkommunikation
Beugestrafen → Abendmahlsbulle, → Exkommunikation
Bibelforscher → Zeugen Jehovas
Bibelinstitut → Bibelkommission
Bibelkritik → Antimodernisteneid, → Schriftauslegung
Bibelübersetzungen → Missionsgesellschaften, → Vulgata, → Waldenser
Biblizismus → Bibelwochen, → Pietismus, → Puritanismus, → Volksmission
Bildungswesen → Schulwesen
Bischofssynode → Bischofskonferenz
Blaues Kreuz → Innere Mission
Book of Common Prayer → Anglikanismus, → Bekenntnisschriften, → Common Prayer Book
Borromäusverein → Buchgemeinschaften
Branchtheorie → Anglokatholizismus
Brethren in Christ → Mennoniten
Breve → Lehrzuchtverfahren, → Päpstliche Kanzlei
Brevier → Liturgische Reformen
Broad Church → Anglikanismus
Brot für die Welt → Sammlungen
Brückenbrüder → Bruderschaft
Bruderbewegung → Baptisten
Bruderräte → Kirchenkampf
Brüder vom Deutschen Hause → Brüder des freien Geistes
Bullen → Päpstliche Kanzlei
Bund der Deutschen Katholischen Jugend → Jugendverbände

Bund der Evangeliumschristen → Stundismus
Bund freier religiöser Gemeinden → Deutschkatholizismus, → Protestantische Freunde
Bund religiöser Sozialisten → Religiöser Sozialismus
Bußbrüder Jesu Christi → Sackbrüder
Büßerinnen → Magdalenerinnen
Büßerklassen → Katechumenen
Butterbriefe → Fasten
Butterpfennig → Fasten

Calixtiner → Hussiten
Calixtinum → Wormser Konkordat
Capitularia → Karolingische Reform, → Vermögensverwaltung
Caritas socialis → Christlich-soziale Bewegungen
Catalogus Liberianus → Apostolische Sukzession
Celliten → Alexianer
Chalcedonense → Athanasianisches Glaubensbekenntnis, → Chalkedonismus, → Dreikapitelstreit
Charismatiker → Charismatische Bewegungen, → Laienbewegungen
Charta caritatis → Zisterzienser
Chenoboskion → Valentinianer
Chiliasmus → Tausendjähriges Reich, → Pregizerianer
Christentumskritik → Aufklärung, → Liberale Theologie, → Markionitische Kirche, → Modernismus, → Neuprotestantismus
Christkatholische Kirche → Alt-Katholische Kirche
Christliche Arbeiterjugend → Jugendverbände
Christlich-soziale Parteien → Christlich-soziale Bewegungen, → Parteien
Church of England → Alt-Katholische Kirche, → Anglikanismus
Church of God → Pfingstbewegung, →Sabbatarier
Churches of Christ → Baptisten
Church Peace Mission → Friedensbewegung
Clementina → Vulgata
Clementinische Liturgie → Apostolische Konstitutionen
Codex Iuris Canonici → Kirchenrechtsquellen
Codex regularum → Mönchtum
Coenobitentum → Koinobitentum
Comboni-Missionare → Missionsgesellschaften
Concilia mixta → Reichskirche, → Synoden
Concordia Wirtembergensis → Bekenntnisschriften
Confessio Augustana → Augsburger Konfession
Confessio Belgica → Dordrechter Synode, → Nederlandse Hervormde Kerk, → Reformierte Kirchen
Confessio Helvetica → Bekenntnisschriften, → Zwinglianismus
Confessio Scotica → Bekenntnisschriften
Confessio Saxoniae → Bekenntnisschriften
Confessio Taboritarum → Taboriten

Confessio Tetrapolitana → Augsburger Konfession
Confutatio Augustana → Augsburger Konfession
Congregatio Missionis → Lazaristen
Consensus Tigurinus → Bekenntnisschriften, →Reformierte Kirchen
Consensus von Sandomir → Böhmische Brüder
Consensus quinquesaecularis → Luthertum, → Synkretismus
Constitutiones Clementinae → Kanonistik
Constitutum Constantini → Fälschungen
Convenant → Kongregationalismus
Corpus christianum → Zwei-Reiche-Lehre
Corpus doctrinae christianae → Konkordienbuch
Corpus Iuris Canonici → Kirchenrechtsquellen
Corpus Reformatorum → Corpus catholicorum
Credo → Glaubensbekenntnisse, → Konzilien
Darmstädter Erklärung (Wort) → Dahlemer Erklärung, → Stuttgarter Schuldbekenntnis
Declaratio Ferdinandea → Augsb. Religionsfrieden, → Restitutionsedikt
Delcaratio cleri Gallicani → Gallikanismus
Decretum Gratiani → Corpus Iuris Canonici → Kanonistik → Kirchenrechtsquellen
Defensivliga von Nürnberg →Frankfurter Anstand
Deismus → Aufklärung, → Rationalismus
Dernbacher Schwestern → Arme Dienstmägde Jesu Christi
Deutsche Christen → Kirchenkampf
Deutsche Evangelische Kirche → Dahlemer Erklärung, → Kirchenkampf
Deutscher Evangelischer Kirchenbund → Deutscher Evangelischer Kirchentag, → Eisenacher Kirchenbund
Deutsche Jugendkraft → Jugendverbände
Devolutionstheorie → Episkopalkirchen
Devotio moderna → Brüder vom gemeinsamen Leben
Diakonisches Werk → Innere Mission
Diaspora → Bonifatiusverein, → Martin Luther-Bund
Didache → Glaubensbekenntnis, → Kirchenordnung
Didascalia apostolorum → Apostolische Konstitutionen, → Kirchenordnungen
Dienstagskonferenzen → Lazaristen, → Pastoralkonferenzen
Diptychen → Akakianisches Schisma
Disciples of Christ → Baptisten
Disput von Torgau → Antinomistischer Streit
Dissenters → Anglikanismus
Disziplinarrecht → Lehrzuchtverfahren
Doctrina patrum → Kirchenlehrer
Doktoreid → Lehrverpflichtung
Don Bosco-Schwestern → Salesianer
Doxologie → Orthodoxie
Dreyfuß-Affäre → Action française

Dritter Orden → Laienbewegung, → Terziaren
Dualismus → Bogomilen, → Katharer, → Manichäismus, → Naassener, → Russische Sekten
Duell → Gottesurteil
Dyophysitismus → Akakianisches Schisma
Dyotheletismus → Monergetisch-monotheletischer Streit

Edikt von Fontainebleau (1685) → Hugenotten, → Religionsedikte
Edikt von Mailand (313) → Kirche und Staat
Edikt von Nantes (1598) → Hugenotten, → Religionsedikte
Einheitschristologie → Monophysitismus
Einsiedeleien → Eremitentum
Eisenacher Konferenz → Eisenacher Kirchenbund
Eisenacher Programm → Christlich-soziale Bewegungen
Elisabethkonferenzen → Lazaristen, → Vinzenzkonferenzen
Emser Punktation → Emser Kongreß, → Nuntiaturstreit
Endemische Synode → Konstantinopel, → Nomonkanon, → Origenistische Streitigkeiten, → Patriarchate
Endzeit → Antichrist
Engelschristologie → Subordinatianismus
Engelspapst → Papstweissagungen
Enzyklika → Hirtenbriefe, → Päpstliche Kanzlei
Erbsünde → Pelagianischer Streit
Erfurter Barfüßer → Skotismus
Erkenntnismetaphysik → Via antiqua
Erlanger Schule → Luthertum
Erwählungsbewußtsein → Calvinismus, → Sklaverei, → Täufer
Essener → Qumran
Eucharistiefeier → Agape
Euchiten → Messalianer, → Quietismus
Evangelisation → Volksmission
Evangelisch-Methodistische Kirche → Methodisten
Evangelisches Hilfswerk → Diakonie
Evangeliumschristen → Baptisten
Exegese → Sabellianismus, → Scholastik, → Schriftauslegung
Exil von Avignon → Avignoner Exil
Extravagantes → Kanonistik

Fakultäten → Lehrverpflichtung, → Universitäten
Ferrara, Konzil → Baseler Konzil
Festkalender → Kreuzverehrung, → Osterfeststreit
Feudalismus → Lehnspolitik
Fideismus → Rationalismus, → Traditionalismus
Fiktionalismus → Atheismusstreit
Fiskalismus →Finanzwesen
Florilegien → Kirchenlehrer
Formula Concordiae (1577) →Konkordienbuch

Forschungsinstitute → Bibelbewegung, → Bibelkommission, → Universitäten
Freidenker → Freireligiöse Gemeinden
Frieden von Lunéville → Säkularisation
Frieden von Rijswik → Düsseldorfer Religionsrezeß
Friedensdekrete → Gottesfrieden
Frühkatholizismus → Urchristentum
Fundamentalismus → Missouri-Synode, → Orthodoxie, → Schriftauslegung

Gebetskreuzzug für den Frieden → Pax-Christi-Bewegung
Gebetsrhythmik → Hesychasmus
Gebetsverbrüderung → Bruderschaft
Gegenpapst → Papstschismen
Geistestaufe → Charismatische Bewegungen, → Pfingstbewegung
Geistlicher Vorbehalt → Augsburger Religionsfrieden
Gelübde → Wallfahrt
Generalkonzilien → Reformkonzilien, → Reichskirche
Genfer Katechismus → Katechismus, → Kirchenordnungen
Genossenschaftswesen → Christlich-soziale Bewegungen
Gerichte → Rota Romana, → Sendgericht
Geschichtslegende → Apostelkonzil
Geschichtsphilosophie → Liberale Theologie, → Theologiegeschichte, → Weltgeschichte
Gesellenverein → Kolpingwerk
Gesellschaft Jesu → Jesuiten
Gesetz und Evangelium → Luthertum
Gewerkschaften → Arbeiterbewegung, → Gewerkschaftsstreit
Glorious Revolution → Anglikanismus, → Puritanismus
Glossa ordinaria → Bernhardinisches Zeitalter, → Schriftauslegung
Glossolalie → Charismatische Bewegungen, → Pfingstbewegung
Gnadauer Verband → Gemeinschaftsbewegungen
Gnadenstreit → Jansenismus
Godesberger Programm → Christlich-soziale Bewegungen
Gothaer Programm → Christlich-soziale Bewegungen
Gotteskasten → Martin Luther-Bund
Gottesstaat → Tausendjähriges Reich
Göttinger Schule → Liberale Theologie
Gralssage → Bluthostien
Gregoriana → Universitäten
Gregorianischer Kalender → Kalenderreform
Gruppenbewegung → Moralische Aufrüstung

Haggada → Sethianer
Hahnsche Gemeinschaften → Pietismus
Hamburger Theaterstreit → Adiaphoristische Streitigkeiten

Häresie →Ketzergesetzgebung, → Katharer
Häretikergesetze → Makedonianer, →Novatianer
Heilige Liga (1576) → Hugenotten
Heilige Liga von Cognac (1526) → Reichstage
Heiligenfeste → Zunftwesen
Heilige Treppe → Lateran
Heiliger Krieg → Kreuzzugsbewegung
Heiliges Offizium → Römische Kurie
Heiligungsbewegung → Pfingstbewegung
Hermeneutik → Schriftauslegung, → Theologiegeschichte
Herrnhuter → Brüderunität
High Church → Anglikanismus
Hilfswerk der EKD → Innere Mission
Hochkirchliche Vereinigung → Hochkirchliche Bewegung, → Una-Sancta-Bewegung
Hochschulen → Akademien, → Universitäten
Hofbauer-Kreis → Redemptoristen
Homburger Landessynode → Kirchenordnungen
Hostienwunder → Bluthostien
Hundertkapitelsynode (1551) → Russische Sekten, → Russisch-orthodoxe Kirche
Hutterische Brüder → Mennoniten, → Täuferbewegungen

Idealismus → Aufklärung, → Hegelianismus, → Neuscholastik, → Theologiegeschichte, → Universitäten
Ikonen → Bilderstreit, → Russisch-orthodoxe Kirche
Indepedenten → Anglikanismus, → Westminster-Synode
Index der verbotenen Bücher → Bücherzensur
Infralapsarismus → Dordrechter Synode
Inklinanten → Zillertaler Emigranten
Institutio religionis → Bekenntnisschriften
Integralismus → Modernismus, → Opus Dei, → Ultramontanismus
Interdikt →Exkommunikation
Internationaler Missionsrat (1921) → Missionsgesellschaften
Internationaler Versöhnungsbund → Kriegsdienstverweigerung
Irrlehregesetz → Lehrzuchtverfahren

Jakobitische Kirche → Maroniten, → Syrisch-orthodoxe Kirche
Jesuitendrama → Schauspiel
Jesuitinnen → Arme Schulschwestern, → Englische Fräulein, → Jesuiten
Jesus-People → Charismatische Bewegungen
Johannesbuch → Mandäer
Josephsehe → Syneisakten
Jubeljahr → Ablaß, → Heiliges Jahr
Judengesetze → Antisemitismus
Jugendweihe → Freireligiöse Gemeinden

Julianisten →Koptisch-orthodoxe Kirche
Jurisdiktionsstreit → Kanones
Jus reformandi → Augsburger Religionsfriede, → Westfälischer Friede

Kaiserswerther Verband → Diakonie
Kaland → Bruderschaften, → Zunftwesen
Kanon hl. Schriften → Markionitische Kirche, → Urchristentum
Kanoniker → Chorherren, → Kanonikerreform
Kanonisation → Heiligenverehrung, → Heiligsprechung
Kapernaiten → Abendmahlsstreitigkeiten
Karlskult → Heiligenverehrung
Kathedralschulen → Aachener Regel
Katholisch-Apostolische Gemeinden → Neuapostolische Gemeinde
Katholische Arme → Waldenser
Ketzerdekrete → Inquisition, → Ketzergesetzgebung
Ketzerverfolgung → Inquisition, → Ketzergesetzgebung
Kindergottesdienst → Sonntagsschule
Kinderkreuzzug → Kreuzzugsbewegung
Kirche Christi, Wissenschafter → Christian Science
Kirchenbann → Exkommunikation
Kirchengeschichtsschreibung → Geschichtlichkeit der Kirche, → Kirchengeschichte, → Mittelalter
Kirchengut → Karolingische Reform, → Restitutionsedikt, → Säkularisation
Kirchenjahr → Montanismus, →Reformationsfeste
Kirchenmusik → Cäcilien-Verband
Kirchenregiment →Landeskirchentum, → Territorialsystem
Kirchenväter → Kirchenlehrer
Kirche und Nationalsozialismus → Kirchenkampf
Kirche von England →Anglikanismus
Kirchgeld → Kirchensteuer, → Sammlungen
Kirchliches Notrecht → Dahlemer Erklärung
Kirchweihfest → Kreuzverehrung
Klarissen → Franziskaner
Kodifizierung → Kanones, → Synoden
Kollegianten →Arminianismus
Kollekten → Sammlungen
Kölner Ereignis → Kölner Kirchenstreit
Kölner Wirren → Kölner Kirchenstreit
Kolonialmission → Missionsgesellschaften
Konfessionsschule → Schulwesen
Konfirmandenunterricht → Christenlehre
Kongregationen → Römische Kurie
Konklave → Papstwahl
Konkordienformel → Konkordienbuch
Konsistorialverfassung → Presbyterial- und Synodalverfassung

Konstantinische Schenkung → Fälschungen, → Translationstheorie
Konsubstantiationslehre → Ubiquitätslehre
Kontroverstheologie → Patristik
Konventualen → Franziskaner
Konzeptualismus → Ockhamismus
Kreuzesmystik → Theologia crucis
Kreuzreliquien →Kreuzverehrung, → Reliquienverehrung
Krönungsliturgie → Hofkapellen
Kulturprotestantismus → Neuprotestantismus, → Protestantenverein
Kurialer Zentralismus → Papalismus

Laienbeichte → Bußpraxis
Laienbruderschaften → Bruderschaft
Laieninvestitur → Gregorianische Reform, → Investiturstreit
Laienpredigt → Laienbewegung, → Priestertum aller Gläubigen, → Waldenser
Lambethartikel → Anglokatholizismus
Landshuter Kreis → Romantik
Lateinschulen → Schulwesen
Latitudinarismus → Anglikanismus
Laudes regiae → Hofkapellen, → Reichskirche
Lazariten → Hospitaliter
Lehramt → Bekenntnisschriften, → Lehrzuchtverfahren, → Vatikanische Konzilien
Leidenstheologie → Theologia crucis
Leipziger Disputation (1519) → Reformation, → Schwärmer
Leipziger Interim (1548) → Gnesiolutheraner
Leonina → Thomismus
Leuenberger Konkordie → Abendmahlsstreitigkeiten, → Bekennende Kirche, → Evangelische Kirche in Deutschland
Liber censuum → Vermögensverwaltung
Liber diurnus → Vermögensverwaltung
Liber pontificalis → Vermögensverwaltung
Libertas ecclesiae → Cluniazenser Reform, → Gregorianische Reform, → Hirsauer Reform, → Zwei-Reiche-Lehre
Libri Carolini → Bilderstreit
Lichtfreunde → Protestantische Freunde
Lichtmystik → Messalianer
Liebeskirche → Rechtskirche
Liebfrauenbrüder → Karmeliten
Liga → Dreißigjähriger Krieg
Ligurianer → Redemptoristen
Loccumer Vertrag (1955) →Kirchenverträge
Logoschristologie → Sabellianismus
Lombarden → Armutsbewegung

Low Church → Anglikanismus
Lutherischer Weltkonvent (1923) → Lutherischer Weltbund, → Luthertum

Magisterregel → Benediktregel
Maigesetze → Kulturkampf
Mailänder Edikt (313) → Kirche und Staat, → Konstantinische Wende
Mainzer Kreis → Neuscholastik
Malteser → Johanniter
Männerbünde →Arkandisziplin
Mantellaten → Serviten
Marranen → Judenverfolgungen
Marienbrüder → Marianisten
Maulbronner Formel (1576) → Konkordienbuch
Maulkorberlaß (1934) → Kirchenkampf
Mauren → Kreuzzüge, → Reconquistà
Mechelner Gespräche → Anglokatholizismus, → Una-Sancta-Bewegung
Mendikantenstreit → Armutsbewegung, → Scholastik
Metropolitanverfassung → Karolingische Reform, → Patriarchate, → Reichskirche
Michaeliten → Fraticelli
Militia Christi → Kreuzzugsbewegung, → Kriegsdienst
Millenniarismus → Tausendjähriges Reich
Mischehenstreit → Kölner Kirchenstreit
Misereor → Caritasverbände, → Sammlungen
Missale → Liturgische Reformen
Missio canonica → Lehrverpflichtung
Missionsrat → Mission
Mithrasvereine → Arkandisziplin
Modalismus → Sabellianismus
Monarchianismus → Sabellianismus
Monarchischer Episkopat → Papsttum
Monarchomachen → Hugenotten
Monotheismus → Subordinatianismus
Monotheletismus → Monergetisch-monotheletischer Streit
Moralismus → Aufklärung
Möttlinger Freunde → Gemeinschaftsbewegungen
Münsteraner Kreis → Romantik
Mysterienspiel → Schauspiel

Nationalsozialismus → Kirchenkampf
Natürliche Religion → Aufklärung, → Rationalismus
Naturwissenschaften → Scholastik, → Schulwesen, → Via antiqua – Via moderna
Negative Theologie →Mystik
Neologie → Rationalismus

Neuaristotelismus → Orthodoxie
Neuendettelsauer Anstalten → Diakonie, → Missionsgesellschaften, → Missouri-Synode
Neuisraeliten → Sabbatarier
Neuluthertum → Luthertum, → Protestantismus
Neuthomismus → Thomismus
Nicaenoconstantinopolitanum → Arianismus, → Glaubensbekenntnis, → Konzilien, → Makedonianer
Niederhessische Renitenz → Luthertum
Niederländischer Freiheitskampf → Calvinismus
Niederländische Kreuzherren → Kreuzherren, → Kreuzzugsbewegungen
Nolasker → Mercedarier
Nominalisten → Ockhamismus, →Salamanca, → Scholastik, → Via antiqua – Via moderna
Nonkonformisten → Anglikanismus
Norbertiner → Prämonstratenser
Normannen → Kreuzzüge
Nuntiatur → Gesandte, → Nuntiaturstreit, → Römische Kurie

Obskurantismus → Illuminaten
Oktoberrevolution (1917) → Georgische Kirche, → Russisch-orthodoxe Kirche
Ökumenische Konzilien → Konzilien
Ophiten → Naassener
Organische Artikel (1802) → Gallikanismus
Orientalische Ostkirchen → Katholische Ostkirchen
Ottonisch-salisches Reichskirchensystem → Karolingische Reform, → Reichskirche
Oxfordbewegung → Anglokatholizismus

Pantheismus → Amalrikaner, → Antitrinitarier, → Averroismus, → Pietismus, →Syllabus
Papst → Papsttum
Päpstin Johanna → Papstfabeln
Päpstliche Familie → Päpstlicher Hof
Päpstliche Kurie → Römische Kurie
Päpstliche Werke → Missionswerke
Päpstliches Haus → Päpstlicher Hof
Papyrusfunde von Nag Hammadi → Gnosis, → Manichäismus, → Sethianer
Pariser Bluthochzeit → Bartholomäusnacht
Passionsspiele → Kreuzzugsbewegung, → Schauspiel
Pastorenkonferenz → Pastoralkonferenzen
Patrimonium Petri → Kirchenstaat, → Lehnspolitik, → Papalismus
Patripassianismus → Sabellianismus
Patrologie → Patristik

Patrozinium → Heiligenverehrung
Paulisten → Amerikanismus
Pazifismus → Kriegsdienst-Verweigerung
Pentarchie → Patriarchate
Peterspfennig → Finanzwesen, → Lehnspolitik
Pfarrernotbund → Bekennende Kirche
Pfründenwesen → Benefizialwesen
Philippisten → Gnesiolutheraner, → Konkordienbuch, → Kryptocalvinisten, → Majoristischer Streit, → Synergismus
Philosemitismus → Antisemitismus
Philosophie → Scholastik
Pilgerfahrt → Ritterorden, → Wallfahrt
Plymouth-Brüder → Darbysten
Pneumatomachen → Makedonianer
Pönitentiarie → Römische Kurie
Prädestination → Arminianismus, → Calvinismus, → Methodisten, → Ockhamismus, → Orthodoxie, → Skotismus
Prager Fenstersturz → Dreißigjähriger Krieg
Prager Kompaktaten → Hussiten
Praktisches Christentum → Life and Work
Präzismus → Adiaphoristische Streitigkeiten, → Orthodoxie, → Pietismus
Prekarie → Benefizialwesen
Pressevereine →Publizistik
Priesterehe → Gregorianische Reform, → Pataria, → Zölibat
Primat → Papsttum, → Vatikanische Konzilien
Professio fidei Tridentinae → Lehrverpflichtung, → Modernismus, → Trienter Konzil
Protreptik → Apologetik, → Apostolische Väter
Pruszen → Kreuzzüge
Pseudoisidorische Dekretale → Fälschungen

Quartadezimaner → Osterfeststreit
Quatemberfasten → Buß- und Bettage, → Fasten
Qumran → Arkandisziplin, → Ebioniten

Raskol → Altgläubige, → Russisch-orthodoxe Kirche
Raudnitzer Reform → Chorherren
Reduktionen → Jesuitenstaat, → Sklaverei und Christentum
Reformaten → Rekollekten
Reformationsjubiläum → Luthertum, → Reformationsfeste
Reformbewegungen → Vorreformatoren
Reformierter Weltbund → Presbyterianer
Regalien → Wormser Konkordat
Regensburger Buch (1541) → Religionsgespräche
Regula Magistri → Benediktregel, → Mönchtum
Reichsbruderrat → Bekennende Kirche

Reichskammergericht → Nürnberger Anstand, → Schmalkaldischer Bund
Reichskonkordat → Kirchenkampf, → Konkordat, → Lehrverpflichtung
Reichskonzilien → Karolingische Reform
Rekatholisierung → Augsburger Religionsfrieden, → Restitutionsedikt
Reklusen → Inklusen
Religionsgeschichtliche Schule → Hellenisierung, → Liberale Theologie
Remonstranten →Arminianismus
Reservatum ecclesiasticum → Augsburger Religionsfrieden
Revivalism → Erweckungsbewegungen, → Evangelikanismus, → Gereformeerde Kerken
Rheinisch-Westfälische Kirchenordnung (1835) → Landeskirchentum, → Presbyterial- und Synodalverfassung
Risorgimento → Kirchenstaat, → Lateranverträge, → Rosminianer, → Schulwesen, → Waldenser
Ritterakademie → Schulwesen
Rittertum → Gottesfriede, → Kreuzzugsbewegung
Rituale → Liturgische Reformen
Ritualismus → Anglokatholizismus
Rombesuch → Visitation
Römische Frage → Kirchenstaat, → Lateranverträge
Römische Theologie → Neuscholastik
Romualdiner → Kamaldulenser
Rosenkranz → Bruderschaften, → Marienverehrung

Sacco di Roma → Schweizer Garde
Sakramentarier → Abendmahlsstreitigkeiten
Salvation Army → Heilsarmee
Sankt Michaelsbund → Buchgemeinschaften
Sankt Raphaelsverein → Raphaels-Werk
Savoy-Declaration (1658) → Kongregationalismus
Schismen → Morgenländisches Kirchenschisma, → Papstschismen, → Photianisches Schisma, → Reformation
Schleitheimer Bekenntnis (1527) → Täuferbewegungen
Schmalkaldische Artikel → Schmalkaldischer Bund
Schmalkaldischer Krieg → Passauer Vertrag, → Schmalkaldischer Bund
Schottenklöster → Iroschottische Kirche
Schulaufsichtsgesetz (1872) → Landeskirchentum
Schulschwestern → Arme Schulschwestern Unserer Lieben Frau
Schwabacher Artikel → Augsburger Konfession
Schwertbrüder → Deutscher Orden, → Ritterorden
Schwertmission → Mission, → Sklaverei und Christentum
Seeschlacht von Lepanto (1571) → Marienverehrung
Seminarien → Kollegien
Severianer → Koptisch-orthodoxe Kirche
Simonie → Gregorianische Reform, → Pataria
Simultanschule → Bekenntnisschule, → Schulwesen
Slawen → Byzantinische Kirche, → Reichskirche

Society of Friends → Quäker
Sorben → Reichskirche
Sozialismus → Religiöser Sozialismus, → Soziale Frage, → Sozialer Katholizismus
Sozialistengesetz (1878) → Christlich-soziale Bewegungen
Starze → Mönchtum
Stedinger → Kreuzzüge
Stockholmer Kirchenkonferenz → Ökumenische Bewegung
Subbotniki → Sabbatarier
Sufismus → Islam
Summepiskopat → Altpreußische Union, → Anglikanismus, → Episkopalkirchen, → Territorialsystem, → Unionen
Supralapsarismus → Dordrechter Synode
Suprematseid (1551) → Suprematsakte
Symbolik → Konfessionskunde
Synergistischer Streit → Luthertum, → Synergismus
Synkretistischer Streit → Synkretismus
Synodalverfassung → Landeskirchentum, → Presbyterialverfassung

Taborlicht → Hesychasmus, → Mystik
Tegernseer Erklärung → Religionsedikte
Terziarier → Terziaren
Theologia deutsch → Mystik
Thron und Altar → Staatskirchentum
Toleranzedikt von Nantes (1598) → Hugenotten
Toleranzedikt von Petersburg (1905) → Chlysten, → Stundismus
Toleranzedikt von St. Germain (1562) → Hugenotten
Toleranzedikt von Versailles (1787) → Religionsedikte
Torgauer Artikel → Augsburger Konfession
Torgauer Buch → Konkordienbuch
Torgauer Bund → Augsburger Konfession, → Regensburger Bündnis
Tractarianismus → Anglokatholizismus
Transsubstantiationslehre → Abendmahlsstreitigkeiten, → Laterankonzilien, → Reformation, → Uniformitätsakte
Trennung von Kirche und Staat → Kirche und Staat, → Kulturkampf, → Reformationsfeste, → Russisch-orthodoxe Kirche, → Schulwesen, → Säkularisation, → Universitäten
Treuga Dei → Gottesfriede
Trinitätslehre → Antitrinitarier, → Sabellianismus, → Subordinatianismus, → Unitarier
Trullanum → Konzilien

Ulrich-Hutten-Bund → Los-von-Rom-Bewegung
Unfehlbarkeit des Papstes → Armutsstreit, → Monergetisch-monotheletischer Streit, → Papalismus, → Vatikanische Konzilien
Union → Dreißigjähriger Krieg

Unierte Ostkirchen → Katholische Ostkirchen, → Unionen in der Römisch-Katholischen Kirche
Universalienstreit → Scholastik
Utraquisten → Hussiten

Väter vom guten Tod → Kamillianer
Vatikanstaat → Kirchenstaat
Vertrag von Sèvres (1920) → Christenverfolgungen
Vinzentiner → Lazaristen
Visitantinnen → Salesianerinnen
Visitationsartikel → Bekenntnisschriften

Wanderbischöfe → Karolingische Reform
Weihbischof → Chorbischof
Weimarer Konfutationsbuch (1558) → Frankfurter Rezeß, → Konkordienbuch
Weltbund für Freies Christentum → Unitarier
Weltkirchenkonferenz → Kriegsdienst, → Ökumenische Bewegung
Weltkirchenkonferenz für Praktisches Christentum → Life and Work
Weltrat der Kirchen → Ökumenische Bewegung, → Ökumenischer Rat der Kirchen
Wenden → Kreuzzüge
Werk der Glaubensverbreitung → Missionsgesellschaften, → Missionswerke
Westminster Confession → Calvinismus, → Presbyterianismus, → Puritanismus, → Reformation, → Westminster-Synode
Wiedertäufer → Täuferbewegungen
Wittenberger Disputationen (1537) → Antinomistischer Streit
Wittenberger Konkordie → Bekenntnisschriften, → Konkordienbuch
Wittenberger Unruhen → Zwickauer Propheten
Wöllnersches Religionsedikt → Religionsedikte
Wormser Buch (1540) → Religionsgespräche
Wormser Edikt (1521) → Reichstage, → Religionsedikte
Wyclifismus → Hussiten

Zeitrechnung → Kalenderreform
Zelliten → Alexianer
Ziegenhainer Zuchtordnung (1539) → Kirchenordnung
Zirkumskriptionsbulle → Konkordat
Zungenreden → Russische Sekten
Zwei-Gewalten-Theorie → Zwei-Schwerter-Theorie
Zweinaturenlehre → Chalkedonismus, → Dreikapitelstreit, → Koptisch-orthodoxe Kirche, → Melchiten, → Nestorianische Kirche, → Räubersynode, → Wardanischer Krieg
Zweiquellentheorie → Schriftenauslegung

Aachener Regel. Aus der Reformgesetzgebung Kg. Ludwigs des Frommen 816/817 hervorgegangen, nahm die A. R. im Blick auf das Frömmigkeitsleben in den Dom- bzw. Kollegiatstiften und in den Klöstern eine folgenschwere Scheidung vor. Während für letztere die → Benediktregel ergänzt und verschärft wurde (Capitulare monasticum von 817: strenge Klausur; Pflicht zur Handarbeit für alle), gestattete man den zum Chordienst verpflichteten »Kanonikern« gewisse Freiheiten, wie sie schon ältere Kanonikerregeln (z. B. die des Chrodegang v. Metz, † 766) eingeräumt hatten (→ Kanonikerreform). Dazu gehörte das Zugeständnis von Eigentum. Die A. R. zog aber gleichzeitig mit einem Privatbesitz ablehnenden Augustin-Zitat strenge Grenzen (cap. 112f.). Diese Möglichkeit individueller Gestaltung der »vita canonica« im Unterschied zur »vita monastica« ließ im 10./11. Jh. die Kathedral- und Kollegialstifte zu Zentren rel., vor allem aber auch kulturellen Lebens (Kathedralschulen!) werden.

Q: K. Hallinger (Hg.), Corpus consuetudinum monasticarum, Bd. I, Siegburg 1963, 423–481; J. Semmler (Hg.), Legislatio Aquisgranensis: MG Conc II/1 308–456.

L: Wattenbach-Levison, Dtl. Geschichtsquellen im MA, Heft III, bearbeitet v. H. Löwe, Weimar 1957, 306–308; J. Semmler, Zur Überlieferung der monastischen Gesetzgebung Ludwigs des Frommen: DA 16 (1960) 309–388; Ders., Die Beschlüsse des A. Konzils im Jahre 816: ZKG 74 (1963) 14–82; R. Schieffer, Die Entstehung von Domkapiteln in Dtl., Bo 1976, 232–260.

Abendmahlsbulle. Julius II. nannte in der Konst. ›Consueverunt‹ (1511) zahlreiche dem Papst zur Absolution vorbehaltene Straf- und Exkommunikationssentenzen (→Exkommunikation), z. B. bei körperl. Verletzung des Papstes oder bei Vergehen gegen die weltl. Herrschaft des Papstes, bei Mißachtung klerikaler Privilegien oder bei Waffenlieferung an Ungläubige. Ähnl. Verordnungen reichen in das 13. Jh. zurück. Eine verschärfte, hauptsächl. gegen das in Spanien und Venedig herrschende Staatskirchenrecht (→ Staatskirchentum) gerichtete Form erlangte die A., die an jedem Gründonnerstag (deshalb »Bulla in Coena Domini«), aber auch an anderen Festtagen in Rom und weit darüber hinaus, bes. in Italien u. Spanien, bis 1770 verkündet wurde, 1568 durch Pius V.; ihre endgültige Fassung erhielt sie 1627 unter Urban VIII. Die A. fand aber keine allg. Anerkennung und wurde auch nicht überall verlesen. Clemens XIV. ließ sie wegen der veränderten Verhältnisse, vornehml. aus Entgegenkommen gegenüber den Fürsten, seit 1770 nicht mehr publizieren. Kaiser Joseph II. (→ Josephinismus) forderte noch 1781 die Entfernung des Textes aus den Ritualien. Als eine Neuauflage der A. kann Pius' IX. Konst. ›Apostolicae Sedis‹ (1869) gelten.

Die → Quinquennalfakultäten für die Bischöfe enthielten auch Beuge- oder Besserungsstrafen, die sich auf die A. bezogen und teilweise in den CIC (→ Kirchenrechtsquellen) aufgenommen wurden.

Q: Mirbt 604.

L: K. Pfaff, Beiträge zur Gesch. der A. v. 16. bis 18. Jh.: RQ 38 (1930) 23–76.

Abendmahlsstreitigkeiten, nur der abendländischen Christenheit eigen, befaßten sich spez. mit der »Wandlung« der Abendmahlselemente (Brot, Wein); die Ostkirche schrieb von jeher diesen Vorgang in Form eines Gebetes um die Herabkunft des Hl. Geistes auf die »Gaben« (sog. Epiklese) der göttl. Allmacht zu und entzog ihn damit der Diskussion.

Der *1. Abendmahlsstreit* (831/33–845) entzündete sich an der Lehrautorität Augustins (→ Augustinismus). Dessen spiritualistischer Denkungsart, die zwischen den Dingen an sich (res) und deren »augenscheinl. Zeichen« (signa) unterschied, lag eine signifikative Abendmahlsauffassung nahe. Der Sakramentalismus der Zeit hingegen begünstigte Anschauungen, wie der Abt von Corbie, Paschasius Radbertus, sie in seinem Traktat ›Vom Leib und Blut Christi‹ vertrat: Die »Wandlung« sei als Gotteswunder den Naturgesetzen enthoben, darin der Inkarnation Christi vergleichbar. Unter gleichem Buchtitel vertrat hingegen sein Klosterbruder Ratramnus die augustinische Sakramentslehre und sprach von der »geistigen Nießung« (manducatio spiritualis).

Der *2. Abendmahlsstreit* (1050–1079) zw. Berengar von Tours (Schulleiter der Kathedrale) und dem normannischen Klosterabt Lanfranc vollzog sich hingegen in Formen des Glaubensverhörs mit seiner Zwangsalternative: Widerruf oder → Exkommunikation. Dem entsprach das Schimpfwort »stercoranistae« (»Mistkerle«, vgl. Mt 15,17) aus dem Mund sowohl der Leugner wie Verteidiger der Realpräsenz: Die eucharistische Hostie werde dem Verdauungsprozeß unterworfen. Kard.-Bf. Humbert von Silva Candida brachte es als erster auf (in der Auseinandersetzung mit der → byz. Kirche, 1054). Er zwang denn auch Berengar auf einer → Lateransynode 1059 das Bekenntnis ab, in der Hostie würden »der wahre Leib und das wahre Blut Christi ... von den Zähnen der Gläubigen zermalmt« (D–S 690). Das Reinigungsbekenntnis der Fastensynode 1079 (endgültiger Widerruf Berengars) sprach von einer »substanzhaften Wandlung« (D–S 700; N–R 559) und kündete so das Transsubstantiationsdogma von 1215 (→ Lateransynoden) an.

Im *3. Abendmahlsstreit* (1524–1529) zw. Luther und Zwingli, dessen »symbolische« Abendmahlsauffassung der frühere → Augustiner-Eremit Luther leidenschaftl. befehdete (die Reformierten sind »Sakramentarier«!), wurden die Klingen zusätzlich auf philos. und exegetischem Felde gekreuzt, wobei die Einbeziehung der Christologie eine Vertiefung bedeutete. Auf dem abschließenden → Religionsgespräch in Marburg (1529) zeigte sich aber, daß gerade dadurch der Graben noch breiter geworden war. Selbst als nach Zwinglis Tod (1531) Calvin sich zur »fleischl. Gegenwart des lebendigen Christus«, d. h. zur Realpräsenz, bekannte und damit für die Schweizer eine Einigung erzielte (Consensus Tigurinus 1549), wurde er nicht überbrückt. Im Gegenteil, die »lutherische« Formel trug calvinische Abendmahlsanschauungen in luth. Lande und löste dort lokale Konflikte zw. Lutheranern und Reformierten aus: so in Hamburg (1552 ff.) und in Bremen (1555–1561).

In den konfessionalisierten Reformationskirchen wurde später der Gegensatz in der Abendmahlsfrage zementiert; selbst die Kampfgemeinschaft in der Auseinandersetzung mit »Dt. Christen« und dem nationalsozialistischen Staat (→ Kirchenkampf) änderte trotz der Erklärung der Bekenntnissynode von Halle (Mai 1937) daran nichts. Erst mit den ›Arnoldshainer Thesen‹ (1957) begann abermals ein Abendmahlsgespräch, das mit der ›Leuenberger Konkordie‹ (1973) erste Ergebnisse zeigte.

Q: KThQ III 72–75, 90.

L: H. ASMUSSEN u. a., Abendmahlsgemeinschaft, Mn 1937; H. GOLLWITZER, Coena Domini. Die altluth. Abendmahlslehre in ihrer Auseinandersetzung mit dem Calvinismus, dargestellt an der luth. Frühorthodoxie, Mn 1937; F. BIZER, Studien zur Gesch. des Abendmahlsstreites im 16. Jh., Gü 1940, (Ndr.) Da 1962, 1970; H. DE LUBAC, Corpus Mysticum. Eucharistie u. Kirche im MA, Ei 1959; K.-H. KANDLER, Die Abendmahlslehre des Kard. Humbert u. ihre Bedeutung für das gegenwärtige Abendmahlsgespräch, B–H 1971; J. BAUR, Bekenntnis u. Kirche, St 1973; S. KIVIRANTA (Hg.), Theol. Grundprobleme im Leuenberger Konkordienentwurf, Helsinki 1973; H. FELD, Das Verständnis des Abendmahls, Da 1976; E. GRÖTZINGER, Luther u. Zwingli. Die Kritik an der ma. Lehre v. der Messe als Wurzel des Abendmahlstreites, Z–Gü 1980; H. JORISSEN, Die Entstehung der Transsubstantiationslehre bis zum Beginn der Hochscholastik, Mr 1965. – TRE I 43–229.

Ablaß (lat. indulgentia) meint den Nachlaß von Sündenstrafen, die auf Erden oder im Fegefeuer abzugelten sind, obwohl die Sündenschuld im Sakrament der Buße bereits vergeben wurde. Er ist aus dem Institut der »Redemptionen« bzw. »Kommutationen« (→ Bußpraxis) des 10. Jh. hervorgegangen, das eine Umwandlung der drastischen Bußwerke ermöglichte und neben → Almosenspenden auch Geldzahlungen zuließ, was vor allem die iroschottischen Beichtväter in ihrer Privatbuße zu nutzen wußten. Demgegenüber hatte der A. bei der Befreiung von der Bußleistung gemeinnützige Leistungen wie Kirchenstiftungen im Auge (1091: erster A. eines Papstes). Mit ihm bot sich die Möglichkeit, mit gesamtkirchl. Werken, z. B. Befreiung der Christenlande von den Ungläubigen, einen »völligen« (Plenar-)A. aller Sündenstrafen zu verbinden. Diesen Kreuzzugsablaß (→ Kreuzzüge, → Kreuzzugsbewegung) gewährten gegen die span. Mauren Alexander II. (1063) und für den 1. Kreuzzug (1095) Urban II. Im übrigen erweisen sich alle päpstl. A.urkunden vor 1100 als → Fälschungen. Das gilt auch für den Honorius III. zugeschriebenen und angebl. vom hl. Franz (→ Franziskaner) erbetenen Portiunkula-A. (1216), der als Plenar-A. ab 1277 bezeugt ist. Bonifaz VIII. verband das → Heilige Jahr 1300 mit einem »vollkommenen« (Plenar-)A., der dann auch für andere Veranlassungen zu einem regulären Institut wurde. Erst im 14. Jh. fand die von Theologen des 12./13. Jh. entwickelte Lehre vom kirchl. Gnadenschatz (thesaurus ecclesiae) überschüssiger Heiligungswerke, über den das Schlüsselamt, d. h. das → Papsttum, verfügen könne, offiz. Billigung. Merkantile Entartung wurde im A.streit zw. Luther und Ebf. Albrecht von Mainz sichtbar (1517 ff.). Ihr traten schon bald Leo X. mit der von dem → Dominikaner und Kard. Thomas Cajetan (1469–1534) entworfenen Konst. ›Cum postquam‹ (1518) und reichl. spät das → Trienter Konzil mit dem ›Decretum de indulgentiis‹ (1563) entgegen. Die heute gültige A.lehre ist niedergelegt in Pauls VI. Konst. ›Indulgentiarum doctrina‹ (1967).

Q: D–S 868, 1025–27, 1835; N–R 677–679, 688f.; COD 772f.; MIRBT-ALAND 724–737, 744, 948; W. KÖHLER (Hg.), Dokumente zum A.streit v. 1517, T 1902, [2]1934; Apost. Konst. über die Neuordnung des A.wesens. Mit einem Kommentar v. O. SEMMELROTH, Trier 1967; KThQ III 8–11.

L: A. GOTTLOB, Kreuzablaß u. Almosenablaß, St 1906, (Ndr.) Am 1965; N. PAULUS, Gesch. des A. im MA vom Ursprung bis zur Mitte des 14. Jh., 3 Bde, Pa 1922–23; B. LOHSE, Luthers Christologie im A.streit: LuJ 27 (1960) 51–63; K. RAHNER, Schriften zur Theologie, Bd. VIII, Ei–Z–Kö 1967, 472–518. – TRE I 347–364.

Action française. Nach der Dreyfus-Affaire (1898) kämpfte eine Gruppe junger Franzosen unter Führung des nationalistisch, antidemokratisch und royalistisch gesinnten Charles Maurras († 1952) und des polemischen Publizisten Léon Daudet († 1942) für die frz. Monarchie und gegen eine christl. → Demokratie. Seit 1908 erschien ihre Tageszeitung ›L'Action française‹ (Chefredakteur Daudet). Einige Werke des Atheisten Maurras, der die Kirche nur als Ordnungsmacht hochschätzte, wurden 1914 vom Hl. Offizium (→ Röm. Kurie) verurteilt. Pius X., der diese Entscheidung nicht veröffentlichen ließ, hatte andererseits schon 1910 christdemokratische Gruppen, die sich z. B. in Italien um die ›Azione popolare‹ des Romolo Murri u. in Fkr. um ›Le Sillon‹ des Marc Sangnier scharten, kurz entschlossen verdammt. Erst Pius XI. machte 1926 den Urteilsspruch gegen Maurras bekannt und dehnte ihn auf die Zeitung ›L'Action française‹ aus. Nach Maurras' Unterwerfung (1939) hob der im selben Jahr zum Papst gewählte Pius XII. die Verurteilung der A. f. wieder auf. Als Maurras 1952 im Frieden mit der Kirche gestorben war, verlor die mit seinem Namen verbundene Bewegung ihre Bedeutung.

In der polit. Ideenwelt der A. f. lebte und kämpfte der 1976 suspendierte Alt-Ebf. Marcel Lefebvre († 1991), das Haupt der sog. Traditionalistenbewegung innerhalb der Röm.-Kath. Kirche (→ Traditionalismus).

Q: CH. MAURRAS, Mes idées politiques, hg. v. P. CHARDON, P [27]1937; Lettre de Charles Maurras adressée à S. S. le Pape Pie XI, P 1928.

L: W. GURIAN, Der integrale Nationalismus in Fkr. Charles Maurras u. die A.f., F 1931; E. WEBER, A.f. Royalism and reaction in twentieth-century France, Stanford 1962; L. THOMAS, L'a.f. devant l'Église, P 1965; E. NOLTE, Der Faschismus in seiner Epoche, Mn–Z [5]1979; R. JONES, L'idéologie et l'action catholique (1917–1939), P 1974; V. DUCLERT, Die Dreyfus-Affäre, B 1994; J. H. SCHOEPS – H. SIMON (Hg.), Dreyfus u. die Folgen, B 1995; V. NGUYEN, Aux origines de l'A.F., P 1991.

Adiaphoristische Streitigkeiten sind dem → Protestantismus eigen. Hatte Melanchthon schon 1530 bei der → Augsburger Konfession in Sachen der sog. »Mitteldinge« (griech. adiaphora; lat. media), z. B. Fasten, Kleidung, Bilder, gegenüber den kath. Reichsständen eine vermittelnde Haltung eingenommen (Apologie, Art. 15), so sollte er den *1. adiaphoristischen* (»interimistischen«) *Streit* (1548–1552) dadurch auslösen, daß er im Gefolge des → Augsburger Interim für Kursachsen einen Kompromiß formulierte, der zahlreiche Formen kath. Tradition bis hin zu den »sieben

Sakramenten« und zum → Fronleichnamsfest als »adiaphora« für den Protestantismus bezeichnete (1548 Leipziger Interim, → Gnesiolutheraner). Gegen solche Ausklammerung von Kultus- und Kirchenregiment aus dem Konzept des prot. Glaubensprinzips protestierte der Gnesiolutheraner Flacius. Leidenschaftl. vertrat er die These, »in statu confessionis et scandali«, d.h. in der konfessionellen Auseinandersetzung, könnten »Mitteldinge« nicht zugelassen werden. Wie das → Konkordienbuch (Epitome X: ›Von Kirchenbräuchen, so man Adiaphora oder Mitteldinge nennt‹; Solida declaratio X) lehrt, setzte er sich damit durch.

Den *2. adiaphoristischen Streit* kennzeichnet die individualethische Einengung der Problematik durch calvinistische (→ Calvinismus) Erwählungstheologie (→ Puritanismus). Durch den »Präzisismus« (»Precisheyt« = Gewissenhaftigkeit) des einflußreichen Theologen Voetius (→ Dordrechter Synode) wurde die ablehnende Haltung gegenüber den »Mitteldingen« auch dem → Pietismus vermittelt, der sich gleichzeitig dadurch gegenüber der altluth. → Orthodoxie profilierte. Nur im sog. Hamburger Theaterstreit (1768) kämpfte der orth. Hauptpastor Goeze (durch seinen Streit mit Lessing und dessen ›Wolfenbüttler Bibelfragmente‹ bekannt) auf Seiten der Pietisten. Ansonsten pflegte die Orthodoxie betont ihre Einstellung herauszukehren.

L: F. KOPITZSCH, Lessing u. Hamburg: Wolfenbüttler Studien zur Aufklärung, Bd II, Wolfenbüttel-Bremen 1975, 47–120; HbDThG II 108–113 (B . LOHSE).

Adoptianischer Streit. Mußte man schon Ende des 4. Jh. in Spanien gegen die Auffassung einschreiten, Christus sei ein »Adoptivsohn« Gottes gewesen (D–S 526; N–R 268), so auch in der durch den → Islam und seine Polemik gegen die Trinitätslehre gekennzeichneten Situation, zumal da Rücksicht auf islamischen Monotheismus die Wendung »adoptione filius« in die mozarabische Liturgie (→ Mozaraber) eingefügt hatte. Fränkische Missionare bez. sie daher als heterodox und strengten gegen einen Bf. der span. Mark Karls d. Gr. einen Häresieprozeß an (Synoden: Regensburg 792, Frankfurt 794). Die Verurteilung fand Zustimmung in Rom, Ablehnung in Spanien. Der auch literarisch geführte Streit kulminierte im Glaubensdisput zw. Karls theol. Berater Alkuin und Felix von Urgel (Aachener Synode 800); er endete mit des letzteren Verbannung nach Lyon. Alkuins christologische Formel vom »homo assumptus« hingegen ging in die scholastische Theologie ein.

L: W. HEIL, Der Adoptianismus, Alkuin u. Span.: Karl der Große, hg. v. E. BISCHOF, Bd. II, D 1965, 95–155; DERS., Alkuinstudien, Bd. I: Zur Chronologie und Bedeutung des Adoptianismusstreites, Teil 1, D 1970. – TRE XVI 750–753.

Adoptianismus, sog. »Bewährungschristologie«, nach der Jesus von Nazareth als »bloßer Mensch« erst durch Gehorsam und Tugendleben sich qualifizierte, um von dem einen Gott an Sohnes statt »adoptiert« zu werden. Sie begegnet zuerst im Umkreis der → Ebioniten und überall, wo jüdischer Einfluß sich noch bemerkbar machte (z.B. in Rom). Nach dem

2. Jh. kann sich der A. gegen die Logos-Christologie mit dem sog. Monarchianismus (z. B. des Bf. Paul von Samosata, → Antiochenisches Schisma) verbinden oder im span. A. (8. Jh.) gegen die Christologie der Zwei-Naturenlehre opponieren. Noch in der sog. Habitustheorie des 12. Jh. (der Inkarnierte hat die Menschheit wie ein äußeres Kleid angezogen: Abaelard) meldete sich der A. zu Wort, wobei die sog. Assumptustheorie (der vom Logos »Angenommene« ist »irgend ein Mensch«) im 12./13. Jh. den A. modifizierte.

L: Chalkedon II 841–871, 909–916 (Assumptustheorie); A. GRILLMEIER, Jesus der Christus im Glauben der Kirche, Bd. I, Fr–Bas–W 1979, 184–187.

Adventisten (lat. adventus = Ankunft [Jesu Christi]). Der baptistische (→ Baptisten) Prediger William Miller († 1849), Farmer in Low Hampton (New York), wurde 1845 von der baptistischen → Freikirche ausgeschlossen, nachdem er die Wiederkunft Christi erfolglos vorausgesagt hatte. Er gilt als Gründer der A., die sich schon bald in drei Hauptgruppen spalteten: ›Evangelical Adventists‹ (Lehre v. der Unsterblichkeit des Menschen u. folgl. von Himmel und Hölle), ›Advent Christian Church‹ (Lehre von der ewigen Vernichtung der Gottlosen nach dem tausendjährigen Reich), ›Life and Advent Union‹ (Lehre von der Vernichtung der Gottlosen sogleich nach dem Tod). Diese heute fast nur im Osten der USA lebenden A. tragen den Sammelnamen ›First-day-Adventists‹.

Weitaus größere Bedeutung erlangten die »Seventh-Day-Adventists« (Siebenten-Tags-A. = STA), wie ihr offiz. Name seit 1860 lautet. Ellen G. White († 1915) und ihr Mann James, beide einst A., wurden die eigentl. Begründer der STA; sie propagierten die Heiligung des Sabbat und forderten die Abgabe des → Zehnt. Ein eigens formuliertes → Glaubensbekenntnis gibt es nicht. Die Lehre stimmt im wesentl. mit der Lehre der ev. Großkirchen überein. Grundlegend ist die Hl. Schrift (Elberfelder Bibel), an deren Inspiration festgehalten wird. Der Glaube an die Dreifaltigkeit Gottes und die Gottheit Christi entspricht den altchristl. → Bekenntnisschriften. Weitere wesentl. Merkmale oder Lehren: Rechtfertigung durch den Glauben an Jesus Christus; Erwachsenentaufe (durch Untertauchen); Abendmahl (unter beiden Gestalten) viermal im Jahr; baldige Wiederkunft Christi; Unsterblichkeit der Gläubigen; Heiligung des Sabbat; 10 Gebote Gottes; Verbot der Ehescheidung. Zum Programm gehören ferner ein ausgebautes Schulwesen, Weltmission (Hausbesuche, Schriften, Radiosendungen, → Mission) und Gesundheitsvorschriften (kein Tabak, Alkohol, Tee und Schweinefleisch). – Die erste Gemeinde der STA entstand 1853 in den USA, die erste dt. Gemeinde 1876 in Solingen. 1895 wurden in Hamburg die »Dt. Traktat- u. Missionsgesellschaft« und der Advent-Verlag gegr. Die Gemeinden werden von Ältesten und Diakonen ehrenamtl. geleitet. Vollberufl. tätig für die Gemeinden sind nur durch Ordination in ihr Amt eingesetzte Pastoren, denen die Spendung der Sakramente (Taufe, Abendmahl, Ehe) zukommt. Mehrere Gemeinden sind in Verbänden (drei in Dtl.), mehrere Verbände in Unionen zusammengefaßt. An der Spitze steht die Generalkonferenz (Sitz: Washington), auch Weltarbeitsgemeinschaft gen., die alle 5 Jahre tagt (1975 in Wien, 1980 in Dallas). Die STA sind eine selbständige Kirche mit über 2 Mill. Mitgliedern, die nicht im → Ökumenischen Rat der Kirchen vertreten ist.

Von den STA gibt es mehr als 50 Zweigsekten, z. B. die ›Church of God in Christ Jesus‹ (Feier des Sonntags), die Reformationsbewegung (seit 1914), wegen Auseinandersetzung in der Kriegsdienstfrage entstanden, und die sog. Laubhüttenbewegung.

Unabhängig von den A. schuf der vom Judentum zum Christentum konvertierte russ. Schriftsteller Abram Poljak eine advent. Gemeinschaft, die seit 1954 den Namen → ›Reichsbruderschaft Jesu Christi‹ trägt.

Q: E. G. WHITE, Der Weg zu Christo, H (o. J.); DIES., Der große Kampf zw. Licht u. Finsternis, Wuppertal 1976.

L: K. F. MÜLLER, Die Frühgesch. der STA bis zur Gemeindebegründung 1863, Marburg 1969, Hi ^{2}1977; C. D. SCHMIDT, Zeit des Gerichts oder Gericht der Zeit? Ideologie u. Eschatologie der STA, F 1972; F. W. BAUTZ, Die A., Mn ^{2}1976; C. M. MAXWELL, Tell it to the world. The story of Seventh-day Adventists, Mountain View 1977; R. MÜLLER, A. – Sabbat – Reformation, Lund 1979; M. C. HETZELL, Gelebter Glaube. Bildbericht, Wuppertal 1979; B. E. PFEIFFER, The European Seventh-Day Adventists Mission in the Middle East 1879–1939, F-Bern 1981; DERS. (Hg.), Seventh-Day Adventist, F-Bern 1985; R. HAUTH, Die A., Mn ^{3}1994; H. DANIEL, Church, State, and Religious Dissent. A History of Seventh-day Adventists in Austria 1890–1975, F–B–Bern–NY–P–W 1993. – TRE I 454–462.

Agape. Im klass. Griechisch unbekannt, jedoch in außerchristl. Vulgärsprache belegt, gewann A. durch das Christentum (Paulus: 1 Kor 13; Johannes-Briefe) Klangfarbe und durch das kanonisierte NT Gewicht. Die lat. Übers. »Caritas« (engl. charity; frz. charité) schon konnte die sprachl. Sonderstellung nicht so festhalten; sie ging dann in den anderen Sprachen verloren. Als Inbegriff christl. Nächstenliebe konnte A. auch personifiziert werden; in dieser Form erscheint sie neben der personifizierten »Eirene« (»Friede«) auch in der frühchristl. Katakombenmalerei als Symbol christl. Bruderschaft bei den Totenfeiern (refrigeria).

Letzteres Verständnis war durch die Bez. urchristl. Gemeinschaftsmahle mit abschließender Eucharistie (1 Kor 11, 17–34) vorbereitet. Diese »Agapen« lösten sich jedoch von der altchristl. Eucharistiefeier, je mehr sich für letztere ein sakramentales Verständnis durchsetzte. Dieser Prozeß läßt sich in seinen Anfängen Mitte des 2. Jh. zu Rom durch den → Apologeten Justin beobachten und wird durch Bf. Cyprian (Märtyrer 258) für Nordafrika als abgeschlossen belegt. In der nachkonstantinischen → Reichskirche haben die A. ihre Gemeinschaftsaufgabe verloren; nur an der »confessio Petri« in Rom sind sie als Umwandlung der alten »refrigeria« durch Hieronymus belegt. Ihre letztmalige Erwähnung auf dem Konzil von Konstantinopel 692 (sog. Trullanum II, can. 74) dürfte sektiererische Splittergruppen im Auge haben.

Q: RORDORF, Sabbat u. Sonntag, Z 1972, n. 79f., 95.

L: H. LIETZMANN, Messe u. Herrenmahl, Bo 1926, ^{3}1967, 197–210, 230–250;

B. REICKE, Diakonie, Festfreude u. Zelos in Verbindung mit der altchristl. A.feier, Up 1951. – TRE I 748–753.

Agendenstreit. Agende bez. schon in der → Alten Kirche liturgische Funktionen (Messe, Stundengebet), in der ev. Kirche die nach Landeskirchen (→ Landeskirchentum) verschiedenen Bücher für den Gottesdienst und sonstige Amtshandlungen.

Die 1822 auf Initiative des Preußenkg. Friedrich Wilhelm III. († 1840) zunächst nur für die Armee und die Hof- und Domkirche in Berlin, seit 1826 für alle preuß. Kirchen der Union von 1817 (→ Unionen im Protestantismus) vorgeschriebene Agende stieß bei den Lutheranern (→ Luthertum) auf heftigen Widerstand, weil sie ihnen entweder als ref. (→ Reformierte Kirchen) oder als katholisierend erschien. Der von → Flugschriften und Broschüren erfüllte Streit, an dem sich auch F. Schleiermacher (→ Liberale Theologie) dezidiert beteiligte, ebbte erst ab, als die spez. Traditionen der einzelnen Provinzen in eigenen Ausgaben Berücksichtigung fanden. Das landesherrl. Kirchenregiment ging aus diesen Konflikten gestärkt hervor. – 1856 erfolgte eine erste Revision der Agende von 1822 bzw. 1829. 1895 erschien eine zweibändige Agende für die Ev. Landeskirche. Die letzte Neufassung der Agende (innerhalb der VELKD) stammt von 1954. – Ähnl. Auseinandersetzungen um die Agende erlebten auch andere Landeskirchen.

Q: Agende für die ev.-luth. Kirchen, Bd. I, B 1955; J. BECKMANN, Quellen zur Gesch. des christl. Gottesdienstes, Gü 1956.

L.: E. FOERSTER, Die Entstehung der Preuß. Landeskirche unter der Regierung Kg. Friedrich Wilhelms III. nach den Quellen erzählt, 2 Bde, T 1905–07; J. KISSLING, Der dt. Protestantismus 1817–1917, Bd. I, Mr 1917. – TRE II 55–60.

Akademien. Ursprünglich war Akademie die Bez. für Platons Philosophenschule (gegr. 385 v. Chr.); sie gewann am Hof Karls d. Gr. († 814) unter dem Angelsachsen Alkuin († 804), der den → Adoptianismus entschieden bekämpfte, neue Bedeutung. Der Akzent lag auf dem Studium der Werke des Augustinus (→ Augustinismus). Im → MA fielen A. – und Universitätswesen weitgehend zusammen. Aus dem Geist der Renaissance und des → Humanismus erwuchsen neue A.: am berühmtesten die 1470 in Florenz errichtete christl.-platonische mit Marsilio Ficino (1433–99) und Giovanni Pico della Mirandola (1463–94) als führenden Köpfen, die platonische Philosophie und christl. Theologie zu vereinigen suchten.

Der Akademiegedanke erreichte seinen Höhepunkt in der → Aufklärung mit der Gründung zahlreicher A. der Wissenschaften, für die das Prinzip der akademischen Selbstverwaltung charakteristisch ist. Während sich die it. ›Accademia della Crusca‹ (1582) ebenso wie die ›Académie Française‹ (1635) u. a. vorrangig auf Sprache und Literatur konzentrierten, widmeten sich andere A., z. B. die Päpstl. ›Accademia delle Scienze‹ (1603 als ›Accademia Nazionale dei Lincei‹ gegr., 1847 durch Pius IX.

erneuert, 1936 durch Pius XI. internationalisiert und interkonfessionalisiert) oder die ›Académie des Sciences‹ in Paris (1666) in erster Linie der naturwiss. Forschung. In Dtl. überragte die auf Initiative von Gottfried Wilhelm Leibniz (1646–1716) 1700 in Berlin gegr. und von dem ref. Hofprediger Daniel Ernst Jablonski (1660–1741), bekannt auch als Bf. der → Brüder-Unität, geförderte Akademie der Wissenschaften lange Zeit alle späteren Gründungen, zumal dann, als im 19. Jh. Friedrich Schleiermacher (→ Liberale Theologie) und Wilhelm von Humboldt († 1835) ihren Einfluß ausübten. – In der → NZ stellten die Ritterakademien wichtige Erziehungsanstalten für den Adel dar.

Wenn auch päpstl. A. vereinzelt schon im 15. Jh. entstanden waren, erlebten sie zahlen- wie einflußmäßig ihre Blüte erst im 18. Jh., sicher auch als Reaktion auf die weltl. wiss. Vereinigungen, die von Kirche und Christentum immer weiter abrückten. Unter einer Vielzahl päpstl. A. seien genannt: ›Pontificia Accademia (P. A.) Romana di Archeologia‹, 1740 durch Benedikt XIV. gegr., seit 1829 päpstl. Akademie; ›P. A. Ecclesiastica‹, 1701 durch Clemens XI. als ›Accademia dei Nobili Ecclesiastici‹ gegr., 1775 wiedereröffnet, dient der Ausbildung des diplomatischen Nachwuchses des Hl. Stuhls; ›P. A. Liturgica‹, 1740 durch Benedikt XIV. gegr., 1840 unter Gregor XVI. wiedererrichtet; ›P. A. delle Scienze‹ (s. o.); ›P. A. di S. Tommaso d'Aquino‹, 1879 durch Leo XIII. gegr., umfaßt theol., philos., rechts- u. wirtschaftswiss. Sektionen, veranstaltet internationale Thomistenkongresse und theol. Studienwochen.

Erst in neuerer Zeit entstanden von Orden getragene A., z. B. das 1921 gegr. wiss. Institut der bayr. → Benediktiner-Kongregation.

Nach dem 2. Weltkrieg traten in Dtl. ev. und kath. A. ins Leben, um die persönl. Begegnung zw. Theologen und Laien zu ermöglichen, den Dialog mit Kirchenfremden zu fördern und die Auseinandersetzung zw. Glaube und Wissenschaft zu führen. Die derzeit 18 ev. A. (darunter drei in der DDR) sind in der ›Studiengemeinschaft der Ev. A. Dtl.s‹ und im ›Leiterkreis der Ev. A. und Laieninstitute in Europa‹ (seit 1969 ›Ökumenischer Leiterkreis ...‹) zusammengefaßt. Dem ›Leiterkreis der Kath. A.‹ gehören 25 Kath. A. an.

Solche A. wurden in den letzten Jahrzehnten auch in anderen Kontinenten gegr. (z. B. seit 1958 in Ostasien und Afrika). Als Kontaktstellen fungieren die gen. Leiterkreise und der → Ökumenische Rat der Kirchen (Genf). Vergleichbare Einrichtungen gibt es auch in den USA.

L: M. MAYLENDER, Storia dell' Accademie d'Italia, Bd. V, Bol–Triest 1930, 299–302; Leiterkreis der Ev. A. in Dtl. Der Auftrag der Ev. A. in der BRD, Gö 1965; L. HAMMERMAYER, Die Benediktiner und die Akademiebewegung im kath. Dtl. 1720–1770: StM 70 (1959) 45ff.; F. HENRICH, Kath. A.: Katholiken u. ihre Kirche, hg. v. G. GORSCHENEK, Mn–W 1976, 278–281; P. WEIDES, Erwachsenenbildung u. A.: HbStKR II 623–681; H. STORCK (Hg.), Mut zur Verständigung. 25 Jahre Ev. Akad. in Loccum, Gö 1977; H. BOVENTER (Hg.), Ev. u. kath. A. Gründerzeit und Auftrag heute, Pa 1983; LEITERKREIS DER KATH. AKADEMIEN IN DTL. (Hg.), Kath. A. in Dtl., (Privatdruck) Schwerte 1993. – TRE II 131–143.

Akademikerseelsorge. Von Einzelinitiativen (→ Marianische Kongregation, → Oratorianer) abgesehen, standen für die pastorale Betreuung der Hochschüler und Hochschulabsolventen bis zum Beginn unseres Jh. keine eigenen Seelsorger zur Verfügung. Die kath. Studentenseelsorger trafen sich 1905 in Würzburg erstmals zu einer Tagung. 1917 entstand die ›Vereinigung von kath. Studenten- und Studentinnenseelsorgern für das dt. Sprachgebiet‹. Der dt. Episkopat erließ 1927 auf einer Konferenz in Fulda Richtlinien für die Seelsorge unter der studentischen Jugend. Seit 1945 bildeten sich an den Hochschulen Ev. und Kath. Studentengemeinden, die von den Hochschulen anerkannt sind und von haupt- oder nebenamtl. Pfarrern geleitet werden. Neben der Eucharistie als Kern der kath. Hochschulgemeinde liegt der Schwerpunkt auf rel. Bildungsarbeit (Vorträge, Diskussionen, Tagungen). Interkonfessionelle Zusammenarbeit ist seit kurzer Zeit nahezu selbstverständlich.
→Akademikervereinigungen, →Studentenvereinigungen.

Q: J. SCHOFER, Kompaß für den dt. Studenten, Fr 1899, [6]1922; Mitteilungen der Ev. Studentengemeinden in Dtl., St 1949ff.

L: P. BENKART – W. RUF (Hg.), Hb. der Studentenseelsorge. Gesch. u. Gestalt, Pa 1965.

Akademikervereinigungen. Seit dem 19. Jh. entstanden christl. A. als vereinsmäßige Zusammenschlüsse von Hochschulabsolventen mit christl. Zielsetzung. Mehrere Jahrzehnte nach Gründung der → Görres-Gesellschaft (1876), deren Wirken allg. wiss. bestimmt ist, trat 1913 auf Anregung von Laien der ›Verband der Vereine kath. Akademiker zur Pflege der kath. Weltanschauung‹ ins Leben. Bis heute fungieren Priester als Beiräte; ein Geistlicher leitet als Generalsekretär die Zentrale (Sitz: Bonn). Bes. Bedeutung erlangten die Hochschulwochen in Bonn und Salzburg. Als Dachorganisation aller akademischen Vereinigungen wurde 1947 die ›Kath. Dt. Akademikerschaft‹ (Sitz: Köln) unter bischöfl. Protektorat gegr.; zu ihr gehören auch die kath. → Studentenvereinigungen und Studentenvereine. – Der in Diözesanverbänden sowie in Fach- u. Berufsgemeinschaften gegliederte ›Kath. Akademikerverband Österreichs‹ ist der → Kath. Aktion angeschlossen.

In der 1921 in Fribourg gegr. ›Pax Romana‹ sind fast alle kath. Akademiker- u. Studentenvereinigungen zusammengefaßt. 1947 erfolgte die Aufteilung in ›Internationale Bewegung kath. Studenten‹ und ›Internationale Bewegung kath. Akademiker‹. ›Pax Romana‹ ist Mitglied des nach dem 2. → Vatikanischen Konzil geschaffenen Päpstl. Laienrates (→ Röm. Kurie).

Ev. A. entstanden erst nach dem 1. Weltkrieg; sie schlossen sich 1929 in einem Reichsverband zusammen. Die ›Ev. Akademikerschaft in Dtl.‹, aus der schon vor 1914 bestehenden ›Dt. christl. Studentenvereinigung‹ hervorgegangen, besteht seit 1954 und umfaßt heute 12 Landesverbände. Der ›Dt. Ev. Akademikertag‹ findet alle 4–5 Jahre statt. 1952 wurde ›Die Ev. Akademikerschaft in Österreich‹ gegr. Da andere Länder keine ev. A.

kennen, bezieht der Christl. Studentenweltbund auch die ev. Akademiker in sein Programm ein.

P: Der kath. Gedanke, R 1928ff.; Lebendiges Zeugnis, Pa 1952ff.; actio catholica, W 1956ff.

L: F. W. P. WOLFF, Vom Sinn unserer ev. A., Bo 1930; R. SUGRANYES DE FRANCH – R. POCHON, Pax Romana 1921–61, Fri 1961; A. STEIN, A.: TRE II 143–146.

Akakianisches Schisma (484–519) zwischen Rom und Byzanz, nach dem Patriarchen Akakios (472–488) benannt, der den byz. Kaiser Zenon d. Isaurier (474–491) und dessen Unionspolitik durch die Abfassung des sog. Henotikon unterstützte, das 482 als Kaiseredikt veröffentlicht wurde. Dieses Musterstück kirchenpolit. Seiltanzes wollte den oppositionellen Neuchalkedonismus (→ Chalkedonismus) auffangen, obwohl sein Verfasser selber Dyophysit war. Dem traditionellen → Monophysitismus war das zu wenig, um die Zweinaturenlehre des 4. Ökumenischen → Konzils von Chalkedon (451) zu korrigieren. Rom aber war dies zu viel: es exkommunizierte Akakios (484). Im gleichen Jahr bekannten sich die orientalischen Christen jenseits der byz. Reichsgrenzen zum Dyophysitismus, indem sie sich als → Nestorianische Kirche konstituierten (Synode von Seleukia-Ktesiphon 486). Bei Beendigung des Schismas unter Kaiser Justin I. (518–527) bzw. seinem Neffen Justinian war daher der Schaden für Byzanz größer als der für Rom. Dessen Papst Hormisdas (514–523) erlebte einen dreifachen Triumph: Sein Name, vorher aus den Diptychen gestrichen, d.h. bei den gottesdienstl. Fürbitten nicht verlesen, wurde wieder aufgenommen. Umgekehrt wurden in einem Gottesdienst zu Byzanz (519) der Patriarch Akakios verdammt und ein päpstl. Glaubensbekenntnis (regula fidei Hormisdae) als orth. anerkannt.

Q: D–S 345, 363–365; MIRBT-ALAND 461, 470; E. SCHWARTZ (Hg.), Publizist. Sammlungen zum A. S., Mn 1934.

L: Chalkedon II 13–94, 117–141; A. GRILLMEIER, Mit ihm u. in ihm. Christologische Forschungen u. Perspektiven, Fr–Bas–W 1975, [2]1978, 340–343; W. H. C. FREND, The orthodox Churches and the West, O 1976, 69–81 (Eastern attitudes to Rome during the Acacian schism); H.-G. BECK, Gesch. der orth. Kirche im byz. Reich, Gö 1980, 7–19; W. ULLMANN, Gelasius I., St 1981.

Akklamationen. »Durch Zuruf« (per acclamationem) der Soldaten wurden in der Antike siegreiche röm. Feldherren zum »Imperator« ausgerufen (appellare), wie es das entsprechende Relief auf dem Konstantinsbogen in Rom zeigt. In der Kaiserzeit waren die »Zurufe« aus dem Volk, z.B. bei Volksbelustigungen, ein untrügl. Stimmungsbarometer. Im Senat der röm. Kurie wurden sie sogar notiert und als verkürztes Abstimmungsverfahren geübt. Das änderte sich in christl. Zeiten nicht, drang vielmehr auch in die Synoden und die Kirchengemeinden ein, denen bei der von den Klerikern getätigten → Bischofswahl nur das Akklamationsrecht zustand. Dies sollte sich im christl. MA auf das Reichsheer bei Kaiserwahlen übertragen und überhaupt bei kanonischen Wahlen üblich werden (sog. Inspirationswahl). Am längsten lebten dank liturgischer

Kontinuität die Sprachformen spätantiker A. fort, so in der sog. »Praefatio« der Eucharistiefeier.

L: A. Alföldi, Die monarchische Repräsentation im röm. Ks.reiche, Da 1970; O. Treitinger, Die oström. Ks.- u. Reichsidee nach ihrer Gestaltung im höfischen Zeremoniell, Jena 1938, 71–84; RAC I 216–233 (T. Klauser).

Akoimeten. Die »nichtruhenden«, auch »singenden Mönche« übten ununterbrochen (auch nachts) das Chorgebet, wobei sie innerhalb von 24 Stunden 490mal das »Gloria in excelsis« der Weihnacht psalmodierten. Sie konkretisierten damit ihren Anspruch, ein »engelhaftes Leben« (→ Mönchtum) zu führen. Merkmal ihrer mesopotamisch-syr. Herkunft war das Ideal asketischer Heimatlosigkeit (Mt 8,20), wobei sie erst mit der Gründung eines eigenen Klosters innerhalb von Konstantinopel (425) zur Ruhe kamen, dort dann allerdings Zelle kirchenpolit. und rel. Unruhe werden sollten. Nach längerer, der Selbstklärung dienl. Verbannung konnten sie dann in das Studioskloster außerhalb der konstantinischen, aber innerhalb der theodosianischen Stadtmauern zurückkehren (460), um ein bedeutsamer Pol byz. Theologie zu werden. Damit war der Auftakt zu einer Vielzahl innerstädtischer Klöster in Byzanz gegeben.

L: Chalkedon II 157f., 260f., 269–271; G. Dagron, Les moines et la ville. Le monachisme à Constantinople ...: Travaux et mémoires 4 (1970) 229–276; R. Janin, Les églises et les monastères des grands centres byzantins, P 1975, 13–15; R. Riedlinger, A.: TRE II 148–153.

Albigenser nannte man im 12./13. Jh. die südfrz. Sekte der → Katharer, weil ihr Zentrum in der südfranzösischen Stadt Albi am Tarn lag. Solche Benennung nach Städten oder Volksgruppen, die ihr beim Vordringen vom Osten in den Westen (über den Balkan → Bogomilen) des öfteren widerfuhr, war weniger gefährl. als ihre Zuordnung zu dem → Manichäismus, wie sie z.B. der Ketzerbekämpfer Durandus von Osca (nach 1208: ›Buch gegen die Manichäer‹) vollzog. Wohl bestätigt die religionsgeschichtl. Analyse die Zusammenhänge mit dem spätantiken Dualismus Manis. Im 13. Jh. beschwor solche Zuordnung jedoch die antimanichäischen Reichsgesetze des Codex Justinianus und sanktionierte die blutigen Albigenserkriege (1209–1229), deren Politisierung auch die → Waldenser in Mitleidenschaft zog. Zunächst hatte man → Zisterzienser (seit 1198) zur Ketzerbekämpfung nach Südfrankreich entsandt, wo vor allem der Graf von Toulouse den Ketzern Schutz gewährte. Die Ermordung eines päpstl. Legaten (→ Gesandte) ließ Innozenz III. (1198–1216) den → Kreuzzug gegen die A. verkünden (1208). Jetzt kam auch der frz. König dem älteren Verlangen, den bischöfl. Inquisitionsgerichten (→ Inquisition) den weltl. Schwertarm des Strafvollzuges zu leihen, nach. Gleichzeitig aber ließ er es zu, daß nordfrz. Grafen und Barone die Gelegenheit nutzten und auf Kosten der Grafschaft Toulouse ihren Vorteil suchten. Der selbst für damalige Vorstellungen sehr grausam geführte Krieg wurde durch den Frieden von Paris (1229) beendet. Die bitteren Erfahrungen in Sachen → Ketzergesetzgebung aber faßte ein gleichzeitiges Konzil von Toulouse zusammen. Immerhin sollte es noch eines weiteren Jh. bedürfen, bis die Macht der A. in Südfrankreich endlich gebrochen war.

Q: MIRBT-ALAND 600; C. THOUZELLIER (Hg.), Une somme anticathare. Le ›Liber contra Manicheos‹ de Durand de Huesca, Lv 1964.

L: H. GRUNDMANN, Ketzergesch. des MA, Gö 1963, ³1978, 22–51; DERS., Bibliographie zur Ketzergeschichte des MA, R 1967; J. P. CARTIER, Histoire de la croisade contre les Albigeois, P 1968. – Atlas KG 57 B–D.

Alexandrinische Schule. [1] Das Institut der A. S. entwickelte sich im Übergang vom 2. zum 3. Jh. aus dem ortsübl. Schulbetrieb der verschiedenen philos. Richtungen (sog. haireseis). In dieser Gestalt warb z. B. Clemens von Alexandrien († 215) für das Christentum unter heidnischen Gebildeten, wobei der gelehrte Vortrag des Schulhauptes als geistiger Kopf eine wichtige Rolle spielte. In gleicher Form scheint auch der junge Origenes (185–253/4) eine vom Episkopat eingerichtete Katechetenschule geleitet zu haben, was zu Spannungen mit den kirchl. Oberen und zur Amtsenthebung führte. Hingegen konnte der größte Theologe der griech. Christenheit seit 231 sein Modell einer »Kirchl. Hochschule« mit einem geordneten Studiengang (7 Grundwissenschaften = artes liberales → Artistenfakultät als Vorbereitung auf die → Schriftauslegung bzw. Dogmatik) in Caesarea (Palästina) durchführen. Diese Pflanzstätte eines gebildeten Episkopats vermittelte das Geisteserbe der A. S. der Ostkirche. In Alexandrien selber blieb des Origenes Name seit seinem Schulnachfolger Herakles († 247) verfemt. Nur selbständige Geister wie Dionysios von Alexandrien († 264/5) und der blinde Didymos († 395) beteiligten sich an dieser Verketzerung nicht, während der Vorkämpfer nicaenischer → Orthodoxie (→ Arianismus), Bf. Athanasius von Alexandrien († 373), die sog. »neualexandrinische Schule« begründete, welche die spekulative Methode dem soteriologischen Interesse unterstellte und damit die A. S. zum Antipoden der → Antiochenischen Schule machte.

[2] Die theologische Methode der A. S. lebte von den textphilologischen und hermeneutischen Traditionen Alexandriens, die schon der Jude Philo von Alexandrien († nach 40) zur spekulativen Erhellung des AT genutzt hatte. Wichtigstes Hilfsmittel war dabei die Allegorese (→ Schriftauslegung), deren Verankerung im Platonismus gleichfalls alexandrinischer Tradition entsprach. Sie stand denn auch im Dienst einer Theologie, die das Erlösungswerk Christi metaphysisch als »Vergottung« bzw. »Gottgleichheit« deutete. Damit kam sie der griech. Frömmigkeit entgegen.

Q: KThQ I 31–32.

L: A. ADAM, Lehrbuch der Dogmengesch., Bd. I, Gü ²1970, 212–215; HbDG I/6 25–34; W. A. BIENERT, Dionysius v. Alexandrien, B 1978; A. GRILLMEIER, Jesus der Christus im Glauben der Kirche, Bd. I, Fr–Bas–W 1979, 260–280, 460–479.

Alexianer, nach dem hl. Alexios († 417) benannt, auch Celliten (Zellen- oder Begräbnisbrüder) und → Lollarden geheißen, sind im 14. Jh. – nach der großen Pest (1348/49) – bes. in Flandern und am Niederrhein entstandene → Bruderschaften von Laien zur Pflege Geistes- und Pestkranker. Sixtus IV. gab den Aachener A. 1472 die → Augustinusregel, Julius II. verlieh ihnen Privilegien (1506). Nach den neuen Statuten, die Pius IX. 1870 genehmigte, unterstehen sie unmittelbar dem Papst. Diese Aachener Reform des 19. Jh. fand außer in Dtl. (Aachen, Neuß, Siegburg) Anhänger in England und den USA.

Alexianerinnen, auch Cellitinnen, Christenserinnen und Schwarze Schwestern genannt, in der Erzdiözese Köln »Schwestern der hl. Gertrud« (Mutterhaus in Düren), gibt es nur in Dtl. (Aachen, Düren, Köln und Neuß). Sie folgen ebenfalls der Augustinusregel und widmen sich vornehml. der Krankenpflege.

L: HEIMBUCHER I 590–592; WENDLANDT 89–90, 105–108, 144–145; I. WIEGERS, Die Aachener A.brüder, ihre Gesch. u. ihr Ordensgeist, Aachen 1956.

Alkantariner (auch Discalceaten = Barfüßer), nach dem → Franziskaner Petrus von Alcántara (1499–1562, kan. 1669) benannt, der sich seit 1542 um eine Reform des Franziskanerordens in Spanien bemühte und das Kl. Pedroso als Ausgangspunkt der Erneuerung gründete. 1556 wurde er Generalkommissar der span. Reformklöster. Pius IV. genehmigte 1562 die Regel der A. als einer strengen Reformkongreg. (Fratres strictissimae observantiae → Observanten) innerhalb des Franziskanerordens, für die Verbindung von aktivem und kontemplativem Leben sowie strengste Armut und Askese charakteristisch blieben. Den Anschluß der A. an die (braunen) Franziskaner vollzog Leo XIII. 1897. – Petrus von Alcántara übte großen Einfluß aus als Berater des Kg. Johann III. von Portugal und der hl. Teresa von Avila (→ Mystik). Sein Hauptwerk ›Tratado de la oración y meditación‹ erlebte über 200 Aufl. und zahlreiche Übersetzungen.

Die A. sind nicht zu verwechseln mit dem geistl. → Ritterorden von Alcántara.

L: A. BARRADO MANZANO, S. Pedro de Alcántara en las provincias de S. Gabriel, La Arrábida y S. José: Archivio Ibero-Americano 22 (1962) 423–561; DERS., San Pedro de Alcántara (1499–1562). Estudio documentado y crítico de su vida, Ma 1965; M. A POBLADURA, Prodromi beatificationis S. Petri de Alcantara (1615–1622): CollFr 37 (1967) 286–305.

Alleinseligmachende Kirche, ein theol. Prinzip, das schon Bf. Cyprian von Karthago († 258) in seinem bekannten Ausspruch »Salus extra ecclesiam non est« (Außerhalb der Kirche gibt es kein Heil) zum Ausdruck brachte. Umstritten ist aber, ob dieses dictum nicht doch nur für die von Häretikern gespendete Taufe (→ Ketzertaufstreit) gilt. Andererseits waren wohl alle → Kirchenlehrer und Kirchenväter der Überzeugung, daß das ewige Heil nicht ohne Zugehörigkeit zur Kirche zu erlangen sei. Namentl. Augustinus († 430) wirkte in dieser fundamentalen Frage auf die Theologie des → MA richtungweisend. Die 4. → Lateransynode (1215), Bonifaz

VIII. (Bulle ›Unam sanctam‹ von 1302) und das → Florenzer Konzil (1431–39) schlossen eine Rettung außerhalb der Kirche aus. Erst in der NZ versuchten Theologen (Bellarmin, Suarez u.a.) die Heilsnotwendigkeit der Kirche so zu erklären, daß nur eine schuldhafte Unkenntnis der wahren (kath.) Kirche vom Heil ausschließe; bei schuldloser Unkenntnis hingegen genüge die Begierdetaufe (votum implicitum Ecclesiae). Pius XI. (1922–39) sprach erstmals von »unüberwindl. Unkenntnis« (ignorantia invincibilis) im Glaubensbereich. Diese Auffassung berührt sich eng mit der von Karl Rahner (1904–84) vertretenen Konzeption des »anonymen Christen«. Das 2. → Vatikanische Konzil (1962–65) gestand unter Berufung auf den allg. Heilswillen Gottes anderen Kirchen und Religionen zu, daß ihre Mitglieder zum Heil gelangen könnten, wenn sie ihrem Gewissen folgen, hielt aber daran fest, daß die Gnade immer durch die Kirche vermittelt wird (→ Gewissensfreiheit). Es ist also heute nicht mehr gefordert, daß die → Röm.-Kath. Kirche ausdrückl. als die allein wahre Kirche Christi anerkannt wird. Doch sind nicht alle christl. Theologen bereit, Menschen, die nicht Mitglied einer christl. Kirche sind, vor Gott als »gleichberechtigt« anzusehen.

Q: CSEL 3/II 795 (Cyprian, Ep. 73 ad Jubaianum); PL 43, 695 (Augustinus); D–S 802; N–R 375; COD 206 (IV. Lateranum); D–S 870 (Bonifaz' VIII. Bulle »Unam sanctam«); D–S 1351; N–R 381 (Florenzer Konzil: Decretum pro Jacobitis).

L: Y. CONGAR, Außer der Kirche kein Heil. Wahrheit und Dimensionen des Heils Essen 1961; J. RATZINGER, Das neue Volk Gottes, D 1972, [2]1977; E. KLINGER (Hg.), Christentum innerhalb u. außerhalb der Kirche, Fr-Bas-W 1976; W. KASPER – K. RAHNER (Hg.), Absolutheit des Christentums, Fr-Bas-W 1977; W. KERN, Außerhalb der Kirche kein Heil?, Fr-Bas-W 1979; F. CSERHATI, Eingliederung in die Kirche um des Heiles willen, F-Bern-NY 1984; R. BERNHARDT, Der Absolutheitsanspruch des Christentums. Von der Aufklärung bis zur Pluralistischen Religionstheologie, Gü 1990; W. BEINERT, Die a.K. oder: Wer kann gerettet werden? Bensberg 1990.

Allianzbewegungen innerhalb der ev. Christenheit bestehen seit dem 19. Jh.; sie werden hier vor allem von Laien getragen. Das hebt sie zugleich von der → Ökumenischen Bewegung ab. Sie streben keine organisierte Vereinigung des Weltchristentums an; sie bieten jedoch dem Einzelchristen die Möglichkeit, im zeitlichen Rhythmus oder aus aktuellem Anlaß sich für die Gesamtchristenheit einzusetzen und die Verantwortung für die eigene Kirche zurückzustellen. Eine bes. Rolle spielt dabei die seit 1847 alljährl. in der 1. Woche des Jahres durchgeführte Allianz-Gebetswoche, welche die überkirchl. Einheit in der Gebetsvereinigung nach Joh 14,13 und Joh 17,6ff sucht. Im Ausgleich dazu bieten sog. »Glaubenskonferenzen« (→ Blankenburger Allianz) die Gelegenheit einer pluralistischen Glaubensbezeugung. Als Institute von Dauer besaßen beide prägende Wirkung auf ein Laienchristentum, das sich immer wieder zum konkreten Einsatz aktivieren ließ. So setzte sich 1861 die Genfer Konferenz der → Ev. Allianz für die Sonntagsheiligung ein, rief ihr dt. Zweig 1889 die ›Dt. China-Allianz-Mission‹ in Barmen ins Leben, die seit 1953 in Japan missioniert. Die ev. Allianzen des 19. Jh. förderten und beginstigten den ›Weltbund christl. Vereine junger Männer‹ (1885) bzw. ›junger Mädchen‹ (1893) [→ Jugendverbände] und den ›Christl. Studentenweltbund‹ (1895) [→ Studentenvereinigungen]. Ihnen ist es zuzuschreiben, daß der 1881 in Amerika gegr. ›Jugendbund für entschiedenes Christentum‹ (Christian Endeavour) auch in Europa Fuß fassen konnte (1894). Vor allem fanden die sog. Erweckungsprediger des 19./20. Jh. bis in die Gegenwart in den örtl. »Allianz-Kreisen« wichtige Mithelfer und Förderer ihrer Massenwirkung.

L: G. F. NAGEL, Eine hl. Christl. Kirche, Blankenburg 1931; E. BEYREUTHER, Der Weg der Ev. Allianz in Dtl., Wuppertal 1969.

Allversöhnungslehre. Schon mit dem Stichwort A., in welchem ein kosmischer Naturbegriff mit einem Offenbarungsbegriff personaler Struktur vereint ist, stellt sich die A. als eine Zusammenführung unüberbrückbarer Gegensätze dar. Eben dies empfiehlt sie im Unterschied zum Stichwort »Wiederbringung aller Dinge«, mit dem der griech. Ausdruck »Apokatastasis ton panton« gerne übersetzt wird. Wohl ist mit letzterem die geistes- und theologiegeschichtl. Genese der Lehre richtig festgehalten. Ihr systematisches Anliegen aber wird nicht voll erfaßt. Diesem ist an der Einmündung der Geschichte in die Natur gelegen. Hinter der A. steht ein christl. Gottesbegriff, für den Gott Herr der Natur und der Geschichte ist. Seine Allmacht kann nicht durch die Natur begrenzt werden: Wie für das exilische, durch Deuterojesaja repräsentierte Judentum beginnt die göttl. Heilsgeschichte mit der Schöpfung. Ihr Endziel ist, daß »Gott sei alles in allem« (1 Kor 15,28). Diese Wendung klingt pantheistisch und erinnert daran, daß sie auch innerhalb der griech. Weltfrömmigkeit gebraucht wurde, die Theologie und Kosmologie identifizierte. Dabei war es nur eine Variation der gleichen Thematik, wenn man von stoischer Immanenzphilosophie als Bekenntnis zur Endlichkeit des Unendlichen oder von platonischer Transzendentalphilosophie als Bekenntnis zur Unendlichkeit des Endlichen ausging. Jedenfalls konnte der antike »Apokatastasis«-Begriff im Sinne einer kosmischen Soteriologie (»Wiederherstellung«, »Heilung«) auch von jenem spätantiken Weltpessimismus aufgenommen werden, der neben dem heidnischen Hermetismus vor allem in der christl. → Gnosis zum Durchbruch kam. Solche Nähe belastete vor allem die Aufnahme der »Apokatastasis«-Vorstellung durch Origenes (→ Alexandrinische Schule), der damit zugleich die bisherige Vorherrschaft einer apokalyptischen Geschichtsprophetie innerhalb des christl. Denkens beendete. In seinem Bemühen um eine Integrierung der A. in das spätantike Weltbild (Mehrheit der sich ablösenden Welten) griff er auf die Seelenwanderungslehre zurück, nach der die unsterbliche Seele aus göttl. Pädagogik in das Diesseits der Körperlichkeit versetzt wird, um sich dort durch Buße zu bewähren. Nach bestandener Prüfung kann sie wieder in die ursprüngliche Einheit und Reinheit zurückkehren, kann sich aber auch die materielle Körperlichkeit auflösen, bis ein neuer »Sündenfall« den Prozeß der Einkörperung wieder nötig macht. Individuelles Seelenheil und kosmisches

Weltheil verbinden sich zu einer universalen Soteriologie. Kaiser Justinian unterband ihr Fortwirken (543), das 5. Ökumenische → Konzil (553) verurteilte die A. als »Häresie«. Damit war das Schicksal der A. für die nächsten tausend Jahre besiegelt. Die Autorität des »Augustinus magister« (Lehre exklusiver Gnadenerwählung) und die nachhaltige Wirkung des »Gottesstaates« (Buch 21, spez. Kap. 17 mit Verwerfung des Origenes) trugen das Ihre dazu bei. Im Hinblick auf diese ma. Tradition empfahl sich die Verurteilung auch den Reformatoren (Confessio Augustana von 1530, art. 17; Confessio Helvetica posterior von 1566, art. 7). Erst mit dem sog. linken Flügel (Taufgesinnte wie Denck in Nürnberg, † 1525) begann eine neue Entwicklungsphase der A., die durch das Fehlen der kosmischen Ausweitung gekennzeichnet ist; auf sie wird präziser der Begriff »Wiederbringung Aller« im personalistischen Sinn angewandt. Die Motive zur Entfaltung der Lehre waren sehr verschieden. Spekulativer wie biblizistischer → Pietismus konnten sich gemeinsam mit der Aufklärungstheorie betätigen. Der prot. Theologe F. Schleiermacher († 1829), für den das Endziel des göttl. Heilsplans die »allg. Wiederherstellung aller menschlichen Seelen« war, fand darin auch Echo bei dem kath. Würzburger Dogmatiker H. Schell († 1906), dessen diesbezügl. Werk ›Gott und Geist‹ allerdings auf den Index (→ Bücherzensur) gesetzt wurde (1898). Selbst bei einem Antipoden Schleiermachers wie dem reformierten Theologen K. Barth stieß die A. auf Verständnis, trug diesem allerdings auch Kritik ein. Stets aber war man in den jüngsten Diskussionen über die A. sich bewußt, eigenständige Interpretation der kirchl. Lehre zu üben.

Q: D–S 409, 411; H. SCHELL, Gott u. Geist. Die göttl. Wahrheit des Christentums, 2 Bde, Pa 1895–96.

L: G. MÜLLER, Apokatastasis Panton. A Bibliography, (Selbstverlag) Bas 1969; M. E. MILLER, Der Übergang. Schleiermachers Theologie des Reiches Gottes im Rahmen seines Gesamtdenkens, Gü 1970; W. BREUNING, Zur Lehre von der Apokatastasis: Internationale Kath. Zs. Communio 10 (1981) 19–31; F. GROTH, Die »Wiederbringung aller Dinge« im württemberg. Pietismus, Gö 1983.

Almosen. Das Wort A. (ahd. »alamuosa«) geht auf das kirchenlat. »eleēmosyna« zurück, dessen griech. Herkunft unverkennbar ist. Die griech. Übers. des AT übermittelte es der frühen Christenheit. Im AT hieß A. »Gerechtigkeit« (ṣᵉdaqā) und meinte die Treuebekundung gegenüber einem in Not geratenen Mit-Glied des auserwählten Volkes; Erfahrungen des babylonischen Exils wie überhaupt der Diaspora schwangen hier mit. Auf jeden Fall übernahm das junge Christentum es als rel. Pflicht, die Armen mit Geld und Naturalien zu unterstützen, »in erster Linie aber des Glaubens Genossen« (Gal 6,10; vgl. 2 Petr 1,7). Ebenso wurde die Trias »Almosen, Beten und Fasten« aus synagogaler Frömmigkeit in die jungen Christengemeinden übernommen, wobei die Verdienstlichkeit der A. sowie ihre Wertung als Mittel der Sündenvergebung von Anfang an feststanden (Didache 4,6; 6,5; 15,4). – Das gilt auch für das MA, mit dem zugleich die, gleichfalls schon im altkirchl. Christentum sich abzeichnende, Entwicklung des Almosenwesens zur Basis der kirchl. →Armenpflege ihren Höhepunkt erreicht. Bezeichnenderweise hieß der für die päpstl. Armenpflege zuständige Kleriker (heute ein Titularbf.) »eleemosynarius«. Der unmittelbaren Armenpflege eher abträgl. waren die → Bettelorden, die auch kein gemeinsames Eigentum besitzen durften und von den durch die Bettelmönche erbetenen A. lebten. Sie trösteten sich indes, dem Frommen Gelegenheit zum frommen Werk gegeben zu haben, das ihm Sündenvergebung verhieß. Das taten auch die A.- bzw. Ablaßprediger, die den → Ablaß der Sündenstrafen an ein A. für einen kirchl. Zweck knüpften (seit 1215 durch die 4. → Lateransynode reglementiert). Ihr berühmtester Repräsentant war der → Dominikaner Tetzel, der von 1517 an zugunsten des Neubaus von St. Peter den Ablaß predigte und damit Luther auf den Plan rief. Die Folge der darüber ausbrechenden Reformationsbewegung war die Aufhebung des Instituts der Almosenpredigt durch das → Trienter Konzil (1563) und der prot. Armenkasten (→ Armenpflege).

L: RAC I 301–307; G. Uhlhorn, Die christl. Liebestätigkeit, St ^{2}1895, (Ndr.) Da 1959.

Alpirsbacher Kreis. Die »Kirchl. Arbeit v. Alpirsbach« wurde 1933 vom dortigen Stadtpfarrer W. Schildge begründet, um durch Pflege der Gregorianik im prot. Raum dem ökumenischen Gedanken im Gemeindeleben Eingang zu verschaffen. Im → Kirchenkampf betätigten sich die »Mitwirkenden« innerhalb der → Bekennenden Kirche und bekannten sich zur → Barmer Theol. Erklärung. Der Einfluß von Karl Barth (→ Dialektische Theologie) und seiner Gefolgsleute ließ neben den gottesdienstl. Gesang die Besinnung auf das »Wort« als Kern des Gottesdienstes treten. Das unterscheidet vom → Berneuchener Kreis und prägt auch die sog. »Wochen« des A. K., deren 7 Wochentage nicht nur gottesdienstl. ausgefüllt werden, sondern auch exegetisch-homiletische Arbeit und gesangl. → Exerzitien kennen. Der kirchl. Arbeitskreis gliedert sich in vier Regionen (Schwaben, Rheinland, Westfalen, Ostfalen mit Thüringen), die ein Kuratorium mit einem leitenden Präses koordiniert.

Q: F. Buchholz (Hg.), Die Complet, T 1950, ^{4}1962; Ders., Gesänge zur Messe, T 1951; Ders., Die Laudes, T 1953; Ders., Die Vesper, T 1956.

L: K. Esslinger – E. Weismann (Hg.), Singen und Sagen. R. Gölz zum Gedächtnis. Horn–Bad Meinberg 1986; TRE II 295–299 (E. Weismann).

Alte Kirche ist dem Ursprung nach keine historiographische, dem »Altertum« vergleichbare Bez., sondern ein axiomatischer Begriff. Das hängt schon dem griech. Wort »Ekklesia« (d. h. die Gemeinde der »Herausgerufenen«) und dem ihm inhärenten Erwählungsbewußtsein an. Bei seiner Personifizierung zur »Mater ecclesiae« wirkte auch der antike Sprachgebrauch mit, von Bürgern als »Kindern« ihrer »Mutter«-Stadt zu sprechen, wobei auch das spätjüdische Idiom den Begriff »Zion, unser aller Mutter« (4 Esra 10,7) kannte (vgl. Gal 4,26: die Vorstellung vom himmlischen Jerusalem und seinen »Kindern«). Zur Metapher »Mater ecclesiae« gesellte sich bald die von der »Virgo ecclesiae«, durch die apokalyptische Bez. des himmlischen Jerusalem als »geschmückter Braut« (Apk 21,2.9–14) angeregt. Ähnl. verwandelte sich für den Visionär der Hermasapokalypse (Mitte 2. Jh.) die ekklesiale Symbolgestalt der »Greisin« in eine »Braut« (vis. III 10,2–13,4 u. ö.); auch Jungfräulichkeit und kinderreiche Mutterschaft wurden bei solcher axiomatischen Symbolik nicht als Gegensätze empfunden (vgl. in der 2. Hälfte des 2. Jh. 2 Clem 2,1–3 mit Augustin, Conf. 8, 11, 27 am Ende des 4. Jh.). Für ihre Kontinuität sorgte neben dem Ideogramm der »jungfräul. Kirche«, das mit der »virgo Maria« verschmolz und zur »Ecclesia Maria« wurde, vor allem die bis tief in das → MA andauernde Auslegungsgesch. des »Hoheliedes«. Als im SpätMA die Aussagekraft symbolischer Bildsprache schwand, gaben sowohl der → Humanismus mit seiner Verehrung der »Alten« (d. h. Schriftsteller) wie auch die späte → Scholastik in ihrem Antagonismus zw. → via antiqua und via moderna dem Wertbegriff »A. K.« neue Impulse und Inhalte. Anders die → Gegenreformation. Der tridentinische Katholizismus (→ Trienter Konzil) stellte das Lehramt der Kirche so stark in den Mittelpunkt seines Systems, daß man auf eine Aufwertung der »A. K.« verzichten konnte. Das gilt auch für den Katholizismus der → Neuzeit. Die Aufwertung erfolgte hingegen sowohl durch altluth. → Orthodoxie als auch durch → Pietismus, indem man entweder in der Kirche der ersten drei Jh. die ideale Kirche erblickte (so G. Arnold, Die Erste Liebe, das ist: Wahre Abbildung der ersten Christen nach ihrem lebendigen Glauben und heiligen Leben, 1696) oder unter dem Eindruck der neuentwickelten Patrologie (→ Patristik) die »Kirchenväter« bis zu Johannes von Damaskus (8. Jh.) als Garanten doktrinaler Ursprünglichkeit bzw. Integrität betrachtete (so Hollaz, † 1713). Der Helmstädter Universitätsprof. Georg Calixt († 1656) hatte zuvor im Interesse interkonfessioneller Unionsgespräche (consensus quinquesaecularis → Luthertum) die Grenze mit dem 4. Ökumenischen → Konzil von Chalkedon 451 (→ Chalkedonismus) noch enger gezogen. Alle drei Abgrenzungsvorschläge sind noch heute im Gespräch, wobei die → Nestorianische Kirche mit der Selbstprädikation »Alte Kirche des Ostens« die Axiomatik des Begriffes am stärksten artikuliert. – Der Übergang zu seinem historiographischen Verständnis fällt in die Lebenszeit des Vaters moderner → Kirchengeschichtsschreibung, Johann Lorenz Mosheims († 1755). Im Geiste der Kontroverstheologie beschwor er noch in jungen (Kieler) Jahren die »Urteile der alten Christenlehre« (›Vindiciae antiquae Christianorum disciplinae‹, 1720) gegen den engl. Freidenker Toland († 1722), seine spätere KG hingegen veröff. er 1753 unter der hist. Präzisierung für die ersten 3 Jh. als ›De rebus Christianorum ante Constantinum Magnum Commentarii‹. Fortan sollten solche hist. abgegrenzten Epochenangaben die Vorherrschaft antreten. Wegen seiner Kontinuität sei das ›Lehrbuch der KG‹ (1886) von Franz Xaver Funk gen., das Karl Bihlmeyer ab der 6. Aufl. (1926) und dann Hermann Tüchle ab der 12. Aufl. (1951) betreuten; sein 1. Teil firmiert als ›Das christl. Altertum‹. Die gleiche Überschrift gebraucht auch das prot. ›Hb. der KG für Studierende‹ ([2]1923) von Gustav Krüger u. a. – Trotzdem hat der axiomatische Sprachgebrauch sich erhalten, und zwar innerhalb der prot. → Dogmengeschichte, wo Friedrich Loofs († 1928) den 1. Teil seines ›Leitfadens zum Studium der Dogmengesch.‹ als ›Dogmengesch. der alten Kirche bis zur Ausbildung der griech. Orthodoxie‹ (1890) überschrieb. Die Wiederbelebung des Wertbegriffs A. K. innerhalb der Kirchengeschichtsschreibung resultierte hingegen aus der Herausforderung, die für sie der Programmhumanismus eines Werner Jaeger († 1961) und die von ihm begründete Zs. mit dem axiomatisch ausgestatteten Titel ›Die Antike‹ (1924–44) waren. Die großartige, weil nur von ihm bestrittene Antwort war die Zs. ›Antike und Christentum‹ (1929–1940/50) von Franz Josef Dölger, der außerdem zusammen mit Hans Lietzmann das dann von Theodor Klauser fortgeführte, bis heute noch nicht abgeschlossene ›Reallexikon für Antike und Christentum‹ (1941 ff.; bisher 11 Bde) in Gang setzte. Daraus ist ein Forschungsinstitut in Bonn mit seinen Forschungsbänden ›Jb. für Antike und Christentum‹ (1958 ff.) entstanden, während Hans Lietzmann († 1942) seine bisher kaum erreichte Darstellung des spätantiken Christentums unter dem Titel ›Geschichte der Alten Kirche‹ (4 Bde, 1937–1944) veröff. und mit der Zeit der Kirchenväter enden ließ.

L: J. C. PLUMPE, Mater Ecclesia, Wa 1943; W. GESSEL, Monumentale Spuren des Christentums im römischen Nordafrika, in: Antike Welt 12 (1981) Sondernummer; P. STOCKMEIER, Glaube u. Kultur, Studien zur Begegnung v. Christentum u. Antike, D 1983; M. JACOBS, Das Christentum in der antiken Welt, Gö 1987; DERS., Die Reichskirche und ihre Dogmen, Gö 1987; G. BARDY, Menschen werden Christen. Das Drama der Bekehrung in den ersten Jhh., Fr-Bas-W 1988; C. COLPE – L. HONNEFELDER – M. LUTZ-BACHMANN (Hg.), Spätantike und Christentum, B 1992.

Altgläubige (russ. Starovercy, auch Staroobjadcy) widersetzten sich den an der griech.-orth. Liturgie orientierten Reformen des Patriarchen Nikon seit 1653 (→ Russ.-orth. Kirche; Verbot ritueller Gewohnheiten, z. B. Bekreuzigen mit 2 Fingern, Aussprache des Jesusnamens). Die Folgen waren das große Schisma (Raskól) und für die Großkirche der Verlust ma. Traditionen, da berühmte Ikonen und Miniaturhandschriften im Besitz der Raskólniki blieben. Verfolgungen durch die russ. Staatskirche führten zu Staatsfeindlichkeit und apokalyptischer Weltsicht: Mit Nikon sei die Herrschaft des → Antichristen und damit die Endzeit angebrochen. Diese Radikalisierung, die neben dem Staat auch den → Kriegsdienst und den Eid ablehnte, löste die innere Geschlossenheit auf. Eine bedeutende Gruppe (Bespopovcy) lehnte Bf.- und Priesteramt sowie Sakramente ab. Das begünstigte bei ihnen die widersprüchlichsten Irrlehren und damit seit dem 18. Jh. den weiteren Zerfall, dämpfte aber nicht den Fanatismus. So bietet die radikalste Gruppe der Philippovcy früheste Beispiele der Selbstverbrennung als Protest gegen die Verfolgungsbehörden. Umgekehrt zerstritten die Pomorcy in Nordrußland sich über das Ehesakrament, wobei die Fedossejevcy die Ehe verwarfen, die Danilovcy sie als profane Angelegenheit betrachteten. – Die gemäßigten Popovcy, die an

Amt und Sakrament festhielten, bewahrten hingegen stärkeren Zusammenhalt. Seit dem 18. Jh. schuf dafür ein kirchl. Zentrum auf dem Friedhof von Rogoshsk bei Moskau die Voraussetzung. Im 19. Jh. sicherte man sich aus Österreich den Erzbischofstitel und die → Apostolische Sukzession; 1801 fanden die Jedinovercy (»Geeinte Gläubige«) sogar den verwaltungsmäßigen Anschluß an die orth. Kirche. 1952 fand für die verschiedenen Gruppen der A. eine Friedenskonferenz statt. 1960 gaben sie 200 Priester für 300 Gemeinden unter einem Ebf. in Moskau an.

L: P. Hauptmann, Altruss. Glaube. Der Kampf des Protopopen Avvakum gegen die Kirchenreformen des 17. Jh., Gö 1963; K. Onasch, Russ. KG, Gö 1967, 70–87; H. H. Nolte, Sozialgesch. Zusammenhänge der russ. KG: Jahrbücher für Gesch. Osteuropas NF 23 (1975) 321–343. → Philipponen.

Alt-Katholische Kirche. Die alt-kath. Kirchengemeinschaft umfaßt bischöfl. verfaßte Kirchen des lat. Westens, die nicht zur Röm.-Kath. Kirche gehören; sie vereinigten sich 1889 in der sog. → Utrechter Union.

Der Anfang der A.K. liegt in der Ablehnung der Dogmen des 1. → Vatikanischen Konzils (1869/70) über den Jurisdiktionsprimat und die Unfehlbarkeit des Papstes. Anführer der Opposition waren dt. Theologieprofessoren, an der Spitze der Münchener Kirchenhistoriker Ignaz von Döllinger (1799–1890), der sich aber zu keinem Augenblick der A K. anschloß, ferner Johann Friedrich (München), Hubert Reinkens (Breslau) u. Heinrich Reusch (Bonn); es fehlte aber auch nicht an prominenten Laien, z.B. Friedrich Schulte (Prag). 1871 tagte unter Schultes Vorsitz in München der 1. Kongreß mit mehr als 300 Delegierten der Opposition aus Dtl., Östr. und der Schweiz sowie mit einzelnen Katholiken aus Fkr., Irland und Brasilien, ferner mit Vertretern der → Kirche von Utrecht, der Church of England (→ Anglikanismus), der Protestant Episcopal Church in den USA, der → Orth. Kirchen und der ev. Kirchen in Dtl. Gegen Döllingers Warnung beschloß man den Aufbau einer selbständigen kirchl. Organisation mit der Gründung eigener Gemeinden. In Dtl. wurde Reinkens (1821–96) 1873 von 21 altkath. Priestern und 56 Laien zum Bf. gewählt. Die Weihe spendete ihm ein Bischof der → Kirche von Utrecht, der Bischof Heykamp von Deventer, so daß die → Apost. Sukzession gewahrt blieb. Pius IX. verhängte am 9. 11. 1873 über Reinkens die Exkommunikation (→ Kirchenbann). In einigen Ländern (Hessen-Darmstadt, Baden und Preußen) durften die Alt-Katholiken kath. Kirchen und Friedhöfe mitbenutzen. Die neue Kirchenordnung trat 1973 in Kraft. Bayern erkannte die A. K. erst 1919 als eine Körperschaft des öff. Rechts an; seit 1950 werden staatl. Zuschüsse gewährt. In Dtl. erreichte die A.K. 1875 mit rund 70000 Mitgliedern (heute dagegen nur noch ca. 17000) den höchsten Stand. – In der Schweiz entstand 1875 aus romfreien Gemeinden die Christkath. Kirche. Als erster Bf. fungierte der Luzerner Theologieprof. Eduard Herzog (1841–1924). Der höchste Mitgliederstand wurde hier 1876 mit ungefähr 73000 erreicht. – In Östr. bildete sich 1871 in Wien ein altkath. Aktionskomitee; 1877 wurden vier altkath.

Gemeinden vom Staat anerkannt. 1881 zählte man ungefähr 6000 Altkatholiken. 1918 wurden das östr. Bt. (Bischofssitz: Wien) und das dt.-tschechische Bt. (Bischofssitz: Warnsdorf) gegr. – In den USA besteht seit 1897 die Polnisch-National-Kath. Kirche, die 1926 ungefähr 60000 Mitglieder umfaßte; hinzu kam in Polen selbst die Polnische Kath. Kirche mit 150000 Gläubigen.

Grundlage des Bekenntnisses der A. K. ist die Utrechter Erklärung von 1889. Danach bekennen die Alt-Katholiken sich zum urspr., unveränderten, universalen Glauben und zur Kirchenordnung der ungeteilten Kirche des 1. Jahrtausends (vgl. Kanon des Vinzenz von Lérins); sie akzeptieren »den hist. Primat (→ Papsttum), wie denselben mehrere Ökumenische → Konzilien und die Väter der → Alten Kirche dem Bf. von Rom als dem primus inter pares zugesprochen haben mit der Zustimmung der ganzen Kirche des 1. Jahrtausends«, und weisen die Dogmen des 1. → Vatikanischen Konzils zurück. 1952 erhielt diese Erklärung eine neue Fassung. Der »Glaubensbrief« der Internationalen Alt-Kath. Bischofskonferenz von 1969 enthält eine ausführl. Darlegung des alt-kath. Bekenntnisses auf der Grundlage der Utrechter Erklärung. Zum Primat des Papstes veröff. die Bischofskonferenz 1970 eine eigene Stellungnahme. Die Glaubenssätze über Maria lehnt die A. K. entschieden ab. Die wahre kath. Kirche denkt man sich als Vereinigung aller Zweige der von Christus gestifteten Kirche. Festgehalten werden der sakramentale Charakter des Priestertums, das Bischofsamt und die Apost. Sukzession; abgelehnt wird eine Definition von der Transsubstantiation (Wandlung bei der Meßfeier). Ohrenbeichte und Bußandacht gelten als gleichwertig. Kultsprache ist die jeweilige Landessprache. Der Priesterzölibat als Gesetz wurde in Dtl. schon 1878 aufgehoben, die Frauenordination 1994 ermöglicht und 1996 erstmals vollzogen. Die A. K. besteht aus selbständigen Bistümern. Der Bf. wird von Delegierten der Geistlichen und der Laien aller Gemeinden auf Lebenszeit gewählt u. von anderen Bischöfen geweiht. Den Vorsitz bei Internationalen Altkath. Kongressen führt der altkath. Ebf. von Utrecht.

Seit Jahrzehnten laufen die Bemühungen um eine formelle Wiedervereinigung der verschiedenen → Autonomen Kath. Kirchen (→ Orthodoxe, → Anglik. und A. Kirchengemeinschaft). Eine solche Union besteht seit 1931 zw. der Anglik. und der A. Kirchengemeinschaft. Ferner sind die A. K. Spaniens, Portugals und der Philippinen seit einigen Jahren mit der Anglik. und der A. Kirchengemeinschaft durch Interkommunion verbunden. Außerdem besteht Kommuniongemeinschaft zw. der A. K. und der EKD. Die A. K. Dtl. und die Christkath. K. in der Schweiz (sowie noch weitere A. K.) sind Mitglieder des → Ökumenischen Rates der Kirchen.

P: IKZ, Bern 1911ff.; Alt-Kath. Jb., Bo 1901ff.

Q: Corpus Confessionum, Lieferung 6, B–L 1935–36, 1–236; W. KRAHL, »Ökumenischer Katholizismus« – Alt-Kath. Orientierungspunkte u. Texte aus zwei Jahrtausenden, Bo 1970.

L: J. F. v. SCHULTE, Der Altkatholizismus. Gesch. seiner Entwicklung, inneren Gestaltung u. rechtl. Stellung, Gie 1887; (Ndr.) Aalen 1965; U. KÜRY, Die Altkath. Kirche, St 1966, [3]1982; ALGERMISSEN 570–613; V. CONZEMIUS, Katholizismus ohne Rom. Die altkath. Kirchengemeinschaft, Z–Ei–Kö 1969; E. KESSLER, Johann Friedrich (1836–1917), Mn 1974; A. FRANZEN, Die Kath.-Theol. Fakultät Bonn im Streit um das Erste Vatik. Konzil, Kö–W 1974; P. AMIET – U. v. ARX – H. FREI u.a., Christkatholisch. Die christkath. Kirche der Schweiz in Gesch. u. Gegenwart, Z 1978; P. NEUNER, Döllinger als Theologe der Ökumene, Pa 1979; H. J. VAN DER MINDE, Für ein offenes Christentum, Mn 1994; A. BERLIS – K.-D. GERTH (Hg.), Christus Spes. Fs. S. Kraft, F 1994. – TRE II 338–344. – Atlas KG 111 A–C.

Altlutheraner. Im Jubiläumsjahr der → Augsburger Konfession 1830, das vom preuß. Kg. zur Einführung der Union (→ Unionen im Protestantismus) in den ihm unterstehenden Landeskirchen (→ Landeskirchentum) ausersehen war, protestierten gegen die damit verbundenen Veränderungen ihres Bekenntnisstandes die A. (→ Agendenstreit). Kernland des Widerstandes war Sachsen, wo der Einsatz für die »Reinerhaltung« von Luthers Glauben Tradition war und schon früher Einzelfälle des Widerstandes gegen das calvinist. (→ Calvinismus) Königshaus vorgekommen waren (vgl. die Amtsenthebung des luth. Gesangbuchdichters Paul Gerhardt durch den Großen Kurfürsten 1666). Daneben trat Schlesien hervor, wo der luth. Konfessionalismus durch die Verbindung mit dem → Pietismus eine größere Beweglichkeit entwickelte. So entstand denn auch 1830 in Breslau die erste freikirchliche Gemeinde (→ Freie ev. Gemeinden) der A. Das Wachstum der luth. → Freikirchen wurde auch nicht durch Polizeiaktionen unter Militäreinsatz, Inhaftierung der Geistlichen u.a.m. verhindert, so daß der preuß. Staat 1845 den Rechtsstatus des Korporationsrechtes zubilligen mußte. Es kam zur Bildung eines Oberkirchenkollegiums, zum Institut einer Generalsynode und 1883 zur Gründung eines theol. Seminars in Breslau. Nach dem 2. Weltkrieg lösten sich die alten Stammgemeinden im Osten auf, hielten sich aber in der DDR; sie haben mit den westdt. Gemeinden eine Kirchenleitung (Wuppertal-Barmen). Aus dem theol. Seminar ist 1948 die »Theol. Schule« in Oberursel/Taunus geworden. Diese wird gemeinsam mit der Ev.-Luth. Frei-Kirche Hessen-Nassaus (→ Luth. Kirchen) betrieben. Die A. gehören wohl der ›Vereinigung ev.-luth. Freikirchen in Deutschland‹ (1958) an, nicht aber der → EKD und lehnen sogar die Kirchengemeinschaft mit der → VELKD ab. 1972 vereinigte man sich mit anderen luth. Freikirchen zur ›Selbständigen Ev. Luth. Kirche‹.

Q: Grundordnung der SELK, Wuppertal 1972.

L: FAHLBUSCH 143–145.

Altpreußische Union (APU). Hatte noch das Allg. Preuß. Landrecht (1794) die »Kirchengesellschaften«, d.h. die lokalen Kirchengemeinden als Rechtsnachfolger landeskirchl. Religionshoheit legitimiert, so sollte die preuß. »Erhebung« im Widerstand gegen Napoleon erneut das »Bündnis von Thron und Altar« beschwören. Insbes. der Kultusminister

Friedrich Wilhelms III. (1797–1840), Altenstein, im Jahr des Wartburgfestes 1817 ernannt, gab ihm die Gestalt landesherrl. Summepiskopats (→ Staatskirchentum). Der Kg. verfügte zunächst die Union der luth. und ref. Hofgemeinden in Potsdam (1817), um dann durch eine von ihm selbst verfaßte Agende heterogener Elemente die Einheitsliturgie in seinen Landeskirchen voranzutreiben (1822). An dem darob entbrennenden → Agendenstreit, in dem auch F. Schleiermacher (1768–1834) gegen die Union opponierte, verfestigte sich sogar das kgl. Recht, als oberster Bischof Agenden einzuführen (ius liturgicum) und Kirchenbehörden zu verstaatlichen. Nur die ›Rhein.-Westfälische-Kirchenordnung‹ (1835) konnte synodal-presbyteriale Tradition wahren, während in Schlesien die → Altlutheraner den Bruch vollzogen. Friedrich Wilhelm IV. (1840–1861) trug dem Rechnung und gab nicht nur der Synodalverfassung Raum, sondern führte auch als Folge der liberalen Revolution von 1848 die prinzipielle Trennung von Staat und Kirche durch (1850: sog. oktroyierte Preuß. Verfassung). Allerdings blieben die Religionsdepartements im Kultusministerium erhalten, wobei der »Ev. Oberkirchenrat« (seit 1850) summepiskopale Funktionen übernahm, die auch nicht durch die »Kirchengemeinde- und Synodalordnung« (1873) und die »Generalsynodalordnung« (1876) für Altpreußen (Brandenburg, Pommern, Posen, Preußen, Schlesien, Rheinprov. Westfalen, Sachsen) gemindert wurden. Sie blieben bis 1918 in Geltung. → Ev. Kirche der Union.

Q: W. Goebell, Die rhein-westfälische Kirchenordnung, 2 Bde, Duisburg 1948–1954; G. Ruhbach, Kirchenunionen im 19. Jh., Gü ^{2}1968.

L: W. Elliger – W. Delius (Hg.), Die Ev. Kirche der Union, Witten 1967; E. Lessing, Zw. Bekenntnis u. Volkskirche. Der theol. Weg der Ev. Kirche der A. U. (1922–53), Bielefeld 1992.

Alumbrados (span. Erleuchtete), eine der → Mystik verwandte Bewegung im Spanien des 16. u. 17. Jh. Unter den Anhängern ragen heraus die → Franziskaner Juan de Olmillos und Francisco de Ocana. Kirchl. und nichtkirchl., bes. reformatorische Gedanken waren bei diesen Gruppen eng miteinander verbunden, so daß eine genaue Einordnung schwer fällt. Deshalb auch behielt die span. → Inquisition die A. scharf im Auge. Sie lebten zurückgezogen, ganz dem Gebet hingegeben.

L: B. Llorca, Die span. Inquisition u. die A., B 1934; H. S. Otero, En torno a los alumbrados del Reino de Toledo: Salmanticensis 2 (1955) 614–654.

Amalrikaner nannte man im Pariser Universitätsleben des 13. Jh. jene Schüler, die nach dem Tode des Amalrich von Bena (Bène bei Chartres; † nach 1204) das pantheistische System ihres Lehrers in eine mystisch-schwärmerische Heilslehre umwandelten und sich in Konventikeln organisierten. Amalrich, selber nichttheol. Mitglied der Pariser → Artistenfakultät, hatte sich nur gegenüber jenem Pantheismus offen gezeigt, den arabische Philosophen wie Averroes († 1198) vertraten, da er die Gegensätze zw. aristotelischer Seinsmetaphysik und christl. Offenbarungstheologie durch Hinweis auf die verschiedenen Aspekte der Hermeneutik zurückführte, um gleichzeitig der Neuentdeckung der originalen Aristotelesschriften zur Metaphysik gerecht zu werden. Das war nicht nur im Interesse Amalrichs, sondern hernach auch der → Dominikaner und → Franziskaner. Zu seiner Zeit aber machte er sich häresieverdächtig. Dem Angeklagten half nicht, daß er sich auf Bibelstellen (1 Kor 12,6; Eph 5,30) und auf den neuplatonischen Pantheismus des hochgeachteten Pariser Theologen Johannes Scotus Eriugena († ca. 870/77) verließ. In einem → Lehrzuchtverfahren half auch nicht der Appell an den Papst; er mußte widerrufen. Dazu waren die A. nicht bereit. Sie verurteilte eine Pariser Synode 1210 als Ketzer zum Feuertode (durch die 4. → Lateransynode 1215 bestätigt). Es verdammte zugleich postum Eriugena und ein weiteres Mitglied der Pariser Artistenfakultät, David von Dinant († nach 1210), der gleichfalls auf den neuentdeckten Aristoteles zurückgriff, um jetzt aber dem von ihm vertretenen Pantheismus einen materialistischen Grundzug zu geben. Eben diese Auswirkung führte zum Aristotelesverbot von 1210 und zum gleichzeitigen Verbot des Studiums der arabischen Aristoteleskommentatoren. Ausschließl. die Mitwirkung an einer vorübergehenden, dann noch Ende des 13. Jh. sich wiederholenden Diskreditierung des Aristoteles hebt die A. aus der temporären Aktualität heraus.

Q: COD 233; D–S 808; MANSI 22, 801–804.

L: J. MIETHKE, Papst, Ortsbischof u. Univ. in den Pariser Theologenprozessen des 13. Jh.: Miscellanea Mediaevalia 10 (1976) 52–94. – TRE II 349–356.

Ambrosianer. [1] A. (Fratres S. Ambrosii), eine Gemeinschaft von Eremiten, die im 14. Jh. zu Mailand entstand, mit päpstl. Erlaubnis nach der → Augustinusregel lebte und die Messe nach ambrosianischem Ritus feierte. Recanati wurde das Hauptkloster. Die 1441 zu einer Kongreg. erhobene Genossenschaft ging Mitte des 17. Jh. unter. Die *Ambrosianerinnen* dagegen, erst Mitte des 15. Jh. als weibl. Zweig der Ambrosius-Brüder in Varese bei Mailand gestiftet, bestehen heute noch als ›Agostine Ambrosiane‹.

[2] A. oder ›Oblaten des hl. Ambrosius und Karl Borromäus‹, eine Ges. von Weltgeistlichen, die der Bf. von Mailand, Karl Borromäus (1538–84, kan. 1610), um 1578 hauptsächl. für die Seelsorge und → Armenpflege gründete.

Sie wurde im 19. Jh. vom Mailänder Ebf. Romilli neu belebt und 1857 von Kard.-Ebf. Manning (2. → Vatik. Konzil) in London eingeführt.

L: HEIMBUCHER I 598f., II 560f.

Ambrosiaster, ein so von Erasmus (→Humanismus) benannter Kommentar zu den 13 Paulusbriefen (ohne Hebr), den man bis dahin Bf. Ambrosius von Mailand († 397) zugeschrieben hatte. Doch schon die Ablehnung der allegorischen Methode im Kommentar erweist die Zuweisung als falsch. Der anonyme Verfasser lebte ca. 370 in Rom. Er verfügte über eine vor der sog. → Vulgata des Hieronymus (ca. 382–385) liegende

Übers. des NT und außerdem über ein ausgezeichnetes exegetisches Rüstzeug. Dies wie auch das Ansehen des mailändischen → Kirchenlehrers verschafften seinem Werk und seinen Anschauungen (Röm 5,12: »in quo omnes peccaverunt«, auf Adam bezogen; synergistische (→ Synergismus) Gnadenlehre: Mensch und Gott wirken bei der Erlösung zusammen) dogmengeschichtl. Fernwirkung.

Q: CSEL 81.

L: Altaner-Stuiber 389f.; A. Stuiber, A.: TRE II 356–362.

Amerikanismus bez. nach Leos XIII. Brief ›Testem benevolentiae‹ vom 22. 1. 1899 an Kard.-Ebf. James Gibbons von Baltimore einige von der kirchl. Lehre abweichende Ansichten, z. B. die Notwendigkeit einer Neuinterpretation bestimmter Dogmen (→ Dogmengesch.) und die Geringschätzung der übernatürl. im Vergleich zu den natürl. Tugenden. Außerdem verbindet man mit A. das Streben nach einer größeren → Gewissens- und Handlungsfreiheit der Katholiken, spez. in Fkr. das Eintreten für die Republikaner. Die Anhänger des A. plädierten für eine Öffnung der Kirche gegenüber der aus der Revolution hervorgegangenen Moderne (American Way of Life). An der Spitze stand der einstige → Redemptorist Isaac Hecker († 1888), der 1858 die → Missionsges. vom hl. Paulus (→ Paulisten) gründete, um die Protestanten der kath. Kirche zurückzugewinnen. Dieses Zieles wegen sollten manche Glaubenswahrheiten zwar nicht geleugnet, wohl aber verschwiegen werden. Zu einer heftigen Kontroverse kam es, als W. Elliot die Biographie ›The Life of Father Hecker‹ (NY 1891) veröff. und eine frz. Übers. mit einer lobenden Einleitung des Pariser Theologieprof. Felix Klein erschien. Zu den Gegnern, die dem A. Irrtümer und Übertreibungen meist zu Unrecht anlasteten, zählte in Fkr. Charles Maignen. Leo XIII. stellte sich in dem gen. Brief auf die Seite der Artikel von Maignen gegen die frz. Übers., verurteilte einige Meinungen, ohne aber die gesamte Biographie auf den Index der verbotenen Bücher (→ Bücherzensur) zu setzen. Kard. Gibbons betonte in seiner Antwort an den Papst: »Diese Lehre, die ich wohlüberlegt als extravagant und absurd bezeichne, dieser ›Amerikanismus‹, wie sie gen. worden ist, hat mit den Ansichten, den Hoffnungen, der Lehre und dem Verhalten der Amerikaner nichts gemeinsam.«
→Modernismus.

Q: AAS 31 (1898–99) 470–479; D–S 3340–3346.

L: J. T. Ellis, The Life of Cardinal Gibbons, 2 Bde, Milwaukee 1952; Th. T. Mc Avoy, The Great Crisis in American Catholic History 1895–1900, Ch 1957; G. P. Fogarty, The Vatican and the Americanist crisis. Denis J. O'Connell, American Agent in Rome, 1885–1903, R 1974; Ders., The Vatican and the American Hierarchy since 1870, St 1982; O. Confessore, L'A. in Italia, R 1984; Dies., L'A., in: Critica Storia 12 (1991) 623–638.

Anachoretentum. Teilte bereits das Urchristentum mit der messianischen Bußbewegung Johannes' des Täufers die eschatologisch bedingte Weltverachtung, so wurden Ende des 3. Jh. überall die Abkehr von einem weltförmig gewordenen Christentum und Flucht in die Abgeschiedenheit zum Ausdruck genuin christl. Protestes. Unwirtl. Landschaften, vor allem die Wüsten wurden bevorzugt, weil sie als Aufenthaltsort der Teufel, Dämonen und Gespenster galten. Wie Christus selber (Mt 4,1) wollte das A. der teufl. Versuchung Stirn bieten, so aber auch die christl. Vollkommenheit (Mt 5,48; 19,21) erringen. – Die reinste Figur des A. repräsentiert daher der Wüstenheilige Antonius (Anachoret seit 285), dem Athanasius von Alexandrien durch sein ›Leben des hl. Antonius‹ wie auch dessen Übersetzer ins Lateinische weltweiten Ruf verschafften. Viele andere Bewunderer der »Väter der Wüste« (Euagrius; Palladius) mehrten solchen literarischen Ruhm. Eine zweite, nicht minder klass. Form des A. wollte im Sinne der Christusnachahmung (Mt 8,20) das Ideal asketischer Heimatlosigkeit verwirklichen (→ iroschottische Kirche) und sollte dadurch neben dem ägyptischen → Mönchtum gleichgewichtige Bedeutung gewinnen. Hingegen repräsentierte der dritte Typ des A. in Gestalt des Säulenheiligen orientalisch-syr. Mönchtum; ihn machte vor allem Symeon Stylites († 459) berühmt. Diese Säulenheiligen, die auf Bewunderung und Wegzehrung der Gläubigen angewiesen waren, scheuten selbst die Stadtzentren Konstantinopels nicht. Die Eremitenkolonie als vierte Gestalt bereitete das Gemeinschaftsleben in den Klöstern (→ Koinobitentum) vor. Wohl lebten die Eremiten für sich in den Klausen, aber in der Nähe eines berühmten »Vaters« (Abbas; koptisch Apa), ihres Seelenleiters. Das schuf Gemeinschaft (Gottesdienste), außerdem eine Genossenschaft zum Absatz der Handarbeiten und zur Sicherung des Lebensunterhalts (»Rat der Greise« als Mittler zur »Welt«). Aus dieser lebhaften Welt der Eremitenkolonien gingen die »Aussprüche der Väter« (→Apophthegmata patrum, auch: Gerontika) hervor, die in mehreren Sammlungen, Redaktionen und Übers. erhalten sind; für die urchristl. Logiensammlungen sind sie von formgesch. Interesse.

L: H. BACHT, Von Antonius bis zu Pachomius: Antonius magnus Eremita, R 1956; H. DÖRRIES, Wort u. Stunde, Bd. I, Gö 1966, 145–224; P. NAGEL, Die Motivierung der Askese in der alten Kirche u. der Ursprung des Mönchtums, B 1966; T. BAUMEISTER: Der aktuelle Forschungsstand zu den Pachomiusregeln, in: MThZ 40 (1989) 313–321; M.-E. BRUNERT, Das Ideal der Wüstenaskese u. seine Rezeption in Gallien bis zum Ende des 6. Jh., Mr 1994.

Angelsächsische Mission. Von den Anfängen an trug sie die Merkmale der südengl. Heimatkirche als Bischofskirche. Wollte die Mission der → Iroschotten das Christusideal asketischer Heimatlosigkeit verwirklichen, so war die a.M. auf die Ausdehnung des Reiches Gottes mittels kirchl. Organisation bedacht. Ebf. Wilfrith von York, ihr Begründer († 710), vertrat zudem das petrinische Konzept der »ecclesia universalis« (»primatus Petri«) und bejahte folgerichtig sowohl die päpstl. Gesamtjurisdiktion wie die Metropolitanverfassung. Mit letzterer sicherte sein Schüler Willibrord († 739) die kontinentalen Missionserfolge bei den Westfriesen, indem er als Ebf. Clemens von Utrecht (695) an die Spitze der Friesenkirche trat. Angelsächs. und röm.-kath. Tradition vereinten sich vor allem in der Frankenmission Winfrids. In Rom ließ er sich als »Bonifatius« zum Heidenmissionar für Hessen und Thüringen ernennen (719), um dann nach den eindrucksvollen Erfolgen abermals in Rom zum Missionsbischof Germaniens geweiht zu werden. Er leistete dem Papst den Treueid der suburbikarischen Bischöfe Mittelitaliens (722). Beim 3. Romaufenthalt (738) zum »germanischen Legaten des apost. Stuhles« ernannt, unterstellte er bestehende Bistümer Bayerns (Augsburg, Regensburg, Salzburg) Rom, wie er auch bei Errichtung der Bistümer Würzburg und Erfurt verfuhr und seiner Lieblingsgründung, dem Michaelskloster Fulda, das Privileg der → Exemtion verschaffte. Weniger erfolgreich war er bei der Reorganisierung der westfränkischen Landeskirche (seit 741). Die karolingischen Hausmeier Austriens und Neustriens gestatteten wohl die Reform des geistl. Standes nach kanonischem Recht wie die Einführung der → Benediktregel in den Klöstern, versagten sich aber der Metropolitanverfassung und damit der päpstl. Jurisdiktion. Damit zeichnete sich bereits recht früh die Entwicklung zum frz. → Gallikanismus ab, während die a. M. ihre bleibenden Spuren am meisten in den ostrhein. Missionsgebieten hinterließ.

Q: MIRBT–ALAND 502f.; M. ERBE (Hg.), Quellen zur germanischen Bekehrungsgesch. (5.–8. Jh.), Gü 1971; KThQ II 8.

L: T. SCHIEFER, Winfrid-Bonifatius u. die christl. Grundlegung Europas, Fr 1954, (Ndr.) Da 1973; G. KIESEL u. a. (Hg.), Willibrord, Luxemburg 1989; H. DICKERHOF u. a. (Hg.), Der hl. Willibald, Rb 1990. – Atlas KG 25 C.

Anglikanismus bez. innerhalb der anglik. Kirchengemeinschaft jene Bewegung, die typisch »kath.« Frömmigkeitsmerkmale mit typisch »prot.« gleichwertig und darin unterschiedl. zum → Anglokatholizismus zu vereinen sucht. Die Anfänge in der *Kirche von England* (Church of England) sind jedoch beiden gemeinsam.

Deren früheste Wurzel kann in der ›Magna charta libertatum‹ (1215) und ihrem Satz »Ecclesia Anglicana sit libera« gefunden werden. Mit ihnen verfocht der Primas und Ebf. von Canterbury für sich und die ihn unterstützenden Barone die Freiheit gegen den Kg. wie gegen die →Röm. Kurie, was ihre Verdammung durch Innozenz III. (1198–1216) zur Folge hatte. Ebenso konsequent war Roms Verdammungsurteil (1535, erst 1538 veröff.), als das engl. Parlament in der → Suprematsakte von 1534 Kg. Heinrich VIII. als »supreme head in earth of England« anerkannte. War mit dem ›Book of common prayer‹ (1549) außerdem der landesherrl. Summepiskopat proklamiert, so zerschnitt man mit den sog. 42 Artikeln (luth. Rechtfertigungs- und calvinische Abendmahlslehre) das Band mit Rom, das unter Königin Elisabeth I. weder die → Uniformitätsakte (1559) noch die sog. 39 Artikel (1563; → Calvinismus) mit ihren leichten Abstrichen wieder knüpfen konnten. Auf engl. Boden mußte daher das Zeitalter der → Gegenreformation als »Jh. der Revolutionen« verlaufen, an dessen Ende mit der »Glorious Revolution« (1688) und der die → Sozinianer und röm. Katholiken ausschließenden Toleranzakte von 1689 die endgültige Absage an Rom stand. Dagegen wurde das Jh. der Bürger-

und Religionskriege zur Wiege konfessioneller Opposition gegen die anglik. Staatskirche. Diese hatte schon unter Elisabeth I. ihr calvinistisches Haupt erhoben (→ Puritanismus), was damals zur Einsetzung einer »High Commission« zur Bestrafung aller »Nonconformists« oder »Dissenters« führte (1583). Neben diese traten im 17. Jh. die »Kongregationalisten« oder »Independenten«, die das → Staatskirchentum gleichfalls verwarfen, aber jetzt für die Einzelgemeinde rel. Autonomie forderten (→ Kongregationalismus). Gehör fanden sie vor allem bei einer vom Humanismus und erneuerten Platonismus beeinflußten Religionsphilosophie an den Universitäten, deren Weitherzigkeit man gelehrt »Latitudinarismus« nannte. So konnten sich sog. »Denominationen« innerhalb und neben der anglik. Staatskirche bilden (z. B. → Quäker), wobei den Geistlichen dieser Kirchen nur die Beschwörung der »39 Artikel« auferlegt wurde.

Als 1811 die Bischöfl. Kirche von Schottland besagte Artikel gleichfalls anerkannte, wurde eine Anglik. (Kirchen-) Gemeinschaft (Anglican Communion) hergestellt, deren Traditionalismus (kath. Meßritus unter Ablehnung der Transsubstantiation → Abendmahlsstreitigkeiten, dafür Betonung von Epiklese und Anamnese; → Apost. Sukzession; → Episkopalismus) und staatskirchl. Rechtsposition die → Aufklärung (17./18. Jh.) unangefochten überdauerten. Die zeitgenössische Kolonisation bot zudem die Chance, sich außer Landes erfolgreich neben den zur Auswanderung getriebenen Puritanern und Katholiken in den nordamerikanischen Staaten Neu-Englands zu behaupten. Der Latitudinarismus bot sowohl der High-Church (→ Anglokatholizismus) wie der Low-Church (heute → Evangelikale) und der Broad-Church (heute sog. »Liberale«) anglik. Heimatrechte und schuf so die Voraussetzung, daß heute in Nordamerika die Anglik. Kirche von Kanada ebenso wie die Prot. → Episkopalkirche zum A. zählen. Im Zeitalter des Kolonialismus (19. Jh.) knüpfte der A. zusätzl. Bande der Mutterkirche zu den Subkontinenten (Indien, Australien, Südafrika) und erwies sich bei der Auflösung des Commonwealth nach dem 2. Weltkrieg (Gründung der unabhängigen Kirchenprovinzen Kanada, Australien, Südafrika) als wichtige Klammer. Er umspannt den Globus, auf dem viele Völker die »Queen« als »governor« ihrer Kirche anerkennen, während der Episkopat in insgesamt 365 Diözesen dem jeweiligen Ebf. von Canterbury in Loyalität sich verpflichtet fühlt. Heute lebt die Mehrheit der Anglikaner (65 Millionen) »in Übersee«. – In den USA u. in Kanada gibt es seit 1976, in der Kirche von England seit 1994 auch Priesterinnen.

Q: F. E. Brightman, The English Rite, 2. Bde, O 1915; Mirbt-Aland 611, 814; KThQ III 122–127; G. R. Evans – J. R. Wright, The Anglican Tradition, Lo 1991.
L: H. H. Harms, Die Kirche v. Engl. u. die anglik. Kirchengemeinschaft, St 1966; J. J. Hughes, Zur Frage der anglikanischen Weihen. Ein Modellfall festgefahrener Kontroverstheologie, Fr–Bas–W 1973; S. Neill, Anglicanism, O [4]1977. – TRE II 712–723. – Atlas KG 77 B, 93, 111 D–114.

Anglokatholizismus bez. eine katholisierende Richtung innerhalb der Kirche von England (→ Anglikanismus). Der Ausdruck anglo-kath. begegnet erstmals im Titel ›Library of Anglo-Catholic Theology‹, den die 88-bändige Ausgabe (1842–74) von Werken anglik. Theologen des 17. Jh. trägt. Diese Publikation sollte den Beweis erbringen, daß die theol. Verwandtschaft mit der → Röm.-Kath. Kirche bis in das 17. Jh. (Haupttheologe Lancelot Andrewes, † 1626) zurückreicht. Allerdings meinte man nicht die tridentinische Kirche (→ Trienter Konzil), sondern die röm. Kirche als den Hauptzeugen der altchristl. Überlieferung. »Im letzten und eigentl. Sinne lebt der A. von dem Anspruch, den besseren Katholizismus als Rom darzustellen, d. h. die größere Treue und die stärkere Gewissenhaftigkeit gegenüber der vom Altertum her überlieferten, notfalls wiederzugewinnenden christl. Substanz« (M. SCHMIDT). Fragl. ist, ob der seit dem 19. Jh. tätige A. mit Bestrebungen des 16. und 17. Jh., kath. Traditionen innerhalb der Kirche von England aufzunehmen, in Verbindung gebracht werden darf.

Die Anfänge des modernen A. liegen in der sog. *Oxford-Bewegung* (seit 1833), angeführt von J. Keble (1792–1866), J. H. Newman (1845 zur kath. Kirche konvertiert, † 1890) und E. B. Pusey (1800–1882), die apost. und kath. Elemente in die Kirche von England aufzunehmen suchte, um gleichzeitig Tendenzen des → Liberalismus und Säkularismus (→ Säkularisierung) fernzuhalten. Geistiges Zentrum war St. Mary's in Oxford; hier hielt Newman seine berühmt gewordenen Predigten. Er wollte die 39 Grundartikel der Kirche von England (aus dem Jahre 1563) im röm.-kath. Sinn verstanden wissen (Tracts for the Times, nr. 90). Wenn sich auch die Hauptwertschätzung auf die kath. Liturgie richtete, so gewannen doch auch theol. Fragen eine immer größere Bedeutung. Nach der sog. Branch-Theorie (engl. branch = Zweig) stehen die Röm.-Kath. Kirche, die orthodoxen Ostkirchen und die anglik. Kirche auf derselben apost. Grundlage und gelten als rechtmäßige Zweige der Väterkirche. Später sprach man nicht mehr von einzelnen Zweigen, sondern von Teilkirchen mit nationalem oder lokalem Charakter. G. D. Rosenthal unterschied auf dem Anglokath. Kongreß 1930 zw. unitas (es gibt nur einen christl. Leib) und unio (die Glieder arbeiten zusammen); nur letztere sei zerstört. Ein namhafter Vertreter der Branch-Theorie, die von Rom stets abgelehnt wurde, war Friedrich Heiler († 1967; → Una-Sancta-Bewegung). – Als erste Phase der Oxford-Bewegung gilt der Tractarianismus; gen. nach den 90 Flugschriften ›Tracts for the Times‹ (1834–41), deren Ziel in der Kontinuität mit der Alten (d. h. vorreformatorischen) Kirche bestand. Die zweite Phase bildet seit der Mitte des 19. Jh. der bes. von E. Manning (später kath. Erzbf. und Kard., † 1892) geförderte Ritualismus mit dem Schwergewicht auf der (kath.) Liturgie, der Ausgestaltung des Gotteshauses und dem Glaubensleben der Kirchengemeinde.

Die Anglokatholiken schlossen sich 1860 innerhalb der Kirche von England in der ›English Church Union‹ zusammen, die zunächst von E. B. Pusey und seit 1866 von Lord Halifax († 1934), der seine ganze Kraft der Wiedervereinigung der anglik. mit der kath. Kirche widmete, angeführt wurde. Die Unterdrückungsversuche des engl. Parlaments (1874) blieben erfolglos. Inzwischen fanden zahlreiche Forderungen der Ritualisten Eingang in das ›Book of Common Prayer‹ und in die kirchl. Praxis. Eine schwere Enttäuschung bereitete Leos XIII. Bulle ›Apostolicae curae‹ (1896) mit der Entscheidung, daß die anglik. Weihen ungültig seien.

Die auf Initiative und unter Führung von Halifax und Kard.-Ebf. Mercier von Mecheln († 1926) veranstalteten Verständigungsgespräche (sog. Mechelner Gespräche 1921–26; → Una-Sancta-Bewegung) verliefen hoffnungsvoll, endeten aber mit Merciers Tod. Dieser hatte noch 1925 die Gründung einer mit Rom unierten anglik. Kirche (mit einem autonomen → Patriarchat in Canterbury) vorgeschlagen. Eine neue Phase der Beziehungen begann 1960 mit dem Besuch des anglik. Ebf. Fisher bei Johannes XXIII. im Vatikan und auf breiterer Basis mit dem 2. → Vatik. Konzil.

Die anglokath. (hochkirchl.) Gruppen schlossen sich 1952 innerhalb des → Ökumenischen Rates der Kirchen zur ›International League on Apostolic Faith and Order‹ zusammen.

→ Anglikanismus.

Q: Anglo-Catholic Congress Reports, Lo 1920ff.; O. Chadwick (Hg.), The Mind of the Oxford Movement, Lo 1960, ²1963; E. R. Fairweather (Hg.), The Oxford Movement, NY 1964.

L: R. W. Church, The Oxford Movement, Lo 1891, neu hg. v. G. Best, Ch 1970; W. J. Sparrow-Simpson, The History of the Anglo-Catholic Revival from 1845, Lo 1932; G. Dix – A. G. Hebert – A. M. Ramsay, Catholicity. A Study in the Conflict of Christian Tradition in the West, Lo 1947, ³1954; D. Voll, Hochkirchl. Pietismus. Die Aufnahme der evangelikalen Traditionen durch die Oxford-Bewegung in der 2. Hälfte des 19. Jh., Mn 1960; J. J. Hughes, Der priesterl. Dienst VI: Zur Frage der anglikanischen Weihen, Fr-Bas-W 1973; M. Schmidt, A.: TRE II 723–734; C. S. Dessain, John Henry Newman. Anwalt redlichen Glaubens, Fr-Bas-W 1981; J. Ellis, Seven Against Christ. A Study of »Essays and Reviews«, Lei 1980; HbDThG II 395–401 (Oxford-Bewegung); H. R. McAdoo – J. C. Aveling – D. M. Loades, Rome and the Anglicans, hg. v. W. Haase, B-NY 1981; W. S. F. Pickering, Anglo-Catholicism, Lo 1989, (Tb) 1991; I. Ker, John Henry Newman, Ox 1990; I. Ker – A. G. Hill (Hg.), Newman after a Hundred Years, Ox 1990.

Annunziaten (lat. annunciatio = Verkündigung). Verschiedene Orden von der Verkündigung Marias folgen der → Augustinusregel. Die 1408 in Pavia gegr. Lombardischen A. nahmen 1431 die Augustinusregel an und betätigten sich vor allem in der Krankenpflege. Unter Pius V. (1566–72) lösten sie sich als Kongreg. auf und unterstellten sich ihren Diözesanbischöfen. Bekanntestes Mitglied war Katharina von Genua († 1510). – Die it. A., 1604 von Maria V. Fornari († 1617) bei Genua gestiftet und von Clemens VIII. bestätigt, beobachteten strenge Klausur und Stillschweigen; sie fanden bald über It. hinaus Anhänger. – Die frz. A. wurden 1501 in Bourges von der hl. Johanna von Valois († 1505) als → beschaul. Orden von Büßerinnen gegr. und im selben Jahr von Alexander VI. anerkannt. Der Orden ging infolge der → Frz. Revolution und der dt. → Säkularisation fast völlig unter.

Der Ritterorden der A., um 1364 von Amadeus VI. von Savoyen ins

Leben gerufen, 1518 als geistl. → Ritterorden erneuert, wurde 1720 der erste weltl. Orden des Kgr. Sardinien; bis 1951 der höchste weltl. Orden in It.

L: Heimbucher I 625–628; L'Ordine suprema della SS. Annunziata. Seicento anni di storia 1362–1962, Mi 1962.

Antichrist, eine widergöttl. Geschichtsmacht, die in der Endzeit bes. wirksam sei, deshalb auch im Endgericht vernichtet werde. Zunächst Postulat spätjüdischer Apokalyptik in hellenistischer Zeit, drang mit der Übernahme apokrypher Literatur (Dan.; Hen.; Test.; Bar. Apk.; Sib. B. 3) durch das Christentum (ApkEl; ApkMos; AscIs) und dessen selbständige Fortentwicklung (Apk; Mk 12; ApkPetr; Herm) die Gestalt des A. auch in die christl. Geschichtsvorstellung ein (früheste Belege: 1 Joh 2,18.22; 4,3; 2 Joh 7); die Charakterisierung als »falscher Prophet bzw. Messias« wie die Bez. »Beliar« (Sib 3,63ff.) verraten diese Herkunft. Die vorkonstantinische Minderheitssituation (antichristl. Pogrome!) sorgte für Kontinuität: Unter dem Eindruck laufender → Christenverfolgungen schrieb um 200 der röm. Presbyter Hippolyt ›Über den A.‹ und nannte Erkennungszeichen, die Züge des röm. Weltreiches trugen, während der christl. Dichter Commodian (ca. 300) den A. als wiederkehrenden Nero zeichnete. – Mit dem Aufstieg des Christentums trat der apokalyptisch-endzeitl. Aspekt zurück. Dafür spürte man das verborgene und getarnte Wirken des A. in der Gegenwart der Christenheit auf. So führte Anfang des 4. Jh. die ›Kirchengeschichte‹ des Eusebius das Auftreten von Häresien in der Kirche auf die »teuflische Macht«, »den Feind der Kirche Gottes« (KG 5,14 u.ö.) zurück. Kaum zufällig wurden bei ihm zugleich Konturen des aus dem bibl. Monotheismus kommenden »Satan« (Hiob 1f.) greifbar, wenn er z.B. den »Wahnsinnigen« (Maneis, d.h. Mani → Manichäismus) mit seiner »vom Teufel besessenen Häresie« als den »wider Gott kämpfenden Satan« (ebd. 7,31,1) bezeichnete. Wie schon im Spätjudentum blieb der A. im christl. Geschichtsbild eine Schlüsselfigur in der dramatischen Auseinandersetzung zw. Gut und Böse. – Als Deutungsmittel zur Geschichte beherrschte der A. dann auch das frühma. Geschichtsdenken. Es lag in der Logik des geschichtshermeneutischen Prinzips, das ihm eigen war, wenn die Gestalt auch zur zeitgesch. Deutung verwendet wurde, so zur Aufwertung des Kaisertums wie im ›Spiel vom A.‹ (ca. 12./13. Jh.), ohne daß man einen bestimmten Ks. im Auge hatte. Umgekehrt konnte die apokalyptische »Zeitkritik« auch das → Papsttum ins Visier nehmen, wobei man Namensnennung durch Zukunftsprophetie vermied (→ Papstweissagungen). Theologen wie Rupert von Deutz († 1129) und Gerhoh von Reichersberg († 1169; Weltpriester und Tyrannen als Diener des A.) kleideten sie in das Gewand ihrer Geschichtstheologie. – Bei den Sektierern des Hoch-MA kam abermals das apokalyptische Ferment zum Durchbruch. Vielzitiertes Beispiel: die unter dem Einfluß Joachims von Fiore († 1201/2) stehenden → Franziskaner, soweit sie als sog. →Spirituale strikt das Armutsgebot befolgten. In ihren Augen repräsentierten sowohl der Stauferkönig Friedrich II. wie auch Papst Johannes XXII. (1316–1334) den A., wobei die radikalen → Fraticelli die gesamte Kirche als »Babel« anprangerten. – Abendländisches → Papstschisma wie auch die sozial und nationalkirchl. bedingte Kritik am Papsttum (Wyclif in England; Hus in Böhmen) trugen die A.-Figur auf die Plakate des Protestes und der Gasse; Buchdruckerkunst popularisierte den A. mit ihren Holzschnitten (Lukas Cranach: ›Passional Christi und Antichristi‹, 1521). Martin Luther schlug seit 1522 in die gleiche Kerbe, während Melanchthon im ›Tractatus de potestate et primatu papae‹ (1540) die Polemik wider den »rechten Endchrist oder Widerchrist« (Luther) wenigstens begründete. Beides lebte in der konfessionellen Polemik fort (→ Schmalkaldische Artikel und ›Tractatus‹ im → Konkordienbuch). Der Protest der → Gegenreformation (Bellarmin) erwies sich als machtlos. – Erst die neuzeitl. → Aufklärung verwarf mit dem Teufelsglauben auch das Konzept eines A. in der Menschheitsgeschichte: der A. wurde zur literarischen Figur. Kaum zufällig blieb er aber auch dann Symbolfigur der Kritik an dem Bestehenden (Dostojewskis Romane; S. Lagerlöf, Die Wunder des A.; J. Roth, Der A.) und Chiffre spekulativer Geschichtsphilosophie (N. Berdjajew; Solowjow).

L: W. BOUSSET, Der A. in der Überlieferung des Judentums, des NT u. der alten Kirche, Gö 1895; W. KAMLAH, Apokalypse u. Geschichtstheologie, B 1935; A. CHATEL, L'Antéchrist à la Renaissance: Actes du Congrès internationale d'études humanistes (1952), R 1953; G. GÜNTHER, Der A. Der staufische Ludus de Antichristo, H. 1970; H. M. SCHALLER, Endzeit-Erwartung u. A.-Vorstellungen in der Politik des 13. Jh.: Fs. f. H. Heimpel, Gö 1972, 924–947; H. RAUH, Das Bild des A. im MA, Mr 1973 ²1979; B. T. GINN, Angel Pope and papal A.: Church History 47 (1978) 155–173; R. K. EMMERSON, Antichrist in the Middle Ages. A study of medieval apocalypticism, art and literature, Lei 1981; K. HAMANN, Ecclesia spiritualis, Gö 1989; G. C. JENKS, The origins and early development of the Anti-Christ myth, B–N. Y. 1991. – TRE III 20–50.

Antinomistischer Streit. Als Auseinandersetzung um Luthers → Rechtfertigungslehre basierte der a. S. auf der bipolaren Zuordnung von Gesetz und Evangelium. Der Eislebener Prediger Johann Agricola, der das Gesetz mit dem AT (Dekalog!) identifizierte, leugnete dies: Nur das Evangelium wecke den Glauben; der Dekalog gehöre auf das Rathaus. Melanchthon, von Luther unterstützt, hielt hingegen das Gesetz als Mittel der Buße und Zerknirschung vor dem Zuspruch der Gnade als unaufgebbar (Disput von Torgau 1527). Den Gegensatz verschärften Wittenberger Disputationen (1537); sie führten zum Bruch. – Im a. S. formte sich Luthers Lehre vom zweifachen »Gebrauch des Gesetzes« (»usus theologicus«; »usus politicus«), zu dem im a. S. von 1556 (Synode von Eisenach) für die Lutheraner sich noch der »dritte Brauch« (»usus elenchiticus«) gesellte (→ Majoristischer Streit). Das schlug sich im → Konkordienbuch nieder.

Q: BSLK 790–795, 951–972.
L: W. JOEST, Gesetz u. Freiheit, Gö ⁴1964; J. ROGGE, Agricolas Lutherverständnis, B 1960.

Antiochenische Schule. Waren schon immer in der westsyr. Metropole aristotelische Wissenschaftlichkeit und rhetor. Bildung heimisch, so färbte dies auch auf das antiochenische Christentum ab. Im Unterschied zur →alexandrinischen Schule kam es nicht zur kirchl. Institutionalisierung, dafür aber zu einer Vielfalt selbständiger Theologen.

Die sog. »Ältere Schule«, die sich gerne auf den Märtyrer Lukian († 312) berief, leistete vorwiegend Textarbeit an der Bibel und schuf eine vereinheitlichende Rezension (sog. antiochenischer Text, auch: Lukian-Text, byz. oder Reichstext, Koine-Text), die sich deshalb auch durchsetzte, während die ntl. Textforschung von heute den älteren sog. »ägyptischen« Text vorzieht. Auch gleiche Anschauungen einten die »Syllukianisten«, wobei Asterius der Sophist († 341) als Kopf des älteren →Arianismus gilt. – Mit Diodor von Tarsus († 394) beginnt die »Jüngere Schule«. Mit ihm bezog sie gegenüber dem → Apollinarismus eine feste Position in der Christologie, indem sie das johanneische Logos-Fleisch-Schema durch die christologische Relation Logos-Mensch ersetzte. Einer seiner Schüler, Johannes Chrysostomos († 407), wurde zum glänzenden Repräsentanten antiochenischer Predigt- und Auslegungskunst, ein anderer, Theodor von Mopsuestia († 428), zum Kommentator aller hl. Schriften; mit seinem Satz von der einen Person bzw. Hypostase und den zwei Naturen in dem Inkarnierten förderte er die Lösung des christologischen Streites (4. Ökumenisches → Konzil). Letzter großer Vertreter der a. S. war Theodoret von Cyrus († 460), als Exeget, Apologet und Kirchenhistoriker ein Universalgelehrter. Im →Nestorianischen Streit unterlegen und seit der Verdammung ihrer Theologen (5. Ökumenisches → Konzil) aus der → Reichskirche verdrängt, lebten die Traditionen der a. S. in den → nestorianischen Kirchen (Schulen von Edessa und Nisibis) fort. Charakteristisch für sie war die »hist.« vornehml. nach dem moralischen Gehalt der Texte fragende → Schriftauslegung. Damit korrespondierte die antiochenische »Trennungschristologie«, für welche die Einheit der zwei Naturen in Christus in der Konformität der beiden Willen bestand. Man betonte die eigene Verantwortung für die Heilsverwirklichung und zeigte großes Verständnis für → Pelagius, als er im Osten weilte.

L: U. WICKERT, Studien zu den Pauluskommentaren Theodors v. Mopsuestia als Beitrag zum Verständnis der a. Theologie, B 1962; C. SCHÄUBLIN, Untersuchungen zu Methode u. Herkunft der a. Exegese, Bo 1974; B. DREWERY, Antiochien: TRE III 104–109.

Antiochenisches Schisma. Die →Exkommunikation des durch Kaiserin Zenobia von Palmyra als antiochenischer Bf. installierten, dann aber durch zwei antiochenische Synoden (264 und 268) als Häretiker verdammten Paul von Samosata hinterließ in dem – von jeher (Gal 2,11 ff!) brüchigen – Gefüge der Großstadtgemeinde Antiochien schwere Risse, zumal da die Absetzung des Samosateners nach dem Sieg über Zenobia durch Ks. Aurelian (272) demselben eine treue Anhängerschaft eintrug. Ebensowenig diente es dem Gemeindefrieden, daß eine von dem Bf. Ossius von Córdoba (Berater Konstantins d. Gr.) einberufene Synode von Antiochien (325) den vakanten Sitz mit Eustathius und dadurch mit einem dezidierten Nicaener (→ Konzilien) besetzte: Nach wenigen Jahren war auch er abgesetzt und mußte einem arianischen Bf. weichen, dem noch weitere dank Ks. Konstantius' II. Gnaden folgten, während sich zur Leitung der eustathianischen Bekenntnisgemeinde nur ein Presbyter Paulinus bereitfand. Kaiserl. Willkür hatte zudem durch die Verbannung des Bf. Meletius, zunächst Vertrauensmann von Konstantius II., aus der syr. Hauptstadt zusätzl. eine dritte Gemeinde entstehen lassen. Diesen heillosen Zustand zu beenden, bestellte die sog. »Friedenskonferenz« von Alexandrien (362) unter Athanasius (→ Alexandrinische Schule) eine Bischofskommission. Sie verschlimmerte die Dinge dadurch, daß ein abendländisches Mitglied den Presbyter Paulinus zum Bf. weihte und so der kleinsten Gemeinde Auftrieb gab. Vergebl. bemühte sich Athanasius persönlich in Antiochien darum, Meletios als Repräsentant der Mehrheit auf seinen rechtmäßigen Sitz zurückzuholen; auch er mußte sich schließl. für Paulinus und damit die Minderheit entscheiden. Wohl fand dies später in Rom Unterstützung, bestärkte aber die Orientalen in ihrer Ablehnung, was das a. S. zementierte. Selbst die Friedensbemühungen des großen Basilius, Ebf. von Caesarea/Kappadokien (370–379), scheiterten. Ebensowenig führten Beratungen eines Konzils in Konstantinopel (380) zum Ziel. Erst der Tod des Meletios während des Konzils bahnte den Weg zur Beilegung des Schismas. Mit Fragen des → arianischen Streites eng verknüpft, lastete das a. S. für 80 Jahre schwer auf der theologie- und dogmengesch. Entwicklung der nachkonstantinischen Kirche.

Q: COD 14, 25f.; D–S 128, 161.

L: F. CAVALLERA, Le schisme d'Antioche, P 1905; P. P. JOANNOU, Die Ostkirche u. die Cathedra Petri im 4. Jh., St 1972; B. DREWERY, Antiochien II: TRE III 109–111.

Antisemitismus. Die Anfänge der Judenfeindlichkeit gegen Diasporagemeinden in Assyrien, Babylonien, Medien und Oberägypten (seit dem 5. Jh. v. Chr.) sind Reaktion auf den exklusiven Monotheismus (Anwurf des Atheismus, der Verachtung des Menschengeschlechtes). Ihn hielt man auch den Juden vor, als sie, vom Röm. Reich als »religio licita« anerkannt, in allen Handels- und Kulturzentren einflußreiche Synagogengemeinden bildeten. Neid und Haß fügten nur neue Verdikte (Verehrung eines Gottes mit Eselskopf; → Ritualmord; sexuelle Promiskuität) hinzu, die man auch anderen Geheimkulten (z. B. Dionysosmysterien) zutraute. Die Greuelpropaganda begünstigte lokale Pogrome, z. B. in Alexandrien (30), und löste während des jüdischen Aufstandes (66–70) eine Kettenreaktion in den palästinensischen Hafenstädten aus. Staatl. Maßnahmen (Ausweisung der Juden aus Rom durch Ks. Claudius: Apg 18, 2; Verbot des Übertritts für Römer, der Beschneidung auch für Juden, des Besuchs Jerusalems durch Juden: 135) blieben nicht aus. Erst die Ausdehnung des röm. Bürgerrechtes auf die Provinzen (213) öffnete den Weg zu bürgerl. Existenz und entzog die Juden der Öffentlichkeit. Deren Greuelpropaganda traf die jetzt mehr in Erscheinung tretenden Christen. Schon seit 140 hatten christl. → Apologeten deshalb das Judentum literarisch befehdet. Damit beginnt die Gesch. des christl. Antijudaismus, dessen negative Folge die Ausscheidung des → Judenchristentums aus der Entwicklung war. Die Judengesetze der christl. Kaiser (Konstantin d. Gr.: 315; Theodosius II.: 417 und 423; Justinian: 534) machten rechtlos und sanktionierten fortan alle Pogrome bis tief ins MA reichsrechtlich. Die von Augustin bejahte Judenmission der Zwangstaufen schützte zumindest davor. Gewissen Schutz bot auch das Ghetto (1090 zuerst in Venedig und Salerno, in Rom erst 1555 unter Paul IV.). Weit ungeschützter war man jedenfalls gegenüber jenem rel. motivierten A., den die → Kreuzzugsbewegung seit 1096 auslöste. Dabei waren die damaligen → Judenverfolgungen (Verdikt des Hostiendiebstahls bzw. -frevels) in Fkr., am Rhein und in Böhmen nur ein Auftakt. Außerdem konnten die Predigten des Bernhard von Clairvaux (→ Zisterzienser) dagegen Schlimmeres verhüten. Gleiches wird man von den durchaus judenfeindl. und auf Isolierung bedachten (Judentracht!) Bestimmungen des 4. → Laterankonzils (1215) sagen müssen, während die zunächst als Schutzmaßnahme gedachte Deklarierung der Juden zu »servi camerae nostrae« durch den Stauferkaiser Friedrich II. 1236 zweifelhaften Wert hatte, da sie die Juden dem staatl. Fiskus auslieferte. Alles in den Schatten stellte jedoch im 13.–15. Jh. die Vertreibung der Juden aus dem westl. Europa (1290 mit England anfangend), welche das Judentum in den Osten abdrängte, wo dann die Ukraine zu seinem neuen Sammelbecken werden sollte. In Dtl. selber bewies der »Schwarze Tod« (die Pest: 1347–1354), in dessen Gefolge ca. 350 dt. Synagogalgemeinden durch Pogrome vernichtet wurden, daß die Juden nach wie vor die »Prügelknaben« des ma. Christentums waren. Der → Humanismus konnte daran wenig ändern: Als Johann Reuchlin für die Erhaltung der jüdischen Literatur eintrat (1510–1520), verurteilte ihn ein päpstl. Breve. Vom Humanismus beeinflußt, hatte auch Luther betont, »daß Jesus ein geborener Jude sei« (1523), wetterte aber in seinem Alter gegen die »Juden und ihre Lügen« (1543) bzw. »Schem Hamphoras« (dito). Traditionelle Aversion behielt die Oberhand. Erst die → Aufklärung bahnte einem Philosemitismus humanistischer Wurzel Bahn. Dieser förderte die Judenemanzipation zunächst in den geistigen Gesellschaftsschichten (Moses Mendelssohn, Philosoph, † 1786), dann auch in der Wirtschaft (Bankwesen). In Berlin (Durchgangsstation der jüdischen Rückwanderung aus dem Osten) sammelte sich im 19. Jh. sogar ein königstreues Judentum. Das setzte dem konfessionellen A. allerdings kein Ende, wie das Beispiel Österreichs lehrt. Zu einem aus der → Romantik kommenden völkischen A. (Richard Wagner † 1883, der »Rembrandtdeutsche« Julius Langbehn † 1907) gesellte sich ein rassisch wertender (Graf de Gobineau † 1882; Houston St. Chamberlain † 1927), der sich 1876 als »Antisemitenliga« organisierte (sog. Berliner A.-Streit zw. Treitschke und Mommsen). Der Hofprediger Adolf Stöcker († 1909) machte nach seiner Lösung vom → Ev.-sozialen Kongreß und dem Berliner Hof den A. zum polit. Programm seiner Partei, während die antisemitischen Schriften des seines Lehramtes enthobenen Münsteraner Exegeten Rohling († 1931) 1898 von Leo XIII. zensuriert wurden. Am gefährlichsten, weil weder konfessionell noch polit. motiviert, sondern von irrationaler Schwärmerei bestimmt, erwiesen sich jedoch die verschiedensten → Deutschgläubigen Bewegungen. Sie förderten eine antijüdische Animosität, die Hitler bei seiner Vernichtung des Judentums (5–6 Mill.) zustatten kam. Seitdem wirkt der A. in außerdt. Landen, ohne in Dtl. aufgehört zu haben.

Q: K. RICHTER, Die kath. Kirche u. das Judentum. Dokumente v. 1945–1980, Fr-Bas-W 1982; R. RENDTORFF – H. H. HENRIX (Hg.), Die Kirchen und das Judentum. Dokumente von 1945 bis 1985, Mn-Pa 1987; K. H. RENGSTORF – S. v. KORTZFLEISCH (Hg.), Kirche u. Synagoge, 2 Bde, St 1970.

L: R. RUETHER, Brudermord u. Nächstenliebe. Die theol. Wurzeln des A., Mn 1977; L. POLIAKOV, Gesch. des A., 8 Bde, Worms 1977–88; C. B. SUCKER, Luthers Stellung zu den Juden, Nieuwkoop 1977; B. BLUMENKRANZ, Juifs et Chrétiens – Patristique et Moyen-Age, Lo 1977; H. CONZELMANN, Heiden – Juden – Christen, T 1981; H. A. OBERMAN, Wurzeln des A. Christenangst und Judenplage im Zeitalter vor Humanismus u. Reformation, T 1981; H. SCHRECKENBERG, Die christl. Adversus-Judaeos-Texte und ihr literar. und histor. Umfeld, 2 Bde, F–Bern–NY 1982–94; JACOB KATZ, Vom Vorurteil bis zur Vernichtung. Der A. 1700–1933, M 1989; B. F. PAULEY, Eine Gesch. des österr. A., W 1993; K. NOWAK, Protestantismus u. A. in der Weimarer Republik, F 1994; M. LANGER, Zw. Vorurteil u. Aggression, Fr 1994; N. HAMMERSTEIN, A. u. dt. Universitäten, F 1995; W. BENZ, A. in Dtl., Mn 1995. – TRE III 113–168.

Antitrinitarier lehnen das christl. Dogma der Dreifaltigkeit ab. Da dieses seit dem 2. Ökumenischen → Konzil (381) anerkannt und durch Justinian (Codex Justinianus alias Corpus iuris civilis: 534) reichsrechtl. sanktioniert war, riskierten sie mit ihrem Bekenntnis zu der einen Gottheit (→ Unitarier) die bürgerl. Existenz. Das erklärt, warum sie erst im 16. Jh. ihre Stimme erhoben. Voraussetzung dazu schufen der aufklärerische → Humanismus Oberitaliens und die Umbruchszeit der → Reformation, spez. in den reichsfreien Städten in Süddtl. und der Schweiz, wo die → Täuferbewegung gleichfalls die Schranken der Legitimität zu durchbrechen wagte. Man fand sich zu einer Allianz zusammen und beschickte gemeinsam ein Konzil (Venedig: 1550); noch lange fand das Anliegen der A. Fürsprecher auch bei den Wiedertäufern. Eindrucksvollster Repräsentant der A. wurde der unter einem Pseudonym in Südfkr. lebende Arzt Michael Servet, der 1553 bei der Durchreise durch Genf von Calvin angezeigt und kurz darauf lebendig verbrannt wurde. Dieser kluge Geist, der zw. dem Jesus der Evangelien und dem Jesus Christus des Glaubens unterschied, beschränkte sich nicht auf die Kritik (1531: ›de trinitatis erroribus‹), sondern entwarf auch ein Reformprogramm (1545–1553: ›Christianismi restitutio‹), das konsequent das Christentum als neuplatonischen Pantheismus vorstellte. Seit seinem Tod auf dem Scheiterhaufen verfolgte allerorten die → Inquisition die A., vor allem in Italien. Die Verfolgten wichen in den Osten aus, so der Arzt Blandrata († ca. 1585) nach Siebenbürgen, der frühere → Kapuziner-Prediger Bernardino Ochino, der, des Luthertums verdächtigt, bereits nach Genf (1542) geflohen war, nach Böhmen († 1565). Am einflußreichsten aber war der von A. nach Polen gerufene Fausto Sozzini († 1604). Er nahm bewußt die Chancen einer eigenständigen Kirchengründung wahr, die auf einem unitarischen Glaubensbekenntnis basierte, und machte Rakow bei Sandomir zum Tagungsort ihrer alljährl. Generalsynode. Sozzini verfaßte auch ihren → Katechismus (1605), weshalb die polnischen A. → Sozinianer genannt wurden. Dieser Name blieb an ihnen haften, als sie 1658 aus Polen vertrieben wurden. Ihre Westwanderung ging jetzt über Holland (→ Arminianismus) und England nach Nordamerika (1785). Hierbei vollzog sich die auch heute noch für die Unitarier charakteristische Wandlung zum undogmatischen und freisinnigen Christentum, das an die Stelle der Metaphysik die Ethik setzte und darin die theol. Entwicklung des 19. Jh. vorwegnahm.

Q: D–S 1880; M. SERVET, De trinitatis erroribus (1531); DERS., Dialogus de trinitate, de iusticia regni Christi (1532); DERS., Christianismi restitutio (1553), (Ndr.) F 1966; H. FAST (Hg.), Der linke Flügel der Reformation, Bremen 1962, 363–424.

L: R. H. BAINTON, Bernardino Ochino, F 1940; DERS., Michael Servet 1511–1553, Gü 1960; B. BECKER (Hg.), Autour de Michael Servet et de Sébastien Castellion, Haarlem 1953; J. F. FULTON, Michael Servetus, Humanist and Martyr, NY 1953; G. SCHRAMM, A. in Polen 1556–1658: Bibliothèque d'Humanisme et Renaissance 21 (1959) 473–511; DERS., Neue Ergebnisse der A.-Forschung: Jahrbücher für die Gesch. Osteuropas NF 8 (1960) 421–436; K. E. JORDT-JØRGENSEN, Stanislaw Lubieniecki. Zum Weg des Unitarismus v. Ost nach West im 17. Jh., Gö 1968; L. HEIN, It. Protestanten u. ihr Einfluß auf die Reformation in Polen, Lei 1974; Ungarländische A., 2 Bde., Baden-Baden 1990–1993. – TRE III 168–174.

Antonianer, mehrere seit dem 17. Jh. im Orient entstandene kath. Orden, die den Eremiten (→ Anachoretentum) Antonios († ca. 350) zum Vorbild erwählten: Armenische A. (Libanon) – Chaldäische A. (v. hl. Hormisdas) – Maronitische A. (urspr. monastisch-kontemplativ, wandelten sie sich zu einem aktiven, nicht-monastischen Orden mit feierl. Gelübden) – Syrische A. – Äthiopische A.

L: HEIMBUCHER I 74–76; ASSFALG 285–287.

Antoniter, urspr. Antonier genannt, um 1095 in La-Motte-aux-Bois (Dauphiné) als Laienbruderschaft (→ Bruderschaften) zur Pflege der vom Antoniusfeuer (Mutterkornbrand) befallenen Kranken gegr. Die Reliquien (→ Reliquienverehrung) des hl. Antonius († ca. 350) dürften zwei Jahrzehnte zuvor in die Dauphiné gebracht worden sein. Zu dieser Zeit wurden weite Teile Westeuropas von einer schreckl. Seuche (»hl. Feuer«, später auch Antoniusfeuer geheißen, weil der hl. Antonius als Helfer gegen diese Krankheit galt) heimgesucht. Im Zusammenhang mit → Wallfahrten nach Saint-Antoine trat am Ende des 11. Jh. eine Laienbruderschaft zur Versorgung der Pilger ins Leben. Dem Benediktinerkloster Montmajour (bei Arles) unterstellt, verbreitete sie sich innerhalb eines Jh. in Italien, Spanien, Dtl. und sogar im Hl. Land. – Das Antoniusschwein erklärt sich daraus, daß Schweine zur Ernährung an Antoniterhäuser geliefert wurden. Als Kennzeichen erhielten diese Schweine ein T (d.i. die stilisierte Krücke der Krüppel), das Zeichen der Bruderschaft, das sich diese um die Mitte des 12. Jh. erwählte und das die Brüder in hellblauer Farbe auf ihrem Gewand trugen. – Die Organisation der A. entsprach der eines ritterl. Spitalordens (→ Ritterorden): Ballei (Prov.) und Präzeptorei, bestehend aus einer oder mehreren Balleien, mit einem Magister, Rektor oder (später nur) Präzeptor an der Spitze. Der Orden erhielt 1232 neue Statuten (die drei Ordensgelübde und eine einheitl. Tracht). – Den größten Einfluß besaßen die A. im 14. Jh. mit fast 400 Spitälern, verstreut über ganz Europa. Dies gilt auch für die A.-Bruderschaft. 1418 erlebte der Orden ein Schisma. Die längst nötige Reform der Statuten konnte erst 1478 durchgeführt werden. Nach schweren Einbußen im 16. Jh. wurden die A. 1776/77 den Maltesern (→ Johannitern) inkorporiert. 1803 gingen die letzten Ordenshäuser (Höchst, Köln) unter.

Antoniter-Schwestern gab es vermutl. schon von Anfang an. Die → Hospitaliter des hl. Antonius wurden 1247 von Innozenz IV. als selbständiger Orden nach der → Augustinusregel anerkannt. An der Spitze stand der Ordensmeister. 1297 erhob Bonifaz VIII. das Mutterhaus der A. zur Abtei; alle A. hießen fortan »Canonici monasterii s. Antonii Viennensis dioc.«

Q: A. ECKHARDT (Hg.), Die oberhessischen Klöster. Regesten u. Urkunden, Bd. III/1, Marburg 1977, 139–623 (A. zu Grünberg).

L: A. MISCHLEWSKI, Grundzüge der Gesch. des A.ordens bis zum Ausgang des 15. Jh., Kö–W 1976; P. FRIESS (Hg.), Auf den Spuren des heiligen Antonius, Memmingen 1995.

Apokrisiar (griech. apocrisiarius = der eine Antwort überbringt). Schon das attische Gerichtsverfahren kannte den Repräsentanten einer Partei, der in der Voruntersuchung auf Fragen der Gegenpartei zu »Antworten« befugt war. Die röm. Entsprechung war der »responsalis«, der Rechtsberater, wie überhaupt die Literatur der röm. Juristen zunächst Sammlung von »responsa« war. Erst ab Mitte des 5. Jh. erscheint der Titel im spez. Sinn des »Geschäftsträgers« bzw. ständigen Vertreters des Papstes am Kaiserhof in Konstantinopel (berühmtestes Beispiel: Gregor d. Gr. vor seiner Papstwahl) neben den Apokrisiaren der anderen Patriarchate. Unter Justinian (Anfang des 6. Jh.) ist eine Ausweitung auf die Metropoliten, Episkopate und Klöster zu beobachten. Der griech. Titel und sein Amt gelangten über den karolingischen Hof auch in das MA: So hatten → Cluniazenser und → Zisterzienser A. in Rom.

L: RAC I 501–504; H. G. BECK, Kirche u. theol. Literatur im byz. Reich, Mn 1959, [3]1977, 103; H. LÖWE, Hinkmar v. Reims u. der A.: Fs. für H. Heimpel, Bd. III, Gö 1972, 197ff.

Apollinarismus. Der gebildete Sohn eines Grammatiklehrers und Bf. seiner westsyr. Heimatstadt Laodicea, Apollinaris († 390), hatte sehr früh erkannt, daß durch das Bekenntnis des 1. Ökumenischen → Konzils (325) zur »Wesenseinheit« (Homousia) des Sohnes mit dem Vater auch die Frage nach der »Homousie« von göttl. und menschl. Natur in dem Inkarnierten, d.h. Fragen der spez. Christologie gestellt sind. Seine Antwort war, bei der *»einen* Natur des fleischgewordenen Logos« handele es sich um einen »Mischung von Gott und Mensch«; dabei habe der göttl. Logos nach Phil 2, 7 die Einbuße seiner Vollkommenheit auf sich genommen. Das setzte eine trichotomische Anthropologie (Vernunft, Seele, Leib) voraus, bei der an die Stelle der »Vernunft« (Nus) der göttl. Logos getreten war, was diesen für den Inkarnierten und die Christen zum Erkenntnismittler machte. Solche Intellektualisierung des Erlösungsvorganges wurde vor allem dort negativ vermerkt, wo man seit eh und je den Logos als Prinzip einer (meta)physischen Erlösung verstanden hatte. So wurde denn auch der A. zum ersten Mal von einer Synode in Alexandrien (362) unter Vorsitz des Athanasius (→ Alexandrinische Schule) verdammt; ihrem Urteil folgten weitere in Rom (377 und 382) und vor allem eine in Konstantinopel (381), die später in den Rang des 2. Ökumenischen → Konzils erhoben wurde. Dies zwang den A. sozusagen in den Untergrund, d. h. die christologischen Schriften des Apollinaris tarnten sich pseudepigraphisch mit Autoren der → Orthodoxie; sie wirkten daher noch lange nach. So war einem Verfechter des → Monophysitismus wie Kyrill von Alexandrien († 444) unbewußt, daß er im → nestorianischen Streit mit seinem Kampf für die »seinshafte Einung« der beiden Naturen in Christus das Anliegen des A. und dessen Kernsatz von der *»einen* Natur des fleischgewordenen Logos« aufnahm.

Q: D–S 146, 149, 159; N–R 157–159; KThQ I 75; H. LIETZMANN, Apollinaris v. Laodicea u. seine Schule, T 1904, (Ndr.) Hildesheim 1970; E. MÜHLENBERG (Hg.), Psalmenkommentare aus der Katenenüberlieferung, Bd. I, B 1975, 3–118.
L: E. MÜHLENBERG, Apollinaris v. Laodicea, Gö 1969; A. GRILLMEIER, Jesus der Christus im Glauben der Kirche, Bd. I, Fr–Bas–W 1979, 480–497; R. M. HÜBNER, Die Schrift des Apollinarios v. Laodicea gg. Photin, B 1989. – TRE III 362–371.

Apologeten. »Verteidiger« christl. Glaubens gegen jüdische und heidnische Anwürfe waren griech. Schriftsteller des 2. Jh. (Ariston von Pella, Aristeides von Athen, Justin der Märtyrer in Rom, Tatian der Syrer, Athenagoras aus Athen) und lat. des 3. Jh. (Tertullian von Karthago, Minucius Felix in Rom, Cyprian von Karthago, Arnobius aus dem numidischen Sicca). Als Repräsentanten einer Apologetik, die jeder Religion und Weltanschauung eigen ist, verwerten sie auf die antike Philosophie (skeptizistische Götterkritik, stoische Mythenallegorese; Euhemerismus) und das hellenistische Judentum zurückgehendes Traditionsmaterial. – Am Anfang der Entwicklung stand eine aktuelle, durch Christenpogrome ausgelöste Apologetik (Quadratus von Athen, Melito von Sardes u. a.). Diese Bittschriften, die um den Schutz des Staates und der Behörden bitten, betonten die polit. Zuverlässigkeit der Christen und vermieden jede Polemik gegen das Heidentum. Diese spielte hingegen eine wichtige Rolle in der nachfolgenden Phase der literarischen Apologetik, die sogar das Genos der »Scheltrede« anwendet (Tatian). Bestimmend sind ansonsten literarische Gattungen (z. B. das Werbeschreiben), Stilformen und Argumentationsmethoden der Protreptik (Einleitungsteil antiker Schriften mit popularphilosophischen bzw. apologetischen Ermahnungen). Dem Werbungszweck ist alles unterstellt. – Die 3. Entwicklungsphase, mit den alexandrinischen Theologen Clemens und Origenes beginnend, ist um die Integrierung der Apologetik in den christl. Bildungsgang bemüht. Man setzt sich jetzt mit Heiden und Häretikern auseinander, um selber zur Einsicht in die christl. Wahrheit zu kommen. Bei Eusebius von Caesarea ist die Apologetik zur notwendigen »Praeparatio evangelica« geworden, die mit ihrer induktiven Methode jedoch von der »Demonstratio evangelica« als der eigentl. Glaubensdarstellung und ihrer dogmatisch-deduktiven Methode geschieden bleibt. Immerhin war die Apologetik als Vorspann zur Dogmatik und als Mittel theol. Selbstklärung seit Athanasius († 373) für alle Theologen der Ostkirche eine Selbstverständlichkeit. – Im Westen verlief die mit Tertullian († nach 220) einsetzende Entwicklung anders (rhetorische Einflüsse) und differenzierter (Einflüsse östl. A.). Sie kulminierte zudem einzigartig in dem »Gottesstaat« Augustins (413–426) und dessen Geschichtstheologie. Das erklärt, warum in erster Linie die griech. Apologetik für die ma. Dogmatik maßgebl. werden konnte. Ihr verdankt sie vor allem die Einstellung zur Philosophie als »ancilla Domini«.

Q: E. J. GOODSPEED, Die ältesten A., Gö 1914, [2]1984; G. RUHBACH (Hg.), Altkirchl. A. (Textauswahl in dt. Übers.), Gü 1966; KThQ I 20f., 30f., 32, 91.

L: J. GEFFCKEN, Zwei griech. A., L–B 1907 (grundlegend); H. HOMMEL, Schöpfer u. Erhalter. Studien zum Problem Christentum u. Antike, B 1956; R. M. GRANT, Greek Apologists, Lo 1988. – TRE III 371–411.

Apophthegmata patrum, »Aussprüche der Väter« (der Wüste), sind Spruchsammlungen sowohl in alphabetisch-personaler Anordnung (griech., koptisch., syr., armenisch überliefert) als auch nach Stichworten systematisiert (nur lat. überliefert). Verehrung berühmter Mönche vornehml. der sketischen Wüste Ägyptens (Ammon, Makarios, Arsenios u. a.) sowie Suche nach asketischer Belehrung sind die treibenden Motive dieser Literatur. Mischformen verweisen außerhalb Ägyptens, so die »Verba seniorum« (lat. Übers. griech. Überlieferungen). Noch Ende des 6. Jh. übertrug der katalanische Bf. Martin von Bracara die ›Sententiae patrum Aegyptiorum‹, was ihre Beliebtheit beweist. Gattungsgesch. Forschungen im allgemeinen veranschaulichen die genetischen Gesetze mündl. Tradition; die ntl. Forschung im speziellen analysiert an ihnen die Struktur der »Herrenworte« (Christuslogien).

Q: PG 65, 71–440; PL 73, 855–1022, 1025–1066; B. MILLER, Weisung der Väter, Fr 1965.

L: R. BULTMANN, Die Gesch. der synoptischen Tradition, B 1921, [9]1979, mit Ergänzungsheft 1957, [5]1979; W. BOUSSET, A. Textüberlieferung u. Charakter der A. p., T 1923, (Ndr.) Aalen 1969; D. W. CHITTY, The Desert a City, O 1966.

Apostelkonzil. Apg 15, durch den Augenzeugenbericht Gal 2, 1–10 als ephemer erwiesen, hat in erster Linie kompositorische Funktion: Das A. markiert den Wendepunkt von judenchristl. Mission der Apostel zur heidenchristl. unter Paulus. Damit wird Apg aber auch zum ältesten Zeugen für die prägende Wirkung des A. als Geschichtsmodell. Bes. nachhaltig beeinflußte es die frühchristl. → Kirchenordnungen, die es zu legitimieren hatte. Ob das A. bereits der »Apostellehre« (Didache) bei ihrem Titel ›Unterweisung des Herrn durch die zwölf Apostel an die Heiden‹ (Anfang 2. Jh.) vorschwebte, ist fragl. Sicher gilt es für die westsyr. ›Didascalia Apostolorum‹ (Anfang 3. Jh.), die abermals die Zwölf zu einem A. zusammenkommen läßt, um der Häresie zu wehren, was Ende des 4. Jh. die → Apostolischen Konstitutionen (6, 12, 1) aufnehmen. Beide Quellen lassen dabei die einzelnen Apostel die Anweisungen geben. Letztere setzt die Anwesenheit des »Paulus, Jakobus, der übrigen Presbyter und sieben Diakone«, d. h. die Situation von Apg 15 voraus (8, 4–46). – Im Westen diente vor allem die naheliegende Identifizierung des A. mit Pfingsten (Apg 2) dazu, das altröm. Taufbekenntnis als »symbolum apostolorum« (→ Glaubensbekenntnisse) zu legitimieren; auch hier legte man jedem Apostel je einen Artikel in den Mund. Augustins Autorität (sermo 240 = sermo de symbolo IV) garantierte dem MA die Geschichtslegende, bis der Humanist Valla († 1457) sie als solche erkannte. Der Ostkirche war sie unbekannt. Nur Kuppelmosaiken (z. B. die justinianische Apostelkirche nach einer Miniatur [Paris, BN gr. 1208]; danach S. Marco in Venedig) u. Ikonen stellten das A. als Geistmitteilung dar. In Jerusalem erzählte man sich, beim Tod der Gottesmutter seien alle Apostel zugegen gewesen und so Zeugen ihrer leibl. Himmelfahrt geworden (Joh. Damascenus, Hom. 1, 12; 2, 6ff.); hier diente das »Vor-Bild« des A. zur Legitimierung eines Dogmas.

Q: Kommentare zu Apg. 15; D–S 10–16; PL 39, 2189; F. X. Funk, Kg. Abhandlungen I 470ff.; II 77f.; P. Voulet (Hg.), J. Damascène, P 1961.
L: M. Dibelius, Aufsätze zur Apg., Gö 1951, [5]1968, 84–95; H. Conzelmann, Die Mitte der Zeit, T 1954, [5]1964 = [6]1977; E. Haenchen, Quellenanalyse u. Komposition in Acta 15: Fs. für J. Jeremias, B 1960, [2]1964, 153–164; F. Holtz, Die Bedeutung des A. für Paulus: Novum Testamentum 16 (1974) 110–148; J. A. Fischer, Das sog. A.: G. Schwaiger (Hg.), Konzil u. Papst. Fs. für H. Tüchle, Mn 1975, 1–17; G. Lüdemann, Paulus, der Heidenapostel, Bd. I, Gö 1980, 86–101; A. Weiser, Das »A.«, in: Bibl. Zs. 28 (1984) 145–168. – TRE III 528–554.

Apostolische Konstitutionen, ein auf ältere Quellen aufbauendes Sammelwerk von → Kirchenordnungen; Verfasser ist ein in Syrien oder Konstantinopel lebender Arianer (ca. 380). Ohne Einfluß, da als »Fälschung« vom 2. Trullanum (692) abgelehnt, ist die Privatarbeit doch wegen ihrer Quellen wichtig: I–VI = ›Didaskalie der zwölf Apostel‹ (Anfang 3. Jh.); VII 1–22 geht auf die sog. Didache (→ Apost. Väter) Anfang 2. Jh. zurück; VII 23–28 = jüdische Gebetssammlung; VIII 1–22 sog. Ägyptische Kirchenordnung = Kirchenordnung Hippolyts in erweiterter Fassung, darunter sog. Clementinische Liturgie (VIII 6–15) Mitte 4. Jh.
Die A. K. markieren die Abschlußphase des urchristl. Typs der ›Apostellehre‹, in der die Schriftbelege, aus dem AT und NT gleichmäßig vertreten, zunehmen und z. T. in homiletische Exkurse ausufern.

Q: F. X. FUNK, Didascalia et constitutiones Apostolorum, Pa 1904; (Ndr.) T 1960; H. ACHELIS–J. FLEMMING, Die syr. Didascalia übers., L 1904; H. LIETZMANN, Liturgische Texte VI, B 1910; E. TIDNER, Didascaliae apostolorum ..., B 1963; M. METZGER (Hg.), Les constitutions apostoliques, 3 Bde, P 1985ff.

L: W. BOUSSET, Eine jüdische Gebetssammlung: Göttinger Nachrichten phil.-hist. Klasse (1915) 449–479; H. LIETZMANN, Messe u. Herrenmahl, B [4]1967, 125ff.; C. ANDRESEN, Die Bibel im ... KR: M. BRECHT (Hg.), Fs. für K. Aland, B 1980, 176.

Apostolische Sukzession (»Nachfolgerschaft«) als kirchenrechtl. Norm ist aus dem Überlieferungsgedanken und dessen dogmatischer Norm des »Apostolischen« hervorgegangen. Zunächst hatte sich die Autorität der Apostel auf ihre Eigenschaft als Jünger Jesu und Augenzeugen seiner Auferstehung (Apg 1, 2f.) bzw. als »Zwölf« auf ihre eschatologische Aufgabe der Mitwirkung beim Weltgericht (Mt 19, 28) gegründet. Das machte sie aber auch zu Garanten der Überlieferung (1 Kor 15, 3ff.). Diese »traditio apostolica« meinte urspr. die Weitergabe der Lehre und des Lehrauftrages, den die Apostel vom »Herrn« erhielten. Ihrerseits um eine weitere Garantie für die Legitimität der Überlieferung bemüht, entstanden in nachapost. Zeit sich als »apostolisch« ausgebende Schriften, die sich entweder als Paulusbriefe mit testamentarischem Charakter einer letztwilligen Verpflichtung (Pastoralbriefe) oder pluralistisch als »Apostellehre« (→ Apost. Konstitutionen) auswiesen. Eine weitere Garantie für integre Kontinuität erblickte man in der geistgewirkten Ordination von Bischöfen und Ältesten durch die Apostel (Apg 20, 17ff.). Das verband sich auch mit der Theorie einer »wohlgefügten Abfolge« der Ämterordnung, die Gott bereits für das AT vorgezeichnet habe, die aber erst Christus mit den Aposteln, diese aber mit den »Ältesten« verwirklicht hätten (1 Clem 42). Ob man hier oder in der → Gnosis den Ursprung einer an das Bischofsamt gebundenen Sukzessionstheorie zu suchen hat, ist umstritten. Fest steht, daß schon um 160 der Judenchrist Hegesipp für Jerusalem, Korinth und Rom eine a. S. als Namensliste aufstellen konnte, was im Übergang vom 2. zum 3. Jh. Irenäus und Tertullian bestätigen. Mit solchen Namenslisten verbanden sich alsbald Angaben über die Amtsjahre, wie sie im profanen Bereich übl. waren; solche Regierungslisten setzten sich bes. in Alexandrien (Chronik des Julius Africanus, Anf. 3. Jh.) und in Rom (sog. Catalogus Liberianus, ca. 366) durch. In dieser »beamten«-rechtl. Form wurde die a. S. für das Abendland verbindl.; ihrer Konsequenz nach war sie eine »petrinische« S. Die orth. Kirchen des Ostens hielten jedoch an der durch Geistmitteilung und Handauflegung tradierten S. fest. Das gilt auch für den Anglikanismus, Altkatholizismus und hochkirchl. Bewegungen der Gegenwart.

Q: D–S 3056ff.; MIRBT–ALAND 29, 68, 84–87, 101, 117, 140, 175, 199f., 261, 282, 287f., 375; KThQI 7, 27, 37.

L: E. BENZ, Bischofsamt und apost. Sukzession im dt. Protestantismus, St 1953; H. v. CAMPENHAUSEN, Kirchl. Amt u. geistl. Vollmacht, T [2]1963, 163–194; G. G. BLUM, Tradition u. S., B 1963; E. MOLLAND, Opuscula patristica, Oslo 1970, 161–206.

Apostolische Väter. Als erster edierte der Patristiker J. B. Cotelier 1672 Barnabas, 1./2. Clemens, Ignatius mit Mart., Polykarp mit Mart. u. Hermas als »Patres aevi apostolici«, um die zw. NT und Kirchenvätern liegenden Autoren als Einheit zusammenzufassen. Später fügte man noch Papias, Diognetbrief und Didache hinzu, schied aber aus hist. Gründen das viel spätere Mart. Ign. aus. Literaturwiss. Analyse verlangte zudem die Ausscheidung des Diognetbriefes (Ende 2. Jh.); dieser christl. Werbebrief gehört der Gattung popularphilos. Protreptik(→ Apologeten) an.

Immerhin läßt sich der Sammelbegriff zur Kennzeichnung »nachapost.«, d.h. unter Einfluß urchristl. Literatur-Formen stehender Schriften festhalten für: (1) sog. 1. Klemensbrief, ein Gemeindebrief der Römer an die Korinther ca. 96, theol. Apg und Hebr nahestehend; (2) die Abschiedsbriefe des Bf. Ignatius von Antiochien an 7 kleinasiatische Gemeinden bei seiner Reise zum Martyrium in Rom (ca. 110); (3) 2 Briefe des Bf. Polykarp von Smyrna an die Philipper (Mitte 2. Jh.), heute in umgekehrter Abfolge als Einheit zusammengefaßt; theol. stehen sie den Pastoralbriefen nahe; (4) Unter hist. Aspekt nur ist die Apologie des Quadratus (ca. 123/129 Hadrian in Athen überreicht) den A. V. zuzuordnen; als Gattung gehört sie zweifelsohne zu den Apologeten.

Schwerer erweist sich die Zuweisung wegen ihrer Heterogenität bei folgenden Quellen: (1) Didache, die älteste, frühchristl. → Kirchenordnung; (2) sog. 2. Klemensbrief, älteste Homilie (Anf. 2. Jh.), wohl aus Alexandrien kommend (Verwendung des Ägypterevangeliums); (3) »Fünf Bücher Auslegung der Herrenworte« des Bf. Papias von Hierapolis (ca. 130; nur teilweise erhalten); (4) das gleichzeitige »kath.«, d.h. an alle Gemeinden sich richtende Rundschreiben des Barnabas, dem der Didache Kap. 1–6 beigegeben wurden; (5) die endzeitl. Bußschrift ›Hirt des Hermas‹, ca. 150 in Rom (von jüdischer Apokalyptik beeinflußt); (6) das »Martyrium Polykarps«, formal ein »kath.« Schreiben (ca. 156), das zur liturgischen Märtyrer-»Legende« umgewandelt wurde (→ Märtyrerkult).

Q: J. A. Fischer (Hg.), Die Apost. Väter, Darmstadt [9]1986; Ders., Die älteste Ausgabe der Patres Apostolici. Ein Beitrag zu Begriff u. Begrenzung der A. V.; HJ 94 (1974) 157–190, 95 (1975) 88–119; H. Kraft, Clavis patrum, Clavis patrum apostolicorum, Darmstadt 1963.

L: Altaner-Stuiber 44, 550f.; P. Meinhold, Studien zu Ignatius v. Antiochien, Wie 1979; W. Rebell, Ntl. Apokryphen u. A. V., Mn 1992.

Apostolischer Stuhl (Sedes Apostolica). Die allg. Bedeutung des Wortes »apostolisch«, d.h. mit den Aposteln Jesu Christi in Verbindung stehend, wurde im Abendland vom 5. Jh. an eingeengt auf »römisch«, d.h. auf den Bischofsitz von Rom, so daß apost. immer mehr nur im Blick auf Petrus und dessen »Nachfolger« als Bischöfe von Rom, die Päpste, verstanden wurde und die Sedes Apostolica nur noch die Sedes Apostolica Romana bezeichnete. Spätestens im 7. Jh. zeigten sich in der → Röm. Kurie wachsende Tendenzen, die den Komplex der »universalis ecclesia« mehr und mehr auf die »romana ecclesia«, d.h. die lat. oder abendländische Kirche, begrenzten. Ideenmäßig stehen diese Bestrebungen im engen Zusammenhang mit einer konsequent betriebenen theoretischen wie prakt. Ausprägung der → Cathedra Petri in Rom. Zwar begegnet in Briefen des um die Einheit der Kirche besorgten Papstes Leo IX. (1049–1054) »catholica ecclesia«, ungeachtet der zahlreichen Unterschiede in Tradition und Organisation, noch als gemeinsamer Titel für die Kirchen im Osten wie im Westen, doch ist jetzt eine Vorrangstellung des Bf. von Rom stets vorausgesetzt.

L: P. BATIFFOL, Cathedra Petri, P 1938; A. KRÖMER, Die Sedes apostolica der Stadt Rom in ihrer theol. Relevanz innerhalb der abendländischen KG bis Leo I., (Diss.) Fr 1972; Y. CONGAR, Titel, welche für den Papst verwendet werden: Conc. 11 (1975) 538–544; H. KÖCK, Die völkerrechtl. Stellung des Hl. Stuhls, B 1975; G. DENZLER (Hg.), Kirche u. Staat auf Distanz, Mn 1977.

Arbeiterbewegung. Die christl. A. wurde vornehml. von kath. und ev. Arbeitervereinen (Av.) getragen, die im Laufe des 19. Jh. als Antwort auf die schlechte soziale Lage der Arbeiter und als Reaktion auf das Anwachsen des Marxismus und Sozialismus entstanden.

[1] *Kath.:* Als Vorläufer der kath. Av. können die kurz vor Beginn und während des →Kulturkampfes gegr. christl.-sozialen Vereine (→ Christl.-soziale Bewegungen) gelten. Den eigentl. Auftakt gab der 1880 gebildete Verband ›Arbeiterwohl‹, in dem kath. Unternehmer und Politiker zusammengeschlossen waren, die sich einerseits gegen sozialistische Pläne wandten und andererseits soziale Ziele zugunsten der Arbeiter zu verwirklichen halfen. Um die Mitte des 19. Jh. traten vereinzelt kath. Arbeiterorganisationen auf den Plan. Der erste kath. Av. wurde 1849 in Regensburg gegr.; er trug den bezeichnenden Namen ›St. Josephs-Arbeiter-Unterstützungsverein‹. Zwei Jahrzehnte später entstanden Av. in Westdtl. Zur Geburtsstunde der Av. in Dtl. wurde der → Katholikentag in Amberg (1884), bei dem Franz Hitze († 1921), Generalsekretär des → ›Volksvereins für das kath. Dtl.‹, zur Gründung von Av. aufrief. In rascher Folge bildeten sich binnen einiger Jahre nicht weniger als 168 Av., 51 Knappenvereine, 26 Arbeiterinnenvereine und 37 Vereine jugendl. Arbeiter (mit insgesamt ungefähr 60000 Mitgliedern). Die Leitung der einzelnen Vereine lag jeweils in Händen eines Geistlichen, so daß die kirchl. Führung garantiert blieb. 1890 erschien in Dtl. erstmals eine kath. Arbeiterzeitung (›Arbeiter‹). Die bes. nach dem Kulturkampf streng konfessionell getrennten Av. durften sich weder mit Politik noch mit gewerkschaftl. Fragen befassen. Als Voraussetzung für die Mitgliedschaft galt treue Erfüllung der christl. Pflichten. Während zunächst die sozial-caritative Tätigkeit im Vordergrund stand, gehörten später auch Bildungsfragen zum Hauptprogramm. Leo XIII. billigte in der Enz. ›Rerum novarum‹ (1891) die kath. Arbeitervereine. Im selben Jahr bildete sich in München aus 27 Vereinen (mit ca. 6000 Mitgliedern) die ›Vereinigung der kath. Av. Süddtl.‹, 1897 der ›Verband kath. Av. Nord- und Ostdtl.‹ (seit 1903 ›Verband der kath. Av.‹) mit Sitz in Berlin, 1904 der ›Verband kath. Arbeiter- u. Knappenvereine Westdtl.‹ mit Sitz in Mönchen-Gladbach, 1910 der ›Ostdt. Verband kath. Arbeitervereine‹. Beim Katholikentag in Mainz

(1911) kam es zum ›Kartellverband der kath. Av. West-, Süd- u. Ostdtl.‹, der sich 1921 auf das ›Erste Würzburger Programm‹, das auf Leos XIII. Enz. ›Rerum novarum‹ (→ Soziale Frage) basierte, einigte. Der Kartellverband wurde 1928 zum ›Reichsverband der kath. Arbeiter- u. Arbeiterinnenverbände Dtl.‹ ausgebaut. In demselben Jahr entstand in Köln die ›Internationale der kath. Av.‹ als Vereinigung der kath. Av. Hollands, der Schweiz, Österreichs, Belgiens u. Dtl. (Sitz in Köln). Die kath. A. warnte schon in den zwanziger Jahren vor Hitler und der ›Nationalsozialistischen Deutschen Arbeiterpartei‹ (→ Kirchenkampf), wurde aber nach 1933 vom dt. Episkopat im Stich gelassen. Mehrere Verbandsführer u. Arbeitersekretäre leisteten gegen den Nationalsozialismus aktiven Widerstand, den sie in einigen Fällen mit dem Leben bezahlen mußten. Nach dem 2. Weltkrieg entfalteten die kath. Av. neues Leben. 1950 bildete sich in Mainz der ›Kartellverband der kath. Arbeiter‹, bestehend aus Kath. Arbeiterbewegung Westdtl., Werkvolk Süddtl., Verband Kath. Arbeitnehmer, Werkvolk Rottenburg und Christl. Arbeiterjugend (→ Jugendverbände). Die Gründung des Bundesverbands erfolgte 1971. – Die kath. Arbeiterinnen-Bewegung bestand in Bayern, Württemberg und im Ebt. Freiburg bis 1933; sie wurde nach 1945 wieder aufgebaut u. gehört heute zum ›Kartellverband der kath. Arbeiter‹ und zur Internationale der kath. Arbeitervereine. – Bei der Gemeinsamen Synode der Bistümer in der BRD in Würzburg (1971–75) löste der Entwurf über Kirche und Arbeiterschaft heftige Diskussionen aus. – Der erste christl. Av. in Österreich wurde 1892 ins Leben gerufen. 1905 gründete der Student Anton Orel den ›Bund der Arbeiterjugend Österreichs‹. – In Frankreich gründeten Peter Guerin und vier junge Arbeiter 1927 in Clichy die ›Jeunesse Ouvrière Chrétienne‹ (JOC; Christl. Arbeiterjugend, → Jugendverbände). Den Anstoß dazu gab in Belgien der Priester (und spätere Kard.) Joseph Cardijn (1882–1967) mit seiner Bewegung unter dem Motto: »Ein junger Arbeiter ist mehr wert als alles Gold der Erde.« Die Aufgabe der Christl. Arbeiterjugend Fkr. wird seit 1950 von der ›Action Catholique Ouvrière‹ fortgesetzt. – In den USA entstand 1869 in Philadelphia der ›Noble and Most Holy Order of the Knights of Labor‹ (zwei Drittel der Mitglieder waren Katholiken) als eine der bedeutendsten A. Doch Leo XIII. zählte diesen Zusammenschluß zu den kirchl. verbotenen »Geheimgesellschaften« und verbot ihn 1884 für kath. Arbeiter. 1887 konnten einige Bischöfe wenigstens eine »Duldung« erreichen.

[2] *Ev.:* Nachdem die Initiativen einzelner ev. Christen, die ev. Arbeiter in Vereinen zusammenzuschließen, in der Mitte des 19. Jh. keine nennenswerten Erfolge gezeitigt hatten, gründete R. Todt († 1887) zusammen mit dem Hofprediger Adolf Stöcker († 1909) und anderen 1877 den ›Zentralverein für soziale Reform‹. Doch Stöcker trennte sich schon bald wieder und rief 1878 die ›Christl.-Soziale Arbeiterpartei‹ ins Leben, um ev. Arbeiter von den nichtchristl. Sozialdemokraten fernzuhalten. Er kehrte aber auch dieser Arbeiterpartei den Rücken und rief die ›Berliner Bewegung‹ gegen liberale Bourgeoisie, gegen ein finanzkräftiges Juden-

tum und gegen die Sozialdemokratie ins Leben. – Die seit 1880 entstandenen ev. Av. schlossen sich 1890 zu einem Gesamtverband zusammen. Im selben Jahr stellte der aus Theologen und Nationalökonomen bestehende → Ev.-soziale Kongreß Untersuchungen über die sozialen Verhältnisse des Volkes an. Stöcker schied auch hier bald aus und begründete 1897 die ›Kirchl. soziale Konferenz‹ (seit 1918 ›Kirchl.-sozialer Bund‹). Eine eigene Richtung auch in der Arbeiterfrage vertrat Friedrich Naumann († 1919), der in der Auseinandersetzung mit seinen polit. Gegnern (Lassalle, Marx, Engels) für einen christl. Sozialismus (→ Rel. Sozialismus) kämpfte, wie er auch in seinem ›Arbeiter-Katechismus‹ erscheint. Naumann wurde 1893 Mitglied des Vorstandes im ›Gesamtverband ev. Arbeitervereine‹. – Den ersten eigentl. ev. Av. gründete 1882 in Gelsenkirchen der Bergmann Fischer; den Vorsitz führte Pfarrer L. Weber (Mönchen-Gladbach), dessen rastloser Tätigkeit die Ausbreitung über ganz Dtl. zu verdanken war. Der 1890 gegr. Gesamtverband lehnte den Klassenkampf ab und bemühte sich stattdessen um ein harmonisches Verhältnis zw. Arbeitgebern und Arbeitnehmern. – Pastor von Bodelschwingh (→ Bethel) err. seit 1882 Arbeiterkolonien, um die sog. Wanderarbeiter zu versorgen, wenn sie arbeitslos waren. – In der Schweiz nahm 1906 die Rel.-soziale Bewegung ihren Anfang. Daneben wirkte der → rel. Sozialismus, seit 1921 ›Volkskirchenbund ev. Sozialisten‹ geheißen. Die dt. Gruppen schlossen sich 1926 in Berlin zum ›Bund rel. Sozialisten‹ zusammen. – Nach 1945 erstanden die ev. Av. neu, obwohl die EKD dieses Wiedererstehen zu verhindern suchte, weil kirchl. Vereinswesen dem Wesen der Kirche widerspreche. Die ›Ev. A. Dtl.‹ besteht seit 1952. Heute sind alle ev. Bemühungen um den Arbeiter in der ›Ev. Aktionsgemeinschaft für Arbeitnehmerfragen‹ in Dtl. zusammengefaßt. – Als Zentrum der Sozialarbeit gilt und wirkt heute der ›Sozialethische Ausschuß der Ev. Kirche im Rheinland‹ (Sitz: Velbert). Er schuf das Sozialwiss. Institut, aus dem 1969 das ›Amt für Sozialethik und Sozialpolitik der Ev. Kirche im Rheinland‹ hervorging. Die Aufgaben der ev. Sozialarbeit in Württemberg werden von der Ev. Akademie Bad Boll wahrgenommen. → Arbeiterpriester, → Christl.-soziale Bewegungen, → Gewerkschaften.

Q: W. KLEIN u. a., Texte zur kath. Soziallehre II. Dokumente zur Gesch. des Verhältnisses von Kirche und Arbeiterschaft am Beispiel der KAB, Kevelaer 1976
L: J. JOOS, Die Kath. A. in der Gesch. der christl. A. Dtl., Kö 1963; H. GREBING, Gesch. der dt. A., Mn 1966, [3]1971; S. SCHOLL-G. MEES (Hg.), Kath. A. in Westeuropa, Bo 1966; H. PRINZ, Kirche u. Arbeiterschaft gestern – heute – morgen, Mn-W 1974; J. ARETZ, Kath. A. u. Nationalsozialismus. Der Verband kath. Arbeiter- u. Knappenvereine Westdtl. 1923–1945, Mz 1978; H. D. DENK, Die christl. A. in Bayern bis zum Ersten Weltkrieg, Mz 1980; A. KLÖNNE, Die dt. A., D-Kö 1981; B. ANTONY (Hg.), Zur Arbeiterschaft u. zur A. entschieden. 100 Jahre Joseph Cardijn, Mz 1983; P. PIERRAD, L'église et les ouvriers en France (1840–1940), P 1984; K. M. HOFMANN, Die Ev. Arbeitervereinsbewegung 1882–1914, Bielefeld 1988; D.-M. KRENN, Die christl. A. in Bayern vom Ersten Weltkrieg bis 1933, Mz 1991; W. HEITKAMP, Die Gesch. der Kath. A–B., Kö 1986; G. A. RITTER: Arbeiter, A. u. soziale Ideen in Dtl., Mn 1996. – TRE III 669–681.

Arbeiterpriester sind Priester, die hauptberufl. Arbeiter sind und daneben Seelsorge praktizieren. Angesichts einer fortschreitenden Entchristlichung entschlossen sich zuerst frz. Priester, A. zu werden. Der → Dominikaner J. Loew wirkte seit 1941 mit einigen Freunden aus dem Welt- und Ordensklerus als Hafenarbeiter in Marseille, um die dortigen Lebensverhältnisse zu studieren und unter den Hafenarbeitern als Seelsorger zu wirken. Das 1941 in Lisieux eröffnete ›Seminaire de la Mission de France‹ (seit 1952 in Limoges) diente dem Ziel, Priester für jene Diözesen zu beschaffen, in denen Priestermangel herrscht, und Priester auszubilden, die in weithin entchristlichten und entkirchlichten Gebieten Fkr. missionarisch tätig sein sollten. Eine realistische Bestandsaufnahme veröff. Kard.-Ebf. Suhard von Paris († 1949) in der von den Abbés Godin und Daniel erarbeiteten Denkschrift ›Fkr. – Missionsland?‹. Pius XII. verbot 1951, die Zahl der A. – zu dieser Zeit ungefähr 80 – zu erhöhen; denn diese Form des Apostolats gelte »eher für gefährlich als nützlich«. 1953 sah sich der frz. Episkopat gezwungen, das Seminar in Limoges zu schließen. Die → Röm. Kurie betrachtete das Experiment der A. als beendet. Nach schwierigen Verhandlungen zw. Kurie, frz. Bischöfen und A. durften sie nur noch drei Stunden am Tag Industriearbeit verrichten, außerdem schrieb Pius XII. 1954 neue Statuten vor und err. in Pontigny für die A. eine freie Prälatur. Der Großteil aller A. verweigerte den Gehorsam und setzte die bisherige Tätigkeit uneingeschränkt fort. Offiz. gab es jetzt keine A. mehr, sondern nur Priester der ›Arbeitermission‹ (Mission Ouvrière), die 1957 gegr. wurde. Sitz des Seminars ist seit 1968 Fontenay-sous-Bois (bei Paris). – Nach dem 2. → Vatik. Konzil lebte die Idee des A. neu auf. Heute umfaßt die ›Mission de France‹ über 300 Priester, die der Jurisdiktion des jeweiligen Ortsbf. unterstehen. Übrigens ist nahezu die Hälfte des frz. Weltklerus aus wirtschaftl. Gründen (durchschnittl. Monatsgehalt um DM 700,–) neben dem Priesteramt berufstätig. Die sog. A. haben sich mit stillschweigender Zustimmung der Bischöfe in einem Maß vermehrt, das alle offiz. Vermutungen übertrifft. Seit 1975 gibt es in Jean Remond, der als Bankangestellter arbeitet, wieder einen Arbeiterbischof. – In Dtl. zählt man heute ungefähr 20 Arbeiterpriester.

Q: H. Godin – Y. Daniel, Zw. Abfall u. Bekehrung. (Ist Fkr. Missionsland?), Offenburg 1950; H. Perrin, Tagebuch eines A. Aufzeichnungen 1943/44. Mn 1955; Die A. Dokumente, Heilbronn 1957; J. Loew, Er gab mir ein Zeichen. Meine Glaubensgesch. Fr–Bas–W 1985; A. Ancel, Wege zum Bruder, Limburg 1964.

L: J. Faupin, La Mission de France. Histoire et institution, Tournier-P 1960; G. Siefer, Die Mission der A., Essen 1960; E. Poulat, Naissance des prêtres-ouvriers, P 1965; M. Peitz, Kirche auf neuen Wegen. Die A. v. Dünkirchen, Mn 1972; F. Leprieur, Quand Rome condamne. Dominicains et prêtres-ouvriers, P 1989.

Arianismus. Anfang 4. Jh. erregte Arius († 336 in Konstantinopel), Stadtpfarrer (Presbyter) in Alexandrien, die Gemüter mit einer Christologie, die Seinskategorien der mittelplatonischen Philosophie aufnahm, wenn sie z. B. die kosmologische Formel aus Platons ›Timaios‹: »Es gab eine Zeit, da sie (die Welt) nicht war« sowohl für die präexistente Vaterschaft Gottes als auch die Sohnschaft Christi gebrauchte. Das mußte zum → Subordinatianismus führen. Der A. wurde daher mit seinen Sätzen, der Sohn habe einen Anfang, sei das erste Geschöpf Gottes, sei wandelbar bzw. veränderlich, vom 1. Ökumenischen → Konzil (325) verdammt. Er hatte aber trotzdem einflußreiche Fürsprecher, wie die baldige Rehabilitierung des Arius durch Ks. Konstantin d. Gr. beweist. Vor allem Konstantius II. betrieb ab 350 eine den A. begünstigende Kirchenpolitik. Sie ersetzte die nicaenische »Wesenseinheit« (Homousia) durch den Begriff der »Ähnlichkeit« (Homoia) zw. Vater und Sohn. Konsequenten Denkern des rationalistischen A. war dieser »Homöismus« nicht genug. Sie sprachen daher von der »Unähnlichkeit« (sog. Anhomöer, auch Jungarianer), während ein gemäßigter Flügel den Anschluß an das nicaenische »homousios« mit der Parole von der »Wesensähnlichkeit« suchte (sog. Homöusianer); arianisch war er nur darin, daß er die »Wesenseinheit« (Homousia) des Geistes mit dem Vater leugnete. Das aber verlangte am Vorabend des 2. Ökumenischen → Konzils (381) der Gralshüter nicaenischer → Orthodoxie, Athanasius († 373), so daß mit dem ökumenischen Bekenntnis von 381 (sog. Nicaenoconstantinopolitanum) auch dieser Semiarianismus verdammt wurde. Er schied aus der altkirchl. Entwicklung aus. Hingegen fand er bei den Goten Anklang, weshalb Ks. Theodosius d. Gr. den Westgoten ihren arianischen Bekenntnisstand zubilligte (Ansiedlungsvertrag 382). Fortan trennte das arianische Bekenntnis die Germanenreiche der Völkerwanderung von der röm.-kath. Bevölkerung des Mittelmeerraumes und behinderte auch deren kulturelle Integrierung.

Q: COD 14f., 17ff.; D–S 125f., 150f.; N–R 155f.; H.-G. Opitz, Urkunden zur Gesch. des arianischen Streites, B 1934; H. Karpp, Textbuch zur altkirchl. Christologie, Neukirchen 1972; KThQ I 54–56, 70, 72f., 76, 79, 81.

L: M. Simonetti, La crisi ariana nel IV secolo, R 1975; R. Lorenz, Arius judaizans?, Gö 1978; Ders., Die Christusseele im Arianischen Streit: ZKG 94 (1983) 1–51; Th. Böhm, Die Christologie des Arius, St. Ottilien 1991. – TRE III 692–719.

Arkandisziplin. »Geheimhaltungspflicht« galt in der Antike für die Mysterien (z. B. von Eleusis; des Dionysos) wie auch für gewisse Männerbünde (Pythagoreer; Essener). Die neuentdeckten Texte von Qumran am Toten Meer (→ Urchristentum) bezeugen die A. auch für eschatologische Sekten des Judentums. Für das vorkonstantinische Christentum bot sie zunächst Schutz vor heidnischer Neugier, der nachkonstantinischen Kirche die Möglichkeit, sich vor den Massenübertritten eine Kern- und Abendmahlsgemeinde zu sichern. Die dabei benutzte sog. Aporresis-Formel, die Andersgläubigen und Unberechtigten die Tür wies, kommt aus den Mysterien, deren Ausdrücke vermehrt in der griech.-byz. Liturgie Aufnahme fanden. – Männerbünde mit A. (typisch hierfür die Mithrasvereine der Spätantike) waren dem antiken Christentum unbekannt. Erst die Zeit der Aufklärung (18. Jh.) zeitigte sie mit den → Freimaurern.

L: G. Anrich, Das antike Mysterienwesen in seinem Einfluß auf das Christentum, Gö 1894; H. Clasen, Die A. in der Alten Kirche, Hei 1956; Ch. Jacob, »A.« – Allegorese – Mystagogie, F 1990. – TRE IV 1–8.

Arme Dienstmägde Jesu Christi (A. D. J. Chr.), 1851 von Maria Katharina Kasper († 1898, seliggespr. 1978) in ihrem Geburtsort Dernbach (deshalb auch Dernbacher Schwestern genannt) als Genossenschaft gegr. und 1870 von Pius IX. approbiert. Kasper gründete 1858 ein ordenseigenes Lehrerinnenseminar. – Die A. D. J. Chr. legen die einfachen Gelübde der ehelosen Keuschheit, der Armut und des Gehorsams ab; sie leben nach einer von der Stifterin grundgelegten Regel, die, den Bedürfnissen der Gemeinschaft und den Verhältnissen der Zeit neu angepaßt, 1890 vom Hl. Stuhl genehmigt wurde. Die Schwestern widmen sich bes. der Kranken- und Armenpflege; sie sind außerdem in Altenheimen, Schulen und Kindergärten tätig. Um die Jahrhundertwende, kurz nach dem Tod der Gründerin, zählte man über 2000 Schwestern in 193 Niederlassungen. Die A. D. J. C. verteilen sich heute auf 5 Provinzen: Dtl. (2), Holland, England und USA sowie die Region Indien. Das Generalat befindet sich in Dernbach; dort ist auch das Noviziat für Dtl. untergebracht. Außerdem hat jede ausländische Provinz ein Noviziat, ebenso die Region Indien.

L: HEIMBUCHER II 489 f.; J. HASENBERG – A. WIENAND (Hg.), Das Wirken der Orden u. Klöster in Dtl., Bd. II, Kö 1964, 175–181; 125 Jahre A. D. J. Chr., Dernbach 1976; I. KADENBACH, Der Geist weht, wo er will, Limburg 1967.

Armenische Kirche. Weniger dem für ca. 250 bezeugten Missionsbf. Meruzanes als dem Kappadokier Gregor d. Erleuchter (Illuminator) ist die Christianisierung Armeniens mit Hilfe des zuvor von ihm bekehrten Tiridates III. ab 300 zuzuschreiben. Unter Konzessionen an heidnische Bräuche schuf er vor der sog. → Konstantinischen Wende die erste christl. Nationalkirche. Dank ihrer Bindung an armen. Dynastien überstand sie die Teilung des Landes unter Byzanz und den Persern (387), die Abschaffung des Königtums (428). Träger einer Nationalliteratur, die bes. in den Klöstern gepflegt wurde, vermittelte sie griech. Geisteskultur als Übersetzungsliteratur. Selbst aus dem Religionskrieg mit dem parsistischen Mazdaismus (449–484) ging sie gestärkt hervor. Darüber versäumte man die dogmatische Entscheidung von → Chalkedon (451) und bekannte sich im 6. Jh. zum → Monophysitismus: Die → georgische K. kündigte darob die Kirchengemeinschaft auf (ca. 600). Dafür fand man aber unter der Zwangsherrschaft der Groß-Seldschuken im monophysitischen Kleinarmenien (Kilikien) Rückhalt (11.–14. Jh.). Hatten die → Kreuzzüge nur temporäre Kontakte mit den Lateinern geschaffen, so waren die Bemühungen der ›armenischen Brüder‹ (auch ›Bartholomäer‹) um eine Union mit Rom von Genua aus folgenreicher (seit 1365). Aus ihnen resultierte das Unionsdekret des → Florenzer Konzils (1439). Im 18. Jh. schuf das Katholikat von Kilikien mit seiner eigenständigen Union die ›Armenisch-kath. Kirche‹. – Bereits 1441 hatte der Oberste Katholikos der ›a.-orth. (bzw. grigorianischen) K.‹ seinen Sitz nach Großarmenien zurückverlegt, wo abermals die Klöster als nationalkirchl. Widerstandsnester die mongolischen Völkerstürme überstanden hatten; Edschmiadzin ist bis heute sein Sitz geblieben. Umbrandet von den Kämpfen zw. Türken und Persern

(16./17. Jh.), Opfer der zaristischen Expansion (18./19. Jh.), Schauplatz der türkischen Massaker im 1. Weltkrieg (1915/16), hielt auch in der Sozialistischen Sowjetrepublik (seit 1920) die Gemeinde ihrer Kirche die Treue: Die Mehrzahl (ca. 3 Mill.) wohnt in Sowjetarmenien, ca 2 Mill. hingegen in anderen Sowjetrepubliken; etwa 2 Mill. werden in der armenischen Diaspora vermutet. Das kleinarmen. Katholikat von Sis-Antelias (1930 in den Libanon verlegt) hingegen erhielt in Jerusalem (seit 1311) und Konstantinopel (seit 1458) konkurrierende → Patriarchate. Dazu kommen die europäischen und amerikan. Auslandsjurisdiktionen, die eindrucksvoll die A. K. und ihre Nationalkultur zu repräsentieren verstehen.

Q: D–S 1309; N-R 501–504.

L: J. LEPSIUS, Der Todesgang des armenischen Volkes, Potsdam 1916, [2]1930, neu hg. v. F. HEYER, Hei 1980; L. A. DOURNOVO, Miniatures arméniennes, P 1960; B. SPULER, Die morgenländischen Kirchen, Lei-Kö 1964, 240–268; F. HEILER, Die Ostkirchen, Mn-Bas 1971, 375–579; F. HEYER (Hg.), Die Kirche Armeniens, St 1978; DERS., Zur Wiederbegründung der dt.-a. Ges.: Kirche im Osten 21/22 (1978–79) 312–323; L. HEISER, Das Glaubenszeugnis der A.K., Trier 1983; TRE IV 40–63 (W. HAGE-B. SPULER). – Atlas KG 9 A, 55 B, 130–131; L. HEISER, Das Glaubensbekenntnis der A. K., Trier 1983.

Armenpflege. Von jeher kannte die Christenheit die gemeindliche A. (→ Diakonie), die sowohl Witwen und Waisen wie Kranke und Bettler betreute. In nachkonstantinischer Zeit kam die weithin von Mönchen betriebene Anstaltspflege (sog. Xenodochien = Fremdenherbergen; Aussätzigenasyle des Basilius in Caesarea/Kapp. Mitte 4. Jh.) hinzu. Daran änderte sich im MA nichts; neu war nur, daß Karl d. Gr. die Grundherren zur A. verpflichtete (799) und dem ganzen Volk die → Almosen zur Pflicht machte (802). Träger der kirchl. A. wurden auf dem Lande die Klöster, in der Stadt die Kanonikatsstifte und hernach die von Laienbrüdern (conversi) getragenen Spitalorden (→ Hospitaliter; → Ritterorden; → Johanniter; → Deutschorden; → Antoniter; → Trinitarier), die mit ihren Spitälern beweglicher waren (→ Kreuzzugsbewegung). Im Hoch-MA mühten sich auch die Laien (→ Terziaren) innerhalb der → Bettelorden um die A., die ihrerseits das Bettelwesen (Verdienstlichkeit des Almosen um der »Armut um Christi willen«; → Armutsbewegung) rel. sanktionierten. Darunter litten im Spät-MA bes. die Städte, die ihrerseits die A. organisierten (1437: Frankfurt/M.) oder durch Bettelordnungen (1442: Wien; 1446: Köln; 1478: Nürnberg) die Bettler aufs Land und in Arbeit bringen wollten.

Die → Reformation machte nicht nur die rel. Prämissen der A. hinfällig, der Zerfall der Meßstiftungen setzte zudem viel Stiftungskapital frei, das sich den Kommunen zu caritativen Zwecken anbot: Mit der ›Ordnung des gemeinsamen Beutels‹ für Wittenberg (1521) wurde die älteste ev. Armenordnung geschaffen, der dann weitere wie die ›Leisniger Kastenordnung‹ (1523) folgten. In der Bekämpfung der Bettler wurde man erst 1525 mit der Nürnberger Ordnung nicht zuletzt dank der »Kastenherren«, auch »Kastenmeister« gen., erfolgreicher. Ähnl. auf die städtische A. abzielende Anregungen gingen vom → Humanismus aus (vgl. Vives,

De subventione pauperum, 1526). – Das Tridentinum (sess. 7, cap. 15; sess. 22, cap. 9) forderte erneut die kirchl. Einbindung der A. und sah sich darin durch neue Pflegeorden wie die ›Barmherzigen Schwestern‹ und → ›Lazaristen‹ des Vinzenz von Paul († 1660) unterstützt; sie verließen allerdings die alten Bahnen der Anstaltspflege. Im → Calvinismus betonte man gleichfalls den kirchl. Charakter der A. und zugleich die Pflicht, die Armen mit Arbeit zu versorgen (1601: ›Right for the Relief of the Poor‹ unter Elisabeth I.), woraus in England das kirchl. Institut des »workhouse« hervorging (Ende 17. Jh.). Auf dt. Boden hingegen sorgte die Reichspolizeiordnung von 1530 (Tit. 34) dafür, daß Städte und Kommunen weiterhin zur A. verpflichtet waren. Die Zunahme des Bettelns als Folge des → Dreißigjährigen Krieges machte dabei die Armenhäuser zu »Kasernen der Armut«. – Es war erst dem Einfluß des → Pietismus, vor allem Hermann Francke († 1727) zu danken, daß die ›Preuß. Armenordnung‹ (1695) neue Wege einschlug, ohne immer das Ziel zu verwirklichen. Erfolgreicher war darin im Zeitalter der Humanität (18. Jh.) private Initiative. So begründete die ›Patriotische Gesellschaft‹ in Hamburg 1788 die ›Allgemeine Arbeitsanstalt‹, die neben der individuellen A. auch Fabriken einrichtete, um sachl. Hilfe zu leisten. Auf die Dauer aber waren Kirchen und deren Caritas (→Caritasverbände) bzw. → Innere Mission den finanziellen Anforderungen der A. nicht gewachsen, so daß diese im 19. Jh. weithin in die öff. Fürsorge überging. Dazu hatten die → Frz. Revolution (Erklärung der Menschenrechte: 1793), ferner das Allg. Preuß. Landrecht (1794) und dessen Fortführung (Festlegung des Fürsorgewohnsitzes: 1842) die Voraussetzungen geschaffen.

Q: H. Lietzmann (Hg.), Kleine Texte für Vorlesungen u. Übungen Heft 21, B ^{2}1935, Heft 74, Bo 1911.

L: G. Ratzinger, Gesch. der kirchl. A., Fr 1868, ^{2}1884; G. Uhlhorn, Gesch. der kirchl. A., Gö 1892; Ders., Die christl. Liebestätigkeit, St ^{2}1895, (Ndr.) Da 1959; C. Sachsse – F. Tennstedt, Gesch. der Armenfürsorge in Dtl. v. Spätmittelalter bis zum 1. Weltkrieg, St 1980; M.-L. Windemuth, Das Hospital als Träger der Armenfürsorge im MA, St 1995. – TRE IV 14–40.

Arme Schulschwestern Unserer Lieben Frau, auf Initiative des Regensburger Bf. G. M. Wittmann 1834 von Karolina Gerhardinger (Ordensname: Maria Theresia von Jesus, † 1879) in Neuburg vorm Wald gegr. Kongreg. von Schwestern, die hauptsächl. in Schule und Erziehung tätig sind. Bf. Wittmann († 1833) wollte mit der Gründung der A. S. eine rel. fundierte Mädchenbildung ermöglichen. Die → Säkularisation in Bayern hatte den Untergang nicht nur vieler Klöster, sondern auch zahlreicher Klosterschulen zur Folge. Wittmann beauftragte Gerhardinger und zwei weitere Mädchen, die 1809 säkularisierte Schule der Notre-Dame-Frauen in Stadtamhof (Regensburg) weiterzuführen. Später wirkte Gerhardinger in Neunburg, wo sie 1833 mit Gleichgesinnten ein klösterl. Leben begann. Von jetzt an nannte sie sich Mutter Theresia von Jesus. 1843 folgte die Gründung des Mutterhauses in München, für das Kg. Ludwig I. das am Anger gelegene Kl. der Klarissen (→ Franziskanerinnen) überließ. Von

München aus verbreiteten sich die A. S. in den USA, in Böhmen, Württemberg, Westfalen, Schlesien, dann in Österreich, Baden, Ungarn und England. – In Bayern erwarben sich die A. S. neben anderen Orden und Kongreg. (→ Ordenswesen) große Verdienste um den Auf- und Ausbau des Volksschulwesens, der Lehrerbildung sowie um die Ausbildung von Kindergärtnerinnen und Sozialpflegerinnen. Außerdem förderten sie das berufl. → Schulwesen und die höhere Mädchenbildung. Heute sind die A. S. vor allem als Lehrerinnen an Volksschulen, Berufsfachschulen und weiterführenden Schulen eingesetzt. Sie wirken ferner als Katechetinnen und Seelsorgehelferinnen in Pfarreien; sie leiten Kindergärten und Kinderhorte, Kinderheime und Schülerinnenheime. Die gesamte Kongreg. zählt (1984) 21 Prov. mit ca. 9000 Schwestern. Das Generalat befindet sich seit 1957 in Rom.

L: HEIMBUCHER I 465–468; M. L. ZIEGLER, Die A. S. von U. L. F., Mn 1935; DERS., Mutter Theresia v. Jesu Gerhardinger, Mn 1950; M. A. BLATTENBERGER, Die Schifferstochter von Regensburg. Karolina Gerhardinger, St. Ottilien 1985.

Arminianismus. Pfarrer von Amsterdam, dann Prof. der calvinischen, 1575 begründeten Univ. Leiden, war Arminius (eigentl. Hermannsz) als Sprecher des liberalen → Humanismus in Holland wegen seiner Kritik an der schroffen Prädestinationslehre des → Calvinismus völlig unbegründet des Sozinianismus (→ Sozinianer) verdächtigt worden. Die literarische Fehde mit einem Fakultätskollegen eröffnete den sog. arminianischen Streit (1604–19), den dann der Gegensatz zw. konservativem Landadel und liberalem Bürgertum der Städte prägen sollte. Er wurde kirchenpolit., als die Anhänger des A. eine ›Remonstratie‹, d. h. Revision der geltenden ›Confessio Belgica‹ (1562; → Calvinismus), verlangten (1610), was die schroffen Calvinisten mit einer ›Contra-Remonstratie‹ (1611) beantworteten. Die übernationale → Dordrechter Synode hielt sich aus dem holländischen Streit heraus, verurteilte aber den polit. Führer der ›Remonstraten‹, Oldenbarnevelt, zum Tode (hingerichtet 1619), den Rechtsphilosophen Hugo Grotius († in Rostock 1645) zu lebenslängl. Haft und verlangte von ihren Predigern bei Androhung des Landesverweises Verzicht auf Lehrdarstellung bzw. auf das Amt. Viele von ihnen flohen ins Ausland und fanden z. B. in London, Hamburg und dem holsteinischen Friedrichsstadt Zuflucht (1621). Die Mehrzahl aber gab sich als ›Remonstrantsche Brœderschap‹ eine ›Confessio‹ (1621) und hielt dann 1630 zu Rotterdam ihr erstes europäisches Konzil ab. So blieb Holland eine wichtige humanistische Tradition der Freisinnigkeit erhalten. Sie bot nicht nur den → Sozinianern, sondern auch den seit 1621 in Rijnsburg sich sammelnden »Kollegianten« Freistatt, die kirchl. Bekenntnis und Predigtamt verwarfen und mit der Erwachsenentaufe (Untertauchen) auf die → Baptisten einwirkten, wie denn der A. gerade auf ev. → Freikirchen Einfluß gewann.

Q: J. ARMINIUS, Opera theologica, A 1629, F ^{3}1635.
L: L. J. N. K. v. AKEN, De Remonstratensch Broederschap in verleden enheden, A 1947; G. J. HOENDERDAAL, The Debate about Arminius outside the Netherlands:

Leiden University in the 17th Century, Lei 1975, 137–159; J. M. Hicks, The Theology of grace in the thought of J. Arminius and Philip van Limborch, Ann Arbor 1990. – TRE IV 63–69.

Armutsbewegung. Das Ideal »apost. Armut« (Mt 10,9f.) machte sich nicht nur das → Mönchtum (→ Benediktiner; → Bettelorden; → Cluniazenser; → Prämonstratenser; → Zisterzienser) zu eigen. Die Preisgabe der »Güter« (reicher Jüngling nach Mk 10,17ff.; vita Antonii von Athanasius) war auch ein Kerngedanke der allg. Christus-»Nachfolge« (imitatio Christi). Beides konnte sich mit der Kritik an der zeitgenössischen Kirche verbinden wie bei dem stadtröm. →Regularkanoniker Arnold von Brescia (1155 als Ketzer von Friedrich Barbarossa hingerichtet); selbst ein → Zisterzienser wie Bernhard (→ Bernhardinisches Zeitalter) teilte sie und gab zugleich seinem Schüler, dem Mönch und Papst Eugen III., davon Kenntnis. Doch erst Laien lösten in ihrem Protest gegen den durch Handel und Manufaktur (Tuchindustrie) in den südfrz. und oberit. Städten sich sammelnden Reichtum die A. im eigentl. Sinne aus. Die → Waldenser und ihr oberit. Zweig der Lombarden sowie die mailändischen Humiliaten waren Laien-Bruderschaften, denen die »Absage an die Welt« (conversio), das Gelübde der apost. Armut und die Wanderpredigt gemeinsam waren. Armuts- und Demutsideal im Sinne der »imitatio Christi« verband die Mailänder auch mit Franz von Assisi (→ Franziskaner). Nach erfolglosem Versuch, die mailänd. A. (→ Humiliaten) zu integrieren, gelang dies Innozenz III. (1198–1216) mit den Bettelorden, ohne damit den → Armutsstreit innerhalb der Franziskaner verhindern zu können. Dieser sollte vielmehr dem Papsttum im → Avignoner Exil noch viel zu schaffen machen. Weit leichter gestaltete sich das Verhältnis zu den → Beginen, weil sie das Armutsideal als »apost.« Gütergemeinschaft (Apg 4,32–35) verwirklichten und darin realistisch blieben.

L: H. Grundmann, Rel. Bewegungen im MA, B 1935, ²1961, (Ndr.) Lübeck-Da ³1970; D. Flood (Hg.), Poverty in the Middle Ages, Werl 1975; K. Bosl, Armut Christi, Ideal der Mönche und Ketzer, Mn 1981; H. Mollat, Die Armen im MA, Mn 1984; B. Geremek, Gesch. der Armut, Mn–Z 1988; K. J. Rivinius, Zw. Häresie u. Orthodoxie, Schwerte 1990. – TRE IV 85–98.

Armutsstreit. Der sog. *praktische A.* (1232–60) entzündete sich an der aufwendigen Gedächtniskirche für den 1228 heiliggesprochenen Franz, die der damalige Generalminister Elias zu Assisi (berühmte Unter- und Oberkirche; Höhepunkt ma. Kunst) err., wobei die ›Geistgesonnenen‹ (Spiritualen) als Opposition auf die wortwörtl. Befolgung des Franz-Testamentes drangen. Als dann Papst Gregor IX. den Generalminister, den er bis 1239 unterstützt hatte, fallen ließ, war es zu spät; die Spaltung der → Franziskaner war vollendete Tatsache. Während die ›Konventualen‹ in den Konventen sich kompromißbereit zeigten, zogen die → Spiritualen sich in Einsiedeleien zurück, wo sie zum Teil Opfer apokalyptischer Schwärmerei (→ Fraticelli) wurden. Den ersten A. legte der Franziskanergeneral Johannes Bonaventura († 1274) bei; seine ›legenda maior‹ (daher auch ›legenda pacis‹) von 1260 trat gemäßigt für die Franziskusideale ein.

Der sog. *theoretische A.* (1279–1329) wurde durch Nikolaus' III. Bulle ›Exiit qui seminat‹ (1279) ausgelöst, die alle Stiftungen und Besitztümer des Ordens zum Eigentum der röm. Kirche erklärte, um die Gewissen der Brüder von der »Kommunität« zu beschwichtigen; statt dessen löste sie aber erneut den Protest der ›Eifernden‹ (Zelanten) aus. Letztere fanden in Petrus Olivi († 1298) und Ubertino von Casale († ca. 1330) gelehrte Sprecher und Autoren, deren Franzbild nicht mehr der hist. Gestalt entsprach, aber umso wirkungsvoller war. Johann XXII. (→ Avignoner Exil) verhängte 1317 über unbußfertige Spiritualen die → Inquisition und erklärte 1323 das Ideal apost. Armut für häretisch. Sein Entscheid warf in der Folgezeit die Frage nach der Unfehlbarkeit des Papstes (1. → Vatik. Konzil) auf. Seine Maßnahmen führten wohl die Mehrheit der Spiritualen seit 1329 in die Ordensgemeinschaft zurück, machten aber deren Generalminister Michael von Cesena († 1342) und Wilhelm von Ockham († 1349; → Ockhamismus) zu erbitterten Gegnern des → Papsttums.

Q: D–S 840–844, 900–904, 908, 930; MIRBT-ALAND 624, 754.

L: K. BALTHASAR, Gesch. des A. im Franziskanerorden, Mr 1911; M. D. LAMBERT, Franciscan Poverty, Lo 1961; U. HORST, Ev. Armut und Kirche. Thomas von Aquin und die Armutskontroversen, B 1992; J. SCHLAGETER, Das Heil der Armen u. das Verderben der Reichen. Petrus Joh. Olivi, Werl 1989; U. HORST, Ev. Armut u. päpstl. Lehramt, St 1995.

Artistenfakultät. Es signalisiert die Dominanz Augustins († 430) im frühma. Geistesleben, daß sein Plan, die spätantiken »artes liberales« (Grammatik, Rhetorik, Dialektik, Arithmetik, Geometrie, Musik, Astronomie) für ein christl. Bildungsprogramm zu nützen, von der lat. Mönchskultur (Cassiodor, † ca. 580) verwirklicht wurde und von dort in die karolingischen Hofkapellen (St. Denis) bzw. Domschulen (Reims) überging (Alkuin, † ca. 804). Mit dem wirtschaftl. Aufstieg der Städte im 12./13. Jh. erwachte nicht nur ihr → Schulwesen, sondern auch das Bildungsprogramm der »freien Künste« zu neuem Leben, jetzt wieder im profanen Rahmen (Salerno, Montpellier, Bologna). Emanzipatorische Kräfte reaktivierten zugleich nichtchristl. Bildungstraditionen. Solche Eigenständigkeit trat noch stärker in Erscheinung, als städtische Schullehrer (magister artium) sich zur »Gemeinschaft«, später zur »Gesamtheit der Scholaren« (societas bzw. universitas scholarium) zusammenschlossen und so Antipoden der kirchl. Domschulen wurden. Dem wollte c. 18 des 3. → Laterankonzils (1179) entgegenwirken, der die Pariser »Artisten« der kirchl. Aufsicht unterstellte. Er leitete ihre Integrierung als A. in das »Generalstudium« der ma. »Universitäten« ein. In Paris seit 1222 als selbständiger Studiengang (facultas) anerkannt, verblieb der A. größere Bewegungsfreiheit. Neben der Aufnahme arabischer Wissenschaften ist ihr die Rezeption des originalen Aristoteles und seiner Substanzmetaphysik zu danken, auch wenn das kirchl. Anathema über jegl. Aristotelesstudium (1210 und 1215, wiederholt 1270 und 1277) dies zunächst unterband. Im Spät-MA förderte die A. die Spezialisierung der Wissenschaften, sei es nun der Mathematik, der Sprachforschung oder der Naturwissenschaften, im 16. Jh. jedoch auch den → Humanismus an den Universitäten, z. B. in Wien und Erfurt.

Q: COD 220.

L: W. Wühr, Das abendländische Bildungswesen im MA, Mn 1950; J. Koch (Hg.), Artes liberales, Lei 1959; D. Illmer, Formen der Erziehung u. Wissensvermittlung im frühen MA, Mn 1971; B. Englisch, Die Artes liberales im frühen MA (5.–9. Jh.), St 1994. – TRE IV 156–171.

Assemblées du clergé, Versammlungen von Vertretern des frz. Klerus erstmals 1561, von 1586 bis in das 19. Jh. alle zehn Jahre. Sie entschieden z. B. auch über die finanziellen Leistungen der Geistlichen an die Regierung. – 1682 unterstützte die Klerusversammlung Kg. Ludwig XIV. im → Regalienstreit; sie billigte die 4 Gallik. Artikel u. damit den → Gallikanismus.

Q: Akten der A. v. 1560 bis 1763, 9 Bde., P 1767.

Assumptionisten, 1845 in Nîmes von dem Generalvikar Emmanuel d'Alzon (1810–1880) gegr. und 1864 von Pius IX. (1923 von Pius XI. endgültig) approbierte Kongreg. der → Augustiner von der Himmelfahrt Marias (Augustiniani ab Assumptione = A. A.). Als Hauptziel verfolgten sie die Verteidigung der christl. Lehre (»Werk der guten Presse«) und die Wiedervereinigung der von Rom getrennten → Ostkirchen. Heute sind die A. vor allem in der Schule, im Presse- und Wallfahrtswesen sowie in der → Mission (Orient) tätig. 1929 schlossen sich die A. dem Dritten Orden (→ Terziaren) der Augustiner an.

Als *Assumptionistinnen* gelten: Schwestern oder Frauen von der Himmelfahrt Marias, 1839 in Paris von M. Eugénie de Jesus (Milleret) zur christl. Erziehung von Mädchen gestiftet, 1888 von Leo XIII. endgültig anerkannt. – Oblatinnen von der Himmelfahrt Marias, 1862 von E. d.'Alzon zur Unterstützung der A.-Missionare im Orient ins Leben gerufen, 1927 von Pius XI. endgültig approbiert. – Kleine Schwestern von der Himmelfahrt Marias, 1865 in Paris von Etienne Pernet und Marie de Jesus Fages zur Pflege armer Kranker gegr., 1901 genehmigt. – Oranten von der Himmelfahrt Marias, 1896 von F. Picard und Ursel de Clermont-Tonnère gestiftete Gebetsschwestern.

Q: P. Touveneraud – A. Sage (Hg.), Emmanuel d'Alzon. Premières constitutions des Augustins de l'Assomption 1855–1865, R 1966.

L: Heimbucher II 384–386; S. Vailhé, Vie du P. Emmanuel d'Alzon, P 1926; J. Monval, Les Assumptionistes, P 1935; G. Bernoville, Un promoteur de la Renaissance catholique au XIXe siècle: Emmanuel d'Alzon, P 1957; J. Monval, Les Religieux de l'Assomption, P 1963.

Athanasianisches Glaubensbekenntnis. In Südgallien entstanden (7. Jh.), rezipiert das sog. A. G. in seinem 1. Teil das Nicaeno-Constantinopolitanum von 381, in seinem 2. Teil das Chalcedonense von 451 (→ Glaubensbekenntnisse). Der unbekannte Verfasser legitimierte seine »Glaubensauslegung« (explanatio fidei) mit dem Vorkämpfer altchristl. → Orthodoxie und Bf. Athanasios von Alexandrien († 373). Er wollte so die dem Westen von jeher wegen ihrer griech. Begrifflichkeit schwer verständlichen Zentraldogmen der alten Kirche näher bringen und war darin erfolgreich. Seit der Karolingerzeit galt das A. G. als ,,kath. Glaube«; auch die Reformationskirchen rezipierten es. Erst das 17. Jh. enthüllte seine Pseudoanonymität, als die → Aufklärung zugleich seine theol. Aussagen in Frage stellte.

Q: D–S 75f.; N–R 915f.; BSLK 28–30; J. N. D. KELLY, The Athanasian Creed »Quicunquevult«, Lo 1964.

L: M. HÄRING, Commentaries on the Ps. Athanasian Creed: Mediaeval Studies 34 (1972) 208–252; C. KANNENGIESSER, Athanase d'Alexandrie, P 1983. – TRE IV 328–333.

Atheismusstreit. In dem von Joh. Gottlieb Fichte († 1841) hg. ›Philos. Journal‹ erschien 1798 ein Aufsatz, dessen Satz: »Es ist nicht Pflicht zu glauben, daß eine moralische Weltregierung oder ein Gott ... existiert, sondern es ist bloß und allein die Pflicht, zu handeln, als ob man es glaubte«, die Gemüter erregte, zumal da Fichte in einem zweiten begleitenden Aufsatz als Hg. diesen Fiktionalismus des »als ob« (des an sich unbedeutenden Autors) moralphilos. begründete. Kursachsen ließ den Band des »Journals« konfiszieren und klagte in Weimar auf »Atheismus«. Der so entstandene A., der sowohl Schiller wie Goethe kalt ließ, endete mit der (von Fichte selbst beantragten) Dienstenthebung (1799). Fichte fand in Berlin Zuflucht und 1810 eine Professur an der dort neu err. Universität.

Q: F. MEDICUS (Hg.), J. G. Fichte, Die philos. Schriften zum A., L 1910; H. LINDAU (Hg.), Die Schriften zu J. G. Fichtes A., Mn 1912; W. RÖHR (Hg.), Appellation an das Publikum. Dokumente zum A., L 1991.

L: E. HIRSCH, J. G. Fichte u. der A.: DERS., Gesch. der neueren ev. Theol., Bd. IV. Gü [4]1968, 337–407.

Äthiopische (monophysitische) Kirche. Die ›Orth. Kirche Äthiopiens‹ ist eine Nationalkirche, deren Herrscherhaus bis 1974 sich auf Salomo und die Königin von Saba zurückführte. In Wirklichkeit war es erst im 4. Jh. zur Annahme des Christentums gekommen. Von der byz. Kirchenpolitik des → Chalkedonismus unbetroffen, bot die ä. K. deren Opfern willkommenes Asyl, z. B. den »Neun röm. Heiligen«, in Wahrheit aber aus Syrien vertriebenen monophysitischen Mönchen. Doch auch ohne dies hätte sie wohl ihre konfessionelle Gestalt gewonnen, da der → Monophysitismus ein Kind orientalisch-christl. Frömmigkeit war. Durch die Ausbreitung des → Islam im 7. Jh. gesamtkirchl. isoliert, blieb man selbst in Zeiten unmittelbarer Beziehungen zu Byzanz im Reich von Aksum (Ende 10. Jh.) von den christologischen Auseinandersetzungen bis hin zum → Bilderstreit unberührt. Die Reaktion der sog. Mikaeliten auf die Trinitätslehre im 15. Jh. mit ihren Hinweisen auf die Unerkennbarkeit (Joh 1,18 a) und Unvergleichlichkeit Gottes (daher die Bez. nach Mi-cha-el, d. h.

,,Wer ist wie Gott?") war anachronistisch. Bezeichnenderweise wurde die andere Streitfrage, ob man die »Salbung Christi« bzw. des »Gottes Knechtes Jesu« (Apg 4,27 u. 10,38) dyophysitisch zu verstehen habe (so die ›Unktionisten‹) oder nicht (so die ›Unionisten‹) von außen durch die Jesuitenmission im 17. Jh. in die ä. K. hineingetragen. Ihr Leben wurde von der Liturgie und dem Ritual bestimmt, in denen – auch eine Folge der nationalkirchl. Struktur – im Verlauf der Entwicklung steigend magische Vorstellungen sich geltend machten. Diese theol. Unterentwicklung ließ sich nicht durch den hektischen Versuch unter Ks. Haile Selassie I. (1930–1974), den Anschluß an die moderne Theologie zu finden, ausgleichen. Der Sturz des »Löwen aus Juda« riß auch – um in der sakral-atl. Sprache des äthiopischen Kaiserhauses zu sprechen – »die verfallene Hütte Davids« (Am 9,11) mit sich.

Q: C. Beccari, Rerum Aethiopicarum scriptores Occidentales inediti, 15 Bde, R 1903 ff.

L: F. Altheim – R. Stiehl, Christentum am Roten Meer, B 1971; F. Heyer, Die K. Äthiopiens, B 1971; G. Gerster (Hg.), Kirchen im Fels. Entdeckungen in Äthiopien, Z–Fr [2]1972; P. Verghese, Koptisches Christentum. Die orth. Kirchen Ägyptens u. Äthiopiens, St 1973; R. Kriss – H. Kriss-Heinrich, Volkskundliche Anteile in Kult und Legende äthiop. Heiliger, Wie 1975; C. E. Shenk, The Development of the Ethiopian Orthodox Church, Ann Arbor 1984. – Atlas KG 10 B, 98 A, 106 A, 130 B. – TRE I 572–596.

Athosklöster. Der »Heilige Berg« auf der Chalkidike zog schon immer Eremiten und Kellioten (→Mönchtum) an, was allmähl. einen Ältestenrat mit einem sog. Protos an der Spitze zur Regelung gemeinsamer Angelegenheiten notwendig machte. Als der Studitenmönch Athanasios mit kaiserl. Unterstützung die ›Große Lavra‹ gründete (963), betrieb er eine straffere Ordnung, die mit dem ersten ›Typikon‹ (971/2: wegen der ›Bockshaut‹ auch ›Tragos‹ gen.) vom Ks. genehmigt wurde. Sie führte zugleich den neuen Typ des »Großklosters« ein. Er zog weitere Klöster wie die georgische Stiftung »der Iberer« (Iwiron) oder die byz. von »Vatopedi« nach sich. So wurde das 11. Jh. die Blütezeit der A., die 1046 ein zweites ›Typikon‹ von Kaisers Gnaden erhielten. Im 12. Jh. kamen serbische (Chilandari) u. russ. (Rossikon), bulgarische (Zographou) und Gründungen anderer Nationalitäten hinzu. Das 13. Jh. (unmittelbare Papstunterstellung während des → lat. Kaisertums) brachte den A. weniger Unruhe von außen als der → Hesychasmus im 14. Jh. nach innen (→ Palamismus). Ende des 14. Jh. gab sich monastischer Individualismus mit der sog. »Idiorhythmie« (gesondertes Wohnen und Essen; Privateigentum) neue Lebensformen, das koinobitische Ideal (→ Koinobiten) der Großklöster preisgebend. In Reaktion dazu entstanden im 16. Jh. nach Art der sketischen Mönche Ägyptens kleine Mönchs»familien«, die durch Handwerk oder Gartenbau bzw. deren Erlös sich selbst ernährten (Nea-Skiti). Die Athos-Akademie (1743) blieb ein nur zwei Jahrzehnte bestehender vergebl. Versuch, die A. dem Geist der NZ zu öffnen. Durch polit. Wirren des 18./19. Jh. oft aus den A. vertrieben, halten die Mönche heute umso mehr an den verschiedenen Traditionen fest und hüten die »Schatzkammern des Hl. Berges«.

Q: P. MEYER, Die Haupturkunden für die Gesch. der A., L 1894; F. DÖLGER (Hg.), Mönchsland Athos, Mn 1945; DERS., Aus den Schatzkammern des hl. Berges. 115 Urkunden u. 50 Urkundensiegel aus 10 Jh. Text- u. Tafelband, Mn 1948.

L: Le Millénaire du Mont Athos, 2 Bde, Chevetogne 1965; P. HUBER, Athos. Leben, Glauben, Kunst, Z 1969; G. SPITZING, A. Der Hl. Berg des östl. Christentums, Kö 1990; M. A. WITTIG, Athos, Wü 1985. – TRE IV 436–441. – Atlas KG 45 B.

Aufklärung, eine alle Lebens- und Kulturbereiche durchdringende gesamteuropäische Geistesbewegung des 17. und 18. Jh., die den Primat der Vernunft (→ Rationalismus) zu ihrem Prinzip erhob, Traditionen und Autoritäten geringschätzte und den Menschen sowie die Natur in den Mittelpunkt rückte. Ihren Anfang nahm die A. in England und in den Niederlanden; ihre philos. Wurzeln liegen in den Denkkategorien und Systemen eines Bacon († 1292), Decartes († 1650) und Spinoza († 1677). Am Ende des 17. Jh. fand sie Eingang in Frankreich und Dtl., später auch in den übrigen Staaten Europas. Als das eigentl. Jh. der A. gilt das 18. Jh. Zu den führenden Köpfen zählten u. a. Diderot, Voltaire, Lessing, Cherbury, Shaftesbury, Hume und vor allem Johann Immanuel Kant (1724–1804), der A. als »Ausgang des Menschen aus seiner selbst verschuldeten Unmündigkeit« definierte und die Aufforderung ergehen ließ: »Habe Mut, dich deines eigenen Verstandes zu bedienen« (Aude sapere!). Kirche und Christentum waren insoweit betroffen, als sie die Unmündigkeit unterstützten und einen Autoritätsglauben verlangten. Die radikalen Aufklärer bekämpften jedoch weniger das Urchristentum, sondern viel mehr die Kirche in ihrem ma. Gewand. In polit. Hinsicht wurde die Herrschaft nicht länger als Gottesgnadentum respektiert; sie mußte sich rational legitimieren. Immer mehr Territorialfürsten (Friedrich d. Gr.; Joseph II.; → Josephinismus) verschrieben sich einem aufgeklärten Absolutismus (→ Staatskirchentum). Die → Menschenrechte bildeten die Grundlage der modernen Verfassungen. → Gewissensfreiheit und Toleranz fanden mehr und mehr Anerkennung. Die Kirche verlor ihre beherrschende Stellung im öff. Leben; man betrachtete sie nur noch als eine hilfreiche Institution für Bildung und Moral, wobei die Moral sich in einem puren Moralismus erschöpfte.

Der Vorrang der Vernunft ließ den alten Streit zw. Glauben und Wissen(schaft) wieder aufleben. Dogmenfeindl. und atheistische Rationalisten beanspruchten das Feld des Wissens für sich. So geriet das Christentum als Offenbarungsreligion in eine gefährl. Situation, die in etwa mit der falschen → Gnosis der Alten Kirche vergleichbar ist. Doch Kant selbst distanzierte sich von einem naiven Vertrauen auf die Grenzenlosigkeit der »gesunden Vernunft« und lehrte einen krit. Idealismus. Für ihn blieb Gott ein Postulat der prakt. Vernunft. Die Aufklärer begnügten sich in der Regel mit einer natürl. Religion, namentl. der engl. Philosoph Herbert von Cherbury (1581–1648), der gedankl. Schöpfer des Deismus. Daneben gab es gewiß auch solche Aufklärer, die an der Kirche und ihren

Dogmen unverändert festhielten. Erst eine vulgäre A. im 19. Jh. entfremdete die niederen Schichten, vor allem die Arbeiter, von kritikloser Anhänglichkeit an rel. Glauben und kirchl. Institution.

Lange Zeit aber hat man jene für Kirche und Glauben nützl. Anstöße übersehen, die ebenfalls von der A. ausgegangen sind. An erster Stelle ist zu erwähnen, daß die hist.-krit. Methode erst jetzt langsam Eingang fand in die Theologie. Der Wegbereiter einer neuen prot. → KGschreibung, der Göttinger Kirchenhistoriker J. Lorenz Mosheim († 1755), verfaßte sein Werk ›Institutiones historiae ecclesiasticae‹ (Helmstedt 1755), ohne dabei irgendwelche dogmatische oder kirchl. Voraussetzungen zu berücksichtigen (→ Geschichtlichkeit der Kirche). Und H. Samuel Reimarus (1694–1768), ev. Theologe in Hamburg, leitete mit seinem Hauptwerk ›Apologie oder Schutzschrift für die vernünftigen Verehrer Gottes‹, von denen G. Ephraim Lessing (1729–81), vielleicht die größte Erscheinung der dt. A., 7 ›Fragmente eines Wolfenbüttelschen Ungenannten‹ (B 1774–78) veröff., eine neue Epoche in der Leben-Jesu-Forschung ein.

Eine differenzierte Beurteilung der A. verbindet sich mit dem Namen des Würzburger Kirchenhistorikers Sebastian Merkle († 1945). Bei seinem Aufsehen erregenden Vortrag auf dem Internationalen Kongreß für hist. Wiss. in Berlin 1908 unterschied er streng zw. glaubensfeindl. und kath.-gläubiger A. Anhänger einer kath. A. fanden sich in allen Lagern. Zu den Hauptanliegen kath. Aufklärer, denen antipäpstl. Affekte und Tendenzen nicht fremd blieben, zählten Themen wie das Verhältnis zw. Papst und Bischöfen, die Seelsorgepraxis des Welt- und Ordensklerus, zeitgemäße Feier der Liturgie (in der Landessprache) und bibl. fundierte Verkündigung in Predigt und Katechese, Auseinandersetzung der Theologie mit modernen Wiss. und gediegene Ausbildung der Priesterkandidaten. Nicht wenige Theologen (z. B. J. M. Sailer, † 1832) bemühten sich um eine Reform des kirchl. Lebens, eine christl. Lebensführung und die Wiedervereinigung der seit der → Reformation getrennten Christen. Merkle faßte in Berlin das Wesen der kath. A. in die Worte: »Daß die A. die Anregung gab zu einer Erneuerung der theol. Studien, indem sie, ein zweites humanistisches Zeitalter, wiederum energischer das Quellenstudium betonte und eine zweckmäßige, fruchtbare Methode schaffen half, ist ihr bleibendes Verdienst. Die Mängel, die den ersten Versuchen noch anhafteten, wurden mit der Zeit abgestreift, das Gute behauptete sich ... Daß die A. neben dem Schaden, den sie allenfalls dem rel. Volksunterricht gebracht, auch reichen Nutzen stiftete, daß sie die bibl. Gesch. wieder zu Ehren brachte, eine synthetische Behandlung des katechetischen Stoffes und eine Gliederung desselben nach den Altersstufen der Volksschule durchsetzte, und überhaupt an dem allg. Aufschwung des → Schulwesens auch den → Katechismusunterricht teilnehmen ließ, kann eine vorurteilsfreie Betrachtung nicht leugnen.« Nachdem die → Romantik als entschiedene Opposition gegen eine radikale A. erfolgreich gewirkt hatte, traten vom Ende des 19. Jh. an im → Modernismus und weniger im → Reformkatholizismus aufklärerische Ideen erneut zutage.

Im engl. u. dt. → Protestantismus (→ Methodismus, → Pietismus) führten die mannigfachen Kontroversen zw. alten und neuen Glaubensformen zu → Erweckungsbewegungen. Andererseits förderten pietistische Kreise mit ihrer starken Betonung der Glaubensfrüchte einen für die A. charakteristischen Moralismus, als dessen Wortschöpfer der Philosoph Johann Gottlieb Fichte (1762–1814) gilt. Losgelöst vom persönl. Gott und seiner Schöpfungsordnung, erschienen hier sittl. Normen und Werte allein als Produkt der überzeitl. Vernunft. Ferner ist nicht zu übersehen, daß Gedankengänge der A. im 19. Jh. in die → Liberale Theologie einmündeten.

Q: J. I. Kant, Die Religion innerhalb der Grenzen der bloßen Vernunft, Königsberg 1793; G. Funke, Die A. in ausgewählten Texten dargestellt, St 1963; W. Philipp (Hg.), Das Zeitalter der A., Bremen 1963; N. Hinske (Hg.), Was ist A.?, Da [2]1977.

L: S. Merkle, Die kath. Beurteilung des A.zeitalters, B 1909 = Ders., Ausgewählte Reden u. Aufsätze, hg. v. Th. Freudenberger, Wü 1965, 361–413; Ders., Die kirchl. A. im kath. Dtl., B 1910; P. Hazard, Die Herrschaft der Vernunft. Das europäische Denken im 18. Jh., H 1949; A. Hagen, Die kirchl. A. in der Diöz. Rottenburg, St 1953; W. Philipp, Das Werden der A. in theologiegesch. Hinsicht, Gö 1957; K. Feiereis, Die Umprägung der natürl. Theologie in Religionsphilosophie, Erfurt 1965; E. Winter, Frühaufklärung, B 1966; K. Scholder, Grundzüge der theol. A. in Dtl.: Geist und Gesch. der Reformation. Fs. für H. Rückert, T 1966, 460–486; H. Blumenberg, Die Legitimität der NZ, F 1966; Ders., Selbsterhaltung und Beharrung. Zur Konstitution der neuzeitl. Rationalität, Mz 1970; G. Schwaiger, Die A. in kath. Sicht: Conc. 3 (1967) 559–567; W. Oelmüller, Die unbefriedigte A. Beitrag zu einer Theorie der Moderne von Lessing, Kant und Hegel, F 1969; R. van Dülmen, Antijesuitismus und kath. A. in Dtl.: HJ 89 (1969) 52–80; B. Plongeron, Théologie et politique au siècle des lumières (1770–1820), Genf 1973; E. Hegel, Die kath. Kirche Dtl. unter dem Einfluß der A. des 18. Jh., Opladen 1975; M. Greschat, Die A. – ein Prozeß gegen das Christentum?: Kerygma u. Dogma 22 (1976) 299–316; N. Hammerstein, A. u. kath. Reich, B 1977; M. Brandl (Hg.), Die dt. kath. Theologen der NZ. Ein Repertorium. Bd. 2: Aufklärung, Sa 1978; K.-J. Lesch, Neuorientierung der Theologie im 18. Jh. in Würzburg u. Bamberg, Wü 1978; E. Kovács (Hg.), Kath. A. u. Josephinismus, Mn 1979; T. Rendtorff (Hg.), Religion als Problem der A., Gö 1981; R. Vierhaus (Hg.), Wiss. im Zeitalter der A., Gö 1985; H. Klueting (Hg.), Kath. A. – A. im kath. Dtl., H 1993; H. Lübbe, Religion nach der A., Graz 1990. – TRE IV 594–608.

Augsburger Interim (1548). Nach dem Sieg über das → Schmalkaldische Bundesheer (1547) zwar »der große Fürst von Europa« (L. v. Ranke) geworden, hielt Karl V. (1522–1556) das dadurch gespannter gewordene Verhältnis zum Papst und Fkr. davon ab, eine »Reformation« in seinem (reichskath.) Sinne zu diktieren. Zunächst gestattete er daher im A. I. →Laienkelch wie Priesterehe (→ Zölibat), konzedierte aber gleichzeitig den Fortbestand der »Zeremonien« (kath. Ritualien, → Fronleichnam, Seelenmesse etc.), was dann zu den → adiaphoristischen Streitigkeiten führte. Daß Städte und Fürsten das eingezogene Kirchen-und Klostergut nicht zurückzugeben brauchten und daß in der »formula reformationis« dem dt. Episkopat Reformsynoden wegen des Reichs auferlegt wurden, mußte in Rom auf Widerstand stoßen. Noch stärker empfand man bei den Evangelischen den »Schalk hinter dem Interim« und sah in ihm eine Falle.

»Unseres Herrgotts Kanzlei« (Magdeburg) unter Federführung des prot. Kirchenhistorikers Flacius Illyricus (→ Magdeburger Zenturien) wetterte in Pamphleten dagegen. So blieb das A. I. eine »Zwischen«-Lösung.

Q: Mirbt-Aland I 815; J. Mehlhausen (Hg.), Das A. I. v. 1548, dt. u. lat., Neukirchen 1970; KThQ III 109.

L: H. Rabe, Reichsbund u. Interim. Die Verfassungs- u. Religionspolitik Karls V. u. der Reichstag v. Augsburg 1547/48, Kö 1971.

Augsburger Konfession. Da Luther (seit 1521 in Reichsacht) nicht auf dem von Karl V. geleiteten A. → Reichstag (20. 6.–19. 11. 1530) erscheinen konnte, wurde Melanchthon (→ Religionsgespräche) ungewollt zum Vater der A. K. Schon bei den Vorbereitungen Kursachsens für den Reichstag hatte er eine wichtige Rolle gespielt, indem er Torgauer Vorberatungen des Kurfürsten mit Wittenberger Theologen (März 1530) und deren hierfür erstelltes Gutachten zu einer Verteidigungsschrift der sächs. Kultusreformen vor dem Reichstag zusammenfaßte (sog. Torgauer Artikel). Für diese kursächs. ›Apologia‹ schrieb er dann, in der Osterzeit 1530 noch auf der Coburg bei Luther weilend, eine Vorrede. Sie sollte auch für die Glaubensartikel älteren Datums (sog. Schwabacher Artikel von 1529) gelten, die angefügt werden sollten; in ihnen wird Luthers Einfluß greifbar. In Augsburg angekommen (2. Mai), erkannte Melanchthon sofort, daß nur ein gemeinsames Vorgehen aller Evangelischen gegenüber den glänzend vorbereiteten altgläubigen Theologen Aussicht auf Erfolg böte. Nach schwierigen und geschickten Verhandlungen gewann er neben Kursachsen auch Hessen, Brandenburg, Ansbach, Reutlingen, Anhalt-Zerbst und Lüneburg, d. h. die ev. Mehrheit für jene A. K., die erst in Augsburg durch Zusammenarbeitung der Schwabacher Artikel (= CA, art. 1–21) und der Torgauer Artikel (= CA, art. 22–28) entstand. Der sächs. Kanzler Brück schrieb dazu die »Vorrede«. Am 25. Juni 1530 ließen die prot. Reichsstände die A. K. durch den sächs. Kanzler Dr. Beyer dt. verlesen und übergaben sie in dt. und lat. Fassung dem Kaiser. Diesem konnten alsbald die »Altgläubigen« mit ihrer von Luthers altem Gegner Eck (→ Reformation) verfaßten ›Kath. Antwort‹ ein Gegenvotum vorlegen, die dem Ks. aber zu weitschweifig war. Auf ein Drittel zusammengestrichen, wurde sie am 3. Aug. 1530 den Reichsständen, gleichzeitig im Namen des Kaisers, dt. verlesen. Für ihn war mit der ›Widerlegung der A. K.‹ (Confutatio Confessionis Augustanae) der Glaubensstreit zugunsten der »Altgläubigen« entschieden. Schon das ev. Sonderbekenntnis von vier oberdt. Städten in Sachen Abendmahl (9. Juli: sog. Confessio Tetrapolitana) hatte er unwillig zur Kenntnis genommen. Der von Melanchthon im Verlauf des Aug./Sept. verfaßten ›Apologie‹ (Erstgestalt) der A. K. verweigerte er die Annahme (22. Sept.), was für viele Evangelische, z. B. den sächs. Kurfürsten, Signal war, den Reichstag zu verlassen. Für Melanchthon bot sich allerdings so die Möglichkeit, nach Schluß des Reichstages und Kenntnisnahme der ›Confutatio‹ seine ›Apologia‹ neu zu bearbeiten und in dieser Endgestalt 1531 dt. herauszubringen. Da sie der

→ Rechtfertigung (art. 4) bes. Beachtung schenkte, wurde sie 1537 in Schmalkalden zur → Bekenntnisschrift und neben der A.K. zur Bundesurkunde erhoben, ein Umstand, der beide hernach in das → Konkordienbuch brachte und zu luth. → Bekenntnisschriften mit → Lehrverpflichtung machte. – Die A.K. wollte keine neue Lehre proklamieren, sondern nur »öff. bezeugen und protestieren«: Was in den Kirchen der ev. Reichsstände und Fürsten gelehrt werde, sei der Schrift und der christl. Tradition gemäß; man habe nur Mißbräuche abgestellt. Wenn man im Art. 1 die Übereinstimmung mit dem »Beschluß Concilii Nicaeni« hervorhob, dann beanspruchte man zugleich für sich die reichsgesetzl. geschützte → Orthodoxie. Der erste Teil war seiner Herkunft nach spez. wegen Art. 10 (Abendmahl) gut luth. Da letzterer den → Religionsgesprächen hinderl. war, gab Melanchthon ihm eine Abwandlung (sog. Augustana variata: nach 1540), was zu innerprot. Streitigkeiten führte (→ Abendmahlsstreitigkeiten, 3). Zur Abwehr des sächs. »Kryptocalvinismus« kehrte man 1574 zur ›Confessio invariata‹ von 1530 zurück (→ Gnesiolutheraner).

Q: BSLK 31–404 mit p. XV–XXIII (H. BORNKAMM); MIRBT-ALAND 793–813; W. GUSSMANN, Quellen u. Forschungen zur Gesch. des A. Glaubensbekenntnisses, 2 Bde, L 1911, 1930, (Ndr.) 1977; G. GASSMANN (Hg.), Das A. Bekenntnis Deutsch 1530–1580, revid. Text, Gö [5]1980; H. IMMENKÖTTER (Hg.), Die Confutatio der Confessio Augustana, Mr 1979; DERS., Der Reichstag zu Augsburg u. die Confutatio. Hist. Einführung u. neuhochdeutsche Übertragung, Mr 1979; J. LORZ (Hg.), Das A. Bekenntnis, lat. u. dt., Studienausgabe, Gö 1980; KThQ III 81, 83–85, 92.

L: W. MAURER, Hist. Kommentar zur Confessio Augustana, 2 Bde, Gü 1976–78; H. BORNKAMM (Hg.), Das A. Bekenntnis, Gü 1978; H. IMMENKÖTTER, Der Reichstag zu Augsburg u. die Confutatio, Mr 1979; DERS., Die Confutatio der Röm. Kaiserl. Majestät auf das Bekenntnis des Kurfürsten, der vier Fürsten und der Städte, Mr 1979; E. ISERLOH – G. KRETSCHMAR u.a., Confessio Augustana. Hindernis oder Hilfe?, Rb 1979; E. ISERLOH (Hg.), Confessio Augustana u. Confutatio. Der A. Reichstag 1530 u. die Einheit der Kirche, Mr 1980; A. MARSCH, Bilder zur A.K. u. ihren Jubiläen, Weißenborn (Bayern) 1980; H. MEYER – H. SCHÜTTE, Confessio Augustana. Bekenntnis des einen Glaubens. Gemeinsame Untersuchung luth. u. kath. Theologen, Pa-F 1980; A. PETERS u.a., Zur bleibenden Aktivität des A. Bekenntnisses, H-B 1980; R. PRENTER, Das Bekenntnis v. Augsburg, Erl 1980; E. ISERLOH – B. HALLENSLEBEN (Hg.), Confessio Augustana u. Confutatio. Der Augsburger Reichstag 1530 u. die Einheit der Kirche, Mr 1980; W. BRANDMÜLLER, Die Confessio Augustana in ihrem hist. Kontext: StZ 198 (1980) 553–566; H. LUTZ, Kaiser, Reich u. Christenheit. Zur weltgesch. Würdigung des A. Reichstages 1530: HZ 230 (1980) 57–88; P. MEINHOLD (Hg.), Kirche u. Bekenntnis, Wie 1980; W. REINHARD (Hg.), Bekenntnis u. Gesch. Die Confessio Augustana im hist. Zusammenhang, Au 1981; HbDThG II 81–94 (B. LOHSE).

Augsburger Religionsfrieden. Im Auftrag von Ks. Karl V. erhandelte sein Bruder Ferdinand von Österreich auf dem A. → Reichstag (Febr.–Sept. 1555) als Kompromiß zw. den »Altgläubigen« und den A. »Konfessionsverwandten« von 1530 (→ A. Konfession) einen »Religionsfrieden«. Danach wurden die »Evangelischen« reichsrechtl. anerkannt; → Täufer und Anhänger Zwinglis (→ Zwinglianismus) blieben ausgeschlossen. Über die Konfession der Untertanen entschied der Landesherr (ius reformandi);

diesen stand nur das »Recht auf Auswanderung« (ius emigrandi) zu. In den Reichsstädten sollten beide Religionen gleichberechtigt sein. Der »Geistliche Vorbehalt« (reservatum ecclesiasticum) hingegen sah vor, daß kath. Geistliche beim Religionswechsel ihrer Ämter und Einkünfte zu entsagen und beide an die »Altgläubigen« zurückzufallen hätten. Davon sollten ev. Ritterschaften, Städte und Gemeinden in geistl. Territorien nicht betroffen sein (Declaratio Ferdinandea). Mit diesen Bestimmungen sanktionierte der A. R. den Territorialismus (→ Reformation) und förderte die Rekatholisierung südl. des Mains, damit auch die konfessionelle Spaltung Deutschlands.

Q: K. BRANDI, Der A. R., Mn 1896, ²1927; KThQ III 112.

L: M. SIMON, Der A. R., Mn 1955; R. DECOT, R. u. Kirchenreform. Der Mainzer Kurfürst u. Ebf. Sebastian v. Heusenstamm 1545–55, Wie 1980; H. STRÖLE-BÜHLER, Das Restitutionsedikt von 1629 im Spannungsfeld zw. A. R. 1555 u. dem Westfälischen Frieden 1648, R 1991. – TRE IV 639–645.

Augustiner bez. ganz allg. Orden und Kongregationen, die sich in irgendeiner Weise der → Augustinusregel verpflichtet wissen. Dies gilt auch für den weibl. Zweig der *Augustinerinnen.* A. im engeren Sinn hingegen sind die → Augustiner-Chorherren und → Augustiner-Eremiten.

Augustiner-Chorherren, Regularkanoniker des hl. Augustinus (Canonici Regulares S. Augustini = CanRAug), sind Priester, die gemäß der → Augustinusregel gemeinsam leben und die Gelübde feierl. ablegen. Ein unmittelbarer Zusammenhang mit dem augustinischen → Mönchtum der Alten Kirche ist zwar nicht nachweisbar, doch übten das monastische Ideal Augustins († 430) und der Geist seiner Regel auf diese im 11. und 12. Jh. entstandenen A.-C.-Klöster einen bedeutenden Einfluß aus. Zu den Hauptforderungen der →Kanonikerreform im 11. und 12. Jh. zählten das Leben in Gemeinschaft (vita communis oder vita canonica) und der Verzicht auf Privatbesitz (so die Lateransynode 1059). Außerdem wurde die manuelle Arbeit als asketische Übung und materielle Existenzgrundlage stark betont. Bezeichnend für die neue Spiritualität war das Tragen einfacher Kleidung aus billigen Stoffen. A.-C. bewährten sich als »einsatzfähigste und einsatzbereiteste Kräfte und Werkzeuge einer neuen, modernen und intensiven Seelsorge« (BOSL). Viele Domkapitel und Kollegiatstifte führten diese Reform ein. Gleichzeitig wurden zahlreiche A.-C.-Stifte gegr., die ihre Lebenssatzungen entsprechend der Augustinusregel gestalteten. Charles Dereine konstatierte einen Gegensatz zw. dem »ordo antiquus« mit gemäßigten Grundsätzen, wie er bes. in Südbayern (Rottenbuch u. a.) und Österreich geübt wurde, und dem »ordo novus«, der eine strengere Lebensform (bes. hinsichtl. Askese und Armut) vorschrieb, für die sich vor allem die → Prämonstratenser entschieden. Die einzelnen Klöster blieben selbständig und unterstanden der Jurisdiktion des Ortsbischofs. Da die A.-C. seit dem 13. Jh. auch Pfarrseelsorge praktizierten, entstanden immer mehr Niederlassungen in Städten. Mehrere Klöster entwickelten sich zu Zentren der Wiss. (z. B. St-Victor in Paris). Reformbestrebungen im 14. u. 15. Jh. führten zur Gründung zentralistisch organisierter Kongreg.: z. B. Lateranensische Kongreg.; → Windesheimer Kongreg.; → Raudnitzer Reform, die auch in Franken und Österreich Anklang fand. Nach einem fast völligen Niedergang in manchen Ländern zur Zeit der → Reformation folgte im 17. und 18. Jh. eine Blütezeit, bes. in Fkr. (Kongreg. St. Genovefa), Lothringen, Östr. (Klosterneuburg; St. Florian) und in der Schweiz (Hospiz auf dem Großen St. Bernhard; St-Maurice en Valais, die älteste Abtei Europas). Doch die → Frz. Revolution, der → Josephinismus und die →Säkularisation brachten die A.-C. erneut in eine katastrophale Lage. 1959 kam es zur Konföderation der selbständigen A.-C. Kongreg. unter einem Abt-Primas. Unter den A.-C. findet sich eine Reihe bedeutender Persönlichkeiten, z. B. Ivo von Chartres († 1116), Gerhoh von Reichersberg († 1169), Thomas von Kempen († 1471), Erasmus von Rotterdam († 1536 → Humanismus), Petrus Fournier († 1640) sowie die Päpste Hadrian IV. († 1159) und Eugen IV. († 1447).

Die *Augustiner-Chorfrauen,* regulierte Kanonissen, lebten entweder in selbständigen regulierten Stiften oder in enger Verbindung mit A.-C.-Stiften (→ Doppelklöster); ihre Hauptaufgabe war Spitaldienst. Nach einer Blüte im HochMA zerfielen vor allem die unabhängigen Stifte.
→ Chorherren, → Chorherrenregel.

Q: A. BULL (Hg.), Ordo canonicus, commentarium ordinis canonicorum Regulae S. Augustini, R 1974; S. WEINFURTER (Hg.), Consuetudines canonicorum regularium Springirsbacenses, Turnholt 1978.

L: CH. DEREINE, Vie commune, règle de Saint Augustin et chanoines règuliers aus XIe siècle: RHE 41 (1946) 365–406; J. C. DICKINSON, The origins of the Austin canons and their Introduction in England, Lo 1950; J. MOIS, Das Stift Rottenbuch in der Kirchenreform des XI.–XII. Jh. Ein Beitrag zur Ordensgesch. d. A.-C., Mn 1953; N. BACKMUND, Die Chorherrenorden u. ihre Stifte in Bayern, Passau 1966; C. D. FONSECA, Medioevo canonicale, Mi 1970; K. REHBERGER, Die A.-C. Ihre Entwicklung v. den Anfängen bis zur Gegenwart: H. E. SPECKER – H. TÜCHLE (Hg.), Kirchen u. Klöster in Ulm, Ulm 1979, 39–48; K. BOSL, Das Verhältnis v. A.-C. (Regularkanoniker), Seelsorge u. Ges.bewegung in Europa im 12. Jh.: Istituzioni monastiche e istituzioni canonicali in Occidente 1123–1215, Mi 1980, 419–549; H. FUHRMANN, Papst Urban II. und der Stand der Regularkanoniker, Mn 1984; TRE IV 723–728 (M. SCHMID). – Atlas KG 50.

Augustiner-Eremiten (Ordo Fratrum Eremitarum S. Augustini = OESA), seit 1969 nur noch → Augustiner (OSA) geheißen, unter Innozenz IV. bzw. Alexander IV. 1244 bzw. 1256 durch Zusammenschlüsse it. Eremitengemeinschaften auf der Grundlage der → Augustinusregel entstanden. Die → Wilhelmiten trennten sich bald wieder (1266). Innozenz IV. entzog die A.-E. 1244 der Jurisdiktion der Ortsbischöfe. Das Regensburger Generalkapitel (1290) legte die Ordenskonstitutionen endgültig fest (Neubearbeitung 1968). Die A.-E. galten schon im 13. Jh. als → Bettelorden, wurden aber erst von Pius V. 1567 als solcher offiz. anerkannt. General- und Provinzialkapitel treten alle 4–6 Jahre zusammen. Neben der

Seelsorge (schon von Alexander IV. aufgetragen) und der Jugendunterweisung widmen die Augustiner sich heute vornehml. der → Mission und der Wiss. (Generalstudien). So bestehen in Würzburg ein Augustinus-Institut und ein Ostkirchl. Institut. Bedeutende Theologen: Aegidius von Rom († 1316) und als Vertreter des → Augustinismus Gregor von Rimini († 1358), Augustinus Favaroni († 1443), Girolamo Seripando († 1563) und Enrico Noris († 1704). Aus der → Reformationszeit sind Joh. Staupitz († 1524) und sein Schüler Martin Luther († 1546) am bekanntesten. Die A.-E. breiteten sich ungewöhnlich schnell aus. Da die dt. Ordensprov. am Ende des 13. Jh. bereits 80 Konvente zählte, wurde sie 1299 in eine bayr., kölnische, rhein.-schwäbische und sächs.-thüringische aufgeteilt. Im 14. Jh. trat eine Erschlaffung der Ordensdisziplin ein. Erneuerungsbestrebungen führten im 15. und 16. Jh. zu → Observanten-Sondergruppen innerhalb des Ordens (Reformkongregationen). 1593 entstanden die Kongreg. der it. A.-E.-Barfüßer und 1621 die Kongreg. der Rekollekten oder Diskalzeaten in Spanien (seit 1912 ein selbständiger Orden). Starke Verluste erlitten die A.-E. während der → Reformation bes. in Dtl., Ungarn, England und Irland. Nicht minder schlimm wirkten sich im Orden die → Aufklärung, die → Frz. Revolution und die → Säkularisationen in verschiedenen Ländern aus. Nach der größten Ausdehnung Mitte des 18. Jh. (43 Provinzen und 13 Kongreg. mit ca. 20000 Mitgliedern) zählt der Orden heute nur noch 2 Prov. und 4 Vizeprov. mit rund 3600 Mitgliedern.

Die *Augustiner-Eremitinnen* (seit 13. Jh.) unterstanden bis zum → Trienter Konzil dem Ordensgeneral der A.-E., danach den Ortsbischöfen. Kongreg. entstanden vom 16. Jh. an. 1953 bildete sich in Italien die ›Foederatio monasteriorum monialium Italicarum‹; ähnl. Zusammenschlüsse gibt es in Spanien und Mexiko. Der weibl. Zweig erwarb sich im MA große Verdienste in der Krankenpflege. – Ein Dritter Orden (→ Terziaren) ist seit dem 13. Jh. bekannt.

P: Cassiciacum, Wü 1936ff; Acta ordinis eremitarum Sancti Augustini, R 1956ff.

L: J. HEMMERLE, Die Klöster der A.-E. in Bayern, Mn 1957; R. ARBESMANN, Der A.-E.orden u. der Beginn der humanistischen Bewegung, Wü 1965; A. KUNZELMANN, Gesch. der dt. A.-E., 7 Bde, Wü 1969–75; C. ANDRESEN, Bibliographia Augustiniana, Da ^{2}1973; B. RANO, Agostiniani: Dizionario degli Istituti die Perfezione, Bd. I, R 1974, 155–190, 278–381; D. GUTIÉRREZ, Die A. vom Beginn der Reformation bis zur kath. Restauration, R 1975; DERS., Die Augustiner im MA 1256–1356, Wü 1985; N. TEEUWEN u. a., Bibliographie historique de l'Ordre de saint Augustin 1945–1975: Augustiniana 26 (1976) 39–301; E. GINDELE, Bibliographie zur Gesch. u. Theologie des A.ordens bis zum Beginn der Reformation, B-NY 1977; TRE IV 728–739 (A. ZUMKELLER).

Augustinismus. Augustins (354–430) hohes Ansehen als »Augustinus magister« (5./7. Jh.), dann als → Kirchenlehrer (8./11. Jh.) und nicht zuletzt als Patron eines Ordens (→ Augustiner) löste ebenso nachhaltige wie verschiedenartige Wirkungen des nordafrikanischen Bf. von Hippo Regius aus. Daß sehr verschiedene Geister sich auf ihn berufen konnten, hatte er durch den literarischen Nachlaß mit seinen verschiedenen Entwicklungsphasen weitergegeben, zumal da nur wenige seine Selbstkritik in den ›Retractationes‹ (426) zur Kenntnis nahmen. Man wird also zw. einem unkrit. und krit. A. zu unterscheiden haben.

Zu Erstgenanntem zählt der sog. »polit. A.« des 7./9. Jh., der den »Gottesstaat« zum Kronzeugen für das »Corpus christianum« der frühma. Christenheit machte, indem er verkürzend die beiden »Genossenschaften« (civitates) mit dem bipolaren Bezug von Kirche (Sacerdotium) und Reich (Regnum) gleichsetzte (→ Papsttum). Unter gleichzeitiger und stillschweigender Angleichung an die eigene Position beanspruchte auch der »unkrit.« A. des → Semipelagianismus den Kirchenvater für sich. In dieser Auseinandersetzung um das augustinische Erbe der Gnadenlehre gebührt zweifelsohne das Prädikat eines »krit.« A. einem Prosper Tiro von Aquitanien († als Sekretär Papst Leos I. nach 455). Als Angehöriger eines südgallischen Klosters (Marseille) damals unmittelbar am semipelagianischen Streit beteiligt, trat seine krit., d. h. sich entscheidende Theologie leidenschaftl. für die Gnadenlehre des alten Augustin mit allen Konsequenzen (göttl. Vorherbestimmung sowohl zum Guten wie zum Bösen [sog. praedestinatio geminata]; Heilspartikularismus; Unwiderstehlichkeit der Gottesgnade, die auch den menschl. Willen gefügig macht) ein. Im weiteren Verlauf der Auseinandersetzung trat auf Prospers Seite auch der nordafrikanische Bf. Fulgentius von Ruspe, der dann vor den Vandalen nach Sardinien flüchten mußte († 533). Die theol. Forschung hat ihrem Programm später exklusiv den Namen »A.« zugebilligt.

Auch am Ausgang des MA ist zw. einem unkrit. und krit. A. zu unterscheiden. In der abendl. Theologie behielt Augustin als »Magister« und »doctor ecclesiae« (→ Kirchenlehrer) weiterhin Mitspracherecht, wie z. B. die frühma. → Abendmahlsstreitigkeiten oder auch Anselm von Canterbury († 1109) als Theologe beweisen. Wohl liehen in ihrem Disput mit den → Dominikanern die → Franziskaner ihm bevorzugt die Stimme, weil sie im augustinischen Platonismus ein Gegengewicht zum thomistischen Aristotelismus zu finden meinten. Eine krit. Auseinandersetzung mit dem augustinischen Erbe lag bei ihnen aber nicht vor, selbst nicht bei dem Minoriten Wilhelm Ockham († 1349), dem Vater des spätscholastischen Nominalismus (→ Ockhamismus, → Scholastik): Augustins Autorität hatte die Absage an Erkenntnis- und Seinsmetaphysik zugunsten einer Fundamentaltheologie des »Deus dixit et vult« nur abzudecken. Bezeichnenderweise setzte die krit. Aufnahme des augustinischen Gedankengutes sich bei den → Augustiner-Eremiten durch. Hier rang man mit dem Ordensheiligen um dessen Lehre von Urstand und Erbsünde, von Gnade und Verdienst, von Erwählung zum Guten und Bösen. Ein Augustiner wie Thomas von Bradwardine († 1349) machte sich unmittelbar zum Sachwalter Gottes (sprich: Augustins) gegen Pelagius (→ Pelagianischer Streit) (›causa Dei contra Pelagium‹), engte mit seiner strengen Prädestinationslehre aber auch die Gottesvorstellung deterministisch ein. Der Augustinergeneral Gregor v. Rimini († 1358) vertrat eine nicht minder schroff antipelagianische Gnadenlehre. Sein pessimistisches Menschenbild, verglichen mit dem augustinischen → Humanismus eines Petrarca, stellt ihn neben Luther, der darin Augustiner-Eremit blieb. Dessen Zusammenstoß mit Erasmus (1525) ist das letzte Beispiel einer Konfrontation zw. unkrit. und krit. A. Denn der A. an der kath. Univ. Löwen bzw. im frz. Port Royal des Champs des 16./17. Jh. (→ Bajanismus; → Jansenismus) ist die neuzeitl. Wiederholung des Pelagianischen Streites, wobei die → Jesuiten sich dem Verdacht einer pelagianisierenden Gnadenlehre (→ Molinismus) aussetzten.

L: O. ROTTMANNER, Der A., Mn 1892; C. ANDRESEN, Bibliographia Augustiniana, Da ²1973, 200ff., 209f., 229ff.; E. GINDELE, Bibliographie zur Gesch. u. Theologie des Augustiner-Eremitenordens bis zum Beginn der Reformation, B 1977; W. EKKERMANN, Wort und Wirklichkeit. Das Sprachverständnis in der Theol. Gregors v. Rimini, Wü 1978; H. A. OBERMANN, Gregor v. Rimini. Werk u. Wirkung bis zur Reformation, B–NY 1981; B. HAMM, Frömmigkeitstheologie am Anfang des 16. Jh. Studien zu Johannes v. Paltz u. seinem Umkreis, T 1983; C. MAYER (Hg.). Augustinus-Lexikon, Bas 1986ff. – TRE IV 646–723.

Augustinusregel. Die im MA bes. einflußreiche A. (→ Augustiner; → Dominikaner; → Prämonstratenser; → Regularkanoniker) war die Zusammenfügung zweier pseudo-augustinischer Mönchsregeln: (a) »de ordine monasterii« (= Regel II) u. (b) »informatio regularis« (= Regel III). Schon vor dem 11. Jh. hatte man das Defizit einer Regel aus der Feder Augustins empfunden und im 7. Jh. einem seiner Briefe (ep. 211, 1–4: Schlichtung eines Streites im Nonnenkloster zu Hippo) eine Nonnenregel angehängt (ep. 211, 5–16; sog. »regula ad virgines« = Regel I); ihr diente vielleicht schon Regel III als Vorlage.

Q: PL Supplementum 2, 349ff. (Regel I); PL 32, 1449ff. (Regel II) u. 32, 1377ff. (Regel III); Augustinus v. Hippo. Regel für die Gemeinschaft, hg. v. Augustinus-Institut der dt. Augustiner, Wü 1990.
L: A. ZUMKELLER, Das Mönchtum des hl. Augustinus, Wü ²1968 (mit Übers. v. Regel II/III); C. ANDRESEN, Bibliographia Augustiniana, Da ²1973, 93f.; G. LAWLESS, Augustine of Hippo and his Monastic Rule, O 1987. – TRE IV 745–748.

Auslandsseelsorge. Schon das 4. → Laterankonzil (1215) betraute die Bischöfe mit der Aufgabe, in sprachgemischten Gemeinden entsprechende Gottesdienste zu ermöglichen. – Beim → Katholikentag in Mainz (1871) wurde der St. Raphaels-Verein zur Unterstützung kath. dt. Auswanderer, bes. der zahlreich nach den USA auswandernden Katholiken, gegr. Die ›Pia Società dei Missionari di S. Carlo per gli Italiani emigrati‹ in den USA verdankt ihre Gründung 1887 Bf. Scalabrini von Piacenza († 1905); die Mitglieder werden nach ihrem Gründer auch ›Scalabrinianer‹ genannt. Die Approbation erfolgte 1908 durch Pius X. Während die Ges. in der Anfangszeit alle Probleme der it. Auswanderer in Amerika sich angelegen sein ließ, kümmerte sie sich später nur noch um die Seelsorge in den it. Pfarreien in den USA und in Brasilien. 1890 rief Scalabrini die ›Società S. Raffaele‹ ins Leben. Demselben Zweck dienten die von Francesca Saveria Cabrini († 1917, kan. 1946) gegr. und 1881 von Leo

XIII. bestätigten ›Missionarinnen vom Heiligsten Herzen Jesu‹. Sie sorgten sich primär um die it. Auswanderer in New York, später auch in anderen Städten der USA. Hervorzuheben ist, daß sie Schulen, Kranken- und Waisenhäuser bauten. – Mit Wagemut betreute Abbé Stock während des 2. Weltkriegs dt. Theologiestudenten als kriegsgefangene Soldaten in frz. Lagern (bes. bei Chartres).

Pius X. richtete 1912 für die Seelsorge der Auswanderer eine bes. Sektion in der Konsistorialkongreg. (→ Röm. Kurie) ein. Richtungweisend wurde Pius' XII. Konst. ›Exsul familia‹ vom 1. 8. 1952, in der er die geistl. Betreuung der Emigranten, Vertriebenen und Flüchtlinge durch Priester ihrer Heimatsprache zur Pflicht machte.

Das von den dt. Bischöfen 1951 err. ›Kath. Auslandssekretariat‹ (Sitz: Frankfurt, seit 1954 Bonn) ist mit der Seelsorge für die Katholiken dt. Sprache im Ausland beauftragt. Zielstrebige Aufbauarbeit leistete sein erster Leiter, Pfarrer Albert Büttner († 1967), für die dt.-sprachige Seelsorge im Ausland ebenso wie für die Ausländerseelsorge in Dtl. Büttner war schon 1938–45 Leiter des ›Reichsverbandes für das Kath. Dtl. im Ausland‹. Heute sind einige hundert kath. Priester in der dt.-sprachigen Seelsorge im Ausland eingesetzt. Umgekehrt werden in der BRD lebende Ausländer, meist Gastarbeiter, von landsmännischen Priestern betreut. Diese außerordentl. Seelsorge begann schon während des 2. Weltkriegs für Zwangsarbeiter, Vertriebene, Flüchtlinge u. a. Zu den Aufgaben des Kath. Auslandssekretariats gehören ferner Touristenseelsorge, Flughafen- und Schiffsseelsorge.

P: Der dt. Katholik im Ausland, F bzw. Bo 1953ff.

Q: G. TANELLO – L. FAVERO (Hg.), Chiesa e mobilità umana. Documenti della Santa Sede dal 1863 al 1983, R 1985.

L: M. CALIARO – M. FRANCESCONI, L'Apostolo degli emigranti, G. B. Scalabrini, Mi 1968; M. LABONTÉ, Albert Büttner. Ein Leben für Glaube u. Kirche in der Fremde, Mz 1978; J. MICKSCH (Hg.), Gastarbeiter werden Bürger. Hb. zur ev. Ausländerarbeit, F 1978.

Autobiographie. Sowohl in griech. wie röm. Literatur gibt es Vorstufen der A. (Briefe: z. B. Plato, ep. 7; Kriegsmemoiren: z. B. Thukydides, Caesar; Elogien: in Ichform z. B. Res gestae Augusti, Grabinschriften). Die eigentl. Gesch. der A. beginnt aber erst mit dem Christentum. Den Anfang machte Bf. Gregor von Nazianz (ca. 390: de vita sua, iambische Trimeter); er gab zudem seine Briefe als Sammlung heraus. Das tat im Westen auch Augustin, mit dessen ›Confessiones‹ (397/401) die abendländische Gesch. der A. beginnt. Sein Einfluß läßt sich über Patricks ›Confessio‹ (ca. 450) und Petrarcas ›Selbstbetrachtungen‹ (14. Jh.) bis in die NZ (Rousseaus ›Bekenntnisse‹, 1763–70), in der frz. Literatur sogar bis in die Moderne verfolgen (COURCELLE). – Einen neuen Ansatz schuf Abaelard († 1142) mit seiner ›Historia calamitatum suarum‹ (= ep. 1), der er seinen Briefwechsel mit Héloise (= ep. 2–8) anhängte. Dies geschah im Vorfeld des provençalischen Minnegesangs, dessen Einfluß dann bei Dante († 1321) greifbar wird, der seine Gedichte an Beatrice (›Vita nuova‹) nach provençalischem Brauch durch prosaische Erläuterungen verklammerte und so den Liebesroman schuf. Ähnl. verwertete Petrarca († 1374) die Troubadourtradition für die Sonette und Kanzonen, die seine Liebe zu Laura besangen (›Canzoniere‹). Dieser Strang romanhafter A. erlebte im → Pietismus seine fromme Urständ. Dafür ist nicht nur A. H. Francke (1692: ›Anfang und Fortgang meiner Bekehrung‹), sondern auch der Arzt Jung-Stilling († 1817) und vor allem Goethe Beweis, der in ›Wilhelm Meisters Lehrjahre‹ (1795) mit dem »Bekenntnis einer schönen Seele« Susannas von Klettenberg Bekehrung festhielt. Nur als »Bekehrungsbericht« konnte die christl. A. sich in der Moderne behaupten; vgl. Henry Newman († 1890, → Anglokatholizismus) mit seiner ›Apologia pro vita sua‹ (1865).

L: G. Misch, Gesch. d. A., 4 Bde, F 1907–1969; P. Courcelle, Les »Confessions« de s. Augustin dans la tradition littéraire. Antécedents et posterité, P 1963; G. Niggl (Hg.), Die A., Da 1989; F. Baslez (Hg.), L'invention de l'autobiographie d'Hésiode à Saint Augustin, P 1990. – TRE IV 772–789.

Autonome Katholische Kirchen nennen sich jene Regionalkirchen, die durch die → apost. Sukzession ihrer Bischöfe in hist. und sakramentaler Kontinuität mit der alten ungeteilten kath. Kirche des 1. Jahrtausends stehen und deren Wesensmerkmale in Glaubenslehre, Liturgie und → Kirchenordnung bewahren. Insbes. bekennen sie sich zu den altkirchl. Prinzipien synodalen Handelns bei der kirchl. Gesetzgebung und der regionalen Autonomie bei der kirchl. Verwaltung und lehnen daher den Jurisdiktionsprimat und die Unfehlbarkeit des röm. Papstes ab (1. → Vatik. Konzil).

Die heute ungefähr 70 A. K. (Regional- oder Landes-)Kirchen sind nicht zentral organisiert und unterstehen jeweils nur der Jurisdiktion des eigenen Kirchenoberhauptes. Da die meisten dieser Kirchen ihre Existenz den alten erzbischöfl. Stühlen von Konstantinopel, Canterbury oder Utrecht verdanken, haben sich um diese Stühle drei internationale Kirchengemeinschaften gebildet: die Orthodoxe (→ Orth. Ostkirchen), die Anglikanische (→ Anglikanismus) und die Alt-Kath. Kirchengemeinschaft (→ Alt-Kath. Kirche). Daneben gibt es sowohl im Osten wie im Westen eine Reihe unabhängiger kath. Nationalkirchen, die mit den gen. drei Kirchengemeinschaften durch ein gemeinsames Erbe weitgehend verbunden sind, z.B. die nicht-chalcedonischen (monophysitischen) orth. Kirchen (→ Koptische, → Äthiopische, → Syrische und → Armenische Kirche; → Chalkedonismus) und sonstige orientalische Nationalkirchen (→ Nestorianische, Syr.-malabarische Kirche; Syrisch-orthodoxe Kirche) sowie im Westen außerhalb der → Utrechter Union stehende Alt-Kath. Kirchen (Span. Ref. Episkopalkirche, Lusitanisch-Kath. Kirche Portugals, Philippinische Unabhängige kath. Kirche, Alt-kath. Kirche der → Mariaviten in Polen).

L: W. Krahl, Die A. K. K. in der Welt: Kirchl. Jb. für die Alt-Katholiken in Dtl. 1970, Bo 1970, 77–88. – Atlas KG 111.

Averroismus. Averroes († 1198), der »arabische Thomas«, hatte in seinem Traktat ›Begründete Übereinstimmung von Philosophie und Theologie‹ den Gegensatz zw. Aristoteles und bibl. Offenbarung auf hermeneutische Unterschiede (Stufenschema einer wörtl.-moralischen und spekulativ-intellektuellen Deutung) zurückgeführt. Das belastete den A., der sich mit der Rezeption aristotelischer Metaphysik zudem des »Pantheismus« verdächtig machte. Ebenso nachteilig war, daß die → Amalrikaner des A. angeschuldigt wurden. Mit ihnen wurde daher nicht nur der A., sondern auch die Aufnahme des originalen Aristoteles verdammt (Paris 1210: 1. Aristotelesverbot). Abermals wurde die aristotelische Metaphysik dadurch diskreditiert, daß der Pariser Magister Siger von Brabant († ca. 1282) sie im Sinne des A. pantheistisch kommentierte. Außerdem hatte dieses Mitglied der → Artistenfakultät in seinen Traktaten »heiße« Themen, wie z. B. die »Ewigkeit der Welt«, angeschnitten und sich dabei auf den Neuplatoniker Proklos († 485) und damit den letzten Heiden von Athen bezogen. Das machte seinen sog. »lat.« A. verdächtig und löste eine bischöfl. Enz. gegen die »Averroisten« aus (1270). Nach etl. Jahren wurde Siger vor das bischöfl. → Inquisitionsgericht gestellt (1276), vor dem er an die → Röm. Kurie in Orvieto (Umbrien) floh. Seine dortige Ermordung ist nicht Papst Martin IV. (1281–1285) anzulasten, sondern eher der ihn als Ketzer zum Feuertod verurteilenden Pariser Synode (1277), die ihn zudem der Lehre von der »doppelten Wahrheit« zieh. Dies hing dem A. hinfort an. Dabei war Siger überzeugter Christ gewesen; nur die kosmologischen Folgerungen, die er im Gegensatz zu den → Dominikanern Albertus und Thomas zog, ließen ihn zum Häretiker werden.

L: F. van Steenberghen, Maître Siger de Brabant, Lo 1977; K. Flasch, Aufklärung im MA? Die Verurteilung v. 1277, Mz 1989. – TRE V 51–61.

Avignoner Exil nennt man die Zeit von 1305 (bzw. 1309) bis 1377, während der die Päpste nicht in Rom, sondern in Avignon residierten. Clemens V., vorher Ebf. Bertrand de Got von Bordeaux, wurde 1305 in Perugia zum Papst gewählt und in Gegenwart des frz. Kg. Philipp des Schönen in Lyon gekrönt. Die polit. Wirren in It., bes. im → Kirchenstaat, und eine starke Abhängigkeit vom frz. König veranlaßten ihn, zunächst in der Gascogne zu leben, bis er sich 1309 für immer in Avignon, das in Händen der Anjou von Neapel lag, niederließ. Erst Urban V. (1362–70), der frühere Abt des Benediktinerkl. St. Viktor in Marseille, dachte ernstl. an eine Rückkehr nach Rom. Er traf 1367 in Rom ein, begab sich aber kurz vor seinem Tod wieder nach Avignon. Sein Nachfolger Gregor XI. (1370–78), der letzte Franzose auf dem Stuhl Petri, nahm am 17. 1. 1377, vor allem auf dringl. Bitten der hl. Katharina von Siena († 1380), im Vatikan (nicht mehr im → Lateran, wie frühere Päpste) für immer Residenz, nachdem seine Kurie schon im Herbst zuvor nach Rom zurückverlegt worden war. Damit ging das beinahe 70jährige Exil des → Papsttums in Avignon zu Ende.

L: G. Mollat, Les papes d'Avignon, P 1949, [2]1966; B. Guillemain, La cour pontificale d'Avignon, 1309–1376. Etude d'une societé, P 1962, [2]1966.

Azymiten. Seit 1053 nachgewiesenes Verdikt der → byz. Kirche gegenüber den »Lateinern« (abendländische Christenheit), denen man den Gebrauch von »ungesäuertem« (azyma) Brot beim Abendmahl vorwarf. Das Schmähwort kennzeichnet zugleich die Spannungen zw. dem erstarkenden → Papsttum und der byz. → Orthodoxie am Vorabend des sog. Großen Schismas von 1054 (→ Morgenländisches Kirchenschisma). Dabei spielte eine gewichtige Rolle, daß auch die Juden am Passah ungesäuerte Brotfladen (griech. azyma; hebr. mazzen) aßen. Man empfand die abendländische Sitte (vielleicht seit dem 9. Jh., wenn sie nicht als stadtröm. Brauch sogar älter war) als jüdisch, wobei außerdem die Wertung des Rituals an sich als Kennzeichen der Orthodoxie durch die byz. Kirche mitschwang. Das Unionssymbolum des → Florenzer Konzils (1439, sess. 6) war eben darin typisch westl., daß es die Frage nach ungesäuert oder gesäuert als belanglos abtat. Im Unionssymbolum mit den → Armeniern (1439, sess. 8) wurde sie überhaupt nicht angeschnitten; dort waren seit jeher die »Mazzen« Abendmahlselement gewesen.

Q: COD 503, 521ff.; D–S 1303, 1320; N–R 564; Mirbt-Aland I 773f.

L: B. Neunheuser, Eucharistie in MA u. NZ, Fr-Bas-W 1963; H. Mahlon, And Taking Bread ... Cerularius and the Azyme Controversy of 1054, P 1978.

Bahnhofsmission, eine im 19. Jh. entstandene Einrichtung zur Betreuung hilfsbedürftiger Reisender in Bahnhöfen. Pastor Johann Burckhard gründete 1894 in Berlin die erste B. Ein Jahr später richtete der kath. Mädchenschutz-Verband in München die erste kath. B. für Mädchen, Frauen und Kinder ein. 1910 fand in Bern der 1. Internationale Weltkongreß der B. statt; hier wurde auch die ›Konferenz für kirchl. B. in Dtl.‹ als eine ständige Arbeitsgemeinschaft zw. kath. und ev. B. gegründet. Nach einer zwangsweisen Unterbrechung im Dritten Reich nahm die B. 1945 ihre infolge von Flüchtlingen, Heimatvertriebenen und Heimkehrern vermehrte Arbeit wieder auf. Die Helfer tragen als Kennzeichen eine weiße Armbinde mit gelbem Schrägstreifen (kath.) oder mit rosa Kreuz (ev.). Die seit 1910 ökumenisch zusammenarbeitenden dt. B. werden von den → Caritasverbänden und dem Diakonischen Werk (→ Diakonie) gemeinsam getragen. Heute umfassen sie fast 3000 Mitarbeiter, davon ein Fünftel hauptamtl., verteilt auf 112 Stationen in der BRD. In der DDR ist die B. seit 1956 untersagt. – Die B. kümmert sich vor allem um Behinderte und alte Reisende, um Ausländer ebenso wie um nichtseßhafte oder seelisch angeschlagene Menschen. Die Dienste können, von bes. Aufwendungen abgesehen, kostenlos beansprucht werden. – An einigen großen Bahnhöfen besteht außerdem noch der kath. und ev. »Bahnhofsdienst«, der sich in erster Linie hilfsbedürftiger Reisender annimmt.

Bajanismus, benannt nach dem Löwener Theologieprof. Michael Bajus (auch de Bay, 1513–89), der einen streng antischol. → Augustinismus lehrte und damit dem wachsenden Verlangen nach einer lebensnaheren Theologie entsprach. Von der Sündhaftigkeit der menschl. Natur überzeugt, betonte Bajus mit Nachdruck die Notwendigkeit der Gnade und als Lohn für die Erfüllung der göttl. Gebote das ewige Leben. Mit seinem Löwener Kollegen und Gesinnungsgenossen J. Hessels († 1566) nahm er als Theologe 1563 am →Trienter Konzil teil; ihre Lehren wurden dort aber nicht diskutiert. Bajus überging in späteren Traktaten die entsprechenden Aussagen des Konzils. Die Universitäten Alcalá und Salamanca verwarfen einige Thesen des Bajus ausdrücklich. Pius V. verurteilte in der Bulle ›Ex omnibus afflictionibus‹ (1567) nicht ohne Zweideutigkeit 76 bzw. 79 Sätze aus den Schriften des Bajus als häretisch oder irrig und bestätigte diese Verurteilung – die Bulle selbst war nicht öffentl. bekanntgemacht worden – 1569 mit einem Breve. Bajus unterwarf sich. Trotzdem führte das Hl. Offizium (→ Röm. Kurie) auf Initiative des span. Kg. Philipp II. 1579 gegen Bajus einen Prozeß, der mit Gregors XIII. Verurteilungsbulle ›Provisionis nostrae‹ (1580) endete. Obwohl Bajus sich abermals unterwarf, dauerten die Unruhen vor allem an der Univ. Löwen, die gegen Bajus eingestellt blieb, fort. Hier ging später auch Jansenius (→ Jansenismus) in die Schule.

Q: MIRBT 490; D-S 1901–1980; N-R 339–342, 359–362, 852–870; M. ROCA, Documentos inéditos en torno a Miguel Bayo: Anthologica annua 1 (1953) 303–476.

L: F.-X. JANSEN, Baius et le Baianisme, Lv 1927; H. DE LUBAC, Augustinisme et

Théologie moderne, P 1965; A. Kaiser, Natur u. Gnade im Urstand, Mn 1965; V. Grossi, Bajus: TRE V 133–137.

Baptisten (griech. baptizein = taufen), im angelsächs. → Protestantismus entstandene und aus verschiedenen Gruppen bestehende größte ev. → Freikirche, für die in erster Linie die Erwachsenentaufe charakteristisch ist. Anfang des 17. Jh. entstanden in England unter dem anglik. Pfarrer J. Smyth, der aber bald nach Amsterdam auswandern mußte, die ›General Baptists‹ (›general‹, weil sie an die Gnade für alle Menschen glauben), wenig später die ›Particular (oder ›Regular‹) Baptists‹ (›particular‹, weil sie an der Prädestinationslehre Calvins [→ Calvinismus] festhalten). Die → Toleranzakte von 1689 (→ Hugenotten) gewährte ihnen und anderen Gruppen freie Religionsausübung. Nach einer allg. Stagnation im 18. Jh. folgte im 19. Jh. unter W. Carey († 1834), dem Gründer der baptistischen Heidenmission (1792 eigene Missionsges.), und dem Prediger C. H. Spurgeon († 1896) ein neuer Aufschwung, der nicht zuletzt dem Einsatz der B. für die rel. Betreuung der Industriearbeiter und die Befreiung der Sklaven zu verdanken war. 1813 schlossen sich die ›General Baptists‹ und ›Particular Baptists‹ zu einer Arbeitsgemeinschaft, 1891 zu einer Union zusammen.

Die in die USA eingewanderten engl. B., an der Spitze der Prediger R. Williams († 1683), Mitglied der ›Regular Baptists‹ und Gründer des Staates Rhode Island, spalteten sich 1845 wegen abweichender Ansichten in der Sklavenfrage (→ Sklaverei und Christentum). Die Neger gehörten in der Mehrzahl zur Baptistenkirche. Die B. bauten im 18. und 19. Jh. ein weitverzweigtes → Schulwesen auf: Volksschulen, höhere Schulen und Univ. (z. B. 1764 Brown University in Providence). Außerdem entfalteten sie große Aktivität in der Heidenmission. – J. G. Oncken († 1884) gründete 1834 in Hamburg die erste dt. Baptistengemeinde. Er verwirklichte die Idee der → Sonntagsschule, förderte die caritativ-soziale Arbeit und unterstrich die Notwendigkeit der → Mission in Heidenländern. 1942 erfolgte der Zusammenschluß der dt. B. mit der Mehrzahl der »Bruderbewegung« zum ›Bund Ev.-Freikirchl. Gemeinden‹, dem heute in der BRD 361 Orts- und 266 Zweiggemeinden angehören. – In Rußland (→ Russ.-orth. Kirche) faßten die B. Fuß, nachdem N. J. Woronin, der Führer der »Molokaner« im Kaukasus, 1867 sich hatte taufen lassen. Der Engländer Radstock verschaffte in den 70er Jahren des 19. Jh. der geistl. Erweckung zahlreiche Anhänger, die sich später ›Evangeliumschristen‹ nannten. Mit diesen schlossen sich die B. 1920 zum ›Rat der ev. Christen und der B. in der UdSSR‹ zusammen, der zum Teil erfolgreich arbeitete.

Unter den selbständigen baptistischen Gruppen nehmen die aus einer rel. Bewegung in Pennsylvania und Ohio der Presbyterianer B. Stone († 1844), T. Campbell († 1854), A. Campbell († 1866) und W. Scott († 1861) hervorgegangenen ›Disciples of Christ‹ (seit 1832) einen bes. Platz ein. Unter der Voraussetzung, daß es nur eine einzige Kirche Jesu Christi geben könne, verzichten sie auf jegl. Absolutheitsanspruch, vertreten neben der liberalen eine soziale Theologie und wirken stark missionarisch. Eine Abzweigung davon sind die ›Churches of Christ‹ (1906). 1957 vereinigten sich Kongregationalisten u. andere Denominationen zur ›United Church of Christ‹. Wieder eine eigene Gruppe bildeten die 1729 vom Müller A. Mack gegr. ›German Baptists‹, von denen sich 1882 die ›Brethren Church‹ trennte.

Die autonomen Gemeinden der B. sind seit 1905 im ›Weltbund der B.‹ (›Baptist World Alliance‹) zusammengeschlossen; er umfaßt heute über 30 Mill. Getaufte, davon 27 Mill. in den USA. Die meisten Vereinigungen der B. gehören dem → Ökumenischen Rat der Kirchen an. Die verschiedenen Gruppen stimmen in grundsätzl. Fragen der Lehre und Verfassung überein: Lehrfreiheit in der Theologie; kein verpflichtendes Credo; die Bibel als alleinige Autorität; symbolisches Verständnis der Sakramente; nur Erwachsenentaufe (durch Untertauchen); Ordination für die Gemeindediener; Ablehnung aller rel. Traditionen und kirchl. Formen; Trennung zw. Kirche und Staat. Allen gemeinsam sind Tatchristentum und Mission unter Heiden.

P: The Baptist World, Wa 1954ff.

L: H. Luckey, J. G. Oncken u. die Anfänge des dt. Baptismus, Kassel 1958; R. G. Torbet, A History of the Baptists, Philadelphia 1963, [6]1965, Valley Forge 1973; J. D. Hughey, Die B., St 1964; F. H. Littell, Das Selbstverständnis der Täufer, Kassel 1966; G. G. Beazley (Hg.), The Christian Church (Disciples of Christ), Toronto-Ontario 1973, dt. Übers.: Die Kirche der Jünger Christi, St 1977; W. Kahle, Der ostslawische Protestantismus in Rußland u. der Sowjetunion, Wuppertal 1978; Algermissen 739–749; Heyer 615–632; J. D. Hughey – R. Thaut, B.: TRE V 190–197; Gewissen und Freiheit 17 (1981) 90–95 (A. Bischkow). – Atlas KG 100–102, 124, 128–129.

Barfüßer (lat. discalceatus = unbeschuht) sind Mönche, die als Zeichen der Ehrfurcht, der Armut oder der Buße entweder in Sandalen barfuß gehen (→ Franziskaner) oder ganz barfuß (Unbeschuhte → Karmeliten). Franz von Assisi schrieb seinen Ordensgenossen das Barfußgehen im Geist der Nachfolge Jesu vor. Vornehml. in germanischen Ländern hießen die Franziskaner auch B. Neben einigen Reformorden und Reformkongreg. wie den → Observanten und → Kapuzinern betrachteten noch andere Orden (→ Kamaldulenser, → Serviten, → Passionisten, Pönitenten-Rekollekten u.a.) das ständige Barfußgehen als ihre Pflicht. Spätere Konst. gestatteten häufig Ausnahmen in bestimmten Fällen (Zelebration der Messe; Kälte). Ferner zählen einige Frauenorden (z.B. Klarissen, Kapuzinerinnen, Karmelitinnen, Augustiner-Barfüßerinnen) zu den Barfüßerorden.

L: Heimbucher I 32; TRE VII 216–218 (D. F. Durnbaugh).

Barmer Mission, landläufige Bez. für ›Rhein. Missionsges.‹, die 1829 aus dem Zusammenschluß der seit 1779 bestehenden Elberfelder und seit 1818 bestehenden B. M. mit weiteren → Missionsgesellschaften hervorging. Seit 1825 besteht in Barmen ein Seminar, seit 1826 erscheint dort das ›Barmer Missionsblatt‹. Ähnl. wie die → Basler M. von der engl. →

Erweckungsbewegung beeinflußt, stützten auch die niederrhein. ›Kirche unter dem Kreuz‹ und der niederrhein. → Pietismus (Tersteegen; Jung-Stilling; Collenbusch) die Arbeit; hinzu kamen erweckte Kreise in Wuppertal, im Ravensberger- und Siegerland. Die Missionare gingen bes. nach Indonesien, aber auch nach Afrika, Südamerika und Neuguinea. Beide Weltkriege führten zum Verlust der Missionsgebiete; seit 1950 werden diese in ökumenischer Zusammenarbeit wieder betreut. Das Barmer Missionshaus sorgt für missionarischen Nachwuchs, die Barmer Bibelschule bildet Gemeindehelferinnen und Schwestern, das Barmer Seminar seit 1957 Pfarrer für Südamerika aus.

L: G. Weth, M. u. Kirche zw. Vätererbe u. Weltwende, Wuppertal 1957; M. Loth, Die christl. M. in Südwestafrika. Zur destruktiven Rolle der Rhein. Missionsgesellschaft beim Prozeß der Staatsbildung in Südwestafrika 1842–1893, B 1963.

Barmer Theologische Erklärung ist das Bekenntnis der 1. Synode der → Bekennenden Kirche in Barmen (Mai 1934), das ein theol. Ausschuß (Karl Barth, Hans Asmussen, Thomas Breit) vorbereitete. Sechs Sätze verwerfen u. a. die heilsgesch. Deutung der »Machtergreifung« von 1933 (1), die Einführung des Führerprinzips in die Kirche (4), die Geltung des staatl. Totalitätsanspruchs für die Kirche (5). Umstritten bei konfessionellen Lutheranern (»Ansbacher Ratschlag« Erlanger Theologen) war, ob die Einheit von Rechtfertigung und Heiligung (2) im Verhältnis von Gesetz (Bürgerpflicht) und Evangelium (Christenstand) richtig gesehen sei. Das mindert nicht die Bedeutung erneuter Bekenntnisbildung im Widerstand zum totalitären Staat des 20. Jh. Die B. T. E. wurde in die Grundordnung der EKD v. 1948 (Art. 1 Abs. 2) aufgenommen.

Q: H. U. Stephan (Hg.), Das eine Wort für alle. Barmen 1934–1984, Neukirchen 1985.

L: H. Brunotte, Die T. E. v. Barmen 1934 u. ihr Verhältnis zum luth. Bekenntnis, B 1955; E. Wolf, Barmen, Mn 1957, ^{2}1970; G. Niemöller, Die erste Bekenntnissynode der Dt. Ev. Kirche zu Barmen, 2 Bde., Gö 1959; K. Barth, Bekenntnis im Werden, Neukirchen 1979; W. Hüffmeier – M. Stöhr (Hg.), B. T. E. Geschichte, Wirkung, Defizite, Gü 1984; C. Nicolaisen, Der Weg nach Barmen, Neukirchen-Vlyn 1985; M. Honecker, Die B. t. E. u. ihre Wirkungsgesch., Opladen 1995.

Barmherzige Brüder sind geistl. Genossenschaften für Krankenpflege (→ Hospitaliter). Am Anfang steht der ›Orden des hl. Johannes von Gott‹ (Ordo S. Joannis de Deo = OSJdD), in Dtl. ›B. B. (oder auch ›Hospitaliter‹) vom hl. Johannes von Gott‹, in It. ›(Fate-)Bene-Fratelli‹ gen. Der gebürtige Portugiese Johannes von Gott (1494–1550, kan. 1690) rief um 1540 in Granada eine Gemeinschaft von Laien zur männl. Krankenpflege ins Leben, die Gregor XIII. 1572 zu einem Orden mit der →Augustinusregel erklärte; Sixtus V. genehmigte 1586 die Konstitutionen. Der Orden fand schnell in vielen Ländern Anhänger, bes. in Spanien und Frankreich. 1592 erfolgte die Teilung in eine span. und eine it. Kongreg.; 1878 schlossen sich alle Ordenshäuser der B. B. unter einem Generaloberen (Sitz in Rom) zusammen. Die B. B. sind zum größten Teil Laienbrüder und legen außer den drei gewöhnl. Gelübden als viertes das Gelübde der Hospitalität ab. – Der Laienbruder Ignatius Löschert gründete 1856 die Kongreg. der ›B. B. von Montabaur‹, die Leo XIII. 1888 approbierte. Die Mitglieder legen einfache Gelübde ab.

In Mecheln entstand 1839 auf Initiative des Priesters Vinzenz Scheppers die Kongreg. der ›Brüder von Unserer Lieben Frau der Barmherzigkeit‹, die sich vor allem der Krankenpflege und der Betreuung jugendl. Strafgefangener und heute insbes. schwer erziehbarer Jugendlicher widmen. Seit 1946 kennt der Orden auch Priester-Brüder. Der Ordensgeneral hat seinen Sitz in Kapellen bei Antwerpen.
→ Alexianer.

L: Heimbucher I 600–607, II 471–474; F. Läufer, Die B. B., W 1931; L. Ruland, Ein armseliger Mensch, ein Heiliger, F 1949; S. Hilpisch, Die Genossenschaft der B. B. v. Montabaur, Fulda 1956; H. Strohmayer, Der Hospitalorden des hl. Johannes v. Gott: B. B., Rb 1978.

Barmherzige Schwestern nennen sich zahlreiche weibl. Kongregationen für Armen- und Krankenpflege, obwohl darunter eigentl. nur solche Vereinigungen zu verstehen sind, die Caritas oder Misericordia im Namen tragen. Bes. bedeutend sind die →Borromäerinnen und → Vinzentinerinnen.

Barnabiten, nach dem Mutterhaus St. Barnabas in Mailand benannt, offiz. ›Regularkleriker des hl. Paulus‹ (Clerici regulares S. Pauli = CRSP), 1530 von dem Priester A. M. Zaccaria († 1539, kan. 1887), dem Mathematiker G. Morigia und dem Juristen B. Ferrari gegr. und 1533 von Clemens VII. anerkannt. Gregor XIII. bestätigte 1579 die endgültige Regel, nach der allg. Apostolat in Verbindung mit → Volksmissionen und Verehrung der Eucharistie (40stündiges Gebet) als Hauptziel gilt. Vom 17. Jh. an wirkten die B. vorrangig in der Jugenderziehung, seit dem 18. Jh. auch in der Mission (Birma, Skandinavien, Rußland). Außer in It. gründeten sie Kollegien, denen jeweils ein Propst (praepositus) vorsteht, in Fkr., Span. und Östr. Die dt.-sprachige Provinz wurde von Napoleon I. (1804–14) fast vollständig unterdrückt.

Die 1535 von der Gräfin Torelli von Guastalla gegr. Genossenschaft der Angeliken (Sorores anglicae) unterstellte sich 1549 den Barnabiten.

L: O. Premoli, Storia dei Barnabite, 3 Bde, R 1913–25; Heimbucher II 106–110; A. Gentili, I Barnabiti, R 1967.

Bartholomäer, nach ihrem Gründer Bartholomäus Holzhauser (1613–1658) benannte Gemeinschaft von Weltpriestern, offiz. ›Institutum clericorum saecularium in commune viventium‹. Als Kanoniker in Tittmoning (ehemals Bt. Chiemsee) gründete Holzhauser 1640 in Tittmoning das ›Institut der in Gemeinschaft lebenden Weltpriester‹, das zunächst dreigeteilt war: Institut der Jugend, Institut der Geistlichen und Hospital für dienstentpflichtete Seelsorger. Der Mainzer Ebf. Johann Philipp von Schönborn ernannte ihn 1654 zum Regens des Würzburger Priesterseminars; einige Jahre später wurde den B. die Leitung des 1660 wiedererr. Mainzer Priesterseminars anvertraut. Seit 1655 Pfarrer in Bingen, erwarb Holzhauser sich vor allem in der → Volksmission, spez. in der rel. Unterweisung der Jugend, große Verdienste. Gleichzeitig mühte er sich um Vergrößerung seiner Genossenschaft, deren Hauptziele in der Vervollkommnung der Mitglieder und in der Ausbildung des Priesternachwuchses sowie in der Sorge für alte und kranke Priester bestanden. Charakteristisch für die B. blieben brüderl. Wohn- und Gütergemeinschaft, Ausschluß der Frauen vom Haushalt der Pfarrer, einfaches Gehorsamsgelübde und Treueid der Mitglieder. Bes. Wert legte man auf gediegene asketische und katechetisch-homiletische Ausbildung. Die 1680 von Innozenz XI. bestätigte Gemeinschaft der B. bestand in Dtl. bis zur → Säkularisation, danach noch in einigen europäischen Ländern (u. a. Polen) und in Südamerika. Heute gibt es nur noch eine Niederlassung in Palermo.

Die → Armenischen Kirchen kennen einen Orden, dessen Mönche sich ebenfalls B. nennen.

Q: B. Holzhauser, Constitutiones clericorum ... Epistola fundamentalis, Mz 1716.
L: Heimbucher II 595–598; M. Arneth, B. Holzhauser u. sein Weltpriesterinstitut, Wü 1959; Ders., Das Ringen um Geist u. Form der Priesterausbildung im Säkularismus des 17. Jh., Wü 1970, bes. 179–305; B. Hubensteiner, B. Holzhauser: G. Schwaiger (Hg.), Bavaria Sancta, Bd. I, Rb 1970, 349–364.

Bartholomäusnacht, 23./24. August 1572, auch als Pariser Bluthochzeit bekannt. Nach einem erfolglosen Attentat (22. 8.) auf den Hugenottenführer Admiral Coligny, dem der frz. Kg. Karl IX. († 1574) weithin botmäßig war, sollten auf Betreiben der Königinmutter Katharina von Medici und mit Zustimmung des Kg. neben Coligny alle in Paris zur Hochzeit der Königsschwester Margarete von Valois und des → Hugenotten Heinrich von Navarra (des späteren Kg. Heinrich IV.) anwesenden Hugenotten mit Ausnahme der Häupter von Navarra und des Prinzen Condé, falls diese zur kath. Kirche konvertierten, ermordet werden. Auf diese Weise wollte man eine angebl. Verschwörung gegen den Kg. erwidern. Das blutige Wüten, dem allein in Paris 3000 bis 4000, insgesamt aber zw. 10000 und 20000 Menschen zum Opfer fielen, dauerte in Paris drei Tage und setzte sich mehrere Wochen hindurch in anderen Städten der Provinz fort. Die Päpste Pius V. († 1. 5. 1572) und Gregor XIII. (seit 12. 5. 1572) hatten keine Ahnung von dem geplanten Anschlag. Letzterer ließ jedoch, nachdem ihm das Blutbad als Sieg über die Hugenotten gemeldet worden war, in der Peterskirche ein Te deum laudamus (»Großer Gott, wir loben dich«) singen und später weitere Freudenfeiern veranstalten. – Infolge der B. kam es bald zu weiteren Kriegen (bis 1598) gegen die Hugenotten, die viel von ihrer Macht eingebüßt hatten.

Q: J. Mieck (Hg.), Toleranzedikt u. B. Frz. Politik u. europäische Diplomatie 1570–1572, Gö 1969.
L: P. Erlanger, B. Die Pariser Bluthochzeit am 24. August 1572, Mn 1966; P. Joutard – J. Estèbe – E. Labrousse – J. Lecuir, La Saint-Barthélemy ou les résonances

d'un massacre, Neuchâtel 1976; P. BENEDICT, The Saint Bartholomew's massacres in the provinces: HJ 96 (1978) 205–225; L. D. CROUZET, La nuit de la Saint-Barthélemy, P 1994.

Baseler Konzil (1431–37 bzw. 1448). In Ausführung des vom → Konstanzer Konzil erlassenen Dekrets ›Frequens‹, das alle sieben Jahre ein allg. (ökumenisches) K. vorschreibt, hatte die Synode von Pavia-Siena (1423–24) Basel als Stadt für die nächste Kirchenversammlung bestimmt. Von Martin V. widerwillig einberufen – er selbst starb 5 Monate vor der Eröffnung –, fand das K. unter dem neuen Papst Eugen IV. und dem von ihm eingesetzten Präsidenten Cesarini statt.

Das B. K. verfolgte als dreifaches Ziel: Vernichtung der Häresie (→ Hussiten), Frieden unter den Fürsten und Reform der Kirche. Doch wenige Monate nach Beginn löste Eugen IV. das K. auf und verlegte es nach Bologna. Ungeachtet dessen setzten die Kardinäle und Bischöfe ihre Arbeit in Basel fort und bestätigten, nicht zuletzt im Interesse ihrer eigenen Legitimierung, das Superioritätsdekret des Konstanzer Konzils ausdrückl. (15. 2. 1432). Die Abstimmungen erfolgten nach Nationen, für die vier Deputationen zuständig waren. Vertreter der Hussiten fanden sich zu sachl. Verhandlungen ein (→ Prager Kompaktaten). Der Papst sah sich wegen der prekären Lage in It. gezwungen, die Synode als rechtmäßig anzuerkennen (Bulle ›Dudum sacrum‹ vom 15. 12. 1433). Verabschiedet wurden wichtige Reformdekrete, z. B. über Konkubinat des Klerus, Simonie, Feier des Gottesdienstes, Annaten, Reservationen und Kurialtaxen (→ Finanzwesen), Beschränkung der Verwaltungsbefugnisse des Papstes und Reduzierung des → Kardinalskollegiums auf 24 Mitglieder.

In der Frage nach dem Ort für ein Unionskonzil mit der →byz. Kirche konnten sich die Kirchenväter nicht einigen. Eugen IV. verlegte, einem Vorschlag der Minorität folgend, die Versammlung nach Ferrara (18. 9. 1437). Während die papsttreue Minderheit dorthin übersiedelte, beschäftigten sich die in Basel zurückgebliebenen Teilnehmer zunächst mit der konziliaren Idee (→ Konziliarismus) und erklärten die Meinung, das allg. Konzil stehe über dem Papst, zu einem allg. gültigen Dogma (16. 5. 1439) und Eugen IV. als abgesetzt. Am 5. 11. 1439 wählten sie Herzog Amadeus VIII. von Savoyen zum neuen Papst (Felix V.). Mit dessen Rücktritt am 7. 4. 1449 endete das letzte →Papstschisma in der Gesch. der Kirche. Die Mehrzahl der Fürsten stand jedoch auf Seiten Eugens IV. Von Ks. Friedrich III. 1448 aus der Stadt Basel verwiesen, tagte das K. bis zur Abdankung Felix' V. (25. 4. 1449) in Lausanne weiter und löste sich dann selbst auf. Die 25 Sitzungen mit ihren Beschlüssen bis zur Translation nach Ferrara gelten offiz. als ökumenisch, soweit sie die Autorität des Papstes nicht beschneiden.
→ Florenzer Konzil; → Pragmatische Sanktion von Bourges (1438).

Q: MIRBT 399; KThQ II 67; COD 431–498.
L: TH. VON DER MÜHLL, Vorspiel zur Zeitenwende. Das B. K., Mn 1958; J. GILL, Konstanz u. Basel-Florenz, Mz 1967; J. W. STIEBER, Pope Eugenius IV., the Council of Basel, and the Secular and Ecclesiastical Authorities in the Empire, Lei 1978;

W. KRÄMER, Konsens u. Rezeption, Mr 1980; A. VAGEDES, Das Konzil über dem Papst? 2 Bde, Pa 1981; E. MEUTHEN, Das B. K. als Forschungsproblem, Gö 1985; J. HELMRATH, Das B. K. 1431–1449, Kö 1987; H. MÜLLER, Die Franzosen, Fkr. u. das B. K., 2 Bde, Pa 1990; G. ALBERIGO (Hg.), Christian Unity, Lv 1991.

Baseler Missionsgesellschaft. Von Mitgliedern der → Christentumsgesellschaft 1815 begründet, entfaltete die B. M., gefördert von der engl. →Erweckungsbewegung, starke, seit 1816 von einem Missionsseminar ausgehende Aktivitäten, so daß 1914 in 5 Missionsgebieten (Goldküste, Deutsch-Togo, Kamerun, Ostindien, Südchina) 73 Hauptstationen err. waren. Daß die Heimatgemeinde nicht nur auf die Schweiz und Elsaß beschränkt blieb, sondern sich vor allem auf den landeskirchl. →Pietismus in Baden und Württemberg stützte, wurde im 1. Weltkrieg zum Verhängnis: Alle Missionare wurden interniert. Als der 2. Weltkrieg sich abzeichnete, nahm man daher eine organisatorische Trennung vor und verselbständigte den dt. Zweig in Stuttgart. Dadurch erlitt die Missionsarbeit – 1921 hatte man anstelle von frz. Kamerun und Togo von der Rhein. Mission (→ Barmer M.) Indonesien übernommen – in den Jahren 1939–45 keine Unterbrechung. Allerdings fanden dafür die Heimatgemeinden nach Kriegsende nicht mehr zusammen. Es kam zur Gründung eines selbständigen Vereins ›Basler Mission – Dt. Zweig‹ (1954). Immerhin vereinbarte man, für die Heidenmission weiterhin Basel die Leitung zu überlassen. Der B. M. gelang es dann auch, wieder in Kamerun Fuß zu fassen. Anstelle der in Südchina 1951 verlorenen Missionsstationen treibt man jetzt unter den Auslandschinesen in Nordborneo, Malaysia und Hongkong Mission.

P: Zs. für Mission, Korntal-Ba 1975 ff.

L: W. SCHLATTER, Die Gesch. der B. M. 1815–1940, 5 Bde, Bas 1916–70; H. WITSCHI, Gesch. der B. M., Bas 1970; C. M. R. VOGELSANGER, Pietismus u. afrik. Kultur an der Goldküste: Die Einstellung der B. M. zur Haussklaverei, Z 1977; K.-W. RENNSTICH, Handwerker-Theologen u. Industrie-Brüder als Botschafter des Friedens, St 1985.

Basilianer, nach Bf. Basilius d. Gr. († 379) benannte Mönche des griech. Ritus (→ Basiliusregel). Nach dem Arabersturm an der Ostgrenze des Rhomäerreiches kamen viele byz. Flüchtlinge und mit ihnen auch Basilianer-Mönche aus Syrien und Palästina nach Sizilien und Kalabrien. B. ließen sich später auch im Norden nieder, so daß man zur Blütezeit im 11. und 12. Jh. einige hundert Klöster zählte, von denen auch Anstöße zur späteren Kultur der Renaissance ausgingen. Wichtige Zentren: S. Salvatore in Messina, Rossano, S. Nicolà di Casole, Grottaferrata, Rom. Im 15. Jh. setzte ein allg. Niedergang ein. Die letzten Klöster, Grottaferrata ausgenommen, wurden durch ein Staatsgesetz 1866 aufgehoben.

B. des lat. Ritus nahmen von Spanien aus ihren Anfang: Die nichtreformierten B. von Sta. María de Oviedo 1559 unter Abt Bernhard; die reformierten B. von Tardón (bei Córdoba), 1577 durch Gregor XIII. bestätigt. Beide Gruppen fielen 1855 der span. → Säkularisation zum Opfer.

Basilianerkongregationen neuerer Zeit: Slawische Kongreg. (B. der hl. Dreifaltigkeit); B.-Salvatorianer, Priester des Erlöserklosters bei Sidon,

1743 von Benedikt XIV. als B. bez.; Melchiten-Kongreg. des hl. Johannes des Täufers, im 17. Jh. im Libanon gegr.

Den B. entsprechen als weibl. Zweige verschiedene Kongreg. von *Basilianerinnen.*

L: Heimbucher I 91–106; H.-G. Beck, Kirche u. theol. Lit., Mn 1959, 125; Assfalg 263–265. – Atlas KG 45.

Basiliusregel, nach Bf. Basilius d. Gr. († 379) benannte Regel für Mönche des griech. Ritus; sie umfaßt 55 (regulae fusius) bzw. 313 (regulae brevius) in Form von Fragen und Antworten gekleidete Unterweisungen für ein Leben in Gemeinschaft (→Koinobiten). Die B. galt nie als eine verbindl. Mönchsregel, wenngleich sie die → Benediktregel beeinflußte. Die heutige Fassung geht in das 6. Jh. zurück. → Basilianer.

Q: PG 31, 889–1306; KThQ I 78a–b; K. Zelzer (Hg.), Basilii Magni Regula, W 1986.

L: A. de Vogüé, Les Grandes Règles de S. Basile. Un survol: Collectanea Cisterciensia 41 (1979) 201–226; S. Lundström, Die Überlieferung der lat. B., Up 1989.

Beginen (lat. beguinae, begginae) waren fromme Frauen (mulieres religiosae), die ohne Gelübde in Gemeinschaft (Beginenhöfe) lebten, und dies vorzügl. in Städten. Die Herkunft ihres Namens erklärt sich vielleicht aus dem grauen (bigio, beige) Kleid, das sie von den Bürgerinnen äußerl. unterschied. Diese Frauenbewegung entstand um 1170 im Bt. Lüttich aus wirtschaftl. (Frauenüberschuß) und rel.-mystischen Motiven; sie glich in mancher Hinsicht dem →Reklusentum früherer Zeiten. Honorius III. ließ ihren Gemeinschaften, die sich hauptsächl. der Krankenpflege widmeten, 1216 mündl. Anerkennung zuteil werden. Eine feste allg. gültige Lebensregel gab es nicht. Viele B. führten ein asketisch-rel. Leben; andere ernährten sich vom Bettel oder von Handarbeit. Die meisten Anhänger zählten sie im 13. Jh., zunächst in Dtl. (bes. Niederrhein und Bayern) und Fkr., dann im übrigen Europa. Ihre seelsorgerl. Betreuung lag meist in Händen von → Dominikanern.

Die *Begarden* (lat. begini, begardi), das männl. Gegenstück zu den B., sahen ihre Haupttätigkeit in der Handarbeit und in der Krankenpflege (Spital). Für sie gab es auch Namen wie »Matemans« (d.h. Genossen), Zellenbrüder (→ Alexianer), →Lollarden, Willige Arme. In Dtl. lebten B. und Begarden häufig zusammen, freil. in zwei streng getrennten Abteilungen (→ Doppelkloster).

Die Beginen- und Begardenbewegung blieb im Laufe der Zeit nicht frei von ketzerischen Elementen, wie sie bei den katharischen (→ Katharer) Apostolikern anzutreffen waren. Beziehungen zu den → Albigensern scheinen nicht bestanden zu haben. Neben berechtigten Anklagen wegen Häresie, denen Verfolgungen und Verurteilungen durch die Kirche folgten (→ Ketzerverfolgung), fehlte es auch nicht an grundlosen Verdächtigungen und Denunziationen; diese oft nur deshalb, weil man den Namen B. allg. auf Frauen und Männer übertrug, die ein gemeinsames Leben führten und eine bestimmte Kleidung (grau) trugen, z. B. die →›Brüder und Schwestern des freien Geistes‹, aus dem Konvent entflohene → Spiritualen oder bettelnde und predigende Laien. Das Konzil von → Vienne (1311) verbot jene B. und Begarden, die für den Glauben und die Sakramente der Kirche eine Gefahr zu sein schienen. Ausdrückl. verurteilt wurden die häretischen B. und Begarden ihrer quietistisch-pantheistischen Mystik wegen. Doch erst Johannes XXII. gab dieses Verbot öff. bekannt. Systematische Verfolgungen durch kirchl. Stellen führten am Ende des MA zum Untergang der B. und Begarden.

Q: J. PERARNAU, L' »Alia informatio Beguinorum« d'Arnau de Vilanova, Ba 1978.
L: J. GREVEN, Die Anfänge der B. Ein Beitrag zur Gesch. der Volksfrömmigkeit u. des Ordenswesens im Hochmittelalter, Mr 1912; E. W. MCDONNELL, The Beguines and Beghards in Medieval Culture with Special Reference to the Belgian Scene, New Brunswick 1954; H. GRUNDMANN, Neue Beiträge zur Gesch. der rel. Bewegungen im MA: AKG 37 (1955) 129–182 = Ausgewählte Aufsätze, Bd. I, St 1976, 38–92; DERS., Rel. Bewegungen im MA, Da [4]1970; E. G. NEUMANN, Rhein. B.- u. Begardenwesen, Meisenheim 1960; O. NÜBEL, Ma. B.- u. Sozialsiedlungen in den Niederlanden, T 1970; A. PATSCHOVSKY, Straßburger B.verfolgungen im 14. Jh.: DA 30 (1974) 56–198; J.-C. SCHMITT, Mort d'une hérésie. L'Eglise et les clercs face aux béguines et aux béghards du Rhin supérieur de XIVe au XVe siècle, P-NY 1978; G. HOFMANN – W. KREBBER, Barmherzige Samariterinnen. B. – gestern und heute, Kevelaer 1991; A. WILTS, B. im Bodenseeraum, Sigmaringen 1994; H. ACKERMANN, Die B. u. Begarden in der Schweiz, Bas 1995. – TRE V 404–411.

Bekennende Kirche (BK) nannte sich im → Kirchenkampf die Opposition gegen innerkirchl. und staatl. Verfremdung. Ihre Anfänge liegen bei der luth. ›Jungreformatorischen Bewegung‹ (H. Lilje u. a.), deren Zs. ›Junge Kirche‹ (1933) zunächst bei den Reichskirchenwahlen (23. 7. 1933) für Bodelschwingh jun. (→ Bethel) als Reichsbf., dann für die Belange der BK eintrat. Deren zweite Wurzel war der von Martin Niemöller u. a. begründete ›Pfarrernotbund‹ (1933), der gegen den Arierparagraphen in der Kirche kämpfte und verfolgte Pfarrer unterstützte. Endl. sind ›Pfarrbruderschaften‹ in verschiedenen Landeskirchen Träger der Anfänge gewesen. Karl Barth, Theologieprof. in Bonn, 1934 entlassen, wirkte von Basel aus durch seine Programmschriften (›Theol. Existenz heute‹, seit 1933) und Stellungnahmen. Ein Höhepunkt der BK war die erste Reichsbekenntnissynode zu Barmen im Mai 1934 (→ Barmer Theol. Erklärung), die zweite zu → Dahlem im Oktober 1934 und die dritte zu Augsburg (›Synode der Theologie des Kreuzes‹) im Juni 1935; die vierte und letzte zu Oeynhausen im Februar 1936 enthüllte die von Anfang an vorhandenen Spannungen zw. den sog. »intakten« und »zerstörten« Landeskirchen, zw. Lutheranern einerseits, Unierten und Reformierten andererseits. Auf getrennten Wegen kämpfte man fortan wider → Deutschgläubige Bewegungen und erwehrte sich der staatl. Übergriffe. Dem ›Lutherrat‹ unterstellten sich die luth. Bekenntniskirchen in ihren geistl. Entscheidungen. Der beim ›Reichsbruderrat‹ verbleibende Rest der unierten und reformierten Kirchen hingegen ordnete sich der ›Vorläufigen Leitung‹ unter. Auf einer ›Bekenntnissynode der → Altpreuß. Union‹ zu Halle (Mai 1937) sprach man über die Abendmahlsgemeinschaft innerhalb der BK und löste damit eine sie überdauernde Diskussion aus, die mit den ›Arnoldshainer Thesen‹ (1957) von der → EKD sanktioniert und mit der ›Leuenberger Konkordie‹ von 1971/73 (→ Unionen im Protestantismus) legitimiert wurde. Mit der Aufgabe kirchenleitender Funktionen durch den »Bruderrat« (1948) setzte die BK sich selber ein Ende.

Q: W. NIESEL (Hg.), Um Verkündigung u. Ordnung der Kirche. Die Bekenntnissynoden der ev. Kirche der altpreuß. Union 1934–43, Bielefeld 1949; W. NIEMÖLLER (Hg.), Texte zur Gesch. des Pfarrernotbundes, B 1958 (vgl. K. KUPISCH: ThLZ 91 [1966] 721–730); J. BECKMANN (Hg.), Rhein. Bekenntnissynoden im Kirchenkampf, Neukirchen 1975; DERS. (Hg.), Briefe zur Lage der ev. Bekenntnissynoden im Rheinland Dez. 1933 – Febr. 1939, Neukirchen 1977; E. HORNIG, Die B. K. in Schlesien 1933–45. Gesch. u. Dokumente, Gö 1977.

L: W. NIEMÖLLER, Der Pfarrernotbund. Gesch. einer kämpfenden Bruderschaft, H 1973; M. KOSCHORKE (Hg.), Gesch. der B. K. in Ostpreußen 1933–1945, Gö 1976; W. NIESEL, Kirche unter dem Wort. Der Kampf der B. K. der altpreuß. Union 1933–45, Gö 1978; C. NICOLAISEN, Der Weg nach Barmen, Neukirchen-Vluyn 1986.

Bekenntnisschriften sind im Unterschied zu den ökumenischen → Glaubensbekenntnissen für das »konfessionelle Zeitalter« (16./17. Jh.) charakteristisch; im → Kirchenkampf des 20. Jh. wurden sie erneut aktuell. Die ausschließl. Bindung an die hl. Schrift (norma normans) unterscheidet sie von vergleichbaren B. der → Röm.-Kath. Kirche wie dem → Katechismus des Canisius, die als weitere Norm auch das Lehramt (magisterium) des → Papsttums kennt. Dessen verschiedenartige Verlautbarungen (synodale Bekenntnisse wie das sog. ›Innocentianum‹ Papst Innozenz' III. von 1215 oder die ›professio fidei Tridentina‹ von 1564 [→ Trienter Konzil], als ›professio catholicae fidei‹ später dem → CIC [→ Kirchenrechtsquellen] vorangestellt; Bullen, Enzykliken → Päpstl. Kanzlei) sind auch gesammelt (bekanntes Beispiel die Sammlung von H. Denzinger 1854), liegen aber auf anderer Ebene. B. bezweckten den Nachweis der Rechtgläubigkeit (Orthodoxie); in dem konfessionellen → Landeskirchentum waren sie zudem Rechtsbasis staatl. Anerkennung.

Im → Luthertum gewann das → Konkordienbuch (1580) überregionale Geltung. Neben den drei altchristl. Glaubensbekenntnissen enthält es die → Augsburger Konfession (1530), Melanchthons ›Apologie‹ derselben (seit 1537 B.), die → Schmalkaldischen Artikel, Melanchthons Traktat ›Über Gewalt und Obrigkeit des Papstes‹ (1537), Luthers kleinen und großen → Katechismus sowie die → Konkordienformel (1577). Kurzfristig waren die Wittenberger Konkordie (1536) oder die ›Confessio Saxonica‹ und ›Confessio Wirtembergensis‹ (beide 1552), um nur einige zu nennen. Auch aus Kirchenvisitationen, Melanchthons ›Unterricht der Visitatoren‹ von 1528 oder den ›Visitationsartikeln‹ Martin Chemnitz' von 1592 (→ Visitationen) konnten B. mit landeskirchl. Reichweite hervorgehen. Ob man auch die → Barmer Theol. Erklärung (1934) zu den B. zählen soll, ist umstritten.

Die → Reformierten Kirchen kennzeichnet der Pluralismus ihrer 58 B. (bei den luth. Kirchen 8 bzw. 7). Er resultiert aus der stärker betonten Direktive: »ecclesia semper reformanda«. Sammlungen von B. (Corpora doctrinae → Konkordienbuch) wie die ›Harmonia confessionum‹ (1581) oder das ›Corpus et syntagma confessionum‹ (1612) wurden daher nie kirchenrechtl. legitimiert. Umgekehrt konnten Zwinglis Züricher Disputationen (1523) und Calvins ›Institutio religionis christianae‹ (1536) in den Rang von B. aufsteigen. Typisch ist ferner die leichtere Überwindung der Sprachgrenze, sieht man für den frz. Bereich von der ›Confession de Foy‹ (1559) ab: Galt die ›Confessio Helvetica prior‹ (1536) zunächst im dt.-sprachigen Raum, so wurde sie als ›Confessio Helvetica posterior‹ (1566) auch in Fkr., Schottland, Ungarn und Polen gültig; ähnliches gilt von dem zw. Calvin u. Bullinger in Zürich ausgehandelten »Consensus Tigurinus« (1549) u. der Schottland u. Engl. verbindenden »Confessio Scotica« (1560; Verfasser John Knox → Calvinismus). Die »Canones« der → Dordrechter Synode (1619) wurden in den Niederlanden, in Fkr. und in der Schweiz anerkannt. Im Unterschied zu Calvins Genfer Katechismus (1541/45) ist der Siegeszug des Heidelberger K. (1563) auffällig.

Im →Anglikanismus gewannen das ›Book of Common Prayer‹ (1549: von Cranmer entworfen) und die ›39 Artikel‹ (1563: von Ebf. Parker überarbeitet) trotz ihrer vielen Redaktionen den Rang von B. Seit dem Neuentwurf des → Common Prayer Book von 1928 vereint, verleihen sie diesem eine spez. Gestalt von Gottesdienst- und → Kirchenordnung, die Gesangbuch, Katechismus und B. ist.

Q: D–S. 800–802, 1564, 1862–1870; MIRBT-ALAND 954, 957–1094; C. FABRICIUS (Hg.), Corpus confessionum. B. der Christenheit, B 1928ff. (bisher 52 Lieferungen, seit 1945 nicht fortgesetzt). – (Röm.-kat.): H. DENZINGER – A. SCHÖNMETZER (Hg.), Enchiridion symbolorum, definitionum et declarationum ..., Fr–Bas–W ^{35}1973; J. NEUER – H. ROOS (Hg.), Der Glaube der Kirche in den Urkunden der Lehrverkündigung, Rb ^{9}1975. – (Luth.): Die B. der Ev.-Luth. Kirche, Gö 1930, ^{11}1992; H. STEUBING (Hg.), Bekenntnisse der Kirche. Bekenntnistexte aus 20 Jh., Wuppertal 1985. – (Ref.): W. NIESEL, Die B. u. Kirchenordnungen der ... ref. Kirche, Mn 1938, ^{3}1948.

L: E. SCHLINK, Theologie der luth. B., Gö 1940, ^{3}1948; E. J. BICKNELL, A theological Introduction to the 39 Articles, O 1954; P. JACOBS, Theologie rief B. in Grundzügen, Neukirchen 1964; H. FAGERBERG, Die Theologie der luth. B. v. 1529–1537, Gö 1965; H. J. URBAN, Bekenntnis, Dogma, kirchl. Lehramt. Die Lehrautorität der Kirche in heutiger ev. Theologie, Wie 1972; P. MEINHOLD (Hg.), Studien zur Bekenntnisbildung, Wie 1980; J. ROHLS, Theologie ref. B. Von Zürich bis Barmen, Gö 1987; H. G. PÖHLMANN u. a., Theologie der luth. B., Mn–Gü 1996. – TRE V 487–511, VIII 169–177.

Bekenntnisschule, auch Konfessionsschule (d. h. Kinder werden von Lehrern des gleichen Bekenntnisses unterrichtet), war im 19. Jh. das Normale; auch das preuß. Volksschulunterhaltungsgesetz (1906) respektierte dies. Erst als Art. 146 der Weimarer Verfassung (1919) die sog. Gemeinschaftsschule (zuerst 1817 in Nassau als »Simultanschule«) zur Regelschule erhob, wurde die B. Protestforderung einer neu sich organisierenden »Schulbewegung« beider Konfessionen, die in der »Schulgemeindebewegung« ihre ref. Parallele nach holländischem Vorbild erhielt. Wohl hatte Pius' XI. Enz. ›Divini illius magistri‹ (1929) die B. obligatorisch und das Reichskonkordat (1933) sie staatsrechtl. verbindl. gemacht, gegen den Nationalsozialismus ließ sie sich aber nicht durchsetzen. Heute sorgt die Kulturhoheit der Länder für eine bunte Palette von Bekenntnis-, Gemeinschafts- und Weltanschauungsschulen.

Q: D–S 3685–3698; CIC c. 1372–1383; LThK VAT II 367–403.

L: J. SCHRÖTELER, B., Gemeinschaftsschule u. weltl. Schulen im Lichte kirchl. Entscheidungen des 19. Jh.: Schule u. Erziehung 16 (1928) 161–197; M. STALLMANN, Zw. Konfessionalität u. Libertät, B-Bo-F 1955; J. ESTERHUES, Zur Gesch. d. B.: Grundsätze kath. Schulpolitik, Fr 1958, 87–110; K. ERLINGHAGEN, Kath. Bildungsdefizit, Fr 1965; DERS., Die Säkularisierung der dt. Schule, H 1972.

Benediktiner, ältester nach Benedikt von Nursia (ca. 480–547) benannter Mönchsorden (→ Mönchtum) im Abendland. Benedikt verlegte 529 seine Mönchsgemeinde von Subiaco nach Montecassino, das zum Mittelpunkt des Benediktinerordens wurde. Hier verfaßte er seine Klosterregel für → Koinobiten (→ Benediktregel). Charakteristisch blieb das Einzelkloster, in dem die Mönche, in der überwiegenden Mehrzahl Laien (erst vom 8. Jh. an nahm die Zahl der Priestermönche zu), unter einem Abt gemäß dem Wahlspruch »ora et labora« (Bete und arbeite!) leben, ohne das Kl. jemals zu wechseln. Seit dem 11. Jh. bilden die Laienbrüder (Konversen) eine bes. Gruppe im Kloster.

B. begannen im Auftrag Papst Gregors d. Gr. († 604) mit der Christianisierung und Kultivierung Englands. Manches Kl. war zugleich Bischofskirche. Im 7. Jh. faßten sie in Gallien Fuß und traten mit iroschottischen Mönchen in Konkurrenz. Bald war das Land mit Benediktinerklöstern übersät wie auch Italien, nachdem die Langobarden niedergerungen waren. Im Frankenreich des 8. und 9. Jh. bestimmten B. weithin das kirchl., staatl. und kulturelle Leben. Der Angelsachse Winfrid/Bonifatius († 754) erhielt später wegen seiner Verdienste um die Glaubensverkündung und Organisation der Kirche den Titel ›Apostel Deutschlands‹. Benedikt von Aniane (750–821) und die Aachener Synode von 817 paßten die Benediktregel den neuen Verhältnissen an (→ Aachener Regel). – Nach einer kurzen Periode des Niedergangs erstand zu Beginn des 10. Jh. im burgundischen Cluny ein Reformkloster, das in den beiden folg. Jh. vielen Klöstern als Vorbild diente (→ Cluniazenser Reform). Das cluniazensische Ideal kreiste um die Feier der Liturgie. Nicht minder wichtig nahm man die Zurückdrängung laikaler Einflüsse (→ Eigenkirchenwesen). Zur selben Zeit entstanden Kongreg., d. h. Zusammenschlüsse von Klöstern mit einheitl. Observanz unter zentraler Leitung und unter päpstl. Schutz. Zu Mittelpunkten monastischer Erneuerung wurden vor allem Gorze und Hirsau. Namentl. in Italien bildeten sich Reformgruppen (z. B. → Kamaldulenser, → Vallombrosaner), die den Hauptakzent auf das Einsiedlertum legten. Im Gegensatz zu Cluny reformierte Bernhard von Clairvaux das Kl. Citeaux im Geist der Weltflucht und strenger Askese (→ Zisterzienser). Während des 13. und 14. Jh. lieferten sich viele Klöster dem Adel mit seinem Feudalsystem aus und verloren dadurch ihre rel. Bedeutung für Kirche und Welt. Erst im späten MA fanden sie langsam zu ihrer eigentl. Aufgabe zurück. In Italien, Spanien und im Dt. Reich bildeten sich Reformkongregationen (→ Kastler Reform, → Bursfelder Kongreg.). Vernichtende Schläge trafen die B. durch die → Reformation bes. in England, in skandinavischen Ländern und in Dtl. Erst die vom → Trienter Konzil (1545–63) vorgeschriebene Erneuerung führte auch bei den B. zu einer Regenerierung einzelner Klöster, die sich nun in Verbänden (»Kongregationen«) zusammenschlossen, ohne aber damit ihre Autonomie zu verlieren. Die Äbte dieser Klöster versammelten sich fortan regelmäßig zu Generalkapiteln, bei denen gemeinsame Fragen besprochen und auch entschieden wurden. Außerdem entstand so ein wirksames System der → Visitationen und Aufsicht für die einzelnen Klöster. Neben der rel. Zielsetzung legte man größten Wert auf die Beschäftigung mit der Wiss. in Lehre und Forschung, wie sie z. B. die → Mauriner in vorzügl. Weise pflegten. Freilich machten auch die Ideen der → Aufklärung vor den Klosterpforten nicht halt. Zu den schlimmen Folgen der → Frz. Revolution (1789) und der → Säkularisation in Dtl. (1803) ist der Untergang fast aller Klöster zu rechnen. Erst nach Jahrzehnten konnten alte Klöster wiedererstehen oder neue Klöster ins Leben treten (als erstes Kl. in Bayern: Metten 1830; Beuron erst 1862; in Fkr.: Solesmes 1833). 1855 wurde die Amerikanisch-Kassinensische Kongreg. err. Leo XIII. schloß 1893 alle Kongreg. zur Benediktinischen Konföderation unter dem Abtprimas von S. Anselmo (Rom) zusammen, der jedoch nicht die Vollmachten eines Generaloberen über die Klöster und Kongreg. besitzt. Für diese Konföderation, die heute 21 Kongreg. mit über 30000 Mitgliedern in 237 Männer- und 845 Frauenklöstern umfaßt, approbierte Pius XII. 1952 eine ›Lex propria‹. Die Benediktineräbte kommen alle vier Jahre in Rom zum Äbtekongreß zusammen, dem auch die Wahl des Abtprimas obliegt.

Die *Benediktinerinnen* (seit dem 7. Jh.) folgen ebenfalls der für Frauen bearbeiteten Benediktregel. Ihr ältestes dt. Kl. war Nonnberg in Salzburg. Die Schwestern legen einfache ewige Gelübde ab. Die Zuordnung der benediktinischen Frauenklöster zur Konföderation bewirkt jedoch keine rechtl. Abhängigkeit.

Neben der Benediktinischen Konföderation und unabhängig von ihr gibt es zwei andere Ordensgemeinschaften, die ebenfalls nach der Regel Benedikts leben: die Zisterzienser, die im 12. Jh. als monastische Reformbewegung entstanden, und die → Trappisten, die sich im 17. Jh. von den Zisterziensern trennten und in Kontemplation, Einsamkeit und Schweigen die ihnen gemäße Form benediktinischen Lebens erblicken.

P: Studien u. Mitteilungen zur Gesch. des B.ordens u. seiner Zweige, Mn 1880ff.

Q: K. HALLINGER, Corpus consuetudinum monasticarum, Siegburg 1963ff.; Die Satzungen der Bayer. B.-Kongreg., St. Ottilien 1979; E. JUNGCLAUSEN (Hg.), Benedictus, Rb 1980.

L: Revue Bénédictine: Bulletin d'histoire bénédictine, Maredsous 1907ff.; I. HERwegen, Der hl. Benedikt, D 1917, 5. Aufl. hg. v. E. v. Severus, D 1980; Heimbucher I 154–314; St. Hilpisch, Das B.tum im Wandel der Zeiten, St. Ottilien 1943, [2]1950; Ph. Schmitz, Histoire de l'ordre de saint Benoît, 7 Bde., Maredsous 1942–56, dt.: Gesch. des B.ordens, 4 Bde, Ei–Z 1947–60; P. Weissenberger, Das benediktinische Mönchtum im 19. u. 20. Jh., Beuron 1953; S. Mayer, Die benediktinische Konföderation, Beuron 1957; J. Hemmerle, Die B.klöster in Bayern, Au 1970; Germania Benedictina, hg. v. der Academia Benedictina in Verbindung mit dem Abt-Herwegen-Institut, Au 1970ff.; J. F. Tschudy – F. Renner, Der hl. Benedikt u. das benediktinische Mönchtum, St. Ottilien 1979; G. Braulik (Hg.), Herausforderung der Mönche. Benediktinische Spiritualität heute, W 1979; A. Borst, Mönche am Bodensee, Sigmaringen 1979; A. de Vogüé, Benedikt v. Nursia: TRE V 538–549; K. S. Frank, B.: TRE V 549–560; Benedictus. Eine Kulturgesch. des Abendlandes. Umfassende Darstellung benediktinischen Wirkens, Gauting 1980; F. Renner, Confoederatio Benedictina. Gesch. ihrer Konstituierung v. Leo XIII. bis zu Pius XII.: StM 91 (1980) 232–290; E. v. Severus, Gemeinde für die Kirche. Gesammelte Aufsätze zur Gestalt u. zum Werk Benedikts von Nursia, Mr 1981; Loci ubi deus quaeritur. Die B.abteien auf der ganzen Welt in Bild und Text, St. Ottilien 1981; Ä. Kolb u.a. (Hg.), Bibliographie der dt.-sprachigen Benediktiner 1880–1980, 2 Bde, St. Ottilien 1987–88. – Atlas KG 14, 37, 47–48, 67.

Benediktregel. Benedikt von Nursia (ca. 480 – ca. 547) verfaßte eine »Regula monachorum«, die in 73 Kapiteln das innere und äußere Leben der in Gemeinschaft lebenden Mönche (→ Koinobitentum, → Mönchtum) bestimmt und bis heute als Magna Charta des Ordens der → Benediktiner gilt. Um 630 nahm das Kl. Luxeuil, Mittelpunkt des irischen Mönchtums auf dem Kontinent, die B. an; dasselbe tat um 660 das Kl. Lérins, Mittelpunkt des gallischen Mönchtums. Im Kl. St. Gallen wurde ca. 747 die B. eingeführt. Karl d. Gr. († 814) schrieb sie im Frankenreich allen Klöstern vor. In den beiden folg. Jh. setzte die B. sich in allen Klöstern des Abendlandes durch und wurde zur Grundlage der ma. Klosterkultur. – Als Quellen verwendete Benedikt die sog. Magister-Regel, das NT und Werke von Kirchenschriftstellern (Pachomius, Basilius, Leo d. Gr., Hieronymus, Augustinus, Cassianus). Seit der Entdeckung der sog. Regula Magistri eines unbekannten Verfassers im Jahre 1933 bestehen noch ungeklärte Fragen: Welche Regel-Handschrift bietet den urspr. Text: der Codex von Oxford, die älteste Regel-Handschrift oder der Codex 914 von St. Gallen? Hat Benedikt eine erste und zweite Redaktion besorgt? – Für die B. gilt der Grundsatz: Jedes Kl. soll ein treues Abbild einer wahrhaft christl. Familie oder der himmlischen Gemeinde sein. Die Mönche schulden dem Abt als Hausvater (pius pater) kindl. Gehorsam. Entscheidend sind die drei Ordensgelübde: stabilitas (kein Klosterwechsel), conversatio morum (sittenreines Leben), oboedientia (Gehorsam). Es gibt keinen Unterschied zw. Klerikermönchen und Laienbrüdern. Das Ziel der christl. Vollkommenheit soll durch Gebet (Gottesdienst, Chorgebet) und Arbeit erreicht werden. Außerdem finden sich genaue Anweisungen über die Rechte und Pflichten des Mönchs sowie über die verschiedenen Ämter im Kloster. Benedikt sah vor, daß die Regel dem ins Kl. Eintretenden dreimal und allen Konventsangehörigen immer wieder vorgelesen werden soll. – Die B. erfuhr im Laufe der Jh. zahlreiche Modifikationen, um den Erfordernissen der jeweiligen Zeit zu entsprechen. Dies gilt vor allem für die einzelnen Satzungen (Statuten), die nach Kongreg. oft sehr unterschiedl. waren und erst nach der vom 2. → Vatik. Konzil geforderten Modernisierung eine gewisse Einheitlichkeit erlangten.

P: Regulae Benedicti Studia. Annuarium Internationale, Hildesheim 1972ff.

Q: A. DE VOGÜÉ (Hg.), La règle de Saint Benoît, 7 Bde, P 1971–77; B. STEIDLE (Hg.), Die Benediktus-Regel, lat.-dt., Beuron [4]1981; B. JASPERT, Bibliographie der Regula Benedicti 1930–1980: Ausgaben und Übersetzungen, Hi 1983; K. S. FRANK (Hg.), Magisterregel, St. Ottilien 1989.

L: R. HANSLIK (Hg.), Regulae Benedicti Studia. (Vorträge u. Diskussionen des ersten Internationalen Regula-Benedicti-Kongresses in Sant' Anselmo, Rom), R 1972; B. JASPERT, Die Regula Benedicti-Regula Magistri-Kontroverse, Hildesheim 1975, [2]1977; O. HAGEMEYER, Die Entstehung der Regel Benedikts u. ihre Gesch.: Erbe u. Auftrag 53 (1977) 271–282; E. MANNING, L'étude de la Regula S. Benedicti dans la perspecitve du centenaire de 1980: Collectanea Cisterciensia 41 (1979) 141–154; E. JUNGCLAUSSEN, Worte der Weisung. Die Regel des hl. Benedikt als Einführung ins geistl. Leben, Fr 1980; Die B. in Bayern. Ausstellung der Bayr. Staatsbibliothek 29. 11. 1980–10. 1. 1981, bearbeitet v. H. KÖSTLER, Mn 1980; A. SCHNEIDER (Hg.), Benedikt u. die Cistercienser. Die Regel des hl. Benedikt in ihrer Bedeutung für das benediktinische Mönchtum, Kö 1980; B. BISCHOFF, Die ältesten Handschriften der Regula S. Benedicti in Bayern: StM 92 (1981) 7–16; A. BÖCKMANN, Perspektiven der Regula Benedicti, Münsterschwarzach 1986. – TRE V 573–577.

Benefizialwesen. Schon das römische Recht verwendete »beneficium« (»Wohltat«) vielfältig und schillernd; es blieb zudem auf den Rechtsbereich beschränkt. Das Verständnis des lat. Begriffes als ein verliehenes Amtsvermögen im kath. KR (→ Kanonistik, → Kirchenrechtsquellen) ist daher weniger hier als im Bereich des röm. Klientelwesens verankert (→ Patronatswesen). Umso eindeutiger ist die Wurzel des B. im fränkisch-merowingischen → Eigenkirchenwesen greifbar: Hier wurde zuerst die profane, aufgrund eines »Antrages« (lat. preces) erfolgende Landleihe (sog. Prekarie) auch auf das Kirchengut (die Gebäude der Eigenkirche, mindestens eine Hufe Kirchenland, Anteil am → Zehnt, Opfergaben: Capitulare Ludwigs des Frommen von 819) ausgedehnt. Die Einschränkung des verliehenen Kirchengutes auf die für den Lebensunterhalt des Geistlichen notwendige Landpfründe im 11./12. Jh. gilt im engeren Sinne als das kirchl. B.; es resultierte aus dem Zerfall des Eigenkirchenvermögens. Die Erweiterung des B. auf die lebenslängl. Nutznießung eines Amtsvermögens (sog. Ämterleihe) war ein dritter Schritt der Entwicklung, die dann das kath. KR in Rechtsbegriffe und »canones« kleidete. Das auf die Pfründe eingeengte B. bzw. Pfründenwesen übernahm der → Protestantismus, vornehmlich luth. Landeskirchen mit Agrarstrukturen. Die → Säkularisation des kath. wie prot. Kirchenvermögens (zu Beginn des 19. Jh.), das weithin zu Staatsvermögen wurde, löste das B. prinzipiell auf; dieses wirkte aber in der Verpflichtung des Staates zur Geldablösung in Form von Gehaltszuschüssen (Dotationen) zu den Pfründeneinnahmen fort. Erst die völlige Angleichung der Pfarrbesoldung an die staatl. nach dem 1. Weltkrieg beseitigte die letzten Reste des B.

Q: MG Cap I 276 c. 6, 9–12, 29; W. GUNDLACH (Hg.), Hinkmar v. Reims, De ecclesiis et capellis: ZKG 10 (1889) 258–310; CIC c. 1409–1488.

L: U. STUTZ, Gesch. des kirchl. B. v. seinen Anfängen bis auf die Zeit Alexanders III., Bd. I/1, L 1895, (Ndr.) 1972; A. PÖSCHL, Die Entstehung des geistl. B.: AkKR 106 (1926) 3–121; H. E. FEINE, Kirchleihe u. kirchl. B.: HJ 72 (1953) 101–111; DERS., Kirchl. Rechtsgesch., Bd. I, Weimar-Kö ^{4}1964, 165–212; G. OLSEN, The definition of the ecclesiastical benefice in the 12th Century: Studia Gregoriana 11 (1967) 431–446. – TRE V 577–583.

Berneuchener Kreis. War das neumärkische Gut Berneuchen schon 1909 Gründungsort des ›Bundes Dt. Jugendvereine‹ (→ Jugendverbände) gewesen, so konstituierte sich nach dem 1. Weltkrieg der B. K., um auf spez. Tagungen den kirchl. Alltag neuzubeleben. In dem Konzept einer trinitarischen Soteriologie der »Leibwerdung« (Inkarnation) verbanden sich spekulative Naturphilosophie und christl. Schöpfungsglaube (›Berneuchener Buch‹ von 1926). Im weiteren Verlauf der Entwicklung zur ›Ev. Michaelsbruderschaft‹ (1931) trat die Seelsorge stärker in den Vordergrund (obligatorische Beratung durch einen »Helfer« bei wichtigen Entscheidungen). Der ›Berneuchener Dienst‹ will zudem Außenstehende zu »Wochen der Einkehr« zusammenführen. Pflege der Liturgie (→ Alpirsbacher Kreis) und Deutung der Eucharistie als »Opfergang« und »Wandlung« der Menschen charakterisieren die prot. Vereinigung.

P: Kirche zw. Planen u. Hoffen, hg. v. der Ev. Michaelsbruderschaft, (bisher 23 Hefte) Kassel 1969 ff.

Q: Das B. Buch. Vom Anspruch des Evangeliums auf die Kirchen der Reformation, Konstanz 1926, (Ndr.) Da 1971; K. B. RITTER (Hg.), Ordnung der Messe, Kassel 1950.

L: K. F. MÜLLER (Hg.), Leiturgia. Hb. des ev. Gottesdienstes, 5 Bde, Kassel 1952–75; W. STÄHLIN (Hg.), Credo ecclesiam. Von der Kirche heute, Kassel 1955; Die eucharistische Feier, Kassel 1961; R. MUMM, An der Kirche bauen. Ev. Michaelsbruderschaft – B. Dienst – Kl. Kirchbergh, Kloster Kirchbergh ^{4}1979; G. HAGE, Die ev. Michaelsbruderschaft. Fünfzig Jahre Dienst an der Kirche, Kassel 1981; C. KEMPER (Hg.), Verpflichtendes Erbe, H 1994.

Bernhardiner, benannt nach Bernhardin von Siena († 1444, kan. 1450), der sich der Observanz der → Franziskaner von Colombaio anschloß und viel zu deren Ausbreitung beitrug. Bernhardin zählt zusammen mit Johannes von Capestrano († 1456) zu den ganz großen → Buß- und Wanderpredigern in Italien; außerdem förderte er die Verehrung der Namen Jesu und Maria. B. heißen auch die → Zisterzienser.

Bernhardinerinnen nennen sich die regulierten → Terziarinnen des hl. Franz von Assisi (→ Franziskaner) in Polen und Galizien. Abgesehen davon, daß auch verschiedene Reformzweige der → Zisterzienserinnen in Fkr., Belgien und Span. den Namen Bernhardinerinnen tragen, nennen sich die Zisterzienserinnen selbst Bernhardinerinnen.

L: I. ORIGO, Der Heilige der Toskana. Leben und Zeit des Bernardino v. Siena, Mn 1989; J. DE LA CROIX BOUTON, Les moniales cisterciennes, Aiguebelle 1986–88.

Bernhardinisches Zeitalter wird gerne das 12. Jh. genannt, um es als Übergang vom Früh- zum Hoch-MA und als Spannungsfeld widerstreitender Phänomene zu charakterisieren. Bez. doch der Abt von Clairvaux, Bernhard (1115–1153), der dank seiner abendländischen Geltung diesem Jh. den Stempel seiner Widersprüchlichkeit aufdrückte, sich selber als »die Chimäre des Jh.«!

[1] Das B. Z. stand im Zeichen eines Aufschwunges der Askese. Sieht man vom → Kartäuserorden ab, so sind alle zeitgenössischen Ordensgründungen mit Bernhards Person verbunden. Das gilt bes. für die → Zisterzienser, denen er 1111/12 beitrat und an deren ›Carta caritatis‹ er mitwirkte. Der Gründer der → Prämonstratenser war ihm freundschaftl. verbunden und übernahm aus der ›Carta caritatis‹ manches in seine Ordensregel. Nach dem Herzen Bernhards war z. B. der → Augustiner-Chorherr Gerhoh von Reichersberg († 1169), der sich ausschließl. an die Bibel hielt, um in mystischer Meditation über ihre Worte zur Christuskontemplation zu gelangen. Derselbe Bernhard stimmte aber auch sein »Lob der neuen Ritterschaft« auf den → Templerorden an, obwohl dieser bald zu Wirtschaftseinfluß und Vermögen kommende → Ritterorden seiner zisterziensischen Innerlichkeit und »Ecce homo«-Frömmigkeit fern stand. Das läßt sich nur aus dem Geist der → Kreuzzugsbewegung erklären, deren 2. Kreuzfahrt (1147–49) Bernhards Staufer und Franzosen aufrüttelnde Predigten zustande brachten.

[2] Das B. Z. stand im Zeichen des Aufstieges einer »neuen Theologie«, deren philos. Dialektik zugleich der → Scholastik den Weg bahnte. Ihre Repräsentanten gehörten als → Regularkanoniker überwiegend den städtischen Kathedralen oder Stiften an, wenn sie nicht wie Abaelard († 1142) als »magistri« im städtischen Bürgertum Unterkommen suchen mußten. Bernhard hingegen gehörte nach Herkunft und Lebensart dem Feudalismus der Agrarwelt an. Das ländl. Kloster mit der »lectio continua« der hl. Schrift und den sie kommentierenden »Glossen« der Kirchenväter (→ Kirchenschriftsteller) war seine geistige Heimat. Hier bedurfte es nicht der rationalen Bestätigung des Geglaubten. So schrieb er denn Traktate gegen Abaelard und beteiligte sich am Entwurf jener 19 »Irrtümer«, die dieser auf der Synode von Sens (1140) zu widerrufen hatte – er entzog sich aber durch Appell an den Papst. Eine gleiche Kluft trennte die personale Liebes- und Brautmystik Bernhards von der Unendlichkeitsmystik (→ Mystik) der Viktoriner. Selbst der Pariser Scholasticus Petrus Lombardus († 1160), der als Fortsetzer der ›Glossa ordinaria‹ (→ Schriftauslegung) ihm nur sympathisch sein konnte, wurde ihm dadurch suspekt, daß er die Väterzeugnisse in seinem Sentenzenkommentar (→ Scholastik) nach der dialektischen Methode des »pro et contra« wertete.

[3] Das B. Z. zeigte erste Spuren des Aufstiegs des → Papsttums zur Weltherrschaft. Hatte der Kompromiß des → Wormser Konkordats nach dem → Investiturstreit nochmals die Kooperation von »Regnum« und »Sacerdotium« gerettet (→ Reichskirche; → Zweischwertertheorie), so gestaltete sich fortan das Verhältnis antagonistisch, weil die von Bernhard

geförderte Kreuzzugsbewegung auch den Staufern zugute kam. Da war es eher eine Schwächung des Papsttums, wenn Bernhard sich zum Sprecher der → Armutsbewegung machte und seinen Schüler, den Zisterzienserpapst Eugen III., zur »apost. Armut« ermahnte und den Verzicht auf Machtmittel des kurialen Zentralismus (Appellationen, Exemtionen; → Papsttum) anriet. Sein Reformprogramm eines weltentsagenden Mönchspapstes stand einem Augustiner-Chorherrn – Arnold von Brescia – nicht fern, der unter Hinweis auf die »Konstantinische Schenkung« als → Fälschung gleichfalls den Papst zum Verzicht auf weltl. Macht aufforderte. Den »Häretiker« schaffte jedoch erst der Staufer Friedrich I. Barbarossa dem Papst (nach einem Römeraufstand 1155) vom Hals. Auch das gehörte zu den Widersprüchlichkeiten des B. Z.

Q: D–S 721–745; MIRBT-ALAND 574–585; G. B. WINKLER (Hg.), Bernhard v. Clairvaux. Sämtl. Werke. Lat./Dt., 10 Bde, I 1990ff.

L: J. LORTZ (Hg.), Bernhard v. Clairvaux, Mönch u. Mystiker, Wie 1955; P. CLASSEN, Gerhoch v. Reichersberg, eine Biographie, Wie 1960; L. GRANE, Peter Abälard, Gö 1969; U. KÖPF, Rel. Erfahrung in der Theologie Bernhards v. Clairvaux, T 1980; A. BORST (Hg.), Das Rittertum im MA, Da 1976; S. WEINFURTER (Hg.), Reformidee u. Reformpolitik im spät-salisch-frühstaufischen Reich, Sigmaringen 1992; D. BAUER – G. FUCHS, Bernhard v. Clairvaux u. der Beginn der Moderne, I 1994. – TRE V 644–651.

Bethel. In den Anfängen eine aus der Ravensburger → Erweckungsbewegung hervorgegangene und vor den Toren Bielefelds 1867 gegr. »Epileptische Anstalt«, wurde B. mit dem Eintritt Friedrich Bodelschwinghs (1831–1910) als Anstaltspfarrer (1872) und mit der Angliederung einer älteren Diakonissenanstalt Bielefelds als Haus ›Sarepta‹ (1872) und des Bruderhauses ›Nazareth‹ (1877) zu einem Zentrum der → Inneren Mission im 19. Jh., zumal da mit der Arbeitskolonie Wilhelmsdorf (1882), der weitere folgten, neue Wege der Wandererfürsorge und Resozialisierung beschritten wurden. Sie waren die Kehrseite der Versuche, Kranke und Gesunde in familiären Einzelhäusern zu integrieren. Beide zeitigten erstaunl. Erfolge nach innen und außen. Neuartig war auch, wie Bodelschwingh die Äußere Mission mit seinen »Anstalten« verknüpfte, seitdem er 1890 dem Vorstand einer ›Missionsges. für Dt.-Ostafrika‹ angehörte und sie schon dadurch zur ›Bethel-Mission‹ machte: Auch die Kranken waren an dem »Kommen des Reiches Gottes« zu beteiligen. Der Vielfalt des Anstaltslebens sollte eine gemeinsame, alle persönl. Not vergessen machende Aufgabe entgegenwirken. Gleichzeitig verstand es der Gründer, das Missionsinteresse in den Heimatgemeinden für seine »Anstalten« zu nutzen. Diese übernahmen mit einem Kandidatenkonvikt (1890), einer Theol. Schule (1905: Prototyp der kirchl. Hochschulen im → Kirchenkampf; vgl. Wuppertal, Neuendettelsau, Berliner Kirchl. Hochschule), einer Bauernvolkshochschule (1919) und anderen Instituten auch Ausbildungsfunktionen. In der Hitlerzeit (1933–45) und dem sog. Euthanasiekampf (1941) bewährte sich der Geist »Bethels«, daß man keinen Geisteskranken auslieferte. Noch heute sind die »Bodelschwinghschen Anstalten« mit ca. 6500 Heiminsassen, 1000 Internatsangehörigen, ferner über 3000 Diakonissen und Diakonen Inkarnierung christl. Nächstenliebe in Form der Anstaltspflege (→ Armenpflege).

Q: Arbeitsberichte der v. Bodelschwinghschen Anstalten: Der Bote aus Bethel; Nachrichten der B.-Mission; »In der Welt – Für die Welt« (zweimonatl.).

L: G. v. BODELSCHWINGH, F. v. Bodelschwingh, Bielefeld 1922, [12]1967; G. JASPER, Das Werden der Bethel-Mission, Bielefeld 1936; M. GERHARDT – A. ADAM, F. v. Bodelschwingh, 3 Bde, B 1950–58; B. GRAMLICH, F. von Bodelschwingh. Werk u. Leben, St 1981; M. HELLMANN, F. v. Bodelschwingh d. J., Wuppertal 1988.

Bettelorden. Als B. im strengen Sinn gelten die im Zusammenhang mit der → Armutsbewegung entstandenen Orden der → Franziskaner, → Dominikaner, → Augustiner-Eremiten und → Karmeliten. Sie verzichteten auf gemeinsamen Besitz und lebten vom Lohn für ihre Arbeit wie auch vom Betteln (daher »Mendikanten«, d. h. Bettler). Infolge ihres Einsatzes in der prakt. Seelsorge, die aufgrund päpstl. Privilegien gestattet war, kam es zu zahlreichen Konflikten mit Weltgeistlichen. Außerdem gab es im 13. und 14. Jh. Auseinandersetzungen mit dem Weltklerus, weil Bettelmönche, z. B. Albert d. Gr., Thomas von Aquino und Bonaventura, Lehrstühle an Univ. innehatten. Der sog. → Armutsstreit an der Univ. Paris (→ Scholastik) endete mit Unterstützung des Papstes zugunsten der Dominikaner-Theologen. Große Verdienste erwarben sich die B. in der Heidenmission (→ Mission). Dies alles war nur mögl., weil die B. im Gegensatz zu den monastischen Orden auf die Ortsgebundenheit (stabilitas loci) ihrer Mitglieder verzichteten. → Ordenswesen.

L: H. HEFELE, Die B. u. das rel. Volksleben im MA, L–B 1910; M. BIERBAUM, B. u. Weltgeistlichkeit an der Univ. Paris, Mr 1920; F. HIRSCHENAUER, Die Stellung des hl. Thomas v. Aquin im Mendikantenstreit, St. Ottilien 1937; Le scuole degli ordini mendicanti (secoli XIII–XIV). Todi 1978; M. SEHI, Die B. in der Seelsorgegeschichte der Stadt u. des Bt. Würzburg bis zum Konzil v. Trient, Wü 1981; N. HECKER, B. u. Bürgertum. Konflikt u. Kooperation in dt. Städten des Spätmittelalters. F-Bern 1981; L. DE CANDIDO, I mendicanti, R. 1983; D. BERG, (Hg.), B. u. Stadt, Werl 1992. – Atlas KG 84 B.

Beuroner Kongregation. Fürstin Katharina von Hohenzollern († 1893), Besitzerin des 1802 säkularisierten Augustiner-Chorherren-Stifts Beuron, schenkte die Klosteranlage 1863 den leibl. Brüdern und → Benediktinern Maurus und Placidus Wolter. Maurus († 1890) wurde 1868 hier Abt und gründete 1872 Maredsous als erstes Tochterkloster, dem sein Bruder Placidus († 1908) als Abt vorstand. Im → Kulturkampf wurde Beuron 1875 geschlossen. Die 1884 von Leo XIII. bestätigte B. K. hatte Tochterklöster – neben Männer- auch Frauenklöster – in Belgien, Engl., Östr. und Dtl. Allerdings trennten sich die Abteien in Belgien und Engl. 1920 vom Mutterkloster Beuron; die Abteien Emaus (Prag) und Grüssau gingen nach dem 2. Weltkrieg unter. – Beuron ist seit dem 19. Jh. bekannt als Mittelpunkt liturgisch-monastischer Erneuerung in Dtl. Bis vor kurzer Zeit bestand dort eine Theol. Hochschule für die Klöster der B. K. Die Edition der ›Vetus latina‹ (vor der → ›Vulgata‹ des Hieronymus liegende lat. Übers. der Bibel) konnte hier nach jahrzehntelangen Studien noch nicht abgeschlossen werden.

Wie die B. K. entstanden noch andere Kongreg., z. B. Bayr. Kongreg., Amer.-Cassinensische Kongreg., Schweizerisch-amer. Kongreg., Kongreg. von St. Ottilien.

L: U. ENGELMANN, Beuron, Mn-Z 1957; V. FIALA, Ein Jh. Beuroner Gesch. 1863–1963, Beuron 1963; St. PETZOLT, Die Gründungs- und Entwicklungsgeschichte der Abtei Beuron, Wü 1990.

Bibelbewegung. Auch wenn es in der (kath.) Kirche zu keiner Zeit ein allg. Verbot des Bibellesens gab, so verfügten doch manche Päpste, namentl. Paul IV. (1555–59) und Pius IV. (1559–65), im Blick auf prot. Bibelübersetzungen, daß die Bibellektüre in der Landessprache nur mit Erlaubnis des zuständigen Bischofs oder Inquisitors (→ Inquisition) erfolgen dürfe. Diese Vorsicht gegenüber dem Bibellesen vor allem in Laienkreisen dauerte bis in das 19. Jh. an. Jetzt entstanden → Bibelgesellschaften, die ihre wichtigste Aufgabe in der Verbreitung des Bibeltextes sahen. Der Regensburger Seminarregens Michael Wittmann (1760–1833) der selbst eine Übers. des NT und der Psalmen erstellte, gründete 1805 die erste kath. B. in Form einer Bibelanstalt; diese wurde aber schon 1817 durch Pius VII. aufgehoben. Aus Sorge um das richtige Verständnis der Bibel untersagte noch Pius IX. (1846–78; 1. → Vatik. Konzil) Katholiken den Gebrauch prot. Bibelausgaben (→ Lehrverpflichtung). Im Vergleich zur Bedeutung des → Katechismus spielte die Bibel in der theol. Wiss. ebenso wie in der seelsorgl. Praxis eine nebensächl. Rolle. Wohl aber fand die bibl. Gesch. mehr und mehr Eingang in den Religionsunterricht. Für die kath. Theologie galt Jh. hindurch, was das 1. Vatik. Konzil ausdrücklich bestätigte, daß einzig und allein das Lehramt der Kirche über die Interpretation der Bibel zu entscheiden habe. Bezeichnend ist ihre Abwehrhaltung gegenüber radikalen Bibelkritikern wie David Friedrich Strauß († 1874), Bruno Bauer († 1882) und Ernest Renan († 1892) Die von Leo XIII. in der Enz. ›Providentissimus Deus‹ (1893) niedergelegten Prinzipien der kath. Bibelforschung blieben auf Jahrzehnte bestimmend. Die Übers. von Joseph Franz Allioli (1793–1873) galt bis in unser Jh. (letzte Ausgabe: Colmar 1942) als die schlechthin kath. Ausgabe.

Von einer B. im eigentl. Sinn kann man auf kath. Seite erst im 20. Jh. sprechen. Hier ist der enge Zusammenhang mit der →Liturgischen Bewegung nicht zu übersehen. Bes. seit Pius X. (1903–14) ermuntern die Päpste zur wiss. Erforschung der Bibel, betonen den rel. Wert der Bibel und bemühen sich um eine weite Verbreitung. Zu den wichtigsten Dokumenten zählen neben Leos XIII. Enz. ›Providentissimus Deus‹ (1893) Benedikts XV. sog. Hieronymus-Enzyklika ›Spiritus Paraclitus‹ (1920) – bald danach kam es zur Einrichtung von Bibelkreisen und Bibeltagungen – und Pius' XII. Bibel-Enzyklika ›Divino afflante Spiritu‹ (1943). Das 2. → Vatik. Konzil räumte der Bibel grundsätzl. und in der Konst. ›Verbum Dei‹ über die Offenbarung spez. eine vorrangige Bedeutung für die Theologie und Praxis der Kirche ein.

Am Ende des 19. Jh. hatte in der kath. Theologie ein Aufschwung in der Bibelforschung eingesetzt, z.B. mit exegetischen Kommentaren: in Dtl. August Bispings ›Exegetisches Hb. zum NT‹ (9 Bde, Mr 1854–76) oder in Fkr. unter Leitung v. F. Vigouroux das ›Manuel biblique‹ (1895–1912). Außerdem erschienen Zs. und wiss. Serien für bibl. Fragen, u. a. ›Bibl. Studien‹ (1895), ›Etudes bibliques‹ (1902), ›Revue biblique‹ (1892), ›Bibl. Zeitschrift‹ (1903), ›Atl. und ntl. Abhandlungen‹ (1908). – Die frz. → Dominikaner errichteten 1890 unter M. J. Lagrange (1855–1938) in Jerusalem die ›École Biblique‹. Nachdem schon Leo XIII. 1902 eine Bibelakademie geplant hatte, gründete Pius X. 1909 in Rom das Bibelinstitut (→ Bibelkommission).

Die B. verlief nach Ländern verschieden. In It. gründete Leo XIII. 1902 die ›Gesellschaft des hl. Hieronymus‹ zur Verbreitung des NT in der Landessprache; ihre Aufgabe nimmt heute die ›Associazione Biblica Italiana‹ wahr. – Im dt. Sprachraum ließen sich bes. klösterl. Zentren der Liturgischen Bewegung (Beuron, Klosterneuburg) aufgrund der engen Verbindung von Wort (Evangelium und Predigt) und Mahl in der Eucharistiefeier eine vertiefte Bibelkenntnis des kath. Volkes, vermittelt durch Bibelstunden und bei Bibelwochen, angelegen sein. In Dtl. entstand 1933 die ›Kath. B.‹, bald ›Kath. Bibelwerk‹ (Sitz in Stuttgart) gen., in der Schweiz 1935 das ›Schweizer Kath. Bibelwerk‹. In Östr. ist die B. eng verbunden mit Pius Parsch (1884–1954), dem Gründer des ›Klosterneuburger Bibelapostolates‹ (1951), das einer bibl.-liturgischen Erneuerung unter dem Volk die Wege ebnete. – In den USA trat 1936 ›The Catholic Biblical Association of America‹ ins Leben, in Engl. 1940 die ›Catholic Biblical Association‹.

In den prot. Kirchen genießt die Bibel (in den Landessprachen) von Anfang an bes. Hochschätzung. Martin Luthers → Bibelübersetzung (1522–34) fand unter dem Volk ungewöhnl. große Verbreitung. Namentl. die Väter des → Pietismus (A. H. Francke, J. A. Begel u. a.) förderten die Bibelverbreitung in hohem Maß. 1907–31 entstand die ›Zürcher Bibel‹, die vor allem in den → reformierten Kirchen sich durchsetzte. Ihre organisatorische Form fand die prot. B. in den → Bibelgesellschaften, die vor allem seit dem 19. Jh. in Dtl., Engl. und den USA eine wachsende Aktivität entfalteten. Die Bibel spielte eine bes. Rolle für die Entstehung und Beeinflussung von → Erweckungsbewegungen im 19. Jh. Gegen Ende dieses Jh. vermehrten sich die Bibelkreise, für deren Mitglieder die tägl. Bibellektüre selbstverständl. war; sie gewannen während des → Kirchenkampfes erneut Bedeutung. Aus dem Verband der Ev. Bibelges. entwikkelte sich 1965 das ›Ev. Bibelwerk‹, das bei ökumenischen Unternehmungen mit dem ›Kath. Bibelwerk‹ zusammenarbeitet: zuletzt bei der Einheitsübersetzung der Psalmen und des NT (1979).

P: Bibel u. Kirche, Klosterneuburg 1926ff.; St 1953ff.

Q: Biblia pauperum. Armenbibel, St-Z 1995; Die »Goldene Bilderbibel«. Biblia pauperum, Lz 1995.

L: H. ROST, Die Bibel im MA, Au 1938; W. AUER, Kath. Bibelkunde, St 1957;

H. HAAG (Hg.), Bibel-Lexikon, Ei-Z-Kö 1951, ²1968; W. H. SCHMIDT – G. DELLING, Wörterbuch zur Bibel, St 1971; H. BARTH – T. SCHRAMM, Selbsterfahrung mit der Bibel, Gö 1977; 50 Jahre Kath. Bibelwerk, St 1983; H. REVENTLOW, Epochen der Bibelauslegung, Bd. I: Vom Alten Testament bis Origines, Mn 1990; M. GÖRG (Hg.), Neues Bibel-Lexikon, Zürich 1991 ff.

Bibelgesellschaft. Als Erscheinung der NZ hat die B. ihren Ursprung auf engl. Boden, wo schon 1698 die ›Ges. zur Ausbreitung christl. Wissens‹ (›Society for the Propagation of Christian Knowledge‹ = SPCK) und 1799 die ›Londoner rel. Traktatgesellschaft‹ erste Initiativen waren, die andere auslösten. Ihre Zusammenfassung war die ›Britische und Ausländische Bibelgesellschaft‹ (1804), die noch im gleichen Jahr mit der ›Nürnberger B.‹ ihre Nachahmung, dann mit der ›Berliner B.‹ (1805, seit 1814 ›Preuß. Haupt-B.‹), der ›Privilegierten Württembergischen Bibel-Anstalt‹ in Stuttgart (1812) und der ›Sächs. Haupt-B.‹ in Dresden (1814) weitere Nachfolger fand. Die Weigerung der ›Britischen B.‹, die Apokryphen des AT und NT mitzudrucken (1826), führte zur Loslösung der kontinentalen Bibelgesellschaften. Die ›New Oxford Bible‹ (1978), als »Ökumenische Studienbibel« deklariert, beendete den »Apokryphenstreit«. Schon vorher hatte man sich zum ›Weltbund der Bibelgesellschaften‹ (1950) mit Sitz in London wieder zusammengefunden. War zunächst parallel zu der prot. Nürnberger B. 1805 in Regensburg eine kath. Bibel-Anstalt entstanden, die Pius VII. aus Angst vor der Begünstigung von Irrlehren 1817 aufhob, so sollte sich auch in der → Röm.-Kath. Kirche das Konzept anderer B. durchsetzen. Die ›Fromme Ges. des hl. Hieronymus zur Verbreitung der hl. Evangelien‹ in It. machte 1902 den Anfang. Auf dt. Boden lösten die Soldatenbetreuung des ersten Weltkrieges und nicht zuletzt auch der Widerstand der Hitlerzeit (1934 Gründung des ›Kath. Bibelwerkes‹ in Stuttgart) gleiche Impulse aus. Während 1968 in der ganzen Welt von allen B. einschließl. der amer. ca. 110,5 Mill. Bibeln verbreitet wurden, waren es in Dtl. »nur« 1279508 Exemplare. Genaue Statistik für 1955: RGG ³I (1957) 1163f.; für 1980: TRE VI 103–106.

L: R. STEINER u. a., Die Bibel in der Welt, Wuppertal-Barmen 1959 ff.; G. BLAUROCK (Hg.) – K. U. KIRCHHOFF, Rechenschaft über Gesch., Geheimnis u. Autorität der Bibel, Mn 1968; W. GUNDERT, Gesch. der dt. Bibelgesellschaften im 19. Jh., Bielefeld 1987. – TRE VII 614–617 (P. SCHICKEDANZ).

Bibelkommission, päpstl. (Commissio Pontificia de Re Biblica). Nicht zuletzt als Reaktion oder Protest gegen die prot. Bibelwiss. und prot. → Bibelges. rief Leo XIII. 1902 die B. als Organ des kirchl. Lehramtes ins Leben, um die bibl. Studien zu fördern, die Wahrheit der Bibel zu verteidigen und schwerwiegende Probleme zu lösen. Diese Kommission, der fünf Kardinäle und ungefähr 30 Konsultoren aus verschiedenen Ländern angehörten, erließ im Laufe der Jahre zahlreiche Dekrete, denen nach einer Erklärung Pius' X. dieselbe Autorität zukommen wie den vom Papst gebilligten Dekreten der Kongregationen. Einem Motu Proprio Pius' XI. von 1924 entsprechend, müssen Bibeldozenten in Priesterseminarien eine bei der B. bzw. später beim 1909 von Pius X. gegr. Bibelinstitut abgelegte

Prüfung vorweisen können. Das Bibelinstitut verleiht auch akademische Grade. Pius XI. vereinigte es 1928 mit der ›Päpstl. Univ. Gregoriana‹ und dem ›Orientalischen Institut‹ zur ›Päpstl. Univ. der Studien‹.

Q: Enchiridion Biblicum. Documenta ecclesiastica Sacram Scripturam spectantia auctoritate Pontificiae Commissionis de Re Biblica edita, R 1927, [4]1961.

L: L. PIROT, Commission Biblique: Dictionnaire de la Bible, Suppl. 2 (1934) 103–113.

Bilderstreit. Die Bilderverehrung der → byz. Kirche basierte auf dem vornehml. in den Klöstern beheimateten → Monophysitismus, für den in den Christusikonen genauso wie im Christuslogos (1 Mos 1, 26f.: »nach dem Bilde«!) das Göttliche dominierte, so daß neben den »Bildern« der göttl. Schöpfung auch die »Symbole« der Kirche (Sakramente u. s. w.) das Göttliche übermitteln. Im Bilder-Kult lebten daneben auch Formen des spätröm. Zeremoniells (z. B. Kerzenbeleuchtung von Kaiserbildern in Amtsstuben) fort. Endl. hatten Heiligenkult und →Wallfahrtswesen des 5./6. Jh. viel dazu beigetragen, daß eine primitive, Bild und dargestellte Person identifizierende Volksfrömmigkeit (daher die Proskynesis, d. h. der Bilderkuß) den Bildern – bes. den »nicht von Menschenhand gemachten« (sog. Acheiropoietai) – zahlreiche Wunder zuschrieb, zumal wenn sie wie die Christusikone aus Kamuliana/Kapp. im Rufe erfolgreicher Abwehr der Perser (615), später der Araber (674) bei der Belagerung von Byzanz stand.

Die 1. Phase des B. (730–775) kennzeichnet, daß er das ganze byz. Reich erschütterte, zugleich aber auch grundsätzl. geführt wurde; vgl. die gegen Ks. Leo III. den Isaurier († 741) gerichteten ›Drei Reden zugunsten der Bilder‹ des Johannes von Damaskus oder den Traktat ›Anfragen‹ des Ks. Konstantin V. am Vorabend der bilderfeindl. (ikonoklastischen) Synode 754, der ihr zugleich die theol. Argumente gegen die Bilderfrömmigkeit lieferte. Der Abschluß im 7. Ökumenischen → Konzil von Nicaea II (787) schuf daher auch bleibende Beschlüsse: Der Bilderkuß sei nur Ausdruck ehrender Anbetung, da der »wahre Gottesdienst« (latreia) allein der Gottheit Christi zukomme. Damit war das Bilderverbot von 2 Mos 20, 4f. umgangen. Die ›Libri Carolini‹ (ca. 790), mit denen Karl d. Gr. gegen die Beschlüsse protestieren ließ, erreichten bei weitem nicht die gleiche Höhe christologischer Reflexion.

Die 2. Phase des B. (814–843) wird von dem kirchenpolit. Antagonismus zw. den theol. Beratern der Kaiser und den Äbten des Studiosklosters in Byzanz (den Seelsorgern der Kaiserinnen) geprägt. Er erregte in erster Linie die Geister der Hauptstadt, hat aber auch einzigartige künstlerische Wiedergabe der »Christusverfolgungen« (d. h. des Ikonoklasmus) gefunden (z. B. Chludovpsalter, Moskau). Dieser von Palastintrigen und dauerndem Patriarchenwechsel geprägte »Grabenkrieg« endete mit einer später zum »Fest der Orthodoxie« erhobenen Synode (843), an der der Westen nicht beteiligt war: Dieselbe sanktionierte die älteren Beschlüsse zur Bilderverehrung, so daß die Ikonenfrömmigkeit ein Kennzeichen der → orth. Kirchen werden konnte.

Q: COD 107ff.; D-S 477, 600–603; H. J. Geischer (Hg.), Der byz. B., Gü 1968; KThQ II 12; H. Gauer (Hg.): Texte zum byz. B., F 1994.

L: G. Haendler, Epochen karolingischer Theologie. Untersuchungen über die Gutachten ... zum byz. B., B 1958; C. v. Schönborn, L'Icône du Christ. Fondements théologiques élaborés entre le I^e^ et le IIe Concile de Nice (325–787), Fri 1976; D. Stein, Der Beginn des byz. B. u. seine Entwicklung bis in die 40er Jahre des 8. Jh., Mn 1980; H. G. Thümmel, Der byz. B., L 1980; Ders., Die Frühgeschichte der ostkirchlichen Bilderlehre, B 1992; J. Wohlmuth (Hg.), Streit um das Bild, Bo 1989; N. Schnitzler, Ikonoklasmus/Bildersturm, Mn 1996. – TRE VI 534–546.

Birgitten, auch Erlöserorden (Ordo S. Salvatoris = OSSalv) gen., um 1346 von Birgitta von Schweden (1303–1373, kan. 1391), Mutter von acht Kindern, darunter die (hl.) Katharina von Schweden, nach dem frühen Tod ihres Ehemanns als → Doppelorden gegr. Birgitta, die Visionen erlebte, appellierte an mehrere Päpste, von Avignon (→Avignoner Exil) nach Rom zurückzukehren. Schonungslos kritisierte sie die kirchl. Mißstände, vor allem in Rom, wo sie sich schon 1349 niederließ. – Birgitta verfaßte als Ergänzung zur → Augustinusregel teilweise eigenartige Satzungen, die Urban VI. 1378 endgültig bestätigte. Die Bez. ›Regel des hl. Erlösers‹ sollte zum Ausdruck bringen, daß die Regel von Christus direkt eingegeben worden ist. An der Spitze des Doppelklosters, das entsprechend den 13 Aposteln und 72 Jüngern Jesu 60 Nonnen, 13 Mönche, 4 Diakone und 8 Laienbrüder zählt, steht die Äbtissin; die geistl. Leitung aber liegt in Händen eines Generalbeichtigers. – Vadstena ist bis heute das Mutterkloster der B., die in ganz Europa, bes. in nördl. Ländern, weite Verbreitung erlangten. Im MA umfaßte der Orden 79 Klöster, von denen die meisten im Laufe der → Reformation untergingen. Heute gibt es nur noch zwei Birgittenklöster in Holland und je eines in Engl. und Dtl. (Altomünster, 1487 gegr.). – Maria de Escobar († 1633) rief in Spanien einen reformierten Zweig des Birgittenordens ins Leben.

Elisabeth Hesselblad, Konvertitin, gründete 1911 die ›Kongreg. der Klosterschwestern des allerheiligsten Erlösers‹, die Pius XII. 1942 als Fortsetzung der B. erklärte. Die Kongreg. erhielt 1931 das Haus der hl. Birgitta in Rom und err. dort zwei weitere Klöster. Außerdem kam es zu Gründungen in Schweden (Vadstena und Djursholm) sowie in einigen anderen Ländern.

Q: U. Montag, Das Werk der hl. Birgitta v. Schweden in oberdt. Übers., Mn 1968; T. Nyberg (Hg.), Dokumente u. Untersuchungen zur inneren Gesch. der drei B.klöster Bayerns 1420–1570, 2 Bde, Mn 1972–74; S. Eklund, Sancta Birgitta, Opera minora I: Regula Salvatoris, Lund 1975.

L: Heimbucher I 620–625; K. Adalsten, Licht aus dem Norden. Die hl. Birgitta, Fr 1951; T. Nyberg, Birgittinische Kl.gründungen des MA, Lei 1965; Ders., Bemerkungen zum benediktinischen u. zisterziensischen Einfluß auf die Satzungen des B.ordens: Revue Bénédictine 83 (1973) Heft 3–4; T. Grad (Hg.), Fs. Altomünster 1973, Aichach 1973; T. Nyberg, Das sogenannte Vadstena-Diarium, libellus des Tore Andersson: W. Schlögl – P. Herde (Hg.), Grundwissenschaften u. Gesch. Fs. für Peter Acht, Kallmünz 1976, 218–234; F. Holböck, Gottes Nordlicht. Die hl. Birgitta von Schweden und ihre Offenbarungen, Stein 1983; TRE VI 648–652.

Bischofskonferenz (conferentia episcoporum; coetus, conventus oder collatio episcoporum), als Zusammenschluß der Bischöfe einer Kirchenprovinz, eines Landesteils oder eines ganzen Landes zur Beratung innerkirchl. wie auch kirchenpolit. Fragen im Gegensatz zur Plenar- und Provinzialsynode (→ Synoden) eine Erscheinung des 19. Jh. Als Vorläufer könnte man Zusammenkünfte wie die Bischofsversammlung von Brest-Litowsk (1596), die die Union der orth. Metropole Brest mit Rom bestätigte, und den → Emser Kongreß (1786) ansehen. Seit 1830 versammeln sich die Bischöfe verschiedener Staaten Mitteleuropas auf regionaler oder nationaler Ebene mehr oder weniger regelmäßig. Den Anfang machte der belgische Episkopat 1830; die dt. Bischöfe trafen sich zum ersten Mal 1848 in Würzburg (→ Dt. Bischofskonferenz), die östr. 1849 in Wien. In anderen Ländern verstrichen oft noch Jahrzehnte bis zu einer ersten gemeinsamen B. In den USA leiteten die Bischöfe der Prov. Baltimore 1860 den Auftakt zu einer eigenen Entwicklung ein. Neben den nationalen B. bestehen bes. seit dem 2. → Vatik. Konzil auch internationale, z. B. die Nordische B. (Dänemark, Schweden, Norwegen), die Gesamtafrikanische B. und die Lateinamerikanische B. (CELAM). Heute zählt man in aller Welt 83 Bischofskonferenzen. Der 1971 err. ›Rat der europäischen B.‹ (›Consilium conferentiarum episcopalium‹), dem heute 19 Vertreter nationaler B. und 3 von Ländern ohne B. (Tschechoslowakei, Bulgarien, Rumänien) und der Bf. von Luxemburg angehören, fand 1977 kirchenrechtl. Anerkennung.

Während Gregor XVI. (1831–46) und Pius IX. (1846–78) solchen B. aus Angst vor der Wiederbelebung episkopalistischer, konziliarer und antikurialer Ideen und Aktionen ablehnend gegenüberstanden, begann mit Leo XIII. (1878–1903) eine positive Einstellung des Papsttums. Der 1918 in Kraft getretene CIC (→ Kirchenrechtsquellen) schreibt die B. wenigstens alle 5 Jahre vor, ohne daß ihr aber eine hoheitl. Befugnis zugestanden wird. Eine Aufwertung dieser Zusammenkünfte erfolgte erst mit dem 2. Vatik. Konzil (Dekret ›Christus Dominus‹, art. 37–38). Die B. erlangten häufig eine bes. Bedeutung wegen der → Hirtenbriefe und Rundschreiben an den Klerus oder an alle Gläubigen.

Bei der auf Anregung des 2. Vatik. Konzils von Paul VI. 1965 eingerichteten ›Bischofssynode‹ (›Episcoporum Synodus‹), für die seit 1971 ein ständiges Generalsekretariat besteht, kommen Vertreter der einzelnen B. oder einzelner Länderepiskopate zu Beratungen unter dem Vorsitz des Papstes in Rom zusammen. Diese Synode tagte seit 1967 bisher insgesamt sechsmal und behandelte Fragen von bes. Wichtigkeit (z. B. Kollegialität, Zölibat, Ehe und Familie).

Innerhalb der VELKD stellt die ev.-luth. B. das oberste Ratsgremium dar. – In der Anglik. Kirche (→ Anglikanismus) nehmen die sog. → ›Lambeth-Konferenzen‹ den höchsten Rang ein.

Q. E. GATZ (Hg.), Akten der Fuldaer B. 1871–99, 3 Bde, Mz 1977–83.

L: A. SIMON, Réunions des évêques de Belgique 1830–1867, Lv 1960; P. LEISCHING, Die B. Beiträge zu ihrer Rechtsgesch. mit bes. Berücksichtigung ihrer Entwicklung in Östr., W 1963; G. FELICIANI, Le conferenze episcopali, Bol 1974; H. MÜLLER – H. J. POTTMEYER (Hg.), Die B., D 1989; M. SCHWAB, 125 Jahre B. in Fulda, Fulda 1992.

Bischofswahl. Die Apostel setzten Amtsträger ein, die teils als Einzelpersönlichkeiten, teils als Kollegium wirkten. Vom Ende des 2. Jh. an entstand der monarchische Episkopat. In der →Alten Kirche wählten Klerus und Volk der Gemeinde unter Mitwirkung von Nachbarbischöfen ihren (Orts-)Bischof. Das Ökumenische → Konzil von Nicaea (325) schrieb dem Metropoliten, dem Vorsteher einer Kirchenprovinz, das Recht der Bestätigung und der Weihe (unter Assistenz zweier Mitbischöfe) des neuen Bf. zu. Ks. Iustinian bestimmte 546, daß der Metropolit aus drei vom Klerus und den Notabeln der Stadt vorgeschlagenen Kandidaten den würdigsten auswählt. Nach dem 2. Ökumenischen Konzil von Nicaea (787) lag das Recht auf Besetzung eines Bischofsstuhls allein in Händen der Bischöfe. – Im Abendland gewannen seit dem 4. Jh. Adel und städtisches Beamtentum immer mehr Einfluß auf die Wahl des Bf. Unter den Merovingern gab die Bestätigung des gewählten Bf. durch den Kg. meist den Ausschlag; starke Herrscher wie Karl d. Gr. (800–814) besetzten in manchen Fällen Bischofsstühle eigenmächtig. Die Bischöfe erlangten namentl. unter Kaiser Otto I. (936–973; → Reichskirche) auch eine polit. Stellung (Fürst-Bischöfe), so daß der Unterschied zw. geistl. Amt und weltl. Lehen (→ Eigenkirchenwesen) verwischt wurde. Dagegen erstrebte das Reformpapsttum des 11. Jh. (→ Gregorianische Reform) eine klare Trennung der beiden Bereiche (→ Investiturstreit) und drang vor allem auf die freie B. durch Klerus und Volk (Synode von Reims 1049). Gregor VII. († 1085) beanspruchte für sich die Entscheidung über B., bes. bei Doppelwahlen. – Mit der wachsenden Macht der Domkapitel schieden niederer Klerus und Laien allmähl. von der Mitwirkung bei der B. ganz aus. Innozenz III. († 1216) regelte das Wahlrecht der Domkapitel gesetzlich. Gleichzeitig beanspruchten die Päpste von jetzt an das Bestätigungs- und Weiherecht der neuen Bischöfe. Daß der Papst einen Bf. versetzte oder absetzte, begegnet vereinzelt schon seit dem 9. Jh. Das → Wiener Konkordat (1448) räumte dem Domkapitel das Recht der B. ein. In manchen Ländern, bes. in Fkr. und in Kronländern des Kaisers, gewährte der Papst dem König das Nominationsrecht. Bis in die → Neuzeit konnte ein weltl. Souverän gegen einen unerwünschten Kandidaten (persona minus grata) Protest einlegen, der meist auch Beachtung fand (zuletzt die ›Exklusive‹ des Ks. gegen Kard. Rampolla bei der Wahl nach dem Tod Leos XIII. 1903). Nach der → Säkularisation erfolgte in Dtl. eine Neuordnung des Bischofswahlrechtes: Der bayr. Kg. erhielt das Recht auf Ernennung der Bischöfe (→ Konkordat von 1817); in den übrigen Ländern wurde die übliche B. durchgeführt, wobei dem Landesherrn ein gewisses Vetorecht zustand. – In den Missionsländern wurden vakante Bischofssitze (auf eine Vorschlagsliste hin) immer vom Papst besetzt.

Nach dem seit 1918 geltenden CIC (→ Kirchenrechtsquellen) werden

die Bischöfe, wenn nicht andere Rechte fortbestehen (Wahl durch das Domkapitel, Ernennung oder Präsentation durch eine Regierung oder andere Institution), vom Papst ernannt, der sich zur Information über den geeignetsten Kandidaten in der Regel einer Vorschlagsliste (erstellt vom Domkapitel, vom Nuntius oder [bzw. und] von einer Bischofskonferenz) bedient. Die Verleihung des Bischofsamtes selbst aber erfolgt ausnahmslos durch den Papst. Die feierl. Amtsübertragung in einem geheimen → Konsistorium heißt Präkonisation. Nach orientalischem → KR ernennt der Papst die Bischöfe oder bestätigt den rechtmäßig gewählten Kandidaten. – Der Ernennung geht in der Regel ein Informativprozeß voraus, der die Eignung des Kandidaten prüft. Dafür mußten die Bischöfe früher 100 Golddukaten, Erzbischöfe die doppelte Summe entrichten.
→Wahlkapitulation.

L: F. A. STAUDENMAIER, Gesch. der B., Tü 1830, (Ndr.) F 1980; G. v. BELOW, Die Entstehung des ausschließl. Wahlrechts der Domkapitel, L 1883; K. MÖRSDORF, Das neue Besetzungsrecht der bischöfl. Stühle mit bes. Berücksichtigung des Listenverfahrens, Bo 1933; J. KAISER, Die Polit. Klausel der Konkordate, B 1949; H. E. FEINE, Die Besetzung der Reichsbistümer v. Westfälischen Frieden bis zur Säkularisation, A 1964; K. GANZER, Papsttum u. Bt.besetzungen in der Zeit v. Gregor IX. bis Bonifaz VIII., Kö-Graz 1968; R. BENSON, The bishop-elect. A study in medieval ecclesiastical office, Princeton 1968; J. NEUMANN, Wahl u. Amtszeitbegrenzung nach kanonischem Recht: ThQ 149 (1969) 117–132; G. BIEMER, Die B. als neues Desiderat kirchl. Praxis: ThQ 149 (1969) 171–184; N. TRIPPEN, Das Domkapitel u. die Ebf.wahlen in Köln 1821–1929, Kö-W 1972; R. GRYSON, Les élections ecclésiastiques au IIIe siècle: RHE 68 (1973) 353–404; DERS., Les élections épiscopales en orient au IVe siècle: RHE 74 (1979) 301–345; J. GAUDEMET u. a., Les élections dans l'Église latine des origines au XVIe siècle, P 1979; H. MÜLLER, Der Anteil der Laien an der B. Ein Beitrag zur Gesch. der Kanonistik v. Gratian bis Gregor IX., A 1977; Conc. 16 (1980) Heft 8/9; J. B. BAUER, Die B., gestern, heute, morgen: ThpQ 129 (1981) 248–254; T. OSAWA, Das Bischofseinsetzungsverfahren bei Cyprian, F-Bern 1983; W. HARTMANN, Der Bischof. Seine Wahl u. Ernennung, Graz 1990.

Blankenburger Allianz. Das Erholungsheim »Allianzhaus«, 1886 durch Anna von Weling erworben, wurde seit 1890 Ort einer jährl. ›B.A.-Konferenz‹ mit eigenem ›Ev. Allianzblatt‹, was diese als Kind der zeitgenössischen → Allianzbewegungen ausweist. War man zunächst (seit 1898) der Londoner A. angeschlossen, so suchte man, seitdem Pastor Modersohn Leiter des A.-Hauses geworden war (1905–1910), den Anschluß an die dt. →Ev. A.; das B. A.blatt wurde ihr Organ. Von den ev. → Freikirchen Dtl. (→ Baptisten, → Freie Ev. Gemeinden, → Methodisten), aber auch von → Darbysten und der → Gemeinschaftsbewegung getragen, wurde die B.A.-Konferenz die größte ihrer Art auf dt. Boden. Die dt. Zweiteilung traf sie daher schwer, zumal da das A.-Blatt 1941 einging.

L: F. H. MELLE, 50 Jahre B. Konferenz, B 1936; H. HAUZENBERGER, Einheit auf ev. Grundlage, Gießen 1986.

Bluthostien sind für die hochma. Sakramentsfrömmigkeit charakteristisch und haben beim → Fronleichnamsfest unmittelbar Pate gestanden. Sie sind allerdings aus einer weit älteren, sich an den Kreuzigungsberichten

(Lk 23; Joh 19) entzündenden Legendenbildungen um den Verbleib des ausströmenden Blutes Jesu (Longinus, Joseph von Arimathia) und einer aufgrund des Hebräerbriefs sich verdichtenden sakramentalen Bluttheologie hervorgegangen. Sie entzündeten sich vor allem an Blutreliquien, die schon in der Karolingerzeit übl. waren (Blutampullen) und an bestimmten Tagen durch Flüssigwerden ihre Wunderkraft demonstrierten (so noch heute am 19. 9. in Neapel S. Genarro). Zur Zeit der → Kreuzzugsbewegung verband sich die Arimathia-Legende mit dem Ritterepos von der Artusrunde zur Gralssage (Lohengrin). – Die B. des 13.–16. Jh. setzten einen anderen Akzent, indem sie das Blutwunder von den Reliquien entbanden und allerorten möglich machten. Erreger war der sog. Hostienpilz (bacterium prodigiosum), der nach Eintauchen der Hostie in den Abendmahlswein und deren Bergung im Tabernaculum sich entfaltete, dabei aber dunkle Flecken auf dem Corporale hinterlassen konnte, was die »blutende Hostie« bewies. Dieser Bluthostienkult fand vor allem im märkischen Wilsnack ein bes. Zentrum der europäischen → Wallfahrt. Vergeblich wetterte Hus (→ Konstanzer Konzil) dagegen, vergebl. auch verwiesen die Erfurter Theologen auf Thomas von Aquino, nach dem der Auferstandene sein auf Erden vergossenes Blut wieder an sich genommen habe (Summa theol. III q. 54 a. 2). Sogar der dt. Kard. u. päpstl. Legat Nikolaus von Kues († 1464), der die B. verbot, scheiterte an der → Röm. Kurie, die 1453 die Wilsnacker Wallfahrt sanktionierte. Noch heute bezeugen viele Wallfahrtskirchen, z. B. das nordöstr. Heiligenblut bei Melk, die Kontinuität dieser sakramentalen Frömmigkeit.

L: P. Browe, Die Verehrung der Eucharistie im MA, Mr 1933; Ders., Die eucharistischen Wunder des MA, B 1938; K. Burdach, Der Gral, St 1938; J. Heuser, »Heilig-Blut« in Kult u. Brauchtum des dt. Kulturraumes, (Diss.) Bonn 1948; B. Prete, Il sangue di Cristo, Mi 1956; M. Eder, Die »Deggendorfer Gnad«, Deggendorf 1992. – TRE XV 604–606.

Bogomilen, slawisch Bogumilen (»Gottesfreunde«), eine ma. Sekte der serb.-orth. Kirche, führten sich auf einen Bogomil alias Theophilos (Anfang des 10. Jh.) zurück, der aus Kleinasien stammte und dort den → Messalianern angehörte. Ihr rel. Gedankengut (dualistisches Weltbild, Verwerfung des AT und rigorose Askese) verweisen dagegen auf die → Paulikianer und damit auf Zusammenhänge mit der → markionitischen Kirche bzw. dem → Manichäismus, die durch Byzanz in den Untergrund und damit in die staatl. Opposition gedrängt worden waren. Jedenfalls förderten die B. die obrigkeitskrit. Mentalität auf dem Balkan, die sie nicht nur den russ. → Chlysten, sondern auch sektiererischen Gruppen in Oberit. und Fkr. (→ Katharer) übermitteln sollten.

L: A. Grundmann, Ketzergesch. des MA, Gö 1963, 31978, 24 ff.; D. Angelov, Das B.tum in Bulgarien, A 1977; Ders., Les Balcans au Moyen Âge. La Bulgarie des Bogomiles aux Turcs, Lo 1978; R. Kutzli, Die Bogumilen, St 1977; M. D. Lambert, Medieval Heresy. Popular Movements from Bogomils to Hus, Lo 1977, (dt. Übers.) Ketzerei im MA. Häresien v. Bogumil bis Hus, Mn 1981; E. Roll, Ketzer zw. Orient u. Okzident. Patarener, Paulikianer, B., St 1978; M. Brandt,

Die bosnische dualistische Bewegung: Kairos NF 21 (1979) 300–319; St. Runciman, Häresie u. Christentum, Mn 1988; H.-G. Beck, Vom Umgang mit Ketzern, Mn 1993. – TRE VII 28–42. – Atlas KG 57 A.

Böhmische Brüder (auch ›Böhmisch-mährische Brüderunität‹) lehnten die Glaubenskriege der → Hussiten ab. Beeinflußt von den → Waldensern und der Predigt der Gewaltlosigkeit des Laien Peter von Cheltchiz (1440: ›Das Netz des Glaubens‹), organisierten sie sich als ›Unitas fratrum‹ (1467) unter einem Bf., um konsequent den Geboten der Bibel, spez. der Bergpredigt, zu folgen (Verweigerung des Kriegs- und Staatsdienstes, des Eides). Später führte sie der Magister Lukas von Prag aus ihrem Konventikelwesen heraus (Synode von 1494), so daß sie im 16. Jh. Träger tschechischer Nationalkultur werden konnten. Unter den Einfluß Luthers gekommen, der das Bekenntnis der B.B. von 1535 im Westen bekanntmachte (1538), verweigerten sie Ks. Ferdinand im → Schmalkaldischen Krieg 1546 den Kriegsdienst und wurden deswegen grausam verfolgt. Sie wanderten nach Posen aus, um dort zunächst mit den → Reformierten Kleinpolens (1555), dann mit den Lutheranern Großpolens einen Consens (Sandomir 1570) herzustellen, der später (1645) hinfällig wurde. Zentrum war das polnische Lissa, wo ihr Bf. J. A. Comenius († 1670) die moderne Pädagogik inaugurierte. Gesch. Bedeutung gewannen sie durch Zinzendorf, der zur Erneuerung der → Brüderunität angeregt wurde.

Q: Sehling IV 257–259; WA 50, 374–380.

L: E. Peschke, Die Theologie der B.B. in der Frühzeit, 2 Bde, St 1935–40; Ders., Die B.B. im Urteil ihrer Zeit, St 1964; Ders., Kirche und Welt in der Theologie der B. B. B 1981; P. Říčan, Die B.B., ihr Ursprung u. ihre Gesch., B 1961; J. Otter, Ev. Kirche der B.B. in der CSSR, Neustadt 1968; F. Seibt (Hg.), Bohemia sacra. Das Christentum in Böhmen 973–1973, D 1974; TRE VII 1–8 (F. Machilek). – Atlas KG 76, 77 B.

Bollandisten. Nachdem bereits der → Jesuit H. Rosweyde 1607 den Plan entworfen hatte, die Heiligenleben aufgrund systematischer Handschriften-Forschung in der Monatsabfolge des röm. Kalendariums zu edieren, verwirklichten seine Ordensbrüder unter Führung von Johannes Bolland († 1665) den Plan. Arbeitszentrum wurde bis zu seiner Schließung (1788) das spätere ›Museum Bollandianum‹ in Antwerpen, das 52 Foliobände der ›Acta Sanctorum quotquot toto orbe coluntur ... ‹ (1643 ff.) herausbrachte. 1837 in Brüssel neubegründet, entfaltete das Kolleg der B. unter hochqualifizierten Leitern wie de Smedt († 1911), H. Delehaye († 1944) und P. Peeters († 1950) große Aktivität. Die bisherigen Textausgaben der ›Acta Sanctorum‹ wurden durch sog. ›Propyläum‹-Bände zu den einzelnen Monaten auf den neuesten Stand gebracht. Der 1925 zuletzt veröff. Band 65 steht beim 9. und 10. Nov., d.h. vor dem Ende des Kirchenjahres. Forschungsarbeiten erörtern als Zs. die ›Analecta Bollandiana‹ (seit 1882). Die drei ›Bibliotheken‹: Bibliotheca hagiographica latina (1898–1911; Suppl. ²1911), graeca (1895, ²1909, ³1957) und orientalis (1910) bieten wichtige Materialübersichten, die der jetzige Leiter F. Halkin durch sein ›Auctarium bibliothecae hagiographicae graecae‹ (1969) erweitern mußte.

L: H. Delehaye, A travers trois siècles. L'oeuvre des Bollandistes 1615–1915, Bru 1920; P. Peeters, L'oeuvre des Bollandistes, Bru 1961, (Ndr.) 1968; K. Hausberger, Das krit. hagiographische Werk der B.: G. Schwaiger (Hg.), Hist. Kritik in der Theologie, Gö 1980, 210–244.

Bonifatiusverein für das kath. Deutschland, 1849 bei der 3. Generalversammlung der ›Kath. Vereine Dtl.‹ in Regensburg (→ Katholikentage) auf Initiative des Münchener Kirchenhistorikers Ignaz von Döllinger (1. → Vatik. Konzil) für die kirchl. Missionsarbeit in Dtl. gegr. und 1852 von Pius IX. genehmigt. Nach einer Verordnung der → Bischofskonferenz 1918 ist in jeder Pfarrei ein B. zu errichten. Der B. erhielt 1968 den Namen ›Bonifatiuswerk der dt. Katholiken‹ und arbeitet seit 1974 im Auftrag der Dt. (und Berliner) Bischofskonferenz sowie der Nordischen Bischofskonferenz für die Seelsorge in der dt. Diaspora. Die Organisation des B. umfaßt den Generalvorstand (Sitz: Paderborn; der Ebf. von Paderborn ist auch Protektor des B.) und die Diözesanvorstände.

Zum B. gehören als Hilfsvereine: Die ›Akademische Bonifatius-Einigung‹ (1867), der ›B. für höhere Schulen‹ (1921), der ›Schutzengelverein für die Diaspora‹ (1894), die ›Kath. Diaspora-Kinderhilfe‹ (1885), die Bonifatius-Paramentenvereine, die Diaspora-MIVA (Motorisierende innerdt. Verkehrs-Arbeitsgemeinschaft, 1949). – Verwandte Organisationen in der Schweiz: ›Kath. Verein für inländische Mission‹ (1863; Sitz: Luzern); in den USA: ›Catholic Church Extension Society‹ (1905).

L: In hl. Sendung. – 100 Jahre Diaspora-Arbeit, hg. v. Generalvorstand des B., Pa 1949; Hb. des Bonifatiuswerkes, Pa 1964; Priester-Jahrheft 1974. 125 Jahre Bonifatiuswerk, Pa 1974; H. D. Huber – M. Henn, Aus der kath. Kirche in der DDR, 2 Bde, Pa 1985–88; Dies., Aus der kath. Kirche in Nordeuropa, Pa 1986.

Borromäerinnen, nach dem hl. Karl Borromäus († 1584) benannte Schwestern (auch ›Barmherzige Schwestern vom hl. Karl Borromäus‹), die im Dienste der Caritas, vor allem der Krankenpflege, stehen. Als Mutterhaus gilt St-Charles in Nancy, wo die Kongreg. von Nancy 1652 ihren Anfang nahm. Als eine Tochter-Kongreg. entstand 1849 die Kongreg. von Trier, die infolge des → Kulturkampfes 1872 selbständig wurde. Im 19. Jh. entstanden noch die Kongreg. von Prag (1837), die Kongreg. von Trebnitz (1847), die Kongreg. von Wien (1945 selbständig) und die Kongreg. von Maastricht (1837), die sich eigene Regeln gab. Die Orientprovinz umfaßte in ihrer Blütezeit 16 Niederlassungen, hauptsächl. in Palästina. Zu den bedeutendsten Niederlassungen der B. in Dtl. zählt heute noch das 1846 gegr. St.-Hedwigs-Krankenhaus in Berlin (Ost).

L: Histoire de la Congrégation des Soeurs de Charité de St-Charles de Nancy, 5 Bde, Nancy 1898–1952; W. Hohn, Barmherzige Schwestern v. hl. Karl Borromäus, Trier 1900; Heimbucher II 471–474; H. Bach, K. Borromäus, Kö 1984.

Brigitten (nicht zu verwechseln mit den → Birgitten), tragen ihren Namen nach ihrer Stifterin Brigitta von Kildare († 523); sie folgten der → Augu-

stinusregel und legten feierl. Gelübde ab. Heinrich VIII. († 1547) hob die engl. Klöster der B. auf. – 1807 gründete Bf. Debany von Kildare die ›Schwestern der hl. Brigitta‹, die sich der Erziehung und dem Unterricht von Mädchen und Frauen in Irland widmen.
L: HEIMBUCHER I 461.

Britische Kirche, auch altbritische Kirche, bez. die durch Handel und Wandel im 4. Jh. – auch durch die Garnisonen – zum Christentum bekehrten Kelten in der röm. Provinz ›Britannia‹. Als die Eroberung Ostenglands durch die Angelsachsen im 5. Jh. diese in die westl. Gebirgslande und nach Wales zurückdrängte und außerdem die röm. Truppen 402 das Land verließen, nahm die B. K. ihre eigene Entwicklung. Anfangs suchte man noch die Kontakte mit dem Kontinent, wie Reisen gallischer Bischöfe, z. B. Germanus von Auxerre (ca. 429), beweisen. Auf die Dauer lag die Orientierung an der → Iroschottischen Kirche näher, mit der man gemeinsam am gleichen Osterzyklus festhielt, während das Festland 525 dem Zyklus des röm. Abtes Dionysius Exiguus folgte (→Osterfeststreit). Ähnl. wurden die röm. Metropolitanverfassung und als Konsequenz auch der Papst als Inhaber oberster Jurisdiktion (nicht als Begründer → apost. Sukzession) abgelehnt. Als Ende 7. Jh. Gregor d. Gr. die Angelsachsen katholisierte, wurde die B. K. noch mehr isoliert, bis sie schließl. in Bedeutungslosigkeit zurücksank.
L: W. DELIUS, Gesch. der irischen Kirche, Mn 1954; L. u. J. LAING, Celtic Britain and Ireland 200–800, Lo 1971. – Atlas KG 19.

Brüder und Schwestern des freien Geistes, pseudomystische Sekten, die seit der Mitte des 13. Jh. zunächst in Schwaben, am Rhein, in den Niederlanden und in Nordfkr. auftraten. Zu den bekanntesten Anhängern gehören Berthold von Rohrbach, nach Eingreifen der → Inquisition 1356 in Speyer verbrannt, und Nikolaus von Basel, 1395 in Wien verbrannt. Auf pantheistischer Grundlage verwarfen diese Sekten ein allg. gültiges Sittengesetz ebenso wie jede → Kirchenordnung. Literarisch bekämpft wurden sie von Mystikern wie Eckhart, Tauler, Seuse und Ruysbroek (→Mystik), aber auch von Theologen wie Grotte und Gerson (→ Konziliarismus).
Q: F.-J. SCHWEITZER, Der Freiheitsbegriff der dt. Mystik. Seine Beziehung zur Ketzerei der »Brüder und Schwestern vom freien Geist«, F-Bern 1981.
L: GRUNDMANN, Rel. Bewegungen im MA, B 1935, ²1961; R. E. LERNER, The heresy of the Free Spirit in the later middle ages, Berkeley–Los Angeles–Lo 1972; E. MCLAUGHLIN, The heresy of the Free Spirit and late medieval Mysticism: Medievalia et Humanistica 4 (1973) 37–54; JOH. FRIED (Hg.), Die abendl. Freiheit v. 10. bis zum 14. Jh., Sigmaringen 1991. – TRE VII 218–220.

Brüder vom gemeinsamen Leben, eine → Bruderschaft des niederländischen Raumes im 14./15. Jh. und Seitenzweig der sog. ›Devotio moderna‹. Deren Begründer war der Utrechter Kleriker Geert Groote († 1384) aus Deventer, der durch die mystischen Schriften Meister Eckharts (ca. 1260) und des Niederländers Jan von Ruysbroek († 1381) beeinflußt war, aber darüber hinaus auf Lebensverwirklichung mystischer Erlebnisse bedacht war. Sein Freundeskreis fand im neugegr. Kl. → Windesheim auf dem Agnetenberg bei Zwolle (1387) für devote Kleriker die Form einer Reformkongreg. innerhalb der → Augustiner-Chorherren, die Ende des 15. Jh. 83 Männer- und 13 Frauenklöster umfaßte. Die Laien unter den »fratres vitae communis« (im Laienstand auch »Fraterherren«) fanden in Deventer ihr geistl. Zentrum und verwirklichten die urspr. Absicht Geert Grootes »extra religionem«, d. h. ohne Klausur ein Gemeinschaftsleben in ihren Bruder- bzw. Schwesterhäusern zu pflegen. In den meisten Städten der Niederlande und in vielen dt. Städten, wo sie sich bes. um das → Schulwesen und die Entstehung eines christl. Schulhumanismus (Lektüre antiker Schriften) verdient machten, standen ihre Häuser. In ihnen lebte ferner die Tradition ma. → Mystik fort. Vor allem lag ihnen daran, die Laien durch dt. Übers. unmittelbar mit der Hl. Schrift bekannt zu machen, was ihr Haupt Gerard Zerbolt von Deventer († 1389) zu seinem besonderen Anliegen machte. Wie gleichartig aber die mystische Frömmigkeitswelt sowohl bei den klerikalen wie bei den Laien-Brüdern gewesen ist, beweist die mystische Schrift ›De imitatione Christi‹ des Thomas von Kempen († 1471), der nachweisl. Subprior auf dem Agnetenberg war. Ihre Wirkungsgesch. reicht in die Gegenwart. Ob man die ›B. v. g. L.‹ zu den »Wegbereitern der → Reformation« zählen kann, ist umstritten (→ Evangelismus).

Q: G. A. BENRATH, Wegbereiter der Reformation, Bremen 1967, 115–132; H. N. JANOWSKI (Hg.), G. Groote, Thomas v. Kempen u. die Devotio moderna, Olten-Fr 1978; KThQ II 70.

L: E. BARNIKOL, Studien z. Gesch. der B. v. g. L., T 1917; R. R. POST, The Modern Devotion. Confrontation with Reformation and Humanism, Lei 1968; E. ISERLOH, Thomas v. Kempis u. die Devotio moderna, Bo 1976; W. LEESCH – E. PERSOONS – A. G. WEILER (Hg.), Monasticon Fratrum vitae communis, Bru 1979. – TRE VII 220–225. – Atlas KG 68 A–B.

Bruderschaft (confraternitas), entstanden aus der im angelsächsischen → Mönchtum des 6./7. Jh. entwickelten Gebetsverbrüderung (fraternitas, familiaritas, foedus, societas). Demnach vereinbarten geistl. Gemeinschaften untereinander bzw. mit Weltpriestern oder auch mit Laien gegenseitige Hilfe durch Gebet, Meßopfer und gute Werke über den Tod hinaus. Am bekanntesten ist der Gebetsbund von Attigny (760/762): 44 Geistliche verpflichteten sich auf der Synode von Attigny, für einen Verstorbenen jeweils 100 Psalter und 100 Messen singen zu lassen und 30 Messen persönl. zu lesen. Aufschlüsse geben die Nekrologeinträge in liturgischen Büchern und Memorialbüchern, z. B. das Gedenkbuch der Abtei Reichenau (um 826). Nach dem Karolingerreich trat an die Stelle der gemeinschaftl. Gebetsverbrüderung mehr und mehr das persönl. Totengedächtnis, das im 13. Jh. die jetzt zahlreich entstehenden B. übernahmen. Die B. des MA waren berufsständisch orientiert, besaßen große Ähnlichkeit mit den Gilden und versahen mancherorts auch die Aufgaben der Zünfte. Zu den Hauptzielen des seit dem späten MA weit verbreiteten und im Zeitalter des Barock (16./17. Jh.) zur Hochblüte gelangenden Bruderschaftswesens gehörten Gebetsfrömmigkeit, Glaubensverteidigung und Caritas. Eine Aufzählung der nach Titeln und Zielen äußerst vielfältigen B. würde mehrere Spalten füllen; wir können hier nur einige von bes. Bedeutung herausgreifen.

Während im 1. Jahrtausend hauptsächl. Kleriker den B. angehörten, begegnen im 11. Jh. auch solche, deren Mitglieder nur Laien waren, z. B. die Brückenbrüder in Südfrankreich und Spanien, die sich dem Bau und dem Unterhalt von Brücken widmeten. Bes. vom hohen MA an aber wurden sog. gemischte B., denen also Kleriker wie Laien angehören konnten, die Regel. In der Spätgotik genossen die St.-Anna-B. hohes Ansehen. Die 1475 in Köln entstandene Rosenkranz-Bruderschaft der → Dominikaner beeinflußte die Entwicklung des → Rosenkranzes. Für Fremde und Heimatlose, bes. für deren Begräbnis, sorgten die Mitglieder der Elends-Bruderschaft. Weite Verbreitung erlangten seit dem 15. Jh. die Corpus-Christi-Bruderschaften zur Förderung des → Fronleichnamsfestes (Paul III. err. 1539 in Rom die Erzbruderschaft zur Verehrung des hl. Altarsakramentes) und die → Michaels-Bruderschaft (1693 Erz-B. zu Ehren des Erzengels Michael). Die Mitglieder der Gürtel-Bruderschaft trugen zum Zeichen ihrer Verbundenheit mit Gott und mit bestimmten Heiligen (z. B. Franz von Assisi) sowie ihrer Buße einen Gürtel. Meist wurden Jesus, Maria, Joseph oder ein bestimmter Heiliger bes. verehrt. Zur Zeit der Türkenkriege entstanden vor allem Dreifaltigkeits-, Maria-Hilf- und Rosenkranz-Bruderschaften. Die Herz-Jesu-Bruderschaft gehört erst dem 18. Jh. an.

Erfolgreich wirkten die B. der → Christenlehre im 16. und 17. Jh. (→ Doktrinarier). Paul V. erhob die B. der christl. Lehre zur Erzbruderschaft (1605), die sich auch im dt. Sprachraum verbreitete (Hauskatechese, → Katechismen). Pius X. († 1914) reformierte ihre Statuten. In Belgien und Holland besteht seit dem 19. Jh. das ›Allg. Werk der Christenlehrvereine‹ (seit 1854 Erzbruderschaft).

Seit dem 19. Jh. erlangten viele B. eine caritative und seelsorgl. Ausrichtung (z. B. → Vinzenzkonferenzen und Elisabeth-Vereine). Dabei spielte das Prozessions- und → Wallfahrtsbrauchtum eine beachtl. Rolle. In dieser Zeit vollzogen sich die Übergänge zum kirchl. → Vereinswesen.

In jüngster Zeit gründete der von Paul VI. 1976 suspendierte Alt-Ebf. Marcel Lefebvre, als Haupt der Traditionalisten bekannt, aus Protest gegen den modernen Kurs des 2. → Vatik. Konzils im schweizerischen Ecône (Wallis) und an anderen Orten Priesterseminare und 1970 in Fribourg die ›Priesterbruderschaft Hl. Pius X.‹, der aber Paul VI. die kirchl. Approbation wieder entzog.

Erzbruderschaft (archiconfraternitas) heißt eine B., die vom Hl. Stuhl die Vollmacht besitzt, andere B. derselben Art sich anzugliedern.

Kalandsbruderschaft (confraternitas Calendarum), benannt nach dem am Monatsersten (Calendae) übl. Gottesdienst, sind kirchl. Gemeinschaften von Geistlichen und Laien zur Hilfe in wirtschaftl. Nöten. Ihr haupt-

sächl. Einfluß lag im 13. und 14. Jh. im Norden und Westen von Dtl. (vornehml. an Dom- und Stiftskirchen).
→ Bußprediger, → Unio Apostolica.

L: TH. KOLDE, Die kirchl. Bruderschaften und das rel. Leben im modernen Katholizismus, Erl 1895; J. RAUTENSTRAUCH, Die Kalands-B., das kulturelle Vorbild der sächs. Kantoreien, Dresden 1903; W. STÄHLIN, B., Kassel 1940; R. SCHUTZ, La vie comunautaire, 1944; R. AMTMANN, Die Bußb. in Fkr., Wie 1977; G. G. MEERSSEMANN, Ordo fraternitatis. Confratèrnita e pietà dei laici nel medioevo, 3 Bde, R 1977; M. ZMYSLONG, Die B. in Lübeck bis zur Reformation, Kiel 1977; R. EBNER, Das B.wesen im alten Bt. Würzburg, Wü 1978; T. FINKENSTAEDT – J. KRETTNER, Erster Katalog von Bruderschaften in Bayern, Mn-Wü 1980; J. REIMER, »Verbind. Leben« – in B., Kommunitäten, Lebensgemeinschaften, St 1986. – TRE VII 195–212. – Atlas KG 34 A–B.

Brüderunität, Brüdergemeinde. Aus den → Böhmischen Brüdern ging die Herrnhuter Brüdergemeinde (auch ›Erneuerte Brüderunität‹) hervor. Ihr Gründer, der Reichsgraf von Zinzendorf (1700–60), der böhmische und mährische Glaubensverfolgte 1721 auf seinem Familiengut Berthelsdorf am Hutberg »in des Herrn Hut« ansiedelte, übernahm zum Teil deren Eigenarten (Ablehnung des Kriegsdienstes, des Eides; strenger Biblizismus) bis hin zum »Däumeln«, woraus hernach die berühmten ›Losungen der Brüdergemeinde‹ hervorgingen. Durch die Gliederung seiner Gemeinden nach Geschlecht, Alter und Familienstand (sog. Chöre) bzw. deren Untergliederung in sog. Banden (kleinste Seelsorgegruppen) wollte der Graf das Gemeindeideal des → Pietismus der »ecclesiola in ecclesia« verwirklichen. Sein persönliches → Luthertum in barocker Form lebte mehr in seinen Choraldichtungen auch außerhalb der Brüdergemeinden fort. Wegen Sektiererei aus der Oberlausitz vertrieben (1736: Entstehung eines zweiten Zentrums in der Wetterau), ließ er sich durch den ref. Hofprediger Jablonski (Berlin), zugleich Bf. der Böhmischen Brüder, zum Bf. der »Brüder« ordinieren. Das rehabilitierte ihn, die B. aber konnte später nach Sachsen zurückkehren (1747), wo man sogar die ›Confessio Augustana invariata‹ (→ Bekenntnisschriften) annahm (1748). Die sog. ›Tropenlehre‹ des Grafen hingegen, wonach die Konfessionen nichts anderes als göttl. »Erziehungsformen« (griech. tropoi) seien, hatte die ökumenische Vereinigung der Christen zum Ziel. Diese lebte vor allem in den kleinen Gemeinden der »Moravians«, die durch die Reisen Zinzendorfs in den Niederlanden, England und in Nordamerika, der »Neuen Welt« der → Gewissensfreiheit, entstanden; später sollten starke Impulse der → Ökumenischen Bewegung von ihnen ausgehen. In Dtl. selber zeigte zunächst die sog. »Sichtungszeit« (1743–50) bedenkl. Auswüchse rel. Schwärmerei, bis dann unter des Grafen Nachfolger Spangenberg (1779: ›Idea fidei patrum‹) eine Konsolidierung der Gemeinden eintrat, die nicht nur die Ostsee umsäumten (Dänemark: Christiansfeld; Livland; Estland), sondern auch von dort ihren Weg nach Rußland (Saratow) fanden. In dieser konsolidierten Gestalt bereiteten die Brüdergemeinden überhaupt den → Erweckungsbewegungen des 19. Jh. den Weg, um sie dank eigener Erfahrung gleichzeitig vor Auswüchsen zu warnen.

P: Unitas Fratrum. Zs. für Gesch. u. Gegenwartsfragen der Brüdergemeinde, H 1977ff.; Der Herrnhuter Bote.
Q: A. MOLNÁR (Hg.), Quellen u. Darstellungen zur Gesch. der böhmischen B., 5 Bde, (Ndr.) H 1971–80; H. C. HAHN – H. REICHEL (Hg.), Zinzendorf u. die Herrnhuter Brüder. Quellen zur Gesch. der Brüder-Unität von 1722–60, H 1977; E. BEYREUTHER – G. MEYER (Hg.), Gesangbücher der Brüdergemeinde, 6 Bde, (Ndr.) H 1977–80.
L: H. RENKEWITZ (Hg.), Die Brüder-Unität, St 1967; H. HICKEL, Sammlung u. Sendung, B 1967, [3]1972; S. HIRZEL, Der Graf und die Brüder. Die Gesch. einer Gemeinschaft, St 1980; H. BECK, Brüder in vielen Völkern. 250 Jahre Mission der Brüdergemeinde, Erl 1981. – TRE VII 225–233.

Bücherzensur, in Einzelfällen schon seit Bestehen der Kirche von Synoden, Bischöfen, Päpsten und Univ. praktiziert. Das Ökumenische Konzil von Nicaea (325) verurteilte den Presbyter Arius (→ Arianismus) und desssen Buch ›Thalia‹. Dasselbe Schicksal widerfuhr Nestorius (→ Nestorianischer Streit) und seinen Schriften aufgrund eines Urteilsspruchs des Ökumenischen Konzils von Ephesus (431). Das → Konstanzer Konzil übergab die Werke von Hus und Wyclif dem Feuer. Sixtus IV. übertrug 1475 der Univ. Köln die Vollmacht, gegen Drucker, Käufer und Leser glaubensfeindl. Bücher vorzugehen. Bald danach erstellten einzelne Bischöfe Listen verbotener Bücher. Das 5. → Laterankonzil, spez. Leos X. Bulle ›Inter sollicitudines‹ (1515), machte den Bischöfen die Vorzensur zur Pflicht. Zensurpflichtige Werke – dazu gehörten alle theol. Bücher, insbes. Ausgaben der Bibel sowie Anmerkungen und Kommentare zur Bibel – durften nur mit kirchl. Druckerlaubnis (»imprimatur«) veröff. werden. Mitte des 16. Jh. wurden, hauptsächl. als Reaktion auf Werke der Reformatoren, Verzeichnisse verbotener Bücher, zunächst auf lokaler Ebene (Univ., Bf., Nuntius, Inquisitor), zusammengestellt, bis Paul IV. 1559 den ›Index librorum prohibitorum‹ publizierte und damit die B. zentralisierte. Dieser erste röm. Index umfaßte in einem Katalog drei alphabetische Listen: (a) Verfasser mit allen und (b) mit bestimmten Werken, (c) Titel anonymer Bücher. Das → Trienter Konzil überließ die Veröffentlichung eines neuen Index dem Papst. Diese Aufgabe erfüllte Pius IV. (Bulle ›Dominici gregis custodiae‹ von 1564) mit dem sog. tridentinischen Index, der neben einem dreiteiligen Katalog allg. Indexregeln enthielt. Sein Nachfolger Pius V. errichtete 1571 die Index-Kongreg. (→ Röm. Kurie) und baute damit die Büchergesetzgebung aus. Benedikt XIV. fügte dem Index die für das Verfahren bei der Aufnahme verbotener Bücher maßgebende Konst. ›Sollicita ac provida‹ (1753) bei. 1758 erschien eine neue Ausgabe des Index, die bis zu dem unter Leo XIII. herausgegebenen Index des Jahres 1900 die Richtung bestimmte. Benedikt XV. hob 1917 die Index-Kongreg. auf und übertrug deren Aufgaben dem Hl. Offizium (heute Kongreg. für die Glaubenslehre), bei dem eine Abteilung für die B. eingerichtet wurde, die hauptsächl. nach den Bestimmungen des CIC c. 1384–1405 arbeitet. Die letzte offiz. Ausgabe des Index (über 4000 Buchtitel) stammt von 1948.

Die Verurteilung einer Schrift durch die kirchl. Autorität bedeutete schon im MA Lese- und Besitzverbot sowie die Verbrennung. Autoren, Verleger und Leser eines indizierten Buches zogen sich automatisch die Strafe der → Exkommunikation zu. Befreiung von dem Verbot erteilten auf Antrag hin der Hl. Stuhl oder der zuständige Bf. kraft päpstl. Vollmacht. Fast alle berühmten Werke der Weltliteratur standen auf dem Index der verbotenen Bücher. So wurden noch 1948 sämtl. Bücher von J. P. Sartre († 1980) und 1952 alle Bücher von A. Gide († 1951) unter die verbotenen Bücher eingereiht. Aber nicht nur kirchenfeindl. Werke wurden beanstandet. Dasselbe Schicksal widerfuhr z. B. dem → Jesuiten R. Bellarmin († 1621), den Bischöfen Fénelon († 1715), Bonomelli († 1914) und Prohászka († 1927) sowie Kard. Pecci, dem späteren Papst Leo XIII. († 1903).

Nachdem bes. beim 2. →Vatik. Konzil negative Stimmen über Sinn und Fortdauer des Index laut geworden waren, hob das Hl. Offizium unter Kard. Ottaviani den Index der verbotenen Bücher ganz auf. Damit ist jedoch nicht ausgeschlossen, daß die Kongreg. für die Glaubenslehre bestimmte Bücher wegen der darin enthaltenen glaubens- oder sittenwidrigen Ansichten ausdrückl. verurteilt. So wurde 1979 das Buch ›Quand je dis Dieu‹ (›Wenn ich Gott sage‹, Olten 1980) des frz. → Dominikaners J. Pohier verurteilt. Dieselbe Kongreg. ordnete mit Dekret vom 19. 3. 1975 die B. neu. Ihrem »Placet« unterliegen jetzt nur noch Ausgaben und Übersetzungen der Bibel, → liturgische Bücher und deren Übersetzungen, → Katechismen und theol. Unterrichtsbücher. Autoren anderer theol. Werke sollen das »Imprimatur« des zuständigen Oberen einholen.

Im Dt. Reich waren die Kaiserl. und Apost. Bücherkommissariate in einer Person verbunden, bis das → Staatskirchentum im 18. Jh. die Aufsicht über die Bücher eigenständig (oft auch gegen die Kirche) durchführte. Ks. Joseph II. ernannte 1780 sogar einen der → Reformierten Kirche angehörenden Buchhändler zum Bücherkommissar.

Q: Index Romanus. Verzeichnis sämtl. auf dem röm. Index stehender dt.sprachl. Bücher desgleichen aller wichtigen fremdsprachl. Bücher seit dem Jahre 1750. Zusammengestellt auf Grund der neuesten vatik. Ausgabe sowie mit ausführl. Einleitung versehen v. A. SLEUMER, Osnabrück [11]1956; Nachkonziliare Dokumentation 52, eingeleitet und kommentiert von H. HEINEMANN, Trier 1976; J. M. DE BUJANDA (Hg.), Index des livres interdits, 9 Bde., Sherbrooke 1984–1995.

L: H. REUSCH, Der Index der verbotenen Bücher, 2 Bde, Bo 1883–85, (Ndr.) 1967; J. HILGERS, Der Index der verbotenen Bücher, in seiner neuen Fassung dargelegt u. rechtl. hist. gewürdigt, Fr 1904; M. LAROS, Index u. B. heute, Colmar 1941/42, (Manuskript-Druck) 1959; H. KÜHNER, Index Romanus, N 1963; H. RAAB, Apost. Bücherkommissare in Frankfurt a. Main: HJ 87 (1967) 326–354; G. KLINGENSTEIN, Staatsverwaltung und kirchl. Autorität im 18. Jh. Das Problem der Zensur in der Theresianischen Reform, Mn 1970; H. FREUND, Die Bücher- und Pressezensur im Kurfürstentum Mainz von 1486–1797, Hei 1971; H. NEUMANN, Staatl. B. u. Bücheraufsicht in Bayern v. der Reformation bis zum Ausgang des 17. Jh., Hei-Karlsruhe 1977; P. GRENDLER, Culture and Censorship in late Renaissance Italy and

France, Lo 1981; D. BREUER, Gesch. der lit. Zensur in Dtl., Hei 1982; W. SPEYER, Büchervernichtung u. Zensur des Geistes bei Heiden, Juden u. Christen, St 1983; C. WEBER, KG, Zensur u. Selbstzensur, Kö 1984; H. H. SCHWEDT, Inquisition u. Index, in: RQ 90 (1995) 43–73.

Buchgemeinschaften. Bereits 1614 err. der → Jesuit E. Welser in Bayern eine Stiftung zum Zweck der Förderung rel. Schrifttums. In Wien rief der Konvertit A. v. Diesbach 1771 den Verein ›Christl. Freundschaft‹ ins Leben, der sich die Verbreitung christl. Bücher angelegen sein ließ. Christl. B. als organisierte Gemeinschaften von Buchkäufern entstanden im 19. Jh. erst nach säkularen B., die ihr Entstehen wirtschaftl. Gesichtspunkten verdankten. Der 1844 in Bonn von kath. Laien und Priestern gegr. und nach Bf. Karl Borromäus († 1584; → Borromäerinnen) benannte ›Borromäusverein‹ wollte ein Gegengewicht zum liberalen und schlechten Schrifttum schaffen; er erreichte dies vor allem mit der Errichtung von Volks- und Jugendbüchereien. In unserem Jh. wurden ihm eine staatl. anerkannte Buchberatungsstelle (1924), eine Bibliothekarsschule (1921) sowie eine Fernleihbibliothek und eine Blindenbücherei angeschlossen. Auch die kath. ›Preßvereine‹ förderten die Verbreitung guter Bücher. Der 1901 von G. Triller in München gegr. ›Kath. Preßverein für Bayern zur christl. Volksbildung‹ – ähnl. wirkte seit 1910 der ›Ev. Preßverband‹ – ging 1934 in den ›St.-Michaelsbund‹ über, der heute als die zentrale Organisation des kath. Volksbüchereiwesens in Bayern gilt. Als kath. B. bestehen heute noch die ›Bonner Buchgemeinde‹, 1925 von F. Tillmann und Hinsenkamp als Abteilung der Zentralstelle des Borromäus-Vereins gegr., seit 1952 von 12 kath. Verlegern getragen, und die ›Herder-Buchgemeinde‹ (1952). Die 1924 err. ›Ev. Buchgemeinde‹ konnte nach dem 2. Weltkrieg nicht neu erstehen; neue Ansätze (1953) konnten sich nicht behaupten. An ihre Stelle trat der ›Dt. Verband ev. Büchereien e. V.‹ (Zentrale in Stuttgart).

B. gibt es auch in anderen Ländern, z. B. in Österreich die ›Buchgemeinde der Katholiken‹ (St. Pölten – Wien) und in der Schweiz die ›Schweizer Volksbuch-Gemeinde‹ (Luzern).

L: W. SPAEL, Das Buch im Geisteskampf. 100 Jahre Borromäusverein, Bo 1950; K. NÜSSLER, Gesch. des Kath. Preßvereins für Bayern 1901–1934, (Diss. masch.) Mn 1954.

Bund Evangelisch-Freikirchlicher Gemeinden (BeFG). Die Wurzeln liegen in Engl., dessen → Staatskirchentum ungewollt die Wiege der → Freikirchen wurde. Anfang des 17. Jh. entstanden in London die ersten Gemeinden der → Baptisten. Ihre → Missionsgesellschaft (1792) ließ 1834 die erste dt. Baptistengemeinde in Hamburg und 1849 den ›Bund der Gemeinden gläubig getaufter Christen‹ entstehen, der nach einem weiteren Anwachsen als ›Bund der Baptistengemeinden in Dtl.‹ 1888 rechtl. Anerkennung fand. Der BeFG selber entstand dadurch, daß unter dem Druck der polit. Verhältnisse in Dtl. die → Darbysten gegen ihr ekklesiologisches Konzept sich 1937 als ›Bund freikirchl. Christen‹ organisierten. Um des Überlebens willen schloß man sich 1941 den Baptisten an. Damals erhielt er den neutralen Namen, ohne die Zugehörigkeit zum Baptistischen Weltbund aufzugeben. 1942 stieß nach Austritt aus der Landeskirche Hamburg die ›Gemeinschaft am Holstenwall‹ zum ›BeFG‹, deren Prediger F. Heitmüller († 1965) starke Impulse vermittelte. 1969 konstituierte sich der ›BeFG in der DDR‹ als gesonderte Organisation.

L: W. BAUER u.a. (Hg.), Der B.E-F.G., Kassel 1992.

Bund der religiösen Sozialisten, 1926 in Frankfurt/Main gegr., war eine späte Frucht des → rel. Sozialismus (1919 erste Kontakte der dt. r. S. mit Hermann Kutter und Leonhard Ragaz). Sozial motivierte Kreise der dt. Jugendbewegung (sog. Neuwerk-Kreis), Anregungen der engl. ›Settlement-Bewegung‹ (Siedlungshof bei Schlüchtern) und rel. Freisinnigkeit, wie sie im ›Weltbund für Freies Christentum‹ vertreten war, kamen hinzu. Im Unterschied zu den Schweizer r. S. war der unter Leitung des Meßkircher Pfarrers Georg Wünsch, seit 1931 Prof. der ev. Sozialethik († 1964), sich organisierende ›B. r. S.‹ sehr bunt zusammengesetzt. Zu ihm gehörte als Geschäftsleiter der badische Pfarrer E. Eckert, der die weithin der »Sozialdemokratischen Partei Dtl.« (SPD) angehörigen Mitglieder des Bundes durch seinen Eintritt in die »Kommunistische Partei Dtl.« (KPD) und eine Rundreise durch die UdSSR, vor allem durch seine enthusiastische Berichterstattung über dieselbe, schockierte; man zwang ihn, auszuscheiden. Zum ›B. r. S.‹ gehörten ferner die Pfarrer und späteren Prof. der prakt. Theologie, G. Dehn (Opfer der NS-Krawalle in Halle 1931–33; als emeritierter Prof. in Bonn † 1970), und der ev. Pädagogik, Emil Fuchs, Dresden-Leipzig (1928: ›Predigten eines r. S.‹), ihrerseits Repräsentanten rel.-sozialistischer Vereinigungen. Einig war man sich jedenfalls darin, im »Faschismus eine Gefahr für das Christentum« (so die Parole des Stuttgarter Kongresses 1930) zu sehen. Noch 1933 bekannte man sich zu »Marx als dem grundlegenden Wirtschaftsethiker des dt. Sozialismus«, was das alsbaldige Verbot durch die neuen Machthaber zur Folge hatte. Der Bund organisierte sich 1949 neu, wählte dabei 1957 den Namen ›Gemeinschaft für Christentum und Sozialismus‹, um sich vom marxistischen Materialismus zu distanzieren. Damit korrespondiert der Anschluß an den ›Internationalen B. r. S.‹, der durch seine Entschließung von Bentveld/Holland (1953) sich für ein enges Verhältnis zw. Christentum und polit. Sozialismus ausgesprochen hatte.

Q: E. ECKERT, Was wollen die r. S.?, Karlsruhe 1927, (Ndr.) Wü 1976; G. WÜNSCH (Hg.), Reich Gottes – Marxismus – Nationalsozialismus, T 1931; DERS., Sozialismus aus christl. Gewissen, T 1949.

L: W. DERESCH, Predigt u. Agitation der r. S., H 1971; F. M. BALZER, Klassengegensätze in der Kirche. E. Eckert u. der B. d. r. S. Dtl., Kö 1973; A. PFEIFFER (Hg.), Rel. S., Olten 1976; J. AUSSERMAIR, Kirche u. Sozialdemokratie. Der B. d. r. S. 1926–1934, W–Mn–Z 1979; P. ULRICH, Der B. d. r. S. in Berlin von 1919 bis 1933, F 1995.

Burse (lat. bursa = lederner Geldbeutel, »Börse«) bez. im MA Studentenhäuser und spiegelte damit ihre Entstehung wider. Die ma. → Univ.

schufen für die Städte das Problem der Unterbringung der Scholaren und »magistri«. Während die Ordenskonvente durch Anbau von Internaten für auswärtige Studenten und damit für sich selbst sorgten, verbanden weltl. Magister und Studenten sich zunächst als »collegium« zu Wohngemeinschaften, was allerdings armen Studenten kaum möglich war. Sie wurden in Hospitälern untergebracht, wobei durch fromme Stiftung, d. h. durch einen Geldbetrag (bursa), urspr. anders festgelegte Stiftungen abgelöst werden mußten. Dies ist für Paris mehrmals bezeugt, z. B. für Robert de Sorbon (!), der 1257 ein »Kolleg« für Weltkleriker stiftete; für Oxford bietet das noch heute bestehende Merton-College (1264) eine Parallele unter vielen. Allmähl. wurde es Brauch, daß jeder Student in einer anerkannten B. wohnen mußte; noch heute ist in Uppsala die Immatrikulation an solchen Nachweis gebunden. Auch die prot. Univ. Marburg sah in ihrem Gründungsstatut v. 1526 (›De universali studio Marpurgensi‹, cap. 29) ein Konvikt vor, die noch heute bestehende, mit sog. »Freitischen« der hessischen Städte ausgestattete Stipendiatenanstalt auf dem Schloß. Hier wie auch anderswo sorgte Armut für den Fortbestand der B., auch wenn die → NZ lieber andere Namen, z. B. das ›Stift‹ (Tübingen), wählte. Im 19. Jh. bot die »mater hospitalis« den Studenten private Unterkunft. Erst die Wohnungsnot nach dem 2. Weltkrieg aktualisierte die Studentenwohnheime bzw. -dörfer und damit auch die Bez. B. (z. B. Göttingen). Am Ursprungsort der B. (Paris) wurde die alte ›Sorbonne‹ von der ›Cité d'Université‹ abgelöst; nur »Städte« vermögen noch die Studentenmassen zu beherbergen, was nachdenkl. stimmen muß, weil sie nicht die »Behausung« der B. bieten können.

L: P. KIBRE, The Nations in the medieval Universities, C 1950; P. GLORIEUX, Les origines du Collège de Sorbonne, Nôtre Dame/Indiana 1959; G. R. TEWES, Die B.n der Kölner Artisten-Fakultät, Kö 1993.

Bursfelder Kongregation, eine durch das → Konstanzer Konzil und dessen allg. Auswirkung auf die Mönchsorden ausgelöste monastische Reformbewegung, die zugleich von der → Windesheimer Kongreg. der → Augustiner-Chorherren (→ Brüder vom gemeinsamen Leben) beeinflußt war. Das Benediktinerkloster Bursfeld am Mittellauf der Weser, 1093 begründet, wurde seit 1439 durch die B. K. zum größten Reformzentrum des 15. Jh. Ab 1446 wurden hier jährl. die Kapiteltagungen der ganz Westeuropa erfassenden Kongregation durchgeführt. 1469 zählten 36 Klöster, das berühmte Hirsau (→ Gregorianische Reform) eingeschlossen, dazu; 1530 umfaßte die B. K. 94 Abteien. In der → Reformation zeigte sich zugleich, daß eine straffe Organisation die B. K. für viele Verfallserscheinungen im allg. Mönchswesen des 16. Jh. weniger anfällig machte. → Kongregationen.

Q: P. VOLK, Urkunden zur Gesch. der B. K., Bo 1951; DERS., Die Generalkapitels – Rezesse der B. K., 4 Bde, Siegburg 1955–72; L. FRANK, Das B. Brauchtum (lat.-dt.), 1985.

L: W. ZIEGLER, Die B. K. in der Reformationszeit, Mn 1968; K. ELM (Hg.), Reformbemühungen u. Observanzbestrebungen im spät-ma. Ordenswesen, B 1989. – Atlas KG 67.

Bußpraxis. Die vielfältige Praxis der Buße als Vergebung der Sünden und Versöhnung (Rekonziliation) mit der Kirche durch den Priester berief sich stets auf Aussagen der Bibel. Bußsakrament und Kirchenzucht bildeten eine Einheit. Ein schwieriges Problem bedeuteten die während der → Christenverfolgungen »abgefallenen« (lapsi) Gläubigen, denen die Wiederaufnahme in die kirchl. Gemeinschaft nach unterschiedl. langer und schwerer Bußzeit ermöglicht wurde (vgl. die Bußkanones von Karthago 251). Im 3. Jh. mußte bes. im Westen die wiederholte Bußmöglichkeit der einmaligen Kirchenbuße weichen, der man sich deshalb erst auf dem Sterbebett oder in hohem Alter unterzog. Schwerkranke konnten jedoch bei Todesgefahr die sofortige Rekonziliation erlangen. Die Buße erfolgte nach öff. Sündenbekenntnis in Form der → Exkommunikation, d. h. des Ausschlusses von der Eucharistie. Für alle Büßerklassen waren Sündenbekenntnis vor dem Bf., öff. Schuldbekenntnis im Gottesdienst und Bußfertigkeit selbstverständliche Voraussetzungen für die Zulassung zur kirchlichen Buße. Die Wiederaufnahme in die Kirchengemeinschaft wurde am Gründonnerstag durch den Bf. mit Handauflegung vorgenommen. Seit dem 6. Jh. verbreitete sich vom irisch-angelsächs. Raum aus die Wiederholbarkeit der Buße, die jetzt jeder Priester auferlegen durfte. Der Vielfalt der Sünden entsprach eine Vielfalt der Bußauflagen, die in sog. Bußbüchern (Sündenkatalogen) mit entsprechender Buße für die einzelnen Sünden aufgezeichnet waren. Auch diese Bußbücher (libri poenitentiales) entstanden in den Klöstern Irlands, Englands und Schottlands; sie gelangten durch Missionare auf den Kontinent (z. B. das Poenitentiale Kolumbans). Am Ende des 8. Jh. kursierten im Abendland zahlreiche Bußbücher, die keine einheitl. B. ermöglichten. Das um 1140 erschienene Decretum Gratiani (→ Kanonistik, → Kirchenrechtsquellen) enthielt zahlreiche Satzungen aus alten Bußbüchern und setzte deren Entwicklung gleichzeitig ein Ende. – In bes. Fällen konnten schwere Bußwerke in leichtere umgewandelt werden (Redemptionen und Kommutationen). Mitunter wurde sogar ein Ersatzmann für die Ableistung der Buße gestellt. – In karolingischer Zeit verlangte man gelegentl. für öff. Vergehen noch die alte öffentl. Buße. Doch die private Buße (Beichte) wurde mehr und mehr die Regel, bis sie auf dem 4. → Laterankonzil (1215) ihre bis heute gültige Festlegung (Beichtpflicht einmal im Jahr, Beichtgeheimnis des Priesters) erlangte. Bekenntnis und Absolution fielen nun zusammen. Die Beichte mußte beim zuständigen Pfarrer abgelegt werden (Ausnahme aufgrund eines Beichtbriefs). Seit dem 13. Jh. gebraucht der Priester nicht mehr die deprekatorische Lossprechungsformel, sondern absolviert als Stellvertreter Christi mit der Formel: »Ich spreche dich los.« – Vom späten MA an dienten Beichtbüchlein (mit Kasuistik) einem guten Empfang des Sakraments. Sog. Beichtspiegel boten Anleitungen zur Gewissenserforschung in Frageform (meist im Anschluß an die 10 Gebote). – In neuerer Zeit wird die Buße, getrennt von der Eucharistie, mehr als selbständige kirchl. Handlung betrachtet. Neuestens ersetzen Bußgottesdienste die Einzelbeichte läßl. Sünden (im Beichtstuhl). Für die heutige B. gilt der ›Ordo Poenitentiae‹ von 1973. – Der Beichtpfennig ist als freiwillige Gabe des Beichtenden an den Beichtvater schon seit dem 8. Jh. bekannt (später Stolgebühren). – Seit dem 13. Jh. ist in manchen Gegenden der Beichtzettel als Nachweis für die abgelegte Beichte vorgeschrieben. – Beichtbrief ist ein für Geld zu erlangendes Schriftstück, dessen Inhaber bei jedem gewünschten Priester beichten konnte. Zur Ausstellung eines solchen Beichtbriefes waren anfangs nur päpstl. Legaten (→ Gesandte) oder Ablaßprediger (→ Ablaß) berechtigt. Das → Trienter Konzil versuchte diesen Brauch zurückzudämmen. – Der Beichtstuhl, in dem ein Gitter Beichtkind und Beichtvater trennt, kam erst im 16. Jh. auf und erlangte im Barock ein kunstvolles Aussehen. Vorher genügte ein zw. Altar und Chorschranken aufgestellter Stuhl. – Die Andachtsbeichte erstreckte sich auf die sog. läßl. Sünden, die man nicht unbedingt bekennen mußte. – Das vor einem Laien (Mitchristen) abgelegte Sündenbekenntnis, Laienbeichte genannt, wurde im MA vorgenommen, wenn ein Priester nicht erreichbar war. Manche Theologen forderten diese Beichtform für den Notfall, ohne ihr deswegen auch schon sakramentalen Charakter zuzusprechen. – Im monastischen Bereich diente die Mönchsbeichte (auch wenn der Mönch kein Priester war) der Seelenführung, im Osten auch als Kirchenbuße gewertet. – Die Diakonenbeichte wurde bis in das 13. Jh. praktiziert, wenn weder ein Bf. noch ein Priester zur Verfügung standen. Ob sie aber als sakramental galt, ist nicht geklärt. Das → Florenzer Konzil bestimmte, daß der Diakon kein Sündenbekenntnis entgegennehmen darf.

Grundlegend für das Verständnis der Buße im → Protestantismus wurde Martin Luthers 1. Ablaßthese: »Da unser Herr und Meister Jesus Christus sagt: ›Tut Buße‹ usw. (Mt 4,17), wollte er, daß das ganze Leben der Gläubigen Buße sein sollte.« Mit dieser Einstellung erübrigte sich das Bußsakrament der ma. Kirche. Entscheidend blieb der Glaube an das Werk Christi, das dem Sünder in der allg. Lossprechung (Absolution) zuteil wird. Trotzdem empfahlen sowohl Luther als auch Melanchthon (1497–1560) und die luth. → Bekenntnisschriften die Einzelbeichte, ohne aber die Absolution, für die der Glaube unerläßl. ist, als Sakrament im kath. Sinn zu verstehen. Die →Augsburger Konfession (1530) hingegen rechnet die Buße zusammen mit Taufe und Abendmahl zu den Sakramenten. Wohl wurde die richterl. Funktion des Priesters beim Bußsakrament abgelehnt, der Zwang zur Beichte aber blieb fortbestehen, trotz des Protestes von A. H. Francke (→ Pietismus) gegen den sog. Beichtpfennig (in ev. Teilen Bayerns teilweise heute noch Sitte!). Das vom → Trienter Konzil geforderte Aufzählen der Todsünden wurde in prot. Kirchen nicht Brauch. Nach der allg. übl. öff. Beichte kam es im 19. Jh. mancherorts zu einer Erneuerung der Privatbeichte wie auch der öff. Kirchenbuße. – In den → reformierten Kirchen ist die B. eng verbunden mit der → Kirchenzucht. Während Zwingli (→ Zwinglianismus) die Einzelbeichte verwarf, ließ Calvin (→ Calvinismus) sie für ängstl. Christen bestehen, maß aber der Absolution keine bes. Bedeutung zu. Später setzte sich im nichtkath.

Bereich die allg. Beichte als die normale Form der Buße durch. Erst in jüngster Zeit macht sich hier und dort, bes. im → Luthertum, eine Wertschätzung des privaten Sündenbekenntnisses bemerkbar. Dies gilt vor allem für Sondergruppen wie die Michaelsbruderschaft.

Q: H. J. SCHMITZ, Die Bußbücher u. die Bußdisciplin der Kirche, 2 Bde, Mz 1883, (Ndr.) Graz 1958; F. W. H. WASSERSCHLEBEN, Die Bußordnungen der abendl. Kirche, Hl 1851, (Ndr.) Graz 1958; H. KARPP, Die Buße. Quellen zur Entstehung des altkirchl. Bußwesens, Bern-F 1969; R. KOTTJE, Die Bußbücher Halitgars v. Cambrai u. des Hrabanus Maurus – ihre Überlieferung u. ihre Quellen, B-NY 1980; L. KÖRNTGEN, Studien zu den Quellen der frühma. Bußbücher, Sigmaringen 1993.

L: K. ADAM, Die geheime Kirchenbuße nach dem hl. Augustin, Mn 1921, (Ndr.) Hildesheim 1973; B. POSCHMANN, Die abendländische Buße am Ausgang des christl. Altertums, Mn 1928; DERS., Die abendländische Kirchenbuße im frühen MA, Br 1930; J. A. JUNGMANN, Die lat. Bußriten in ihrer gesch. Entwicklung, I 1932; C. ZIMMERMANN, Die dt. Beichte v. 9. Jh. bis zur Reformation, Weida 1934; A. SCHÖNHERR, Luth. Privatbeichte, Gö 1938; J. BEUMER, Die Andachtsbeichte im HochMA: Scholastik 14 (1939) 50–74; B. POSCHMANN, Buße u. Letzte Ölung (Hb. der Dogmengesch. IV/3), Fr-Bas-W 1951; E. ROTH, Die Privatbeichte u. die Schlüsselgewalt in der Theologie der Reformatoren, Gü 1952; E. H. FISCHER, Bußgewalt, Pfarrzwang u. Beichtvaterwahl nach dem Dekret Gratians: ThQ 134 (1954) 39–82; J. GROTZ, Die Entwicklung des Bußstufenwesens in der vornizänischen Kirche, Fr-Bas-W 1955; W. BÖHME, Beichtlehre für ev. Christen, St 1956; L. KLEIN, Ev.-luth. Beichte, Pa 1961; W. UHSADEL, Ev. Beichte in Vergangenheit u. Gegenwart, Gü 1961; R. SCHWARZ, Vorgesch. der reformatorischen Bußtheorie, B 1968; W. LENTZEN-DEIS, Buße als Bekenntnisvollzug, Fr 1969; Buße u. Bußsakrament. Studientagung des Klerusverbandes in St. Ottilien, St. Ottilien 1972; E. C. SUTTNER (Hg.), Buße u. Beichte, Rb 1972; K. HEIN, Eucharist and Excommunication. A Study in Early Christian Doctrine and Discipline, T 1973, Bern [2]1978; K. RAHNER, Schriften zur Theologie, Bd. XI: Frühe Bußgeschichte in Einzeluntersuchungen, Z-Ei-Kö 1973; T. N. TENTLER, Sin and Confession on the Eve of the Reformation, Princeton/N. J. 1977; H. VORGRIMLER, Buße u. Krankensalbung, Fr-Bas-W [2]1978; C. KLEIN, Die Beichte in der ev.-sächs. Kirche Siebenbürgens, Leiden 1980; R. LENDI, Die Wandelbarkeit der Buße, Bern-F-NY 1983; R. HAGGENMÜLLER, Die Überlieferung der Beda und Egbert zugeschriebenen Bußbücher, P 1991; M. OHST, Pflichtbeichte. Untersuchungen zum Bußwesen im Hohen u. Späten MA, T 1995. – TRE V 414–428, VII 452–473.

Bußprediger. Wie viele Propheten im AT, z. B. Jeremias und Johannes der Täufer, mahnten auch Jesus und seine Apostel die Menschen zur Abkehr von der Sünde und zur Hinkehr zu Gott. Im HochMA bildeten sich Bußbruderschaften, z. B. 1260 die später grausam verfolgten Apostoliker (Apostelbrüder) des Gerhard Segarelli aus Parma, der 1300 wegen seiner rücksichtslosen Kritik der reichen Kirche verbrannt wurde. Endzeitl. ausgerichtete Geißlerzüge erschütterten weite Kreise des Volkes. Unter den B., die im MA, in der Renaissance und im Barock Massen mit dem Ruf zu Umkehr und Buße aufrüttelten, ragen Berthold von Regensburg († 1272), Vinzenz Ferrer († 1419), Bernhardin von Siena († 1444), Johann von Capistrano († 1456), Girolamo Savonarola († 1498), Vinzenz von Paul († 1660) und Abraham a Santa Clara († 1709) hervor. Schreckl. Naturkatastrophen und Kriege boten oft Anlaß für ihre Bußpredigten.

Buß- und Bettage, im MA von der weltl. oder kirchl. Obrigkeit festgesetzte Tage der Buße (→ Bußpraxis), d. h. des → Fastens und Betens, bes. die → Quatemberfasttage (jeweils zu Beginn der vier Jahreszeiten). Ihre spezifische Form aber fanden sie erst im Jh. der → Reformation, und zwar in doppelter Gestalt.

[1] B. als außerordentl. Veranstaltungen anläßl. allg. Katastrophen und Nöte in Reich, Stadt und Land wurden vom Ks. oder Landesfürsten angeordnet, so 1532 in Straßburg der erste ev. Buß- und Bettag auf Geheiß Karls V. wegen der Türkengefahr. Schon 1526 hatten prot. → Kirchenordnungen, z. B. die ›Reformatio Hassiae‹ und das sog. ›Lüneburger Edikt‹ (1527), diese Form vorgesehen, ohne daß es aber zur Ausführung gekommen wäre.

[2] B. konnten als reguläre Einrichtung der Gottesdienstordnung an zwei Wochentagen stattfinden: so in Straßburg und den oberdt. Städten, ferner nach der Kirchenordnung von Hessen-Kassel (1539) und der ›Kölner Reformation‹ (1543). Im norddt. Raum bevorzugte man die vierteljährige Folge (jeweils am 1. Sonntag des Quartals) und knüpfte damit an das ma. Quatemberfasten an. Die sächs. Kirchenordnung (1539) schrieb an den zwei Wochentagen eine Litanei vor. – Die Vielfalt der B. (1878 kannte man 47 verschiedene B. an 24 verschiedenen Wochentagen) hielt sich erstaunl. lange, erwies sich aber im 19. Jh. angesichts der Bevölkerungsbewegungen als sehr lästig. Deshalb folgten die nord- und mitteldt. Landeskirchen 1893 dem Vorschlag der Eisenacher Kirchenkonferenz (1852), den Mittwoch vor dem letzten Sonntag des Kirchenjahres als alleinigen Buß- und Bettag einzuführen. Süddtl. verweigerte sich dem zunächst. Erst 1934 wurde diese Regelung einheitl. für die EKD angenommen; sie wird dem seit 1919 gewandelten Verhältnis zw. → Kirche und Staat am besten gerecht, da der Buß- und Bettag heute noch ein staatl. Feiertag ist.

L: P. Graf, Gesch. der Auflösung der alten gottesdienstl. Formen in der ev. Kirche Dtl., Bd. I, Gö ²1937, 221–236, Bd. II, Gö 1939, 164–169; E. Weismann, Der Predigtgottesdienst u. die verwandten Formen: Leiturgia. Hb. des ev. Gottesdienstes, Bd. III, Kassel 1956, 1–96; TRE VII 492–496 (L. Schmidt).

Byzantinische Kirche. Das als »Symphonia« noch am besten charakterisierte Verhältnis zum byz. Staat begrenzt nach Anfang und Ende die Gesch. der b. K. Der byzantinische Staat und die b. K. durchdrangen sich gegenseitig und gingen auch miteinander unter (1453). – Die *orth. → Reichskirche* (5.–9. Jh.) war seit Justinian (527–565) bewußte Erbin der konstantinischen und theodosianischen Traditionen: Häretiker konnten nicht Reichsbürger sein (Gesetz ›Cunctos populos‹ von 380). Die kaiserl. Einigungsformel (Henotikon von 482) anläßl. des → Akakianischen Schismas machte die → Glaubensbekenntnisse von Nicaea und Konstantinopel (→ Konzilien) reichsgesetzl. Justinian setzte diese Kirchenpolitik der Reichs»ökumene« fort: Er machte das West und Ost als letztes vereinende Ökumenische → Konzil von Chalkedon (451) und dessen Zweinaturenlehre in seinem »Rhomäer«-Reich zur Norm, wobei sein → Chalkedonismus der orientalischen Vorherrschaft des → Monophysitismus Rechnung trug. Dies Ziel verfolgte er auch im → Origenistischen Streit und im sog. → Dreikapitelstreit. Doch gerade dessen Abschluß (553) förderte monophysitische (→ Koptisch-orth. K.) und nestorianische Nationalkirchen (→ Nestorianische Kirchen). – Kaiser Herakleios (610–614) und der von ihm geförderte Gräzisierungsprozeß banden Kirche und Volk so eng zusammen, daß das Volk die kaiserl. Religionspolitik (→ Monergistischer bzw. monotheletischer Streit) noch weniger verstand. Der → Bilderstreit (8./9. Jh.) machte den byz. Kaisern unübersehbar deutl., daß die Volksfrömmigkeit monophysitisch geblieben war und weniger dem byz. → Patriarchen als dem → Mönchtum nützte. – Die *mittelbyz. Kirche* (9.–12. Jh.) unter den sich ablösenden Dynastien der Makedonen (867–1081), Komnenen (1081–1185) und Angeloi (1185–1204) wurde so zur Kirche des Ikonenkultes. Monastisch-bigotter Lebensstil erfüllte den byz. Kaiserpalast mit sakralem Zeremoniell (Der Ks. lebt mit seinem »Syncellus«, d. h. Zellengenossen, und mönchischen Beichtvater eng zusammen; er predigt in den zahlreichen Kapellen des »Großen Palastes«). Glanz und Elend der mittelbyz. Kirche veranschaulicht der höfische Gelehrte, später hl.gesprochene Photios († ca. 891/7), zweimal von Kaisergunst auf den Patriarchenthron erhoben, aber auch zweimal von ihm gestoßen; er starb als Verbannter in einem fernen Kloster. Ebenso wenig kann die glanzvolle Geisteskultur der sog. Makedonischen Renaissance die Sorgen der mittelbyz. Kirche verdecken; wie sie im 7. Jh. in Kleinasien den → Paulikianern galt, so jetzt den → Bogomilen auf dem Balkan. Hingegen erwies sich die Slawenmission als erfolgreich. Zunächst von Konstantin († 869) und Method († 884) betrieben, hatte Byzanz die Christianisierung der Bulgaren, Serben, Mähren und Russen für sich zu nutzen verstanden (→Russ.-orth. K.). Rom mußte dies hinnehmen, doch fortbestehende Spannungen, durch dogmatische und disziplinäre Differenzen verstärkt, führten im 11. Jh. zum → Morgenländischen Kirchenschisma. Deshalb unternahm auch Innozenz III. nichts gegen das lat. → Patriarchat, das vom → lat. Kaisertum (1204–1261) am Bosporus err. wurde. – Die *spätbyz. Kirche* (13.–15. Jh.) fand zunächst im sog. griech. Kaisertum von *Nicaea* (1204–1261) und anderen Randstaaten (Kaiserreich von Trapezunt; Despotat von Epirus) Herbergen ihrer Flucht. Die fortbestehende Anziehungskraft von Byzanz beweist Bulgariens Loslösung von Rom (1235: bulgarisches Patriarchat, Byzanz unterstellt). Die Unionsverhandlungen des lat. Kaisertums mit Rom im 13. Jh. (→ Lyoner Konzilien) berührten die spätbyz. Kirche nicht. Die machtvoll beginnende Dynastie der Paläologen (1259–1453) gewann wohl die Kapitale Byzanz wieder, mußte aber große Gebietsverluste an das Großserbische Reich und die Osmanen hinnehmen, was eine »echte Krise des byz. Weltbildes« (H.-G. Beck) auslöste. Der Aufstieg der → Athosklöster förderte zudem den Hesychastenstreit (1341–51; → Hesychasmus), den Bürgerkriege (1321–1354) begleiteten. Immerhin ging aus ihnen der → Palamismus als

Hort der → Orthodoxie hervor; er wandte sich gegen die Päpste im → Avignoner Exil und erneute Unionsverhandlungen der Paläologen mit ihnen. Im Abendländischen → Papstschisma sowohl vom → Baseler wie vom → Florenzer Konzil umworben, entschied man sich für Angleichung an das → Filioque der Abendländer und deren → Thomismus. Dies sowie die Konversionen des byz. Ks. (1438) und des Metropoliten von Nicaea, Bessarion († 1472 in Ravenna als Kard.), machten erhebl. Defizite theol. und kirchl. Substanz sichtbar. Wohl machte nach dem Fall Konstantinopels (1453) Kiew sich zum Erben byz. → Orthodoxie, dem das russ. Zarentum darin folgte, doch der Graben blieb unüberbrückbar.

L: F. Dvornik, Byzanz u. der röm. Primat, St 1969; H.-G. Beck, K. u. theol. Literatur im byz. Reich, Mn 1959; D. A. Zakythinos, Byz. Gesch., 2 Bde, W-Kö-Graz 1977–78; H.-G. Beck, Gesch. der orthodoxen Kirche im byz. Reich, Mn 1980; C. Walter, Art and Ritual of the Byzantine Church, Lo 1982; J. M. Hussey, The Orthodox Church in the Byzantine Empire, O 1985; TRE VII 500–531 (J. Meyendorff). – Atlas KG 30–31, 36.

Cäcilien-Verband, offiz. Name ›Allg. Cäcilien-Verband für die Länder der dt. Sprache‹ (ACV), 1868 beim 19. → Katholikentag in Bamberg von F. X. Witt (1834–88) zur Förderung der kath. Kirchenmusik in den dt.-sprachigen Ländern gegr., 1870 von Pius IX. bestätigt. Der C. ist heute eine Organisation päpstl. Rechts mit einem Kardinalprotektor. Er sieht seine Aufgabe in der Förderung der Kirchenmusik gemäß den päpstl. Richtlinien, bes. bei Arbeitstagungen und in Arbeitsgemeinschaften. Alljährl. finden Generalversammlungen statt.

Die hl. Cäcilia ist eine als Martyrin verehrte Jungfrau, deren Existenz aber fragl. ist. Die in ihrer Passio stehenden Worte »cantantibus organis« fanden im 8. Jh. Eingang in die Antiphon (Wechselgesang zweier Chöre) zu ihrem Fest (22. Nov.) und führten im späten MA dazu, Cäcilia als Patronin der Kirchenmusik zu verehren. Cäcilia wird mit einer Orgel abgebildet.

P: Musica sacra, Rb bzw. Kö 1868 ff.; Kirchenmusikalisches Jb., Kö 1886 ff.; 1950 ff.
L: Musicae Sacrae Ministerium, Kö 1962, 233–242.

Caesaropapismus, Schlagwort des 18. Jh. für Ks. Justinians »Kaisertum von Gottes Gnaden« (→ Byz. Kirche), das dessen Staatsbegriff des »Rhomäer-Reiches« und der spätröm. Rechtstraditionen unbeachtet läßt. Byz. Texte sprechen vom »Einklang« (griech. symphonia) zw. der »Königsherrschaft« und dem Priestertum: »Das eine ordnet und betreibt die himmlischen Dinge, das andere lenkt mit gerechten Zügeln die irdischen Verhältnisse« (2. → Konzil v. Nicaea [787] beim Abschluß des ersten → Bilderstreites). Solche »Übereinstimmung« von Jenseits und Diesseits erinnert an kosmisches »Ordnungs«-Denken im klass. Griechentum.

L: A. W. ZIEGLER, Beiträge zur Slavenkunde: E. KOSCHMIEDER-A. SCHMAUS (Hg.), Fs. Diehls, Mn 1953, 81–87; D. J. GEANAKOPLOS: Church and State in the Byzantine Empire: A Reconsideration of the Problem of Caesaropapism: Church History 34 (1965) 381–403; S. RUNCIMAN, The Orthodox Churches and the Secular State, Lo 1971.

Calvinismus. In der Gesch. der → Ref. Kirchen hebt sich der C. charakteristisch vom Wirkungsbereich Zwinglis († 1531) und Bullingers († 1575) ab. Die Unterschiede sind weniger sprachl. (dt./frz.) oder polit. bedingt denn ekklesiologisch verankert. – In Genf begründete Jean Calvin (1509–64) einen auf Verwirklichung der Erwählung durch die Bürger bedachten Stadtstaat. Wohl mißlang ein erster Versuch 1536/38 (1537: ›Instruction et confession de foi dont on use en l'Eglise de Genève‹); die ›Ordonnances ecclésiastiques‹ (1541) aber sicherten den Erfolg des zweiten: Ihre vier geistl. Ämter (Pastoren, Lehrer, Älteste, Diakone) und zwei Verwaltungsausschüsse wachten über das Heiligungsleben der Bürger, um sie als Gemeinde der »Erwählten« zu bestätigen. Das theokratische Konzept atl. Prägung identifizierte die christl. Gemeinde mit der polit. und legte auch polizeil. Erziehungsmittel in die Hand der geistl. Leitung (→ Antitrinitarier). – Der *frz. Protestantismus* wurzelte anfängl. im → Humanismus, zu dessen Pariser Zirkeln der junge Calvin gehört hatte. Er fand zudem in der Humanistin und Königsschwester Margarethe von Navarra eine Fürsprecherin, während ihr leichtlebiger Bruder Franz I. (1515–47) der → Inquisition gegen die »Luthériens« freie Hand ließ. Als diese von ihren Fluchtorten (Straßburg, Basel, Lausanne, Genf) zurückkehrten, waren sie jedoch militante »Calvinisten« geworden. Daß die Prinzen de Condé (Haus Bourbon-Vendôme) und Admiral de Coligny (Haus Châttillon) sich ihrer annahmen, verstrickte sie in Adelskämpfe und intensivierte die Annäherung an den C. Die 1. Frz. Nationalsynode von Paris (1559), für die Calvin die ›Confession de foi‹ (Confessio Gallicana) und eine Kirchenordnung (›Discipline ecclésiastique‹) entwarf (→ Bekenntnisschriften), gab sich denn auch eine → presbyterial-synodale Verfassung. Noch stärker wurde der Einfluß des C., als nach den Hugenottenkriegen das Toleranzedikt von Nantes 1598 (→ Hugenotten) volle Religionsfreiheit (→ Gewissensfreiheit) gewährte; in Saumur und Sedan entstanden theol. Akad., die sich jetzt auch an den weltweiten Diskussionen des C. um den → Arminianismus im »pro et contra« beteiligten.

In die *Niederlande* drang der C. von Nordfrankreich ein. Dabei drängte er das → Luthertum zurück, das zunächst die nördl. und mittleren Provinzen (z. T. als →Täuferbewegung) bestimmte. An der Repression war Calvin seit 1543 mit Schriften über die »Anabaptisten« und wider die »Libertiner« beteiligt; seine ›Institutio‹ (→ Bekenntnisschriften) wurde ins Flämische übersetzt. Die ›Confessio Belgica‹ (1561) übernahm die calvinischen Grundelemente der ›Confessio Gallicana‹. Im niederländischen Freiheitskampf gegen das kath. Spanien (1566–1609, 1621–1648) und seit dem Übertritt Wilhelms von Oranien (1573) wurde der C. Sache der Nation. Die erste prot. Univ. Leiden (1575) war calvinisch. Diese Entwicklung wurde durch die »Ewige Union« von Utrecht (1579), in der sich die 7 Nordprovinzen (Holland) von Spanien lossagten, und durch den → Westfälischen Frieden (1648) sanktioniert, was die Vorherrschaft der Prädestinationslehre (→ Dordrechter Synode) und der → Presbyterialverfassung im heutigen Holland erklärt.

In der *Kirche von England* (→ Anglikanismus) hatten Humanisten wie William Tyndale (1524f.: engl. Übers. des NT; 1525/35 mit Coverdale Übers. des AT) zunächst mit Wittenberg kontaktiert. Mit Martin Bucers Cambridger Professur (seit 1547) und der Oxforder von Petrus Martyr Vermigli († 1562) kam zwinglianische Theologie an die Universitäten. Calvin wirkte nur briefl. auf die reformatorische Kirchenpolitik Eduards VI. (1547–53) ein. Die calvinische Abendmahlslehre in den ›42 Artikeln‹ (1552) und ihre luth.-realistische Abwandlung in den ›39 Artikeln‹ (→ Bekenntnisschriften) spiegeln dies wider. Erst der presbyterianische → Puritanismus (seit 1560) und die Revolution gegen die kath. Stuarts (1642) bahnten der sog. Westminster-Confession (1646) und mit ihr auch einem streng calvinischen Glaubensbekenntnis (von kurzer Dauer) den Weg.

Übernommen wurde es hingegen von der *Kirche Schottlands* (1647), die schon vorher die Presbyterialverfassung verwirklicht hatte. Das ging auf den Calvinschüler John Knox († 1572) zurück, der den Adel für den → Kongregationalismus gewann (sog. Convenant von 1557). Nach einem kurzen, aber bilderstürmerischen Bürgerkrieg erstand die ›Reformierte schottische Staatskirche‹ (1560), deren ›Confessio Scotica‹ (→ Bekenntnisschriften) stark antirömisch war. Zu ihr mußte auch der schottische Kg. seinen Segen geben; die Spannungen zw. »Presbyterians« und dem Königshaus blieben allerdings und führten Ende des 16. Jh. zu Krisen, Mitte des 17. Jh. zu schweren Bürgerkriegen, an deren Ende man 1647 mit der erwähnten Westminster-Confession einen gemäßigten C. übernahm.

Q: Corpus Reformatorum, Bd. 30; B 1864, (Ndr.) 1964; O. WEBER, (Hg.), Joh. Calvin. Der Unterricht in der christl. Religion, Neukirchen ²1955.

L: J. BOHATEC, Calvins Lehre v. Staat u. Kirche, Br 1937, (Ndr.) 1961; JOHN T. MCNEILL, The History and Character of Calvinism, NY 1954; B. GASSMANN, Ecclesia Reformata. Die Kirche in den ref. Bekenntnisschriften, Fr-Bas-W 1968; D. KEMPF, A Bibliography of Calviniana 1959–1974, Leiden 1975; G. MARSHALL, Presbyterians and Profits. Calvinism and the Development of Capitalism in Scotland 1560–1707, O 1980; K. REUTER, Vom Scholaren bis zum jungen Reformatoren. Studien zum Werdegang Johannes Calvins, Neukirchen 1981; M. PRESTWICH (Hg.), International Calvinism 1541–1714, O 1985; A. MCGRATH, Joh. Calvin, Z 1991. – TRE VII 568–592. – Atlas KG 75.

Campo Santo Teutonico, dt. Friedhof neben der Peterskirche in Rom. Nach einer Legende hat die Kaiserin Helena († 330) »hl. Erde« (campo santo) vom Kalvarienberg in Jerusalem hierher gebracht. Im 8. Jh. entstand die ›schola Francorum‹. Schon im → MA fanden hier dt. Pilger Unterkunft und Kranke ein Hospital. – Der →Augustiner-Eremit Johann Goldener, seit 1451 Weihbf. von Bamberg, gründete 1450 im C. S. T. die → Bruderschaft zur Schmerzhaften Mutter Gottes, die 1579 zur Erzbruderschaft erhoben wurde. Mit dieser ist das 1876 err. Priesterkolleg, dem Anton de Waal (1837–1917) von der Gründung bis zu seinem Tod als Rektor vorstand, bis heute verbunden. – Der C. S. T., zu dem die 1475 erbaute Marienkirche gehört, gilt seit 1929 (→ Lateranverträge) als exterritorial; er ist der Verwaltung des Vatikanstaates unterstellt. – Das im C. S. T. untergebrachte kirchenhist. und archäologische Institut besitzt eine Fachbibliothek und ein frühchristl. Museum. Angesehene Gelehrte (u. a. Kirsch, Merkle, Schmidlin, Dölger, Seppelt), Bischöfe und Schriftsteller weilten hier zu Studien. Das ›Röm. Institut der → Görres-Gesellschaft‹ hat hier seinen Sitz. Das Priesterkolleg gibt seit 1887 die ›Röm. Quartalschrift für christl. Altertumskunde und KG‹ heraus.

L: A. SCHUCHERT, Der C. S. T. bei St. Peter zu Rom, R 1958; E. GATZ (Hg.), Hundert Jahre dt. Priesterkolleg beim C. S. T., 1876–1976. Beiträge zu seiner Gesch., R–Fr–W 1977; DERS., Anton de Waal (1837–1917) u. der C. S. T., R-Fr-W 1980; DERS. (Hg.), Der C. S. T. in Rom, 2 Bde, Fr–Bas–W 1988.

Carbonari (it. »Köhler«), polit. Geheimbund im Italien des 19. Jh., vielleicht als Fortsetzung des gegen Napoleon I. († 1821) gerichteten und erst 1948 untergegangenen Geheimbundes ›Charbonnerie‹. Die C. übernahmen viele Namen und Bräuche von den Kohlenbrennern und ähnelten in organisatorischer Hinsicht den → Freimaurern. Unter den C. fanden sich neben überzeugten Katholiken auch Priester und Ordensleute. Nach den Aufständen im → Kirchenstaat (1830/31) setzten sie sich stark für die Einheit It. und für eine freiheitl. Verfassung ein. Leo XII. erneuerte 1825 das Verurteilungsdekret seines Vorgängers Pius VII. von 1821. Nach der gescheiterten Revolution in der Romagna (1831) verloren die C. an Bedeutung. Die von G. Mazzini († 1872) 1832 gegr. radikale Partei ›La Giovane Italia‹ (Junges It.) knüpfte in ihren Hauptzielen an die C. an; sie erstrebte eine einheitl. Republik mit Rom als Hauptstadt, lehnte nicht nur kirchl. Dogmen, sondern die Kirche selbst ab und propagierte eine neue Religion der Menschlichkeit.

L: G. LETI, Carbonaria e Massoneria nel Risorgimento, Genua 1925; G. GABRIELI, Massoneria e Carboneria nel Regno di Napoli, R 1982; B. CONSTANTINI, C. e preti in Abruzzo dal 1798 al 1860, Cerchio 1987.

Caritasverbände. Caritas (lat. Liebe) bez. jegl. Liebestätigkeit aus christl. Gesinnung. Zur Zeit der Apostel zählte der Dienst für die Armen zusammen mit dem Altardienst zu den Hauptaufgaben des Diakons. Im → MA gehörte die »hospitalitas« zu den öff. Aufgaben der Kirche (spez. der Klöster, der Bischöfe, des Klerus). Mit der Zeit entstanden kirchl. Kranken- und Waisenhäuser sowie rel. Orden, die sich bes. der Armen und Kranken annahmen. Überaus segensreich wirkten die im 17. Jh. von Vinzenz von Paul gegr. ›Confrérie des Dames de la Charité‹ (→ Vinzentinerinnen) und die → Barmherzigen Schwestern.

Eine Caritasbewegung größeren Ausmaßes setzte erst im 19. Jh. ein. Jetzt wurden »jene Ideen und Arbeitsmethoden entwickelt, die in zeitgemäßer Fortbildung von Europa her fast alle Länder geprägt haben«. Die Notwendigkeit dazu ergab sich aus den zahlreichen → Säkularisationen, in deren Gefolge auch die alten Sozialstiftungen der Kirche verlorengingen. Andererseits entstanden immer mehr nichtkirchl. Träger der freien Wohlfahrtspflege. »Der Säkularisierung der Ges. entsprach mit einer gewissen Verzögerung die → Säkularisierung bzw. Laisierung der Sozialarbeit«.

Die caritativen Aktionen erfolgten nicht auf Weisungen von Kirchenautoritäten, sondern erwuchsen meist inmitten des Kirchenvolkes, angeführt von einzelnen sozial engagierten Laien. Bes. Erwähnung verdienen die auf Initiative des Studenten A. F. Ozanam (1813–53) ins Leben getretenen → Vinzenzkonferenzen und als weibl. Parallelstück die Elisabethkonferenzen. Ihre Mitglieder verrichteten Werke der Caritas in Schulen und Betrieben sowie in Familien durch Hausbesuche. »Der fundamentalste Wandel kirchl. Sozialarbeit seit dem 19. Jh. liegt jedoch in der Ablösung der traditionellen Armenpflege, die auf den elementaren Lebensunterhalt ihrer Schützlinge konzentriert war, durch eine differenziertere und spezialisiertere Sorge um den Menschen in seinen verschiedenen Nöten« (GATZ).

In Dtl. entstanden neben den Vinzenzvereinen, deren Zahl sich rasch vergrößerte, zentral zusammengeschlossene Verbände, z. B. der → ›Raphaelsverein zum Schutz kath. dt. Auswanderer‹ (Hamburg seit 1871), das ›Seraphische Liebeswerk‹ (Altötting bzw. Koblenz-Ehrenbreitstein seit 1889) und der ›Kreuzbund‹ als Verband abstinenter Katholiken (Hamm i. W. seit 1896). Auf dem 2. Caritastag in Köln 1897 wurde auf Vorarbeiten des Limburger Priesters Lorenz Werthmann (1858–1921), eines glänzenden Organisators, der ›Caritasverband für das kath. Dtl.‹ (seit 1913 ›Dt. Caritasverband‹) als Zusammenschluß aller kath. Verbände und Einrichtungen der Sozialhilfe gegr. (Sitz: Freiburg i. Br.). Bald danach entstanden in den einzelnen Diözesen C. Die Schwerpunkte ihrer Arbeit liegen in der Hilfe für Kranke, Behinderte, alte Leute, Kinder und Jugendliche, Familien, Gefährdete und ausländische Arbeiter. Der Dt. Caritasverband err. 1909 in München die erste Soziale Frauenschule des Kath. Frauenbundes. Seine offiz. Anerkennung durch die Freisinger (1915) und Fuldaer → Bischofskonferenz (1916) erfolgte reichl. spät. – Ähnl. Zusammenfassungen von C. zu einem zentralen Verband wurden auch in anderen Ländern (Östr. 1903, USA 1910, Schweiz 1920 usw.) vorgenommen. – Vor allem die Folgen des 1. Weltkriegs (1914–18) riefen nach einer internationalen Caritasorganisation. 1928 trat die weltweite ›Caritas Catholica‹ (Sitz: Luzern) ins Leben, die nach ihrer im 2. Weltkrieg fast ganz behinderten Tätigkeit zunächst als ›Internationale Caritas-Konferenz‹ (seit 1950) und dann als ›Caritas Internationalis‹ (seit 1954; Sitz: Rom) weiterwirkte. Als Folge der sozial-caritativen Anstöße des 2. → Vatik. Konzils entstanden unter Paul VI. die päpstl. Kommission ›Iustitia et Pax‹ (1966) und der päpstl. Rat ›Cor unum‹ (1971).

In Dtl. gibt es zwei bedeutende kirchl. Hilfswerke: Aktion ›Misereor‹ gegen Hunger und Krankheit in der Welt (seit 1958) und Aktion ›Adveniat‹ zur Unterstützung der pastoralen Aufgaben der Kirche in Lateinamerika (seit 1961). → Sammlungen.

Der flämische →Prämonstratenser Werenfried van Straaten (geb. 1913) gründete 1948 das ›Liebeswerk Kirche in Not. Ostpriesterhilfe‹, das heute in 94 Ländern der Erde der bedrohten und verfolgten Kirche, vor allem in kommunistisch beherrschten Ländern, neuestens auch der Kirche in Lateinamerika, vor allem finanzielle Unterstützung (20 Mill. Dollar allein im Jahr 1977) gewährt. Er ist auch Initiator des 1953 gegr. ›Internationalen Bauordens‹, der Tausenden von Flüchtlingsfamilien in den dt. Diasporagebieten ein Eigenheim ermöglichte.

Immer wieder leisteten einzelne Katholiken Hervorragendes mit der Gründung einer Gemeinschaft oder eines Werkes für caritative Zwecke. Wie die von der Spanierin Maria Rosa Molas y Vallve (1815–76, seliggesprochen 1977) gegr. ›Schwestern Unserer Lieben Frau von der Tröstung‹ sich der Kranken und sozial Benachteiligten annehmen oder das auf Damian Deveuster (1840–89), den Apostel der Aussätzigen auf der Hawaii-Insel Molokai, zurückgehende ›Dt. Aussätzigen-Hilfswerk‹ bes. Leprakranke in Südkorea betreut, der Priester H. Sommer 1904 die ›Josef-Ges. für Krüppelfürsorge‹ (Sitz: Köln) gründete, so stehen die von der albanischen Ordensschwester Teresa (geb. 1910), 1979 Trägerin des Friedensnobelpreises, gegr. ›Missionaries of Charity‹ (auch Schwestern der Mutter

Teresa gen.) vor allem in Indien im Dienst der Armen und Sterbenden. → Innere Mission.

P: Caritas. Jb. des Dt. Caritas Verbandes.

Q: E. Frie, Caritativer Katholizismus in Dtl. im 19. u. 20. Jh., 4 Bde, Fr 1994–95.

L: S. Reicke, Das dt. Spital u. sein Recht im MA, 2 Bde, St 1932, (Ndr.) Am 1961; G. Wopperer, Die neuen Formen sozial-caritativer Arbeit in der Oberrhein. Kirchenprov. 1834–70, Fr-Bas-W 1957; R. Völkl, Dienende Kirche – Kirche der Liebe, Fr-Bas-W 1969; E. Gatz, Kirche u. Krankenpflege im 19. Jh., Pa 1971; E. Boshof, Untersuchungen zur Armenfürsorge im fränkischen Reich des 19. Jh.: AKG 58 (1976) 265–339; R. Völkl (Hg.), Caritative Diakonie der Kirche, Aschaffenburg 1976; H. Vonhoff – H. J. Hofmann, Samariter der Menschheit. Christl. Barmherzigkeit in Gesch. u. Gegenwart, Mn 1977; A. E. Hierold, Grundlegung u. Organisation kirchl. Caritas, St. Ottilien 1979; J. McGovern, Christi Liebe weitergeben. Das Leben der Mutter Teresa, Fr-Bas-W 1980; Gavan Daws, Damian Deveuster, Fr-Bas-W 1988.

Cathedra Petri. Kathedra (griech. kathédra = Sitz) hieß der Sessel, der beim antiken Totenmahl für den Toten aufgestellt wurde. Demnach bedeutete das Fest der C. P. urspr. eine Totenmahlfeier zum Gedächtnis des Apostels Petrus am 22. Februar; im ältesten röm. Kalender (354) »natale Petri de cathedra« gen. Die gallische Kirche feierte am 18. Januar das Fest der Einsetzung Petri zum Hirten und Fundament der Kirche: die »C. P.« Im 4./5. Jh. erfolgte die Umdeutung nach altkirchl. Brauchtum zum Bischofstuhl Petri in Rom. Dadurch wandelte sich die Totenmahlfeier des 22. Februar zunächst zur Armenspeisung an der »memoria Petri« in Alt-St. Peter, dann zu einem Thronbesteigungsfest des Petrus (»Petri Stuhlfeier«), das aber erst vom 12. Jh. an groß gefeiert wurde. »Als durch die liturgischen Austauschbeziehungen schließl. beide Feste nebeneinander im Kalender standen, deutete man sie mit wechselnder Festlegung auf die beiden Bischofsstühle zu Antiochien und Rom« (R. Berger). Seit 1960 wird nur noch das Fest am 22. Februar gefeiert.

Die über dem Altar in der Apsis der Peterskirche zu Rom angebrachte »Kathedra Petri« soll nach einer im 12. Jh. entstandenen Legende den wirkl. Stuhl des Apostels Petrus darstellen. Eine päpstl. Kommission untersuchte diesen Stuhl mit allen Hilfsmitteln moderner Wiss. und kam 1960 zu dem Ergebnis, daß der aus Eichenholz gefertigte Sessel aus dem 9. Jh. stammt. Historiker und Archäologen vermuten, daß es sich bei diesem altehrwürdigen Requisit um den Thron Ks. Karls des Kahlen handelt, den dieser vielleicht Papst Johannes VIII. (872–82) geschenkt hat. Dieser Thron erhielt im 12. oder 13. Jh. eine Schutzverkleidung und wurde im 17. Jh. von Bernini mit einem barocken Bronzemonument, das vier Kirchenväter (→ Kirchenlehrer) tragen, umgeben.

Eine Definition »ex cathedra« bedeutet im Sinn des 1. → Vatik. Konzils (1869/70) eine vom Papst für alle Katholiken als verpflichtend verkündete unfehlbare Glaubens- oder Sittenlehre.

L: Nuove ricerche sulla Cattedra lignea di S. Pietro in Vaticano, Città del Vaticano 1975; M. Maccarrone, Apostolicità, episcopato e primato di Pietro, Ricerche e testimonianze dal II al V secolo, R 1976; N. Gussone, Thron u. Inthronisation des

Papstes v. den Anfängen bis zum 13. Jh., Bo 1978; T. Klauser, Die Cathedra im Totenkult der heidnischen und christl. Antike, Mr 1927, ²1971, Leiden ³1980; M. Maccarrone, Romana Ecclesia. C. P., 2 Bde, R 1991.

Chaldäische Kirche bez. die mit Rom unierte → nestorianische Kirche des Vorderen Orients im Unterschied zu den nicht-chalkedonensischen Kirchen Indiens mit chaldäischem (ostsyr.) Ritus (→ Kath. Ostkirchen), die heute die »Chaldäer« um das Achtfache übertreffen. Letztere hatten zunächst als Konfessionsgemeinschaft Cyperns auf dem Unionskonzil von Florenz-Rom (1445) eine ältere Union von 1340 erneuert, zogen sich aber dann nach Mesopotamien zurück, wo das Katholikat erblich wurde (seit 1450). Damit begann eine wechselvolle Geschichte der Unionen mit Rom, die, auf der persönl. Konversion der Katholikos-Patriarchen gründend, immer nur kurzfristig blieben. Erst als Pius VIII. den Metropoliten von Mossul als ›Patriarch von Babylon der Chaldäer‹ bestätigte (1830), gewannen die Beziehungen Dauer. Allerdings unterstehen dem jetzt in Bagdad residierenden Patriarchen nur ca. 280000 Gläubige.

Q: COD 565–567.

L: Assfalg 86–87; Heyer 202–214; G. Yonan, Assyrer heute, W 1978; J. Yacoub, Les Assyro-Chaldéens, P 1987. – Atlas hierarchicus, R ²1972, 15; Atlas KG 138–139.

Chalkedonismus bez. in der modernen Forschung (Ch. Moeller) eine konservative Interpretation des Chalcedonense von 451 (Glaubensbekenntnis des 4. Allg. Konzils v. Chalkedon; Zweinaturenlehre, die man durch die Lehre von Enhypostasie, wonach die zwei Naturen des Inkarnierten durch die hypostatische Union in einer Hypostase geeint sind, ergänzte) in Unterscheidung zum progressiven Neu-Chalkedonismus, der offen die Aussöhnung mit dem → Monophysitismus alexandrinischer Prägung (Cyrill von Alexandrien, † 444) anstrebte. Damit werden zwei Phasen byz. Kirchenpolitik angesprochen, deren erste mit der Ks. Justinians (553: 5. Ökumenisches Konzil von Konstantinopel) identisch ist, während die zweite unter den Stichworten »Monergismus« bzw. »Monotheletismus« in die Regierungszeit des Herakleios (610–641) fällt (→ Monergistisch-monotheletischer Streit). In beiden Fällen wurde das Ziel, die konfessionelle Einheit des byz. Reiches zu wahren, nicht erreicht.

Q: D-S 300–303; N-R 179–208.

L: Chalkedon I 637–720 (Ch. Moeller); W. Elert, Zum Ausgang der altkirchl. Christologie, B 1957; S. Helmer, Der Neuchalkedonismus, Bo 1962; A. Grillmeier, Mit Ihm und in Ihm. Christologische Forschungen und Perspektive, Fr-Bas-W 1975, 371–385 (Neu-Chalkedonismus); Ders., Jesus der Christus im Glauben der Kirche, Bd. I, Fr-Bas-W 1979, 751–775; P. T. R. Gray, The defense of Chalcedon in the East (451–553), Lei 1979; TRE VII 668–675 (L. R. Wickham).

Charismatische Bewegungen. Nach Aussagen des NT besitzt jeder Christ bestimmte Geistgaben (griech. charisma) zum Dienst in Kirche und Welt. Der Widerstreit zw. kirchl. Amtsträgern und Charismatikern ist so alt wie die Kirche selbst. Solche Auseinandersetzungen begegnen uns bereits am Ende des 2. Jh. im → Montanismus. Die vielfältigen Reformbestrebungen im MA (→ Armutsbewegung, → Mystik u.a.) trugen meist auch charismatische Züge. Zu den c. B. auf reformatorischem Boden kann man z.B. die → Täufer, Herrnhuter und → Quäker zählen. Einzelne charismatisch begabte Führergestalten kennen die Kirchen zu allen Zeiten.

Die c. B. sind ein Phänomen des 20. Jh. Obwohl sie mit der →Pfingstbewegung gesch. eng verbunden sind, unterscheiden sie sich von ihr hauptsächl. dadurch, daß sie bei aller Vielfalt ihre Wirksamkeit innerhalb der offiz. Kirchen und kirchl. Gemeinschaften entfalten. Ein konkreter Anfangspunkt ist in zwei amer. Prof. der Duquesne-Univ. in Pittsburgh gegeben, die aus Unzufriedenheit mit der Entwicklung der Kirchen neue Aktivitäten mit der Kraft des Heiligen Geistes unternahmen. Ganz im Sinne Papst Johannes' XXIII. (1958–63) beschlossen sie, zunächst ein Jahr hindurch tägl. die Sequenz »Komm, hl. Geist« aus der Pfingstliturgie zu beten. Bald schlossen sich ihnen zahlreiche Studenten und andere, vorwiegend junge Menschen an. Vor allem aufgrund des gemeinsamen Gebetes kam es bei vielen zu einer neuen Lebensgestaltung und persönl. Christusverbundenheit. So entstanden immer mehr Gebetsgruppen. Dieses neue »Getauftwerden mit hl. Geist« (Apg 1,5) äußerte sich nicht selten in Formen, wie sie schon Paulus in der Gemeinde von Korinth erlebt hatte, bes. in der geistgewirkten Glossolalie, d.h. in einem unverständl. Sprechen in Entrückungslauten. Auch wunderbare Gebetserhörungen (Heilungen von Krankheiten, Bekehrungen) ereigneten sich. – Die charismatische Erneuerung in Dtl. befindet sich noch im Anfangsstadium, weil hier die Zahl der kath. und landeskirchl.-ev. Gebetsgruppen, verglichen mit anderen europäischen Ländern, bes. Fkr. und vor allem mit den USA, gering ist. Während in Fkr. über tausend solcher Gebetsgruppen wöchentl. zusammenkommen, zählt man in Dtl. ungefähr 200. Die Organisation der einzelnen Gruppen ist unterschiedlich. In den USA findet jährl. eine ›Internationale Konferenz über die charismat. Erneuerung in der kath. Kirche‹ statt. Der luth. Pastor A. Bittlinger hat im Schloß Craheim bei Schweinfurt ein Zentrum aufgebaut; hier werden seit 1972 jährl. ›Europäische Internationale charismat. Führerkonferenzen‹ veranstaltet. Paul VI. feierte 1975 anläßl. des ›Weltkongresses der kath. Charismatiker‹ in Rom im Petersdom einen sog. charismat. Gottesdienst.

Weltweite Ausdehnung erlangte die Jesus-People-Bewegung, die ab 1967 bei der ›Hollywood Presbyterian Church‹ u. der Calvary-Gemeinde (Kalifornien) ihren Anfang nahm. Die Mitglieder interessieren sich weniger für den dogmatischen Christus, sondern mehr für den Jesus, der Sünden vergibt, Krankheiten heilt und in seine Nachfolge ruft.

Zu den »Außenseitern« zählen die verschiedenen Jesus- und Christus-→Bruderschaften (auch Christus-Schwesternschaften), deren Mitglieder sich um christl. Brüderlichkeit und Spiritualität mühen. – Zu den c. B. ist wohl auch die von Roger Schutz nach dem 2. Weltkrieg gegr. Gemeinschaft von → Taizé zu zählen. – In einem weiteren Sinn gehören noch verschiedene andere rel. Gruppen, häufig »Basisgruppen« gen., dazu; diese sind innerhalb wie außerhalb der offiz. Kirchen anzutreffen.

P: Erneuerung in Kirche und Gesellschaft, Pa 1978ff.

Q: Neue transkonfessionelle B. Dokumente aus der evangelikalen, aktionszentrierten u. der c.B., F 1976; H. MÜHLEN (Hg.), Erfahrungen mit dem Hl. Geist. Zeugnisse u. Berichte, Mz 1979, D ^{2}1980.

L: G. ADLER, Die Jesus-B. Aufbruch der enttäuschten Jugend, D 1972; O. SIMMEL, Wie der Geist Christen erfaßt. C. B. in der kath. Kirche der USA, B 1974; H. MÜHLEN (Hg.), Einübung in die christl. Grunderfahrung, 2 Bde, Mz 1976; J. LELL – F. W. MENNE (Hg.), Rel. Gruppen. Alternativen in Großkirchen u. Ges. Berichte, Meinungen, Materialien, D 1976; A. KUEN, Die c.B., Wie 1976; M. PANCIERA, Il rinovamento carismatico in Italia, Bo 1977; G. THEISSEN, Soziologie der Jesusbewegung, Mn 1977; P. MEINHOLD, Außenseiter in den Kirchen, Fr-Bas-W 1977; H. HEIDLAND u.a., Die c. Erneuerung u. die Kirchen, Rb 1977; L. J. SUENENS, Gemeinschaft im Geist. C. Erneuerung u. ökum. B., Sa 1979; P. KRÄMER – J. MOHR, C. Erneuerung der Kirche. Chancen u. Gefahren, Trier 1980; R. J. BORD – J. E. FAULKNER, The Catholic Charismatics, Lei-Kö-Lo 1983; F. A. SULLIVAN, Die c.B., Graz 1984, ^{2}1986; N. BAUMERT (Hg.), Jesus ist der Herr, Münsterschwarzach 1987.

Chlysten, so verballhornisierten die Gegner das Selbstverständnis der »Gottesleute« als inkarnierte »Christusse«. Die Anfänge der → russ. Sekte liegen im Dunkeln (Zusammenhänge mit den → Messalianern; ob auch mit den → Bogomilen, ist fraglich); sichtbar wurde sie mit ihrem Gründer Danila Philipovič im 17. Jh., der die permanente Inkarnation Gottes, Christi, der Gottesmutter, der Apostel und Propheten in jedem Gläubigen lehrte. Sie werde in der Ekstase erlebt, die herbeizuführen der gottesdienstl. Sakraltanz bei den C. geübt wurde. Nach langer Zeit der Verfolgung, bes. unter dem Oberkurator Pobedonoscev, ermöglichte das Toleranzedikt von 1905 die Organisierung als »Neues Israel« mit 7 Provinzen in ganz Rußland unter der Gesamtleitung von 12 Aposteln und 24 Ältesten. Damit begann allerdings auch der allmähl. Abstieg zur Bedeutungslosigkeit. Die Skopzen (»Selbstverstümmler«; → russ. Sekten) sind die asketische Kehrseite dieser enthusiastischen Sekte.

L: G. SIMON, Konstantin Petrovic Pobedonoscev und die Kirchenpolitik des Hl. Synod 1880–1905, Gö 1969.

Chorbischof. Als C. galt im Orient ein Bf. auf dem Land (griech. chora), der dem Stadtbf. unterstellt blieb und ohne dessen Erlaubnis weder Diakons- noch Priesterweihe vornehmen durfte. Die Zahl der Chorbischöfe wuchs mit der Verbreitung des Christentums außerhalb der Städte. Im Abendland begegnen wir dem C. nicht vor dem 8. Jh. – im Osten ging dieses Institut der Chorbischöfe zu dieser Zeit schon wieder unter –, zuerst im iroschottischen Klosterbischof und im Bf., der, ohne eigenes Gebiet und ohne Jurisdiktion, einer bestimmten Diöz. zugeteilt war. Um Amt und Stellung des (regierenden) Bf. nicht zu beeinträchtigen, verzichtete man vom 11. Jh. an auf diese »Landbischöfe.«

Eng verwandt mit dem Chorbischof erscheint der *Weihbischof,* der dem Bf. vor allem für Weihehandlungen zur Verfügung steht (deshalb auch Hilfs- oder Auxiliarbischof). Die Anfänge des Weihbischofs liegen im 12. und 13. Jh., als aus lat. Bistümern des Ostens vertriebene Bischöfe im Abendland als Hilfs- oder Weihbischöfe eingesetzt wurden, nicht selten nacheinander in verschiedenen Diözesen. Man benötigte sie vor allem dann, wenn ein Fürstbischof nicht zum Bf. geweiht oder stark mit polit. Aufgaben betraut war. Ein solcher Auxiliarbischof wurde auf den Titel eines im Osten untergegangenen Bischofssitzes (»in partibus infidelium«) geweiht (Titularbischof) und »vicarius generalis in pontificalibus«, später auch »suffraganeus« genannt. In neuerer Zeit erhält ein Bf. je nach Größe seines Bt. und den erforderlichen Aufgaben einen (oder auch mehrere) Weihbf., der vom Papst ernannt wird und gewöhnlich kein Recht der Nachfolge (ius successionis) besitzt.

L: F. Gillmann, Das Institut der Chorbischöfe im Orient, Mn 1903; Bergère, Etudes historiques sur les chorévèques, P 1925; T. Gottlob, Der abendländische Chorepiskopat, Bo 1928, (Ndr.) A 1963; V. Fuchs, Der Ordinationstitel, Bo 1930; G. Lynch, Coadjutors and Auxiliaries of Bishops, Wa 1947.

Chorherren, gleichbedeutend mit Kanonikern, die schon im 4. Jh. ein gemeinsames Leben führten. Während im Zug der → Gregorianischen Reform (11. Jh.) ein Teil der Kanoniker an Dom- und Stiftskirchen ein gemeinsames Leben mit oder ohne Privateigentum wählte (→ Kanonikerreform), entschlossen andere sich zu einem Gemeinschaftsleben nach einer bestimmten Regel (mit feierl. Gelübden), meist der → Augustinusregel, und bildeten so regulierte Chorherren-Stifte. Diese neue Lebensform der Regularkanoniker zw. dem alten → Mönchtum und den Säkularkanonikern bildete sich bes. unter Urban II. († 1099) aus, dem sie auch zahlreiche Privilegien (z. B. den Namen »canonici secundum regulam sancti Augustini viventes« zu führen) verdankte. Als Regel bzw. Satzungen wurden vor allem vier herrschend: Consuetudines St. Rufi (in Fkr., Span., Portugal), Regula Portuensis (It.), Constitutiones Marbacenses (Dtl.) und Liber Ordinis von St.-Victor in Paris (Fkr.). Unter den Chorherren-Orden ragen die → Augustiner-Chorherren und die → Prämonstratenser hervor. Blütezeiten (14. und 15. Jh.) zeichneten sich durch Reformen aus, z. B. die Raudnitzer Reform, die bes. auf die rel. Entwicklung in Böhmen einwirkte, aber auch Polen, Bayern und Östr. beeinflußte. Zum asketischen Leben und zur wiss. Arbeit gesellten sich immer mehr auch caritative Tätigkeiten.

Den C. entsprachen als weibl. Zweig die *Chorfrauen,* die mancherorts mit den C. in → Doppelklöstern zusammenlebten.

L: J. Mois, Das Stift Rottenbuch in der Kirchenreform des XI.–XII. Jh., Mn 1953; J. Siegwart, Die C.- u. Chorfrauengemeinschaften in der dt.sprachigen Schweiz v. 6. Jh. bis 1160, Fri 1962; N. Backmund, Die C.orden u. ihre Stifte in Bayern, Passau 1966; J. Chatillon, Le mouvement canonial au moyen-age, P-Turnhout 1992. – TRE IV 423–428. – Atlas KG 50.

Christengemeinschaft. Angeregt durch 29 ›Vorträge für rel. Erneuerung‹ (1921) von dem Begründer der Anthroposophie, Rudolf Steiner (1861–1925), konstituierte sich die C., von der Steiner bereits 1902 als von der »Dritten Kirche der Zukunft« gesprochen hatte. Im Sept. 1922 nahm der »Erzoberlenker« und Pfarrer der frz.-ref. Gemeinde in Berlin,

F. Rittelmeyer († 1938), die erste »Menschenweihehandlung« vor. Die C. versteht sich als Auftakt zur »Transsubstantiation der Erdenstofflichkeit in reine Geistleiblichkeit«, die mit der Leiblichkeit Christi begann und durch ihn zum Weltprozeß wurde. Mit Christus wird der Mensch verwandelt und zum erlösenden Priester im kosmischen Raum, weil er Mittler zw. Geist und Stoff ist. Im 3. Reich relativ spät verboten (1941–45), entfaltet die C. seit 1948 wieder stärkere Aktivität in allen Ländern Europas (100 Lokalgemeinden in Dtl.), ohne den Kirchenaustritt zu verlangen.

P: Die C., St 1924ff.

L: H.-W. Schroeder, Die C., St 1990; J. Lenz, Die C., St 1991. – TRE VIII 10–13.

Christenlehre als Unterweisung der Pfarrgemeindejugend ist im Unterschied zum altchristl. → Katechumenenunterricht ein Kind spätma. Reformbeschlüsse und auf dt. Boden in Regensburg (seit 1377), Bamberg (1434), Würzburg (1453) und Torgau (1511) nachzuweisen. Die → Reformation nutzte dieses Institut für sich. Während Luthers beide → Katechismen vornehml. im dt. → Protestantismus die C. gestalteten, übernahm zunächst für den → Calvinismus der erste Genfer Katechismus (1537: ›Instruction et confession de foy, dont on use en l'Eglise de Genève‹; 1878 wiedergefunden) eine gleiche Rolle, unterlag aber dann einer stärkeren, mit der Ausbreitung des Calvinismus unvermeidl. Diversierung. Mit dem Straßburger Reformator Martin Bucer († 1551 in Cambridge) und dessen ›Großem Katechismus‹ (1534) und ›Kürzer Catechismus‹ (1537) knüpften wiederum die → Ref. Kirchen dt. Zunge an Luther an, wobei Bucer selber mit ihnen die Konfirmation einzuführen gedachte. Überflügelt wurde er dabei nur durch den → Heidelberger Katechismus (1563), der didaktisch geschickter aufgebaut war. Solche Renaissance der spätma. C. in der prot. Katechismuslehre und deren konfessionelle Effizienz motivierte nach dem → Trienter Konzil einen engagierten Teilnehmer und profilierten Repräsentanten der → Gegenreformation wie Petrus Canisius († 1597) zu seinem Großen (1555: ›Summa doctrinae christianae‹; 1556 dt. Auszug) und Kleinen Katechismus (1558: ›Catechismus parvus catholicorum‹). In Rom übernahmen die ›Padri della Dottrina Cristiana‹ (→ Doktrinarier) seit 1560 Aufgaben der C. Solche »Reaktion« konnte allerdings nicht von Dauer sein, da der kath. Konfessionalismus nach Trient bes. auf die Firmung, d.h. die Sakramentseinweisung (inkl. Beichte), ausgerichtet war, was die C. als solche einengen mußte.

Erst die Zusammenfassung in ›Christenlehr-Bruderschaften‹, z.B. die ›Doktrinarier‹ als Erzbruderschaft bei St. Peter (1607) oder die → Barnabiten, schuf einen Wandel, zumal seit man in der Diaspora auch → Sonntagsschulen übernahm (18./19. Jh.). Im → Protestantismus des 18./19. Jh. hingegen sorgte der → Pietismus für die Einführung der Konfirmation (Spener in Frankfurt 1666, in Dresden 1686) und damit für den Fortbestand der C. als Konfirmandenunterricht. Auch dadurch erfolgte eine Einengung, diesmal auf Konfirmationsjahrgänge, was hier die Auszehrung der altluth. Katechismuspredigten am Sonntagmittag für Gesinde und »Kirchenvolk«, das nicht zum Abendmahl zugelassen war, einleiten mußte. In den Ref. Kirchen konnte sich die C. noch am längsten erhalten. – Im übrigen sollte der → Kirchenkampf das Institut der C. in neuartiger Gestalt der »Laiendogmatiken« wiederbeleben, das hinterher in der Gestalt eines »Erwachsenenkatechismus« um die Formung des »mündigen Christen« bemüht war. Beide Konfessionen konnten dabei die staatl. geförderte Erwachsenenbildung nutzen. Anders in der DDR, wo man auf sich selbst gestellt war, als die spez. Zs. ›Christenlehre‹ entstand (1948ff.), um einen »Lehrplanentwurf für die C.« in Leitfragen und Antworten zu begründen. Hier bedeutet für beide Konfessionen Förderung der »Mündigkeit« durch C. Angeld auf die Zukunft.

Q: J. M. Reu, Quellen zur Gesch. des kirchl. Unterrichts, Bd. I/1, Gü 1904.
L: F. Probst, Gesch. der kath. Katechese, Br 1887; K. Barth, Die christl. Lehre nach dem Heidelberger Katechismus, Z 1949; Ders., Dogmatik im Grundriß, Z 1947, [5]1979; E. W. Kohls, Martin Bucers Katechismus v. Jahre 1543 u. seine Stellung innerhalb der Katechismusgesch.: ZbayKG 39 (1970) 83–94; B. Hareich, Die Konfirmation in der Reformationszeit, Gö 1971; H. J. Fraas, Katechismustradition. Luthers Kleiner Katechismus in Kirche u. Schule, Gö 1971; P. C. Bloth (Hg.), C. u. Katechumenat in der DDR, Gü 1975; W. Jentsch u. a. (Hg.), Ev. Erwachsenenkatechismus, Gü 1976; H. Jetter u. a. (Hg.), Werkbuch zum Ev. Erwachsenenkatechismus, Gü 1977; J. C. Hampe, Was wir glauben. Taschenbuch zum »Ev. Erwachsenenkatechismus«, Gü 1977; K. Rommel (Hg.), In der Schule des Glaubens. Der Katechismus in unserer Zeit, St 1978; A. Exeler, Katechese in unserer Zeit. Themen u. Ergebnisse der 4. Bischofssynode, Mn 1979; H. Aldebert, C. in der DDR, H 1990; D. Reiher (Hg.), Kirchl. Unterricht in der DDR 1949–1990, Gö 1991.

Christentumsgesellschaft. Einem Plan des Augsburger Seniors Johann August Urlsperger († 1806) folgend, begründeten im Jahr 1780 bibelgläubige Kreise in Basel, die bereits der Vater Samuel Urlsperger († 1772) vor allem in der Schweiz gesammelt hatte, die ›Deutsche C.‹. Der Titel der Vereinsmitteilungen (1780ff.) propagierte die Zielsetzung: ›Sammlungen für Liebhaber christl. Wahrheit und Gottseligkeit‹. Man wollte sowohl die Äußere wie die → Innere Mission tatkräftig fördern. Daraus entstanden die → Baseler Missionsgesellschaft und die Pilgermission St. Chrischona (1840). Diese, vom Sekretär der C., F. Spittler, begründet, gewann als Ausbildungsstätte für Laienprediger Bedeutung; sie pflegte bes. Kontakte mit dem dt. Gnadauer Gemeinschaftsverband (→ Gemeinschaftsbewegungen).

Q: E. Staehelin, Die C. in der Zeit v. der Erweckung bis zur Gegenwart, Bas 1974.
L: E. Beyreuther, Die Erweckungsbewegung, Gö 1963, [2]1977; E. Staehelin, Die C. in der Zeit der Aufklärung und der beginnenden Erweckung, 2 Bde., Bas 1970–1974; K. Rennstich, ... nicht jammern, Hand anlegen! Ch. F. Spittler, Metzingen 1987. – TRE V 276–278.

Christenverfolgungen sind normale, nur nicht immer bemerkte Erscheinungen der KG aller Zeiten. Die altchristl. C. haben sich bes. eingeprägt, weil sie von Anfang an den frommen Legenden des → Martyrerkultes bzw. der → Heiligenverehrung hist. Stoffe lieferten. Der Kirchenhistoriker Euseb († 339) verband dabei »Dichtung und Wahrheit«, wenn er auf der einen Seite die Märtyrerberichte für die »Märtyrer Palästinas« unter Ks. Maximinus Daia (303–313) sammelte, andererseits die Zahl der vorkonstantinischen C., mit Nero anfangend, nach den zehn ägyptischen Plagen angab. Das übernahm der Augustinschüler Orosius (ca. 417/8) in seine christl. Weltgesch.; es beherrschte das ma. Geschichtsbild. In Wahrheit ist Ks. Neros Gesetz gegen die Christen von 64 (sog. Institutum Neronianum) eine literarische Fiktion des christl. → Apologeten Tertullian. Wie das Reskript Trajans (ca. 115) beweist, erließ Rom kein Gesetz gegen die Christen. Erst ein Opferedikt des Ks. Decius löste 250 die erste C. im ganzen Reich aus, die dann die beiden Edikte Ks. Valerians (257/8) zu antichristl. Aktionen machten. Das gilt erst recht von den 4 Edikten der diokletianischen C. (303/4), die im Osten weit blutiger verliefen als im Westen – dort auch nach dem → Toleranzedikt des Kaisers Galerius (311) fortgesetzt. Mit Konstantins Maßnahmen gegen den → Donatismus beginnt das dunkle Kapitel der Verfolgung häretischen Christentums durch den christl. Staat (→ Ketzergesetzgebung), das erst in der NZ geschlossen wurde. Die neueste Zeit brachte dafür das Phänomen völkisch motivierter C., wobei die seit 1894 gegen die → Armenische Kirche gerichteten Vernichtungsaktionen der Türken auch rel. (→ Islam) motiviert waren. Gleiches gilt von den Aktionen der Jungtürken gegen die Griechen Kleinasiens (1. Weltkrieg); denn der ihnen günstige Vertrag von Sèvres (1920) kostete schwere Blutopfer. Nur die Evakuierung von 2 Mill. nach Griechenland verhinderte das Schlimmste. Von einem ideolog. Ausrottungskrieg gegen die baltischen Kirchen (Litauer, Letten, Esten) waren die Anfänge der russ. Revolution (1917–20) geprägt, während in Rußland selber ein christentumsfeindl. Marxismus-Leninismus die ideologischen Prämissen und die Diktatur des Proletariats Handhaben für C. lieferten. Spez. Art wieder waren die C. in Mexiko, wo 1917 ein kirchenfeindl. Staat sich von der → Röm.-Kath. Kirche trennte, um dann Priester und Nonnen zu verjagen. Unter kommunistischem Einfluß kam es 1926–1938 zu blutigen, vornehmlich den Klerus treffenden C. Letzteres kennzeichnete auch die C. in Südamerika (1955 ff.). Es zeichnet sich nach dem Sturz des christl. Kaiserhauses auch für Äthiopien ab (1979), ist überhaupt für C. symptomatisch, in der Vergangenheit wie in der Gegenwart. Während aber altchristl. Märtyrer wenigstens im Kult als Heilige fortleben, ist die Anonymität ihrer zahlenmäßig weit größeren Nachfahren des 19./20. Jh. ein Brandmal unserer Gegenwart.

Q: KThQ I 5, 11, 18, 22, 24, 27, 30, 34, 36, 39, 40, 49, 55, 61; P. GUYOT – R. KLEIN, Das frühe Christentum bis zum Ende der Verfolgungen, 2 Bde, Da 1993–1994.

L: J. MOREAU, Die C. im röm. Reich, B 1961, ²1971; A. WLOSOK, Rom u. die Christen, St 1970; K. HUTTEN, Christen hinter dem Eisernen Vorhang, 2 Bde, St 1962–63; R. FREUDENBERGER, Das Verhalten der röm. Behörden gegen die Christen im 2. Jh., Mn ²1969; R. M. GRANT, Christen als Bürger im Röm. Reich, Gö 1980; T. CHRISTENSEN, Christus oder Jupiter, Gö 1980.– TRE VIII 23–62.

Christian Science (Christl. Wissenschaft), eine rel. Lehre mit dem Ziel, das urspr. Christentum und sein verlorengegangenes Element des Heilens wieder einzuführen. Ihre Gründerin Mary Baker-Eddy († 1910) legt in ihrem Lehrbuch ›Science and Health‹ (1875), das zusammen mit der Bibel als Grundlage der C. S. gilt, dar: Gott ist die geistige Grundlage und Quelle allen Seins; der Mensch ist das Ebenbild Gottes. In diesem unauflösl. Verhältnis zw. Gott und Mensch sieht sie auch die Basis für ein geistiges Heilen. Das Gebet bedeutet Hinwendung zu Gott als dem Vater oder vollkommenen Urheber allen Seins, das dem Wesen nach geistig ist. Dadurch gewinnt der Mensch ein Verständnis von seiner unantastbaren Gottessohnschaft, und er erlebt das göttl. Heil und als Folge davon Heilung der gestörten Ordnung in den Bereichen des menschl. Lebens. – C. S. betrachtet sich als eine prot. Gemeinschaft, lehnt aber die christl. Lehren von der Dreifaltigkeit Gottes, der Gottessohnschaft Christi und der Erlösung der Menschen durch Christi Tod sowie die Sakramente im christl. Verständnis ab. Zentrale der C. S. ist die 1879 von Baker-Eddy gegr. Mutterkirche ›The First Church of Christ, Scientist‹ in Boston/Mass. Die ›Kirche Christi, Wissenschafter‹ besteht heute aus der 1892 reorganisierten Mutterkirche und ihren über 3000 Zweigkirchen und 500 Hochschulorganisationen in mehr als 50 Ländern aller Kontinente. In der BRD bestehen 110 Zweigkirchen; hinzu kommen seit 1989 Kirchengründungen in den neuen Bundesländern.

P: Der Herold der Christl. Wiss. (Monatsschrift), Boston bzw. F 1903ff.; The Christian Science Monitor (internationale Tageszeitung), Corvallis 1950ff.

Q: Ein Jh. christl.-wiss. Heilens (Dokumentation), Boston 1969; M. Baker-Eddy, Wiss. u. Gesundheit mit Schlüssel zur Hl. Schrift, Boston 1975.

L: K. Holl, Der Scientismus. Ges. Aufsätze, Bd. III, T 1928; H.-D. Reimer, Metaphysisches Heilen, St 1966; R. Peel, M. Baker Eddy, 3 Bde, NY 1966–77; F. W. Bautz, Die »Christl. Wiss.«, Gladbeck 1975; K.-D. Förster, Die Christl. Wiss.: K. Eberhardt (Hg.): Was glauben die andern? 27 Selbstdarstellungen, Gü 1977, 49–56, 2. Aufl. hg. v. H. Trubach, Gü 1993 (K.-H. Herr); M. Kappeler, Einführung in die Wiss. der c. W., Lo 1977; H. Bloom, The American Religion, NY 1992. – TRE VIII 62–64.

Christlich-Evangelische Kirche Italiens. Von einigen kleineren Gruppen abgesehen, fand der → Protestantismus in Italien kaum Anhänger (→ Evangelismus). Wohl aber gründeten die, seit 1532 dem →Calvinismus verbundenen, → Waldenser in mehreren Städten rel. Gemeinschaften, die aber erst 1848 toleriert wurden. Der anglik. Priester John Nelson Darby († 1832), nach dem sich der → Darbysmus benennt, verwarf jedes Kirchentum; er rief freie Brüdergemeinden ins Leben, die seit 1848 auch in romanischen Ländern Fuß fassen konnten. Aus solchen Gemeinden des Darbysmus bildete sich in It. 1870 die ›Chiesa libera‹, die sich 1889 ›Chiesa Evangelica Italiana‹ nannte und 1908 im Methodismus (→Methodisten) aufging.

1946 entstand stattdessen die ›Christl. Kirche Italiens‹; sie umfaßt heute die it. Waldenser, Methodisten und → Baptisten, die Abendmahlgemeinschaft praktizieren und in der Hochschule der Waldenser in Rom eine gemeinsame Ausbildungsstätte besitzen. Die dt. ev. Gemeinden schlossen sich 1948 zur ›Ev.-Luth. Kirche in Italien‹ zusammen.

L: K. ALGERMISSEN, La Chiesa e le Chiese, Brescia 1942; G. SPINI, Risorgimento e Protestanti, Na 1956.

Christlich-soziale Bewegungen nahmen ihren Anfang mit dem Aufkommen der sog. Industriegesellschaft, zuerst in Engl. und bald auch in Fkr., die von einem individualistisch-liberalistischen Kapitalismus bestimmt wurde. In Dtl. und Östr. setzte die Industrialisierung fast hundert Jahre später, um die Mitte des 19. Jh., ein, nicht zuletzt bedingt durch die rel. Verhältnisse. Im Gegensatz zum luth. → Protestantismus sperrten sich näml. die (geistl.) kath. Staaten gegen die neue staatl. Wirtschaftspolitik.

[1.] *Kath.:* Vor 1870 traten in Dtl. nur einzelne Katholiken wie der badische Abgeordnete F. J. Buß (1803–78) – er hielt 1837 die erste sozialpolit. Rede in einem dt. Parlament! – und der Münchener Philosoph F. von Baader (1765–1841) mit sozial-reformerischen Ideen hervor um die Lage der Arbeiter (→ Arbeiterbewegung), die von ges. Rechtlosigkeit, berufl. Schutzlosigkeit und wirtschaftl. Not geprägt war, zu verbessern. Während die offiz. Kirche nahezu ganz untätig blieb, gewannen die Verfechter eines liberalen Sozialismus (im Gegensatz zum → Rel. Sozialismus) schnell viele Anhänger unter den Arbeitern. Beim Klerus sind bes. zwei Gestalten wegen ihres sozialen Engagements bekannt geworden: Adolf Kolping (1813–65), Gründer des ersten Gesellenvereins (→ Kolpingwerk), und der Mainzer Bf. I. von Ketteler (1811–77), der, zunächst mehr auf caritative Hilfe ausgerichtet, später zum Haupttheoretiker eines → Sozialen Katholizismus auf korporativer Grundlage wurde. Immer mehr Eingang fanden christl.-soziale Ideen in das kath. Vereinsleben (→Katholikentage, Arbeitervereine, → Gewerkschaften) und in christl. → Parteien, wie dies bes. in der Sozialpolitik der dt. → Zentrumspartei offenbar wurde. Unter den zahlreichen einzelnen »Sozialaposteln« seien nur der Berliner Studentenpfarrer Carl Sonnenschein (1876–1929), der 1908 in Mönchen-Gladbach das ›Sekretariat Sozialer Studentenarbeit‹ und 1918 in Berlin das ›Akademische Arbeitsamt‹ neben anderen Organisationen für → Akademiker- und Großstadtseelsorge gründete, und sein Mitarbeiter Hermann Platz (1880–1945) erwähnt. – In Östr. ist vor allem auf K. von Vogelsang († 1890) zu verweisen, der mit seinem Programm eines »christl. Sozialismus« die korporative Eingliederung der Arbeiter in die Industriewirtschaft erstrebte und kath. soziale Runden ins Leben rief. Die Päpste ließen sich erst seit Leo XIII. (1878–1903) mit eigenen Rundschreiben zur → Sozialen Frage vernehmen. Leo XIII. charakterisierte in der Enz. ›Rerum novarum‹ (1891) die Lage der Arbeiter als ein »sklavenähnl. Joch« und appellierte an die Mithilfe der Kirche ebenso wie an die Sozialpolitik des Staates und die Selbsthilfe der Arbeiterschaft. Den Sozialismus selbst verurteilte er als eine »verheerende Seuche« und eine »offenbare Ungerechtigkeit«. Pius XI. drängte in der Enz. ›Quadragesimo anno‹ (1931) auf eine Reform der Gesellschaft. Johannes XXIII. forderte in der Enz. ›Mater et Magistra‹ (1961) uneingeschränkte Mitbestimmung und Beteiligung der Arbeitnehmer am Produktionsvermögen. Er hat wie auch sein unmittelbarer Nachfolger Paul VI. (Enz. ›Octogesima adveniens‹, 1973) die Unvereinbarkeit von Kath. Kirche und Sozialismus nicht mehr übernommen und damit einen demokratischen Sozialismus gelten lassen.

[2] *Prot.:* Im Unterschied zur → Inneren Mission und zu Werken der Liebestätigkeit (→ Armenpflege, → Diakonie), ja überhaupt zu allen Formen der → Laienbewegung auf kirchl. Feld bewegten sich die c.-s. B. außerhalb der offiz. Kirchen, von diesen deshalb oft mit Argwohn betrachtet. In der polit. Öffentlichkeit profitierten sie vom Koalitionsrecht des 19. Jh. Die konfessionelle Bindung (hier kath., dort prot.) blieb davon unberührt; sie bestimmte das Bemühen um christl. Lösungen der durch die moderne Industrie und Wirtschaft aufgeworfenen Sozialprobleme. – In Engl., dem Mutterland der Industrialisierung, nahmen die c.-s. B. ihren Anfang. Zusätzl. Einflüsse der frz. Revolution von 1848 sind unverkennbar, wenn z. B. der anglik. Pfarrer und Sozialist Charles Kingsley († 1875) die revolutionäre Losung »Freiheit, Gleichheit, Brüderlichkeit« mit den Grunddaten christl. Existenz (Bibel, Taufe, Abendmahl) für gegeben und damit einklagbar ansah. Zusammen mit anderen Gesinnungsgenossen gründete er die ›Ges. zur Förderung von Arbeitervereinigungen‹, um durch sie dem 4. Stand bei der Wahrung seiner sozialen Rechte zu helfen. Seit 1890 als ›Vereinigung für den christl.-sozialen Dienst‹ von der Anglik. Kirche (→ Anglikanismus) und seit 1924 als ›Conference on Christian Politics, Economics and Citizenship‹ (COPEC) auch von der → Röm.-Kath. Kirche anerkannt und unterstützt, erwies sich die engl. Bewegung als ein Bollwerk gegenüber einem atheistischen Marxismus. Der ›Christian Social Council‹ (1925) und seine Stellungnahmen waren dafür ein Wahrzeichen. – Den engl. Genossenschaftsgedanken (→ Gewerkschaften) nahm nur Victor Aimé Huber († 1869 als Prof. in Berlin) auf, blieb darin aber im Protestantismus und vor allem auch in der Arbeiterwelt ohne Echo. Letzteres gilt zudem für die Innere Mission Johann Hinrich Wicherns († 1881) und den Rel. Sozialismus der Schweizer. Enttäuscht von der Revolution (1848), formierte sich die dt. → Arbeiterbewegung als ›Arbeiterverein‹ zunächst unter Lasalle (1863), dann unter Liebknecht und Bebel 1869 als ›Arbeiterpartei‹ (Eisenacher Programm: Trennung von → Kirche und Staat; → Staatskirchentum), um dann im Kompromiß des ›Gothaer Programms‹ (Religion als Privatsache!) sich als ›Sozialistische Arbeiterpartei Deutschlands‹ zusammenzufinden (1875). Bismarcks Sozialistengesetz von 1878 zeitigte ungeachtet der Sozialgesetze von 1883 (Kranken-), 1884 (Unfall-) und 1889 (Invalidenversicherung) nach seiner Aufhebung 1890 ein schnelles Wachstum und das ›Erfurter Programm‹ (1891), mit dem sich die marxistisch-kirchenfeindl. Richtung durchsetzte. Wilhelm II. (»christl.-sozial ist Unsinn«) hingegen entließ 1890 seinen Hofprediger Adolf Stoecker (→ Christl.-sozialer Kongreß), der 1878 die ›Christl.-soziale Arbeiterpartei‹ begründet hatte. In der Weimarer Repu-

blik blieb die Kluft des dt. Protestantismus zur organisierten Arbeiterschaft, die auch der → ›Bund der rel. Sozialisten‹ nicht überwand. Einen wesentl. Beitrag des Ausgleichs nach dem 2. Weltkrieg leistete hingegen die engl. Arbeiterbewegung COPEC. Ihre ökumenische Tätigkeit führte Repräsentanten der Arbeiter mit denen der Kirche zusammen, was nicht ohne Einfluß auf das ›Godesberger Programm‹ von 1959 blieb. Seit der Stockholmer Weltkirchenkonferenz für Praktisches Christentum (→Ökumenischer Rat der Kirchen) gehört die christl.-soziale Problematik zur ökumenischen Arbeit.

P: Friedewalder Beiträge zur s. Frage, 1950ff.

Q: P. GÖHRE, Die ev.-s. Bewegung, ihre Gesch. u. ihre Ziele, L 1896; Texte zur kath. Soziallehre, 2 Bde, hg. v. Bundesverband der Kath. Arbeitnehmer-Bewegung Dtl., Kevelaer 1975–76; A. UTZ – B. GRÄFIN V. GALEN, Die kath. Sozialdoktrin in ihrer gesch. Entfaltung. Eine Sammlung päpstl. Dokumente v. 15. Jh. bis in die Gegenwart, 4 Bde, Aachen 1976; KThQ IV/2 103.

L: E. TROELTSCH, Soziallehren der christl. Kirchen und Gruppen, B 1922; F. LAUN, Soziales Christentum in Engl. Gesch. und Gedankenwelt der COPEC-Bewegung, B 1926; M. LAROS, C.-s. Manifest. Zum 100. Jahrtag des Kommunistischen Manifest, St 1948; H. TEN DOORNKAAT, Die Ökumenischen Arbeiten zur s. Frage, H 1954; K. BRÜLS, Gesch. der kath.-s. Bewegung in Dtl., Mr 1958; P. JOSTOCK, Die kath.-s. B. u. die letzten hundert Jahre in Dtl., Kö 1959; A. I. ABELL, American Catholicism and social action. A search for social justice, 1865–1950, NY 1963, ²1980; G. LEWECK, Kirche u. s. Frage um die Jahrhundertwende. Dargestellt am Wirken Ludwig Webers, Neukirchen 1963; B. H. A. HERMANS, Das Problem der Sozialpolitik u. Sozialreform auf den dt. Katholikentagen v. 1848 bis 1891. Ein Beitrag zur Gesch. der kath.-s. B., Bo 1972; F. DUVE (Hg.), Anti-Sozialismus aus Tradition? Memorandum des Bensberger Kreises zum Verhältnis v. Christentum u. Sozialismus heute, Reinbek 1976; H. MOCKENHAUPT, Kirche u. industrielle Arbeitswelt. 10 Persönlichkeiten der kath.-s. Bewegung, Ei 1977; G. BRAKELMANN, Kirche, s. Frage u. Sozialismus, 2 Bde, Gü 1977–79; K. J. RIVINUS (Hg.), Die s. B. im Dtl. des 19. Jh., Mn 1978; F. FOCKE, Sozialismus aus c. Verantwortung. Die Idee eines c. Sozialismus in der kath.-s. Bewegung u. in der CDU, Wuppertal 1978, ²1981; W. R. WARD, Theology, Sociology and Politics. The German Protestant Social Conscience 1890–1933, Bern-F-Durham 1979; S. H. PFÜRTNER – W. HEIERLE, Einführung in die kath. Soziallehre, Da 1980; R. LUBEK, C. Sonnenschein. Sozialreformer u. Großstadtseelsorger, Limburg 1980; F. H. MÜLLER, Heinrich Pesch. Sein Leben u. seine Lehre, Kö 1980; N. MONZEL, Die kath. Kirche in der Sozialgesch., hg. v. T. HERWEG – K. H. GRENNER, Mn-W 1980; A. KLOSE – W. MANTL – V. ZSIFKOVITS (Hg.), Kath. Soziallexikon, Graz 1965, ²1981; F. J. STEGMANN, Die kath. Kirche in der Sozialgesch., Mn 1983; E. BUESS – M. MATTMÜLLER, Prophetischer Sozialismus. Blumhardt – Ragaz – Barth, Fribourg 1986; W. SCHROEDER, Katholizismus u. Einheitsgewerkschaft, B 1992; G. BESIER, Religion, Nation, Kultur, Neukirchen 1992.

Christusorden. [1] Der C. wurde 1318 von Kg. Dionysius von Portugal als geistl. → Ritterorden, der seine Mitglieder und Güter zunächst von den kurz zuvor aufgehobenen → Templern bezog, zur Bekämpfung der Mauren, d. h. der Mohammedaner auf der iberischen Halbinsel, gestiftet und 1319 durch Johannes XXII., der in Avignon residierte (→ Avignoner Exil), bestätigt. Der Verfassung lag die Regel der → Zisterzienser zugrunde. An der Spitze standen der Großmeister mit der weltl. und der Großprior mit der kirchl. Jurisdiktion. – Aus den Einkünften des Ordens bestritt Heinrich der Seefahrer († 1460) als Großmeister die Entdeckungsfahrten an der afrikanischen Westküste und die Eroberung Guineas. Als Gunsterweis übertrug Calixt III. dem C. 1456 die kirchl. Jurisdiktion über alle Kolonien Portugals in Afrika und Asien. 1461 ging das Großmeisteramt an den Kg. von Portugal. Leo X. († 1521) gewährte ihm das Patronatsrecht (→ Patronatswesen) über alle Kirchen und Missionen in den portugiesischen Kolonialländern. Dieses Padroado Português galt in den Diözesen Indiens bis 1950. Im 17. Jh. brach der portugiesisch-indische Jurisdiktionsstreit aus (→ Goanesisches Schisma). Dem Höhepunkt im 16. Jh. folgte bald ein langsamer Niedergang, bis der C., 1797 säkularisiert, 1834 alle seine Güter verlor. – Der C. wurde in Portugal bis 1910 und in Brasilien bis 1890 als weltl. Verdienstorden mit 3 Klassen verliehen.

[2] Der it. C. (Milizia di Gesù Cristo), im 14. Jh. entstanden, vereinigte sich 1605 mit den → Augustiner-Chorherren.

[3] Pius IX. stiftete 1847 den C., der als höchster päpstl. Orden (mit nur 1 Klasse) fast nur Staatsmännern zuteil wird, z. B. Reichskanzler Otto Fürst von Bismarck (1885).

L: W. SCHULZ, Andreaskreuz u. C. Isabella v. Portugal u. der burgundische Kreuzzug, Fri 1976.

Clarener (Clareniner), benannt nach Angelo von Clareno († 1337), der im → Armutsstreit der → Franziskaner als → Spirituale entschieden Stellung bezog und deswegen Verfolgung und Kerker auf sich nehmen mußte. Er sammelte Mönche um sich, die dem Orden der → Cölestiner angehört hatten und nach dessen Aufhebung als Einsiedler (in Eremitorien) lebten. – Im 15. Jh. bildeten die ›Eremiten des Angelus Clarenus‹ eine dem Bf. unterstellte Kongregation. Ein Teil schloß sich 1473 den Franziskanern an, andere gingen zu den → Observanten über. Julius II. (1503–13) teilte die Kongreg. den Observanten und Pius V. 1568 endgültig den ref. Ordenszweigen zu.

L: L. v. AUW, Angelo Clareno et les Spirituels Franciscains, Lausanne 1952; D. NIMMO, Reform and division in the Franciscan Order, R 1987.

Claretiner, von dem Volksmissionar und späteren Ebf. von Santiago de Cuba, A. M. Claret y Clará (1807–70, kan. 1950), 1849 in Vich (Span.) gegr. und von Pius IX. 1870 anerkannte ›Missionsgenossenschaft der Söhne des Unbefleckten Herzens Marias‹ (Cordis Mariae Filii = CMF) für → Volks- und Heidenmission. Die C. wirken heute als Missionare in allen Erdteilen, Australien ausgenommen. – Die ersten dt. C. kamen 1924 nach Studium und Priesterweihe in Span. und Südamerika in ihre Heimat. Das Pfarrhaus in Hegelhofen bei Weißenhorn (Diöz. Augsburg) diente ihnen als erste Niederlassung. Bald entstand in Weißenhorn ein C.-Kolleg; hier befand sich auch das dt. Provinzialat (jetzt in Würzburg). Die Hauptaufgabe der C. besteht in Jugenderziehung, Seelsorge und Mission.

Claret y Clará ist auch Gründer der Kongreg. der *Claretinerinnen* (offiz. Name: ›Apost. Bildungsinstitut von der Unbefleckten Empfängnis‹), die sich in erster Linie der Erziehung und Ausbildung der weibl. Jugend widmen.

L.: C. FERNÁNDEZ, El Beato A. M. Claret y Clará, 2 Bde, Ma 1942; DERS., La Congregación de los Hijos del Immaculado Corazón de María, 2 Bde, Ma 1967; J. ALVAREZ GOMEZ, Historia, R 1980.

Cluniazenser Reform. Das Kloster Cluny in Burgund, 910 gegr., genoß von Anfang an das Privileg der → Exemtion, so daß es sowohl über sein Klostergut wie die Formen des Klosterlebens frei bestimmen konnte. Das unterschied von der dt. Verhältnissen angepaßten → Gorzer Reform, deren Erneuerung des Ordens der → Benediktiner im Geist des Benedikt von Aniane man aber bejahte und durch →Consuetudines förderte. Dazu gehörten die Intensivierung liturgischer Gebetsdienste, tägl. Meßgottesdienste und Entlastung der Mönche von Feld- und Handarbeit durch Laienbrüder. Eine Ausweitung der C. R. erfolgte, als Abt Odo (927–942) von andern Klosterherren um Reformierung gebeten wurde. Dies verstärkte sich unter dem »Erzengel der Mönche«, Abt Odilo von Cluny (994–1049), der im Institut der Erzabtei zugleich die organisatorische Spitze eines ökonomisch ausgerichteten Klosterverbandes schuf (Zusammenfassung der meist aus den »cellae« hervorgegangenen Klosterländereien zu großräumigem Priorat). Unter Erzabt Hugo d. Gr. (1049–1109) war er mit ca. 200 Abteien, Prioraten und klösterl. Eigenkirchen der größte seiner Art im damaligen Abendland. Neben dem wirtschaftl. Potential, das auch Königen und Fürsten Respekt abnötigen konnte, wurde die C. R. zu einer straff geführten Reformbewegung (Ernennung der Prioren durch den Großabt, dem auch die Äbte den Treueid leisten mußten). Sie fand in dem salischen Ks. Heinrich III. (1039–56), dem Vertrauten Hugos d. Gr., einen Helfer, der gleichermaßen wie sie das röm. Papsttum zu reformieren gedachte (→Gregorianische Reform).

Q: J. WOLLASCH (Hg.), Cluny im 10. u. 11. Jh., Gö 1967.

L: E. SACKUR, Die C. R. ... bis zur Mitte des 11. Jh., T 1892–94, (Ndr.) Da 1971; K. HALLINGER, Gorze-Kluny. Studien zu den monastischen Lebensformen u. Gegensätzen im Hochmittelalter, 2 Bde, R 1950–51; G. TELLENBACH (Hg.), Neue Forschungen über Cluny u. die C. R., Fr-Bas-W 1959; H. E. COWDREY, The Cluniacs and the Gregorian Reform, O 1970; J. WOLLASCH, Mönchtum des MA zw. Kirche u. Welt, Mr 1973; H. RICHTER (Hg.), Cluny. Beiträge zu Gestalt u. Wirkung der cluniazensischen Reform, Da 1975; R. G. HEATH, Crux imperatorum philosophia Imperial Horizons of the Cluniac confraternitas 964–1109, Pittsburgh 1976; W. TESKE, Laien, Laienmönche u. Laienbrüder in der Abtei Cluny: Frühma. Studien 10 (1976) 248–322; 11 (1977) 288–339; G. CONSTABLE, Cluniac Studies, Lo 1980; M. PACAUT, L'ordre de Cluny 909–1789, P 1986; C. M. CANTARELLA, I monaci di Cluny, Tn 1993. – TRE VIII 126–132. – Atlas KG 47.

Cölestiner, urspr. Bez. ›Einsiedler vom hl. Damiani‹ oder ›Einsiedler vom Morrone‹, benannt nach ihrem Gründer, dem Benediktiner Petrus vom Morrone († 1296), der 1235–38 auf dem Berg Morrone bei Sulmona (Abruzzen) und 1240–43 auf dem Berg Maiella Einsiedlergemeinden gründete. Urban IV. († 1264) schrieb ihnen die → Benediktregel vor, die bald durch Regeln der → Kamaldulenser und → Franziskaner ergänzt wurde. Als Papst Cölestin V. (1294) unterstellte Petrus seine Gründung dem Hl. Stuhl und überhäufte sie mit Privilegien. Bezeichnend bleibt, daß die C. auch seelsorgl. Aufgaben erfüllten. Die einzelnen Klöster – in der Blütezeit ungefähr 150 (neben It. bes. in Fkr.) – gehörten als Priorate zum Mutterkloster (Abtei) S. Spirito auf dem Morrone. An der Spitze des Ordens stand der Generalabt mit dem Recht zur Visitation aller Priorate. Das Generalkapitel trat alljährl. zusammen. Die → Spiritualen hielten Cölestin V., der als achtzigjähriger Mönch 1294 auf Betreiben Karls II. von Anjou zum Papst gewählt worden war, für den → Engelspapst, mit dem ein neues Zeitalter der Kirche anbrechen sollte. Doch Cölestin verzichtete schon nach einigen Monaten auf das Papstamt. Er wurde auf Drängen des frz. Königs Philipp des Schönen 1313 heiliggesprochen.

Den Namen C. trug auch ein Reformzweig der it. Franziskaner, der während des → Armutsstreits gegr. worden war und 1302 von Bonifaz VIII. aufgehoben wurde.

L: Heimbucher I 212–214; P. Herde, Cölestin V. (1294). Peter v. Morrone. Mit einem Urkundenanhang u. Edition zweier Viten, St 1981.

Common Prayer Book. Bemüht, unter dem regierungsschwachen Kg. Eduard VI. (1547–53) den Protestantismus in Engl. einzuführen, komponierte Ebf. Thomas Cranmer von Canterbury aus älteren Formularen (darunter ein röm. Brevier neben der prot. Kölner Kirchenordnung von 1543) die erste Fassung des C. P. B. (1549). Unter seiner Leitung fand 1552 eine erste Revision statt; sie schied unter Mitwirkung von Reformatoren (Melanchthon, Calvin, Bucer) typisch röm.-kath. Elemente wie die Epiklese in der Messe, Exorzismus und Chrisma (zum liturg. Gebrauch geweihtes Salböl) bei der Taufe, Totenmesse u. s. w. aus. Im Wandel der Kirchenpolitik (→ Anglikanismus) führte eine zweite Revision 1559 wieder die Meßgewänder ein. Einen gewissen Abschluß fand diese 1. Entwicklungsphase unter Karl II. (1660–85) aus dem Hause Stuart, der 1662 mit der Uniformitätsakte wieder den Episkopalismus einführte und dementsprechend das C. P. B. zum dritten Mal revidierte. In dieser Gestalt wurde es das klass. »Gebetbuch« der Anglikanischen Kirche, das nicht nur für die Gottesdienste morgens und abends die Formulare enthielt, sondern mit dem Psalter, den Lesungen aus dem AT und dem NT, den »39 Artikeln« (→Bekenntnisschriften), einem → Katechismus und endl. einem angefügten Gesangbuch auch häusl. Andacht und Belehrung diente; sogar Ordinationsformulare waren darin enthalten. An diesem Bestand änderte sich auch nicht viel, als der moderne → Anglokatholizismus seit 1854 die Entfernung der sog. Evangelicals und Rückkehr zur Ausgabe von 1549 verlangte. In langjähriger Revisionsarbeit (1904–1927) erwies es sich, daß die sog. Catholics nur am Rande zugelassen wurden, z. B. Aufbewahrung der Hostie für Krankenkommunion, wobei aber ihre Verehrung im Tabernakel untersagt blieb. Das ›Alternative Service Book‹

(1980) trat neben das offiz. Gebetbuch. Es enthält Gottesdienstformulare in Verbindung mit dem Book of Common Prayer. Folglich bestehen zwei Liturgien nebeneinander.

Q: D. C. FABRICIUS (Hg.), Die Kirche v. Engl., ihr Gebetbuch, Bekenntnis u. kanonisches Recht, B 1937 (engl. u. dt. Text v. 1662 u. 1928).
L: E. C. WHITAKER, Martin Bucer and the Book of C. P., Great Wakering 1974; T. W. DRUWY – R. T. BECKWITH, How we got our P. B., O 1986; N. PERHAM (Hg.), Model and Inspiration, Lo 1993. – TRE VII 80–83.

Constitutio Romana (824). Hatte Ludwig d. Fromme (814–40) zunächst seinen Sohn Lothar in der ›Ordinatio imperii‹ (817) zum Mitkönig bei künftiger Dreiteilung seines Reiches vorgesehen, so suchte Papst Paschalis I. die Entwicklung dadurch zu beeinflussen, daß er Lothar 823 unaufgefordert in St. Peter (Rom) zum Ks. krönte. Doch eben war er gestorben, als Lothar und sein tüchtiger Berater und Verwandter Wala die Gelegenheit nutzten, die Prozeduren der → Papstwahl neu zu regeln: Stadtröm. Klerus und Adel bildeten die Wahlversammlung. Vor der Inthronisation hatte der Gewählte dem kaiserl. Vertreter den Eid »zur Wahrung der Interessen aller« zu leisten; gemeinsam mit einem päpstl. »Gesandten« kontrollierte der kaiserl. die Verwaltung des Patrimonium Petri (→ Kirchenstaat). Als Kg. von Italien (843–55) ergänzte Lothar I. 844 die C. R. durch die Bestimmung, die Papstwahl könne nur in Gegenwart seines »missus« eingeleitet werden. Bis in die Zeiten der → Gregorianischen Reform blieb so das dt. Königtum maßgebl. an den Papstwahlen beteiligt.
Q: MIRBT-ALAND 517f.
L: O. BERTOLINI: Studi medievali in onore di A. Stefano, Palermo 1956, 43–78

Consuetudines (Gewohnheiten). Schon in den Anfängen sah sich das lat. → Mönchtum genötigt, die aus dem Osten übernommenen Regeln (z. B. des Basilius von Caesarea oder des Pachomius) den westl. Verhältnissen anzupassen. So entstanden in der durch die → Völkerwanderung begünstigten Blütezeit monastischen Lebens (5.–8. Jh.) allerorten »regulae«, die weithin Mischregeln waren und älteres Material verarbeiteten. Das gilt auch für die überregionalen Regeln wie die ›Regula Magistri‹ und die → Benediktregel (beide 6. Jh.). Aus It. über die südfrz. Insel Lérins ins Frankenreich gelangend, sollte letztere im Lauf der Entwicklung die älteren Mönchsregeln verdrängen und seit dem 8./9. Jh. das ganze Abendland beherrschen. Da man auch später innerhalb der Benediktregel den veränderten Zeiten und Anforderungen Rechnung tragen mußte, entstand die Gattung der C. Ihrer Bezeichnung und ihrem Wesen nach waren sie deskriptiv. Bezeichnenderweise wendet man den Begriff C. nicht auf die → Aachener Regel (816) an, deren Vorschrift, Kanoniker und Kanonissen hätten wie die Mönche die Benediktregel zu beachten, eben ein Regulativ war. Ein typisches Beispiel für diese innerhalb der Benediktregel sich vollziehende Entwicklung des 10./11. Jh. bieten die C. von → Cluny, die mehrmals überarbeitet wurden, oder die C. von → Gorze. Das Aufkommen neuer Orden im 11./12. Jh. (u. a. durch den Wandel der Kulturverhältnisse bedingt) verlangte neue C., wie sie z. B. für die → Kartäuser der Prior Guigo de Chastel († 1137) bot. Dabei charakterisiert es gleichzeitig den inneren Gegensatz des Ordens der → Zisterzienser zum Orden der → Benediktiner, wenn er mit der ›Carta caritatis‹ für sich selber ein Regulativ schuf, die konkreten Anweisungen aber den ›Statuta capitulorum generalium‹ überließ. Ähnliches läßt sich an den → Augustiner-Chorherren beobachten. Während die mehr konservativen → Regularkanoniker an den Kathedralen erneut die ›Aachener Regel‹ von 816 beschworen, galten Chorherrn-Stifte wie Springiersbach bei Trier und Marbach im Elsaß, die wieder stärker Handarbeit und → Fasten betonten, im Unterschied zu dem ›ordo antiquus‹ an den Kathedralen als ›ordo novus‹, vertraten ihr Programm aber in Form der C. Erst mit den → Bettelorden endete deren Gattungsgeschichte.

Q: K. Hallinger (Hg.), Corpus consuetudinum monasticarum, Siegburg 1963 ff.

L: K. Hallinger, Gorze-Kluny. Studien zu den monastischen Lebensformen u. ihren Gegensätzen im Hochma., 2 Bde, R 1950–51; Ders., Introductio: Initia Consuetudinis Benedictinae, Siegburg 1963.

Corpus Catholicorum. [1] C. C. bez. (seit 1700) den Zusammenschluß der kath. Reichsstände auf dem → Reichstag unter Führung des Kurfürsten und Ebf. von Mainz; es stellte aber keine Reichsbehörde dar. Ihm stand wie dem → Corpus Evangelicorum gemäß dem → Westfälischen Frieden (Art. V § 51 f.) das Itionsrecht (itio in partes) zu: Die Reichsstände durften, getrennt nach Konfessionen, in Religionsangelegenheiten einstimmige Beschlüsse fassen, die aber dann zur Gültigkeit des Beschlusses in Übereinstimmung gebracht werden mußten. Auf diese Weise wollte man verhindern, daß konfessionelle Minderheiten durch Majoritätsbeschlüsse unterdrückt wurden. Rel. Parteien machten von diesem Recht noch bis 1806 Gebrauch.

[2] C. C. heißt die von J. Greving 1917 gegr. ›Ges. zur Herausgabe der Werke kath. Schriftsteller im Zeitalter der Glaubensspaltung‹, bes. der führenden Theologen Eck, Emser u. Cochläus. Dieselbe Ges. betreut außerdem die ›Reformationsgesch. Studien und Texte‹ und die Reihe ›Kath. Leben und Kämpfen im Zeitalter der Glaubensspaltung‹ (seit 1968: ›Kath. Leben und Kirchenreform im Zeitalter der Glaubensspaltung‹). – In ähnl. Weise umfaßt das ›Corpus Reformatorum‹ die Schriften Melanchthons (Bde. 1–28), Calvins (Bde. 29–87) und Zwinglis (Bde. 88–98).

L: F. Wolff, Das Corpus Evangelicorum u. das C. C. auf dem Westfälischen Friedenskongreß, Mr 1966; M. Heckel, Itio in partes. Zur Religionsverfassung des Hl. Römischen Reiches Deutscher Nation: ZSavRGkan 94 (1978) 180–308; K. Schlaich, Maioritas, protestatio, itio in partes, corpus Evangelicorum: ZSavRGkan 94 (1977) 264–299; 95 (1978) 139–179; H. Jedin, J. Greving, Mr 1954.

Corpus Evangelicorum bez. den 1653 offiz. erfolgten Zusammenschluß der luth. und ref. Reichsstände auf dem → Reichstag unter dem Vorsitz des Kurfürsten von Sachsen. Die einzelnen Reichsstände durften gemäß dem Westfälischen Frieden (Art V § 51 f.) nach Parteien oder Ständen beraten und abstimmen (itio in partes), danach jedoch mußten sich das C. E. und das → Corpus Catholicorum in Religionssachen auf einen gemeinsamen Beschluß gütlich einigen. Diese Regelung sollte verhindern, daß eine Religionspartei die andere überstimmte.

L: → Corpus Catholicorum.

Corpus Iuris Canonici. Das C. I. C. besteht aus sechs Rechtssammlungen: Decretum Gratiani (um 1140), Dekretale Gregors IX. oder Liber extra (1340), Liber sextus Bonifaz' VIII. (1298), Clementinen (1314), Extravagantes Johannes' XXII. u. Extravagantes communes. Die erste offizielle röm. Ausgabe erschien 1582 unter Papst Gregor XIII. → Kanonistik. Die Gültigkeit endete mit Inkrafttreten des Codex Iuris Canonici (1918), der 1983 revidiert wurde.

Q: E. FRIEDBERG, Corpus Iuris Canonici, 2 Bde, L 1872, (Nachd.) Graz 1955.

L: P. LANDAU, Neue Forschungen zu vorgratianischen Canonessammlungen u. den Quellen des gratian. Dekrets, in: Ius Commune, Bd. 11, F 1984, 1–30; R. WEIGAND, Glossatoren des Dekretes Gratians, Goldbach 1996.

Dahlemer Erklärung, ben. nach dem Berliner Vorort Dahlem, in dessen »Dorfkirche« sich die → Bekennende Kirche (BK) im Oktober 1934 zu ihrer 2. Bekenntnissynode versammelte. Seit der → Barmer Theol. Erklärung waren viele prot. Landeskirchen durch die dt.-christl. Reichskirchenpolitik (→ Deutschgläubige Bewegungen) in die ›Deutsche Evangelische Kirche‹ (DEK) eingegliedert worden. Während die sog. »intakten Landeskirchen« (Hannover, Württemberg, Bayern) sich der Zwangsmaßnahmen des dt.-christl. Reichsbischofs Müller erwehren konnten, waren die andern der polit. Überfremdung ausgeliefert. Die »Botschaft« von Dahlem proklamierte daher das »kirchl. Notrecht« und bestellte einen ›Bruderrat der DEK‹ als rechtmäßige Leitung; dies wurde der Reichsregierung mitgeteilt. Theol., konfessionell und kirchenpolit. begründete Differenzen zu den luth. Landeskirchen wurden wohl durch die Bestellung der ›Vorläufigen Leitung‹ (VL) der DEK im November 1934 abgebaut, aber durch den Austritt von W. Niemöller und K. Barth u. a. aus dem Reichsbruderrat erneut verschärft. Erst im Mai 1935 wurden VL und Reichsbruderrat als synodales Organ der DEK von der BK allg. anerkannt. Noch die ›Darmstädter Erklärung‹ (August 1947) als ›Wort des Bruderrates der EKD zum polit. Weg unseres Volkes‹ machte die Spannung zw. konservativen und progressiven Strömungen in der BK sichtbar.

Q: W. Niemöller, Die 2. Bekenntnissynode der DEK zu Dahlem. Gö 1958; M. Niemöller, Dahlemer Predigten 1936/1937, Mn 1981; KThQ IV/2 160.

L: W. Niemöller (Hg.), Die Preußensynode zu Dahlem. Die zweite Bekenntnissynode der Ev. Kirche der altpreuß. Union. Gesch., Dokumente, Berichte, Gö 1975; G. Wendelborn, Charta der Neuorientierung. Die Rezeption des »Darmstädter Wortes« heute, B 1977.

Darbysten, nach dem anglik. Pfarrer und Separatisten John N. Darby (1800–1882), nach dem Versammlungsort anfangs des 19. Jh. in Plymouth auch ›Plymouth-Brüder‹ gen., lehnen verfaßtes Kirchentum ab. Sie selber bez. sich daher als »Brüder« (Brethren), die ihresgleichen in allen Kirchen und Sekten suchten, um in Erwartung der alsbaldigen Wiederkehr Christi mit ihnen das Abendmahl zu feiern. Doch gerade diese »Versammlungen« und die Frage, wen man als heilig zum »Brotbrechen« zulassen dürfe (»open brethren« gegen »exclusive brethren«), führten zu steten Spaltungen. In Dtl. förderte Carl Brockhaus († 1899) durch seinen Verlag in Wuppertal u. die sog. Elberfelder Bibel (1871: eigene Übers.) die Darbysten. 1937 verboten, schrieben sie sich bei → Freikirchen (vor allem ›Bund freikirchl. Christen‹, seit 1941 ›Bund ev.-freikirchl. Gemeinden‹) ein. Seit 1945 verselbständigten sie sich wieder als ›Christl. Versammlung‹. Die Ablehnung kirchl. Statistik verhinderte immer Zahlenangaben.

Q: W. Kelly (Hg.), The Collected Writings of J. N. Darby, 34 Bde, Lo 1867–1900, ^{2}1961–67.

L: Algermissen 764–767; G. Ischebeck, J. N. Darby, seine Zeit u. sein Werk, Witten 1929; E. T. Clark, The small Sects in America, NY 1937, ^{2}1949; U. Kunz,

Viele Glieder – ein Leib. Kleinere Kirchen, Freikirchen, St 1953; TRE VIII 357f. (E. Geldbach).

Demokratie. Erste Belege für das Wort »Christliche Demokratie« begegnen uns in der → Frz. Revolution. Nach 1848 bez. es zuerst in Fkr. die Bewegung einer Partei (→ Parteien). Europäische Bedeutung und Verbreitung gewann die Idee einer christl. D. im letzten Jahrzehnt des 19. Jh., als im Anschluß an Leos XIII. Enz. ›Rerum novarum‹ (1891) in It., Belgien und Fkr. Studienkreise und polit. Vereinigungen mit dem Namen ›Democrazia cristiana‹ oder ›Democratie chrétienne‹ entstanden. Namentl. der niedere Klerus in Fkr. hatte schon am Ende des 18. Jh. die Ziele und Aktionen der christl. D. unterstützt. »Wir wagen zu sagen, daß wir gleich sind mit euch; wir sind Bürger wie ihr, wir sind Abgeordnete der Nation wie ihr. Eure Rechte sind nicht größer als die unseren, und wenn wir eine andere Meinung äußern als ihr, so ist das noch lange kein Aufruf zur Rebellion« (Pfarrer Jallet 1789 in der Ständeversammlung). Die Geistlichen der Nationalversammlung zerfielen in eine demokratische Mehrheit und eine (bischöfl.-)aristokratische Minderheit; die Mehrheit verbündete sich mit dem 3. Stand (Bürgertum). Viele versuchten die Ideale der Revolution und die Traditionen der Kirche in einem sog. demokratisch-rel. Spiritualismus zu vereinen. Ein Bf. der konstitutionellen Kirche sprach in der Nationalversammlung (1791), das »Ende der konstantinischen Theologie« sei gekommen, und warb für die »lichtvollen Prinzipien der christl. D.«, die auf den »Weisen von Nazareth, diesen wahren Freund des Volkes«, zurückgehen. Doch diese problematische Verbindung von Kirche und D. erwies sich im Laufe der Revolution bald als irreal. Als Jahrzehnte später Männer wie Lamennais (1780–1860) die demokratische Bewegung in der Kirche ansiedeln wollten, reagierten die Päpste in Rom mit Bannsprüchen. Lamennais selbst kehrte dem → Papsttum den Rücken und starb in der → Exkommunikation. Nach 1848 war wieder viel von christl. D. die Rede. Eine Gruppe im frz. Parlament nannte sich sogar christl. Demokraten. Sobald aber das soziale Moment beherrschend wurde, rückten Kirche und christl. D. wieder auseinander. In der Enz. ›Graves de communi‹ (1901) faßte Leo XIII. den Begriff der christl. D. nur mehr sozial-caritativ. Erst nach 1918 trat die kath. Kirche in ein neues Verhältnis zur christl. D., die jetzt in zahlreichen christl. → Parteien eine Heimat fand und auch von den Päpsten mehr und mehr positiv eingeschätzt wurde, erstmals von Pius XII. in seiner Weihnachtsansprache 1944.

Q: D. Oberndörfer – K. Schmitt (Hg.), Kirche u. D., Pa 1983.

L: E. Fogarty, Christian Democracy in Western Europe 1820–1953, Lo 1957, (dt. Übers.) Christl. D. in Westeuropa 1820–1953, Fr-Bas-W 1959; H. Maier, Revolution u. Kirche. Studien zur Frühgesch. der christl. D. (1789–1901), Fr 1959, Mn [4]1976; Ders., Kirche u. Ges., Mn 1972, 82–158; Ders., D., kirchl. Lehramt u. Wiss. 1789 bis heute: Revolution, D., Kirche, Pa 1975, 27–48; Ders., Kirche u. D., Fr-Bas-W 1979; H. G. Fischer, Ev. Kirche u. D. nach 1945, Husum 1970; W. Besson, Die christl. Kirchen u. die moderne D.: P. Fuchs (Hg.), Staat u. Kirche im Wandel der Jh., St 1966, 201–216; A. Gnägi, Kath. Kirche u. D., Z-Ei-Kö 1970; H. D. Wendland – T. Strohm (Hg.), Kirche u. moderne D., Da 1973; H. Albertz

– J. THOMSEN, Christen in der D., Wuppertal 1978; G. LINDGENS, Kath. Kirche u. moderner Pluralismus, St 1980; DERS., Freiheit, D. und pluralist. Ges. in der Sicht der Kath. Kirche, St 1985; B. STANGL, Unters. z. Diskussion um die D. im Deutschen Katholizismus, Mn 1985; W. BECKER – R. MORSEY (Hg.), Christl. D. in Europa, Kö-W 1988; A. ACERBI, Chiesa e democrazia, Mi 1991; M. GRESCHAT, Christentum u. D. im 20. Jh., St 1992.

Dessauer Bündnis, Zusammenschluß kath. Reichsfürsten 1525, um der → Reformation in Norddtl. entgegenzuwirken. Ihm setzte der ev. gesonnene Landgraf Philipp von Hessen 1526 das ›Bündnis von Gotha‹ entgegen, nach dem Ort seiner Ratifizierung auch ›Torgauer Bund‹ bezeichnet. Die durch das D. B. inaugurierte Polarisierung der rel. Verhältnisse in Dtl. veranlaßte dann Ks. Karl V. (1519–56), trotz seiner politischen Erfolge gegenüber Franz I. von Fkr. (1526: Frieden von Madrid), auf dem →Reichstag des gleichen Jahres zu Speyer die durch Luther der Öffentlichkeit gestellte Frage nach der Reformierung der Kirche auf ein noch zu berufendes Konzil zurückzustellen.

L: W. FRIEDENSBURG, Zur Vorgesch. des Gotha-Torgauischen B. der Evangelischen, Marburg 1884; H. v. SCHUBERT, Bekenntnisbildung u. Religionspolitik, Gotha 1910.

Deutsch-christl. Bewegungen wurzeln in → Deutschgläubigen Bewegungen und unterscheiden sich von ihnen nur durch ihr christl. Reformprogramm. Die Anfänge liegen in rassischen Weltanschauungen des 19. Jh., z.B. H. St. Chamberlain (W: ›Grundlagen des 19. Jh.‹, 1899), der die »Germanisierung« des Christentums als »Einigung aller Germanen in der Religion und durch die Religion« forderte. Den literarischen Aufrufen folgten Vereine wie der ›Bund für Deutschkirche‹, der für »arteigene Frömmigkeit« und gegen das AT kämpfte, oder die ›Geistchristl. Religionsgemeinschaft‹ (1927) von A. Dinter, der die Rassen als Inkarnierung verschiedener Geistesarten deutete. Hier erschöpfte sich das Vereinsleben in Zs. Anders dagegen die ›Kirchenbewegung Dt. Christen‹ (1927) der Thüringer Pfarrer Leffler und Leutheuser und später die ›Glaubensbewegung Dt. Christen‹ (1932) des preuß. Pfarrers Hossenfelder. Von Anfang an bedeutete ihnen der Nationalsozialismus ein ›Glaubenserlebnis‹. Sie strebten daher eine ›Dt. Christl. Nationalkirche‹ an. Volksmissionarisch orientiert, konnte man mit starkem Echo rechnen, solange man eine »Reichskirche luth. Prägung« verlangte (Grundsätze vom Mai 1933). Die Sportpalastkundgebung des Berliner »Gauleiters« der »Dt. Christen«, Krause, im Nov. 1933 mit ihren Angriffen auf zentrale Dogmen des Christentums war ein heilsamer Schock. Fortan nur von den Machthabern gestützt, wurden die »Dt. Christen« am Ende von diesen fallen gelassen. Nach dem 2. Weltkrieg fanden sich Ewiggestrige in kleinen Vereinen zu Stuttgart, Hannover und Dortmund wieder zusammen, um ihre »Gottesfeiern« und »Jugendweihen« zu begehen.

P: Die Dt. Kirche, 1922–38; Das Geistchristentum, 1927–34; Die Dt. Volkskirche, 1934–37; Die rel. Revolution, 1934–37.

Q: (Propagandaschriften:) Die Nationalkirche, 1932–41; Das Evangelium im Dritten Reich, 1932–36; Dt. Sonntag, 1933–41; Das Positive Christentum, 1935–41;

E. HIRSCH, Das kirchl. Wollen der Dt. Christen, B-Ch 1933; L. MÜLLER, Dt. Gottesworte, Weimar 1936.
L: K. SCHOLDER, Die Kirchen u. das Dritte Reich, Bd. I, F 1977, 251 ff., 701 ff.; H.-J. SONNE, Die polit. Theologie der Deutschen Christen. Einheit u. Vielfalt dt.-christl. Denkens, Gö 1982.

Deutsche Bischofskonferenz. Die dt. Bischöfe traten 1848 in Würzburg erstmals zu einer gemeinsamen Beratung zusammen. Den Anlaß dazu gaben die Verhandlungen in der Frankfurter Paulskirche über das Verhältnis von Kirche und Staat. Programmatisch auf lange Zeit wirkte die in Würzburg verabschiedete »Denkschrift« mit folgenden Hauptpunkten: freier Verkehr der Bischöfe mit Rom, Stärkung der Metropolitanverbände, Freiheit des Kultus und des Ordensrechtes, Freiheit in der Ausbildung des Klerus, Freiheit der Lehre und des Unterrichts, Freiheit der bischöfl. Gerichtsbarkeit. Seit 1867 versammeln sich die dt. Bischöfe mit geringen Ausnahmen alljährlich in Fulda (am Grab des hl. Bonifatius), neuestens zusätzl. noch an anderen Orten.

Die Fuldaer Bischofskonferenz war lange Zeit ein freier Zusammenschluß der Bischöfe ohne rechtl. Kompetenzen. Erst nach dem 2. → Vatik. Konzil gab sie sich ein Statut, das vom Hl. Stuhl gutgeheißen wurde und bei entsprechender Abstimmungsmehrheit die einzelnen Bischöfe verpflichtet. Die D. B. umfaßt fünf Dienststellen: 1. Sekretariat. 2. Das Kommissariat der dt. Bischöfe in Bonn (Kath. Büro in Bonn), das die Kontakte zw. der D. B. und der Bundesregierung, dem Parlament und den polit. Parteien unterhält. 3. Kirchl. Zentralstellen, die jeweils einer oder mehreren bischöfl. Kommissionen zugeordnet sind (mit je 5–6 Referenten). 4. Der Verband der Diözesen Deutschlands, seit 1968 eine Körperschaft des öff. Rechts, für alle wirtschaftl. und rechtl. Aufgaben in der Gemeinschaft der Diöz. verantwortlich. 5. Die Gemeinsame Konferenz, geschaffen von der Würzburger Synode der Bistümer in der BRD (1971–75), bestehend aus je 12 Mitgliedern der D. B. und des → Zentralkomitees der dt. Katholiken.

Innerhalb der D. B. gibt es die Freisinger B. (seit 1850), die Westdt. B., die Südwestdt. B. Aus polit. Gründen besteht seit 1976 die Berliner B. (früher Berliner Ordinarienkonferenz) für die in der DDR liegenden Bistümer.

Q: E. GATZ, Akten der Fuldaer B., 3 Bde, Mz 1977–85; B. STASIEWSKI – L. VOLK, Akten dt. Bischöfe über die Lage der Kirche 1933–1945, 5 Bde, Mz 1968–1983
L: R. LILL, Die ersten dt. B., Bas-Fr-W 1964; H.-J. SCHEIDGEN, Dt. Bischöfe im ersten Weltkrieg, Kö 1992.

Deutscher Evangelischer Kirchentag (DEKt). Wie die → Katholikentage kann auch der DEKt seine Gesch. auf das Revolutionsjahr 1848 zurückführen, wo im September zu Wittenberg der erste seiner Art – durch Wicherns Aufruf zur → Inneren Mission berühmt geworden – stattfand. Ein vergleichbares Datum bietet 1919, als in Dresden Kirchenleitungen, Synoden und christl. Verbände die Fortführung des 1872 eingegangenen Instituts beschlossen. Der 1922 in Wittenberg begründete ›Dt. Ev. Kirchenbund‹ (→ Eisenacher Kirchenbund) konnte daher den DEKt als seine in dreijährigen Abständen tagende »Synode« betrachten und anerkennen; die letzte Veranstaltung fand 1930 statt. – Neue Impulse gingen vom → Kirchenkampf mit seinen »Ev. Wochen« der → Bekennenden Kirche aus (1933–39). Sie aktivierten die prot. Laienwelt, insbes. innerhalb der ›Dt.-christl. → Studentenvereinigung‹ (DCSV) und ihrer Altakademikerverbände. Aus ihr ging auch Reinold von Thadden-Trieglaff († 1976) hervor. Er regte auf der ›Ev. Woche‹ 1949 in Hannover an, den DEKt in einer neuen, stärker von Laien getragenen, vor allem aber die Öffentlichkeit ansprechenden Form ins Leben zu rufen. Das Ergebnis war ein »eingeschriebener Verein«, der rechtl., organisatorisch und finanziell (in der Theorie) von ev. Kirchen und Freikirchen unabhängig ist, von deren Verbänden aber seit 1950 beschickt wird. Im ersten Jahrzehnt einten die Kirchentage über die Zonengrenzen hinweg ost- und westdt. Christen (z. B. Leipzig 1954) und konnten, als dies polit. nicht mehr möglich war und man getrennt tagen mußte, auf den westdt. Schlußversammlungen Menschenmengen vereinen, deren Zahlen in der Gesch. des dt. → Protestantismus bislang unbekannt waren. Weitgehende Konzession an den Pluralismus der Gruppen war daran nicht unbeteiligt. Er löste nicht nur den Protest der »Evangelikalen« (→ Bekennende Gemeinden) aus, sondern führte auch dazu, daß diese eine Parallelveranstaltung unabhängig vom DEKt ins Leben riefen. Dessen neuerl. Entwicklung zeigt rückläufige, auf Schrift und Predigt sich konzentrierende Tendenzen. Darin kann der DEKt beanspruchen, ein jeweiliges Spiegelbild des dt. Protestantismus zu bieten.

L: H. H. Walz (Hg.), 30 Jahre D. E. K., St 1979; H. Runge – Ch. Krause (Hg.), Zeitansage. 40 Jahre D. E. K., St 1989.

Deutscher Orden. Als Spitalbruderschaft (→ Hospitaliter) 1190 bei Akkon gegr., dann in einen → Ritterorden (»Equites Teutonici hospitales s. Mariae virginis Hierosolymitanae«) nach der Regel der → Templer umgewandelt, nahmen die ›Deutschherren‹ (weißer Mantel, schwarzes Kreuz) einen steilen Aufstieg zu Ansehen und Vermögen. 1199 durch Innozenz III. anerkannt, verfügten sie bereits 1200 in Halle über ein Ordenshaus, 1207 über ein Schutzprivileg für Schwaben. Weitere Ordenshäuser in Marburg u. Sachsenhausen bei Frankfurt/M. (zugleich Residenz des Hochmeisters) folgten, so daß die ›Dt. Herren zu St. Marien‹ im 13. Jh. über 12 dt. Balleien und viele Kommenden verfügten. – 1211 zunächst vom ungarischen Kg. Andreas zur Missionierung der Kumanen nach Siebenbürgen geholt, folgte man 1226 dem mehr Land versprechenden Ruf des polnischen Hzg. Konrad von Masovien zur Schwertmission gegen die Pruzzen. Im gleichen Jahr sprach Ks. Friedrich II. dem 4. Hochmeister Hermann von Salza die Rechte eines geistl. Reichsfürsten zu (Goldene Bulle von Rimini: 1226). 1230–83 wurde das Ordensland »Preußen« erobert, wobei man sich 1237 mit dem »Schwertbrüderorden« vereinte, der für das von ihm eroberte Livland Hilfe brauchte. Gleichzeitig wurde das päpstl. Lehnsland christianisiert. Zum Nachteil des Ordens rückte

Riga zum Sitz des Ebf. von Preußen, Livland, Kurland und Estland auf (1255); Ordensstaat und Erzbt. waren nicht identisch. Außerdem sollten die → Zisterzienser von Oliva aus die Weichselniederung missionieren und polnisch belassen. Trotz der Erfolge im allg. blieb Akkon offiz Sitz des Hochmeisters; erst 1291 wurde er nach Venedig, 1309 nach Marienburg an der Nogat verlegt. Die Germanisierungspolitik der Hochmeister verschärfte den Gegensatz zu den slawischen Nachbarvölkern und führte zur Niederlage von Tannenberg (1410). Für die Kultur des Landes und den Wohlstand des Ordens erwies sich beides nicht zum Nachteil. Als der Hochmeister Albrecht von Preußen 1525 zum Luthertum übertrat, stellte er das säkularisierte Ordensland als Herzogtum unter polnische Lehnshoheit. Die Ordensniederlassungen im Reich hingegen blieben bis ins 19. Jh. bestehen. Napoleon säkularisierte sie 1805 für die Rheinbundstaaten; nur in Östr. konnten sich Ordensreste bis ins 20. Jh. halten. Nach 1945 wurden in Passau, Darmstadt und Sachsenhausen neue Anfänge gemacht.

Q: K. Wieser (Hg.), Quellen und Studien zur Gesch. des D. O., Bo 1967f.

L: K. H. Lampe, Bibliographie des D. O. bis 1959, Bo 1975; M. L. Favreau, Studien zur Frühgesch. des D. O., St 1974; M. Tumler, Der D. O., Bo 1974, [2]1992; W. Wippermann, Der Ordensstaat als Ideologie, B 1979; H. Boockmann, Der D. O., Mn 1981, [4]1994; U. Arnold – M. Biscup (Hg.), Der Deutschordensstaat Preußen in der polnischen Geschichtsschreibung der Gegenwart, Marburg 1982; U. Arnold, Beiträge zur G. des D. O., Marburg 1986ff.; U. March, 800 Jahre D. O., Bad Mergentheim 1990. – Atlas KG 62.

Deutschgläubige Bewegungen lehnen aus völkischen Gründen das Christentum ab. Die Forderung »arteigener Frömmigkeit« läßt sich dabei über E. M. Arndt († 1860), J. G. Fichte († 1814) bis auf J. G. Herder († 1803) zurückverfolgen; für die These vom »christl. Fremdglauben« müßte man A. Schopenhauer (W: ›Parerga und Paralipomena‹, 1851), Paul de Lagarde (W: ›Die Religion der Zukunft‹, 1878) und F. Nietzsche († 1900) verantwortl. machen. Schon Ende des 19. Jh. artikulierte sich Deutschgläubigkeit im ›Deutschlandbund‹ (1894) und in der Zs. ›Heimdall‹ (1895). Ihnen folgten viele andere »Bünde«, so die ›Dt.rel. Gemeinde‹, hernach ›Germanische Glaubensgemeinschaft‹, 1908 aus der Zs. ›Der Volkserzieher‹ v. W. Schwaner hervorgegangen, der 1904 eine zweibändige ›Germanenbibel‹ veröff., die aus dt. Philosophen und Dichtern eine ›Heilige Schrift der Deutschen‹ zusammenstellte (zahlreiche Auflagen!). Der Tübinger Indogermanist J. W. Hauer († 1961) und der Schriftsteller Graf Reventlow suchten als Künder einer »Gottesschau« arischen Geblütes und als ›Dt. Glaubensbewegung‹ 1933/34 den Anschluß an den Nationalsozialismus. Dies gelang ihnen ebensowenig wie der indolenten Mathilde Ludendorff (2. Frau des bekannten Generals und »alten Kämpfers«) mit dem sog. ›Tannenbergbund‹ (1925) und der Zs. ›Am heiligen Quell dt. Kraft‹. Die NSDAP (→ Kirchenkampf) distanzierte sich, während ein Erlaß des Reichsinnenministers (1936) den Begriff der »Gottgläubigkeit« so definierte, daß er von keiner der D. B. usurpiert werden konnte. Die Unentwegten organisierten sich nach 1945 erneut, wobei sich die Ludendorffbewegung als ›Bund der Gotteserkenntnis (L)‹ mit ihrer Zs. ›Der Quell‹ (1946) nur schlecht tarnte.

Q: A. Rosenberg, Der Mythus des 20. Jh., Mn 1930 (viele Aufl.); W. Künneth, Antwort auf den Mythus, B 1935 (viele Aufl.).

L: A. Mohler, Die konservative Revolution in Dtl. 1918–1932, St 1950, Da ²1972; K. Scholder, Die Kirchen u. das Dritte Reich, F 1977, 251ff.; F. W. Haack, Wotans Wiederkehr, Blut-Boden u. Rasse-Rel., Mn 1981. – TRE VIII 554–559.

Deutschkatholizismus. Der 1843 im Zusammenhang mit der Ausstellung des sog. Hl. Rockes in Trier (→ Wallfahrten) und wegen eines dazu geschriebenen Aufsatzes suspendierte und im folg. Jahr wegen heftiger Angriffe gegen den Trierer Bf. Arnoldi exkommunizierte schlesische Priester Johannes Ronge (1813–1887) gründete 1845 in Breslau die ›Allg. Christl. Kirche‹, der sich die von J. Czerski 1844 in Schneidemühl err. ›Christl. Apost. Gemeinde‹ und einige romfreie dt.-kath. Gemeinden in Norddtl. anschlossen. Die auf ihrem ersten Konzil zu Leipzig (1845) als ›Dt.-kath. Kirche‹ bez. rationalistisch-nationalistische Bewegung anerkannte als einzige Glaubensgrundlage die (rationalist. interpretierte) Bibel, tilgte die Gottheit Christi aus dem Apost. → Glaubensbekenntnis und lehnte u. a. das kirchl. Lehramt, die Ohrenbeichte, den → Zölibat der Priester und die Reliquienverehrung ab. Von den sieben Sakramenten blieb neben der Taufe nur noch das Abendmahl als Messe ohne Kanon, d. h. ohne Wandlung (Einsetzungsbericht), bestehen. Der D. kam über 80000 Mitglieder (1847) nicht hinaus. Die größte Verbreitung fand er in Östr. und als »Freikatholizismus« unter den Deutschen in den USA. Nach Abspaltung der gemäßigteren »Protestkatholiken« schloß sich der D. 1850 den »freien prot. Gemeinden« an, bis er sich 1859 mit den → Lichtfreunden zum antichristl. ›Bund freier rel. Gemeinden Deutschlands‹ vereinigte; dieser schloß sich 1921 mit dem dt. Freidenkerbund zum antirel. ›Volksbund für Geistesfreiheit‹ zusammen.
→ Freireligiöse Gemeinden.

Q: J. Ronge, An meine Glaubensgenossen u. Mitbürger, Altenberg 1845; Ders., Das Wesen der freien christl. Kirche, H 1847.

L: H. J. Christiani, J. Ronges Werdegang bis zu seiner Exkommunikation, Br 1924; A. Stollenwerk, Der D. in den preuß. Rheinlanden, Mz 1971; F. W. Graf, Die Politisierung des rel. Bewußtseins. Die bürgerl. Religionsparteien im dt. Vormärz: Das Beispiel des D., St 1978; S. Paletschek, Frauen u. Dissens. Frauen im D. u. in den freien Gemeinden von 1841–1852, Gö 1990; A. Holzem, Kirchenreform u. Sekten-Stiftung. Deutschkatholiken, Reformkatholiken u. Ultramontane am Oberrhein (1844–1866), Pa 1994. – TRE VII 559–566.

Diakonie, ein ntl. Begriff für jeden innergemeindl. »Dienst«, später altkirchl. Amtsbegriff für Bischofs»gehilfen« (Diakone) und unverheiratete, in der Fürsorge tätige »Diakonissen«. Durch die → Innere Mission des 19. Jh. gewann der Begriff neue Gestalt. Während J. H. Wichern († 1881) mit der Erziehungsanstalt ›Rauhes Haus‹ in Horn/Hamburg (1833) und dem ›Gehilfeninstitut‹ (1842) die männl. D. begründete, wobei er für seine Erzieher die Bez. »Diakon« wie auch »Bruder« ablehnte (Monbijou-Gutachten, 1856), wollte der bayr. Pfarrer Wilhelm Löhe († 1872) in seiner oberfränkischen Gemeinde zunächst nur das ntl. Vorbild verwirklichen: Er bildete unverheiratete Bauerntöchter von Neuendettelsau für die → Armen- und Krankenpflege in anderen Kirchengemeinden aus; er hoffte, diese würden dieselben ein- und anstellen. Erst als bei den Kirchenkreisen und der Amtskirche ein Echo ausblieb, gründete er 1834 die Neuendettelsauer Diakonissenanstalt und sicherte diese durch einen ›Verein für weibl. D.‹ (1853). Den gleichen Weg der Vereinsbildung ging auch der »Erneuerer des apost. Diakonissenamtes« und Pfarrer Theodor Fliedner († 1864) mit seinem Kaiserswerther Diakonissenhaus (1836). Im weiteren Verlauf sollte er sich als richtig erweisen, weil er auch anderen Denominationen (vor allem den → Freikirchen) die Möglichkeit bot, in Form von Diakonissenvereinigungen e. V., die ein Krankenhaus betreuten, ihrer Organisation den finanziellen Rückhalt zu sichern. Ihr Schwesternnachwuchs rekrutierte sich aus den von den → Erweckungsbewegungen des 19. Jh. erfaßten Gemeinden und Gemeinschaften. Überhaupt waren die Leiter von Diakonissenmutterhäusern oder deren Oberinnen oft wirkungsvolle Erweckungsprediger, z. B. Caecilie Petersen, Oberin der Lichtenrader Schwesternschaft († 1928), oder Eva von Tiele-Winckler († 1930) von dem oberschlesischen Diakonissenhaus ›Friedenshort‹. Daraus resultierte die seelsorgerl. Bindung der Diakonissen an das Mutterhaus; ihr Arbeitseinsatz kam diesem auch wirtschaftl. zustatten. – Im Unterschied zu diesen, weithin im ›Kaiserswerther Verband‹ bzw. im ›Bund Dt. Gemeinschafts-Diakonissenmutterhäuser‹ und ›Verband freikirchl. Diakonie-Werke‹ zusammengeschlossenen dt. Mutterhäusern, die ihrerseits auch internationale Kontakte pflegen (so seit 1861 die sog. ›Kaiserswerther Generalkonferenz‹), entwickelte der ›Ev. Diakonieverein‹ (1894 in Berlin von Friedrich Zimmer gegr.) das neue Konzept einer genossenschaftl. organisierten Schwesternschaft, in der nicht ein »Vorstand«, sondern der »Schwesternrat« bzw. die Schwesternversammlung die Entscheidungen fällen. 1916 fand man sich mit anderen gleichgesinnten Schwesternschaften zum ›Zehlendorfer Verband für weibl. Diakonie‹ zusammen. Man folgte darin dem Vorbild der Diakone, deren Dachverband der ›Dt. Diakonenschaft‹ (1913) sich mit der seit 1876 bestehenden Brüderhausvorsteherkonferenz zu einer ›Arbeitsgemeinschaft der männl. D.‹ zusammenfand.

Die Erfahrungen mit dem NS-Staat, der mit seiner ›NS-Volkswohlfahrt‹ der D. und mit seinen NS-Schwesternschaften den Diakonissen-Vereinen das Wasser abzugraben suchte, förderten eine neue Einstellung der Kirchen zur D. (Grundordnung der EKD: ›D. ist Lebens- u. Wesensäußerung der Kirche‹ [Art. 15]). Dies begünstigte den Zusammenschluß aller Werke der Inneren Mission und des seit 1945 bestehenden ›Ev. Hilfswerks der EKD‹ (Treysa). Nach längeren Verhandlungen organisierte man sich zunächst (Spandau 1957) als ›Innere Mission und Hilfswerk der EKD‹ mit Sitz in Stuttgart (1. Leiter des Zentralbüros: Eugen Gerstenmaier). Daraus wurde dann das ›Diakonische Werk der EKD‹ (1965), dem sich auch die ev. → Freikirchen Dtl. anschlossen. Mit ca. 100 Fachverbänden, in 11 Fachgruppen unterteilt, stellt es die größte Organisation des dt. →Protestantismus dar. Innerhalb der Aktion → ›Brot für die Welt‹ (→ Sammlungen) treibt man »Ökumenische D.« in Zusammenarbeit mit allen kirchl. Weltorganisationen.

Q: H. Krimm (Hg.), Quellen zur Gesch. der D., 3 Bde, St 1960–67; Jb. des Diakonischen Werkes, St 1965ff.

L: H. Krimm, Das Diakonische Amt der Kirche, St ^{2}1965; F. Thiele, Diakonissenhäuser im Umbruch der Zeit, St 1963; J. Degen, D. u. Restauration. Kritik am sozialen Protestantismus, Neuwied 1975; E. Beyreuther, Gesch. der D. u. der Inneren Mission in der NZ, B 1976, ^{3}1983; H. Seibert, D., Gü 1985; R. Turre, Diakonik, Neukirchen 1991; C. Weber, Missionstheologie bei W. Löhe, Mn–Gü 1996. – TRE VIII 621–644.

Dialektische Theologie. Hegels dialektische Methode der Offenbarungsmetaphysik (Dreischritt von These-Antithese-Synthese) wirkte einerseits auf den dt. → Protestantismus ein, war aber auch von Søren Kierkegaard († 1855) kritisiert worden: Er ließ These und Antithese bestehen, bestritt aber die Synthese, indem er zugleich die bibl. Offenbarung als ein »Paradox« bezeichnete. Daran knüpfte die D. T. an, die aus der Krisensituation nach dem 1. Weltkrieg (Ende des prot. → Staatskirchentums, der Fortschrittsgläubigkeit, des bürgerl. Kulturprotestantismus) hervorging. Der von A. Ritschl († 1889) repräsentierte und durch A. Harnack († 1930) in der Öffentlichkeit vertretene theol. → Liberalismus war daher der Hauptgegner der D. T., die sich gleichzeitig in ihrem Geschichtsverständnis gegen den → Historismus des 19. Jh. wandte. Die Auseinandersetzungen begannen mit Karl Barths († 1968) ›Römerbrief‹, der im gleichen Jahr 1919 auf der Konferenz des → ›Bundes der rel. Sozialisten‹ über die »Theologie des Wortes« als »Theologie der Krisis« referierte (Bejahung der Welt als Schöpfung Gottes = These; Infragestellung der Welt durch die neue Schöpfung in Christus = Antithese). Der Vortrag machte Friedrich Gogarten († 1967) zum ersten Kampfgenossen, der mit seinem Aufsatz ›Zwischen den Zeiten‹ (1920) noch weitere Mitstreiter wie Rudolf Bultmann (W: Religion und Kultur, 1920) und Paul Tillich († 1965; → Rel. Sozialismus) gewann. Schweizer wie Eduard Thurneysen († 1974) u. Emil Brunner († 1966) gesellten sich K. Barth zu. Höhepunkt der Auseinandersetzung waren die von A. Harnack u. a. gestellten ›Fünfzehn Fragen an die Verächter der wiss. Theologie‹ (1923), denen Barth im gleichen Jahr und gleichen Orts in der »Christl. Welt« mit seinen ›Fünfzehn Fragen u. sechzehn Antworten‹ entgegnete. Seit 1924 hingegen sprengte die individuelle Entwicklung ihrer Repräsentanten die Geschlossenheit der D. T. als Schule. Während E. Brunner an dem Konzept einer »natürl. Theologie« im Hinblick auf die polit. Ordnungen festhielt (»Gerechtigkeit« als christl. Gebot; vgl. sein W: Das Gebot und die Ordnungen, 1932, ^{3}1939), wandten Gogarten und Bultmann († 1976) gegen Barth ein, Gottes Offenbarung ließe sich nur in der gesch. Existenz »be-greifen«. Umgekehrt trennte die Bejahung des NS-Staates durch Gogarten diesen von Bultmann, während im → Kirchenkampf die D. T. ihre alte Einheit zurückgewann. Nach dem 2. Weltkrieg weiterhin einflußreich, gewann sie doch die einstige Führungsrolle nicht wieder.

Q: J. Moltmann (Hg.), Anfänge der D. T., 2 Bde, Mn 1962–54, [3]1977; »Dialektische Theologie« in Scheidung u. Bewährung 1933–1936. Aufsätze, Gutachten u. Erklärungen, Mn 1966; H. Stoevesandt (Hg.), K. Barth – GA, Z 1971 ff.

L: E. Jüngel, Gottes Sein ist im Werden. Verantwortl. Reden v. Sein Gottes bei K. Barth, T 1965, [3]1976; P. Lange, Konkrete Theologie? K. Barth u. F. Gogarten »Zwischen den Zeilen« (1922–1933), Z 1972; C. Gestrich, Neuzeitl. Denken u. die Spaltung der D. T. Zur Frage der natürl. Theologie, T 1977; M. Beintker, Die Dialektik in der »D. Th.« K. Barths, Mn 1987. – TRE VIII 683–696.

Dogmengeschichte. Die → Gegenreformation bezog sich zum Erweis der kath. Lehre auf die Kirchenväter (→ Kirchenlehrer) und wurde so zur Mutter der → Patristik (Bellarmin, De scriptoribus ecclesiasticis liber unus, 1613). Die prot. D. hingegen gehört der → Aufklärung an. Als deren Vater kann man den irischen Theologen James Ussher († 1656) oder den dt. Abt F. W. Jerusalem († 1789) mit seiner ›Historia dogmatum‹ nennen. Letzterer verstand das christl. Dogma als depravierten Platonismus und berief sich dafür auf den Franzosen Souverain (W: Le platonisme dévoilé, 1700); ähnl. urteilte der Göttinger Kirchenhistoriker Joh. Lorenz Mosheim (→ Kirchengeschichte). Adolf Harnack (W: Lehrbuch der D., [4]1909/10) bez. das christl. Dogma als ein »Erzeugnis griech. Geistes auf dem Boden des Evangeliums«; erst Luther habe den wahren Herrn als Bekenntnis Jesu zu Gott als unser aller Vater wieder freigelegt. Seine Darstellung der D. als Destruktion christl. Metaphysik endete daher mit dem Reformator. Hegelianisch hingegen deutete der Tübinger F. C. Baur († 1860) die D. als Selbstentfaltung der christl. Idee im Wechsel von These, Antithese und Synthese (→ Dialektische Theologie); der Erlanger Theologe T. Kliefoth (W: Einleitung in die D., 1839) übernahm dies im Sinne einer sukzessiven Aneignung des christl. → Glaubensbekenntnisses in neuluth. Ausprägung. Ähnl. stellte noch 1874 G. Thomasius die Entwicklung als Synthese von kath. Dogmatismus und schwärmerischem Spiritualismus zu einem → Luthertum der Erlanger Theologie dar. Neue Wege beschritt W. Köhler (W: D. als Gesch. des christl. Selbstbewußtseins, 1938–51), indem er problemgesch. darstellte, Längsschnitte durch den Stoff legte u. so zur Lokalmethode Melanchthons (W: Loci communes, 1521, viele Aufl.) zurückkehrte. Die Längsschnittdarstellung übernahm auch das ›Handbuch der D.‹, hg. von Schmaus, Geiselmann, Grillmeier (Fr-Bas-W 1951 ff.), während H. Denzinger mit seinem ›Enchiridion symbolorum et definitionum‹ (1854, viele Aufl.) für sich beanspruchen kann, dem Konzept des kath. »Lehramtes« (magisterium) als Quelle der D. am nächsten zu kommen. Einen neuen Ansatz präsentierte C. Andresen mit dem von ihm herausgegebenen ›Handbuch der Dogmen- und Theologiegeschichte‹ (3 Bde, Gö 1980–84).

L: W. Schneemelcher (Hg.), Das Erbe des 19. Jh., B 1960; H. Hammans, Die neueren kath. Erklärungen der Dogmenentwicklung, Essen 1965; J. RATZINGER, Das Problem der D. in der Sicht der kath. Theol., Kö 1966; J. SCHUMACHER, Der »Denzinger«, Fr-Bas-W 1974; E. P. MEIJERING, Theol. Urteile über die D.: Ritschls Einfluß auf Harnack, Leiden 1978; M. A. LIPPS, D. als Dogmenkritik. Die Anfänge der D.schreibung in der Zeit der Spätaufklärung, F-Bern 1983; W. LÖSER – K. LEHMANN – M. LUTZ-BACHMANN (Hg.), D. und kath. Theologie, Wü 1985; TRE IX 116–125 (W. D. HAUSCHILD). Vgl. Bibliographie.

Doketismus, eine häretische Christologie, wonach Christus nur »zum Schein« (griech. dokein = scheinen) sich mit dem Menschen Jesus verbunden hat, deshalb von dessen Menschlichkeiten (Kreuzigung!) nicht betroffen war und im Tod den Menschenleib wie eine leere Hülle fallen ließ. Schon 1 Joh 4, 2 ist gegen den D. gerichtet. Ihn vertrat vor allem die → Gnosis des 2. Jh. in Konsequenz ihres kosmologischen Dualismus. Doch auch Markions Lehre vom »fremden Gott« basierte auf ihm (→ Markionitische Kirche). Überhaupt ging der D. jüdischem wie griech., auf die Transzendenz Gottes ausgerichtetem Denken leicht ein, so daß auch → Kirchenschriftsteller des 2./3. Jh. doketischen Vorstellungen zuneigten. Selbst in ein »Petrusevangelium« fanden sie Eingang, weshalb der antiochenische Bf. Serapion (ca. 200) es als apokryph verwarf (EUSEB, KG 6, 12). Der christologische Passus im sog. Symbolum Romanum (= Kirchenordnung der Hippolyt) ist antidoketisch.

Q: D–S 10f.; N–R 911.

L: J. G. DAVIES, The Origins of Docetism: Studia Patristica, Bd. 6, B 1962, 13–35; U. B. MÜLLER, Die Menschwerdung des Gottessohnes. Frühchristl. Inkarnationsvorstellungen u. die Anfänge des D., St 1990.

Doktrinarier (Padri della Dottrina Cristiana; Pères de la doctrine chrétienne), von dem Mailänder M. Sadis Cusani um 1560 in Rom gegr. Vereinigung von Priestern und Laien, die hauptsächl. Religionsunterricht erteilen. Neben der daraus hervorgegangenen → ›Bruderschaft von der Christl. Lehre‹ verehren auch die gemeinsam lebenden, von einem Propst geleiteten ›Weltpriester von der Christl. Lehre‹ in Cusani ihren Gründer. Diese schloß Benedikt XIV. 1747 mit der von dem frz. Katecheten César de Bus († 1607) 1592 in Aix aus Weltpriestern gebildeten und 1598 von Clemens VIII. bestätigten ›Kongreg. von der Christl. Lehre‹ zusammen. Die Mitglieder legen seit 1659 die drei gewöhnl. Ordensgelübde ab. Die D. wirkten vor allem in Fkr. (bis zur → Frz. Revolution) und It. (Prov. Rom und Piemont).

L: TH. CÉZANNE, César de Bus, Avignon 1928; J. DE VIGUERIE, Une œuvre d'éducation sous l'ançien régime, P 1975.

Dominikaner (Ordo Fratrum Praedicatorum = OP; Orden der Predigerbrüder), seit dem 15. Jh. allg. übl. Bez. für den von dem span. Kanoniker Domingo (Dominikus) Guzmán († 1221, kan. 1234) gegr. Priesterorden, für den ein Leben in Armut und die Predigt des Evangeliums vor Häretikern und Ungläubigen bestimmend sein sollte. Den konkreten Anlaß bot das erfolgreiche Wirken der häretischen → Albigenser und → Waldenser in Südfkr. Bf. Didacus von Azevedo err. 1206 in Prouille bei Toulouse eine Missionsstation, die Dominikus mit seinen Anhängern übernahm. In Toulouse selbst sammelte Dominikus eine Schar von Priestern um sich, die ausschließl. im Dienst der Predigt stehen wollten, aber zuvor ein gründl. Studium absolvieren mußten. Diese Predigerbrüder verzichteten auf festes Einkommen und lebten vom Betteln (→ Bettelorden). Honorius III. bestätigte 1216 den Orden der Predigerbrüder mit der → Augustinusregel als Grundlage und gewährte ihm Privilegien für Predigt und Beichtehören über Diözesan- und Landesgrenzen hinaus. Die vom 2. Ordensgeneral Jordan von Sachsen († 1237) erarbeiteten und von dessen Nachfolger Raimund von Peñafort († 1275), einem angesehenen Kirchenrechtslehrer, neugefaßten Konstitutionen wurden im Lauf der Jh. mehrmals revidiert. Um stets verfügbar zu sein, blieben die D. an kein bestimmtes Kl. gebunden. Das strenge Armutsgelübde wurde gemildert, indem Martin V. 1425 einzelnen Klöstern und Sixtus IV. 1475 dem ganzen Orden Besitz und feste Einkünfte gestattete. Die D. verbreiteten sich schnell über die romanischen Länder hinaus. Am Ende des 13. Jh. zählte man ungefähr 600 Klöster, davon 74 allein in Dtl. Doch schon Mitte des 14. Jh. setzte ein Niedergang ein, aufgehalten durch Reformkongreg. im 15. Jh., bis die Reformation noch größere Verluste herbeiführte. Ein Neuanfang bahnte sich erst wieder im 19. Jh. an, zunächst in den USA (1804 Gründung der St.-Joseph-Provinz), dann in Fkr. (Lacordaire, Jandel u. a.). In Dtl. setzte der Wiederaufbau erst nach dem → Kulturkampf ein. – Die höchste Autorität besitzt das Generalkapitel – 1980 seit 1913 erstmals wieder in Dtl. (Walberberg) –, in dessen Kompetenz auch die Wahl des Generalmagisters liegt. Jede Ordensprov. (heute insgesamt 42 auf der ganzen Welt) wird vom Prior provincialis, das einzelne Kl. vom Prior geleitet. Der Orden zählt heute ca. 7500 Mitglieder. Der Orden der D. hat die theol. Wiss. im MA (→ Scholastik) mächtig gefördert und in seinen Generalstudien wie an → Universitäten hervorragende Theologen gestellt, z. B. Hugo von St.-Cher († 1263), Raimund von Peñafort († 1275), Albert d. Gr. († 1280) u. Thomas von Aquino († 1274). Dasselbe gilt für das Gebiet der → Mystik (Eckhart, Tauler, Seuse). Unter den berühmten Predigern sind bes. zu nennen Vinzenz Ferrer († 1419), Johannes von Capestrano († 1456); Girolamo Savonarola († 1499), Bartolomé de Las Casas († 1566), Lacordaire († 1860). Aus den D. gingen Päpste (Innozenz V., Benedikt XI., Pius V. und Benedikt XIII.), Kardinäle und Bischöfe hervor. – Gregor IX. betraute den Orden 1232 mit der → Inquisition. Dabei spielten manche D. eine ebenso unrühml. Rolle wie bei der → Hexenverfolgung am Ende des MA. – Große Verdienste erwarben sich D. in der → Mission, bes. im Zeitalter der Entdeckungen in Nordwestafrika, Ost- und Westindien, Lateinamerika sowie später in Japan, China und Indien.

Mit der Gründung eines weibl. Zweiges (2. Orden), dessen erstes Kl. bereits 1206 in Prouille entstand, wollte Dominikus das Wirken der Dominikanermönche durch Gebet und Buße unterstützen. Die *Dominikane-*

rinnen (auch »Predigerschwestern«) leben nach der → Augustinusregel und nach → Konstitutionen, die Gregor IX. 1232 bestätigte. Sie legen die feierl. Ordensgelübde ab und führen ein beschaul. Leben in strenger Klausur. Erst in neuerer Zeit zeigen sie sich auch für ein aktives apostolisches Leben aufgeschlossen. Seit dem → Trienter Konzil sind fast alle Frauenklöster der bischöfl. Jurisdiktion unterstellt. – Der frz. Dominikanermönch J.-J. Lataste organisierte 1866 das erste frz. Bethanien-Kloster (Dominikanerinnen von Bethanien) für strafentlassene Frauen eines Gefängnisses bei Bordeaux. Ähnl. Häuser wurden in den letzten Jahren in anderen europäischen Ländern sowie in den USA eröffnet. In Dtl. kam es zu einem eigenen Zweig, der 1960 päpstl. Anerkennung fand.

Neben den D.-Terziaren (Dritter Orden), die in der Welt leben, bildeten sich schon im 13. Jh. Frauengemeinschaften, die im Dienst der Jugend, der Kranken oder auch in der Mission tätig sind.

L: HEIMBUCHER I 469-536; H. WILMS, Gesch. der dt. Dominikanerinnen, Dülmen 1920; M. M. MONSSEN, Die Dominikanerinnen, Fri 1964; M. H. VICAIRE, Gesch. des hl. Dominikus, 2 Bde, Fr-Bas-W 1962-63; M. LOHRUM, Die Wiederanfänge des D.ordens in Dtl. nach der Säkularisation (1856–75), Mz 1971; W. A. HINNEBUSCH, The Dominicans. A short history, NY 1975; M. H. VICAIRE, Dominique et ses prêcheurs, Fri-P 1977; N. G. VAN DOORNIK, Katharina v. Siena. Eine Frau, die in der Kirche nicht schwieg, Fr-Bas-W 1980; TRE IX 127–136 (A. ESSER). – Atlas KG 59.

Donatismus. Der auf Nordafrika beschränkte D., nach dem Kleriker Donatus von Karthago, 316–355 Primas der Donatisten, benannt, entstand aus einer für die kirchl. Situation nach → Christenverfolgungen, in diesem Fall unter Diokletian (303/4), typischen Animosität. Überall wurden Kleriker und Bischöfe wegen ihres »Versagens« angeklagt. In Nordafrika schwangen unterschwellig auch provinzielle Gegensätze zw. dem stärker punisch-berberischen Numidien (heute: Algerien) u. der »Africa proconsularis« (heute: Tunesien) mit. Sie nahmen nationalistische Töne der Romfeindlichkeit und Staatsverdrossenheit an, als im Verlauf des donatistischen Streites, der das 4. Jh. andauerte, das konstantinische Reich sich auf die Seite des reichskath. Episkopats stellte. Auch soziale Gegensätze zw. den Saisonarbeitern Numidiens (sog. Circumcellionen) und ihren weithin kath. und röm. Gutsbesitzern spielten eine Rolle. Angefangen hatte der Kampf als Streit um die reiche Geldspende Konstantins, die 312 von dem kath. Bf. Karthagos verteilt wurde, aber nicht die »unbefleckte Märtyrerkirche« der Donatisten bedachte. Schlichtungsversuche wie die Bischofssynode von Arles (314) verschärften nur die Spannungen, Konstantins Polizeiaktionen nicht minder. Radikalisierung und Politisierung (Konspiration des D. mit antiröm. Usurpatoren Nordafrikas) führten zu den Donatistenkriegen in der 2. Hälfte des 4. Jh. Hingegen leitete der kath. Primas Aurelius von Karthago, unterstützt von Augustin, eine Politik der Religionsgespräche ein. Das Religionsgespräch von Karthago 411 (286 kath., 284 donatistische Bischöfe) vor einem Vertreter des weström. Ks. als Schiedsrichter lockerte jedoch nicht die erstarrten Fronten. Der D., fortan als → Häresie polizeil. verfolgt, wurde jetzt auch von Augustin aufgegeben, der die staatl. Maßnahmen mit Lk 14, 23 (»Compelle intrare«) rechtfertigte. Erst die Vandalen setzten der Verfolgung des D. ein Ende. – Bleibende Bedeutung gewann die Auseinandersetzung für Augustin und das ihm hörige MA: In seinen Schriften gegen den D. und dessen Kirchen- und Sakramentsbegriff (Kirche der Heiligen; nur die Heiligkeit des Spenders garantiert die Heilswirkung der Sakramente) entwickelte er seinen Kirchenbegriff kath. Universalität und die Lehre von der transsubjektiven Wirkung ihrer Sakramente (schol. »ex opere operato«).

Q: H. v. Soden – H. v. Campenhausen, Urkunden zur Entstehungsgesch. des D., B [2]1950; J. L. Maier, Le Dossier du Donatisme, 2 Bde., B 1987–1989.

L: **E. L.** Grasmück, Coërcitio. Staat u. Kirche im Donatistenstreit, Bo 1964; W. H. C. Frend, The Donatist Church, Lo [3]1984; K. M. Girardet, Ks.gericht u. Bf.gericht. Studien zu den Anfängen des Donatistenstreites (313–315), Bo 1975; A. Schindler, L'Histoire du donatisme, O 1982; B. Kriegbaum, Kirche der Traditoren oder Kirche der Martyrer?, I 1986. – TRE I 640–700.

Doppelkloster bez. einen Klosterbezirk, in dem Mönche und Nonnen getrennt leben. Diese von der → Basiliusregel begünstigte Institution setzte sich trotz der Verbote des Ks. Iustinian I. 529 und des 2. Ökumenischen Konzils von Nicaea (787) im Osten immer mehr durch. Die letzten D. finden sich noch im 14. Jh. Im Westen sind D. vom 5. bis 9. Jh. nachzuweisen, bes. beim frühen angelsächs. Mönchtum. Die Leitung des D. lag fast immer in Händen der Äbtissin. Im 11. und 12. Jh. lebte das Doppelklosterwesen vor allem in Fkr., Dtl. und It. neu auf. Als die → Prämonstratenser 1140 das D. abschafften, fuhren z.B. die → Zisterzienser fort, einen Verband inkorporierter Nonnenklöster zu gründen. Im 13. Jh. verschwanden die letzten Doppelklöster.

Mit D. werden auch solche Stifte bez., in denen Kanoniker (→ Chorherren) und Kanonissen unter Leitung einer Äbtissin oder eines Propstes wohnen.

L: St. Hilpisch, Die D. Entstehung u. Organisation, Mr 1928; K. Elm – M. Parisse (Hg.): D. u. andere Formen der Symbiose männl. u. weibl. Religiosen im MA, B 1992.

Dordrechter Synode, letzte Nationalsynode der Vereinigten Niederlande (Nov. 1618 – Mai 1619), befaßte sich mit dem Prädestinationsdogma, das durch den → Arminianismus in Holland heiß umstritten war. Ohne zum Streitpunkt selber, ob Gott erst nach dem Sündenfall (sog. Infralapsarismus des Arminius) oder bereits vor demselben (sog. Supralapsarismus seines Gegners Gomarus, † 1641) alle Menschen vorherbestimmt habe, Stellung zu nehmen, stellte man 5 Artikel mit den Irrtümern der ›Remonstratenser‹ (→ Arminianismus) zusammen. Zugleich bekannte man sich erneut zur ›Confessio Belgica‹ (1561) und zum → Heidelberger Katechismus. Da 26 Delegierte aus den europäischen Zentren des → Calvinismus teilnahmen (außer Brandenburg und Fkr.) und den Beschluß mittrugen, gingen die ›5 Artikel‹ in die → Bekenntnisschriften der → Ref. Kirchen ein.

Q: E. F. K. Müller (Hg.), Die Bekenntnisschriften der ref. Kirche, L 1903.

L: J. D. VAN DEN SCHUIT, De Dordtsche Synode en het Supralapsarisme, Dordrecht 1937; W. J. M. VAN EYSINGA, De internationale Synode van Dordrecht: Exuli. Fs. für Huizinga, Haarlem 1948, 7–40; TRE IX 140–147 (J. P. VAN DORSTEN).

Dorfkirchenbewegung. Schon vor dem 1. Weltkrieg hatte der ›Dt. Verband für ländl. Wohlfahrts- und Heimatpflege‹ unter H. Sohnrey († 1948) sich für eine um »Die Dorfkirche« (Titel der seit 1907 von H. von Lüpke [† 1934] hg. Zs.) zentrierte Kulturarbeit auf dem Lande eingesetzt, um der Landflucht entgegenzuwirken (ähnliche Ziele verfolgte die kath. Landvolkbewegung). Später organisierte man sich als ›Dt. Dorfkirchenverband‹, der seit 1913 Dt. Dorfkirchentage abhielt. Zw. beiden Weltkriegen war die D. durch die Einstellung zur → Dialektischen Theologie und den → Kirchenkampf starken Spannungen ausgesetzt. Man bestand aber die Zerreißprobe und konnte 1951 wieder die Arbeit aufnehmen, jetzt als ›Arbeitsgemeinschaft für den dorfkirchl. Dienst innerhalb der EKD‹. Die Dorfkirchentage fanden ihre Erweiterung durch die Arbeitsgruppe ›Dorf‹ bei den Dt.-ev. → Kirchentagen und durch die ökumenische Landkirchenkonferenz (seit 1956).

P: Die Dorfkirche, 1907–41; Dt. Dorfkirchenfreund, 1950–52; Kirche im Dorf, 1950–78. – (Schriftenreihen:) H. C. SCHOMERUS (Hg.), Das junge Dorf, 1951ff.; O. SÖHNGEN – G. KROLZIG (Hg.), Kirchengemeinde auf dem Dorf, 1951ff.

L: A. MUENCH, Theol. Grundgedanken zur kath. Landvolkbewegung, Mn 1948; TRE IX 147–150 (E. FENNER).

Dreikapitelstreit (544–553), nach den drei »Kernsätzen« (lat. capitula, griech. kephalaia) zu der Theologie der → antiochenischen Schultheologen Theodor von Mopsuestia († 428), Ibas von Edessa († 457) und Theodoret von Kyrrhus († 466) gen., die durch Unterschrift zu verdammen ein Edikt Ks. Justinians von 544 verlangte. Er erhoffte sich für die → Ostkirchen, deren → Monophysitismus immer noch ob des Sieges der antiochenischen Zweinaturenlehre auf dem 4. Ökumenischen → Konzil von 451 (→ Chalkedonismus) haderte, eine Befriedung. Trotz der dabei bewiesenen Qualität als Theologe (Justinian schrieb drei dogmatische Traktate) scheiterte der Ks. mit seinen Plänen. Papst Vigilius konnte er die Unterschrift nur abzwingen. Den Widerstand der orientalischen Bischöfe aber brach er durch Einberufung des 5. Ökumenischen Konzils nach Konstantinopel (553), dessen Glaubensformel eine monophysitierende Interpretation des Chalcedonense sanktionierte. Die Entstehung monophysitischer Nationalkirchen, die sich von der byz. Reichskirche lösten, wurde dadurch nicht aufgehalten.

Q: COD 81-98; D-S 412-438; E. SCHWARTZ, Drei dogmatische Schriften Justinians, Mn 1939; J. STRAUB (Hg.), Concilium universale Constantinopolitanum, B 1971; MANSI 9, 171–657.

L: H. G. BECK, Gesch. der orth. Kirche im byz. Reich, Gö 1980, 26–29; A. GRILLMEIER, Jesus der Christus, Bd. I, Fr-Bas-W ²1982, 692ff.

Dreißigjähriger Krieg, eine Vielzahl von kriegerischen Ereignissen, die sich in den Jahren 1618–48 aus konfessionellen *und* polit. Gründen in Europa, bes. auf dt. Boden, zutrugen. Um 1600 standen sich Katholiken und Protestanten ungeachtet mancher Friedensschlüsse weithin feindselig gegenüber. Nach mehreren Zwischenfällen bildeten sich 1608 die prot. ›Union‹ (unter der Führung Friedrichs IV. von der Pfalz) und 1609 die kath. ›Liga‹ (unter der Führung Maximilians I. von Bayern) als regelrechte Militärbündnisse. Eine radikal gesinnte Gruppe prot. Tschechen aus dem Adel entfachte mit Unterstützung prot. östr. Stände in Böhmen eine Revolution, die mit dem Prager Fenstersturz (1618) und der Wahl Friedrichs V. von der Pfalz zum Böhmenkönig (1619) ihren Auftakt nahm. Darauf folgte ein Krieg in vier Hauptphasen: (1) *Böhmisch-Pfälzischer Krieg (1618–23)*. Die Liga und das Heer Ks. Ferdinands II. unter Führung des Bayernherzogs Maximilian I. und mit finanziellem Beistand des Papstes Paul V. besiegten am 8. 11. 1620 in der Schlacht am Weißen Berg (bei Prag) den »Winterkönig« Friedrich V. Hzg. Maximilian erlangte mit Unterstützung Gregors XV. 1623 die pfälzische Kurwürde. (2) *Dänisch-Niedersächsischer Krieg (1623–29)*. Tilly (Liga) schlug 1626 den Dänenkönig Christian IV.; Wallenstein eroberte Schleswig-Holstein und Jütland. Dänemark schied mit dem Frieden von Lübeck (1629) aus. Ferdinand II. erließ 1629 das verhängnisvolle → Restitutionsedikt. (3) *Schwedischer Krieg (1630–35)*. Der Schwedenkönig Gustav II. Adolf besiegte, von Richelieu und den dt. prot. Ständen unterstützt, den Liga-Feldherrn Tilly bei Breitenfeld (1631). Weite Teile Bayerns wurden verwüstet. Gustav II. Adolf starb in der Schlacht bei Lützen (1632). Nach Wallensteins Ermordung (1634) brachten die kaiserl., bayr. und span. Truppen den Schweden bei Nördlingen eine vernichtende Niederlage bei. Dem → Prager Frieden (1635) zw. dem Ks. und Kursachsen schlossen sich fast alle prot. Stände an. (4) *Französisch-Schwedischer Krieg (1635–48)*. Fkr. griff zugunsten Schwedens in den Krieg ein. Die 1644 begonnenen Verhandlungen des Ks. und der Reichsstände mit Fkr. in Münster und mit Schweden in Osnabrück endeten mit dem → Westfälischen Frieden vom 24. 10. 1648. Es ist falsch, den D. K. als einen reinen Religions- oder Glaubenskrieg einzuschätzen; denn polit. Interessen gewannen oft den Vorrang vor rel. Erwägungen.

Q: H. JESSEN (Hg.), Der D. K. in Augenzeugenberichten, D [3]1965, Mn 1980.
L: JOH. PAUL, Gustav Adolf, 3 Bde, L 1927–32; J. SCHMIDLIN, Kirchl. Zustände u. Schicksale des dt. Katholizismus während des D. K., Fr 1940; K. REPGEN, Die röm. Kurie u. der Westfälische Friede. Idee u. Wirklichkeit des Papsttums im 16. u. 17. Jh., 2 Bde, Mr 1962–65; H.-U. RUDOLF (Hg.), Der D. K., Da 1977; G. SCHORMANN, Der D., Gö 1985; G. BARUDIO, Der Teutsche Krieg 1618–1648, F 1985; K. REPGEN (Hg.), Krieg u. Politik 1619–1648, Mn 1988. – TRE IX 169–188.

Duchoborzen (»Geisteskämpfer«), eine → russ. Sekte, die sich am Anfang des 19. Jh. in Transkaukasien nach urchristl. Vorbild organisierte, in ihren Lehren aber (undogmatisches, die innere Erleuchtung betonendes Christentum) unter rationalistischem und westl. Einfluß (→ Pietismus) stand. Von dem Oberkuror Pobedonoscev († 1907) bekämpft, wanderte sie 1898 nach Kanada aus. 1957 kehrten 2500 D. in die UdSSR zurück;

heutiger Bestand unbekannt. Kriegsdienstverweigerung eint sie mit den → Nazarenern und Tolstojanhängern (Tolstovcy).

L: G. SIMON, Konstantin Petrovič Pobedonoscev u. die Kirchenpolitik des Hl. Synod 1880–1905, Gö 1969.

Dunkelmännerbriefe. Unter dem Buchtitel ›Epistulae obscurorum virorum‹ (›Briefe von Dunkelmännern‹) verspotteten in den Jahren 1515 und 1517 ungenannte Autoren, unter ihnen Ulrich von Hutten († 1523), die dem → Humanismus huldigten, in einem bewußt barbarischen Küchenlatein die → Dominikaner des Generalstudiums von Köln. Diese hatten im Streit des Humanisten Reuchlin († 1522) mit dem getauften Juden Pfefferkorn um Erhaltung bzw. Vernichtung jüdischen Schrifttums (ab 1500ff.) eingegriffen und der Verketzerung des humanistischen Hebraisten (Verfasser der ersten brauchbaren hebräischen Grammatik, 1503) Vorschub geleistet. Sie verfolgten Reuchlin noch mehr, als ein im päpstl. Auftrag tagendes Gericht vor dem Bf. von Speyer denselben vom Häresieverdacht befreite. Der Angeklagte hatte sich zu wehren verstanden, indem er zustimmende Briefe führender Humanisten als ›Clarorum virorum epistulae‹ 1514 veröff. Der Buchtitel der D. nimmt darauf Bezug.

Q: A. BÖMER (Hg.), Epistolae obscurorum virorum, 2 Bde, Hei 1924, (Ndr.) Aalen 1978; O. PLASSMANN, D. übers., B 1941; P. AMELUNG, Briefe der Dunkelmänner, Mn 1994.

L: A. BÖMER, Verfasser u. Drucke der Epistolae obscurorum virorum: Zentralblatt dt. Bibliotheken 41 (1924) 1–12; M. BROD, Joh. Reuchlin u. sein Kampf, St 1965; E. MEUTHEN, Die Epistolae obscurorum virorum, in: Ecclesia militans. Fs. f. R. Bäumer, Bd. 2, Pa 1988, S. 53–80.

Düsseldorfer Religionsrezeß vom 21. 11. 1705. Kurfürst Johann Wilhelm von Pfalz-Neuburg († 1716) verzichtete auf die Verwirklichung der im Frieden von Rijswijk (1697) vereinbarten Religionsklausel, nach der in der Pfalz alle während der frz. Besatzungszeit wiedererrichteten kath. Gemeinden mit ihren Kirchen erhalten blieben, und auf den Simultaneumserlaß (1698), dem zufolge Lutheraner und Katholiken die Kirchen der Reformierten mitbenutzen durften. 1705 sah sich Johann Wilhelm zu der Erklärung gezwungen, daß alle Konfessionen gleichberechtigt sind. Clemens XI. erhob 1708 Protest gegen den D. R. und sprach ihm 1712 jede Gültigkeit ab.

Q: A. HANS, Die kurpfälz. Religionsdeklaration v. 1705, Mz 1973 (Text: 365–374).

L: H. KÜHN-STEINHAUSEN, Johann Wilhelm v. Pfalz-Neuburg, Kö 1958.

Ebioniten, auch Ebjoniten, hebräisch aebjônîm = die Armen, gräzisiert Ebionäer, als Selbstbez. der Christen (Röm 15,26; Gal 2,10) aufgrund der Funde von Qumran am Toten Meer (→ Urchristentum) und der sog. »Armenfrömmigkeit« dieser zeitgenössischen jüdischen Sektengemeinde erneut zur Diskussion gestellt. Seit Mitte des 2. Jh. als eigenständige Gruppe erkennbar, hielten die E. am jüdischen Ritus (Sabbat, Passahlamm am 14. Nisan, Beschneidung, Speisevorschriften, Waschungen u. s. w.) fest, verstanden Christus in jüdischem Sinn als kommenden Messias und bekannten ihn doch als den Sohn Gottes. Auch das von ihnen benutzte Ebioniten-Evangelium war aus den synoptischen Evangelien komponiert. Was die E. von der frühkath. Kirche des 2./3. Jh. trennte, war die leidenschaftl. Polemik gegen Paulus, den die Großkirche in ihrer Abwehr der → Markionitischen Kirche als Pneumatiker gerade neu entdeckt hatte. Als »Judenchristen« wurden die E. durch die Entwicklung zur Minderheit und in die ostsyr. Grenzgebiete abgedrängt. Dort sollten sie ein leichtes Opfer der mesopotamischen Taufsekten (→ Mandäismus) werden, wobei die Waschriten große Bedeutung gewannen. Dieser Prozeß läßt sich an dem petrinischen Apostelroman der Pseudoklementinen und dessen verschiedenen Traditionsschichten aufdecken.

Q: P. VIELHAUER, Judenchrist. Evangelien: HENNECKE-SCHNEEMELCHER (Hg.), Hb. zu den ntl. Apokryphen, Bd. I, T [6]1990.

L: G. STRECKER, Das Judenchristentum in den Pseudoklementinen, B 1958; L. E. KECK, Zur urchristl. Selbstbez. der E.: Zs. für ntl. Wiss. u. die Kunde der älteren Kirche 56 (1965) 108–129; 57 (1966) 54–78.

Echternacher Springprozession, eine Sonderform unter der Vielfalt von Prozessionen seit dem MA; S. gen., weil auf zwei Schritte nach vorne immer ein Schritt nach hinten folgt. Der Ursprung der S., die alljährl. am Pfingstdienstag unter großer Beteiligung – in der Barockzeit zählte man bis zu 20000 Teilnehmer – stattfindet, ist nicht genau festzustellen. Wahrscheinl. besteht eine Verbindung zu den rel. Tänzen im MA; weniger wahrscheinl. ist, daß eine Erinnerung an den »Veitstanz«, eine Art Epilepsie, zugrunde liegt.

L.: KRIER, Die S. u. Wallfahrt zum Grabe des hl. Willibrord, Luxemburg 1971; K. MEISEN, S.en und Schutzheilige gegen den Veitstanz u. ähnl. Krankheiten im Rheinlande u. in seinen Nachbargebieten: Rhein. Jb. für Volkskunde 2 (1951) 164–178; G. KIESEL – J. SCHRÖDER (Hg.), Willibrord, Luxemburg 1989.

École Française, von dem → Jesuiten H. Bremond († 1933) stammende Bez. für die frz. Spiritualität, vornehml. der Priester, im 17. Jh. Die priesterl. Spiritualität wurde hauptsächl. von P. de Bérulle († 1629), Ch. de Condren († 1641), J. J. Olier († 1657) und J. Eudes († 1680) bestimmt. Ein Zentrum bildete das von Bérulle 1611 gestiftete ›Oratorium von Jesus‹, eine Kongreg. von Weltpriestern ohne Gelübde (→ Oratorianer). Nicht minder bedeutend wurden die von Olier gegr. → Sulpizianer. Die im Geheimnis der Menschwerdung Jesu Christi verwurzelte Spiritualität des Priesters sollte das priesterl. Leben und Wirken auf Jh. bestimmen. –

Bérulle, seit 1627 Kard., übte auch auf die Politik in Fkr. großen Einfluß aus. Im Gegensatz zu seinem Kontrahenten Kard. Richelieu († 1653), dem in erster Linie an der Sicherung der frz. Monarchie gelegen war, erstrebte Bérulle, die Politik der Religion jederzeit unterordnend, den Sieg der kath. Kirche über den → Protestantismus.

Q: P. de BÉRULLE, Discours de l'état et des grandeurs de Jésus, P 1623.
L: H. BRÉMOND, Histoire littéraire du sentiment religieux en France, Bd. III, P 1967; L. COGNET, Les origines de la spiritualité française au XVIIe siècle, P 1949; J. DAGENS, Bérulle et les origines da la restauration catholique, Bruges-P 1952; M. DUPUY, Bérulle et le sacerdoce, P 1969; R. DEVILLE, E. F. de spiritualité, P 1987.

Eigenkirchenwesen gilt als Erbe germanischen Eigentempelwesens im Bereich der arianischen Landeskirchen (U. STUTZ), was aber nicht unbestritten ist. Schon das spätantike und byz. Vermögensrecht kannte sakrale Stiftungen des Grundbesitzers (»fundator«), die gleichzeitig mit öff.-rechtl. Auflagen (Unterhaltung des Sakralbaus, Sicherung der Kosten für Kultus und Personal) verbunden waren und daher der Kontrolle durch sakrale Instanzen unterlagen, die ihrerseits die öff.-rechtl. Ansprüche einklagen und die außergerichtl. Pfandnahme durch unmittelbare Vermögensexekution (»legis actio per pignoris capionem«) an Private als »Gerichtsvollzieher« delegieren konnte. Dieses Sakralrecht, dessen höchster Garant der »summus pontifex« war, wurde mit Übernahme des Pontifikats durch Konstantin und seine Söhne zunächst prolongiert. Ebenso bestand das Rechtsinstitut des Stifters (»fundator«) fort, wofür aus dem 6. Jh. der im Auftrage Justinians S. Vitale und S. Apollinare in Classe/ Ravenna bauende Julianus argentarius einen noch heute zu besichtigenden Beweis liefert. Aus einem nordafrikanischen Konzilsbeschluß (438) geht ferner hervor, daß Latifundien beim Bau von Oratorien und Märtyrerkapellen die kirchl. Genehmigung einholen mußten; das Bischofsamt übte die sakralrechtl. Kontrolle aus. Auf germanischem Boden, vor allem im Bereich der Westgotenkirche, war diese nicht gewährleistet. Hier mußte das E. in Händen der neuen Großgrundbesitzer negative, später in Händen der Landesherren und dann des dt. Königtums auf die allg.-kirchl. Entwicklung und vor allem innerhalb der → Reichskirche folgenschwere Auswirkung gewinnen. So ist der Niedergang der merowingischen Landeskirchen (Verweltlichung des Klerus, Entfremdung des Kirchengutes, Laieninvestitur) zweifelsohne auf das E. zurückzuführen; diese negativen Auswirkungen konnte die Reform eines Bonifatius (Reformsynoden von 743f.) mit Hilfe des kanonischen Rechts nur theoretisch, Karl d. Gr. jedoch dann effektiv (789: »admonitio generalis«) bekämpfen. Das ma. Pfründenwesen hingegen resultierte aus dem kirchl. Feudalismus (→ Benefizialwesen).

L: U. STUTZ, Gesch. des kirchl. Benefizialwesens ... bis ... Alexander III., B 1895, Aalen ^{3}1972; H. MORDEK, KR u. Reform. Die Collectio vetus Gallica, ... Bo 1974; K. SCHÄFERDIEK, Das Heilige in Laienhand. ... Fs. f. G. Krause, hg. v. H. SCHRÖER – G. MÜLLER, B-NY 1982, 122–140. – TRE IX 399–404 (P. LANDAU).

Eisenacher Kirchenbund. Hatte schon die Zerschlagung des Dt. Reiches und damit auch des → ›Corpus Evangelicorum‹ durch Napoleon (→ Reichsdeputationshauptschluß 1806) den Wunsch nach → Unionen im Protestantismus geweckt, so sollte das Revolutionsjahr 1848 dies noch verstärken. Der Wittenberger → Kirchentag des gleichen Jahres (→ Innere Mission) war eine ›Versammlung für die Gründung eines dt. ev. Kirchenbundes‹. Dieser kam ebensowenig zustande, wie die Nationalversammlung ihre Verfassung des Dt. Reiches (1849) durchsetzen konnte. Dafür tagten seit 1852 in regelmäßigen Abständen die dt. ev. Kirchenregierungen (›Eisenacher Konferenz‹). Dies blieb für 50 Jahre das einzige Bindeglied zw. den ev. Landeskirchen, das erst 1922 durch den ›Dt. ev. Kirchenbund‹ enger gestaltet wurde.

L: E. SCHUBERT, Die dt. ev. Einheitsbestrebungen v. Beginn des 19. Jh. bis zur Gegenwart, B 1919.

Emser Kongreß. Vertreter der Kurfürst-Erzbischöfe von Köln, Trier und Mainz sowie des Fürst-Erzbischofs von Salzburg trafen sich 1786 in Bad Ems. Die vierwöchigen Beratungen endeten am 25. 8. mit der Unterzeichnung der 22 Artikel umfassenden sog. Emser Punktation. Darin sprechen die Metropoliten dem päpstl. Nuntius (→ Gesandte) im Reich jegl. Jurisdiktionsgewalt ab, wie schon der → Febronianismus. Die Bischöfe nehmen die bisher von Rom gewährten Dispensen und Fakultäten »kraft eigener Autorität« in Anspruch und behalten sich das Plazet für röm. Verlautbarungen vor. Die an Rom zu zahlenden Annaten und Pallientaxen (→ Finanzwesen) sollen reduziert werden. Außerdem bestehen sie darauf, Nationalkonzilien abhalten zu dürfen. Die in gewisser Abhängigkeit von den Metropoliten stehenden Bischöfe verhielten sich reserviert, weil sie einer Schmälerung ihrer Rechte zugunsten der Erzbischöfe nicht zustimmen wollten. Während Ks. Joseph II. (→ Josephinismus) den Streit zu ignorieren suchte, griff Pius VI. 1789 mit einer ausführl. Widerlegung der Beschlüsse ein und verbot weitere Verhandlungen über dieses Thema beim → Reichstag. Daraufhin trat Ebf. Clemens Wenzeslaus von Trier von der Punktation zurück. Nachdem die → Frz. Revolution ausgebrochen war, lehnten die dt. Fürst-Bischöfe jegl. Veränderung des status quo ab. Reformversuche des Mainzer Kurfürst-Erzbischofs K. J. von Erthal († 1802), der streng auf seine Rechte als »Primas Germaniae« und Erzkanzler achtete, führten auch wegen der gewandelten polit. Verhältnisse nicht zum Ziel.

→ Nuntiaturstreit.

Q: M. HÖHLER, Des Kurtrier. Geistl. Rats H. A. Arnoldi Tagebuch über die zu Ems gehaltene Zusammenkunft der vier erzbischöfl. dt. Herrn Deputierten, die Beschwerde der dt. Nation gegen den Röm. Stuhl und sonstige geistliche Gerechtsame betreffend 1786, Mz 1915; MIRBT 553.

L: H. SCHOTTE, Zur Gesch. des E. K.: HJ 35 (1914) 88–109, 319–348, 781–820; H. RAAB, Die Concordata Nationis Germanicae in der kanonistischen Diskussion des 17. bis 19. Jh., Wie 1956; K. MAIER, Die Diskussion um Kirche u. Reform im schwäbischen Reichsprälatenkollegium zur Zeit der Aufklärung, Wie 1978; J. STEIN-

RUCK, Bemühungen und die Reform der Reichskirche auf dem E. K. (1786): R. BÄUMER (Hg.), Reformatio Ecclesiae. Festgabe für Erwin Iserloh, Pa-Mn-W-Z 1980, 863–882. – TRE XI 776–780.

Englische Fräulein, volkstüml. Bez. für Institutum Beatae Mariae Virginis (= I.B.M.V.). Die Engländerin Mary Ward (1585–1645) gründete 1609/1610 nach zwei Fehlversuchen, in den Klarissenorden (→ Franziskaner) einzutreten, mit fünf engl. Gefährtinnen, die ebenfalls wegen ihres kath. Glaubens von England nach Saint-Omer (Bretagne) geflohen waren, eine Gemeinschaft von Frauen, die in erster Linie für die Erziehung weibl. Jugendlicher, darunter zunächst viele verfolgte Katholikinnen aus England, tätig waren. Weil die Verfassung dieser klösterl. Gemeinschaft weitgehend der der → Jesuiten entsprach, nannte man die Schwestern auch Jesuitinnen. Die Bestätigung der Ordensregel durch den Papst scheiterte am Anfang hauptsächlich daran, daß Ward die vom → Trienter Konzil eingeschärfte Klausur ablehnte. Urban VIII. verweigerte 1625, von zahlreichen Verdächtigungen und falschen Anklagen bewogen, die Anerkennung und löste die in It. (Rom, Neapel und Perugia) err. Häuser auf. Außerhalb It. aber wurden die E. F. geduldet, so daß Ward Häuser in München, Wien und Preßburg gründen konnte, nachdem sie solche Niederlassungen schon um 1620 in Köln und Trier gegr. hatte.

Ward reiste mehrmals nach Rom, um sich und ihr Institut zu verteidigen. Ungeachtet des erfolgreichen Wirkens in mehreren Ländern Europas, hob Urban VIII. mit der Bulle ›Pastoralis Romani Pontificis‹ (1631) die neue Gemeinschaft auf. Ward selbst wurde als Aufrührerin und Ketzerin im Münchener Klarissenkloster gefangengesetzt (Febr.–April 1631). Ein Jahr später durfte sie sich mit gleichgesinnten Frauen aus anderen Häusern in Rom niederlassen (1631–37), freilich bei Verzicht auf jede Ordensform. 1637 ging sie von Rom über Paris und Flandern nach London, wo sie drei Jahre wirkte, bis sie in ihre Heimat York zurückkehrte. Hier wartete sie bis zu ihrem Tod vergeblich auf die Bestätigung ihrer Gemeinschaft durch Rom.

Mary Poyntz, eine Gefährtin der ersten Stunde und Wards Biographin, err. in den fünfziger Jahren ein Haus und eine Mädchenschule in Augsburg, das mehr und mehr zum Mittelpunkt der E. F. wurde.

Auf Betreiben des bayr. Kurfürsten Max Emmanuel erteilte Clemens XI. 1703 der neuen Kongreg. für Erziehung und Unterricht der weibl. Jugend die päpstl. Bestätigung. Doch gestattete erst Pius X. 1909, Mary Ward als Stifterin zu bezeichnen.

Schon der bayr. Kurfürst Maximilian I. († 1651) hatte Mary Ward und ihrer Stiftung große Unterstützung zuteil werden lassen. 1627 konnte Ward in München ein Haus gründen und das völlig vernachlässigte Mädchenschulwesen (→ Schulwesen) einer Neubelebung zuführen. Von München aus verbreiteten sich die E. F. in Bayern und Österreich. Das Generalat wurde 1700 von Rom nach München verlegt und befindet sich erst seit 1929 wieder in Rom. Das Generalkapitel, die höchste Instanz der

E. F., beseitigte 1953 den Unterschied zw. Lehrfrauen und Hausschwestern und modernisierte die Tracht. Im selben Jahr wurden die bis zu dieser Zeit selbständigen Generalate St. Pölten und Mainz mit dem (röm.) Generalat vereinigt.

L: M. K. E. CHAMBERS, Leben der Mary Ward, 2 Bde, Rb 1888–89; P. GUILDAY, The English Catholic Refugees on the Continent, Lo 1914; J. GRISAR, Die ersten Anklagen gegen das Institut Maria Wards (1622), R 1959; DERS., M. Wards Institut vor röm. Kongreg. (1616–30), R 1966; M. KÖHLER, Maria Ward, Mn 1984; H. PETERS, Mary Ward. Ihre Persönlichkeit u. ihr Institut, I-W 1991; I. WETTER, Maria Ward. Mißverständnisse u. Klärung, Au 1993.

Enkratiten (griech. enkratēs = enthaltsam) nannte man die Schüler des schismatischen Ostsyrers Tatian (Mitte des 2. Jh. in Rom als Schüler des Märtyrers und → Apologeten Justin) wegen seines und ihres asketischen Rigorismus. Daraus machte im 4. Jh. der Ketzerbekämpfer und Bf. Epiphanius von Salamis (Cypern) eine Häresie (Panarion 47), nannte daneben aber auch noch als »Entsagende« die häretischen »Apostoliker, auch Apotaktiker« (Pan 61). Sexuelle und vegetarische »Enthaltsamkeit« war jedoch schon in der Antike ein griech.-röm. Ideal und fand vor allem bei rel. Gemeinschaften (Pythagoräer, Essener, Spätjudentum) Fürsprecher. Das gilt auch für das Christentum, mit Paulus (1 Kor 7) angefangen. Es gibt daher ein orth. Enkratitentum, das sich von der Großkirche im späteren Verlauf als »Gemeinde der E.« sektiererisch absonderte. Von ihm ist das häretische, durch → Montanismus und → Manichäismus proklamierte Enkratitentum zu unterscheiden (→ Zölibat).

L: T. N. ZISSIS, The Fathers Arguments on the Celibacy, and their sources, Thessalonike 1973; U. BIANCHI (Hg.), La tradizione dell'enkrateia, R 1985.

Episkopalismus (griech. episkopos = Vorsteher, Bischof) meint alle Bestrebungen und Bewegungen, die eine Beschränkung der päpstl. Rechte zugunsten der bischöfl. verfolgen. Nach Ansicht der Anhänger des Episkopalsystems stammt die bischöfl. Jurisdiktion nicht vom Papst, sondern unmittelbar von Gott. Trotzdem halten die gemäßigteren Vertreter unter ihnen am Primat des Papstes als Einheitsprinzip der Kirche fest.

Das Episkopalsystem ist nicht nur für die Alte Kirche, sondern im Grunde für die ungeteilte Christenheit des 1. Jahrtausends charakteristisch. Dagegen konnte sich das Papalsystem mit dem Universalepiskopat des Papstes in Rom erst vom 11. Jh. an (bes. seit Gregor VII., 1073–85), als die Kirchen des Ostens immer mehr von Rom abrückten (→ Morgenländisches Kirchenschisma) und bes. im Zusammenhang mit den → Kreuzzügen böse Erfahrungen machen mußten, in der abendländischen Kirche durchsetzen, bis es im absolutistischen → Papsttum des Hochma. (Innozenz III., Bonifaz VIII.) einen Höhepunkt erreichte. Als Reaktion darauf und im Zug der Ausbildung des → Staatskirchentums entstand und entfaltete sich die konziliare Idee, d. h. die Theorie von der Superiorität des Konzils über den Papst (→ Konziliarismus), die nicht zuletzt auch als verzweifelte Reaktion auf das Abendländische → Papstschisma beim →

Konstanzer und → Baseler Konzil sowie in den bald danach geschlossenen → Konkordaten, in der → Pragmatischen Sanktion von Bourges und der → Mainzer Akzeptation weithin Anerkennung fand. Als eigentl. Epoche des E. gelten das 17. und 18. Jh. Während der E. in Fkr. nahezu uneingeschränkt praktiziert wurde, bedeutete das Wiener Konkordat innerhalb der → Reichskirche bis zum → Westfälischen Frieden eine Barrière für episkopalistische Tendenzen. Andererseits wuchs gerade hier die Unzufriedenheit über das Regiment der → Röm. Kurie und mehrten sich die seit der → Reformation oft wiederholten Beschwerden der dt. Nation (→ Gravamina nationis Germanicae). Dies gilt bes. auch für die geistl. Kurfürsten am Rhein, wie ihre Beschwerdeschrift vom Jahre 1673 deutlich beweist. Episkopalistische Ideen begegnen uns im → Gallikanismus ebenso wie im → Febronianismus und im → Josephinismus, wenngleich die einzelnen Richtungen hinsichtl. bestimmter Punkte nicht wenige Unterschiede aufweisen. Weil das Papsttum sich mit dem → Staatskirchentum trotz zahlreicher Konflikte immer wieder zu arrangieren verstand, konnte es sich gegenüber dem E. in den einzelnen Ländern ohne allzu große Einbußen behaupten. Die mit der → Frz. Revolution einsetzende Entwicklung, spez. der →Reichsdeputationshauptschluß, versetzte allen episkopalistischen und nationalkirchl. Absichten (→ Nationalkirchl. Bewegungen) und Aktionen den Todesstoß. Letzte Nachwirkungen, z. B. der → Wessenbergianismus zu Beginn des 19. Jh., wurden von der nunmehr einsetzenden kirchl. → Restauration zum Erliegen gebracht. Das 1. →Vatik. Konzil (1869/70) verurteilte mit der Definition des päpstl. Universalepiskopats und der päpstl. Unfehlbarkeit einen extremen E. ebenso wie einen extremen Papalismus. Diese Ergebnisse eines »allg.« Konzils haben im Gesetzbuch der Kirche (→ Kirchenrechtsquellen) 1917 ihren positivrechtl. Niederschlag gefunden: Nur der Papst kann ein allg. Konzil einberufen. Erst durch seine Bestätigung erlangen die Beschlüsse eines Konzils verpflichtende Kraft. Und die Berufung gegen eine Entscheidung des Papstes an ein allg. Konzil bleibt ausgeschlossen.

→ Emser Kongreß, → Nuntiaturstreit.

L: A. Werminghoff, Nationalkirchl. Bestrebungen im dt. MA, St 1910; F. Vigener, Gallikanismus u. episkopalistische Strömungen im dt. Katholizismus zw. Tridentinum u. Vaticanum: HZ 111 (1913) 495–581, Neudruck hg. v. G. Maron unter dem Titel: Bischofsamt u. Papstgewalt. Zur Diskussion um Universalepiskopat u. Unfehlbarkeit des Papstes im dt. Katholizismus zw. Tridentinum u. Vatikanum, Gö 1964; H. Raab, Die Concordata Nationis Germanicae in der kanonistischen Diskussion des 17. bis 19. Jh., Wie 1956; TRE XI 773–780 (U. Wickert).

Episkopalkirchen. Gemäß dem prot. Episkopalsystem besitzen die Landesfürsten der → Augsburger Konfession bischöfl. Gewalt (Summepiskopat), die aufgrund des → Passauer Vertrags (1552) und des →Augsburger Religionsfriedens (1555) von den kath. Bischöfen auf die Landesfürsten übergegangen ist. Diese Devolutions- oder Restitutionstheorie fand aber keine allg. Anerkennung. Nach einer anderen Auffassung ist mit der Suspension der bischöfl. Jurisdiktion über die Protestanten noch keine Übertragung auf die weltl. Fürsten gegeben. Im 18. Jh. setzte sich das → Territorial- und Kollegialsystem anstelle des Episkopalsystems durch.

E. gibt es auch innerhalb des → Anglikanismus, fanden jedoch in den USA ihre bes. Gestalt.

L: R. W. Albright, A History of the Protestant Episcopal Church, NY 1964; W. Maurer, Die Entstehung des Landeskirchentums in der Reformation: Ders., Die Kirche u. ihr Recht. Gesammelte Aufsätze zum ev. KR, T 1976, 135–144.

Eremitentum, das in Einsiedeleien (»Eremitage«) wohnt, ist ein ma. Phänomen monastischen Erneuerungsstrebens im 10./11. Jh., das weithin dem → Koinobitentum krit. gegenüberstand und deshalb zu den Ursprüngen des → Mönchtums bzw. seinem → Anachoretentum zurückkehren wollte. Als Reformbewegung erfaßte es ähnl. wie die → Cluniazenser zunächst den Orden der → Benediktiner, bei dem man seitens der Äbte mit Ausnahmedispens im Einzelfall reagierte. Selbständige Formen des E. entwickelten sich dort, wo die östl. Traditionen bes. lebendig waren, z. B. im italisch-griech. Südit., wo der Kalabrese Nilus († 1004) mehrere Einsiedeleien und Abteien begründete; zu seinen Gründungen gehört aber auch die noch heute bestehende Abtei von Grottaferrata bei Rom. Im Bereich des byz. Exarchats von Ravenna förderte der Herzogssohn, dann Abt von Classe, Romuald († 1027), das E. auch in Mittelitalien u. machte die Abtei Camaldoli bei Arezzo (Toskana) zum Zentrum eines straff organisierten Verbandes der → Kamaldulenser (›Eremiticae regulae‹). Ihr theol. Sprecher wurde der Prior von Fonte Avellana, Petrus Damiani, der spätere Kardinalbischof von Ostia († 1072). – Auch bei den → Augustiner-Chorherren und → Regularkanonikern signalisiert das E. eine Reform des 13. Jh., wobei die → Augustiner-Eremiten noch im 15. und 16. Jh. von den Streitigkeiten zw. Konventualen und → Observanten erschüttert wurden. Ähnl. sollten sich aus den → Franziskanern die ›Eremiten vom hl. Franz von Assisi‹, die Franz von Paula (1436–1507, kan. 1519) in Kalabrien begründete, für eine verschärfte Beachtung der Franziskusregel (→ Armutsstreit) einsetzen (Mitte 15. Jh.). Eine bes. Form des E. entwickelte der Orden der → Kartäuser, der mit seinen Statuten auf dem Benediktinerorden fußt, deshalb auch stärkere Merkmale des Koinobitentums aufweist, dies aber mit dem Gebot bzw. Gelübde ewigen Schweigens verbindet.

L: A. Boise, Il monachesimo in Calabria, sue origine e suo progresso, Cosenza 1947; H. Grundmann, Dt. Eremiten, Einsiedler u. Klausner im Hochmittelalter, B 1963; L'eremitismo in occidente nei secoli XI e XII. Atti della II[a] settimana di studio Mendola 1962, Mi 1965; España eremitica. Analecta Legerensia, Bd. I, Pamplona 1970; E. Morini, Eremo e cenobio nel monachesimo greco dell'Italia meridionale nei secoli IX e X: Rivista di storia della chiesa in Italia 31 (1977) 1–39, 354–390. – Atlas KG 49, 70.

Erweckungsbewegungen. Während E. im 18. Jh. in verschiedensten Formen sowohl im konfessionellen wie im literarischen Bereich ein allg. Phänomen der Reaktion auf die → Aufklärung darstellen, sind E. im 19. Jh., die Allgäuer E. im kath. Bayern ausgenommen, dem → Protestantismus eigen und haben eine außerdt. bzw. außereuropäische Wurzel im → Methodismus (nordamer. »Revival«: Great Awakening von 1734, Second Awakening um 1800, Great Awakening of the West anläßl. der Kolonisierung des westl. Amerika). Vermittler dieser Erweckungsimpulse von Massenbekehrungen (Evangelisation) waren vornehml. engl. → Baptistenprediger, die nach Deutschland kamen (1792: ›Baptist Missionary Society‹). Doch auch im älteren → Pietismus Dtl. konnten die E. Anknüpfungspunkte finden. Dies gilt für oberrhein. Erweckungszentren wie Basel (→ Christentumsgesellschaft), Straßburg und Baden, wo der Kurfürst und ›Patriarch der E.‹, Karl Friedrich, den erweckten Arzt J. H. Jung gen. Stilling 1803 in seine Dienste stellte. Von der → Brüderunität kommend, verband in Berlin Schleiermacher († 1834) die E. mit dem Idealismus und der nationalen Erhebung Preußens, was die E. dem Landadel zugängl. machte, so in Schlesien (Baron von Kottwitz, † 1843) oder in Pommern bei den Blankenburgs, durch die Bismarck († 1898) mit der preuß. E. in Berührung kam. Dieselbe konnte sich auch mit einem konfessionalistischen Neuluthertum verbinden, so bei dem Kieler Propst Claus Harms († 1855) oder dem Hermannsburger Pastor Ludwig Harms († 1865; Gründer einer luth. → Freikirche) oder dem Diakonissenpfarrer Wilhelm Löhe († 1872; Gründer der Neuendettelsauer Anstalten; → Diakonie). Hingegen nahm der württembergische E.-Prediger Ludwig Hofacker († 1828) Traditionen eines landeskirchl. Pietismus auf, während die E. im Sieger- und Ravensburger Land (J. H. Volkening, † 1877) stärker reformiert beeinflußt war. Ungeachtet aller Unterschiede eignet allen E. im 19. Jh. eine subjektivistische Erlebnistheologie, was aber nicht hinderte, daß sie sich in Vereinen konsolidierte und so das 19. Jh. zur »Anstaltsepoche« machte.

Q: G. A. BENRATH (Hg.), J. H. Jung-Stilling, Lebensgesch., Da 1976.
L: F. W. KANTZENBACH, Die E. Studien zur Gesch. ihrer Entstehung u. ersten Ausbreitung in Dtl., Neuendettelsau 1957; DERS., Baron H. E. v. Kottwitz u. die E. in Schlesien, Berlin u. Pommern, Ulm 1963; E. BEYREUTHER, Die E., Gö 1963, ²1977; M. GEIGER, Aufklärung u. E. Beiträge zur Erforschung J. H. Jung-Stillings, Bas 1963; H. WEIGELT, E. u. konfessionelles Luthertum im 19. Jh., St 1968; K. NOWAK, Schleiermacher und die Frühromantik, Gö 1986; A. MAUERHOFER, Eine Erwekkungsbewegung im 19. Jh., 1987; P. MOSES, H. E. von Kottwitz. Studien zur E. des frühen 19. Jh. in Schlesien u. Berlin, Gö 1990; U. GÄBLER, Auferstehungszeit. Erweckungsprediger des 19. Jh., Mn 1991. – TRE X 205–227.

Eucharistischer Kongreß. Den Anfang einer neuen eucharistischen Bewegung um 1874 bildeten als Reaktion auf die rigorosen Forderungen des → Jansenismus und die wachsenden Angriffe des Atheismus von der Französin E. Tamisier angeregte und von dem Industriellen P. Vrau unterstützte Sühnewallfahrten zu Stätten, die sich eines eucharistischen Wunders (→ Bluthostie) rühmen konnten. Tamisier hegte auch schon den Plan, solche eucharistischen → Wallfahrten mit Arbeitssitzungen (Kongresse) von internationalem Ausmaß zu verbinden. – Dem ersten von Leo XIII. gebilligten E. K. in Lille (1881) folgten – seit 1956 (Rio de Janeiro) im vierjährigen Turnus – bis heute über 30 E. Kongresse, u. a. in Jerusalem (1893, erstmals ein päpstl. Legat anwesend), Rom (1905), Köln (1909), Wien (1912) und München (1960). – In einigen Ländern werden neben diesen internationalen auch nationale E. Kongresse gefeiert.

L: J. Ratzinger, Der E. Weltkongreß im Spiegel der Kritik: »Statio Orbis«. E. Weltkongreß 1960 in München, Bd. I, Mn 1961, 227–242; R. Aubert, Die E. Kongresse v. Leo XIII. bis Johannes XXIII.: Conc. 1 (1965) 61–66.

Eunomianer, nach ihrem Sprecher Eunomius († ca. 394), vertraten einen radikalen → Arianismus. Sie wurden auch »Anhomöer« gen., weil sie ihren Gegensatz zur trinitarischen Formel des → Konzils von Nicaea (325) durch die Aussage artikulierten, der Sohn sei dem Vater »unähnlich« (griech. anhomoios). Theologisch waren sie der → Antiochenischen Schule verhaftet, deren bester Vertreter ein gewisser Aëtios († 366/7) war, selber nur Presbyter. Einer seiner Schüler, Patriarch von Konstantinopel geworden, machte seinen besten Schüler Eunomius zum Bf. von Cyzicus am Hellespont (360). Durch Spaltung entstand in Antiochien eine anhomöische Sonderkirche (363), deren Leitung Eunomius übernahm. Da es in einem Religionsgespräch vor Ks. Theodosius I. nicht gelang, die Rechtgläubigkeit nachzuweisen, verstarb Eunomius als abgesetzter Bf. und Privatmann; seine Gemeinden gingen in der Großkirche auf. Der Kirchenhistoriker Philostorgius, ein Anhänger, hat in seiner ›KG‹ das Gedächtnis an ihn und die E. festgehalten.

Q: Philostorgius, KG, hg. v. Bidez-Winkelmann, B 1972.

L: RAC VI 936–947 (L. Abramowski); vgl. dazu Brennecke: Jb. für Antike u. Christentum 5 (1975) 202–205; E. Cavalcanti, Studi eunomiani, R 1976; TRE X 525–528 (A. M. Ritter).

Eutychianischer Streit (449–451), setzte den → Nestorianischen Streit fort. Eutyches, Abt eines ägyptischen Kl. in Konstantinopel, war 449 wegen seines → Monophysitismus exkommuniziert worden. Das rief Dioskur, Patriarch von Alexandrien, auf den Plan. Wie sein Amtsvorgänger Cyrill versicherte er sich wohl zunächst Roms, verprellte aber dann Papst Leo I., dessen ›epistula dogmatica‹ er auf einem Konzil von Ephesus (449: → Räubersynode) nicht verlesen ließ. Dafür exkommunizierte diese offiz. Reichssynode den Patriarchen von Konstantinopel und rehabilitierte Eutyches. Fortan betrieb Leo I. am Ks.hof in Byzanz die abermalige Einberufung eines ökumenischen → Konzils, das dann 451 in Chalkedon am Bosporus zusammentrat. Es dogmatisierte die → antiochenische Zweinaturenlehre wie auch die ›epistula dogmatica‹ und beendete damit nicht nur den temporären E. S., sondern auch die christologischen Gespräche der alten Gesamtkirche. Fortan konnte das sog. Chalcedonense (451) ökumenischen Rang beanspruchen, auch wenn ihm im Osten dieser z. T. abgesprochen wurde (→ Chalkedonismus).

Q: COD 77–87; Mirbt-Aland 446 f., 457; D-S 290–295, 303–308; N-R 173–178.

L: E. Schwartz, Der Prozeß des Eutyches, Mn 1929; T. Šagi-Bunić, Deus perfectus et homo perfectus, R 1965; A. GRILLMEIER, Jesus der Christus im Glauben der Kirche, Bd. I, Fr-Bas-W 1979, 731–775; G. MAY, Das Lehrverfahren gegen Eutyches im November des Jahres 448, in: AHC 21 (1989) 1–61. – TRE X 558–565.

Evangelikale Gemeinden, auch Bekennende Gemeinden gen., entstanden seit 1966 innerhalb ev. Landeskirchen als Sammlungsbewegungen um »Bibel und Bekenntnis« und als Bekenntnisbewegung ›Kein anderes Evangelium‹, 1970 zusammengeschlossen in der ›Konferenz Bekennender Gemeinschaften in den ev. Kirchen Deutschlands‹.

Der Begriff »evangelikal« kennzeichnet Gruppen, die sich hinsichtlich ihrer Dogmatik in einzelnen Punkten beträchtlich voneinander unterscheiden, z. B. in der Lehre von der Taufe, vom Abendmahl und von der Kirche. Gemeinsame theol. Überzeugung sind den Evangelikalen die Betonung der persönlichen Glaubenserfahrung in Bekehrung und Wiedergeburt, die enge Bindung an die Bibel als Wort Gottes, die Gemeinschaft mit allen, die an Christus als ihren Herrn und Erlöser glauben, sowie der Einsatz für Mission und Evangelisation.

Bei den Evangelikalen lassen sich drei Hauptrichtungen unterscheiden: die Bekenntnis-Evangelikalen, die Pfingst-Evangelikalen (→ Charismatische Bewegungen) und die Allianz-Evangelikalen (→ Ev. Allianz).

Treffpunkte für Zehntausende bilden die evangelikalen Gemeindetage (»Gemeindetag unter dem Wort«, zuletzt 1978 in Stuttgart), auch als Konkurrenzveranstaltungen zu den → Kirchentagen verstanden, weil man mit deren theol. Meinungsvielfalt (bis zur liberalen Universitätstheologie!) nicht einig geht. Die Aktivität gegen diese Kirchentage wandte sich seit 1974 (Berliner Ökumene-Erklärung) auch gegen sozialreformerische Tendenzen der → Ökumenischen Bewegung in Genf.

Evangelikale Initiativen parallel oder als Kontrast zu bestehenden kirchl. Einrichtungen gibt es auch auf anderen Gebieten: Evangelikale Nachrichtenagentur (›Informationsstelle der Evangel. Allianz‹ = idea); Evangeliums-Rundfunk (Wetzlar); Buch- und Schallplattenverlage; Studentenmission in Dtl.; Arbeitsgemeinschaft Evangelikaler Missionen.

Zu den namhaftesten Promotoren der E. G. zählt der Tübinger Theologieprofessor Peter Beyerhaus.

Q: Neue transkonfessionelle Bewegung, F 1967, 45–102; H. STRATMANN, Kein anderes Evangelium, H 1970; Evangel. Kommentare 7 (1974) 432f., 10 (1977) 103f., 171f.; P. BEYERHAUS u. a., Weg und Zeugnis. Bekennende Gemeinschaften im gegenwärtigen Kirchenkampf 1965–80, St-Liebenzell 1980.
L: U. BETZ, Evangelikale in Dtl.: Ökum. Rundschau 22 (1973) 309–319; R. FRIELING (Hg.), Die Kirchen und ihre Konservativen. »Traditionalismus« und »Evangelikanismus« in den Konfessionen, Gö 1984; F. JUNG, Die dt. E. Bewegung, F 1992.

Evangelikanismus. Schon die Wortbildung verrät die außerdt. Herkunft (»Evangelicalism«) eines Begriffes, mit dem jene transatlantischen Bemühungen um »Erweckung« (»revival«) der »schlafenden« Christenheit bez. zu werden pflegen, in denen sich eschatologische Motivation zur Evangelisation mit einem »Amerikanismus« verbunden hat, der sich seiner rel. Verantwortung gegenüber den europäischen Ursprungsländern mit einem jugendl. Elan bewußt geworden ist, wie Kinder ihn gegenüber der älteren Generation an den Tag legen können. Wie zu den dt. → Erweckungsbewegungen im 19. Jh. keine originäre Zusammenhänge bestanden, so konnten zu ihnen auch keine dauernden Beziehungen geknüpft werden. Dem stand außerdem das »aggressive Prinzip« (Riecker) der mit allen Mitteln der Massenpsychologie arbeitenden Evangelisation entgegen. Immerhin machte solcher Rückgriff Prediger wie C. G. Finney († 1875), C. H. Spurgeon († 1892) und D. L. Moody († 1899) zu den berühmten »Evangelisten« des 19. Jh., von denen »man« sprach. Das verfehlte dann auch bei der neueren → Gemeinschaftsbewegung (1875 ff.) nicht seine Wirkung, so daß auch dort eigenständige »Evangelisten« wie E. Schrenk († 1913) oder S. Keller († 1924) tätig werden konnten, ohne auf die Seelenmassage der »Bußbank« zurückzugreifen. Dafür bediente man sich des nicht minder suggestiven Refraingesangs. Eine weit verfeinerte Form der Psychagogie mit der gleichen Zielsetzung eines »verwandelten Lebens« übte zw. den beiden Weltkriegen die → Gruppenbewegung. Hingegen wird man den »Evangelisten« Bill Graham, der mit seinen Methoden einer perfekten Organisierung aller christl. Gruppen nach dem 2. Weltkrieg in Europa die Massen zu fesseln verstand, als eine Wiederauflage des »Transatlantic Revivalism« beurteilen müssen, der vom amer. Sendungsbewußtsein und seiner rel. Komponente getragen wurde. Weder den einen noch den anderen »Methodismus« darf man den → Bekennenden Gemeinden anlasten, mögen auch die Väter ihrer Mitglieder überwiegend Kinder des E. gewesen sein.

L: O. Riecker, Das evangelistische Wort, Gü 1935, ^{2}1953; H. Klemm, Elias Schrenk. Der Weg eines Evangelisten, hg. v. Elias Schrenk-Institut, Wuppertal 1961; E. Beyreuther, Kirche in Bewegung. Gesch. der Evangelisation u. Volksmission, B 1968; E. Herdieckerhoff, Der Braunschweiger Kampf um Evangelisation im 19. Jh., Gö 1968; R. Carwardine, Transatlantic Revivalism. Popular Evangelism in Great Britain and America 1790–1865, Lo 1978; P. Scharpff, Gesch. der Evangelisation in Dtl., Großbritannien u. USA, Gie 1980.

Evangelische Allianz. 1846 in London gegr., hoffte die ›Evangelical Alliance‹ die Beziehungen der christl. Kirchen und Gemeinschaften auf dem Boden eines fundamentalistischen Schriftverständnisses (bei Freiheit der Schriftforschung) fördern zu können. Zu ihren »Richtlinien« gehörten ferner die luth. Rechtfertigungslehre unter Betonung der Heiligung nach der Bekehrung und das Bekenntnis zur ewigen Verdammnis der Ungläubigen als Kehrseite ewiger Erlösung für die Glaubenden. Das eine kam dem → Pietismus, das andere dem → Calvinismus unter den Mitgliedern entgegen, wobei man beiderseitig den → Protestantismus auf weltweiter Ebene zu einigen gedachte. Der Führungsanspruch, den die während des 2. Weltkrieges in den USA frei sich entfaltenden und stark fundamentalistisch ausgerichteten ›National Association of Evangelicals‹ nach 1945 innerhalb der 1951 begründeten ›World Evangelical Fellowship‹ beanspruchte, führte zu Spannungen und zur Neukonsolidierung der ›Europäischen Allianz‹ (1955), die sich damit von der engl.-amer. ›Evangelical Alliance‹ löste. Der neue Sitz der E. A. ist Berleburg/Westf. Herzstück der Organisation ist die alljährliche Allianz-Weltgebetswoche.

L: P. Gründer, Die Stillen im Lande u. die E. A., Blankenburg 1949–51; E. Beyreuther, Der Weg der E. A. in Dtl., Wuppertal 1969; G. M. Marsden, Fundamentalism and American Culture. The Shaping of Twentieth Century Evangelicalism 1870–1925, O 1981; K. H. Voigt, Die E. A. als ökumen. Bewegung, St 1990. – TRE X 650–656.

Evangelische Kirche der Union (EKU), aus der → Altpreuß. Union (APU) hervorgegangen und so ein Kind der → Unionen im Protestantismus. Nach dem Ende des preuß. Landeskirchentums und dem Verlust der polnischen Kirchengemeinden (1918) organisierten sich 8 Prov. Preußens als APU (gemeinsame Verfassung von 1922). Das Jahr des Zusammenbruchs (1945) machte eine abermalige Neuordnung nötig. Die Verfassung von 1951 hielt aus juristischen Gründen (Rechtsnachfolgen) noch am Adjektiv »altpreußisch« fest; man ließ es aber später fallen. Die Spaltung Dtl. traf die EKU bes. schwer, weil von ihren sieben Landeskirchen mit Berlin/Brandenburg, Pommern, Mecklenburg, Schlesien, Sachsen (Kirchenprov.) und Anhalt nicht nur die Masse, sondern auch Kernlande des → Luthertums zur DDR kamen. Die 1968 vorgenommene Aufteilung der Verfassungsorgane in zwei Synoden, zwei Ratssektionen und zwei Geschäftsstellen Ost und West scheint aber die Kontakte nicht in Frage gestellt zu haben.

L: W. Elliger (Hg.), Die EKU, Witten 1967; F.-R. Hildebrandt, Die EKU: J. W. Grant (Hg.), Die unierten Kirchen, St 1973, 29–105; A. Rosenkranz, Kurze Gesch. der Ev. Kirche im Rheinland bis 1945, Neukirchen [2]1975; O. Luchterhandt, Die Gegenwartslage der ev. Kirche in der DDR, T 1982; R. Henkys (Hg.), Die ev. Kirchen in der DDR, Mn 1982; G. Goeters – R. Mau – J. Rogge, Die Gesch. d. E. K. d. U., 2 Bde, L 1992–94. – TRE X 677–683.

Evangelische Kirche in Deutschland (EKD). Nachdem unter dem Druck der national-sozialistischen Machthaber und ihrer kirchl. Handlanger (→ Dt.-christl. Bewegungen) bereits die Verfassung einer ›Dt. Ev. Kirche‹ (DEK) mit einem luth. Reichsbf. (L. Müller) am 11. 7. 1933 von den ev. Landeskirchen einstimmig angenommen und durch Reichsgesetz vom 14. Juli 1933 anerkannt worden war (→ Kirchenkampf), verlangten die gewandelten Verhältnisse nach dem Zusammenbruch des Dritten Reiches eine kirchliche Neuordnung. Ansatzpunkte bot das kirchl. Einigungswerk, das der württembergische Landesbf. Wurm († 1953) bereits seit 1941 betrieben hatte. So konnte schon im August 1945 die Kirchenversammlung im hessischen Treysa eine ›Vorläufige Ordnung der EKD‹ beschließen und einen Geistlichen Rat bestellen, der eine ›Grundordnung der EKD‹ entwerfen und zur Beschlußfassung vorbereiten sollte. Ihr sprach im Juli 1948 in Eisenach eine Kirchenversammlung die Anerkennung aus. Darnach ist die EKD ein Kirchenbund auf der gemeinsamen Basis des

Bekenntnisses zur Hl. Schrift und zu den altkirchl. → Glaubensbekenntnissen. Die Verpflichtung auf die Reformationsbekenntnisse (→ Bekenntnisschriften) hingegen überließ die Grundordnung den Mitgliedskirchen zur eigenständigen Regelung. Das förderte die Bildung der → ›Vereinigten ev. luth. Kirche Deutschlands‹ (VELK) noch im gleichen Jahr. – Weit stärkere Belastungen für die EKD hatte die Spaltung Dtl. zur Folge. Zunächst erwies sich der → Dt. Ev. → Kirchentag (seit 1949) als Bindekraft zw. den Gliedkirchen in Ost und West. Gleichzeitig aber wurden die Verfassungsorgane der EKD bei ihrer gesamtdt. Betätigung im Rahmen ihrer verfassungsmäßigen Aufgaben stets durch ostzonale Behörden behindert. Die unabwendbare Folge war die Bildung einer ständigen ›Konferenz der Kirchenleitungen in der DDR‹ (1960). Seit dem Berliner Mauerbau bestand ohnedies der technische Zwang, daß die Synoden der EKD getrennt tagten (seit 1963). Als letzter Versuch des Brückenschlages kann die sog. Ostdenkschrift der EKD (1965) bez. werden, die sich mit der »Lage der Vertriebenen und dem Verhältnis des dt. Volkes zu seinen östl. Nachbarn« befaßte. Sie löste in der westl. EKD eine sehr lebhafte Debatte aus. An ihrem Ende stand die Annahme einer Erklärung zur ›Vertreibung und Versöhnung‹ auf der Spandauer Synode der EKD im März 1966. Jenseits der Mauer in Potsdam/Babelsberg gab die Synode der DDR eine gleichgeartete Erklärung ab. Die Verfestigung der Staatsgrenzen zwischen der BRD und DDR auf der einen Seite und die gleichzeitigen Bemühungen um eine gesamtdt. Entspannungspolitik andererseits besiegelten das verfassungsrechtl. Ende der EKD. Es ist daher nicht als ein feindl. Akt zu bewerten, wenn die ostdt. Kirchen sich als ›Bund der Ev. Kirchen in der DDR‹ eine neue Rechtsgestalt gaben (1969). Ein Beitrag zur Entspannungspolitik, in deren Rahmen fortbestehende Kontakte zw. beiden Kirchenhälften noch am ehesten gesichert erschienen, wollte auch der Frankfurter Beschluß westdt. Synodaler von 1970 sein, für ihre Landeskirchen eine neue Verfassung zu schaffen. Diese sollten dann die verfassungsrechtl. Prämisse bilden, um den bisherigen Kirchenbund unterschiedl. Kirchenordnungen zu einer Bundeskirche einheitl. auszugestalten. Das erschien zudem im Hinblick auf die westdt. Situation und dem Gegenüber zum dt. Katholizismus ein dringendes Gebot der Stunde. Der Verlauf der seit dem Jahr 1947 zw. Lutheranern, Unierten und Reformierten geführten Abendmahlsgespräche (1957: Arnoldshainer Thesen; 1973: Leuenberger Konkordie; → Unionen im Protestantismus) berechtigte durchaus zu der Hoffnung, daß die 1971 im Entwurf angenommene und 1974 beschlossene ›Neue Grundordnung der E. K. in der BRD‹ auch verwirklicht werden könnte. Da bereitete solchen Erwartungen die württembergische Landeskirchensynode, in der die → Evangelikalen traditionsgemäß stark vertreten sind, ein vorläufiges Ende (Februar 1976). So bleibt zunächst und weiterhin für Westdtl. die Grundordnung von 1948 gültig, so daß auch die Abkürzung EKD weiterhin rechtens ist, obwohl sie nicht der kirchenpolit. Wirklichkeit entspricht. Der EKD gehören 17 Gliedkirchen mit etwa 26,3 Mill. Mitgliedern an.

Q: H. Brunotte, Die Grundordnung der EKD. Ihre Entstehung u. ihre Probleme, B 1954; Ders., Die EKD. Gesch., Organisation und Gestalt der EKD, Gü 1964; O. Lingner (Hg.), Struktur- u. Verfassungsreform. Dokumente u. Materialien, Witten 1972; Kirche als Lerngemeinschaft. Dokumente aus der Arbeit des Bundes der Ev. Kirchen in der DDR, B 1981.

L: C.-J. Roepke, Christen in der Gemeinschaft der Kirche. EKD.: H. W. Hessler (Hg.), Protestanten u. ihre Kirche, Mn–W 1976, 151–216; H.-W. Krumwiede, Gesch. des Christentums Bd. III St 1977, 253–259; Tb. der ev. Kirche, F–St 1981; Fahlbusch 127–130; TRE VII 410–412 (G. Krusche), X 656–677 (W.-D. Hauschild); E. Schieffer, Von Schauenburg bis Lauenburg, Pa 1983.

Evangelischer Bund, urspr. ›E. B. zur Wahrung der dt.-prot. Interessen‹, entstand in Reaktion auf die durch Bismarcks → Kulturkampfgesetze (1871–76) aktivierte → Kath. Aktion im polit. (→ Zentrumspartei) wie auch im rel. Raum (→ Ultramontanismus). 1886 durch den Hallenser Prof. Willibald Beyschlag († 1900) begründet, wurde der E. B. bis 1914 mit ½ Mill. Mitgliedern zur größten Organisation des → Protestantismus. Er unterstützte die → Los-von-Rom-Bewegung in Östr. und engagierte sich in der Mischehenfrage. Die veränderte Situation nach 1933 ließ die konfessionelle Polemik zurücktreten, begünstigte dafür Strömungen innerhalb des E. B., die in bedenkl. Weise die Zuordnung von Evangelium und Volkstum betonten und damit den → Dt. Christen entgegenkamen. Das erschwerte die Wiederaufnahme der Arbeit nach dem 2. Weltkrieg. Immerhin entstand aus neuen Impulsen ein bisher sachl. interkonfessioneller Dialog, der einerseits vom Konfessionskundl. Institut des E. B. in Bensheim (seit 1947), andererseits vom Johann Adam Moehler-Institut in Paderborn (seit 1957) geführt wird. Beide Institute beschicken den ›Arbeitskreis Kath. Theologie‹. Der E. B. ist in den Gliedkirchen der EKD durch Landesverbände organisatorisch vertreten. Neben korporativer Mitgliedschaft (665 Kirchengemeinden) kennt er auch persönl. Mitglieder.

P: Materialdienst des Konfessionskundl. Institutes, Da 1949ff.

Q: K. D. Schmidt – W. Sucker (Hg.), Quellen zur Konfessionskunde. Reihe A: Röm.-kath. Quellen, Gö 1955ff.; Reihe B: Prot. Quellen, Gö 1957ff.; Kirche u. Konfession. Veröffentlichungen des konfessionskundl. Instituts, Gö 1962ff. (bisher 22 Bde); Bensheimer Hefte, hg. v. E. B. (früher: Aus der Arbeit des E. B., Lüneburg 1951–61), Gö 1962ff.

L: W. Beyschlag, Zur Entstehungsgesch. des E. B., Hl 1926; F. v. Heydt, Die Mischehe. Prakt. Hb. für ev. Mischehen-Arbeit, B 1926; Ders., Gute Wehr. Werden, Wirken u. Wollen des E. B., B 1936; G. Schwaiger (Hg.), Kirche u. Theologie im 19. Jh. Referate u. Berichte des Arbeitskreises »Kath. Theologie«. Mit einem Verz. der gedruckten Arbeiten Johann Adam Möhlers (1796–1838), Gö 1974; W. Fleischmann-Bisten, Protestanten auf dem Wege. Gesch. des E. B., Gö 1986.

Evangelisch-sozialer Kongreß. 1890, in dem Jahr seiner Entlassung als Hofprediger und nach vielen Wahlniederlagen seiner Christl.-sozialen → Arbeiterbewegung (1878ff.), begründete Adolf Stoecker († 1909) zusammen mit Adolf Harnack († 1930), dem Exponenten eines sozialen → Protestantismus, und mit Friedrich Naumann († 1919), dem Repräsentanten eines christl.-soz. Liberalismus einen Kongreß, der schon von seinen Anfängen her voller Gegensätze war. So lehnte Stoecker die sozialistische Forderung einer Änderung der Eigentumsverhältnisse ab, während Naumann (1889: ›Arbeiter-Katechismus‹; ›Was tun wir gegen die glaubenslose Sozialdemokratie?‹) dies bejahte. Der konservative Stoecker schied daher unter gleichzeitiger Gründung der ›Christl.-sozialen Partei‹ (1896) aus dem K. aus. Er wählte zudem mit der ›Freien kirchl.-sozialen Konferenz‹ (1897) für sich ein neues Forum. Beide sollten nach seinem Tode in den ›Kirchl.-sozialen Bund‹ (1918) einmünden. Der liberale Naumann hingegen gründete 1896 den ›National-sozialen Verein‹. Dieser war zunächst als Partei gedacht, konnte sich aber als solche nicht durchsetzen. Den Wandel seiner eigenen Entwicklung markierte der ›National-soziale Katechismus‹ (1897). Dieser polit. Mißerfolg war der Grund, warum Naumann seit 1903 sich der liberalen Partei anschloß. Nur die von ihm 1894 ins Leben gerufene Zs. ›Die Hilfe‹ verfolgte weiterhin die Ziele seines »Christl.-sozialen« Programms. Auf dieser Ebene und nicht zuletzt auf den verschiedenen Podien des »Kongresses« fand Naumann die volle Unterstützung durch liberale Theologen wie Martin Rade (→ Protestantismus) und den bereits erwähnten Harnack, der allerdings im Weimarer Staat sich mehr zurückhielt, eben weil er ihn bejahte. Gerade aber solche »akademische« Unterstützung macht den Unterschied zum → Sozialen Katholizismus aus, der weit stärker in den Schichten der arbeitenden Bevölkerung verankert war.

Q: KThQ IV 109, 114.

L: D. v. OERTZEN, Adolf Stoecker, Schwerin [8–15]1912; F. BRUNSTÄD, Adolf Stoekker, Hl 1935; J. HERZ (Hg.), Ev. Ringen um soziale Gemeinschaft. 50 Jahre E. K., L 1940; I. ENGEL, Gottesverständnis u. sozialpolit. Handeln. Eine Untersuchung zu Friedrich Neumann, Gö 1972; G. KRETSCHMAR, Der E. K. Der dt. Protestantismus u. die soziale Frage, St 1972; H. GRÜNDER, Walter Simons, die Ökumene und der Ev.-soziale Kongreß, Soest 1974; K. HEIENBROCK (Hg.), Prot. Wirtschaftsethik u. Reform des Kapitalismus, Bochum 1991. – TRE X 645–650.

Evangelismus bez. nach Imbart de la Tour eine von → Humanismus und → Mystik vorbereitete Übergangsperiode (1521–38) in Fkr., für die eine Rückkehr zum Evangelium charakteristisch bleibt. H. Jedin übertrug den Ausdruck E. auf vergleichbare Erscheinungen im It. des 16. Jh. In jüngster Zeit propagierte vor allem D. Cantimori den Terminus »evangelismo« als Benennung der it. Reformbewegung vor dem → Trienter Konzil. Die Bewegung des E. läßt sich angesichts ihrer Vielfältigkeit und auch Widersprüchlichkeit nicht exakt definieren. »Gerade in ihrer Unbestimmtheit, im Fluktuierenden liegt das Chrakteristikum der evangelistischen Bewegung, in der Vielfalt der Möglichkeiten zum Guten und zum Schlimmen« (Jedin).

Innerhalb des it. E. kann man drei Hauptgruppen unterscheiden. Im Einzelfall ist es aber nicht immer leicht, festzustellen, ob eine bestimmte Person noch kath. oder protestantisierend oder bereits häretisch eingestellt war. Zu der kath. Gruppe zählten in der 1. Hälfte des 16. Jh. Kirchenmänner wie Cervini, Carafa, Contarini, Giberti, Sadoleto, Pole, Morone, Gonzaga. Namentl. Contarini († 1542) erwies sich als die Seele aller kath. Reformbemühungen. Mit der Formel von der doppelten Gerechtigkeit suchte er einen Ausweg aus den dogmatischen Kontroversen über Glauben und gute Werke. Ungewöhnl. großen Einfluß übte der Spanier Juan de Valdes († 1451) aus, seit er sich 1534 in Neapel niedergelassen hatte. Zu dessen Anhängerkreis gehörten z. B. die adeligen Damen Giulia Gonzaga und Vittoria Colonna, der Dichter Marc Antonio Flaminio, der → Kapuzinergeneral Bernardino Ochino († 1564) und Bf. Vermigli († 1562). Auch wenn Valdes selbst noch am Rand der Kirche gestanden haben mag, so traten doch nicht wenige seiner Gesinnungsgenossen zum → Protestantismus über. Die von Paul III. 1542 gegr. röm. → Inquisitionsbehörde führte zu einer Scheidung der Geister und damit zu einem langsamen Absterben des E. in Italien. Ungezählte Anhänger des E. verleugneten jetzt ihre wahre Glaubensüberzeugung (die »Nicodemiten« Calvins), um ihr Leben nicht zu gefährden.

Neben den von der → Reformation eingenommenen Katholiken gab es noch eine dem → Rationalismus verhaftete Gruppe, die jedoch bei allen Kirchen auf Ablehnung stieß.

Q: Biblioteca della Riforma italiana, 6 Bde, R–Fi 1883–84; G. Paladino (Hg.), Opuscoli e lettere dei riformatori italiani del Cinquecento, 2 Bde, Bari 1913; G. A. Benrath (Hg.), Wegbereiter der Reformation, Bremen 1967; M. Bendiscoli, Dalla riforma alla controriforma, Bol 1974.

L: D. Cantimori, It. Häretiker der Spätrenaissance, Bas 1949; E. M. Jung, On the Nature of Evangelism in Sixteenth-Century Italy: Journal of the History of Ideas 14 (1953) 511–527; T. Bozza, Nuovi studi sulla Riforma in Italia. I. Il Beneficio di Cristo, R 1976; P. Simoncelli, Evanglismo italiano del Cinquecento, R 1979. – TRE X 686–690.

Exemtion (lat. eximere = herausnehmen) bedeutet die Aussonderung eines Kirchensprengels aus dem Metropolitanverband und damit verbunden die direkte Unterstellung unter den Papst (erstmals im 7. Jh. für das Bt. Pavia nachgewiesen). In ähnl. Weise erfolgte die E. eines Kl., z. B. Cluny (→ Cluniazenser Reform) seit seiner Gründung 910, bes. aber im Zusammenhang mit der → Gregorianischen Reform im 11. und 12. Jh. bei den → Bettelorden und auch bei geistl. → Ritterorden, aus der Jurisdiktion des Diözesanbischofs. Der Pfarrzwang wurde im MA stark gelockert durch die seelsorgl. Tätigkeit der → Franziskaner, → Dominikaner und → Augustiner-Chorherren.

L: A. Scheuermann, Die E. nach geltendem kirchl. Recht mit einem Überblick über die gesch. Entwicklung, Pa 1938; Ph. Hofmeister, Die E. der Ordensleute v. Pfarrverband: AkKR 122 (1942/46) 46–87, 279–295; 123 (1947–48) 9–29; F. Pfurtscheller, Die Privelegierung des Zisterzienserordens im Rahmen der allg. Schutz- u. Exemtionsgeschichte, Bern-F 1972; D. J. Kay, E., R 1990; F. Berzdorf, Autonomie u. E. der kanon. Lebensverbände, St. Ottilien 1995. – TRE X 696–698.

Exerzitien (lat. exercitia = Übungen) bezeichnet im Mittelalter neben geistl. Sentenzen vor allem Übungen des geistl. Lebens. Die Anleitungen des span. → Benediktiners G. J. de Cisneros († 1510 Montserrat) zur

Kontemplation beeinflußten nicht nur die Klosterreform, sondern auch die Spiritualität allg. und Ignatius von Loyola speziell. Als die klass. Form der E. gelten die »exercitia spiritualia« des Ignatius († 1556), die geistl. Grundlage des von diesem gegr. Ordens der → Jesuiten. In ein- bis vierwöchiger Dauer werden die Teilnehmer unter völligem Stillschweigen durch betrachtendes Gebet und schulmäßige Unterweisung in den christl. Glauben eingeführt oder darin bekräftigt. Das Grundprogramm der vollkommenen Lebensgestaltung lautet kurzgefaßt: »Der Mensch ist erschaffen, um in ehrfürchtigem Dienst der dreifaltigen Majestät Gottes durch Angleichung an den gekreuzigten Menschen Jesus in der streitenden Kirche den Kampf gegen Satan zu bestehen und so einzugehen in die Herrlichkeit des Vaters« (H. Rahner). Nach der ersten Niederschrift 1522 erarbeitete Ignatius aufgrund theol. Studien und seelsorgl. Erfahrung eine vertiefte Fassung (als Anleitung für »Exerzitienmeister«), die er 1535 abschloß und ins Lateinische übersetzte. Als Urtext gilt das span. Exemplar. Paul III. approbierte 1548 die von A. de Freux stilistisch verbesserte lat. Übersetzung. Weil die für eine Elite geplanten ›Geistl. Übungen‹ vier Wochen dauern, dachte Ignatius selbst schon daran, diese E. zeitl. wie inhaltl. für einen allgemeineren Interessentenkreis zu kürzen.

Die ignatianischen E. führten vom 17. Jh. an zu einer weite Kreise des Volkes erfassenden Bewegung, so daß Exerzitienhäuser erbaut und E. für einzelne Stände durchgeführt wurden. Während lange Zeit nur Jesuiten diese E. – neben der → Volksmission eine ihrer Hauptaufgaben – leiteten, machten sich im 19. Jh. auch andere Orden die auf Ignatius zurückgehende Art der christl. Glaubenslehre und rel. Formung zu eigen.

Q: G. J. Cisneros, Exercitatorio de la vida spiritual, Montserrat 1500 (viele Aufl.); dt. Übers. v. M. R. Schlichtner, Rb 1923; Monumenta Historica Societatis Jesu, Bd. II/1, Ma 1919 (krit. Edition); J. Iparraguirre, Directoria exercitiorum spiritualium 1540–1899, R 1955; A. Haas (Hg.), Geistl. Übungen, Fr-Bas-W [4]1978; B. Schneider (Hg.), Der Bericht des Pilgers, Fr-Bas-W [4]1978; P. Knauer (Hg.), I. v. Loyola. Geistl. Übungen u. erläuternde Texte, Graz 1978; Mirbt-Aland 821–838; KThQ III 96.

L: E. Schlund, E. u. E.bewegung, Mn 1926; L. Zarncke, Die Exercitia Spiritualia des hl. Iganatius v. Loyola in ihren geistesgesch. Zusammenhängen, L 1931; J. de Guibert, La spiritualité de la compagnie de Jésus, R 1953; H. Rahner, I. v. Loyola, Fr-Bas-W [2]1978; Adolf Haas, Geistl. Übungen, Fr-Bas-W [8]1988; A Henkel, Geistl. Erfahrung u. geistl. Übungen bei Ignatius v. Loyola u. Martin Luther, F 1995. – TRE X 698–707.

Exkommunikation (lat. excommunicatio = Ausschluß aus der Gemeinschaft der Gläubigen), auch Kirchenbann gen., erfolgte häufiger seit der Synode von Karthago 390 (can. 8). Die E. gehört zur → Bußpraxis, die in der → Alten Kirche E. und Rekonziliation (Versöhnung) umfaßte. Erst als man zw. Gewissens- und Rechtsbereich (forum internum – forum externum) genauer unterschied und die öff. Buße der Privatbuße (Ohrenbeichte) gegenüber zurückging, entwickelte sich die E. zu einer selbständigen Institution mit einer Reihe von Strafen (u. a. Amtsenthebung, Gottesdienstsperre), die als Mittel zur Besserung oft allzu schnell und häufig bei rein weltl. Delikten verhängt wurden. Innozenz III. (1198–1216) hielt zwar E., Interdikt und Suspension auseinander, betrachtete aber diese drei Strafarten als Besserungs- oder Beugestrafen. Die im hohen MA gebräuchl. Unterscheidung zw. kleiner E., die den Ausschluß von den Sakramenten zur Folge hatte, und großer E., die jegl. Umgang mit dem Bestraften verbot, führte dazu, daß ein Schuldiger entweder nur als excommunicatus toleratus oder als excommunicatus vitandus (CIC c. 2257–2267) galt. Der großen oder feierl. E. folgte in schweren Fällen von Seiten des Staates nicht selten die Reichsacht (z. B. bei Martin Luther auf dem Reichstag zu Worms 1521). So bediente sich die Kirche bis in die Neuzeit oft der weltl. Macht (brachium saeculare), um Sanktionen wie die E. durchzusetzen. Neben der E., die mit der Tat eintritt, gibt es die E. aufgrund eines richterl. Urteils. Verhängung des Anathems (griech. anathema = Verflucht sei!) bedeutet, daß die E. im feierl. Ritus ausgesprochen wird. Die E. gilt als Besserungsstrafe und trifft keine Aussage über das endgültige Seelenheil. Wenn die geforderte Buße geleistet ist oder das Delikt nicht mehr besteht, ist die Aussöhnung mit der Kirche mögl. Die enge Verbindung zw. Buße und E. wird daran ersichtl., daß die Lossprechung (Absolution) von der E. vor der sakramentalen Absolution erfolgen muß. Seit dem 2. → Vatik. Konzil gibt es nur noch wenige Fälle, bei denen die E. verhängt wird oder automatisch eintritt. Die feierl. E. stellt nur noch die Ausnahme dar.

Eine weitaus größere Rolle als im → Luthertum spielt die Kirchenzucht, auch E., in den → Ref. Kirchen.

L: E. Eichmann, Acht u. Bann im Reichsrecht des MA, Pa 1909; A. Haas, Das Interdikt nach geltendem Recht mit einem gesch. Überblick, Bo 1929; A. Gommenginger, Bedeutet die E. Verlust der Kirchengliedschaft?: ZkTh 73 (1951) 1–71; W. Doscocil, Der Bann in der Urkirche, Man 1958; J. Heckel, Lex charitatis, Kö-W 1953, ²1973; F. D. Logan, Excommunication and the Secular Arm in Medieval England. A Study in Legal Procedure from the Thirteenth to the Sixteenth Century, Toronto 1968; K. Hein, Eucharist and Excommunication. A Study in Early Christian Doctrine and Discipline, Bern 1973, ²1978; W. Rees, Die Strafgewalt der Kirche, B 1993 (passim). – TRE V 170–190.

Exorzismus (griech. exorkizein = Dämonen vertreiben), offiz. Beschwörung einer Person oder Sache zur Abwehr gottfeindl. Mächte. Zuerst bei Kranken als vom Satan besessenen Personen vorgenommen, wurde der E. im 3. Jh. bei → Katechumenen praktiziert und bald zu einem Bestandteil des Taufritus; nur bei der → Nestorianischen Kirche nicht geübt, weil sie die Erbsünde leugnet. Schon die → Alte Kirche kannte den mit der Spendung des E. bevollmächtigten Kleriker, den sog. Exorzisten; vom MA an gehörte das Exorzistat zu den vier niederen Weihen, die bis in unsere Zeit eine Durchgangsstufe zur Priesterweihe bildeten. In dem von Paul V. 1614 veröff. ›Rituale Romanum‹ ist der sog. große oder feierl. E. über einen Besessenen vorgesehen. Nach CIC c. 1151 f. (→ Kirchenrechtsquellen) darf der feierl. E. nur mit ausdrückl. Genehmigung des zuständigen Bf. vorgenommen werden. Aus Mißverständnissen (Magie, Aberglaube) erwachsene Mißbräuche im Bereich des E. waren häufig. Weltweites Aufsehen erregte 1976 der an einer 24jährigen Studentin in Klingenberg (Diöz. Würzburg) mehrmals vorgenommene E. Die Studentin starb bald darauf.

L: F. J. DÖLGER, Der E. im altchristl. Taufritual, Pa 1909; M. PETROCCHI, Esorcismi e magia nell'Italia del Cinquecento e del Seicento, Na 1957; C. ERNST, Die Teufelsaustreibungen. Die Praxis der Kath. Kirche im 16. und 17. Jh., Bern-St-W 1972; W. KASPER – K. LEHMANN, Teufel – Dämonen – Besessenheit, Mz 1978; F. GOODMAN, Anneliese Michel und ihre Dämonen. Der Fall Klingenberg in wissenschaftl. Sicht, Stein 1980; H.-J. WOLF, Hexenwahn und E. Ein Beitrag zur Kulturgeschichte, Kriftel 1980; K. P. FISCHER – H. SCHIEDERMAIR, Die Sache mit dem Teufel. Teufelsglaube und Besessenheit zw. Wahn und Wirklichkeit, F 1981; TRE X 747–761 (W. NEIDHART).

Faith and Order (Glaube und Kirchenverfassung), aus Verantwortung für den christl. Glauben und aufgrund positiver Erfahrungen in der → Mission im 19. Jh. entstandene → ökumenische Bewegung, deren Hauptanliegen in der Vereinigung der getrennten christl. Gemeinschaften auf dogmatischer und rechtl. Basis besteht. – Anglikanische Missionare, bes. Bf. Brent, Missionar der → Episkopalkirche auf den Philippinen, sprachen auf der Weltmissionskonferenz in Edinburgh (1910) den Wunsch nach einer weltweiten Konferenz über Fragen des Glaubens und der Kirchenverfassung aus. 1927 versammelten sich 394 Delegierte aus 108 christl. Kirchen in Lausanne zur 1. Weltkonferenz. Während diese Bewegung ›F. a. O.‹ in der ersten Zeit von den prot. Kirchen des Westens getragen wurde, kamen bald auch die → orthodoxen Kirchen des Ostens hinzu, bis sich nach und nach eine Gemeinschaft von Kirchen der ganzen Welt bildete. Benedikt XV. († 1922) verbot den Katholiken die Teilnahme. Noch Pius XI. vertrat gegenüber der ökumenischen Bewegung eine ablehnende Haltung (vgl. Enz. ›Mortalium animos‹ von 1928). – Zu der von dem Yorker Erzbischof W. Temple vorbereiteten 2. Weltkonferenz in Edinburgh (1937) erschienen 504 Delegierte aus 123 Kirchen. Über die Frage nach der Einheit der Kirche (ob reell oder nur ideell) konnte man sich nicht einigen. Die orthodoxen Vertreter forderten in erster Linie die Weihe der Amtsträger und machten davon auch die Gültigkeit der Sakramentenspendung abhängig. – F. a. O. schloß sich mit der sozial ausgerichteten Bewegung für ›Praktisches Christentum‹ (→ Ökumenische Bewegung) zusammen; daraus entstand 1948 in Amsterdam der → Ökumenische Rat der Kirchen. – Seit der 3. (selbständigen) Weltkonferenz in Lund (1952) stellt F. a. O. eine eigene Kommission innerhalb der Studienkommission des Ökumenischen Rates der Kirchen dar und hält heute noch Weltkonferenzen ab.

Q: H. Sasse (Hg.), Die Weltkonferenz für Glauben u. Kirchenverfassung. Dt. amtl. Bericht über die Weltkirchenkonferenz zu Lausanne 3. – 21. 8. 1927, B 1929; L. Hodgson – E. Staehlin, Das Glaubensgespräch der Kirche. Die zweite Weltkonferenz für Glauben u. Kirchenverfassung, Z 1940; Minutes of the Commission of F. a. O., Genf 1958ff.

L: Die zehn Aufbaujahre 1938–1948. Arbeitsbericht des Ökumenischen Rates der Kirchen über seine Aufbauzeit, Genf 1948; R. Frieling, Die Bewegung für Glauben u. Kirchenverfassung 1910–1937, Gö 1970; Algermissen 837–839; G. Gassmann, Konzeptionen der Einheit in der Bewegung für Glaube u. Kirchenverfassung 1910–1937, Gö 1979; Fahlbusch 233–235; P. Lengsfeld (Hg.), Ökumenische Theologie, Mr 1980.

Fälschungen, allen hist. Fächern bekannt, haben verschiedene Ursachen. Auf Kanzleibeamte geht es z. B. zurück, daß ein angebl. can. 6 des → Konzils von Nicaea 325 (er stammt in Wirklichkeit aus dem Protokoll der Synode von Serdica 343) die Überschrift ›Ecclesia Romana semper habuit primatum‹ erhielt. Trotz des Protestes einer Synode von Karthago (419) zitierte die Papstkanzlei immer so (Leo d. Gr., ep. 11, 56, 58). Weitere Beispiele gefälschter Papstbriefe: ›Constitutum Silvestri‹ des Papstes, der angebl. Konstantin taufte (5. Jh.); ›Collectio Avellana‹, eine echte und unechte Papstbriefe vereinende Sammlung des 6. Jh. – Literarische F., auch in der heidnischen Antike übl., sind in der christl. Literatur durch frommen Eifer verursacht. Beispiele: die Schriften des als Ketzer verurteilten Bf. Apollinaris von Laodicea († ca. 390), die deshalb als Werke orth. Autoren (z. B. Papst Julius I.) von seinen Schülern verbreitet wurden; Erweiterung des überlieferten Briefkorpus des Bf. Ignatius von Antiochien († ca. 110) durch 6 weitere (ca. 380) und 4 letzte Briefe in Latein (15./16. Jh.). Im Unterschied hierzu hat man griech. Fragmente zu Irenäus, Bf. von Lyon (Ende 2. Jh.), die der Jenaer Prof. Pfaff 1715 angebl. aus Turiner Handschriften veröff., als F. im modernen Sinn bewußter Irreführung zu werten. – Eine spez. Form des Bemühens, hist. Vorgänge zur Legitimierung von Ansprüchen zu nützen, entstand aus der Synthese spätantiken und germanischen Rechtsdenkens. Kirchengeschichtl. Bedeutung gewann die sog. Konstantinische Schenkung (Constitutum Constantini), wonach der christl. Ks. Konstantin d. Gr. († 337) beim Aufbruch nach Konstantinopel dem Papst das Abendland als Reich (imperium) überlassen habe (ca. 774/8 im Frankenreich). Sie fand in den sog. Pseudoisidorischen F. (9. Jh.) Aufnahme. Im übrigen gehörten im → Bernhardinischen Zeitalter F. zum Alltag, im Hoch- und Spätmittelalter zur Juristenpraxis.

Q: MIRBT-ALAND 416, 419, 425, 468, 504, 508f., 521; CSEL 35 (Coll. Avellana); H. FUHRMANN (Hg.), Das Constitutum Constantini (Konstantinische Schenkung): Text, Han 1968; W. SETZ (Hg.), Lorenzo Valla. De falso credita et ementita Constantini donatione, Wr-Kö 1976; KThQ II 11.

L A. HARNACK, Die Pfaffschen Irenäus-Fragmente als F., L 1900; H. RAHNER, Die gefälschten Papstbriefe aus dem Nachlaß v. J. Vignier († 1661), Fr 1935; H. FUHRMANN, Die F. im MA: HZ 197 (1963) 532–554; R. ZINNHOBLER, Zum Verständnis der mittelalterl. Urkundenfälschungen (Mit Beispielen aus dem bayerisch-öster. Raum): Oberösterreichische Heimatblätter 23 (1969) 21–31; W. SPEYER, Die literarischen F. im heidnischen und christl. Altertum, Mn 1971; H. FUHRMANN, Einfluß u. Verbreitung der pseudoisidorischen F., 3 Bde, St 1972–74; Fälschungen im MA. Internat. Kongress der MGH, München 15.–18. 9. 1986, 5 Bde, 1 Reg.bd., Han 1988/89; TRE VIII 196–202 (H. FUHRMANN).

Fasten als teilweise oder vollständige Enthaltung von leibl. Nahrung an bestimmten Tagen, und dies im Gegensatz zu den jüdischen Fasttagen, wurde unter Berufung auf Aussagen und Aufrufe Jesu schon in der → Alten Kirche (vgl. Didache 8,1: Mittwoch und Freitag als Fasttage) vornehml. als Vorbereitung zum Gebet geübt. Eine bes. Rolle spielten die Quadragesima (vom Aschermittwoch bis Karsamstag), ferner das Quatemberfasten (jeweils der erste Mittwoch, Freitag und Samstag nach Aschermittwoch, Pfingsten, Fest Kreuzerhöhung [14. 9.] und Fest hl. Lucia [13. 12.]), das Vigilfasten (bes. an den Vortagen von Apostelfesten) und das Adventsfasten. – Die Fastenwerke bestanden in der Enthaltung von leibl. Nahrung, wobei meist die einmalige Sättigung am Tag erlaubt blieb, oder in der Enthaltung (Abstinenz) von bestimmten Speisen (Fleisch, Eier oder Milchprodukte).

Im MA häuften sich die Gesuche um Milderung oder völlige Aufhebung der Fastenvorschriften für einzelne Personen oder ganze Gemeinden (Klöster, Stifte, Orte, Landschaften). Für die schriftl. Erlaubnis, volkstüml. auch Butterbrief gen., die anfangs auch von Bischöfen, später nur noch von Päpsten oder päpstl. Legaten (→ Gesandten) gewährt wurde, mußte in der Regel eine bestimmte Geldsumme (daher Butterpfennig) gezahlt werden, wobei ein Drittel an den Hl. Stuhl ging und die übrigen zwei Drittel dem Kirchbau zuflossen. Als Gründe für die Dispens wurden häufig das Fehlen von Olivenöl und der Mangel an Fischen angeführt. Meist mußten Ersatzleistungen übernommen werden. Das → Trienter Konzil und der CIC (→ Kirchenrechtsquellen), dessen can. 1250–1254 erst mit Pauls VI. Konst. ›Paenitemini‹ (1966) modifiziert oder ganz außer Kraft gesetzt wurden, verordnete für die Fastenzeit eine rege Predigttätigkeit. Während die sog. Fastenpredigten zur Zeit der Quadragesima früher tägl. gehalten wurden, finden sie heute, wenn überhaupt, meist nur einmal in der Woche (meist am Sonntag) statt.

Die → byz. Kirche kennt seit altersher zahlreiche Fastentage. In der → russ.-orth. Kirche ist in der 1. Fastenwoche, die man auch Butterwoche nennt, der Fleischgenuß verboten, dagegen sind Milchprodukte gestattet.

In der prot. Kirche wurde früher mehrmals im Jahr (monatl., später vierteljährig) ein Bußtag praktiziert. Seit 1852 setzte sich in Dtl. allmähl. der Mittwoch vor dem letzten Sonntag im Kirchenjahr als → Buß- und Bettag durch.

Q: Nachkonziliare Dokumentation Bd. 2: Apost. Konst. ›Paenitemini‹. Bußordnung der dt. Bischöfe, Trier 1967.

L: D. LINDNER, Die allg. F.dispensen in den jeweils bayr. Gebieten seit dem Ausgang des MA, Mn 1935; A. GUILLAUME, Jeûne et charité dans l'Eglise latine des origines au XIIe siècle, P 1954; E. ETTLIN, Butterbriefe. Beiträge u. Quellen zur Gesch. der F.dispensen in der Schweizerischen Quart des Bt. Konstanz im Spätma., Bern 1977; A. LINSENMAYR, Die Entwicklung der kirchl. Fastendisziplin bis zum Konzil von Nicäa, Mn 1977; TRE XI 48–59 (S. G. HALL – J. H. CREHAN).

Febronianismus, episkopalistische Reformbewegung (→ Episkopalismus) der → Röm.-Kath. Kirche, benannt nach dem Pseudonym Justinus Febronius, unter dem der Trierer Weihbf. Johann Nikolaus von Hontheim († 1790) sein Werk ›De statu Ecclesiae et legitima potestate Romani Pontificis liber singularis ad reuniendos dissidentes in religione Christianos compositus‹ (5 Bde, F 1763–73; dt. Übers. F 1764) herausgab. Unter dem Einfluß des → Gallikanismus, → Jansenismus und Regalismus und nicht zuletzt seines Löwener Kirchenrechtslehrers van Espen, des kurtrierischen Ministers J. G. von Spangenberg und der geistl. Kurfürsten von Köln, Mainz und Trier konzipierte Febronius ein nationalkirchl. System der Kirchenverfassung: Die Bischöfe üben unter dem Ehrenvorsitz des Papstes, der weder Unfehlbarkeit in Glaubensentscheidungen noch Jurisdiktion über die Gesamtkirche besitzt, die Kirchengewalt aus. Die übrigen Rechte des Papstes, z. B. Einsetzung und Absetzung der Bischöfe, bestehen nicht mehr. Außerdem wird dem Staat in der Praxis eine Oberhoheit gegenüber der Kirche eingeräumt, wie sie für den → Josephinismus kennzeichnend ist. Diese Thesen stießen nicht nur bei Clemens XIII. (1758–69) auf Ablehnung, sondern auch beim übrigen Episkopat im Dt. Reich, weil dieser sich lieber der Jurisdiktion des Papstes als der Obergewalt der Metropoliten unterstellen wollte. Der greise Febronius leistete 1778 auf massiven Druck hin einen förml. Widerruf, den er aber im ›Commentarius in suam retractationem‹ (1781) weitgehend zurücknahm. Sein Hauptwerk zeitigte Wirkung bis tief in das 19. Jh. hinein (vgl. → Wessenbergianismus, Neo-Josephinismus, → Alt-Kath. Kirche), bis das 1. → Vatik. Konzil allen episkopalistischen Ideen und Praktiken endgültig den Boden entzog. Die wirtschaftl. Grundlage für den F. war schon mit der → Säkularisation (1803) u. dem Untergang des Reiches (1806) verlorengegangen.

Q: E. HEINEN, Staatl. Macht u. Katholizismus in Dtl., Bd. I, Pa 1969, 22–24.
L: E. HEGEL, F. u. Aufklärung im Ebt. Köln: Annalen d. Hist. Vereins für den Niederrhein 142/3 (1943) 147–206; L. JUST, Der Widerruf des Febronius in der Korrespondenz des Abbé Franz Heinrich Beck mit dem Wiener Nuntius Giuseppe Garampi, Wie 1960; H. RAAB, Joh. Nikolaus v. Hontheim: Rhein. Lebensbilder, Bd. 5, Bo 1973, 23–44; P. FROWEIN – E. JANSON, Johann Nikolaus v. Hontheim – Justinus Febronius. Zum Werk u. seinen Gegnern: AmrhKG 28 (1976) 129–153; V. PITZER, Justinus Febronius. Das Ringen eines kath. Irenikers um die Einheit der Kirche im Zeitalter der Aufklärung, Gö 1976; M. BRANDL, Bemühungen der Wiener Nuntiatur um die Verbreitung v. Hontheims (Febronius') Widerruf (1779): RHM 20 (1978) 77–107; TRE XI 67–69 (V. PITZER).

Felizianerinnen (Congregatio sororum sancti Felicis = CSSF; Schwestern vom hl. Felix von Cantalice; auch Kapuzinerinnen gen.), von der → Vinzentinerin Sophie Truszkowska († 1899) mit Hilfe des Kapuziners B. Szymański 1856 in Warschau gegr. Kongreg. für sozial-caritative Aufgaben (bes. Waisenbetreuung). Von der russ. Regierung 1864 im Königreich Polen verboten, fanden die F. bald Eingang in Östr.; sie wirkten aber in polnischen Schulen und Spitälern weiter. Ihre Regel wurde 1899 bestätigt und 1907 endgültig anerkannt. Mutterhaus: Krakau; Generalat seit 1953 in Rom. – Der Patron der F., Felix von Catalice († 1587, kan. 1712), Kapuziner-Laienbruder, befreundet mit Philipp Neri und Karl Borromäus, lebte 40 Jahre in Rom als Almosensammler.

L: HEIMBUCHER II 40; M. B. WERNER, Anteil der Kapuziner an der Gestaltung der Gemeinschaft der F. 1855–1865 in Warschau: CollFr 37 (1967) 343–365.

Fides Romana, von H. Struth 1946 in Köln gegr. Vereinigung von dt. Laien, die sich bes. für die Person des Papstes und die Idee des Papsttums einsetzen. Zu ihren Aufgaben zählt die Verbreitung und Verwirklichung päpstl. Verlautbarungen im öff. Leben. Demselben Anliegen fühlt sich heute die ›Bewegung für Papst und Kirche‹ verpflichtet.

Filioque, Wortverbindung aus der lat. Fassung des sog. Nicaeno-Constantinopolitanum (381 → Konzilien), die in den röm. Meßkanon (Missale

Romanum → liturgische Reformen), als »ökumenisch« auch in die → Bekenntnisschriften der prot. Kirchen einging. Sie gehört dem 3. Glaubensartikel an: »Und an den Hl. Geist, ... der vom Vater und vom Sohne ausgeht« (qui ex patre filioque procedit). Hatten abendländische Theologen wie Tertullian (3. Jh.), Ambrosius († 397) und Augustin († 430) die Aussage schon immer vertreten, so wurde sie doch kontrovers, als man in Span. (oder Westfrankenreich) das F. dem Meßsymbol hinzufügte. Im Frankenreich lasteten z. B. die ›libri Carolini‹ (→ Bilderstreit) der Ostkirche an, den Zusatz nicht zu kennen; umgekehrt machte eine Diözesansynode von Cividale (796) Rom den gleichen Vorwurf: Das stadtröm. Sacramentarium Gregorianum kannte es in der Tat nicht! Als aus konkretem Anlaß Papst Leo III. in dieser Sache Karl d. Gr. anging, ließ dieser durch eine Aachener Synode (809) das F. als dogmatisch korrekt erklären und ordnete an, daß in den Messen der Aachener → Hofkapelle das Nicaeno-Constantinopolitanum mit dem F. gesungen werde. Ks. Heinrich II. (1002–1024) setzte 1014 sogar durch, daß auch in Rom die jetzt dt. Sitte eingeführt wurde. Fortan galt es als Schibboleth (Kennzeichen) im Streit um die → Orthodoxie zw. West und Ost. Die daraus resultierende Kontroversliteratur handelte gerne die Gegensätze unter dem Streitthema und Titel ›De processione spiritus sancti‹ ab (so Ps.-Alkuin: PL 101, 64–82; Anselm von Canterbury: PL 158, 285 ff.). Schließl. wurde es zum Kernproblem der ökumenischen Unionskonzile (→ Lyon 1274, Ferrara und → Florenz 1439). Zum Erweis der eigenen Rechtgläubigkeit und reichsrechtl. Gültigkeit ihrer Konfession nahmen es die ev. Reichsfürsten und -stände mit den altkirchl. Symbolen in die → Augsburger Konfession auf.

Q: D-S 527, 610–619, 682, 850, 1300; N-R 250, 258, 269, 277, 283; BSLK 27.

L: P. EVDOKIMOV, L'Esprit Saint dans la Tradition orthodoxe, P 1969; P. HENRY, Contre le »F.«; Irénikon 48 (1975) 170–177; M. BORGOLTE, Papst Leo III., Karl d. Große u. der F.-Streit v. Jerusalem: Byzantina 10 (1980) 402–427; Credo in Spiritum Sanctum, 2 Bde, R 1983; A. PAPADAKIS, Crisis in Byzantium, NY ²1986; R. SIMON, Das F. bei Thomas von Aquin, F 1994.

Finanzwesen, kirchl. In der → Alten Kirche gewannen die Geistlichen ihre Einkünfte aus gottesdienstl. Kollekten und Zehntabgaben (→ Zehnt). Hauptamtl. Kräfte bezogen einen festen Monatslohn. Die Verwaltung des kirchl. Geld- und Grundvermögens lag in Händen des Bischofs. Vom 4. Jh. an begünstigte die staatl. Gesetzgebung die Vererbung von Grundvermögen (→ Vermögensverwaltung) an kirchl. Stellen. Gelasius I. († 496) bestimmte, daß die Einkünfte der Bistümer je zu einem Viertel für den Bf., die Kleriker, die Armen und die Instandsetzung kirchl. Gebäude verwendet würden. Die Mehrung des kirchl. Grundbesitzes im → MA hatte eine Steigerung der Kapitalanlagen zur Folge. Ungezählte Stiftungen verhalfen der Kirche zu ihrem sprichwörtl. Reichtum. Jetzt verfügten nicht mehr nur der Bf., sondern auch die einzelnen Pfarreien über ihre finanziellen Grundlagen. Neue Einnahmen erwuchsen aus dem Zehntrecht der Pfarrkirchen und den Stolgebühren des Pfarrklerus für

Amtshandlungen. Vom 13. Jh. an unterscheidet man zw. dem Kirchenstiftungsgut (für den Sachbedarf) und dem Pfründenstiftungsgut (für den Personalbedarf). Das Bistumsvermögen wurde schon seit dem 9. Jh. in die mensa capitularis (für das Domkapitel), die mensa episcopalis (für den Bf.) und das Stiftungsgut der Bischofskirche aufgeteilt. Diese erfuhr freil. durch Reichsgut und Regalien sowie durch Steuereinnahmen und ähnl. Abgaben von untergeordneten Kirchen und auch durch Zahlungsleistungen von Gläubigen (für Dispensen) namentl. im 14. Jh. eine enorme Bereicherung. Anders beschaffen waren die Verhältnisse im Bereich des germanischen → Eigenkirchenwesens: Der Erbauer und Besitzer der Kirche verfügte über das Gotteshaus mitsamt den Einkünften ebenso wie über den von ihm angestellten Priester. – In Dtl. und Fkr. verloren die Bistümer aufgrund der → Frz. Revolution und der darauffolgenden → Säkularisation ihre finanzielle Grundlage nahezu völlig. Zu einer gewissen Entschädigung verpflichtete sich der Staat im → Reichsdeputationshauptschluß. Allein in Dtl. gewinnt die Kirche heute ihre Haupteinnahmen aus der → Kirchensteuer, während die Kirchen in anderen Ländern hauptsächl. von ihren Einkünften aus Grundbesitz und Kapital sowie aus → Sammlungen leben.

Der *päpstl. Fiskalismus* hängt eng mit der Entwicklung des → Kirchenstaates zusammen, der lange Zeit fast die Hälfte des heutigen It. umfaßte. Grundlegung, Verwaltung und Organisation des päpstl. F. erfolgten vor allem durch Gregor I. († 604). Einkünfte des Bt. Rom (›patrimonium Petri‹), Einnahmen von Eigenbistümern und Eigenklöstern sowie Tributzahlungen päpstl. Lehensstaaten machten den Grundstock des päpstl. F. aus. Im hohen MA erforderten der Ausbau der → Röm. Kurie, die Aufwendungen für polit. Unternehmungen und für → Kreuzzüge zusätzl. Geldquellen, die hauptsächl. in den Reservationen bei der Verleihung von Pfründen bestanden. So bildete sich ein ausgeklügelter, mit der eigentl. Seelsorgeaufgabe der obersten Kirchenleitung oft nicht zu vereinbarender Fiskalismus aus, der noch dazu endlose Klagen über Papst und Kurie hervorrief. Auf die Kreuzzugssteuer (→ Ablaß) folgten im 13. Jh. die von päpstl. Kollektoren eingetriebenen Papstzehnten. Während des → Avignoner Exils machten die Einnahmen aus Reservationen, Provisionen (Annaten = Abgaben für die Verleihung nichtkonsistorialer [→ Konsistorium] Benefizien in Höhe der Pfründeneinnahmen des ersten Jahres an die Apost. Kammer [→ Röm. Kurie]; Servitien = Abgaben von Bischöfen und Äbten in unterschiedl. Höhe) sowie eine Vielzahl neuerfundener Taxen (z. B. für die Ausstellung von Bullen, Reskripten, Gnadenerweisen und Dispensen) den Hauptteil der päpstl. Finanzen aus. Besonders bedenkl. erwies sich die fiskalische Ablaßpraxis, weil hier ein geistl. Gut (Nachlaß von Sündenstrafen) zum Geschäftsobjekt wurde. In der → NZ blieb die päpstl. Kurie immer mehr auf den Kirchenstaat als Haupteinnahmequelle angewiesen. Nach dem Untergang des Kirchenstaates (1870) kam es erst 1929 in den → Lateranverträgen zu einer geringfügigen Restitution.

Der sog. *Peterspfennig* war urspr. eine Leistung des engl. Königtums, die aber schon im 10. Jh. auf die gesamte Bevölkerung ausgedehnt, von den Bischöfen eingesammelt und dem Ebf. von Canterbury übergeben wurde, der die Weitergabe nach Rom vornehmen mußte. Dieser Brauch wurde auch von anderen Ländern Europas (Skandinavien, Polen, Ungarn) lange Zeit übernommen. Im 19. Jh. begannen die Katholiken nach dem Vorbild ihrer frz. Glaubensgenossen zur Unterstützung des seines Kirchenstaates beraubten Papstes eine freiwillige Abgabe nach Rom zu schicken. Heute stellt der Peterspfennig die jährl. freiwillige Gabe (Kollekte gewöhnl. am Fest Peter und Paul) der einzelnen Bistümer in aller Welt an den Papst zur Verwendung für die Weltkirche dar. Mit dem Geld werden vor allem Ausgaben für die Nuntien und Apost. Delegaten (→ Gesandte) bestritten; der Hauptteil jedoch findet für caritative Zwecke Verwendung. Die Summe der eingehenden Beträge – zur Zeit Johannes' XXIII. († 1963) sollen es 12–15 Mill. Dollar gewesen sein – wird geheimgehalten. Dasselbe gilt für die tatsächl. Finanzlage des Vatikans. Äußerungen Pauls VI. zufolge gehören Spekulationen über einen grenzenlosen Reichstum des → Vatikans in das Reich der Fabel.

In den prot. Kirchen verlief die Entwicklung anders, weil mit dem → Landeskirchentum sich eine konsistoriale Finanzverwaltung bildete, die im engen Zusammenhang mit der Staatsverwaltung stand. Auch wenn mit der Weimarer Verfassung ein eigenständiges F. entstand, behielt es im Rahmen einer Körperschaft des öff. Rechts die Angleichung an das staatl. F. (→ Kirchensteuer; beamtl. Besoldungsregelung). Der Staat kontrolliert die Vermögensverwaltung bei der Festsetzung der Steuern. Seit 1953 herrscht in Dtl. das Lohnsteuerabzugsverfahren; allein die ev.-luth. Kirche in Bayern unterhält ein eigenes Kirchensteueramt, an das die Mitglieder ihre Steuerbeträge abzuführen haben.

Q: J. P. Kirsch, Die päpstl. Annaten in Dtl. während des 14. Jh., Pa 1903; Vatik. Quellen zur Gesch. der päpstl. Hof- u. Finanzverwaltung 1316–1378, 7 Bde, Pa 1905–55; H. Hoberg (Hg.), Taxae pro communibus servitiis. Ex libris obligationum ab anno 1295 usque ad annum 1455 confectis, R 1949, ²1974; Ders., Die Einnahmen der Apost. Kammer unter Innocenz VI., 2 Bde, Pa 1955–72; W. Reinhard, Papstfinanz u. Nepotismus unter Paul V. (1605–1621), St 1974.

L: M. Tangl, Das Taxwesen der päpstl. Kanzlei vom 13. bis zur Mitte des 15. Jh.: MIÖG 13 (1892) 1–106; O. Jensen, Der engl. Peterspfennig u. die Lehenssteuer aus Engl. u. Irland an den Papststuhl im MA, Hei 1903; C. Bauer, Die Epochen der Papstfinanz: HZ 138 (1928) 457–503; E. Maschke, Der Peterspfennig in Polen u. dem dt. Osten, L 1933, Sigmaringen ²1979; J. Favier, Les finances pontificales à l'époque du grand schisme d'Occident 1378–1409, P 1966; A. Esch, Bankiers der Kirche im Großen Schisma: QF 46 (1966) 277–398; C. Pallenberg, Die Finanzen des Vatikans, Mn 1968; L. Caillet, La papauté d'Avignon et l'église de France. La politique bénéficiale du Pape Jean XXII en France (1316–1334), P 1975; G. Cereti, Die finanziellen Mittel u. Tätigkeiten des Vatikans: Conc. 14 (1978) 420–429; R. Staats, Deposita pietatis. Die Alte Kirche und ihr Geld: ZThK 76 (1979) 1–29; G. Lutz, Zur Papstfinanz v. Klemens IX. bis Alexander VIII. (1667–1691): RQ 74 (1979) 32–90; E. Gatz (Hg.), Röm. Kurie. Kirchl. Finanzen. Vatik. Archiv., 2 Bde, R 1979; F. Gilbert, The Pope, his banker, and Venice, C-Lo 1980; W. Lie-

NEMANN (Hg.), Die Finanzen der Kirche. Studien zu Struktur, G. u. Legitimation kirchl. Ökonomie, Mn 1989; C. RINDERER (Hrsg.), Finanzwiss. Aspekte v. Religionsgemeinschaften, Baden-Baden 1989; H. BENZ, Finanzen u. Finanzpolitik des Hl. Stuhls, St 1993. – TRE I 329–347.

Florenzer Konzil (1439–1443). Eugen IV. sah sich schon bald nach Eröffnung des Unionskonzils mit den Griechen im April 1438 zu Ferrara (→ Baseler Konzil) aus Geldmangel gezwungen (er hatte den Unterhalt der 700 anwesenden Griechen übernommen), ein günstiges Angebot der Stadt Florenz zu akzeptieren und die Kirchenversammlung dorthin zu verlegen (16. 1. 1439). Zu den schwierigsten Kontroversfragen des F. K. zählten die Frage nach dem Ausgangspunkt des Hl. Geistes (→ Filioque-Streit) und der Primat des röm. Bischofs. In der Sitzung vom 6. 7. 1439 konnte Kard. Cesarini die Unionsbulle ›Laetentur coeli‹ – auch ›Florentinisches Glaubensbekenntnis‹ genannt – in lat. und Ebf. Bessarion von Nicaea in griech. Sprache verlesen. Die entscheidende Aussage über den Primat lautet: »Wir bestimmen, daß der Hl. Apost. Stuhl und der röm. Bf. den Vorrang über den ganzen Erdkreis innehat, weiter, daß dieser röm. Bf. Nachfolger des hl. Petrus, des Apostelfürsten, wahrer Stellvertreter Christi, Haupt der gesamten Kirche und Vater und Lehrer aller Christen ist; daß ihm im hl. Petrus die volle Gewalt, die ganze Kirche zu weiden, zu regieren und zu verwalten von unserem Herrn Jesus Christus übergeben ist, wie es die Verhandlungsberichte der Allg. Kirchenversammlungen und die hl. Rechtssätze enthalten« (D-S 1307; N-R 434). Die Union blieb jedoch auf dem Papier stehen, weil sie in erster Linie auf polit. Erwägungen (Türkengefahr für Konstantinopel) gründete und außerdem im griech. Kirchenvolk, insbes. beim Klerus, kaum vorbereitet worden war. Folgl. dauerte es auch nicht lange, bis einige Konzilsteilnehmer die in Florenz getroffene Vereinigung zw. der römischen und der byz. Kirche widerriefen. – Das F. K. wurde am 24. 2. 1443 nach Rom verlegt, nachdem zuvor Unionen mit der → Armenischen Kirche (1439) und den Jakobiten (1442) geschlossen worden waren. Die erste Sitzung in Rom (die 12. in der Gesamtzählung, der noch zwei folgten) fand am 14. 10. 1443 statt.

Q: COD 510–567; D–S 1307; N–R 434; KThQ II 67.

L: J. GILL, The Council of Florence, C 1958; DERS., Konstanz u. Basel-Florenz, Mz 1967; G. ALBERIGO (Hg.), Christian Unity, Lo 1991. – TRE V 289–296.

Flugschriften. Im Unterschied zu Flugblättern (2–3 Seiten), die bes. als Einblattdrucke ihre Herkunft vom Mauerplakat verraten, zumal da ihre Zeichnungen sich an den »gemeinen Mann« wandten, setzten die F. der → Reformationszeit ein lesekundiges Publikum voraus, dem kürzere Abhandlungen (Traktate) zugemutet werden konnten. Eine Vorstufe zu ihnen war die ma. Streitliteratur (→ Investiturstreit; Auseinandersetzung mit dem Staufer Friedrich II.: 1239–50), deren Gelehrtenlatein allerdings nur der Fachwelt verständl. blieb. Die Massenwirkung der F. wurde in der Reformationszeit außerdem durch Benutzung der Druckerpresse und der dt. Volkssprache stark gefördert. Nach der Hochflut in den Anfangsjahren der Reformation bis zum Bauernkrieg (1518–25) erlebten die F. immer wieder ihre aktuellen »Stoßzeiten«.

Q: O. CLEMEN (Hg.), F. aus den ersten Jahren der Reformation, L 1907–11; A. E. BERGER (Hg.), Die Sturmtruppen der Reformationszeit, L 1931; K. SIMON (Hg.), Dt. F. zur Reformation (1520–25), St 1980; G. OTRUBA, Wiener F. Zur Sozialen Frage 1848, Bd. II, W 1980; A. LAUBE – A. SCHNEIDER (Hg.), F. der frühen Reformationsbewegung (1518–24), 2 Bde, Lei-Kö-Lo 1983; A. LAUBE (Hg.), F. vom Bauernkrieg zum Täuferreich 1526–1535, 2 Bde, B 1992; M. PFEFFER, F. zum Dreißigjährigen Krieg, F 1993; F. H. BEYER, Eigenart u. Wirkung des reformator.-polem. Flugblatts, F 1994.

L: S. SCHARFE, Rel. Bildpropaganda der Reformationszeit, Gö 1951; J. NOLTE (Hg.), Kontinuität u. Umbruch. Theologie u. Frömmigkeit in F. u. Kleinliteratur an der Wende vom 15. zum 16. Jh., St 1978; H.-J. KÖHLER (Hg.), F. als Massenmedium der Reformationszeit, St 1980; H.-J. KÖHLER, Bibliographie der F., 2 Bde, Tü 1991–1992. – TRE XI 240–246.

Focolare (it. Herdgemeinschaft), offiz. Name ›Werk Mariens‹, eine von der it. Lehrerin Chiara Lubich (geb. 1920), Mitglied des 3. Ordens des hl. Franz von Assisi (→ Franziskaner) und der → Kath. Aktion It., 1943 in ihrer Geburtsstadt Trient gegr. rel. Bewegung von Frauen und Männern für ein konsequentes Leben nach dem Evangelium, bes. für Liebe und Einheit im Geist Jesu. Die eigentl. Mitglieder leben in teilweise modellartigen Wohngemeinschaften. Im Lauf der Jahre bildeten sich neue Zweige: ›Neue Familie‹; ›Neue Menschheit‹; ›Priesterbewegung‹; ›New Generation‹. Die F. verbreiteten sich seit 1958 auch außerhalb Europas und wurden 1962 von Johannes XXIII. approbiert. Auch Paul VI. zeigte für sie Sympathie. Heute sind die F. auf allen Kontinenten in mehr als hundert Ländern zu finden. Neben den Zentren in Rom und München besteht seit 1968 das ›Ökumenische Lebenszentrum‹ in Ottmaring bei Augsburg. Im Focolare-Verlag ›Neue Stadt‹ (München) erscheint die gleichnamige Zs. als Organ der stetig wachsenden Bewegung. Zu den größten Veranstaltungen zählen die jährlichen Sommertreffen in Dtl.

P: Città nuova, R 1957 ff., dt. Ausgabe: Neue Stadt, Mn 1957 ff.

Q: C. LUBICH, Bis wir alle eins sein werden, Mn [10]1979.

L: V. FASCIOTTI, Wo zwei oder drei ..., Mn-Z-W 1977; A. DIANA, Die Bewegung der F., Mn [2]1978; A. WEBER –H. HEINZ, Die Fokolar-Bewegung: J. SAUER (Hg.), Lebenswege des Glaubens, Fr-Bas-W 1978, 173–192; Wo zwei oder drei ... Kurzinformationen über die F.-Bewegung, hg. v. der Gemeinschaft der F., Mn 1980; R. BETZ (Hg.), Chiara Lubich u. die Fokolar-Bewegung. Gespräche m. d. Gründerin, Mn 1982, [2]1988.

Frankfurter Anstand. Hatte Ks. Karl V. seit 1532 alle Hände voll zu tun, sich Frankreichs und der Türken in Kriegen zu erwehren, so ließ er doch nicht die Verhältnisse in Dtl. außer acht, wo der → Schmalkaldische Bund dank der kaiserl. Abwesenheit großen Zulauf hatte, zumal da er dessen Plan eines dt. Reformkonzils ablehnte (1537). Dies alarmierte die kath. Reichsstände; sie schlossen sich 1538 zur ›Defensivliga‹ von Nürnberg zusammen. Um mögl. Kriegskonflikte auf dt. Boden im Keime zu erstikken, ließ Karl V. im Frühjahr 1539 in Frankfurt mit dem Schmalkaldischen Bund Verhandlungen führen. Ihr Ergebnis war der F. A. (19. April 1539). Dieser verlängerte den → Nürnberger Anstand von 1532 (Duldung der Evangelischen auf begrenzte Zeit) um 6 Monate und leitete bedeutsame → Religionsgespräche zw. den kath. und ev. Reichsständen ein.

L: E. ZIEHEN, »F. A.« u. dt.-ev. Reichsbund v. Schmalkalden 1539: ZKG 59 (1940) 324–351; G. MÜLLER, Zur Vorgesch. des F. A. 1539: QF 39 (1959) 328–341; TRE XI 342–346 (R. WOHLFEIL).

Frankfurter Rezeß, auch ›Frankfurter Buch‹ (Formula pacis Francofordianae). Der Streit luth. Theologen untereinander (→ Gnesiolutheraner), zum Teil öff. sogar vor den »Altgläubigen« (Katholiken) ausgetragen (→ Religionsgespräch von Worms), rief die ev. Reichsfürsten auf den Plan. Sie nahmen die Kaiserproklamation Ferdinands I. (März 1558) zum Anlaß, um sich erneut aufgrund eines Gutachtens von Melanchthon auf die → Augsburger Konfession zu einigen. Zugleich forderten sie die ev. Reichsstände auf, ihrem sog. F. R. beizutreten. Das scheiterte an dem Widerstand Sachsens, das mit dem schroff luth. Weimarer Konfutationsbuch (1558) eine intransigente Antwort erteilte. So blieb der F. R. nur eine Episode bzw. eine Zwischenstation auf Wege zum → Konkordienbuch, dem späten Einigungswerk des dt. → Protestantismus.

L: H. LUTZ, Christianitas afflicta, Gö 1964; E. KOCH, Aufbruch u. Weg. Studien zur luth. Bekenntnisbildung im 16. Jh., B 1983; B. v. BUNDSCHUH, Das Wormser Rel. gespräch v. 1557, Mr 1988.

Franziskaner (Ordo fratrum minorum = OFM; ›Minderbrüder‹ oder ›Minoriten‹), neben den → Jesuiten der stärkste und aktivste Orden der → Röm.-Kath. Kirche. Als Gründer (wider Willen?) gilt Francesco (väterl. Kosename für Giovanni) Bernardone in Assisi († 1226). Während der bereits 1228 heiliggesprochene Franz (→ Stigmatisierung) in origineller Frömmigkeit (Ideale der »Nachahmung« und »Demut« bis hin zur Selbstkasteiung) bestrebt war, ein »zweiter Christus« zu werden, organisierten sich seine ersten »Gefährten« (socii) als Bußbruderschaft (Wanderpredigt). Die schnelle Verbreitung (seit 1209/10) geht zugleich auf die → Armutsbewegung der Zeit zurück. Erst die endgültige Ordensregel (1223) machte aus den »Bußbrüdern« einen → Bettelorden. Er übernahm von den → Dominikanern die 3 Organisationsstufen (Kustodien, Provinzen, Generalkapitel), wurde aber seinerseits mit dem weibl. Orden der *Klarissen* (sog. zweiter Orden) für die Dominikaner zum Vorbild. An die urspr. Bußbruderschaft erinnert heute noch am meisten das Laieninstitut des Dritten Ordens (sog. → Terziaren), das nicht zur Klausur verpflichtet, die Ehe und den Beruf zuläßt; es hat die F. volkstüml. gemacht. Allerdings trug die schnelle Ausbreitung dem Orden mit seinem weiten Frömmigkeitsspektrum eine konflikt- und reformreiche Gesch. ein. Dies begann schon nach der Heiligsprechung mit dem Bau der Gedächtniskirche S. Francesco in Assisi. Er löste die 1. Phase (1232–1260) des → Armutsstreites aus, der die um das Armutsideal besorgten ›Zelanten‹ (sie selbst bez. sich als → ›Spiritualen‹) von den ›Konventualen‹ spaltete. Gerade war er durch den Generalminister Bonaventura beigelegt, da trug im gleichen Jahr der Großen Geißelwallfahrt (1260) Gerhard von Borgo († ca. 1276) mit der Veröffentlichung der Schriften des kalabresischen Abtes Joachim von Floris neue Unruhe in den Orden. Des letzteren Lehre von den drei Heilszeitaltern (1. des Vaters = AT = der Laien; 2. des Sohnes = NT und KG = der Weltkleriker; 3. des Geistes = geistige Schriftauslegung = Endzeit der Mönche) aktualisierte Gerhard dadurch, daß er die Geistkirche der Endzeit mit den F. identifizierte. Zugleich meldete sich im Orden erneut die Kritik an der Papstkirche zu Wort, was im 14. Jh. wieder zur Abspaltung der → Fraticelli führte. Daß in der 2. Phase des Armutsstreites (14. Jh.) um den apost. Liebeskommunismus mit härteren Konsequenzen (Inquisition, Exkommunikation des Generalministers) gekämpft wurde, versteht sich so. Immerhin konnten sich die an den alten Idealen der Weltabsage festhaltenden → ›Observanten‹ von It. aus (seit 1368) gegen die in städtischen Konventen lebenden laxeren ›Konventualen‹ durchsetzen: 1517 erhielten sie durch Leo X. Ordenssiegel und wurden als ›Ordo Fratrum Minorum regularis observantiae‹ bestätigt (Bulle ›Ite et vos in vineam‹). Die Konventualen blieben als selbständiger Zweig bestehen (OFMConv). Die Lebenskraft der franziskanischen Idee erwies im 16. Jh. die Reformbewegung der → Kapuziner (OFMCap). Allerdings verhinderte sie nicht, daß durch die luth. → Reformation dem Orden die Nordprovinzen verlorengingen. Eben deshalb wurden die Kapuziner vielleicht auch Hauptträger der → Gegenreformation, was die dt. Verluste des Ordens wieder ausglich. – Heute gibt es eine Vielfalt von Unterkongregationen: neben den OFM die OFMCap, OFMCon, die OFMDisc(alceatorum) = → ›Barfüßer‹, die OFMObs (=regularis observantiae), die OFMRef(ormatorum) = Reformaten, die OFMConvRef (= conventualium reformatorum) = Reformierte Konventuale, OFMAM (=OFM conventus Amadeorum = Amadeor nach Amadeus Menez), die OMinClar, auch OFMClar = → Clarenerorden, die OFMCol = Coletaner, die OMinim (=Ordo minimorum S. Francisci de Paula → Paulaner) mit weibl. Parallelkongregationen. Solcher Vielfalt (LThK IV 274 ff.) entspricht, daß aus dem Orden des – den »Gelehrten« (literati) abgeneigten – ›Poverello‹ im MA bis in die Gegenwart bedeutende Theologen hervorgingen. Ebenso bedeutend war die Tätigkeit als Missionsorden, obwohl als Testamentsvollstreckung des hl. Franz nicht unbestritten.

P: Analecta Franciscana, Quarachi 1885 ff.; Archivum Franciscanum historicum, Fi 1908 ff.; Collectanea Franciscana, R 1931 ff.; Franziskanische Studien, Werl 1914 ff.; Wissen u. Weisheit, Werl 1934 ff.; Franziskanische Quellenschriften, Werl 1950 ff.

Q: Mirbt-Aland 623; D-S 803–808, 900–908, 910–916, 930 f.; L. Hardick, Die Schriften des hl. Franziskus v. Assisi, Werl ²1963; KThQ II 45.

L: Holzapfel, Hb. der Gesch. des F.ordens, Fr 1909; K. Esser, Anfänge u. urspr. Zielsetzungen des Ordens der Minderbrüder, L 1966; D. Burr, The Persecution of Peter Olivi, Philadelphia 1976; G. Wendelborn, F. von Assisi, W-Kö-Graz 1977, ²1982; P. Sabatier – F. Renner, Leben des hl. Franz v. Assisi St. Ottilien 1980;

A. Rotzetter – W. C. von Dijk – T. Matura, Franz v. Assisi. Ein Anfang – u. was davon bleibt, Ei-Kö 1981; N. G. van Doornik, Franz v. Assisi, Fr-Bas-W [4]1982; R. Manselli, Der solidarische Bruder, Fr-Bas-W [2]1989; H. Feld, F. v. Assisi u. seine Bewegung, Da 1994. – TRE XI 389–397. – Atlas KG 58–59, 79.

Französische Revolution und Kirche. Die große F. R. bekämpfte in ihrem Anfangsstadium (1789) nicht die Röm.-Kath. Kirche. Im Gegenteil, der frz. Klerus selbst verbündete sich mit dem zur Nation proklamierten ›Dritten Stand‹ und verzichtete auf seine sozialen und wirtschaftl. Privilegien, konnte aber nicht die Anerkennung des Katholizismus als Staatsreligion erlangen. C. M. de Talleyrand (1754–1838), Bf. von Autun, machte zur Rettung der finanziellen Lage Frankreichs in der Nationalversammlung den Vorschlag, die Kirchengüter zu verstaatlichen. Dafür übernahm der Staat die Kosten für den Kultus, die Besoldung der Geistlichen und die → Armenpflege der Kirche. Wenig später wurden alle rel. Orden, ausgenommen die mit sozial-caritativer Zielsetzung, aufgehoben. Bes. schwerwiegend aber war der Anspruch, die Ges. völlig neu zu gestalten und den Willen des Volkes zum obersten Prinzip zu erheben, so daß für die Kirche als selbständige soziale Größe (als »societas perfecta« nach ihrem Selbstverständnis) kein Platz mehr blieb. So schmerzl. diese Maßnahmen und zahlreiche andere Konflikte die Kirche auch trafen, mit Protest traten Papst und Bischöfe erst gegen die ›Constitution civile du clergé‹ vom 12. 7. 1790 (→ Zivilkonstitution des Klerus) hervor, in der die oberste Autorität des Papstes und vor allem das → Konkordat von 1516 ignoriert sind. Die Mehrheit der Geistlichen in der Nationalversammlung verweigerte den Eid auf diese Zivilkonstitution. Pius VI. protestierte erst am 13. 4. 1791, als die Spaltung des Klerus in »jureurs« und »non-jureurs« die frz. Kirche lebensgefährl. bedrohte. Von einer wirkl. Freiheit der Religion und der Kirche konnte trotz Erklärung der → Menschenrechte vom 26. 8. 1789 keine Rede sein. Die ›Gesetzgebende Versammlung‹, in der die Girondisten die Oberhand besaßen, beschloß am 7. 5. 1791, die romtreuen Geistlichen zu verfolgen, und am 29. 11. 1791, die eidverweigernden Geistlichen hart zu bestrafen. Der Einspruch Kg. Ludwigs XVI. verschlimmerte die Lage. Wenn 20 Bürger einen Eidverweigerer anzeigten, genügte dies nach dem Proskriptionsgesetz vom 26. 5. 1792 zur Deportation eines Priesters. In den Pariser Gefängnissen wurden mehr als 200 Geistliche hingerichtet; ungefähr 40000 Geistliche entschlossen sich zur Emigration. Einzelne Maßnahmen, z. B. die Führung der Zivilstandsregister durch staatl. Behörden, bewirkten eine wachsende Trennung zw. → Kirche und Staat. Unter der Herrschaft des → Jakobinertums löste sich erstmals ein Staat nicht nur von der Kirche, sondern von jeder christl. Überlieferung, um die Stelle der Religion mit eigenem Kultus (Dogma und Ritus) einzunehmen. Als Folge der Bemühungen Robespierres wurde der atheistische Kult der Vernunft durch den Kult des »höchsten Wesens« ersetzt. Mit der Zeit brach die Konstitutionelle Kirche mehr und mehr zusammen: 24 von 85 Bischöfen gaben ihr Amt auf, 23 Bischöfe sagten sich von der Kirche los, davon neun wegen Heirat. Der kirchenfeindl. und antichristl. Kurs ging erst mit dem Konkordat von 1801 zw. Pius VII. und Napoleon zuende. Jetzt begann für die Kirche eine mit neuen Problemen erfüllte Periode. Inzwischen hatte auch die organisatorische Umgestaltung der frz. Kirche die Zahl der Bistümer reduziert und die neuen Grenzen an die der polit. Departements angeglichen. Der Endzustand wurde allerdings erst 1822 erreicht.

Q: P. CARON, Manuel pratique pour l'étude de la Révolution Française, P [2]1947; KThQ IV/1 154–157.

L: W. GURIAN, Die polit. Ideen des frz. Katholizismus 1789–1940, Mönchengladbach 1929; B. C. POLAND, French Protestantism and the French Revolution, Princeton 1957; E. E. Y. HALES, Revolution and Papacy 1769–1846, Notre Dame 1966; H. MAIER, Revolution u. Kirche, Fr [3]1973; DERS., Die F. R. u. die Katholiken, Kö 1989; M. VOVELLE, Die F. R. – soziale Bewegung u. Umbruch der Mentalitäten, Mn 1982; E. SCHMITT, Einführung in die Gesch. der F. R., Mn 1978, [2]1980; F. FURET – D. RICHET, F. R., Mn [2]1980; F. SEIBT, Revolution in Europa, Mn 1984; CHARLES CHAUVIN, Le clergé a l'épreuve de la Révolution, P 1989; A. FIERRO (Hg.), Bibliographie de la Révolution française (1940–1988), 2 Bde, P 1989. – TRE XI 401–417. – Atlas KG 97 A u. B.

Fraticelli (Fratizellen, d. h. Brüderchen) nannte man jene sich betont als »geistl. Gesonnene« (spirituales) vom Orden der → Franziskaner abspaltenden Gruppen, die ob ihrer unerbittl. Kritik an der »fleischl. gesonnenen« Klerikerkirche von Papst Johannes XXII. unerbittl. als Häretiker durch → Inquisition und → Exkommunikation verfolgt wurden (1323: Bulle ›Cum inter nonnullos‹). Solchen Verdacht begünstigte die Tatsache, daß die F. bei der häretischen Sekte der → Beginen und Begarden Gehör fanden. Daß sie in Mittelitalien wie auch in Florenz die innerstädtische Opposition gegen die Podestà mobilisierten, wurde ihnen außerdem angelastet. So waren z. B. die ›Michaeliten‹ stark bemüht, sich dem Häresieverdacht zu entziehen. Als diese Anhänger des exkommunizierten früheren Generalministers Michael von Cesena († 1342, → Armutsstreit) nach Bayern ins Exil flohen, distanzierten sie sich betont von den dt. Beginen. Allerdings bez. sie auch weiterhin das → Papsttum als »Babel« der Endzeit.

Q: D–S 910–916, 930 f.; L. OLIGER, Documenta inedita ad historiam Fraticellorum spectantia, Quaracchi 1913.

L: L. OLIGER, De secta spiritus libertatis in Umbria, R 1943; D. L. DOUIE, The Nature and the Effect of the Heresy of the F., Manchester 1932, (Ndr.) 1978; M. B. BECKER, Florentine Politics and the Diffusion of Heresy in the Trecento: Speculum 34 (1959) 60–75; T. v. NEW DURHAM, The Doctrine of the Franciscan Spirituels, R 1963.

Frauenbewegung, christl. Bis zur → NZ spielte die Frau in Kirche und Ges. allg. eine untergeordnete Rolle. Einen grundlegenden Wandel führten erst die Freiheitsgedanken der → Frz. Revolution und die wirtschaftl. Veränderungen im 19. Jh. herbei. Nach 1848 entstanden Frauenvereinigungen, die für Selbstbestimmung und Gleichberechtigung eintraten.

Die christl. F. nahm in Fkr. ihren Anfang: Hier wirkte seit der 2. Hälfte des 19. Jh. die kath. F. ›Le féminisme chrétien‹ unter ihrer langjährigen Führerin M. Maugeret; eine vergleichbare prot. F. wurde von S. Monod angeführt. In Dtl. ergriff der → Deutschkatholizismus mit der 1848 in Hamburg err. Frauenhochschule die Initiative. Jahrzehnte nach dem ›Allg. Dt. Frauenverein‹ (1865) traten der ›Dt. Ev. Frauenbund‹ (1899) und der ›Kath. Dt. Frauenbund‹ (1903) ins Leben. Ihre Bemühungen richteten sich vor allem auf eine entsprechende Ausbildung der Mädchen und Frauen und auf Tätigkeiten der Frauen im sozialen Bereich. 1918 schlossen sich 21 Verbände und 23 landeskirchl. Frauenwerke (Frauenhilfen) zur ›Ev. Frauenarbeit in Dtl.‹ zusammen (Sitz: Frankfurt/Main); sie gehört der → Inneren Mission als Fachverband an. Nach dem 2. Weltkrieg engagierten sich die verschiedenen Frauenvereinigungen bei der allg. Erneuerung des Volkes. Internationale Treffen und Zusammenschlüsse verhalfen ihnen zu größerem Einfluß. Die ›Weltunion kath. Frauenverbände‹ (Sitz: Paris) umfaßt heute fast 100 Verbände mit ungefähr 50 Mill. Mitgliedern. Ähnl. Organisationen mit spez. Zielen sind die ›Union Catholique Internationale de Service Social‹ (Sitz: Brüssel) und die kath. → Laienbewegung. Im Vordergrund stehen die Bemühungen für die Erhaltung und Förderung der christl. Ehe und Familie, für soziale Gerechtigkeit ohne Rücksicht auf Rasse, Klasse und Geschlecht sowie für den Frieden unter den Völkern aus christl. Gesinnung. – Die 1949 gegr. ›Arbeitsgemeinschaft kath. Frauenverbände in Dtl.‹ setzt sich aus einer Vielzahl von Organisationen zusammen, z. B. die Berufsgemeinschaft kath. Jugendleiterinnen und Kindergärtnerinnen (Freiburg) und der Verein kath. dt. Lehrerinnen (Essen). Der dt. Episkopat err. die ›Kirchl. Hauptstelle für Frauenseelsorge in den dt. Diözesen‹ (Sitz: Düsseldorf).

P: Die christl. Frau; Neue ev. Frauenzeitung.

L: H. LANGE – G. BÄUMER (Hg.), Hb. der F., 5 Bde, B 1901–06; K. BLISS, Frauen in den Kirchen der Welt, Nü 1954; J. MÖRSDORF, Gestaltwandel des Frauenbildes u. Frauenberufs in der NZ, Mn 1958; A. KALL, Kath. F. in Dtl., Pa 1983; B. DINZELBACHER – D. R. BAUER (Hg.) Rel. F. u. myst. Frömmigkeit im MA, Kö-W 1988; I. RAMING, F. u. Kirche, Weinheim 1989; U. WEINMANN, Mittelalterliche F.en, Pfaffenweiler 1990; A. LISSNER – R. SÜSSMUTH – K. WALTER (Hg.), Frauenlexikon, Fr-Bas-W 1991. – TRE XI 471–481.

Freie evangelische Gemeinden haben sich als Frucht der → Erweckungsbewegung in der Schweiz (Genf) u. in Südfkr. (1832: Église évangelique libre de Lyon) und auch in Westdtl. (1854: Gründung der F. e. G. durch den Kaufmann H. H. Grafe in Elberfeld) 1874 als ›Vereinigung (seit 1928: ›Bund‹) der F. e. G. und Abendmahlsgemeinschaften‹ zusammengeschlossen. Mit eigenem Verlag, Diakonissenanstalt und Predigerseminar (einflußreicher Lehrer Bussemer, † 1944) wurde eine für sie typische Gestaltung der Arbeit gefunden. Der Beitritt der Holstenwallgemeinde in Hamburg unter Friedrich Heitmüller († 1965) vergrößerte die Mitgliederzahlen. Der Zusammenschluß von 3000 Gemeinden, 300000 Mitgliedern, 2700 Predigern und 500 Missionaren in Europa wie in Nordamerika zum ›Internationalen Bund F. e. G.‹ nach dem 2. Weltkrieg bedeutete eine weitere Stärkung.

Q: E. W. Erdlenbruch – H. A. Ritter (Hg.), F. e. G., Witten 1972, ²1981.

L: H. Lenhard, Studien zur Entwicklung der Ekklesiologie in den F. e. G. in Dtl., Bielefeld 1977; Ders., Die Einheit der Kinder Gottes. Der Weg H. H. Grafes zw. Brüderbewegung u. Baptisten, Elberfeld 1977; E. Fahlbusch, Kirchenkunde der Gegenwart, St 1979, 188–192; TRE XI 493–497 (G. Hörster).

Freies Christentum. Die Wurzeln des F. C. liegen einmal in der → Aufklärung, zum andern in der → Täuferbewegung. Beide machen das weltweite Echo eines Programms für F. C. verständl. Seit dem Weltkongreß in Boston 1900 begeht man in regelmäßigen Abständen Weltkongresse; das Organisationszentrum (seit 1930 in Holland, seit 1948 in Den Haag) zählt heute ca. 10 Mill. Mitglieder. Die zweite Wurzel erklärt, warum in Dtl. ein täuferisches Kernland wie Thüringen die ersten ›Freien prot. Gemeinden‹ (Nordhausen, Sondershausen, Weimar, Dessau) dank des Preuß. Religionspatents von 1847 besaß. Einen weiteren Freiraum bot die Freie Reichsstadt Frankfurt/Main (›Frankfurter Bund für entschiedenen Protestantismus‹). Sie wurde dann auch Sitz des ›Dt. Bundes für F. C.‹, zu dem man sich mit gleichgesonnenen Vereinigungen Dtl. verbündete und der sich 1948 dem ›Weltbund für F. C.‹ (Sitz in London) anschloß. Seit dem 20. Weltkongreß (Boston 1969) nennt man sich ›Weltbund für rel. Freiheit‹ (International Association for Religious Freedom, IARF).

P: News Digest, Lo 1946ff.; Freies Christentum, F 1948ff.

L: J. Rathje, Die Welt des freien Protestantismus, St 1952; C. J. Bleeker, The International Association for Liberal Christianity and Religious Freedom, Lo 1955.

Freikirchen im engeren Sinn sind nur solche Kirchen und kirchl. Gemeinschaften, die in irgendeiner Form an der Taufe festhalten; »frei« bedeutet aber nicht, daß sie ohne Bekenntnis sind. Ein Teil der F. entstand aus Protest gegen staatl. Bindungen und Begünstigungen der Staats- oder Landeskirchen. F. traten vor allem in Schottland auf: 1743 die ›Secession Church‹ (Covenanter) und 1752 das ›Presbytery of Relief‹, die sich beide 1847 zur ›United Presbyterian Church‹ verbanden. Aus dieser und der 1843 gegr. ›Free Church of Scotland‹ bildete sich 1900 die ›United Free Church‹. Bei anderen F. führten pietistische Ansichten (→ Pietismus) oder auch Widerstand gegen einen theol. → Liberalismus im 19. Jh. zu Abspaltungen: ›Ev.-Luth. Kirchen Altpreußens‹ (1830), ›Altref. Kirchen in Niedersachsen‹ (1832), ›Ev.-luth. Kirche in Nassau‹ (1842). Aus diesen und anderen F. formierte sich nach dem 2. Weltkrieg die ›Selbständige Ev.-Luth. Kirche.‹ – Ein anderer Teil der F. will im Gegensatz zu den Volkskirchen, in die man durch die → Kindertaufe hineingeboren wird, sog. Freiwilligenkirche sein, weshalb diese F. fast ausschließl. die Erwachsenentaufe (als Bekehrungstaufe) praktizieren. Hierher gehören die verschiedenen Zweige der → Baptisten, die → Mennoniten, → Täufer (auch Neutäufer), → Methodisten und → Quäker; schließl. auch die → Freien ev. Gemeinden bzw. Freien prot. Gemeinden (→ Freies Christentum), die sich 1908 in der ›Dt. Ev. Freikirche‹ zusammenschlossen.

Auf kath. Seite gelten die von der → Röm.-Kath. Kirche abgetrennten Nationalkirchen (z. B. → Deutschkatholizismus) und alle romfreien Kirchengemeinschaften (→ Nationalkirchl. Bewegungen) als Freikirchen.

L: W. KUNZ (Hg.), Viele Glieder – Ein Leib, St 1953, [3]1963; G. WESTIN (Hg.), Der Weg der freien christl. Gemeinden durch die Jh. Gesch. des F.tums, Kassel [2]1958; W. KÜPPERS – P. HAUPTMANN – F. BASER, Symbolik der kleineren Kirchen, F. u. Sekten, St 1964; H. B. MOTEL (Hg.), Glieder an einem Leib. F. in Selbstdarstellungen, Konstanz 1975; E. GELDBACH, F. Erbe, Gestalt u. Wirkung, Gö 1989; Freikirchenforschung (bisher 4 Hefte), Münster 1990ff. – TRE XI 550–563.

Freimaurer (engl. freemason, urspr. freestone mason = Kunsthandwerker, der feinste Steinmetzarbeiten ausführt), die sich in der Bauhütte (engl. lodge; frz. loge) aufhielten, bildeten im MA eine kirchl. Bruderschaft von Maurern bzw. Handwerkern und Künstlern am Kirchenbau, die, frei vom Zunftzwang, von Ort zu Ort ziehen konnten. Mit fortschreitender Unterweisung im Bauhandwerk wurde man Lehrling, Geselle und Meister. An der Wende zur NZ (→ Reformation) hörten die → Bruderschaften der F. auf zu bestehen oder wandelten sich in ges. Zirkel, die jetzt auch Mitglieder anderer Berufe (Adelige, Ärzte, Offiziere, Schriftsteller) aufnahmen (»Angenommene F.«) und Humanität wie eine allg. Menschheitsreligion zu ihren Hauptzielen erklärten. Zur Zeit der → Aufklärung drangen Anschauungen des → Rationalismus und Deismus in die Freimaurerlogen ein, wenig später aber auch alchemistische, rosenkreuzerische (→ Rosenkreuzer) und christl.-mystische Elemente; sie bestimmen das Programm bis heute. Als eine Art Credo gilt, daß Gott der Baumeister der Welt ist. Die → Menschenrechte (u. a. Glaubens-, Gewissens- und Denkfreiheit) sowie Toleranz und Versöhnlichkeit zählen zu den höchsten Prinzipien, mit denen »der Tempel der Menschheit« erbaut werden soll. J. Anderson, Prediger der schottischen Presbyterianer, verfaßte das ›Book of Constitutions‹ (Lo 1723), das heute die Grundlage und das geistige Band der F. darstellt. Während die angelsächs. F., die mit der anglik. Staatskirche (→ Anglikanismus) und dem Königshaus in enger Verbindung standen, den christl. Glauben nicht ablehnten, erwiesen sich die frz., it. und lateinamerikan. F. als weithin antichristlich. 1717 entstand in London aus vier Logen die erste (weltanschaul. neutrale) Großloge mit einem Großmeister an der Spitze. Die erste Loge auf dem Kontinent bildete sich 1721 in Mons, die erste dt. Loge 1737 in Hamburg. Die F. verbreiteten sich ungewöhnl. schnell in Europa, den britischen Kolonien und den USA. Prominente Mitglieder waren u. a. Kg. Friedrich d. Gr., Ks. Franz I. von Östr., Lessing, Herder, Wieland, Goethe, Voltaire, Mozart, Haydn, Garibaldi sowie zahlreiche Kardinäle und Bischöfe. Von den 56 Unterzeichneten der amer. Unabhängigkeitserklärung (1776) waren bis auf drei alle aktive Freimaurer. Die F. zählen heute in der BRD 370 Logen mit über 20000 Mitgliedern, auf der Welt 33000 Logen mit über 6 Mill. Mitgl.

Die Röm.-Kath. Kirche führte einen langen Kampf gegen die F., der heute noch nicht zu Ende ist. Nachdem Verbote in einzelnen Ländern

(Niederlande, Fkr., Venedig) vorausgegangen waren, verhängte Clemens XII. mit der Bulle ›In eminenti‹ (1738) über alle F. den Kirchenbann (→ Exkommunikation) wegen des eidlich geschützten Geheimnisses ihres Wirkens und »anderer uns bekannter, gerechter und vernünftiger Gründe.« Bei solchem Vorgehen spielten allerdings Verdächtigungen (Atheismus, Unzucht, Trunksucht u. a.) zu allen Zeiten eine nicht zu unterschätzende Rolle. Außerdem bleibt zu berücksichtigen, daß fast alle → Carbonari F. waren. Bis 1918 erfolgten mindestens zwölf päpstl. Verbote in Form von Bullen oder mündl. Äußerungen. Die kirchl. → Inquisition blieb nicht untätig, obwohl oder gerade weil nicht wenige Kleriker, darunter auch Bischöfe, eingeschriebene F. waren. Nach dem 1918 in Kraft getretenen Codex Iuris Canonici (→ Kirchenrechtsquellen) verfielen alle Katholiken, die F. waren, der Exkommunikation und durften somit nicht kirchl. beerdigt werden. Noch Pius XII. bez. die F. 1958 als »gemeinsame Mutter« des Rationalismus, Laizismus und wiss. Atheismus; gleichzeitig machte er sie bes. verantwortl. für den »modernen Glaubensabfall«. Gemäß einer Entscheidung der Kongreg. für die Glaubenslehre von 1974 hängt das Eintreten des Kirchenausschlusses für einen Katholiken davon ab, ob sich die betreffende Loge tatsächl. gegen die Kirche verschworen hat. Allerdings erklärte die → Dt. Bischofskonferenz 1980 die Unvereinbarkeit einer Mitgliedschaft der Freimaurerei mit der kath. Kirche. Dieselbe Meinung äußerte am 17. 2. 1981 auch die gen. Kongregation.

Wie sehr die Kirche die F. überschätzte, zeigte sich an dem sog. Taxil-Schwindel. Leo Taxil (Pseudonym für Gabriel Jogand-Pagès, † 1907), Journalist, Freidenker in Fkr., 1881 F., drei Monate später ausgeschlossen, propagierte seine fälschl. Bekehrung zu der von ihm bisher tief gehaßten Kath. Kirche (1885) und führte einen publizistischen Kampf gegen die F., in dem er sich auch Leos XIII. Enz. ›Humanum genus‹ (1884) zunutze machte. Dabei bediente er sich gefälschter Dokumente und erfand ein neues Freimaurer-System (Palladismus). An dem von ihm veranstalteten Antifreimaurerkongreß in Trient (1896) nahmen 36 Bischöfe, 50 Vertreter von Bischöfen und mehr als 700 Interessierte, meist Geistliche, teil. Die ›Kölnische Volkszeitung‹ enthüllte 1896/97 den Schwindel.

P: Humanität. Das dt. F. Magazin, 1974ff.

Q: Quellenkundl. Arbeiten der Freimaurerischen Forschungsgesellschaft Quatuor Coronati e. V. Bayreuth, (bisher 15 Hefte) H 1964ff.; Una Sancta 36 (1981) 54–67; AAS 76 (1984) 300 (Declaratio).

L: E. Lennhoff – O. Posner, Internationales F.lexikon, W 1932, (Ndr.) Z 1975; A. Mellor, Unsere getrennten Brüder die F., Graz-W-Kö 1964; B. Beyer, Freimaurerei in München u. Altbaiern. Ein Beitrag zur Kulturgeschichte des 18. Jh., H 1973; N. MacKenzie (Hg.), Geheimgesellschaften, Genf 1969, Bayreuth 1974, 152–177; E. Rosenstrauch-Königsberg, F. im Josephinischen Wien, W 1974; M. Adler, Die antichristl. Revolution der Freimaurerei, Jestetten 1974; R. Appel – H. Vorgrimler, Kirche u. F. im Dialog, F 1975, F. W. Haack, F., Mn ^{5}1979; J. A. Ferrer Benimelli, Los Archivos Secretos Vaticanos y la masoneria. Motivos politicos de una condena pontificia, Caracas 1976; J. Rogalla v. Bieberstein, Die These v. der Verschwörung 1776–1945. Philosophen, F., Juden, Liberale u. Sozialisten als

Verschwörer gegen die Sozialordnung, Bern 1976; W. DOTZAUER, F.gesellschaften am Rhein, Wie 1977; H. REINALTER, Jakobiner in Mitteleuropa, Bd. 1, I 1977; R. F. ESPOSITO, La Massoneria e l'Italia dal 1800 ai nostri giorni, R 1979; P. C. LUDZ, Geheime Gesellschaften, Mn 1979; M. DIERICKX, Freimaurerei – die große Unbekannte, H 1979; C. VON BOKOR, Mit Winkelmaß und Zirkel, Mn 1980; H. NEUBERGER, Freimaurerei u. Nationalsozialismus, 2 Bde, H 1980; J. MERKEL, Die rechtl. Beurteilung der F. durch die kirchl. Autorität in Vergangenheit und Gegenwart, Mz 1982; P. NAUDON, Gesch. der F., B 1982; K. BARESCH, Kath. Kirche u. Freimaurerei, W 1983; MARCEL VALMY, Die Freimaurer, M 1988; D. A. BINDER, Die diskrete Gesellschaft. Gesch. und Symbolik der F., Graz 1988; G. DURIEGL, F., W 1992; A. SCHMIDT – H. THOMA (Hg.), Der unvollendete Bau. Beiträge zur Freimaurerei, F 1992. – TRE XI 564–567.

Freireligiöse Gemeinden, entstanden im dt. Frühliberalismus (1841–48). Liberale Ideen fanden Eingang in die Röm.-Kath. Kirche als Reaktion auf einen wachsenden → Ultramontanismus und in ev. Kirchen als Protest gegen konservative → Erweckungsbewegungen und spez. gegen die Staatskirchenpolitik des preuß. Kg. Friedrich Wilhelm III. (1797–1840). Geistige Wegbereiter waren Philosophen wie Hegel († 1831) und Feuerbach († 1872) und unter den ev. Theologen vor allem D. F. Strauß († 1874) mit seiner ›Leben-Jesu-Forschung‹ (→ Bibelbewegung, → Liberale Theologie). – Erste f. Bewegungen formierten sich in den → Lichtfreunden (1841) und im → Deutschkatholizismus (1845), die sich beide 1859 in Gotha zum ›Bund f. G. Deutschlands‹ zusammenschlossen. Während der norddt. Teil dieses Bundes im Atheismus endete, erklärte sich der süddt. Teil 1924 als ›Verband f. G.‹ (Sitz: Mainz), der 1934 in ›Freie Religionsgemeinschaft Deutschlands‹ umbenannt wurde. Nach dem 2. Weltkrieg fanden beide Teile wieder im ›Bund f. G. Deutschlands‹ (Sitz: Hannover) zusammen und traten später dem ›Dt. Volksbund für Geistesfreiheit‹ bei. Der ›Freireligiöse Jugendbund Deutschlands‹ besteht seit 1945. Weltverbände: ›International Association for Religious Freedom‹ und ›International Humanist and Ethical Union‹.

Die f. G. lehnen jede dogmatische oder kirchl. Bindung ab, akzeptieren aber als Kern aller hist. Religionen eine Art überzeitl. Universalreligion. An die Stelle eines transzendenten persönl. Gottes tritt meist eine immanente Größe oder eine Lebensphilosophie. Deswegen gehören Vernunft und Toleranz ebenso wie soziale Gleichberechtigung aller Menschen und ein auf allg. Humanität gegr. Völkerfrieden zu den höchsten Prinzipien. Große Einflüsse üben die philos. Anschauungen I. Kants und J. W. Goethes, die theol. Programme F. Schleiermachers und A. Schweitzers sowie die Lebensphilosophie L. Klages' aus. Außerdem besteht eine geistige Verwandtschaft zu den → Freimaurern. Die f. G. kennen Weihestunden und christl. Kirchen entlehnte, jedoch völlig umgedeutete Zeremonien wie Namensgebung, Jugendweihe, Eheschließung und Totenfeier.

P: Freie Religion, Mannheim.

L: K. BECKER, Freigeistige Bibliographie. Ein Verzeichnis freigeistiger, humanistischer u. religionskrit. Lit., St 1974; F. HEYER (Hg.), Religion ohne Kirche. Die Bewegung der Freireligiösen, St 1977; TRE XI 567–572 (V. PITZER).

Friedensbewegung, auch Pazifismus (lat. pax = Frieden), wurde das ganze MA hindurch von Seiten der Kirche ungeachtet der von Augustinus († 430; ›Gottesstaat‹, Buch 19) konzipierten christl. Friedensidee nur zeit- und ortsweise unterstützt. Gemäß der Idee der → Kreuzzüge liefen die Bemühungen um den → Gottesfrieden und die franziskanische (→ Franziskaner) Friedensbewegung. Christen arbeiteten in der NZ bei allg. F. mit; organisierte christl. Friedensgruppen entstanden aber erst zu Beginn des 20. Jh., zuerst der christl. ›Versöhnungsbund‹ (1914), dann der ›Friedensbund dt. Katholiken‹ (1919). Die Päpste erheben seit Leo XIII. († 1903) mit wachsendem Engagement ihre Stimme gegen den Krieg und für den Frieden unter allen Völkern. Benedikt XV. spricht in seinem ›Rundschreiben an die regierenden Fürsten‹ vom 1. 8. 1917 von allg. Abrüstung, Schutz der Minderheiten und vom Völkerbund. Das 2. → Vatik. Konzil verurteilt in der Konst. ›Gaudium et spes‹ das Wettrüsten und jede Form des Angriffskrieges. Menschen, die aus Gewissensgründen den Wehrdienst verweigern, finden heute bei den Kirchen Unterstützung.

Die aus Vertretern verschiedener → Freikirchen und kirchl. Friedensorganisationen bestehende ›Church Peace Mission‹, 1950 in Detroit entstanden, kämpft im → Ökumenischen Rat der Kirchen für die Verwirklichung ihres pazifistischen Programms. Die von A. Carnegie 1914 gegr. ›Church Peace Union‹, der auch nichtchristl. Gemeinschaften angehören, setzt sich für den Frieden auf der ganzen Welt ein.

Von der mittelengl. Stadt Coventry, deren Kathedrale 1940 bei einem dt. Fliegerangriff zerstört wurde, nahm nach dem Krieg eine F. ihren Ausgang, die für die Versöhnung unter den Völkern wirbt.

Die → Pax-Christi-Bewegung, von ihrem Gründungsziel her um die Aussöhnung zw. Fkr. und Dtl. bemüht, beschränkt ihren Einsatz für Völkerfrieden nicht auf diese beiden Nachbarvölker.

Q: Dienst am Frieden. Stellungnahmen der Päpste, des II. Vatikanischen Konzils u. der Bischofssynode von 1963 bis 1980, Bonn 1980; Hirtenworte zu Krieg u. Frieden. Die Texte der kath. Bischöfe der BRD, der DDR, der Niederlande, Österreichs, der Schweiz, Ungarns u. der Vereinigten Staaten von Amerika, Kö 1983; G. Baadte – A. Boyens – O. Buchbender (Hg.), Frieden stiften. Die Christen zur Abrüstung, Mn 1984; H. Mader (Hg.), Quellen zum Friedensverständnis der kath. Kirche seit Pius IX., W 1985.

L: R. Barkeley, Die dt. F. v. 1870 bis 1933, H 1948; M. Stallmann (Hg.), Friedenserziehung u. Religionsunterricht, St-Mn 1972; D. Riesenberger, Die kath. F. in der Weimarer Republik, D 1976; F. M. Schmölz (Hg.), Christl. Friedensbegriff u. europäische Friedensordnung, Mn-Mz 1977; T. Körner, Juramentum u. F. (10.–12. Jh.), B 1977; P. F. McNeal, The American Catholic Peace Movement 1928–1972, NY 1978; B. Höfling, Kath. F. zw. zwei Kriegen, Waldkirch 1979; Ernstfall Frieden. Christsein in der Bundeswehr, St 1980; A. Doering-Manteufel, Katholizismus u. Wiederbewaffnung, Mz 1981; G. Besier, Krieg – Frieden – Abrüstung. Die Haltung der europ. u. amerik. Kirchen zur Frage der dt. Kriegsschuld 1914–1933, Gö 1982; E. Lorenz (Hg.), Kirchen für den Frieden, St 1983; H. Hürten, Friedenssicherung u. Abrüstung. Erfahrungen aus der Geschichte, Graz 1983; D. Wittmann, Die Auslegung der Friedensweisungen der Bergpredigt in der Predigt der Ev. Kirche im 20. Jh., F–Bern–NY 1984; H. Donat (Hg.), Die F. Organisierter

Pazifismus in Dtl., Österr. u. der Schweiz, D 1983; R. SCHMITT, Die F. in der BRD, Opladen 1990; E. J. NAGEL, Die Friedenslehre der kath. Kirche. Eine Konkordanz kirchenamtl. Dokumente, St 1995; JOH. HORSTMANN (Hg.), 75 Jahre Kath. F. in Dtl., Schwerte 1995. – TRE XI 618–646.

Fronleichnamsfest. Das sog. ›Festum corporis‹ (Fronlîchnam = »zum Herrn gehörender lebender Leib«) geht auf die Vision der belg. → Augustiner-Chorfrau Juliana von Lüttich († 1258) zurück. Es wurde als Prozessionsfest zum ersten Mal 1246 in Lüttich begangen. Urban IV., einst Lütticher Archidiakon, bestimmte 1264 den Donnerstag nach der Pfingstwoche zum Tag des F. Thomas von Aquino († 1274) schuf das sog. Offizium mit den bekannten Sequenzen: »Lauda, Sion, salvatorem« und »Pange lingua«. Das Fest war Ausdruck gesteigerter Sakramentsfrömmigkeit im 13. und 14. Jh. (Messe als »heilbringende Schau«; → Bluthostien), liturgischer Niederschlag des Transsubstantiationsdogmas (1215 → Laterankonzile) und mit seinen Monstranzen künstlerischer Impuls für die Hochgotik. Noch heute gehört das F. mit seinen Prozessionen zu den Höhepunkten des röm.-kath. Kirchenjahres, wie es überhaupt für das kath. Frömmigkeitsleben (→ Bruderschaften) tiefwirkende Bedeutung gewonnen hat.

Q: COC 206f.; MIRBT-ALAND 738; D–S 846f.; N–R 573, 582.

L: P. BROWE, Die Verehrung der Eucharistie im MA, Mn 1933; DERS., Die eucharistischen Wunder des MA, Rb 1938; A. MITTERWIESER, Gesch. der Fronleichnamsprozession in Bayern, Mn ²1949; TH. SCHNITZLER, Die erste Fronleichnamsprozession, in: MThZ 24 (1973) 352–362.

Fundamentalismus. Protestanten in den USA bez. sich zu Beginn unseres Jh. als Fundamentalisten. Grundlegend für ihre Schriftenreihe »The Fundamentals« (1910–1915) war vor allem der Glaube an die Inspiration und Irrtumslosigkeit der Bibel, die sie ganz wörtlich verstanden. Einem fundamentalistischen Verständnis der Bibel entstammt auch der sog. Kreationismus, d.h. das wörtliche Festhalten am biblischen Schöpfungsbericht und deshalb die Ablehnung jeden evolutionistischen Denkens (Darwin). Dies führte in den USA in den zwanziger Jahren zum berühmten »Affenprozeß« von Dayton (Tennessee).

In Europa konnte der rel. F. bevorzugt in → Evangelikalen Gemeinden Fuß fassen. Als kath. Varianten des F. können konservative Strömungen wie der Antimodernismus (→ Modernismus), → Ultramontanismus u. Integralismus gelten, weil hier dieselben fundamentalistischen Gefahren und Tendenzen anzutreffen sind (wörtliches Bibelverständnis, Traditionalismus, Moralismus u.a.). Charakteristisch für den kath. F. ist, daß das kirchliche Lehramt über die Hl. Schrift gestellt wird. Fundamentalistische Strömungen lehnen jede Form von → Ökumenismus ab.

L: K. KIENZLER (Hg.), Der neue F., D 1990; DERS., Der rel. F. Christentum, Judentum, Islam, Mn 1996; W. BEINERT, »Kath.« F., Rb 1991; M. ODERMATT, Der F. Ein Gott – eine Wahrheit – eine Moral?, Z 1991; H. KOCHANEK (Hg.), Die verdrängte Freiheit, Fr-Bas-W 1991; DERS., Christentum u. Freiheit, Nettetal 1992; ST. HOLTHAUS, F. in Dtl. Der Kampf um die Bibel im Protestantismus des 19. u. 20. Jh., Bonn 1993. – TRE XI 732–738.

Gallikanismus, ein im 19. Jh. aufgekommener Terminus, der auf »ecclesia gallicana« (»gallische Kirche«) zurückgeht, worin die frz. Kirche bereits im frühen MA als eine einheitl. geographische und nationale Größe erscheint. In theol. Hinsicht umschreibt G. eine Doktrin, nach der die frz. Kirche als Nationalkirche in weitgehender Unabhängigkeit vom Papst synodal regiert wird; in polit. Hinsicht zeigt G. eine prinzipielle Opposition des frz. Staates gegen den päpstl. Kurialismus und Zentralismus an.

Während die gallische Kirche, von ihrer eigenständigen Liturgie (ordo gallicanus) gegenüber der römisch-nordafrikanischen abgesehen, über Provinzial- und Regionalkonzilien stets die Oberhoheit des röm. Bischofssitzes anerkannte, besann sich die Kirche in Fkr. vom 13. Jh. an mehr und mehr auf ihre Selbständigkeit im Sinn von Romunabhängigkeit. Die Auseinandersetzungen zw. Königtum und Papsttum erreichten unter Bonifaz VIII. († 1303) und Kg. Philipp IV. einen ersten Höhepunkt. Von Juristen wie P. Dubois († ca. 1321) und Joh. von Paris († 1306) unterstützt, konnte der Kg. seine Rechtsansprüche auf Kosten des Papstes durchsetzen. Dasselbe gelang den frz. Regenten zur Zeit des → Papstschismas im 14./15. Jh. (→ Avignoner Exil). Möglicherweise haben die Verhältnisse in Engl. für Fkr. als Beispiel gedient. Der Sieg des → Konziliarismus beim Konstanzer und Baseler Konzil sowie die Reformdekrete des Baseler Konzils kamen der gallikanischen Theorie entgegen, die ihren ersten konkreten Niederschlag in der als Staatsgesetz geltenden Pragmatischen Sanktion von Bourges (1438) fand. Auch wenn Leo X. im Konkordat mit Kg. Franz I. von Fkr. (1516) die Aufhebung dieser Sanktion durchsetzen konnte, blieb doch der Kg. im Besitz seiner bisherigen Rechte – wenn auch als Privilegien –, so daß er über fast alle kirchl. Stellen verfügen konnte. Die gallikanisch gesinnten frz. Bischöfe und Gesandten widersetzten sich beim → Trienter Konzil einer Definierung des päpstl. Primats als universalen Jurisdiktionsprimats. Nicht einmal die Reformdekrete dieser Kirchenversammlung durften in Fkr. veröff. werden, weil sie die sog. gallikanischen Freiheiten beschränkt hätten. Namhafte Theoretiker des G. (u. a. Pithou, P. de Marca, E. Richer) förderten die Entwicklung zum absolutistischen Staat ebenso wie den Ausbau des frz. Landeskirchentums im 17. Jh. Als Folge davon trennte sich die frz. Kirche unter Kg. Ludwig XIV. und vor allem unter Richelieu fast vollständig von Rom und geriet gleichzeitig in große Abhängigkeit vom Staat. Im sog. → Regalienstreit verschaffte sich Ludwig XIV. (1643–1715) das »Majestätsrecht«, die Einkünfte der nichtbesetzten Bistümer einzuziehen und auch alle während dieser Zeit freigewordenen Pfründen zu besetzen. Den größten Erfolg aber errang der Kg., als eine Generalversammlung des frz. Klerus die auf Initiative des Ministers J. B. Colbert entstandene und von Bf. J.-B. Bossuet (1627–1704) formulierte ›Declaratio cleri Gallicani‹ (die sog. Vier gallikanischen Artikel) am 19. 3. 1682 offiz. verkündete, die bald Staatsgesetz wurde und in den theol. Schulen doziert werden mußte. Inhalt der vier Artikel: (1) Die Päpste haben von Gott nur geistl. Gewalt erhalten. Folgl. sind die Könige und Fürsten in weltl. Dingen von der Kirchengewalt unabhängig; sie können nicht abgesetzt und ihre Untertanen nicht vom Treueid entbunden werden. (2) Der Papst besitzt zwar die Vollgewalt; sie ist aber beschränkt durch die Konstanzer Dekrete über die Autorität der allg. Konzilien. (3) Die Ausübung der päpstl. Gewalt ist an die Kanones gebunden. Die früheren Grundsätze und Gewohnheiten des frz. Königreichs und der gallikanischen Kirche bleiben bestehen. (4) Der Papst trifft in Glaubenssachen die Hauptentscheidung, die aber nur dann als unumstößl. gilt, wenn die Zustimmung der Gesamtkirche vorliegt. Nach schwerwiegenden Differenzen zw. Kg. Ludwig XIV. und Innozenz XI. verwarf erst Alexander VIII. († 1690) diese Deklaration, hütete sich aber aus Angst vor einem Schisma, sie öff. zu verurteilen. Der Kg. nahm die vier Artikel unter Innozenz XII. 1693 zwar ausdrückl. zurück, in der Praxis jedoch hielt man noch bis zur → Frz. Revolution an den gallikanischen Grundsätzen fest. Bei seinem Kampf gegen Kirchengegner und Atheisten am Ende des 18. Jh. stützte sich der frz. Episkopat auf das inzwischen zu neuem Ansehen gekommene Papsttum. Einen ersten vernichtenden Schlag erlitt der G. durch das Konkordat zw. Pius VII. und Napoleon von 1801. Napoleon wußte sich allerdings mit den konkordatswidrigen ›Organischen Artikeln‹ der gallikanischen Grundsätze wieder zu bedienen und verfügte außerdem die Behandlung der Deklaration von 1682 im theol. Unterricht. Ein weiterer, endgültiger Schlag traf den G. als theol. Lehre durch das 1. → Vatik. Konzil mit den Dogmen vom Jurisdiktionsprimat und von der Unfehlbarkeit des Papstes. Beim Konzil selbst gehörten neben dt. und östr. Bischöfen auch einige frz. Bischöfe (Maret, Dupanloup) zur Opposition, die sich nach der Versammlung erst allmähl. auflöste.

→ Episkopalismus, → Febronianismus, → Josephinismus.

Q: Mirbt 535 (Declaratio cleri Gallicani de ecclesiastica potestate); KThQ IV/1 19; D–S 2281–2285.

L: K. Schleyer, Anfänge des G. im 18. Jh., B 1937; V. Martin, Les origines du Gallicanisme, 2 Bde, P 1938–39; R. L. John, Reich u. Kirche im Spiegel frz. Denkens, W 1953; A.-G. Martimort, Le Gallicanism, P 1973; A. Gough, Paris and Rome. The Gallican Church and the Ultramontane Campaign 1848–1853, Ox 1986. – TRE XII 17–21.

Gegenreformation, seit Leopold von Ranke († 1886) geläufige Bez. für alles, was die Röm.-Kath. Kirche vor allem gewaltsam gegen die → Reformation unternommen hat. Neuere Forscher (J. Lortz, H. Jedin u. a.) plädieren angesichts des Tatbestands, daß innerkirchl. Reformbewegungen schon lange vor wie auch während und nach der Reformation wirksam waren, für eine genauere Differenzierung zw. → Kath. Reform und eigentl. G. Doch sind beide Bereiche im Einzelfall nicht leicht zu trennen, weil rel. und polit. Beweggründe sich oft vermengten. Das im Begriff G. enthaltene »anti« bringt auch zum Ausdruck, daß die wachsenden Auseinandersetzungen zw. kath. Kirche und prot. Reformation nicht nur Gegnerschaft, sondern ein immer ausgeprägteres konfessionelles Bewußtsein bewirkten.

Bei der engen Verquickung von Kirche, Staat und Ges. stieß die Reformation auf kirchl. wie auf polit. Widerstand. Dabei ist nicht zu verkennen, daß die Kirchenmänner sich der Politik wie umgekehrt die Territorialherren der Kirche bedienten, um ihre eigenen Interessen durchzusetzen. Der → Augsburger Religionsfrieden (1555) berechtigte die kath. Fürsten, den kath. Glauben in ihren Territorien allen Untertanen verpflichtend vorzuschreiben und so G. zu treiben. Ununterbrochene Konflikte zw. kath. und prot. Parteien, namentl. unter dem militant gegenreformatorischen Ks. Ferdinand II. (1619–37), trieben das Dt. Reich von einer Krise in die andere, bis der → Dreißigjährige Krieg zuerst Dtl. und dann fast das gesamte Europa in eine rel.-polit. Katastrophe stürzte, die erst im → Westfälischen Frieden (1648) langsam endete – und mit ihr die kriegerische G.

Die G. blieb nicht auf Dtl. beschränkt, sondern herrschte von der Mitte des 16. Jh. an vor allem in Fkr. (→ Hugenottenkriege), in Engl. unter Königin Maria d. Kath. (1553–58) und in den span. Niederlanden.

Q: KThQ III 131.
L: H. JEDIN, Kath. Reformation oder G.?, Luzern 1946; K. D. SCHMIDT, Kath. Reform oder G., Limburg 1957; J. LORTZ, Die Reformation in Dtl., 2 Bde, Fr [4]1963; P. PRODI, Riforma cattolica e Controriforma: Nuove Questioni di Storia Moderna, Bd. I, Mi 1964, 357–418; E. W. ZEEDEN, Das Zeitalter der G., Fr 1967; DERS. (Hg.), G., Da 1973; R. DE MAIO, Riforme e miti nella Chiesa del Cinquecento, Na 1973; H. LUTZ, Reformation u. G., Mn 1979, [3]1991; J. M. VALENTIN (Hg.), G. u. Literatur, A 1979; O. GARSTEIN, Rome and the Counter-Reformation in Scandinavia, 2 Bde, Oslo 1963–80; W. SEIBRICH, G. als Restauration, Mr 1991. – TRE XVIII 45–72.

Geißler (Flagellanten), die sich im 13./14. Jh. zu selbstkasteienden Bußbruderschaften vereinten, blieben temporäre Reaktionserscheinungen. So wurden durch die Bußpredigten des Franziskaners Antonius von Padua († 1231) die ersten Geißlerfahrten erregter Gemüter ausgelöst. Ähnl. zogen in Erwartung des Anbruches eines »Zeitalters des Geistes« im Jahre 1260 joachimitisch beeinflußte → Franziskaner als G. durch Umbrien. Sie organisierten sich als ›Apostelbrüder‹ bzw. ›Apostoliker‹; unter Führung des Fra Dolcino aus Novara († 1307) gerieten sie mit ihrer Kirchenkritik in die Nähe der → Fraticelli. – Hingegen waren Hungersnot und darauf folgende Pest, die ganz Europa erfaßt hatten, Ursache der großen, von Ungarn ausgehenden und sogar England und Brandenburg erreichenden Geißler-Bewegung (1348/49), während die Geißlerzüge unter Führung des Dominikaners Vinzenz Ferrer († 1419) in den Pyrenäen, Fkr. und Oberitalien um 1400 wieder Ausdruck ekstatischer Askese waren.

Q: KThQ II 77 a.
L: ANAGNINE, Dolcino e il movimento ereticale all'inizio del trecento, Fi 1964; F. GRAUS, Pest – G. – Judenmorde, Gö 1987; K. BERGDOLDT, Der schwarze Tod in Europa, Mn 1994. – TRE XII 162–169. – Atlas KG 65.

Geistlicher Rat, ein kirchl. oder auch polit. Beratergremium. [1] Hzg. Albrecht V. von Bayern gründete 1570 das ›Geistl. Ratskollegium‹ mit der Hauptaufgabe, die Reinerhaltung der kath. Lehre und die Praxis des kath. Glaubens zu beaufsichtigen. Ebenso setzte sein Sohn Ernst als Erzbischof und Kurfürst von Köln 1586 in seinem Bt. Hildesheim ein ›Consistorium oder Geistl. Rat‹ ein, dem die wichtigsten Amtsgeschäfte des Offizials und des Generalvikars, insbes. die Disziplinargewalt über den Klerus, zufielen. Später wurden die Kompetenzen des G. R., dessen Vorsitz ein Geistlicher innehatte, beträchtl. erweitert (Unterricht, Bibliotheken, Bücherzensur, kirchl. Vermögen, kirchl. Leben). Die Auflösung erfolgte 1802 durch Minister M. J. Graf Montgelas († 1838). Nach dem Bayr. Konkordat 1817 entstand im bischöfl. Ordinariat der ›Allg. G. R.‹, dessen Mitglieder sich aus den Domkapitularen und anderen vom Bf. ernannten Geistlichen zusammensetzten. Diese Verwaltungsbehörde fungierte gleichzeitig als Senat des Bischofs.

[2] Der 1568 von Maximilian II. v. Östr. eingesetzte »Klosterrat« kontrollierte als staatl. Behörde den gesamten Bereich der Kirche.

[3] In Stuttgart rief Kg. Friedrich 1806 den ›Kath. G. R.‹, ab 1816 ›Kath. Kirchenrat‹, ins Leben, der als Abteilung innerhalb des Kultusministeriums bis zur Aufhebung (1924) alle staatskirchl. Angelegenheiten behandelte.

Q: H. IMMENKÖTTER (Hg.), Die Protokolle des G. R. in Münster (1601–1612), Mr 1972.

L: R. BAUER, Der kurfürstl. G. R. u. die bayer. Kirchenpolitik 1768–1802, Mn 1971.

Gemeinschaftsbewegungen (landeskirchl.), für den neuzeitl. → Protestantismus typisch, sind aus dem → Pietismus und den → Erweckungsbewegungen hervorgegangen. Schon Philipp Jakob Spener († 1705) hatte als Senior von Frankfurt die Bibelstunden (›collegia pietatis‹) zur Pflege der Frömmigkeit gefördert. Dies Ziel verfolgten auch die altpietistischen G. Württembergs mit ihren Organisationen (1819: Gründung des Zentrum Korntal; 1881: Gründung eines Verbandes; 1889: Gemeinschaftsordnung) unter der Direktive: »In der Kirche, mit ihr, aber nicht unter ihr«. Diese galt auch für die von dem Schwaben und theosophischen Biblizisten Johann Michael Hahn († 1819) begründeten ›Hahnschen Gemeinschaften‹ mit ihren »Stundenhäusern« (1876: Zentrum nach Stuttgart verlegt). Sogar die von F. Stanger († 1934) begründete ›Rettungsarche‹ (1909) und die daraus hervorgehende ›Gemeinschaft der Möttlinger Freunde‹ (Gebetsheilungen!) hielt und hält sich im landeskirchl. Rahmen. – Weit heterogener waren die Verbände, die sich innerhalb des ›Dt. Verbandes für ev. Gemeinschaftspflege und Evangelisation‹ (1897: sog. Gnadauer Verband nach dem Tagungsort bei Magdeburg, jetzt Frankfurt) zusammenfanden. Im Westen machten sich mit der sog. Heiligungsbewegung (Theodor Jellinghaus, † 1913) um die Jahrhundertwende ref. Einflüsse bemerkbar, die → Blankenburger Allianz lebte von engl. Impulsen (→ Allianzbewegungen), im Bereich des Berliner ›Christl. Vereins junger Männer‹ (→ Jugendverbände) zehrte man von der preuß. Erweckungsbewegung, während im ›Ostpreuß. Gebetsverein‹ (nach dem Gründer Kukat auch Kukatianer) und vor allem durch die im »Bruderhaus« Bahnau ausgebildeten Prediger das → Luthertum betont wurde. Die theol. Bewährung bestanden die ›Gnadauer‹ aber in der Abwehr der → Pfingstbewegung (Berliner Erklärung: 1909), die polit. in der Ablehnung des Führerprinzips (1933), das von dem ›Dt. Gemeinschaftsdiakonieverband Vandsburg‹ (jetzt: Marburg) bejaht wurde und die Gegenerklärung von Walter Michaelis (Bethel) auslöste (1933). Nach dem 2. Weltkrieg konnten vermehrte Tendenzen zu freikirchl. Eigenständigkeit nur so aufgefangen werden, daß sich die Kritik an den Landeskirchen und vor allem ihren → Kirchentagen innerhalb der → Bekennenden Gemeinden Luft machen konnte.

Q: J. OHLEMACHER (Hg.), Die G. in Dtl. Quellen zu ihrer Gesch., Gü 1977.
L: P. FLEISCH, Die moderne Gemeinschaftsbewegung, 2 Bde, Han 1912–14; E. G. RÜPPEL, Die Gemeinschaftsbewegung im Dritten Reich, Gö 1969; C. JOEST, Spiritualität ev. Kommunitäten, Gö 1995. – TRE XII 355–368.

Generalstudien markieren die Blütezeit des hochma. Geisteslebens und der → Scholastik, zugleich aber auch den Wandel zu den frühma. »Studien« an den Kathedralen bzw. städtischen Fach»schulen« in Bologna (→ Kanonistik), Salerno (Medizin) und Oxford, Cambridge und Chartres (→ Artistenfakultät). Die Fortentwicklung zu G. in Paris (seit 1217) ist den → Bettelorden (→ Dominikaner, → Franziskaner) zu danken; seit 1219 sprach man hier von der »Universität« (universitas magistrorum et scholarium) und meinte damit eine Zunft (der Fachbegriff »universitas litterarum« ist dt. Herkunft). Die Pariser Kathedralschule von Nôtre Dame koordinierte 1222 zum ersten Mal Theologie, Medizin, »Freie Künste« (artes liberales) und Kanonistik zu vier »Fakultäten«. Streit mit dem Pariser Bf. (1229) vertrieb Magistri und Scholaren kurzfristig in die frz. Prov. und nach Engl., wo Oxford und Cambridge den Rang von G. erhielten. 1231 durch Papst Gregor IX. als ›Studia generalia ex privilegio‹ bestätigt, konnten die Pariser Univ. weder die fortbestehenden Streitereien zw. Weltklerus und → Bettelorden (→ Armutsstreit zw. 1250 und 1260), in denen der Dominikaner Thomas von Aquino († 1274) und der Franziskaner Bonaventura († 1274) zusammenhielten, noch der Antagonismus zw. den Bettelorden beeinträchtigen. Man profitierte vielmehr davon. Das Pariser Generalstudium galt vom 13. bis 15. Jh. neben dem → Papsttum (sacerdotium) und Kaisertum (regnum) als dritte »Macht«. Anderswo richteten Orden auch ohne Stiftungsbriefe des Papstes oder des Ks. ›Studia generalia ex consuetudine‹ ein, so die Dominikaner in Köln (1. Regens 1248–1254: Albertus Magnus, † 1280). Die Franziskaner machten Oxford zu ihrer Hochburg (Robert Grosseteste 1208–35 Kanzler; Roger Bacon, † 1292; Johannes Duns Scotus mit seinem ›Opus Oxoniense‹, † 1308 in Köln). Daß Thomas von Aquino 1272–74 Regens der von dem Staufer Friedrich II. 1224 begründeten G. von Neapel war, wo die arabischen Naturwiss. gepflegt wurden, ist mehr seiner Heimatliebe zuzuschreiben. Sein Tod markiert daher zugleich den Wandel zu einer neuen Entwicklung, in der die naturwiss. Analyse das Spezialistentum förderte und damit neue Spannung in die spätma. G. hineintrug.

L: H. DENIFLE, Die Entstehung der Univ. des MA bis 1400, B 1885; (Ndr.) Graz 1956; H. GRUNDMANN, Vom Ursprung der Univ. im MA, B 1957, Da ²1960, (Ndr.) 1976. – Atlas KG 64.

Georgische Kirche. Nachdem der um 330 zum Christentum bekehrte Kg. des Landes zw. Kaukasus (im Westen), Schwarzem und Kaspischem Meer (im Norden) und dem Karadagh (im Süden) griech. Missionare zugelassen hatte, entwickelte sich dort schnell eine Staatskirche mit einem Katholikos (Ebf.) in Mtzketa bei Tbilis, die bereits im 5. Jh. autokephal war. Im 7. Jh. distanzierte sie sich vom → Monophysitismus der → armenischen Kirche, nahm das Chalcedonense (→ Chalkedonismus) an und knüpfte so ein Band mit der → byz. Kirche, der Westgeorgien unterstellt war, so daß im 9./10. Jh. auch dieses der kirchl. Jurisdiktion des georg. Katholikos unterstand. Der Entscheid für Byzanz zahlte sich aus: Im zweiten Mongolensturm des 14. Jh. (Timur Lenk) fand man dort Unterstützung und Schutz, auch wenn die Errichtung eines autonomen, westgeorg. Katholikats (1390) der unumgängl. Tribut an die Schutzmacht war. Daß nach dem Fall von Konstantinopel (1453) sich die westgeorg. Kirche nach Moskau, dem »Dritten Rom«, als Erbnachfolgerin orientierte, war das Ergebnis einer rel. und kirchl. Entwicklung. An ihrem Ende stand die widerstandslose Eingliederung in die russ. Staatskirche im Jahre 1815. Solche Konsequenz gilt auch für die ostgeorg. Kirche, die im 14. Jh. in den Machtbereich der Türken und Perser geraten war. Sie erhielt 1783 einen »Schutzvertrag« durch Zarin Katharina I., was zugleich die Eingliederung bedeutete. Allerdings wurde dies in beiden Fällen mit dem Verzicht auf eine eigenständige georg. Liturgie und ein eigenes Katholikat erkauft. Sowohl Liturgie wie kirchl. Autonomie wurden mit der Oktoberrevolution 1917 zurückgegeben. Im »Vaterländischen Krieg« (1941–45) nahm man die Kirchengemeinschaft mit der → Russ.-orth. Kirche auf, blieb aber selbständig. Der Katholikos-Patriarch für Gesamtgeorgien (14 Bistümer) hat heute wieder seinen Sitz in Mtzketa-Tiflis. Die Gläubigen sind statistisch nicht erfaßt. Theol. durchaus rezeptiv eingestellt, hat doch die georg. Mönchskultur viel dazu beigetragen, daß viele und wertvolle Handschriften illuminiert und konserviert wurden; damit hat sie auch der → Patristik manche sonst verschüttete Quellen erhalten, deren Erforschung noch nicht abgeschlossen ist.

Q: Sakᶜartᶜvelos ekklesiis kalendari, Tiflis 1974 (grusin.).

L: K. KEKELIDZE, Die Bekehrung Georgiens, L 1929; B. SPULER, Gegenwartslage der Ostkirchen, F ²1968, 224–228; TRE XII 389–396. – Atlas KG 55 B, 130 D; L. HEISER, Die georgische orth. K. u. ihr Glaubenszeugnis, Trier 1989.

Georgsritter, benannt nach dem legendären, schon in der Alten Kirche als Martyrer verehrten (hl.) Georg. Das Motiv des Drachentöters begegnet erst im 10. Jh. Seit den → Kreuzzügen entstanden zahlreiche → Ritterorden, die den hl. Georg zum Patron erwählten. Der engl. Kg. Eduard III.

gründete 1348 den Hosenbandorden oder Georgsorden. Ks. Friedrich III. gründete 1496 den → Ritterorden vom hl. Georg (nach dem Vorbild des → Deutschen Ordens). Die Päpste Alexander VI. (1492–1503) und Paul III. (1534–49) entschlossen sich wegen der Türkengefahr zur Gründung eines Ordens zum hl. Georg. Kurfürst Karl Albrecht von Bayern erneuerte 1729 den schon während der Kreuzzüge gestifteten bayr. Hausritterorden vom hl. Georg.

L: E. Destouches, Gesch. des kgl. bayr. Haus-Ritter-Ordens v. hl. Georg, Bamberg 1890; Die St.-Georgs-Bruderschaft zu Münster, Mr 1896; S. Braunfels-Esche, Sankt Georg. Legende, Verehrung, Symbol, Mn 1976.

Gereformeerde Kerken van Nederland, auch ›Doleerende Kerken‹ und ›Doleantie‹ (lat. dolere = seufzen), d. h. unter der ref. Staatskirche [→ Nederlandse Hervormde Kerk] »seufzende« Kirchen. Als Kinder der Erweckungsbewegung (Réveil) des 19. Jh. aktualisierten sie die Prädestinationslehre (→ Calvinismus) in Holland (→ Dordrechter Synode). Der Prediger Abraham Kuyper († 1920) bekämpfte zudem erfolgreich ein den Konfessionalismus beschneidendes Universitätsgesetz (1876). Als erster Rektor der ›Freien Universität von Amsterdam‹ (1880) gründete er gemeinsam mit Vertretern der älteren Bewegung ›Afscheiding‹ (1834), die sich 1869 als ›Christl. ref. Kirche‹ konstituiert hatte, die ›G. K.‹ (1886), die neben den Artikeln von Dordrecht weiterhin am → Heidelberger Katechismus festhielt. Ein dt. Zweig sind die ›Altreformierten Gemeinden‹ der Grafschaft Bentheim bzw. Ostfrieslands (als Synode seit 1923 angeschlossen, seit 1950 als ›Ev.-altref. Kirche‹ selbständige Körperschaft des öff. Rechts).

L: L. Praamsma, Het dwaze Gods. Geschiedenis der Gereformeerde Kerken in Nederland sinds het begin der 19e eeuw, A 1950, 2. Aufl. o. J.; E. E. Rosenboom, Die Idee einer christl. Univ. im theol. Denken v. A. Kuyper, (theol. Diss.) Gö 1950; M. E. Brinkmann (Hg.), 100 jaar theologie, Kampen 1992.

Gesandte. Seit dem 4. Jh. ließ sich der röm. Bf. bei partikularen Synoden (z. B. in Arles 314) und allg. Konzilien durch G. (Legaten) mit spez. Auftrag vertreten. Von Leo I. († 461) bis zum → Bilderstreit im 8. Jh. unterhielt der Papst ständige G. (apocrisiarii → Apokrisiar; responsales) am Kaiserhof in Konstantinopel und zu manchen Zeiten auch beim Exarchat in Ravenna zur Wahrnehmung kirchl. wie polit. Interessen.

Neben diesen »Diplomaten« bestellte der Papst Apost. Vikare, die in einem bestimmten Kirchengebiet (z. B. in Thessalonike für Illyrikum, in Arles für Gallien) sozusagen als Obermetropoliten mit päpstl. Bevollmächtigung fungierten und später die Rolle eines Primas spielten, der unmittelbar hinter dem Patriarchen rangierte.

Einen bes. Typ stellte der Missionslegat dar, z. B. Augustinus († 604) für die Angelsachsen (→ Angelsächs. Mission) und Bonifatius († 754) für Germanien. Außerdem gab es G., die mit einem ganz bestimmten, einmaligen Auftrag betraut wurden.

Im 11. und 12. Jh. bedienten sich viele Päpste, allen voran Gregor VII. (1073–85), G., die meist dem → Kardinalskollegium angehörten, zur Durchführung der → Gregorianischen Reform und zur Bekämpfung von Häretikern (→ Ketzergesetzgebung) sowie zur Erledigung von Sonderaufgaben in einzelnen Ländern. Diese Aufwertung der G. wurde noch erhöht, als die Dekretalengesetzgebung (→ Kirchenrechtsquellen) den G. Vollmachten zusprach, die mit der Gewalt des Bf. in Konkurrenz traten und zahlreiche Konflikte auslösten.

Das eigentl. Gesandtschaftswesen begann im 16. Jh., als die Päpste, vor allem Gregor XIII. (1572–85), ständige G. mit diplomatischem Charakter ernannten, hauptsächl. um das Reformprogramm des → Trienter Konzils durchzuführen und darüber hinaus als Verbindungsmänner zw. der → Röm. Kurie und den Ortskirchen zu wirken. So entstanden Nuntiaturen als feste Institutionen, z. B. in Venedig, Wien, Köln, Graz und Luzern. Die vielfältigen Aktivitäten der einzelnen G., die man gewöhnl. als Nuntien bezeichnete, stellten Bischöfe und auch Erzbischöfe nicht selten in den Schatten; sie stärkten den päpstl. Zentralismus und riefen eben dadurch den Widerstand bes. der Metropoliten hervor (→ Gallikanismus, → Febronianismus), wie er z. B. im Münchener → Nuntiaturstreit (1785) offenkundig wurde.

Der Wiener Kongreß (1815) stellte den päpstl. Nuntius dem Botschafter eines weltl. Staates gleich. Kath. Regenten räumten ihm die Stellung eines Doyen des diplomatischen Corps ein. Diesselbe Position kommt dem Nuntius nach der Wiener Übereinkunft von 1961 zu. Bismarcks Plan zur Errichtung einer päpstl. Nuntiatur in Berlin scheiterte. Der Münchener Nuntius, erst 1920 von der Reichsregierung akkreditiert, verlegte 1925 seinen Amtssitz nach Berlin. Während die Münchener Nuntiatur 1934 aufgehoben wurde, bestand die Berliner Nuntiatur bis 1945. Der erste Nuntius in der BRD wurde 1951 akkreditiert.

Paul VI. hat, einem Wunsch des 2. → Vatik. Konzils entsprechend, das päpstl. Gesandtschaftswesen 1969 neu geordnet. Im Gegensatz zum Geist des Konzils wurde aber die Gewalt des Nuntius gegenüber der ordentl. Gewalt der Bischöfe nicht beschränkt, sondern in mancher Hinsicht sogar erweitert. Die päpstl. G. erfüllen, von den Apost. Delegaten, die nur einen kirchl. Auftrag besitzen, abgesehen, in der Regel eine doppelte Funktion, indem sie den Papst als den obersten Herrn der Kirche und den Hl. Stuhl als souveränen Staat (einst → Kirchenstaat) vertreten. Umgekehrt unterhalten heute fast hundert Länder G. (Botschafter) beim Hl. Stuhl (die USA nach 117 Jahren Unterbrechung seit 1984 wieder). Das diplomatische Corps des Vatikan nahm seinen Anfang im 16. Jh.

Die Nuntiaturberichte zählen zu den wichtigsten Quellen der Papst- und Kirchengeschichte; mit ihrer Edition sind seit dem 19. Jh. verschiedene Hist. Institute betraut.

Q: CIC c. 265–270; AAS 61 (1969) 473–484; Nachkonziliare Dokumentation, Bd. 21, Trier 1970.

L: K. RUESS, Die rechtl. Stellung der päpstl. Legaten bis Bonifaz VIII., Pa 1912;

A. Wynen, die päpstl. Diplomatie, Fr 1922; T. Schieffer, Die päpstl. Legaten in Fkr. 870–1130, Kö 1935; A. Hudal, Die östr. Vatikanbotschaft 1806–1918, Mn 1952; F. Hanus, Die preuß. Vatikanbotschaft 1747–1920, Mn 1954; W. Janssen, Die päpstl. Legaten in Fkr. 1130–1198, Kö 1961; G. Franz-Willing, Die bayr. Vatikangesandtschaft 1803–1934, Mn 1965; K. Walf, Die Entwicklung des päpstl. Gesandtschaftswesens in dem Zeitabschnitt zw. Dekretalenrecht u. Wiener Kongreß (1159–1815), Mn 1966; M. Oliveri, Natura e funzioni dei legati Pontifici nella storia, Tn 1979; P. Blet, Histoire de la Représentation dipl. du St-Siège, Vatikan 1982. – TRE XII 540–547.

Geschichtlichkeit der Kirche. Ist die KG als hist. Geschichtswissenschaft ein Kind der → Aufklärung, wobei der Göttinger Universitätskanzler und erste Inhaber eines Lehrstuhles für KG, Joh. Lorenz Mosheim, mit seinen im Todesjahr 1755 erschienenen ›Institutiones historiae ecclesiasticae‹ ein charakteristisches Beispiel seiner nur die »Handlungen« zur Sprache bringenden »pragmatischen« Methode bot, so sollten sich in Auseinandersetzung mit dem dt. Idealismus und dessen theol. Repräsentanten F. C. Baur († 1860), J. A. Möhler († 1838) und dessen → Tübinger Schule auf den theol. Charakter der KG und die »wesenshafte Geschichtlichkeit des Christentums als organische Entfaltung der übernatürl. Offenbarung« (Jedin) besinnen. Ähnl. reagierte die prot. Kirchengeschichtsschreibung auf Einflüsse der Existenzphilosophie, wenn sie von der »G. d. K.« sprach (Ebeling). Die theol. Prämissen kirchl. Selbstverständnisses in seiner Geschichtlichkeit werden rudimentär bereits in dem lukanischen Geschichtswerk (G. d. K. als »Mitte der Zeiten«) greifbar. Sie werden von Eusebius († 339) in der Vorrede zur ältesten »Kirchengeschichte« (312-324) mit ihrem Konzept der Apostelkirchen »zw. den Zeiten« offen aufgedeckt und bestimmen latent auch seine auf ältere Vorlagen aufbauende, mit der Weltgründung einsetzende ›Chronik‹ (303), die nach ihm noch Hieronymus († 419/20) fortsetzte. Gerade der literarische Typ der »Weltchronik« fand zahlreiche Nachahmer und sollte die Geschichtsvorstellungen des MA prägen: Weltanfang und Weltende sind die theol. und eschatologischen Grunddaten in der G. d. K. Klass. Ausdruck fand dies in den 22 Büchern des ›Gottesstaates‹ (413–426/7) von Augustin († 430): Unter der Metapher des »Gottesvolkes in der Fremdlingschaft« machte er die G. d. K. als einen Durchgang »durch die Zeiten« in die Ewigkeit verständl. Sein Schüler Orosius von Braga füllte dieses Konzept unter Rückgriff auf die röm. Geschichtsschreibung (»ab urbe condita«) mit hist. Daten an (417). Die eschatologische Ausrichtung blieb jedoch auch bei Orosius erhalten, indem er die Weltgesch. nach den 4 Weltreichen von Dan 7 einteilte. Diese Periodisierung sollte die Geschichtsvorstellungen des Abendlandes bis in die Aufklärung (18. Jh.) beherrschen.

L: K. Heussi, J. L. Mosheim. Ein Beitrag zur KG des 18. Jh., T 1906; A. Mirgeler, Das Dogma u. die Gesch., L 1937; G. Ebeling, Die G. d. K. u. ihre Verkündigung als theol. Problem, T 1954; H. Jedin, Einleitung in die KG: Ders., Hb. der KG, Bd. I, Fr-Bas-W 1963, 17-55; L. v. Renthe-Fink, G. Ihr terminologischer u. begriffl. Ursprung bei Hegel, Haym, Dilthey u. York, Gö 1964; M. Seckler, Das Heil in der Gesch. Geschichtstheol. Denken bei Thomas v. Aquin, Mn 1964; B. Welte, Auf der Spur des Ewigen, Fr-Bas-W 1965; J. NOLTE, Dogma in Gesch., Fr-Bas-W 1971; R. SCHAEFFLER, Einführung in die Gesch.philosophie, Da [4]1991.

Gewerkschaftsstreit. Am Ende des 19. Jh. stritt man heftig darum, ob kath. Arbeiter sich gewerkschaftl. organisieren dürften. Die zu dieser Zeit entstehenden Christl. Gewerkschaften (→ Arbeiterbewegung) traten in betonten Gegensatz zu den »freien« dt. Gewerkschaften, die seit dem Erfurter Programm der Sozialdemokraten (1891) gewöhnl. den marxistischen Sozialismus vertraten (→ Christl.-soziale Bewegungen, → Rel. Sozialismus). Der Hauptvorwurf der Bischöfe richtete sich gegen die Interkonfessionalität; außerdem forderten sie für solche gewerkschaftl. Organisationen eine kirchl. Leitung, ähnl. den Arbeitervereinen (→ Arbeiterbewegung), an deren Spitze ein kath. Priester stand. Innerhalb dieser Vereine sollten für kath. Arbeiter »Fachabteilungen« eingerichtet werden. Dieser Richtung (Sitz: Berlin), angeführt von den Bischöfen Kopp (Breslau) und Korum (Trier), stand jene von der Mehrzahl des dt. Episkopats und vom → ›Volksverein für das kath. Dtl.‹ unterstützte Richtung (Sitz: Mönchengladbach) gegenüber, die für christl. Gewerkschaften plädierte. »Dieser dt. G. ist eines der traurigsten und beschämendsten Ereignisse der dt. KG; er hat der Kirche einen Verlust an Anhängerschaft und an Vertrauen eingetragen, der nie wieder gutzumachen ist« (NELL-BREUNING). Er ebbte langsam ab, als Pius X. es in der Enz. ›Singulari quadam‹ (1912) den dt. Bischöfen überließ, die Mitgliedschaft kath. Arbeiter in interkonfessionellen Gewerkschaften zu »dulden«, und war offiz. erst dann beendet, als Pius XI. 1931 die Mitgliedschaft ausdrückl. »billigte«.

L: K. H. SCHÜRMANN, Zur Vorgesch. der christl. Gewerkschaften, F 1958; E. DEUERLEIN, Der G.: ThQ 139 (1959) 40–81; O. v. NELL-BREUNING, Der Volksverein für das kath. Dtl.: StZ 190 (1972) 45–46; R. BRACK, Dt. Episkopat u. G. 1900–1914, Kö-W 1976; B. KOCH, Der christl. Gewerkschaftsbund, D 1978; M. SCHNEIDER, Die christl. Gewerkschaften 1894–1933, Bo 1982; W. SCHROEDER, Katholizismus u. Einheitsgewerkschaft, Bonn 1992. – TRE XIII 184–191.

Gewissensfreiheit erscheint in der Bibel des NT und in der Praxis der Kirche in den ersten drei Jh. als oberstes Prinzip für jeden Menschen. Diese Einstellung änderte sich aber in der Kirche, nachdem das Christentum am Ende des 4. Jh. unter Ks. Theodosius I. (379–395) zur Staatsreligion erhoben worden war. Ein starrer Wahrheitsbegriff und die Verkennung der Würde des Individuums zugunsten eines allumfassenden Ideals der Einheit zeitigten in der Kirche des → MA evangeliumswidrige Intoleranz und gewaltsame Verfolgung Andersgläubiger (→ Ketzergesetzgebung, → Judenverfolgung), wobei vor allem Augustinus († 430), in dessen Schriften sich die Freiwilligkeit des Glaubens ebenso wie der Zwang zum Glauben (»compelle intrare«) finden, die Hauptautorität bildete (→ Donatismus). Eine allmähl. Wende bahnte sich erst im → Humanismus, mehr noch infolge der Erfahrungen mit der → Reformation (im → Westfälischen Frieden [1648] taucht der Begriff G. erstmals auf) und bes. durch die freiheitl. Grundeinstellung der → Aufklärung an. Trotzdem verurteilten Gregor XVI. mit der Enz. ›Mirari vos‹ (1832) und Pius IX. mit der

Enz. ›Quanta cura‹ (1864), nicht zuletzt als Reaktion auf die fortschreitende → Säkularisierung des menschl. Denkens und den ins Kirchenvolk eindringenden Indifferentismus in rel. Fragen, die G. mit scharfen Worten. Eine Neubesinnung setzte erst bei Leo XIII. mit der Enz. ›Immortale Dei‹ (1885) ein. Noch blieb der Vorrang des kirchl. Lehramts gegenüber dem Spruch des einzelnen Gewissens uneingeschränkt bestehen. Die vollständige Respektierung des freien Gewissens brachte erst das 2. Vatik. Konzil mit einer eigenen Erklärung.

Für die Kirchen der Reformation wurde M. Luthers Glaubensbegriff, nach dem das Gewissen an das Wort Gottes gebunden ist, das aber vom einzelnen selbst richtig erkannt und nicht von einer Autorität letztverbindl. vorgelegt wird, richtungweisend. Dies hinderte jedoch nicht, daß in der Praxis ungezählte Vergehen gegen die G. begangen wurden.
→ Religionsfreiheit.

Q: D-S 2730–32 (Gregor XVI.), 2890–96 (Pius IX.), 2901–80 (Syllabus), 3165–79 (Leo XIII.); LThK Vat. II 712–747.

L: J. Lecler, Gesch. der Religionsfreiheit, 2 Bde, St 1965; H. Lutz (Hg.), Zur Gesch. der Toleranz u. Religionsfreiheit, Da 1977; R. Wohlfeil – H. J. Goertz, G. als Bedingung der NZ. Fragen an die Speyrer Protestation v. 1529, Gö 1980; W. Kasper, Wahrheit u. Freiheit. Die Erklärung über die Rel.freiheit des II. Vat. Konzils, Hei 1988.

Glaubensbekenntnis. Die Kirche begann schon frühzeitig, für den Unterricht der Taufbewerber (→ Katechumene), für das Bekenntnis der Gläubigen und zur Abgrenzung gegenüber Andersgläubigen (Häretiker) ihren der Verkündigung (Kerygma) und dem NT entnommenen Glauben in verbindl. Formeln (Glaubensformeln; sogenannte Symbola) zu fassen. Den wohl ältesten Versuch stellt der Missionsbefehl Mt 28, 19 dar. Aus einem Taufbekenntnis erwuchs das vom Konzil in Nicaea (325) vorgeschriebene und vom angeblichen Konzil in Konstantinopel (381) erweiterte G.: das sog. *Nicaenokonstantinopolitanische Symbolum,* das neben dem in der lat. (→ Röm.-Kath.) Kirche gebräuchl. Apost. G. (vom → Trienter Konzil zur Grundlage des katechetischen Unterrichts erklärt) für die gesamte Kirche in der Fassung des Konzils in Chalkedon (451) das allg. verwendete und allg. verpflichtende G. darstellt (Ökumenische → Konzilien). Zu den ausführl. Bekenntnissen des Glaubens, in denen die wiss. Darstellung und Erklärung der kirchl. Trinitätslehre, insbes. der Christologie, zusammengefaßt sind, zählt in erster Linie das im 4. Jh. entstandene *Athanasianische G.,* nach dem Anfangswort auch das ›Quicumque‹ gen.; über den Verfasser gehen die Meinungen heute noch auseinander. Mit fortschreitender Theologie kam es zu weiteren Glaubensbekenntnissen: z. B. beim 4. → Laterankonzil, 2. → Lyoner Konzil (Union mit der → byz. Kirche), → Trienter Konzil, 1. → Vatik. Konzil. Innerhalb der lat. Kirche blieb die ›Professio fidei Tridentina‹ bis in unser Jh. das vorrangige G., das vor Übernahme eines kirchl. oder theol. Amtes abgelegt werden muß; es ist als »Bekenntnis des kath. Glaubens« dem CIC (→ Kirchenrechtsquellen) vorangestellt.

In den aus der Reformation hervorgegangenen Kirchen, die alle Symbola der ökumenischen Konzilien des 1. Jahrtausends bejahen, stehen die → Bekenntnisschriften an erster Stelle. Großes Aufsehen erregte der Fall Adolf v. Harnack (1851–1930) u. der Apostolikumstreit.

Q: J. N. D. KELLY, Early Christian Creeds, Lo 1950, Lo [3]1971, (dt. Übers.) Altchristl. Glaubensbekenntnisse. Gesch. u. Theologie, Gö 1973, [2]1993; H. STEUBING (Hg.), Bekenntnisse der Kirche, 1985.

L: W. TRILLHAAS, Das Apost. G., Witten 1953; P. MEINHOLD (Hg.), Studien zur Bekenntnisbildung, Wie 1980; H.-J. VOGT, Bilder der frühen Kirche, Mn 1993; R. STAATS, Das G. von Nizäa-Konstantinopel, Da 1996. – TRE XIII 392–437.

Gnesiolutheraner mit dem Anspruch, »echte« (griech. gnesios) Nachfahren Luthers zu sein, nannte sich der Kreis um den Lutherschüler Matthias Flacius Illyricus aus Istrien († 1575, → Magdeburger Zenturien). Dieser wandte sich nach dem Tode Luthers († 1546) vor allem gegen Philipp Melanchthon († 1560): Derselbe habe sowohl beim → Augsburger bzw. Leipziger Interim (1548) mit der Zulassung von 7 Sakramenten (→ Adiaphoristischer Streit) als auch in der Frage des → Synergismus (→ Synergistischer Streit) das theol. Erbe der luth. →Reformation preisgegeben. Die Indolenz der G. fand seit 1548 vor allem an der neugegr. Univ. Jena eine Heimstätte, während das kursächs. Wittenberg als Stammsitz der »Philippisten«, d. h. der Melanchthonianer und deren Kompromißpolitik, sich sehr bald dem Vorwurf des Kryptocalvinismus durch die G. ausgesetzt sah.

L: G. MOLDAENKE, Schriftverständnis u. Schriftdeutung im Zeitalter der Reformation, I: M. F. Illyricus, St 1936; L. HAIKOLA, Gesetz u. Evangelium bei M. F. Illyricus, Lund 1952; H. HEUSSI, Gesch. der Theol. Fakultät zu Jena, Wr 1954; H. W. GENSICHEN, Damnamus. Die Verwerfung v. Irrlehre bei Luther u. im Luthertum des 16. Jh., B 1955. – TRE XIII 512–519.

Gnosis (G), Gnostizismus (Gn). Nach Sprachregelung des Fachkongresses von Messina (BIANCHI) bez. Gn. jenen theosophischen → Synkretismus des 2. Jh., der in den christl. Gemeinden vornehml. Ägyptens und des Orients eine schwere Krise auslöste. Unter G. versteht man dagegen ein – stets wiederauftauchendes – Existenzverständnis, dem ein pessimistisches Weltbild eigen ist. Das entspricht einem hundertjährigen Forschungsgang, an dessen Anfang die geistesgesch. Ortung des Gn. einmal durch F. C. Baur († 1860) mit seiner hegelianisch-spekulativen Deutung des Urchristentums, zum andern durch A. Harnack († 1930) mit seiner These von der »akuten → Hellenisierung des Christentums« durch den Gn. stand. Ihr setzte die religionsgesch. Schule (Reitzenstein, † 1931; H. H. Schaeder, † 1958, u. a.) die Gegenthese von der »Orientalisierung des Christentums« (H. Lietzmann, † 1940) entgegen. Ihr Verweis auf → Mandäismus und → Manichäismus stellte zugleich die Frage nach einer »vorchristl. G.«. Sie wurde durch die existenzphilos. Interpretation der G. (Jonas: 1934) aktualisiert, deren Typenlehre prinzipielle Aspekte in die Debatte einführte. Die ntl. Forschung R. Bultmanns († 1976) ließ noch präziser nach einer »jüdischen G.« fragen (Haenchen, † 1975; Quispel), was man bisher im Hinblick auf den atl. Schöpfungsglauben abgelehnt hatte. Standen doch zunächst nur die sog. »antignostischen Kirchenväter« (Irenäus von Lyon, † Ende 2. Jh.; Tertullian, † nach 220; Klemens von Alexandrien, † ca. 215; Epiphanius von Salamis, † 403) und deren Polemik für eine Urteilsfindung zu Gebote. Originalquellen flossen spärlich. Da förderte der Papyrusfund von Nag Hammadi (100 km nördl. von Luxor) 1945/46 eine Geheimbibliothek gnostischer Originalquellen in koptischer Übers. zutage. Ihre 53 Texte sind heidnisch-hermetischen Ursprungs, aber atl.-jüdisch kontaminiert und religionsphilos. interpretiert, oder auch von vornherein (z. T. auch im nachhinein) im Sinne eines christl. Gn. konzipiert. Die Christianisierung erfolgt meistens durch eine Rahmenhandlung. Das Fundmaterial machte außerdem einsichtig, welches Selbstbewußtsein die Gnostiker in ihrer Polemik gegen das großkirchl. Christentum an den Tag legten. Der altchristl. Gn. organisierte sich entweder als esoterische Gruppe, die mit ihren »Mysterien« (Riten) die großkirchl. Sakramente (Taufe, Abendmahl, Sterbesakrament) zu überbieten suchte oder als protreptische »Philosophen«schule spekulative Ziele verfolgte. Als Anschauungsmodell für das erstere sei Basilides in Alexandrien, für das zweite der Gnostiker Valentinus (→ Valentinianer) in Rom, später Alexandrien (beide 1. Hälfte 2. Jh) genannt. Bei der prinzipiellen Negierung aller Kirchlichkeit dürfte es auch gnostische Lesegemeinschaften ohne persönl. Kontakte gegeben haben. Hier fand man schon in abstrusen Texten, Symbolen und Metaphern als Reflexionsgut für eine irrationale Frömmigkeit Genüge, darin der sog. Kabbala des ma. Judentums vergleichbar (Beziehungen machte Scholem wahrscheinlich).

Dem gemeinsamen Grundzug der gnostischen »Systeme« (Kosmogonie = Weltdeutung; Anthropologie = Welterlösung; Relation von Makrokosmos = Urmensch und Mikrokosmos = Individuum) entspricht die Gemeinsamkeit von Grundbegriffen und -vorstellungen: Der »Demiurg« als Schöpfer der materiellen Erde (der Finsternis) ist der böse Gegengott. Aus seiner Tyrannei kann nur der Lichtgott (der »Soter«) erlösen. Aus diesem Dualismus ergibt sich der unüberbrückbare Gegensatz von »Hylikern« (der Materie verhaftete Menschen) und »Pneumatikern« (vom göttl. Pneuma inspirierte Menschen), die dank solcher pneumatischen »Natur« (Physis) erlöst werden, um zu werden, was sie sind. Aus dem Dualismus resultiert ferner der Gegensatz von AT und NT als unterschiedl. Offenbarungsurkunden. Das »System« wird gerne als Erlösungsdrama vorgetragen. Um das »Selbst« des Gnostikers, den Lichtfunken des Pneumas in ihm, aus dem »Gefängnis« materieller Körperlichkeit zu befreien, muß der »Soter« unter dem »Schein« der Leiblichkeit (→ Doketismus) herabsteigen, um in dieser Welt dem Ruf zur »Gnosis« (Selbsterkenntnis als Gotteserkenntnis) Gehör zu verschaffen. Nur so vermag der »Erkennende« und »Erkannte« zugleich in die »Heimat des Lichtes«, den »Urgrund«, zurückzukehren. Ziel der G. ist daher die Entweltlichung als Entwesung gesch. Existenz. Sie ist eine Theologie der Ohnmacht, der seitens der Kritik theol. »Nihilismus« vorgehalten wird.

Q: W. Foerster (Hg.), Die G., 3 Bde, Z-Mn 1969–80, [3]1995; R. Haardt, Gnosis,

Lei 1971; KThQ I 25 (christl. Gn.); E. PAGELS, Versuchung durch Erkenntnis. Die gnost. Evangelien, F 1981; W. SCHULZ, Dokumente der Gnosis, Mn 1986.
L: W. H. C. FREND – H. J. BLUMENTHAL – R. A. MARKUS, Neoplatonism and Early Christian Thought, Lo 1976; W. H. C. FREND, Religion Popular and Unpopular in the Early Christian Centuries, Lo 1976; K. RUDOLPH (Hg.), Gnosis und Gn., Da 1975; DERS., Die Gnosis. Gö 1978, [3]1990; B. ALAND (Hg.), Gnosis. Fs. für H. Jonas, Gö 1978; K. KOSCHORKE, Die Polemik der Gnostiker gegen das kirchl. Christentum, Lei 1978; R. M. WILSON (Hg.), Nag Hammadi and Gnosis, Lei 1978; B. LAYTON (Hg.), The Rediscovery of Gnosticism, 2 Bde, Lei 1980–81; M. KRAUSE (Hg.), Gnosis and Gnosticism, Lei 1981; B. WALKER, Gnosticism. Its history and influence, Lei-Kö-Lo 1983; CH. MARKSCHIES, Valentinus Gnosticus, Tü 1992; H. KOCHANEK (Hg.), Heil durch Erfahrung u. Erkenntnis, Nettetal 1993; H. STEUTWOLF, G. als System, Gö 1993; W. LÖHR, Basilides u. seine Schule, Tü 1995. – TRE XIII 519–550.

Goanesisches Schisma, heute fragwürdig gewordene Bez. für den schweren Konflikt zw. dem Klerus auf Seiten des portugiesischen Patronats und dem der päpstl. Progagandakongreg. (→ Röm. Kurie) untergebenen Klerus in Indien. Um die kirchl. Verhältnisse neu zu regeln, hob Gregor XVI. im Breve ›Multa praeclara‹ (1838) die sog. Patronatsdiözesen in Indien, Goa ausgenommen, auf und gründete Apost. Vikariate. Damit wurde die Lage noch unerträglicher. Die Opposition der Regierung in Lissabon und des portugiesischen Klerus endete erst, als Pius IX. im Konkordat von 1857 das Breve seines Vorgängers zurücknahm. Endgültig beigelegt wurde der Streit im Konkordat von 1950. In offiz. Dokumenten findet sich jedoch kein Wort von einem Schisma.
L: J. METZLER, Die Aufnahme des Apost. Breve »Multa praeclara« in Indien: ZMR 38 (1954) 295–317; RÉMY (G. RENAULT), Goa, Rome et l'Orient, P 1955; H. SCHOLBERG, Bibliography of Goa, New Delhi 1982.

Goldene Rose, auch Tugendrose genannt, ist eine mit Moschus und Balsam gefüllte goldene Rose, die der Papst seit dem 11. Jh. zunächst einem Beamten der → Röm. Kurie, später einem kath. Regenten oder einer Gemeinschaft und schließl. einer um die Kirche verdienten Frau durch einen → Gesandten überreichen ließ. Polit. Zwecken diente sie, wenn Karl von Miltitz sie 1519 dem prot. Kurfürsten von Sachsen überbrachte, um ihm für die Wahl Karls V. zum dt. Kaiser zu danken. Die Entstehung dieses Brauchs liegt wahrscheinl. im liturgischen Bereich (Stationsprozession am Sonntag »Laetare«, dem sog. Rosensonntag). Von einer Weihe der G. R. ist vor dem 15. Jh. nichts bekannt.
L: J. KREPS, La rose d'or: Questions liturgiques et paroissiales 11 (1926) 71–104, 149–178.

Görres-Gesellschaft, inmitten des → Kulturkampfes beim → Katholikentag in Koblenz 1876 gegr. »zur Pflege der Wiss. im kath. Dtl.« Erster Präsident war Georg von Hertling (1843–1919), seit 1882 Prof. in München, seit 1875 Mitglied des → Reichstags in Berlin. Mit der Berufung auf Joseph von Görres (1776–1848), der, einst Anhänger der Revolution und Feind der Kirche, nach der Abwendung vom → Rationalismus ein hervorragender Vertreter der → Romantik wurde, beanspruchten die »undeutschen Römlinge« nicht, den Gegensatz zu den liberalen Gelehrten zu vertiefen, wohl aber drangen sie auf Anerkennung als gleichberechtigte Mitglieder der Nation. Bezeichnend ist, daß die Theologie als Wiss. von Anfang an ausgeschlossen blieb, um den Verdacht zu vermeiden, die G. stelle ein apologetisches Instrument der Kirche dar. Unter Pius X. (1903–14) kam sie in den Geruch eines modernistischen (→ Modernismus) Geheimbundes. Nach Verbot im Dritten Reich (→ Kirchenkampf) entfaltet sie seit 1945 eine rege Aktivität. Zu den Hauptaufgaben zählen die Förderung der Forschung ebenso wie die Unterstützung des wiss. Nachwuchses. Unter den international anerkannten, von der G. herausgegebenen Publikations- und Forschungsunternehmen sind zu erwähnen: ›Hist. Jb.‹, ›Philos. Jb.‹, ›Röm. Quartalschrift für christl. Altertumskunde und KG‹, ›Staatslexikon‹, Akten des → Trienter Konzils, Nuntiaturberichte (16. und 17. Jh.), Editionen und Untersuchungen zum päpstl. Finanzsystem im 14. Jh. Die G. besteht heute aus zwölf Sektionen für geisteswiss., naturwiss. und juristische Disziplinen mit entsprechenden Fachzeitschriften; sie unterhält Institute in Rom, Madrid und Lissabon. Die jährl. Herbsttagungen werden abwechselnd in der BRD und in Östr. abgehalten.

Q: Jahres- und Tagungsberichte der G.

L: W. Spael, Die G. 1876–1941. Grundlegung – Chronik – Leistungen, Pa 1957; N. Trippen, »Zw. Zuversicht u. Mutlosigkeit«. Die G. in der Modernismuskrise 1907–14: Saeculum 30 (1979) 280–291; H. E. Onnau, Das Schrifttum der G. zur Pflege der Wiss. (1876–1975), Pa 1980; Ders., Die G. Die Vorträge auf den Generalversammlungen 1876–1975, Pa 1975.

Gorzer Reform. Die monastische Reform des Abtes Johannes († 974) und seiner bei Metz gelegenen Abtei war traditionsbewußt. In ihrem Streben nach Erneuerung des Ordens der → Benediktiner knüpfte sie deshalb auch an Benedikt von Aniane († 821) und dessen Intensivierung der Askese an. Unterschied schon dies von der → Cluniazenser Reform, so erst recht, daß man keine päpstl. → Exemtion anstrebte; vielmehr bejahte man die Unterstellung unter den Diözesanbischof wie auch das → Eigenkirchenwesen. Dadurch wurde die Gorzer Reformkongreg., zu der u. a. Stablo–Malmédy, Prüm, die Reichenau und St. Gallen gehörten, zu einer wichtigen Stütze der dt. → Reichskirche bzw. des ottonisch–salischen → Reichskirchensystems. Gleichzeitig mußte man aber auch in Gegensatz zur → Hirsauer Reform geraten.

L: K. Hallinger, Gorze-Kluny. Studien zu den monastischen Lebensformen und Gegensätzen im Hochma., 2 Bde, R 1950–51, (Ndr.) 1971; R. Kottje – H. Maurer (Hg.), Monastische Reformen im 9. u. 10. Jh., Sigmaringen 1989.

Gottesfriede (Treuga Dei). Zu den Anfängen einer europäischen → Friedensbewegung gehören die »Gottesfriede«-Synoden des 10. und 11. Jh. in Südfrankreich, wo das Schwert- bzw. Faustrecht des Adels sowohl für Kirche wie Bauernschaft verheerend wirkte. Dem konnten weder Kg. noch Fürsten wehren, hingegen die westgotischen Reichskonzilien, denen der Adel als Synodale angehörte: Hier waren nicht nur die Klagen der

Geschädigten zulässig, sondern auch die Verurteilten bei Androhung der → Exkommunikation an die im Namen Gottes ergehenden Friedensdekrete (Pax Dei) gebunden. Diese »Friedensdekrete« sind bis in das 13. Jh. nachgewiesen. Die »Treuga Dei« (keltisch treve = Treue) hingegen basierte auf dem freiwillig geleisteten Treueeid der Schwertträger; Kernlande waren Burgund und Aquitanien. Sie war auf die Waffenhilfe des Kg. bzw. der Ritterschaft, aber auch auf die Predigt des Klerus, spez. des »Erzengels der Mönche«, des Abtes Odilo von Cluny († 1049), des Hauptes der einflußreichen → Cluniazenser Reform, angewiesen. Ihm und vor allem der → Gregorianischen Reform ist es zu danken, daß die Treuga Dei auch auf dt. Boden Anhänger gewann.– Ungeachtet ihrer zeitl. und räuml. Beschränkung wurden beide Gestalten der frühma. Friedensbewegung richtungweisend; sie förderten mit dem Ideal des »christl. Rittertums« (→ Kreuzzugsbewegung) das Konzept des »hl. Krieges« zur Erhaltung des Friedens gegenüber roher Gewalt und damit Aspekte, die der Entfaltung eines europäischen Völkerrechts dienl. werden konnten.

L: V. ACHTER, Über den Ursprung des G., Krefeld 1954; H. HOFFMANN, G. u. Treuga Dei, St 1964.

Gottesurteil. Atl. und hagiographische Texte (Marien-, Heiligenlegenden) erleichterten den Eingang des germanischen Ordals zur Feststellung von Schuld oder Unschuld (Feuer-, Wasser-, Kreuzesprobe, auch Zweikampf) in das frühma. Synodalrecht (Mainz 846; Worms 868; Seligenstadt 1023). Vergebl. hatte sich schon Ebf. Agobard von Lyon († 840) gegen Ordal und vor allem den Zweikampf gewandt. Päpstl. Verurteilungen des Duells für Kleriker durch Nikolaus I. († 867) und Stephan VI. († 897) fruchteten ebenso wenig wie die Konst. 18 des 4. → Laterankonzils (1215). Immerhin brachten die Dekretalen (→ Kanonistik) Gregors IX. († 1241) die Verurteilung des Zweikampfes in den CIC (→ Kirchenrechtsquellen). Das → Trienter Konzil übernahm dies in seiner Sitzung vom 3. 12. 1563 (Decr. de reformatione, c. XIX) und weitete die Verurteilung auf Teilnehmer und Begünstiger, inklusive Könige und Fürsten, aus. Hat das G. sich selbst überlebt, so wirkt die Ablehnung des Duells durch das KR noch heute bei kath. Studentenverbänden nach.

Q: COD 176, 197, 220, 771 (Nachweise); D–S 1830; C. v. SCHWERIN (Hg.), Rituale für G., Hei 1933; K. ZEUMER (Hg.), Ordines iudiciorum Dei, Han 1987.

L: S. KUTTNER, Kanonistische Schuldlehre v. Gratian bis auf die Dekretalen Gregors IX., Città del Vaticano 1935, 68f.; C. LEITMAIER, Die Kirche u. die G., W 1953; H. NOTTARP, G., Bamberg 1949; DERS., G.-Studien, Bamberg 1956; J. GAUDEMET, Les ordalies au moyen âge: Recueil de la Societé J. Bodin, Bd. 17, Bru 1965, 99–135; TRE XIV 101–105 (H.-W. STRÄTZ).

Grabesritter oder ›Ritter vom Hl. Grab in Jerusalem‹, im 14. Jh. entstandener → Ritterorden, in den fast nur Adelige aufgenommen wurden. Die G. betrachteten den Schutz des Hl. Grabes und die Verteidigung des christl. Glaubens im Abendland als Hauptaufgabe. Pius IX. (1846–78) gab dem seit 1848 dem lat. → Patriarchat von Jerusalem unterstehenden

Orden neue Konst. (jetzt auch Frauen als Mitglieder und drei Rangstufen). Nach dem 1949 von Pius XII. vorgeschriebenen Ordensstatut steht ein vom Papst ernannter Kardinal–Großmeister an der Spitze der in vier Rangstufen eingeteilten G.: Großkreuzritter mit Halskette, Komture mit Stern, Komture, Ritter. Die Zentrale des Ordens befindet sich nun nicht mehr in Jerusalem, sondern in Rom. Die Großstatthaltereien mit Statthalter, Großprior und Rat gliedern sich in Prov. und Komtureien. Als Ordenszeichen wird ein rotemailliertes Jerusalemkreuz an einem Band aus schwarzer Seide getragen.

Die Mitglieder des 1122 von Calixt II. anerkannten ›Ordens vom Hl. Grab‹ folgen der → Augustinusregel. Diese regulierten → Chorherren ließen sich nach der Eroberung des Hl. Landes durch die Sarazenen 1291 in Perugia nieder und leisteten caritative Dienste. Bald entstanden Niederlassungen in anderen europäischen Ländern. Im Gefolge der → Säkularisation ging der Orden unter.

Q: Die neuen Statuten des Ritterordens: Palästinaheft 40–42 (1950) 177–185.
L: V. Cramer, Der Ritterorden v. Hl. Grab v. den Kreuzzügen bis zur Gegenwart: Palästinaheft 46–48 (1952).

Grandmontenser (Grammontenser), um 1077 von Stephan von Thiers († 1124) in der Einsamkeit von Muret bei Limoges gegr. und nach dessen Tod nach Grandmont verlegter Orden, dessen mehrmals umgearbeitete Konstitutionen in der Hauptsache der → Benediktregel wie der → Augustinusregel entsprachen. Im 17. Jh. teilten sich die G. in eine strengere und eine gemäßigte Richtung. Der vor allem in Fkr. – zur Blütezeit 145 Klöster – verbreitete Orden fiel der → Frz. Revolution zum Opfer.

L: Heimbucher I 326f.; J. Becquet: Revue Mabillon 42–48 (1952–1958); C. A. Hutchison, The hermit monks of Grandmont, Kalamazoo 1989.

Gravamina (lat. Beschwerden), am besten bekannt unter dem Ausdruck ›G. der dt. Nation wider den röm. Hof‹, sind ganz allg. Beschwerden, die vornehml. bei → Reichstagen und → Synoden vorgebracht wurden. Es handelte sich meist um Klagen gegen die päpstl. Verwaltungs- und Besteuerungspraxis sowie das kirchl. Prozeßwesen.

Zu den bedeutendsten G. gehören: Mainzer Libell (1451), Mainzer Provinzialsynode (1455), Frankfurter Avisamenta (1456), Reichstag zu Frankfurt (1456 und 1458), G. des Klerus der drei rhein. Kirchenprovinzen zu Koblenz (1479), Würzburger Avisamenta, die 100 Beschwerden des Wormser Reichstags (1521). In der NZ sind die Koblenzer G. (1769) und der → Emser Kongreß zu erwähnen.

Daneben gab es zahlreiche G. von Seiten des (niederen) Klerus und einzelner Städte, ebenfalls an die Adresse des Papstes gerichtet.

→ Nuntiaturstreit.

L: B. Gebhardt, Die G. der dt. Nation gegen den röm. Hof, Br ^{2}1895; H. Raab, Die Concordata nationis Germanicae in der kanonistischen Diskussion des 17.–19. Jh., Wie 1956; V. Wittmütz, Die G. der bayr. Stände im 16. u. 17. Jh. als Quelle für die wirtschaftl. Situation u. Entwicklung Bayerns, Mn 1970. – TRE XIV 131–134.

Gregorianische Reform. Dank → Exemtion des Reformverbandes von Cluny (→ Cluniazenser Reform) weilten dessen Äbte häufig in Rom (eigenes Marienkloster auf dem Aventin) und wurden so Zeugen der Ohnmacht des → Papsttums gegenüber den stadtröm. Adelsgeschlechtern. Selbst sich für die Exemtion auf ein Gesetzeswerk westfränkischen Ursprungs gerne berufend (9. Jh.: Pseudoisidorische Dekretalen → Fälschungen), das synodale → Kanones und Papstdekrete als gleichwertiges KR ansah, wollten sie auch in Rom unter der Parole »Freiheit für die Kirche« (libertas ecclesiae) die Alleinherrschaft des kanonischen Rechts durchsetzen. Bei dem salischen Ks. Heinrich III. (1039–56) stieß man auf Verständnis. Mit seiner Hilfe wurde ein Anhänger der Cluniazenser Reform zum Papst gewählt. Vor allem der kaiserl. Vetter und Papst Leo IX. (1049–54) suchte die Forderung der Cluniazenser (Abschaffung des → Eigenkirchenwesens bzw. der Laieninvestitur; → Zölibat u. a.) zu verwirklichen und sammelte deren Sprecher wie den → Kamaldulenser Petrus Damiani († 1072), der die Laieninvestitur als »Simonie« (Apg 8,9ff.) und Häresie, die Priesterehe als »Nikolaitismus« (Apk 2,6) brandmarkte, oder Humbert († 1061), Kardinalbischof von Silva Candida, der in seinen Kampfschriften den Universalepiskopat des Papstes auch gegenüber der Byz. Kirche verfocht, um sich. Vor allem das Kardinalskollegium, dem die → Lateransynode von 1059 bei → Papstwahlen das bisher dem dt. Kg. zustehende Vorschlagsrecht zusprach, wurde zum Machtmittel der G. R., die nach Gregor VII. (1073–85) benannt wird, der die röm. Fastensynoden (1074–78) zu ihrem Sprachrohr und zur Waffenschmiede im → Investiturstreit machte, nachdem er in seinem ›Dictatus papae‹ die Ziele derselben abgesteckt hatte. Daß jedoch auf dt. Boden die → Hirsauer Reform sich dieses Programm gleichfalls zu eigen machte und so die Position des dt. Kg. schwächte, war allerdings für den Ausgang der Auseinandersetzung von größerer Bedeutung.

Q: MIRBT-ALAND 521, 533, 540f., 547; KThQ II 24.

L: G. B. BORINO (Hg.), Studi Gregoriani per la storia della »libertas ecclesiae«, R 1947–61; H. W. KLEWITZ, Reformpapsttum u. Kardinalskollegium, Kö 1957; F. DRESSLER, Petrus Damiani. Leben u. Werk, R 1954; T. SCHMIDT, Alexander II. (1061–1073) u. die röm. Reformgruppe seiner Zeit, St 1977; R. SCHIEFFER, Die Entstehung des päpstl. Investiturverbots für den dt. König, St 1981; JOH. LAUDAGE, Priesterbild u. Reformpapsttum im 11. Jh., Kö 1984; DERS., G. R. u. Investiturstreit, Da 1993. – Atlas KG 47.

Gregoriusorden, nach Gregor d. Gr. († 604) benannter päpstl. → Ritterorden, von Gregor XVI. 1831 als Verdienstorden für Zivilisten und Militärs im → Kirchenstaat gestiftet und seit 1834 an Personen, die sich um die Kirche verdient gemacht haben, verliehen. Der Orden, ein achtzackiges rotemailliertes Kreuz aus Gold, wird in vier Stufen verliehen.

Griechisch-orthodoxe Kirche. Die Kirche in Griechenland blieb trotz dessen polit. Zugehörigkeit zum oströM. Reich mit Rom verbunden (der Metropolit von Thessalonike fungierte als päpstl. Vikar), bis sie im 11. Jh.

in das → Morgenländische Kirchenschisma mit hineingezogen wurde. Nachdem Griechenland 1821 nationale Selbständigkeit erlangt hatte, dauerte es nicht mehr lange, bis die dortige orth. Kirche sich 1833 gegenüber dem Patriarchat von Konstantinopel für unabhängig erklärte und unter Kg. Otto I., einem Sohn des Bayernkönigs Ludwig I., zu einer Nationalkirche mit dem Kg. als Oberhaupt wurde. Die Verwaltung lag jetzt in Händen der aus 5 Mitgliedern und 4 Beisitzern bestehenden ›Hl. Synode‹. Die Autokephalie der G. K. wurde 1850 von Konstantinopel bestätigt; die Kirche geriet aber immer mehr in Abhängigkeit von der griech. Regierung. Während Hunderte von Klöstern vom Staat aufgehoben wurden (→ Säkularisation), behielt das Patriarchat von Konstantinopel die Jurisdiktion über sämtl. → Athosklöster. Trotzdem zählte man um 1900 wieder annähernd 200 Klöster. Die in der Pfarrseelsorge tätigen Geistlichen sind in der Regel verheiratet; sie verfügten über keine bes. Schulausbildung. Dies besserte sich erst mit der Gründung von Priesterseminarien unter Ebf. Chrysostomos von Athen (1923–39). Die Bischöfe führen alle den Titel Metropolit – an der Spitze steht der Ebf. von Athen – und müssen unverheiratet sein, weshalb sie meist aus Mönchen gewählt werden. Die Orth. Kirche von Griechenland zählt heute ungefähr 8 Mill.

L: SPULER 196–212; ALGERMISSEN 175–177; HEYER 19–24. – Atlas KG 133B, 134f.

Güntherianismus, nach dem Priester, Philosophen und Theologen Anton Günther (1783–1863), einem Schüler von Bernhard Bolzano († 1848), ben. philos.-theol. Lehrsystem, das, um Glaube und Vernunft in Einklang zu bringen, die gesamte Theologie von der Anthropologie her begründete. Dabei setzte Günther, der zeitlebens Privatgelehrter blieb, nach seinem ideellen, nicht begriffl. Verständnis des christl. Glaubens diesen mit Vernunftwahrheiten gleich. Die strenge Trennung zw. Natur und Geist führte ihn zu verschiedenen Irrtümern auf dem Gebiet der Anthropologie und in der Erkenntnislehre. Seine häretischen Ansichten in der Trinitätslehre und in der Christologie waren durch seinen Personbegriff bedingt. Nach jahrelangen Verhandlungen kam Günthers literarisches Werk 1857 auf den Index der verbotenen Bücher (→ Bücherzensur); dasselbe Schicksal widerfuhr einigen gegen die → Neuscholastik eingestellten Theologen wie Baltzer, Knoodt und Reinkens, die Günthers Ideen verteidigten. Das 1. → Vatik. Konzil verurteilte im Zusammenhang mit dem Pantheismus einige Thesen Günthers. Der G. übte Mitte des 19. Jh. auf die theol. Wiss. in Dtl. einen beträchtl. Einfluß aus.

Q: D–S 2828–2831, 2833, 2914, 3025; N–R 303; E. u. M. WINTER, Der Bolzanokreis 1824–1833, W 1970; DIES., Domprediger J. E. Veith u. Kard. F. Schwarzenberg. Der Güntherprozeß in unveröff. Briefen u. Akten, W 1972.

L: P. WENZEL, Das wiss. Anliegen des G., Essen 1961; J. PRITZ, A. Günther (1783–1863): H. FRIES – G. SCHWAIGER (Hg.), Kath. Theologen Dtl. im 19. Jh., Bd. I, Mn 1975, 348–375; E. MANN, Die Wiener theol. Schule A. Günthers im Urteil des 20. Jh., W 1979; H. H. SCHWEDT, Die Verurteilung der Werke A. Günthers (1857), in: ZKG 101 (1990) 301–343; B. OSSWALD, A. Günther, Pa 1990.

Gustav-Adolf-Werk der → EKD, vor 1946 ›Gustav-Adolf-Verein‹, der seinen Ursprung hat in der von G. Großmann angeregten ›Gustav-Adolf-Stiftung‹ (1832) und in dem auf Initiative K. Zimmermanns entstandenen ›Verein für die Unterstützung hilfsbedürftiger prot. Gemeinden‹ (1841), die sich beide 1842 im ›Ev. Verein der Gustav-Adolf-Stiftung‹ (Zentrale in Leipzig; nach der Teilung Dtl. zweite Zentrale in Kassel) zusammenschlossen. Das G-A-W. unterstützt die ev. Minderheiten in Dtl. und in anderen europ. Ländern ideell (Predigten, Vorträge, Schriftwerke) und materiell (jährl. die »Große Liebesgabe«). Nach dem 2. Weltkrieg trug es zur Integrierung ev. Flüchtlinge in kath. Gebieten bei.

P: Die Ev. Diaspora, L 1919ff.

L: H. W. BEYER, Die Gesch. des G-A-Vereins in ihren kirchen– u. geistesgesch. Zusammenhängen, Gö 1932; TH. HECKEL, (Hg.), Kirche jenseits der Grenzen, Gö 1949; R. KAMMEL, Diasporahilfe, B 1950; P. W. GENNRICH, Das G. der EKD: Kirchl. Jb. 82 (1955) 310–362.

Hegelianismus, philos. Strömungen des 19. und 20. Jh., die mit Georg Wilhelm Friedrich Hegel (1770–1831), seit 1820 Prof. in Berlin, in Verbindung stehen. Hegel zählt neben J. G. Fichte († 1814) und F. W. Schelling († 1854) zu den Hauptvertretern des dt. Idealismus. Mit seiner Philosophie und Metaphysik wollte er, wie schon Immanuel Kant (→ Aufklärung), die gesamte Wirklichkeit von der materiellen Natur bis zu den höchsten Äußerungen der Kultur (Philosophie, Religion, Kunst) neu aufbauen. Er unterschied genau zw. Vernunft und (rationalistischem) Verstand. Seine Philosophie der Gesch. erfaßt das Absolute im Konkreten und das Vernünftige im Wirklichen. So wurde er zum Philosophen der aufklärungsfeindl. → Restauration.

Die Mehrdeutigkeit seines Systems spaltete die Hegel-Schule in einen rechten Flügel, der in Hegel den Theoretiker des prot. Christentums verehrte (Gabler, Marheineke), und in einen linken Flügel mit atheistischen Ideen und Zielen. Namentl. der aus Landshut stammende Philosoph Ludwig Feuerbach (1804–72; W: Das Wesen des Christentums, 1841), entwickelte Hegels Religionskritik konsequent weiter. Er erklärte Gott als das »offenbare Innere, das ausgesprochene Selbst des Menschen«, »das Jawort unserer Wünsche«. Infolgedessen vermochte er im Jenseits nichts als das idealisierte Dasein zu erblicken. Karl Marx (1818–83) verstand Hegel in einem sozialpolit. revolutionären Sinn. Nach seiner Promotion in Berlin (1841) entzog er sich dem Einfluß der Jung-Hegelianer (z. B. Vera und Spaventa in Italien, Dilthey in Deutschland) und wandte sich von der Philosophie mehr der polit. Ökonomie zu (Hauptwerk: Das Kapital. Kritik der polit. Ökonomie, 3 Bde, H 1867–94). Dabei gelangte er zu der Überzeugung, daß der ges. und wirtschaftl. Emanzipation unaufhaltsam auch die rel. Emanzipation in Form des Atheismus folgen werde. Sogar die moderne »Gott-ist-tot-Theologie« kann sich für ihre Position auf entsprechende Aussagen in Hegels religionsphilos. Vorlesungen berufen. Im Aufsatz ›Glauben und Wissen‹ charakterisierte Hegel die Glaubenssituation seiner Zeitgenossen durch »das Gefühl: Gott selbst ist tot«.

P: Hegel-Jb., Bo 1967 ff.; Hegel-Studien, Bo 1960 ff.

Q: HEGEL, Sämtl. Werke, hg. v. H. GLOCKNER, 26 Bde, St 1927 ff., (Neuausgabe) F 1969 ff.; W. PHILIPP (Hg.), Der Protestantismus im 19. u. 20. Jh., Bremen 1965, 61–76; KThQ IV/1 54, 58, 77.

L: H. GLOCKNER, Hegel-Lexikon, 4 Bde, St 1935–39, [2]1957; F. NICOLIN (Hg.), Dokumente u. Materialien zur Bibliographie, H [3]1977; H. KÜNG, Menschwerdung Gottes. Eine Einführung in Hegels theol. Denken, Fr-Bas-W 1970; R. HEEDE – J. RITTER, Hegel-Bilanz F 1973; I. FETSCHER (Hg.), Hegel in der Sicht der neueren Forschung, Da 1973; C. LINK, Hegels Wort »Gott selbst ist tot«, Z 1974; E. SCHMIDT, Hegels System der Theologie, B 1974; K. STEINHAUER, Hegel, Bibliographie, Mn 1980; W. JAESCHKE, Die Religionsphilosophie Hegels, Da 1983; DERS., Die Vernunft in der Religion, St 1986. – TRE XIV 530.

Heidelberger Katechismus. Nachdem die Kurpfalz zunächst luth. geworden war (→ Augsburger Religionsfriede 1555), überführte Friedrich III. der Fromme sie 1560 zum → Calvinismus. Auf kurfürstl. Befehl entstand gemeinsam mit einer Heidelberger Kirchenordnung (1563) der H. K., verfaßt von Zacharias Ursinus († 1583) und Kaspar Olevianus († 1587). Soteriologische Ausrichtung und klass. Dreiteilung (›Von des Menschen Elend‹; ›Von des Menschen Erlösung‹; ›Von der Dankbarkeit‹) machten den Katechismus zur verbreitetsten ref. → Bekenntnisschrift nicht nur in dt. Landen, sondern auch in Schweizer Kantonen sowie in den ref. Gemeinden in Preußen, Polen, Ungarn, Amerika und Südafrika.

Q: W. NIESEL (Hg.), Bekenntnisschriften ... der nach Gottes Wort reformierten Kirchen, Mn 1939, [3]1948, 149–187; A. PÉRY, Le catéchisme Heidelberg, dt. Der H. K. Erläuterungen zu seinen 129 Fragen u. Antworten, Neukirchen 1963; O. WEBER (Hg.), Der H. K., Gü [2]1982; Der H. K. von 1563, Z 1983.

L: J. B. GÖTZ, Die erste Einführung des Calvinismus in der Oberpfalz 1559–1576, Mr 1933; K. BARTH, Die christl. Lehre nach dem H. K., Mn 1949; W. HOLLWEG, Neue Untersuchungen zur Gesch. u. Lehre des H. K., Neukirchen 1968; H. SCHÜTTE, Um kath.-ref. Einheit. Der H. K. u. der Glaube der kath. Kirche, Pa 1980; W. HEUSS, Der H. K. im konfessionspolit. Kräftespiel, Z 1983. – TRE XIV 582–586.

Heilige Allianz, ein auf Initiative des Zaren Alexander I. († 1825) am 26. 9. 1815 in Paris geschlossener Freundschaftspakt zw. Rußland Preußen und Östr. Die Teilnehmer verpflichteten sich, als »Brüder« und »Glieder einer christl. Nation«, die Religion, den Frieden und die Gerechtigkeit zu wahren sowie die hl. Gebote des Christentums als höchste Maxime bei der Regierung ihrer Länder zu berücksichtigen. Das Ziel war ein christl. Europa. Der später erfolgten Aufforderung des Zaren zum Beitritt in die H. A. leisteten bis auf Engl., die Türkei und den Hl. Stuhl (Pius VII. gab am 22. 6. 1817 durch seinen Kard.-Staatssekretär E. Consalvi eine Absage) alle europäischen Staaten Folge. Trotzdem blieb dieses Dokument einer christl. Friedensgesinnung (→ Friedensbewegung) polit. ohne Bedeutung. Weil vor allem der östr. Staatskanzler Fürst von Metternich († 1859) sich bei der Stabilisierung seines restaurativen Systems der H. A. zu bedienen wußte, wurde diese zum Schlagwort für konservativ-reaktionäre Politik. Grundideen der H. A. ließen sich erst wieder im 20. Jh. im Verlangen nach einem christl. geeinten Europa vernehmen.

Als ein Gegenstück zur H. A. kann der 1919 gegr. ›Völkerbund‹ (Sitz in Genf) gelten, der sich hauptsächl. als Instrument der Sieger erwies.

Q: KThQ IV/1 62.

L: W. NÄF, Zur Gesch. der H. A., Bern 1928; W. SCHWARZ, Die H. A. – Tragik eines europäischen Friedensbundes, St 1935; M. BOURGUIN, L'Histoire de la Sainte Alliance, Genf 1954; M. GEIGER, Politik u. Religion nach dem Programm der H. A.: ThZ 15 (1959) 107–125; K. HOLZAPFEL, Julirevolution 1830 in Fkr., B 1990.

Heiligenverehrung. H. und Heiligenlegenden gingen aus dem altchristl. → Martyrerkult (Martyrerakten im Protokollstil oder seit dem 4. Jh. als biographische Legenden) hervor. Gleiche Wurzel haben die Heiligenkalender (im Osten sog. Menologien für privaten bzw. Synaxarien für gottesdienstl. Gebrauch), die für jeden Tag des Kirchenjahres eine Martyreroder Heiligenlegende bringen (vgl. die Martyrologien und deren ›Gedächtnistage«). Seit dem 4. Jh. bezog man auch Mönchsväter und Bischöfe in die H. ein, indem die literarischen Stilformen und Erzählungsmotive der »Martyria« übernommen wurden. Ein klass. Beispiel bietet die ›Vita Antonii‹ (→ Anachoretentum) des Athanasius aus der 2. Hälfte des 4. Jh. und deren lat. Übersetzungen. Während der → Bilderstreit den Heiligenkult der → Ostkirchen intensivierte, vermittelten germanische Vorstellungswelten neuartige Elemente, z. B. Wunder als Beweis der Heiligkeit, Heilige als Nothelfer. Solche Volksnähe mehrte zugleich die Zahl der Heiligen. Die Flut der von Bischöfen heiliggesprochenen Lokalheiligen konnte die päpstl. →Heiligsprechung nur vorübergehend eindämmen. Wenn Fürsten oder Könige die sog. Kanonisation in Rom beantragten (z. B. Karlskult der Staufer; Heiligsprechung Elisabeths von Marburg, 1235), dann konnten sie schwerlich abgewiesen werden. Im sakralen Raum zwangen H. und Reliquienverehrung im Verein mit dem → Patronatswesen zur Vermehrung der Nebenaltäre. Während der Hauptaltar dem Heiligen des Patroziniums vorbehalten blieb, siedelten sich im Kirchenraum allerorten die Heiligen mit ihren Bildern und Figuren an Wänden wie Säulen an. In Tragaltären begleiteten sie ihre fürstl. Schützlinge auf Reisen, während das gemeine Volk sich auf die → Wallfahrt zu ihren »Heiltümern« (z. B. Karlsschrein in Aachen) begeben mußte. Der prot. Kritik und dem ref. Bildersturm setzte das → Trienter Konzil den theol. Hinweis auf die fürbittende Funktion der Heiligen entgegen.

Q: D-S 818, 1821 f., 3363; N-R 474–476; Mirbt-Aland 677, 942; R. Benz (Übers.), Die Legenda aurea des Jacobus de Voragine, Hei [8]1975; Bibliotheca sanctorum, 13 Bde, R 1961–70; W. Nigg – W. Schamoni (Übers.), Heilige der ungeteilten Christenheit, D 1962 ff.; E. Weidinger (Hg.), Legenda aurea, Au 1986.
L: S. Beissel, Die Verehrung der Heiligen u. ihre Reliquien in Dtl. bis zum Beginn des 13. Jh. u. während der 2. Hälfte des MA, Fr 1890–92, (Ndr.) Da 1976; F. v. Sales Doyé, Heilige u. Selige der röm.-kath. Kirche, 2 Bde, L 1929; E. Kirschbaum (Hg.), Lexikon der christl. Ikonographie, Bd. II, Fr-Bas-W 1973; O. Wimmer – H. Melzer, Lexikon der Namen u. der Heiligen, I-W [6]1990; H. L. Keller, Reclams Lexikon der Heiligen, St [5]1984; B. Kötting, Vielverehrte Heilige, Mr [2]1985; P. Dinzelbacher – D. R. Bauer (Hg.), H. in Gesch. u. Gegenwart, Ostfildern 1991; P. Brown, Die H., L 1991; U. Swinarski, Herrschen mit den Heiligen. Kirchenbesuche, Pilgerfahrten und Heiligenverehrung früh- und hochma. Herrscher, F 1991; A. Angenendt, Heilige u. Reliquien. Die G. ihres Kultes v. frühem Christentum bis zur Gegenwart, Mn 1994; J. Petersohn (Hg.), Politik u. H. im Hochmittelalter, Sigmaringen 1994. – TRE XIV 641–672.

Heiliges Jahr, ein Jahr, das, vom Papst als solches ausgerufen, durch einen → Ablaß ausgezeichnet und meist unter ein bestimmtes Motto gestellt, die Heiligung der Gläubigen in bes. Weise fördern soll. Das erste H. J. wurde 1300 unter Bonifaz VIII. gefeiert; ein Ereignis, das alle 100 Jahre stattfinden sollte. Doch Clemens VI. († 1352) verringerte die Frist auf 50, Urban VI. († 1389) auf 33 (angebl. Dauer des Lebens Jesu) und Paul II. († 1471) auf 25 Jahre, wie es auch eingehalten wurde (ausgenommen die Jahre 1800, 1825, 1850 und 1875). Paul VI. stellte das (25.) H. J. 1975 unter das Leitwort »Erneuerung und Versöhnung«. Pius XI. hat das Jahr 1933 aus Anlaß der 1900. Wiederkehr des Todesjahres Jesu als außerordentl. H. J. proklamiert.

Zeremonie: Zur Eröffnung des H. J. klopft der Papst vor der 1. Weihnachtsvesper mit einem Hammer an die vermauerte Porta aurea (Goldene Pforte) von St. Peter, die daraufhin geöffnet und ein Jahr später in ähnl. Weise wieder geschlossen wird. Dasselbe geschieht durch Kardinal-Legaten in den röm. Basiliken S. Giovanni in Laterano, S. Maria Maggiore und S. Paolo fuori le mura. Der Besuch dieser vier Hauptkirchen Roms zählt neben Beichte und Kommunion zu den Bedingungen für die Gewinnung des Jubelablasses. Dieser Ablaß kann aber auch, ähnl. wie der Portiunkula-Ablaß, in den Pfarrkirchen überall auf der Erde gewonnen werden.

Eine Besonderheit: Gemäß einem Privileg Alexanders III. († 1181) wird jedes Jahr, in dem der Namenstag des Apostels Jakobus d. Ä. (25. Juli) auf einen Sonntag fällt, als ›Anno Santo Compostelano‹ begangen. Diese Jubeljahre machten die → Wallfahrt nach Santiago de Compostela noch bekannter, so daß diese span. Stadt nach Jerusalem und Rom zum wichtigsten Pilgerort der Christen wurde.

Q: KThQ II 50a.

L: P. BREZZI, Storia degli Anni Santi, Mi 1949, R 1950, Mi [2]1975; E. M. JUNGINGLESSIS, Das H. J. in der Gesch. 1300–1975, Bozen 1974; P. BARGELLINI, L'Anno Santo nella Storia, nella Letteratura e nell' Arte, Fi 1974; H. P. RÖTHLIN, H. J. – Jahr der Versöhnung, Donauwörth 1975; Mostra documentaria degli Anni Santi (1300–1975), Città del Vaticano 1975; G. DENZLER, Sie nennen es H. J.: Die Zeit (28. 3. 1975); I. MIECK, Kontinuität im Wandel. Polit. und soziale Aspekte der Santiago-Wallfahrt vom 18. Jh. bis zur Gegenwart: Geschichte und Gesellschaft 3 (1977) 299–328; J. WICKI, Das neunzehnte H. J., 1775: AHP 18 (1980) 297–352.

Heiliges Römisches Reich Deutscher Nation (Sacrum Romanum Imperium Nationis Germanicae), eine nicht offiz. Bez., die seit dem 15. Jh. die dt. Gebiete gegenüber dem seit 1157 (Ks. Friedrich I.) nachweisbaren Ausdruck »Sacrum Imperium Romanum« – die dt. Bez. »Heiliges Römisches Reich« begegnet erstmals 1486 in einem Gesetz – hervorhebt. Die Formel hängt auch mit der Ausbildung eines dt. Nationalbewußtseins zur Zeit des → Humanismus zusammen. Seit dem 17. Jh. soll sie den Anspruch der Deutschen auf das Kaisertum zum Ausdruck bringen. 1806 endete das Heilige Römische Reich Deutscher Nation.

Q: A. BUSCHMANN, Kaiser u. Reich. Verfassungsgesch. des H. R. R. D. N v. Beginn des 12. Jh. bis zum Jahre 1806 in Dokumenten, Baden-Baden 1994.

L: F. HUBMANN – E. TROST, Das H. R. R. D. N., W-Mn 1978; W. BRAUNFELS, Die Kunst im Hl. Röm. Reich, 3 Bde, Mn 1979–81; G. WALTER, Der Zusammenbruch des H. R. R. D. N. u. die Problematik seiner Restauration in den Jahren 1814/15, Hei 1980; R. A. MÜLLER, H. R. R. D. N. Anspruch u. Bedeutung des Reichstitels in der Frühen Neuzeit, Rb 1989; E. GATZ (Hg.), Die Bischöfe des Heiligen Römischen Reiches 1648–1803, B 1990.

Heiligsprechung oder Kanonisierung (lat. canonizatio = Aufnahme in das Verzeichnis [canon] der Heiligen) ist die seit dem 13. Jh. dem Papst reservierte Erklärung, daß ein bestimmter Christ aufgrund bes. Tugend- (und Wunder-)erweise oder wegen Martyriums im Himmel ist und auf Erden als Heiliger (Sanctus) verehrt werden darf. – Die Heiligen des 1. Jahrtausends werden als Folge spontaner Verehrung durch das christl. Volk »Heilige« genannt. Hinsichtl. des öff. Kultes spielte die Entscheidung des zuständigen Bf. oft eine maßgebl. Rolle. Der Übergang von der bischöfl. zur päpstl. H. begann im 10. Jh. nicht ohne Kompetenzstreitigkeiten. Die erste gesch. bezeugte H. durch einen Papst ist die des Bf. Ulrich von Augsburg († 973) durch Johannes XV. während der Lateransynode am 11. Juni 993. Viele der ohne kirchenamtl. Prüfung (Prozeß) als Heilige verehrten Christen erlangten mittels Kanonisation kirchl. Anerkennung. Namentl. seit Alexander III. († 1181), der z. B. den Ebf. Thomas Becket (1118–70) von Canterbury 1173 kanonisierte, und dann vor allem seit Innozenz III. († 1216), der die H. dem Apost. Stuhl vorbehielt, gehört die H. zur Zuständigkeit des Papstes; gleichzeitig bildete sich ein gewisses Ritual heraus. Als tragende Motive wirkten die Steigerung der päpstl. Autorität ebenso wie die Kontrolle der Volksfrömmigkeit. Trotzdem erfolgten noch vereinzelt H. durch einen Bischof. Diese unerlaubte Praxis endete erst unter Urban VIII., der das alleinige Recht des Papstes 1634 erneut einschärfte und die Verehrung erst nach der feierl. H. gestattete. – Dem Heiligsprechungs-Prozeß muß heute die Seligsprechung, für die 2 oder 3 Wunder nachzuweisen sind, oder die Anerkennung einer öff. Verehrung vorausgehen. Für die Durchführung des Prozesses war die Kongreg. für die Riten (→ Röm. Kurie) zuständig; seit 1969 gibt es eine eigene Kongreg. für Selig- und Heiligsprechungen. Der feierl. H. durch den Papst geht ein dreifaches → Konsistorium voraus.

Die → Orthodoxen Kirchen kennen keine ausdrückl. H., wohl aber die stillschweigende Anerkennung, daß ein bestimmter Verstorbener als Heiliger verehrt wird.

Q: BENEDIKT XIV., De servorum Dei beatificatione et beatorum canonizatione, 4 Bde, Prato 1739–42; CIC c. 1999–2141; AAS 61 (1969) 149–153; AAS 63 (1971) 297–305; W. SCHAMONI, Wunder sind Tatsachen. Dokumentation aus den H.akten, Wü-Stein-Linz [2]1976; R. STACHNIK (Hg.), Akten des Kanonisationsprozesses Dorotheas v. Montau v. 1394 bis 1521, Kö-W 1978.

L: C. PAPADOPULOS, Die H. in der orth. Kirche (griech.), Athen 1934; J. BROSCH, Der H.prozeß per viam cultus, R 1938; T. KLAUSER, Die Entwicklung des H.verfahrens bis zum 13. Jh.: Ges. Arbeiten, Mr 1974, 161–176; M. SCHWARZ, H. im 12. Jh.: AKG 39 (1957) 43–62; G. OSTERLE, Über den Verlauf eines Selig- u. H.prozesses, Warendorf 1957; M. SCHENK, Die Unfehlbarkeit des Papstes in der H., Trier 1965; Concilium 15 (1979) Heft 11; A. VAUCHEZ, La sainteté en Occident aux derniers siècles du moyen âge. D'après les proces de canonisation et les documents hagiographiques, R 1981; W. SCHAMONI, Kanonisationsprozesse, Hi 1983; W. SCHULZ, Das neue Selig- u. Heiligsprechungsverfahren, Pa 1988; H. J. LIMBURG – H. RENNINGS (Hg.), Beglaubigtes Zeugnis. Selig- u. Heiligsprechungen in der Kirche, Wü 1990; M. SIEGER, Die H. Gesch. u. heutige Rechtslage, Wü 1996.

Heilsarmee. Zuerst (1865) als ›Christian Revival Association‹ in East-London vom Methodistenprediger William Booth († 1912) gegr., 1869 als ›Christian Mission‹ fortgeführt, fand die H. erst mit dem sog. Kriegskongreß (1878) als ›Salvation Army‹ (›Heilsarmee‹) ihre heutige Form. Die pseudomilitärische Organisation – an der Spitze der »General«, »Divisionäre« bzw. »Brigadiers« als Stab, seit 1929 ein »High Council« als Wahlgremium für die Spitze, hauptamtliche und nebenamtliche »Offiziere«, »Korpskadetten«, in »Kadetten«schulen ausgebildet, endl. die »Heilssoldaten« (ohne »Sold«) – ergab sich aus den erfolgreichen »Feldzügen« in den Slums und Kneipen Londons, erwies sich dank der »Dienstinstruktionen« aber auch als wichtiges Instrument der Einung, als die H. sich sehr schnell in den USA, Australien, Europa (seit 1886 in Dtl.), Südafrika und Südostasien ausbreitete. Die zupackende Seelsorge stößt auf Kritik, die sozialen Institutionen, die man für die Ärmsten der Armen schuf, ja, »erfand«, macht die H. aber in den Elendsquartieren moderner Großstädte zu einer wohlgelittenen Erscheinung.

Q: Handbook of Doctrine, Lo 1969; The Salvation Army. Yearbook, Lo (jährl.).

L: M. GRUNER, Revolutionäres Christentum. 50 Jahre Gesch. der H. in Dtl., 2 Bde, B 1952–54; R. COLLIER, Der General Gottes, Z [2]1981; E. FAHLBUSCH 179–182; V. CONZEMIUS, William Booth, General der H., Fr-H 1982; T. HERMSEN – D. GNEWEKOW, Die Gesch. der Heilsarmee, Opladen 1992; TRE XIV 757–759.

»Hellenisierung« (des Christentums). Bereits der erste christl. Autor des lat. Westens, Tertullian von Karthago († ca. 220), bez. den Gnostiker Valentinus, einen hervorragenden Vertreter des → Gnostizismus, als »Anhänger des Platonismus« (de praescr. 30,1) und stellte die rhetorische Frage, was ein Philosoph und ein Christ, der Schüler Griechenlands und der des Himmels, der Verfälscher der Wahrheit und ihr Erneuerer, ein Dieb und ein Wächter mit der Wahrheit gemeinsam hätten (Apol. 46,18). Darin ging er mit seinem Zeitgenossen Hippolyt von Rom († 235) konform, der in seiner »Widerlegung aller Häresien« das Eindringen griech. Denkens in das Christentum den Häresien (→ Ketzergesetzgebung) angelastet und als eine Depravation der Offenbarung angeprangert hatte. Solche Unkenstimmen am Anfang des 3. Jh. fanden aber bei der reichskath. Christenheit des 4. Jh. kein Gehör. Auf den Flügeln des griech.-heidnischen Geistes trat vielmehr die altchristl. Theologie ihren Ost und West vereinenden Flug durch das MA an und machte weiterhin von dem antiken Geisteserbe nutzbringenden Gebrauch.

Erst die Reformation im 16. Jh. ließ erneut krit. Stimmen laut werden. So zeigte Luther sicheres Gespür für die heidnischen, auf den letzten Neuplatoniker Athens, Proklos († 485), zurückgehenden Spurenelemente in dem pseudodionysianischen Schriftenkorpus (5./6. Jh.) und meinte in seiner Schrift ›Über die babylonische Gefangenschaft der Kirche‹ (1521): »Mir paßt es ganz und gar nicht, daß man jenem Dionysius ... so viel (sc. Autorität) zugesteht, ... zeigt er sich (doch) höchst verderbl., indem er mehr als Platoniker denkt denn als Christ« (WA 6, 562, 3f.). Doch Luthers derbe Kritik blieb unbeachtet. Die Folgezeit der Reformation stand im Zeichen eines christl. → Humanismus, mochte er darin nun an Erasmus († 1536) anknüpfen wie der Reformator der deutschsprachigen Schweiz, Zwingli († 1531), oder die Entdeckung des Humanismus selber als seine »Bekehrung« empfinden wie der Reformator der frz. Schweiz, Calvin († 1564). In Dtl. selber sorgte Melanchthon († 1560) für das Fortbestehen einer hellenisch-christl. Synthese.

Es ist festzuhalten, daß der »heimliche« Bund zw. Antike und Christentum erst durch die → Aufklärung, spez. durch Nicolas Souverain (W: Le platonisme dévoilé ou Essai touchant le Verb Platonicien, 1700), »entschleiert« wurde, der als aristotelischer Neuscholastiker die damals neu aufkommende Disziplin einer ›Theologia patristica‹ bezichtigte, die Kirchenväter zu verkappten Platonikern gemacht zu haben. Ihm hielt der Oratorianer Pierre Faydit († 1709) entgegen, das christl. Dogma sei nicht durch Platon, sondern durch die aristotelische Philosophie verfälscht worden (›Altération du dogme théologique par la philosophie d'Aristote‹, 1696), während der Jesuit Jean F. Baltus († 1743) sich auf eine solche Polemik der »Verfälschung« nicht einließ (W: Défense des SS. Pères accusés de platonisme, 1711). Für diese Position schuf erst das 19. Jh. mit seiner hist.-krit. Methode der Geschichtswissenschaften bzw. Theologie (→ Hist. Theologie) die Basis. Sie ermöglichte Adolf von Harnack († 1930) seine These, der → Gnostizismus sei die »akute H.« des Christentums, die Entfaltung des altkirchl. Dogmas auf dem Boden des griech. Geistes jedoch eine »latente« Hellenisierung. Sie erwies sich in der Folgezeit für die geistesgesch. Analyse des altkirchl. Christentums als außerordentl. fruchtbar, mußte aber bei der Religionsgesch. Schule Göttingen (H. Gunkel † 1927; W. Bousset † 1920; R. Reitzenstein † 1931; H. H. Schaeder † 1957) auf Ablehnung stoßen, die Harnack mit Abneigung beantwortete. Der Versuch von C. Schneider († 1972), die »immanente Entwicklung des Griechentums zur Religion« nachzuzeichnen und im antiken Christentum dionysische Elemente aufzuzeigen, stiftete mit ihrer Gelehrsamkeit Verwirrung an und stieß wegen ihrer irrigen Prämissen auf scharfe Kritik (E. STOMMEL: JbAC 1 [1958] 119–127). So kehrte Werner Jaeger († 1962) wieder zur geistesgesch. Analyse zurück, um von einer echten Synthese von Antike und Christentum zu sprechen und sie vor allem bei dem Kirchenvater Gregor von Nyssa († 394) verwirklicht zu sehen.

L: A. HARNACK, Lehrbuch der Dogmengesch., 3 Bde, T 1885–89, [5]1931–32; W. GLAWE, Die H. des Christentums in der Gesch. der Theologie v. Luther bis auf die Gegenwart, B 1912; W. BOUSSET, Die Religion des Judentums im späthellenistischen Zeitalter, B 1903, T [3]1926; R. REITZENSTEIN, Das iranische Erlösungsmysterium, Bo 1921; DERS. (mit H. SCHAEDER), Studien zum antiken Synkretismus, L-B 1926; C. SCHNEIDER, Geistesgesch. des antiken Christentums, 2 Bde, Mn 1954, (gekürzte Sonderausgabe) Mn 1970 u. 1978; W. JAEGER, Das frühe Christentum u. die griech. Bildung, B 1963; R. M. HÜBNER, Der Gott der Kirchenväter u. der Gott der Bibel. Zur Frage der H. des Christentums, Mn 1979; C. COLPE u. a. (Hg.), Spätantike u. Christentum, B 1992. – TRE III 50–99; XV 19–35.

Hermesianismus, nach dem seit 1807 in Münster u. seit 1819 in Bonn lehrenden Dogmatiker Georg Hermes (1775–1831) benannte Schule, die in Auseinandersetzung vor allem mit I. Kants Kritizismus (→ Aufklärung) u. Fichtes Idealismus den christl. Glauben u. die Theologie aus reiner Vernunftevidenz zu begründen suchte. Bloßes Wissen verachtend, schrieb Hermes der prakt. Vernunft, durch die man die Wahrheit der Offenbarung mit sittl. Notwendigkeit erkennen kann, völlige Autonomie zu. Jede theol. Erkenntnis begann für ihn mit dem absoluten Zweifel. Den Glauben verstand er nicht als einen übernatürl. Akt, sondern als ein Produkt des autonomen Menschen als eines sittl. Vernunftwesens. Infolgedessen unterschied sich bei ihm der Grund der Zustimmung beim Glauben nicht vom Grund der Zustimmung bei natürl. Erkenntnissen. Dies bedeutete aber gleichzeitig, daß zw. natürl. und übernatürl. Erkenntnisordnung kein wesentl. Unterschied mehr besteht. Gregor XVI. verurteilte Hermes' Werke mit dem Breve ›Dum acerbissimas‹ vom 26. 9. 1835 (D-S 2738–40) und einem Dekret vom 7. 1. 1836. Sein Nachfolger Pius IX. bez. in der Enz. ›Qui pluribus‹ (1846) einige Lehren des Hermes als häretisch (D-S 2775–86) und bestätigte die Indizierung in einem Schreiben vom 25. 7. 1847 an den Kölner Ebf. Johann von Geissel. Um irrige Auffassungen des Hermes zu korrigieren, formulierte die Kölner Provinzialsynode 1860 die Lehre von der Schöpfung klar und knapp. Eine ausführl. begründete Zurückweisung des H. leistete das 1. → Vatik. Konzil (D-S 3025, 3035–36). – Der H. fand Anhänger bes. in den kath.-theol. Fakultäten an preuß. Hochschulen und in den Priesterseminarien Köln und Trier. Maßnahmen gegen den H. vermengten sich allerdings mit Angriffen auf das → Staatskirchentum. Ein konsequentes Einschreiten war den Bischöfen erschwert, weil das päpstl. Verurteilungsbreve nicht offiz. und nicht ordnungsgemäß veröff. worden war. Der Kölner Ebf. Clemens August von Droste zu Vischering († 1845) forderte mit seinem rücksichtslosen Vorgehen gegen die Hermesianer zu scharfer Opposition heraus. Theologieprof., die sich nicht unterwarfen, verloren ihre Lehrstühle bzw. ihre »missio canonica« (→ Lehrverpflichtung). Zu den entschiedensten Gegnern von Hermes zählte sein Bonner Kollege K. J. Windischmann († 1839), der nach seiner Rückkehr zum kath. Glauben (1813) eine auf der Offenbarung beruhende christl. Philosophie lehrte. Die päpstl. Maßnahmen trugen zusammen mit der Unhaltbarkeit hermesianischer Lehren wesentl. dazu bei, daß der H. die theol. Entwicklung im 19. Jh. nur gering beeinflussen konnte. Nach Schwedt enthält das päpstl. Breve nur ein polit. Urteil über Hermes.

Q: G. Hermes, Einleitung in die christkath. Theologie, 2 Bde, Mr 1819–29, [2]1831–34; Ders., Christkath. Dogmatik, hg. v. J. A. Achterfeldt, 3 Bde, Bo 1834.

L: K. Thimm, Die Autonomie der prakt. Vernunft in der Philosophie u. Theologie des H., Mn 1939; S. Merkle, Der hermesianische Streit im Lichte neuer Quellen: HJ 60 (1940) 179–220 = Ausgewählte Reden u. Aufsätze, hg. v. T. Freudenberger, Wü 1965, 509–544; R. Malter, Reflexion u. Glaube bei G. Hermes, Saarbrücken 1966; C. Weber, Aufklärung u. Orthodoxie am Mittelrhein 1820–1850, Pa 1973; H. H. Schwedt, Das römische Urteil über Georg Hermes (1775–1831). Ein Beitrag zur Gesch. der Inquisition im 19. Jh., R-Fr-W 1980; H. J. Linn, Ultramontanismus in Köln, Siegburg 1987. – TRE XV 156–158.

Hesychasmus. Die »ruhenden« (Hesychasten; griech. hesychia = Ruhe) Mönche der → Athosklöster nahmen alte Traditionen byz., an dem Taborlicht auf dem Berg der »Verwandlung« (Metamorphosis: Mk 10) orientierter Lichtmystik auf. Symeon († 1022), der »Neue Theologe«,

Mönch des Studiosklosters in Konstantinopel, verlieh dem einen intellektualistischen Grundzug durch seine Lehre vom »Enthusiasmos« durch Geistesfülle, die alle Spekulation in eine Illuminationsmystik ausmünden ließ. Athosmönche vergröberten dies zu einer mechanisch durch Fixierung des Nabels herbeigeführten Methode der »Lichterfüllung« (Ekstase). Man bediente sich auch der Gebetsrhythmik, um das Taborlicht in die Seele zu lenken (sog. Jesusgebet). Gregorios Palamas, seit 1349 Ebf. von Thessalonike, suchte mäßigend einzuwirken, konnte aber nicht verhindern, daß der H. in die Bürgerkriege (1321–1354) hineingezogen wurde. Der spez. Hesychastenstreit (1341–1351) ist daher primär polit. motiviert (→ Palamismus).

L: K. Holl, Enthusiasmut u. Bußgewalt, L 1898; J. Hausherr, La méthode d'oraison hésychaste, R 1927; H. Biedermann, Symeon der neue Theologe, Wü 1950; H. G. Beck, Kirche u. theol. Lit., Mn ³1977, 712ff.; K. Ware – E. Jungclaussen, Hinführung zum Herzensgebet, Fr 1983; TRE XV 282–289.

Hexenverfolgung. Die Anfänge des Hexenwahns liegen in der antiken und germanischen Mythologie, die bes. Frauen die Fähigkeit zuschreibt, mit Hilfe von Dämonen Tieren und Menschen Schaden zuzufügen. In der → Scholastik wandelten sich solche heidnischen Ideen zum Tatbestand der Ketzerei (→ Ketzergesetzgebung) und führten vom 14. Jh. an zu zahlreichen Hexenprozessen, die von kirchl. und weltl. Behörden durchgeführt wurden. Vorher hatte die Kirche Hexerei und Zauberei allein mit kirchl. Strafen geahndet. Sobald aber Hexerei und Ketzerei als identisch galten, fiel die H. in den Bereich der → Inquisition.

Einen verhängnisvollen Schritt tat Innozenz VIII. mit der sog. Hexenbulle ›Summis desiderantes affectibus‹ vom 5. 12. 1484, zu der die Dominikaner H. Institoris und J. Sprenger – des letzteren Mitwirkung wird neuestens bestritten – bes. mit dem 3. Teil ihres ›Hexenhammers‹ (›Malleus maleficarum‹, Str 1487) eine detaillierte Gebrauchsanweisung lieferten. Die theol. Grundlage verdankten sie Ansichten ihres Ordensgenossen Antonin von Florenz († 1459), der ob seiner rigorosen Moraltheologie bekannt ist. Um einen Prozeß in die Wege zu leiten, genügte schon eine Denunziation. Beim Beweisverfahren kam auch die Folter zur Anwendung. Eine Verteidigung des Beschuldigten war nur in beschränktem Maß möglich. Hexerei galt als ein vierfaches Verbrechen: Blasphemie, Sodomie, Zauberei und Ehebruch bzw. Kuppelei. Am schlimmsten wertete man den Teufelspakt, der bei einer angezeigten Hexe als selbstverständl. galt. Einen Höhepunkt erreichte dieser Teufelsbund in den sog. Schwarzen Messen. Den als Ketzern und Hexen angeklagten Personen wurde nicht nur das Geständnis abverlangt, daß sie sich von der Kirche losgesagt, sondern ebenso, daß sie sich Satan versprochen hätten. Eine bes. Form bedeutete der sexuelle Umgang mit dem Teufel, die Teufelsbuhlschaft, die man vor allem bei Hexen voraussetzte. Deshalb galt die Unzucht als ein Hauptkennzeichen der Schwarzen Messe und des Hexensabbats. »Die großangelegten H. setzten vor der Mitte des 15. Jh. ein, mehrten sich systematisch gegen Ende des Jh., steigerten sich dann in steiler Kurve zw. 1590 und 1630 und nahmen gegen 1700 wieder merkl. ab« (MERZBACHER). Tausende fielen diesem Massenwahn zum Opfer. In Würzburg wurden unter Fürstbischof Echter von Mespelbrunn (1545–1617) in einem einzigen Jahr mindestens 300 Hexen verbrannt. Auch die Reformatoren, an der Spitze M. Luther (→ Reformation), akzeptierten die Existenz von Hexen und forderten für sie harte Strafen. Anlaß zu einem langsamen Umdenken gab der → Jesuit Friedrich Spee von Langenfeld (1591–1635), nicht ohne sich selbst zu gefährden, mit seiner anonym veröff. ›Cautio criminalis‹ (1631), in der er die unverantwortl. H. angriff und für einen humanen Strafvollzug plädierte. Auf ev. Seite sprach sich vor allem Christian Thomasius (1655–1728), neben Samuel von Pufendorf (1632–94) Hauptvertreter der Naturrechtslehre in der dt. → Aufklärung, mit der Dissertation ›De crimine magiae‹ (1701) gegen die Hexenprozesse aus. Das preuß. Landrecht von 1721 bez. die Hexerei erstmals als reine Phantasie. In Östr. hörte die H. unter Kaiserin Maria Theresia (→ Josephinismus) auf.

Q: J. HANSEN, Quellen u. Untersuchungen zur Gesch. des Hexenwahns u. der H im MA, Bo 1901; F. v. SPEE, Cautio criminalis, (Ndr. der Ausgabe v. 1631) Mn [4]1986; J. SPRENGER – H. INSTITORIS, Der Hexenhammer, dt. v. J. W. SCHMIDT, (Ndr. der Ausgabe von 1906) Da 1980, Mn [10]1991; U. K. DREIKANDT (Hg.), Schwarze Messen. Dichtungen u. Dokumente, Mn 1970; W. BEHRINGER (Hg.), Hexen und Hexenprozesse, Mn 1988.

L: J. HANSEN, Zauberwahn, Inquisition u. Hexenprozeß im MA u. die Entstehung der großen H., Mn-L 1900; W. G. SOLDAN-HEPPE, Gesch. der Hexenprozesse, hg. v. M. BAUER, 2 Bde, Mn [3]1912, (Ndr.) Hanau [4]1968–69; E. BLUM, Das staatl. u. kirchl. Recht des Frankenreichs in seiner Stellung zum Dämonen-, Zauber- u. Hexenwesen, Pa 1936; F. MERZBACHER, Die Hexenprozesse in Franken, Mn 1957, [2]1970; W. ZIEGLER, Möglichkeiten der Kritik am Hexen- u. Zauberwesen im ausgehenden MA, Kö-Graz-W 1973; H. P. KNEUBÜHLER, Die Überwindung v. Hexenwahn u. Hexenprozeß, Diessenhofen 1977; BECKER – BOVENSCHEN – BRACKERT u. a., Aus der Zeit der Verzweiflung. Zur Genese u. Aktualität des Hexenbildes, F 1977; C. HONEGGER (Hg.), Die Hexen der NZ, F 1978; H. J. WOLF, Hexenwahn u. Exorzismus, Kriftel 1979; DERS., Hexenwahn u. Hexenprozeß, Diessenhofen 1980; G. SCHORMANN, Hexenprozesse in Dtl., Gö 1981; M. KUNZE, Straße ins Feuer, Mn 1982; S. VON RIEZLER, Gesch. der Hexenprozesse in Bayern, Aalen 1983; R. W. KECK (Hg.), F. Spee von Langenfeld, Hi 1985; G. SCHWAIGER (Hg.), Teufelsglaube und Hexenprozesse, Mn 1987; W. BEHRINGER, H. in Bayern, Mn 1987; DERS., Hexen u. Hexenprozesse, Mn 1993; P. SEGL (Hg.), Der Hexenhammer, Kö-Graz 1988; J. HAUSTEIN, M. Luthers Stellung zum Zauber- und Hexenwesen, St 1990; A. BLAUERT (Hg.), Ketzer, Zauberer, Hexen, F 1990; J. M. SALLMANN, Hexensabbat, Ravensburg 1991; H. SCHWILLUS, Kleriker im Hexenprozeß Geistliche als Opfer der Hexenprozesse des 16. u. 17. Jh. in Dtl., Wü 1992; H. WEBER, Kinderhexenprozesse, F 1991; C. OPITZ, Der Hexenstreit, Fr 1995; B. P. LEVACK, Hexenjagd. Gesch. der H.en in Europa, Mn 1995; S. LORENZ – D. BAUER (Hg.), Das Ende der H., St 1995; G. FRANZ (Hg.), F. Spee zum 400. Geburtstag, Pa 1995.

Hieronymiten, nach dem (hl.) Hieronymus von Stridon († 419/20) benannte Eremitenkongregation, die der → Augustinusregel mit Ergänzungen aus Schriften des Hieronymus folgt. Ihre Hauptaufgabe besteht in Seelsorge und wiss. Tätigkeit.

Urspr. bestanden 4 Kongreg.: (1) Span. Eremiten des hl. Hieronymus, 1373 als Orden bestätigt. Bedeutende Klöster: Escorial, Guadalupe, Yuste und Belem (Portugal). Nach der Unterdrückung 1835 erstand 1927 ein Kl. in El Parral. (2) H. der Observanz oder H. der Lombardei. Die 17 it. und 7 span. Klöster vereinigten sich 1595 mit der span. Kongreg. (3) Die ›Armen Eremiten des hl. Hieronymus‹, 1477 bestätigt, 1930 aufgehoben. (4) Weibl. Zweig der H., 1375 gegr., bes. in Span. verbreitet.

L: J. DE SIGÉNZA, Historia de la Orden de S. Jerónimo, 2 Bde, Ma [2]1907–09; HEIMBUCHER I 592–596; N. BACKMUND, Die kleineren Orden in Bayern, Windberg 1974.

Hirsauer Reform. Die → Cluniazenser Reform ließ auch dt. Reformzentren entstehen, unter denen die Reformgruppe um das Kl. Siegburg bei Köln von vornherein monastisch ausgerichtet war. Hingegen machten die Fürstenstiftungen von St. Blasien im Breisgau und des fränkischen Hirsau sich auch die kirchenpolit. Ziele der → Gregorianischen Reform zu eigen. Vor allem Abt Wilhelm von Hirsau (1069–91) nahm auf dem Höhepunkt des → Investiturstreits offen für Gregor VII. Partei. Seit 1080 zogen die Hirsauer durch dt. Lande und störten mit ihrer Predigt für die »Freiheit der Kirche« (Libertas ecclesiae) den Reichskirchenfrieden; in Bernold von St. Blasien fanden sie zudem einen hervorragenden Publizisten. Erst nach dem Ende des Investiturstreits sollte der monastische Reformgedanke die Oberhand gewinnen und zugleich zur Verbreitung der Hirsauer → Kongregation beitragen.

L: W. IRTENKAUF; Hirsau. Gesch. u. Kultur, Sigmaringen 1959, [3]1978; H. JAKOBS, Die H., Kö 1961; DERS., Der Adel in der Kl.reform v. St. Blasien, Kö 1968; Hirsau St. Peter u. Paul 1091–1991, 2 Bde., St 1991. – TRE XV 388–390. – Atlas KG 48 A.

Hirtenbriefe. Von den Apostel- und Gemeindebriefen im NT und in der → Alten Kirche abgesehen, begegnen wir erst im 16. Jh. einem Bf., z. B. Carlo Borromeo von Mailand († 1584), der – wie einst die Bischöfe von Alexandrien in Briefen zum Osterfest – die Gläubigen seines Bt. auf briefl. Weg über Glaubensfragen instruierte und in aktuellen Problemen informierte. Auch Schreiben der Päpste an alle Katholiken werden erst in der NZ gebräuchl. und als H. bez.; der heute übl. griech. Ausdruck lautet *Enzyklika* (Rundschreiben). Zum ersten Mal spricht Papst Martin I. (649–655) von »unserer Enzyklika«. Bes. im → MA, das gegenüber dem Altertum nur wenige Irrlehren kannte, dienten päpstl. Schreiben hauptsächl. dazu, rechtl. Entscheidungen zu treffen oder auch kirchenpolit. Programme zu verkünden, und entwickelten sich auf diese Weise zu allg. gültigen Anordnungen und Gesetzen kirchl. und weltl. Natur, zu Dekreten und Dekretalen, die dann auch in die neuen Gesetzessammlungen (→ Kirchenrechtsquellen) aufgenommen wurden. In der → NZ gibt es keine

Dekretalen mehr, wohl aber päpstl. Rundschreiben mit verbindl. Charakter für die gesamte Kirche. *Bullen* heißen diese Verlautbarungen jetzt nach der äußeren Form ihrer Abfassung, nach der Kapsel, in der das Bleisiegel ruht. Und wie schon die Dekretalen, so werden auch diese Bullen ebenso wie die späteren Enzykliken nach den Anfangsworten des Textes zitiert. Erst im 19. Jh. unterschied man klar zw. Bullen mit amtl. Rechtscharakter und den mehr lehrhaften oder mahnenden »Apost. Briefen«, den »Enzykliken«, wie solche Schreiben seit Benedikt XIV. (1740–58) heißen. Seit Pius IX. (1846–78) ist die Antrittsenzyklika übl. geworden, aus der die Gläubigen wie auch die ganze Welt den Geist des neuen Pontifikates, die großen Aufgaben und die Grundsätze des Papstes erfahren sollen. Während Pius IX. 33 Enzykliken veröff., zählt man unter dem Pontifikat Leos XIII. (1878–1903) insgesamt 46. Die Enzykliken der Päpste tragen keinen Unfehlbarkeitscharakter (1. → Vatik. Konzil).

In dt. und östr. Diözesen sind H. – zur Zeit des → Josephinismus stoßen wir sogar auf weltl. Landesherren als Absender – seit dem 18. Jh. bekannt; sie werden in der Regel zur Fastenzeit und bei außerordentl. Anlässen geschrieben. Auch die Bischöfe eines ganzen Landes verabschieden gemeinsame H. – in Dtl. erstmals bei der ersten → Bischofskonferenz in Würzburg (1848) –, um die rel. Unterweisung zu fördern oder aktuelle Stellungnahmen abzugeben. H. im Dritten Reich → Kirchenkampf.

Auch nichtkath. Kirchen kennen sog. H., mit denen sich ein einzelner Landesbischof oder auch die Bischöfe mehrerer Landeskirchen (→ Landeskirchentum) gemeinsam zu wichtigen Problemen äußern.

Q: A. TOMASSETTI (Hg.), Bullarium Romanum, 24 Bde, Tn 1857–72; ASS u. AAS (Enzykliken der Päpste); H. des dt. u. östr. Episkopates, 8 Bde, Pa 1926–33; H. der dt., östr. u. dt.-schweizerischen Bischöfe, 3 Bde, Pa 1934–36; Fastenh. der dt., östr. u. dt.-schweizerischen Bischöfe 1937, Pa 1937; H. aus Dtl., Östr. u. der Schweiz (1966 u. 1967), 2 Bde, W-Fr-Bas 1966–67; Wort u. Weisung (der Päpste), Città del Vaticano bzw. Kevelaer 1974ff.; P. HERSCHE (Hg.), Der aufgeklärte Reformkatholizismus in Östr. Hirtenbriefe 1752–82, Bern 1976; H. 1979 aus Dtl., Östr. u. der Schweiz, hg. v. Institut für kirchl. Zeitgesch., Sa 1980.

L: K. HOFMANN, Zeugnis u. Kampf des dt. Episkopats. Gemeinsame H. u. Denkschriften, Fr 1946; M. BRANDL, Des ersten Linzer Bf. erster Hirtenbrief (1785): Oberöstr. Heimatblätter 31 (1977) 177–182; U. F. SCHMÄLZLE, Ehe u. Familie im Blickpunkt der Kirche. Ein inhaltsanalytisches Forschungsprogramm zu Zielwerten in dt. H. zw. 1915 u. 1975, Fr-Bas-W 1979; A. FITZEK, Kath. Kirche im demokrat. Staat. Hirtenworte der dt. Bischöfe zu wichtigen Fragen der Zeit u. zw. den Bundestagswahlen 1945–1980, Wü 1981.

Historische Theologie. Der Ausdruck begegnet erstmals in der 1832 begr. »Zeitschrift für die hist. Theologie« (L 1832–75) und wird in der Vorrede zum Erscheinen des 1. Jahrgangs so erläutert: »Die h. T. im weitern Sinne bezieht sich auf die Gesch. der rel. Entwicklung der Menschheit überhaupt und der einzelnen Völker insbes., also auf die Gesch. aller Religionen, oder vielmehr der Religion in ihren verschiedenen Formen ... Dadurch erhält die Gesch. des Christentums selbst, als der vorzüglichsten unter ihnen, ihr volles Licht.« Während h. T. hier als Religionsgeschichte verstanden wird, gebrauchte der Tübinger Kirchen- und Dogmenhistoriker F. C. Baur († 1860) als erster die hist. Betrachtungsweise in der prot. Theologie und wurde zum Wegbereiter der hist. Denkweise, die bei ihm mit einer von Hegel (→ Hegelianismus) stammenden Geschichtsspekulation verbunden ist. Gesch. bedeutet für ihn die organische Entwicklung einer Idee. Die wirkl. Neukonstituierung der Theologie begann erst mit dem langsamen Vordringen der hist.-krit. Methode, mit der neuen Sicht der → Geschichtlichkeit der Kirche und ihrer Theologie.

Im Gegensatz zum → Historismus bez. der kath. Kirchenhistoriker A. Ehrhard († 1940) die KG als »h. T.« und bestimmte als ihre Aufgabe »die Erforschung und Darstellung des tatsächl. Verlaufes der Gesch. des Christentums in seiner organisierten Erscheinung als Kirche durch alle Jahrhunderte ihrer Vergangenheit in vollem Umfange ihres Bestandes und nach allen Seiten ihres Lebens.« In diesem Sinn will die h. T. anders als die spekulative Theologie den Weg der Kirche in Zeit und Raum aus historischen Quellen aufzeigen.

L: A. Ehrhard, Die »Historische Theologie« u. ihre Methode: Fs. für S. Merkle, D 1922, 117–136; W. Geiger, Spekulation u. Kritik. Die Gesch.theologie F. C. Baurs, Mn 1964; P. Hünermann, Der Durchbruch des gesch. Denkens im 19. Jh., Fr-Bas-W 1967; G. Schwaiger (Hg.), Hist. Kritik in der Theologie. Beiträge zu ihrer Gesch., Gö 1980; H. R. Seeger, KG – Geschichtstheologie – Geschichtswissenschaft, D 1981.

Historismus, auch Historizismus, in der 2. Hälfte des 19. Jh. aufgekommener Ausdruck (bes. bei Leopold von Ranke) für eine Geschichtsbetrachtung, die im Anschluß an W. Dilthey († 1911) jede gesch. Wirklichkeit als relativ ansieht und im Relativen das Allgemeingültige zu erkennen sucht. H. bedeutet nach E. Troeltsch († 1923) »die Historisierung unseres ganzen Wissens und Empfindens der geistigen Welt, wie sie im Laufe des 19. Jh. geworden ist. Wir sehen hier alles im Flusse des Werdens, in der endlosen und immer neuen Individualisierung, in der Bestimmtheit durch Vergangenes und in der Richtung auf unerkanntes Zukünftiges. Staat, Recht, Moral, Religion, Kunst sind in den Fluß des hist. Werdens aufgelöst und uns überall nur als Bestandteil gesch. Entwicklungen verständlich. Das festigt auf der einen Seite den Sinn für die Wurzelung alles Zufälligen und Persönlichen in großen, breiten, überindividuellen Zusammenhängen und führt jeder Gegenwart die Kräfte der Vergangenheit zu. Aber es erschüttert auf der anderen Seite alle ewigen Wahrheiten, seien sie kirchl.-supranaturaler und darum von der höchsten autoritativen Art, seien es ewige Vernunftwahrheiten und rationale Konstruktionen von Staat, Recht, Ges., Religion und Sittlichkeit, seien es staatl. Erziehungszwänge, die sich auf weltl. Autorität und ihre herrschende Form beziehen.« Um den im H. enthaltenen Relativismus zu überwinden, entfaltete man bes. in unserem Jh. den Begriff der → Geschichtlichkeit, wobei objektive Gegebenheit und persönl. Freiheit zur Geltung kommen. Gesch. will demnach besagen, daß die überzeitl. objektive Wahrheit in Formen erscheint, die dem Menschen gemäß sind. Folgl. fanden die hist. Methode und die hist. Sicht auch in die Theologie (z.B. F. C. Baur, A. Ritschl und A. v. Harnack auf ev. Seite, A. Möhler und I. von Döllinger auf kath. Seite) mehr und mehr Eingang.

Der H. fand seine Ausprägung auch in der Gründung hist. Institute (z.B. Monumenta Germaniae Historica), denen wertvolle Quelleneditionen zu verdanken sind.

L: E. Troeltsch, Der H. u. seine Probleme, D 1922, (Ndr.) Aalen 1961; Ders., Der H. u. seine Überwindung, B 1924; F. Meinecke, Die Entstehung des H. u. seine Probleme, 2 Bde, Mn 1936, [3]1965; W. Bodenstein, Neige des Historismus. Ernst Troeltschs Entwicklungsgang, B 1961; K. R. Popper, Das Elend des H., T 1965, [5]1987; F. Engel-Janosi, Die Wahrheit der Gesch. Versuche zur Gesch.-schreibung in der NZ, Mn 1973; G. Scholtz, »Historismus« als spekulative Geschichtsphilosophie, F 1973; H. J. Barthelt, H., künftige Geschichtswissenschaft u. »Sozialhistorie«, T 1975; H. Renz – F. W. Graf, Troeltsch – Studien, Gü 1982; A. Wittkau, H. Zur Gesch. des Begriffs und des Problems, Mn 1991; U. Muhlack, Geschichtswissenschaft im Humanismus u. in der Aufklärung. Die Vorgesch. des H., Mn 1991; M. Murrmann-Kahl, Die entzauberte Heilsgeschichte. Der H. erobert die Theologie 1880–1920, Gü 1992; F. Jäger –J. Rüsen, Gesch. des H. Eine Einführung, Mn 1992.

Hochkirchliche Bewegung. Die verschiedenen h. Strömungen im → Anglikanismus wie im → Protestantismus verfolgen dasselbe Ziel: die *eine* Kirche (Una Sancta, → Una-Sancta-Bewegung). Immer wieder zeigte sich das Bestreben, der → Röm.-kath. Kirche so weit wie mögl. entgegenzukommen.

[1] In Engl. ist die H. B. auch als → Anglokatholizismus bekannt, dessen Anfänge im 17. Jh. und dessen Höhepunkte im 19. Jh. (Oxford Movement) liegen. Bes. Betonung erfahren Tradition, Bischofsamt (→ Apost. Sukzession), Liturgie (mit Eucharistiefeier) und Ordensleben, stets mit röm.-kath. Ausrichtung.

[2] Die 1918 in Dtl. gegr. ›Hochkirchl. Vereinigung‹ verfolgte als Hauptziel eine »ev. Katholizität«, die in zahlreichen Veröffentlichungen unter Berufung auf den ev.-kath. Charakter der → Augsburger Konfession von 1530 propagiert wurde. Auf dieser Grundlage errichtete Friedrich Heiler, urspr. kath. Theologe, seit 1929 Vorsitzender der ›Hochkirchl. Vereinigung‹, die »Ev.-kath. eucharistische Gemeinschaft«, die sich bald als wichtiger Faktor der → Ökumenischen Bewegung erwies und 1935 den neuen Namen ›Hochkirchl. Vereinigung des Augsburgischen Bekenntnisses‹ annahm. 1947 wurde in Marburg die ›Ev.-ökumenische Johannes-Bruderschaft‹ gegründet. Die ›Hochkirchliche Vereinigung‹ unterhielt Kontakte mit gleichgesinnten Gruppen, z.B. → Alpirsbacher Kreis, → Berneuchener Kreis und Ev. Michaelsbruderschaft. Im Mittelpunkt steht der Gottesdienst mit Wort und Eucharistie (»ev. Messe«); auch rel. Orden und Bruderschaften (Johannes-Bruderschaft) genießen Heimatrecht. – Solche h. B. bildeten sich auch in den reformatorischen Kirchen anderer Länder, vor allem in Skandinavien, aber auch in den USA sowie in der Schweiz und in Fkr. (→ Taizé).

P: Die Hochkirche, 1919–33; Eine hl. Kirche, 1953–63.
Q: P. MISNER (Hg.); F. von Hügel, N. Söderblom, F. Heiler. Briefwechsel 1909–1931, Pa 1981.
L: F. HEILER, Im Ringen um die Kirche, Mn 1931; DERS. (Hg.), Hochkirche heute, Marburg 1970; P. SCHÄFER, Die Kath. Wiedergeburt der engl. Kirche, Mn 1933; P. AVIS, Anglicanism and the Christian Church, Edinburgh 1989; I. CLUTTERBUCK, Marginal Catholics, Leominster 1993. – TRE XV 413–421.

Hofkapellen, karolingische Pfalzkapellen, in denen am jeweiligen Aufenthaltsort des Kg. der Mantel des fränkischen Reichsheiligen Martin von Tours († 397), den dieser mit seinem Schwert getrennt und dessen eine Hälfte er einem Bettler überlassen hatte, als Reliquie aufbewahrt wurde. Die Hüter dieser »capella sancti Martini« hießen ›capellani‹. Es waren Geistliche, die gleichzeitig für den Gottesdienst am »Hof« (palatium = »Pfalz«) verantwortl. und außerdem mit weiteren Aufgaben »höfischer« Diplomatie und Verwaltung betraut waren. Eine solche H. ist am Königskloster St. Denis bei Paris (mit eigenem Kanzleivorsteher) nachweisbar. Es war wohl auch die Wiege einer »Krönungsliturgie« (laudes regiae), die gleichfalls den Kg. auf seinen Reisen begleitete, weil sie an den Tagen seiner Inthronisation erneut ertönte. Ungeachtet der Gleichrangigkeit aller Pfalzen kristallisierten sich besondere H. heraus: neben Denis, Reims und Tours das von Karl d. Gr. bes. geliebte Aachen. An ihnen entstanden dem Nachwuchs für die H. dienende »scholae palatinae« mit berühmten Vorstehern wie Einhard († 840) in Aachen und Alkuin († 804) in Tours. So wurden die H. zugleich Kulturzentren der sog. Karolingischen »Renaissance«. Das Institut lebte im dt. Königtum fort.
L: J. FLECKENSTEIN, Die Bildungsreform Karls d. Gr., Fr 1953; DERS., Die H. der dt. Könige, 2 Bde, St 1959–65; H.-W. KLEWITZ, Königtum, H. u. Domkapitel im 10. u. 11. Jh., Da 1960.

Honoriusfrage. Bei der in der → byz. Kirche vor allem zw. dem Patriarchen Kyros von Alexandrien und dem Mönch Sophronios von Jerusalem entstandenen Kontroverse, ob in Christus eine oder zwei Energien geherrscht hätten, antwortete Honorius I. († 638) dem Patriarchen Sergios I. von Konstantinopel: »Wir bekennen *einen* Willen unseres Herrn Jesus Christus, da offenbar die Gottheit unsere Natur, nicht aber die Schuld in ihr angenommen hat, und zwar unsere Natur, wie sie vor der Sünde war«. Dieser → Monotheletismus wurde zum ersten Mal von den it. und afrikanischen Bischöfen in Rom unter Martin I. 682 verurteilt. Die endgültige feierl. Verurteilung folgte durch das 6. Ökumenische Konzil von Konstantinopel (680/81): »Auch wir verkünden, daß gemäß der Lehre der hl. Väter zwei natürl. Willen und zwei natürl. Wirkweisen ungetrennt, unverändert, ungeteilt und unvermischt in ihm (Christus) sind« (D-S 550–552; N-R 220–221). Das Konzil belegte die neuen Irrlehrer mit der → Exkommunikation und schloß Honorius, den Bf. von Altrom, ein, »weil wir in einem Brief an Sergios gefunden haben, daß er in allem dessen Ansichten folgte und seine gottlosen Lehren bestätigte.« Sowohl das Trullanum (692) als auch das 7. und 8. Ökumenische Konzil von

Konstantinopel wiederholten diese Verurteilung; sie fand sogar Aufnahme in den Liber diurnus, in den Liber Pontificalis (hg. von DUCHESNE, Bd. I 323–327) und in das Röm. Brevier (Fest Leo II.). Nach langer Vergessenheit lebte die H. im 15. und 16. Jh. wieder auf; sie spielte schließl. auf dem 1. → Vatik. Konzil (1869/70) im Zusammenhang mit der Debatte über die Unfehlbarkeit eine bedeutende Rolle, weil gerade diese falsche Entscheidung eines Papstes von den Minoritätsbischöfen (vgl. K. J. HEFELE, Causa Honorii, Na 1870; dt.: Die Honoriusfrage, Mr 1870) als schlagender Beweis gegen die Unfehlbarkeit des päpstl. Lehramtes gewertet wurde. Damals wie heute ziehen sich papalistisch gesinnte Kritiker aus der Affäre, indem sie behaupten, bei den Aussagen des Honorius lägen keine sog. Ex-cathedra-Entscheidungen vor. G. KREUZER konstatierte: »Die hist. gesicherte Tatsache, daß Honorius I. vom Constantinopolitanum III in aller Form als Häretiker verurteilt wurde, weil er nach den Vorstellungen dieses Konzils Häretiker war, muß nachdrückl. betont werden gegenüber sämtl. Versuchen, die über Honorius verhängte Sentenz zu verharmlosen«.

L: G. KREUZER, Die H. im MA u. in der NZ, St 1975; vgl. die Rezension von P. CONTE: RSCI 35 (1981) 152–158; TRE XV 566–568 (G. SCHWAIGER); A. THANNER, Papst Honorius I. (625–638), St. Ottilien 1989.

Hospitaliter (lat. hospitalarius = urspr. ein Geistlicher, der in einem Stift oder Kl. das Spital für die Armen betreut) sind seit den → Kreuzzügen rel. Orden, deren Mitglieder sich (in Erfüllung eines vierten Gelübdes) in erster Linie Pilgern und Kranken widmen.

[1] *Hospital-Ritterorden:* → Dt. Orden. – ›H. vom hl. Lazarus‹ (Lazariten) in Jerusalem, gegen 1120 nach der → Augustinusregel gegr., um Pilgern und Aussätzigen Hilfe zu leisten sowie das Eigentum von Christen in Palästina zu schützen. Aus Syrien 1253 vertrieben, pflegten sie Aussätzige in vielen Ländern Europas, bis Innozenz VIII. 1490 ihre Aufhebung verfügte und ihren Besitz den → Johannitern zuwies. In Fkr. lebten sie trotzdem bis zur → Frz. Revolution weiter; nach 1830 traten sie erneut ins Leben. In It. erfuhren sie durch Leo X. († 1521) eine Erneuerung; Gregor XIII. († 1585) vereinigte sie mit dem St.-Moritz-Orden. – ›Ritterorden des hl. Jakobus vom Schwerte‹ (auch von Compostela), 1161 in León gegr., seit der päpstl. Approbation 1175 mit der Betreuung der Pilger nach Santiago betraut, vom 16. Jh. an nur noch im Hospitaldienst.

[2] *Bürgerl. Hospitalorden:* → Antoniter. – ›Orden vom hl. Grab in Jerusalem‹, 1114 vom Patriarchen Arnulf von Rhodos gegr., 1122 von Calixt II. approbiert, nach dem Verlust des hl. Landes 1291 nach Perugia übergesiedelt und hier wie in den neuen Niederlassungen in europäischen Ländern im Dienst der Caritas tätig. – ›H. vom hl. Geist«, um 1180 in Montpellier von Guy gegr. und 1213 von Innozenz III. bestätigt, der in Rom das Spital vom Hl. Geist stiftete. Die Aufhebung erfolgte 1854 durch Pius IX.

[3] Neben diesen Orden entstanden im hohen MA in vielen Ländern Europas Gemeinschaften von *Brüdern* und *Schwestern,* die nach einer

bestimmten Regel, meist Augustinusregel, und oft mit strenger Klausur, zusammenlebten und in Hospitälern arbeiteten. Die einzelnen Kommunitäten benannten sich nach einem Heiligen, dem sie bes. Verehrung erwiesen, z.B. ›H. vom Hl. Johannes von Gott‹ (→ Barmherzige Brüder). → Kamillianer.

Hospitaliterinnen, auch Hospitalschwestern, bez. alle in der Kranken- oder Armenpflege tätigen Nonnen (z.B. Elisabethinnen, Franziskanerinnen, Graue Schwestern, Barmherzige Schwestern) u. die weibl. Mitglieder des Dt. Ordens, der Johanniter, des Ordens v. Hl. Geist u.a.

[4] Im 19. Jh. entstanden Hospitaliterkongregationen, z.B. ›Barmherzige Brüder von Mariä Hilf‹ in Trier, ›Barmherzige Brüder von Montabaur‹, ›Hospital- und Lehrschwestern von Calais‹, ›Hospitalsöhne von der Unbefleckten Empfängnis in Rom‹, ›Hospitalschwestern von Porto‹, (franziskanische) ›St. Josephskongreg. in Ursberg‹, ›Hospitalschwestern vom hl. Herzen Jesu in Rom‹.

L: H. C. WENDLANDT, Die weibl. Orden u. Kongregationen der kath. Kirche, Pa 1923; HEIMBUCHER I 417–419, 613–615; S. REICHE, Das dt. Spital u. sein Recht im MA, 2 Bde, St. 1932; A. SINNINGEN, Kath. Frauengenossenschaften Dtl., D ^{2}1944; P. DE ANGELIS, L'ospedale di S. Spirito in Saxia, Bd. I, R 1960; D. JETTER, Gesch. des Hospitals, 4 Bde, Wie 1966–80; A. LUTTRELL, The Hospitallers in Cyprus, Rhodes, Greece and the West (1291–1440), Lo 1978; DERS., Latin Greece, the H. and the Crusades 1291–1400, Lo 1982; D. JETTER, Das europ. Hospital, Kö 1986.

Hugenotten. Schon daß der frz. → Protestantismus (→ Calvinismus) sehr bald die konfessionelle Bez. »Lutheraner« verlor und korporativ-neutral als »Huguenot« (wohl »Eidgenossen«) bez. wurde, erinnert daran, daß er seit Beitritt des königsfeindl. Adels eine polit. Partei war. Polarisierend wirkte, daß auf der kath. Gegenseite die lothringischen Guises als nicht minder einflußreicher Adel standen. Daher brach bereits 3 Jahre nach der 1. Ref. Nationalsynode in Paris (1559) der erste Hugenottenkrieg aus, dem andere wie Wechselfieber folgten, die achtmal das frz. Volk erschütterten (1562–98). Den Anfang machte das Blutbad von Vassy als Antwort des Franz von Guise auf das den H. gewährte Toleranzedikt von St. Germain (1562). Ähnl. unterbrach die »Bluthochzeit« bzw. → Bartholomäusnacht von 1572, mit blutigen Verfolgungen, eine sich anbahnende Aussöhnung. Die Hugenottenkriege lösten Flüchtlingsströme bisher unbekannten Ausmaßes zu ref. Gemeinden im Elsaß und an den Niederrhein (Églises des Réfugiés) aus. Dieser Auswandererverlust wurde für Fkr. im 17. Jh. noch herber. Die krit. Lage spitzte sich für die H. mehr und mehr zu, als 1576 die Guises, das span. Königshaus und die → Röm. Kurie sich zur ›Hl. Liga‹ verbanden, um den ref. Protestantismus auszulöschen. Die Jesuiten sorgten für die gewünschte Volksverhetzung, so daß abermals H. ins Ausland flüchteten. Die Verhältnisse besserten sich, als Heinrich IV. aus dem hugenottischen Herzogshaus von Navarra frz. Kg. wurde (1589–1610) und 1593 sogar den kath. Glauben annahm (»Paris ist eine Messe wert«); das führte zu beschränkter Duldung (Edikt von

Nantes, 1598; von Ludwig XIV. aber durch das Edikt von Fontainebleau 1685 wieder aufgehoben). Trotzdem blieb die Beziehung der H. zum kath. Königshaus gespannt, zumal da auf beiden Seiten, ausgelöst durch zahlreiche Mordanschläge, von den sog. Monarchomachen (Kämpfer gegen die Monarchie) offen darüber diskutiert wurde, ob man »Im Namen des Volkes« Tyrannen ermorden dürfe. Diese Debatte des 16. Jh., bei der die konfessionelle Position keine Rolle spielte, an der aber das → Luthertum nicht beteiligt war, gewann als Wegbereiter des Widerstandsrechtes Bedeutung.

Q: Das Edikt v. Nantes. Das Edikt v. Fontainebleau, Flensburg 1963; J. CONEY (Hg.), Die H. in Augenzeugenberichten, D 1965; Mn 1980; KThQ III 128, IV/1 20.
L: H. DUCHARDT (Hg.), Der Exodus der H., Kö 1985; R. VON THADDEN – M. MAGDELAINE (Hg.), Die H., Mn [2]1986; A. STEFFE, Die H. Reformation und Glaubenskriege in Fkr., Gernsbach 1988; DERS., Die H. Macht des Geistes gegen den Geist der Macht, Tü 1989; L. BRANDENBURG – K. BRANDENBURG, H. Gesch. eines Martyriums, L 1991. – TRE XV 618–629. – Atlas KG 77.

Humanismus. Ungeachtet der frühchristl. Skrupel eines Hieronymus († 419/20; ep. 22: »Ciceronianus es, non christianus«) und des modernen Verdiktes einer »Tragödie« bleibt der christl. H. ein Faktum europäischer Geistesgesch. Den besten Anknüpfungsautor fand man in Cicero († 43 v.Chr.) mit seinen philos. Schriften. Ambrosius († 397), der seinen 3 Büchern ›Die Pflichten der Bediensteten‹ (ein klerikales Handbuch der Pflichten) das gleichnamige Werk Ciceros zugrunde legte, oder Augustin († 430), der noch im hohen Alter seinen ›Tullius‹ zitierte, dem er in der Jugend so viel verdankte, sind dafür Zeugen. Der Vergleich lehrt, daß die Integrierung des antiken H. auf dem Boden röm.-stoischer Moral unter Ausklammerung metaphysisch-theol. Fragen besser gelang. Weitere Zeugen hierfür sind konservative, zum Christentum konvertierte Römer wie der frühere Consularis Bf. Paulinus von Nola († 431) oder dessen span. Amtskollege, dann dichtender Pensionär und Christ, Aurelius Prudentius († nach 405). Beider Dichtungen bezeugen einen christl. Bildungshumanismus, der sich im literarischen Ästhetizismus erschöpfte. Kassiodor († 580) hingegen, einst Staatsbeamter unter Theodorich d. Gr., dann Gründer des kalabrischen Kl. Vivarium, machte die humanistische Bildungstradition der Klosterwelt zugänglich. Um die Übermittlung antiken Geistesgutes durch lat. Übers. (›Kleines Organon‹ des Aristoteles; ›Isagoge‹ des Neuplatonikers Porphyrius u. a.) bemühte sich auch sein jüngerer Zeitgenosse Boëthius (hingerichtet 524); für ihn wurde aber das humanistische Bildungsgut im Gefängnis zum »Trost der Philosophie«. Im Geiste Kassiodors beschränkte sich auch der monastische H. auf Wissensvermittlung, wobei man von der enzyklopädischen Gelehrsamkeit eines Isidor von Sevilla († 636) zehrte. Außerhalb der Klöster aber bevorzugten die ma. → Artistenfakultäten das Fachwissen, das zunächst nur den Einzeldisziplinen zugute kam. Um so beachtenswerter ist, daß in Petrarca († 1374) ein Renaissance-Humanist entgegentritt, der sich in gleicher Weise von dem Kirchenvater Augustin wie von allen antiken Autoren angesprochen fühlte, ihre Werke mit sich führte und sagen konnte: »nobiscum vivunt, cohabitant, colloquuntur«. Die späteren Generationen bekannten sich noch bewußter zu einem »Ciceronianismus« (RÜEGG), der deshalb auch nicht die »artes liberales« als Endziel der Bildung ansah, sondern die »Formung des Menschen«, die »studia humanitatis«, wie Cicero sie auch formuliert hatte. Diesem humanistischen Bildungsprogramm fühlte sich auch Erasmus von Rotterdam († 1536) verpflichtet, der es aber mit seinem Reformverständnis verband. Umgekehrt kennzeichnet es die Position der Reformatoren wie Luther († 1546) und Melanchthon († 1560), daß sie in erster Linie am H. die »artes litterarum«, d.h. die philologischen Disziplinen schätzten, weil sie für das Bibelstudium nützlich sein konnten. Durch solche Stellungnahme der Reformatoren wurde ein Prozeß eingeleitet, der den H. aus dem christl. Kontext löste. Er wurde außerdem dadurch gefördert, daß die kath. → Gegenreformation einem Aristotelismus huldigte, der abermals den scholastischen Formalismus begünstigte, wenn er sich metaphysischen Fragen zuwandte, und der darin sogar in der altluth. → Orthodoxie (Johann Gerhard, † 1637) Nachahmung fand. So konnte der aufklärerische Neuhumanismus des 18. Jh. eine bewußte Abkehr vom Christentum und eine ebenso bewußte Hinwendung zur klass. Antike vollziehen. Selbst der Generalsuperintendent J. G. Herder († 1803) war in seinen ›Briefen zur Beförderung der Humanität‹ (1793) aufklärerisch gestimmt, mochte er auch für seine Person das antike Erziehungsideal mit dem christlichen identifizieren. Dieses aufklärerische Konzept inaugurierte den sog. Programmhumanismus (auch »Dritter H.«) der späteren Jahrhunderte und führte zwangsläufig zu W. F. Ottos († 1958) Kampfschrift ›Der Geist der Antike und die christl. Welt‹ (1923), die klassizistische Ideale verfocht. Ebensowenig intendierte der »staatspolit. H.« von Werner Jaeger († 1962) Ziele des christl. H. und unterschied sich darin von seinem Beitrag zur → Hellenisierung des Christentums. Nur in Fkr. gewann ein christl. H. kath. Prägung Dauer. Als »humanisme devote« (→ Antitrinitarier, →Mystik) war er literarisch bes. wirksam, vgl. z.B. Franz von Sales († 1622) in seiner ›Introduction à la vie devote‹ (1609) oder dessen Freund und Begründer des rel. Romans, Jean-Pierre Camus († 1652). Sie und andere Autoren schufen damit eine Tradition, die noch im Fkr. des 20. Jh. (Gabriel Marcel, † 1978) fortlebt.

Q: W. WELZIG (Hg.), Erasmus von Rotterdam, lat. u. dt., 8 Bde, Da 1967–80.

L: J. SELLMAIER, Humanitas christiana. Gesch. des christl. H., Z 1948; E. BLANCHET, Humanisme et christianisme. Ausonius et s. Paulin, Bordeaux 1954; M. TESTARD, St. Augustin et Cicéron, 2 Bde, P 1958; M. HOFFMANN, Erkenntnis u. Verwirklichung der wahren Theologie nach Erasmus. T 1972; A. BUCK, Zur Lage der Renaissance- u. H.forschung in Vergangenheit u. Gegenwart: FLASHAR – LOBKOWICZ – PÖGGELER (Hg.), Geisteswissenschaften als Aufgabe, B 1978, 123–136; W. KÖLMEL, Aspekte des H., Mr 1981; C. AUGUSTIN, Erasmus von Rotterdam, Mn 1987; J. S. WEILAND – W. BLOCKMANS – W. FRIJHOFF (Hg.), Erasmus v. Rotterdam. Die Aktualität seines Denkens, H 1988; S. SEIDEL MENCHI, Erasmus als Ketzer, Lei 1992; H. KERNER, H. u. Theologie in der frühen NZ, Nü 1993. – TRE XV 639–661.

Humiliaten (lat. humile, non tinctum = Kleid aus ungefärbter Wolle), auch Berettini (= Aschgraue) gen., bez. im 12. Jh. in der Lombardei → Bruderschaften, bestehend aus Männern und Frauen, die in ihren Familien ein streng rel. Leben führten, sich auch aus wirtschaftl. Interessen zusammenschlossen und bes. Wert auf radikale Armut legten. Wegen Mißachtung des von Alexander III. 1179 auferlegten Predigtverbots exkommunizierte Lucius III. sie 1184 zusammen mit anderen Sekten (→ Katharer, → Waldenser). Bald trennte sich ein Teil, der auch häretische Ansichten über Priestertum, Sakramente und Armut vertrat, von der Kirche, der andere Teil sammelte sich in einem neuen Orden der H., den Innozenz III. (1198–1216) als dreigliedrigen Orden anerkannte: Priester und Nonnen (I. Orden), regulierte Laienbrüder und Laienschwestern, die vor allem in der Tuchweberei beschäftigt waren (II. Orden), und in ihren Familien lebende Religiosen (III. Orden). Die in der Textilproduktion tätigen Mitglieder des III. Ordens, das erste eigentl. Institut der → Terziaren, das nur bis ins 14. Jh. bestand, stammten aus den oberen Volksschichten. Sie verstanden ihre Arbeit als bewußte Selbstdemütigung und Solidarisierung mit den Armen zur Beseitigung der Klassengegensätze. Die beiden anderen Orden wurden 1571, inzwischen fast bedeutungslos geworden, von Pius V. aufgehoben.

L: J. B. PIERRON, Die kath. Armen, Fr 1911; H. GRUNDMANN, Rel. Bewegungen im MA, Da [3]1970, 72–91; 157–161, 487–538; B. M. BOLTON, Innocent III's treatment of the Humiliati: Studies in Church History 7 (1971) 73–82; DERS., The Poverty of the Humiliati: D. FLOOD (Hg.): Poverty in the Middle Ages, Werl 1975, 52–59; M. T. BROLI, Gli Umiliati a Bergamo, Mi 1991. – TRE XV 691–696.

Hussiten. Der »auf böhmischen Boden verpflanzte Wyclifismus« (Loserth; → Lollarden) der Prager Magister Jan Hus und Hieronymus von Prag (beide 1414 bzw. 1415 in Konstanz als Ketzer verbrannt) löste eine Volksbewegung aus, die zur Geburt des böhmischen Nationalismus führte. Schon die Prager Universitätsunruhen (1403/09), in deren Gefolge die dt. Professoren und Studenten die »goldene Stadt« verließen und die Univ. Leipzig begründeten (1409), machten Prag zu einer tschechischen Universität. Der Wortbruch des Ks. und die Urteile von Konstanz schürten dann den heiml. Haß gegen das dt. Kaisertum und die röm. Papstkirche, der in den Hussitenkriegen (1419–1436) hell auflohte. Bis aufs Blut widerstanden die zu »Ketzern« erklärten H. unter Jan Ziska († 1424) den fünf Kreuzzugsangriffen Ks. Sigismunds, um später unter Andreas Prokop († 1434) den Glaubenskrieg in die Nachbarländer zu tragen (seit 1427). Verantwortl. hierfür waren die radikalen → Taboriten (nach dem von H. erbauten Landstädtchen Tabor). In seiner apokalyptischen Schwärmerei übertraf ihr Radikalismus den Engländer John Wyclif († 1384) weit. Indem sie gleichzeitig soziale Hoffnungen im Landvolk weckten, nahmen sie den dt. Bauernkrieg (1525) vorweg. In Prag selbst (Adel wie Bürger) war man maßvoller und forderte in den ›Vier Prager Artikeln‹ (1420) freie Predigt, → Laienkelch (daher »Calixtiner« = Kelchler; »Utraquisten«

von »sub utraque« [forma] = in beiderlei Gestalt), apost. Armut für den Klerus unter Verzicht der Kirche auf ihr Vermögen sowie strenge Kirchenzucht für die Kleriker. Was der Bibel ausdrückl. nicht widerspreche, könne dagegen geduldet werden. Eben darüber kam es zum innerhussitischen Zwist, der sich noch verhärtete, als die sog. Prager Kompaktaten mit dem → Baseler Konzil (→ Konziliarismus) zustande kamen (1433), die den Utraquisten allerdings nur den Laienkelch konzedierten. Immerhin wurden diese nach dem Sieg über die Taboriten (1434) zur böhmischen Führungsmacht, auf die sich der Eroberer Prags, Georg Podiebrad (seit 1458 Kg. Böhmens), stützte. Nach dessen Tod (1471) waren sie es, die Wladislav Jagello von Polen zum Nachfolger wählten, während sie für ihren gleichzeitig verstorbenen Bf. darauf verzichteten, dafür aber ein zwölfköpfiges → Konsistorium bestellten. Damit machten sie den Weg zum Ausgleich mit dem Domkapitel und den Katholiken frei, den Wladislav mit dem Frieden von Kuttenberg (1485) herstellte; er trug ihnen eine anerkannte → Kirchenordnung ein. Als »Wegbereiter« gehören die H. zum sog. linken Flügel der → Reformation. – Bestrebungen zur Rehabilitierung des Jan Hus sind im Gange.

Q: D–S 1198–1279; MIRBT-ALAND 769–771; N–R 561–563; G. A. BENRATH, Wegbereiter der Reformation, Bremen 1967, 342–413; KThQ II 62–63, 66; J. BUJNOCH (Hg.), Die H. Die Chronik des Laurentius von Brezovà, Graz-Kö 1988.

L: F. SEIBT, Hussitica. Zur Struktur einer Revolution, Kö-Graz 1965; vgl. dazu R. KALIVODA: Historica 14 (1967) 225–246; DERS., Revolution u. Ideologie. Der Hussitismus, Kö-W 1976; DERS., Hussitenstudien, Mn ^{2}1991; W. FARR, John Wycliff as legal reformer, Lei 1974; A. MOLNAR, Die hussitische Reform u. ihre Erben: Gewissen u. Freiheit 18 (1982) 47–64; W. R. THOMSON, The Latin Writings of John Wyclyf. An Annotated Catalog, Lei-Kö-Lo 1983; M. VASOLD, Frühling im MA. John Wyclif und sein Jh., Mn 1984; F. SEIBT, Hussitenstudien. Personen, Ereignisse, Ideen einer frühen Revolution, Mn 1987; E. WERNER, Jan Hus. Welt und Umwelt eines Prager Frühreformators, Wr 1991. – TRE XV 710–735. – Atlas KG 69 A.

Illuminaten (lat. illuminati = Erleuchtete), esoterisch vereinigte Personen, die sich wegen ihrer mystischen Verbindung mit Gott (→ Alumbrados) oder aus Selbsterziehung für »Erleuchtete« hielten. Der Ingolstädter Kirchenrechtsprofessor Joh. Adam Weishaupt (1748–1830), einst Schüler der → Jesuiten, gründete 1776, von engl. → Freimaurern inspiriert, den ›Orden der Perfectibilisten‹, später ›Orden der I.‹ genannt. Kennzeichen dieses straff organisierten, hinsichtl. der Riten stark von den Freimaurern abhängigen Geheimbundes: antijesuitisch, aufklärerisch, bürgerl. reformistisch, elitär utopistisch, jedoch nicht jakobinisch revolutionär (→ Jakobiner). Weishaupt verfolgte mit dieser Ordensgründung das Ziel, daß »Fürsten und Nationen ohne Gewalttätigkeit von der Erde verschwinden, das Menschengeschlecht dereinst eine Familie wird und die Welt der Aufenthalt vernünftiger Menschen. Die Moral allein wird diese Veränderung unmerkl. herbeiführen.« Im Grunde handelt es sich also um eine aus → Rationalismus und Naturalismus erwachsene Humanität, um eine »Weisheitsschule«, die aber an dt. Univ. verboten war. Die Mitglieder, unter ihnen nicht wenige Geistliche, legten sich Ordensnamen bei; sie verteilten sich auf drei Klassen: Novize, Minerval, Minerval Illuminatus. Bei der Neuorganisation kamen jeweils drei verschiedene Stufen hinzu. Die I. erlangten weite Verbreitung in Dtl., bes. in Bayern, und in Österreich. Prominente Mitglieder u. a. Herder, Goethe, Knigge, Nicolai, Mozart, Dalberg, Montgelas. Nachdem der bayr. Kurfürst Karl Theodor 1784 alle geheimen Gesellschaften verboten hatte, wurden auch die I. verfolgt (fälschl. wegen Verbrechen!) und 1785, wie die Freimaurer, ausdrückl. aufgehoben. 1896 erfolgte durch L. Engel eine Neugründung (Sitz: Dresden) und Neuorganisation in fünf Graden. Die einzelnen Ländergruppen schlossen sich 1925 zum ›Weltbund der I.‹ (Sitz: Berlin) zusammen. Im Dritten Reich (1933–45) durften die I. sich nicht betätigen. Heute ist der Orden nahezu bedeutungslos, weil die den I. weltanschaul. eng verwandten Freimaurer viel größeren Einfluß ausüben.

Nicht zu verwechseln mit den I. sind die ›Illuminés‹ in Fkr. (→ Freimaurer) und der ›Illuminismo‹ in It. (→ Aufklärung). Die I. haben auch nichts gemeinsam mit dem 1906 konstituierten neognostischen ›Ordo Illuminatorum – Weltbund der Illuminaten‹.

Q: J. RACHOLD (Hg.), Quellen u. Texte zum Illuminatenorden, B 1984.
L: P. C. LUDZ, Geheime Gesellschaften, Hei 1979; M. W. FISCHER, Die Aufklärung u. ihr Gegenteil, B 1982; H. REINALTER (Hg.); Freimaurer und Geheimbünde im 18. Jh. in Mitteleuropa. F 1983; M. AGETHEN, Geheimbund und Utopie. I., Freimaurer und dt. Spätaufklärung, Mn 1984; H. SCHÜTTLER, Die Mitglieder des I.ordens 1776–1787/93, Neuried 1991. – TRE XVI 81–84.

Inklusen (»Eingeschlossene«) bez. man im frühen → MA »Klausner« (lat. clausura), die sich neben einem Kl. (lat. claustrum) oder einer Wallfahrtskirche »eingeschlossen« hatten, ihre »Zelle« nicht verließen, während die Frommen für ihren Unterhalt sorgten. Ob dieses Brauchtum im religionsgesch. Zusammenhang mit den »Katochoi« des Serapiskultes in Memphis, die sich auf Zeit im Tempelbezirk einschließen ließen, steht oder mit dem

Brauchtum syrischer Asketen, sich auf Zeit an einsamen Orten einmauern zu lassen, zusammenhängt, ist ungeklärt, weil umstritten. Mit der normalen Klausur des → Mönchtums hat es jedenfalls nichts gemein. Gesch. Bedeutung gewann letztere hingegen mit dem Reklusentum im 12. und 13. Jh., als vor allem Frauen (Jungfrauen und Witwen) in Zellen ein Einsiedlerleben führten. Diese rel. Frauenbewegung, die auch Engl. erfaßte, initiierte die → Beginen des 13. und 14. Jh. in den Niederlanden.

Q: L. Oliger, Speculum inclusorum, R 1938; A. C. Baugh (Hg.), The English Text of the Ancrene Riwle, Lo 1956, (Ndr.) 1959.

L: O. Doerr, Das Institut der I. in Süd-Dtl., Mr 1934; C. H. Talbot, The »De institutis inclusarum« of Ailred of Rievaulx: Analecta s. Ordinis Cisterciensis 7 (1951) 167–217; E. Schlumpf, Zur Gesch. der I. in St. Gallen, St. Gallen 1953; B. Lohse, Askese u. Mönchtum in der Antike u. in der alten Kirche, Mn-W 1969, 38f.; P. Anson, Partir au désert, P 1975.

Innere Mission bez. urspr. die Hilfe der ev. Kirchen für ihre sozial wie glaubensmäßig in Not geratenen Mitglieder, heute die gesamte caritative und volksmissionarische Aktivität im Bereich der ev. Kirchen (→ Diakonie). Nach Vorläufern im → Pietismus (Spener, Francke, Zinzendorf) und Bahnbrechern innerhalb der → Erweckungsbewegungen (Oberlin, Hahn, Zeller, Falk, Fliedner) trat Johann Hinrich Wichern (1808–81), ev. Theologe und Lehrer in der ersten dt. → Sonntagsschule, gleichzeitig ein begabter Organisator, als vielfältiger Sozialreformer auf den Plan. 1833 gründete er in Hamburg das »Rauhe Haus«, ein Erziehungsheim für verwahrloste Jugendliche. Beim 1. Ev. → Kirchentag in Wittenberg (1848) entfaltete Wichern in einer programmatischen Rede sein Konzept einer »I. M.« als soziale und religiöse Unterstützung im weiten Sinn. Noch im Jahr des 1. Kongresses für die I. M. (1849) entstand der ›Centralausschuß für die I. M. der Dt. Ev. Kirche‹. Zu seinen Aufgaben zählten die Sorge für Strafgefangene, schwer erziehbare Kinder und Jugendliche, Epileptiker, Obdachlose ebenso wie die Heranbildung von Mitarbeitern und der Einsatz für soziale Gesetzgebung (Wanderarbeitsstättengesetz 1907, Jugendwohlfahrtsgesetz 1922 u. a.). Ende des 19. Jh. entstanden innerhalb der I. M. Fachverbände, z. B. ›Christl. Verein Junger Männer‹ (→ Jugendverbände), ›Comitee für dt. ev. Seemannsmission‹, ›Verband dt. Rettungshäuser und Erziehungsvereine‹, ›Verband ev. dt. → Bahnhofsmissionen‹. Unter den Anstalten wurde das seit 1872 von F. von Bodelschwingh geleitete → Bethel (bei Bielefeld) ein glänzendes Vorbild für viele andere. Mit Entschiedenheit bekämpfte die I. M. alle liberalen Kräfte, insbes. die sozialistische → Arbeiterbewegung, befürwortete aber Bismarcks Sozialgesetze. Als führende Männer erwiesen sich u. a. Pfarrer Stoecker († 1909), F. Naumann († 1919), P. Göhre († 1928) und C. Blumhardt d. J. († 1919). Nicht zu vergessen sind soziale Initiativen, die außerhalb der I. M. beheimatet sind, z. B. das ›Blaue Kreuz‹, 1877 in Genf als ev.-rel. Bewegung zur Rettung Trunksüchtiger gegr. – die dt. Vereine schlossen sich 1892 zum ›Dt. Hauptverein Blaues Kreuz‹ in Wuppertal-Barmen zusammen –, und die 1908 von Pastor E. Christoffel († 1955) in Bensheim gegr. ›Blindenmission‹, heute ›Christoffel-Blindenmission‹ bzw. ›Ev. Christl. Blindendienst‹.

1945 wurde das ›Hilfswerk der EKD‹ err., um die als Folge des Krieges bestehenden Nöte der Vertriebenen, Heimkehrer, Ausgebombten u. a. zu lindern. Später dehnte es seine Hilfe auf alle Notleidenden sowie auf die Bedürfnisse der Kirchen in der Dritten Welt aus. Auf der Synode in Spandau 1957 schlossen sich ›I. M.‹ und ›Hilfswerk der EKD‹ zum ›Diakonischen Werk Innere Mission und Hilfswerk der EKD‹ (Hauptgeschäftsstelle: Stuttgart) zusammen. In Bayern vereinigten sich ›I. M.‹ und ›Hilfswerk der EKD‹ 1958 zum ›Diakonischen Werk Bayern‹.

An der ev.-theol. Fakultät der Univ. Heidelberg besteht ein Diakoniewissenschaftl. Institut. → Caritas, → christl.-soziale Bewegungen.

P: Die I. M., B 1905ff.; Das Diakonische Werk, S. 1947ff.; Jb. der I. M. u. des Hilfswerks der EKD, St. 1957ff.

Q: D. M. HENNIG, Quellenbuch zur Gesch. der I. M., H 1912; P. MEINHOLD (Hg.), J. H. Wichern. Sämtl. Werke, 10 Bde, H 1958ff.; KThQ IV/1 89; K. JANSSEN (Hg.), J. H. Wichern, Ausgewählte Schriften, 3 Bde, Gü 1979.

L: M. T. SCHULZ, J. C. Blumhardt. Leben, Theologie, Verkündigung, Gö 1984; J.-CH. KAISER, Sozialer Protestantismus im 20. Jh. Beiträge zur Gesch. der I. M. 1914–1945, Mn 1989; TRE XVI 166–175 (J. ALBERT).

Inquisition. Die justinianische → Ketzergesetzgebung bot noch dem frühen → MA Möglichkeiten, Häretiker wie die → Paulikianer zu bekämpfen. Da nach der → Zwei-Schwerter-Theorie der »weltl. Arm«, d. h. das Reich, der Kirche sein Schwert gegen Häresie und Schisma zu leihen hatte, da ferner der Blutsbann, d. h. das Todesurteil, den germanischen Landesherren zustand, war der Strafvollzug antihäretischer Bischofsurteile gesichert. Das Auftreten der → Bogomilen und → Albigenser in Südfrankreich, zusätzl. noch in Oberitalien der → Katharer und Waldenser, machte jedoch eine generelle, d. h. päpstl. Neuregelung notwendig. Auf dem 3. → Laterankonzil 1179 (can. 27) sprach Alexander III. zunächst die förml. → Exkommunikation der genannten Gruppen aus, was Lucius III. in Verona 1197 wiederholte. Darin unterstützte ihn Friedrich Barbarossa durch Verhängung des Reichsbannes; für den Bereich Aragon wurde 1197 sogar nach spätröm. Vorbild (Manichäergesetze) die Todesstrafe verhängt. Wie unabdingbar kaiserl. Mitwirkung war, erfuhr Innozenz III. Um sich von ihr zu befreien, hatte dieser zunächst die bischöfl. I.-Gerichte erneuert (1199) und deren Prozeßordnung durch Konst. 3 des 4. → Laterankonzils (1215) gesamtkirchl. vereinheitlicht. Dies hinderte aber die Capetinger nicht, in den → Albigenserkriegen (1209–29) unter dem Vorwand kirchl. Bannvollstreckung ihr Königreich nach Süden auszuweiten. Erfolgreicher war sein Vetter Gregor IX. Er suchte die Kooperation mit dem Staufer Friedrich II., der aus polit. Gründen die oberit. Häretiker verfolgte (Folterungen beim Prozeß; lebenslängl. Kerkerhaft) und 1224 den Feuertod als Strafe einführte. Der Papst übernahm dies in seine Ketzerdekrete von 1231. Der Tod auf dem Scheiterhaufen wurde damit begründet, daß auf diesem Weg wenigstens die Seele durch das Fürbittengebet der Kirche gerettet werden könne (vgl. 1 Kor 5,5). Gleichzeitig legte Gregor IX. die I. als gesamtkirchl. Institut in die Hände der → Dominikaner, denen ihre hohe Kunst der Befragung beim Volk bald den zweifelhaften Namen »Hunde des Herrn« (domini canes) einbrachte. Äußerst unbeliebt machte sich der bereits 1227 zum päpstl. Inquisitor für ganz Dtl. bestellte → Prämonstratenser Konrad von Marburg (Beichtvater der hl. Elisabeth, deren → Heiligsprechung er betrieb): 1233 erschlugen ihn Ritter, weil seine → Ketzerverfolgung – die erste, die ganz Dtl. unter Umgehung der Bischofsgerichte erfaßte – in erster Linie den Adel traf. Im übrigen sollte es Innozenz IV. vorbehalten bleiben, von dem Staufer auch die Folter zu übernehmen bzw. sie zu kanonisieren (1252), deren »Pein« durch das gleichzeitige Verbot der Sippenhaft nicht gelindert wurde.

Während die Glaubens-I. zunächst (14./15. Jh.) für Dtl. und Fkr. gegenüber der im 15. Jh. einsetzenden → Hexenverfolgung an Bedeutung verlor, gelangte sie beim Aufspüren der zum Christentum konvertierten Juden und Mauren (Zwangskonversionen seit 1391) in Span. zu zweifelhaftem Ruhm. Von Kastilien ausgehend (1481), erlebte sie unter dem Dominikaner und ersten span. Großinquisitor Thomas de Torquemada (1420–98) mit 9000 Autodafés (portugiesisch, aus lat. actus fidei = öff. → Glaubensbekenntnis des Inquisitionsgerichtes, Verkündung des Urteils mit anschließender Vollstreckung) ihren Höhepunkt, wobei allerdings die wenigsten Autodafés mit dem Scheiterhaufen endeten. → Reformation und → Gegenreformation belebten ungewollt und gewollt das Institut der päpstl. I., das jetzt vornehml. gegen die Protestanten eingesetzt wurde, soweit dies überhaupt noch mögl. war. So wandte Paul III. es gegen die ev. Bewegung in It. (→ Evangelismus) an, indem er 1542 durch die Konst. ›Licet ab initio‹ die Einrichtung als solche erneuerte. Abermalige Autodafés in den Jahren 1557–1560 zerstörten auch in Span. ev. Erneuerungsbewegungen. → Neuzeit und → Aufklärung nahmen der I. den europäischen Lebensraum; ihre Funktion wurde von den → Jesuiten übernommen, die als königl. Berater nicht minder wirken konnten. Nur im mediterranen Raum hielten sich die alten Formen der I. länger. In Span. wurde sie erst 1834, in It. noch später (1859) offiz. aufgehoben. Aus konsequentem Anachronismus hielt Pius IX. im → Kirchenstaat noch bis 1870 an der I. fest. Da die I. der Vergangenheit angehört, sollte man das heutige → Lehrzuchtverfahren nicht mit ihr identifizieren.

Q: COD 209, 224f., 237–239; D-S 760f.; E. EICHMANN, Kirche u. Staat, 2 Bde, Pa 1912, (Ndr.) 1968, hier Bd. I 24f., 25a–b, Bd. II 14a–c; MIRBT-ALAND 462f., 600, 603, 617ff., 620, 625, 629, 816; K.-V. SELGE (Hg.), Texte zur I., Gü 1967; J. DUVERNOY (Hg.), Le Registre d'Inquisition de Jacques Fournier (Evêque de Pamiers) 1318–1325, 3 Bde, P 1978, (dt. Übers.) Protokolle einer I., F-B-W 1980; KThQ II 46c; A. PATSCHOVSKY (Hg.), Quellen zur böhmischen I. im 14. Jh., Kö-W 1979.

L: R. LEIBER, Die ma. I. Wesen u. Unwesen, Kevelaer 1963; H. KAMEN, The Spanish I., Lo 1965, (dt. Übers.) Die span. I., Mn 1967, 1969; H. GRUNDMANN, Ketzerverhöre: DA 21 (1965) 519–575; O. LORETZ, Galilei u. der Irrtum der I., Kevelaer 1966; J. FEARNS, Ketzer u. Ketzerbekämpfung im Hochma., Gö 1968; A. PATSCHOVSKY, Die Anfänge einer ständigen I. in Böhmen, B 1975; G. HASENHÜTTL –

E. LE ROY LADURIE, Montaillou. Ein Dorf vor dem Inquisitor 1294 bis 1324, F-B-W 1980; M. LAMBERT, Ketzerei im MA. Häresien von Bogomil bis Hus, Mn 1981; L. KOLMER, Ad capiendas Vulpes. Die Ketzerbekämpfung in Südfrankreich in der 1. Hälfte des 13. Jh. u. die Ausbildung des I.verfahrens, B 1982; E. VAN DER VEKENÉ, Bibliographisches Verzeichnis des gedruckten Schrifttums zur Gesch. und Lit. der I., 2 Bde, Vaduz 1982–83; M. HROCH – A. SKÝBOVÁ, Die I. im Zeitalter der Gegenreformation, St 1985. P. SEGL (Hg.), Die Anfänge der I. im MA, Kö-Wei-W 1993; E. BETHENCOURT, L'Inquisition à l'époque moderne, P 1995. – TRE XVI 189–196.

Investiturstreit. Die Besetzung des Mailänder Bischofstuhls 1075 mit einem dt. Ebf. durch Heinrich IV. (1075) löste den I. aus. Im gleichen Jahr hatte Gregor VII. die Laieninvestitur, das heißt die Einsetzung von Klerikern in ihre Ämter durch Laien, als unkanonisch verboten. Er handelte im Geist der nach ihm benannten → Gregorianischen Reform, der es um »Freiheit« des → Papsttums und der Kirche vom dt. Königtum ging, während dieses dadurch das → Eigenkirchenwesen und die auf ihm beruhende → Reichskirche bedroht sehen mußte. Konfrontation, in der Papst und Kg. sich gegenseitig absetzten, ersterer die dt. Fürsten auf seine Seite zog, letzterer den Papst überrumpelte (Canossa: 1077), und die Wahl eines dt. Gegenkönigs, die zum Bürgerkrieg führte (1077–80), an dessen Ende ein Gegenpapst stand, der den siegreichen Kg. zum röm. Ks. krönte (1084), kennzeichnen die Anfänge des I. als Machtprobe, in der wenig über die Lösung nachgedacht wurde. Das tat der unbeteiligte Bf. Ivo von Chartres († 1115), dessen Unterscheidung zw. den »zeitlichen« (temporalia), d.h. materiellen Gütern der Kirchenämter und deren »geistlichen» (spiritualia) Funktionen einen Ausweg wies, indem er mit Augustin alles Eigentum dem »Weltstaat« (civitas terrena) zuschrieb. Dieses Modell bestimmte zunächst die Lösung des engl. I. (1100–1107), die pragmatisch das Problem löste, indem sie beim Investiturakt Ring und Stab als geistl. Insignien verstand und deren »Belehnung« der Kirche überließ. Dies kam beim Abschluß des dt. I. zum Tragen. Ein Kraftakt Kg. Heinrichs V., der seine Verhandlungen mit Paschalis II. in Sutri bei Rom (1111) durch die Gefangennahme des Papstes beendete und ihn ein »Privilegium« unterschreiben ließ, wonach der König weiterhin mit Ring und Stab belehnen dürfe, löste zunächst den einmütigen Protest der »Gregorianer« aus. → Exkommunikation Heinrichs durch eine frz. Landessynode (1111) und Schwächung seiner dt. Position gegenüber den Landesfürsten durch die → Hirsauer Reform waren die Folge. So kam denn das → Wormser Konkordat (1122) nach langfristigen Verhandlungen als Kompromiß zustande. Mit der Verleihung des Zepters beließ er dem dt. Kg. einen (weltl.) Investiturakt, machte aber in der zeitl. Abfolge der zweiteiligen Investitur zw. Dtl. und Oberit. bes. Bestimmungen, um die unterschiedl. Interessenslage zu berücksichtigen. → Kirche und Staat.

Q: MIRBT-ALAND 547–564; D-S 701f., 705–707, 710–712; F. J. – I. SCHMALE, Quellen zum I., 2 Bde, Da 1978–84.

L: G. TELLENBACH, Libertas. Kirche u. Weltordnung im Zeitalter des I., St 1936; A. BECKER, Studien zum Investiturproblem in Fkr., Saarbrücken 1955; R. SPRANdel, Ivo v. Chartres u. seine Stellung in der KG, St 1962; C. Schneider, Prophetisches Sacerdotium u. heilsgesch. Regnum im Dialog 1073–1077, Mn 1972: H. Zimmermann, Der Canossagang v. 1077. Wirkungen u. Wirklichkeit, Wie 1975; M. Minninger, Von Clermont zum Wormser Konkordat, Kö-W 1978; C. Servatius, Paschalis II. (1099–1117), St 1979; R. Schieffer, Die Entstehung des päpstl. Investiturverbots für den dt. Kg., St 1981; U.-R. Blumenthal, Der I., St 1982; W. Hartmann, Der I., Mn 1993. – TRE XVI 237–247.

Iroschottische Kirche. Fern der städtischen Kulturwelt des »Imperium Romanum« und daher auch ihrem Untergang nicht verhaftet (→ Britische Kirche), entstand in Irland und Schottland ein eigenständiges Christentum, dessen monastischer Grundzug auf orientalisches → Mönchtum zurückweist. Die keltische Mönchskirche, als deren Gründer der hl. Patrick († 461) gilt, war deshalb auch von der späteren angelsächs. Bischofskirche (→ Angelsächsische Mission) grundverschieden. Im Unterschied zu deren (röm.-kath.) Metropolitanverfassung kannte die städtearme »Hibernia« (Irland) nur wenige Bischofssitze. Wie die Stammesgrenzen unterlagen hier die Diözesangrenzen einem steten Wandel. Konstant blieben dafür die parochialen Klostersprengel, deren Äbte (oft nur Presbyter dem klerikalen Rang nach) durch die Privatbeichte zudem einen weit intensiveren Einfluß ausübten als die Bischöfe. Daher waren auch Abteien Missionszentren, z.B. Withorn für Northumbrien (Nordbritannien) und die Klosterinsel Hi (Jona) für Schottland. In dieser Mission lebte das Ideal asketischer Heimatlosigkeit »um Christi willen« fort, das einst die Mönchsväter aus dem fernen Osten auf die »grüne Insel« gebracht hatte und ihre Schüler dann aufs Festland trieb. Zusätzl. konnten sie die seelsorgerl. Erfahrung mönchischer Beichtpraxis auch außerhalb des Kl. den Laien zugute kommen lassen. So wurden die iroschottischen Missionare zu beliebten Beichtvätern im Reiche der Merowinger (→ Bußpraxis). Daß ihre Klostergründungen auf dem Kontinent (→ Luxueil, Bobbio u.a.) sich den Lebensformen der → Benediktiner annäherten, ließ sie jedoch nicht ihre Eigenart (bis in den Kirchenbau; vgl. z.B. die Schottenkirche in Regensburg) verleugnen. Die I. K. hielt sich auf den britischen Inseln ungebrochen bis ins 12. Jh. Mit der Eroberung Irlands (1174) und der gleichzeitigen Einvernahme Schottlands als Lehen durch die Briten wurde ihr ein Ende gesetzt, das bis heute kaum verwunden ist, auch wenn man sich damit abgefunden hat, daß die Mönchskirche episkopal wurde und dies aus dem Gegensatz zur Anglikanischen Kirche (→ Anglikanismus) als röm. kath. Prinzip betont unterstreicht.

Q: J. F. Kenney, The Sources for the Early History of Ireland, Bd. 1: Ecclesiastical. NY 1929, (Ndr.) Shannon 1968.
L: H. v. Campenhausen, Die asketische Heimatlosigkeit, T 1930; A. Angenfendt, Monachi peregrini. Studien zu Pirmin, Mn 1970; J. T. McNeill, The Celtic Churches (200–1200), Lo 1974; M.-L. de Paor, Early Christian Ireland, Lo [5]1978; H. Löwe (Hg.); Die Iren u. Europa im früheren MA, 2 Bde, St 1982; J. Meyer-Sickendiek, Gottes gelehrte Vaganten, St 1982; H. Flachenecker, Schottenklöster. Irische Benediktiner-Konvente im hochma. Dtl., Pa 1995. – Atlas KG 19, 25.

Irvingianismus, benannt nach dem schottischen Presbyterianer Edward Irving (1792–1834), der 1832 von der schottischen Generalsynode suspendiert wurde. Irving, einer der Gründer der → Neuapost. Gemeinde, vertrat eine Lehre und einen Ritus, die weithin mit der → Röm.-Kath. Kirche übereinstimmten. Neben der Lehre von der baldigen Wiederkunft des Herrn Jesus zum Anbruch des tausendjährigen Reiches arbeitete er für eine Erneuerung der Gaben des Hl. Geistes (Zungenreden u. a.) und der urkirchl. Ämter, bes. des Apostelamtes.

Weil die Kath.-apost. Kirche im gewissen Sinn auch auf Irving zurückgeht, hießen ihre Mitglieder früher allg. »Irvingianer«. Ihre Glaubenslehre deckt sich großteils mit der Lehre der Anglikanischen Kirche (→ Anglikanismus).

L: RELLER 159–162.

Islam (arabisch Unterwerfung unter Gottes Willen) bez. die von Muhammad (ca. 570–632) vornehml. aus jüdischen und christl. Lehren gebildete Religion, in die auch die polit. Ordnung integriert ist. Die Lehre ist niedergelegt im ›Koran‹ (mit 114 Suren verschiedener Länge), der die vom Religionsstifter Muhammad in Auditionen und Visionen empfangenen und von seinen Schreibern festgehaltenen Offenbarungstexte enthält. Muhammad, der sich selbst als den letzten der Propheten bez. und als solcher von seinen Anhängern verehrt wird – Jesus gilt ihnen ebenfalls als ein großer Prophet –, erstrebte mit seiner ihm geoffenbarten Lehre eine Reform der von Juden und Christen verderbten Religion Abrahams. Zum I. gehören der Glaube an einen einzigen Gott (Allah), an das Letzte Gericht, an Hölle und Paradies sowie die Verantwortung jedes Einzelnen für seinen Nächsten und für die gesamte Glaubensgemeinschaft. Gesetzl. Vorschriften regeln Gebet, Fasten (Monat Ramadan), Opfer für Arme, Wallfahrt (nach Mekka und Medina), Ehe, Erbschaft, Hl. Krieg u. a. Nach Muhammads Tod spalteten sich die Anhänger bald in Sunniten und Schiiten. Der I. verbreitete sich schnell in der arabischen Welt und stieß immer weiter in christl. Länder des Abendlandes vor: 929 wurde ein Kalifat in Span. errichtet. Das Schicksal des I. blieb Jh. hindurch eng mit dem Osmanischen Reich verbunden, bis dieses im 17. Jh. seine beherrschende Stellung verlor. Die geistige Auseinandersetzung des christl. Abendlandes mit dem I. begann zur Zeit der → Kreuzzüge. Petrus Venerabilis, Abt von Cluny (→ Cluniazenser Reform), übersetzte den Koran erstmals ins Lateinische. In der → Scholastik wurden die grundlegenden Unterschiede zw. christl. Glauben und I. deutlich herausgestellt; dazu zählte vor allem die Leugnung der Dreipersonalität Gottes und der Gottessohnschaft Jesu. Thomas von Aquino (→ Thomismus) verfaßte seine ›Summa contra gentiles‹, worin der I. als heidnische Religion erscheint. Die christliche → Mission in islamischen Ländern setzte schon im 9. Jh. in Span. ein und wurde insbes. von → Dominikanern und → Franziskanern, später auch von → Karmeliten und → Kapuzinern sowie von → Jesuiten auf fast alle arabischen Länder ausgedehnt. Seit dem 19. Jh. sind fast alle christl. Kirchen und auch Sekten mit Missionaren in islamischen Staaten vertreten (→ Missionsgesellschaften). Pius XI. err. 1925 in Rom einen Lehrstuhl für Islamkunde, um künftige Missionare auf ihre Tätigkeit vorzubereiten. Wenn die → Röm.-Kath. Kirche dem I. bisher mit Ablehnung begegnet ist, weil sie – wie auch andere Kirchen – in ihm eine neue, das Christentum verdrängende Religion erblickte, so steht die Erklärung des 2. → Vatik. Konzils über den I. im Zeichen des islamisch-christl. Dialogs.

Der christl. → Mystik vergleichbar ist im I. der Sufismus. Kennzeichen eines Sufi sind einerseits Askese u. Weltflucht u. andererseits emotionale Gottesliebe u. innige Vereinigung mit Gott.

P: Oriens, Lei 1948ff.; Studia Islamica, P 1953ff.; The Quarterly Index Islamicus, Lo 1954ff.; Islamochristiana, 1975ff.

Q: C. SCHEDL, Muhammad u. Jesus, Die christologisch relevanten Texte des Korans neu übers. u. erklärt, W 1978; Der Koran, übers. v. R. PARET, St [4]1985; Der Koran. Kommentar u. Konkordanz v. R. PARET, St. [3]1986; LThK Vat. II 488–495; Corpus Islamochristianum, Altenberge 1985ff.; R. R. GRAMLICH, Islamische Mystik. Sufische Texte aus 10 Jhh., St 1992; N. A. NEWMAN (Hg.), The Early Christian-Muslim Dialogue. A Collection of Documents from the First Three Islamic Centuries (632–900 a. D.), Hatfield/USA 1984.

L: L. ANDRAE, Islamische Mystiker, St 1960; R. PARET, Mohammed u. der Koran, St 1965, [6]1985; K. KREISER – W. DIEM – H.-G. MAJER (Hg.), Lexikon der islamischen Welt, 3 Bde., St 1974; R. FRIELING, Christentum u. I., St 1977; W. M. WATT – A. T. WELCH – M. E. MARMURA, Der I., 3 Bde, St 1980ff.; A.-T. KHOURY, Einführung in die Grundlagen des I., Da [2]1981; T. NAGEL, Staat u. Glaubensgemeinschaft im I., 2 Bde., Z 1981; DERS., Die Gesch. der islam. Theol. v. Mohammed bis zur Gegenwart, Mn 1994; C. F. BECKINGHAM, Between Islam and Christendom. Travellers, Facts and Legends in the Middle Ages and the Renaissance, Lo 1983; W. STROLZ, Heilswege der Weltreligionen. Bd. 1: Christl. Begegnung mit Judentum u. I., Fr-Bas-W 1984; H. KÜNG u. a., Christentum u. Weltreligionen, Mn-Z 1984, S. 27–204; H. BUSSE, Die theol. Beziehungen des I. zu Judentum u. Christentum, Da 1988; R. W. SOUTHERN, Das I.bild des Mittelalters, St 1988; A. SCHIMMEL, Myst. Dimensionen des I. Die G. des Sufismus, Kö 1985, Da [2]1992; P. ANTES u. a., Der I. Religion, Ethik u. Politik, St 1991; H.-A. STEMPEL (Hg.), Christentum u. I. in Gesch. u. Gegenwart, Bochum 1994; J. BOUMAN, Christen u. Moslems, Gießen-Bas 1995; H. BOBZIN, Der Koran im Zeitalter der Reformation, St 1995. – TRE XVI 315–358.

Jakobiner, urspr. Name für die → Dominikaner des Kl. St-Jacques (Hl. Jakob), später für die Anhänger des frz. Revolutionsklubs, die sich im ehem. Dominikanerkloster St. Jakob in Paris versammelten und demnach J. genannt wurden. Der Klub setzte sich aus bretonischen Abgeordneten der Nationalversammlung von 1789 (→ Frz. Revolution) zusammen; er galt als das Hauptquartier demokratisch-republikanischer Ideen und Bestrebungen. Zur Zeit des Nationalkonvents (1792–94) bestimmte er den Kurs der revolutionären Vorgänge (»Schreckensherrschaft«). Die J. bekämpften im Geist der → Aufklärung Kirche und Christentum, an deren Stelle sie den Kult eines »höchsten Wesens« setzten. Dies gilt bes. für die antiklerikal gesinnten J. in Belgien. Priester und Mönche wurden verhaftet, mehrere von ihnen hingerichtet, Klöster zerstört und Kirchen profaniert. In Fkr. endete M. de Robespierre (1758–94), der Anführer der J., unter dem Fallbeil. Im selben Jahr wurde der Jakobinerklub geschlossen, 1799 für kurze Zeit wieder eröffnet. Die röm. J. proklamierten 1798 die »Röm. Republik.«

Wenn auch zw. J. und → Jansenismus in manchen Punkten Übereinstimmung herrschte, so bestand doch ein grundsätzl. Unterschied darin, daß die J., meist Deisten, die Kirche zerstören wollten, während die Jansenisten eine tiefgehende Reform der Kirche erstrebten.

L: W. GRAB, Leben u. Werke norddt. J., St 1973; H. SCHEEL, Die Mainzer Republik, B 1975; A. KUHN, J. im Rheinland. Der Kölner konstitutionelle Zirkel v. 1798, St 1976; H. REINALTER (Hg.), J. in Mitteleuropa, I 1977; DERS., Aufgeklärter Absolutismus u. Revolution. Zur Gesch. des J.tums u. der frühdemokratischen Bestrebungen in der Habsburgermonarchie, W-Kö-Graz 1981; DERS., Der Jakobinismus in Mitteleuropa, St 1981; W. GRAB, Ein Volk muß seine Freiheit selbst erobern. Zur Gesch. der dt. J., F 1985; H. G. HAASIS, Gebt der Freiheit Flügel Die Zeit der dt. J. 1789–1805, Reinbek 1988.

Jansenismus, nach dem Löwener Theologen Cornelius Jansen(ius) dem Jüngeren (1585–1638) benannte dogmatische, moralische und polit. Bewegung des 17. und 18. Jh. bes. in Belgien, Fkr. und den Niederlanden. Die theol. Kontroverse drehte sich um die Gnadenlehre, insbes. um die calvinisch verstandene Prädestination (→ Calvinismus). Weitere Grundzüge: Ablehnung der Philosophie im Bereich der Theologie, Vorrangstellung der → Bibel und der → Kirchenväter, moralischer Rigorismus und (staatskirchl.) → Episkopalismus.

Vorgeschichte: Bei den ununterbrochenen Gnadenstreitigkeiten griff man immer wieder auf Augustinus († 430) zurück, der sich im Kampf gegen den → Pelagianismus als »doctor gratiae« erwiesen hatte. Im Jh. der → Reformation lag der Löwener Theologe Michael de Bay (→ Bajanismus) in heftigem Disput mit → Jesuiten, spez. mit L. Lessius; ebenso stritten in Span. → Dominikaner mit Jesuiten, an der Spitze L. de Molina (→ Molinismus). Die Röm. Kurie, auf Einheit und Geschlossenheit der Kirche bedacht, verfügte 1611 die Notwendigkeit ihrer Erlaubnis für den Druck von Abhandlungen über die Gnadenfrage.

Unter Cornelius Jansen, einem Schüler von Michael de Bay, seit 1618

Prof. der Theologie in Löwen und seit 1636 Bf. von Ypern, lebte der Gnadenstreit neu auf. Wie Bay (Bajus) griff auch er, dem eine allg. Reform der kirchl. Dogmatik und Moral vorschwebte, auf Ideen Augustins zurück, wenn er eine rigoristische Elite-Moral zum Ziel erhob. Seine in dem posthum erschienenen Werk ›Augustinus seu doctrina S. Augustini de humanae naturae sanitate, aegritudine, medicina adversus Pelagianos et Massilienses‹ (3 Bde, Lv 1640) niedergeschriebenen Gedanken wirkten rasch weiter, bes. in Fkr., wo Jansen sich zusammen mit seinem Freund J. A. Duvergier de Hauranne († 1643), Kommendatarabt von Saint-Cyran, seit 1604 viele Jahre aufgehalten hatte. In diesem Hauptwerk lehrte er die Unwiderstehlichkeit der göttl. Gnade und die durch die Erbsünde bedingte Schwachheit des Menschen. Den Gegnern im Lager der Jesuiten machte er in der Gnadenlehre → Semipelagianismus und in der Sakramentenpraxis Laxismus zum Vorwurf. Die Indexkongreg. (→ Bücherzensur, → Röm. Kurie) verbot das Buch schon 1641, Urban VIII. verurteilte es mit der Bulle ›In eminenti‹ (1642). Innozenz X. bez. in der Bulle ›Cum occasione‹ (1653) fünf Hauptthesen als häretisch (D-S 2001–2007; N-R 871–875). Als Kg. Ludwig XIV. die päpstl. Verurteilung unterstützte, suchten die Jansenisten einem Konflikt mit der staatl. Gewalt auszuweichen, indem sie den häretischen Charakter der Thesen (quaestio iuris) zwar anerkannten, jedoch verneinten, daß diese Thesen im »Augustinus« enthalten seien (quaestio facti). Clemens XI. mißbilligte das seit einiger Zeit beobachtete »silentium obsequiosum« (Stillschweigen aus Gehorsam) und verlangte 1705 die ausdrückl. Distanzierung von den fünf Hauptthesen (D-S 2390). Wenige Jahre später wurde das → Zisterzienserinnen-Kloster Port-Royal in Paris unter der Äbtissin Angelique Arnauld († 1661), einer leibl. Schwester des ebenfalls jansenistisch gesinnten Pariser Theologieprofessors Anton Arnauld († 1694), ein zweites Mal mit dem Interdikt (Verbot aller kirchl. Amtshandlungen) belegt und dann mit Zustimmung des Papstes aufgehoben. Die Kloster- und Kirchengebäude fielen blindwütiger Zerstörung zum Opfer. Auch Blaise Pascal (1623–62), der zu Port-Royal, wo seine Schwester Jacqueline als Nonne lebte, persönl. Kontakte unterhielt, kämpfte im Geist des J. vornehml. gegen die kasuistische Moral der Jesuiten (W: Lettres à un provincial, 1656ff.). Der → Oratorianer Pasquier Quesnel († 1719) flüchtete nach der Zerstörung von Port-Royal mit anderen Jansenisten nach Belgien und veröff. ab 1688 seine ›Réflexions morales‹ über das NT. Auf Verlangen des frz. Kg. bez. Clemens XI. in der Konst. ›Unigenitus Dei Filius‹ (1713) 101 Sätze als Irrtümer (D-S 2400–2502; N-R 876–888). Die Jansenisten spalteten sich nun in Acceptanten und Appellanten. Noch Benedikt XIV. verfügte 1756, daß öff. Verächtern der Bulle ›Unigenitus‹ die Sterbesakramente zu verweigern seien. Wenn auch der Gnadenstreit im Mittelpunkt des J. stand, so spielten doch auch praktische Konsequenzen, die von Anhängern des J. gefordert und praktiziert wurden (Betonung bischöfl. Rechte gegenüber Papst und rel. Orden, Ablehnung der päpstl. Unfehlbarkeit, staatl. Kompetenz auch in kirchl. Fragen) eine nicht geringe Rolle. Die

Ideen und Aktionen des J. verloren erst im 19. Jh. an Wirksamkeit, nicht zuletzt als Folge des Zusammenwirkens von → Kirche und Staat.

Peter Codde († 1710), Apost. Vikar der Kirche in Holland, galt als überzeugter Jansenist; er wurde deshalb von Clemens XI. seines Amtes enthoben. Da aber diese röm. Maßnahme auf heftigen Widerstand stieß, kam es zum holländischen Schisma (→ Kirche von Utrecht).

Q: L. Ceyssens, Sources relatives à l'histoire du Jansénisme et de l'Antijansénisme, Lv 1957ff.; Ders., Le premier bulle contre Jansénius, Bru-R 1967.

L: W. Deinhard, Der J. in dt. Landen. Ein Beitrag zur KG des 18. Jh., Mn 1929, (Ndr.) Hi 1976; J. Orcibal, Les origines du Jansénisme, 5 Bde. Lv-P 1947–62; L. Ceyssens, Jansenistica minora, 4 Bde, Mecheln 1950–58; Ders., La fin de la première période du Jansénisme, 2 Bde, Bru 1963–65; L. Cognet, Le Jansénisme, P 1961, [3]1968; P. Hersche, Der Spätjansenismus in Östr., W 1977; J. Vazquez, L'oeuvre littéraire de Lucien Ceyssens sur le jansénisme e l'antijansénisme devant la critique, R 1979; J. Orcibal, Jansénius de'Ypres (1585–1638), P 1989; F. Hildesheimer – M. Pieroni Francini, Il giansenismo, Mi 1994. – TRE XVI 502–509.

Jesuaten, um 1360 in Siena von Johannes Colombini († 1367) gegr. und 1367 von Urban V. bestätigte Kongreg. von Laien (vom 17. Jh. an auch Priester), die ein asketisches Leben führten und sich vor allem die Pflege von Kranken angelegen sein ließen. Ihre Name erklärt sich daraus, daß sie ihre Bußpredigten mit den Worten »Es lebe Jesus, gelobt sei Jesus!« begannen und schlossen. Die von Joh. Tavelli von Tossignano ausgearbeiteten Statuten entsprachen der → Benediktregel sowie der → Augustinusregel. Clemens IX. hob die J. 1688 auf.

Die 1363 von Katharina Colombini gegr. *Jesuatinnen* blieben unabhängig von den J. und nahmen im 15. Jh. die Augustinusregel an. Sie lebten in Kontemplation und Buße. 1954 schlossen sie sich mit den → Kamillianerinnen zusammen.

L: Heimbucher I 596–598; G. Dufner, Gesch. d. J., Rb 1975.

Jesuiten heißen die Mitglieder der von dem span. Edelmann Iñigo von Loyola gegr. und von Paul III. 1540 bestätigten ›Gesellschaft Jesu‹ (Compañia de Jesús; heute offiz. Societas Jesu = SJ). Iñigo (später Ignatius) Lópes de Loyola (1491–1556) entschloß sich nach Verwundung und »Bekehrung« in Manresa (1522/23), sein allzu weltl. Leben aufzugeben und in den Dienst der Kirche und des Evangeliums zu treten. Während seiner philos. und theol. Studien in Paris (1528–35) scharte er sechs gleichgesinnte Kommilitonen (u. a. Franz Xaver, Peter Faber und Diego Lainez) um sich; sie legten die Gelübde der Armut, der Keuschheit und der Missionsarbeit im Hl. Land (oder, falls dies unmögl. ist, des Gehorsams gegenüber dem Papst) ab und bildeten die Urzelle der späteren Ges. Jesu. In der ›Prima Formula Instituti‹ (1539), die in der päpstl. Bestätigungsbulle ›Regimini militantis Ecclesiae‹ vom 27. 9. 1540 fast vollständig enthalten ist, finden sich als konkrete Apostolatsziele: Predigt, geistl. Übungen (→ Exerzitien), Werke der Caritas, Unterricht und Seelsorge bes. im Beichtstuhl. Als erster Generaloberer (Praepositus generalis) verfaßte Ignatius die Konst., die bei der 1. Generalkongregation 1558 angenommen wurden. Charakteristisch im Vergleich mit anderen Ordensgründungen sind Verzicht auf Ordenstracht und gemeinsames Breviergebet sowie strenger Gehorsam gegenüber der Autorität. Dem »General« stehen bei der Leitung des Ordens 10 (früher 4) Assistenten als Berater zur Seite; seine Amtszeit endet mit dem Tod. Die Generalkongregation (oder das Generalkapitel) gilt als gesetzgebendes Organ; sie wird vom Papst oder vom General einberufen, wenn außerordentl. Probleme zu entscheiden sind. Die sog. Prokuratorenkongregation tritt alle drei Jahre zusammen. Grundlegend bis in die jüngste Vergangenheit ist der Unterschied zw. Professen (feierl. Gelübde), aus denen die höheren Oberen und die Professoren für Philosophie und Theologie gewählt wurden, und Coadiutores (Priester- oder Laienbrüder mit einfachen Gelübden). Die J. zählen einerseits als → Regularkleriker, andererseits sind sie wegen ihres Armutsgelübdes mit den → Bettelorden zu vergleichen.

Obwohl die J. unabhängig von den Anfängen der → Reformation ins Leben traten, wurden sie doch infolge ihres Unterrichtsziels bald zum einflußreichsten Verteidiger und Verbreiter des kath. Glaubens zur Zeit der → Kath. Reform und der → Gegenreformation. Neben ihrer Haupttätigkeit auf dem Gebiet der christl. Unterweisung, bes. in höheren Schulen und in Hochschulen (viele ordenseigene Kollegien!), spielten sie im Laufe ihrer Gesch. auf verschiedenen Gebieten eine hervorragende Rolle, z.B. als Seelsorger (Exerzitien), Fürstenbeichtväter, Heidenmissionare und Wissenschaftler. An Vorwürfen gegen einzelne J. und den Orden insgesamt fehlte es zu keiner Zeit (→ Jansenismus, → Ritenstreit). In der 2. Hälfte des 18. Jh. wurden die J. aus Portugal, Fkr. und Span. ausgewiesen. Clemens XIV. verfügte auf Drängen des frz. Königshofes mit dem Breve ›Dominus ac Redemptor noster‹ vom 21. 7. 1773 die Aufhebung des Ordens. Nach 40 Jahren stellte Pius VII. mit der Bulle ›Sollicitudo omnium Ecclesiarum‹ vom 7. 8. 1814 den Orden, der nur in Preußen und in Rußland ununterbrochen fortbestanden hatte, wieder her. Um die Mitte des 19. Jh. mußten die J. sich aus den meisten europäischen Ländern zurückziehen, bis sie erst in unserem Jh. fast überall wieder zugelassen wurden. Das im → Kulturkampf auf Betreiben der bayr. Regierung erlassene Jesuitengesetz vom 4. 7. 1872 schloß den Orden und die ihm verwandten Orden (→ Redemptoristen, → Lazaristen) vom gesamten Reichsgebiet aus und löste alle bestehenden Niederlassungen auf. Für die J. galten Aufenthaltsbeschränkungen; ausländische J. mußten mit Ausweisung rechnen. Dieses Gesetz blieb bis 1917 in Kraft. Seit 1931 bestehen drei dt. Ordensprovinzen. Der gesamte Orden umfaßt heute ungefähr 28000 J. in 89 Prov. in über 100 Ländern. Unter den von J. unterhaltenen Hochschulen ist die ›Päpstl. Univ. Gregoriana‹ (von Ignatius 1551 als Collegium Romanum gegr.; von Gregor XIII. mit einem Neubau [1582–84] ausgestattet und mit reichen Stiftungen dotiert) weltbekannt. – Ein Novum bedeutet die 1981 von Johannes Paul II. vorgenommene Einsetzung eines Paters als »Päpstl. Delegaten« an Stelle des infolge Krankheit amtsunfähigen Ordensgenerals.

Die Gründung eines weibl. Ordenszweiges hat Ignatius stets abgelehnt. *Jesuitessen* bez. seit dem 17. Jh. Frauen, die, einzeln oder in Gemeinschaft lebend, weibl. Jugendlichen Unterricht erteilen und teilweise von J. unterstützt werden, ohne aber dem Orden selbst irgendwie angeschlossen zu sein. → Jesuitenstaat, → Marianische Kongregationen.

P: La Civiltà Cattolica, R 1850ff.; Études, P 1856ff.; StZ, Fr-Mn 1871ff.

Q: Monumenta Historica Societatis Jesu: Constitutiones I–IX, Ma 1934–48; H. U. v. BALTHASAR (Hg.), Die großen Ordensregeln, Ei-H-Kö 1948, ³1974; MIRBT-ALAND 817–838; IGNATIUS V. LOYOLA, Der Bericht des Pilgers (Autobiographie), Fr-Bas-W 1955; KThQ III 94–96.

L: B. DUHR, Jesuitenfabeln, Fr ⁴1904; DERS., Gesch. der J. in den Ländern dt. Zunge, 4 Bde, Fr 1907–28; L. KOCH, J.-Lexikon, Fr 1934; C. HOLLIS, Die J. Söhne des Heiligen Vaters, H 1970; K. HENGST, Jesuiten an den Universitäten und J.universitäten, Pa 1981; A. EBNETER, Der Jesuitenorden, Z-Ei-Kö 1982, ²1984; B. J. MURPHY, Der Wiederaufbau der Ges. Jesu in Dtl. Jesuiten in Dtl. 1849–1872, F-Bern-NY 1985; R. GARCIA-VILLOSLADA, San Ignacio de Loyola, Madrid 1986; K. MERTES – G. SCHMIDT, Der J.orden heute, Mz 1990; A. FALKNER – P. IMHOF (Hg.), Ignatius von Loyola u. die Gesellschaft Jesu 1491–1556, Wü 1990; I. TELLECHEA, Ignatius von Loyola. Allein und zu Fuß, Madrid 1986, Zürich 1991; M. SIEVERNICH – G. SWITEK (Hg.), Ignatianisch, Fr 1990; J. W. O'MALLEY, Die ersten J., Wü 1995. – TRE XVI 660–670. – Atlas KG 78, 84.

Jesuitenstaat. In lateinamerikanischen Ländern errichteten vor allem → Jesuiten-Missionare im 17. Jh. sog. Reduktionen (span. reducciones), d. h. abgeschlossene Siedlungen, für bekehrte Indianer, die zur Kirche und zum bürgerl. Leben zurückgeführt (reducti) worden waren, um sie, zu Hunderten oder Tausenden versammelt, weiterhin zu »missionieren«. Das Alltagsleben der Indianer in solchen Reduktionen trug ein typisch kirchl.-rel. Gepräge. Der Unterricht der Jesuiten umfaßte aber nicht nur Religion, sondern auch weltl. Fächer. Am bekanntesten und berüchtigsten zugleich ist der sog. J. von Paraguay. Im Zusammenhang mit dem Madrider Vertrag von 1750, demzufolge 7 Reduktionen im Gebiet des mittleren Paraná und des Uruguay an Portugal kamen und ungefähr 30000 Indianer auf span. Territorium übersiedeln sollten, kam es zu schweren (bes. von Minister Pombal erhobenen) Verleumdungen gegen die Jesuiten und 1767 zu deren Ausweisung aus dem span. Amerika, in dem der sog. J. 30 Reduktionen mit ca. 100000 Indianern, davon 8 Reduktionen im heutigen Paraguay, zählte. Einen »J. von Paraguay« gab es zu keiner Zeit, da die einzelnen Reduktionen einen Teil des span. Kolonialreiches ausmachten. Nach dem Abzug der Jesuiten ging die Zahl der Indianer in den Reduktionen schnell zurück. Der Staat hob die Reduktionen 1848 auf und unterwarf die Einwohner den allg. Staatsgesetzen.

L: M. FASSBINDER, Der »J.« in Paraguay, Hl 1926; P. CARAMAN, The Lost Paradise, Lo 1975, (dt.) Ein verlorenes Paradies. Der J. in Paraguay, Mn 1979; P. C. HARTMANN, Der J. in Südamerika 1609–1768, Weißenhorn 1994.

Johanniter, urspr. Krankenpfleger in Jerusalem, im 11. Jh. ein rel. Orden für Betreuung der Pilger und Pflege der Kranken (auch → Hospitaliter genannt), seit Mitte des 12. Jh. ein → Ritterorden, der den Kampf gegen die Moslems (hauptsächl. zum Schutz der Grenzen) wichtiger nahm als caritative Aufgaben. Der Anfang der J. ist in dem Hospital zu sehen, das Kaufleute aus Amalfi um 1070 in Jerusalem auf den Namen des alexandrinischen Patriarchen Johannes des Almosengebers († ca. 620) errichteten. Nach dem 1. → Kreuzzug erlangte diese Genossenschaft größere Bedeutung. Bes. in Fkr. entstanden zahlreiche Niederlassungen, mehr für die Bedürfnisse ihres Kriegsdienstes im Osten als für den Einsatz in Hospitälern gedacht. Dank vielen Schenkungen und Privilegien von Päpsten kamen die J. zu großem Reichtum. An der Spitze des Ordens, der Ritter, Priester und Servienten (dienende Brüder) umfaßte, stand der Ordensmeister, seit 1267 Großmeister geheißen. Die Statuten von 1155 blieben lange Zeit richtungweisend. – Der immense Reichtum und das damit verbundene Ansehen der J. erregten den Neid und Haß der → Templer. Infolge wachsender Zwistigkeiten sah sich Kg. Hugo von Jerusalem 1278 gezwungen, die Krone niederzulegen. Nach dem Fall Akkons 1291 zogen sich die J. nach Cypern zurück und eroberten kurz vor 1310 die Insel Rhodos, die sie schnell zu einem massiven Stützpunkt gegen die Moslems ausbauten. Besitz und Reichtum des Ordens erreichten den Höhepunkt, als das Konzil von → Vienne (1311) sämtl. Güter des Templerordens (die span. Halbinsel ausgenommen) den J. zusprach, um sie vor dem Zugriff des frz. Königs zu retten. Nachdem die J. 1522 den Truppen Solimans II. hatten weichen müssen, ließen sie sich auf der ihnen von Ks. Karl V. übereigneten Insel Malta nieder (deshalb jetzt auch *Malteser* genannt). 1798 kam der Orden, dem viele frz. Ritter angehörten, unter frz. Herrschaft. Im Jahr zuvor noch hatte Zar Paul I. in Rußland ein Großpriorat err., dem er selbst als Großmeister vorstand. Der Ordensbesitz fiel der → Säkularisation zum Opfer. – Heute besteht der Johanniterorden aus einem ev. Zweig, der sich ebenfalls Johanniterorden nennt, und einem kath. Zweig, dem Malteser-Orden. Beide sehen ihre Hauptaufgabe im Dienst an Kranken und Schwachen.

Der Preuß. Johanniterorden, 1852 von Kg. Friedrich Wilhelm IV. zur Pflege von Kranken und Alten gegr., bedeutete eine Fortsetzung des einstigen Ordens. Wenige Jahre später trat die Genossenschaft rheinisch-westfälischer Malteser-Devotionsritter ins Leben. 1867 wurde der Verein schlesischer Malteserritter gegründet.

Q: R. Hiestand, Papsturkunden für Templer, Gö 1972; G. T. Lagleder, Die Ordensregeln der Johanniter-Malteser, St. Ottilien 1983.

L: A. Wienand (Hg.), Der J.-Orden. Der Malteser-Orden. Der ritterl. Orden des hl. Johannes v. Spital zu Jerusalem, Kö 1970, [3]1988; B. Maurer, Die J. im Breisgau, Fr-Bas-W 1978; E. Bradford, Kreuz u. Schwert. Die J./Malteser-Ritterorden, Mn 1981; Y. Karmon, Die J. und Malteser. Ritter und Samariter, Mn 1987; B. Waldstein, Die Vasallen Christi, Kö 1988; R. L. Dauber, Der Johanniter-Malteser Orden in Österreich u. Mitteleuropa, Bd. I, (Privatdruck) W 1996.

Josephinismus, nach Joseph II. (1741–90; seit 1765 Mitregent und seit 1780 Kaiser in Östr.) benannte gesch. Periode, in der die Kirche in den österreichisch-habsburgischen Ländern eine weitere Trennung vom Staat erfuhr, der Staat selbst aber in die Verwaltung der Kirche, einschließl. ihres Vermögens, weitgehend eingriff. Der J. bedeutete einen Höhepunkt des → Staatskirchentums. – Auch wenn der J. seinen Namen nach Ks. Joseph II. trägt, zeitigten die zugrunde liegenden Vorstellungen schon unter seiner Mutter, Kaiserin Maria Theresia (1740–80), in den sechziger Jahren reiche Früchte (sog. Früh-J.). Maßgebend wirkten dabei kaiserl. Ratgeber, an der Spitze Staatskanzler A. W. von Kaunitz-Rietberg, der 1768 in einer geheimen Instruktion für die seiner Verwaltung unterstellte östr. Lombardei die Beziehungen zw. → Kirche und Staat prinzipiell ordnete. Bald schon wurden diese Bestimmungen und Gesetze auf alle östr. Länder übertragen, ungeachtet des Protestes kirchl. Autoritäten. Unter Maria Theresias Sohn Joseph erlangte das staatskirchl. Verwaltungssystem eine übertriebene Perfektion. Seine unmittelbaren Nachfolger Leopold II. (1790–92) und Franz I. (1792–1806) setzten den eingeschlagenen Weg unter Einschränkungen fort, bis Ferdinand I. (1835–48) den dringendsten Forderungen der Kirche in der Praxis nachgab und Franz Joseph I. (1848–1916) das josephinische Staatskirchensystem 1850 vollständig abschaffte. – Einzelne Maßnahmen: Päpstl. Verlautbarungen und Dispensen durften ebenso wie alle gedruckten Erlasse auswärtiger Ordensoberer nicht ohne staatl. Genehmigung veröff. werden. Verbindungen der rel. Orden mit Rom und ausländischen Ordensoberen blieben verboten. Die Grenzen von Diöz. und Pfarreien in Östr. wurden neu festgelegt. Viele Klöster und → Bruderschaften gingen unter. Die Zahl der Novizen erfuhr eine Beschränkung. Ordensleuten blieben Geldtransaktionen ins Ausland untersagt. Die Mitgift einer Ordensfrau durfte 1500 Rhein. Gulden nicht überschreiten. Eine Hofkommission in Religionssachen fungierte seit 1769 als oberste staatskirchl. Behörde. Der Besitz der aufgelösten Klöster und eingezogenen Kirchengüter floß in einen Religionsfond zur Finanzierung der Kirchenreform. An die Stelle der bischöfl. Seminare traten staatl. Generalseminare. Der von dem → Benediktiner-Abt Rautenstrauch erstellte Studienplan löste die bisher allgemein geltende ›Ratio studiorum‹ der Jesuiten ab. Für den Unterricht in KG war das Lehrbuch des Protestanten Schröckh vorgeschrieben, für KR das des josephinisch gesinnten Kanonisten Paul von Riegger. Die Zahl der Pfarreien wurde beträchtl. erhöht. Bei der Seelsorge genossen Messe, Predigt und Caritas bes. Vorrang. → Wallfahrten, Prozessionen, → Reliquien- und → Heiligenverehrung wurden eingeschränkt oder ganz verboten, die Zahl der Feiertage stark verringert. Die Kirche verlor viele Rechtsprivilegien, z. B. Befreiung des Klerus von Abgaben und von der weltl. Gerichtsbarkeit. Das Toleranzedikt von 1781 gewährte Lutheranern, Reformierten und orth. Griechen die vollen bürgerl. Rechte und freie Ausübung ihrer Religion; die Röm.-Kath. Kirche behielt aber ihre dominierende Stellung. – Gewiß erstrebte und erzielte der J. in vielen Punkten eine nützl. und längst notwendige Erneuerung des kirchl. Lebens, so daß manche Historiker den J. primär als → Reformkatholizismus einschätzen. E. WINTER sieht im J. den »Versuch einer grundlegenden Reform der Röm.-Kath. Kirche im Sinne der Urkirche«. Andererseits fehlte es im J. nicht an kirchenfeindl. Bestrebungen, die die Kirche völlig dem Staat ausliefern wollten. – Pius VI. reiste 1782 nach Wien, um Ks. Joseph II. persönl. zum Einstellen der Reformmaßnahmen zu bewegen. Einigkeit erreichte man aber nur hinsichtl. einer neuen Diözesangliederung. Im folg. Jahr wurde für Wien eine neue Gottesdienst- und Andachtsordnung eingeführt.

Q: J. MAASS, Der J. Quellen zu seiner Gesch. in Östr. 1760–1850, 5 Bde, W 1951–61; L. SANTIFALLER – SCHMIDINGER (Hg.), Nuntiaturberichte Östr., Bd. I (1767–74), W 1970; P. HERSCHE, Der aufgeklärte Reformkatholizismus in Östr., Bern 1976.

L: E. WINTER, Der J. Die Gesch. des östr. Reformkatholizismus 1740–1848, Brünn 1943, B ^{2}1962; F. VALJAVEĆ, Der J., Mn 1944, ^{2}1945; H. RIESER, Der Geist des J. u. sein Fortleben, W 1963; F. MAASS, Der Frühj., W-Mn 1969; E. WINTER, Barock, Absolutismus u. Aufklärung in der Donaumonarchie, W 1971; P. P. BERNARD, Jesuits and Jacobins, Enlightenment and Enlightened Despotism in Austria. Urbana-Ch-Lo 1971; E. BRADLER-ROTTMANN, Die Reformen Ks. Josephs II., Gö 1973; E. KOVÁCS, Ultramontanismus u. Staatskirchentum im Theresianisch-Josephinischen Staat, W 1975; J. STANZEL, Ignaz v. Felbiger (1724–1788). Schule, Kirche u. Staat in Recht u. Praxis des aufgeklärten Absolutismus, Pa 1976; H. REINALTER (Hg.); Reformkatholizismus oder Staatskirchentum? Zur Bewertung des J. in der neueren Literatur: RHM 18 (1976) 283–307; G. OBERKOFLER – E. ZLABINGER (Hg.), Ost-West-Begegnung in Östr. Fs. für E. WINTER, W 1976; H. HOLLERWEGER, Die Reform des Gottesdienstes zur Zeit des J. in Östr., R 1976; M. BRANDI, Der Kanonist Joseph Valentin Eybel (1741–1805), Steyr 1976; E. KOVÁCS (Hg), Kath. Aufklärung u. J., Mn 1979; W. KOSCHATZKY, Maria Theresia und ihre Zeit, Sa-W 1979; F. P. BARION, Jesuiten, Jansenisten, Josephiner, W-Graz 1979; DERS. (Hg.) Im Zeichen der Toleranz, 2 Bde, W 1981; H. REINALTER, Aufgeklärter Absolutismus u. Revolution, W 1980; G. GUTKAS, Kaiser Joseph II., W 1989; H. KLUETING, Der J., Da 1995. – TRE XVII 249–255.

Judenchristentum begleitet das Christentum von seinen Anfängen an, da es selber aus christusgläubigen Juden hervorging. Ebenso früh sahen diese sich aber in Großstädten wie Antiochien durch christusgläubige »Heiden« (Héllenes) majorisiert, was zu Spannungen führen mußte (Gal 1–2). Synagogale Verfemung (tägl. Verfluchung als »Minnim«, d.h. Ketzer, im jüdischen Achtzehnbittengebet) trieb das J. ebenso in die Isolierung wie im 2. Jh. die großkirchl. Entwicklung zur konfessionellen Indolenz (sog. Altkatholizismus). Man organisierte sich daher als selbständige Gemeinden mit eigenen Evangelien (→ Ebioniten) und Liturgie (Osterfeier am 14. Nisan). In das Ostjordanland, Ostsyrien und Mesopotamien abgedrängt, wurde das J. dort zur Wiege eines judenchristl. → Gnostizismus, der für den → Manichäismus Bedeutung gewann. Im Mittelmeerraum und abendländischen MA blieb christusgläubigen Juden nur übrig, sich durch die Taufe in christl. Gemeinden einzugliedern. Diese Zwangssituation bedeutete im Unterschied zu den schon von Augustin sanktionierten, danach in Span. und anderswo praktizierten Zwangstaufen von Juden

(→ Judenverfolgungen), daß sie den höheren Rang des Taufsakramentes gegenüber der Beschneidung festhielt. – An die nie abgerissenen Fäden knüpften in der → NZ Bemühungen um die jüdischen Christen innerhalb der Kirchen an. An ihre Zusammenschließung hatte schon Zinzendorf für seine Brüdergemeinde gedacht. In London entstand 1813 der Verein der ›Söhne Abrahams‹, aus dem sich die ›Judenchristl. Allianz‹ (1865) entwikkelte, die ihrerseits mit der ›International Hebrew Christian Alliance‹ (1925) eine mondiale Ausweitung vor allem als Hilfsorganisation erfuhr. Die theol. Frage nach dem höheren Rang des Sakramentes wurde dem dt. → Protestantismus durch die Problematik des sog. Arierparagraphen gestellt, leider auch unterschiedl. beantwortet; das Gutachten der Marburger Theologen R. Bultmann und H. von Soden erteilte seiner Einführung in die Kirchen eine eindeutige Absage. – Andere Wege des Kontaktes beschritt man vor dem 1. Weltkrieg in Galizien und Südrußland, wo bis zur russ. Revolution (1917) ein traditionsbewußtes Talmudjudentum lebte. Hier wurden jüdischen Christen stärkere Konzessionen an das jüdische Ritual abverlangt. Emigranten übermittelten solche Impulse bes. in die USA, während im Staat Israel selber die ›Judenchristl. Union‹ (1935) nicht Fuß fassen konnte (→ Reichsbruderschaft).

L: K. H. Rengstorf – S. v. Kortzfleisch (Hg.), Kirche u. Synagoge. Hb. zur Gesch. v. Christen u. Juden, 2 Bde, St 1968–69; N. R. M. de Lange, Origen and the Jews, C 1977; P. G. Aring, Christl. Judenmission, dargestellt u. untersucht am Beispiel des ev. Rheinlandes, Neukirchen 1980; J. Maier, Jüd. Auseinandersetzung mit dem Christentum in der Antike, Da 1982; L. Schenke, Die Urgemeinde, St 1990; B. Wander, Trennungsprozesse zw. Frühem Christentum u. Judentum im 1. Jh. n. C., T 1994. – TRE XVII 310–325.

Judenverfolgungen. Die Hauptwurzeln für die J. liegen im vorchristl. → Antisemitismus wie im christl. Antijudaismus (die Juden als Mörder des Gottessohnes Jesus!); beide sind oft so stark miteinander verflochten, daß eine genaue Trennung im Blick auf ein bestimmtes Geschehen oder eine ganze Bewegung schwierig, wenn nicht ganz unmögl. erscheinen muß.

Als das Christentum in Westeuropa vom 4. Jh. an auch polit. zur Herrschaft kam, verloren die Juden ihre rechtl. Stellung und gerieten in mehr oder weniger große Abhängigkeit. Trotzdem weist die Gesch. auch hier Ausnahmen auf. Gregor I. († 604) z. B. drang auf vollständige Respektierung der jüdischen Rechte von Seiten der Kirche und lehnte daher Zwangstaufen prinzipiell ab. Die eigentl. Zeiten der Verfolgung durch die Kirche begannen erst im 12. Jh. mit den → Kreuzzügen. Innozenz III. († 1216) ließ die Juden ebenso grausam verfolgen wie die → Albigenser. Zur Begründung scheute man auch vor Verdächtigungen und falschen Beschuldigungen (Hostienschändung, → Ritualmord, Kollektivschuld am Tod des Gottessohnes Jesus, Vergiftungen, Hungersnot, Pest u. a.) nicht zurück. Neben rel. Motiven trug die Geschäftstüchtigkeit der Juden (Handels- und Bankwesen) zu Haß und Verfolgung bei. Das 4. → Laterankonzil (1215) verbot den Juden die Übernahme öff. Ämter und forderte von ihnen ein bestimmtes Erkennungszeichen an der Kleidung. Sie mußten in geschlossenen Wohnsiedlungen (Ghettos) leben und immer zahlreichere Diskriminierungen erleiden. Am Ende des 13. Jh. wurden die Juden aus Engl., am Ende des 14. Jh. aus Fkr., am Ende des 15. Jh. aus Span. und zu Beginn des 15. Jh. aus Portugal vertrieben. Die Kirche, allen voran Theologen, war daran nicht unschuldig. Am schlimmsten erging es den Juden schon vom frühen → MA an in Spanien. Dies gilt auch für Judenchristen (spöttisch »Marranen« genannt), die meist aus Angst vor Verfolgung und Vertreibung in die Taufe eingewilligt hatten. Seit dem 13. Jh. schrieben Päpste und Fürsten sog. Judenpredigten vor, an denen bes. in Span. und später auch im → Kirchenstaat alle Juden vom 12. Lebensjahr an teilnehmen mußten. Die Rücksichtslosigkeit der span. → Inquisition hatte zur Folge, daß viele Juden und Judenchristen in verschiedene europäische Länder und vom 17. Jh. an nach Amerika auswanderten. Die röm. Inquisition stand dem Vorgehen der span. kaum nach; sie war vor allem bestrebt, den jüdischen Buchdruck zu verhindern. So forderte auch der → Dominikaner Johann Pfefferkorn († ca. 1523), ein getaufter Jude, die Vernichtung aller jüdischen Schriften, die Bibel ausgenommen, um die Bekehrung seiner einstigen Glaubensgenossen zu erreichen. Dabei kam es zu einer heftigen Kontroverse mit dem Humanisten Johann Reuchlin († 1523), der am Ende sogar verurteilt wurde (→ Dunkelmännerbriefe). Während die Reformatoren hinsichtl. der J. mit den Maßnahmen früherer Jh. übereinstimmten, bezog der → Pietismus eine positive Einstellung gegenüber den Juden. Namentl. im 19. Jh. entstanden im prot. Bereich Vereinigungen, die einem besseren Verständnis für die Juden den Weg bereiteten und gleichzeitig Judenmission trieben. Unter dem Nationalsozialismus (→ Kirchenkampf) spielte der Antisemitismus das entscheidende Motiv für die grausame Verfolgung und Ermordung von ungefähr 6 Mill. Juden. Der → Röm.-Kath. Kirche, spez. Pius XII. (1939–58), wurde der Vorwurf gemacht, zu den Unmenschlichkeiten (bes. in den sog. Konzentrationslagern) geschwiegen zu haben. Man sollte aber nicht übersehen, daß der → Vatikan Tausenden von Juden das Leben gerettet hat. Der → Ökumenische Rat der Kirchen forderte auf seiner Vollversammlung in Amsterdam (1948) alle Mitglieder auf, den Antisemitismus als »Sünde gegen Gott und Menschen« zu bekämpfen. Das 2. → Vatik. Konzil verabschiedete bei der 4. Tagungsperiode (1965) innerhalb der ›Erklärung über das Verhältnis der Kirche zu den nichtchristl. Religionen‹ nach einer dramatischen Vorgesch. eine gemäßigt positive Erklärung über die Stellung der Kirche zu den Juden in Gesch. und Gegenwart. Paul VI. gründete 1974 die ›Kommission für die rel. Beziehungen zum Judentum‹ innerhalb des schon 1960 err. ›Sekretariats für die Einheit der Christen‹.

Q: AAS 58 (1966) 740–744; LThK Vat. II 488–495; H. LIEBING (Hg.), Die Marburger Theologen u. der Arierparagraph in der Kirche. Eine Sammlung v. Texten aus den Jahren 1933 u. 1934, Marburg 1977; H. SCHRECKENBERG, Die christl. Adversus-Judaeos-Texte u. ihr literarisches u. hist. Umfeld, F-Bern 1982; K. RICHTER (Hg.), Die kath. Kirche u. das Judentum. Dokumente von 1945–1980, Fr-Bas-W 1982.

L: P. BROWE, Die Judenmission im MA u. die Päpste, R 1942, ²1973; L. POLIAKOV –

J. WULF, Das Dritte Reich u. die Juden, Mn 1955, (Ndr.) 1978; W. SEIFERTH, Synagoge u. Kirche im MA, Mn 1964; A. BEA, Die Kirche u. das jüdische Volk, Fr-Bas-W 1966; P. E. LAPIDE, Rom u. die Juden, Fr-Bas-W 1967; K. MEIER, Kirche u. Judentum, Gö 1968; H. RENGSTORF – S. v. KORTZFLEISCH (Hg.), Kirche u. Synagoge, 2 Bde, St 1968–70; J. ÖSTERREICHER, Die Wiederentdeckung des Judentums durch die Kirche. Eine neue Zusammenschau der Konzilserklärung über die Juden, Meitingen 1971; H. KÜHNER, Der Antisemitismus der Kirche, Z 1976; D. BEY – H. STEUER (Hg.), Juden im MA, Gö 1976; L. POLIAKOV, Gesch. des Antisemitismus, 5 Bde, Worms 1977–83; K. R. STOW, The Church and the Jews: From St. Paul to Paul IV.: Bibliographical Essays in Medieval Jewish Studies. The Study of Judaism, Bd. II, NY 107–165; B. STEMBERGER, Zu den J. in Dtl. zur Zeit der ersten beiden Kreuzzüge: Kairos 30 (1978) 53–72; E. BUSCH, Juden u. Christen im Schatten des Dritten Reiches. Ansätze zu einer Kritik des Antisemitismus in der Zeit der Bekennenden Kirche, Mn 1979; G. HAUSNER, Die Vernichtung der Juden. Das größte Verbrechen der Gesch., Mn 1979; G. REITLINGER, Die Endlösung, B 1979; A. HAVERKAMP, Zur Gesch. der Juden im Dtl. des späten MA u. der NZ, St 1981; D. D. RUNES, Die Wurzel der J., Da 1981; K. R. STOW, Taxation, Community and State. The Jews and the Fiscal Foundations of the Early Modern Papal State, St 1982; C. THOMA, Die theol. Beziehungen zw. Christentum u. Judentum, Da 1982; P. SCHÄFER, Gesch. der Juden in der Antike, Neukirchen-St 1983.

Jugendverbände (christl.). Am Anfang der kath. Jugendorganisationen stehen die → Marianischen Kongreg., in denen → Jesuiten Studierende im kath. Glauben ausbildeten und zum Einsatz für die Kirche ermunterten. Eine 2. Phase begann als Echo auf die allg. Jugendbewegung 1846 mit der Errichtung von Zweckverbänden, Gesellenvereinen und berufsständischen Organisationen. Von einer christl. Jugendbewegung im eigentl. Sinn aber kann man erst mit unserem Jh., bes. nach dem 1. Weltkrieg, reden. Immer häufiger und lauter wurden nun in diesen J. Proteste gegen überlieferte Glaubens- und Kirchenformen. Die beiden stärksten Verbände, der ›Kath. Jungmännerverband Deutschlands‹ (1896) und der ›Zentralverband der kath. Jungfrauenvereinigungen Deutschlands‹ (1915) schlossen sich 1921 unter Carl Mosterts zur ›Kath. Jugend Deutschlands‹ zusammen. Mosterts gründete 1920 in Würzburg die ›Deutsche Jugendkraft‹ (DJK) als Reichsverband für Leibesübungen in kath. Vereinen. Nach der Neugründung 1947 bzw. 1949 entstanden drei Abteilungen (DJK-Hauptverband, DJK-Zentralverband, DJK-Frauensportgemeinschaft), die sich 1970 endgültig zu einem DJK-Bundesverband vereinigten. Der ›Bund der Dt. Kath. Jugend‹ (BDKJ) wurde im März 1947 auf der ersten ›Konferenz der Laienführerschaft‹ in Hardehausen bei Paderborn unter maßgebl. Mitwirkung Ludwig Wolkers (1887–1955), des früheren Generalpräses des Kath. Jungmännerverbandes, ins Leben gerufen. Sitz der Zentrale ist heute Haus Altenberg. Neben der männl. und weibl. Pfarrjugend (dem Stamm) gehörten zu den Gründern des Bundes folg. Gemeinschaften: Christl. Arbeiterjugend (CAJ); Dt. Pfadfinderschaft St. Georg; Heliand; Jugendbund des Kath. Dt. Frauenbundes; Kolpingsjugend; Bund Neudeutschland; Marianische Kongregationen; Quickborn; Schar. Im Mittelpunkt steht die Liturgiefeier. Bes. Wert legt man auf die Schulung von Führern. Zu den wichtigsten Veranstaltungen zählen der alljährl. Bekenntnistag, das Bundesfest und Jugendwallfahrten. Seit den sechziger Jahren erlahmte das Interesse am organisierten Jugendleben, an Veranstaltungen mit öff. Auftritten. Dafür traten Städte und Gemeinden mit vorher nicht gekannten Bildungseinrichtungen hervor, was sich nicht zuletzt im Rückgang der Mitgliederzahl des BDKJ niederschlug. Im Zentrum kirchl. Jugendarbeit stehen heute Einsatz für den Frieden, Hilfe für die Entwicklungsländer, soziale Probleme, Förderung in der Berufsausbildung u. a. Der BDKJ stellte 1967 in einer Resolution seine parteipolit. Unabhängigkeit fest. In der Bundesordnung von 1970 bez. sich der Bund als Träger kirchl. Jugendarbeit und als Dachverband von 17 J. und 22 regionalen Zusammenschlüssen in der BRD. Er vertritt die Interessen gegenüber anderen J. und sonstigen ges. Vereinigungen, gegenüber der Regierung, innerhalb der Kirche und auch im internationalen Bereich. In der DDR ist die kirchl. Jugendarbeit auf die Sakristei beschränkt. Die Kirche lehnt die sog. Jugendweihe zwar als atheistisch ab, schließt aber diejenigen, die daran teilnehmen, nicht unbedingt von der Kommunion aus. Die Gesch. der J. in den einzelnen Ländern weist eine große Mannigfaltigkeit auf. Die J. sind in internationalen Jugendorganisationen zusammengefaßt, z. B. Weltbund der kath. Mannesjugend; Weltbund der kath. Frauenjugend; Internationale Christl. Arbeiterjugend; Internationale kath. Landjugendbewegung; Pax Romana.

Im ev.-prot. Raum besteht seit 1844 der ›Christl. Verein Junger Männer‹ (CVJM). In dem 1855 beim Weltbund-Kongreß in Paris angenommenen ›Grundgesetz‹ heißt es: »Die christl. Vereine junger Männer haben den Zweck, junge Männer miteinander zu vereinen, die Jesus Christus nach der Schrift als ihren Gott und Heiland anerkennen, in ihrem Glauben und Leben seine Jünger sein und danach trachten wollen, das Reich ihres Meisters unter den jungen Männern auszubreiten.« In der ›Arbeitsgemeinschaft der Ev. Jugend Deutschlands‹ sind heute alle ev. J. vereinigt, u. a. Reichsverband der Ev. Jungmännerbünde Deutschlands; Ev. Reichsverband weibl. Jugend (seit 1893); Schülerbibelkreise; Arbeitsgemeinschaft für ev. Frauen- und Mädchenbibelkreise; Christl. Pfadfinderschaft Deutschlands; Deutscher Verband der Jugendbünde für entschiedenes Christentum (gegr. 1881, seit 1894 in Dtl.); Ev. Mädchen-Pfadfinderbund; Arbeitsgemeinschaft der Gemeindejugend innerhalb der EKD; Freikirchl. Jugendwerke.

Pastor F. E. Clark gründete 1881 in Portland den ›Jugendbund für entschiedenes Christentum‹ – die für den Bund geltenden Initialen EC sind die Abkürzung von ›Christian Endeavor‹ (Einsatz für Christus) –, der bes. die Entscheidung und den Dienst für Jesus Christus unter den Jugendlichen fördern will. Diese Bewegung erfaßte schnell auch andere Länder. 1894 entstand der erste Kreis in Dtl. (Salzuflen). Die Zentrale befindet sich heute in Kassel.

Q: U. SMIDT (Hg.), Dokumente Ev. Jugendbünde. Wandlungen zw. zwei Weltkriegen, St 1975; M. AFFOLDERBACH (Hg.), Grundsatztexte zur ev. Jugendarbeit, Mr 1978.

L: H. SCHWARZ, Die kath. Jugendbewegung, Kö 1930; W. JENTSCH, Hb. der Jugendseelsorge, 3 Bde, Gü 1965–73; G. SCHULTES, Der Reichsbund der kath. dt. Jugend Östr. Entstehung u. Gesch., W 1967; 25 Jahre BDKJ. Hg. v. Bundesvorstand der Dt. Kath. Jugend, D 1973; W. PILZ, Haus Altenberg u. die kath. Jugend: Cistercienser-Chronik 81 (1974) 52–60; B. SCHELLENBERGER, Kath. Jugend u. Drittes Reich. Eine Gesch. des kath. Jungmännerverbandes 1933–39 unter bes. Berücksichtigung der Rheinprov., Mz 1975; H. RIEDEL, Kampf um die Jugend. Zur Gesch. der ev. Jugendarbeit 1933–1945, Mn 1976; W. STURSBERG, Glauben – Wagen – Handeln. Eine Geschichte der CVJM-Bewegung in Dtl., Kassel [3]1987; J. JÜRGENSEN, Vom Jünglingsverein zur Aktionsgruppe. Kleine Gesch. der ev. Jugendarbeit, Gü 1980; J. BINKOWSKI, Jugend als Wegbereiter, Geschichte des Quickborn von 1905–1945, St 1981; M. MÜLLER, Der Bund Neudeutschland in Neuss 1919–1946, Neuss 1985; R. EILERS (Hg.), »Löscht den Geist nicht aus.« Der Bund Neudeutschland im Dritten Reich. Mz 1985; L. BÖHNISCH – H. GÄNGLER – T. RAUSCHENBACH (Hg.), Hb. J., Weinheim Mn 1991; U. SCHWAB, Ev. Jugendarbeit in Bayern 1800–1933, Gü 1992. – TRE XVII 409–432.

Kalasantiner, ›Kongregation für die christl. Arbeiter vom hl. Joseph Calasanz‹ (Congregatio pro Operariis Christianis a S. Josepho Calasanctio = COp), 1889 in Wien von dem Priester A. Schwartz († 1929) gegr. und nach Joseph von Calasanza, dem Stifter der → Piaristen, benannt. Die K. sind Weltpriester, die nach einer von Pius XI. 1939 endgültig bestätigten Regel leben, neben den drei übl. Ordensgelübden Arbeiterdienst als 4. Gelübde ablegen und in erster Linie Lehrlinge und junge Arbeiter betreuen sowie in Arbeiterpfarreien Seelsorge praktizieren. Zahlenmäßig stets gering, wirken sie hauptsächl. in Östr. (bes. Wien) und Italien (bes. Rom).

P: K. Blätter, W 1888ff.

L: F. ZIMMERMANN, Die ersten 25 Jahre der Calasantiner-Congregation, W 1914; HEIMBUCHER II 431f.; J. BRUCKNER, Der Wiener Arbeiterapostel P. A. M. Schwartz, W 1934.

Kalenderreform. Die Kirche behielt den von Julius Caesar († 44 v. Chr.) eingeführten Kalender bei. Als sich aber der Unterschied zw. der natürl. Jahreszeit und der Kalenderrechnung infolge ungenauer Messung des Jahres immer mehr vergrößerte, wurde schon im → MA eine K. dringend notwendig. Beim → Trienter Konzil (1545–63) ließen sich Stimmen für eine baldige Revision des geltenden Kalenders vernehmen. Trotzdem kam es nicht zu einem entsprechenden Dekret, wohl aber war in der Übertragung der Brevier- und Missalereform (→ Liturgische Reformen) an den Papst auch die K. eingeschlossen, da der Kalender als zeitbestimmender Faktor für das Brevier wichtig ist. Nach langjähriger Vorbereitung, bei der sich der Kurien-Kard. Guglielmo Sirleto († 1585) und der aus Bamberg stammende → Jesuit Christoph Clavius († 1612) bes. Verdienste erwarben, veröff. Gregor XIII. 1582 den neuen Kalender (deshalb ›Gregorianischer Kalender‹). In der Publikationsbulle ›Inter gravissimas‹ vom 24. 2. 1582 verfügte der Papst, daß der bisherige Julianische Kalender abgeschafft wird und der neue am 4. Oktober in Kraft tritt, und zwar so, daß auf den 4. Oktober (Donnerstag) unmittelbar der 15. Oktober (Freitag) folgt. Mit dem Ausfall von 10 Tagen wurde der Gleichlauf mit dem tropischen Jahr erreicht und gleichzeitig durch neue Schaltbestimmungen garantiert. Die kath. Staaten nahmen den neuen Kalender bald an. Ks. Rudolf II. ließ die K. am 4. 9. 1583 publizieren. In dem kaiserl. Schreiben findet sich aber kein Hinweis auf den Papst, vermutlich deshalb, um auch die Protestanten zur Annahme zu gewinnen. Doch die prot. Landesherren in Dtl. wie in den meisten europäischen Staaten lehnten die K. als papistisches Werk zunächst ab. In ganz Dtl. galt der neue Kalender laut Reichstagsbeschluß erst ab 1. 3. 1700. Bis zu diesem Jahr ist also in manchen Territorien mit doppelten Datenangaben – nach altem und nach neuem Stil! – zu rechnen. In Engl. wurde der sog. Gregorianische Kalender 1752, in der Sowjetunion erst 1918 und in der Griech.-orthodoxen Kirche gar erst 1923 angenommen.

Q: C. CLAVIUS, Explicatio Romani Calendarii a Gregorio XIII. P. M. restituti, R 1602; H. GROTEFEND, Taschenbuch der Zeitrechnung des dt. MA u. der NZ, Han [11]1971.

L: J. B. Barnickel, Clavius. Welt-Einheitskalender, Bamberger Beiträge zur Kalender-Reform, Bamberg 1932; G. Denzler, Kard. G. Sirleto (1514–1585). Leben u. Werk, Mn 1964, bes. 100–109; J. W. Ekrutt, Der Kalender im Wandel der Zeiten, St 1972; G. V. Coyne, Gregorian Reform of the Calendar, Città del Vaticano 1983; H. Maier, Die christl. Zeitrechnung, Fr 1991; A. Adam, Ostern alle Jahre anders, Pa 1994.

Kamaldulenser, selten ›Romualdiner‹, eine aus dem Orden der → Benediktiner hervorgegangene Eremitenbewegung (→ Eremitentum), deren Stammkloster die in den Jahren 1023–26 von dem Mönch Romuald († 1027), Sohn des Hzg. von Ravenna, gegr. Einsiedelei Camaldoli (nördl. von Arezzo) wurde. Romuald durchwanderte rastlos Mittelitalien, reformierte Klöster und gründete Niederlassungen für Eremiten. Sein Werk wurde fortgeführt von dem streng asketischen Petrus Damiani († 1072), der um 1035 in das um die Jahrtausendwende err. Eremitenkloster Fonte Avellana (Diöz. Faenza) eintrat und dem Kl. in Anlehnung an Romualds Lebensweise in Camaldoli Statuten gab, die der gesamten Eremitenbewegung in It. als Leitbild dienten. Camaldoli selbst erlebte unter dem Prior Rudolf († 1089) einen enormen Aufstieg. Zu dieser Zeit wurde die auf Romuald zurückgehende Tradition in den ›Eremiticae Regulae‹ niedergeschrieben, nachdem Alexander II. sie schon 1070 bestätigt hatte. Die K., als »monachi-eremitae« am treffendsten charakterisiert, erstrebten eine Verbindung von eremitischem und koinobitischem Leben (→ Koinobitentum). Deshalb fand sich neben den Hüttenwohnungen um die Kirche auch ein Kl., das den Lärm der Welt vom »Eremus« (»Einöde«) fernhalten und die wirtschaftl. Angelegenheiten erledigen sollte. So konnten die weltabgewandten Eremiten ungestört ihrer persönl. Frömmigkeit und Askese leben. Bei den K. begegnen wir erstmals auch Laienbrüdern, wie sie in östl. Klöstern schon lange vorher anzutreffen sind. Der Prior von Camaldoli überwachte streng das geistl. Leben des straff organisierten Klosterverbandes, konnte aber nicht verhindern, daß sich schon von der Mitte des 12. Jh. an Verfallserscheinungen zeigten. Im späteren → MA gingen die Eremitengemeinschaften und Koinobitenklöster immer mehr getrennte Wege. Und selbst innerhalb der einzelnen Gemeinschaften von Eremiten bildeten sich Kongreg.; am bedeutendsten wurde neben der Kongreg. von Camaldoli die 1523 von Tommaso Giustiniani gegr. Kongreg. von Montecorona. Pius V. vereinigte 1570 die Kongreg. von Fonte Avellana mit Camaldoli. 1943 erhielten die K., denen sich die Koinobiten 1935 wieder angeschlossen hatten, neue Konst., die aber das urspr. Ordensideal wahrten. Die heute bestehenden Kongreg. von Camaldoli und von Montecorona zählen jeweils um die 100 Mitglieder. Unter den berühmtesten Persönlichkeiten des Kamaldulenserordens seien nur der Kanonist Gratian (→ Kirchenrechtsquellen) und Papst Gregor XVI. (1831–46) erwähnt.

Die *Kamaldulenserinnen* leben, von Ausnahmen im MA abgesehen, als koinobitischer Zweig der K. Ihr erstes Kl. wurde 1085 im Bt. Florenz von dem Kamaldulenser–Prior Rudolf ins Leben gerufen.

P: Camaldoli, Camaldoli 1952–54; Vita Monastica, Camaldoli 1955 ff.
Q: B. Rodolfo, Regole della vita eremitca, Subiaco 1944.
L: V. Franke, Romuald v. Camaldoli u. seine Reformtätigkeit zur Zeit Ottos III., B 1913; A. Pagnani, Storia dei benedettini Camaldolesi, Sassoferrato 1949; F. Dressler, Petrus Damiani, R 1954; San Pier Damiano nel IX centenario della morte (1072–1972), 4 Bde, Cesena 1972–78; G. Vedovato, Camaldoli e la sua congregazione dalle origini alle 1184, Cesena 1994. – Atlas KG 49.

Kamillianer, 1584 in Rom von Camillus de Lellis (1550 – 1614, kan. 1746) gegr. und 1591 von Gregor XIV. bestätigter ›Orden von →Regularklerikern für die Krankenpflege‹ (Ordo Clericorum Regularium Ministrantium Infirmis = MI oder auch OSC). Die K., die auch Laienbrüder in ihre Gemeinschaft aufnehmen, legen neben den drei gewöhnl. Ordensgelübden (Armut, Ehelosigkeit, Gehorsam) das Gelübde der Barmherzigkeit (bes. Beistand für Schwerkranke und Sterbende) ab. Während die Priester sich vor allem der Krankenseelsorge widmen, verrichten die Laienbrüder Krankenpflege. Der Orden fand Verbreitung in It. (beim Tod des Stifters 16 Niederlassungen) und Span., im 18. Jh. auch in Portugal und Lateinamerika. Nach einem fast völligen Untergang um 1800 entfalteten die K., volkstüml. auch ›Väter vom guten Tod‹ genannt, seit der Mitte des 19. Jh. von Verona aus neue Aktivitäten in fast allen europäischen Ländern, in Nord- und Südamerika sowie in Missionsgebieten (China, Thailand). Das dt. Provinzialat hat seinen Sitz in Essen.

Kamillianerinnen, ein Sammelbegriff für verschiedene Frauengemeinschaften (Ministre degli Infermi, seit 1829; Figlie di S. Camillo, seit 1892; Missionarie degli Infermi, seit 1936), die unabhängig vom Kamillianer-Orden im Geist des hl. Camillus in mehreren europäischen Ländern und in den USA tätig sind.

L: M. Fischer, Der hl. Kamillus, Fr 1935; R. Svovoda, Held u. Heiliger, Linz ^{5}1946; P. Sannazzaro, Storia dell'Ordine Camilliano, To 1982; L. Bartholomäus, Kamillus von Lellis – Diener der Kranken, Mz 1988.

Kanones, im Unterschied zu Dekretalen (→ Kanonistik) aus Konzilsbeschlüssen hervorgegangen, mußten bei ihrer Inkraftsetzung (Kodifikation) überarbeitet werden, zumal da sie Bestimmungen mehrerer Synoden zusammenzufassen pflegten, um für einen größeren Bezirk einheitl. KR zu schaffen. Ein wenig gelungenes, aber ältestes Beispiel bieten die K. von Elvira (1. Hälfte des 4. Jh.), ein weit gelungeneres das griech. Corpus canonum einer Synode von Laodikeia (341–381), das beste seiner Art das Breviarium Hipponense (393–397), das Augustin und sein Freund Aurelius, Ebf. von Karthago, erarbeiteten (nicht zu verwechseln mit dem ›Codex canonum ecclesiae Africae‹!). In Rom selbst entstand in der 1. Hälfte des 4. Jh. ein lat. Corpus canonum, das zunächst nur den, vorgebl. mit Nicaea (325) begründeten, Nachweis des röm. Primats (→ Papsttum) im Auge hatte, in der 1. Hälfte des 5. Jh. aber auch das griech. Corpus mitsamt dem Aktenmaterial aus dem Jurisdiktionsstreit zw. Rom und Karthago (419) aufnahm, so daß es als kirchenpolit. Rechtsmittel dienen konnte (Nach Schwartz ist es der Codex canonum ecclesiae Africae). –

Für die Gesch. des KR wurden jedoch private, nach Art der spätröm. Jurisprudenz erstellte Kanones-Sammlungen weit bedeutsamer. Ältestes Beispiel dieser Art sind die 85 ›Apost. K.‹, die Ende des 4. Jh. den → Apost. Konst. angehängt wurden. 50 von ihnen übernahm um 500 in Rom der skythische Mönch Dionysius Exiguus († 545) in seine Kanones-Sammlungen, wobei für die → Kanonistik des → MA wichtig wurde, daß er außerdem Papstbriefe (Dekretalen) anhängte. Anders verfuhr der Jurist und spätere Patriarch von Konstantinopel, Johannes Scholastikos; er ordnete seine ›Sammlung der K.‹ (550) nach Themen systematisch und fügte dem noch die ›87 Kapitel‹ aus den Novellen Justinians hinzu. Nicht zuletzt diese Zusätze, hier wie dort, markieren die nach West und Ost divergierende Entwicklung des altkirchl. Kirchenrechts.

Q: H. T. BRUNS, Canones apostolorum et conciliorum saeculorum IV. V. VI. VII., 2 Bde, B 1839; F. LAUCHERT, Die K. der wichtigsten altkirchl. Concilien, F–L 1896 (beide als Ndr.); A. STREWE, Die Canonessammlungen des Dionysius Exiguus in der ersten Redaktion, B 1931; H. WURM, Studien u. Texte zu der Dekretalensammlung des Dionysius Exiguus, Bo 1939, (Ndr.) A 1964; V. N. BENESIVIČ, Joannis Scholastici synagoga 50 titulorum, Mn 1937; C. MUNIER (Hg.), Concilia Galliae A. 314 – A. 506, Turnhout 1963; C DE CLERCQ (Hg.), Concilia Galliae A.511 – A.695, Turnhout 1963; G. FRANSEN, Les collections canoniques, Turnhout 1973.

L: E. SCHWARTZ, Kanonessammlungen der alten Reichskirche: DERS., Gesammelte Schriften, Bd. 4, B 1960, 159–275; W. MARSCHALL, Karthago u. Rom, St 1971; M. MEIGNE, Concile ou collection d'Elvira: RHE 70 (1975) 367–387.

Kanonikerreform. Als Kanoniker (griech. canon = Richtschnur, Register) gelten solche Kleriker, die als Mitglieder eines Dom- oder Stiftskapitels nach einer bestimmten Regel (canon) in Gemeinschaft leben. Als erster abendländischer Bf. führte Eusebius von Vercelli († 371) für seinen Klerus das gemeinsame Leben (vita communis) ein. Darin folgte ihm wenig später Bf. Augustinus von Hippo († 430), nach dem die → Augustinusregel ihren Namen trägt. Da der ordo canonicus sich vom ordo monasticus unterschied, bedeutete er eine neue Lebensform zw. Mönch und sog. Weltpriester (Säkularkleriker). Die erste kirchl. Rechtsordnung für gemeinsam lebende Geistliche hat Bf. Chrodegang von Metz († 766) zum Autor. Seine um 754 für den Metzer Kathedralklerus verfaßte Regel glich weithin der → Benediktregel, gestattete den Kanonikern aber Privateigentum. Seit 816 galt für alle Kanoniker im Frankenreich die → Aachener Regel. Der → Gregorianischen Reform im 11. und 12. Jh. diente das Gemeinschaftsleben der Kleriker »nach der Regel der Väter« als willkommenes Instrument bei der Durchführung der von der → Lateransynode von 1059 verabschiedeten allg. Kirchenreform. »Bezeichnend für die gesch. Entwicklung des Kanonikertums ist, daß die karolingische und in stärkerem Maße die gregorianische Gesetzgebung die gemeinsame Lebensweise, vor allem die Klausur der Chorherren, zur Wahrung des → Zölibats und zur leichteren Beaufsichtigung der jüngeren Geistlichen als einen Selbstwert betonten, selbst wenn die seelsorgl. und verwaltungsmäßigen Amtspflichten der Kanoniker darunter litten« (SIEGWART). Neben zahlreichen Domkapiteln, die dieses allg. Reformprogramm befolgten, entstanden immer mehr regulierte Kollegiatstifte (→ Chorherren).

Auch die *Kanonissen,* die nach synodalen oder bischöfl. Vorschriften lebten, stellten eine neue Lebensform zw. den Nonnen (moniales) und den gottgeweihten Frauen (z.B. → Beginen) dar. Sie lebten allein oder gemeinsam, verfügten über Eigentum oder verzichteten darauf, legten aber keine Gelübde ab, so daß sie jederzeit ausscheiden konnten. An der Spitze des Kanonissenstiftes stand eine Äbtissin, die auch an Provinzial- und Diözesansynoden teilnehmen durfte.

L: K. H. Schäfer, Die Kanonissen-Stifter im dt. MA, St 1907, (Ndr.) Am 1965; J. Siegwart, Die Chorherren- u. Chorfrauengemeinschaften in der dt.sprachigen Schweiz v. 6. Jh. bis 1160. Mit einem Überblick über die dt. K. des 10. u. 11. Jh., Fri 1962; Ders., Der gallo-fränkische Kanonikerbegriff: ZschwKG 61 (1967) 193–244; G. Denzler, Die Kanonikerbewegung u. die Gregorianische Reform im 11. Jh.: Studi Gregoriani IX, R 1972, 223–237; R. Schieffer, Die Entstehung v. Domkapiteln in Dtl., Bo 1976; S. Weinfurter, Neuere Forschungen zu den Regularkanonikern im dt. Reich des 11. u. 12. Jh.: HZ 224 (1977) 379–397; G. Melville, Zur Abgrenzung zw. Vita canonica u. Vita monastica: Ders. (Hg.), Secundum regulam vivere. Fs. für N. Backmund, Windberg 1978, 205–243.

Kanonistik als Wiss. des KR beginnt um 1140 mit dem ›Decretum Gratiani‹ (→ Kirchenrechtsquellen). Der → Kamaldulenser Gratian war Lehrer des KR an der Juristenfakultät in Bologna. Entsprechend dem Titel seines Kompendiums (›Concordia discordantium canonum‹) sollten die aus dem Material (→ Kanones; Papstdekretalen) resultierenden Widersprüche hermeneutisch ausgeglichen werden. Darin wie auch in der literarischen Gattung der ›Summa‹ mit ihren ›Glossen‹ nahm es Formen der → Scholastik vorweg. Die mit Gratians Dekret sich befassenden Rechtslehrer nannte man »Dekretisten«. Neue Aufgaben kamen hinzu, seit Alexander III. (als Roland Bandinelli einst selber Magister in Bologna und Verfasser einer ›Summa‹) seine päpstl. ›decretalia‹ zur Einarbeitung in das ›Decretum Gratiani‹ übersandte. Jetzt hatten die deshalb auch so genannten Dekretalisten ein Gleiches für die weiteren Päpste zu tun. Der Grundbestand erweiterte sich durch die ›libri V decretalium Gregorii IX‹ (1230–1324), den ›liber sextus decretalium‹ Bonifaz' VIII. (1298) und die ›constitutiones Clementinae‹ (Papst Klemens V.), die allerdings erst 1317 angegliedert wurden. Dazu kamen Ende des 15. Jh. die sog. ›Extravagantes‹, d.h. sonstige bisher noch nicht aufgenommene Papsterlasse, die der frz. Kanonist Jean Chappuis († ca. 1500) gesammelt hatte. Sie insgesamt machten bis in das 20. Jh. das kath. KR als → Corpus Iuris Canonici aus und dokumentierten zugleich eindrucksvoll das Wesen der K. als Papstrecht.

Q: F. Maassen, Gesch. der Quellen u. der Lit. des kanonischen Rechtes im Abendland, Bd. I, Graz 1870, (Ndr.) 1956; E. Friedberg, Corpus Iuris Canonici, I: Decretum Magistri Gratiani, II: Decretalium Gregorii IX et aliorum, L 1872, (Ndr.) Graz 1955; P. Fournier-G. Le Bras, Histoire des collections canoniques en Occident, 2 Bde, P 1931–32.

L: S. Kuttner, Repertorium der K. (1140–1234), R 1937; J. Klein, Skandalon. Um das Wesen des Katholizismus, T 1958; H. E. Feine, Kirchl. Rechtsgesch., Bd. I, T

[4]1964, 276–282; S. KUTTNER, Harmony from Dissonance. An Interpretation of Medieval Canon Law, Latrobe/Pennsylvania 1960; DERS., Gratian and the Schools of Law 1140–1234, Lo 1983; J. GAUDEMET, La formation du droit canonique médiéval, Lo 1980; A. STEIN, Ev. KR. Ein Lernbuch für Theologen u. Juristen, Neuwied – Da 1980; J. NEUMANN, Grundriß des kath. KR, Da 1981; TRE XVI 124–130.

Kappeler Landfrieden. Kappel an der Züricher Grenze wurde mehrmals zum Ort der Konfrontation, auch des Friedens, zw. den 5 altgläubigen Kantonen (Schwyz, Uri, Unterwalden, Zug, Luzern) und dem unter Führung Zürichs entstandenen ›Christl. Burgrecht‹ (1527) der Evangelischen (Konstanz, Bern, St. Gallen, Biel, Mühlhausen, Basel). Rufer im Streit, auch der kriegerischen Entscheide, in Sachen der → Reformation war Huldrych Zwingli († 1531; → Zwinglianismus). Er willigte nur ungern in den 1. K. L. von 1529 ein, der in allerletzter Stunde zustande kam. Auf der Walstatt von Kappel fiel er dann selbst, als es 1531 abermals zum Krieg kam, den die → Reformierten verloren. Der zweite K. L. setzte daher der schweizerischen Reformation ein vorläufiges Ende.

Q: W. WEISS (Hg.), B. Sprüngli, Beschreibung der Kappelerkriege, Z 1932; E. WALDER (Hg.), Religionsvergleiche des 16. Jh., Bd. 1, Bern [2]1960.

L: M. HAAS, Zwingli u. der 1. K. Krieg, Z 1962; DERS., in: Zwingliana 12 (1964) Heft 1, S. 93–136, Heft 2, S. 35–68; H. MEYER, Der Zweite K. Krieg, Z 1981.

Kapuziner (lat. cappa = Mantel; caputium = Mönchskappe), jüngster (dritter) Zweig des Ordens der → Franziskaner, gen. Ordo Fratrum Minorum Capucinorum = OFMCap. Die um Matthäus von Bascio und Ludwig von Fossombrone 1525 entstandene Reformgruppe, die die sog. → Franziskusregel in ihrer urspr. Strenge beobachten wollte (deshalb → Observanten), wurde 1528 von Clemens VII. als selbständige Gemeinschaft neben den Franziskanern und Konventualen anerkannt. Ihre Mitglieder lebten als Eremiten in strengster Armut und trugen einen Habit mit Kapuze sowie einen Bart. Aufgrund der von ihrem Generalvikar Bernhardin von Asti (1484–1554) ausgearbeiteten und 1536 von Paul III. bestätigten neuen Konst. entwickelte sich der Orden entgegen der eremitischen Zielsetzung zu einem Seelsorgeorden, was die Gründer Matthäus und Ludwig zum Austritt bewog. Bis 1574 auf It. beschränkt, verteilten sich die K. zu dieser Zeit auf 17 Prov. mit rund 300 Klöstern und ungefähr 3500 Mönchen. Unter Gregor XIII. († 1585) faßte der Orden schnell Fuß in Fkr., Span., in den Niederlanden und im dt. Sprachraum. K. taten sich bei Rekatholisierung (→ Gegenreformation) und in → Volksmissionen hervor. Bernardino Ochino († 1564), einer der berühmtesten Ordensprediger, vertrat reformatorische Ideen (→ Evangelismus) und mußte deshalb aus It. fliehen. Paul V. löste die K. 1621 von der Abhängigkeit gegenüber dem General der Franziskaner-Konventualen. Nachdem der Orden 1761 mit 1730 Klöstern und 34029 Mitgliedern den höchsten Stand erreicht hatte, setzte fast überall ein rapider Niedergang ein, bedingt durch gewandelte Zeitverhältnisse und tiefgehende Krisen innerhalb des Ordens. Heute sind die K. bes. in Amerika und in Indien tätig. Bedeutende Persönlichkeiten: Laurentius von Brindisi († 1619;

1959 von Johannes XXIII. zum Kirchenlehrer erhoben), Fidelis von Sigmaringen († 1622), Hyazinth von Casale († 1627), die »Graue Eminenz« Joseph von Paris († 1638), Valeriano Magni († 1661), Markus von Aviano († 1699). Die K. bestehen aus Priestern, Klerikern und Laienbrüdern; sie leben nach der Franziskusregel, nach eigenen Konst. und Verordnungen der Generalkapitel. An der Spitze des Ordens steht der Generalminister mit 6 Generaldefinitoren, an der Spitze der Prov. der Provinzialminister mit 4 Provinzdefinitoren; die einzelnen Klöster (Konvente) werden jeweils von einem Guardian geleitet.

Die *Kapuzinerinnen,* ein 1538 von Laurentia Longo in Neapel als Zweig der Franziskanerinnen gegr. Orden, fanden bes. in romanischen Ländern Eingang. Daneben gibt es noch die Kapuzinerinnen vom franziskanischen Dritten Orden (→ Terziaren), die zum Teil feierl. Gelübde ablegen und in Klausur leben.

Q: Monumenta Hist. Ordinis Minorum Capuccinorum, 8 Bde, Assisi – R 1937–1960.

L: P. CUTHBERT, – J. WIDLÖCHER, Die K., Mn 1931; Lexicon Capuccinorum, R 1951; F. DA MARETO, Le capuccine nel mondo 1538–1969. Anni storici e bibliographia, R 1970; M. D'ALATRI, Santi e Santità nell'Ordine Cappuccino, Bd. 1, R 1980; DERS., I Cappuccini, R 1994; Reformationis cappuccinae recurrente anno 450° fasciculus memorialis: Analecta O. F. M. Cap. 94 (1978) 297–432; K. in Süddtl., 1596–1851, Koblenz-Ehrenbreitstein 1978; V. CRISCUOLO (Hg.). Ludovico da Fossombrone, R 1994. – TRE XVII 619–625.

Kardinalskollegium, urspr. ein Kollegium von Geistlichen, die an den Hauptkirchen in Rom angestellt waren (incardinatus, cardinalis; lat. cardo = Türangel), später die Vorsteher der Kirchen in Rom. Kanonistisch gesehen, wurde das K. vom Reformpapsttum des 11. Jh. (→ Gregorianische Reform) geschaffen. Zahlreiche Äbte, Pröpste und Bischöfe stiegen zu Kardinälen auf, andere Kardinäle dagegen wurden zu Bischöfen auswärtiger Bistümer ernannt und schieden damit aus dem K. mehr oder weniger aus. Diese Einrichtung des auswärtigen Kardinalats, das aber nur ungefähr 10% des gesamten Kollegiums ausmachte, stellte einen wesentl. Faktor im Programm des Reformpapsttums dar. Auswärtige Bischöfe begegnen erst seit Alexander III. (1159–81) als Kardinäle (vorher galt das Kardinalat im Vergleich zum Bischofsamt als niedriger!). Als die Teilnahme der Kardinäle am → Konsistorium des Papstes unerläßl. wurde, gab es vom Ende des 13. Jh. an (bis weit in die NZ) keine »auswärtigen Kardinäle« mehr.

Die Vorsteher (Kardinäle) der röm. Kirchen teilen sich seit dem 12. Jh. in drei Rangklassen (ordines): Kardinalbischöfe, das sind die Inhaber der sieben suburbikarischen Bistümer (Ostia, Albano, Frascati, Palestrina, Porto, Sabina und Velletri), die den Papst bei Pontifikalhandlungen vertraten; Kardinalpriester, das sind die Vorsteher der 25, später 28 Titelkirchen, die den Gottesdienst in den Patriarchalbasiliken feierten; Kardinaldiakone, urspr. 7, später 12, als Vorsteher der Armenregionen und Pfalzdiakone, die bei päpstl. Gottesdiensten assistierten. Die Kardinäle dienen dem Papst als Berater und Mitarbeiter. Ihr wichtigstes Privileg besteht seit

1059 im Recht der → Papstwahl. Der weitreichende Einfluß (bes. auch als päpstl. → Gesandte) auf die Regierung der Gesamtkirche im → MA schwand mit der Organisation der → Röm. Kurie (Kongreg. und Ämter) unter Sixtus V. (1590–95). Das K. gilt heute als »Senat der Kirche«, der, von der Papstwahl abgesehen, kein beschließendes Stimmrecht hat. An der Spitze steht der Kardinaldekan. Als eigentl. Stellvertreter des Papstes kann der Kardinal-Staatssekretär gelten, der, einst mehr polit. Ratgeber des Papstes, nach der von Paul VI. 1967 vorgenommenen Reform der Kurie der Chef des Päpstl. Sekretariats (Staatssekretariats) und des Rats für die öff. Angelegenheiten der Kirche ist. Die Stellvertretung des Papstes als Bf. von Rom liegt in Händen des Kardinalvikars.

Die Kardinäle werden vom Papst ernannt und im öff. Konsistorium, das neuestens vereinfacht wurde, bekanntgegeben. Der alte Brauch, daß jeder Kard. vom Papst eine Titelkirche in Rom, für die er als der eigentl. Pfarrer gilt, zugewiesen erhält, besteht heute noch. Die Höchstzahl der Kardinäle betrug im MA 52. Während das → Konstanzer und → Baseler Konzil ihre Zahl auf 52 begrenzten, erhöhte Sixtus V. sie auf 70 (6 Bischöfe, 50 Priester und 14 Diakone) und Johannes XXIII. († 1963) sogar auf 83. Die unter Pius XII. († 1958) begonnene und unter Johannes XXIII. fortgesetzte Internationalisierung – ein amer. Kard. nahm 1914 als erster Nichteuropäer an einer Papstwahl teil – erreichte unter Paul VI. († 1978) mit 130 Kardinälen ihren Höhepunkt. Derselbe Papst bestimmte, daß die Zahl der aktiv wahlberechtigten Kardinäle nicht höher als 120 sein soll. Entsprechend seiner Konst. ›Romano Pontifici eligendo‹ (1975) verliert ein Kard. mit der Vollendung des 80. Lebensjahres das Papstwahlrecht. Außerdem muß er, wenn er in leitender Stellung an der Röm. Kurie tätig ist, nach einer Verordnung von 1970 mit vollendetem 75. Lebensjahr seinen Rücktritt anbieten.

L: H.-W. Klewitz, Die Entstehung des K.: ZSavRGkan 25 (1936) 115–221 = Reformpapsttum u. Kardinalskolleg, Da 1957, 1–134; St. Kuttner, Cardinalis. The History of a Canonical Concept: Traditio 3 (1945) 129–214; M. Andrieu, L'origine du titre de cardinal dans l'Eglise Romaine, R 1946, 113–144; K. Ganzer, Die Entwicklung des auswärtigen Kardinalats im hohen MA, T 1963; P. C. v. Lierde – A. Giraud, Das K., Aschaffenburg 1965; C. G. Fürst, Cardinalis, Mn 1967; G. Alberigo, Cardinalato e collegialità, Fi 1969; Le istituzioni ecclesiastiche della »Societas christiana« dei secoli XI–XII: Papato, Cardinalato ed Episcopato Atti della quinta settimana internazionale di studio, Mendola 26–31 agosto 1971, Mi 1974, bes. 153–181 (K. Ganzer); D. Girgensohn, Wie wird man Kard.? Kuriale u. außerkuriale Karrieren an der Wende des 14. zum 15. Jh.: QF 57 (1977) 138–162; R. Hüls, Kardinäle, Klerus u. Kirchen Roms 1049–1130, T 1977; C. Weber, Kardinäle u. Prälaten in den letzten Jahrzehnten des Kirchenstaates, St 1978; P. A. B. Llewellyn, Le premier développement du collège des cardinaux: Recherches de science religieuse 67 (1979) 31–44; C. Weber, Senatus Divinus. Verborgene Strukturen im K. der frühen NZ, F 1996. – TRE XVII 628–635.

Karmeliten (Ordo Fratrum Beatac Mariae Virginis [B. M. V.] de Monte Carmelo = OCarm; Ordo Fratrum Carmelitarum Discalceatorum = OCD). Schon im 12. Jh. lebten auf dem Berg Karmel mit den Kreuzfahrern (→ Kreuzzüge) nach Palästina gekommene Einsiedler, deren Regel Honorius III. 1226 bestätigte. Bald flohen viele Mönche vor den Sarazenen nach Europa (Engl., Fkr.) und errichteten dort neue Niederlassungen. Innozenz IV. approbierte 1247 die den neuen Verhältnissen angepaßte Regel (jetzt: Leben in Gemeinschaft) und reihte die K. in die → Bettelorden ein. Die K. beteiligten sich an der für die Bettelorden typischen Seelsorge, pflegten die Wiss. und förderten die → Marienverehrung (die im 16. Jh. aufkommende Skapulierfrömmigkeit), so daß sie auch »Liebfrauenbrüder« genannt wurden. Aus Uneinigkeit über die Reform des Ordens spalteten sich die K. am Ende des MA in zwei Zweige. Während die Reformation dem Orden bes. in Dtl. schwer schadete, verhalfen ihm in Span. Teresa von Avila (1515–82, kan. 1622) und Johannes vom Kreuz (1542–91, kan. 1726) aufgrund strenger Reformmaßnahmen (Observantenkloster S. José in Avila), die auch zu dem neuen Namen ›Unbeschuhte K.‹ führten, zu großem Ansehen. Die ›Unbeschuhten K.‹ (OCD) trennten sich 1593 vom Stammorden, den sog. ›Beschuhten K.‹ Viele Ordensmitglieder betätigten sich in den Missionen oder in der Wissenschaft. Im Gefolge der Französischen Revolution erlitten die K. erneut Einbußen. Beide Ordenszweige befolgen dieselbe Regel – die ›Unbeschuhten K.‹ jedoch ohne die Zugeständnisse von 1432 –, haben aber jeweils eigene Konstitutionen. An der Spitze eines jeden Ordenszweiges steht ein General mit 4 Assistenten und dem Generalprokurator. Als höchstes beschlußfassendes Gremium gilt das heute alle sechs Jahre tagende Generalkapitel. Die Tracht besteht in einem braunen Habit mit Skapulier und Kapuze (und einem weißen Mantel mit Kapuze bei bes. Anlässen).

Die *Karmelitinnen* (seit dem 15. Jh.) nahmen als weibl. Zweig (mit zwei Observanzen) ungefähr dieselbe Entwicklung wie die beiden männl. Ordensrichtungen. 16 Nonnen des Kl. Compiègne, die wegen Verweigerung des Eides auf die → Zivilkonstitution des Klerus am 17. 7. 1794 auf dem Schaffott endeten, wurden 1906 von Pius X. seliggesprochen. Die ›Unbeschuhten Karmelitinnen‹ stellen heute mit ungefähr 13000 Nonnen den größten kontemplativen Frauenorden der Kirche. Zu den K. gehören ein Dritter Orden (→ Terziaren) und verschiedene Kongregationen.

P: Ephemerides Carmeliticae, R 1947ff.; Carmelus, R 1954ff.

Q: Acta capitulorum generalium 1318–1902, 2Bde, R 1912–34; Bullarium Carmelitanum, 4Bde, R 1915–68; Monumenta historica Carmeli Teresiani, 3Bde, R 1973–77; O. STEGGINK – J. TIGCHELER – K. WAAIJMAN, Karmelregel, Almelo 1978.

L: E. SPECKER, Johannes v. Kreuz, Lehrer der Mystik, Stans 1957; A. DECKERT – O. MERL (Hg.), Karmel. Gesetz u. Geheimnis, Kö 1959; G. MESTERS, Der Orden der K., Kö 1962; W. HERBSTRITH, Das wahre Gesicht Edith Steins, Mn 1971, [5]1983; Karmelitinnen antworten, Graz-W-Kö 1975; J. SMET, The Carmelites. A History of the Brothers of Our Lady of Mount Carmel, 4Bde, Darien/Ill. 1975–85; U. DOBHAN, Gott – Mensch – Welt in der Sicht Teresas v. Avila, F 1978; E. FRIEDMAN, The Latin Hermits of Mount Carmel. A Study in Carmelite Origins, R 1979; B. EDWARDS, Die Regel des hl. Albert – Die Regel des Karmel, Wü 1979; J. SMET – U. DOBHAN, Die K. Eine Gesch. der Brüder Unserer Lieben Frau v. Berge Karmel, Bd. I, Fr-Bas-W 1981; U. DOBHAN – V. SCHMITT, Karmel in Dtl., Mn 1981; W.

HERBSTRITH (Hg.), Gott allein. Teresa v. Ávila heute, Fr-Bas-W 1982; DIES., Edith Stein. Ein neues Lebensbild in Zeugnissen u. Selbstzeugnissen, Fr-Bas-W 1983; I. LEITENBERGER, Die Herrlichkeit des Karmel, Graz-W-Kö 1985; C. BUTTERWECK – J. JANTSCH, Die Regel des Karmel, Aschaffenburg 1986; G. BENKER, Die Gemeinschaften des Karmel, Mz 1994. – TRE XVII 658–663.

Karolingische Reform meint im Unterschied zur »Karolingischen Renaissance« als Neubelebung der Antike am Hof Karls d. Gr. (768–814; → Hofkapellen) die Fortsetzung der fränkischen Landeskirchenreform, wie sie Karls Vorgänger, von Bonifatius (→ Angelsächs. Mission) beraten, bereits aufgenommen hatten. Sich selber in der Rolle des »rex David« sehend, führte Karl die Reform kraftvoll weiter, wobei Königsmacht und Sendungsbewußtsein bestimmend blieben. Für die Reform bediente er sich des fränkischen Instituts der ›Reichskonzilien‹ (Concilium germanicum generale), deren Beschlüsse (Capitularia) von ihm veröff. und so in Kraft gesetzt wurden. Grundlage der Reform war die ›Allgemeine Ermahnung‹ (admonitio generalis) von 789, die in ihrem 1. Teil die von Dionysius Exiguus gesammelten → Kanones und damit auch das zentralistische Modell der röm.-kath. Metropolitanverfassung übernahm, das Bonifatius nicht bei Pippin hatte durchsetzen können: So sind neben 12 frz. 5 it. und 4 dt. Erzbistümer (Trier, Köln, Mainz, Salzburg) aus der K. R. hervorgegangen. In ihrem 2. Teil machte die ›admonitio‹ dem Klerus Seelsorge und Predigt in der Volkssprache sowie die stadtröm. Liturgie zur Pflicht. Letzteres galt bes. den → Regularkanonikern an den städt. Kathedralen, deren Bildung Karl durch Domschulen förderte, ersteres vor allem den »Pfarrern« (parochus) auf dem Lande, mochten sie auch an sog. Kollegiatkirchen unter einem »Propst« (praepositus) sich zur »vita canonica« vereint haben. Die ländl. Pfarreien (parochia) mit Taufrecht, eigenem Friedhof und Recht auf den → Zehnt trugen der Agrarstruktur des Frankenreiches Rechnung. Sie wie auch die Klöster und die jetzt zu Bischofsvikaren erhobenen Wanderbischöfe blieben aber dem Episkopat unterstellt. Indem Karl die Bischöfe ernannte und Kirchengut von sich aus als Lehen vergab, legte er auch mit seiner Reform die Basis für die ottonisch-salische → Reichskirche. Dem entsprach, daß er das → Eigenkirchenwesen nicht abbaute. Im übrigen war ihm an einer volksnahen Kirche gelegen, in der die Laien wenigstens Vaterunser und Glaubensbekenntnis in der »ihnen von Gott gelehrten« Sprache des Landes sprechen könnten.

Q: MIRBT–ALAND 510; MGH Cap. reg. Franc. I 79.

L: J. FLECKENSTEIN, Karl der Große, Gö-F 1962; H. BEUMANN – B. BISCHOFF (Hg.), Karl der Große, Bd. I: Persönlichkeit u. Gesch., D 1965, [2]1966; Bd. II: Das geistige Leben, D 1965; G. WOLF (Hg.), Zum Kaisertum Karls d. Gr., Da 1972.

Kartäuser (Ordo Cartusiensis = OCart), Eremiten, die auf den Kanoniker Bruno von Köln († 1101) zurückgehen, der 1084 mit 6 Gefährten in der Chartreuse (lat. cartusia, it. certosa = Kartause) bei Grenoble ein strenges Einsiedlerleben begann. Daraus entwickelte sich bald das Stammkloster (La Grande Chartreuse) – Bruno selbst lebte und starb in dem von ihm gegr. Kl. Maria della Torre in Kalabrien – mit von dem Prior

Guigo de Chastel († 1137) verfaßten Gebräuchen (→ consuetudines), die 1133 von Innozenz II. als Regel bestätigt und von anderen Kartausen (27 im Jahr 1200) übernommen wurden. Eine Blütezeit erlebte der Orden im 14. und 15. Jh., bes. in Dtl. Unter den Theologen ragt Dionysius der K. († 1471) hervor. → Aufklärung, → Frz. Revolution und → Säkularisation bereiteten den K. ein fast völliges Ende. Heute gibt es kaum mehr als 15 Kartausen, darunter Marienau bei Leutkirch (mit 17 Zellen- und 15 Brüdermönchen) die einzige in Dtl. (gegenüber 58 in früherer Zeit). Die Verfassung des Kartäuserordens ist streng zentralistisch. Der Prior der Grande Chartreuse fungiert zugleich als Ordensgeneral. Die Kartause wird von einem Prior, die Provinz von einem Visitator geleitet. Alle Kartausen bleiben an die Beschlüsse des früher jährl., heute alle zwei Jahre tagenden Generalkapitels gebunden. Der Orden ist der bischöfl. Jurisdiktionsgewalt entzogen (→ Exemtion). Die K., bestehend aus Zellen- und Brüdermönchen, verbringen ihr Leben in Gebet und Kontemplation; sie beobachten strengstes Stillschweigen und Fasten; sie versammeln sich nur zum Gottesdienst (Stundengebet und Messe) und zum Essen an Sonn- und Feiertagen. 1986: 19 Kartausen mit 520 Mitgliedern.

Eugen III. († 1153), selbst → Zisterzienser, und Alexander III. († 1181) erkannten die *Kartäuserinnen* als weibl. Zweig der K. an. Heute gibt es nur noch 5 Häuser in Fkr., It. und Spanien.

Q: C. LE COUTEULX, Annales ordinis Cartusiensis 1084–1429, 8 Bde, Montreuil 1887–91; M. LAPORTE, Aux Sources ..., 8 Bde, Grande Chartreuse 1960–72; J. HOGG (Hg.), Forschungen und Quellen zur Gesch. der K., Sa 1970 ff.

L: HEIMBUCHER I 376–391; P. VAN DER MEER DE WALCHEREN, Das weiße Paradies, Mn 1931, [2]1949; J. HASENBERG – A. WIENAND, Das Wirken der Orden u. Klöster in Dtl., Bd. 1, Kö 1957; M. ZADNIKAR-A. WIENAND (Hg.), Die K. Orden der schweigenden Mönche, Kö 1983; O. BECK, Kartause Marienau, Sigmaringen 1985; R. B. LOCKHART, Botschaft des Schweigens. Das verborgene Leben der K., Wü 1988; A. HELLY – W. BÖSEN, Bruno v. Köln, Wü 1992. – TRE XVII 666–673. – Atlas KG 51.

Kastler Reform. Von dem 1098 von drei Grafen gestifteten → Benediktinerkloster Kastl (Oberpfalz) ausgehend, wirkte die K. R. vor allem im 14. und 15. Jh. Als Richtschnur dienten die von Abt Hermann († 1356) verfaßten ›Consuetudines Castellenses‹, die dem Stillschweigen bes. Wert zumessen und Armut sowie Gehorsam in den Vordergrund rücken, wie auch die Neufassungen des 15. Jh. beweisen. Die K. R. fand zwar in etwa 30 Klöster Eingang, führte aber nicht zur Bildung einer Reformkongregation (→ Bursfelder Kongreg.); ihr Inhalt liegt auch dem 1417 in Petershausen (bei Konstanz) verabschiedeten Reformprogramm für die Benediktinerklöster der Mainzer Kirchenprovinz und dem → Baseler Konzil zugrunde. Größeres Ansehen noch als Kastl besaß St. Ägid in Nürnberg. Im 16. Jh. verfiel Kastl mehr und mehr, bis der 1542 zum → Calvinismus übergetretene Pfalzgraf Ottheinrich das Kl. 1563 ganz aufhob. Im 17. Jh. befand Kastl sich einige Jahrzehnte in Händen der → Jesuiten; von 1782 bis 1808 ließen sich die → Johanniter dort nieder. Im Kl. Kastl schrieb der Mönch Johannes († 1410) eine Reihe mystisch-asketischer Schriften.

L: B. WÖHRMÜLLER, Beiträge zur Gesch. der K. R.: StM 42 (1924) 10–40; J. HEMMERLE, Die Benediktinerklöster in Bayern, Mn 1951, 60–62, verbesserte Aufl. Au 1970, 125–129; J. SUDBRACK, Die geistl. Theologie des Johannes v. Kastl, 2 Bde, Mr 1967.

Katechetenvereine. Auch wenn in Piacenza schon 1889 der erste it. katechetische Kongreß stattgefunden hat, kümmerte man sich doch vor allem im dt. Sprachraum um die Förderung des kath. Religionsunterrichts in Volks- und Fortbildungsschulen. Als wichtiges Hilfsmittel dienten Fachzeitschriften: Katechetische Blätter, Mn 1875ff., Christl.-Pädagogische Blätter, W 1878ff., Katechetische Monatsschrift, Mr 1888ff., u.a. Andreas Seidl gründete 1887 den ›Münchener Katechetenverein‹, der 1921 von G. Götzel zum ›Deutschen Katechetenverein‹ (Sitz: München) erweitert wurde. Der 1920 gegr. ›Reichsbund der Katechetenvereine Österreichs‹ fand nach dem 2. Weltkrieg in den katechetischen Arbeitsgemeinschaften auf diözesaner Basis eine Fortführung.

Schon Pius X. († 1914), auch als Papst ein eifriger Katechet, appellierte in der Enz. ›Acerbo nimis‹ (1905) an die Laien, auf dem weiten Feld der Katechese aktiv mitzuarbeiten. Gleichzeitig erinnerte er an die Notwendigkeit der Katechese für Erwachsene, die im 19. Jh. über der Unterweisung der Kinder nahezu in Vergessenheit geraten war. Die K. sorgen heute für einen fruchtbaren Religionsunterricht, indem sie vor allem zeitgemäße Katechismen (→ Katechismus) erarbeiten, den Katecheten sonstige Hilfsmittel an die Hand geben und zu Arbeitstagungen einladen. Bedeutend sind die katechetischen Kongresse, die von Zeit zu Zeit (Wien 1912, München 1928, Rom 1950, Léopoldville 1960) veranstaltet werden.

L: G. KIFINGER, Katechetische Bewegung u. Katechetenverein: Katechetische Blätter NF 38 (1937) 321–350; H. KREUTZWALD, Zur Gesch. des bibl. Unterrichts, Fr-Bas-W 1957; J. HOFINGER (Hg.), Katechetik heute, Fr 1961; B. DREHER, Die bibl. Unterweisung im ev. u. kath. Religionsunterricht, Fr-Bas-W 1963.

Katechismus (griech. katechein = mündl. unterrichten) bez. in der Alten Kirche den Unterricht für Taufbewerber (Katechumene), im MA jede Art von rel. Unterweisung. Allg. Verwendung fand z. B. Augustins Schrift ›De catechizandis rudibus‹. Als der eigentl. Unterricht immer spärlicher wurde, schärften zahlreiche → Synoden im späten MA Seelsorgern die Unterweisung der Jugend in der Glaubens- und Sittenlehre ein. Dabei bediente man sich, von Gebet- und Erbauungsbüchern abgesehen, seit 1470 vornehml. des von dem → Franziskaner Dietrich Kolde († 1515) verfaßten Buches ›Der Christenspiegel‹. Seit dem 16. Jh. heißt K. auch das Buch, das in Kirche, Familie und Schule als rel. Unterrichtsmittel verwendet wird. Auch wenn vor Martin Luthers ›Kleinem Katechismus‹ (1529) und seinem noch im selben Jahr veröff. sog. Großen K. (›Deutscher Katechismus‹) und dem ›Kleinen Katechismus für die gemeine Pfarrherr und Prediger‹ ungefähr 30 andere Katechismen, darunter der K. des Erasmus von Rotterdam (1512), im Druck erschienen waren, so führte doch der Reformator eine entscheidende Wende herbei. Schnell folgte eine Vielzahl von katechetischen Arbeiten und Katechismen. Georg Witzel, nur kurzfristig Anhänger Luthers, publizierte 1535 einen K. in dt. Sprache, zwei Jahre später folgte der dt. K. des → Dominikaners Joh. Dietenberger. Wie Luthers Katechismen trugen auch Calvins ›Genfer Katechismus‹ (1542–45) und der → Heidelberger Katechismus (1563) zur Abgrenzung spezifischer Lehren und damit zur Konfessionsbildung bei. Auf kath. Seite verfaßte der → Jesuit Petrus Canisius († 1597) hauptsächl. für Schüler und Studenten drei Katechismen (Summa doctrinae christianae, W 1555; Catechismus minimus, Ingolstadt 1556; Parvus catechismus catholicorum, Kö 1558), von denen der ›Kleine Katechismus‹ als »Canisi« sprichwörtl. wurde. Dieselbe Breitenwirkung erzielte in It. und in Missionsländern der Jesuit Robert Bellarmin mit seinem Volks-Katechismus ›Dottrina cristiana breve‹ (1597). Das → Trienter Konzil (1545–63) erließ hinsichtl. des rel. Unterrichts detaillierte Verordnungen: Die Katecheten sind gründl. auszubilden; die Christenlehre an Sonn- und Feiertagen ist Pflicht der Pfarrer. Der vom Konzil angeregte K. erschien 1566 unter Pius V. als ›Catechismus ex decreto Concilii Tridentini ad parochos‹ (erste dt. Übers. von Paul Hoffäus, Dillingen 1568) und blieb bis in das 20. Jh. der offiz. K. Daneben erschienen nur wenige Katechismen. Über die ganze Welt hin verbreitete sich der ›Kath. Katechismus‹ des Jesuiten Joseph Deharbe († 1871); in umgearbeiteter Form fand er seit 1925 als dt. (kath.) Einheitskatechismus Verwendung. Der von Pius X. (1903–14) herausgegebene K. galt zwar nur für das Bt. Rom, sollte aber auf Wunsch des Papstes der ganzen Kirche als Lehrbuch dienen. In den dreißiger Jahren unseres Jh. erfolgte in Fkr. und Dtl. eine Neuorientierung. Während der frz. Einheits-Katechismus von Ch. A. Quinet und A. Boyer noch 1940 erschien, konnte der ›Kath. Katechismus für die Bistümer Deutschlands‹ erst 1955 vorgelegt werden, erlebte aber ungefähr 30 Übersetzungen. 1960 erhielten die kath. Bistümer in Östr. einen neuen K. Heftige Kontroversen entzündeten sich an dem sog. Holländischen K. (1966). Der ›Ev. Erwachsenen-Katechismus‹ (1975), eine Teamarbeit, erweist sich als ein Standardwerk ev. Erwachsenenbildung. Auf kath. Seite wurden in jüngster Zeit zwei Katechismen vorgelegt: A. Baur – W. Plöger (Hg.), Botschaft des Glaubens, Donauwörth 1978, ³1979; G. Bitter u. a. (Hg.), Grundriß des Glaubens, Kevelaer-Hi-Mn 1980; Welt-Katechismus, Mn 1992.

Mit der Apost. Konst. »Fidei depositum« v. 11. 12. 1992 publizierte Papst Johannes Paul II. den im Anschluß an das Zweite → Vatikanische Konzil verfaßten neuen »Katechismus der Kath. Kirche«.

Q: C. Moufang (Hg.), Kath. K. des 16. Jh. in dt. Sprache, Mz 1881, (Ndr.) Hi 1964; J. M. Reu, Quellen zur Gesch. des kirchl. Unterrichts in der ev. Kirche Dtl. zw. 1530 u. 1600, 9 Bde, Gü 1904–35, (Ndr.) Hi 1977; K. nach dem Beschlusse des Konzils v. Trient für die Pfarrer, Kirchen 1970; KThQ III 114; H. Reller (Hg.), Ev. Gemeindekatechismus, Gü ³1980; H. Echternach u. a. (Hg.), Ev. Erwachsenenkatechismus, Gü ⁴1982; K. der Kath. Kirche, Mn u. a. 1993.

L: F. Chors, Die ev. K.versuche vor Luthers Enchiridion, 5 Bde, B 1900–07, (Ndr.)

Hi 1978; W. BUSCH, Der Weg des dt. kath. K. v. Deharbe bis zum Einheitsk., Fr 1936; J. HOFINGER, Gesch. der K. in Östr. v. Canisius bis zur Gegenwart, I 1937; P. HAUPTMANN, Die Katechismen in der russ.-orth. Kirche, Gö 1971; K. SCHREMS – W. NASTAINCZYK (Hg.), Die Methode kath. Gemeindekatechese im dt. Sprachgebiet v. 16. bis zum 18. Jh., F-Bern 1979; G. ADLER – G. VOGELEISEN, Un siècle de catéchèse en France. 1893–1980, P 1980; F. TRZASKALK, Stud. zu Gesch. u. Vermittlung d. K. in Dtl., Kö-W 1984; A. PEIERS, Kommentar zu Luthers Katechismen, 5 Bde, Gö 1990–1994; U. RUH, Der Welt-Katechismus, Fr-Bas-W 1993; M. BUSCHKÜHL (Hg.), K. der Welt, Eichstätt 1993; H. VERWEYEN, Der Weltkatechismus, D 1994; J. OSWALD – P. RUMMEL (Hg.), P. Canisius, Au 1996. – TRE XVII 710–744.

Katechumenen (griech. »die Unterwiesenen«) wurden in der frühen Christenheit als Taufbewerber zunächst in christl. Sitte und Lehre eingeführt (Zweiwege-Katechismus in der sog. Didache und im Barnabasbrief → Apostol. Väter). Zw. 180 und 250 wurde das Katechumenat als Institut ausgebaut. Es dauerte zunächst 2–3 Jahre, wobei man zw. den interessierten »Hörern« und den Taufbewerbern (sog. »Erleuchteten«) unterschied. Die feierl. Mitteilung des sorgsam gehüteten → Glaubensbekenntnisses (›traditio symboli‹) war den Bischöfen vorbehalten (→ Arkandisziplin). In der reichskath. Kirche (4./5. Jh) wurde das Katechumenat in die Formen der → Bußpraxis integriert, zumal da man gerne zeitlebens K. blieb, um die einmalige Sündenvergebung in der Taufe nicht zu verspielen (so auch Konstantin d. Gr., der 337 sich auf dem Totenbett taufen ließ). Die K. galten daher allg. als Christen (»christiani« im Unterschied zu den »fideles«), wurden aber im Gottesdienst den verschiedenen Büßerklassen zugeordnet und waren mit ihnen nicht zur Eucharistie zugelassen. Der urspr. Sinn des Katechumenats als »Unterweisung« verfiel, obwohl Augustin (Musterkatechese ›De catechizandis rudibus‹) es aufwerten wollte. Erst → Reformation und → Gegenreformation gaben dem Katechumenat (→ Katechismus) in neuer Zielsetzung die Urständ als → Christenlehre.

L: E. SCHWARTZ, Bußstufen u. Katechumenatsklassen, Str 1911 = DERS., Gesammelte Schriften, Bd. 5, B 1963, 274–362; J. DANIÈLOU – R. DU CHARLAT, La catéchèse aux premiers siècles, P 1968; TRE XVIII 1–14 (G. KRETSCHMAR – K. HAUSCHILDT).

Katharer (griech. katharoi = die Reinen; it. gazzari = Ketzer) wurden wegen ihrer balkan. Herkunft auch »Bulgari« gen. Die Benennung → Paulikianer war gelehrter, weil sie die K. der → markionitischen Kirche zuordnete. Da ihre Wanderprediger gerne als Weber tätig waren (wie der Apostel Paulus!), hießen die K. in Fkr. auch »Tisserands«, was allerdings zur Verwechselung mit den → Waldensern führte. Albi am Tarn (Toulouse), ihr südfrz. Zentrum, trug ihnen den Namen → Albigenser ein. Hatte die Sekte mit der Verwerfung der Ehe, des Eides, des Kriegsdienstes und des AT sich auf traditionellen Bahnen kirchenkrit. Gruppen bewegt, so führte ein Konzil der K. von 1176 zur Radikalisierung ihrer Lehre im Sinne des manichäischen Dualismus der → Bogomilen. Aus dem Gegensatz von Gott und Satan, von Geist und Materie ergab sich eine Heilslehre der Befreiung aus der Körperlichkeit. Manichäische Rudimente zeigten sich auch in der Unterscheidung zw. den »Gläubigen« – mochten auch noch so hohe Anforderungen der Askese und Weltabgeschiedenheit an sie gestellt werden – als einem niederen Grad und den »Vollkommenen«. Ersteren wurde nach altchristl. Brauchtum ein lebenslängl. → Katechumenat zugemutet, mit der »Tröstung« (consolamentum) als Sterbesakrament, das durch Handauflegung die Geistestaufe vermittelte, dafür aber auch der unmittelbare Eingang in das himmlische Lichtreich zugesagt. Um zu diesem Ziel zu gelangen, mußten hingegen die »Vollkommenen« eine mehrmalige, der »Reinigung« (Katharsis) dienende Seelenwanderung auf sich nehmen. Das Auftreten der K. in Oberitalien löste die ersten Aktionen der päpstl. → Inquisition aus, während im Verlauf der Albigenserkriege (1209–1229) die K. sich in die unwirtl. und kargen Randgebiete der Pyrenäen zurückzogen, wo sie sich bis ins 14. Jh. halten konnten. Abermals hatte das Abendland dem iranischen Dualismus eine Absage erteilt (→ Gnosis; → Manichäismus). Die K. – ein letzter Versuch der Infiltration – haben dabei dem gegen alle Häresien erhobenen Verdikt einer »Teufelssekte« zu einem langen Nachleben verholfen.

Q: E. Bozóky, Le livre secret des Cathares. Interrogatio Johannis. Apocryphe d'origine bogomile (édition, traduction, commentaire), P 1980; KThQ II 42a–b.

L: A. Borst, Die K., St 1953, Fr ^{2}1991; R. Manselli, L'eresia del male, Na 1963, ^{2}1980; B. Belperron, La croisade contre les Albigeois, 1209–49, P 1967; C. Thouzellier, La Bible des cathares languedociens, P 1968; Ders., Livre des deux principes, P 1973; G. Schmitz-Valckenberg, Grundlehren katharischer Sekten des 13. Jh., P 1971; G. S. Gasparo, Sur l'histoire influences du Gnosticisme: K. Aland (Hg.), Gnosis. Fs. für Jonas, Gö 1978, 341–350; E. le Roy Ladurie, Montaillou. Ein Dorf vor dem Inquisitor 1294–1324, B 1981; G. Rottenwöhrer, Der Katharismus, 3 Bde, Bad Honnef 1982–94; L. Baier, Die große Ketzerei, B 1984; A. Brenon, Le vrai visage du Catharisme, Portet-sur-Garonne 1988; M. Benad, Domus und Religion in Montaillou. Kath. Kirche u. Katharismus, T 1990; M. Hansssler, Katharismus in Südfrankreich, Rb 1991; D. Roche, Die K-Bewegung, St 1992; B. Urte, Die Katharerinnen, Fr-Bas-W 1993; H. C. Stoodt, Katharismus u. Organisation, T 1994. – TRE XVIII 21–30.

Katholikentage haben sich in Dtl. seit 1848 – erst jetzt gibt es das »Assoziationsrecht« – aus den Jahresversammlungen zunächst der → ›Pius-Vereine für rel. Freiheit‹, dann des ›Kath. Vereins Deutschlands‹ (1848–55) und schließl. der ›Kath. Vereine Deutschlands‹ (seit 1872: ›Kath. Vereine der Katholiken Deutschlands‹) entwickelt. Als 1. Dt. Katholikentag gilt die ›Delegiertenversammlung der kath. Vereine Deutschlands‹ in Mainz 1848 unter Franz Josef von Buß (1803–78) als Präsidenten. 1869 wurde ein → Zentralkomitee der dt. Katholiken gegr. (1872 aufgelöst, 1898 neubegründet), das diese Generalversammlungen vorbereitet und auf die Durchführung der Beschlüsse bedacht ist. – In der Anfangszeit verfolgten die K. als Hauptziel, die Eigenständigkeit des kirchl.-rel. Bereichs gegenüber Übergriffen des → Staatskirchentums in dt. Ländern zu wahren. Gleichzeitig suchte man die Verantwortung der Laien für Glauben und Kirche zu mobilisieren. Dem sollten auch Kontakte mit kath. Parlamentariern dienen. Namentl. Ludwig Windthorst

(1812–91), Führer der → Zentrumspartei, verteidigte inmitten des → Kulturkampfes die Stellung und Rechte der Kirche, indem er bei K. ebenso wie im Reichstag als Redner auftrat. Später standen Themen der Sozialpolitik im Vordergrund, wobei die Verlautbarungen der Päpste richtungweisend wirkten. – Die K. fanden in der ersten Zeit alljährl. statt, fielen aber wegen ungünstiger Zeitverhältnisse (1. Weltkrieg; Hitlerregime 1933–45) nicht selten aus. Nach 1950 wurden die K. nur noch alle zwei Jahre veranstaltet. In jüngster Zeit ist der Abstand unterschiedl. lang: Mönchengladbach 1974, Freiburg 1978, Berlin 1980, Düsseldorf 1982. Die wachsenden Teilnehmerzahlen – 400 Teilnehmern in Trier (1865) stehen ungefähr 80000 Teilnehmer in Berlin (1980) gegenüber – ließen die Veranstaltungen auch zu einem rel. Gemeinschaftserlebnis werden. Nach der polit. Teilung Deutschlands als Folge des 2. Weltkriegs zeichneten sich die K. auch durch ihren gesamtdt. Charakter aus. Der letzte gemeinsame Dt. Katholikentag fand 1958 in Berlin statt; seither begeht man in Ostdeutschland bzw. in der DDR eigene K. – K. gibt es in Östr. seit 1878 und in der Schweiz seit 1903.

L: J. B. Kissling, Gesch. der dt. K., 2 Bde, Mn 1920; L. Lenhart (Hg.), Idee, Gestalt u. Gestalter des ersten dt. Katholikentags, Mz 1948; E. Filthaut, Dt. Katholikentage 1848–1958 und die soziale Frage, Essen 1960; J. Horstmann, Katholizismus u. moderne Welt. K., Wirtschaft, Wissenschaft 1848 bis 1914, Mn-Pa-W 1976; A. Imsteph, Die Schweizer. K. 1903–1954, Fribourg 1987. K. H. Grenner, Die K. als polit. Forum des organisierten Katholizismus, Schwerte 1988; T. Grossmann, Zw. Kirche u. Gesellschaft, Mz 1991. – TRE XVIII 37–40.

Katholische Aktion, hervorgegangen aus der → Kath. Bewegung des 18. und 19. Jh., wollte den christl. Glauben gegenüber der rationalistischen → Aufklärung und die Freiheit der Kirche gegenüber dem absolutistischen → Staatskirchentum in Schutz nehmen und weit darüber hinaus für die Ausbreitung und Erneuerung des Reiches Christi auf Erden wirken. Dieses »weltl.« Apostolat der Laien mußte aber nach Meinung Leos XIII., Pius' X. und auch noch Pius' XI. jederzeit dem »hierarchischen Apostolat« unterstellt bleiben, selbst wenn es sich nur um wirtschaftl.-soziale und polit. Themen handelte. Im Gegensatz dazu definierte Pius XII.: »Dieses Apostolat bleibt immer Apostolat der Laien und wird nicht einmal dann ›hierarchisches Apostolat‹, wenn es im Auftrag der Hierarchie ausgeübt wird.« Das 2. → Vatik. Konzil betont im Dekret ›Über das Apostolat der Laien‹, daß die Laien »ihr Apostolat in der Kirche wie in der Welt, in der geistl. wie in der weltl. Ordnung ausüben«. Stand anfangs noch die persönl. Heiligung im Vordergrund, so weitete sich im Laufe der Zeit die Zielsetzung der K. A. zur Verchristlichung der Welt in allen Bereichen (christl. Leben, christl. Politik, christl. Kultur). Als gefährlichste Gegner galten der Faschismus in It. und der Nationalsozialismus in Dtl. (→ Kirchenkampf), deren Einflüssen sich bes. die christl. → Jugendverbände erwehren mußten. Viele kath. Organisationen und Vereinigungen wollten sich der K. A. zugerechnet wissen. So bildeten sich nach Alter und Beruf oder auch nach bestimmten Interessen verschiedene Formen, z. B. die →

Marianischen Kongregationen, → die Legio Mariae und die von J. Cardijn 1925 gegr. ›Christl. Arbeiterjugend‹ (CAJ). Auf diese Weise wurde vermieden, daß die K. A. organisatorisch eine Monopolstellung erlangte. Die K. A. in Dtl. ist heute organisiert in Katholikenausschüssen (in Bayern: Diözesanausschüsse der K. A.) auf Pfarr-, Dekanats- und Bistumsebene. – In den USA arbeitet seit 1923 als Initiativstelle der K. A. die ›National Catholic Welfare Conference‹ (Sitz: Washington), in der alle kath. Organisationen zusammengefaßt sind. 1943 wurde ihr die caritative Auslandshilfe angeschlossen.

Q: R. Svoboda (Hg.), Der Laie in der Krise der modernen Welt, Kö 1958; LThK Vat. II 585–701.

L: A. Schroeder, Die K. A. unter bes. Berücksichtigung der dt. Verhältnisse, Erl 1933; G. Philips, Der Laie in der Kirche, Sa 1955; Y. Congar, Der Laie, St 1957; F. Klostermann, Das christl. Apostolat, I-W-Mn 1962; A. Steinmaus-Pollak, Das als K. A. organisierte Laienapostolat, Wü 1988. – TRE XVIII 43–45.

Katholische Bewegung. Als Reaktion der → Röm.-Kath. Kirche auf das → Staatskirchentum des fürstl. Absolutismus im 18. Jh. erstarkte die K. B. in den Auseinandersetzungen zw. → Kirche und Staat während der ersten Hälfte des 19. Jh. Als Bewegung für eine »freie Kirche« (gegenüber dem Staat, aber auch gegenüber anderen Konfessionen) nahm sie ihren Anfang in Span. und Irland (D. O'Connell; ›Catholic Association‹), faßte dann vor allem in Fkr. (J.-M. de Maistre, La Mennais, Lacordaire, Montalembert) Fuß und griff vom Elsaß und Belgien auf Dtl. (Görres, Döllinger) über, wo der → Kölner Kirchenstreit 1837 einen starken Zuwachs bewirkte. Bismarck erschien die K. B. wegen ihres → Ultramontanismus als ein Hauptfeind, den er, von liberalen Nationalisten angespornt, mit radikalen Gesetzen und Verordnungen (→ Kulturkampf) bekämpfen zu müssen meinte. Neben der Unabhängigkeit der Kirche vom Staat verfolgte die K. B. als zweites Hauptziel eine zeitgemäße Lösung der → Sozialen Frage (Ozanam, Buß, Ketteler, Vogelsang). Mit der K. B. verbanden sich aber auch solche Kräfte, die gegen jeden Fortschritt in Kultur und Wiss. plädierten und dem → Papsttum die höchste unfehlbare Autorität zuschrieben (1. → Vatik. Konzil). Namentl. in Fkr. standen die Verfechter einer christl. → Demokratie lange Zeit auf verlorenem Posten, weil auch die Päpste monarchische und absolutistische Staatsformen begünstigten. → Gewerkschaftsstreit, → Katholikentage, → Kath. Aktion.

Q: L. Bergsträsser, Der polit. Katholizismus. Dokumente seiner Entwicklung, 2 Bde, Mn 1921–23, (Ndr.) 1976; E. Heinen, Staatl. Macht u. Katholizismus in Dtl., 2 Bde, Pa 1969–79.

L: V. Cramer, Bücherkunde zur Gesch. der K. B. in Dtl. im 19. Jh., Mönchen-Gladbach 1914; K. Bachem, Vorgesch., Gesch. u. Politik der Dt. Zentrumspartei. Zugleich ein Beitrag zur Gesch. der K. B. sowie zur allg. Gesch. des neueren u. neuesten Dtl. 1815–1914, 9 Bde, Kö 1927–32; E. Ritter, Die k.-soziale B. Dtl. im 19. Jh. u. der Volksverein, Kö 1954; G. Candeloro, Il movimento cattolico in Italia, R 1955; B. Hanssler (Hg.), Die Kirche in der Ges. Der dt. Katholizismus u. seine Organisationen im 19. u. 20. Jh., Pa 1961; A. Rauscher (Hg.), Entwicklungslinien des dt. Katholizismus, Pa 1973; P. Bellandi, Alle origini del movimento cattolico. Pistoia 1892–1904, R 1976; W. Frühwald, Anfänge der K. B. Zur Parteinahme der

Romantiker im Streit zw. Kirche u. Staat in den preuß. Westprovinzen 1819–1945; Rhein. Vierteljahresblätter 41 (1977) 231–248; E. POULAT, Catholicisme, démocratie et socialisme. Le mouvement catholique et Mgr. Benigni de la naissance du socialisme à la victoire du fascisme, Tournai-P 1977; R. LILL, Kirche u. Revolution. Zu den Anfängen der K. B. im Jahrzehnt vor 1848: Archiv für Sozialgesch. 18 (1978) 565–575; J. DORNEICH, Franz Josef Buß u. die K.B. in Baden, Fr-Bas-W 1979; F. TRANIELLO – G. CAMPANINI (Hg.), Dizionario storico del movimento cattolico in Italia, 1860–1980, 3 Bde, To 1981–82.

Katholische Fraktion, Zusammenschluß von 63 kath. Abgeordneten unter Führung von August Reichensperger (1808–95) im preuß. Abgeordnetenhaus von 1852 bis 1858, um vor allem die antikath. Schulpolitik des Kultusministers K. O. von Raumer († 1859) mit vereinten Kräften zu bekämpfen. Von 1859 an nannte sich die K. F. entsprechend ihrem Sitz im Abgeordnetenhaus ›Zentrum‹ (→ Zentrumspartei), löste sich aber als Gruppe schon 1862 wegen polit. Meinungsverschiedenheiten in der Verfassungsfrage auf.

L: K. BACHEM, Vorgesch., Gesch. u. Politik der Dt. Zentrumspartei, Bd. I, Kö 1927.

Katholische Ostkirchen, auch (mit Rom) *unierte Ostkirchen* gen., sind solche Kirchen des Ostens, die nach dem → Morgenländischen Kirchenschisma entweder mit der → Röm.-Kath. Kirche verbunden blieben oder später zu ihr zurückkehrten. Die nach den Eroberungen der Kreuzfahrer (→ Kreuzzüge) im 12. Jh. err. lat. Bistümer können hier unberücksichtigt bleiben, da keines über das 13. Jh. hinaus bestand und sie auch nicht als k. O. im eigentl. Sinn angesehen werden können. – Während sich die → Maroniten 1181 und die Armenier 1198 (allerdings nur bis 1375) Rom wieder anschlossen, erfolgten bei anderen → orth. O. nur teilweise Unionen, z.B. Ruthenen (Ukrainer) 1595/96, Serben (in Kroatien) 1611, Rumänen in Siebenbürgen 1688, → Melchiten des → Patriarchats von Antiochien 1724, Bulgaren 1859. In der → NZ wurden im Osten fünf kath. Patriarchate gegr.: → Chaldäische Kirche 1551, Syr.-kath. Kirche 1663, Melkitische Kirche 1724, Armenische Kirche 1740, → Koptische Kirche 1895. Die syr.-malabarische Kirche (→ Thomaschristen) ist seit dem 16. Jh. mit Rom verbunden und erhielt 1896 eine eigene Hierarchie. Die k. O. unterscheiden sich durch verschiedene Riten: alexandrinischer, antiochenischer, byz., chaldäischer und armenischer Ritus. Ihre Bischöfe sind der Kongreg. für die Ostkirchen (→ Röm. Kurie) unterstellt. Die Zahl der kath. Orientalen schätzt man auf ungefähr 10 Millionen. – Das 2. → Vatik. Konzil hat im Dekret ›Orientalium Ecclesiarum instituta‹ die bes. Stellung der k. O. innerhalb der Gesamtkirche deutl. gemacht. Paul VI. nahm alle kath. Patriarchen in das → Kardinalskollegium auf (mit dem modifizierten Titel ›Kard. der hl. Kirche‹, nicht der Röm.-Kath. Kirche).

Q: LThK Vat I 364–391.

L: Oriente cattolico. Cenni storici e statistiche. Città del Vaticano 1962, [4]1974; W. DE VRIES, Rom u. die Patriarchate des Ostens, Fr 1963; B. SPULER, Gegenwartslage der O., F 1968; J. Hajjar, Zw. Rom u. Byzanz. Die unierten Christen des Nahen Ostens, Mz 1972; J. Madey (Hg.), Die k. O. Hindernisse oder Brücken auf dem Weg zur Einheit der Christen, Fri 1973; R. Grulich, Die unierte Kirche in Mazedonien (1856–1919), Wü 1977; E. Sauser, So nahe steht uns die Ostkirche, F 1980. – Atlas KG 132, 138–139.

Katholische Reform. Wenn auch der Grundsatz »Ecclesia semper reformanda« (»Die Kirche bedarf stets der Erneuerung«) zu allen Zeiten gültig ist und Reformversuche Einzelner oder größerer Gruppen (→ Armutsbewegung, → Ketzerverfolgungen) immer wieder begegnen, so empfanden doch weite Kreise der Kirche im späten → MA eine innere Selbsterneuerung der gesamten Kirche, des Klerus wie der Laien, als dringend notwendig. Doch zeitigten Reformprogramme, wie sie z. B. das → Konstanzer, das → Baseler und das 5. → Laterankonzil oder die päpstl. Reformkommission von 1536 verabschiedet haben, und Erneuerungsaktionen um die Wende zum 16. Jh. vor allem in Span. und It. keine durchschlagenden Erfolge. Erst die mit der → Reformation verbundene Herausforderung der »Papstkirche« führte auch bei der Spitze der Kirche, bei Papst und Röm. Kurie, langsam zur Umkehr von tiefgehender »Verweltlichung« zu biblisch fundierter Verchristlichung (→ Evangelismus). Paul III. gründete 1536 aus Bischöfen und Kardinälen eine Reformkommission, ernannte nur würdige Männer zu Kardinälen und berief nach langem Widerstreben wohl als entscheidendste Tat seines Pontifikats das → Trienter Konzil, das in drei Tagungsperioden (1545–63) ein großangelegtes Reformprogramm beschloß, für dessen Durchführung sich die sog. Reformpäpste Pius V. (1566–72), Gregor XIII. (1572–85) u. Sixtus V. (1585–90) energisch, bisweilen sogar rücksichtslos einsetzten. Diese tridentinische Ausrichtung bestimmte die Kirche in den Grundlinien bis zum 2. → Vatik. Konzil (1962–65). Neben pastoral gesinnten Priestern und Bischöfen (Savonarola, F. Ximenes de Cisneros, [Papst] Hadrian VI., Contarini, Cervini, Seripando, Borromeo, Neri, Canisius u. a.) wirkten zahlreiche neuentstandene Kongreg. und rel. Orden (→ Oratorianer, → Barnabiten, → Jesuiten, → Kapuziner u. a.) für die Predigt des Evangeliums und dessen Verwirklichung im privaten, kirchl. und öff. Leben. Während die K. R. in erster Linie einer innerkirchl. Wurzel entsprang, erwuchsen die Schritte der → Gegenreformation vornehml. aus dem Entschluß und Bedürfnis zur Bekämpfung der → Reformation. Im 17. Jh. verloren die vielfältigen Kräfte der K. R. immer mehr an Wirksamkeit, ohne aber ganz zu erlahmen. Gegen Ende des 19. Jh. setzte eine bes. von Theologen und Bischöfen ausgehende Reformbewegung ein, die in verschiedener Hinsicht mit den Zielen der K. R. des 16. und 17. Jh. brechen wollte; in Europa wurde sie als → Reformkatholizismus und → Modernismus, in den USA als → Amerikanismus bekannt.

Q: Concilium Tridentinum, Bd. XII u. XIII/1, Fr-Bas-W 1966; Mirbt-Aland 530–537.

L: G. M. Monti, Studi sulla Riforma Cattolica e sul Papato nei secoli XVI–XVII, Trani 1941; H. Jedin, K. Reformation oder Gegenreformation?, Lz 1946; K. D.

SCHMIDT, K. R. oder Gegenreformation, Limburg 1957; G. PFEILSCHIFTER, Acta Reformationis Catholicae. Die Reformverhandlungen des dt. Episkopats v. 1520 bis 1570, Rb 1959ff.; P. PRODI, Riforma cattolica e Controriforma: Nuove Questioni di Storia Moderna, Bd. I, Mi 1964, 357–418; J. KRASENBRINK, Die Congregatio Germanica u. die k. R. in Dtl. nach dem Tridentinum, Mr 1972; P. JOUTARD (Hg.), Historiographie de la Réforme, P-Neuchatel-Montreal 1972; K. D. SCHMIDT, Die k. R. u. die Gegenreformation, hg. v. M. JACOBS, Gö 1975; H. HEIMPEL, Zu zwei Kirchenreform-Traktaten des beginnenden 15. Jh., Hei 1975; W. KLAIBER (Hg.), Kath. Kontroverstheologen des 16. Jh. Ein Werksverzeichnis, Mr 1978; J.-M. VALENTIN (Hg.), Beiträge zur interdisziplinaren Erforschung der kath. Reformbewegung, A 1979; R. BÄUMER (Hg.), Concilium Tridentinum, Da 1979; TRE XVIII 45–72 (G. MARON).

Ketzergesetzgebung. Gegen »Ketter« (mhd.) vorzugehen, ist ma. (→ Katharer), aber auch der → Alten Kirche bekannt und hat zudem vorkonstantinische Anfänge. Schon Anfang des 3. Jh. stellte man Verhöre an, deren Protokolle im Kirchenarchiv lagen (Karthago) oder veröffentlicht wurden (HIPPOLYT, contra Noetum), wobei man nicht versäumte, bei der Urteilsverkündigung vor der Gemeinde auch den eigenen Glauben zu bezeugen (vgl. die Autodafés der span. → Inquisition). Seit der 2. Hälfte des 3. Jh. wurden Häretiker (z. B. Bf. Paul von Samosata) vor Synoden verhört und abgeurteilt; gegebenenfalls machte man das Urteil der »ökumenischen« Christenheit bekannt. In nachkonstantinischen Zeiten konnten die kirchl. → Lehrzuchtverfahren (→ Lehrverpflichtung) auch vor staatl. Behörden durchgeführt werden (z. B. das Religionsgespräch von Karthago 411 → Donatismus; vgl. auch die → Religionsgespräche der Reformationszeit), weil seit Theodosius' I. Edikt ›Cunctos populos‹ (380) sich das Reich als Hort der → Orthodoxie verstand. Damit war für die Ketzerverfolgung auch die reichsgesetzl. Basis gegeben; ihre Gesch. beginnt mit einem Edikt Theodosius' I. von 381 (→ Inquisition). Der 438 veröff. Codex Theodosianus kennt nicht weniger als 68 Reichsedikte gegen Häretiker. Sie reichen in ihren Strafen von Güterkonfiskation, Aberkennung der bürgerl. Rechte, Bekleidung öff. Ämter und Verbannung bis hin zur Todesstrafe. Diese kannte schon Diokletian mit seinen Edikten gegen den → Manichäismus. Die Nähe der → Bogomilen und Katharer zu dieser angebl. »Teufelssekte« begünstigte den Vollzug der Todesstrafe gegen sie durch die Staufer (Inquisition), wobei Friedrich II. die zunächst für Sizilien gedachte Anordnung (1231) auch für das Dt. Reich rechtsverbindl. machte (1232). Auf diese Reichsgesetzgebung konnte sich noch im späten MA die Ketzerverfolgung stützen, wobei das Verfahren gegen Jan Hus als Verhör vor einem Reichskonzil (Konstanz) wie auch als Vollstreckungsurteil zum Scheiterhaufen (1415) die beiden Wurzeln der K. und Ketzergeschichte sichtbar macht.

Q: C. PHARR (Übers.), The Theodosian Code, Princeton 1952; J. FEARNS, Ketzer u. Ketzerbekämpfung im Hochmittelalter, Gö 1968. → Inquisition.

L: H. THELOE, Die Ketzerverfolgung im 11. u. 12. Jh., B–L 1913; R. MANSELLI, Studi sulle eresie del secolo XII, R 1953, [2]1975; H. GRUNDMANN, Ketzergesch. des MA, Gö 1963, [3]1978; DERS., Bibliographie zur Ketzergeschichte des MA

(1900–1966), R 1967; G. Leff, Heresy in the Later Middle Ages. The Relation of Heterodoxy to Dissent c. 1250 – c. 1450, 2 Bde, O 1967; J. Miethke, Theologenprozesse in der ersten Phase ihrer institutionellen Ausbildung: die Verfahren gegen P. Abaelard u. Gilbert v. Poitiers: Viator 6 (1975) 87–116; H. G. E. Walther, Haeretica pravitas u. Ekklesiologie. Zum Verhältnis v. kirchl. Ketzerbegriff u. päpstl. Ketzerpolitik v. der 2. Hälfte des XII. bis ins 1. Drittel des XIII. Jh.: A. Zimmermann (Hg.), Die Mächte des Guten u. Bösen, B 1977, 286–314; D. Kurze, Häresie u. Minderheit im MA: HZ 229 (1979) 529–573; E. Winter, Ketzerschicksale. Christl. Denker aus 9. Jh., Z-Ei 1980; M. Lambert, Ketzerei im MA. Häresien v. Bogumil bis Hus, Mn 1981; C. T. Berkhout – J. B. Russell, Medieval heresis. A Bibliography 1960–79, Toronto 1981; E. Werner – M. Erbstösser, Ketzer und Heilige, B 1986.

Ketzertaufstreit. Im Streit zw. Stephan I. von Rom (254–257) und Bf. Cyprian von Karthago (Märtyrer 258) ging es jenem zunächst um den Primat, diesem um die Gültigkeit der Taufe, weshalb er beim Übertritt von Häretikern diese taufte, auch wenn sie bereits getauft waren. Schon Tertullian hatte Anfang des 3. Jh. die Wiedertaufe begründet (W: De baptismo) und eine Synode von Kathago ca. 220 hatte sie angeordnet. Stephan von Rom lehnte dies mit dem Satz ab, »Neuerungen« seien zu unterlassen, vielmehr »das Überlieferte« festzuhalten. In Rom pflegte man wiedereintretende Häretiker als Büßer zu behandeln und begnügte sich deshalb mit dem übl. Rekonziliationsakt nach Ablauf der Bußfrist (Handauflegung durch den Bf.; → Bußpraxis); das geschah übrigens auch in Alexandrien. Eine Synode von Karthago (256: als ältestes Schlußprotokoll seiner Art erhalten) hingegen bestätigte Cyprians Position, der seinerseits durch Briefe an die »Ökumene« für seinen Standpunkt warb und sich darin in Kappadokien bestätigt sah, während Alexandrien Rom beipflichtete. Dieses ökumenische Streitgespräch warf Grundsatzfragen des Taufsakramentes (Wirkung, Heiligkeit des Spenders, Kirche als alleinige Heilsanstalt) von bleibender Bedeutung auf, die noch im → Donatistenstreit nachklangen, aber erst durch die → Scholastik des MA theol. erörtert und beantwortet wurden.

Q: D-S 110f.; Mirbt-Aland 168ff., 182–204, 207.
L: A. Benoit – Ch. Munier, Die Taufe in der alten Kirche (1.–3. Jh.), Bern 1994.

Kindertaufe, Kinderkommunion. Auch wenn die Kindertaufe aus dem NT nicht eindeutig ersichtl. ist, wurde sie doch in der → Alten Kirche gespendet (Augustinus, De pecc. mer. I 20, 26f.; Serm. 174f.), freil. nicht überall und nicht zu allen Zeiten. Das → Trienter Konzil dekretierte gegen die Wiedertäufer (→ Ketzertaufstreit), daß die getauften Kinder wirkl. Gläubige sind und ihre Taufe bei Erlangung des Vernunftgebrauchs nicht wiederholt werden muß (D-S 1625–27; N-R 543–545). Auch in den reformatorischen Kirchen blieb die Kindertaufe allg. Brauch. Vereinzelte Stimmen gegen die Kindertaufe wurden erst in neuester Zeit (vgl. K. Barth, Kirchl. Lehre von der Taufe) laut. – Auf die Kindertaufe folgte, mancherorts bis in das 12. Jh., unmittelbar die Kommunion in Gestalt des Weines (Cyprian, De lapsis 9; Hippolytos, Trad. apost. 21ff.). Im 12. Jh.

häuften sich die Synodalbeschlüsse gegen die Kinderkommunion. Das 4. Laterankonzil (1215) setzte das »Jahr des Unterscheidens« (»annus discretionis«), allg. das 7. Lebensjahr, als Zeitpunkt für die Erlaubnis zum Empfang der Kommunion fest (D-S 812). Doch bald wurde es übl., daß die Kinder erst zw. dem 10. und 15. Lebensjahr zur Kommunion gingen. Diese Entwicklung dauerte, bis Pius X. mit dem Dekret ›Quam singulari‹ (1910) zur Kinderkommunion der Alten Kirche zurückkehrte. Die gemeinsame Erstkommunionfeier von Kindern setzte erst im 17. Jh. ein.

Q: H. KRAFT – H. HAMMERICH (Hg.), Texte zur Gesch. der Taufe, B-NY [2]1969.

L: P. BROWE, Die Kinderkommunion im MA: Scholastik 5 (1930) 1–45; F. X. BAUER, Zur Gesch. der feierl. Kindererstkommunion: ThG 25 (1933) 563–590; P. HELLBERND, Die Erstkommunion der Kinder in Gesch. u. Gegenwart, Vechta 1954; J. JEREMIAS, Die Kindertaufe in den ersten vier Jh., Gö [3]1958; K. ALAND, Die Säuglingstaufe im NT u. in der alten Kirche, Mn 1961, [2]1963; DERS., Ntl. Entwürfe, Mn 1979, 198–232; M. PROBST, Der Ritus der Kindertaufe. Der Reformversuch der kath. Aufklärung, Trier 1980; W. KASPER (Hg.), Christsein ohne Entscheidung oder Soll die Kirche Kinder taufen, Mz 1980; G. BARTH, Die Taufe in frühchristl. Zeit, Neukirchen 1981. – TRE XVIII 188–195.

Kirchenaustrittsbewegung. Im 19. Jh. vor allem durch die Freimaurer- und Freidenker-Bewegung (›Komitee konfessionslos‹, ›Monistenbund‹ u. a.) organisiert, trat die K. nach dem 1. Weltkrieg in eine erste Phase. Die nationalsozialistische Bewegung erreichte mit dem Bekenntnis zu einem »positiven Christentum« zunächst eine gegenläufige Wirkung; doch zur Macht gekommen (Drittes Reich: 1933–45), führte sie einen radikalen Kampf gegen das Christentum wie gegen die Kirchen (→ Kirchenkampf), so daß die Kirchenaustritte sprunghaft anstiegen (1937 in der kath. Kirche 107000 und 1939 in der ev. Kirche 396000). Nach dem Untergang des Hitlerregimes mehrte sich die Zahl der Austritte aus anderen Gründen (1950 in der kath. Kirche ca. 130000; die Zahl in der ev. Kirche lag etwa doppelt so hoch). Einen Höhepunkt erreichten die Kirchenaustritte in den siebziger Jahren. In der Großstadt München registrierte man 1974 in der kath. Kirche weit mehr Kirchenaustritte (6079) als Taufen (4770).

Ein Austritt aus der → Röm.-Kath. Kirche ist nach deren Glaubensverständnis nicht mögl., weil die Taufe ein »unauslöschl. Merkmal« (character indelebilis) verleiht. Da aber die großen Kirchen in Dtl. öff.-rechtl. Körperschaften sind, muß der neutrale Staat die Möglichkeit des Austritts aus der Kirche mit zivilrechtl. Wirkungen (z. B. Erlöschen der Kirchensteuerpflicht) einräumen. Nach dt. Reichsgesetz von 1921 kann jeder, der das 14. Lebensjahr vollendet hat, vor einer staatl. Behörde (z. B. Standesamt) seinen Kirchenaustritt erklären. Eine modifizierte Kirchenaustrittserklärung, nach der nur die Zugehörigkeit zur Kirche als kirchensteuerberechtigten öff.-rechtl. Körperschaft, nicht aber zur Kirche als Glaubensgemeinschaft aufgekündigt werden soll, ist unzulässig und deshalb wirkungslos. Die Motive für den Austritt reichen von Glaubenslosigkeit über Distanzierung von der kirchl. Institution bis zur Verweigerung der → Kirchensteuer. Oft ist ein konkreter Konflikt (Mischehe, zivile Wiederheirat,

Unzufriedenheit mit dem zuständigen Seelsorger u. a.) der eigentl. Grund zum Austritt.

→ Los-von-Rom-Bewegung.

L: B. Violet, Die K., B 1914; A. v. Campenhausen, Staatskirchenrecht, Mn 1973, 125–137; A. Feige, Kirchenaustritte. Eine soziologische Untersuchung v. Ursachen u. Bedingungen am Beispiel der Ev. Kirche v. Berlin-Brandenburg, Gelnhausen ²1977; A. Kuphal, Abschied v. der Kirche. Traditionsabbruch in der Volkskirche, Gelnhausen 1979; A. Feige, Kirchenmitgliedschaft in der BRD, Gü 1990; U. Müller-Weissner – R. Volz (Hg.), Kirche ohne Volk?, Speyer 1991.

Kirchengeschichte (KG). [1] *Gegenstand der KG:* Die KG eroberte sich erst vom 17. Jh. an allmähl. einen festen Platz als Disziplin der theol. Wissenschaften. Ihr Aufgabengebiet umfaßt das gesamte innere und äußere Leben der irdischen Kirche in Zeit und Raum. Umstritten ist bes. heute wieder der spezifisch theol. Aspekt, unter dem der Kirchenhistoriker die K. zu sehen und zu verstehen hat. – Da der Kirchenbegriff alles andere als einheitl. erscheint, sind verschiedene Konzeptionen über Aufgabe und Zweck der KG eine notwendige Folge. So begreifen z. B. die ev. Kirchenhistoriker Martin Schmidt und Gerhard Ebeling die KG als die Gesch. der Auslegung und der Verkündigung der Hl. Schrift. Für den ebenfalls ev. Kirchenhistoriker Kurt Dietrich Schmidt († 1964) hingegen stellte sich die KG als die Gesch. des in der Welt fortwirkenden Christus dar. Darin traf er sich weitgehend mit kath. Kollegen wie Hubert Jedin († 1980); für ihn beruhte der Charakter der Kirche als gesch. Größe »letztl. auf der Inkarnation des Logos und auf dessen Eintritt in die menschl. Gesch., vor allem aber darauf, daß Christus die Kirche als Gemeinschaft von Menschen (Volk Gottes) unter Führung von Menschen (Apostelkolleg, Episkopat, päpstl. Primat) gewollt und sie damit vom menschl. Handeln, aber auch von menschl. Schwäche abhängig gemacht hat«. Und nach dem kath. Kirchenhistoriker Klaus Schatz hat die KG sehr konkrete Folgen zu ziehen, näml. »anhand der bisher geschehenen Gesch. zu zeigen, inwiefern die wesentl. Identität der K. sich nicht nur im gesch. Wandel behauptet, sondern sich nur in der je neuen Antwort auf gesch. Herausforderungen, im Rhythmus von ›Challenge and response‹ (Toynbee), bewährt«. Während nach allg. Meinung die KG als Gesch. wie als Theologie zu verstehen ist, mehren sich heute die Stimmen jener, die die KG als hist. Disziplin einreihen wollen.

[2] *Methoden der KG:* Der Kirchenhistoriker bedient sich zunächst wie der Profanhistoriker der hist.-krit. Methode, die in drei allg. anerkannten Prinzipien besteht: (a) Krit. Untersuchung der literarischen wie monumentalen Quellen; (b) Pragmatisch-genetische Sicht der Ereignisse und ganzer Bewegungen; (c) Objektive, tendenzfreie Beurteilung der Tatsachen, der kausalen Zusammenhänge und treibenden Motive. Dazu gehören gesch. Sehen, d. h. die Fähigkeit, Persönlichkeiten und Ereignisse in ihrer Zeit zu sehen und aus dem Eigencharakter der jeweiligen hist. Situation zu beurteilen, und – da es sich bei der Kirche auch um eine theol.

Größe handelt – theol. Urteilen. Allerdings gehen die Ansichten der Fachwissenschaftler selbst über spezifische Betrachtungsweisen (Heilsgeschichte, Geschichtstheologie) weit auseinander.

[3] *Einteilung der KG:* Der gebräuchl. Einteilung in → Alte Kirche, → Mittelalter und → Neuzeit ist das Schema mit vier Hauptzeitaltern vorzuziehen: (a) Entstehung, Ausbreitung und Verteidigung der Kirche im hellenistisch-röm. Kulturraum (bis ca. 700); (b) Hineinwachsen der Kirche in den germanisch-romanischen und byz.-slawischen Kulturraum (ca. 700–1300); (c) Auflösung der Einheit der abendländischen Christenheit und Durchführung vielfältiger Reformen (1300–1648); (d) Säkularisierung des europäischen Geistes und Neuorientierung der Kirche im Industriezeitalter (seit 1648).

[4] *Kirchengeschichtsschreibung und Kirchengeschichtswissenschaft:* Als Vater der Kirchengeschichtsschreibung gilt Bf. Eusebius von Cäsarea († 339), der neben seiner ›Weltchronik‹ eine ›Kirchengeschichte‹ (hg. von H. Kraft, Da 1965, ²1981) verfaßte. Für die Geschichtstheologie wurde Augustinus († 430) mit seinem Werk ›De civitate Dei‹ (dt. Übers. v. W. Thimme: Vom Gottesstaat, 2 Bde., Z-Mn ²1978) richtungweisend. Das MA schuf nur wenige Werke, die sich auf die gesamte KG erstrecken; sie tragen meist kompilatorischen Charakter (Chroniken, Annalen, Biographien). Zur Zeit des → Humanismus und der Renaissance wirkte sich der Ruf »Zurück zu den Quellen« auch für die Kirchengeschichtsschreibung aus. Mit der → Reformation setzte eine konfessionelle Kirchengeschichtsschreibung ein. Der Herausforderung der Magdeburger Zenturiatoren unter Führung des Flacius Illyricus (→ Magdeburger Zenturien) begegnete der → Oratorianer und Kard. Cesare Baronio (1538–1607) mit seinen ›Annales ecclesiastici‹ (12 Bde, R 1588–1607), die bis dahin umfassendste Darstellung der KG, vornehml. der Papstgeschichte, bis 1198. Im 17. und 18. Jh. erfolgten zahlreiche Quelleneditionen (→ Bollandisten, → Mauriner). Gleichzeitig entwickelte sich die Kirchengeschichtsforschung aufgrund der hist.-krit. Methode und wurde zu einer Einrichtung als eigene Wissenschaft. 1650 wurde an der Univ. Helmstedt der erste Lehrstuhl für KG errichtet. Hier dozierte seit 1723 Johann Lorenz Mosheim (1694–1755), der mit seinen ›Institutiones historiae ecclesiasticae‹ (1726) ein Lehrbuch der KG verfaßte, das ihm neben anderen Arbeiten den Ruf eines »Vaters der modernen Kirchengeschichtsschreibung« einbrachte. In Östr. fand unter dem → Josephinismus die KG Aufnahme in den Studienplan. In Dtl. war eine Neuordnung des kath. Studienwesens erst mögl., nachdem Clemens XIV. 1773 den Orden der → Jesuiten, die an ihrer »Ratio studiorum« unbewegl. festhielten, aufgehoben hatte. Nach und nach entstanden an den Hochschulen eigene Professuren für KG. Bahnbrechend für das Studium der KG mit wiss. Gründlichkeit und zugleich kirchl. Gläubigkeit wirkten im 19. Jh. angesehene Theologen wie Johann Adam Möhler (1796–1838) in Tübingen, später in München, Karl Josef Hefele (1809–93) in Tübingen, Johann Ignaz Döllinger (1799–1890) in München und Joseph Hergenröther (1823–90) in Würz-

burg. Die Tradition dieser Gelehrten wurde von Kirchenhistorikern wie Franz Xaver Kraus (1840–1901) in Freiburg, Albert Ehrhard (1862–1940) in Straßburg, später in Bonn, sowie von den Tübingern Franz Xaver Funk (1840–1907) und Karl Bihlmeyer (1874–1942) fortgeführt. Auf ev. Seite ragten am Ende des 19. Jh. und zu Beginn des 20. Jh. Adolf Harnack (1851–1930) und Hans Lietzmann (1875–1942) in Berlin hervor. Fast jedem von ihnen verdanken wir ein Lehrbuch der KG. Zu den Standard-Handbüchern zählen heute auf kath. Seite das von H. Jedin hg. ›Handbuch der Kirchengeschichte‹ (7 Bde, Fr-Bas-W 1962–1979) und auf ev. Seite das von K. Dietrich Schmidt und Ernst Wolf begr. Handbuch ›Die Kirche in ihrer Geschichte‹ (bisher nur in Faszikeln, Gö 1962 ff.). Unter den nichtdt. Handbüchern ist die von Augustin Fliche und Victor Martin begr. ›Histoire de l'Eglise‹ (fast alle 26 Bde veröff., Tou 1926 ff.) unübertroffen. Nur erwähnt seien die vielen kg. Zeitschriften und Publikationsreihen (vgl. Bibliographie). Als erstes Periodicum erschien das ›Archiv für alte und neue Kirchengeschichte (L 1813–22), hg. von Stäudlin und Tzschirner.

L: E. C. SCHERER, Gesch. u. KG an den dt. Universitäten, Fr 1927, (Ndr.) Hi 1975; W. NIGG, Die KGschreibung. Grundzüge ihrer hist. Entwicklung, T 1934; P. MEINHOLD, Gesch. der kirchl. Historiographie, 2 Bde, Fr 1967; M. SIMON, Religionsgesch., Gesch. des Christentums, KG. Methodologische Überlegungen: G. LANCZOWSKI (Hg.), Selbstverständnis u. Wesen der Religionswissenschaft, Da 1974, 303–319; H. JEDIN, Kard. Caesar Baronius. Der Anfang der kath. KGschreibung im 16. Jh., Mr 1978; N. BROX: Fragen zur »Denkform« der KGwissenschaft: ZKG 90 (1979) 3–5; K. SCHATZ, Ist KG Theologie?: ThPh 55 (1980) 481–513; H. R. SEELIGER, KG – Geschichtstheologie – Geschichtswissenschaft. Analysen zur Wissenschaftstheorie und Theologie der kath. KGschreibung, D 1981; DERS., Apologetische u. fundamentaltheol. KGschreibung: Wiss. u. Weisheit 44 (1981) 58–72; K. WETZEL, Theol. KGschreibung im dt. Protestantismus 1660–1760, Gö 1983; C. UHLIG, Funktion u. Situation der KG als theol. Disziplin, F-Bern-NY 1985; H. R. SEELIGER (Hg.), Kriminalisierung des Christentums? Die Kgschreibung K. Deschners auf dem Prüfstand, Fr-Bas-W [2]1994.

Kirchenkampf (im Dritten Reich). Die ›Nationalsozialistische Dt. Arbeiterpartei‹ (NSDAP) entwickelte sich in der sog. Weimarer Republik (1919–33) zu einer immer einflußreicheren Bewegung, deren Führer Adolf Hitler (1889–1945) am 30. 1. 1933 als Reichskanzler an die Macht kam und vom 2. 8. 1934 an als alleiniger Führer in Dtl. regierte. Da es in It. unter Mussolini nicht zu einem K. gekommen war, die nationalsozialistische Partei das sog. positive Christentum ins Programm nahm und Hitler in seiner Regierungserklärung vom 23. 3. 1933 das Christentum als »Fundament des moralischen Lebens unseres Volkes« rühmte, schlug die Fuldaer → Bischofskonferenz in ihrer Erklärung vom 28. 3. 1933 zunächst versöhnl. Töne an. Der → Vatikan (Pius XI., Papst 1922–39, Kardinal-Staatssekretär E. Pacelli, später Papst Pius XII. 1939–58) und der dt. Episkopat stimmten dem von Hitler gewünschten → Konkordat vom 20. 7. 1933 zu, weil sie auf diese Weise Fortbestand und Rechte der Kirche in Dtl. am sichersten gewährleistet sahen. Erst Ende des Jahres 1933 warnte der Münchener Kardinal-Ebf. Michael von Faulhaber in seinen Adventspredigten das Kirchenvolk vor dem »völkischen Rassismus.« Der → Neuprotestantismus und seine → Landeskirchen, von Anfang an die Kombination »Thron und Altar« befürwortend, erwiesen sich gegenüber dem völkischen Nationalismus noch anfälliger, wie die sog. Reichsbewegung ›Deutsche Christen‹ (→ Dt.-christl. Bewegungen) deutlich beweist. Deshalb sah sich der Berlin-Dahlemer Pfarrer Martin Niemöller (1892–1984) bzw. der »Pfarrernotbund« (→ Bekennende Kirche) schon im September 1933 zu Hilfsaktionen für prot. Pfarrer genötigt, die infolge des Arierparagraphen (Berufsbeamtentum!) in der → Altpreuß. Union (APU) kein Gehalt mehr erhielten. Die rassisch bedingten → Judenverfolgungen im Dritten Reich veranlaßten nur wenige Bischöfe und Kirchenführer zu Protest und Widerstand. Auch Pius XII. (1939–58) meinte mit Schweigen mehr helfen zu können als mit lauten Verurteilungen. Das Wirken der Geistlichen blieb mehr und mehr auf den Kirchenraum beschränkt, und selbst hier mußten die Pfarrer mit Bespitzelung und Denunziation rechnen. Viele Pfarrer beider Konfessionen büßten ihre Opposition mit Verhaftung (u. a. wegen sog. Devisenprozesse) und Internierung in Konzentrationslagern.

Das Naziregime führte den offenen K. (1934–37) bevorzugt im Bereich der prot. Kirchen. Aus einem Reichsgesetz vom Juli 1933 ging unter massivem Druck der Partei die von den »Dt. Christen« beherrschte sog. braune Generalsynode der »Dt. Ev. Kirche« (DEK) hervor, die willfährig die polit. Zuverlässigkeitsklausel und später den Führereid für die Geistlichen beschloß. Als aber Reichsbf. Ludwig Müller jeden Protest durch den »Maulkorberlaß« (Januar 1934) ausschalten wollte, konstituierten sich sog. freie Synoden innerhalb der APU und bildeten mit den sog. intakten Landeskirchen von Bayern, Hannover und Württemberg eine Widerstandsfront, aus welcher die 1. Synode der Bekennenden Kirche (Barmen Mai 1934) hervorging. Darauf folgten ein halbes Jahr hindurch Verhaftungen und öff. Proteste. An der Kirchenkampfliteratur beteiligte sich anonym auch das Kölner Domkapitel mit einer massiven Kritik des Buches ›Mythus des 20. Jh.‹ von Alfred Rosenberg, dem Chefideologen der Partei. Höhepunkt war die 2. Bekenntnissynode (Dahlem Oktober 1934 → Dahlemer Erklärung), die das kirchl. Notrecht verkündete und offen gegen das Reichskirchenregiment der »Dt. Christen« revoltierte. Der Reichsbischof mußte daraufhin seine Eingliederungsgesetze zurücknehmen und fiel schließl. bei Hitler in Ungnade. – In der 2. Phase (1935–37) betrieben Staat und Partei eine Kirchenpolitik der polit. Neutralisierung. Die Spannungen zw. den »intakten« Landeskirchen und den illegalen »Bruderräten« der Bekennenden Kirche mehrten sich (bes. offensichtl. bei der Reichsbekenntnissynode in Bad Oeynhausen 1936). Neue Impulse kamen 1936 durch staatl. Maßnahmen gegen die → Bekenntnisschule und durch Proklamierung der Hitlerjugend zur Staatsjugend mit gesetzl. verordneter Dienstpflicht. Dies alarmierte auch den kath. Episkopat. Mit der Enz. ›Mit brennender Sorge‹ von 14. 3. 1937 – das Konzept stammt von dem Münchener Ebf. Kard. Faulhaber – protestierte Pius XI. in aller

Öffentlichkeit gegen die vielfältigen Einschränkungen und Verfolgungen der Kirche. – Die letzte Phase (1938–45) war eine Zeit der »Stille vor dem Sturm«, bedingt durch die infolge des Krieges (1939–45) notwendig gewordenen Konzessionen des Staates und der Partei gegenüber der Kirche. Diese Situation ermöglichte andererseits kirchl. Proteste wie die des Landesbf. Wurm von Württemberg und des Bf. Graf Galen von Münster gegen die Vernichtung Geisteskranker (seit 1939). Ein → Hirtenbrief des dt. Episkopats, der angesichts der Liquidierung von mehr als 3000 polnischen Priestern bei der Okkupation vor dem Abstumpfen des Gewissens im Völkermorden warnte, wurde von der 12. Bekenntnissynode der Altpreuß. Union in Breslau (1943) übernommen. Staatl. Reaktion blieb aus, hätte aber im Fall eines Sieges im Sinn der von Hitler geplanten »Endlösung« des Kirchenkampfes gewiß nicht auf sich warten lassen. – Die Verfolgungen der Kirche durch den Nationalsozialismus beschränkten sich nicht auf das Dt. Reich, sie erstreckten sich auch auf alle eroberten Länder, bes. auf Polen, das wegen seiner hervorragenden Treue zu Glauben und Kirche unzählige Opfer brachte. – Nach dem Untergang des Dritten Reiches beklagte die → EKD im → Stuttgarter Schuldbekenntnis ihr Versagen während des Kirchenkampfes. Auf kath. Seite hingegen waren solche Worte, obwohl das Versagen nicht geringer gewesen ist, offiz. bisher nicht zu vernehmen, eher Apologien für ihr Verhalten. Im Unterschied zum → Kulturkampf hat der K. im Dritten Reich die Konfessionen zum gemeinsamen Widerstand geeint, ein Tatbestand, der nach 1945 der → Ökumenischen Bewegung zugute kam.

Q: K. D. Schmidt (Hg.), Die Bekenntnisse u. grundsätzl. Äußerungen zur Kirchenfrage, 3 Bde, Gö 1934–36; H. Hermelink (Hg.), Kirche im Kampf. Dokumente des Widerstandes u. des Aufbaus der Ev. Kirche Dtl. v. 1933 bis 1945, T-St 1950; Dokumente des K. Die Zeit des Reichskirchenausschusses 1935–37, 2 Bde, Gö 1964–65; H. Müller (Hg.), Kath. Kirche u. Nationalsozialismus, Mn 1965; D. Albrecht (Hg.) Der Notenwechsel zw. dem Hl. Stuhl u. der Dt. Reichsregierung, 3 Bde, Mz 1965–80; B. Stasiewski (Hg.), Akten dt. Bischöfe über die Lage der Kirche 1933–45, 3 Bde, Mz 1968–78; G. Schäfer (Hg.), Landesbf. Wurm u. der NS-Staat 1940–45. Eine Dokumentation, St 1968; L. Volk, Kirchl. Akten über die Reichskonkordatsverhandlungen 1933, Mz 1969; A. Boyens, K. u. Ökumene 1933–45. Darstellung u. Dokumentation, 2 Bde, Mn 1969–73; G. Schäfer (Hg.), Die Ev. Landeskirche in Württemberg u. der Nationalsozialismus, (bisher) 4 Bde, St 1971 ff.; G. Kretschmar (Hg.), Dokumente zur Kirchenpolitik des Dritten Reiches, Mn 1971 ff.; J. Beckmann, Rheinische Bekenntnissynoden im Kirchenkampf. Eine Dokumentation aus den Jahren des K. 1933–45, Neukirchen 1975; L. Volk (Hg.), Akten Kard. M. v. Faulhaber 1917–45, 2 Bde, Mz 1975–78; H. Liebing (Hg.), Die Marburger Theologen u. der Arierparagraph in der Kirche. Eine Sammlung v. Texten aus den Jahren 1933 u. 1935, Marburg 1977; L. Volk (Hg.), Akten dt. Bischöfe über die Lage der Kirche 1933–45, Bd. IV–V, Mz 1980–83; W. Adolph, Geheime Aufzeichnungen aus dem nationalsozialistischen K. 1935–43, bearbeitet v. U. v. Hehl, Mz 1979, [2]1980; KThQ IV/2 147–172; H.-A. Raem (Hg.), Kath. Kirche u. Nationalsozialismus, Pa 1980; G. van Norden, Der dt. Protestantismus im Jahr der nationalsozialistischen Machtergreifung, Gü 1980; G. Denzler – V. Fabricius (Hg.), Die Kirchen im Dritten Reich. Dokumente, F 1984.

L: W. Niemöller, Die Ev. Kirche im Dritten Reich. Hb. des K., Bielefeld 1956; O. Diehn, Bibliographie zur Gesch. des K. 1933–45, Gö 1959; H. Brunotte – (K. D. Schmidt) – E. Wolf (Hg.), Arbeiten zur Gesch. des K., 29 Bde, Gö 1959–75, Ergänzungsreihe, Gö 1964ff.; F. Zipfel, K. in Dtl., B 1965; G. Kretschmar – K. Scholder (Hg.), Arbeiten zur kirchl. Zeitgesch., Gö 1968ff.; B. M. Kempner, Priester vor Hitlers Tribunalen, Mn 1966; G. Binder, Irrtum u. Widerstand, Mn 1968; J. S. Conway, Die nationalsozialistische Kirchenpolitik, Mn 1969; A. Boyens, K. u. Ökumene 1939–1945; Mn 1973; D. Albrecht (Hg.), Kath. Kirche im Dritten Reich, Mz 1976; K. Meier, Der ev. K., 3 Bde, Gö 1976–84; U. v. Hehl, Kath. Kirche u. Nationalsozialismus im Erzbt. Köln 1933–45, Mz 1977; R. Baumgärtner, Weltanschauungskampf im Dritten Reich. Die Auseinandersetzung der Kirchen mit Alfred Rosenberg, Mz 1977; K. Scholder, Die Kirchen u. das Dritte Reich, 2 Bde, F–B 1978, [3]1979; H. Missalla, Für Volk u. Vaterland. Die kirchl. Kriegshilfe im Zweiten Weltkrieg. Königstein 1978; H. J. Reese, Bekenntnis u. Bekenner. Vom 19. Jh. zum K. der nationalsozialistischen Zeit, Gö 1974; W. Adolph, Die kath. Kirche im Dtl. Adolf Hitlers, B 1974; G. van Norden (Hg.), Der dt. Protestantismus im Jahre der nationalsozialistischen Machtergreifung, Gü 1974; H. A. Raem, Pius XI. u. der Nationalsozialismus. Die Enz. »Mit brennender Sorge« v. 14. März 1937, Pa 1979; A. Rhodes, Der Papst u. die Diktatoren. Der Vatikan zw. Revolution u. Faschismus, Kö-W 1980; G. Brakelmann (Hg.), Kirche im Krieg. Der dt. Protestantismus am Beginn des Zweiten Weltkriegs, Mn 1980; R. Hanser, Dtl. zuliebe. Die Gesch. der Weißen Rose, Z-Mn 1980; E. Keller, Conrad Gröber 1872–1948, Ebf. in schwerer Zeit, Fr-Bas-W 1980; A. Lindt, Das Zeitalter des Totalitarismus, St 1981; M. Kringels – Kemen – L. Lemhöfer, Kath. Kirche u. NS-Staat, F 1981; H. J. Sonne, Die polit. Theologie der deutschen Christen, Gö 1982; V. Bücker, Die Schulddiskussion im dt. Katholizismus nach 1945, Bochum 1989; G. Denzler-V. Fabricius, Die Kirchen im Dritten Reich. Christen u. Nazis Hand in Hand?, 2 Bde, F 1983, [3]1991; Dies., Christen u. Nationalsozialisten, F 1993, [3]1995; K. Meier, Die Theol. Fakultäten im Dritten Reich, B 1996; J. Mehlhausen – M. Ruck, Bibliographie zum Nationalsozialismus, Mn 1996. – TRE XXIV 34–78.

Kirchenlehrer (doctores ecclesiae) wurden zu dogmatischen Autoritäten in Erbfolge der »Kirchenväter«. Zugleich billigte das → MA ihnen eine größere Autorität zu. Hatte Gregor d. Gr. († 604) noch die Apostel als K. bez., die Kirchenväter indes als die »nachfolgenden Ausleger« (hom. ev. 30,7; Moralia 27,8), so sprach man um 800 von Ambrosius, Augustin, Hieronymus und Gregor d. Gr. als den »vier Paradiesströmen« – ein Epitheton ornans, das seit Irenäus (2./3. Jh.) nur den vier Evangelien vorbehalten gewesen war. Daß bei der Benennung von vier K. des Abendlandes auch der Antagonismus zu Byzanz eine Rolle spielte, zeigt z. B. ein mailändisches Synodalschreiben (680), das vier lat. Kronzeugen den orientalischen K. Athanasius, Basilius, Chrysostomus und Kyrill von Alexandrien zur Seite stellt. Die → Ostkirchen waren in der Tat im Verlauf ihrer dogmatischen Auseinandersetzungen (→ Arianismus; → Chalkedonismus; →Konzilien; → Monophysitismus) als erste dazu übergegangen, den Nachweis der → Orthodoxie durch Florilegien (Testimonien) von Vätersprüchen zu erbringen. Abschluß dieser Entwicklung war im 7. Jh. (→ Monergetisch-monotheletischer Streit) die ›Doctrina patrum‹. Die östl.

Hegemonie erklärt, warum der Westen, der urspr. seine K. als »egregii doctores ecclesiae« hinter den Aposteln und Evangelisten plaziert hatte, dann auch morgenländische K. wie Athanasius, Basilius, Johannes Chrysostomus und Gregor von Nazianz auf seiner Rangliste zuließ, eben »secundo loco«. Erst Pius V. konzedierte ihnen 1568 den vollen Rang als Kirchenväter.

Q: O. Bardenhewer u. a. (Hg.), Bibliothek der Kirchenväter, 61 Bde u. 2 Registerbde, K 1911–30; 2. Reihe, 20 Bde, K 1932–39; N. Brox (Hg.), Schriften der Kirchenväter, Mn 1983 ff.; F. Diekamp (Hg.), Doctrina patrum, Mr 1907, ^{2}1981.
L: M. Tetz, Anfänge des expliziten Väterbeweises: Ev. Theologie 21 (1961) 354–368; Altaner – Stuiber 4–5.

Kirchenordnung. [1] Kirchen- bzw. Gemeindeordnungen bedienten sich von Anfang an der apost. Autorität (Pastoralbriefe; sog. Didache → Apost. Väter). Deshalb bez. der röm. Presbyter Hippolyt im Anfang des 3. Jh. die K. seiner Sondergemeinde als »Apost. Überlieferung« (traditio apostolica); nach großkirchl. Überarbeitung konnte sie auch von der Stadtgemeinde Rom übernommen werden. Im Ägypten des 4. Jh. kannte man gleichfalls eine sich »apost.« bezeichnende K. (erst seit 1843 bekannt), deren erste Hälfte die Didache benutzt, deren zweite Hälfte aber dem gleichen Traditionszusammenhang wie Hippolyts K. angehört. Unter der gleichen Norm des »Apostolischen« suchte Anfang des 3. Jh. eine »Kath. Didaskalia der Zwölf Apostel des Erlösers« im nördl. Syrien sich Autorität zu verschaffen; ihre äthiopische Überlieferung zeigt, daß dies auch am Nil mögl. war. In allen diesen Fällen handelte es sich um Schöpfungen individueller Autoren aus dem Klerikerstand, deren literarische Werke wohl weite Verbreitung fanden, kirchenrechtl. aber kaum Funktionen ausüben konnten. An ihrem Ende stehen die ca. 380 in Konstantinopel (?) entstandenen »Apost. Konstitutionen« als offensichtl. private Kompilationsarbeit eines gelehrten Klerikers. Die Zeit war schon längst über ihn hinweggegangen, nachdem die → Kanones der Bischofssynoden ein synodales KR geschaffen hatten, das nicht das Gemeindeleben beschrieb, sondern aus konkreten Anlässen Vorschriften erließ. Die Zukunft gehörte dem synodalen KR und der → Kanonistik.

[2] Nur als Reaktion auf das »ius canonicum« des → Papsttums erklärt es sich, daß die → Reformation abermals auf die deskriptiven K. zurückgriff, um das ev. Gemeindeleben neu zu regeln. Rechtskraft verliehen ihnen aber jetzt der Landesherr, der sich das Reformationsrecht angeeignet hatte, oder die von ihm einberufenen ständisch besetzten Landtage. Dabei war die Handschrift der jeweiligen Autoren unverkennbar, z. B. die des Reformators Johann Bugenhagen († 1558), des »Familienvaters« der norddt. K., die von Hamburg und Braunschweig (1528), Bremen (1534), Pommern (1535), Schleswig-Holstein (1542), aber auch die für Dänemark (1537). Eine ähnl. Rolle spielte für Hessen Franz Lambert von Avignon († 1530) und dessen durch die Homburger Landessynode von 1526 autorisierte ›Reformatio ecclesiarum Hassiae‹, die allerdings ein ganzes Jahrzehnt verschiedener »Teilordnungen« (1527–37) durchlaufen

mußte, um in die großen K. Hessens von 1539 (Ziegenhainer Zuchtordnung; Kasseler Kirchenordnung) einzumünden. Selbst ref. K. bedurften zur Einführung der obrigkeitl. Rechtshoheit, z. B. der Genfer → Katechismus (1542) und die Genfer Kirchenordnung (1561). Immerhin durchbrachen die K. der »nach Gottes Wort reformierten Kirchen« leichter die Landes- und Stadtgrenzen; auch in ihrer formalen Gestalt kamen sie der frühchristl. Gattung der »Apostellehren« am nächsten.

Q: (Zu 1) F. X. FUNK (Hg.), Didascalia et constitutiones apostolorum, Pa 1905, (Ndr.) T 1960; B. BOTTE (Hg.), La tradition apostolique de s. Hippolyte, Mr ²1963; W. RORDORF – A. TUILIER (Hg.), La doctrine des douze Apôtres, P 1978, (dt. Übers.) A. M.SCHNEIDER, Stimmen aus der Frühzeit der Kirche, Kö 1948, 11–23, 101–133. – (Zu 2) W. SEHLING u. a. (Hg.), Die ev. K. des XVI. Jh., Bde 1–5, L 1902–1913; Bd. 6ff. hg. v. R. SMEND u. a., T 1955ff.; W. NIESEL, Bekenntnisschriften u. K. der nach Gottes Wort ref. Kirchen, Z ³1938; P. JACOBS (Hg.), Ref. Bekenntnisschriften u. K. in dt. Übers., Neukirchen 1949; N. BECKER (Hg.), Die Kirchenordnung der ev. Kirche im Rheinland, Neuwied 1981.

L: (Zu 1) V. J. BARTLET, Church-Life and Church Order during the first four Centuries, Lo 1943. – (Zu 2) G. MÜLLER, Franz Lambert v. Avignon u. die Reformation in Hessen, Marburg 1958; E. W. ZEEDEN, Kath. Überlieferung in den ev. K. des 16. Jh., Mr 1959; E. WOLF, Ordnung der Kirche, Bd. 1, F 1961, 350–385; A. SPRENGLER-RUPPENTHAL, Mysterium u. Riten nach der Londoner K. der Niederländer, Kö-Graz 1967; B. GASSMANN, Ecclesia Reformata. Die Kirche in den ref. Bekenntnisschriften, Fr-Bas-W 1968; M. BRECHT (Hg.), Text – Wort – Glaube, Fs. für Kurt Aland, B 1980, 169–208 (C. ANDRESEN); TRE XVIII 662–713.

Kirchenrechtsquellen. Im 1. Jahrtausend gab es eine Vielzahl kirchenrechtl. Sammlungen; darunter waren die nach Pseudo-Isidor (9. Jh.) benannten → Fälschungen am einflußreichsten. Dem wachsenden Bedürfnis nach Vereinheitlichung der vielfältigen K. suchte der Bologneser Mönch und Kirchenrechtslehrer Gratian mit seiner um 1140 entstandenen ›Concordia discordantium canonum‹, dem sog. Decretum Gratiani, zu entsprechen. Von jetzt an nahm das KR im Lehrplan der abendländischen Univ. (→ Kanonistik) eine bes. Stelle ein. Das ›Decretum Gratiani‹ bildete zusammen mit späteren Sammlungen (Liber Extra Gregors IX., Liber Sextus Bonifaz' VIII., Clementinen, Extravaganten Johannes' XXII. und Extravagantes Communes) den Hauptteil des → Corpus Iuris Canonici (die Bez. begegnet erstmals um 1500 bei dem Pariser Kanonisten Jean Chappuis, offiz. aber erst 1580), das im Aufbau wie im Inhalt dem röm. Recht (›Corpus Iuris Civilis‹) eng verwandt erscheint und nach der Promulgation der von den Correctores Romani (d. i. eine von Pius V. 1566 eingesetzte Kommission) erarbeiteten »Röm. Ausgabe« (1582) unter Gregor XIII. in der Schule wie vor Gericht verwendet wurde und bis 1917 in Kraft blieb. Die Vorbereitungen für den von Benedikt XV. am 19. 5. 1918 in Kraft gesetzten ›Codex Iuris Canonici‹ (CIC) hatten schon 1904 unter Pius X. begonnen und lagen vor allem in Händen des späteren Kard. Pietro Gasparri. Der CIC gilt für die lat. Kirche und mit Einschränkungen auch für die → Kath. Ostkirchen. 1929 berief Pius XI. eine Kardinalskommission zur Kodifizierung eines ostkirchl. Gesetzes, von dem in den Jahren

1949–57 Teile promulgiert wurden. Geist und Beschlüsse des 2. →Vatik. Konzils machten eine grundlegende Reform des CIC und des ›Codex Iuris Canonici Orientalis‹ (CICO) notwendig. Sowohl die von Johannes XXIII. 1963 eingesetzte ›Päpstl. Kommission für die Revision des CIC‹ wie auch die von Paul VI. 1972 gegr. ›Päpstl. Kommission des Orientalischen CIC‹ haben ihre Arbeiten beendet, die Promulgation des neuen Gesetzbuches erfolgte 1983 durch Johannes Paul II. Ein bes. Problem bedeutet immer noch die Schaffung einer ›Lex fundamentalis‹ für die kath. Kirche.

Die Kirchen der → Reformation standen von Anfang an vor dem Problem, neben der Schriftoffenbarung eine ihrem Verständnis entsprechende Rechtsquelle neu zu konstituieren. Sie kennen im Unterschied zum päpstl. KR nur ein Recht der → Landeskirchen (→ Landeskirchentum), das sich im Rahmen der Konsistorialverfassung (→ Konsistorium) rein pragmatisch, d. h. als Verwaltungsrecht vollzieht (Konsistorialerlasse). Als Synodalrecht gründet es in den → Kirchenordnungen der Reformationszeit. Die Hauptunterschiede liegen im Verfassungsrecht: Bei der → Röm.-Kath. Kirche steht das → Papsttum, bei den → Ref. Kirchen die Gemeinde, bei den bischöfl. verfaßten Kirchen (→ Episkopalkirchen) der Bf. und bei den → luth. Kirchen das geistl. Amt im Mittelpunkt des verfassungsrechtl. Aufbaus der Kirche. Nach den reformatorischen → Bekennntnissen des 16. Jh., ist die → Barmer ›Theol. Erklärung‹ (1934) das erste Dokument mit Bekenntnisqualität.

Q: Codex Iuris Canonici (CIC), R 1917ff.; P. Gasparri – I. Serédi, Codicis Iuris Canonici Fontes, 9 Bde, R 1923–39; K. D. Schmidt, Die Bekenntnisse u. grundsätzl. Äußerungen zur Kirchenfrage, 2 Bde, Gö 1934–35; Codex des Kanonischen Rechtes. Lat.-dt. Ausgabe, Kevelaer 1983.

L: F. Maassen, Gesch. der Quellen u. der Literatur des canonischen Rechts im Abendlande bis zum Ausgang des MA, Graz 1870; H. E. Feine, Kirchl. Rechtsgesch., Kö-W 1951, [5]1972; J. Heckel, Lex Charitatis. Eine juristische Untersuchung über das Recht in der Theologie Martin Luthers, Mn 1953; W. Plöchl, Gesch. des KR, Bd. I, Mn 1953; E. Eichmann – K. Mörsdorf, Lehrbuch des KR auf Grund des CIC, Bd. I, Pa [11]1964, 26–33; E. Wolf, Ordnung der Kirche. Lehr- u. Hb. des KR auf ökumenischer Basis, F 1961; H. Dombois, Das Recht der Gnade. Ökumenisches KR, 2 Bde, B 1969–74; H. Schmitz, Auf der Suche nach einem neuen KR. Die Entwicklung v. 1959–1978, Fr-Bas-W 1979; J. Listl, Grundriß; A. Stein, Ev. KR, Neuwied-Da 1980; J. Neumann, Grundriß des kath. KR, Da 1981; J. Listl – H. Müller – H. Schmitz (Hg.), Hb. des Kath. KR, R 1983; N. Ruf, Das Recht der kath. Kirche, Fr-Bas-W 1983; H. Schwendenwein, Das neue KR. Gesamtdarstellung, Graz 1983; TRE XIX 1–51 (G. May – K. Schlaich).

Kirchenstaat. Fromme Schenkungen und Vermächtnisse von Kaisern und Adeligen in fast allen Prov. des west- und oström. Reiches, bes. in It. und Sizilien, aber auch in Afrika, Gallien und Dalmatien, hatten zur Folge, daß der Bf. von Rom schon im 6. Jh. als reichster Grundbesitzer im damaligen It. galt. Unter Gregor d. Gr. (590–604) erreichten die Kirchengüter der röm. Kirche den enormen Umfang von 85 Quadratmeilen. Dieser Papst selbst, Sproß eines reichen Patriziergeschlechts in Rom, bedachte die Kirche in Rom mit familiären Latifundien auf Sizilien, err. für den gesamten Besitz der röm. Kirche eine systematisch betriebene Verwaltung und steigerte dadurch die wirtschaftl. Erträge. Als den eigentl. Herrn, dem diese zahlreichen Schenkungen zuteil wurden, betrachtete man jedoch nicht den Papst, sondern den Apostel Petrus; deshalb auch trugen die Besitzungen des röm. Bf. den Namen »Patrimonium Petri«. Einen entscheidenden Zuwachs erhielt der K. im 8. Jh. durch die Gunst fränkischer Herrscher. Der Vertrag von Quierzy (754) zw. Stephan II. und Kg. Pippin garantierte dem Papst für den Fall, daß das Langobardenreich zerstört wird, Rom und Ravenna mit Venetien und Istrien sowie Spoleto und Benevent als Besitz. Pippin durfte sich dafür »Patricius Romanorum« (Schutzherr der Römer) nennen. Kg. Karl (seit 800 Ks.) bestätigte 774 den Besitzstand gemäß dem Vertrag von Quierzy und erweiterte ihn um die südl. Toscana, die Campagna und die Stadt Capua. Die im 8. Jh. entstandene ›Donatio Constantini‹ (Konstantinische Schenkung), eine der verhängnisvollsten → Fälschungen in der Kirchengeschichte, derzufolge Ks. Konstantin d. Gr. (306–337) dem röm. Bf. Silvester (314–335) und dessen Nachfolgern zum Dank für die Spendung der Taufe und die Heilung von Aussatz kaiserl. Gewalt, Würde und Insignien verliehen und außerdem den Palast des → Laterans und die Herrschaft über Rom und alle »Provinzen, Gebiete und Städte Italiens und der westl. Länder« (also das gesamte Abendland) überlassen hat, wurde erst im 12. und 13. Jh., bes. unter Innozenz III. (1198–1216), zur Erhöhung und Verteidigung der päpstl. Macht- und Besitzansprüche verwendet. Ks. Otto d. Gr. (936–973) bereicherte das päpstl. Territorium um einige Gebiete im südl. It., Ks. Heinrich III. (1039–56) übertrug dem Papst das Herzogtum Benevent und Markgräfin Mathilde von Tuszien schenkte Gregor VII. (1073–85) ausgedehnte Ländereien. Als den eigentl. Gründer des K. kann man erst Innozenz III. ansprechen. Für den Aufstieg des Papstes vom geistl. Hirten zum Territorialfürsten erwies es sich als hilfreich, daß Ks. Friedrich II. den K. in der Goldenen Bulle von Eger (1213) anerkannte. Doch während der 70jährigen Abwesenheit der Päpste von Rom (→ Avignoner Exil) im 14. Jh. war der Bestand des K. oftmals gefährdet. Unter Julius II. (1503–13) erlangte der K., nicht ohne Kriegsgewinne, die größte Ausdehnung. In der Folgezeit bemühten sich die Päpste um eine zentralistische Organisation ihres in viele Einzelherrschaften aufgesplitterten Staates. Als Folge der → Frz. Revolution und der napoleonischen Kirchenpolitik ging der K. am Ende des 18. Jh. für einige Jahre unter. Pius VII. (1800–32) belegte »die Räuber des Patrimonium Petri« 1809 mit der → Exkommunikation. Beim → Wiener Kongreß (1815) erzielte Kard. Ercole Consalvi mit der Wiederherstellung des K. in den Grenzen von 1797 einen großen diplomatischen Erfolg. 1860 wurde der K. auf die alten Grenzen des Patrimonium Petri beschnitten, 1870 fiel dieser Rest dem neugeschaffenen it. Staat ganz zum Opfer. Pius IX. (1846–78) betrachtete sich daraufhin als »Gefangenen des Vatikans« und lehnte auch das Garantiegesetz des Königreichs It. von 13. 5. 1871, das dem Papst den Besitz des Vatikans, des Laterans und des Castel Gandolfo sowie eine jährl. Rente in Höhe von 3,2 Mill. Lire zusicherte, entschieden ab. Leo

XIII. sprach sich 1880 vor 600 ehemaligen päpstl. Beamten für die Wiederherstellung des K. aus. Dasselbe Ziel verfolgte die ultramontane Mehrheit der bayr. II. Kammer mit ihrem Programm vom 21. Oktober 1881. Die sog. Römische Frage erfuhr erst nach fast 60 Jahren in den → Lateranverträgen (1929) eine beide Seiten befriedigende Lösung.

Q: J. HALLER, Die Quellen zur Gesch. der Entstehung des K., L–B 1907; N. MIKO, Das Ende des K., 4 Bde, W 1962–70; C. WEBER, Die Territorien des K. im 18. Jh., P 1991; C. Weber, Die Territorien des Kirchenstaates im 18. Jahrhundert, B 1991.
L: I. v. DÖLLINGER, Kirche und Kirchen, Papsttum u. K., Mn 1861, (Ndr.) F 1969; H. F. KÖCK, Die völkerrechtl. Stellung des Hl. Stuhls, B 1975; R. ELZE – H. SCHMIDINGER – H. SCHULTE NORDHOLT (Hg.), Rom in der NZ. Polit., kirchl. u. kulturelle Aspekte, W–R 1976; G. DENZLER, K. – Lateranverträge – Konkordatsrevision – Hl. Stuhl: DERS. (Hg.), Kirche u. Staat auf Distanz. Hist. u. aktuelle Perspektiven, Mn 1977, 147–163; C. WEBER, Kardinäle u. Prälaten in den letzten Jahrzehnten des K., St 1978, M. CARAVALE – A. CARACCIOLO, Lo stato pontificio da Martino V à Pio IX, Tn 1978. – TRE XIX 92–101. – Atlas KG 33.

Kirchensteuer, eine auf bestimmte Länder beschränkte Besonderheit innerhalb des vielfältigen Abgabenwesens (→ Zehnt, → Eigenkirchenwesen, → Finanzwesen) der Kirche. Nachdem die agrarische Wirtschaftsform von einer kapitalistisch-industriellen abgelöst worden war und die Kirchen in Fkr. wie in Dtl. als Folge der → Frz. Revolution und der → Säkularisation den größten Teil ihres Besitzes verloren hatten, mußten sie nach neuen Finanzquellen Ausschau halten. Neben den Einnahmen aus verbliebenen Pfründen (→ Pfründenwesen) konnten sie sich auf Abschlagszahlungen und Zuschüsse von Seiten des Staates stützen, zu denen sich dieser als Entschädigung für den bei der Säkularisation verstaatlichten Kirchenbesitz bereit erklärte. – Das System der K. als eines von den Diözesen bzw. Landeskirchen eingehobenen Beitrags bildete sich in der 2. Hälfte des 19. Jh. im Zusammenhang mit der Entflechtung von → Kirche und Staat in dt. Ländern heraus. Kirchl. Steuerämter, die nach dem Vorbild der staatl. entstanden, forderten von den Mitgliedern der Kirche genau festgesetzte Abgaben (vgl. CIC c. 1486). Als Kuriosum bestand mancherorts die dingl. K., d. h. auch ein ev. Grundbesitzer mußte seine K. an den kath. Landesherrn zahlen. – Die Weimarer Reichsverfassung (Art. 137 Abs. 6) räumte den Religionsgemeinschaften mit dem Status einer Körperschaft des öff. Rechts die Berechtigung ein, anhand der bürgerl. Steuerlisten eigene K. zu erheben. Diese Regelung wurde vom Reichskonkordat 1933 (Schlußprotokoll zu Art. 13) und vom Bonner Grundgesetz 1949 (Art. 140) übernommen. Im Gegensatz zur DDR erheben die staatl. Finanzämter in der BRD seit 1953 auch die K., wobei die Höhe der aus Einkommen oder Vermögen berechneten K. nach Bundesländern verschieden ist (zw. 7% und 10% der Einkommen- bzw. Lohnsteuer). Dieser Modus ist allerdings seit Jahren heftig umstritten. Der K. kann man sich nur durch → Kirchenaustritt entziehen. Ein Katholik jedoch, der von der Kirche nur als Kirchensteuerverein, nicht aber von der Kirche als Glaubensgemeinschaft austritt, verfällt nach einer Erklärung der dt. Bischöfe zu Fragen des kirchl. Finanzwesens (1970) der → Exkommunikation.

Das mit der K. nicht zu verwechselnde *Kirchgeld*, neben oder anstatt der K. erhoben, wird von der jeweiligen Kirchengemeinde festgelegt und auch eingezogen. Hinsichtl. der Kirchensteuerregelung stimmen kath. und ev. Kirche in Dtl. überein. – In der Schweiz wird die K. von den Kantonskirchen bzw. Kirchengemeinden eingezogen. In Östr. dagegen kennt man keine K., sondern einen Kirchenbeitrag, der auf Diözesanebene kassiert wird. – In der Kirche von Engl. (→ Anglikanismus) gibt es, anders als in den prot. Kirchen Skandinaviens und auch in der Griech.-orth. Kirche, keine Kirchensteuer.

Q: W. E. PRADEL, Kirche ohne Kirchenbeitrag. Mittel u. Methoden kirchl. Finanzierung. Dokumentation aus 75 Ländern, W 1979.

L: H. GEFAELLER, Die K. seit 1945: ZevKR 1 (1951) 80–100, 382–403; J. KRAUTSCHEIDT – H. MARRÉ (Hg.), Essener Gespräche zum Thema Staat u. Kirche, Bd. 6, Mr 1972; H. MARRÉ, Das kirchl. Besteuerungsrecht: E. FRIESENHAHN – U. SCHEUNER (Hg.), Hb. des Staatskirchenrechts der BRD, Bd. II, B 1975, 5–50; ThQ 156 (1976) Heft 3; O. FRIEDRICH, Einführung in das KR, Gö [2]1978, 523–533; E. GATZ, Auf dem Weg zur K. Kirchl. Finanzierungsprobleme in Preußen an der Wende zum 20. Jh.: DERS. (Hg.), Röm. Kurie. Kirchl. Finanzen. Vatik. Archiv, Bd. I, R 1979, 249–262; A. HOLLERBACH, Exkurs: K., Kirchenbeitrag: J. LISTL (Hg.), Grundriß 720–728; H. MARRÉ, Die Kirchenfinanzierung in Kirche u. Staat der Gegenwart, Essen 1982; F. FAHR (Hg.), K., Notwendigkeit u. Problematik, Rb 1996.

Kirchentage, offiz. Bez. heute ›Dt. Ev. Kirchentag‹, sind eine Parallele zu den → Katholikentagen. Als Vorläufer können die einzelnen Laienkonvente der Bekenntnissynoden und die ›Ev. Wochen‹ (1935 ff.) gelten. Die K. in den Jahren 1848–72 waren nur private Konferenzen. In neuer Form – vorausgegangen waren sog. ›Vorbereitende dt. ev. K.‹ (Dresden 1919, Stuttgart 1921 u. a.) mit tagespolit. Erklärungen – werden die K. seit 1949 (Hannover) zunächst jährl., seit 1959 (München) alle zwei Jahre veranstaltet. Mit einem reichhaltigen Programm, das fast eine ganze Woche dauert, sollen die ev. Kirchen in der Öffentlichkeit repräsentiert, die Gläubigen in ihrem christl. Glauben bestärkt und aktuelle theol. wie ges. Probleme diskutiert werden. Organisatorisch und finanziell sind die K. von der → EKD und ihren Gliedkirchen unabhängig. Die Organisation besteht aus Kuratorium, Präsidialrat, Präsidialversammlungen, Generalsekretär und Fachausschüssen. Erster Präsident war der Jurist Reinold von Thadden-Trieglaff (1891–1976), der als Gründer der K. gilt. Die Zentrale hat ihren Sitz in Fulda.

Die Bekenntnisbewegung ›Kein anderes Evangelium‹ veranstaltet seit 1973 den ›Gemeindetag unter dem Wort‹, um gegen die nach ihrer Meinung von modernen (häretischen) Ideen beeinflußten K. zu protestieren. Der 4. Gemeindetag war 1978 in Stuttgart.

In Östr. fand 1981 in Wien erstmals ein ›Ev. Kirchentag‹ statt, genau 200 Jahre nach dem → Toleranzedikt Ks. Josephs II.

Q: Berichte u. Dokumentarbände, St 1949 ff.

L: H. WAGNER, R. v. Thadden-Trieglaff, St 1961; C. WOLF (Hg.), Zwanzig Jahre K.,

St 1969; DIES. u.a. (Hg.), Hören – Handeln – Hoffen. 30 Jahre Dt. Ev. Kirchentag, St 1979; TRE XIX 101–110 (P. STEINACKER).

Kirchenverträge. Die neuen Verfassungen der dt. Einzelstaaten im 19. Jh. ließen die enge Verknüpfung von landesherrl. Regiment (→ Landeskirchentum) und kirchl. Leitung fortbestehen. Erst nach dem Ende des landesherrl. Kirchenregiments (1918) mußten die Beziehungen zw. → Kirche und Staat neu geregelt werden. Zu diesem Zweck wurden auf kath. Seite → Konkordate, auf ev. Seite K. abgeschlossen. Grundlegend erwiesen sich die Art. 136–149 der Weimarer Verfassung, in denen unter Wahrung des Prinzips der Trennung von Kirche und Staat die Kirche als eine Körperschaft des öff. Rechts erscheint, die relative Steuerhoheit der Kirche (→ Kirchensteuer) anerkannt, der Fortbestand der theol. Fakultäten an den Univ. und der Religionsunterricht als ordentl. Fach in den öff. Schulen garantiert werden. Diese Verfassungartikel von 1919 gingen in das Bonner Grundgesetz (1949) über. In Preußen traf das die Kirchenverfassungen der ev. Landeskirchen betreffende Staatsgesetz von 1924 spez. Abmachungen, die dann im Staatsvertrag von 1931 erheblich abgeändert wurden (bes. die Mitsprache des Staates bei der Besetzung hoher Kirchenämter). In ähnl. Weise wurden während der Weimarer Republik und nach 1945 mehrere K. zw. den Staaten und einzelnen Landeskirchen ausgehandelt und dabei Fragen von beiderseitigem Interesse (z. B. Schule, → Caritas, → Kirchensteuer) beantwortet. Die seit 1933 als bundeskirchl. Zusammenschluß aller ev. Landeskirchen bestehende → EKD hat keinen mit dem Reichskonkordat zw. dem Dritten Reich und dem → Vatikan vergleichbaren Kirchenvertrag geschlossen (→ Kirchenkampf). Von allg. Bedeutung ist nur der Vertrag zw. der BRD und der EKD über die ev. Militärseelsorge von 1957. Für die einzelnen Landeskirchen wirkte der Loccumer Kirchenvertrag von 1955 zw. der Ev. Kirche und dem Land Niedersachsen in vielen Punkten als Vorbild. Die bisher letzte Vereinbarung ist das Schlußprotokoll über Besprechungen zw. Vertretern des Ev. → Konsistoriums in Berlin, der Ev. Kirche in Berlin-Brandenburg und des Senats von Berlin über die Regelung gemeinsamer Fragen (1970).

Q: W. WEBER, Die dt. Konkordate u. K. der Gegenwart, 2 Bde, Gö 1962–71; DERS. (Hg.), Staatskirchenverträge. Textsammlung, Mn 1967.

L: H. VOGT, Das Verhältnis v. Staat u. Kirche, St 1974; G. BESIER, Preuß. Kirchenpolitik in der Bismarckära, B 1980; H. MASER, Ev. Kirche im demokratischen Staat. Der bayer. Kirchenvertrag v. 1924 als Modell für das Verhältnis v. Staat u. Kirche, Mn 1983.

Kirchenzucht. Unter Berufung auf das NT (Mt 16, 19; 1 Kor 5; 2 Tim 2, 24) wurden schon in der → Alten Kirche Strafen über sündige Mitglieder verhängt, um die Sünder zur Umkehr zu bewegen. Diese Bußdisziplin entwickelte sich während des MA zu einem komplizierten Strafsystem. – Auch die luth. und → ref. Kirchen kennen und praktizieren bei sündhaften Vergehen (bes. gegenüber Irrlehrern) verschiedene Strafmaßnahmen (Verweigerung kirchl. Akte wie Trauung, Abendmahl oder Begräbnis).

Ein überaus strenges Regiment begründete in dieser Hinsicht Calvin (→ Calvinismus). Sein Consistoire von Genf betrachtete es als eine Hauptaufgabe, über Glaube und Moral zu wachen und Verstöße mit den entsprechenden Strafen zu ahnden.

Für die christl. Lehre spielt in der NZ das → Lehrzuchtverfahren (in der kath. Kirche Lehrbeanstandungsverfahren, seit 1971) eine bes. Rolle. Das Verfahren selbst ist nach Kirchen und Konfessionen sehr verschieden. Als schlimmste Strafe droht die Suspension vom kirchl. Amt oder bei kath. Theologen der Entzug der kirchl. Lehrbefugnis (missio canonica).

Im weiten Bereich der K. kommt in der kath. Kirche den Kirchengeboten eine große Bedeutung zu. Seit der Mitte des 15. Jh. bildeten sich hauptsächlich 5 Gebote der Kirche heraus: Einhaltung bestimmter Feiertage; Mitfeier der Messe an Sonn- und Feiertagen; Beobachtung der Fast- und Abstinenztage (→ Fasten); jährl. Beichte; österl. Kommunionempfang. Diese Fünfzahl wurde durch den → Katechismus des Petrus Canisius (1555) zur festen Regel.

Q: Kongreg. für die Glaubenslehre: Neue Verfahrensordnung zur Prüfung v. Lehrfragen. Dt. Bf.konferenz: Lehrbeanstandungsverfahren bei der Dt. Bf.konferenz, Trier 1974.

L: G. EBELING, K., St 1947; H. DIEM, Lebensordnung oder K.?, Mn 1965; A. SCHÖNHERR, K., Gü 1966; M. BRECHT, Kirchenordnung u. K. in Württemberg v. 16. bis zum 18. Jh., St 1967; TRE XIX 173–191 (J. H. LEITH – H.-J. GOERTZ).

Kirche und Staat. Von einem einzigen und einheitl. Verhältnis zw. K. und S. kann man allein deshalb schon nicht reden, weil es im Laufe der Gesch. verschiedene Kirchen(typen) und Staatsgebilde gab; und selbst bei denselben Kontrahenten lassen sich nicht selten erhebl. Veränderungen des gegenseitigen Verhältnisses konstatieren. Dies gilt auch für das → Papsttum in seinen Beziehungen zu einzelnen Ländern und Staaten.

In der Bibel des NT suchen wir vergebl. nach Hinweisen oder Prinzipien für eine abstrakte oder konkrete Regelung des Verhältnisses zw. K. und S. So ist es auch nicht verwunderl., wenn uns im Laufe der Jh. ein breites Spektrum von unterschiedl. Mentalitäten und Realitäten begegnet: vom → Staatskirchentum, das die Kirche staatl. Interessen unterordnet, bis zum Kirchenstaatstum, für das der Staat » nur das Erdgeschoß der Kirche« darstellt und »das öff. Leben und die Pflege der Wiss. selbst ein Gottesdienst« sind (JOSEPH VON GÖRRES).

Die → Alte Kirche stand dem heidnischen Staat neutral gegenüber, wobei sie aber stets deutl. zu unterscheiden wußte zw. »dem, was Gottes ist, und dem, was des Kaisers ist« (Mt 22, 21). Weil sie aber den röm. Herrscherkult (Ks. als »Gott«), Götzenopfer und Kriegsdienst ablehnte, wurden viele Christen blutig verfolgt und getötet. Dies änderte sich, als Konstantin d. Gr. († 337) der Kirche im sog. Edikt von Mailand (313) Toleranz garantierte (→ Konstantinische Wende) und Theodosius d. Gr. († 395) im Edikt ›Cunctos populos‹ (380) das Christentum zur Staatsreligion erhob. Dies bedeutete von nun an eine enge Zusammenarbeit zw. Ks.

und röm. Bf. (Papst), zw. Staat und Kirche, wie die christl. Gesetzgebung deutlich zeigt. Um aber mannigfache Übergriffe des Ks. auf rein kirchl. Belange und Bereiche zu verhindern, strebten Theologen nach einer strengen Trennung von K. und S., indem sie von zwei Staaten oder zwei Gewalten (→Zwei-Schwerter-Theorie) sprachen. Erst der aristotelisch orientierte → Thomismus plädierte für die Eigengesetzlichkeit der natürl. Bereiche, ohne sie freil. völlig isoliert neben die Übernatur zu stellen. Die Kirche im Osten ging, nachdem das »Imperium Romanum« am Ende des 5. Jh. in ein West- und ein Oström. Reich geteilt worden war, einen eigenen Weg, den man mißverständl. → »Caesaropapismus« nennt. Der Ks. war zugleich oberster Herr des Staates und der Kirche. Dieses Modell ging nach der Eroberung Konstantinopels durch die Türken (1453) auf Moskau über und bestimmte die Kirchenpolitik der christl. Zaren bis zur russ. Revolution (1917). – Im germanischen → MA arbeiteten kirchl. und staatl. Institutionen eng zusammen (→ Eigenkirchenrecht). Im 10. Jh. allerdings erhob sich im Einklang mit der → Cluniazenser Reform eine mächtige Opposition, die die Kirche und insbes. die Geistlichkeit aus der Abhängigkeit von weltl. Instanzen und Interessen zu lösen suchte, um sie gleichzeitig für ihre eigentl. Aufgaben frei zu machen. Das → Wormser Konkordat kam am Ende des → Investiturstreits über einen Kompromiß nicht hinaus, so daß weitere Auseinandersetzungen unvermeidl. waren. Ein erstarkendes Papsttum behauptete namentl. unter Innozenz III. (1198–1216) und Bonifaz VIII. (1294–1303) den Alleinherrschaftsanspruch über Kirche und Welt (Staat), der sich in einer Vielzahl bedrükkender Forderungen, bes. in finanzieller Hinsicht (→ Finanzwesen), auswirkte. Diese erbitterten Auseinandersetzungen zw. Papsttum und Kaisertum, bei denen man mit gegenseitigen Bannsprüchen nicht sparte, hatten zur Folge, daß die weltl. Herrscher im späten MA sich mehr und mehr von der kirchl. Obrigkeit emanzipierten. Auch wenn das → ›Heilige Römische Reich Deutscher Nation‹ offiz. erst 1806 unterging, so erlitt es einen vernichtenden Schlag schon unter Karl V. (1519–56), der sich aus Enttäuschung darüber von der Regierung in ein einsames Kl. zurückzog. – Die mit den Nationalstaaten entstehenden → nationalkirchl. Bewegungen und Nationalkirchen der frühen → NZ lehnten sich eng an den Staat an – dies gilt vor allem für prot. Länder, in denen die weltl. Autorität bis 1918 zugleich Oberhaupt der Landeskirche war –, bis das aufgeklärte Staatskirchentum des 17. und 18. Jh. in Fkr., Östr. und Dtl. die Kirche(n) in seinen Dienst nahm. In erbitterten Streitigkeiten suchten sich kirchl. Obrigkeiten der staatl. Umklammerung zu erwehren (→ Kulturkampf) – ein Prozeß, der in manchen Ländern bis in unser Jh. andauerte, von den kommunistischen Ländern des Ostens, die der Kirche in grundsätzl. Feindschaft gegenüberstehen, ganz abgesehen. – Das komplexe Verhältnis K. und S. verläuft heute in drei Hauptbahnen: als staatskirchl. Einheit in Nord- und Südeuropa, als Trennung in Ost- und Südosteuropa und als Mischung aus Trennung und Koordination in Westeuropa. Die rechtl. Beziehungen zw. K. und S. in der BRD richten sich nach der Weimarer Verfassung

(1919) sowie nach dem Reichskonkordat (1933) und den mit einzelnen Bundesländern geschlossenen → Konkordaten.

Q: E. Eichmann, K. u. S., 2 Bde, Mn-Pa-W [2]1925, (Ndr.) 1968; H. RAAB, K. u. S. von der Mitte des 15. Jh. bis zur Gegenwart, Mn 1966; E. HEINEN, Staatl. Macht u. Katholizismus in Dtl., 2 Bde, Pa 1969–79; E. R. HUBER – W. HUBER, S. u. K. im 19. u. 20. Jh., 3 Bde, B 1973–83; H. SCHNATZ (Hg.), Päpstl. Verlautbarungen zu Staat u. Ges., Da 1973; W. HAUSCHILD (Hg.), Der röm. S. u. die frühe K., Gü [2]1977.
L: H. RAHNER, K. u. S. im frühen Christentum, Mn 1961; J. A. STÜTTLER, K. u. S., Aschaffenburg 1969; A. W. ZIEGLER, Religion. K. u. S. in Gesch. u. Gegenwart, 3 Bde, Mn 1969–72; P. LEISCHING, K. u. S. in den Rechtsordnungen Europas, Graz 1973; J. KRAUTSCHEIDT – H. MARRÉ (Hg.), Essener Gespräche zum Thema S. u. K., (bisher) 14 Bde, Mr 1969–80; R. KLEIN (Hg.), Das frühe Christentum im röm. Staat, Wie 1971; S. RUNCIMAN, The Orthodox Churches and the Secular State, Lo 1971; G. DENZLER (Hg.), K. u. S. auf Distanz, Mn 1977; G. BARBERINI – M. STÖHR (Hg.), Kirche im Sozialismus, F 1977; J. LISTL, K. u. S. in der neueren kath. KRwiss., B 1978; DERS. (Hg.), K. u. S. in der Bundesrepublik 1949–63; Pa 1979; K. ALAND, Das Verhältnis v. K. u. S. in der Frühzeit: H. TEMPORINI – W. HAASE (Hg.), Aufstieg u. Niedergang der röm. Welt, Bd. 23, B-NY 1979, 60–246; P. MIKAT (Hg.), K. u. S. in der neueren Entwicklung, Da 1980; G. DILCHER – I. STAFF (Hg.), Christentum u. mod. Recht, F 1984; J. MIETHKE – A. BÜHLER, Kaiser u. Papst im Konflikt, D 1988; M. CLÉVENOT, Die Christen u. die Staatsmacht. G. des Christentums im II. und III. Jh., Brick 1988; K. G. FÜRST, K. u. S. im christl. Osten, W 1991.

Kirche von Utrecht, seit der Abspaltung der niederländischen von der Röm.-Kath. Kirche im 17. Jh. offiz. ›Römisch Kath. Kirche der Altbischöfl. Klerisei‹, seit dem 1. → Vatik. Konzil (1869–70) ›Alt-Kath. Kirche der Niederlande‹ geheißen. Nachdem Holland an die → Reformation verlorengegangen war, ernannte Rom 1592 Sasbout Vosmeer zum Apost. Vikar für Holland (Sitz: Utrecht). Die späteren Vikare Johannes van Neercassel († 1686) und Petrus Codde († 1710) wurden des → Jansenismus beschuldigt. Unter Codde kam es zu schweren Differenzen mit Rom, die zur vorläufigen Suspension (1702) und endgültigen Absetzung (1704) Coddes führten. Das Kapitel von Utrecht wählte unter Berufung auf frühere Rechte 1723 Generalvikar Cornelius Steenoven zum Erzbischof. Da Rom auf die Wahlanzeige nicht reagierte, ließ Steenoven sich 1724 von dem jansenistisch gesinnten und suspendierten Apost. Delegaten für Persien, Titularbf. Dominique Varlet († 1742), die Bischofsweihe spenden. Rom betrachtete fortan die Kirche in den Niederlanden als eine Missionskirche, die bis zur Wiederherstellung der röm. Kirchenhierarchie 1853 von der Brüsseler Nuntiatur verwaltet wurde. – Die alt-kath. Bischöfe von Holland, Dtl. und der Schweiz schlossen sich 1889 in der ›Internationalen Alt-Kath. Bischofskonferenz‹, der sog. → Utrechter Union, zusammen.

L: B. v. BILSEN, Het schisma van Utrecht, Bru 1949; V. CONZEMIUS, Katholizismus ohne Rom, Z–Ei–Kö 1969; ALGERMISSEN 584–587; HEYER 554–574; B. W. VERHEY, L'église d'Utrecht, Delft 1984.

Kleine Brüder Jesu (Petits frères de Jésus), eine von dem frz. Priester René Voillaume 1933 in El-Abiodh-Sidi-Cheikh (Sahara) gegr. Gemeinschaft, die aber in Charles de Foucauld († 1916) ihren eigentl. Gründer verehrt und 1968 von Paul VI. als → Säkularinstitut approbiert wurde. Die Mitglieder leben in kleinsten Gruppen (3–5 Brüder) ohne Klausur, vornehml. inmitten »säkularisierter« Bereiche, und üben einen weltl. Beruf aus. Beschaul. und aktives Leben miteinander verbindend, wollen sie das Evangelium vor allem durch ein radikal christl. Leben (Brüderlichkeit, Armut) verkünden. Die K. B. J. zählen heute über 200 Mitglieder, davon ungefähr die Hälfte Priester, in mehr als 20 Ländern. An der Spitze jeder Gemeinschaft steht ein Priester. Die gesamte Kongreg. wird von einem Generalprior geleitet. Das Generalsekretariat hat seinen Sitz in Marseille.

Die Gemeinschaft der *Kleinen Schwestern Jesu* entstand 1939 in Touggourt (Sahara), wurde 1947 eine Kongreg. bischöfl. Rechts und erhielt 1964 die päpstl. Anerkennung. Die heute ungefähr 1000 Schwestern verteilen sich auf mehr als 200 Gemeinschaften in vielen Ländern.

Es gibt noch andere Vereinigungen von Priestern und Laien, die im Geiste Foucaulds ihr Leben gestalten, z.B. die ›Kleinen Brüder vom Evangelium‹.

Q: J. Beyer (Hg.), De institutis saecularibus. Documenta, R 1962; (dt. Ausgabe) Die kirchl. Urkunden für die Weltgemeinschaften, Ei 1963; C. de Foucauld, Immer der letzte Platz, Mn 1975; Soeur Magdeleine, Die kleinen Schwestern Jesu. Aus Tagebuchaufzeichnungen u. Briefen der Gründerin 1936–1950, Mn 1983.

L: R. Voillaume, Mitten in der Welt. Das Leben der K. B. v. Pater de Foucauld, Fr-Bas-W 1956, [4]1959; Ders., Und folgten ihm nach, Mn [3]1978; J.-F. Six, Charles de Foucauld. Bruder aller Menschen, Fr-Bas-W 1977, [3]1981.

Koinobitentum bez. ein → Mönchtum, das sein »gemeinsames Leben« (griech. koinós bíos) unter einem Dach und hinter einer »Mauer« (griech. mandra) nach den Anweisungen eines »Archimandriten« führte, der im allg. über mehrere Gemeinschaftshäuser die Aufsicht hatte. Als Begründer gilt Pachomius († 346), der vom Soldatenberuf zum monastischen Christentum gefunden hatte. Daher wohl auch sein Sinn für straffe Lebensführung, der sich in seiner Klosterregel (unbedingter Gehorsam gegenüber dem Archimandriten; Verzicht auf Privatvermögen; Eintritt auf Lebenszeit; Unterordnung unter einen vorgeschriebenen Tagesablauf im Wechsel von geistl. Übungen und manuellen Gemeinschaftsarbeiten) niederschlug. Außerdem bewies Pachomius Organisationstalent: Zu seinem Kl. Tabennisi (Chenoboskion) am großen Nilbogen gehörte ein Verband von 11 Klöstern, deren Vorsteher alljährl. zur Koordinierung ihrer Aufgaben und gegenseitigen Berichterstattung unter seinem Vorsitz zusammenkamen. Daraus entwickelte sich ein Wirtschaftspotential, dessen landwirtschaftl. Produkte auf eigener Nilflotte und durch eigene Handelskontore nilabwärts bis nach Alexandrien verfrachtet wurden. Daß solche Weltzugewandtheit hinter Klostermauern nicht überall in den → Ostkirchen Anklang fand, ist dem Kenner der Wurzeln östl. Mönchtums verständlich. Immerhin fand die Zielsetzung eines K., das über seine Klostermauern hinausschaute, in Westarmenien bei Eustathius von Sebaste († ca.

377) und dessen Bewunderer Ebf. Basilius von Caesarea/Kappadokien Zustimmung. In diesen Bereichen entstanden Klöster, deren Insassen sich auch kirchl. Aufgaben (Seelsorge, Kinderunterweisung, Krankenfürsorge) unterwarfen. Dieses Modell des K., in dem außerdem die monastische → Bußpraxis gegenüber dem → Anachoretentum große Vorteile aufwies, wurde von Ambrosius († 397) für seine Diöz. Mailand übernommen, während die südgallischen Gründungen des Johannes Cassianus († 430/5) einerseits auf unmittelbare Anregungen anläßl. einer Ägyptenreise, die auch nach Palästina führte (12 Bücher ›De institutis coenobiorum‹), andererseits mit der Koordinierung von Männer- und Frauenkloster in Marseille auf das Vorbild in Mailand zurückgehen. Ihm war in Kampanien auch der Freund Augustins, Paulinus von Nola († 431), gefolgt. Augustin († 430) selbst stand dieses Modell der → Doppelklöster mit kirchl. Aufgaben bei seinen nordafrikanischen Impulsen vor Augen. Durch Benedikt von Nursia († nach 529) wurde dann das K. zum klass. Modell des abendländischen Mönchtums (→ Benediktiner), nicht zuletzt auch deshalb, weil seine Regel nicht nur die Erfahrungen des östl., sondern ebenso des westl. K. der → Alten Kirche ausschöpfen konnte.

Q: H. Koch (Hg.), Quellen zur Gesch. der Askese u. des Mönchstums in der Alten Kirche, T 1933, 72ff., 86ff., 138ff.; J.-C. Guy (Hg.), Jean Cassien. Institutions cénobitiques, P 1965; S. Frank, Frühes Mönchtum im Abendland, Bd. I, Z-Mn 1975, 109ff.

L: H. Bacht, Antonius u. Pachomius. Von der Anachorese zum Coenobitentum: S. Frank (Hg.), Askese u. Mönchtum, Da 1975, 183–229; O. Chadwick, John Cassian, Lo [2]1968; R. Hanslik, Klosterregeln im Mönchtum des Ostens u. Westens v. Pachomius zu Benedikt v. Nursia, W 1972.

Kollegien und Seminarien. Das Dekret des → Trienter Konzils über die Errichtung von Seminarien zur Ausbildung von Priesterkandidaten ließ sich in manchen Gebieten und Ländern lange Zeit nicht verwirklichen. Dafür förderte Gregor XIII. (1572–1585) die in Rom bestehenden Seminare (Collegio Capranicense, 1457 von Kard. Capranica err.; Collegium Romanum, 1551 von dem → Jesuiten Ignatius gegr.; Collegium Germanicum, auf Initiative des Ignatius 1552 von Julius III. err. und 1580 von Gregor XIII. um das Collegium Ungaricum erweitert; Seminario Romano, 1565 für das Bt. Rom gestiftet, u.a.) und rief neue Seminare ins Leben, z.B. Collegio Greco 1576 und Collegio Inglese 1579. Zur philos. und theol. Ausbildung von Alumnen aus verschiedenen Ländern bestimmte Gregor XIII. das von Jesuiten geleitete ›Röm. Kolleg‹, das heute als ›Pontificia Universitas Gregoriana‹ die bedeutendste kirchl. und päpstl. Univ. darstellt. So wurde Rom vom 16. Jh. an zu einem Mittelpunkt der theol. Wissenschaft und der Ausbildung von Klerikern für die gesamte Kirche. Spez. für Studenten aus Missionsländern gründete Urban VIII. 1627 das Collegio Urbano de Propaganda Fide, das bald auch eine eigene philos.-theol. Hochschule erhielt. Seit der Mitte des 16. Jh. entstanden gleichzeitig mit der Ausbreitung des Jesuitenordens in verschiedenen Ländern zahlreiche Jesuitenkollegien (z.B. Messina 1548,

Wien 1552, Ingolstadt 1556, München 1559, Dillingen 1563, Douai 1568, Luzern 1574) – im Jahr 1616 zählte man 372 –, die der Ausbildung des eigenen Ordensnachwuchses, aber auch externer Studenten dienten (die Jh. hindurch geltende ›Ratio studiorum‹ [→ Universitäten] wurde 1599 eingeführt) und darüber hinaus sich auch als Stützpunkte der tridentinischen Erneuerung bewährten (→ Trienter Konzil). – Eine neue Periode der Gründung von K. u. S. in Rom begann im 19. Jh.: u. a. Collegio Beda, 1852 für englischsprechende Konvertiten err.; das mit der dt. Nationalkirche S. Maria dell' Anima verbundene Priesterkolleg (seit 1859); Collegio → Campo Santo Teutonico, 1876 für dt. Priester zur Fortsetzung ihrer Studien gegr.; Collegio Armeno 1883, Collegio Etiopico 1919; Collegio Russo, 1929 zur Ausbildung von Priestern für die Seelsorge in Rußland gegr. Außerdem entstanden internationale Ordenskollegien, z. B. Angelicum 1909 (→ Dominikaner); Anselmianum 1867 (→ Benediktiner); Antonianum 1933 (→ Franziskaner); Salesianum 1940 (→ Salesianer Don Bosco).

In vielen Ländern empfangen die Priesterkandidaten ihre geistl. und wiss. Ausbildung in kirchl. K. oder S. (auch an kirchl. Univ.). Dtl. u. Östr. gehören zu den wenigen Ländern, die an ihren staatl. Hochschulen oder Univ. auch theol. Fakultäten unterhalten.

L: Annuario Pontificio (vollst. Verz. der K. u. S. mit hist. Erläuterungen), R 1912 ff.; A. STEINHUBER, Gesch. des Collegium Germanicum-Hungaricum in Rom, Fr [2]1906; R. CARCÍA-VILLOSLADA, Storia del Collegio Romano (1551–1773), R 1954; H. JEDIN, Domschule u. Kolleg: Trierer theol. Zs. 67 (1958) 210–223 = DERS., Kirche des Glaubens. Kirche der Gesch., Bd. II, Fr-Bas-W 1966, 348–359; J. LENZENWEGER, Sancta Maria dell' Anima, W-R 1959; G. KNOPP – W. HANSMANN, S. Maria dell' Anima. Die Dt. Nationalkirche in Rom, Mönchengladbach 1979; P. SCHMIDT, Das Collegium Germanicum in Rom u. die Germaniker, Tü 1984.

Kölner Kirchenstreit, auch ›Kölner Ereignis‹ oder ›Kölner Wirren‹ gen., bez. die Auseinandersetzungen zw. dem Kölner Erzbischof Clemens August von Droste zu Vischering und der preuß. Regierung über die Mischehenpraxis und über den →Hermesianismus. Die Regierung forderte in einer Geheimen Konvention (1834) den feierl. Beistand eines Priesters auch dann, wenn der Partner einer Mischehe sich weigerte, künftige Kinder kath. erziehen zu lassen. Diese über das Breve Pius' VIII. von 1830 hinausgehende Forderung wurde in Rom erst bekannt, als Bf. Hommer von Trier unmittelbar vor seinem Tod von der Konvention aus Gewissensgründen zurücktrat. Die Regierung ließ Droste 1837 auf der Festung Minden in Haft setzen, weil er die Vereinbarung mißachtete. Daraufhin erhob Gregor XVI. Protest gegen die staatl. Maßnahme, die Bischöfe von Münster und Paderborn traten von der Konvention zurück. Der Konflikt dehnte sich bald auf Gnesen-Posen aus, wo Ebf. von Dunin die Linie des Papstes verfolgte. Mit seiner Kampfschrift ›Athanasius‹ (1838) trug Joseph von Görres (1776–1848), ein Rheinländer an der Univ. München, den Streit in die Öffentlichkeit und bewirkte, daß die Katholiken sich entschieden hinter ihre Bischöfe stellten. Die preuß. Regierung sah sich nach einer Reihe von Maßnahmen zum Rückzug gezwungen. Ebf. Droste kehrte jedoch nach seiner Entlassung (1839) nicht mehr nach Köln zurück, sondern überließ die Leitung der Erzdiöz. einem Administrator, der später zum Ebf. von Köln ernannt wurde. Der K. K. endete nach mehrjährigem Konflikt (1837–41) mit einem Sieg der Kirche. Kg. Friedrich Wilhelm IV. kam der kath. Kirche entgegen, indem er z. B. auf die Kontrolle der schriftl. Korrespondenz zw. den Bischöfen und dem Papst verzichtete. Außerdem err. er im Kultusministerium eine ›Kath. Abteilung‹.

L: H. SCHRÖRS, Die Kölner Wirren (1837). Studien zu ihrer Gesch., B-Bo 1927; R. LILL, Die Beilegung der Kölner Wirren 1840–42, D 1962; F. KEINEMANN, Das Kölner Ereignis, sein Widerhall in der Rheinprov. u. in Westfalen, 2 Bde, Mr 1974.

Kolpingwerk. Der Lehrer J. G. Breuer gründete 1846 in Elberfeld einen (kath.) Gesellenverein (auch Junggesellen- und Jünglingsverein gen.), dem der Elberfelder Kaplan Adolf Kolping (1813–65), ehemals Schusterlehrling, seine bes. Sorge zuwandte. Als Kölner Domvikar gründete Kolping 1849 einen Gesellenverein, dem bald weitere folgten. Obwohl die Vereinsstatuten von Breuer stammen, wurde doch Kolping zum Organisator dieser Gemeinschaften und zum Initiator eines sozialen kath. Vereinswesens. Mit den Gesellenvereinen, die seit 1933 fast alle Kolpingvereine heißen, wollte Kolping vor allem die jugendl. Handwerker und die Familien im christl. Geist erneuern. Das Ziel des K. lautet heute: »Familienhafte und lebensbegleitende kath. Bildungs- und Aktionsgemeinschaft zur Entfaltung des einzelnen in der ständig zu erneuernden Ges.« Dem entspricht auch das vielfältige Arbeitsprogramm der einzelnen Kolpingvereine, von rel. Fortbildung in Vorträgen, Diskussionen und → Exerzitien bis zur Geselligkeit bei Spiel und Tanz. Die Gruppe Kolping umfaßt ledige Mitglieder bis zum 35. Lebensjahr, die Gruppe Altkolping alle verheirateten und mehr als 35 Jahre zählenden Mitglieder. Die einzelne Kolpingfamilie wird von einem Präses (Priester) und einem Senior geleitet. An der Spitze des Diözesanverbandes steht der Diözesanpräses, an der Spitze aller Diözesanverbände der Generalpräses (Sitz: Köln). Das Protektorat des K. ist mit dem Amt des Kölner Ebf. verbunden. Außer in Dtl. bestehen Kolpingvereine bes. in Östr. und in der Schweiz. Das dt. K. gehört zum ›Bund der dt. kath. Jugend‹ (→ Jugendverbände).

P: Kolpingsblatt, Kö 1900ff.

Q: A. KOLPING, Der Gesellenverein, Kö-Neuß 1849 (Ndr.) 1952; Adolph-Kolping-Schriften, 2 Bde, Kö 1975–76.

L: R. VITUS, Die Anfänge des kath. Gesellenvereins zu Elberfeld, Wuppertal 1933; D. WEBER (Hg.), 100 Jahre Kolpingfamilie 1849–1949, Kö 1949; B. RIDDER, Kolping in aller Welt, Kö 1959; F. G. SCHAFFER, A. Kolping, Kö 8 1961; H.-J. KRACHT, Kolping – Ein Mann v. gestern mit Ideen für morgen, Essen 1970; H. FESTING, A. Kolping u. sein Werk, Fr-Bas-W 1981, 3 1982; H.-A. RAEM, Kath. Gesellenverein u. die dt. Kolpingsfamilie in der Ära des Nationalsozialismus, Mz 1983; J. A. STÜTTLER, Kolping u. »Rerum novarum«, Kö 1991.

Konfessionskunde zeigt, anders als die ihr vorausgehende »Symbolik«, bei der die unterschiedl. Lehren (→ Bekenntnisschriften, → Glaubensbekenntnis) der einzelnen Kirchen erforscht werden, die gesamten Lebensäußerungen der christl. Kirchen und Gemeinschaften in ihrer gesch. Entwicklung auf und stellt somit einen wichtigen Teil der allg. (ökumenischen) → KG dar. Zur Erweiterung des Blickwinkels verhalfen vor allem ev. → Aufklärungs-Theologen wie Johann Georg Walch (Hist. und theol. Einleitung in die Religionsstreitigkeiten ... außer der ev.-luth. Kirche, 5 Bde, Je 1733–36) und Gottlieb Jakob Planck (Abriß einer hist. und vergleichenden Darstellung der dogmatischen Systeme unserer versch. christl. Hauptparteien, Gö 1796, ³1822). Die kath. Theologen beschränkten sich, von Ausnahmen abgesehen, wegen des exklusiven Wahrheitsanspruchs der → »alleinseligmachenden« kath. Kirche lange Zeit darauf, die Glaubenslehren anderer Kirchen in Konfrontation mit der kath. Dogmatik darzustellen. Dies gilt in einem gewissen Sinn auch noch für Konrad Algermissens († 1964) ›Konfessionskunde‹, die aus seiner frühen Schrift ›Christl. Sekten und Kirche Christi‹ (Han ³1925) erwachsen ist, aber wegen ihres ekklesiologischen Ausgangspunktes heute noch *das* kath. Hauptwerk darstellt. Auf prot. Seite legte H. Mulert († 1950) mit seiner ›Konfessionskunde‹ das Fundament zu einer Gesch. der christl. Konfessionen und Sekten. Erst in den letzten Jahren erfolgte ein Wandel, indem neue Maßstäbe zur Anwendung kamen (Heyer, Fahlbusch u. a.). Die vielleicht beste Erörterung der Sekten und rel. Sondergemeinschaften der Gegenwart schrieb K. Hutten. – Nach dem 2. Weltkrieg bahnten sich vor allem in Dtl. ein offener Dialog und vielfältige Formen der Zusammenarbeit zw. den Kirchen an (→ Ökumenische Bewegung), nicht zuletzt auch als Frucht der Bemühungen auf dem Gebiet der K. Bes. Erwähnung verdienen die Initiativen und Publikationen des (ev.) Konfessionskundl. Instituts in Bensheim und des 1957 err. (kath.) Johann-Adam-Möhler-Instituts in Paderborn.

P: Catholica. Jb. (urspr. Vierteljahresschrift) für Kontroverstheologie, Mr 1932ff., Pa 1946ff.; Una sancta, Meitingen 1946ff.; Materialdienst des Konfessionskundl. Instituts Bensheim, Bensheim 1949ff.; Istina, Boulogne-sur-Seine 1954ff.; Oecumenica. Jb. für ökumenische Forschung, Gü 1966ff.

L: H. MULERT, K., B 1909, 3. Aufl. hg. v. E. SCHOTT, B 1956; E. C. SCHERER, Gesch. u. KG an den dt. Univ., Fr 1927; W. NIGG, Die KGschreibung, Mn 1934; K. ALGERMISSEN, K., Han 1939, 8. neubearb. Aufl. hg. v. H. FRIES – W. DE VRIES – E. ISERLOH – L. KLEIN – K. KEINATH, Pa 1969; K. HUTTEN, Seher, Grübler, Enthusiasten. Sekten u. rel. Sondergemeinschaften der Gegenwart, St 1950, ¹⁰1966; P. MEINHOLD, Ökumenische Kirchenkunde, St 1962; K. EBERHARDT (Hg.), Was glauben die andern? 27 Selbstdarstellungen, Gü 1977, ²1978; F. HEYER (Hg.), K., B-NY 1977; H. RELLER (Hg.), Hb. Rel. Gemeinschaften. Freikirchen, Sondergemeinschaften, Sekten, Weltanschauungsgemeinschaften, Neureligionen, Gü 1978; E. FAHLBUSCH, Ökumenische Kirchenkunde, St 1979. – Ökum. Bibliographie, Mn-Mz 1968ff.; JOH-ADAM-MÖHLER-INSTITUT (Hg.), Kleine K., Pa 1996. – TRE XIX 431–437.

Kongregationen (monastische). Auf den verschiedensten Ebenen kath. Frömmigkeit machte sich im Laufe der Gesch. der Drang zur Gruppenbildung bemerkbar, im 19. und 20. Jh. bes. unter den → Laien (»congregationes religiosae«), im 17. und 18. Jh. vorwiegend als priesterl. K. (Regularkanoniker). Die frühesten Formen entfalteten sich aber im monastischen Bereich (»congregationes monasticae«), wobei es in erster Linie darum ging, das geistl. (spirituelle) Erbe des Ordensgründers und seiner »Regel« zu erneuern und zu intensivieren. So entstanden als Ergänzung zur → Benediktregel die → ›consuetudines‹ des ma. → Mönchtums und seiner verschiedenen K. (Cluny; Gorze; Hirsau; → Grandmontenser; → Kamaldulenser). Waren diese vorwiegend deskriptiv, so änderte sich der Ton und wurde indolenter, wenn es – wie bei den → Franziskanern – um die »Ideale« des Ordensheiligen ging. Dieser Orden bietet auch das kaum überschaubare Bild einer K., die sich in der Observanzfrömmigkeit zu überbieten suchte. Hingegen eignete den Reformkongregationen des 14. und 15. Jh. (→ Bursfelder K.; → Pauliner K.; → Windesheimer K.) im Streben nach monastischer → Reform ein starker Wille zur Einung. Die → Reformation förderte indirekt die monastischen Reformprogramme, so daß das → Trienter Konzil in erster Linie seine Aufgabe in der Beschneidung der Vielfalt sah. Vor allem hatte man die kirchl. Einbindung der K. im Auge (sessio 25) und entwickelte einen Plan, alle Benediktinerklöster in Dtl. zu einem Verband zusammenzufassen, der allerdings nicht zustande kam. So blieb denn der → NZ weiterhin Raum für Reformkongregationen; mochten sie z. B. der bes. im Fkr. des 18. Jh. verbreiteten Herz-Jesu-Frömmigkeit Rechnung tragen und zugleich Mission treiben (→ Marianisten) oder sich den Wiss. widmen wie die → Mauriner. Beide Extreme fanden im 19. Jh. Nachahmung: einmal in dem 1837 zur Abtei und zur K. erhobenen Maurinerkloster Solesmes und in der → Beuroner K., zum andern in der Benediktiner-Kongregation St. Ottilien, die sich die Missionierung in Dt.-Ostafrika zur Aufgabe machte. Auf dieser Bandbreite liegen zahlreiche andere K. verschiedenster Motivierung. Diese nicht ausufern zu lassen, ist seit Leo XIII. (1878–1903) päpstl. Anliegen (vgl. die Neuordnung der Kurien-K. ›pro religiosis‹ durch Pius X. 1908, → Röm. Kurie). Noch Johannes XXIII. konnte 1959 den Zusammenschluß von 4 K. der →Augustiner-Chorherren zu einem Verband bestätigen (Breve ›Caritatis unitas‹).

Q: MIRBT-ALAND 943; COD 752–760; CIC c. 480, 487–681; Commentarium pro religiosis, R 1920ff.

L: M. HEIMBUCHER, Orden u. K. der kath. Kirche, 2 Bde, Pa [3]1933–34, (Ndr.) Aalen 1965; J. CREUSEN, Religieux et Religieuses d'après le droit ecclésiastique, L. [7]1957; H. HANSTEIN, Ordensrecht, Pa [2]1958; S. FRANK, Grundzüge der Gesch. des christl. Mönchtums, Da 1975, [2]1978. – Atlas KG 68 B, 70, 94.

Kongregationalismus meint ein ekklesiologisches Konzept, das die Einzelgemeinde (congregation) zur Basis macht, die ausschließl. aus »Gläubigen« besteht, die sich für ihre Kirche am Ort verantwortl. wissen. Die »Gläubigen« kennen daher auch keinen übergeordneten Klerus, sondern nur Jesus Christus als ihren »Bischof« an. Damit konvergiert, daß die Einzelgemeinden auf der Basis der Gleichberechtigung sich zu nationalen Synoden vereinen. Obwohl theol. dem → Calvinismus verpflichtet, kennt man doch kein konfessionelles Bekenntnis, keine obligatorische Liturgie, keinen Festtagskalender. Dieses Gemeindemodell stand im krassen Gegensatz zum → Anglikanismus der engl. Staatskirche, aber auch zum Presbyterianismus in England. Es ist daher wahrscheinl., daß der K. in engl. Flüchtlingsgemeinden des europ. Festlands (z. B. Frankfurt) entstand. Hingegen fand er auf engl. Boden erst nach der Revolution von 1642 große Aufmerksamkeit und sollte unter dem Protektorat von Oliver Cromwell (1653–58) so zunehmen, daß er sogar viele Geistliche erfaßte. Im Zuge dieser Entwicklung war man außerdem um Formulierung eines theol. Programms bemüht (vgl. die Savoy-Declaration von 1658). Im 19. Jh. stießen führende engl. Theologen wie F. W. Robertson († 1853) und R. W. Dale († 1895) zu den Kongregationalisten und bahnten dem K., der sich 1832 als ›Congregational Union of England and Wales‹ organisierte, den Weg in die akademische Welt (Cheshunt College in Cambridge; Mansfield College in Oxford; Congregational Institute in Nottingham u. a.). – Weit größere Bedeutung gewann der K. jedoch in den USA, wohin ihn bereits 1620 die → »Pilgerväter« gebracht hatten (Hauptgebiet und Stammland ist Massachusetts). Hier erwies sich die ›United Church of Christ‹ als Traditionsträger für die ›Congregational Christian Churches in the United States‹ von heute. Mit dem Harvard College entstand 1636 überhaupt die erste theol. Bildungsstätte des K. Dies erklärt auch, warum die »Neu-England-Theologie« (1740–1850) stark vom → Puritanismus und → Methodismus geprägt war. Außerdem sollte in der »Neuen Welt« der → Calvinismus viel dazu beitragen, daß man schließl. doch ein → Glaubensbekenntnis als »Bundesübereinkunft« (Convenant) zuließ; mit seiner Verpflichtungsformel auf »Gottes Wort« begünstigte es aber weiterhin die Vorherrschaft des Biblizismus im K. – Aus der gemeinsamen Weltmission der Kongregationalisten ging als Beratungsgremium der ›International Congregational Council‹ (1891) hervor. Bei seinem Zusammenschluß mit dem → Reformierten Weltbund in Genf (1970) konnte er 19 Kirchen einbringen.

L: N. GOODALL (Hg.), Der K., St 1973; TRE XIX 452–462. – Atlas KG 120.

Königstitel. Auf Glauben oder Kirche bezogene Titel, die Könige und Kaiser trugen, wurden in der Regel von einer kirchl. Autorität verliehen und häufig auf dem Weg der Tradition übernommen. Die Könige von Ungarn z. B. schmückten sich seit dem Jahr 1000 mit dem Titel »Rex apostolicus« (Apost. Majestät). Alexander VI. verlieh 1497 an Isabella I. von Kastilien und Ferdinand II. von Aragonien den Titel »Rex catholicus« (Kath. Majestät). Mit Stolz nannten sich frz. Könige »Rex christianissimus« (Allerchristlichste Majestät), wie Kg. Ludwig XI. von Paul II. 1469 ausdrückl. gen. wurde (Derselbe Titel begegnet aber schon früher). Die Könige von Portugal hießen »Rex fidelissimus« (Allertreueste Majestät), seit Benedikt XIV. 1748 Kg. Johann V. mit diesem Titel ausgezeichnet hatte. – Kg. Heinrich VIII. von England († 1547), der später mit seinem Land von der → Röm.-Kath. Kirche abfiel (→ Anglikanismus), erhielt 1521 von Leo X. zum Dank für die gegen Martin Luther (→ Reformation) gerichtete Schrift ›Assertio septem sacramentorum‹ den Ehrentitel »Defensor fidei«.

Konkordat (lat. concordatum = Übereinkommen; dieselbe Bedeutung haben pactum und conventio) bez. seit dem 19. Jh. einen (quasi) völkerrechtl. Vertrag zw. dem Hl. Stuhl und einem Staat zur Regelung beiderseitiger Interessen (Besetzung der Kirchenämter, Schule, Ehe, Finanzfragen u. a.). Solche staatskirchenrechtl. Verträge wurden schon in früheren Jh. geschlossen. Als erstes K. gilt das → Wormser K. (1122), mit dem Calixt II. und Heinrich V. den → Investiturstreit beendeten. – Die Vereinbarungen zw. Eugen IV. und Kg. Friedrich III., den Kurfürsten von Mainz und Brandenburg sowie neun anderen Reichsfürsten 1447 sind als »Fürstenkonkordate« bekannt. Beide Seiten erkannten darin die Beschlüsse des → Konstanzer und des → Baseler Konzils an. Doch dauerte es nicht lange, bis der Papst die Vereinbarung in einigen Punkten aufkündigte. Sein Nachfolger Nikolaus V. hingegen erneuerte die sog. Fürstenkonkordate, die dann die Grundlage für das 1448 zw. ihm und Friedrich III. geschlossene und bis 1803 geltende Wiener Konkordat bot, mit dem die Bemühungen um die Kirchenreform im Sinn des Baseler Programms endeten. – Für die kirchenpolit. Verhältnisse in Fkr., bes. hinsichtl. der Besetzung der Bistümer und Abteien durch den Kg., galten zunächst die Bestimmungen der → Pragmatischen Sanktion von Bourges (1438), dann des frz. K. (1516) zw. Leo X. und Kg. Franz I. – In der NZ begann die Konkordatsära mit dem frz. K. zw. Pius VII. und Napoleon (1801), das aber von Napoleon mit den 77 ›Organischen Artikeln‹ (1802) weithin rückgängig gemacht wurde. In Dtl. folgten das Bayr. K. (1817), die sog. Zirkumskriptionsbullen – der Name besagt, daß in erster Linie die Bt.grenzen neu festgelegt wurden – für Preußen (1821), für die Oberrhein. Kirchenprovinz (1821) und für Hannover (1824) sowie K. mit Span. (1851), Östr. (1855), Portugal (1886) u. a. – Nach dem 1. Weltkrieg kam es zu Konkordaten mit Bayern (1924), Preußen (1929) und Baden (1932). Von bes. Wichtigkeit ist das Reichskonkordat (1933) zw. Pius XI. und Adolf Hitler, das gemäß einer Entscheidung des Bundesverfassungsgerichts von 1957 für die BRD heute noch Gültigkeit besitzt. In der DDR dagegen werden das preuß. K. wie das Reichskonkordat als inexistent betrachtet. Nicht minder bedeutend bis auf den heutigen Tag sind die → Lateranverträge (1929), mit denen Pius XI. und Benito Mussolini die seit 1870 schwebende »Röm. Frage« des → Kirchenstaats lösten. Langwierige Verhandlungen zw. dem Vatikan und der it. Regierung über eine grundlegende Revision der Vereinbarungen mit dem faschistischen It. stehen vor dem Abschluß. – Nach dem 2. Weltkrieg wurden K. mit dt. Bundesländern entweder novelliert oder durch neue ersetzt, zuletzt mit Nordrhein-Westfalen (1956) und Niedersachsen (1965). Die östr. Bundesregierung erklärte 1957 das K. von 1933 als fortbestehend.

In den prot. Kirchen nehmen → Kirchenverträge die Stelle von K. ein.

Q: A. MERCATI, Raccolta di concordati su materie ecclesiastiche tra la Santa Sede e le autorità civili, 2 Bde, R 1919–54; J. WENNER, Reichsk. u. Länder-K., Pa [7]1964; W. WEBER, Die dt. K. u. Kirchenverträge der Gegenwart, 2 Bde, Gö 1962–71.
L: H. LIERMANN (Hg.), Kirchen u. Staat, 2 Bde, Mn 1954–55; E. DEUERLEIN, Das

Reichsk., D 1956; E. WEINZIERL-FISCHER, Die östr. K. v. 1855 u. 1933, Mn 1960; W. WEBER, Die dt. K. u. Kirchenverträge der Gegenwart, 2 Bde, Gö 1962–71; P. LEISCHING, Kirche u. Staat in den Rechtsordnungen Europas, Fr-Bas-W 1973; H. VOGT, Das Verhältnis v. Staat u. Kirche, St 1974; A. M. DRABEK, Die Verträge der fränkischen u. dt. Herrscher mit dem Papst v. 754 bis 1020, W 1976; G. DENZLER, Kirchenstaat – Lateranverträge – K.revision – Heiliger Stuhl: DERS. (HG.), Kirche u. Staat auf Distanz. Hist. u. aktuelle Perspektiven, Mn 1977, 147–163; V. CONZEMIUS, Le concordat du 20 juillet 1933 entre le Saint-Siège et l'Allemagne: AHP 15 (1977) 333–362; R. MORSEY, Wem nützen K.? Überlegungen aus Anlaß der Unterzeichnung des Preuß. K. vor 50 Jahren: R. BÄUMER (Hg.), Reformatio Ecclesiae. Festgabe für E. Iserloh, Pa-Mn-W-Z 1980, 957–966; K. HAUSBERGER, Staat u. Kirche nach der Säkularisation. Zur bayer. Konkordatspolitik im frühen 19. Jh., St. Ottilien 1983; TRE XIX 462–472 (R. LILL).

Konkordienbuch. Die → Reformation kannte schon zu Luthers Zeiten Lehrstreitigkeiten (→ Antinomistischer Streit; → Abendmahlsstreitigkeiten), die sich nach seinem Tod (1546) vermehrt fortsetzten (→ Adiaphoristischer, → Osiandrischer, → Majoristischer und synergistischer Streit (→ Synergismus) und zur Frontenerstarrung zw. den → Gnesiolutheranern und den von ihnen des → Kryptocalvinismus geziehenen »Philippisten« (nach Philipp Melanchthon) führten. Höhepunkt solcher Konfrontationen waren im Todesjahr Melanchthons (1560), dessen Theologie an der Entwicklung nicht schuldlos blieb, das Weimarer Confutationsbuch (schroff luth.) und das ›Corpus doctrinae christianae‹ der Philippisten in Wittenberg. Einigungsversuche der prot. Landesfürsten (1568–70) waren vergeblich. Erst der Sturz der Philippisten in Kursachsen (1574) eröffnete neue Möglichkeiten. Die von dem Tübinger Theologen Jakob Andreae und dem Niedersachsen Martin Chemnitz erarbeitete ›Schwäbisch-sächsische Konkordie‹ (1574) und eine sog. Maulbronner Formel (1576) aus der Feder anderer Theologen Württembergs und Badens schufen die theol. Basis für eine künftige Einigung der luth. Landeskirchen. Aus beidem entstand auf einem Theologenkonvent das ›Torgauer Buch‹ (Herbst 1576). Dieses wurde von einem Redaktionsstab im Kl. Berge bei Magdeburg einer letzten Redaktion unterworfen (März–Mai 1577; daher ›Bergisches Buch‹), um dann als ›Formula concordiae‹ in die Gesch. einzugehen. Vereint mit anderen → Bekenntnisschriften (›Die drei Hauptsymbole‹, → Augsburger Konfession, Melanchthons ›Apologie‹, → Schmalkaldische Artikel, Melanchthons ›Tractatus de potestate papae‹, Luthers ›Großer‹ und ›Kleiner → Katechismus‹, ›Catalogus testimoniorum‹) wurde die Konkordienformel mit ihren zwei Teilen (Solida declaratio = Bergisches Buch; ein Auszug daraus ›Epitome‹) im Umlaufverfahren von 86 Fürsten und Reichsständen sowie ungefähr 900 Theologen unterschrieben; im Jubiläumsjahr der Augsburger Konfession (1580) wurde sie in Dresden als K. veröff. und so zum Bekenntnisbuch des → Luthertums.

Q: Die Bekenntnisschriften der Ev.-Luth. Kirche, Gö 1930, ^{8}1979; KThQ III 121.

L: L. W. SPITZ – W. LOHFF (Hg.), Studies in the Lutheran Reformations. Formula of Concord, St 1977; G. KLAPPER (Hg.), Vom Dissensus zum Konsensus. Die Formula Concordiae v. 1577, B 1980; M. BRECHT – R. SCHWARZ (Hg.), Bekenntnis u. Einheit der Kirche. Studien zum K., St 1980; J. Schöne (Hg.), Bekenntnis zur Wahrheit. Aufsätze über die Konkordienformel, Erl 1978; HbDThG 2 (1980) 138–164 (B. Lohse); TRE XIX 472–476 (E. Koch).

Konsistorium (lat. consistere = zusammenstehen) bez. im spätröm. Hofzeremoniell die Versammlung, bei der *nur* der Ks. und seine Familie sitzen. Dieser Brauch wurde vom röm. Bf. und vom altkirchl. Zeremoniell übernommen. Vom 8. Jh. an dienen die röm. Synoden dem Bf. von Rom als Beratungsorgan, d. h. den röm. Presbytern kommt jetzt nicht mehr nur eine repräsentierende Funktion zu. Die Mitglieder des im 11. Jh. entstehenden → Kardinalskollegiums leiteten zusammen mit dem Papst die lat. Kirche; sie versammelten sich anfangs dreimal, später nur noch zweimal in der Woche mit dem Papst. Dieses Kollegium verlor, von der →Papstwahl abgesehen, seine einflußreiche Stellung, nachdem Sixtus V. (1585–90) die kirchl. Regierungsgeschäfte neugegr. Kongregationen (→ Röm. Kurie) übertragen hatte. Das K. als Versammlung der Kardinäle mit dem Papst beschränkte sich bald auf feierl. Akte (u. a. Papstansprachen, Ernennung neuer Kardinäle). Während im sog. Geheimen K. nur Kardinäle anwesend sein dürfen, können am öffentl. K. auch Prälaten und weltl. Persönlichkeiten teilnehmen. – In ähnl. Weise spricht man von einem bischöfl. Konsistorium. Im östr. Teil der Donau-Monarchie bedeutete das K. auch die bischöfl. Behörde.

Im ev. Landeskirchentum entwickelte sich das K. als ein aus Juristen gebildetes Verwaltungsgremium der Kirche, das dem Landesherrn als ausführendes und beratendes Organ zur Verfügung stand. Das erste K. entstand 1539 in Kursachsen; im 19. Jh. wurde diese Einrichtung von der Konsistorialverfassung abgelöst. Nach dem Zusammenbruch der Verbindung von Thron und Altar (1918) lebt das K. als Landeskirchenamt weiter, in dem theol. Berater und Juristen als Vollmitglieder tätig sind. Landesbischof und K. sind gleichberechtigt.

L: E. Sehling, Gesch. der prot. Kirchenverfassung, L 1907, ^{2}1914; J. Sydow, Il »consistorium« dopo lo scisma del 1130: Rivista di storia della chiesa in Italia 9 (1955) 165–176; M. da Bergamo, Cardinali e curia sotto Callisto II (1119–1124): Raccolta di studi in memoria di Sergio Mocchi Onory, Mi 1972, 507–556; TRE XIX 483–489 (W. Heun).

Konstantinische Wende. Verglichen mit den größeren Problemkreisen des sog. Konstantinischen Zeitalters (und seines »Endes«) sowie der sog. Konstantinischen Frage nach dem persönl. Christsein des ersten, das Christentum fördernden spätröm. Kaisers Konstantin I. d. Gr. (306–337), erweist sich die Frage nach der »K. W.« als fruchtbarer, weil hist. präziser; sie erwartet aus den Quellen erarbeitete Antworten. Ist die Wende zum »christl. Staat« schon mit Konstantin I. oder erst mit Ks. Theodosius I. d. Gr. (379–395) anzusetzen? Läßt sie sich im ersten Fall auf das sog. → Toleranzedikt von Mailand (313) genauer festlegen? Oder hat man im anderen Fall das theodosianische Edikt ›Cunctos populos‹ (380) zu benennen? Es hängt gerade mit dem Quellenbefund zusammen, daß die

Antworten der Forschung nicht eindeutig ausfallen. Daß man darüber nicht resignierte, erklärt sich aus den Impulsen der Hintergrundproblematik, die prinzipieller Art ist.

Q: KThQ I 124f., 178f.

L: K. Aland, Kg. Entwürfe, Gü 1960, 13ff., 165ff.; H. Schmidinger, Konstantin u. die »Konstantinische Ära«: Freiburger Zs. für Philosophie u. Theologie 16 (1969) 3–21; H. Kraft (Hg.), Konstantin d. Gr., Da 1974; P. Stockmeier, Die sog. K. W. im Lichte antiker Religiosität: HJ 95 (1975) 1–17; G. Ruhbach (Hg.), Die Kirche angesichts der k. W., Da 1976; E. Herrmann, Ecclesia in re publica. Die Entwicklung der Kirche v. pseudostaatl. zu staatl. inkorporierter Existenz, F-Bern 1980.

Konstantinopel, einst Byzantion (thrakischer Name), jetzt Istanbul (griech. »eis ten pólin«, d. h. »in die Stadt«), trug bis zu seinem Untergang 1453 den Namen Konstantins d. Gr. († 337), der die Stadt zur Reichshauptstadt mit dem Titel ›Nova Roma‹ machte und sich in ihr beisetzen ließ (sog. Apostelkirche). Auf dieses Traditionserbe eines »Imperium Romanum« legte der »Rhomäer« (gräzisiert aus Romanus) und Ks. Justinian (527–565) großen Wert (Kodifizierung des spätröm. Zivil- und Staatsrechts [cod. Gregorianus, Hermogenianus, Theodosianus] im Codex Justinianus; Kodifizierung des spätröm. Verwaltungsrechts in den ›Institutiones‹). Auch das abendländische → Papsttum respektierte die reichsrechtl. Hegemonie von K. als Reichshauptstadt (steter päpstl. Legat → Apokrisiar; Datierung der Papstbriefe nach byz. Kaisern und sog. Indikationen bis 781). Außerdem verstand man es, das machtpolit. Vakuum im Westen (vgl. die sog. Konstantinische Schenkung → Fälschungen) zu seinen Gunsten zu nutzen. Zunächst einmal kam dem byz. → Patriarchat seine hauptstädtische Residenz zustatten. In den Mauern von K. tagende → Konzilien waren automatisch »ökumenisch«, d. h. mit Beschlüssen von reichskirchl. Reichweite ausgestattet. K. bot daher dem Patriarchen die Möglichkeit, jederzeit eine Synode »der in der Gemeinde weilenden« Bischöfe einzuberufen und diese »endemischen Synoden« für kirchenpolit. Aktionen einzusetzen. Allerdings mußte er solche hauptstädtischen Chancen mit den »Vorstehern« (Higumenīs) der zahlreichen Klöster innerhalb der konstantinischen Stadtmauer und der theodosianischen Landmauer teilen. Sie zogen vor allem Nutzen aus der Nähe zum Kaiserpalast, da der Ks. aus ihren Kreisen stets seinen Beichtvater wählte, den sog. Zellengenossen (Synkellos); gewöhnl. ging der nächste Patriarch aus diesem engeren Kreis kaiserl. Vertrauter hervor. Eben das aber erhöhte die ständigen Spannungen zw. den Patriarchen und den Mönchen vornehml. des Studiosklosters (→ Studitenmönche), was sich gelegentl. in lokalen Schismen mit Reichsweite wie dem → Photianischen Schisma entlud. An den Hochschulen der Stadt aber pflegte man die Wissenschaften u. hellenistische Geisteskultur; in den klösterl. Malerschulen entstanden die byz. Bilderhandschriften, deren spirituelle Miniaturen noch heute hochverfeinerte Ästhetik bekunden, die Klassizismus und Expressionismus zu vereinen verstehen. Als K. 1453 den Todesstoß erhielt, verlor die Stadt auch ihren Namen. Symbolischer Akt für diesen endgültigen Gesichtsverlust war, daß der Eroberer die baufällige Apostelkirche niederreißen und an ihrer Stelle die heutige Fatiyeh erbauen ließ.

Q: R. JANIN, La géographie ecclésiastique de l'Empire byzantin, Bd. III: Les Eglises et les monastères de Constantinople, P 1953, [2]1969; DERS., Constantinople byzantine, P 1950, [2]1969.

L: J. HAJJAR, Le synode permanent ... dans l'Eglise des origines au Xe siècle, R 1962; K. WESSEL, Die Kultur v. Byzanz, F 1970; I. SEVČENKO (Hg.), Der Untergang des byz. Reiches, Da 1973; P. WIRTH, Grundzüge der byz. Gesch., Da 1976; G. PODSKALSKY, Theologie u. Philosophie in Byzanz, Mn 1977; S. RUNCIMAN, Kunst u. Kultur in Byzanz, Mn 1978; H.-G. BECK, Das byz. Jahrtausend, Mn 1978; MAXIMOS VON SARDES, Das ökumenische Patriarchat in der orth. Kirche. Auftrag u. Einigung, Fr-Bas-W 1980; S. RUNCIMAN, Die Eroberung v. 1453, Mn 1966, [3]1977; DERS., Das Patriarchat v. K., Mn 1970. – Atlas KG 41; TRE XIX 503–518 (G. SCHMALZBAUER).

Konstanzer Konzil (1414–1418), in der → Röm.-Kath. Kirche als 16. Allg. Konzil gezählt. Nach der 70jährigen »Gefangenschaft« des → Papsttums in Avignon (→ Avignoner Exil) erhoben zunächst zwei, später drei Päpste Anspruch auf das höchste Amt in der Kirche. Um die »verruchte Dreiheit« aus der Welt zu schaffen, blieb am Ende nur ein allg. Konzil, das im November 1414 auf energischen Einsatz Ks. Sigismunds hin eröffnet werden konnte. Drei Hauptprobleme waren zu lösen:

(1) *Frage des Glaubens:* Der böhmische Priester Jan Hus (→ Hussiten), Anhänger der Lehren Wyclifs, mußte sich gegen Häresievorwurf (Eucharistie) verteidigen. Am 6. 7. 1415 wurde er als hartnäckiger Ketzer verurteilt und der weltl. Gewalt übergeben, die ihn mit dem Feuertod bestrafte.

(2) *Frage der Kircheneinheit:* Damit das Konzil das → Papstschisma beenden konnte, erklärte es sich in dem berühmten Dekret ›Haec sancta synodus‹ vom 6. 4. 1415 als über dem Papst stehend (→ Konziliarismus). Der Prozeß gegen den Pisaner (→ Pisa) Konzilspapst Johannes XXIII. (1410–15) endete mit Absetzung. Dasselbe Urteil traf den Avignoner Papst Benedikt XIII. (1394–1415). Der römische Papst Gregor XII. (1405–15) trat selbst zurück. Jetzt war der Weg frei für die Wahl des Kard. Odo Colonna, der sich den Papstnamen Martin V. (1417–31) gab.

(3) *Frage der Kirchenreform:* Unter den zahlreichen Reformbeschlüssen kommt dem Dekret ›Frequens‹ bes. Bedeutung zu. Darin sind dem Papst genaue Termine für die Einberufung der folg. Konzilien vorgeschrieben: Das nächste Konzil sollte nach 5, das zweite nach 7 und die folg. Konzilien im regelmäßigen Abstand von 10 Jahren stattfinden. Andere Entscheidungen enthalten Schutzmaßnahmen gegen ein abermaliges Schisma, forderten vom neugewählten Papst die Ablegung eines → Glaubensbekenntnisses, untersagten die unfreiwillige Versetzung von Prälaten und verboten dem Papst die Reservierung von Prokuratoren und den Einzug von Nachlässen. Martin V. selbst legte einen Katalog von Reformen vor. Mit den Konzilsnationen (frz., engl., span., dt.), die auch als solche abstimmten (im Gegensatz zu früher, als die Einzelstimmen galten), schloß der Papst Verträge (→ Konkordate), mit denen vor allem die Auswüchse des kurialen Ämter- und → Pfründenwesens beschnitten wer-

den sollten. Doch die meisten Bestimmungen blieben unausgeführt, so daß sich am Ende des 15. Jh. der Ruf nach Reform immer dringlicher vernehmen ließ.

Q: COD 379–427; D–S 1151–1279; H. Finke (Hg.), Acta concilii Constanciensis, 4 Bde, Mr 1896–1928; A. Mercati, Raccolta di concordati su materie ecclesiastiche tra la Santa Sede e le autorità civile, Bd. I, R 1919, ²1954; J. Gill, Konstanz u. Basel-Florenz, Mz 1967, 369–393.

L: A. Franzen – W. Müller (Hg.), Das Konzil v. Konstanz. Beiträge zu seiner Gesch. u. Theologie, Fr-Bas-W 1964; J. Gill, Konstanz u. Basel-Florenz, Mz 1967; G. Denzler, Zw. Konziliarismus u. Papalismus: Ders. (Hg.), Das Papsttum in der Diskussion, Rb 1974, 53–72; H. Jedin, Kleine Konziliengesch., Fr-Bas-W ⁸1977, 61–72; R. Bäumer (Hg.), Concilium Constanciense (1414–1418). Das Konstanzer Konzil, Da 1977; W. Brandmüller, Das Konzil v. Konstanz 1414–1418, 2 Bde, Pad 1990–92. – TRE XIX 529–535 (W. Brandmüller).

Konziliarismus bez. die bes. vom → Konstanzer und → Baseler Konzil dekretierte Lehre, daß das Allg. → Konzil über dem Papst steht. Demgegenüber bedeutet die »konziliare Idee« nach manchen Autoren einen gemäßigten K., demzufolge der Papst nicht grundsätzl., sondern nur in bestimmten Notfällen (Schisma, Geistesgestörtheit des Papstes u. a.) dem Allg. Konzil untergeordnet ist.

Die Wurzeln des K. als einer vielfältigen Bewegung sind schon bei Theologen (ekklesiologischer K.) und Kanonisten (kurialer K.) des 12. und 13. Jh. anzutreffen. Als Hauptvertreter einer Superiorität des Konzils über dem Papst gelten Marsilius von Padua († 1343; Hauptwerk: Defensor pacis) und Wilhelm von Occam († 1347). Sie sehen im Papst nur den vom Kollegium der Kardinäle gewählten Repräsentanten der gesamten Kirche. Dieser kann bei Amtsmißbrauch oder Amtsunfähigkeit abgesetzt werden, so daß die Möglichkeit zur Wahl eines neuen Papstes besteht. Unter dieser Konzeption sind auch die von kirchl. wie weltl. Obrigkeiten ausgesprochenen Appellationen vom Papst an das Konzil zu sehen. Als bedeutendste Anhänger des K. im 15. Jh. sind die Pariser Theologieprofessoren Jean Gerson (1363–1429) und Pierre d'Ailly (1352–1420) sowie der spätere Kard. Nikolaus von Kues (1401–64) zu nennen. Obwohl der K. schon bald an Bedeutung verlor, hinderte doch allein die Angst vor einem Wiederaufleben die Päpste in der 1. Hälfte des 16. Jh., ein von verschiedenen Seiten gefordertes allg. Konzil einzuberufen. Er fand auch in den folg. Jh. Anhänger (→ Gallikanismus, →Febronianismus u. a.) und wurde dogmatisch erst vom 1. → Vatik. Konzil (1869–70) verurteilt. Das 2. → Vatik. Konzil suchte zw. einem absolut verstandenen → Papsttum und einer echten Kollegialität des Papstes mit den Bischöfen nach einer Kompromißformel, ohne sie aber zu finden, so daß sich → Papalismus auf der einen und K. auf der anderen Seite immer noch oder wieder neu gegenüberstehen.

L: B. Tierney, Foundations of the Conciliar Theory, C 1955; K. Rahner – J. Ratzinger, Episkopat u. Primat, Fr-Bas-W 1961; H. Jedin, Bischöfl. Konzil oder Kirchenparlament, Bas 1963; K. A. Fink, Die konziliare Idee im späten MA: Vorträge u. Forschungen 9 (1965) 119–134; B. Tierney, Origins of Papal Infallibility

1150–1350. A Study on the Concepts of Infallibility, Soverenity and Tradition in the Middle Ages, Lei 1972; H. SCHNEIDER, Der K. als Problem der neueren kath. Theologie. Die Gesch. der Auslegung der Konstanzer Dekrete v. Febronius bis zur Gegenwart, B-NY 1976; R. BÄUMER, Die Entwicklung des K. Werden u. Nachwirken der konziliaren Idee, Da 1976; H. J. SIEBEN, Die Konzilsidee der Alten Kirche, Pa 1979; H. BACHT, Die hist. Entwicklung des K. in der westl. Kirche: Pro Oriente. Ökumene, Konzil, Unfehlbarkeit, I 1979, 57–69; W. KRÄMER, Konsens u. Rezeption. Verfassungsprinzipien der Kirche im Basler K., Mr 1980; M. WOJTOWYTSCH, Papsttum u. Konzile von den Anfängen bis zu Leo I. (440–461), St 1981; A. VAGEDES, Das Konzil über dem Papst? Die Stellungnahmen des Nikolaus von Kues und des Panormitanus zum Streit zw. dem Konzil von Basel und Eugen IV., Pa 1981; G. ALBERIGO, Chiesa conciliare. Identità e significato del conciliarismo, Brescia 1981. → Konstanzer Konzil; TRE XIX 579–587 (H. SMOLINSKY).

Konzilien. Ökumenische K. im Sinne des antiken Wortes »Oikumene« (d. i. die »Welt« des Mittelmeerraumes; vgl. Apg 1,8) sind als Institut der kath. Reichskirche nach der → Konstantinischen Wende der alten Christenheit und der → Byz. Kirche eigen. Letztere begrenzte sie mit der Siebenzahl der Vollkommenheit wie folgt: I = Nicaea 325; II = Konstantinopel 381; III = Ephesus 431 → Nestorianischer Streit; IV = Chalkedon 451 → Chalkedonismus; V = Konstantinopel 553 → Origenistische Streitigkeiten; VI = Konstantinopel 680 (auch Trullanum I nach dem Kuppelsaal im byz. Kaiserpalast) und seine Fortsetzung Konstantinopel 692 (sog. Trullanum II); VII = Nicaea 787 → Bilderstreit. Diese, auch von der → Griech.-orth. Kirche übernommene Zählung wertet Konstantinopel 381 als »ökumenisch«, obwohl dieses nicht vom Westen beschickt war und auch kein eigenes Credo formulierte. In diesen Geruch kam vielmehr ein in Auseinandersetzung mit den → Makedonianern formuliertes → Glaubensbekenntnis, das sich auf das Nicaenum (325) beruft und daher ›Nicaenoconstantinopolitanum‹ heißt (heute das sog. Meßcredo). In dieser Gestalt wurde es 451 in Chalkedon als »ökumenisch« anerkannt und von Papst Leo I. »rezipiert«, jedoch ohne die → primatsfeindl. Bestimmungen wie can. 3 (381) und can. 28 (451). Dank dieser Rezeptionsklausel konnte das → Papsttum die Siebenzahl der ökumenischen K. übernehmen (15./16. Jh.) und wie folgt fortzählen: 8 = Konstantinopel 869 (→ Exkommunikation des Photius, → Photianisches Schisma); 9–12 = → Lateransynoden 1123, 1139, 1179, 1215; 13 = → Lyon 1245; 14 = Lyon 1274; 15 = → Vienne 1311/12; 16 = → Konstanz 1414–18; 17 = → Florenz 1438–45; 18 = 5. → Lateransynode, Rom 1512–17; 19 = → Trient 1545–63; 20 = → Vaticanum I, Rom 1869–70; 21 = → Vaticanum II, Rom 1962–65. Die Ökumenizität dieser K. wurde aus dem Universalepiskopat des Papstes abgeleitet. – Die Kirchen der → Reformation hingegen akzeptierten aus reichs- und kirchenrechtl. Gründen nur das Nicaenoconstantinopolitanum (→ Konkordienbuch), dem sie deshalb auch in der Abendmahlsliturgie seinen traditionellen Platz beließen. Im übrigen bestritten sie, daß ökumenische K. und deren Bekenntnisse neben der Hl. Schrift eine eigenständige Glaubensnorm seien. Die Weltkirchenkonferenzen der → Ökumenischen Bewegung (→ Weltkirchenrat) seit

Stockholm 1925 haben daher auch kein prot. Konzept der ökumenischen K. erstellen können, das von den nichtprot. Kirchen bejaht werden könnte.

Q: E. Schwartz – J. Straub (Hg.), Acta conciliorum oecumenicorum I–IV, B 1914–71; Bd. IV, vol. III: Index generalis, bearbeitet v. R. Schieffer, B 1973.

L: Vgl. Bibliographie. – Ferner spez.: H. J. Margull (Hg.), Die ökumenischen K. der Christenheit, St 1961; V. Peri, Il numero dei concili ecumenici nella tradizione cattolica: Aevum 37 (1963) 430–501; A. M. Ritter, Das Konzil v. Konstantinopel, Gö 1965; L. Vischer, K. u. die ökumenische Bewegung, G 1968; R. Bäumer, Die Zahl der allg. K. in der Sicht der Theologen des XV./XVI. Jh.: AHC 1 (1969) 288–313; H. J. Sieben, Die Konzilsidee der alten Kirche, Pa 1979; M. Wojtowytsch, Papsttum u. Konzile v. den Anfängen bis zu Leo I. (440–461), St 1981; S. Horn, Petrou Kathedra. Der Bf. v. Rom u. die Synoden v. Ephesus (449) u. Chalcedon (451), Pa 1981; G. Denzler, Autorität u. Rezeption der Konzilsbeschlüsse in der Christenheit: Concilium 19 (1983) 507–511; H. J. Sieben, Traktate und Theorien zum Konzil, F 1983; H. J. Sieben, Konzilsdarstellungen – Konzilsvorstellungen. Tausend Jahre Konzilsikonographie aus Handschriften u. Druckwerken, Wü 1990.

Koptisch-orthodoxe Kirche. Sie nahm bis zum 5. Jh. an der allg. Entwicklung der alten Christenheit teil. Alexandrinische Bischöfe von »Welt«rang markieren diesen gemeinsamen Weg bis zum 4. und letzten reichskath. Konzil von Chalkedon (451). Mit dessen Entscheid für die Zweinaturenlehre in der Christologie (→ Chalcedonismus) unterlag allerdings Alexandriens Bf. Dioskur. Als nonchalcedonensische Kirche erlebte die koptische → Orthodoxie im 6. Jh. wohl eine Blütezeit kopt. Lit., die jetzt die monastischen Schranken der Anfänge durchbrach und Nationalliteratur wurde. Der Verlust der Mitte, d. h. reichskath. Verpflichtung, der nur die Minderheit der → Melchiten nachkam, hatte erbitterte, bis zur gegenseitigen Klosterbesetzung ausschreitende Kämpfe zw. den »Severianern« (Anhänger eines gemäßigten → Monophysitismus bzw. des nach Ägypten verbannten Patriarchen Severos von Antiochien, † 538) und den radikalen »Julianisten« (nach dem gleichfalls nach Alexandrien verbannten Bf. Julian von Halikarnass benannt) zur Folge. Umgekehrt nahm man unter den Arabern (7.–13. Jh.) die Diskussion mit dem → Islam auf, was zu einer hochstehenden kopt.-theol., jetzt aber arabischen Lit. führte. Der Abbruch dieser theol. Diskussion im Reich der Mameluken (15. Jh.) und der Osmanen (ab 16. Jh.) führte zugleich zum geistigen Niedergang. Der Rückhalt der kopt. Kirche in der niederen Bevölkerung war dadurch nicht gefährdet. Dieser blieb auch die kurzfristige Union mit Rom (→ Florenzer Konzil 1442) gleichgültig. Erst Napoleons ägyptische Expedition (1798–1800) brachte die kopt. Kirche mit der NZ in Verbindung, die ihr verschiedenste Impulse vermittelte. Diese Entwicklung führte u. a. zur Errichtung eines kopt.-unierten Patriarchats (1895; → Kath. Ostkirchen), aber auch dazu, daß man sich der modernen Bildungskultur zuwandte, was die kopt. Missionsschulen beliebt machte. Lange Zeit nahmen die Kopten führende Positionen in der Landesverwaltung ein, auch wenn sie mit 7% der Gesamtbevölkerung eine Minderheit darstellen (4 Mill. kopt. Gläubige, in 30 Eparchien untergliedert). Mit dem Staatspräsidenten Nasser (1954) verloren sie allerdings diese Schlüsselposition, um seit 1972 unter zunehmende islamische Bedrückung zu geraten. 1973 Begegnung zwi. Patriarch Schenuda III. u. Papst Paul VI.

L: P. VERGHESE, Koptisches Christentum, St 1973; Y. FARAG (Hg.), The Copts. Die Kopten, H 1981; E. BRUNNER-TRAUT, Die Kopten, Kö 1982; A. GERHARDS – H. BRAKMANN (Hg.), Die koptische Kirche. Einführung in das ägypt. Christentum, St 1994. – Atlas KG 10 B, 11, 125, 130 A.

Kreuzherren, auch *Kreuzbrüder* gen., heißen die Mitglieder des »Ordens des hl. Kreuzes« (Ordo S. Crucis = OSCr), der aus dem um 1210 von Thomas von Celles nach der → Augustinusregel gegr. Kl. Huy an der Maas erwuchs. Mitte des 13. Jh. bestätigte der Bf. von Lüttich die weitgehend dem Orden der → Dominikaner entsprechenden Konstitutionen. Ein Hauptunterschied lag darin, daß die K. das Chorgebet höher schätzten als Studium und Predigt und außerdem Spitäler und Gästehäuser versorgten. Den niederländischen K. schlossen sich bald Ordensleute in anderen Ländern an, ohne aber eine zentrale Organisation zu bilden. Die größte Verbreitung erlangten die K. in Westeuropa. Auf Blütezeiten im 15. und 17. Jh. folgte am Ende des 18. Jh. ein fast völliger Untergang. Zu neuem Leben erstand der Orden von 1840 an in den Niederlanden; der Generalabt hat seinen Sitz in Amersfoort. Die auf drei Prov. verteilten K. wirken in der Seelsorge und der →Mission (Afrika, Indonesien). Das Kreuz auf ihrer Kleidung soll ihre Sorge um bedürftige Menschen symbolisieren.

Von diesen K. als monastischem Orden sind die K. als geistl. → Ritterorden (mit rotem Stern als Abzeichen), von Gregor IX. 1237 als → Kanoniker bestätigt, die hauptsächl. in Böhmen, Mähren und Schlesien Krankendienst verrichteten, sowie die → Chorherren vom Hl. Kreuz zu Coimbra und die schon 1169 von Alexander III. anerkannten it. K. als Spitalorden zu unterscheiden.

L: HEIMBUCHER I 416–422; R. HAASS, Die K. in den Rheinlanden, Bo 1932; W. LORENZ, Die K. mit dem roten Stern, W 1964; P. VAN DEN BOSCH, Sie teilten mit Jedermann. Eine kurze Gesch. des Ordens der K., Bo 1978.

Kreuzverehrung. Nachdem die urspr. apotropäische Funktion des Kreuzzeichens durch »imperial-repräsentative« Deutung als »Standarte Christi« (KRUSE) und »Siegeszeichen« (DINKLER) ein heilsgeschichtl. Symbol geworden war, wurde auch K. möglich. Ihr devotionales Zentrum war die konstantinische Grabes- und Auferstehungskirche (335 eingeweiht). Hier fand alljährlich ein Kirchweihfest statt (ältester Beleg 385: Pilgerin Egeria), bei dem das Kreuz Christi durch Proskynesis vom Volk verehrt wurde. Zuvor war es in alle vier Himmelsrichtungen »hochgehalten« worden (daher auch Fest der Kreuzerhöhung: exaltatio crucis). Das geschah am Karfreitag. Später wurde Jerusalem auch zum Zentrum der → Reliquienverehrung durch zahllose Kreuzpartikel. Solche Splitter vom »Holz des Lebens«, das ein bes. »Kreuzwächter« (Staurophylax) im sog. Golgatha-Bau der Gedächtniskirche hütete, blieben hochgestellten Persönlichkeiten vorbehalten. Die erste war Konstantins Mutter Helena; sie brachte von einer Pilgerfahrt die erste Kreuzreliquie nach Rom. Nach ihrem Tod (337) wurde ihr stadtröm. Palast zur Memorialbasilika »S. Gerusalemme in Croce« und zum Zentrum der Legende von der Kreuzauffindung durch Helena (inventio s. crucis; ältester Beleg ca. 395 bei Ambrosius); so ging die K. auch in den stadtröm. Festkalender ein. – Die ostkirchl. K. wurde durch den Verlust Jerusalems an die Araber als Reliquienkult weniger beeinträchtigt; die Versendung der Kreuzpartikel ging an das byz. Patriarchat über. Die Jerusalemer K. wurde in der Form übernommen, daß man einen bestimmten Tag des Festkalenders als Gedenktag der Rückgewinnung des von den Persern verschleppten Kreuzes durch Ks. Herakleios (629) bestimmte und für diesen Tag der »Kreuzerhöhung« das hist. Datum des 3. Mai wählte, während das Fest der »Kreuzauffindung« (inventio crucis) weiterhin zusammen mit dem Kirchweihfest Jerusalems am 13./14. September begangen wurde. Dieses Datum muß unter Gregor d. Gr. in den stadtröm. Festkalender gekommen sein. Denn als der Syrer Papst Sergius I. um 690 auch das Fest der »Kreuzerhöhung« aus dem Osten übernahm, wählte er hierfür den 14. September, nicht den 3. Mai als hist. Datum. Diesem Datum wies man das Fest der Kreuzauffindung (inventio crucis) zu, als um 800 unter fränkisch-gallischem Einfluß eine Liturgiereform stattfand. Dieser Reform ist auch die K. in der heutigen Karfreitagsliturgie zuzuschreiben, deren Ritual eine liturgische Nachahmung der »inventio crucis« ist. Solche Doppelung im lat. Ritus wurde erst 1960 beseitigt, indem man das Fest der Kreuzauffindung am 3. Mai strich. Im übrigen ist die Gesch. der Kreuzreliquien weit buntscheckiger, zumal da mit deren Kreuzreliquiaren auch die Kunstgesch. zu berücksichtigen ist (→ Reliquienverehrung).

Q: AAS 52 (1960) 707; D–S 600f., 603, 654; A. FROLOW, Les reliquiaires de la vraie Croix, P 1965; J. D. WILKINSON, Egerias travel, Lo 1971.

L: H. KRUSE, Studien zur offiz. Geltung des Ks.bildes, Pa 1934, 76–79; C. CECCHELLI, Il trionfo della Croce, R 1954; F. J. DÖLGER, Beiträge zur Gesch. des Kreuzzeichens I–X: Jb. für Antike u. Christentum 1–10 (1958–67); A. FROLOW, La relique de la vraie Croix, P 1961; E. DINKLER, Das Kreuz als Siegeszeichen, 1965: DERS., Signum crucis, T 1967, 55–76; P. STOCKMEIER, Theologie u. Kult des Kreuzes bei Johannes Chrysostomus, Trier 1966.

Kreuzzüge (Heilige Kriege) werden üblicherweise nur soweit aufgezählt, als sie ins Hl. Land führten. Sie gingen aber aus einer → Kreuzzugsbewegung hervor, die ihrerseits von einem Sendungsbewußtsein des christl. Abendlandes getragen wurde, dem epochale Einmaligkeit zukommt. »K.« wandten sich gegen alle nichtchristl. Völker an den Grenzen des »hl. Imperium«, z.B. gegen die Wenden (1147–48), gegen die Prussen (13. Jh.; → Dt. Orden) oder im Westen gegen die Mauren (1147 Eroberung Lissabons). K. wurden aber auch gegen christl. → Ketzer geführt: in den Albigenserkriegen (1209–29) oder in den Hussitenkriegen (1419–36). Wie stark die Gefahr des Mißbrauchs zu eigennützigen Zwekken war, macht der sog. Stedingerkreuzzug (1232–34) sichtbar, den der Bremer Ebf. gegen Bauern an der unteren Weser führte, weil sie ihm den

Zehnten verweigerten. Ähnl. Verfremdungsphänomene sind auch bei den sieben klass. K. ins Hl. Land zu beobachten: *1. Kreuzzug* (1096–99), unter frz. Leitung, erreichte mit der Eroberung Jerusalems (1099) als einziger das militärische Ziel, leitete aber mit den Kreuzfahrerstaaten (Königreich Jerusalem, feudale Lehnsstaaten Antiochien, Edessa und Tripolis) die Politisierung der rivalisierenden Staaten ein. *2. Kreuzzug* (1147–49), unter dt. und frz. Leitung, durch → Bernhards von Clairvaux Predigt gefördert, mischte sich dadurch, daß der frz. Kg. sich mit den Normannen, der dt. Kg. aber mit Byzanz verbündete, in die Politik des Mittelmeerraumes ein und blockierte so sich selber. *3. Kreuzzug* (1189–92) unter Friedrich I. Barbarossa († 1190), erster Versuch der Staufer, sich an die Spitze der abendländischen Kreuzzugsbewegung zu setzen, erreichte sein Ziel, das von Sultan Saladin 1187 eingenommene Jerusalem wiederzugewinnen, nicht; nur ein Waffenstillstand mit den »Ungläubigen« ermöglichte Pilgerfahrten in die hl. Stadt (1191). *4. Kreuzzug* (1202–04), von Innozenz III. (1198–1216) initiiert, demonstrierte durch sein vorzeitiges Ende (→ Lateinisches Kaisertum), wie venetianischer Handelssinn, der an den Bosporus drängte, stärker war als die Absicht, das → Papsttum an die Spitze der K. zu bringen. Als dann derselbe Papst mit dem Kreuzzugsdekret des 4. → Laterankonzils (1215) den nächsten K. selbst anführen wollte, nahm ihm der Tod die Zügel aus der Hand. Hingegen gelang es dem Staufer Friedrich II. (1215–50) im *5. Kreuzzug* (1228–29) auf dem Verhandlungsweg, die friedl. »Kreuznahme«, d. h. die Pilgerfahrt nach Jerusalem, zu sichern. Daß 1244 Jerusalem wieder erobert und für alle Zeiten den Christen entzogen wurde, kümmerte den Staufer nicht; er hatte sich in den Genuß des Kreuzzugsablasses gesetzt und konnte so Gregor IX. zur Aufhebung des Bannes bzw. der → Exkommunikation zwingen. Demgegenüber wirkt Ludwig IX. von Frkr., der im *6. Kreuzzug* (1248–54) mit seinem in Ägypten geschlagenen Heer in Gefangenschaft geriet und im *7. Kreuzzug* (1270) mit der Masse eines anderen Heeres vor Tunis den Tod fand, in seinem zweimaligen Scheitern wie eine Sühne für den Mißbrauch früherer K.; seine → Heiligsprechung (1297) kann auch so gedeutet werden.

Eine Frucht der K. sind die »geistl.« → Ritterorden.

Q: COD 243–247; Mirbt-Aland 569, 610, 626; R. Pernoud, K. in Augenzeugenberichten, D 1961, Mn [5]1980; F. Gabriel (Hg.), Die K. aus arabischer Sicht. Dokumente, Mn 1975, [2]1976; KThQ II 25, 31, 37, 39, 40, 42.

L: A. Waas, Gesch. der K., 2 Bde, Fr-Bas-W 1956; S. Runciman, Gesch. der K., 3 Bde, Mn 1957–60, [2]1975; H. E. Mayer, Bibliographie zur Gesch. der K., Han 1960, [2]1965; Ders., Gesch. der K., St 1965, [6]1985; H. Roscher, Papst Innocenz III. u. die K., Gö 1969; E. Stickel, Der Fall v. Akkon. Untersuchungen zum Abklingen des Kreuzzugsgedankens am Ende des 13. Jh., Bern-F 1975; A Purcell, Papal Crusading Policy 1244–1291, Lei 1975; F. Lotter, Die Konzeption des Wendenkreuzzuges, Sigmaringen 1977; M. Erbstösser, Die K., Gü 1977; R. Pörtner, Operation Hl. Grab. Legende u. Wirklichkeit der K. (1095–1187), D 1977; A. Bridge, The Crusades, C 1980; J. Godfrey, The unholy Crusade, Leiden 1980; H. E. Mayer, K. u. lat. Osten, Lo 1983; R. Payne, Die K., Z-Kö 1986; J. Riley-

SMITH (Hg.), Großer Bildatlas der K., Fr-Bas-W 1992; F. WINKELMANN, Die Kirchen im Zeitalter der K. (11.–13. Jh.), L 1994. – TRE XX 1–10. – Atlas KG 60 A.

Kreuzzugsbewegung, 11./13. Jh., manifestiert die Macht des ma. Christentums und auch → Papsttums über die Herzen der Menschen, was ihnen »den hl. und gerechten Krieg« (→ Kriegsdienst) als gottgewollt näherbrachte. Mit dieser Parole »Gott will es« (»Deus lo volt«) hatte Urban II. auf der Synode von Clermont (1095) die Herzen der Ritter und Fürsten entflammt. Wie das → Bernhardinische Zeitalter war auch die abendländische K. eine zwiespältige Erscheinung. Die nach außen drängenden Frömmigkeitsmotive machtvoller Selbstdarstellung sind bei den geistl. → Ritterorden unverkennbar: Neben dem rel. Auftrag (Schutz und Pflege der Palästinapilger) sucht man die Abenteuer der Fremde und den Kampf auf dem »Felde der Ehre«. Daß → Johanniter, → Templer und → Dt. Orden sich unangefochten die ihnen hierbei zufallenden Besitz- und Reichtümer gefallen ließen, bestätigt dies Werturteil. Nicht minder das gegenteilige Bild einer nach innen gekehrten Frömmigkeit selbstloser Hingabe, wie es die → »Kreuzherren mit dem roten Stern« bieten, die ihrer – in der Zeit der → Kreuzzüge übernommenen – Aufgabe der Krankenpflege bis zu ihrer Auflösung (1810) in Schlesien, Böhmen und Mähren treu blieben. Generell ist festzustellen, daß »Kreuzherren« (crucigeri), die ihr Arbeitsfeld im Westen suchten, vor der Verfremdung ihrer urspr. Ziele bewahrt wurden. Als ein Beispiel für viele: Die »Niederländischen Kreuzherren«, → Regularkanoniker bei Lüttich, 1216 von Innozenz III. anerkannt, von Innozenz IV. 1248 mit einer bes. ›Konstitution‹ bestätigt, die neben dem Chorgebet und der Kreuzzugspredigt sich in → Armen- und Krankenpflege sowie der Seelsorge betätigten und noch heute nach einer langen Gesch. der Ausbreitung bestehen. Doch blieben die Auswirkungen der K. des 11./13. Jh. nicht auf die Ordenswelt eingeschränkt. Die Kreuzfrömmigkeit entfaltete in der Laienwelt eine ungeheure Breitenwirkung hingebungsvoller Religiosität. Verwiesen sei nur auf die passionale Verehrung des »Gekreuzigten« (Schnitzkreuze auch außerhalb des sakralen Raums) und die Passionsspiele der Fastenzeit, welche neben die älteren Osterfestspiele traten. Den zur »Kreuznahme«, d. h. zur Pilgerfahrt ins Hl. Land aufrufenden »Kreuzliedern« eines Walther von der Vogelweide († ca. 1230; Werbelied für den 5. Kreuzzug Friedrichs II.) eignet fromme Hingabe. Zeuge solcher Breitenwirkung der K. ist vor allem die Kunst bis hin zu den »Kreuzblumen« ihrer gotischen Dome. Selbst die Katastrophe des »Kinderkreuzzuges« (1212/13), der für die wenigsten in den Einschiffungshäfen Marseille und Genua, für die allerletzten in den Bordellen des Orients endete, bezeugt eine echte, wenn auch exaltierte Frömmigkeit jener Zeit. Deren kulturgesch. Bedeutung ist unumstritten, da sie dem Abendland die Augen für das Morgenland öffnete.

L: C. ERDMANN, Die Entstehung des Kreuzzugsgedankens, St 1935, (Ndr.) 1955, Da 1980; H. THOBY, Histoire du Crucifix des origines au concile de Trente, P 1959;

H. BEUMANN (Hg.), Heidenmission u. Kreuzzugsgedanke in der dt. Ostpolitik des MA, Da [2]1973; R.C. SCHWINGES, Kreuzzugsideologie u. Toleranz, St 1977; U. GÄBLER, Der »Kinderkreuzzug« v. Jahre 1212: Schweizer Zs. für Gesch. 28 (1978) 1–14; E. SCHNEIDER, »Kreuzzug« – hl. u. gerechter Krieg: Gesch. in Wiss. u. Unterricht 29 (1978) 242–256; E.-D. HEHL, Kirche u. Krieg im 12. Jh., St 1980; J. RICHARD, Croisés, missionaires et voyageurs. Perspectives orientales du monde latin médiéval, Lo 1983; G. BEESTERMÖLLER, Thomas von Aquin u. der gerechte Krieg. Friedensethik im theol. Kontext der Summa Theologiae, Kö 1990.

Kriegsdienst-Verweigerung im heutigen Verständnis war der frühen und der ma. Christenheit unbekannt. Erst aus dem neuzeitl. Söldnerwesen ergab sich der Zwang zum Kriegsdienst, aus der → Frz. Revolution und ihren republikanischen Volksarmeen aber die moderne Wehrpflicht und damit auch die moderne Fragestellung. Biblische Verbote des Tötens (2 Mos 20,13, vgl. Jak 2, 10f.; Röm 13,9f.; 1 Mos 9,6 vgl. 2 Mos 21,12; Mt 26,52; Apk 13,9b) und das ntl. Gebot der Wehrlosigkeit (Mt 5,1ff. 21ff., 38ff.) konnten, da nicht in liturg. Texten verankert, erst spät in frühma. Sekten virulent werden, die bürgerl. Schichten angehörten. – In der Antike stand nur dem röm. Bürger das Wehrrecht zu. Der »miles« im stehenden Berufsheer mußte es sich durch Absolvierung einer 16–20jährigen Dienstzeit als »Unfreier« erst mit der Verleihung der »Bürgerschaft« verdienen bzw. schenken lassen. Gerade der Soldatenberuf eröffnete aber unteren Schichten den sozialen Aufstieg. Daraus erklärt sich, daß mit Aufstieg des Christentums vermehrt christl. Soldaten festzustellen sind, die dann auch das Gros der Martyrer in der diokletianischen → Christenverfolgung (303–11) stellten. Gewöhnl. wurden diese Berufssoldaten an den Reichsgrenzen (sog. Limitanei von »limes«) zu zivilen Bau- und Verwaltungsarbeiten eingesetzt. Diese zivile Seite des Soldatentums begünstigte den Vergleich des Christentums mit dem »Kriegsdienst« (militia Christi). Deshalb konnte auch die → Kirchenordnung Hippolyts (3. Jh.) christl. Soldaten das Tötungs- und Eidverbot der Bibel einschärfen und diesbezügl. die Gehorsamsverweigerung abfordern. Mit der → Konstantinischen Wende änderte sich dies. Mag auch umstritten sein, ob c. 3 des Konzils von Arles (314) die → Exkommunikation dienstverweigernden Soldaten der Friedenstruppe oder Gladiatoren androht, entscheidend ist, daß fortan die Normen des altröm. Sakralrechts (Verbot des Kriegsdienstes) auf die christl. Kleriker und Mönche angewendet wurden. Das war nur den germanischen Völkern fremd, welche bewaffnete Geistliche in der Heerfolge kannten und auch in christl. Zeiten daran nichts Befremdliches fanden (Teppich von Bayeux, 12. Jh.). Segnete so die theodosianische wie die → byz. Kirche die Waffen des »christl. Imperium«, ohne sich selber mit Blut zu beflecken, und vermittelte dies dem ma. Abendland, so verfluchten ma. Sekten wie die → Katharer dieselben, während die → Waldenser auch eine bibl. Begründung zu geben verstanden. Letztere waren es denn auch, welche die Verweigerung des Kriegsdienstes und der Eidesleistung der NZ (→ Mennoniten, → Böhmische Brüder, → Quäker) vermittelten. Daneben lieferte die neuzeitl. → Aufklärung das rationale

Argument für die Diskussion um den Kriegsdienst (vgl. Kants Entwurf ›Zum ewigen Frieden‹, 1795). Dieses verfügte gleichfalls über eine lange Tradition, hatte aber mit Augustins ›Gottesstaat‹ (XIX 7) und Thomas von Aquino (S. th. II–II q. 123 art. 1 ca) den Begriff des »gerechten Krieges« entwickelt und so für den Kriegsdienst plädiert. Das 18. Jh. hingegen ging von der utopischen Zielvorstellung des »Ewigen Friedens« aus, um von dort aus die Verweigerung des Kriegsdienstes zu begründen. Doch auch diese aufklärerischen Impulse, die im 19. Jh. im Pazifismus (→ Friedensbewegung) weltweite Aktivitäten auslösten, konnten nicht das theol. Argument für den Kriegsdienst entkräften, noch weniger die Kriegspredigten von 1914–18 in allen Nationen verhindern. Hingegen kennzeichnet es die Situation nach dem 2. Weltkrieg, daß sich sowohl biblizistische wie auch rationale Argumente in der K. zusammenfinden. Hatte schon die 1. Vollversammlung des → Ökumenischen Rates der Kirchen in Amsterdam 1948 (→ Ökumenische Bewegung) proklamiert: »Krieg soll nach Gottes Willen nicht sein«, so sollten auch freikirchl. Gruppen diesen Ruf aufnehmen, z. B. die ›Kirche der Brüder‹ (Church of Brethren → Mennoniten), als sie sich 1952 mit dem ›Internationalen Versöhnungsbund‹ pazifistischer Prägung in der Parole »Der Krieg ist gegen Gottes Willen« zusammenfanden. Unter dem Eindruck der sog. ABC-Waffen sieht auch das röm.-kath. Lehramt sich zu einschränkenden Formulierungen hinsichtl. der Lehre vom »gerechten Krieg« veranlaßt; vgl. Pastoralkonstitution ›Die Kirche in der Welt von heute‹ vom 7. 12. 1965.

Q: B. BOTTE (Hg.), La tradition apostolique de s. Hippolyte, Mr ²1963, 36; D-S 3991 (einziger Beleg!).

L: A. v. HARNACK, Militia Christi, L 1905; W. BIENERT, Krieg, Kriegsdienst u. K. nach der Botschaft des NT, St 1952; H. v. CAMPENHAUSEN, Tradition u. Leben, T 1960, 203–215; J. M. HORNUS, Évangile et Labarum, G 1960; U. DUCHROW – G. SCHARFFENROTH (Hg.), Konflikte zw. Wehrdienst u. Friedensdiensten, St-Mn 1970; F. PRINZ, Klerus u. Krieg im frühen MA, St. 1971; L. AUER, Der Kriegsdienst des Klerus unter den sächs. Kaisern: MIÖG 79 (1971), 316–407; H. RUDOLPH, Das ev. Militärkirchenwesen in Preußen, Gö 1973; B. W. KULBIG, Kirche u. Kriegsdienst in der BRD, St 1974; A. WANG, Der »miles Christianus« im 16. u. 17. Jh. und seine ma. Tradition, Bern-F-NY 1975; J. HELGELAND, Christians and the Roman Army from Marcus Aurelius to Constantine: H. TEMPORINI – W. HAASE (Hg.), Aufstieg u. Niedergang der röm. Welt, Bd. II 23/1, B 1979, 724–834; J. FONTAINE, Le culte des martyrs militaires: H. SAXEL (Hg.), Ecclesia orans. Fs für Hamman, Fr 1980, 141–171; J. GÜSGEN, Die kath. Militärseelsorge in Dtl. zw. 1920 u. 1945, Kö-W 1989; K. BREDEMEIER, K. im Dritten Reich, Baden-Baden 1991.

Kryptocalvinisten schalten die → Gnesiolutheraner in den prot. Lehrstreitigkeiten (→ Adiaphoristischer und Synergistischer Streit → Synergismus, → Abendmahlsstreitigkeiten) ihre Gegner, die sie auch mit dem Verdikt »Philippisten« belegten, da sie als den Urheber der Verfälschung des → Luthertums Philipp Melanchthon († 1560) betrachteten, während dieser selbst von ihnen abschätzig als der »rabies theologorum« sprach. Im Kampf um die sog. Zweite Reformation, d. h. die Geltung der Konkordienformel (→ Konkordienbuch) in Kursachsen, das unter Kurfürst Christian I. (1586–91) eine calvinistische Kirchenpolitik erlebte, wurde das Schimpfwort inkriminierend. Die sächs. Visitationsartikel von 1592 wiesen die Amtsentfernung der K. an. Das erfuhr auch der Kanzler und Ratgeber des Kurfürsten, Nikolaus Krell, dem man nach dem Tod des Kurfürsten den Prozeß machte, der 1601 mit der Hinrichtung endete.

L: K. ALAND, Die theol. Fakultät Wittenberg während des 16. Jh., 1952: DERS., Kg. Entwürfe, Gü 1960, 283-394; T. KLEIN, Der Kampf um die zweite Reformation in Kursachsen 1586–1591, Kö 1962; HbDThG II 292–296 (W. NEUSER); TRE XX 123–129 (H. JUNGHANS).

Kulturkampf, von F. Lassalle geprägter und von R. Virchow bei seiner Rede am 17. 1. 1873 im preuß. Landtag verwendeter Begriff, der die Auseinandersetzungen in der 2. Hälfte des 19. Jh. zw. einzelnen Ländern, bes. Preußen und Bayern, und der →Röm.-Kath. Kirche oder zw. liberalen Regierungen und der ultramontanen Kirche (→ Ultramontanismus) um die → Säkularisierung von Staat und Gesellschaft umfaßt. Die staatskirchl. Beziehungen wurden innerhalb des Dt. Bundes nach Ländern verschieden geregelt. Das für das liberal regierte Baden geltende Gesetz vom 9. 10. 1860 diente als Vorbild für den ersten K. in Dtl. Die bald folgenden Konflikte bezogen sich hauptsächl. auf den Monopolanspruch des Staates auf dem Schulsektor. In Östr. wurden Ehe und Schule 1868 dem Staat unterstellt. 1870 kündigte die östr. Regierung wegen des Unfehlbarkeitsdogmas (1. → Vatik. Konzil) das erst 1855 geschlossene → Konkordat. Mit Kirchengesetzen vom Mai 1874 wurde die Staatsaufsicht über die Kirchen, denen völlige Gleichberechtigung zukam, verstärkt. Der K. hielt sich hier aber dank Ks. Franz Joseph in Grenzen. Konfliktreicher dagegen entwickelten sich die Zustände in Bayern, das einen mehr schleichenden K. erlebte, und bes. in Preußen. Als Hauptgegner standen sich hier Bismarck und die 1870 gegr. → Zentrumspartei gegenüber. Den Auftakt bildeten im Reich die von Bayern (Minister Lutz 1871–90) initiierten Gesetze über die Einführung des Kanzelparagraphen (1871), d.h. gegen den Mißbrauch der Kanzel zu polit. Zwecken, die Ausweisung der → Jesuiten (1872), in Preußen die Aufhebung der kath. Abteilung im Kultusministerium (1871) sowie das Gesetz über die staatl. Schulaufsicht (1872). Die Situation verschärfte sich unter dem neuen Kultusminister Falk (seit 1872). Die diplomatischen Beziehungen zum → Vatikan wurden abgebrochen (1872). Den Höhepunkt erreichte der preuß. K. mit den sog. Maigesetzen des Jahres 1873 über die Vorbildung und Anstellung der Geistlichen, die kirchl. Disziplinargewalt und die Errichtung eines kgl. Gerichtshofes für kirchl. Sachen, die Grenzen des Rechts zum Gebrauch kirchl. Straf- und Zuchtmittel, den Kirchenaustritt (vor dem Amtsgericht). In den nächsten Jahren folgten noch schärfere Maßnahmen. Das Gesetz über die obligatorische Zivilehe (→ Zivilstandsgesetzgebung) wurde im folgenden Jahr auf das ganze Reich ausgedehnt (staatl. Standesregister). Die Verurteilung der Maigesetze durch Pius' IX. Enz. ›Quod numquam‹ (1875) verschlimmerte die ohnedies schon prekäre Lage, da sie neue Kampf- und Strafbestimmungen provozierte: Einstellung aller finanziellen Leistungen des Staates an die Kirche (1875), Ausweisung der Mitglieder von rel. Orden und Kongreg. (1875), Beschränkung der Vermögensverwaltung der Kirchengemeinden (1875), Schutz für → Altkatholiken (1875). Es ist nicht zu vergessen, daß die meisten Bestimmungen auch für die ev. Kirche galten, welche allerdings nur geringen Widerstand leistete. Die kath. Kirchenorganisation brach weithin zusammen: 1878 waren acht Bischofssitze und weit über tausend Pfarreien unbesetzt. Reichskanzler Bismarck konnte aber weder die Errichtung einer von Rom unabhängigen dt. Kirche noch die Zerschlagung der Zentrumspartei erreichen. Nach dem Tod Pius' IX. (1878), dem der versöhnlichere Leo XIII. (1878–1903) folgte, entspannte sich die unerträgl. gewordene Situation, zumal da sich auch Bismarck aus polit. Überlegungen auf ein Einlenken angewiesen sah. Die Wende wurde mit den drei Milderungsgesetzen der Jahre 1880, 1882 und 1883 herbeigeführt, die der Regierung erlaubten, die Kulturkampfgesetze weit auszulegen und auf ihre Durchführung zu verzichten. Seit 1882 unterhielt Preußen wieder eine Gesandtschaft beim Vatikan. Am meisten Schwierigkeiten für einen Kompromiß bereiteten der Anspruch des Staates auf sein Vetorecht bei Stellenbesetzungen, die Ausbildung des Klerus (an staatl. theol. Fakultäten, wie die Regierung wünschte, oder an Seminarien, wie die Bischöfe verlangten), die Wiederzulassung der rel. Orden und die Besetzung des Fürstbistums Gnesen-Posen. Schließl. kam es doch zu den beiden Friedensgesetzen (1886 und 1887), nachdem man sich hinsichtl. Schulaufsicht des Staates, Zivilehe, Kanzelparagraph und Jesuitenverbot (bis 1917) geeinigt hatte. – Der K. zählt zu den schwerwiegenden innenpolit. Fehlern Bismarcks, der es allerdings meisterhaft verstand, den Konflikt geschickt beizulegen. Die Kirche trug den Sieg davon, freil. mit der verhängnisvollen Konsequenz, daß sie sich den mit der modernen Kultur und einem säkularisierten Staat verbundenen Forderungen vorerst verschloß.

Q: E. R. HUBER – W. HUBER, Staat u. Kirche im 19. und 20. Jh. Dokumente zur Gesch. des dt. Staatskirchenrechts, 2 Bde, B 1973–76; C. WEBER, Quellen u. Studien zur Kurie u. vatik. Politik unter Leo XIII., T 1973.

L: A. LINDT, Protestanten, Katholiken, K. Studien zur Kirchen- u. Geistesgesch. des 19. Jh., Z 1963; G. FRANZ-WILLING, K. gestern u. heute. Eine Säkularbetrachtung, Mn 1971; R. LILL, Die Wende im K. Leo XIII., Bismarck u. die Zentrumspartei 1878–1880, T 1973; J. LANGE, Die Stellung der überregionalen kath. dt. Tagespresse zum K. in Preußen (1871–1878), Bern-F 1974; U. FOHRMANN, Kath. Publizistik im preuß. K. Das Wirken des Presskaplans G. F. Dasbach, Trier 1977; E. GATZ, Der preuß.-dt. K. in den Verhandlungen der Kongreg. für die a. o. kirchl. Angelegenheiten: RQ 73 (1978) 217–254; C. STACHE, Bürgerl. Liberalismus u. kath. Konservativismus in Bayern 1867–1871, Kulturkämpferische Auseinandersetzungen vor dem Hintergrund v. nationaler Einigung u. wirtschaftlich-sozialem Wandel, F-Bern 1981; P. STADLER, Der K. in der Schweiz. Staat und K. im 19. Jh., Frauenfeld-St 1984; R. MÜLLEJANS-DICKMANN, Klöster im K., Aachen 1992; R. LILL, Der K. in Italien u. in den dt.sprachigen Ländern, B 1993; DERS. (Hg.), Der K., Pa 1995. – TRE XX 209–230.

Labadisten, nach Jean de Labadie (1610–74) benannte pietistische Sekte, die weithin mit der → Reformierten Kirche (→ Calvinismus) übereinstimmte und Anfang des 18. Jh. unterging. Labadie trat mit 15 Jahren bei den → Jesuiten ein, wurde 1639 Priester und schloß sich 1650 der ref. Kirche an, für die er als Pastor wirkte. In Genf nahm er großen Einfluß auf Philipp Jakob Spener (→ Pietismus). Nach seiner Amtsenthebung (1669) gründete er in Amsterdam eine eigene Gemeinde. Seine letzten Lebensjahre verbrachte er in Altona. Die L. setzten den Hl. Geist über alles; sie glaubten an eine »Wiedergeburt aus dem Geist«.

L: M. QUECKBÖRNER, P. J. Speners Reformtätigkeit in Frankfurt a.M. unter bes. Berücksichtigung seines Verhältnisses zu J. de Labadie, Mz 1960.

Laienbewegung. Schon in der → Alten Kirche bestand zw. dem »Laien« (im griech. AT »laïkós«, d.h. der zum »laós« [Bundesvolk] Gehörige; im NT, spez. Hebr, das christl. Gemeindeglied) und dem »Amt« (griech. klēros, zuerst 1 Clem 40ff., ca. 96) ein spannungsvoller Bezug. Als Gegensatz wiederholte er sich später beim Charismatiker (Mönch als Pneumatiker in der »vita angelica«; Confessor als »Zeuge« in der → Christenverfolgung). Das → MA konnte sogar vertiefend von den »zwei Völkern« sprechen. In der Tat erlebte es, kaum zufällig in Räumen, wo die städtische Kultur und die sie tragende industrielle Manufaktur dem Individuum größere Entfaltungsmöglichkeiten boten, eine bis dahin unbekannte rel. L.: so in der oberit. und südfrz. → Armutsbewegung. Es ist aufschlußreich, daß die hochma. Amtskirche, d.h. das → Papsttum, ihrer durchaus Herr zu werden verstand, soweit sie wie die → Bettelorden sich caritativen und seelsorgerl. Aufgaben zuwandte. Instruktiv hierfür ist das Institut der »Drittorden« (→ Terziaren), das Christen nach der Regel und unter geistl. Leitung eines rel. Ordens leben ließ, aber in ihrem weltl. Beruf beließ. Kaum zufällig übte dabei der Drittorden der → Franziskaner die größte Breitenwirkung aus, nachdem er durch Nikolaus IV. bestätigt worden war (1289); noch Leo XIII. hat bei seinen Bemühungen um eine moderne L. daran anknüpfen können (1883: Konst. »Misericors Dei filius«). Nur wo die L. charismatische Züge aufwies wie im Fall der → Waldenser, kam es zum Bruch: Das → Priestertum aller Gläubigen und das damit beanspruchte Predigeramt markierten den Trennungsgraben (1228: Verbot der Laienpredigt durch Gregor IX.). Diese »amtliche« Position gegenüber der L. kennzeichnet auch den Vorabend der → Reformation, an dem übrigens die ma. Papstkirche über zahlreiche → Bruderschaften und mancherlei Formen der L., z.B. im → Zunftwesen, verfügte. Noch mehr – auch innerhalb der Reformationskirchen – sollte abermals der Gegensatz zw. dem »Amt der Verkündigung und Sakramentsverwaltung« und der L. aufbrechen, die dabei typische Merkmale des Charismatikertums aufwies, gerade wenn sie als → Schwärmer ausgeschieden wurde. Es ist nicht zuletzt der → Aufklärung zu danken, daß sich die prot. L. vornehml. der Liebestätigkeit zuwandte (18./19. Jh). Hier konnte sie ohne kirchl. Bevormundung eigene Initiativen entfalten (→ Innere Mission;

→ Bethel; → Christl.-soziale Bewegungen; → Diakonie; → Missionsgesellschaften; → Rel. Sozialismus). Vergleichbare Beobachtungen vermittelt die neuzeitl. kath. L. (→ Arbeiterbewegung; → Bonifatiusverein; → Caritasverbände; → Frauenbewegung; → Görres-Gesellschaft; → Pius-Vereine; → Publizistik), wobei sich die Aktivität der Laien weit stärker innerhalb christl. → Parteien entfaltete. Der Aufruf zur Teilnahme am »Apostolat«, der sich in der → Kath. Aktion niederschlug, leitete so die Integrierung auch der modernen L. in die kath. Kirche ein, die mit dem Dekret ›Über das Apostolat der Laien‹ des 2. → Vatik. Konzils einen vorläufigen Abschluß fand.

Q: MIRBT – ALAND 593–595, 617–619, 819.

L: Y. CONGAR, Der Laie, St 1957, [3]1964; S. NEILL – H. R. WEBER (Hg.), The Layman in the christian History, Lo 1963; H. THEYSSEN, Zeugen in der Welt. Laienapost. Bewegungen, Limburg 1967; A.-M. RITTER – G. LEICH, Wer ist die Kirche?, Gö 1968, 78–115, 255–271; R. ZERFASS, Der Streit um die Laienpredigt, Fr-Bas-W 1974; W. ROCHLER, Martin Luther u. die Reformation als L., Wie 1981; A. FAIVRE, Les laics aux origines de l'église, P 1984.

Laienkelchbewegung. Bis zum 12. Jh. war die Kommunion unter den Gestalten von Brot und Wein (»sub utraque«), von bes. Fällen (z. B. Krankenkommunion) abgesehen, die Regel. Aus prakt. und theol. Gründen setzte sich im 13. und 14. Jh. die Kommunion allein unter der Brotgestalt durch. Dagegen protestierten die Calixtiner (→ Hussiten), die dann auf dem → Konstanzer Konzil wegen dieser und anderer Lehren als Häretiker verurteilt wurden. Als Antwort auf die prot. Kelchforderung, die im 16. Jh. bei kath. Fürsten, z. B. Ks. Karl V. und Ks. Ferdinand II., auch kath. Theologen, z. B. Cajetan de Vio, Cochläus, Pflug, Witzel, sowie ungezählten Katholiken Unterstützung fand, um die Glaubensneuerung aufzuhalten, überließ das → Trienter Konzil zunächst dem Papst die Entscheidung. Tatsächlich gab Pius IV. 1564, von Ks. Ferdinand I. und dem Bayernherzog Albrecht V. bedrängt, den Erzbischöfen von Mainz, Köln, Trier, Salzburg und Gran die Erlaubnis zur Kelchkommunion der Laien in ihren Territorien. Als aber die Doppelkommunion immer mehr zum prot. Kennzeichen wurde, kehrten viele Katholiken zur früheren Praxis zurück. Gregor XIII. nahm 1584 das Kelchindult Pius' IV. zurück. In Ungarn und Böhmen indes hielt sich der neue Brauch, so daß Rom noch 1604 und 1621 das Verbot erneuern mußte. – Das Konzil von Trient definierte, daß Jesus Christus auch nur unter einer Gestalt ganz gegenwärtig ist und die Kirche das Recht hat, den Modus des Kommunionempfangs zu bestimmen. Erst das 2. → Vatik. Konzil legte wieder größeren Nachdruck auf die »communio sub utraque«, bes. bei außerordentl. Anlässen, ohne aber die »communio sub una« abzuschaffen.

Q: D-S 1725, 1760; N-R 561, 588–594.

L: A. KNÖPFLER, Die Kelchbewegung in Bayern unter Hzg. Albrecht V., Mn 1891; G. CONSTANT, Concession à l'Allemagne de la communion sous les deux espèces par Pie IV., 2 Bde, P 1922–26; H. LUTZ, Bayern u. der Laienkelch: QF 34 (1954) 203–35; A. FRANZEN, Die Kelchbewegung am Niederrhein im 16. Jh., Mr 1955;

D. GIRGENSOHN, Peter v. Pulkau u. die Wiedereinführung des Laienkelches, Gö 1964; R. DAMERAU, Der Laienkelch. Studien zu den Grundlagen der Reformation, Bd. 2, Gie 1965; B. FISCHER, Die Kelchkommunion im Abendland, in: Liturgisches Jb. 17 (1967) 18–32; H. SPAEMANN (Hg.), »... und trinket alle daraus«, Fr-Bas-W 1986.

Lambeth-Konferenz, Zusammenkunft aller anglikanischen Bischöfe (→ Anglikanismus) im Lambethpalace des Ebf. von Canterbury zu London; erstmals 1867, danach in unregelmäßigen Abständen. Die Lambeth-Konferenzen wollen immer wieder die (föderative) Einheit der Anglikanischen Kirche zum Ausdruck bringen. Außerdem verabschieden sie grundsätzl. Stellungnahmen in Glaubens- und Sittenfragen, ohne aber die einzelnen Mitgliedskirchen darauf verpflichten zu können. Bes. Aufmerksamkeit erfuhr schon frühzeitig die ökumenische Problematik (→Ökumenische Bewegung). Das sog. Lambeth-Quadrilateral von Schrift, Credo, Sakrament und Amt (Annahme der Bibel, des Apost. und Nicaenischen → Glaubensbekenntnisses, der Taufe und des Abendmahles sowie des Bischofsamtes in → apost. Sukzession) von 1886–88 hat als Programm für die Wiedervereinigung der Kirchen heute noch Gültigkeit.

L: The Lambethconferences 1867–1948, Lo 1949; M. KELLER-HÜSCHENMENGER, Die Lehre d. K. i. Urteil d. Lambeth Konferenzen, Gü 1976; A. M. G. STEPHENSON, Anglicanism and the Lambeth Conferences, Lo 1978; TRE XX 418–424 (S. MEWS).

Landeskirchentum als spez. Phänomen des dt. → Protestantismus hat mehrere, vom Wandel der polit. Verhältnisse bedingte Veränderungen erfahren.

[1] Am Anfang steht das »Kirchenregiment« der Landesherren, wenn man nicht deren ältere Bemühungen benennen will, über die → Patronats- und Vogteirechte sich in den Besitz von Landesbistümern zu bringen. Wichtigstes Datum bleibt die kursächs. ›Kirchen- und Schulvisitation‹ (1526–30), zumal da sie schon 1527 in Hessen (›Visitations- und Superintendentenordnung‹) Nachahmung fand und sich in fast allen luth. Territorien durchsetzte. Es ist umstritten, ob die Entwicklung zu einem »Kirchenregiment« von Dauer, als Institution, von Luther gewollt war. Als der Reformator seinen Landesherrn um Durchführung der Visitationen bat, sprach er von einem Notzustand, der durch den Ausfall der episkopalen und päpstl. Jurisdiktion entstanden sei. Umstritten ist ferner, wie dieses prot. → Kirchenrecht zu deuten ist (→ Kirchenrechtsquellen). Der → Augsburger Religionsfrieden (1555) sanktionierte jedenfalls im nachhinein das Recht der Landesherren, → Kirchenordnungen zu erlassen, und konnte nicht unterbinden, daß deren → Konsistorien die geistl. Jurisdiktion ausübten. Auch die → Gegenreformation konnte das L. nicht beseitigen. Es wurde vielmehr durch den → Westfälischen Frieden (1648) anerkannt und fand vor allem im Zeitalter des Absolutismus (→Staatskirchentum) seine Konsolidierung als Hüter des landesfürstl. Hoheitsrechtes über die Kirche (»ius circa et in sacra«).

[2] Die → Frz. Revolution und vor allem der → Reichsdeputationshauptschluß (1803) leiteten eine neue Phase ein, weil mit ihnen konfessio-

nelle Korporationen reichsrechtl. hinfielen. An die Stelle der Kirchen»regimente« traten die Kirchenverfassungen mit ihrer Unterscheidung von Legislative und Administrative. Außerdem hörte im 19. Jh. aufgrund der Bevölkerungsfluktuation und vor allem der Verschiebung von Landesgrenzen die bisherige konfessionelle Geschlossenheit der Landeskirchen auf. Das galt bes. für Preußen, das die ständigen Gebietserweiterungen nur durch → Unionen konfessionell bzw. kirchl. einigen konnte. Eine ministeriale Zentralverwaltung (Kultusministerium) wurde nötig und fand dann auch in Minister Altenstein († 1846) und dessen Mitarbeiter Nicolovius († 1839) hervorragende Beamte. Die Schwierigkeiten lagen zum nicht geringen Anteil beim preuß. Herrscherhaus, das seit 1613 ref. Glaubens gewesen war. Hatte sich dem bisher das Kirchenvolk gebeugt, so konnte es nach einem 1. Entwurf einer Presbyterial- und Synodalordnung (1814) und nach einem weiteren für Provinzialsynoden und -konsistorien (1815) sich zu Wort melden und tat es denn auch im → Agendenstreit mit lautstarkem Protest. Die → Presbyterial- und Synodalverfassung wurde daher nur in der Rhein. Westf. → Kirchenordnung (1835) verwirklicht. Für die anderen Preußengebiete wurde eine zentralistische Konsistorialverwaltung eingerichtet, in welcher die Generalsuperintendenten das geistl. Amt repräsentierten. Diese landeskirchl. Ordnung gipfelte im preuß. Kg. als »summus episcopus« – ein letzter Abglanz fürstl. Absolutismus. Das führte anfängl. zu starken Konflikten, nicht nur mit den → Altlutheranern, sondern eigentl. bei fast jeder neuen Gebietsannexion durch Preußen im 19. Jh. Letztere begünstigten allerdings auch in der Bismarckära (→ Kulturkampf) in Staat und Ev. Kirche die Diskussionen um eine Neuordnung der Verhältnisse (1866 und 1872). Als ihr Ergebnis kann das preuß. Schulaufsichtsgesetz von 1872 (→ Schulwesen) betrachtet werden, das bereits lockerte, was mit Einführung der → Zivilehe (1875) voneinander getrennt wurde: die personale Verklammerung von → Kirche und Staat im Landeskirchentum. Allein im Kg. von Preußen blieb die Personalunion erhalten, manifestierte sich aber nur im Ernennungsrecht und im Recht des Königs zum Predigen (!).

[3] Trotzdem wirkte sich die Auflösung des Bundes zw. Thron und Altar (1918) auf das L. nicht so einschneidend aus. Schon unter dem preuß. Kultusminister Falk (1872–79) bzw. dem Präsidenten des neugeschaffenen Oberkirchenrats, Hermann (1872–78), war in Preußen eine Synodalverfassung (mit Kreis-, Provinzial- und Generalsynode) eingeführt worden. Ihrerseits griff sie darin auf außerpreuß. Vorbilder in Württemberg, Anhalt, Sachsen, Braunschweig, Hessen-Darmstadt, Weimar-Eisenach und Meiningen zurück. Das waren denn auch die Vorbilder, an die man nach dem 1. Weltkrieg anknüpfte. Nur die Bekenntnispräambel und andere Neuerungen (z. B. Einführung des Bischofsamtes in Bayern, Hannover, Mecklenburg, Schleswig und Holstein; Besetzung der Landeskirchenämter auch mit geistl. Konsistorialräten u. a.) kamen hinzu. Zeugnis solcher landeskirchl. Kontinuität, die auch den → Kirchenkampf überstand, kann ein kleines Detail sein: Die seit 1922 bestehende ›Ev. Kirche

der → Altpreuß. Union‹ brauchte bei der Neuordnung 1954 nur »altpreußisch« zu streichen (→ Ev. Kirche der Union). Daß der föderative Charakter der BRD der Fortdauer des L. neue Chancen bot, steht außer Zweifel. Immerhin hatte es bereits 1922 mit dem ›Dt. ev. Kirchenbund‹ und dessen → Kirchentagen (zuerst in Bethel 1924) ein wichtiges Instrument der Koordinierung geschaffen, das später den Widerstand gegen → nationalkirchl. Bestrebungen kräftigte. Daran konnte nach 1945 die → EKD anknüpfen, so daß auch dieser Zusammenschluß landeskirchl. Kontinuität demonstriert.

Q: E. Friedberg, Die geltenden Verfassungsgesetze der ev. dt. Landeskirchen, Fr 1895–1904; E. Sehling (Hg.), Die ev. Kirchenordnungen des 16. Jh., 5 Bde, L 1902–1913; Bd. 6ff., T 1955ff.; F. Giese – J. Hosemann, Die Verfassungen der dt. ev. Landeskirchen, 2 Bde, B 1927; H. Weber, Staatskirchenverträge, Mn 1967; E. R. Huber – W. Huber (Hg.), Staat u. Kirche im 19. u. 20. Jh. Dokumente zur Gesch. des dt. Staatskirchenrechtes, 2 Bde, B 1973–1980; Preuß. Staat u. Ev. Kirche in der Bismarckära, Gü 1980.

L: (Zu 1) K. Müller, Kirche, Gemeinde u. Obrigkeit nach Luther, T 1910; K. Holl, Luther u. das landeskirchl. Kirchenregiment, 1911 = Gesammelte Aufsätze, Bd. I, T 1932, 326–380; H.-W. Krumwiede, Zur Entstehung des landesherrl. Kirchentums in Kursachsen u. Braunschweig-Wolfenbüttel, Gö 1967. – (Zu 2) E. Förster, Die Entstehung der preuß. Landeskirche, 2 Bde, T 1905–19; E. Sehling, Gesch. der prot. Kirchenverfassung, L 1907, ²1914; F. Fischer, Ludwig Nicolovius, St 1939; G. Besier, Preuß. Kirchenpolitik in der Bismarckära, B 1980. – (Zu 3) K. Kupisch, Die dt. Landeskirchen im 19. u. 20. Jh., Gö 1966.

Latein. Nach Anfängen des Aramäischen (vgl. das »Maran-atha« der urchristl. Abendmahlsfeier: Did 10,6; 1 Kor 16,22) war Griechisch in den ersten Jh. die Kirchen- und Liturgiesprache. Erst allmähl. setzte sich das L. in gleicher Funktion durch, vielleicht zuerst in Nordafrika, das älteste Dokumente christl. Latinität bietet (1. Hälfte des 3. Jh.). Griech. hielt sich noch am längsten im ›Canon missae‹, dem Herzstück der Liturgie (vgl. das griech. gesungene ›Trishagion‹ der altgallikanischen Liturgie). In Rom dürfte erst unter Damasus I. (366–384) der Kanon latinisiert worden sein (ca. 380), was mit der lat. Übers. der → Vulgata durch Hieronymus zusammenfallen würde. Wohl findet sich der älteste Beleg bei Ambrosius von Mailand (de sacr. 4,21–37), doch spricht alles dafür, daß der erste Schritt in dieser Richtung der Latinisierung der Kultsprache in Rom erfolgte. Seit dem Ende des 4. Jh. wurde unter Papst Siricius gleichzeitig L. die päpstl. Kanzleisprache und ist es bis zum heutigen Tag (›Acta Apostolicae Sedis‹) geblieben.

Die sakrale Hegemonie des L. in der Liturgie wurde durch das → Trienter Konzil, das die stadtröm. Liturgie Gregors VII. (1073–85) wieder einführen wollte, noch gefördert (sessio 4: Kanonisierung der → Vulgata; sessio 22, cap. 8: Ablehnung der Landessprache als »vulgaris lingua«). L. erwies sich bei der Entwicklung des Weltkatholizismus außerdem als wichtiges Einheitsband für die Völker- und Sprachenvielfalt. Um so verständlicher ist die negative Reaktion konservativer Kreise (Erzbf.

Lefebvre → Traditionalismus) auf das 2. → Vatik. Konzil mit seiner Konst. ›Über die hl. Liturgie‹ (4. 12. 1963), das bis auf den ausgenommenen »Kanon« die Landessprache als liturgisches Idiom zuließ.

Q: D-S 1506–08; COD 640–711; LThK Vat. I 14–109.

L: T. Klauser, Kleine abendländische Liturgiegesch., Bo 1965; C. Mohrmann, Études sur le latin des Chrétiens, III: Latin chrétienne et liturgique, R 1965; Latinität und alte Kirche. Fs. für R. Hanslik, Graz-W-Kö 1977.

Lateinisches Kaiserreich (1204–61) in Konstantinopel, entstand aus dem nicht zum Ziel gebrachten 4. → Kreuzzug (1204–06). Die Anfänge (Einmischung in byz. Thronstreitigkeiten bei Durchführung des Kreuzzuges von Venedig aus; Brandschatzung Konstantinopels und Deportierung seiner Kunstschätze nach Venedig) waren wenig rühmlich. Die Vereinigung der »fränkischen« Königreiche Thessalonike, des Herzogtums Athen, des Fürstentums Achaia mit Konstantinopel zum Kaiserreich »Romannia« aber sollte für den ägäischen Raum kulturgeschichtl. bleibende Bedeutung gewinnen. Das lateinische Patriarchat war der kirchl. Jurisdiktion Roms unterstellt; die Gottesdienste wurden nach lat. Ritus abgehalten. Das mußte natürlich den Gegensatz zur griech. → Orthodoxie noch verschärfen, die sich während dieser Zeit in das Rest-Kaiserreich Nicaea zurückgezogen hatte. Von dort aus wurde durch die Laskariden erneut Konstantinopel erobert (1261). Dieser Sieg war auch ein Sieg der → Griech.-orth. Kirche.

Q: A. Heisenberg (Hg.), Neue Quellen zur Gesch. des l. K. u. der Kirchenunion, 3 Bde, Mn 1922, (Ndr. unter dem Titel): Quellen u. Studien zur spätbyz. Gesch., Lo 1973.

L: J. Lognon, L'empire latin de Constantinople et la primauté de Morée, P 1949; G. Feldalto, La chiesa latina in Oriente, 3 Bde, Verona 1973–78; E. Bradford, The great Betrayal. Constantinople 1204, Lo 1975; Ders., Government in Exile. Government and Society under the Laskarides of Nicaea 1204–1261, Lo 1975; B. Hamilton, The Latin Church in the Crusade-States, C-Lo 1980; H.-G. Beck, Gesch. der orth. Kirche im byz. Reich, Gö 1980, 183ff. – Atlas KG 60A.

Lateran. Ks. Konstantin d. Gr. ließ auf dem Gelände früherer Kasernen eine Basilika und eine Taufkapelle erbauen, wobei er gleichzeitig den angrenzenden Palast der röm. Adelsfamilie Laterani dem Bischof von Rom als Bischofssitz (episcopium) übereignete (313–324). Die (Patriarchal-)Basilika trägt seit Sergius III. (904–911) den Namen S. Giovanni in Laterano und ist heute noch als »mater et caput omnium ecclesiarum« (Mutter und Haupt aller Kirchen der Welt) die eigentl. Kathedrale des Papstes. Das seit dem 8. Jh. zu einem Palast – der heutige Bau stammt aus dem 16. Jh. – erweiterte »episcopium« diente im → MA bis zum → Avignoner Exil (1309–78) – danach erst wurde der → Vatikan zum Sitz des Papstes – als Residenz der Päpste. Gregor XVI. (1831–46) ließ im Lateranpalast ein Museum für antike und altchristl. Kunst einrichten (jetzt in die Vatik. Sammlungen überführt, wie auch das missions- u. völkerkundliche Museum). Die in der Nähe gelegene Hauskapelle (»Capella Sancta

Sanctorum«) der Päpste beherbergt seit dem 16. Jh. eine 28 Marmorstufen umfassende »Heilige Treppe« (»Scala Sancta«), auf der nach der Legende Jesus im Palast des Pilatus zu Jerusalem zum Verhör hinaufgestiegen ist.

L: S. ORTOLANI, S. Giovanni in Laterano, R 1925; C. ANDRESEN, Einführung in die Christl. Archäologie, Gö 1971, 67f.; H. BRANDENBURG, Roms frühchristl. Basiliken des 4. Jh., Mn 1979, 22ff.

Laterankonzilien, Lateransynoden. Die erste dieser im → Lateran tagenden Synoden befaßte sich 313 mit dem Donatistenstreit (→ Donatismus). Bes. Bedeutung erlangten die L. zur Zeit der → Gregorianischen Reform (11. und 12. Jh.).

Die nach dem Beginn des → Morgenländischen Kirchenschismas (Anfang 12. Jh.) in der Lateran-Basilika veranstalteten Kirchenversammlungen erlangten in der → Röm.-Kath. Kirche mit der Zeit den Charakter von »ökumenischen« → Konzilien, wobei man die acht wirkl. ökumenischen Konzilien des 1. Jahrtausends fortzählt. 9. Ökumenisches (ök.) Konzil = *1. Laterankonzil (1123):* Mit der Bestätigung des → Wormser Konkordats (1122) wird der → Investiturstreit beigelegt. – 10. Ök. Konzil = *2. Laterankonzil (1139)* unter Innozenz II.: Der Gegenpapst Anaklet II. wird abgesetzt und Fürst Roger II. von Sizilien mit der → Exkommunikation belegt. – 11. Ök. Konzil = *3. Laterankonzil (1179)* unter Alexander III.: Der mit Ks. Friedrich I. Barbarossa 1177 in Venedig vereinbarte Frieden wird bekräftigt. Bei der → Papstwahl ist eine Zweidrittel-Mehrheit erforderlich. Maßnahmen gegen Juden und Sarazenen sowie gegen → Katharer und → Waldenser. – 12. Ök. Konzil = *4. Laterankonzil (1215)* unter Innozenz III.: Die Transsubstantiation bei der Messe gilt als Dogma. Maßnahmen gegen Ketzer. Bestätigung der Wahl Friedrichs II. zum Kaiser. – 18. Ök. Konzil = *5. Laterankonzil (1512–17)* unter Julius II. und Leo X.: Verurteilung des → Konziliarismus.

Q: COD 163–247, 569–631.

L: G. TANGL, Die Teilnehmer an den allg. Konzilien des MA, Wr 1922; R. FOREVILLE, Lateran I–IV, Mz 1970; H. JEDIN, Kleine Konziliengesch., Fr-Bas-W 1977, 42–50, 78–79; J. LONGÈRE (Hg.), Le troisième concile de Latran (1179), P 1982; N. H. MINNICH, The fifth Lateran Council (1512–1517), Aldershot 1993.

Lateranverträge. Nachdem der → Kirchenstaat der staatl. Einigung Italiens im September 1870 endgültig zum Opfer gefallen war, betrachtete Pius IX. (1846–78) sich als »Gefangenen des → Vatikans« und lehnte jeden Kompromißvorschlag für eine Einigung ab. Die it. Regierung sicherte ihm im sog. Garantiegesetz vom 13. 5. 1871 Freiheit und Unverletzlichkeit in der Leitung der Kirche, Ehren und Vorrechte eines Souveräns, Benutzung der vatik. Paläste und Gärten und einiger anderer Gebäude unter Ausschluß des Eigentumsrechts zu und versprach im übrigen eine angemessene Entschädigung. Der Papst protestierte mit der Enz. ›Ubi nos‹ vom 15. 5. 1871 und verhängte über die »Usurpatoren« die → Exkommunikation. 1874 untersagte er den it. Katholiken die Beteiligung an it. Parlamentswahlen. Dieses Verbot wurde 1886 verschärft und erst

1905 unter Pius X. aufgehoben. Um die Unterstützung der →Röm.-Kath. Kirche zu erlangen, machte Benito Mussolini, seit 1925 Diktator, Zugeständnisse in Fragen des Kirchenstaates und des Religionsunterrichts. Nach langwierigen Verhandlungen konnte am 11. 2. 1929 im → Lateran ein Vertragswerk besiegelt werden, das unter dem Namen L. in die Gesch. eingegangen ist und formal als ein → Konkordat gilt. Die L. bestehen aus drei Teilen: (1) *Staatsvertrag* (trattato di Stato), der die Rechtsgrundlage für die Vatikanstadt schuf, (2) *Konkordat* (concordato), das die Beziehungen zw. → Kirche und Staat in It. bis auf den heutigen Tag regelt, und (3) *Finanzabkommen* (convenzione finanziaria) über die Verluste der Kirche im Jahre 1870 und nach diesem Datum. Dazu kommen mehrere ergänzende Vereinbarungen über Post, Telefon, Telegraf, Zoll, Münze usw. sowie spätere Ergänzungen in Form von Abkommen, Protokollen und Notenwechseln über die Ausführung bestimmter Artikel der Lateranverträge. Der Staatsvertrag bestätigt den verfassungsmäßigen Grundsatz, daß die röm.-kath. Religion »die einzige Staatsreligion« ist, anerkennt die »Souveränität des Hl. Stuhls auf internationalem Gebiet als eine gemäß seiner Überlieferung und den Erfordernissen seiner Aufgaben in der Welt zu seinem Wesen gehörige Eigenschaft« und respektiert die Vatikanstadt (Città del Vaticano) als neuen Vatikanstaat. Dagegen verzichtet der Hl. Stuhl auf den Kirchenstaat und akzeptiert Rom als die Hauptstadt des Königreichs Italien. Das Konkordat garantiert dem Hl. Stuhl, seine geistl. Gewalt frei und ungehindert ausüben zu können. Die kirchl. Ehe besitzt aufgrund einer Sonderregelung auch im bürgerl. Bereich Gültigkeit. Umgekehrt besteht für Katholiken nicht die Möglichkeit, nur vor dem Standesamt (zivil) zu heiraten. Um jeden wesentl. Unterschied zw. kirchl. und weltl. Rechtspraxis zu vermeiden, verpflichtet sich der it. Staat, »seine Gesetzgebung in kirchl. Angelegenheiten mit den Grundsätzen des Konkordats in Einklang zu bringen.« Im Finanzabkommen wird der Papst für den Verlust des Kirchenstaates mit 750 Millionen Lire in bar und 1 Milliarde Lire in Staatspapieren (5%) entschädigt. Von einigen exterritorialen Gebäuden (meist Kirchen) abgesehen, bleibt dem Papst nur die Vatikanstadt mit einem Umfang von 44 Hektar. – Differenzen blieben nicht aus. Schon 1931 verurteilte Pius XI. die auf falschen Anklagen beruhende Auflösung der Jugendabteilungen in der → Kath. Aktion und erreichte, daß die Jugendorganisationen ihre Arbeit fortsetzen durften. Als Gegenleistung mußte die Kirche auf jede Aktivität im polit. Tun verzichten. Neue Spannungen entstanden, als Pius XI. (1922–39) die Rassengesetze der Faschisten als Unrecht brandmarkte. Zu einer schweren Belastungsprobe kam es erst in jüngster Zeit wegen der Einführung der → Zivilehe und der zivilen Ehescheidung in Italien. Die längst fällige Revision der L., voran des Konkordats, steht vor dem Abschluß.

Q: A. MERCATI, Raccolta di concordati su materie ecclesiastiche tra la Santa Sede e le autorità civili, Bd. II, R 1954, 84–103; F. PACELLI, Diario della Conciliazione con verbali e appendice di documenti, Città del Vaticano 1959; G. SPADOLINI, La questione del Concordato, con i documenti inediti della Commissione Gonella, Fi 1976.

L: R. DE CESARE, Roma e lo Stato del Papa. Dal ritorno di Pio IX all XX settembre (1850–1870), R 1975; H. F. KÖCK, Die völkerrechtl. Stellung des Hl. Stuhls, B 1975; G. DENZLER, Kirchenstaat – L. – Konkordatsrevision – Hl. Stuhl: DERS. (Hg.), Kirche u. Staat auf Distanz. Hist. u. aktuelle Perspektiven, Mn 1977, 154–163; L. CARLEN, 50 Jahre L.: Civitas 34 (1979) 273–280; A. HOLLERBACH, Die L. im Rahmen der neueren Konkordatsgesch.: RQ 75 (1980) 51–75; L. MUSELLI, Kirche u. Staat in Italien: J. KRAUTSCHEIDT – H. MARRÉ (Hg.), Essener Gespräche zum Thema Staat u. Kirche, Bd. 15, Mr 1980, 148–184.

Lazaristen, nach dem 1. Mutterhaus St.-Lazare in Paris benannte rel. Genossenschaft, die Vinzenz von Paul (1581–1660, kan. 1737) – die L. in Dtl. und in angelsächs. Ländern nennen sich auch *Vinzentiner* – als Gründer verehrt. Ihre Hauptaufgabe besteht in → Volks- und Heidenmission (deshalb auch der offiz. Name Congregatio Missionis = CM). – Der Priester Vinzenz von Paul gelobte 1617, sein Leben in den Dienst der Armen zu stellen, und begann mit der Verkündigung des Evangeliums unter der armen Bevölkerung auf dem Land. 1625 gründete er für Weltpriester die ›Congregatio Missionis‹ (späterer Sitz des Priorats in St.-Lazare), die 1632 von Urban VIII. bestätigt wurde. Rel. Unterweisung der Massen und gründl. Ausbildung der künftigen Priester erschienen ihm gleichermaßen wichtig. Die sog. Dienstagskonferenzen dienten vor allem der Weiterbildung der Weltpriester. 1645 begann Vinzenz, den Loskauf christl. Sklaven aus dem mohammedanischen Nordafrika zu organisieren. Bald sandte er Missionare nach Irland, Schottland und Madagaskar. Den Wiederaufbau nach der → Frz. Revolution besorgte der Generalsuperior N. Étienne, der darum als zweiter Gründer der L. gilt. Am meisten Verbreitung fanden die L. jetzt in Polen, It. und Dtl. Die L. sind kein Orden im strengen Sinn, sondern Weltpriester, die private Gelübde ablegen. An der Spitze steht der Generalsuperior, der auch für die → *Vinzentinerinnen* zuständig ist. Vorsteher einer Prov. heißt Visitator, eines Hauses Superior.

L: HEIMBUCHER II 574–586; WENDLANDT 108f., 163f., 171f., 193f.; G. GOYAU, La Congrégation de la Mission des Lazaristes, P 1938; M. AUCLAIR, Vinzenz v. Paul – Genie der Nächstenliebe, Fr-Bas-W ²1978; G. HAMBURGER, Vinzenz v. Paul Anwalt der Ärmsten, Graz 1979; A. ERB, Kreuzzug der Liebe. Leben u. Werke des hl. Vinzenz v. Paul, Trier 1981.

Legion Mariens (Legio Mariae), 1921 von Frank Duff († 1980) in Dublin gegr. Laienorganisation mit Selbstheiligung und Apostolat als den beiden Hauptzielen. Die L. M. ist heute auf der ganzen Erde verbreitet. Pius XI., Pius XII. und Johannes XXIII. zollten ihrem Wirken hohe Anerkennung. Dem Concilium Legionis als oberster Instanz sind der Senat, die Komitien, Kurien und Präsidien untergeordnet. Bei den wöchentl. Treffen der einzelnen Gruppen, die Präsiden heißen, stehen Gebet, geistl. Lesung und Ansprachen im Mittelpunkt.

L: F. DUFF, Wie man die Welt erobert. Gesch. der L. M., W ²1956; DERS., Der Geist der L. M., Fri 1960; A. CORETH, Die Legion Mariens: ThpQ 128 (1980) 68–74; H. FIRTEL, Ein Leben für Christus. Frank Duff und die Legion Mariens, St. Ottilien 1983.

Lehnspolitik, päpstliche. Schon das »Patrimonium Petri« (→ Kirchenstaat) machte den Papst zum Lehnsherrn und ließ ihn in den Genuß der Rechte und Würden des Feudalismus kommen. Dem kanonischen Recht trat die Kodifizierung des Lehnrechtes in den päpstl. ›libri feudorum‹ subsidiär zur Seite. Innerhalb seines »Patrimonium« nahm der frühma. Papst den Lehnseid der »milites sancti Petri« ebenso selbstverständl. entgegen, wie er als Souverän eines geistl. Territoriums die Leistung des Stratordienstes (d. h. Geleit des Saumpferdes, Halten des Steigbügels) von weltl. Lehnsherren erwartete. Über das »Patrimonium« hinaus weitete sich die Lehnsherrschaft, als Nikolaus II. im Rahmen seiner Süditalienpolitik gegen die → Byz. Kirche die Normannen als »Vasallen« für sich gewinnen konnte (1059–1192). Mit ihrem Lehnseid machten sie den Papst nicht nur zum Lehnsherrn über Capua/Benevent, Apulien und Calabrien, sondern sie verpflichteten sich auch zur Heeresgefolgschaft. Diese Entwicklung lag durchaus im Sinne der → Gregorianischen Reform. Bereits Gregor VII. hatte 1081 für den zu wählenden dt. Kg. eine Eidesformel vorgesehen, die diesen als »fidelis«, d. h. als Lehnsmann des Papstes, bezeichnete. Diese Auffassung wurde auch auf einem Gemälde im → Lateran von der Übertragung der Mathildischen Güter (Toskana) an Ks. Lothar III. (1136) festgehalten: der Ks. als päpstl. »Vasall« (homo). Seine Beseitigung war dann das Zugeständnis, mit welchem Hadrian IV. anläßlich der Begegnung mit Friedrich I. Barbarossa in Sutri (1155) vom dt. Kg. den Erweis des Stratordienstes einhandelte. Umgekehrt mußte der Papst zurückstecken, als er in einem Schreiben an den Staufer die Übertragung der röm. Kaiserkrone als ein päpstl. »beneficium« bez., was der → Reichstag von Besançon (1157) als »Lehen« verstanden hatte (→ Benefizialwesen). Doch erst unter Innozenz III. wurde L. im großen Stil betrieben. Zuerst erweiterte er das »Patrimonium« durch seine Politik der Rekuperationen (→Kirchenstaat), um als Vormund des jungen Staufers Friedrich II. (1210–50) den Machteinfluß nach Süditalien und Sizilien auszudehnen. Wie die dt. Thronwirren (1198–1208) gestatteten auch ähnl. Streitfragen in Spanien und Ungarn Innozenz III., als »Schiedsrichter über die Welt« (arbiter mundi) aufzutreten und die strittigen Reiche als Lehen zu behandeln. Im Fall England wurde ihm das offiz. von Kg. Johann »ohne Land« († 1216) angetragen. Die päpstl. L. konnte sich neben dem Peterspfennig (→ Finanzwesen) sogar einen – von England bis 1336 gezahlten – Lehnszins einhandeln! Später sollte allerdings die Belehnung Karls von Anjou mit Süditalien und Sizilien durch Innozenz IV. ab 1265 auch die Entmachtung der päpstl. Lehnsherrschaft einleiten. Fortan trat dem → Papsttum in seiner L. überall das Territorialfürstentum entgegen.

Q: MIRBT-ALAND 542, 587, 596; E. EICHMANN, Kirche u. Staat, Bd. II, Pa 1912, 94–130; W. GOERZ (Hg.), Lehnsrecht u. Staatsgewalt im dt. Hochma., Gö 1969.
L: F. BAETHGEN, Die Regentschaft Papst Innocenz' III. im Königreich Sizilien, Hei 1914; K. JORDAN, Das Eindringen des Lehnswesens in das Rechtsleben der röm. Kirche, Gö 1931, (Ndr.) 1971; P. KEHR, Die Belehnung der südit. Normannenfür-

sten durch die Päpste 1059–1192, B 1934; F. L. GANSHOF, Was ist das Lehnswesen?, Da [5]1977; C. R. CHENEY, Pope Innocent III. and England, St 1976.

Lehrverpflichtung. L. und Lehrfreiheit bestimmten von jeher den schulisch-akademischen Alltag sowohl in der → Alexandrinischen bzw. → Antiochenischen Schule der frühen Christenheit wie auch in den frühma. Kloster- bzw. Kathedralschulen. Für die hochma. → Universitäten bzw. → Generalstudien war der Kontrapunkt von Lernen und Lehren sogar der Motor des Lehrbetriebes. Die Erreichung einer Lernstufe war mit dem Zwang zum »Vor-lesen« des gelernten Stoffes vor den Nachrückenden verbunden, eröffnete aber gleichzeitig die Lernfreiheit für die nächste Ausbildungsstufe. Selbst die »magistri« auf der höchsten Stufe waren zu »lectiones« und »quaestiones disputatae« verpflichtet. Ihre Freiheit bestand nur darin, daß sie in den »Quaestiones quodlibetales« die Problemstellung selber formulieren konnten. Weder die mit der Doktorwürde verbundene »facultas hic et ubique docendi« noch die »licentia assumendi insignia doctoralia«, d.h. die Freiheit, auch anderswo sich um die »venia legendi« zu bemühen, befreiten von der Lehrverpflichtung. In den »Generalstudien« der Orden war sie zwangsläufig auch inhaltliche L., was deren Theologiegesch. oft einen spannungsreichen Verlauf nehmen ließ (vgl. z.B. → Thomismus). Eingriffe des bischöfl. oder päpstl. »Lehramtes« (vgl. z.B. das Verbot der Aristoteleslektüre 1231, das dem älteren Verbot einer Pariser Synode von 1210 folgte) mußten zwangsläufig die Lehrfreiheit einengen. Die Univ. hingegen, an ihrer Spitze die theol. Fakultäten, waren aus eigenstem Interesse darauf bedacht, durch L. (Doktoreid als Bekenntnisformel) sich vor Ketzerverdacht und kirchendisziplinären Maßnahmen zu schützen. Dieses Interesse ging auf die prot. Fakultäten bei der → Reformation über. Hatte die neugegr. Univ. Wittenberg den übl. Doktoreid eingeführt (1508–1523/25), so wurde er seit 1533 (?) ev.-luth. ausgefüllt und in dieser konfessionellen Gestalt fortgeführt. Im übrigen entsprach es dem prot. Verständnis des Lehramtes, daß man auch den Geistlichen eine L. als Ordinationsgelübde abverlangte (zuerst Wittenberg 1537). Ähnliches führte auch das → Trienter Konzil (sess. 24) ein, wobei die von Pius IV. promulgierte ›Professio fidei Tridentina‹ (1564) neben dem → Glaubensbekenntnis auch eine Gehorsamsformel gegenüber dem päpstl. Lehramt enthielt. Der → Syllabus Pius' IX. mit seinen 80 ›Irrtümern‹ (1864) und der Antimodernisten-Eid (1910, → Modernismus) waren die späten Folgen solcher abgeforderten L. als negative Kehrseite. Das sollte der neuzeitl., von aufklärerischen Toleranzgedanken erfüllte Begriff der »Lehrfreiheit« noch deutlicher machen. Er fand vor allem an den Univ. eine Heimatstatt, die sich nicht nur dem Geist der → Aufklärung öffneten, sondern im 19. Jh. auch dem Idealismus und → Liberalismus offenstanden. An ihnen mußten die theol. Fakultäten zum Spannungsfeld des Gegensatzes von konfessioneller L. und wiss. Lehrfreiheit werden. Diese Spannungen wurden nicht dadurch gemindert, daß dem konfessionell gebundenen → Staats- bzw. → Landeskirchentum das Recht zugesprochen wurde, bei Berufung von Theologieprofessoren mitzuwirken (so Preußen 1855). Daß man aber mit ihnen zu leben gelernt hatte, zeigt die Wiederaufnahme dieser Konzession nach dem 1. Weltkrieg in die → Konkordate, bis hinein in das Reichskonkordat (1933) und in die prot. → Kirchenverträge (Bayern 1925; Preußen 1931). Wenn die Spannungen wieder zugenommen haben, hängt das nicht nur mit dem erstarkten Selbstbewußtsein der Kirchen (→ Kirchenkampf) zusammen, sondern resultiert auch aus der Garantierung der Freiheit für Forschung und Lehre im Bonner Grundgesetz (Art. 5, Abs. 3, Satz 1). Nach kath. KR beruht allerdings die Lehrbefugnis an den kath. Fakultäten auf der vom Bf. erteilten »missio canonica«, die aus dogmatischen oder moralischen Gründen wieder entzogen werden kann.

Q: D-S 1851–61, 1862–70, 2901–80, 3537–50; N-R 60–70; CIC c. 1406–08; H. MULERT (Hg.), Der Antimodernisteneid, lat. u. dt., nebst Aktenstücken: Antimodernisteneid, freie Forschung u. theol. Fakultäten, L 1911.

L: H. MULERT, Die L. in der ev. Kirche Dtl., L 1904, [2]1906; J. FUCHS, Vom Wesen kirchl. Lehrgewalt, Mr 1946; H. WEHRHAHN, Lehrfreiheit u. Verfassungstreue, T 1955; E. WOLF, Bekenntnis u. Lehre: EvTh 19 (1959) 330–342; K. RAHNER – J. RATZINGER, Primat u. Episkopat, Fr-Bas-W 1961; U. SCHEUNER, Rechtsfolgen der konkordatsrechtl. Beanstandung eines kath. Theologen, B 1980; LISTL, Grundriß 444–448; TRE XX 628–638 (M. DAUR).

Lehrzuchtverfahren ist die Kehrseite der theol. → Lehrverpflichtung und seit dem 2./3. Jh. nachzuweisen (→ Markionitische Kirche). Das altkirchl. L. kannte eine Dreistufenabfolge: (1) Glaubensdisput mit dem Angeklagten vor einem theol. Fachgremium; (2) Begründung der Verurteilung und Exkommunikation durch den Ortsbischof vor seiner Gemeinde (Fall Noet); (3) Bekanntgabe der Exkommunikation durch eine gesamtkirchl. Enz. an alle Christengemeinden (Fall Paul von Samosata, → Antiochenisches Schisma). Lehrhoheit und damit das Disziplinarrecht lagen zunächst beim Presbyterium und dem Ortsbischof, später (3./4. Jh.) bei der bischöfl. Diözesan- bzw. Metropolitansynode, deren Rechte innerhalb der kath. → Reichskirche (4./5. Jh.) in außerordentl. Fällen von den ökumenischen → Konzilien beansprucht wurden (→ Arianismus). Zugleich gewann in Fällen wie dem Donatistischen (→ Donatismus) oder dem → Nestorianischen Streit die Mitwirkung staatl. Instanzen Bedeutung, sei es um die Rechtlichkeit des Verfahrens oder um dessen Exekutive zu sichern. Diese Mitwirkung sollte sich im weiteren Verlauf recht unterschiedl. entwickeln. Im ostkirchl. → Caesaropapismus z.B. konnte die »Symphonia« zw. Ks. und Patriarch das Recht des Angeklagten auf Anhörung zur Farce machen (→ Dreikapitelstreit). Umgekehrt sicherte der Antagonismus zw. »Regnum« und »Sacerdotium« innerhalb der frühma. Reichskirche dem Angeklagten beim Glaubensverhör einen gewissen Freiraum (→ Adoptianischer Streit). Nur wo Bischofssynode und → Röm. Kurie alleinige Gerichtsherren waren, mußte das L. gewöhnl. einseitig ausfallen und mit der Verdammung oder dem Widerruf des Angeklagten enden (→ Abendmahlsstreitigkeiten). Im übrigen profitierte noch die →

Reformation von solcher Mitwirkung des Reiches bei L. (→ Nürnberger Anstand; → Religionsgespräche). Mit dem konfessionellen → Landeskirchentum hingegen und der Übertragung des »ius reformandi« auf die Territorialfürsten (→ Augsburger Religionsfriede) änderte sich auch für den →Protestantismus die Situation: L. waren an der Tagesordnung, wobei der Fall des kursächs. Kanzlers Krell (→ Kryptocalvinismus) grelles Licht auf diesen allg. Tatbestand wirft. Auf der anderen Seite schuf der tridentinische Katholizismus (→ Trienter Konzil) mit dem Index »verbotener Bücher« (→ Bücherzensur) eine Warnstufe des L. und damit zugleich eine Entlastung des seit 1542 mit ihm beauftragten Inquisitionstribunals (1908 zum ›Hl. Offizium‹ umgewandelt, heute ›Kongregation für die Glaubenslehre‹, → Röm. Kurie). Die im Verlauf der → NZ sich steigernden L. blieben ihr weiterhin zur Entscheidung vorbehalten. Dabei hatten schon auf unterer Instanzenstufe die Zensoren der bischöfl. Ordinariate und der kath. → Univ. wichtige Vorarbeit geleistet, ganz abgesehen davon, daß in Gestalt päpstl. Breven und Bullen das »Magisterium« allerhöchste Entscheidungen seit dem 19. Jh. verkündigen ließ. Demgegenüber blieb der dt. Protestantismus aufgrund seiner Bindung an den landesherrl. Summepiskopat bei den L. auf die staatl. Mitwirkung angewiesen (preuß. Irrlehregesetz von 1910). Sie wurde denn auch im Fall der Amtsentfernung des Pfarrers Jatho (1911) in Anspruch genommen. Nach 1918 entfiel solche Amtshilfe, wie es überhaupt nach dem 1. Weltkrieg um prot. L. still wurde. Da weithin mit der theol. Forschung zusammenhängend, pflegten und pflegen sie in beiden Konfessionen (neuerdings im Fall Schulz bzw. Küng) öff. Diskussionen auszulösen. Während in der kath. Kirche Beanstandung und Verurteilung eines Theologen früher meist undurchsichtig blieben, hat die ›Kongreg. für die Glaubenslehre‹ nicht zuletzt als eine Folge des 2. → Vatik. Konzils 1971 eine ›Neue Verfahrensordnung zur Prüfung von Lehrfragen‹ und die → Dt. Bischofskonferenz 1973 ein ›Lehrbeanstandungsverfahren‹ in Kraft gesetzt.

Q: D-S 1901–80 (→ Bajanismus); 2001–07, 2301–32 (→ Jansenismus); 2010–12 (Arnauld); 2181–86, 2201–69 (→ Molinismus); 2738–40 (→ Hermesianismus); 3401–66 (→ Modernismus); Einzelfälle: 2811–14, 2841–47, 3201–41, 3866–73; P. NAUTIN (Hg.), Hippolyt. Contre les hérésies, P 1949; H. HERMELINK, Das Christentum in der Menschheitsgesch., Bd. II, T 1952, 330ff., 551ff. (prot. L.); Kongreg. für die Glaubenslehre: Neue Verfahrensordnung zur Prüfung v. Lehrfragen. Dt. Bischofskonferenz: Lehrbeanstandungsverfahren bei der Dt. Bischofskonferenz, eingeleitet u. kommentiert v. H. HEINEMANN, Trier 1974; L. MOHAUPT (Hg.), Pastor ohne Gott? Dokumente u. Erläuterungen zum »Fall Schulz«, Gü 1979.
L: W. NIGG, Gesch. des rel. Liberalismus, L 1937, 170ff., 245ff.; G. HOFFMANN, Lehrzucht u. Glaubensduldung bei Luther u. im Luthertum: Luthertum 50 (1939) 161–184; DERS. und R. WEEBER, Lehrgewalt u. Lehrzucht: ZevKR 12 (1962–63) 337–404; J. NEUMANN, Über Lehrzucht u. L.: Ev. Welt 7 (1953) 541–543; W. MAURER, Pfarrerrecht u. Bekenntnis, B 1957, 140–155; C. ANDRESEN, Kirchen der alten Christenheit, St 1971, 173–178, 554f.; R. BAUMANN, Der Lehrprozeß, Rottweil 1974; O. FRIEDRICH, Einführung in das KR, Gö ²1978, 558–563; H. MUSSINGHOFF, Theol. Fakultäten im Spannungsfeld v. Staat u. Kirche, Mz 1979; W. HUBER, Die

Schwierigkeit ev. Lehrbeanstandung: EvTh. 40 (1980) 517–536; M. SECKLER, Im Spannungsfeld v. Wiss. u. Kirche, Fr-Bas-W 1980; U. SCHEUNER, Rechtsfolgen der konkordatsrechtl. Beanstandung eines kath. Theologen, B 1980; M. JACOBS – A. STEIN – H. GRASS, Lehramt u. Lehrbeanstandung: Materialdienst des Konfessionskundl. Instituts Bensheim, Beiheft 1, Bensheim 1981.

Leichenverbrennung, auch Einäscherung oder Feuerbestattung, ist der → Alten Kirche, die der Grablegung Christi entsprechend die Erdbestattung praktizierte, nicht bekannt. Einem ausdrückl. Verbot der L. begegnen wir bei Karl d. Gr. 784, der damit die heidnische Gesinnung der L. verurteilte. – Im 19. Jh. verboten Päpste und Bischöfe die L., weil vor allem die → Freimaurer sie als Zeichen für die Ablehnung des Glaubens an ein jenseitiges Leben und allg. der Kirche verstanden wissen wollten. So bekämpfte auch der 1905 gegr. materialistisch gesinnte ›Verein der Freidenker für Feuerbestattung‹ den Glauben der Kirche prinzipiell. Die L. ist im Rechtsbuch der Kirche (→ Kirchenrechtsquellen) verurteilt und mit Strafen, z. B. Verweigerung des kirchl. Begräbnisses, belegt (CIC can. 1203, 1240). Erst seit dem 2. → Vatik. Konzil hat das Ja zur L. nicht automatisch zur Folge, daß auch das Begräbnis verweigert wird. Die prot. Kirchen lehnen die L. seit Beginn unseres Jh. ebenfalls nicht mehr grundsätzl. ab.

Q: AAS 56 (1964) 822f.

L: J. GAEDKE, Hb. des Friedhofs- u. Bestattungsrechts, Gö 1954; P. MIKAT, Die Stellung der Kirche zur Feuerbestattung: Die Kirche in der Welt 8 (1955) 69–74; H. J. F. REINHARDT, Das Begräbnis: LISTL, Grundriß 625–631.

Liberale Theologie. Während im Katholizismus des 19. Jh. Ansätze einer liberalen Theologie (→ Rationalismus) durch Pius IX. im Keim erstickt und als → Modernismus von Pius X. mit Gegenmaßnahmen (Antimodernisteneid u. a.) bekämpft wurden, gewann die l. T. für den Protestantismus der gleichen Zeit so große Bedeutung, daß sie sich unwidersprochen mit ihm identifizieren konnte. Neben einem konservativen Flügel und der Mitte einer sog. Vermittlungstheologie gab es auch einen progressiven Flügel, der sich als → ›Protestantenverein‹ mit dem eigenen Organ ›Prot. Kirchenzeitung‹ (1854–96) konstituierte. In Thüringen und Baden konnte man an ältere Traditionen anknüpfen und als kirchl. → Liberalismus eine Heimstätte finden (→ Neuprotestantismus). Auch nationalpolit. Töne waren gelegentl. zu vernehmen, z. B. bei C. B. Hundeshagen, Prof. in Bern (1834–47), Heidelberg (1847–67) und Bonn (1867–72). Drei Schulen präsentierten während des 19. Jh. in klass. Gestalt die liberale Theologie:

[1] Führend waren die Tübinger (→ Tübinger Theol. Schule) unter Ferdinand Christian Baur († 1860), dessen dogmengesch. Darstellung des → Urchristentums von Hegels Geschichtsphilosophie mit ihrem Dreisprung von Thesis, Antithesis, Synthesis (Jesus, Paulus, Frühkatholizismus) beeinflußt war. In seinem Gefolge übertrug David Friedrich Strauss († 1874) die hegelianische Metaphysik in die christl. Dogmatik, indem er

auf der Basis einer radikalen Evangelienkritik die Gestalt Jesu zu einem spekulativen Denkprinzip (Idee der Gottmenschlichkeit) ent-geschichtlichte bzw. verflüchtigte.

[2] Im Gegensatz hierzu verbannte das Haupt der Göttinger Schule, Albrecht Ritschl († 1889), alle Metaphysik aus der Dogmatik. Theol. Kernaussagen wurden in der Ethik gemacht, zumal da diese als »natürliche Theologie« auch gemeinverpflichtend gemacht werden könnten. Nur so trage der Reichsgottesgedanke zum Aufbau einer sittl. und sozialen Kultur bei (→ Protestantismus). Das sei auch das Ziel des Predigers Jesus von Nazareth gewesen, wie die hist.-krit. Quellenanalyse ergeben habe. Jesus-Bücher, zunächst als »Lebens«-, dann als »Lehr«-Darstellungen (v. Wrede bis Bultmann), gehörten daher zum Merkmal dieser 2. Phase. Daß die liberale Theologie sowohl auf dem hist. Felde wie auch im sozialen Bereich sich eindrucksvoll darzustellen verstand, zeigt Adolf von Harnack († 1930) einerseits mit seiner → Dogmengeschichte und andererseits mit dem → Ev.-sozialen Kongreß.

[3] Der Alttestamentler Hermann Gunkel († 1932), der Neutestamentler W. Bousset († 1920) und der Systematiker bzw. Religionsphilosoph Ernst Troeltsch († 1923) gehörten zu den Protagonisten der religionsgesch. Schule, die dann an allen prot. Fakultäten repräsentiert war. Sie ist der liberalen Theologie zuzurechnen, obwohl man von deren spekulativen oder ethischen Neigungen und nicht zuletzt deren rel. Individualismus nichts hielt. Dem entsprachen die religionswiss. Methoden, die Bevorzugung gattungsgesch. Analyse der Texte, der religionssoziologische Kategorien zugrunde lagen, das Interesse an Mythenforschung, die Ablehnung eines Absolutheitsanspruchs des Christentums, was denn Troeltsch durch seinen Wechsel von der theol. zur phil. Fakultät auch manifestierte. Es fiel daher nach dem 1. Weltkrieg der Kritik der → Dialektischen Theologie nicht schwer, die Schwächen der liberalen Theologie sowohl in dieser wie in ihrer »hist.-krit.« und in ihrer idealistischen Gestalt bloßzulegen.

Q: ANONYMUS (= HUNDESHAGEN), Der dt. Protestantismus. Seine Vergangenheit u. seine heutigen Lebensfragen im Zus. der ges. Nationalentwicklung, beleuchtet v. einem dt. Theologen, 1847, ³1850; W. PHILIPP (Hg.), Der Protestantismus im 19./20. Jh., Bremen 1965, 116ff., 257ff., 322ff.; Texte zur Kirchen- u. Theologiegesch., Heft 14, Gü 1971 (J. D. STRAUSS); KThQ IV/1 56, 87, 119, 140, IV/2 1.

L: W. NIGG, Gesch. des rel. Liberalismus, Z-L 1937; R. BULTMANN, Die l. T. u. die jüngste theol. Bewegung (1924) = DERS., Glauben u. Verstehen, Bd. 1, T 1961, 1–25; AGNES V. ZAHN-HARNACK, Adolf v. Harnack, B 1936, ²1951; K. BARTH, Die prot. Theologie im 19. Jh., Z 1946, H 1975; U. NEUENSCHWANDER, Die neue l. T., Bern 1953; M. HUBER, Jesus Christus als Erlöser in der l. T., Winterthur 1956; C. COLPE, Die religionsgesch. Schule, Bd. I, Gö 1961; E. LESSING, Die Geschichtsphilosophie Ernst Troeltsch's, H 1965; W. PAUCK, Harnack u. Troeltsch, St 1968; R. SCHÄFER, Ritschl. Grundlinien eines fast verschollenen, dogmatischen Systems, T 1968; T. NIPPERDEY, C. H. Hundeshagen: Fs. für H. Heimpel, Bd. I, Gö 1971, 368–409; F. COURTH, Das Wesen des Christentums in der l. T., dargestellt am Werk F. Schleiermachers, F. C. Baurs u. A. Ritschls, F 1977; F. W. GRAF, Kritik u. Pseudospekulation. D. F. Strauß als Dogmatiker im Kontext der positionellen Theologie seiner Zeit, Mn 1982; F. W. GRAF, L. T., Gö 1993. – TRE XXI 47–68.

Liberalismus (und Kirche). [1] *Theol. Liberalismus:* Seit der → Aufklärung mit ihrem alles beherrschenden → Rationalismus wurden die Kirchen namentl. im 19. Jh. immer wieder und immer stärker herausgefordert vom L. als Kind des Rationalismus. Die wiss. Kritik machte auch vor Offenbarung und Dogma nicht mehr halt. In diesem Sinn setzten sich krit. Theologen schnell dem Verdacht der Unkirchlichkeit und Unchristlichkeit aus, obwohl dieser Tatbestand nur in einigen Fällen erwiesen werden kann (→ Liberale Theologie, → Modernismus). [2] *Kirchenpolitischer Liberalismus:* Während der theol. L. bes. im → Protestantismus zur Wirkung kam, fand der kirchenpolit. L. stärker in die → Röm.-Kath. Kirche Eingang. Allerdings gingen beide Strömungen bei manchen Persönlichkeiten gelegentl. so ineinander über, daß eine genaue Trennung schwer fällt. Den Hintergrund des kirchenpolit. L. bes. im kath. Bereich bildete das wachsende Verlangen nach einer Trennung von → Kirche und Staat, um der Bevormundung der Gläubigen und auch der kirchl. Institutionen durch den Staat ein Ende zu bereiten. Auf diesem Weg konnte die Kirche ihre eigene hierarchische Struktur auf- und ausbauen und so dem Staat als selbständiger Partner gegenübertreten. In Fkr. traten als Wortführer hervor H. F. R. Lamennais (1782–1854), der sich allerdings später von der Kirche ganz abwandte, C. F. R. Montalembert (1810–70), J. B. H. Lacordaire (1802–61) u. a., in Dtl. erwies sich als einflußreiches Sprachrohr der Münchener ›Eos‹-Kreis mit F. Baader (1765–1841), J. J. Görres (1776–1848), I. Döllinger (1799–1890) u. F. X. Kraus (1840–1901). Um ihr Ziel zu erreichen, verbanden sich solche »liberalen« Katholiken im Krisenjahr 1848 mit liberal-demokratischen Gruppen. Die jahrelangen Auseinandersetzungen erreichten im → Kulturkampf ihren Höhepunkt, jedoch nicht ihr Ende.

Das → Papsttum in Rom sah im L. theol. wie kirchenpolit. Prägung einen Hauptfeind, den es mit allen Mitteln zu bekämpfen suchte. Den Anfang machte Gregor XVI. mit der Enz. ›Mirari vos‹ (1832), in der die modernen Freiheiten (→ Religions-, → Gewissens-, Rede-, Presse- und Lehrfreiheit → Lehrverpflichtung) ebenso verurteilt werden wie die Leugnung grundlegender Glaubenssätze (Dogmen). In die Fußstapfen seines Vorgängers trat Pius IX. mit dem → ›Syllabus‹ (1864), einem Verzeichnis wirkl. und nur vermeintl. Irrtümer. Das 1. → Vatik. Konzil (1869/70) verdammte in der Konst. ›Filius Dei‹ eine Reihe von Irrlehren, z. B. Rationalismus, Naturalismus, Pantheismus, die dem kirchl. Dogma widersprechen. Erst bei Leo XIII., der bes. mit der Enz. ›Libertas praestantissimum‹ (1888) Position bezog, bahnte sich, gestützt auf das natürl. Sittengesetz bzw. auf das Naturrecht, ein neuer Kurs an, da er einerseits pauschale Verurteilungen vermied und andererseits durch genauere Differenzierung (zw. absolutem, naturgesetzl., privatrel. L.) eine glaubwürdigere Verurteilung aussprach. Doch Pius X. fiel mit der Enz. ›Pascendi Dominici gregis‹ (1907) und dem von ihm autorisierten Dekret ›Lamentabili‹ des Hl. Offiziums (→ Röm. Kurie) in Verdikte früherer Zeiten zurück, so daß die Kirche wieder als reaktionär erscheinen mußte. Einen endgültigen Durchbruch zu einer Haltung, bei der das Wesen der christl. Botschaft gewahrt wurde, aber auch die zeitgemäßen Forderungen eine entsprechende Antwort erhielten, schaffte das 2. → Vatik. Konzil, bes. mit der Konst. ›Gaudium et spes‹ (1965).

Q: E. Heinen, Staatl. Macht u. Katholizismus in Dtl., 2 Bde, Pa 1969–79; A. Latreille (Hg.), Catholicisme et Liberté. Correspondance inédite de Charles de Montalembert avec le P. Lacordaire, Mgr de Mérode et A. de Falloux (1852–1870), P 1970; H. Schnatz (Hg.), Päpstl. Verlautbarungen zu Staat u. Ges. Originaldokumente mit dt. Übers., Da 1973; KThQ IV/1 75; C. Weber (Hg.), Liberaler Katholizismus. Biographische u. kirchenhist. Essays v. F. X. Kraus, R 1983.

L: W. Nigg, Gesch. des rel. L., Z 1937; H. Maier, Revolution u. Kirche, Studien zur Frühgesch. der christl. Demokratie, Fr 1959, Mn ³1973; K. Jürgensen, Lamennais u. die Gestaltung des belgischen Staates. Der liberale Katholizismus in der Verfassungsbewegung des 18. Jh., Wie 1963; M. Prélot, Le libéralisme catholique, P 1969; A. Birke, Bf. Ketteler u. der dt. L., Mz 1971; M. Schmidt – G. Schwaiger (Hg.), Kirchen u. L. im 19. Jh., Gö 1976; G. Denzler, Das Papsttum u. die Menschenrechte im 19. Jh.: liberal 19 (1977) 926–947; E. Poulat, Eglise contre bourgeoisie. Introduction au devenir du Catholicisme actuel, P 1977; T. M. Loome, Liberal Catholicism, Reform Catholicism, Modernism, Mz 1979; L. Gall – D. Langewiesche (Hg.), L. u. Religion. Zur Gesch. des dt. L. im 19. Jh., Mn 1993.

Life and Work, 1919 gegr. Bewegung für ›Praktisches Christentum‹, die innerhalb der → Ökumenischen Bewegung eine beachtl. Rolle spielt. Vorrangiges Ziel ist die Zusammenarbeit der Kirchen auf sozial-prakt. Gebiet. Auf Initiative des Stockholmer Ebf. Nathan Söderblom († 1931) kam es 1925 in Stockholm zu der ersten Weltkirchenkonferenz für prakt. Christentum, an der 661 offizielle Delegierte aus 37 Ländern teilnahmen. Die 2. Weltkirchenkonferenz wurde 1937 in Oxford veranstaltet. Jetzt gab man auch die Zustimmung zum Zusammenschluß mit → Faith and Order; wurde erst 1948 im → Ökumen. Rat der Kirchen verwirklicht.

Q: A. Deissmann (Hg.), Die Stockholmer Weltkirchenkonferenz, B 1926.

L: H. Niederschlag, Für alle. Der Beitrag der Life and Work-Bewegung zur Begründung christl. Weltverantwortung, F-Bern 1982; H. Kerner, Luthertum u. ökumen. Bewegung für Prakt. Christentum 1919–1926, Gü 1983; B. E. Fink, Der Weg zur Bewegung für Prakt. Christentum (»Life and Work«), F-Bern-NY 1985; W. Weisse, Prakt. Christentum im Reich Gottes. Die ökumen. Bewegung L. a. W. 1919–1937, Gö 1991.

Liturgische Bewegung. [1] *Kath.:* Auch wenn man von einer L. B., die hauptsächl. auf eine aktive Beteiligung des Volkes an der Meßfeier konzentriert blieb, nicht vor dem 19. Jh. reden kann, so waren entsprechende Vorstöße zur Messe in dt. Sprache bzw. zur dt. Singmesse doch schon zur Zeit der → Aufklärung erfolgt (→ Josephinismus, → Wessenbergianismus). Als eigentl. Initiator der später vielfältig gewordenen L. B. gilt der frz. → Benediktiner-Abt Prosper Guéranger (1805–75). Ganz im Geist des → Ultramontanismus förderte er die röm. Liturgie (Institutiones liturgicae, 3 Bde, P 1840–51), indem er sich die Wiederbelebung des Kirchenjahres (L'anné liturgique, 1841 ff.) und des lat. Choralgesanges bes. angelegen sein ließ. Neben dem von ihm gegr. Kl. Solesmes und den Schwestergründungen Maredsous und Mont-César in Löwen wurden in Dtl. die Benediktiner-Klöster Beuron (→ Beuroner Kongreg.) und Maria Laach und in Östr. das → Augustiner-Chorherren-Stift Klosterneuburg (bei Wien) zu Zentren liturgiewiss. Forschungen, die sich auch auf eine sinngemäße leibseelische Teilnahme des Kirchenvolkes an den Heilsgeheimnissen und am Kult Christi auswirkten. Wiss. Impulse erhielt die L. B. nach dem 1. Weltkrieg vor allem durch Romano Guardini (1885–1968; Vom Geist der Liturgie, Fr 1919, [18]1953; L. Bildung. Versuche, Burg Rothenfels 1923), Ildefons Herwegen (1874–1946), Abt von Maria Laach und Gründer der Schriftenreihe ›Ecclesia orans‹, und dem Maria Laacher Mönch Odo Casel (1886–1948), dessen ›Mysteriengegenwart‹ (Die Liturgie als Mysterienfeier, Fr 1922; Das christl. Kultmysterium, Rb 1932) umstritten blieb. Die volksliturgischen Arbeiten wurden in Dtl. durch den Beuroner Mönch Anselm Schott († 1896), der im Jahre 1884 ein lat.-dt. ›Meßbuch der hl. Kirche‹ veröffentlichte, und den Klosterneuburger Chorherrn Pius Parsch (1884–1954) repräsentiert. Parsch, der im liturgiepraktischen Bereich neue Wege aufzeigte (Bibelstunden, Liturgierunden, dt. Gemeinschaftsmesse, neue Osterliturgie u. a.), schuf 1950 das ›Klosterneuburger Bibelapostolat‹, für das die enge Verbindung von ›Bibel und Liturgie‹ (Titel der von ihm 1926 gegr. Zs.) als Fundament einer neuen christl. Frömmigkeit charakteristisch ist. Anstöße zur Theologie der Verkündigung gingen von dem Innsbrucker Theologieprof. Josef Andreas Jungmann SJ (1889–1975) aus, einem Meister auf dem Gebiet der Liturgiegesch. und der Pastoraltheologie (Missarum sollemnia, 2 Bde, Fr-Bas-W 1948).

Offiz. Bestätigung und Förderung durch die Päpste erlangte die L. B. seit Pius X. (1903–1914), der im Motu Proprio ›Tra le sollecitudini‹ (1903) über die Kirchenmusik die »tätige Teilnahme« (actuosa participatio) der Gläubigen an der Feier der hl. Mysterien sowie am öff. und amtl. Gebet der Kirche als wesentl. herausstellte. Eine wichtige Neuerung stellten auch seine Dekrete über häufigen und frühzeitigen Kommunionempfang dar. Der belgische Benediktiner Beauduin, ein frühzeitiger Anhänger der → Ökumenischen Bewegung, sprach im selben Sinn beim → Katholikentag in Mecheln (1909). Nach dem 1. Weltkrieg drang die L. B. in Dtl. vor allem über → Jugendverbände (z. B. Haus Rothenfels [Bt. Würzburg] mit R. Guardini, Quickborn, Neudtl., Bund der dt. kath. Jugend unter seinem Präses Ludwig Wolker) immer weiter in das kath. Volk. Inmitten des 2. Weltkrieges leitete Pius XII. mit der Enz. ›Mystici Corporis‹ (1943) – im selben Jahr entstand in Paris das ›Centre de Pastorale Liturgique‹ (P: La Maison Dieu, P 1945 ff.) – eine neue Phase ein, bei der sich nun auch die Bischöfe nach langer Zurückhaltung tatkräftig engagierten. Große Bedeutung für die liturgische Erneuerung im Leben der Kirche gewann Pius' XII. Liturgie-Enz. ›Mediator Dei‹ (1947), gefolgt 1955 von der Enz. ›Musicae sacrae‹. Rasch wurden liturg. Kommissionen und liturg. Institute (1947 in Trier; 1948 Abt-Herwegen-Institut in Maria Laach) gegr. sowie liturg. Kongresse (1950 in Frankfurt, 1955 in München) und internationale liturg. Studientagungen veranstaltet. Bischöfe lenkten die L. B. mit Richtlinien für die Teilnahme der Gläubigen an der Messe (neue Osterliturgie, Abendmesse, Milderung des eucharistischen Nüchternheitsgebotes). Das 2. → Vatik. Konzil umschrieb mit der Konst. «Über die Hl. Liturgie« (1963) den allg. Rahmen der L. B., der später mit Ausführungsbestimmungen konkretisiert wurde. Paradoxerweise spricht man von einer Liturgiekrise seit den sechziger Jahren.

[2] *Prot.:* Als ein Unikum dürfte es gelten, daß Kg. Friedrich Wilhelm III. (1797–1840) die Reform der preuß. Liturgie selbst in die Hand nahm (→ Agendenstreit). In Bayern wurde die Erneuerung des Gottesdienstes, die in der ›Agende für die ev. luth. Kirche in Bayern‹ (1879) einen gewissen Abschluß erreichte, hauptsächl. von dem Neuendettelsauer Pfarrer J. K. Wilhelm Löhe (1808–72) vorangetrieben (Privatbeichte, regulärer Abschluß des Gottesdienstes mit dem Abendmahl). In unserem Jh. verliehen einzelne Theologen und kirchl. Gruppen der L. B. auf luth. Seite starke Impulse, allen voran Friedrich Heiler (→ Una-Sancta-Bewegung) und die Hochkirchl. Bewegung, der → Alpirsbacher Kreis (seit 1933 ein Zentrum für die Erneuerung des ev. Stundengebets), der → Berneuchener Kreis (seit 1931 von der → Michaelsbruderschaft getragen). Während des → Kirchenkampfes erfolgte eine Rückbesinnung auf das Abendmahl als Mitte des Gottesdienstes. Die ›Luth. Liturgische Konferenz‹, schon um die Mitte des 19. Jh. richtungweisend, erarbeitete nach dem 2. Weltkrieg unter Führung von C. Mahrenholz die ›Agende für ev.-luth. Kirchen und Gemeinden‹, die für die VELKD Gültigkeit besitzt. Die ›Communauté de Taizé‹ ist zwar reformierten Ursprungs, entwickelte aber seit 1959 einen Meßritus, der starke Verwandtschaft zur kath. Meßfeier aufweist. – Innerhalb der Anglikanischen Kirche (→ Anglikanismus) setzte die Oxford-Bewegung (→ Anglokatholizismus) gerade auf liturgischem Gebiet bes. in Klöstern hochkirchl. Akzente. – Die L. B. ist keiner der bestehenden Kirchen fremd, wenngleich sie überall unterschiedl. Entwicklungen zeigt.

P: Ephemerides liturgicae, R 1887; Jb. für Liturgiewiss., Mr 1921–41, ^{2}1974–80; Archiv für Liturgiewiss., Rb 1950ff.; L. Jb., Mr 1951ff.; Jb. für Liturgik u. Hymnologie, Kassel 1955ff.; H. Rennings (Hg.), Dokumente zur Erneuerung der Liturgie, 2 Bde, Kevelaer 1982–84.

Q: A. Bugnini, Documenta pontificia ad instaurationem liturgicam spectantia 1903–53, R 1953; mit Fortsetzung für 1953–59, R 1959; LThK Vat. I 9–109; Enchiridion documentorum instaurationis liturgicae, Città del Vaticano 1974.

L: K. F. Müller – W. Blankenburg (Hg.), Leiturgia. Hb. des ev. Gottesdienstes, bisher 5 Bde, Kassel 1954ff.; F. Heiler (Hg.), L. Erneuerung der abendländischen Kirchen, Mn 1956; W. Birnbaum, Das Kultusproblem u. die l. B. des 20. Jh., 2 Bde, T 1966–70; E. Bartsch, Liturgiewiss.: E. Neuhäusler – E. Gössmann (Hg.), Was ist Theologie?, Mn 1966, 310–349 (Lit.); V. Schurr, Liturgik: H. Vorgrimler – R. Vander Gucht (Hg.), Bilanz der Theologie im 20. Jh., Bd. III, Fr-Bas-W 1970, 408–421; W. Birnbaum, Die dt. ev. l. B., Tü 1970; A. L. Mayer, Die Liturgie in der europ. Geistesgeschichte, Da 1971; J. Steiner, Liturgiereform in der Aufklärungszeit. Eine Darstellung am Beispiel Vitus Anton Winters, Fr-Bas-W 1976; N. Höslinger – Th. Maas-Ewerd (Hg.), Mit sanfter Zähigkeit. Pius Parsch u. die bibl.-l. Erneuerung, Klosterneuburg 1979; Th. Maas-Ewerd, Die Krise der l. B. in Dtl. u.

Östr., Rb 1981; A. Häussling, Das Missale dt., Mr 1983; M. J. Krahe, »Der Geist ist der Geist«. Studien zur Theol. Odo Casels, 2 Bde, St. Ottilien 1986; TRE XXI 401–407 (H.-Chr. Schmidt-Lauber).

Liturgische Reformen. Bestand hinsichtl. der liturg. Texte und rituellen Vorschriften bis in das 16. Jh. eine weitgehende Vielfalt innerhalb der einzelnen (Orts)kirchen, so änderte sich dies seit dem → Trienter Konzil zugunsten röm.-kurialer Zentralisierungstendenzen. Dies gilt bes. für Brevier und Missale, deren Revision bereits während des Konzils in Angriff genommen wurde, dann aber wegen des raschen Abschlusses der Versammlung dem Papst selbst anvertraut wurde. Für die vom Papst eingesetzten Kommissionen galt als oberstes Prinzip, jegl. Neuheiten auszumerzen und soweit wie möglich zur klass. Liturgie der → Alten Kirche zurückzukehren. In der Publikationsbulle ›Quod a Nobis‹ (1568) schrieb Pius V. allen zum röm. Brevier verpflichteten Kirchen und Orden den Gebrauch des neuen Breviers vor. Derselbe Papst publizierte mit der Bulle ›Quo primum‹ (1570) das neue Missale. Eine noch größere Vielfalt herrschte bei den für die Spendung der Sakramente und Sakramentalien bestimmten Texten und Riten, die im sog. Rituale enthalten sind. Das 1614 unter Paul V. publizierte ›Rituale Romanum‹ verdrängte die Diözesanritualien erst allmähl. und diente selbst dann nur als Vorbild, nicht als Vorschrift. Im Laufe von Jh. setzten sich diese Bücher in der lat. Kirche des Abendlandes durch und verdrängten gleichzeitig, von wenigen Ausnahmen abgesehen, lokale Formulare, die teilweise als »proprium« beibehalten werden durften. Nennenswerte Reformen erfolgten erst wieder unter Pius X. (1903–14) und Pius XII. (1939–58). Mit der vom 2. → Vatik. Konzil ausgelösten Reform begann ein neuer Abschnitt.

Q: H. B. Mayer (Hg.), Der Gottesdienst im dt. Sprachgebiet. Liturg. Dokumente, Bücher u. Behelfe, Rb 1982.

L: S. Bäumer, Gesch. des Breviers, Fr 1895; P. Batiffol, Histoire du Bréviaire Romain, 2 Bde, P 1905; H. Jedin, Das Konzil v. Trient u. die Reform der l. Bücher: Ephemerides liturgicae 59 (1945) 5–38 = Ders., Kirche des Glaubens. Kirche der Gesch., Bd. II, Fr-Bas-W 1966, 499–525; S. J. P. van Dijk – J. H. Walker, The Origin of the Modern Roman Liturgy, Lo 1960; A. Bugnini, Die Liturgiereform 1948–1975. Zeugnis u. Testament, Fr-Bas-W 1988; D. Daschner, Die gedruckten Meßbücher Süddeutschlands bis zur Übernahme des Missale Romanum Pius V. (1570), F-B-NY-P-W 1995.

Lollarden, engl. Ketzername, dessen niederländische Herkunft (»löllen« = lullen) und Zusammenhang mit den Kranken- bzw. Bestattungsdiensten der Beginen/Begarden bei einer Seuche Anfang des 14. Jh. zu Antwerpen vergessen wurde, um der Ableitung von lat. »lollium« (Lolch, Windhafer) in Assoziierung zum Gleichnis vom Unkraut im Weizen (Mt 13, 24ff.) Platz zu machen. Man bez. damit jene »Armen Priester«, die im Geiste des Oxforder Theologen John Wyclif (→ Hussiten) als Prediger durch die Lande zogen und aus der sog. Lollardenbibel (Übers. der → Vulgata in die Landessprache) das »göttl. Gesetz« als alleinige Norm für Staat und Kirche verkündeten. Auch nach Wyclifs Tod (1384) setzten sie dies fort und riefen sogar das Parlament zu einer Kirchen- und Sozialreform auf (1395). Ihr Rückhalt beim Volk verführte sie zu Staatsstreichen (1414: Oldcastle; 1431), die schon in den Anfängen zusammenbrachen und ihnen die Verfolgung als Ketzer nach einem Gesetz von 1401 (»de haeretico comburendo«) eintrugen. Trotzdem lassen sich L. bis ins 16. Jh. nachweisen.

L: J. A. F. THOMSON, The Latter Lollards 1414–1526, O 1965. – Atlas KG 69B.

Los-von-Rom-Bewegung, Ende des 19. Jh. im Raum der Donau-Monarchie aus polit. und nationalen Motiven hervorgegangene Abfallsbewegung von der → Röm.-Kath. Kirche. Als Hauptziele erstrebte man die Eingliederung Deutsch-Österreichs in das Dt. Reich, den Übertritt der östr. Katholiken zum Protestantismus und eine Religion für Deutschstämmige. Von hier führt eine Verbindungslinie zu den sog. → Dt. Christen im Dritten Reich (→ Kirchenkampf) und zu der → Deutschreligiösen Bewegung. Die L. fand viele Anhänger vor allem in Böhmen, in Kärnten und in der Steiermark. Allein in den Jahren 1898–1913 traten über 75000 Katholiken zu prot. Kirchen bzw. zur → Alt-Kath. Kirche über, im 1. Weltkrieg belief sich die Zahl der Übertritte auf fast 20000. Ein prot. Sammelbecken entstand in Innsbruck; hier entfaltete der ›Ulrich-Hutten-Bund‹ starke Aktivitäten, bes. auf literarischem Gebiet, gegen die Röm.-Kath. Kirche. Als offiz. Organ erscheint seit 1902 ›Die Wartburg‹.
→ Ev. Bund, → Nationalkirchl. Bewegungen.

L: J. DIEFENBACH, Die Wahrheit über die L. in Östr., F [3]1900; F. V. D. HEYDT, Die ev. Bewegung in Östr., B 1934, [2]1938; G. MAY, Was ist v. der L. übriggeblieben?: Ev. Diaspora 25 (1954) 21–25; P. MAI, Die tschechische Nation u. die L.: G. ADRIÁNYI – J. GOTTSCHALK, Fs. für Bernhard Stasiewski. Beiträge zur ostdt. u. osteuropäischen KG, Kö-W 1975, 171–185; TRE XXI 469–471 (H. GROTE).

Lutherischer Weltbund, 1947 in Lund gegr. Vereinigung von 49 luth. Kirchen aus 22 Ländern auf der Grundlage der Confessio Augustana invariata (→ Augsburger Konfession). Die Kirchen konnten dabei an 24 Jahre gemeinsamer Erfahrungen anknüpfen, die sie miteinander in der Konsultativorganisation des Lutherischen Weltkonventes (1923–47) gesammelt hatten. – Der L. W. besitzt für die (1988) 104 Mitgliedskirchen weder kirchenleitende noch lehramtl. Autorität. Als Lehrgrundlage gilt (in der Fassung von 1970): »Der L. W. erkennt die Hl. Schrift des AT und NT als die alleinige Quelle und unfehlbare Norm aller Lehre und alles Handelns an. Er sieht in den drei ökumenischen → Glaubensbekenntnissen und den → Bekenntnissen der luth. Kirche, insbes. der unveränderten Augsburgischen Konfession und Luthers Kleinem → Katechismus, eine zutreffende Auslegung des Wortes Gottes.« Das Hauptziel des L. W. besteht darin, das luth. Verständnis des Evangeliums sowie die luth. Weltmission mit vereinten Kräften zu fördern. Die Vollversammlung tritt alle 5 Jahre zusammen (z. B. 1980 in Augsburg anläßlich der 450-Jahrfeier der Confessio Augustana). Das Generalsekretariat in Genf umfaßt drei Abteilungen: Theologie, Weltdienst und Weltmission. Das 1959 err. Konfessionskundl. Institut (Sitz in Kopenhagen) dient vor allem dem Dialog mit der → Röm.-Kath. Kirche. Nach dem 2. Weltkrieg formierten sich 10 dt. Landeskirchen zur → VELKD. Der L. W. hat heute ungefähr 70 Mill. Mitglieder, davon 54,3 Mill. in Europa und 9 Mill. in den USA.

P: Luth. Rundschau, H bzw. St 1950ff.; Luth. Monatshefte, H 1962ff.

Q: H. MEISER (Hg.), Der L. W., Lund 1947; Berichte u. Dokumente, St 1948.

L: S. GRUNDMANN, Der L. W. Grundlagen, Herkunft, Aufbau, Kö-Graz 1957; W. KAHLE – G. KLAPPER – W. MAURER – M. SCHMIDT, Wege zur Einheit der Kirche im Luthertum, Gü 1976; K. SCHMIDT-CLAUSEN, Vom L. Weltkonvent zum L. W. Gesch. des L. Weltkonventes (1923–1947), Gü 1976; TRE XXI 616–621 (G. GASSMANN).

Luthertum. War die → Reformation nur bedingt Heimstätte von Luthers (1483–1546) Theologie geworden, so treten hernach auf dt. Boden deren Eigenarten in unterschiedl. Profilierung in Erscheinung. Sowohl altluth. wie neuluth. → Orthodoxie leisteten dazu einen ebenso wichtigen Beitrag wie die Luther-Renaissance des 20. Jahrhunderts.

[1] Für Luther gehörte die »Rechtfertigung« des »Gottlosen«, d.h. des stets vor Gott sündigen Menschen, »allein duch den Glauben« an Christus zum Herzstück seiner Theologie. »Gerechter und Sünder zugleich«, lebt der Christ in heilsamer Ungewißheit seines Heiles und steter Angewiesenheit auf das »Wort« der Zusage, steht unter der bipolaren Spannung von Gesetz *und* Evangelium. Daraus resultierte die Orientierung an »Wort *und* Sakrament«, wobei neben dem Abendmahl der Taufe als Aufgabe steter Vergegenwärtigung bes. Bedeutung zukam. Damit korrespondierte die sog. → Zwei-Reiche-Lehre Luthers, deren profane Direktiven die »Weltgeschäfte« des L. aktivierten, weil freigaben. Die schon zu Lebzeiten Luthers und vor allem nach seinem Tode ausbrechenden Lehrstreitigkeiten zw. den → Gnesiolutheranern und den → Kryptocalvinisten leiteten eine konfessionelle Verfestigung des L. ein, die zur altluth. → Orthodoxie des 17. Jh. führte. Zu den ersten Repräsentanten gehörte Martin Chemnitz († 1586, → Konkordienbuch), zu den letzten hingegen die Wittenberger Abraham Calov († 1686) und Joh. Andreas Quenstedt († 1688), die den sog. Großen synkretistischen Streit (1646ff.) entfachten. Im Unterschied zum älteren → Synergismusstreit polemisierte hier die altluth. Orthodoxie gegen Georg Calixt in Helmstedt († 1656) und dessen These einer gemeinchristl. Übereinstimmung der ersten 5 Jh. (»consensus quinquesaecularis«), die zugleich als theol. Programm der Gegenwart gedacht war, um Verstehensbrücken zum Katholizismus der Zeit zu schlagen. – Die Verengungen des L. durch die → Altlutheraner (z.B. Verbalinspiration, Entmachtung der Rechtfertigungslehre durch deren Doktrinalisierung u.a.) wurden erst durch die neuluth. Orthodoxie des 19. Jh. durchbrochen, nachdem seit Ende des 17. Jh. → Pietismus und → Aufklärung wichtige Vorarbeit geleistet hatten. Dies Neuluthertum konnte sich mit der neupietistischen → Erweckungsbewegung verbinden, so z.B. der Kieler Claus Harms († 1855) mit seinen anläßlich des Reformationsjubiläums 1817 veröffentlichten 95 Thesen, der gleichzeitig aber auch das Bekenntnis und unter den → Bekenntnisschriften bes. die →

Augsburger Konfession als verpflichtende Normen der → Schriftauslegung betrachtete, an denen sich persönliche Erfahrung zu orientieren habe. In gleicher Sinneshaltung rief August Vilmar († 1868) in Marburg »die Theologie der Tatsachen wider die Theologie der Rhetorik« (1856) auf. Im übrigen profilierte sich die neuluth. Orthodoxie regional unterschiedlich. In Bayern zeigte die Erlanger-Schule unter Joh. Christian von Hofmann († 1877), Gotfried Thomasius († 1875) u. a., darunter als Kirchenmann auch Adolf von Harleß († 1879), einen betont luth. Konfessionalismus, dem Wilhelm Löhe († 1872) in Neuendettelsau eine (inner)missionarische Ausrichtung (→ Diakonie, → Missionsgesellschaften) gab. Wieder anders nahm sich das L. bei dem Hannoveraner Ludwig Harms († 1865) in Hermannsburg aus, dessen Heidenmissionare nach Afrika, Indien, Amerika, Australien und Neuseeland entsandt wurden und darin das weltweite Nachbeben der norddeutschen → Erweckungsbewegung sichtbar machten, dessen Anhänger aber nach der Annexion Hannovers durch Preußen (1866) gemäß dem luth. Obrigkeitsverständnis dem Welfenhaus treu blieben. Das Bündnis zw. Thron und Altar (→ Staatskirchentum) zu pflegen, war auch ein Anliegen des Berliner Luthertums. An seiner Spitze stand E. W. Hengstenberg († 1869), dessen ›Ev. Kirchenzeitung‹ (1827 ff.) Kirchenpolitik im Sinne der Reaktion trieb, persönl. aber das altluth. Lehrsystem noch weiter vorantrieb. Umgekehrt wollten die Leipziger Schule unter Christoph E. Luthardt († 1902) und ihre »Allgemeine luth. Konferenz« das »reine L.« in den von Preußen annektierten Prov. Hannover und Schleswig-Holstein gegen die Unionspolitik des preuß. Staates (→ Unionen) absichern und gründete deshalb auch die ›Allg. ev. luth. Kirchenzeitung‹ (beides 1868), mit solcher Opposition gegenüber dem Ev. Oberkirchenrat in Berlin zugleich Ventil traditioneller antipreuß. Einstellung der Sachsen als Mutterland der → Reformation. – Die Revolution von 1918 warf um so mehr das L. auf sich selbst zurück. Dies war die Stunde des bis dahin unbeachteten Balten Theodosius Harnack († 1889) und dessen Buches ›Luthers Theologie‹ (1862), vor allem aber des Berliner Kirchenhistorikers Karl Holl († 1926) und dessen Lutheraufsätzen (Gesammelte Aufsätze, Bd. I). Diese Luther-Renaissance hat noch lange, ja, bis heute nachgewirkt. Sie rückte erneut die → Rechtfertigungslehre ins Zentrum des L. und stellte abermals die grundlegende Unterscheidung zw. Gesetz und Evangelium und die aus ihr resultierende Zweiregimentenlehre heraus. Im → Kirchenkampf trug dies allerdings starke Spannungen in die → Bekennende Kirche hinein.

[2] Das außerdt. L. fand seine stärkste Verbreitung in Skandinavien, was z. T. auch aus dem seit der Reformation fortbestehenden luth. Staatskirchentum resultierte. Auswanderer aus den Ostseegebieten und norddt. Ländern trugen das L. nach Nordamerika, das dort die verschiedenen Prägungen seiner Ursprünge noch bewußter pflegte. So schuf Heinrich M. Mühlenberg († 1787) in der von ihm begründeten »Synode« von Pennsylvanien (1748) ein Zentrum hallensischen Luthertums seiner Heimat, das noch heute besteht. Ein Gleiches gilt für die sog. → Missouri-

Synode (1847), deren streng luth. Konfessionalismus (Verbalinspiration der Luthertexte) sie von anderen Gruppen, z. B. der Iowa-Synode (1854, auch von der Neuendettelsauer Mission unterstützt → Martin Luther Bund) abhob und ihr das stärkere Durchsetzvermögen verlieh. Sie stellte bei dem ersten Zusammenschluß luth. Kirchen Westamerikas in der sog. Synodalkonferenz (1872) auch den ersten Präsidenten. Doch blieb Zersplitterung lange Kennzeichen des amer. L., das auch vereinzelt in Südamerika sich als Volksgruppe konstituierte. Erst seit 1945 zeigte sich in den USA steigende Bereitschaft bei der ›American Lutheran Church‹, der ›Lutheran Church in America‹ und der ›Evangelical Lutheran Church of Canada‹ zur Vereinigung (›National Lutheran Council‹), um den Bruderkirchen in Europa, Lateinamerika, Afrika, Asien und Australien zu helfen.

[3] Solche Zusammenschlüsse der Kooperation waren seit der ›Allg. Ev.-luth. Konferenz‹ auch dem dt. L. nicht fremd. Sie führten nach dem 2. Weltkrieg 1948 zur → Vereinigten Ev.-luth. Kirche Deutschlands‹ (VELKD), hatten aber bereits nach dem 1. Weltkrieg den ›Luth. Weltkonvent‹ (Eisenach 1923, Kopenhagen, Paris 1935) ins Leben gerufen. Aus solchen Impulsen entstand der ›Luth. Weltbund‹ (Lund 1947), der seitdem seine Vollversammlungen regelmäßig veranstaltete, sein Verwaltungszentrum in Genf hat, durch zahlreiche Kommissionen seines Exekutivkomitees beratende, durch die ›Luth. Rundschau‹ (1951 ff.) aber auch informative Dienste leistet; ihm gehören 72 Gliedkirchen mit 70 Mill. Mitgliedern an. Der hannoversche Landesbischof Hans Lilje († 1977), zunächst Generalsekretär des ›Luth. Weltkonvents‹ (1935–45), später Präsident des → ›Luth. Weltbundes‹ (1952–57), trug viel zur Integrierung des dt. L. bei. Nur die 4 luth. → Freikirchen Dtl. (→ Altlutheraner) hielten sich fern. Die Lutheraner Hannovers (Hermannsburg) blieben lieber mit der niederhessischen Renitenz Vilmars zur ›Selbständigen ev. luth. Kirche‹ vereint (1947–50) unter ihresgleichen, während die ›Ev.-luth. Kirche‹ (1846 in Hessen-Nassau begründet) den Anschluß bei der → Missouri-Synode fand. Innerhalb des ›Luth. Weltbundes‹ stellt trotzdem das dt. L. die Hälfte aller Lutheraner.

Q: M. Luther, Werke. Krit. Gesamtausgabe, Weimar 1883 ff.; K. ALAND (Hg.), Luther Deutsch, 10 Bde und 1 Reg.Bd, Gö 1982; W. METZGER (Hg.), Calwer Luther-Ausgabe, 12 Bde, Gü ^{4}1983.

L: (Zu 1) W. ELERT, Die Lehre des L. im Abriß, Erl 1930, ^{3}1980; DERS., Morphologie des L., 2 Bde, Mn 1931–32, ^{3}1965; C. RATSCHOW, Luth. Dogmatik zw. Reformation u. Aufklärung, 2 Bde, Gü 1964–66; G. EBELING, Luther. Einführung in sein Denken, T 1964, ^{4}1981; F. W. KANTZENBACH, Gestalten u. Typen des Neuluthertums, Gü 1968; H. WEIGELT, Erweckungsbewegung u. konfessionelles L. im 19. Jh., St 1968. – (Zu 2): A. LEHMANN (Hg.), Handbook of Lutheran World Missions, B 1952; H. BRUNOTTE, Luth. Hb., Bd. I: Luth. Kirchen in der Welt, B 1963–1968; H. VATJA (Hg.), Die ev.-luth. Kirche der Welt. Vergangenheit u. Gegenwart, St 1977; HEYER 632–649 (SCHMIDT-CLAUSEN). – (Zu 3): S. GRUNDMANN, Der luth. Weltbund. Grundlagen, Herkunft, Ausbau, Kö-Graz 1957; B. WADENSJÖ, Toward a World Lutheran Communion, Stockholm 1971; B. LOHSE – W. MAURER – G. MÜLLER (Hg.), Die Luth. Kirche. Gesch. u. Gestalten, Gü 1976 ff.; C. NICOLAISEN (Hg.),

Nordische u. dt. Kirchen im 20. Jh., Gö 1982. – K. ALAND (Hg.), Lutherlexikon, [4]1983; M. BEYER – St. RHEIN – G. WARTENBERG (Hg.), Melanchthon deutsch, 2 Bde, L 1997. – Atlas KG 121 –123.

Lyon, Konzilien. Lyon sah im → MA zweimal »ökumenische« → Konzilien (nach päpstl. Zählung 13 und 14) in seinen Mauern. Sie bekunden gleichzeitig so die frz. Abhängigkeit des → Papsttums, die später zum → Avignoner Exil führte. Die Anwesenheit des Ks. Balduin von Konstantinopel und seines (!) Patriarchen (→ Lat. Kaiserreich) gab dem *1. Konzil von Lyon* (Juni-Juli 1245) nur dem Schein nach ökumenischen Glanz; die byz. Kirche versagte beiden die Gefolgschaft. In Wahrheit wollte Innozenz IV., mit knapper Not 1244 Ks. Friedrich II. aus It. entronnen, die → Exkommunikation des Staufers. Er erreichte sie auch samt der Absetzung. Da der polit. Effekt aber ausblieb, bedeutet das 1. Lyoner Konzil zugleich das Ende des ma.-bipolaren Bezuges von Regnum und Sacerdotium. – Das *2. Konzil von Lyon* (Mai-Juli 1274) verdient schon eher die Zählung als »ökumenisches« Konzil, da mit Ks. Michael VIII. Palaeologus und dessen Patriarch in der Tat die byz. → Orthodoxie vertreten war: Die doppelsprachige Unionsmesse dokumentierte solche Ökumenizität. Im übrigen war dieses Konzil ein typisch westl. Reformkonzil der Zeit unter Gregor X., der mit ihm die dem → Kardinalskollegium im Konklave (→ Papstwahl) zugewachsene Machtposition einschränken wollte.

Q: COD 295f., 314; D-S 830–839, 851–861; MIRBT-ALAND 632, 741.

L: H. J. MARGULL (Hg.), Die ökumenischen Konzile der Christenheit, St 1961, 129–139 (C. ANDRESEN); H. WOLTER – H. HOLSTEIN, Lyon I/Lyon II, Mz 1972; J. GILL, The Church Union of Council of Lyons (1274). Portrayed in Greek Documents: Orientalia Christiana Periodica 40 (1974) 5–45; H. JEDIN, Kleine Konziliengesch., Fr-Bas-W [8]1977, 50–55, 179; B. ROBERG, Das zweite Konzil von Lyon (1274), Pad-Mn-W-Z 1990. – TRE XXI 634–642 (B. ROBERG).

Magdalenerinnen, nach ihrer Patronin auch ›Büßerinnen‹ (oder ›Reuerinnen‹) der hl. Maria Magdalena und nach ihrer weißen Kleidung auch ›Weißfrauen‹ genannt, widmeten sich der Bekehrung und Besserung sittl. gefallener oder gefährdeter Mädchen und Frauen. Der durch den Hildesheimer → Kanoniker Rudolf von Worms 1224 gegr. Orden, dem ein von Dominikus (→ Dominikaner) 1215 in Toulouse errichtetes Kl. mit ähnl. Zielsetzung vorausgegangen war, erlangte 1227 die Approbation Gregors IX. Die Mitglieder lebten von 1232 an nach der → Augustinusregel und den Konstitutionen der Dominikanerinnen von S. Sisto in Rom. Der gesamte Orden wurde von einem Generalpropst, das einzelne Kl. von einer Priorin geleitet. Während der Blütezeit im 13. Jh. zählte man die meisten Klöster in Süd- und Westdtl. sowie in den roman. Ländern. → Reformation und → Säkularisation bereiteten dem Orden fast ein völliges Ende.

In der NZ hingegen gründete Rosa Virginia Pelletier (1796–1868) in Angers die ›Kongreg. Unserer Frau von der Liebe des Guten Hirten‹ (auch ›Frauen vom Guten Hirten‹), die Gregor XVI. 1835 anerkannte. Die Schwestern legen nur einfache Gelübde ab (4. Gelübde: Arbeit für die Bekehrung gefallener Mädchen). Erste Niederlassungen in Dtl.: München 1840, Aachen 1848.

Als Parallelerscheinung zu den M. im prot. Bereich kann das ›Weiße Kreuz‹ (→ Innere Mission) gelten.

L: WENDLANDT 101–105, 304–313; HEIMBUCHER I 646–648; A. SIMON, L'ordre des Pénitentes de Ste-Marie-Madeleine en Allemagne, Fri 1918; J. SCHUCK, Die Reuerinnen, Pa 1927, Ph. HOFMEISTER, Die Exemtion des M.ordens: ZSavRGkan 35 (1948) 305–329; M. BOXLER, »ich bin ein predigerin und apostolin«. Die dt. Maria Magdalena-Legenden des MA (1300–1550). Untersuchungen u. Texte, F-B-Bern-NY-P-W 1996.

Magdeburger Zenturien (›Ecclesiastica historia ... secundum singulas centurias ... congesta per aliquot studiosos et pios viros in urbe Magdeburgensi‹) erschienen, nach »Jahrhunderten« (centuriae) eingeteilt, 1559–74 in 13 Bänden zu Straßburg. Hg. waren der → Gnesiolutheraner Matthias Flacius Illyricus und ein Mitarbeiterstab, die pro Jahr einen Bd., d.h. jeweils ein Jh. herausgaben, so daß man beim Tode des Flacius (1575) das 14. Jh. erreicht hatte. Die schematische Stoffaufteilung spiegelt zugleich die Problematik einer periodischen Gliederung der → KG (→ Geschichtlichkeit) wider, mit der auch die ›Annales ecclesiastici‹ des → Oratorianers Caesar Baronius († 1607) und deren annalistische Methode zu kämpfen hatten. Das kath. Gegenwerk, dessen 12 Bände im Jahre 1198 zum Stillstand kamen, hob sich aber gegen die Polemik der M. Z. (Papstkirche als Abfall vom Evangelium; → Reformation als Wiederentdeckung des Evangeliums, die eine ununterbrochene Kette von »Wahrheitszeugen« mögl. gemacht habe) vorteilhaft ab. Trotzdem wiesen die M. Z. in ihrer tendenziösen Darstellung über sich selber – auch über die → Aufklärung als Mutter der wiss. KG – hinaus, indem sie die ekklesiologischen Prämissen der Kirchengeschichtsschreibung offenlegten.

Q: H. SCHEIBLE (Hg.), Die Anfänge der reformatorischen Geschichtsschreibung, Gü

1966; P. MEINHOLD, Gesch. der kirchl. Historiographie, Bd. I, Fr 1967 (mit Textauszügen).
L: J. MASSNER, Kirchl. Überlieferung u. Autorität im Flacius-Kreis, B-H 1964; H. SCHEIBLE, Die Entstehung der M. Z., Gü 1966; H. JEDIN, Kard. C. Baronius. Der Anfang der kath. KGschreibung im 16. Jh., Mr 1978; TRE XI 206–214 (O. K. OLSON).

Mainzer Akzeptation: Erklärung vom 26. 3. 1439, mit der Kg. Albrecht II. und die dt. Kurfürsten und Metropoliten die Reformdekrete des → Baseler Konzils mit Ausnahme einiger Beschlüsse (z. B. über die Oberhoheit des Konzils) akzeptierten, ohne sie aber als staatl. Gesetz zu verkünden. Mit dem Wiener → Konkordat (1448) verlor die M. A. fast jede Bedeutung. Erst im 18. Jh. griff der → Episkopalismus auf das aufgefundene Dokument von 1439 zurück.
Q: RTA Ältere Reihe XIV 1–208.
L: H. HÜRTEN, Die M. A. v. 1439: AmrhKG 11 (1959) 42–75.

Majoristischer Streit. Der Melanchthon-Schüler Georg Major († 1574), seit 1558 ständiger Dekan der Theol. Fakultät Wittenberg, zog den Zorn der → Gnesiolutheraner Nikolaus von Amsdorf († 1565 in Eisenach) und Matthias Flacius († 1575 in Straßburg; → Magdeburger Zenturien) auf sich, als er sich zusammen mit seinem Lehrer für das → Leipziger Interim (1548; → Adiaphoristische Streitigkeiten) einsetzte und in diesem Zusammenhang die Meinung vertrat, gute Werke seien zu des Christen Seligkeit notwendig. Er fand in dem Eisenacher Superintendenten und »Philippisten« Justus Menius († 1558) einen Streitgenossen, der als späterer Pfarrer der Thomaskirche (seit 1556) den M. S. (1552–58) nach Leipzig trug, wo er in ähnl. Problematik als → Synergismusstreit wieder aufflammte. Beides fand in der Konkordienformel (→ Konkordienbuch) seinen kompromißhaften Ausgleich.
L: R. BRING, Das Verhältnis v. Glauben u. Werke in der luth. Theologie, Mn 1955; HbDThG II 113–117 (B. LOHSE).

Makedonianer, altchristl. Oppositionsgruppe gegen das → Glaubensbekenntnis des 1. Ökumenischen →Konzils (325) unter Führung des Konstantinopler Bf. Macedonius (342–360, abgesetzt). Sie sympathisierte mit dem → Arianismus und favorisierte statt des »Homousios« (wesenseins) des Nicaenum die Kompromißformel »Homoiusios« (wesensähnlich). Diesen einflußreichen »Homöusianern« hatte schon Athanasius von Alexandrien († 373) als Vorkämpfer nicaenischer → Orthodoxie das Bekenntnis zur »Homousie«, d. h. Gottheit des Geistes, abverlangt (362: Tomus ad Antiochenos), dadurch das → antiochenische Schisma vertiefend. Ebenso wenig gelang Basilius d. Gr. († 379) die Rekonzilierung der Gruppe mit seinem Hinweis, die Gottheit des hl. Geistes sei schon durch die liturgischen Doxologien als »orth.« erwiesen (375: De spiritu sancto). Da unternahm 382 Ks. Theodosius d. Gr. einen letzten Versuch, durch ein Religionsgespräch unter seiner Regie die M. für die »Homousia« des hl. Geistes zu gewinnen. Er ließ ihnen eine Bekenntnisformel vorlegen, die bewußt nicht von der Gottheit des Geistes im trinitarischen Bezug sprach, dafür im christologischen Passus des Nicaenum eine diesbezügl. Wendung hinzufügte. Diese Fassung war das Credoformular des heutigen sog. Nicaenoconstantinopolitanum, das man später in den Rang des ›Bekenntnisses der 150 Väter‹ erhob, als die Diözesansynode von Konstantinopel auch in den Rang eines 2. Ökumenischen Konzils (381) avancierte. Die M. lehnten auf ihrem Religionsgespräch (383) die Zusätze zum Nicaenum ab und sind deshalb als »Pneumatomachen«, d.h. Streiter wider den Geist, in die Ketzergesch. eingegangen. Noch im gleichen Jahr 383 traf sie das Häretikergesetz des Theodosius mit dem Versammlungsverbot (→ Ketzergesetzgebung).

Q: COD 17–28; D-S 150, 156; N-R 250, 253; KThQ I 163, 166, 175f., 179f., 183; Sources Chrétiennes 17 bis (Basilius).

L: H. DÖRRIES, De spiritu sancto. Der Beitrag des Basilius zum Abschluß des trinitarischen Dogmas, Gö 1956; A.-M. RITTER, Das Konzil v. Konstantinopel u. sein Symbol, Gö 1965; DERS., (Rezension): ZKG 80 (1969) 397–406; M. TETZ, Über nikänische Orthodoxie. Der sog. Tomus ad Antiochenos des Athanasius v. Alexandrien: ZNW 66 (1975) 194–222.

Mandäer (aramäisch manda = Einsicht), d.h. Gnostiker (→ Gnostizismus), nennt sich eine kleine Sekte von ca. 3000 Anhängern im südl. Irak und Iran, die im parthischen Haran schon im Jahre 37 nachzuweisen ist; sie waren von Palästina (MACUCH) gekommen. Dies ist von Bedeutung, weil unter ihrer aramäischen Lit. (z.B. Ginza, d.h. »Der Schatz«; verschiedene sog. Diwane, auch profanen Inhalts) sich auch das ›Johannesbuch‹ befindet, das Johannes dem Täufer als Heilsmittler eine bes. Rolle zuweist, wie denn auch die Taufe und rituelle Waschungen bei den M. großes Gewicht besitzen. Erwartungen, in ihnen einen neuen Zugang zum → Urchristentum gefunden zu haben, die durch literarische Analysen (ältere Grundschriften) noch gesteigert wurden, haben sich nicht bestätigt. Nur für den Sprachgebrauch des Johannes-Evangeliums (bes. die johanneischen Bildreden) und Eph/Kol zieht ntl. Forschung aus dem Vergleichsmaterial Nutzen. Ob zw. der neuentdeckten jüdischen Sekte von Qumrân (→ Urchristentum) und den Urmandäern hist. Zusammenhänge bestehen, ist noch ungeklärt.

Q: M. LIDZBARSKI, Das Johannesbuch der M., 2 Bde, Gie 1905–15, (Ndr.) B-NY 1966; DERS., Mandäische Liturgien, B 1920, (Ndr.) Gö 1970; DERS., Ginza, der Schatz oder das Große Buch der M., Gö 1952; E. S. DROWER, The Canonical Prayerbook of the M., Lei 1959.

L: H. SCHLIER, Zur M.-Frage: ThR NF 5 (1933) 1–34, 69–92; E. S. DROWER, The Mandeans of Iraq and Iran, O 1938, (Ndr.) Lei 1962; K. RUDOLPH, Die M., I: Das M.problem, Gö 1960; Hb. der Orientalistik, 1. Abt., VIII/2, Lei 1961, 83–101 (G. WIDENGREN); R. MACUCH, Zur Frühgesch. der M.: ThLZ 90 (1965) 649–660; DERS. (Hg.), Zur Sprache u. Lit. der M., B 1976; K. RUDOLPH, Die Gnosis, Gö 1978, ²1980; DERS., Der Mandäismus in der neueren Gnosisforschung: B. ALAND (Hg.), Gnosis. Fs. für H. Jonas, Gö 1978, 244–277; G. WIDENGREN (Hg.), Der Mandäismus, Da 1982; TRE XXII 19–25 (K. RUDOLPH).

Manichäismus. Der Perser Mani († 277, vermutlich im Gefängnis) gehört neben Mohammed († 632) zu den letzten Religionsstiftern der Antike. Er unterscheidet sich von dessen rel. Indolenz durch seinen synkretistischen Universalismus. Der Überlieferungsbefund zwingt allerdings dazu, zw. den Werken Manis und denen seiner Jünger zu unterscheiden. Bei ersteren (1. ›Großes Evangelium‹, 2. ›Schatz des Lebens‹, 3. ›Pragmateia‹, 4. ›Geheimnisse‹, 5. ›Schrift der Giganten‹) stellt man die Assimilierung kaum fest, auch wenn wir auf indirekte, arabische und chinesische Quellen angewiesen sind. Hingegen sind die »Briefe« des Mani christl. überarbeitet. Ebenso unterlagen die dogmatischen und liturgischen Schriften eines Papyrusfundes (koptisch Manichaica) von 1930 einer christl. Überarbeitung durch Mani-Anhänger, die darin missionarisch motiviert waren; selbst für den jüngsten Papyrusfund (P. Colon. inv. n. 4780), eine im Ich-Stil gehaltene Autobiographie Manis, gilt dies. Im christl. gewordenen Westen trat der M. im christl. Gewande auf. Das sicherte ihm die weite Verbreitung in Ägypten, Nordafrika (Augustin war fast 10 Jahre »Hörer« der christl. getarnten Sekte), Rom, Gallien, Span. und Dalmatien, zumal da es sich um »singende Gemeinden« handelte, die darin sehr attraktiv waren. Ihre Organisation (Hörer, Auserwählte, Alte, Bischöfe in den Lokalgemeinden; 12 Lehrer bzw. Apostel und ein Archegós für die überregionale Gemeinschaft) war als aufsteigendes Stufenschema sich steigernder Anforderungen auf den Weg der Erlösung bezogen. Als »Buchgemeinde« dürfte der M. einen noch weiteren Kreis erfaßt haben. Sein konsequenter Dualismus, der zw. dem Guten und Bösen, zw. dem Lichtgott und dem Ungott der Finsternis keinen Bezug kannte und solche Geschiedenheit als »Urzeit« verstand, welche auch für die »Endzeit« gelte, der aber umgekehrt die gegenwärtige Weltzeit als Zustand unheilvoller Vermischung der Gegensätze verstand, von der nur die Macht des Bösen in seiner Herrschsucht profitiere, kam zweifelsohne zeitgenössischer Katastrophenstimmung entgegen, wie sie immer in Umbruchzeiten aufkommt.

Schon deshalb erneuerte Ks. Valentinian I. (364–375) die Gesetzgebung Diokletians gegen den M. (372); Ks. Theodosius I. (379–395) erklärte ihn wie andere Häretiker zum Reichsfeind (382). Zudem sorgten kirchl. Verdammungsurteile dafür, daß er dualistisch denkenden Sekten wie dem → Priszillianismus in Span. (Synode von Braga 561) oder den → Paulikianern in Byzanz und auf dem Balkan (→ Bogomilen) zugezählt wurde. So kam seine dualistische Konzeption im Hoch-MA erneut bei den → Katharern zum Durchbruch (→ Albigenserkriege).

Q: A. ADAM (Hg.), Texte zum M., B 1954, ²1969; A. BÖHLIG (Hg.), Die Gnosis, III: Der M., Z–Mn 1980.

L: J. P. ASMUSSEN, Studies in M., Kopenhagen 1965; G. WIDENGREN (Hg.), Der M., Da 1977; DERS., Der M. Kurzgefaßte Gesch. der Problemforschung: B. ALAND (Hg.), Gnosis. Fs. für Hans Jonas, Gö 1978, 278–315; F. DECRET, L'Afrique manichéenne (IVᵉ–Vᵉ siècles), 2 Bde, P 1978; S. RUNCIMAN, Häresie und Christentum. Der ma. M., Mn 1988; A. BÖHLIG – Ch. MARKSCHIES (Hg.), Gnosis u. M., B 1994; W. FOERSTER – M. KRAUSE, Der M., Z 1995. – TRE XXII 25–45.

Marianische Kongregation, von dem flämischen → Jesuiten J. Leunis 1564 im Röm. Kolleg (→ Kollegien) err. kirchl. Vereinigung, die Gregor XIII. 1584 bestätigte. Diese bis 1773 (Aufhebung des Jesuitenordens) nur von Jesuiten, danach auch von anderen Priestern (Präsides) geführten M. K. verfolgten als doppeltes Ziel → Marienverehrung und Apostolat (→ Kath. Aktion). Sie erwarben sich große Verdienste bei der → Kath. Reform. Bei der Aufnahme muß jeder Sodale eine Lebensweihe an die Gottesmutter Maria ablegen. M. K. entstanden bald in fast allen Jesuitenkollegien. 1576 zählte man auf der ganzen Welt ungefähr 30000 Mitglieder, meist Schüler und Studenten. Erste Gründungen in Dtl.: Wien 1573, Dillingen 1574, Köln 1576, Freiburg 1582, Koblenz 1588, Augsburg 1589. Pius XII. erreichte mit der Konst. ›Bis saeculari‹ (1948) eine Neubelebung dieser kirchl. Vereinigungen. Der 1953 gegr. ›Weltverband der M. K.‹ schloß sich 1956 der Konferenz der Internationalen Kath. Organisationen an. 9. Weltdelegiertentreffen in Providence/USA.

Q: AAS 40 (1948) 393–402.
L: J. STIERLI, Die M. K., 2 Bde, Lz 1947; H. RAHNER, Die geistesgesch. Bedeutung der M. K., Au 1954; M. v. GUMPPENBERG, Erläuterungen zur Apost. Konst. Bis Saeculari, Au 1956.

Marianisten, auch Marienbrüder (Frères de la societé de Marie), von Guillaume Joseph Chaminade († 1850) 1817 in Bordeaux gegr. und von Pius IX. 1865 approbierte Kongreg. für Priester und Laien, die im Dienst der Jugenderziehung, des Schulunterrichts (→ Schulwesen) und der Mission stehen. Tägl. erneuern sie ihre Weihe an Maria (→ Marienverehrung). An der Spitze der M. steht der Generalobere, ihm zur Seite Provinziale. Die heute ungefähr 3000 M., in der Minderheit Priester, verteilen sich auf 10 Prov., davon drei in den USA und eine in Östr.-Dtl. Ihre Hauptmissionsgebiete sind Lateinamerika, Afrika und Japan.

Q: Lettres de M. Chaminade, 5 Bde, Nivelles 1930.
L: HEIMBUCHER II 445–447; L. GADIOU, Guillaume Joseph Chaminade, P 1930; K. BURTON, Chaminade, Apostle of Mary, Milwaukee 1946; A. WINDISCH, The Marianist Social System, Fri 1964.

Mariannhiller Missionare (Congregatio Missionariorum de Mariannhill = CMM). Die Gesch. der M. M. ist eng verbunden mit dem aus Vorarlberg stammenden Franz (Wendelin) Pfanner (1825–1909). Seit 1850 Weltpriester, trat er mit 38 Jahren bei den → Trappisten in Mariawald (Eifel) ein, gründete 1869 das Kl. Mariastern bei Banjaluka (Jugoslawien) und fuhr 1880 mit 30 Mönchen zum Kap der Guten Hoffnung (Südafrika). Nach einer fehlgeschlagenen Gründung in Dunbrody legte er 1882 in Mariannhill (Mary Anne Hill) bei Durban den Grundstein für eine Trappistenabtei, die später zur größten in der ganzen Welt wurde. Mit Pfanner und seinen Mönchen begann die Christianisierung der Eingeborenen im südl. Afrika; Mariannhill selbst wurde Zentrum der Bantu-Mission am Kap. Im Interesse der Mission trennte Pius X. 1909 (kurz vor Pfanners Tod) die Abtei Mariannhill von den Trappisten und machte die ehemalige Abtei zum Mittelpunkt einer neuen → Missionskongreg. (CMM), die in verschiedenen Ländern von Provinzialen (z. B. in Würzburg) und einem Generalsuperior (Sitz in Rom) geleitet wird und der Kongreg. für die Evangelisation der Völker (→ Röm. Kurie) untersteht. Die M. M. wirken heute in vielen Ländern der Erde, vor allem in Südafrika, Transkei, Simbabwe-Rhodesien und Papua Neuguinea. Bei ihnen gehen Glaubensverkündigung und Sozialarbeit Hand in Hand. – Mariannhill ist seit 1951 Bt., dem stets ein M. M. als Bf. vorsteht.

L: Mariannhill u. seine Sendung, Wü-Reimlingen 1963; Mariannhill '82. Erbe u. Auftrag, Wü-Reimlingen 1976; A. L. BALLING, Er war für Nägel mit Köpfen. Missionsabt Franz Pfanner (1825–1909), Mödling-W 1979; DERS., Ein Mann der Stunde. Pfanner, der Trommler Gottes – Abenteurer u. Rebell, Fr-Bas-W 1980.

Mariaviten (Mariae vitam imitantes, d. h. das Leben Marias Nachahmende), → nationalkirchl. Bewegung oder Sekte in Polen, deren erste Mitglieder sich aus der von Felicjy Kozlowska (1862–1921) 1888 in Plock gegr. Schwesternvereinigung und dem 1893 von dem Priester Johannes Kowalski ins Leben gerufenen Priesterverein rekrutierten. Zu den Zielen der M. zählen → Marienverehrung und eucharistische Frömmigkeit ebenso wie rel. und soziale Reformen im Geist des Ordens der → Franziskaner. Weil die beiden Gründer ihre Vereinigung ohne die Genehmigung Roms 1904 fortsetzten, verfielen sie und 40 Priester der → Exkommunikation. Dennoch konnten sich die M. dank der Unterstützung durch die russ. Regierung und die → Orthodoxie ausbreiten. 1909 wurden die M. Mitglied der → Utrechter Union, 1924 aber wegen nationalistischer und aftermystischer Ansichten (mystische Ehen zw. Priestern und Schwestern) ausgeschlossen. Der von dem altkath. Ebf. Gul von Utrecht (→ Alt-Kath. Kirche) zum Bf. geweihte Kowalski richtete eine eigene Hierarchie mit vier Bischöfen auf. Kowalski wurde 1935 von Philipp Feldmann abgelöst. Die M. sind seit 1956 Mitglied des → Ökumenischen Rates der Kirchen in Polen. Wenn die Höchstzahl der M. einst um die 400000 betrug, so zählt die Sekte heute nach Spaltung und Schrumpfung kaum mehr als 30000 Mitglieder. Das Mutterhaus der *Mariavitenschwestern,* die wie die Geistlichen ein graues Gewand tragen, befindet sich in Plock.

L: PH. FELDMANN, Die altkath. Kirche der M., Plock ²1940; J. RHODE, Die M.: H. KRUSKA (Hg.), Gestalten u. Wege der Kirche im Osten, Ulm 1958, 163–175.

Marienschwesternschaft (Evangelische), 1947 von Klara Schlink (Mutter Basilea) und Erika Madauss (Mutter Martyria) in Darmstadt-Eberstadt gegründet. Den Anfang bildeten eine Bußbewegung und Erweckung innerhalb der Darmstädter Mädchenbibelkreise, mit ausgelöst durch die Zerstörung der Stadt im September 1944. Mutterhaus und Kapelle wurden 1950/51 erbaut. Die Hauptaufgabe der M. besteht neben dem Gebet in der bibl. Verkündigung (Schriften in eigener Druckerei und eigenem Verlag, Rundfunkarbeit u. a.). Außer der M. mit ca. 150 Schwestern gibt es seit 1953 die Zweigschwesternschaft älterer Schwestern (Dornenkranzschwestern) und seit 1967 die Kanaan-Franziskusbruderschaft. Die M. hat vieles gemeinsam mit den → Erweckungsbewegungen des 19. Jh.

Q: M. BASILEA SCHLINK, Immer ist Gott größer. Sendung der M., Da-Eberstadt 1963, [4]1972.

L: M. B. SCHLINK, So ist unser Gott – bezeugt, weil erlebt durch 25 Jahre. Ev. Marienschwestern auf Kanaan, Da-Eberstadt 1972, [3]1974; DIES., Meines Herzens Freude. Paradiesgebote, Da-Eberstadt 1978.

Marienverehrung. Bes. die Erklärung des Ökumenischen → Konzils von Ephesus (431), daß Maria die leibl. Mutter Gottes (theotokos) sei, und die schon früher bezeugte Ansicht über ihre (immerwährende) Jungfräulichkeit führten zunächst im Osten, vom 6. Jh. an aber auch im Westen zu einer gesteigerten Marienverehrung. Zu Ehren Mariens wurden Kirchen geweiht und Feste (bes. Verkündigung, Geburt, Reinigung, Tod und Aufnahme in den Himmel) gefeiert. Während die theol. Klärung der hervorragenden Stellung Mariens im Heilsgeschehen und eine dementsprechende M. vor allem in Ordenskreisen (→ Zisterzienser, bes. Bernhard von Clairvaux) des hohen → MA lebendig waren, machte sich eine bes. Verehrung Mariens im Volk erst im 14. und 15. Jh. breit. Volkstüml. Formen marianischer Frömmigkeit kamen in Gebeten (Angelusläuten am Morgen, Mittag und Abend; Ave Maria; Rosenkranz) und → Wallfahrten zum Ausdruck. Die Anfänge des Rosenkranzgebetes (15 Betrachtungsverse aus dem Leben Jesu oder Mariens und 150 Ave Maria) finden sich bei den Trierer → Kartäusern Dominikus von Preußen († 1427) und Adolf von Essen († 1439). Zur Erinnerung an den Sieg der ›Hl. Liga‹ in der Seeschlacht von Lepanto am 7. 10. 1571 über die Türken führte Pius V. das Fest Unserer Lieben Frau vom Sieg (7. 10.) ein und nahm die Anrufung »Maria, Hilfe der Christen« in die Lauretanische Litanei auf. Seit seinem Nachfolger Gregor XIII. (1572–85) feiert die Kirche dieses Fest als Rosenkranzfest. Die Reformatoren, namentl. Luther (→ Reformation), stellten die M. wieder auf bibl. Fundament, so daß die Mutter Gottes hinter ihren göttl. Sohn Jesus, dem allein Erlösung und Gnade zu verdanken sind, zurücktreten mußte. In den → Ostkirchen hingegen nahm die liturgische Verehrung Mariens einen bevorzugten Platz ein, wie es im kath. Bereich vor allem auch bei manchen Orden und Kongreg. festzustellen ist. In den von → Jesuiten geleiteten → Marianischen Kongreg. genoß die M. eine Vorrangstellung. Eine neue Phase der M. begann im 19. Jh., angestoßen nicht zuletzt von Pius IX. mit dem am 8. 12. 1854 verkündeten Dogma von der Immaculata Conceptio (d. h. Maria ist vom ersten Augenblick ihrer Empfängnis an wegen ihrer Erwählung zur Mutter des Gottessohnes vor der Erbsünde bewahrt geblieben) und auf den Höhepunkt geführt durch Pius XII., der am 1. 11. 1950 die leibl. Aufnahme Mariens in den Himmel zum Dogma erhob. Dazwischen entstanden Marien-Wallfahrtsorte (La Salette 1846, Lourdes 1858, Fatima 1917 u. a.), zu denen heute noch alljährl. Hunderttausende pilgern. Nationale und internationale mariologische und marianische Kongresse dienen der Erforschung der Marienlehre und fördern gleichzeitig die Marienfrömmigkeit. Von den Päpsten unseres Jh., die sich als eifrige Marienverehrer erwiesen, stammen programmatische Verlautbarungen (Enzykliken) zu marianischen Themen und Problemen.

Q: R. GRABER (Hg.), Die marianischen Weltrundschreiben der Päpste in den letzten hundert Jahren, Wü 1951, [2]1954; W. DELIUS (Hg.), Texte zur M. u. Marienverkündigung in der Alten Kirche, B 1956, [2]1973; W. TAPPOLET (Hg.), Das Marienlob der Reformatoren, T 1962; F. COURTH (Hg.), Mariologie, Graz–W 1991.

L: ST. BEISSEL, Gesch. der Verehrung Mariens in Dtl. während des MA, Fr 1909; DERS., Gesch. der Verehrung Mariens im 16. u. 17. Jh., Fr 1910; R. SCHIMMELPFENNIG, Die Gesch. der M. im dt. Protestantismus, Pa 1952; P. STRÄTER (Hg.), Kath. Marienkunde, 3 Bde, Pa 1952, Bd. 1–2, Pa [2]1962; H. v. CAMPENHAUSEN, Die Jungfrauengeburt in der Theologie der alten Kirche, Hei 1962 = DERS., Urchristliches u. Altkirchliches, T 1979, 63–161; W. DELIUS, Gesch. der M., Mn 1963; H. GRAEF, Maria. Eine Gesch. der Lehre u. Verehrung, Fr-Bas-W 1964; K. ALGERMISSEN u. a. (Hg.), Lexikon der Marienkunde, (nur) Bd. I (A–E), Rb 1967; H. DÜFEL, Luthers Stellung zur M., Gö 1968; F. WEISS, Marienwallfahrten um den Erdkreis, W 1970; K. J. KLINKHAMMER, Adolf v. Essen u. seine Werke. Der Rosenkranz in der gesch. Situation seiner Entstehung u. in seinem bleibenden Anliegen. Eine Quellenforschung, F 1972; W. BEINERT, Heute v. Maria reden? Kleine Einführung in die Mariologie, Fr-Bas-W 1973, [5]1981; 500 Jahre Rosenkranz, 1475–1975, hg. v. Kölner Diözesan-Museum, Kö 1976; R. SCHERSCHEL, Der Rosenkranz, das Jesusgebet des Westens, Fr-Bas-W 1979; H. SPERBER, Unsere Liebe Frau. 800 Jahre Madonnenbild u. M. zw. Lech u. Salzach, Rb 1980; R. E. BROWN u. a., Maria im NT. Eine ökumenische Untersuchung, St 1980; P. MEINHOLD, Die M. im Verständnis der Reformatoren des 16. Jh.: Saeculum 32 (1981) 43–58; W. BEINERT – H. PETRI, Hb. der Marienkunde, R 1984. – TRE XXII 115–165 (H. RÄISÄNEN – H. GROTE).

Maristen, offiz. Gesellschaft Mariens = Societas Mariae (SM), 1824 von Jean-Claude Marie Colin (1790–1875) in Belley gegr., 1836 von Gregor XVI. bestätigt und 1873 von Pius IX. endgültig anerkannt. Ihre Hauptarbeit: Jugenderziehung, → Volks- und Heidenmission, Pfarrseelsorge. Die aus Patres und Laienbrüdern bestehende Ges. ist in vielen Ländern Europas, in Amerika und Australien verbreitet.

Colin ist auch Gründer der *Maristen-Schwestern* (1817 in Cerdon). Die päpstl. Approbation erfolgte 1884 durch Leo XIII. Die Schwestern stehen im Dienst der Mädchenerziehung und sozialer Aufgaben.

P: Der Maristenbote (früher: Kreuz u. Schwert), Meppen 1893 ff.

L: G. GOYAU, Le Vénérable Jean Colin, P 1913; HEIMBUCHER II 374–376 J. NEUFELD, Die Ges. Mariens, Mn 1962.

Maristen-Schulbrüder (Institutum Fratrum Maristarum a Scholis = FMS), 1817 von Marcellin Joseph Benedikt Champagnat (1789–1840) in St-Chamond (bei Lyon) gegr. und 1863 durch Pius IX. anerkannte Kongreg. von Laien, die sich bes. dem Unterricht und der Erziehung männl. Jugendlicher widmen. Das Generalat befindet sich in Rom, das dt. Provinzialat in Furth (bei Landshut).

L: Heimbucher II 376–377; J. B. Furet, M. Champagnat, Furth 1957; 50 Jahre M-S. in Dtl., Furth 1963.

Markionitische Kirche. Markion, Bischofssohn aus Sinope (Schwarzes Meer), Schiffsreeder u. theol. Autodidakt († ca. 160), zw. 140–144 Gemeindeglied in Rom, wegen Häresie exkommuniziert, liefert das klass. Beispiel dafür, wie eng Kirchengründung und Aufstellung eines »Kanons« hl. Schriften zusammenhängen. Vom Gegensatz zw. AT und NT ausgehend (verlorene Schrift ›Antitheseis‹ nur durch Tertullians ›adv. Marcionem‹ rekonstruierbar), schloß Markion auf den Gegensatz zweier Offenbarungsgottheiten: Die eine sei der Weltschöpfer (Demiurg), der sein mißlungenes Werk nur durch Gesetze und die Peitsche des Vergeltungssystems regieren könne, ein wegen seiner Härte sattsam »bekannter« Gott. Der andere Gott aber, der durch Jesus geoffenbarte »Vater der Erbarmung«, sei zuvor »unbekannt« und werde wegen seiner schrankenlosen Liebe in dieser Welt des Hasses immer ein »fremder Gott« bleiben. Immerhin künde das NT (bes. die Bergpredigt) von ihm, insbesondere Paulus, der Vorkämpfer gegen das AT. Das werde bei Reinigung des Briefkorpus und überhaupt des NT von den »Fälschungen« der Juden deutlich. Bei der M. K. wurden daher zum »Apostolos« nur die »gereinigten« Paulusbriefe (ohne Pastoralbriefe), zum »Evangelium« aber nur Lukas (als Paulusschüler gleichfalls »gesäubert«) gerechnet. Durch seinen »Kanon« zwang Markion die großkirchl. Gemeinden zur Aufstellung eines, d. h. des Grundstockes des heutigen Kanons (→ Urchristentum).

Die schnelle Ausbreitung der M. K. im ganzen Mittelmeerraum ist der kompromißlosen Ethik Markions gleichfalls zu danken. Wohl sei die Macht des »Bösen« als Ohnmacht entlarvt. Der »dumme Teufel« habe nur den Scheinleib des »fremden Gottes« ans Kreuz genagelt (→ Doketismus). Er beweise aber seine versucherische Macht immer noch durch materielle Verlockungen bis hin zu den Dogmen von einer Auferstehung des Fleisches und von einem → Tausendjährigen Reich. Radikale Askese (Enthaltung von Fleisch und Wein, verschärftes → Fasten; anfangs auch Ehelosigkeit, später nur Verbot der Wiederverheiratung) herrschte daher über die M. K. Ihre → Presbyterialverfassung galt als paulinisch (Apg 20, 17–28!), d. h. sie war kanonisch; als drittes Amt fügte man zu den »Bischöfen« und »Ältesten« die »Martyrer« hinzu. Die trinitarische Taufe wurde abgelehnt (Taufe auf den »Namen Jesu Christi«). Die innere Festigkeit sicherte einen Fortbestand von 200 Jahren. Ob das Verbot Konstantins d. Gr. (Euseb, Vita Constantini III 64) ein Ende bereitete, lassen polemische Schriften des 4.–6. Jh. (Ps. Tertullian, Carmen adv. Marcionitas; Augustin, Contra adversarium legis et prophetarum) zweifelhaft erscheinen. Spez. Untersuchungen hierzu fehlen.

Q: Corpus Christianorum, series latina, I 441ff., II 1421ff; PL 42, 603ff; A. v. Harnack (Hg.), Marcion, das Evangelium v. fremden Gott, L 1921, ²1924, (Ndr.) 1960; J. Regul, Die antimarcionitischen Evangelienprologe, Fr 1969.

L: E. C. Blackman, Marcion and his Influence, Lo 1949; H. v. Campenhausen,

Die Entstehung der christl. Bibel, T 1968, 174ff.; K. T. SCHÄFER, Marcion u. die ältesten Prologe zu den Paulusbriefen: Fs. für Quasten, Bd. I, Mr 1970, 135–150; J. WOLTMANN, Der gesch. Hintergrund der Lehre Markions v. »Fremden Gott«: Fs. für Biedermann, Wü 1971, 15–42; J. G. GAGER, Marcion and Philosophy: Vigiliae Christianae 26 (1972) 53–59; B. ALAND, Marcion. Versuch einer neuen Interpretation: ZThK (1973) 420–447. – TRE XXII 89–101.

Maroniten, eine nach dem Priester-Mönch Maron (syr. Morun, † vor 423) benannte Gruppe syr. Christen des Libanon, die sich im 7. Jh. um das bes. wegen seines Widerstandes gegen die Monophysiten (→ Monophysitismus) berühmt gewordenen Kl. Maron scharten. Ob die M. später wenigstens kurze Zeit dem → Monotheletismus anhingen, ist umstritten. Sie zogen sich vor den Arabern in den Libanon zurück. Als der Patriarchenstuhl von Antiochien (→ Patriarchate) unbesetzt war (702–742), wählten die M. mit einigen benachbarten Bischöfen einen Patriarchen und gründeten die maronitische Kirche mit dem Kl. Maron als Mittelpunkt. Verfolgungen durch die Jakobiten (→ Syr.-orth. Kirche) und → Melchiten sowie durch einzelne Kalifen blieben ihnen nicht erspart. Viele ließen sich in den Bergen des Libanon oder auf Zypern nieder. 1184 vereinigte sich die maronitische Kirche mit dem Papst in Rom. Patriarch Jeremias II., Teilnehmer des 4. → Laterankonzils (1215), wurde 1216 von Papst Innozenz III. als Patriarch von Antiochien anerkannt. Seitdem stehen die M. in Gemeinschaft mit Rom, ausgenommen die M. auf Zypern, die sich erst 1445 dem Papst anschlossen. Namentl. im 16. Jh. wurden die M. zu Lateinern. Gregor XIII. gründete 1584 in Rom ein Kolleg für die Ausbildung maronitischer Kleriker. Das Nationalkonzil auf dem Libanon (1736), bei dem der päpstl. Legat Assemani den Vorsitz führte, beschloß eine weitgehende Angleichung an die → Röm.-Kath. Kirche (z. B. durch Annahme der Dekrete des → Trienter Konzils). Im 20. Jh. wanderten viele M. in die USA aus. – Die Hierarchie besteht aus dem Patriarchen, der seit 1790 in Bkerke (zuvor im Kl. Qannubin) residiert, und 11 Erzbischöfen bzw. Bischöfen (in Beirut, Zypern, Tripolis, Tyros, Aleppo, Baalbek, Saida, Saba, Kairo, Damaskus, Laodikeia). Diakone und Priester dürfen ihre Ehe fortführen, wenn sie vor der Weihe geschlossen worden ist. Heute gibt es ungefähr 1,8 Mill. Maroniten.

L: P. DIB, L'Église Maronite, 3 Bde, P bzw. Beirut 1930–73; W. DE VRIES, Rom u. die Patriarchate des Ostens, Fr-Mn 1963; B. SPULER, Gegenwartslage der Ostkirchen, F [2]1968, 320–323; G. SORGE, I Maroniti nella storia, R 1977. – TRE XXII 169–174.

Martin-Luther-Bund für »Bau und Pflege der ev. luth. Kirche in der Zerstreuung im In- und Ausland«, besteht seit 1932. Er hatte mehrere Vorformen, was auch der Untertitel festhält: ›Luth. Hilfswerk der Gotteskasten und Martin Luther-Vereine‹. Der »Gotteskasten« entstand auf Betreiben des Pfarrers Petri († 1878) in Hannover (1853), um die nach Nordamerika ausgewanderten Lutheraner mit Predigern zu versorgen. Andere luth. Landeskirchen richteten weitere »Gotteskasten« ein, z. B.

Bayern, wo der Diakonissen-Hauspfarrer Wilhelm Löhe in Neuendettelsau (→ Diakonie) gleichfalls das nordamer. → Luthertum förderte (→ Missouri-Synode). Die Koordinierung solcher Aktivitäten erfolgte zunächst durch die »Hauptstelle der ev.-luth. Diasporapflege« in Leipzig, wo kurzfristig (seit 1840) schon ein ›Verein zur Unterstützung der luth. Kirche in Nordamerika‹ bestanden hatte. Unter dem Vorsitzenden Prof. F. Ulmer († 1946) wurde die Zentrale nach Erlangen verlegt (1929), wo sie bis heute besteht. Luth. Diasporagemeinden bzw. Kirchen in Südamerika, Osteuropa, Australien, Südafrika haben sich dem M. angeschlossen. Die vor dem 2. Weltkrieg erfolgreiche Arbeit in Estland und Lettland, in der Ukraine und Ostgalizien wurde ein Opfer der polit. Entwicklung. Seit 1947 ist der Bund als ›Diasporawerk der ev. luth. Kirche Deutschlands‹ in die → VELKD integriert.

P: Jb. des Martin Luther-Bundes, 1946ff.

L: W. FUNKE (Hg.), Das Werk der luth. Gotteskasten, Han 1883; F. UHLHORN, Die dt.-luth. Diasporafürsorge, L 1932; M. WITTENBERG, 440 Jahre luth. Diaspora u. Diasporafürsorge: Jb. des M. 6 (1953–54) 11–48; TRE VIII 723–726.

Martyrerkult. Aus Vorformen devotionaler Martyrerverehrung, die z.T. in spätjüdischer Heiligenverehrung (Makk), teils im sepulkralen Brauchtum, teils in der liturgischen Aretologie (Aufzählung der Wundertaten [eines] Gottes) verankert waren, alle aber der vorkonstantinischen Epoche angehören, begann der M. im eigentl. Sinn, eng mit dem → Reliquienkult verbunden, erst nach der sog. → Konstantinischen Wende, hat also mit heidnischem Heroenkult wenig gemein.

[1] Das früheste Beispiel übergemeindl. Martyrerverehrung sind die »katholischen«, d.h. für die ganze Christenheit bestimmten Gemeindebriefe der südgallischen Gemeinden von Vienne und Lyon vom Jahre 177 (Euseb, KG V 1f.), die von einer Verfolgung berichten, und ein ähnl. Rundschreiben der Smyrnäer über das Martyrium ihres Bf. Polykarp (156 oder 168/9). Die literarkrit. Analyse des Polykarpmartyriums lassen dabei den fortschreitenden Prozeß von der reinen Berichterstattung zum M. gut verfolgen. Der lokale M. ist lokal gebunden und findet als jährl. Gedächtnisfeier am Todestag (sog. Anniversarien) und am Grabe des Martyrers statt; er bewegt sich so im Rahmen spätantiker Totenehrung. Dieser wird in den überregionalen Erbauungsberichten der sog. passiones und den propagandistischen »acta« verlassen; letztere pflegen bewußt den kargen Protokollstil von Gerichtsbehörden, weil dies stärkere Wirkung bei Ungläubigen hinterläßt (ähnl. war schon das alexandrinische Judentum in der Werbung für seinen Glauben verfahren).

[2] Die ungehemmten Entfaltungsmöglichkeiten in nachkonstantinischer Zeit mußten zwangsläufig zu Ausartungen bes. der Martyrerfeiern am Grabe führen. Ambrosius von Mailand und Augustin (wohl von ersterem beeinflußt) treten dem durch eine liturgische Reform Ende des 4. Jh. entgegen. Begünstigt wurde sie durch den einsetzenden Brauch, Martyrergebeine in die Kirchen zu überführen (sog. translationes) und unter

dem Altar »beizusetzen«; Augustin selber gibt aus Mailand hierfür einen dramatischen Bericht (Conf. IX 7,16). Gleichzeitig wurde durch sog. Martyrerbasiliken bzw. -kapellen über den Gräbern und »extra muros« ein liturgischer Ort für die Reform des M. geschaffen, so daß dieser seine gottesdienstl. Einbindung und damit endgültige Loslösung vom Sepulkralwesen fand. Allerdings steigerte in dieser Form der M. auch die → Reliquienverehrung und führte im Verlauf des → MA zu Auswüchsen, an denen die → Reformation Anstoß nahm. Die tridentinischen Reformkommissionen von 1568 und 1570 (→ Trienter Konzil) nahmen daher bei der Aufnahme der Martyrer-Gedächtnistage in den neugestalteten Kalender des Kirchenjahres erhebl. Streichungen vor, so daß von den bisherigen »Martyrern« der ersten 4 Jh. nur die Hälfte Aufnahme fand. Der M. als solcher wurde dadurch aber nicht in Frage gestellt.

Q: H. LIETZMANN (Hg.), Die drei ältesten Martyrologien, Bo 1911; R. KNOPF – G. RUHBACH (Hg.), Ausgewählte Martyrerakten, T 1929, [4]1965; W. SCHAMONI (Übers.), Martyrer der Frühkirche, D 1964; H. MUSURILLO (Hg.), The Acts of the Christian Martyrs, O 1972; F. HALKIN, Légendes grecques de »martyres romaines«, Bru 1973.

L: H. v. CAMPENHAUSEN, Die Idee des Martyriums in der Alten Kirche, Gö 1936, [2]1964; DERS., Bearbeitungen u. Interpolationen des Polykarpmartyriums 1957 = DERS., Aus der Frühzeit des Christentums, T 1963, 253–301 (vgl. dazu H. CONZELMANN: Nachrichten der Göttinger Akademie, phil. hist. [1978] 39–58); W. SURKAU, Martyrien in jüdischer und frühchristl. Zeit, Gö 1938; T. KLAUSER, Christl M., heidnischer Heroenkult u. spätjüdische Heiligenverehrung, 1960 = DERS., Gesammelte Arbeiten, Mr 1974, 221–229; T. BAUMEISTER, Martyr invictus. Der Märtyrer als Sinnbild der Erlösung in der Legende und im Kult der frühen koptischen Kirche, Mr 1972; W. RORDORF, Zur Entstehung der christl. Märtyrerverehrung: Oikonomia 6 (1977) 35–53; T. BAUMEISTER, Die Anfänge der Theologie des Martyriums, Mr 1980. – TRE XXII 196–220.

Mauriner, auf Initiative des → Cluniazenser-Mönchs Laurent Bénard (1573–1620) in enger Anlehnung an die lothringische Benediktiner-Kongreg. entstandene Reformkongreg. der frz. → Benediktiner, 1618 von Kg. Ludwig XIII. und 1621 von Gregor XV. approbiert. Das erste Generalkapitel (1618) beschloß, der Kongreg. den Namen des hl. Maurus (Saint-Maur), eines Schülers des Ordensvaters Benedikt, zu geben. In kurzer Zeit schlossen sich fast alle Klöster in Fkr. der Kongreg. von Saint-Maur an, so daß sie im Jahr 1675 ungefähr 3000 Mönche in 178 Klöstern zählte. Gebet, Betrachtung und Feier der Liturgie bildeten das tägl. Programm. Die Mönche waren zu Stillschweigen, Abstinenz und häufigem → Fasten verpflichtet und mußten bei Regelverletzungen schwere Strafen erleiden. Die Konst., bestehend aus Deklarationen, die die Ordensdisziplin regeln, und den eigentl. Statuten, stammen von Grégoire Tarrisse (1575–1648), der von 1631 bis zu seinem Tod als Generaloberer (supérieur général) der Kongreg. fungierte. Die M. sind zentralistisch organisiert. Das oberste Gremium ist das Generalkapitel, bestehend aus 33 Mitgliedern, die alle drei Jahre zusammentreten und jeweils für drei Jahre den Generaloberen, die an der Spitze der Prov. stehenden Visitatoren und die Prioren der einzelnen Klöster wählen. Die stabilitas loci (Ortsgebundenheit) des einzelnen Mönchs ist auf die ganze Kongreg. ausgedehnt. – Schon Tarrisse räumte der hist. Forschung einen hervorragenden Platz ein. Große Verdienste um die Gesch.wiss. (Paläographie, Chronologie, Diplomatik u. a.) und Theologie erwarben sich die M. des Kl. Saint-Germain-des-Près Paris mit der von ihnen angewandten hist.-krit. Methode. Zu den berühmtesten Gelehrten zählen u. a. d'Achéry (1609–85), Mabillon (1632–1707), de Montfaucon, Coustant, Martène, Clément, Toustain. Den M. verdankt man ausgezeichnete Editionen, z. B. die Werke des Kirchenvaters Augustinus (→ Kirchenlehrer). – Zum Niedergang der Kongreg. am Ende des 18. Jh. trugen vor allem langwierige Auseinandersetzungen mit dem → Jansenismus und zahlreiche Konflikte mit den → Jesuiten bei. Ein Neuanfang setzte nach 1837 ein.

Q: M. LAURAIN, Les travaux d'érudition des Mauristes. Origine et évolution: Mémorial du XIVe centenaire de l'abbaye de Saint-Germain-des-Prés. Recueil de travaux sur le monastère et la congrégation de Saint-Maur: Revue d'histoire de l'église de France 43 (1957) 231–271.

L: E. MARTÈNE, Histoire de la Congrégation de St-Maur, 9 Bde, Ligugé-P 1928–43; R. HESBERT, La Congrégation de St-Maur: Revue Mabillon 51 (1961) 107–156; M. WEITLAUFF, Die M. u. ihr hist.-krit. Werk: G. SCHWAIGER (Hg.), Hist. Kritik in der Theologie, Gö 1980, 153–209. – Atlas KG 94. – TRE XXII 281–283.

Maximilian-Kolbe-Werk, 1973 von 13 kath. Verbänden zusammen mit dem → Zentralkomitee der dt. Katholiken gegr., nachdem die dt. Sektion der → Pax-Christi-Bewegung im Anschluß an ihre Bußwallfahrt nach Auschwitz (1964) eine Aktion unter dem Titel »Solidaritätsspende« gestartet hatte, dient der Versöhnung zw. Deutschen und Polen. Über zwischenstaatl. Vereinbarungen hinaus will es bes. den ehemaligen polnischen KZ-Häftlingen und den Häftlingswitwen Sympathie, Hochachtung und Solidarität bezeugen und Kranken und Bedürftigen unter ihnen durch partnerschaftl. Unterstützung ihr schweres Leben erleichtern. Es gewährt noch viele andere Hilfen, z. B. Sanatoriumskuren, Medikamente, Hörgeräte, Invalidenfahrstühle. – Der polnische → Franziskaner Maximilian Kolbe ging im KZ Auschwitz freiwillig anstelle des Familienvaters Franz Gajowniczek in den »Todesbunker«, in dem Häftlinge verhungern mußten. Dort starb er am 14. August 1941 im Alter von 47 Jahren. Paul VI. hat ihn 1971 selig- und Johannes Paul II. 1982 heiliggesprochen.

L: K. STRZELECKA, Maksymiljan M. Kolbe. Für andere leben u. sterben, Fr-Bas-W 1981; S. TRASATTI – G. GRIECO, P. Maximilian Kolbe, St. Ottilien 1982.

Mechitharisten. Der Namensgeber Mechithar († 1749), zunächst Priestermönch im Kl. zum Hl. Kreuz seiner Heimatstadt Sebaste (Osttürkei), dann Wandermissionar und als solcher in Aleppo zum röm. Katholizismus konvertiert, begründete 1701 in Konstantinopel die → Kongreg. der M. Die Türken gestatteten aber keinen Klosterbau, so daß man ins venezianische Methone (Morea) auswich (1703–15). Hier wurden die M. auf der Basis der → Benediktregel von Clemens XI. anerkannt. Abermals von den Türken vertrieben, fanden sie auf der Lagune San Lazzaro bei Venedig ihre Heimstätte. Unter Leitung Mechithars wurde das Kl. der unierten Armenier (→ kath. Ostkirchen) zur Pflegestätte armenischer Lit. (1735: Armenische Bibel; 1749ff.: Armenisches Wörterbuch). Eine sich abspaltende Gruppe ging als eigene Kongreg. nach Triest (1773), wurde aber von dort 1810 durch Napoleon I. nach Wien vertrieben, wo dieser Zweig der M. noch heute in der M.-Gasse sein Kl. hat (als Orden 1885 bestätigt). Beide Ordenszweige haben ihren eigenen Generalabt.

Q: D-S 1050–1085; HEIMBUCHER I 241–246.

L: M. A. VAN DEN OUDENRIJN, Eine armenische Insel im Abendland, V 1940; V. INGLISIAN, 150 Jahre M. in Wien, W 1961; P. KRÜGER, Die armenischen M. u. ihre Bedeutung: Ostkirchl. Studien 16 (1967) 3–14.

Melchiten, auch Melkiten (syr. malka = Kg., Herrscher), d.h. »Königstreue«, nannte man jene überwiegend griech. Schichten in den → Patriarchaten Alexandrien, Antiochien und Jerusalem, die an dem Bekenntnis zur Zweinaturenlehre von 451 (→ Chalkedonismus) und im Gegensatz zum → Monophysitismus an der byz. Liturgie festhielten. Restbestand solcher Anhänglichkeit an Byzanz war die syr. Bez. »rum« (griech. Rhomaioi), da sie an byz. Reichssprache (Byzanz als Erbe Roms) unter Ks. Justinian (528–565) anknüpfte. Die byz. Tradition ging für Alexandrien und Jerusalem im Arabersturm unter; neuere Wiederbelebungsversuche durch die Griechen konnten diesen Verlust nicht ausgleichen. Anders Antiochien, das unter der Dynastie der Makedonen (10. Jh.) wieder zu Byzanz kam; die schlechte Behandlung im antiochenischen Kreuzfahrerstaat (11.–13. Jh.) knüpfte das Band zum Patriarchen am Bosporus noch enger. Hingegen führte die Seidenstraße die M. Antiochiens, teilweise auch als Gefangene oder Söldnertruppe (Alanen), nach China. Der Katholikos von »Rumagyris« hatte sogar seit dem 8. Jh. seinen Sitz in Taschkent (später in Nischapur); allerdings machte dem der Übergang der Mongolenreiche zum → Islam ein Ende. Unter den Türken konnten Antiochiens M. ihre Patriarchen wieder unangefochten wählen. Seit dem 17. Jh. trugen jedoch röm.-kath. Missionare zur Spaltung in zwei → Patriarchate bei (1724). Beide Patriarchen residieren in Damaskus, wobei Rom seinem »rum-kath.« Patriarchen (→ kath. Ostkirchen) zugestand, auch als Patriarch von Alexandrien und Jerusalem zu zeichnen (1772). Heute stehen den 605000 Gläubigen der drei orth. Patriarchate der M. 530000 des Vereinigten kath. Patriarchats gegenüber.

Q: A. D. VAN DEN BRINCKEN, Die »nationes Christianorum orientalium«, Kö 1973, 76–103.

L: B. SPULER, Die Gegenwartslage der Ostkirchen, Wie 1948, F [2]1968, 212–221, 228–243. – Atlas KG 27.

Melker Reform. Auf dem → Konstanzer Konzil (1414–18) erhielt Hzg. Albrecht V. von Östr. die Zusage, daß dt. und östr. Mönche des → Benediktiner-Kl. Subiaco zur Reform des Kl. Melk abgestellt werden. Unter Führung des aus Östr. stammenden Nikolaus Seyringer († 1425), der in

Subiaco Abt gewesen war und dasselbe Amt in Melk bekleiden sollte, erlebte das Kl. an der Donau aufgrund der ›Lebensgewohnheiten von Subiaco‹ (Consuetudines Sublacenses) eine neue Blüte. Gleichzeitig begann die sog. M. R., deren Auswirkungen noch im 15. Jh. auch in bayr., schwäbischen, ungarischen und schweizerischen Klöstern zu konstatieren sind. Nach einem allg. Niedergang des monastischen Lebens im Jh. der → Reformation kam es im 17. Jh. zu einer abermaligen Erneuerung, bis → Aufklärung und → Josephinismus neue Situationen schufen.

Q: C. LEONARDI – G. KOLLER (Hg.), Sublacensium et Mellicensium consuetudines, Siegburg 1963.

L: G. KOLLER, Princeps in ecclesia, W 1964; M. NIEDERKORN-BRUCK, Die M.R. im Spiegel der Visitationen, Mn 1995.

Mennoniten, nach dem Holländer Menno Simons (1496–1561) benannte Gruppe Taufgesinnter (→ Täuferbewegungen), die die Kindertaufe ablehnten. Eine Gemeinde friedl. Wiedertäufer wählte 1537 in Amsterdam den kath. Priester Menno Simons aus Witmarsum (Friesland), der sich kurz zuvor hatte wiedertaufen lassen, zu ihrem Oberhaupt. Doch blieben ihnen in Holland blutige Verfolgungen nicht erspart. In Dtl. förderten die M. Industrie und Landwirtschaft. Nachdem viele M. im 17. Jh. nach Nordamerika (Pennsylvania; seit 1862 ›Brethren in Christ‹) und in den Jahren 1788 bis 1824 nach Rußland ausgewandert waren, bildete sich 1856 die ›Vereinigung der M.-Gemeinden im Dt. Reich‹, später ›Konferenz der süddt. M.‹, heute ›Verband dt. M.-Gemeinden‹ geheißen. Russ. M. emigrierten seit 1874 in die USA; nach der Oktober-Revolution (1917) blieb fast keiner mehr im Land. Heute leben die meisten M. in den USA und in Kanada. Die Gesamtzahl der Mitglieder liegt heute bei 675000. – Die einzelnen Gemeinden der M. sind selbständig, auch von keinem Kirchenregiment abhängig. Sie kennen das dreifache Amt des Ältesten, Predigers und Diakons. In der Lehre sind sie eng verwandt mit dem → Calvinismus. Ein verpflichtendes → Glaubensbekenntnis gibt es nicht. Die (Glaubens-)Taufe wird nicht vor dem 14. Lebensjahr gespendet. Ein sittl. und asketisches Leben wird streng gefordert. Den Wehr- und Kriegsdienst lehnen sie ebenso ab wie den Eid. Zu ihren Prinzipien gehört eine strenge Trennung zw. Kirche und Staat. Die Weltkonferenz, 1925 in Basel gegr., findet unregelmäßig statt (1967 in Amsterdam, 1984 in Straßburg). – In der → Mission arbeiten die M. seit 1846, verstärkt seit der Gründung des ›Mennonite Board of Missions and Charities‹ (1882). Nach den Weltkriegen kümmerten sie sich in bes. Weise um Kriegsopfer und Flüchtlinge.

Mennonitische Zweiggruppen: *Hutterische Brüder* (oder Habaner), benannt nach dem Tiroler Jakob Hutter, der 1528 in Nikolsberg (Mähren) eine Bewegung ins Leben rief. Er wurde 1536 in Innsbruck verbrannt. Die meisten Mitglieder leben heute in den USA, Kanada und Paraguay. – *Amische Mennoniten,* gegr. von dem Schweizer Jakob Aman, leben einen ethischen Rigorismus. Sie sind großteils in den USA zuhause, nur wenige in Fkr. und der Schweiz. – *Brethren in Christ,* vor 1862 River-Brethren,

d. h. Flußbrüder in Pennsylvania, zeichnen sich durch karitativen Einsatz aus.

P: Mennonitische Gesch.blätter, Karlsruhe 1936ff.; Mennonitische Blätter, 1974ff.

Q: J. C. WENGER (Hg.), Menno Simons: Opera omnia theologica, Scottdale 1956; H. FAST (Hg.), Der linke Flügel der Reformation, Bremen 1962.

L: C. HEGE – C. NEFF, fortgeführt v. H. S. BENDER – E. CROUS – G. HEIN (Hg.), Mennonitisches Lexikon, 4 Bde, Karlsruhe 1924–67; C. KRAHN, Menno Simons (1496–1561). Ein Beitrag zur Gesch. u. Theologie der Taufgesinnten, Karlsruhe 1936; J. S. POSTMA, Das niederländische Erbe der preuß. u. rußländischen M. in Europa, Asien u. Amerika, Leeuwarden 1959; ALGERMISSEN 735–739, 749 H.-J. GOERTZ (Hg.), Die M., St 1971; C. BORNHÄUSER, Leben und Lehre Menno Simons', Neukirchen 1973; DERS. (Hg.), Umstrittenes Täufertum 1525–1975, Gö 1975, [2]1977; J. SÉGUY, Les Assemblées anabaptistes-mennonites de France, B-NY 1977; J. R. FRIESEN, Die M.: K. EBERHARDT (Hg.), Was glauben die andern? 27 Selbstdarstellungen, Gü 1977, 124–131; J. THIESSEN, Mennonitisches Wörterbuch, Marburg 1977; B. G. LÄNGIN, Die Hutterer, H-Z 1986; RELLER 95–105; FAHLBUSCH 167–172. – TRE XXII 444–457.

Menschenrechte. Die M. fanden erst in der NZ Eingang in Verfassungen, z. B. Amerikanische Unabhängigkeitserklärung (Bill of Rights) vom 4. 7. 1776; Erklärung der Menschen- und Bürgerrechte der frz. Nationalversammlung vom 26. 8. 1789. Diese wurde jedoch von Pius VI. verurteilt, zunächst intern vor dem → Konsistorium der Kardinäle und nach fast zweijährigem Zögern 1791 auch öff., und zwar in einem Breve vom 10. 3., das sich gegen die frz. → Zivilkonstitution des Klerus richtete, und in einem Breve vom 13. 4., das spez. dieser Frage gewidmet war. Er mißbilligte am 29. 3. 1790 auch die → Religionsfreiheit. Denselben Kurs verfolgten Gregor XVI. mit der Enz. ›Mirari vos‹ vom 15. 8. 1832 und Pius IX. mit der Enz. ›Quanta cura‹ vom 8. 12. 1864 (beigefügt der ›Syllabus seu collectio errorum modernorum‹). Unter Leo XIII. (1878–1903) bahnte sich ein leichter Gesinnungswandel an, doch Pius X. kehrte mit dem → Syllabus von 1907 und dem Antimodernisteneid (→ Modernismus) zu der rigorosen Haltung früherer Päpste zurück. Eine grundlegende Kurskorrektur setzte erst unter Pius XII. (1939–58) ein, den entscheidenden Durchbruch aber schafften Johannes XXIII. (1958–63) und das von ihm einberufene sowie von Paul VI. zu Ende geführte 2. → Vatik. Konzil mit seiner heftig umstrittenen Deklaration über die → Religionsfreiheit. Die Opposition schart sich seit Jahren um den seit 1976 suspendierten Alt-Ebf. Marcel Lefebvre.

Q: R. KLATT, Die M. in gesch. Dokumenten bis zur Gegenwart, Hagen 1950; AAS 58 (1966) 929–946; J. HAMER – Y. CONGAR (Hg.), Die Konzilserklärung »Über die Religionsfreiheit«. Lat. u. dt. Text, Pa 1967; Die Denkschriften der Ev. Kirche in Dtl. Frieden, Versöhnung u. M., 2 Bde, Gü 1976–1978.

L: G. OESTREICH, Die Idee der M., B 1963, [5]1974; R. SCHNUR (Hg.), Zur Gesch. der Erklärung der M., Da 1964; J. NEUMANN, M auch in der Kirche?, Z-Ei-Kö 1976; G. DENZLER, Das Papsttum u. die M. im 19. Jh. Im Kampf gegen Freiheit, Gleichheit u. Brüderlichkeit: Liberal. Beiträge zur Entwicklung einer freiheitl. Ordnung 19 (1977) 926–947; J. BAUR, Zum Thema M. Theol. Versuche u. Entwürfe, St 1977; B. PLONGERON, L'Église et les Déclarations des droits de l'homme au XVIIIe siècle: Nouvelle Revue Theologique 51 (1979) 359–377; Concilium 15 (1979) Heft 4; J. SCHWARTLÄNDER (Hg.), M. Aspekte ihrer Begründung und Verwirklichung, Tü 1978; DERS. (Hg.), M. – eine Herausforderung der Kirche, Mz 1980; M. PILTERS – K. WALF (Hg.), M. in der Kirche D 1980; G. THILS, Droit de l'homme et perspectives chrétiennes, Lv 1981; M. 1. Hist. Aspekte, B 1981; M. 2. Ihre Geltung für heute, B 1982; J. PUNT, Die Idee der M., Pa 1987; K. HILPERT, Die M. Gesch., Theologie, Aktualität, D 1991; G. PUTZ, Christentum u. M., I 1990. – TRE XXII 577–602.

Mercedarier (Ordo B. Mariae de Mercede redemptionis captivorum = OdeM), 1218 von Petrus Nolascus – deshalb auch *Nolasker* genannt – und dem General der → Dominikaner, Raymund von Peñafort, in Barcelona als Laienvereinigung gegr., die sich dem Loskauf bzw. Austausch christl. Gefangener aus den Händen der Mohammedaner widmete. Unter Kg. Jakob I. von Aragón wurden sie ein geistl. → Ritterorden, den Gregor IX. 1235 approbierte. Nachdem Johannes XXII. 1318 angeordnet hatte, daß der Generalobere ein Priester sein muß, schieden die Ritter aus. Seitdem gelten die M. als geistl. → Bettelorden. Auf einen allg. Niedergang in der 1. Hälfte des 19. Jh. folgte Ende dieses Jh. eine Neubelebung, vor allem in Amerika, weniger in Spanien und Italien. Die auf der → Augustinusregel fußende Ordenssatzung umfaßt neben den drei gewöhnl. Gelübden als 4. Gelübde die Befreiung der Sklaven. Die M. sind aber auch in der Seelsorge tätig und stehen im Dienst der → Mission, bes. in Amerika, aber auch in Afrika.

Die *Mercedarierinnen* wurden 1265 von Maria von Cervellò gestiftet. Sie wirken heute, auf mehrere Kongreg. verteilt, in zahlreichen Ländern im Unterricht, in der Krankenpflege und in der Mission.

L: HEIMBUCHER I 571–576.

Messalianer (syr. »Beter«; griech. Euchiten), in Nordsyrien/Mesopotamien beheimatete Mönchssekte des 4./5. Jh., nach der weder Taufe noch Askese (→ Mönchtum), sondern nur anhaltendes Beten den Teufel aus des Menschen Brust vertreibe; im ekstatischen Tanz sei er am Boden zu »zertreten«. Als diese Vorfahren der arabischen Derwische nach Kleinasien kamen, wurden sie nach mehreren Provinzialsynoden durch das 3. Ökumenische → Konzil von Ephesus (sog. Cyrillsynode → Eutychianischer Streit) verdammt. Ein bei ihnen vorgefundenes ›Asketikon‹ machte neuere Forschung (H. DÖRRIES) fündig; sie eruierte aus ihm einen gewissen Symeon von Mesopotamien, der die Auswüchse der Sekte (z.B. Arbeitsverweigerung) durch Spiritualisierung der Askese überwinden wollte. Er rief zum Kampf wider den Satan durch das Gebet um innere »Reinigung«, durch Geisteserleuchtung (Lichtmystik) und letzte Vollkommenheit auf. Seine Homilien, Reden und Briefe konnten allerdings nur unter dem pseudonymen Schutzmantel des ägyptischen Mönchsvaters Makarios d. Gr. fortleben; dank ihrer zusätzl. Überarbeitung im Sinne der → Orthodoxie und vielfacher Übersetzungen hatten sie bis ins 17. Jh. eine Fernwirkung.

Q: THEODORET, KG IV 11 = DERS., Haeret. Fabul. IV 11: PG 83, 429;

E. Schwartz (Hg.), Acta Conciliorum Oecumenicorum, Bd. I, I, 7, P 1914, 117f.; I, I, 7, 117f; COD 50f.
L: H. Dörries, Symeon v. Mesopotamien. Die Überlieferung, B 1941; Ders., Wort u. Stunde, Bd I, Gö 1966; Ders., Die Theologie des Makarios/Symeon, Gö 1977; E. Benz, Die prot. Thebais. Zur Nachwirkung Makarios des Ägypters im Protestantismus des 17. u. 18. Jh. in Europa u. Amerika, Wie 1963; R. Staats, Gregor v. Nyssa u. die M., B 1968; J. Gribomont, Le dossier des origines du Messalianisme: Fs. Daniélou, P 1972, 611–625; J. H. van de Bank, Macarius en zijn invloed in de Nederlanden, Antwerpen 1977.

Methodisten, auch »Holy Club«, nannten Spötter in Oxford jenen Bibelkreis frommer Studenten und Laien, die sich um die Brüder Charles († 1788) und John Wesley († 1791) scharten, um nach bes. »Methoden« (bewußtes, sich kontrollierendes Heiligungsstreben) das eigene und das Seelenheil anderer zu fördern. Ungewollt wurden sie so zu Vätern der »letzten großen Kirchenbildung in der Gesch. des Christentums«.

[1] In Engl. selbst gründete John Wesley nach seiner Bekehrung als Reiseprediger »Methodist societies within the Church of England« nach dem Vorbild der → Brüderunität, die er 1783 besucht hatte; sie waren als »bands«, d. h. Seelsorgerkreise an einem Ort gedacht. Dieses Prinzip der Innerkirchlichkeit wurde auch beim weiteren Ausbau der Gemeinden (1746) in »classes« (Ortsgruppen) und »circuits« (regionale Zusammenschlüsse mehrerer Ortsgemeinden) festgehalten, als man zur Anstellung von Laienpredigern für → Erweckungspredigten überging. Erst nach John Wesleys Tod erfolgte die Gründung einer Methodistischen Freikirche in England (1795).

[2] In Amerika hatte sich durch die Entsendung von Predigern und die Tätigkeit George Whitefields († 1770) von dem sich der ›Universalist‹ Wesley (→ Arminianismus) jedoch wegen dessen calvinistischer Prädestinationslehre (→ Calvinismus) getrennt hatte, ein eigener Zweig des Methodismus entwickelt. Nach dem engl.-amer. Unabhängigkeitskrieg (1775–83) erlangte diese mit der Weihnachtskonferenz in Baltimore 1784 ihre Selbständigkeit als ›Bischöfl. Methodistenkirche‹. Die ersten Bischöfe waren die von Wesley ordinierten Thomas Coke und Francis Asbury. Aufgrund ihrer rasch steigenden Mitgliederzahlen sollte sie sehr bald die M. in Engl. überflügeln. Auch methodistische Kirchengründungen in Kanada und anderswo rund um die Welt kamen an sie nicht heran. Ihre Führungsrolle sollte noch 1968 der Zusammenschluß mit der nordamer. ›Ev. Vereinigten Bruderkirche‹ zur ›Vereinigten methodistischen Kirche‹ zeigen. Daher finden als oberstes Beschlußgremium für die 60 Mill. Vollmitglieder auf dem Erdkreis alle 4 Jahre Generalkonferenzen statt.

[3] Die dt. M.-Gemeinden gehen auf Anstöße aus Engl. (1831/2: Winnenden/Württ.) und Nordamerika (1849: Bremen) zurück. Beide Zweige vereinigten sich 1897 und schlossen sich der ›Bischöfl. Methodistenkirche‹ an. Unter diesem Namen erhielten sie 1921 staatl. Anerkennung und Körperschaftsrechte. Einen bes. Impuls aus den USA vermittelte der Prediger J. C. Link (1850). Aus seiner Missionsarbeit ging die ›Ev. Gemein-

schaft‹ mit Sitz in Stuttgart hervor, die seit 1865 regelmäßige »Konferenzen« (bei den M. gesetzgebende Gremien aus Predigern und Laien) abhielten. Dem Vorbild ihrer amerikanischen Mutterkirche entsprechend vereinigten sich 1968 die »Ev. Gemeinschaft« u. die »Bischöfliche Methodistenkirche« zur »Evangelisch-methodistischen Kirche« (EmK).

L: ALGERMISSEN 614–656; M. SCHMIDT, John Wesley, 2 Bde, Z 1953–56; E. S. BUKKE, The History of American Methodism, 3 Bde, Nashville 1964; E. SOMMER (Hg.), Der Methodismus, St 1968; HEYER 595–605 (M. SCHMIDT); E. FAHLBUSCH 146–168; F. A. NORWOOD (Hg.), Sourcebook of American Methodism, Abingdon-Gö 1982; K. STECKEL – C. E. SOMMER (Hg.), Gesch. der Ev.-methodistischen Kirche, St 1982; W. KLAIBER – M. MARQUARD, Gelebte Gnade, St 1993. – Atlas KG 126f.

Michaelsbruderschaft. [1] Im → MA zählte die M. zu den am weitesten verbreiteten → Bruderschaften. In Bamberg z. B. gab es die ›St. Michaelsvereinigung für ehemalige Soldaten‹. Die 1860 in Wien gegr. St. M., der bald Gründungen in Dtl. und It. folgten, wollte den Papst bei seiner Sorge um den → Kirchenstaat mit Gebet und Gaben unterstützen.

[2] In den ev. Kirchen traten bruderschaftsähnl. Gemeinschaften erst in jüngster Zeit ins Leben. Der von der kath. zur ev. Kirche konvertierte Theologe Friedrich Heiler († 1967) griff solche Bestrebungen auf und rief 1927 die ›Ev. Franziskaner-Bruderschaft der Nachfolge Christi‹ (auch ›Ev. Franziskaner Tertiarier‹) ins Leben. Seit 1930 Vorsitzender der Hochkirchl. Vereinigung (→ Una-Sancta-Bewegung), wandelte er sie in die ›Ev.-ökumenische St. Johannesbruderschaft‹ um. In Marburg entstand ferner durch Initiativen von Kirchenrat Karl B. Ritter († 1968) und Prof. Wilhelm Stählin († 1975) 1931 die ›Ev. Michaelsbruderschaft‹, die aus dem → Berneuchener Kreis hervorgegangen war.

L: → Bruderschaften. – W. STÄHLIN, Bruderschaft, D 1940; E. JANSEN, Ev. M., Kassel 1949; L. PRÄGER (Hg.), Frei sein für Gott u. die Menschen. Ev. Bruder- u. Schwesterschaften der Gegenwart in Selbstdarstellungen, St 1959; H. MÜLLER, Die M., Aldingen 1968; H. C. HAEBLER, Gesch. der Ev. M. v. den Anfängen bis zum Gesamtkonzept 1967, Marburg 1975; J. HALKENHÄUSER, Kirche u. Kommunität, Pa 1978; FAHLBUSCH 140–141. – TRE XXII 714–717.

Mission. Das Wort »Mission« (lat. mittere = senden) im heute gebräuchl. Sinn begegnet erst im 17. Jh.; vorher nannte man die Tätigkeit der Glaubensboten »apostolatus« oder »propagatio fidei«. Die heutige Bedeutung von M. entwickelte sich vermutl. aus dem »votum de missionibus« (Aussendungsgelübde) der → Jesuiten; deshalb galt der Jesuit als Missionar schlechthin. Andererseits baten in China wirkende Jesuitenmissionare um (Gebets-)Hilfe für ihre »Mission«, d. h. für die Verkündigung des Evangeliums unter den (Heiden-)Völkern.

Ausgangspunkte der M. in der → Alten Kirche waren Jerusalem, Antiochien und Rom. Als erster sah Paulus in der Heidenmission seine Hauptaufgabe (Gal 1,16) und sprengte damit die engen Grenzen des Judentums. Nach den → Christenverfolgungen erlangte die Kirche im 4. Jh. zunächst Toleranz (→ Toleranzedikt von Mailand) und unter Ks. Theodosius I. staatl. Anerkennung mit der Folge, daß die Zahl der Christen sprunghaft anstieg. Die christl. Botschaft war aber schon im 2. Jh. bis

Schottland und Persien vorgedrungen. Die M. unter den Germanenstämmen zu Beginn des → MA wurde begünstigt durch die Taufe des Merowingerfürsten Chlodwig I. (ca. 498). Als Missionare unter den Friesen ragen hervor die Angelsachsen Wilfrith von York († 710), Willibrord († 739) und Winfrid-Bonifatius († 754). Bonifatius, der auch in Thüringen und Hessen missionierte, wurde überdies zum Organisator der fränkischen Kirche und der bayr. Bistümer. Die M. unter den Sachsen erfolgte in enger Zusammenarbeit der Karolinger mit der fränkischen → Landeskirche. Im 9. Jh. begann die Missionierung der skandinavischen Länder Dänemark, Schweden und Norwegen. Ungefähr zur selben Zeit wirkten lat. und griech. Missionare (bes. Kyrill und Method) unter slawischen Völkern. Namentl. Ordensleute (→ Franziskaner, → Dominikaner) verbreiteten das Evangelium seit dem 13. Jh. im Vorderen und Hinteren Orient (1307 Gründung des Bt. Kambalek/Peking). Die Rückeroberung (→ Reconquistà) des von den Arabern (Mauren) besetzten Span. dauerte jahrhundertelang bis in das 15. Jh. Im Zeitalter der Entdeckungen (15./16. Jh.) erweiterten sich die Missionsgebiete, wobei Kolonisatoren und Missionare eng zusammenarbeiteten (nicht selten zum Nachteil des christl. Glaubens). Portugiesische Missionare finden wir in Afrika ebenso wie in Indien und Japan (Franz Xaver, † 1552, → Jesuit). 1576 entstand das Bt. Macao in China. Lange Zeit dauerte der → Ritenstreit. Span. Ordensmissionare wirkten im Zug der Kolonisation in Mexiko (Conquista) und setzten bald ihren Fuß in andere südamerikanische Staaten (Brasilien, Venezuela, Kolumbien u. a.). 1622 wurde die ›Kongreg. für die Glaubensverbreitung‹ (de Propaganda Fide) als röm.-päpstl. Zentrale (→ Röm. Kurie) für die gesamte Missionsarbeit geschaffen. Bis sie ihren Anspruch überall durchsetzen konnte, dauerte es aber noch lange. Nur allmähl. bezog man auch einen einheimischen Klerus in das Missionsprogramm ein. Im 19. Jh. begann in vielen Ländern eine neue Blüte der M., nicht zuletzt bedingt durch neu entstandene Missionsorden, Missionskongregationen und → Missionsgesellschaften. Eigene Hierarchien erlangten die Missionskirchen erst in unserem Jh. Selbst die skandinavischen Kirchen unterstanden noch bis 1977 der Propagandakongregation. Missionsenzykliken erließen die Päpste seit dem 19. Jh.; bes. bedeutend Pius' XII. Enz. ›Evangelii praecones‹ (1951) und Enz. ›Fidei domum‹ (1957).

Der Beginn der ev. Missionsarbeit ist, von der Kolonialzeit abgesehen, eng verbunden mit dem → Pietismus und der → Erweckungsbewegung. Eine rege Tätigkeit entfalteten in Engl. seit dem Ende des 18. Jh. die → Baptisten, die → Anglikaner (Church Missionary Society) sowie die überkirchl. ausgerichtete ›Londoner Missionsgesellschaft‹ (seit 1795), als deren Hilfsges. die ›Niederländische Mission‹ entstand. Hauptmissionsfelder waren neben Nordamerika vor allem Kanada, Australien und Neuseeland. Eine ökumenische Note erhielten die Aktivitäten in der M. durch den 1921 gegr. ›Internationalen Missionsrat‹ (→ Ökumenische Bewegung); er besteht seit 1961 als ›Kommission für Weltmission und Evangelisation‹ innerhalb des → Ökumenischen Rats der Kirchen weiter. 1910 wurde in Edinburgh die erste Weltmissionskonferenz veranstaltet (1980 in Melbourne).

P: → Missionswissenschaft.

Q: J. Metzler (Hg.), America Pontificia primi saeculi evangelizationis, R 1991; M. Delgado (Hg.), Gott in Lateinamerika. Texte aus fünf Jh., D 1991; W. Raupp (Hg.), M. in Quellentexten. Gesch. der Dt. Ev. M., Erl-Bad Liebenzell 1990.

L: J. Rommerskirchen – N. Kowalsky – J. Metzler (Hg.), Bibliographica missionaria, R 1933ff.; K. S. Latourette, A History of the Expansion of Christianity, 7 Bde, NY 1937–45; J. Höffner, Christentum u. Menschenwürde, Trier 1947, 2. Aufl. unter dem Titel: Kolonialismus u. Evangelium. Span. Kolonialethik im Goldenen Zeitalter. Trier 1969; S. Delacroix (Hg.), Histoire universelle des Missions catholiques, 4 Bde, P 1957–59; J. Beckmann, Weltkirche u. Weltreligionen, Fr-Bas-W 1960; H.-W. Gensichen, M.gesch. der neueren Zeit, Gö 1961, [3]1976; J. Metzler (Hg.), Sacrae Congregationis de Propaganda Fide Memoria Rerum 1622–1972, 3 Bde, R-Fr-W 1971–76; S. Neill – N. P. Moritzen, Gesch. der christl. M., Erl 1974; H. Frohnes – H. Gensichen – G. Kretschmar (Hg.), KG als M.gesch., (bisher) 3 Bde, Mn 1974ff.; S. Neill – N. Moritzen – E. Schrupp (Hg.), Lexikon zur Weltmission, Wuppertal–Erl 1975; K. Hammer, Weltmission u. Kolonialismus, Mn 1978; E. L. Stehle (Hg.), Zeugen des Glaubens in Lateinamerika; Mz 1981; G. Gründer, Chrstl. M. u. dt. Imperialismus, Pa 1982; Ders., Welteroberung u. Christentum. Ein Hb. zur Gesch. der Neuzeit, Gü 1992; T. Eggensperger – U. Engel, Bartolomé de las Casas, Mz 1991; E. Konstantinou (Hg.), Leben u. Werk der byz. Slavenapostel Methodios u. Kyrillos, Münsterschwarzach 1991; F. Mires, Die Kolonisierung der Seelen. M. u. Konquista in Spanisch-Amerika, Fribourg 1991; H. Rzepkowski, Lexikon der M., Graz 1992; K. Müller – W. Ustorf, Einl. in die Missionsgesch., St 1995. – TRE XXIII 18–80. – Atlas KG 25, 84–90, 98–99, 103–105.

Missionsgesellschaften, -kongregationen, -orden. [1] *Kath.:* Während die meisten rel. Orden und Kongreg. die Missionsarbeit nicht zu ihren Hauptaufgaben zählen, entstanden vom 19. Jh. an rel. Vereinigungen von Priestern und/oder Laien, die in erster Linie Missionare sein wollten. Diese neue Ausrichtung erklärt sich mit einer neuen Phase der Missionsarbeit im 19. Jh. Hauptsächl. der Afrika-Mission widmeten sich u. a. die Väter vom Hl. Geist (Frz.-Afrika und die Inseln), die Missionare von Lyon (Westafrika), die → Weißen Väter (Nord- und Zentralafrika), die Missionare von Verona (Sudan), die Missionsgesellschaften → Mariannhill (Südafrika) und die Missionsbenediktiner von St. Ottilien. Die Missionare legen in der Regel einfache Ordensgelübde ab oder begnügen sich mit eidesstattl. Erklärungen. – Das ehemalige Mitglied der Veroneser Mission, Daniel Comboni (1831–81), schied aus Gesundheitsgründen aus der Afrika-Mission aus und gründete 1867 ein eigenes Missionsinstitut: Comboni-Missionare (MFSC). Zusammen mit → Kamillianern und frz. Schwestern kam es zur ersten Niederlassung in Kairo; einige Jahre später entstand eine Schwesterngemeinschaft in Verona. 1877 wurde Comboni der erste Bf. des zentralafrikanischen Vikariats. Zu seinen Hauptsorgen zählte die Ausbildung einheimischer Priester und Katecheten. – Arnold Janssen (1837–1909) gründete 1875 in Steyl die Ges. des Göttl. Wortes (→ Steyler Missionswerk).

[2] *Prot.:* Kennt die kath. → Mission zusätzl. bzw. primär die Missionsorden und -kongregationen, so der → Protestantismus nur die Missionsgesellschaften, die außerdem ihre Blütezeit erst im 19. Jh. hatten.

(a) Die Anfänge liegen in der Kolonialmission mit der ›Holländischen-Ostindischen Kompanie‹, die 1602 das Erbe Portugals in Indonesien antrat. Auch die engl. Mission folgte der ›Britisch-Ostindischen Kompanie‹ (1600) und den Auswanderern auf dem Fuß (seit 1646: Indianermission in New England/Amerika durch John Eliot, † 1690). Letzte Beispiele prot. Kolonialmission bot der dänische Kg. Friedrich IV. (1699–1730), der seiner ›Østasiatisk Handelscompanie‹ auf Tranquebar den Heidenmissionar Ziegenbalg († 1719) für die Tamulen zuordnete. Der Schüler August H. Franckes (→ Pietismus) übersetzte dabei das NT ins Tamulische. Francke sollte missionarisch motivierte Bibelübers. weiter vorantreiben. Auf seine und anderer Veranlassung entstanden 1699 in London die ›Society for the Propagation of Christian Knowledge‹ (noch heute als SPCK unter verändertem P = »Promoting« bestehend) und in Kopenhagen 1714 das ›Collegium de cursu Evangelii promovendi‹, mit Missionsverlagen verbundene M., in der »Dänisch-Halleschen« aber die erste luth. M., die durch die erste Missionszeitschrift (Goethe bezog sie), durch den ersten Missionsarzt (1730) und nicht zuletzt ihr Missionsschulwesen führend wurde. Der Beziehung Zinzendorfs (→ Brüderunität) zum dänischen Kg. verdankte auch die ›Brüdermission‹ ihre Missionsstation auf der westindisch-dänischen St. Thomas-Insel (Negersklaven!), außerdem betrieb sie unter den Eskimos auf Grönland Mission (1733).

(b) Schon an der Schwelle vom 18. zum 19. Jh. ließen engl. M. (1792: Baptist Missionary Society; 1795: London Missionary Society; 1799: Church Missionary Society) ein neues Modell von M. erstehen, das dann dem 19. Jh. das Gepräge gab. In die christl. Missionsverantwortung traten innerkirchl. Gruppen, die im steigenden Maße die Kirchen davon entlasteten, als diese mit ihren internen Problemen befaßt waren und zur → Inneren Mission gezwungen wurden. Zudem rief die Beteiligung aller Großmächte Europas an kolonialen Annexionen zahlreiche M. auf den Plan. Unter der bedenkl. Direktive »Kolonisieren heißt missionieren« (Solf, Ostasienmission) wurde das »Zeitalter des Imperialismus« zum »Großen Missionsjahrhundert«. Das gilt für alle europäischen M. wird aber bei den dt. Gründungen bes. evident (1815: → Baseler M.; 1818: Barmer M.; 1824: Berliner M.; 1828: Rhein. M.; 1836: Norddt. M. – Leipziger M. – Goßnersche M. = Berlin II; 1841: Neuendettelsauer M.; 1849: Hermannsburger M. → Luthertum; 1876: Schleswig-Holst. M. zu Breklum; 1882: Neukirchener M.; 1884: Allg. Ev.-prot. Missionsverein = Ostasienmission → Protestantenverein; 1886: Bethel-Mission; 1890: Dt. Baptistenmission; 1897: Berliner Orientmission = Berlin IV; 1930: M. der Methodistenkirche in Dtl.). War diesen prot. M. die Einbindung in »entsendende« Heimatgemeinden als Missionsträger (auch finanziell) selbstverständl., so trat mit der ›China-Inland-Mission‹ (CIM) des Engländers Hudson Taylor († 1905) als neues Modell die übergreifende Allianz- und Glaubensmission (→Allianzbewegungen) in Erscheinung. Zu weiteren Eigenarten gehörte neben der Überkonfessionalität die Finanzierung aus Geldern der »Gebetserhörung«. Als Gründungstag der CIM galt der Tag der ersten Einzahlung »erbetenen« Geldes auf ein Bankkonto (1865). Die schnelle Ausbreitung der CIM, der sich eine selbständige Frauenmission angliederte (1877/78), war dank der festen Bande in Amerika (1888), Skandinavien (1889) und Dtl. auf Dauer jedoch abgesichert: Neben der dt. ›China-Allianz-Mission‹ in Barmen (1890) standen auch die Liebenzeller M. (1899), der ›Dt. Frauenmissionsgebetsbund‹ (1899/1900), die ›Mission der Frauen- und Mädchenbibelkreise‹ (1925) und die ›Vandsburger‹ bzw. ›Marburger M.‹ (1929) als Förderkreise hinter der CIM.

(c) Die verschiedenartige Pluralität der Missionsgesellschaften mußte auf den Missionsfeldern zu Reibereien führen. Schon 1885 hatte sich daher für die dt. M. der ›Dt. Ev. Missionsrat‹ zusammengefunden, um dies zu unterbinden. In anderen Ländern entstanden ähnl. nationale Gremien der Koordinierung. Doch erst die ›Studentische Freiwilligenbewegung‹ (Students Volunteer Movement, 1886 in Oxford gegr.), der zudem der → Methodist John R. Mott († 1955) durch die Gründung des ›Christl. Studentenweltbundes‹ (1895) ökumenische Impulse vermittelte, schuf die Voraussetzung für Weltmissionskonferenzen, deren erste unter dem Vorsitz von Mott 1910 in Edinburgh durchgeführt wurde. Seit 1928 (in Jerusalem) wurden diese ›Internationalen Missionskonferenzen‹ in großen, aber regelmäßigen Abständen abgehalten. Ihre Effektivität als Indikatoren der sich wandelnden Situation für die M. und die Weltmission wurde durch den gleichfalls von Mott begründeten ›Internationalen Missionsrat‹ (1921) verstärkt, der die Tagungen vorbereitet und daher Dauer hat. Da er im Unterschied zum → Ökumenischen Rat der Kirchen, der ausschließl. von den Kirchen beschickt wird, aus den Delegierten der nationalen Missionsräte, die weit pluralistischer zusammengesetzt sind, gebildet wird, vermag der ›Internationale Missionsrat‹ ein breiteres Bild zur Weltlage des Christentums und seiner M. zu bieten.

Q: → Missionswissenschaft.

L: B. ARENS, Hb. der kath. Missionen, Fr [2]1925; World Christian Handbook, Lo 1949ff.; Weltkirchenlexikon, St 1960, 937–943, 945–952; A. FREITAG, Die missionierenden Orden u. Missionsgesellschaften u. das Missionspersonal, Steyl 1962; Annuario Pontificio, R (jährl.); Th. BRAUN, Die Rhein. M. u. der Missionshandel im 19. Jh., Erl 1992. – TRE XXIII 81–88.

Missionswerke entstanden großteils im 19. Jh. mit Ausbreitung der Mission in verschiedenen Ländern und Kontinenten.

Päpstl. M.: Eine Zentralisierung der einzelnen Unternehmungen sollte durch die 1622 gegr. ›Kongreg. für die Verbreitung des Glaubens‹ (Congregatio de Propaganda Fide, → Röm. Kurie) erfolgen. Unter den zahlreichen päpstl. M. sind zu nennen: ›Werk der Glaubensverbreitung‹, begonnen durch Marie-Pauline Jaricot (1799–1862) 1822 in Lyon, erhielt 1922 unter Pius XI. neue Statuten und wurde der Propaganda-Kongreg. in

Rom angegliedert (gleichzeitig die Zentrale von Lyon nach Rom verlegt). – Dt. Zweige des Lyoner Missionsvereins: Franziskus-Xaverius-Missionsverein (Zentrale in Aachen), 1841/42 von Staat und Kirche anerkannt; (bayer.) Ludwig-Missionsverein, 1839 gegr. (Zentrale in München). Beide Vereine wurden 1922 dem (Päpstl.) Werk der Glaubensverbreitung angeschlossen. Den Weltmissionssonntag (meist am vorletzten Sonntag im Oktober) kennt man seit 1926. An diesem Sonntag tragen die päpstl. M. in 97 Ländern ihr Opfer zusammen, um den sog. Jungen Kirchen für ein weiteres Jahr ihre Existenzgrundlage zu sichern. – Missionswerk der Kinder (früher: Päpstl. Werk der hl. Kindheit), 1843 von Bf. C. de Forbin-Janson (Nancy) zusammen mit Jaricot zur Unterstützung chinesischer Kinder, dann zum Loskauf von Sklavenkindern in Afrika, schließl. seit 1855 zur Hilfe für alle Kinder in Missionen geschaffen; seit 1922 päpstl. Werk (Zentrale: Paris). In Dtl. besteht seit 1846 der Kindheit-Jesu-Verein (Zentrale: Aachen). – Werk des hl. Apostels Petrus für den einheimischen Klerus, 1889 in Caen err. (Zentrale: Fribourg, dann Rom), seit 1922 päpstl. Werk. – Missionsvereinigung des Klerus (auch Priester-Missionsbund), 1916 gegr., 1919 der Propaganda-Kongreg. integriert, seit 1956 päpstl. Werk.

Kath. M.: Am Anfang der zahlreichen M. in den einzelnen Ländern steht der 1888 gegr. Afrika-Verein der dt. Katholiken, der neben der Förderung der Mission ganz allg. die Bekämpfung der Sklaverei als ein spez. Hauptziel verfolgte. – Auf Initiative der Gräfin Maria Theresia Ledóchowska entstand 1894 die Petrus-Claver-Sodalität (bes. für Afrika). – Als modernes M. gilt die 1925 von A. Schulte OMI, dem »fliegenden Pater«, ins Leben gerufene Missions-Verkehrs-Arbeitsgemeinschaft (= MIVA). – Im ›Dt. Kath. Missionsrat‹ sind alle Institutionen vereinigt, die im Dienst der Weltmission stehen.

Ev. M.: Zu den frühesten Aktivitäten zählen die von dem Pietisten (→ Pietismus) August Hermann Francke (1663–1727) geschaffene Dänisch-Hallische Mission (1706) in Südindien und bei den Eskimos und das M. der → Brüderunität (Herrnhuter). – In der Mitte des 19. Jh. entstanden zahlreiche luth. → Missionsgesellschaften.

Q: Acta Pontificalium Operum a propagatione Fidei, R 1946ff. → Missionswissenschaft.

L: Verzeichnis der dt. prot. Missionsgesellschaften bei E. GELDBACH – H. BURKHARDT – K. HEIMBUCHER (Hg.), Ev. Gemeindelexikon, Wuppertal 1978, 357–361; W. JANSEN, Das päpstl. Missionswerk der Kinder in Dtl. Seine Entstehung u. seine Gesch. bis 1945, Aachen (o. J.). → Mission.

Missionswissenschaft. Die M. ist erst seit der 2. Hälfte des 19. Jh. ein eigenes Fach in der Theologie, und zwar zuerst im prot. Bereich (1867 Lehrstuhl für »Evangelistische Theologie« in Edinburgh; 1896 Honorarprofessur für M. in Halle). Zu einem Pionier der M. auf kath. Seite wurde der seit 1910 an der Univ. Münster lehrende Josef Schmidlin (1876–1944). Er begründete die ›Zs. für M.‹ (Mr 1911ff.; seit 1945 ›Neue

Zs. für M.‹) und gab den Anstoß zur Errichtung des ›Internationalen Instituts für M.‹ (1911). Allmähl. wurden auch an anderen Fakultäten beider Konfessionen in Dtl. missionswiss. Vorlesungen angeboten bzw. entsprechende Lehrstühle und Institute eingerichtet. 1932 erhielten das Propaganda-Kolleg und die Univ. Gregoriana in Rom Fakultäten für Missionswissenschaft. → Kollegien und Seminarien.

P: Die Kath. Missionen, Fr 1873ff.; Allg. Missionszs., B 1874–1923; Echos d'Orient, P 1898ff.; International review of missions, Lo 1912ff.; Allg. Missionsnachrichten, H 1915ff.; Neue allg. Missionszs., B 1924–39; Ev. Missionszs., St 1940ff.; Neue Zs. für M., Beckenried 1945ff. (dazu Supplementa, Beckenried 1950ff.); Zs. für M. u. Religionswiss., Mr 1911–37, 1950ff.; Ev. Mission, H 1969ff.

Q: Bullarium S. Congregationis de Propaganda Fide, 8 Bde, R 1839–58; Juris Pontificii de Propaganda Fide, 8 Bde., R 1888–1909; Collectanea S. Congregationis de Propaganda Fide, seu decreta, instructiones, rescripta pro apostolicis missionibus, 2 Bde, R 1907; R. STREIT – J. DIDINGER u. a. (Hg.), Bibliotheca missionum, Aachen 1916ff.; Missionswiss. Abhandlungen u. Texte, Mr 1925ff.; Sylloge praecipuorum documentorum recentium Summorum Pontificum et S. Congregationis de Propaganda Fide necnon aliarum SS. Congregationum Romanarum, R (Vatikan) 1939; J. GLAZIK (Hg.), Die päpstl. Rundschreiben über die Mission v. Leo XIII. bis Johannes XXIII., Münsterschwarzach 1961; E. MARMY – I. AUF DER MAUR (Hg.), Gehet hin in alle Welt ... Die Missionsenzykliken der Päpste Benedikt XV., Pius XI., Pius XII. u. Johannes XXIII., Fri 1961. – (Prot.) World Missionary Conferences, 9 Bde, Lo 1910; Minutes of the International Missionary Conferences, NY-Lo 1921ff.; Ev. Mission, H 1951–68.

L: Bibliografia missionaria, R 1933f.; J. BECKMANN, M. in den einzelnen Ländern: Neue Zs. für M. 5 (1949) 19–29; L. VRIENS, Krit. Bibliographie der M., N 1961; J. GLAZIK, M.: E. NEUHÄUSLER – E. GÖSSMANN (Hg.), Was ist Theologie?, Mn 1966, 369–384; H. Waldenfels (Hg.), »...denn ich bin bei Euch«. Fs. für J. Glazik u. Willeke, Z 1979; H. BÜRKLE, Missionstheologie, St 1979; H. DAPPER, Mission – Glaubensinterpretation – Glaubensrealisation, F-Bern 1979; D. RITSCHL – W. USTORF (Hg.), Ökumen. Theologie – Missionswissenschaft, St 1994. – TRE XXIII 88–98.

Missouri-Synode, eine der vielen »Synods«, d. h. Vereinigungen luth. Gemeinden in Nordamerika (→ Luthertum). Ihr schroff luth. Konfessionalismus hatte sie schon 1838 im Widerstand gegen die → Altpreuß. Union aus Sachsen vertrieben, wobei ihnen die Unterstützung durch Wilhelm Löhe († 1872) in Neuendettelsau mit seinen Anstalten zugute gekommen war. Nicht nur ihr Fundamentalismus (Inspirationsdogma; sämtl. luth. → Bekenntnisschriften dogmatisch verbindl.), sondern auch ihre deutschsprachigen Gottesdienste verliehen der 1847 begründeten ›Dt. ev.-luth. Synode von Missouri, Ohio und anderen Staaten‹ bei dt. Auswanderern starke Anziehungskraft. Hinzu kam die kompromißlose Haltung ihres ersten Präsidenten, des Pfarrers C. F. W. Walther von St. Louis († 1887), der nicht nur den Bruch mit Neuendettelsau scheute (1853) und seit 1879 im Gnadenstreit pietistische Einflüsse abwehrte, sondern vor allem eine Predigt förderte, die mit Luther streng zw. Gesetz und Evangelium in ihrer bipolaren Bezogenheit zu unterscheiden verstand. Das verfehlte seine Anziehungskraft auf Lutheraner in Kanada, aber auch Südamerika, Nigeria und anderswo nicht. Obwohl nur ein Drittel des amer. Luthertums von der M.-S. erfaßt wird, hat sie Zusammenschlüsse mit dem Luthertum abgelehnt, sieht man von der Synode »Gleichgesinnter« in Wisconsin ab (1872: Synodale »Konferenz«). Dasselbe gilt gegenüber dem → ›Luth. Weltbund‹. Immerhin beteiligte man sich in den Jahren 1940–63 an dem sozialen Hilfsprogramm des ›Lutheran World Relief‹ und steuert zu den Kosten bei, die durch die seit 1967 in New York bestehende Geschäftsstelle eines ›Lutheran Council‹ der USA entstehen, weil der Generalsekretär von der M.-S. bestellt wird.

L: W. A. BAEPLER, A Century of Grace. A History of the M. 1847–1947, St. Louis 1947; F. D. LUEKING, Mission in the Making. The Missionary Enterprise among M.-S. Lutherans 1846–1963, St. Louis 1964; M. L. RUDNICK, Fundamentalism and the M.-S., St. Louis 1966. – TRE XXIII 98.

Mittelalter bez. heute in allen europäischen Sprachen die Jh. zw. 600 und 1500. Als Epochenbegriff ist M. älter und geht in der lat. Bedeutung (»medium aevum« = Zwischenzeit) auf die christl. Geschichtsapokalyptik (→ Geschichtlichkeit der Kirche) zurück. In dieser Urfassung meint es die gesamte Gesch. der Menschheit. Der kg. Epochenbegriff M. ist also entlehnt, und zwar aus dem → Humanismus des 14./15. Jh., der darunter die Zeit zw. klass. Latinität und ihrer Wiederentdeckung verstand. – Wer nicht mit dem Kirchenhistoriker KARL HEUSSI († 1961) Begriff und Epoche M. überhaupt verwirft, der wird sich dem Problem einer genauen Periodenabgrenzung nicht entziehen können. Da mit der Germanisierung des Christentums gegenüber der früheren Entwicklung ein neues Element in die KG kommt, wird man mit H. TÜCHLE (geb. 1905) u. K. D. SCHMIDT († 1964) in der Bekehrung der Germanen den Anfang des M. erblicken müssen. Als Ende kann im äußersten Fall mit TROELTSCH († 1923; → Neuprotestantismus) die → Aufklärung gen. werden. Soll, will u. muß die Kirchengeschichtsschreibung (→ KG) sich von der Profanhistorie abheben, indem sie kirchl. Selbstdarstellung zu ihrem Leitthema macht, dann läßt sich das M. unter dem Leitbegriff der »Ecclesia universalis« (Papstkirche) als eine Einheit begreifen. Ihr Höhepunkt ist das sog. Hoch-M. (12./13. Jh), der aber erst in der langen Anlaufzeit des Früh-M. (7.–11. Jh.) erreicht wurde. Dieser Sicht entspricht ein Spät-M. (14./15. Jh.) als »Herbst des M.« (HUIZINGA) und Voraussetzung einer neuen Epoche kirchl. Selbstverwirklichung, mag sie nun als »Kath. Reform« oder »Reformation« theol. unterschiedl. gewertet werden.

L: E. GÖLLER, Die Periodisierung der KG u. die epochale Stellung des MA, Fr 1919; K. HEUSSI, Altertum, MA u. NZ in der KG, T 1921; J. H. J. VAN DER POT, De Periodisering der Geschiedenes, s'Gravenhage 1951; P. E. HÜBINGER, Zur Frage der Periodengrenze zw. Alterum u. MA, Da 1969; E. MÜHLENBERG, Epochen der KG, Hei 1980; KURZROCK (Hg.), Mittelalterforschung, B 1981; H. FUHRMANN, Einladung ins MA, Mn 1987. – TRE XXIII 110–120.

Modernismus. Der Ausdruck stammt von dem Freiburger Dogmatiker CARL BRAIG, der ihn in der Vorrede seiner Übersetzung der ›Apologie du Christianisme‹ (1885) von M. Duilhé gebrauchte, allerdings im Sinn

F. Schleiermachers, daß die Religion von der subjektiven Qualität der Erlebnisse vermittelt werde. Im engeren theol. Verständnis bez. M. jene vielfältigen Bestrebungen am Ende des 19. und zu Beginn des 20. Jh., die einen Ausgleich zw. der kirchl. Lehre einerseits und den modernen Wissenschaften, insbes. der hist.-krit. Methode, sowie zeitgemäßen Reformen auf dem Gebiet der kirchl. Disziplin andererseits zum Ziel hatten, von Pius X. (1903–14) aber unterschiedslos verurteilt wurden. Dadurch handelte sich die Kirche den Vorwurf ein, sie stehe modernen Bewegungen grundsätzl. feindl. gegenüber. Auch nannte man des M. verdächtige Katholiken schnell »Modernisten«, um sie auf diese Weise als weltanschaulich liberal oder antikirchl. zu brandmarken. Im selben Sinn ist heute von einem Neo-Modernismus die Rede.

Die Heimat des M. ist Frankreich. Hier bekämpften Philosophen wie L. Laberthonnière, E. Le Roy, Ch. Denis und M. Hébert den scholastischen Intellektualismus, und Theologen wie M.-J. Lagrange († 1938) und P. Batiffol († 1929) lehnten aufgrund neuer Bibelkritik (→Schriftauslegung) manche herkömml. Lehren ab. Ebenso kam der Jesuit A. Lapôtre († 1927) anhand der hist.-krit. Methode im Bereich der Papstgesch. zu neuen Ergebnissen. Nur A. Loisy († 1940) verfiel einer extremen Position, indem er nicht nur die Veränderungsmöglichkeit der Kirchenstruktur sondern mit seiner hist.-krit. Bibelauslegung auch die Relativität des Dogmas vertrat (L'Evangile et l'Eglise, P 1902). – In Engl. konzentrierte sich der M. auf den Exjesuiten George Tyrrell (1861–1909), der den Glauben nicht als Zustimmung des Verstandes zu geoffenbarten theol. Aussagen verstand. Eine Vermittlerrolle zw. frz. und engl. Modernisten spielte der Engländer Friedrich von Hügel (1852–1925) – mit Loisy wie mit Tyrrell persönl. befreundet –, auch »Laienbischof der Modernisten« genannt, der genau unterschied zw. der offiz. Lehre der Kirche und modernistischen Irrtümern. Auf ihn ist es zurückzuführen, daß die höchst unterschiedl. Vorstellungen der theol. Erneuerung als eine einheitl. Schule angesehen werden konnten. – Eine soziale Note erlangte der M. in It. vor allem durch den Priester Romolo Murri (1870–1944), »der in einer Atmosphäre totaler geistiger und disziplinarischer Freiheit, außerhalb jeder Kontrolle durch die Hierarchie, eine polit. und soziale Aktion entwikkeln wollte« (R. AUBERT; → Christl.-soziale Bewegungen). Seine Landsleute S. Minocchi und E. Buonaiuti (1881–1946) förderten die exegetischen, kirchen- und dogmengesch. Studien. – In Dtl. läßt sich ganz zuletzt von häretischen Modernisten sprechen, wenn man von dem Münchener Theologieprof. Joseph Schnitzer (1859–1940) absieht. Dafür gab es mehrere Theologen, z.B. A. Ehrhard († 1940), F.X. Kraus († 1901), H. Schell († 1906), J. Wittig († 1949), S. Merkle († 1945), die auf der Grundlage neuer theol. Erkenntnisse und des Fortschritts in Technik und Kultur eine weitreichende Erneuerung der kath. Kirche erstrebten. Die Zeitschriften ›Hochland‹ (hg. von K. Muth) und ›Das zwanzigste Jahrhundert‹ (hg. von Ph. Funk) waren Sprachrohre dieser Reformkatholiken. Zur besseren Unterscheidung und Würdigung sollte man bei ihnen nicht von Modernisten sondern von Anhängern des → Reformkatholizismus reden.

Während Leo XIII. (1878–1903), der anders als sein Vorgänger Pius IX. Verständnis für die gewandelte Zeit zeigte, von konkreten Maßnahmen absah, verurteilte das Hl. Offizium (→ Röm. Kurie) unter Pius X. (1903–14) den M. mit dem Dekret ›Lamentabili sane exitu‹ vom 3. 7. 1907 (D–S 3401–3466). Dieser neue → Syllabus umfaßt 65 Irrlehren, großteils Werken Loisys und Tyrrells entnommen, die sich auf die Bibel, das Lehramt, die Offenbarung, die Dogmen, die Gottheit Christi, die Sakramente, die Kirche und den Primat des Papstes beziehen. Zwei Monate später erfolgte die feierl. Verurteilung des M. durch Pius X. selbst mit der Enz. ›Pascendi dominici gregis‹ vom 8. 9. 1907, worin der M. als »Sammelbecken aller Häresien« bez. wird. Als Hauptirrtümer sind Agnostizismus und Immanentismus genannt. Derselbe Papst forderte im Motu Proprio ›Sacrorum antistitum‹ vom 1. 9. 1910 von allen in Seelsorge und Lehre tätigen Geistlichen den sog. Antimodernisteneid. Im Mittelpunkt steht hier ein Credo (professio fidei Tridentina), das, die wesentl. Punkte der Enz. ›Pascendi‹ umfassend, über das → Glaubensbekenntnis des → Trienter Konzils hinausgeht. Als sich unter dt. Theologieprof. energische Opposition regte, erließ man ihnen den Eid.

Ein auf diesem Boden erwachsener Integralismus, der an den → Syllabus Pius' IX. von 1864 und die Dogmen des 1. → Vatik. Konzils (1869/70) anknüpfen konnte, wie es der berüchtigte Kurien-Monsignore U. Benigni (1862–1934) praktisch tat, trug dazu bei, daß auch die legitimen Ansätze einer zeitgemäßen Reform der Kirche auf fast allen Gebieten gewaltsam unterdrückt wurden. Erst das 2. → Vatik. Konzil sollte viele unerledigt gebliebene Fragen des 19. Jh. erneut aufgreifen.

Eine bes. Form des M. in den USA ist unter dem Schlagwort → Amerikanismus bekannt.

Q: MIRBT 652–653, 658; D–S 3401–3466, 3475–3500, 3537–3550; N–R 60–70, 520–523; KThQ IV/2 123; E. POULAT, Intégrisme et catholicisme intégral. Un réseau secret international antimoderniste: la »Sapinière« (1909–1921), P 1969; L. BEDESCHI, Interpretazioni e sviluppo del modernismo cattolico, Mi 1975; E. R. HUBER – W. HUBER, Staat u. Kirche im 19. u. 20. Jh., Bd. III, B 1983, 374–433.

L: F. HEILER, A. Loisy. Der Vater des kath. M., St [2]1966; R. AUBERT, Neue Literatur über den M.: Concilium 2 (1966) 246–249; L. BEDESCHI, La Curia Romana durante la crisi modernista. Episodi e metodi di governo, Parma 1968; O. SCHRÖDER, Aufbruch u. Mißverständnis. Zur Gesch. der reformkath. Bewegung, Graz 1969; E. WEINZIERL (Hg.), Die päpstl. Autorität im kath. Selbstverständnis des 19. u. 20. Jh., Sa-Mn 1970; P. NEUNER, »M.« u. kirchl. Lehramt. Bedeutung u. Folgen der M.-Enz. Pius' X.: StZ 97 (1972) 263–276; O. KÖHLER, Bewußtseinsstörungen im Katholizismus, Fr 1972; R. BOUDENS, Image and Training of the Priest in Italian Modernism: Louvain Studies 4 (1972–73) 350–361; L. BARMANN, Baron F. v. Hügel and the Modernist Crisis in England, C 1972; G. SCHWAIGER (Hg.), Aufbruch ins 20. Jh. Zum Streit um Reformkatholizismus u. M., Gö 1976; N. TRIPPEN, Theologie u. Lehramt im Konflikt. Die kirchl. Maßnahmen gegen den M. im Jahre 1907 u. ihre Auswirkungen in Dtl., Fr-Bas-W 1977; A. HASTINGS (Hg.), Bishops and Writers Aspects of the Evolution of Modern English Catholicism, C 1977; R. REINHARDT

(Hg.), Tübinger Theologen u. ihre Theologie, T 1977; T. M. LOOME, Liberal Catholicism Reform Catholicism, Modernism. A Contribution to a New Orientation in Modernist Research, Mz 1979; B. GRECO, Ketzer oder Prophet? Evangelium u. Kirche bei dem Modernisten E. Buonaiuti (1881–1946), Z-Gü 1979; E. POULAT, Crise moderniste, P. 1979; DERS., Modernistica. Horizons, physionomies, débats, P 1982; M. WEITLAUF, »M.« als Forschungsproblem. Ein Bericht: ZKG (1982) 312–344; O. WEISS, Der M. in Dtl., Rb 1995. – TRE XXIII 129–138.

Molinismus, von dem span. Jesuiten Luis de Molina (1535–1600) konzipiertes Gnadensystem, das in vielen Punkten der thomistischen Metaphysik und der augustinischen Gnadenlehre widerspricht. In seinem Buch ›Liberi arbitrii cum gratiae donis, divina praescientia, providentia, praedestinatione et reprobatione concordia‹ (Lissabon 1588) erklärte Molina die Allwirksamkeit Gottes und den freien Willen des Menschen wegen des göttl. Vorauswissens miteinander für vereinbar. Kurz zuvor hatte der → Dominikaner Báñez Domingo (1528–1604) die physische Vorherbestimmung des Menschen durch Gott vertreten. Eine von Clemens VIII. eingesetzte Theologenkommission sprach sich 1598 gegen Molinas Buch und Lehre aus; durch ihren Sekretär machte sie dem Papst den Vorschlag, 60 Thesen Molinas zu verurteilen. Die um drei Mitglieder erweiterte Theologenkommission stimmte abermals gegen Molina und schlug 20 Sätze Molinas zur Verurteilung vor. Die Auseinandersetzung dauerte unter Paul V. (1605–21) an. Nach einem von einem Beratergremium 1606 vorgelegten Gutachten sollten 42 Lehren verworfen werden. Der Papst verzichtete aber auf eine Entscheidung, weil unter den Kardinälen und Theologen auch andere Stimmen zu vernehmen waren. 1611 verfügte die röm. → Inquisition, Publikationen über die Gnadenlehre dürften künftig nur mit ihrer Erlaubnis erfolgen. Molina selbst wurde auch nach seinem Tod nicht zensuriert. – Die Kontroverse zw. dem Jesuiten- und dem Dominikanerorden hörte in den folg. Jahrhunderten nicht auf. Namentl. unter Urban VIII. (1623–44) flammte der Streit um die Gnadenlehre Augustins wieder auf. Innozenz X. (1644–55) tat mit der Verurteilung des → Jansenismus einen nicht nur für die Theologie, sondern für das gesamte Leben der Kirche und ihre Frömmigkeit verhängnisvollen Schritt.

Q: MOLINA, Concordia, krit. Ausgabe v. J. RABENECK, Ma 1953; J. STÖHR (Hg.), Zur Frühgesch. des Gnadenstreites. Gutachten span. Dominikaner, Mr 1980.
L: F. STEGMÜLLER, Gesch. des M., Mr 1935. – TRE XXIII 199–203.

Monarchia Sicula bez. Ansprüche sizilischer Herrscher auf Legatenrechte und Kirchenregierung (→ Staatskirchentum). Roger I. von Sizilien und Urban II. (1088–99) arbeiteten beim Wiederaufbau der Kirche Siziliens eng zusammen. Als Roger sich in seinem Wirken durch die Ernennung eines päpstl. Legaten (→ Gesandte) beeinträchtigt fühlte, gewährte ihm Urban II. am 5. 7. 1098 das folgenreiche Privileg, in dem der Papst auf die Entsendung von Legaten verzichtete und Roger selbst wie auch seinen Nachfolgern das Amt eines Legaten zugestand; außerdem überließ er es dem Herrscher, ob er bei röm. Synoden durch Gesandte vertreten sein wollte. Hinzu kamen noch einige andere Rechte wie Visitation der Kirchen und Klöster und Ausübung der kirchl. Jurisdiktion durch einen ständigen Richter. Bereits Paschalis II. (1099–1118) suchte das umstrittene Privileg seines Vorgängers einzuschränken, Innozenz III. (1198–1216) ignorierte es ganz. Im 16. Jh. erinnerten sich die span., savoyardischen und bourbonischen Herrscher Siziliens der alten Rechte und beanspruchten »kraft apost. Privilegs die geistl. oder kirchl. Vollgewalt«. Kg. Ferdinand I. († 1516) wollte auch in kirchl. Hinsicht als Monarch gelten; Philipp II. († 1598) betraute den Richter der M. S. mit der kirchl. Jurisdiktionsgewalt und untersagte jede Appellation an den Papst. Erst Clemens XI. erklärte die M. S. 1715 für abgeschafft. Während Benedikt XIII. dem Kg. 1728 die Ernennung eines obersten kirchl. Richters (Iudex delegatus in partibus) konzedierte, beseitigte Pius IX. 1864 mit der Bulle ›Suprema‹, die aber erst 1867 veröff. wurde, die M. S. endgültig.

L: E. JORDAN, La politique ecclésiastique de Roger I et les origines de la »légation sicilienne«: Le Moyen-âge. Revue d'histoire et de philologie 24 (1922) 237–273, 25 (1923) 32–65; G. CATALANO, Le ultime vicende della legazia apostolica di Sicilia nella controversia Liparitana alle legge guarentigie 1711–1871, Catania 1950; J. DEÉR, Der Anspruch der Herrscher des 12. Jh. auf die apost. Legation: AHP 2 (1964) 117–186.

Mönchtum bez. landläufig alles weltabgeschiedene Streben nach christl. Vollkommenheit. Vorbildlichkeit für andere ist dabei zugleich asketische Selbstbestätigung. Anschauung hierfür liefern das → Anachoretentum mit seiner »Väter«-Weisheit (→ Apophthegmata patrum), das → Koinobitentum mit seinen Klosterregeln und das → Eremitentum, sei es in gemäßigter oder exzentrischer (→ Inklusen) Form. Bei Orden und → Kongregationen spielt daneben die gesamtkirchl. Verpflichtung eine wichtige Rolle; die → ›consuetudines‹ unterstreichen dies ebenso wie eine positive Einstellung zum → Papsttum. Dieses integrierte das M. seit dem → MA durch Genehmigung der Regeln und »regelt« noch heute im CIC (→ Kanonistik) alles bis hin zur Ordenstracht. Anschauung hierfür bieten → Bettelorden, → Ritterorden, → Karmeliten, → Kartäuser, → Zisterzienser und in extremer Papstbindung die → Jesuiten. Die beiden monastischen Grundmodelle gehen in der Gesch. meistens ineinander über. Ihre systematische, nur mit der Erscheinungsfülle (vgl. das Abkürzungsverzeichnis im LThK I 12*–16*) zu rechtfertigende, Schematisierung ist aber als Orientierungshilfe geboten. – Ein klass. Beispiel des Übergangs von einem Grundtyp zum andern bietet der Orden der → Benediktiner. Schon die hist. Streitfrage, ob die ›Regula Magistri‹ oder die ›Regula Benedicti‹ die ältere sei (→ Benediktregel), geht von einem Kontaminationsprozeß aus, der schon stets für die Regel Benedikts von Nursia († ca. 530) wegen der Verarbeitung älteren Materials, auch östl. Ursprungs, vorausgesetzt wurde. Das urspr. Ideal mönchischer Vervollkommnung wurde dadurch ebensowenig verändert wie bei der Reform Benedikts von Aniane († 821), der in seinem ›Codex regularum‹ alle Mönchs- und Nonnenregeln seiner Zeit sammelte. Erst mit der → Cluniazenser, der → Gorzer und der → Hirsauer Reform kann von Zielausweitung gesprochen werden. Demgegenüber bietet das iroschottische M. (→ Iroschottische Kirche), und hier spez. die Missionsfahrt von Columban dem Jüngeren († 675), das klass. Beispiel einer Mutation, d.h. Abkehr von dem urspr. Ideal asketischer Heimatlosigkeit: Der »Gyrovagant« (so nannten die Benediktiner den »umherschweifenden« Missionspilger) wurde zum Klostergründer in der Bretagne und in Burgund (590), Alemannien (610), Oberitalien (612/3) und von Bobbio (614). Dauer gewannen sie im übrigen erst, als die strenge Columban-Regel mit der gemäßigten Benediktregel kontaminierte. – → Regularkanoniker (→ Kanonikerreform des 11. Jh.) wird man als ein klass. Beispiel des »Übergangs« monastischen Gedankengutes zum Weltklerus durch Adaptierung bezeichnen können. Vorbild für die → Augustiner-Chorherren war dabei Augustin († 430) selber, der als Bf. »kanonisch«, d.h. monastisch gelebt hatte. Schon der kappadokische Ebf. Basilius von Caesarea († 379) hatte Ähnliches angestrebt (→ Basiliusregel) und das kontaminierte Ideal eines monastischen Priestertums entworfen. Ihm gehörte vornehml. in den → Ostkirchen die Zukunft, zumal da dem griech.- und russ.-orth. M. die monastischen Orden und Kongreg. des MA fremd blieben. Ebenso gehört der Fortfall einer zentralen »Regulierung« monastischen Lebens, für die im Westen das Papsttum sorgte, zu den Eigenarten östl. Mönchtums. Bei ihm konnten geistl. oder auch weltl. Klosterstifter für ihre Stiftungen selber die »Satzungen« (griech. »Typikon«; russ. »Ustav«) schreiben, woraus einerseits deren Vielfalt resultierte, andererseits aber auch dem »Vorsteher« (Hegumin) eine fast autokratische Stellung zuwachsen konnte. Allerdings sorgte die → Basiliusregel mit ihrer Anweisung eines »geistl. Vaters« (Beichtvater) freier Wahl für ein Gegengewicht. In der Tat sollten diese die orth. Klöster mit ihrem Geist erfüllen. Klass. Beispiel im 10. und 11. Jh. ist Symeon »der Neue Theologe« (→ Hesychasmus), der sich nach seinem »geistl. Vater« – Symeon »der Andächtige« – so nannte. Innerhalb der → Russ.-orth. Kirche trat die Erbfolge des Beichtvaters der »Altmönch« oder »Starze« an, zugleich Urheber mancher → russ. Sekte. Im übrigen war individueller Gestaltung des »engelhaften Lebens« im orth. M. größerer Freiraum geboten, wie der Typ des heimatlosen »Wanderers« (russ. »strannik«) beweist, und auch längere Fortdauer beschieden, wie das literarische Fortleben bei Dostojewski († 1881) bezeugt: Der »Narr in Christo« mit seiner innerweltl. Askese ist später Nachfahre des Laienmönches, der am Anfang der gesamten Entwicklung des M. gestanden hatte.

Q: L. Holste – M. Brockie, Codex regularum, A 1759 = PL 10, 393–664, (Ndr.) 3 Bde, Graz 1957–58; Sources Chrétiennes 105–107 (Regula magistri); H. Koch (Hg.), Quellen zur Gesch. der Askese u. des M. in der alten Kirche, T 1933; H. Urs v. Balthasar, Die großen Ordensregeln, Ei-Z-Kö 1948, ³1973; K. S. Frank, Mönche im frühchristl. Ägypten, D 1967; Ders., Frühes M. im Abendland, 2 Bde, Z-Mn 1975; K. S. Frank (Hg.), Basilius v. Caesarea. Die Mönchsregeln, St. Ottilien 1981.

L: K. Heussi, Der Ursprung des M., T 1936; J. Smolitsch, Leben u. Lehre der Starzen, W 1936, Kö-Olten ²1952; Ders., Russ. M., Wü 1953; K. S. Frank, Angelikos Bios, Mr 1964; F. Prinz, Frühes M. im Frankenreich, Mn-W 1965; Ders. (Hg.), M. u. Ges. im Frühma, Da 1976; R. Hanslick, Kl.regeln im M. des Ostens u. Westens v. Pachomius bis Benedikt v. Nursia, W 1972; H. Bacht, Das Vermächtnis des Ursprungs, 2 Bde, Wü 1972–74; A. GUILLAUMONT, Aux origines du monachisme chrétienne, Abbay de Bellefontaine 1979; K. S. FRANK, G. des christl. M., Da 1988, [5]1993; M. LAHAYE-GEUSEN: Das Opfer der Kinder. Ein Beitrag zur Liturgie- und Sozialgesch. des M. im Hohen MA, Altenberg 1991; P. HAWEL, Das M im Abendland, Fr 1993; G. SCHWAIGER (Hg.), M., Orden, Klöster. Ein Lexikon, Mn 1993; Ch. JOEST, Bibelstellenkonkordanz zu ältesten wichtigsten Mönchsregeln, 1994. – TRE XXIII 143–193.

Monergetisch-monotheletischer Streit (633–648). Die Frage, ob man beim inkarnierten Christus von einer »wirkenden« bzw. »wollenden« Persönlichkeit sprechen könne oder aufgrund der Zweinaturenlehre von Chalkedon 451 (→ Chalkedonismus; → Konzilien) von zweien sprechen müsse, war durch eine monergetische Unionsformel aktualisiert worden, mit welcher der byz. Ks. Herakleios (610–641) Kerngebiete des → Monophysitismus (Alexandrien, Syrien, Palästina) in die byz. → Reichskirche zu integrieren suchte. Der Versuch schlug fehl und endete mit einem kaiserl. Diskussionsverbot recht kläglich. Ebenso vergebl. waren die staatl. Bemühungen im zweiten Streit, in dem es um die Willensproblematik bei dem Inkarnierten ging. Diesmal aber sollte der Verlust der genannten Gebiete an die Araber zusätzl. das Entstehen monophysitischer Nationalkirchen außerhalb der Reichskirche befördern (→ Dreikapitelstreit; → Koptische Kirche; → Thomaschristen). Der monothelet. Streit beschäftigte im übrigen noch spätere Generationen. In seinem Verlauf hatte Byzanz Martin I. wegen seines Dyotheletismus den Prozeß, dessen leidenschaftl. »Bekenner« – Maximus Confessor (662) – aber zum Martyrer gemacht. Dabei hatte sich Rom widersprüchl. einmal (634) für, das zweite Mal (649) gegen den Monotheletismus entschieden (→ Honoriusfrage). Das wurde beim 1. → Vatik. Konzil (1869/70) im Hinblick auf das Unfehlbarkeitsdogma Gegenstand leidenschaftl. Erörterung.

Q: D-S 487f., 500–522, 550–559, 561–563; MIRBT-ALAND 496–499.

L: H. U. v. BALTHASAR, Kosmische Liturgie, Maximus der Bekenner, Ei 1941, [2]1961; W. ELERT, Der Ausgang der altkirchl. Christologie, B 1957; H.-G. BECK, Gesch. der orth. Kirche im byz. Reich, Gö 1980, 54–62. – TRE XXIII 205–209.

Monophysitismus, Christologie »der *einen* Natur des fleischgewordenen Logos« (→ Apollinarismus), mit einer Heilslehre der »Vergottung« der Erlösten verbunden, die dem griech.-orth. Erlösungsstreben (→ Alexandrinische Schule) sehr nahe kam. Das sicherte ihr in den → Ostkirchen die Volkstümlichkeit und führende Theologen wie Kyrill von Alexandrien († 444), die den M. gegen die → Antiochenische Schule (→ Nestorianischer Streit) verfochten und ihm auch zum kurzfristigen Sieg verhalfen (→ Räubersynode). Trotz seiner Verdammung in Chalkedon 451 (→ Chalkedonismus; → Konzile) favorisierte das orientalische → Mönchtum den M. weiterhin, dessen Einheitschristologie in dem Patriarchen von Antiochien, Severus († 538 in Alexandrien), einen gelehrten Fürsprecher fand, zumal da dieser sich gegen Übertreibungen des Julian, Bf. v. Halikarnaß († nach 527) u. der Aphtartodeken durchsetzte.

Beides verlieh dem M. Dauer und Fortleben in der → Äthiop. Kirche, ferner in der Jakobitischen bzw. → Syr.-orth. Kirche, in der → Koptisch-orth. Kirche und bei den → Thomaschristen.

Q: D-S 252–262, 301–303; N-R 160–172, 178; KThQ I 75f., 93.

L: H.-G. BECK, Kirche u. theol. Lit. im byz. Reich, Mn 1959, ²1977, 203–291, 371–430; W. H. C. FREND, The Rise of the Monophysite Movement, Lo 1972; A. GRILLMEIER, Jesus der Christus im Glauben der Kirche, Bd. I, Fr-Bas-W 1979, 673–686. – TRE XXIII 219–233.

Montanismus, benannt nach Montanus, der Mitte des 2. Jh. als endzeitl. »Paraklet« (Joh 14,16) in dem phrygischen Dorf Ardabau auftrat – frühestes Beispiel für apokalyptisches Schwärmertum (→ Zeugen Jehovas u. a.). Die religionsgesch. Ableitung aus phrygisch-ekstatischen Kulten wird allg. abgelehnt, jüdische bzw. judenchristl. Einflüsse sind wegen der Vorstellung des → Tausendjährigen Reiches unter dem in Phrygien erwarteten Messias wahrscheinlich, die Deutung als Spätphase urchristl. Prophetie (1 Kor 12; Did 11) ist möglich. Der Tod des Montanus und seiner zwei »Prophetinnen«, ohne daß die für ihre Lebzeiten prophezeite Weltkatastrophe eintrat, löste wohl eine Krise des M. aus, die man aber schnell überwand. In den fortan entstehenden Gemeinden Kleinasiens, Italiens und Nordafrikas (Karthago) sprach der »Paraklet« weiterhin, bevorzugt durch visionär begabte »Prophetinnen«. Seine »Offenbarungssprüche« sorgten für ein strenges Regiment rigoroser Kirchenzucht (Verbot der Wiederverheiratung; sog. Xerophagien, d. h. Verbot des Tischweines; verschärftes → Fasten; → Exkommunikation der »Todsünder«). Diese Gemeinden der »Geistlichen« (spirituales), im Gegensatz zu den »psychici« der Großkirche, erfüllte elitäres Selbstbewußtsein. Im Gegensatz zu den großkirchl. Bischofskirchen war man presbyterial verfaßt (→ Presbyterialverfassung), wobei auch andere Besonderheiten (3 Fastenzeiten im Kirchenjahr; Pfingsten als Hauptfest; Ostern am jüdischen Passatermin → Osterfeststreit) festgehalten wurden. Die kleinasiatischen Gemeinden des M., unter geistl. Führung in Pepuza/Phrygien straff organisiert, bestanden bis ins 5. Jh.

Q: N. BONWETSCH (Hg.), Texte zur Gesch. des M., Bo 1914; KThQ I 18.

L: H. KRAFT, Die altchristl. Prophetie u. die Entstehung des M.: ThZ 11 (1955) 249–271; K. ALAND, Kg. Entwürfe, Bd. I, Gü 1960, 105–164; A. STROBEL, Das hl. Land der Montanisten, Lei 1980. – TRE XXIII 271–279.

Moralische Aufrüstung (›Moral Re-Armament‹ = MRA), herausgewachsen aus einer Gruppe von Männern, die Frank Nathan Daniel Buchman (1878–1961), seit 1902 luth. Pastor in Philadelphia, im Anschluß an die Abrüstungskonferenz in Washington 1921 in Oxford um sich scharte. Ihr Ziel bestand darin, im Hören auf Gottes Wort eine innere Erneuerung der Menschen zu erreichen. Die Oxfordgruppenbewegung, die seit 1938 den Namen M. A. trägt, fand in fast allen Ländern der Erde Eingang. Buchman faßte das Programm in die Worte: »Die Völker müssen moralisch aufrüsten. Gott allein kann die Natur des Menschen ändern. Ehrlichkeit, Reinheit, Selbstlosigkeit, Liebe sind das Mittel.« Internationales Zentrum ist Caux sur Montreux. Die Oxfordgruppenbewegung erstand 1957 im ›Marburger Kreis‹ neu, nachdem der prakt. Theologe H. Rendtorff († 1960) der M. A. zu neuem Ansehen verholfen hatte. Die M. A. will weder Kirche noch Sekte sein, sondern ein allg. Lebensprogramm anbieten, das mit christl. Grundsätzen gespeist ist.

P: Caux-Information.

Q: F. BUCHMAN, Remaking the World, NY 1949, (dt.) Für eine neue Welt, Mn 1949, [2]1956.

L: R. C. MOWAT, The message of F. Buchman, Lo 1951, [4]1953; DERS., Creating the European Comunity, Lo 1973; B. JONZON, Die Kirchen u. die MRA: J. HEUBACH – H. H. ULRICH (Hg.), Sammlung u. Sendung, B 1958, 300–310; H. RENDTORFF, Das persönl. Leben des ev. Botschafters, B 1958, [2]1959; C. GEORGI, Christ sein aus Erfahrung, Gladbeck 1975. – TRE XXIII 291–294.

Morgenländisches Kirchenschisma bez. die gewöhnl. auf das Jahr 1054 datierte Trennung zw. der abendländischen und der morgenländischen (byzantinischen) Kirche. Der seit Jh. bestehende Entfremdungsprozeß hatte seine vielfältigen Ursachen in polit. Ereignissen und kulturellen Unterschieden ebenso wie in kirchendisziplinären Gebräuchen und dogmatischen Differenzen (→ Akakianisches Schisma, → Bilderstreit, → Filioque, → Monergetisch-monotheletischer Streit, → Photianisches Schisma). Dabei spielten die Primatsansprüche des röm. Bischofs zu manchen Zeiten die Hauptrolle, bes. bei Leo I. († 461) und Gregor VII. († 1085). Mit dieser Vorstellung reiste auch 1053 eine dreiköpfige Gesandtschaft Leos IX., angeführt von Kard. Humbert, zu Verhandlungen nach Konstantinopel. Nachdem über dogmatische und disziplinäre Fragen (Primat, ungesäuertes Brot bei der Eucharistie, Fasten am Samstag, Priesterehe) zw. den Legaten und dem Patriarchen Kerullarios keine Einigung hatte erzielt werden können, legte Humbert am 16. 7. 1054 in der Patriarchatskirche Hagia Sophia die → Exkommunikationsbulle nieder und verließ mit seinen Begleitern die Kaiserstadt am Bosporus. Nach diesem Ereignis datiert man üblicherweise den Beginn des Schismas. Doch wurde hier nur die seit langem bestehende, primär latente Spannung und Spaltung zw. Ost- und Westkirche schlagartig sichtbar, um bald wieder, latent wie vorher, weiterzubestehen. Der Bann, auf den die östl. Seite mit Gegenbann reagierte, richtete sich nicht gegen die gesamte Kirche des Ostens, auch nicht gegen die ganze byz.-griech. Kirche, sondern nur gegen den Patriarchen Kerullarios, den Bf. Leo von Achrida und den Sakellan Konstantinos sowie deren Anhänger. Eine genaue Umgrenzung dieses Anhängerkreises ist unmöglich. Der byz. Gegenbann traf wiederum nicht die ganze röm.-lat. Kirche, auch nicht spez. den → Apost. Stuhl (der zu diesem Zeitpunkt übrigens vakant war), sondern nur jene, die mit der Abfassung des röm. Exkommunikationsschreibens zu tun hatten. Es war die Tragik der Stunde, daß bei den Verhandlungen in Konstantinopel, die eigentl. Unionsverhandlungen sein sollten, zwei unverträgl. Charaktere aufeinanderstießen: Kard. Humbert, ein stolzer, unnachgiebiger Kämpfer für eine übersteigerte Primatialstellung des röm. Bischofsstuhls (→ Gregorianische Reform), und Patriarch Kerullarios, ein ebenso arroganter, unbeugsamer Streiter für die Vormachtstellung seines eigenen Patriarchats Konstantinopel. – Abendland und Morgenland waren um die Mitte des 11. Jh. in disziplinärer, polit., kultureller und theol. Hinsicht schon so sehr eigene Wege gegangen, daß sie sich weder unter dem Druck polit. Notwendigkeiten noch im Interesse einer kirchl. Union auf einen gemeinsamen Weg zurückführen ließen. Vollendete Tatsache wurde die Trennung der beiden Kirchen erst zur Zeit der unheilvollen → Kreuzzüge, juristisches Faktum vor allem durch die Errichtung des → lat. Patriarchats Konstantinopel (1204). – Nach der nur kurzlebigen Union, die beim → Florenzer Konzil mehr auf kirchendiplomatischer Ebene zustande kam, dauerte es mehrere Jh., bis Paul VI. und Patriarch Athenagoras während des 2. → Vatik. Konzils am 7. 12. 1965 die Sentenzen des Jahres 1054 »aus dem Gedächtnis der Kirche tilgten«, ohne aber gleichzeitig die Wiedervereinigung der beiden Kirchen herbeizuführen.

Q: C. Will (Hg.), Acta et scripta quae de controversiis ecclesiae graecae et latinae saeculo undecimo composita extant, L-Marburg 1861; Tomos Agapis. Dokumentation zum Dialog der Liebe zw. dem Hl. Stuhl u. dem Ökumenischen Patriarchat 1958–1976, hg. im Auftrag des Stiftungsfonds Pro Oriente, I-W-Mn 1978.

L: F. Dvornik, Byzanz u. der röm. Primat, St 1966; G. Denzler, Das sog. M. Schisma im Jahre 1054: MThZ 17 (1966) 24–46; Ders. Das M. K. im Verständnis v. Päpsten u. Ökumenischen Konzilien des MA: MThZ 20 (1969) 104–117; K. Böhmer, Das Schisma v. 1054 im Lichte der byz. u. fränkisch-dt. Reichspolitik: F. Hoffmann – L. Scheffczyk – K. Feiereis (Hg.), Sapienter ordinare. Festgabe für E. Kleinadam, L 1969, 317–336; J. Ratzinger, Das Ende der Bannflüche v. 1054. Folgen für Rom u. die Ostkirchen: Communio 3 (1974) 289–303; J. Gill, Church Union: Rome and Byzantium (1204–1453), Lo 1979. – Atlas KG 30f.

Mormonen, offiz. Bez. ›Kirche Jesu Christi der Heiligen der Letzten Tage‹, eine adventistische Sekte (→ Adventisten), die Joseph Smith (1805–44) als ihren Gründer verehrt. Smith will schon in jungen Jahren Erscheinungen von Gott Vater, Gott Sohn und von Engeln erfahren haben. Bei der Vision des auferstandenen Propheten Moroni wurde er auf Schrifttafeln mit geoffenbarten Texten im Hügel Cumorah hingewiesen, die er dann übersetzte und als ›Book of Mormon‹ (Palmyra 1830), das die ›Hl. Schrift der Ureinwohner Amerikas‹ wiedergibt, bezeichnete (Mormon ist der Vater Moronis). Mit 6 Personen gründete Smith 1830 die M.-Gemeinschaft zu Fayette (New York), führte 1843 die Vielweiberei ein und ließ sich 1844 als Kandidat für die Präsidentschaft der USA aufstellen. Im selben Jahr wurde er im Gefängnis zu Carthago (Illinois) erschossen. Brigham Young (1801–77) gründete 1847 mit ca. 12000 M. Salt Lake City (Zentrum ist dort heute noch der Marmortempel der M.) und den Mormonenstaat Utah (seit 1896 Bundesstaat der USA). Schon bald missionierten die M. in europäischen Ländern (seit 1852 in Dtl.). Die Zahl ihrer Mitglieder bewegt sich heute um die 4 Mill. Die M. besitzen eine hierarchische Verfassung. An der Spitze steht der Präsident mit zwei Ratgebern (Sitz: Salt Lake City); dann folgen die Apostel, die Patriarchen (oder Evangelisten), die Hohenpriester, die Siebziger und die Ältesten; sie alle zusammen bilden die Melchisedekpriesterschaft. Die Aaronspriesterschaft umfaßt Priester, Lehrer und Diakone, die sich der Seelsorge, der Verkündigung der Bibel und der Spendung von Sakramenten widmen. Die Lehre der M. besteht in den 13 Glaubensartikeln, die Smith 1841 aus der Bibel, dem ›Book of Mormon‹ und Privatoffenbarungen zusammengestellt hat; die wichtigsten Lehren sind aber nicht christlich. Am Ende der Zeiten erwarten die M. Christus, der mit ihnen das → Tausendjährige Reich errichten wird. Danach folgt die zweite Auferstehung der Geretteten und ihre Vergöttlichung. Die M. führen ein asketisches Leben und zeichnen sich durch Nächstenliebe aus. Heute ca. 9 Millionen Mitglieder in 149 Staaten der Erde (davon ungefähr die Hälfte in den USA).

Q: J. TAYLOR – G. P. DYKES, Das Buch Mormon, H 1852, 15. Auflage hg. v. J. WUNDERLICH, H 1964; J. E. TALMAGE (Hg.), Articles of Faith, Salt Lake City 1899, dt. Übers.; Die Glaubensartikel, B-Bas-F [4]1950.

L: ALGERMISSEN 795–813; F. W. HAACK, M., Mn [4]1979; J. B. ALLEN – G. M. LEONARD, The Story of the Latter-day-Saints, Salt Lake City 1976; S. RAGUSE, Kirche Jesu Christi der Heiligen der Letzten Tage (M.): K. EBERHARDT (Hg.), Was glauben die andern?, Gü 1977, 113–123; K. HUTTEN 586–631; RELLER 381–392; HEYER 753–760; L. ARRINGTON – D. BITTON, The Mormon Experience, 1979; R. HAUTH, Die M., Fr-Bas-W 1995; A. MÖSSMER, Die M., Olten 1995. – TRE XXIII 311–318.

Mozaraber, d. h. »die zu Arabern gemachten« (Mosta'rabi) Christen in Spanien, erfreuten sich nach der arabischen Eroberung der iberischen Halbinsel (711) einer toleranten Religionspolitik unter den Mauren, die allerdings christl. Bekehrungsversuche an ihnen mit Todesstrafe belegten. Die geduldete Ghettogemeinschaft konnte ihre altspan. Liturgie beibehalten, die schon in den Anfängen große Unterschiede zur röm. aufwies; östl. Einflüsse unter der Westgotenherrschaft kamen hinzu. In Asturien, dem ersten Land erfolgreicher Abschüttelung des omaijadischen Joches, erhielt die mozarabische Liturgie ihre nationale Weihe, die dann durch die → Reconquistà (1031–1260) noch gesteigert wurde. Umso tragischer war es, daß Gregor VII. sie am Ende des 11. Jh. durch die röm. Liturgie ersetzen ließ. Es bleibt ein Verdienst des span. Kard. Francisco Ximénez de Cisneroz, des Generalinquisitors von Kastilien († 1517), daß er die erhaltenen Reste sammeln und drucken ließ (PL 85 f.). Bietet doch die Liturgie der M. viel Material zur Rekonstruktion der gleichfalls untergegangenen altgallischen Liturgie.

Q: A. CABROL – H. LECLERCQ, Monumenta ecclesiae V–VI, 2 Bde, P 1904–12; M. RANDEL, An Index to the Chant of the Mozarabic Rite, Princeton 1973; A. THALER, Altspan. Gebete zum Kirchenjahr, Z–Ei 1980.

L: A. GONZÁLES PALENCIA, Los Mozarabos, 4 Bde, Ma 1926–30; H. ENGBERDING, Die span.-westgotische Liturgie: Liturgische Zs. 4 (1931–32) 155–166, 241–249; A. BAUMSTARK, Orientalisches in der altspan. Liturgie: Oriens christianus 7 (1935) 1–37; J. F. RIVERA, Gregorio VII y la Liturgia mozarabe: Revista expañola de teología 3 (1942) 3–33; F. R. FRANKE, Die freiwilligen Märtyrer v. Cordoba u. das Verhältnis der M. zum Islam: Gesammelte Aufsätze zur Gesch. Spaniens 13 (1958) 1–170; A. FRANQUESA, Die mozarabische Messe: Laacher Hefte 26 (1960) 58–70.

Mystik begleitete in verschiedenen Formen die Gesch. des Christentums.

[1] Die *intellektuelle Visionsmystik* war ein Kind griech.-platonischer Erkenntnismetaphysik: Im Erkenntnisstreben nach dem jenseits allen Seins zu ahnenden Gott schlägt diskursiv-rationales Denken gesteigerter Abstraktion in sensitiv-irrationale »Ekstasis« (Erhebung) um, wird »Intuition« (Erleuchtung). Diese transzendierende Gotteserkenntnis, deren Gnoseologie (»Nur Gleiches erkennt Gleiches«) auch eine anthropologische Komponente hatte, übernahm schon der jüdische Religionsphilosoph Philo von Alexandrien (ca. 50), wobei er sich dafür auf Ps 36,10 (»In Deinem Licht sehen wir das Licht«) berief. Auf gleichen, vom Mittleren Platonismus (theistischer Gottesbegriff!) vorgeformten Bahnen bewegten sich Vertreter der → Alexandrinischen Schule wie Klemens von Alexandrien († vor 215) und → Origenes († 253/4), in Auseinandersetzung mit dem Neuplatonismus ferner Gregor von Nyssa († 394), der darin zum Vater einer christl. »Théologie mystique« (DANIÉLOU) wurde. Letzter Vertreter dieser intellektualistischen M. der Alten Kirche war Maximus Confessor († 622; → Monergetisch-monotheletischer Streit). Sie sollte später bei Anselm von Canterbury († 1109; bes. in der »Monologia«) und bei »Theologen der M.« wie Rupert von Deutz († 1130), ferner in der Kontemplationsmystik eines Bonaventura († 1274; → Franziskaner) abendländische Urständ feiern.

[2] *Existentielle Seinsmystik,* außerchristl. repräsentiert durch den »letzten Heiden von Athen« und Neuplatoniker Proklos († 485), gewann durch Pseudo-Dionysios Areopagita († 500) gewichtiges Mitspracherecht. Wohl bleibt der rationale Ausgangspunkt erhalten; Ziel dieser zweiten Form ist aber die Preisgabe gesch. Existenz, d. h. der Persönlichkeit in der »Einung« mit dem apersonalen Sein. Bei dem Areopagiten steigt der »Gläubige« dank der Seinskräfte, die mit dem Kult und den Sakramenten der »kirchl. Hierarchie« in ihn einströmen, in die »Himmlische Hierarchie« der Engelswelt empor, um durch die »Mystische Theologie« noch weiter zur Ekstasis der Vereinigung mit dem Unendlichen geleitet zu werden, die auch in nihilistischen Kategorien definiert werden kann. Die monastische M. der Ostkirchen gab dieser seinshaften »Ästhetik« noch konkreteren Ausdruck. Der Sinaimönch Johannes Klimakos († ca. 649) beschrieb sie als »Stufen zum Paradies«, Symeon der »Neue Theologe« († 1022) bzw. dessen »physische Theologie« gestaltete sie als mystagogische Hilfe zur »Theoria« der Gottesschau. Eine wichtige Rolle spielte dabei das sog. Taborlicht der »Verwandlung« (Mk 13; auch »Metamorphosis«), dem metaphysische Substanz zugeschrieben wurde, und auf noch primitiverer Stufe das motorisch-monotone, immer wiederholte Jesusgebet (→ Hesychasmus). Hier wie auch in der Sakramentsmystik des spätbyz. Theologen Nikolaos Kabasilas († 1371) wurde die von den Anfängen an diesem Typ inhärente Tendenz der Vergottung (→ Monophysitismus) sichtbar. – Die Übers. des Areopagiten ins Lateinische durch Johannes Scotus Eriugena († ca. 880) in Paris sicherte neuplatonischer Seinsmetaphysik gleichfalls die Einwirkung auf den Westen. Die → Augu-

stiner-Chorherren von St. Victor (Paris) gaben ihr eine Heimstatt (Hugo, † 1141; Richard, † 1173; Adam, † 1192), was bis ins späte MA (Gerson, † 1429; Dionys d. Kartäuser, † 1471) fortlebte. Auch → Dominikaner wie Thomas von Aquino († 1274) öffneten sich diesem Einfluß, zumal da von ihnen unter dem Namen des Aristoteles in lat. Übers. eine Kompilation aus Werken des Proklos (›liber causarum‹) viel gelesen wurde. Innerhalb der sog. Dt. Mystik sind vornehml. Dominikaner wie Dietrich von Freiberg († nach 1310), Meister Eckhart († 1327), in simplifizierend-seelsorgerl. Form Johannes Tauler († 1361) und Heinrich Seuse († 1366) Repräsentanten solcher M. der »Einung«.

[3] *Personale Liebes-Mystik* nimmt mit Augustin († 430) ihren Anfang. Selber noch der platonisch-intellektuellen Illuminationsmystik verhaftet, deren Stufenschema er mit seinen ›Bekenntnissen‹ (Conf. VII 16–24; IX 23–26) dem MA (bes. der viktorinischen und scholast. M.) übermittelte, hatte er dieser jedoch eine eschatologische Ausrichtung und damit personale Note gegeben. Darin folgte ihm Gregor d. Gr. († 604), der als erster das Schema der »sieben Stufen« anwandte und seine »Mystische Theologie« als Kommentar zu Hiob und in Homilien zu Ezechiel (bes. dessen Visionen) entfaltete. Eine weitere Entwicklungsstufe markiert Bernhard von Clairvaux (→Zisterzienser), der auf ältere Vorbilder zurückgriff, wenn er das ›Hohelied‹ Salomos zur Textbasis seiner »Braut«-Mystik machte, an Augustins Ternare (der Trinitätstheologie) aber anknüpfte, wenn er für den mystischen Aufstieg das Dreier-Schema bevorzugte. Ihm folgte darin Gerhoh von Reichersberg († 1169), darin zugleich von Johannes von Damaskus († vor 754) beeinflußt. Dem eigenen Zisterzienserorden war Bernhard vor allem in seiner »Passions«-Mystik verpflichtet. Weitere Repräsentanten: Wilhelm von St. Thierry († 1149), in Engl. Aelred von Rievaulx († 1167). Als allg. »Christus«-Mystik setzte sie sich in der niederländisch-niederdt. »devotio moderna« (→ Brüder vom gemeinsamen Leben) fort; als ›Theologia deutsch‹ eines Anonymus fesselte sie auch den jungen Luther, der für eine Neuausgabe als Druck sorgte (1518).

[4] Neuzeitl. M. war auf dt. Boden vorwiegend *Laien-Mystik,* was mit deren Ablehnung des Konfessionalismus korrespondiert: so die Christosophie Kaspar Schwenckfelds († 1561; → Schwenckfeldianer), die Naturmystik von Valentin Weigel († 1588) und die Kosmosophie Jakob Böhmes († 1624). Hingegen stellte sich die romantische M. der Zeit bewußt in den Dienst der → Kath. Reform und → Gegenreformation: so der Genfer Bf. Franz von Sales († 1622), Begründer der »vie dévote« und des nach ihm benannten Ordens (→Salesianer), bes. durch seinen ›Traité de l'amour de Dieu‹ einflußreich. Die romantische M. des 17. Jh. lebte vorwiegend hinter Klostermauern: so die Karmelitin Teresa von Ávila († 1582), Johannes vom Kreuz († 1591) und Therese von Lisieux († 1897), deren jesuzentrische Frömmigkeit als Endpunkt der Entwicklung eindrucksvoll die M. der → Karmeliten als personale Christus-Mystik bezeugt. Erst zu diesem Zeitpunkt ist die M. integriert, nachdem auch

in der Neuzeit päpstliche Urteile gegen deren Auswüchse gefällt waren (→ Quietismus).

P: Dictionnaire de spriritualité ascetiquét msytique, P 1932ff.; Jb. für mystische Theologie, Klosterneuburg 1955ff.

Q: A. SAGARDOY (Hg.), Gott hat mich überwältigt. Autobiographie der hl. Teresa von Avila, W 1981; Zeugnisse mystischer Welterfahrung, 12 Bde, Fr 1983ff.; E. JUNGCLAUSSEN (Hg.), H. Seuse. Dt. myst. Schriften, D 1986; B. JASPERT (Hg.), H. Seuse und J. Tauler. Myst. Schriften, Memmingen 1986; L. GNÄDINGER (Hg.), Hildegard v. Bingen u.a., Z 1989; G. STACHEL (Hg.), Meister Eckhart: Das Buch der göttl. Tröstungen. Von dem edlen Menschen, Mn 1996.

L: J. GÖRRES, Die christl. M, Rb 1879–80, (Ndr.) 1960; W. PREGER, Gesch. der dt. M. im MA, 3 Bde, L 1874–93, (Ndr.) Aalen 1962; A. BUTLER, Western Mysticism, Lo 1920, ^{2}1951, (Ndr.) NY 1966; G. G. SCHOLEM, Die jüdische M. in ihren Hauptströmungen, F 1957; V. LOSSKY, Die mystische Theologie der morgenländischen Kirche, Graz-W-Kö 1961; J. SUDBRACK (Hg.), Zeugen christl. Gotteserfahrung, Mz 1981; DERS. Komm in den Garten meiner Seele. Einführung in die christl. Mystik, Gü 1979; G. RUHBACH – J. SUDBRACK (Hg.), Große Mystiker, Leben und Wirken, Mn 1985; P. v. DINZELBACHER – D. R. BAUER (Hg.), Frauenmystik im MA, Ostfildern 1985; K. RUH (Hg.), Abendländ. Mystik im MA, Mn 1986. – (Zu 1): W. VÖLKER, Praxis u. Theoria bei Symeon dem Neuen Theologen, Wie 1974 (dort bibliographische Nachweise für Völkers weitere Monographien zum Thema v. Philo bis zu Pseudo-Dionysius); E. v. IVANKA, Sakramentalmystik der Ostkirche, Klosterneuburg 1958. – (Zu 2): E. MIETH (Hg.), Meister Eckhart. Gotteserfahrung u. Weg in die Welt, Olten 1979; L. COGNET, Gottes Geburt in der Seele. Einführung in die dt. Mystik, Fr-Bas-W 1980; L. GNÄDINGER (Hg.), Johannes Tauler, Olten-Fr 1983; K. RUH, Meister Eckhart, Mn 1985. – (Zu 3): F. LIEBLANG, Grundfragen der mystischen Theologie nach Gregors »Moralia« u. Ezechielhomilien, B 1934; E. HENDRIKX, Augustins Verhältnis zur M., Wü 1936; J. LORTZ (Hg.), Bernhard v. Clairvaux, Mönch u. Mystiker, Mz 1955; J. LECLERQ – F. VANDENBROUCHE – L. BOUYER, La spiritualité du Moyen-Age, P 1961; K. RUH (Hg.), Altdt. u. altniederländische M., Da 1964; F. W. WENTZLAFF-EGGEBERT, Dt. M. zw. MA u. NZ, B ^{3}1969; W. HERBSTRITH, Teresa v. Ávila. Die erste Kirchenlehrerin, Bergen-Enkheim 1971, ^{4}1981; A. M. HAAS, »Der Franckforter«: Theologia Deutsch, Z–Ei 1980; G. WEHR (Hg.), Theologia Deutsch. Ein Grundriß dt. Mystik, Fr 1980; J. KOTSCHNER (Hg.), Der Weg zum Quell. Teresa von Avila 1582–1982, D 1982. – (Zu 4): H. HEPPE, Gesch. der quietistischen M. in der kath. Kirche, B 1875; O. STEGGINK, Erfahrung u. Realismus bei Teresa v. Avila u. Johannes v. Kreuz, D 1976; H. RELLER – M. SEITZ (Hg.), Herausforderung: Rel. Erfahrung. Vom Verhältnis ev. Frömmigkeit zu Meditation u. M., Gö 1980; W. TRUSEN, Der Prozeß gegen Meister Eckhart (Vorgeschichte, Verlauf u. Folgen), Pad 1988; J. SUDBRACK, Mystische Spuren, Wü 1990; K. RUH, Gesch. der abendländischen M., 4 Bde, Mn 1990ff.; P. DINZELBACHER, Christl. M. im Abendland, Pa 1994; A. M. HAAS, M. als Aussage. Erfahrung-, Denk- und Redeformen christl. M., F 1996; K. JACOBI (Hg.), Meister Eckhart: Lebensstationen, Redesituationen, B 1997. – TRE XXIII 533–592.

Naassener (aramäisch »Schlangenanbeter«; griech. »Ophiten« mit ders. Bedeutung) nannte die altchristl. Ketzerbekämpfung jenen Zweig der → Gnosis, der in der Weltschlange, die sich selber in den Schwanz beißt, ein Symbol kosmischer Selbstvernichtung erblickte und daher oft davon sprach. So spielte auf einem »Diagramm«, d. h. einer Tafelzeichnung, die gnostische Wanderprediger zu Lehrzwecken mit sich führten, die Schlange als »Leviathan«, der sich mit seinem Schwanz um das sichtbare Universum gelegt hat, um dieses zu erdrücken, eine wichtige Rolle. Mythologische Themen wurden gerne herangezogen, um dem Weltpessimismus gnostischen Selbstverständnisses Anschauung zu verleihen. Welche Gelehrsamkeit hierfür aufgeboten wurde, zeigt die Analyse einer sog. Predigt der N., welche der röm. Presbyter Hippolyt Anfang des 3. Jh. aufgezeichnet hat: Ihr liegt ein synkretistisch-pantheistisches Kultlied auf Attis zugrunde, das zunächst von einem jüdischen, dann von einem christl. Prediger gnostisch interpretiert wurde. Eine Besonderheit der N. war es, daß sie den gnostischen Dualismus mit ihrer Drei-Prinzipien-Lehre sozusagen »trinitarisch« zu legitimieren suchten.

Q: W. Foerster (Hg.), Die Gnosis, Bd. I, Z-Mn 1969, ^{2}1979.

L: R. Reitzenstein – H. H. Schaeder, Studien zum antiken Synkretismus, L 1926, 161–173; K. Drynieff, Studier i Naassenertraktaten, Up 1973; K. Rudolph, Die Gnosis, Gö 1978, ^{4}1994. – TRE XXIII 678.

Nationalkirchliche Bewegungen erstrebten stets eine Kirche, die als Volkskirche die gesamte Nation umfaßt, nationales Gepräge trägt und manche Privilegien genießt. Viele der → Ostkirchen sind in diesem Sinn Nationalkirchen (→ Syr.-orth. Kirche, → Koptische Kirche, → Äthiopische [abessinische] Kirche, → Armenische Kirche, → Nestorianische Kirche, → Thomas-Christen u. a.), ebenso die luth. Kirchen in den skandinavischen Ländern. Wenn es also an solchen Stammes-, → Landes- und → Reichskirchen sowie an nationalkirchlichen Tendenzen im ganzen → MA nicht gefehlt hat, so läßt sich von Nationalkirchen im engeren Sinn doch erst in der → NZ sprechen: Anglikanische Kirche (→ Anglikanismus), → Deutschkatholizismus, → Alt-Kath. Kirche, → Mariaviten, → Tschechoslowakisch-hussitische Kirche. Eine mit Rom verbundene dt. Nationalkirche, von Theologen wie Ignaz von Döllinger († 1890; → Vatik. Konzilien) intendiert, kam weder in Östr. noch in Dtl. zustande. Pius IX. erteilte mit dem → ›Syllabus‹ von 1864 (→ Lehrverpflichtung) derartigen Tendenzen innerhalb der → Röm.-Kath. Kirche eine entschiedene Absage. Anstrengungen, während des Dritten Reiches (→ Kirchenkampf) eine ›Dt.-christl. Nationalkirche‹ zu gründen, blieben ebenfalls ohne Erfolg.

L: A. Werminghoff, Nationalkirchl. Bestrebungen im dt. MA, St 1910; R. Steiger, Christl. Kirche Dt. Nation, B 1937.

Nederlandse Hervormde Kerk, seit 1816 unter Kg. Wilhelm I. von Oranien Staatskirche des vereinigten ›Königreichs der Niederlande‹ ref. Bekenntnisses. Der Versuch, die → presbyterial-synodale Verfassung kameralistisch zu entwerten, führte zur freikirchl. Separation (→ Gereformeerde Kerken). Erst nach dem 2. Weltkrieg wurde die presbyteriale Kirchenordnung rechtl. abgesichert (1951), nachdem bereits am Anfang des 20. Jh. ein ›Ref. Bund zur Freimachung (später: ›zur Verbreitung der Wahrheit‹) der Niederländ. Kirche‹ sich hierfür eingesetzt hatte. Neben dem → Heidelberger Katechismus gehören die ›Confessio Belgica‹ (1561) und die ›Canones synodi Dordracenae‹ (1619; → Dordrechter Synode) zu den offiz. → Bekenntnisschriften. Auf dieser Bekenntnisbasis trat man schon 1875 dem Reformierten Weltbund (→ Ref. Kirchen) bei.

L: J. REITSMA – J. LINDEBOOM, Geschiedenis van de Hervorming en de Hervormde Kerk der Nederland, 1893, [5]1945; Ekklesia III/9, Gotha 1934, 13–36 (J. A. CREMER).

Nestorianische Kirche. Die »Erstlinge« der »Assyrer« oder »Chaldäer« (ostsyr.-aramäischer Dialekt, heute noch Liturgiesprache) waren bei der röm. Niederlage (260) durch die Sassaniden (224 – ca. 632) kriegsgefangene Christen, die nach Persien verschleppt wurden. Die antichristl. Religionspolitik der Sassaniden machte auch weiterhin die »Apostolische Kirche des Ostens« (offiz. Bezeichnung heute) zur Martyrerkirche. Diese war klug genug, als sie unter einem Katholikos mit Sitz in Seleukia-Ktesiphon 424 selbständig und staatl. anerkannt worden war, den Gegensatz zur byz. (Reichs-)Kirche und deren → Chalkedonismus auch dadurch herauszukehren, daß man sich zur christologischen Zweinaturenlehre des exkommunizierten Nestorius († ca. 451) bekannte; man bewegte sich darin zugleich in den von der → Antiochenischen Schule von Nisibis vorgezeichneten Bahnen. Umgekehrt erlaubten die Araber (637–1258) dem Katholikos weltweite Mission nach Indien (→ Thomas-Christen) und China (ca. 635: nestorianische »Metropolien des Äußeren« organisiert; 781: Säule von Singafu an der chinesischen Mauer). Man schätzt den Bestand der N. K. im 14. Jh. auf 230 Diözesen mit 27 Metropoliten. Der Mongolensturm unter Timur-Lenk (Ende 14. Jh.) leitete den über Jh. sich erstreckenden, von Christenverfolgungen durch Türken, Kurden und Perser begleiteten Niedergang ein. Heute ist die N. K. eine im Iran, Irak, Syrien (80000), Indien (6000), in der UdSSR (4000) und den USA (10000) zerstreut lebende Gemeinschaft, deren Katholikos in Chicago residiert. Als dieser 1964 die Gregorianische Kalenderreform einführte, kam es zur Spaltung; er mußte zurücktreten (1973). Sonntägl. Liturgie der N. K. ist die ›Anaphora der Apostel Addai und Mari‹, in der Adventszeit die ›Anaphora des Theodor von Mopsuestia‹ (→ Antiochenische Schule), an bes. Fest- und Bußtagen aber die ›Anaphora des Nestorius‹. Eine weitere Eigenart der Nestorianischen Kirche ist ein ausgedehntes → Fasten (urspr. 27 Wochen), das sich über das ganze Kirchenjahr erstreckte, heute aber von dem »progressiven« Katholikos eingeschränkt wurde. Die N. K. gehört dem → Ökumenischen Rat der Kirchen an.

L: B. SPULER, Die Morgenländischen Kirchen, Lei 1964; DERS., Die Gegenwartslage der Ostkirchen, F [2]1968, 260–271; J. M. Fiey, Assyrie chrétienne, 3 Bde Beyrouth 1965–68; Heyer 202–214. – TRE XXIV 264–276. – Atlas KG 10 A, 26f., 130f.

Nestorianischer Streit (429–433), ausgelöst durch den antiochenischen Presbyter, dann kurzfristigen Bf. von Konstantinopel (428), Nestorius, der Maria den Titel einer »Gottesgebärerin« (theotókos) absprach. Sein Gegenspieler war als Sprecher der → Alexandrinischen Schule Bf. Kyrill von Alexandrien († 444). Er griff Nestorios mit seinen 12 ›Anathematismen‹ (Verdammungssätzen) an und fand darin die Zustimmung Roms (430). Gemeinsam betrieb man sowohl am Tiber wie am Nil die Einberufung eines ökumenischen → Konzils nach Ephesus (431). Daß Kyrill dabei die → Exkommunikation des Nestorius aussprechen ließ, bevor die röm. Delegierten eingetroffen waren, störte die Eintracht beider → Patriarchate. Rom erkannte deshalb die Entscheidung der kyrillischen Vorsynode nicht an, sondern stellte sich auf Seiten der »Antiochener«, deren verspätete Gegensynode Kyrill und seine »Einheitschristologie« bzw. deren monophysitisierende Tendenzen (→ Monophysitismus) verdammte. Auch das kaiserl. Zwangsdiktat einer Unionsformel (›Symbolum Ephesinum‹ von 433) legte den Streit nicht bei, da es de facto die Zweinaturenlehre vertrat. Die Auseinandersetzung flammte daher im → Eutychianischen Streit abermals auf.

Q: D-S 250–264, 271–273; N-R 160–172; COD 40–61.

L: Chalkedon I 213ff.; ferner A. Grillmeier, Christ in Christian Tradition, Lo 1965; Ders., Jesus Christus im Glauben der Kirche, Bd. I, Fr-Bas-W 1979, 642–726. – TRE XXIV 276–286.

Neuapostolische Gemeinde, seit ca. 1907 **Neuapostolische Kirche** (N. K.). Sie erwuchs aus der Kath.-Apost. Gemeinde, die in dem Londoner Bankier Henry Drummond († 1860) und dem schottischen Presbyterianerprediger Edward Irving († 1834; → Irvingianismus) ihre Gründer verehrt. Ihr »geweissagtes« Hauptziel besteht in der Wiedererrichtung altkirchl. Amtsklassen (Apostel, Propheten, Evangelisten, Hirten und Lehrer) und Amtsstufen (Bischof, Priester und Diakon). Als 1863 bereits sechs der zwölf kath.-apost. Apostel verstorben waren, ergänzte man in Dtl. das Zwölf-Apostel-Kollegium, stieß dabei aber auf den Widerstand engl. Apostel. Auf diese Weise entstand allmähl. die N. G., in der der Hamburger Bf. und spätere Apostel F. W. Schwarz († 1895) eine führende Rolle spielte. Er setzte auch die reformierte Form des Gottesdienstes, die er während seines langjährigen Aufenthaltes in Holland kennengelernt hatte, in der Gemeinde durch. Die neue Gemeinschaft bez. sich zunächst als ›Allg. Christl. Apost. Mission‹, seit 1907 als N. G. und seit ca. 1907 als ›Neuapostolische Kirche‹.

Die N. K. setzte das nach dem Tod des letzten Apostels Johannes untergegangene Apostelamt fort und versteht sich als direkte Nachfolgerin der Urkirche (→ Urchristentum). An der Spitze der Apostel steht der – dem röm. Papst vergleichbare – »Stammapostel«: Friedrich Krebs

(1896–1905), Hermann Niehaus (1905–1930), Johann Gottfried Bischoff (1930–60), Walter Schmidt (1960–75), Ernst Streckeisen (seit 1975). Der Stammapostel ist stets auch Vorsitzender des 1922 von Niehaus gegr. ›Apostelkollegiums der N. G. Deutschlands e. V.‹ Krebs schaffte 1905 das Prophetenamt ab. Grundlegend für die adventistisch-chiliastische Lehre ist das → Glaubensbekenntnis mit 10 Artikeln, wobei die ersten drei mit dem Credo der → Röm.-Kath. Kirche nahezu identisch sind. Sakramente: → Kindertaufe, Abendmahl (als Gedächtnismahl; nur Hostie), Versiegelung (Spendung des Hl. Geistes mit vorausgegangener »Freisprache«), Beichte (ohne Sündenbekenntnis) vor dem Gottesdienst am Sonntag. Über der Bibel steht der Apostel mit seinem »gegenwärtigen« oder »lebendigen Gotteswort«; er allein ist für die Erklärung der Bibel zuständig. Anstelle einer → Kirchensteuer zahlen die Mitglieder, die zu einer moralischen Lebensführung (kein vorehel. Geschlechtsverkehr, keine Abtreibung usw.) und zu regelmäßigem Gottesdienstbesuch verpflichtet sind, den → »Zehnten«. Die N. K., im Laufe der Jahre von zahlreichen Spaltungen (→ Irvingianismus) heimgesucht, zählt heute ca. 1 Mill. Mitglieder, die von etwa 50 Aposteln und ungefähr 30000 Amtsträgern betreut werden. Mit ca. 700000 Mitgliedern ist sie in Dtl. nach den Großkirchen die zahlenmäßig stärkste Glaubensgemeinschaft, die öff. rechtl. anerkannt ist.

P: Wächterstimmen, L bzw. F 1895ff.; Unsere Familie, F 1933ff.; Brot des Lebens, Z 1940ff.

Q: H. Niehaus, Fragen u. Antworten über den N. Glauben, F 1916 u.ö.; Allg. Hausregeln u. Glaubensbekenntnis für die Ämter u. Mitglieder der N. K., Z 1943.

L: Hutten 631–689; Algermissen 785–794; F. W. Haack, N. K., Mn 1975, [3]1978; H. J. Twisselmann, Die N. K. – Ist sie apostolisch?, Witten 1977; Heyer 749–753; Eggenberger 65–66; Reller 393–401. – TRE XXIV 286–289.

Neuprotestantismus, als Begriff von Ernst Troeltsch (→ Liberale Theologie) geprägt, deshalb auch umstritten, weil der Autor damit die unüberbrückbare Kluft zw. Luther als dem MA zugehörig und dem modernen → Protestantismus der → NZ kennzeichnen wollte. N. war für ihn die Entkonfessionalisierung des → Luthertums mit dem Ziel der »Umsetzung des Protestantismus in eine philos. Bildungsreligion«. Eine ähnl. Zielsetzung hatte vor ihm bereits der Theologe Richard Rothe († 1867 in Heidelberg, der Wirkungsstätte von Troeltsch, bevor er nach Berlin ging) verfolgt. Dieser sah in den Unkirchlichen seiner Tage die Repräsentanten eines »unbewußten Christentums«, das eine Auflösung der Kirche in den Staat ermögliche, weil mit ihm die völlige Christianisierung des sozialen Lebens eintreten werde. Nach dem 1. Weltkrieg sollte Paul Tillich († 1965) solchen N. noch weiter in Richtung auf den → Rel. Sozialismus vorantreiben. Die größte Wirkungsbreite aber kam dem → Protestantenverein (1863/5) zu, der nach seinen Satzungen »eine Erneuerung der prot. Kirche im Geiste ev. Freiheit und im Einklang mit der gesamten Kulturentwicklung« erreichen wollte. Hier lebten Gedanken Albrecht Ritschls (→ Liberale

Theologie) in einem gebildeten Publikum fort, dessen Kulturprotestantismus nicht immer bei den kirchl. Behörden auf Verständnis stieß. Dabei war es nicht zuletzt ihm zu danken, daß die Bildungsschichten in einer Zeit, in der der Atheismus in den Salons heimisch geworden war und der »Antichrist« von Friedrich Nietzsche († 1888) zur Modelektüre gehörte, immer noch den Zugang zum Christentum und zu den prot. Kirchen finden konnten, denen im Zeitalter der Industrialisierung die Arbeiter schon längst entglitten waren.

Q: E. TROELTSCH, Die Bedeutung des Protestantismus für die Entstehung der modernen Welt, T 1906, [5]1928; KThQ IV/1 75, IV/2 140.

L: R. H. GRÜTZMACHER, Alt- u. Neuprotestantismus, eine geistes- u. theologiegesch. Untersuchung, Erl-L 1920; K. HOLL, Der Protestantismus in seiner Kulturbedeutung, 1923 = Gesammelte Aufssätze, Bd. III, T 1928, 514–519; P. TILLICH, Der Protestantismus. Prinzip u. Wirklichkeit, St 1950; H.-J. BIRKNER, Spekulation u. Heilsgesch. Die Geschichtsauffassung Richard Rothes, Mn 1959; W. v. LOEWENICH, Luther u. der N., Witten 1963; W. u. M. PAUCK, P. Tillich. Sein Leben u. Denken, Bd. I, St 1978. – TRE XXIV 363–383.

Neuscholastik bez. die Erneuerung der ma. → Scholastik, einschließl. der Barockscholastik (bes. Suárez, † 1619), im 19. Jh.; sie wird wegen ihrer starken Ausrichtung an Thomas von Aquino († 1275) auch Neuthomismus genannt. Nach ersten Schritten in It. (z. B. Buzzetti † 1824, Sordi † 1865, Taparelli † 1862, Liberatore † 1892) standen dt. Vertreter der N. (Clemens † 1862, Schäzler † 1880, Kleutgen † 1883, Stöckl † 1895 u. a.), vor allem aber der sog. Mainzer Kreis (Heinrich Haffner, Moufang) mit der Zs. ›Der Katholik‹, in scharfen Kontroversen mit der Kath. → Tübinger Schule, spez. mit dem → Hermesianismus und → Güntherianismus. Gegen die sog. röm. Theologie, die vor allem an der Päpstl. Univ. Gregoriana (→ Kollegien und Seminarien) ihr Hauptquartier hatte, kämpfte die sog. Deutsche Theologie, angeführt von I. von Döllinger (München) und H. Reusch (Bonn) mit dem neugegr. ›Theol. Literaturblatt‹ (Bo 1866–77) als Kampforgan.

Die N. suchte die Fragen und Probleme in Philosophie und Theologie nach der scholastischen Methode zu lösen. Dabei standen ihre Theologen den dogmatischen Traditionen meist unkrit. gegenüber und zeigten kaum Verständnis für die → Geschichtlichkeit auch im Bereich der Theologie, so daß sie oft in fruchtloser Apologetik stecken blieben. Der weit verbreitete → Katechismus des → Jesuiten Deharbe († 1871) kann als ein Kompendium der schol. Theologie angesehen werden. Es ist aber nicht zu verkennen, daß neuschol. Theologen, primär in Dtl. (Baeumker, Franzelin, Scheeben, Denzinger, Hettinger, Hergenröther, Denifle, Ehrle, Grabmann, Landgraf u. a.), mit ihren gesch. orientierten Untersuchungen die philos. und theol. Forschung in hervorragender Weise gefördert haben. Die Auseinandersetzung mit der Philosophie Kants (1727–1804, → Aufklärung) und den Wortführern des dt. Idealismus (→ Theologiegeschichte) wurde allerdings erst reichl. spät im 20. Jh. nachgeholt (z. B. in Fkr. J. Maréchal, † 1944, in Dtl. K. Rahner, (1904–84).

Die Päpste standen ganz auf Seiten der N., wie sich schon bei der Verurteilung des Philosophen A. Günther (1857) zeigte (→ Güntherianismus). Leo XIII. erklärte in der Enz. ›Aeterni Patris‹ vom 4. 8. 1879 Thomas von Aquino zum authentischen Lehrer der Kirche. Nach dem CIC (→ Kirchenrechtsquellen) von 1917, bei dem die neuschol. Theologie in Rechtssätze gegossen erscheint, müssen die Priesterkandidaten ein zweijähriges Philosophiestudium entsprechend der Lehre und den Prinzipien des Thomas von Aquino absolvieren (c. 1365 u. 1366). Ebenso erfolgte die Verurteilung des → Modernismus durch Pius' X. Enz. ›Pascendi Dominici gregis‹ (1907) ganz im Geist der Neuscholastik. Offiziell kann die N. erst seit dem 2. → Vatik. Konzil als überwunden gelten, obwohl es nicht an Bemühungen fehlt, zur N. zurückzukehren.

L: A. STRIGL, Die tragische Schuld der Spät- u. Neuscholastik, W 1953; B. WELTE, Zum Strukturwandel der kath. Theologie im 19. Jh.: Freiburger Dies Universitatis 2 (1954) 25–55 = DERS., Auf der Spur des Ewigen, Fr-Bas-W 1965, 380–409; M. GRABMANN, Die Gesch. der kath. Theologie seit dem Ausgang der Väterzeit, Fr 1933, (Ndr.) Da 1961; A. KOLPING, Kath. Theologie gestern und heute. Thematik u. Entfaltung dt. kath. Theologie v. I. Vaticanum bis zur Gegenwart, Bremen 1964; H. VORGRIMLER – R. VANDER GUCHT (Hg.), Bilanz der Theologie im 20. Jh., 3 Bde, Fr-Bas-W 1969–70; J. SCHUMACHER, Der »Denzinger«. Gesch. u. Bedeutung eines Buches in der Praxis der neueren Theologie, Fr-Bas-W 1974; H. FRIES – G. SCHWAIGER (Hg.), Kath. Theologen Dtl. im 19. Jh., 3 Bde, Mn 1975; K. DEUFEL, Kirche u. Tradition. Ein Beitrag zur Gesch. der theol. Wende im 19. Jh. am Beispiel des kirchl.-theol. Kampfprogramms P. Joseph Kleutgens S. J. Darstellung u. neue Quellen, Mn-Pa-W 1976.

Neuzeit, als hist. Begriff im 19. Jh. von dem kath. Theologen J. A. Möhler († 1838) und dem ev. Theologen K. A. von Hase († 1890) im Rahmen der für die allg. Gesch. gebräuchl. Dreiteilung (Altertum, MA und N.) auf die KG übertragen, so daß man jetzt zw. → Alter Kirche, → MA und N. unterscheidet, wenngleich eine zeitl. Fixierung der einzelnen Perioden immer schwer fiel und heute noch ungeklärt ist. Als Ansatzpunkte für den Beginn der N. werden einmal → Humanismus und Renaissance und dann vor allem die → Reformation, gelegentl. auch erst die → Aufklärung namhaft gemacht. Dabei ist nicht zu vergessen, daß eine solche Einteilung nur für das Abendland gilt, da man im Osten von einem MA wie auch von einer N. im Sinn des Westens nicht sprechen kann.

Hauptstationen der N.: Der rel.-moralische Tiefstand des kirchl. Lebens am Vorabend der Reformation leitete einen Prozeß ein, der 1517 mit einem offenen Generalangriff Martin Luthers und seiner Anhänger auf die »alte Kirche« sichtbare Formen annahm, die Einheit der abendländischen Kirche zerstörte und nach unheilvollen Religions- und Konfessionskriegen 1648 im → Westfälischen Frieden einen gewissen Abschluß erreichte. Die Selbstbesinnung der → Röm.-Kath. Kirche (→ Trienter Konzil) und der erfolgreiche Verlauf der → Kath. Reform im rel. Leben, in der kirchl. Kunst und Wiss. sowie in der → Mission, verbunden mit der aus diesen Reformkräften gespeisten → Gegenreformation, lenkten die kath. Kirche auf eine neue Bahn, während sich andererseits die prot. Kirchen in Dtl. und bald auch in den angrenzenden Ländern ausbreiteten und konsolidierten. → Jansenismus, → Gallikanismus und → Episkopalismus beschworen für die kath. Kirche in Fkr. und Dtl. die wachsende Gefahr eines Schismas herauf. Absolutismus, Aufklärung und → Säkularisierung vergrößerten den Gegensatz zw. Glaube und Wissen (→ Liberale Theologie, → Modernismus), zw. → Kirche und Staat. Revolutionen und Untergang des → Kirchenstaates zwangen insbes. das → Papsttum zur Besinnung und zum Rückzug auf seine ureigene rel. Sendung und Aufgabe. → Liberalismus, Laizismus, Antiklerikalismus vertieften die Kluft zw. Kirche und Welt, bis sich unter Leo XIII. (1878–1903) erste Schritte zu einer Begegnung von Kirche und Ges. (→ Soziale Frage) anbahnten, die freilich bald wieder durch kirchlichen Integralismus (→ Traditionalismus) und Kampf gegen den Modernismus ins Stocken gerieten. Das 1. → Vatik. Konzil (1869–70) brachte mit dem Unfehlbarkeitsdogma eine absolutistische Stellung des Papstes, die auch durch das 2. → Vatik. Konzil (1962–65) trotz der Kollegialitätslehre keine wesentl. Änderung erfuhr. Zu Beginn unseres Jh. offenbarten sich neue Impulse im innerkirchl. Leben (→Kath. Apostolat, → Liturgische Bewegung), zeigten sich Erfolge auf dem Feld der Mission und regten sich zarte Ansätze einer →Ökumenischen Bewegung als Verlangen nach der Einheit aller Christen. Für das 2. Vatik. Konzil gehören Erneuerung des gesamten kirchl. Lebens und Bereitschaft der Kirche zum Dialog mit Christen, Nichtchristen und Ungläubigen, ja, mit der ganzen Welt zu den hervorragendsten Merkmalen.

L: → KG. – K. Heussi, Altertum, MA u. N. in der KG, T 1921; M. Schmidt, Die Interpretation der neuzeitl. KG: ZThK 54 (1957) 174–212; H. Thielicke, Glauben u. Denken in der Neuzeit, T 1983. – TRE XXIV 392–411.

Nomonkanon. Schon Mitte des 6. Jh. hatte der Rechtsanwalt und spätere Patriarch von Konstantinopel, Johannes Scholastikos, in seiner ›Sammlung von 50 Titeln‹ synodale → Kanones mit Auszügen aus den ›Novellen‹ Justinians (527–65) vereinigt. Im weiteren Verlauf entwickelte sich aus solcher »Synagoge« von Staatskirchenrecht (nómos) und Synodalrecht (kanon) eine spez. Gattung der Rechtskodifikation. Ältestes Beispiel ist der ›Nomonkanon der 14 Titel‹ aus der Zeit des Ks. Herakleios (629–640), dem mehrere Bearbeitungen zuteil wurden. Die Bearbeitung von 883 wird dem Patriarchen Photios (→ Photianisches Schisma) zugeschrieben; eine spätere (ca. 1090) ist wegen der griech. Wiedergabe justinianischer Texte in Originallänge überlieferungsgesch. bedeutsam. Neben diesem N., den das byz. KR zur Norm machte, entstanden weitere Sammlungen, in die jüngeres Rechtsgut der Patriarchen bzw. der endemischen Synoden (→ Konstantinopel) und der Kaiser einfloß.

Q: PG 104, 441–976.

L: K. E. Zachariae v. Lingenthal, Die griech. Nomonkanones, St. Petersburg 1877; H.-G. Beck, Kirche u. theol. Lit. im byz. Reich, Mn 1959, [2]1977, 145–147.

Nouvelle Théologie. Der Begriff N. T. begegnet erstmals in den vierziger Jahren unseres Jh. in Fkr. (M.-J. Garrigou-Lagrange, † 1938) zur Bez. des theol. Standorts einiger Jesuiten-Theologen, die dann auch 1946 von Pius XII. unter demselben Begriff wegen anderslautender Ansichten in wichtigen theol. Fragen (z. B. Evolution, Erbsünde, Eucharistie, Dogma) moniert wurden. In den folg. Jahren bestrafte das Hl. Offizium (→ Röm. Kurie) verdiente Theologen wie die Jesuiten H. de Lubac, T. de Chardin, K. Rahner und die Dominikaner M.-D. Chenu und Y. Congar mit Lehr- und Schreibverbot. Pius XII. unterstrich vor allem mit der Enz. ›Humani generis‹ (1950) die Bedeutung des kirchl. Lehramtes für die Erklärung der Hl. Schrift und der Tradition, wobei die → Geschichtlichkeit auch dogmatisch-theol. Aussagen nahezu ganz ausgeschlossen bleiben sollte. Letztl. bedeutete diese streng traditionalistische Haltung ein Nein zu jeder Form von Dogmenentwicklung (→ Dogmengeschichte) oder ein Ja zu einer verengten schol. Theologie (→ Scholastik). Spätestens das 2. → Vatik. Konzil hat das Programm der N. T. (die Bibel als Maßstab, Rückkehr zu den Quellen, die krit. zu erforschen sind, Berücksichtigung der gesamten Tradition) bei seinen Arbeiten und Dekreten zur Anwendung gebracht.

Q: M. Labourdette – M.-J. Nicolas – R. L. Bruckberger, Dialogue théologique, St-Maximin Var 1947; AAS 42 (1950) 561–577.

L: G. Thils, Orientations de la théologie, Lv 1958; J. Comblin, Vers une théologie de l'action, Bru 1965; C. Frey, Mysterium der Kirche – Öffnung zur Welt. Aspekte der Erneuerung frz. kath. Theologie, Gö 1969; H. Vorgrimler – R. van der Gucht (Hg.), Bilanz der Theologie im 20. Jh. Bahnbrechende Theologen, Fr-Bas-W 1970; D. Hoffmann-Axthelm, Anschauung und Begriff. Zur hist. Einordnung v. »N.T.« u. »Existentialer Theologie«, Mn 1973. – TRE XXIV 668–675.

Novatianer. Mitten in der → Christenverfolgung unter Decius (250/1) spaltete der Presbyter Novatian (auch: Novatus) die Christengemeinde Roms durch die Forderung, Glaubensleugner (sog. Gefallene) seien als »Todsünder« zu exkommunizieren (→ Exkommunikation). Darin überwarf er sich mit Bf. Cyprian von Carthago (258 Martyrer unter Ks. Valerian wie wahrscheinl. auch Novatian), der für Wiederaufnahme im Rahmen des übl. Bußverfahrens (→Bußpraxis) plädierte; das tat die Mehrheitsgemeinde in Rom auch. Immerhin fanden die N. mit ihrem hochgespannten Ideal einer »Kirche der Heiligen« in Norditalien, Nordafrika, Spanien und Gallien Zustimmung, zumal da ihr Gründer in seinem Traktat ›Über den dreifaltigen Gott‹ seine → Orthodoxie erwiesen hatte. Diesen Beweis erbrachten die im Osten später bes. stark vertretenen N. auch, indem sie während der arianischen Kirchenpolitik des oström. Ks. Valens (375–8) mit der nicaenischen Orthodoxie alle Unbilden teilten (→ Arianismus). Als Minderheitsgemeinde gehörten sie daher in Byzanz zu den höheren Gesellschaftsschichten; einige von ihnen waren als Prinzenerzieher am Hof tätig. Die staatl. Ketzergesetzgebung hingegen sprach ihnen seit dem 4./5. Jh. die Reichsbürgerschaft ab, was sie allmähl. in den »underground« abdrängte. Das erklärt vielleicht, warum ihre Selbstprädikation die »Reinen« (griech. katharoi) an die → Katharer übergehen konnte.

Q: F. LAUCHERT (Hg.), Die Kanones der wichtigsten altkirchl. Konzilien, Fr-T 1959, 39, 73, 86f. 136f.; SOCRATES, KG 4, 9; 4, 28; H. WEYER (Hg.), Novatianus, De trinitate/Über den dreifaltigen Gott, D 1962.

L: H. J. VOGT, Coetus sanctorum. Der Kirchenbegriff des Novatian u. die Gesch. seiner Sonderkirche, R 1968; H. GÜLZOW, Cyprian u. Novatian, T 1975. – TRE XXIV 678–682.

Nuntiaturstreit bez. die Auseinandersetzungen im Dtl. des 18. Jh. zw. dem päpstl. Nuntius (→ Gesandte) und den Bischöfen – diese waren bis zur → Säkularisation auch weltl. Fürsten – um bestimmte reichskirchl. Rechte und Ansprüche (z.B. Ernennung, Dispens, → Visitation), wie sie vor allem der → Febronianismus für den dt. Episkopat behauptete. Die Erzbischöfe und Kurfürsten von Köln, Mainz und Trier forderten in den sog. Koblenzer → Gravamina (1769), die in vielen Punkten mit Beschlüssen des → Konstanzer und → Baseler Konzils sowie mit »Beschwerden (gravamina) der dt. Nation« übereinstimmten, frühere bischöfl. Rechte zurück und grundsätzl. eine größere Unabhängigkeit der Kirche in Dtl. gegenüber päpstl. Behörden, bes. gegenüber dem (Kölner) Nuntius, dem man überhaupt keine Gerichtsbarkeit mehr zugestehen wollte. Sie drangen aber mit ihren Forderungen nicht durch, weil Ks. Joseph II. (→ Josephinismus) und auch mehrere Bischöfe nicht auf Seiten der Metropoliten standen.

Die Errichtung der Nuntiatur in München (1784) durch Pius VI. – der Nuntius sollte die Stelle eines Erzbischofs für Bayern einnehmen! – führte zw. dem Nuntius und dem bayr. Kurfürsten Karl Theodor einerseits und den geistl. Kurfürsten und den Bischöfen von Freising und Speyer andererseits zum sog. N., der in der Emser Punktation (→ Emser Kongreß) auf die Spitze getrieben wurde. Doch die Gespaltenheit der Erzbischöfe untereinander vereitelte bald den gewünschten Erfolg.

L: F. ENDRES, Die Errichtung der Münchener Nuntiatur u. der N. bis zum Emser Kongreß, Erl 1908; K. HABENSCHADEN, Der Münchener N. in der Publizistik, Mn 1933; J. JANSEN, Kurfürst Ebf. Max Franz v. Köln u. die episkopalistischen Bestrebungen seiner Zeit. N. u. Emser Kongreß, Essen 1933; H. RAAB, Die Concordata Nationis Germanicae in der kanonistischen Diskussion des 17. bis 19. Jh., Wie 1956; B. ZITTEL, Die Vertretung des Hl. Stuhles in München 1785–1934: Der Mönch im Wappen, Mn-Z 1960, 419–494.

Nürnberger Anstand (1532). Nachdem 1531 der → Schmalkaldische Bund offiz. geschlossen war, zeigte sich schon am N. A. der erste Erfolg solcher polit. Formierung der Anhänger von Luthers → Reformation. Das Abkommen war in erster Linie ein Waffenstillstand, der auch Fkr. einschloß, damit die Heere der abendländischen Christenheit vereint gegen die Türken ins Feld rücken könnten. Dafür gewährte Ks. Karl V. den prot. Reichsständen (→ Augsburger Konfession), bis zu einem vom Papst auszuschreibenden Konzil bzw. zum nächsten → Reichstag in ihrem derzeitigen Religionsstand zu verbleiben; bisherige Religionsmaßnahmen sollten beim Reichskammergericht nicht weiter verfolgt werden. Da aber der nächste Reichstag erst 1541 einberufen und erst dann auch das Konzil ausgeschrieben wurde, führten die Jahre nach 1532 bis zum → Frankfurter Anstand zu einer starken Ausbreitung des → Luthertums, an deren Ende (1539/40) dessen völliger Sieg in Dtl. nicht fern schien.

L: Schottenloher, Bibliographie zur dt. Gesch. im Zeitalter der Glaubensspaltung 1517–1585, Bd. IV, L 1935, n. 40502a – 40504; O. Winckelmann, Der Schmalkaldische Bund u. der N. Religionsfriede, Str 1892; S. Fischer-Galati, Ottoman Imperialism and the Religion Peace of N.: Archiv für Reformationsgesch. 47 (1956) 160–179.

Oblaten (lat. oblati = Dargebrachte). [1] Schon im frühen Christentum war es Brauch, daß Eltern ihre *unmündigen Kinder* zum Dienst Gottes im Kl. »darbrachten«. Die Synode von Konstantinopel (692) gestattete den Klostereintritt erst vom 10. Lebensjahr an. Trotz früher Bedenken dauerte es noch lange, bis dieses Institut der »pueri oblati« im 12. Jh. aufhörte, offiz. erst mit dem → Trienter Konzil (sessio XXV), das als Mindestalter für die Profeß 16 Jahre vorschrieb.

[2] O. bez. *Erwachsene,* die sich einem Kl. weihen (Kloster-Oblaten) oder einem Kl. nur anschließen, ohne darin zu leben (Welt-Oblaten) und somit den Mitgliedern eines Dritten Ordens (→ Terziaren) vergleichbar sind.

[3] *Religiöse Genossenschaften:* ›Missionare O. der Unbefleckten Jungfrau Maria‹ (Congregatio Missionariorum Oblatorum B. M. V. Immaculatae = OMI), 1816 von E. de Mazenod (1782–1861, seit 1837 Bf. von Marseille) als ›Missionnaires de Provence‹ gegr. und 1826 unter dem neuen Namen von Leo XII. anerkannt. Mazenod gründete als Generaloberer von 1841 an Oblatenmissionen vor allem in Canada, den USA, Ceylon und Südafrika. Neben → Volksmissionen wirken die Patres in → Kollegien und Seminarien sowie in Schulen. Bes. Verdienste erwarben sie sich um die → Missionswissenschaft. Hinsichtl. Regel und Verfassung ist die Kongreg. der O. mit den → Lazaristen oder → Redemptoristen verwandt. Das 1895 err. dt. Provinzialat hat seinen Sitz heute in Mainz.

›O. des hl. Franz von Sales‹ (Institutum Oblatorum S. Francisci Salesii = OSFS), 1875 gegr. und 1897 von Leo XIII. approbiert, arbeitet im Geist des Franz von Sales (→ Salesianer) in Seelsorge, Schule und → Mission. Sitz des Generalats ist Rom.

Beim weibl. Zweig unterscheidet man ebenfalls *Kloster-Oblatinnen* (mit einfachen Gelübden) und *Welt-Oblatinnen,* die einem Kl. nur angeschlossen sind.

P: Monatsblätter der O. der Unbefleckten Jungfrau Maria, Hünfeld 1895 ff. (seit 1954: Der Weinberg).

L: J. N. SEIDL, Die Gottverlobung v. Kindern in Mönchs- u. Nonnenklöstern, Mn 1872; A. STEINWENTER, Kinderschenkungen in den koptischen Klöstern: ZSavRGkan 11 (1921) 175–207, 12 (1922) 385 ff.; P. DEROUX, Les origines de l'oblation bénédictine, Ligugé 1927; HEIMBUCHER II 367–374; P. SCHARSCH, Gesch. der Kongreg. der O. 1816–1897, 3 Bde, Engelport 1952; J. LEFLON, E. de Mazenod, 3 Bde, P 1957–65; Hb. der Benediktineroblaten, Beuron 1991.

Obödienzen (lat. oboedire = gehorchen) bez. die Anhänger eines Bf. oder Papstes nach umstrittenen Wahlen. Verhängnisvoll wirkten sich die O. bei → Papstschismen (→ Avignoner Exil) aus, bes. im 14. und 15. Jh., als der am 17. 6. 1409 vom Konzil in → Pisa gewählte Alexander V. neben den von der Versammlung als abgesetzt erklärten Päpsten Benedikt XIII. und Gregor XII. eine dritte Partei, eben die Konzilsobödienz, um sich scharte. Einzelne Fürsten, Bistümer, Klöster, (später heiliggesprochene) Persönlichkeiten, sogar ganze Länder standen auf entgegengesetzten Seiten. Es geschah auch, daß ein Land oder eine Stadt im Laufe der Zeit die Gefolgschaft wechselte, freilich nur selten aus kirchl.-rel. Motiven.

L: I. W. Frank, Thomas Ebendorfers Obödienzansprache am 11. September 1447 in der Wiener Stephanskirche: AHC 7 (1975) 314–341; Ders., Die Obödienzerklärung der östr. Herzöge für Papst Alexander V. (1409): RHM 20 (1978) 49–76. – Atlas KG 66.

Observanten (lat. observare = [die Regel wieder streng] befolgen). Innerhalb des Ordens der → Franziskaner entstand in der 2. Hälfte des 14. und im 15. Jh. hinsichtl. der Armutsfrage (→ Armutsstreit) die Observantenbewegung, die den Orden in O. und Konventuale teilte. Die O. verlangten nicht nur, wie die Konventualen, von den einzelnen Mönchen, sondern von dem Orden als ganzem Verzicht auf jedes Eigentum. – Später versteht man unter Observanten allg. jene Richtung innerhalb einer Gemeinschaft, die das urspr. Ideal oder Programm ohne Abstriche zu verwirklichen sucht und deshalb dort, wo man von den anfängl. Forderungen im Sinne einer Erleichterung abrückte, als Reformbewegung auftritt. Wenn ihnen dies nicht gelang, trennten sie sich und bildeten eine selbständige Gemeinschaft. So kam es 1517 zur Zweiteilung des Franziskanerordens in O. und Konventuale, die Leo X. mit der Bulle ›Ite et vos in vineam‹ vom 29. 5. 1517 guthieß.

L: K. Elm, Reformbemühungen u. O.bestrebungen im spätma. Ordenswesen, B 1989.

Ockhamismus, so genannt nach dem → Franziskaner Wilhelm aus dem engl. Ockham, »sententiarius« des → Generalstudiums Oxford, von Johannes XXII. ca. 1318 nach → Avignon zitiert, von dort nach München geflohen, wo er 1349/50 verstarb. Waren schon durch den → Skotismus Risse im Gefüge der → Scholastik sichtbar geworden, so wurden sie durch den O. zu einer Gefahr für die Einheit von Philosophie und Theologie. Mit der Leugnung der ontologischen Realität der »Allgemeinbegriffe« (universalia) wie auch der »Begriffe« (termini) zugunsten eines sog. Konzeptualismus, nach dem die Begriffe als »Zeichen« den Sachen nur unterschoben werden (sog. Suppositionstheorie), waren die Prämissen hinfällig geworden, unter denen man bisher die Philosophie in den Dienst der Theologie gestellt hatte. Der O. war der Meinung: zu beider Vorteil. Ohne die Papstkritik (→ Armutsstreit) ihres Schulhauptes zu teilen, waren sie sich als bewußte Vertreter eines »neuen Weges« (→ via antiqua/via moderna) darin einig, daß die philos. Kritik an den Dogmen keine Erschütterung der Kirche bedeute. Würden davon doch weder der Glaube noch die Autorität der Kirche betroffen! Unter abermaligem Rückgriff auf den Skotismus (Primat des Willens vor dem Intellekt) betonte man Gottes uneingeschränkte Handlungsfreiheit (»potentia absoluta«). Er habe zudem immer nur getan, was er machen wollte (»potentia ordinata«). Dadurch setzte der O. auch Raum für einen kirchl. Pragmatismus frei, der in der kirchl. tradierten Lehre kein Diskussionsthema mehr erblickte. So konnte der → Augustiner-Eremit und Ordensgeneral Gregor von Rimini († 1358) im Unterschied zu den Nominalisten an traditionellen Dogmen

(Erbsünde, Prädestination u. s. w.) festhalten. Gleichzeitig hielten Ockhamisten wie der Pariser Universitätskanzler Petrus d'Ailly († 1420 in Avignon) sowie dessen Schüler und Amtsnachfolger Johannes Gerson († 1429 in Lyon) eine Kirchenreform »an Haupt und Gliedern« (→Konstanzer Konzil) für unabwendbar. Da ein später Vertreter des O., der Tübinger Gabriel Biel († 1495), nachweisl. von dem Studenten Luther gelesen wurde und der Dozent dieses Studium seines »lieben Meisters« fortsetzte, hat sich der neueren Lutherforschung die Frage gestellt, wie weit der O. (vgl. z. B. die Gottesvorstellung im Traktat ›De servo arbitrio‹ gegen Erasmus von 1525) den Reformator bei seiner → Reformation beeinflußt hat.

L: W. Kolmel, Von Ockham zu Gabriel Biel: Franziskanische Studien 37 (1955) 218–259; B. Hägglund, Theologie u. Philosophie bei Luther u. in der occamistischen Tradition, Lund 1955; E. Iserloh, Gnade u. Eucharistie in der philos. Theologie des Wilhelm v. Ockham; ihre Bedeutung für die Ursachen der Reformation, Mz 1956; H. A. Oberman, Spätscholastik u. Reformation, Bd. I, Der Herbst der ma. Theologie, Z 1965; H. Junghans, Ockham im Lichte der Neueren Forschung, B 1968; J. Miethke, Ockhams Weg zur Sozialphilosophie, B 1969; J. P. Beckmann (Hg.), Ockham-Bibliographie 1900–1990, H 1992. – TRE XXV 6–18.

Ökumenische Bewegung, in der Anfangszeit auf weite Strecken gleichlaufend mit der → Una-Sancta-Bewegung, umfaßt alle Bestrebungen und Bewegungen, die auf die Einheit der Christen gerichtet sind, spez. alle kirchen-offiz. Schritte zur Wiedervereinigung der christl. Kirchen. Wenn man von einzelnen Initiativen zur Wiederherstellung der Kircheneinheit (→ Unionsbewegungen) absieht, kann von einer breiteren Ö. B. erst im 20. Jh. die Rede sein. Dabei lassen sich drei Perioden unterscheiden: die 1. Periode bis zur Gründung des → Ökumenischen Rates der Kirchen (1948), die 2. Periode von der Gründung des Ökumenischen Rates bis zum 2. → Vatik. Konzil und die 3. Periode seit diesem Konzil.

Einen ersten bedeutenden Schritt in der Ö. B. bedeutete der 1914 in Konstanz gegr. ›Weltbund für (internationale) Freundschaftsarbeit der Kirchen‹. Daraus entstand 1919 die ›Bewegung für Praktisches Christentum‹ (→ Life and Work), der in erster Linie an einer sozial-prakt. Zusammenarbeit der Kirchen gelegen war. Bei der auf Bemühen des Stockholmer Ebf. Nathan Söderblom (1866–1931) 1925 in Stockholm veranstalteten ersten Weltkirchenkonferenz für Prakt. Christentum – der ersten ökumenischen Konferenz überhaupt – nahmen 661 offiz. Delegierte aus 37 Ländern teil. Die 2. Weltkirchenkonferenz fand 1937 in Oxford statt. Außerdem bestand seit 1910 die ›Bewegung für Glauben und Kirchenverfassung‹ (→ Faith and Order), deren 1. Weltkonferenz 1927 in Lausanne mit 394 Delegierten aus 108 Kirchen beschickt wurde. Beide Bewegungen schlossen sich 1948 in Amsterdam zum ›Ökumenischen Rat der Kirchen‹ (World Council of Churches) zusammen. 1950 entstand das ›National Council of the Churches of Christ in the United States of America‹ (Sitz: New York), eine Föderation von 32 prot. und orth. Kirchen mit ungefähr 40 Mill. Mitgliedern.

Im röm.-kath. Bereich konnte die Ö. B. nur ganz allmähl. Fuß fassen. Noch Pius XI. zeigte sich in der Enz. ›Mortalium animos‹ (1928) gegenüber Schritten zur Wiedervereinigung reserviert. Einladungen zu Mitarbeit und Mitgliedschaft im Ökumenischen Rat der Kirchen stießen in Rom lange Zeit auf Ablehnung. Größere Gesprächsbereitschaft zeigte man katholischerseits gegenüber den → orthodoxen Ostkirchen. Ein grundlegender Wandel bahnte sich mit und unter Johannes XXIII. (1958–63) an. Dieser Papst errichtete 1960 das Sekretariat zur Förderung der Einheit der Christen (→ Röm. Kurie) und berief als dessen Leiter den dt. Jesuiten und Kurienkard. Augustin Bea (sein Nachfolger ist heute Kard.-Ebf. Jan Willebrands von Utrecht). Dieses päpstl. Sekretariat, das den herkömml. Kongreg. gleichgestellt ist, schaltete sich schon in die Vorbereitung des 2. Vatik. Konzils ein, nahm dann auf den Verlauf des Konzils gelegentl. sogar maßgebl. Einfluß und hielt engen Kontakt zu den Delegierten zahlreicher Kirchen und kirchl. Gemeinschaften. Mit der ›Erklärung über die Religionsfreiheit‹ und dem ›Dekret über den Ökumenismus‹ gab das Konzil der Ö. B. neuen Auftrieb. Einen wichtigen Meilenstein auf dem Weg zur Wiedervereinigung zw. der Röm.-Kath. Kirche und den orth. Ostkirchen errichteten Paul VI. und Patriarch Athenagoras von Konstantinopel am 7. 12. 1965, indem sie die gegenseitigen → Exkommunikationssentenzen des Jahres 1054 (→ Morgenländisches Kirchenschisma) »aus dem Gedächtnis der Kirche« tilgten. Offiz. Begegnungen und gemischte Theologenkommissionen halfen entscheidend mit, daß ungezählte Mißverständnisse und Differenzen geklärt werden konnten. Nachdem in wichtigen Kontroverspunkten (z. B. Eucharistie, Rechtfertigung, Kirchenamt) weitgehende Übereinstimmung erzielt worden ist, steht als Haupthindernis für den von allen Seiten gewünschten Zusammenschluß fast nur noch das Verständnis der Institution des → Papsttums im Wege.

Die Zahl der Ökumenischen (Universitäts-)Institute, entweder von einzelnen Kirchen getragen oder innerhalb von Hochschulen als Forschungsinstitute eingerichtet, erhöhte sich in letzter Zeit. Zu den jüngsten Gründungen zählt das ›Internationale Ökumenische Institut für höhere theol. Studien‹ in Tantur (Israel), das 1972 eingeweiht wurde und sein Entstehen der Initiative nichtkath. Beobachter beim 2. Vatik. Konzil (E. Schlink, O. Cullmann u. a.) verdankt.

Seit 1959 besteht die ›Konferenz Europäischer Kirchen‹ (KEK) als ökumenische Organisation auf europäischer Ebene; sie umfaßt 112 Mitgliedskirchen aus Ost- und Westeuropa. Die Röm.-Kath. Kirche gehört ihr nicht an. Die wichtigste Aufgabe der KEK besteht in der kontinuierl. und intensiven Kontaktpflege zw. den Kirchen in West- und Nordeuropa und den Kirchen in den sozialistischen Staaten Ost- und Südosteuropas. Trotz Anzeichen von Stagnation im ökumenischen Gespräch soll der Dialog mit der Röm.-Kath. Kirche fortgesetzt werden. Präsident der KEK ist heute André Appel, der Leiter der Ev. Kirche von Elsaß-Lothringen; Vizepräsident ist Metropolit Alexy aus Tallinn (früher Reval).

Q: G. K. A. Bell, Documents on Christian Unity, 4 Bde, Lo 1924–58; K. Böhme,

Texte zur Gesch. der Ö. B. (1910–47), B 1948; J. Beumer (Hg.), Auf dem Wege zur christl. Einheit. Vorläufer der Ö. B. Ausgewählte Texte, Bremen 1966; LThK Vat. II 40–126; L. Jaeger, Das Konzilsdekret »Über den Ökumenismus«, Pa [2]1968; Ö. Pfingsttreffen Augsburg 1971, St 1971; H. Meyer – H. J. Urban – L. Vischer, Dokumente wachsender Übereinstimmung. Sämtliche Berichte u. Konsenstexte interkonfessioneller Gespräche auf Weltebene 1831–1990, 2 Bde, Pa-F 1991–92.
L: Internationale ö. Bibliographie, Mn 1962ff.; R. Rouse – S. C. Neill, Gesch. der Ö. B. 1517–1948, 2 Bde, Gö 1957–58, [2]1963; G. H. Tavard, Gesch. der Ö. B., Mz 1964, J. Brosseder, Ö. Theologie, Mn 1967; L. Vischer, Die eine ö. B. Die gemeinsame Arbeitsgruppe zw. der röm-kath-Kirche u. dem Ö. Rat der Kirchen, Z 1969; V. Vajta (Hg.), Evangelium u. Einheit. Bilanz u. Perspektiven der ö. Bemühungen, Gö 1971; H. E. Fey – G. Gassmann (Hg.), Gesch. der Ö. B. 1948–68, Gö 1974; H.-J. Benedict, Internationalismus u. Ökumene, St 1975; H. Krüger (Hg.), Die konziliare Gemeinschaft, F 1978; G. Hoffmann, Der Ökumenismus heute, Stein 1978; G. Gassmann, Konzeption der Einheit in der Bewegung für Glauben u. Kirchenverfassung 1910–1937, Gö 1979; F. W. Kantzenbach, Einheitsbestrebungen im Wandel der KG, Gü 1980; P. Lengsfeld (Hg.), Ö. Theologie, St-B-Kö-Mz 1980; K. Lehmann u.a. (Hg.), Dialog der Kirchen, Gö-Fr 1982ff.; H. Krüger u.a. (Hg.), Ökumene-Lexikon, F 1983; H. J. Urban – H. Wagner (Hg.), Hb. der Ökumenik, 3 Bde, Pa 1985–86; H. Rein: Kirchengemeinschaft: Die anglik.-altkath.-orth. Beziehungen von 1870 bis 1990 u. ihre ök. Relevanz, 2 Bde, Bern-B-F 1993–1994; H. Schütte, Kirche im ök. Verständnis, Pa-F 1991. – TRE XXV 46–77.

Ökumenischer Rat der Kirchen (World Council of Churches), häufig auch Weltrat der Kirchen oder Weltkirchenrat genannt, ist als bedeutsamste Frucht der → Ökumenischen Bewegung der 1948 in Amsterdam erfolgte Zusammenschluß verschiedener Kirchen, die → Röm.-Kath. Kirche ausgenommen. Impulse dazu kamen vor allem aus der Mission, der internationalen Jugendarbeit (→ Jugendverbände) sowie der christl. Friedens- und Sozialarbeit (→ christl.-soziale Bewegungen). Neben dem ›Internationalen Missionsrat‹, 1921 in Edinburgh gegr., entstanden zwei Arbeitsgemeinschaften: ›Glaube und Kirchenverfassung‹ (→ Faith and Order), welche die theol. Probleme der Trennung untersuchte, und ›Prakt. Christentum‹ (→ Life and Work), die sich mit Fragen von Kirche und Gesellschaft beschäftigte. Beide Bewegungen veranstalteten getrennte Weltkonferenzen, vereinigten sich 1938 in Utrecht provisorisch und konstituierten sich 1948 in Amsterdam als Ö. R. d. K. Generalsekretär wurde W. A. Visser 't Hooft. Die 3. Vollversammlung in Neu Delhi (1961), bei der neben dem ›Internationalen Missionsrat‹ 23 Mitgliedskirchen, darunter die → Russ.-orth. Kirche, 11 junge Kirchen in Afrika, zwei Pfingstkirchen (→Pfingstbewegung) in Chile, neu aufgenommen wurden, definierte sich der Ö. R. d. K. als »eine Gemeinschaft von Kirchen, die den Herrn Jesus Christus gemäß der Hl. Schrift als Gott und Heiland bekennen und darum gemeinsam zu erfüllen trachten, wozu sie berufen sind, zur Ehre Gottes, des Vaters, des Sohnes und des Hl. Geistes.«

Der Ö. R. d. K. hat folg. Organe: Die Vollversammlung, das Präsidium, den Zentralausschuß, den Exekutivausschuß, verschiedene Kommissionen und das Generalsekretariat mit mehreren Abteilungen (Sitz: Genf).

Die Vollversammlung ist das oberste Gremium, in das die Mitgliedskirchen (heute über 200) eine angemessene Zahl offiz. Vertreter entsenden; sie tritt alle 6–7 Jahre zusammen. Aus den Reihen der Abgeordneten bestimmen die Kirchen die 100–150 Mitglieder des Zentralausschusses, zu denen sowohl Theologen als auch Laien, Männer und Frauen gehören. Der Zentralausschuß tagt alljährlich, sein Exekutivausschuß zweimal im Jahr. Die Vollversammlung wählt jeweils 6 Präsidenten und ernennt Kommissionen. Neben dem Generalsekretariat in Genf gibt es zwei kleinere Büros in London und New York. Zu den wichtigsten in Genf ansässigen Abteilungen zählen: »Glauben u. Zeugnis«; »Gerechtigkeit u. Dienst«; »Bildung u. Erneuerung«.

Das Symbol der Ökumene ist das altchristl. Bild von der Kirche als Schiff auf dem Meer der Welt. Der Mast in Kreuzform steht im Mittelpunkt der Welt, die oben im Halbkreis durch das griech. Wort »Oikoumene«, unten durch das Meer wiedergegeben ist. Das Zeichen wurde während des 2. Weltkrieges von Christen in Dtl. entworfen.

Die Röm.-Kath. Kirche ist nicht Mitglied des Ö. R. d. K., wohl aber mit einem Beobachter in Genf vertreten. Während die Kontakte früher dürftig blieben, sind sie seit dem Pontifikat Johannes' XXIII. (1958–63) und dem 2. → Vatik. Konzil, bei dem der Ö. R. d. K. mit offiz. Beobachtern vertreten war, intensiver geworden. Eine wichtige Verbindungsstelle ist das 1960 von Johannes XXIII. gegr. Sekretariat für die Einheit der Christen (→ Röm.-Kurie) unter dem Vorsitz von Kard. Willebrands (früher A. Bea). Ebenfalls nicht Mitglieder sind der Konvent der → Baptisten in den Südstaaten der USA, die Lutheraner der → Missouri-Synode in den USA und die meisten Pfingstkirchen (→Pfingstbewegung).

Q: W. Müller-Römheld (Hg.), Offiz. Bericht der 6. Vollversammlung des Ö. R. K., F 1983.

L: → Ökumenische Bewegung. – G. K. A. Bell, Die Königsherrschaft Jesu Christi. Die Gesch. des Ö. R. d. K., H 1960; Internationale ö. Bibliographie, Mz 1967 ff.; W. A. Visser't hooft, Die Welt war meine Gemeinde, Mn 1972; A. J. van der Bent, Die Kirche u. die Eine Welt. Was will u. wie wirkt der Ö. R. d. K., Erl 1974; H. Wegener-fueter, Kirche u. Ökumene. Das Kirchenbild des Ö. R. d. K. nach den Vollversammlungsdokumenten v. 1948 bis 1968, Gö 1979; P. Lengsfeld (Hg.), Ökumenische Theologie, St 1980; W. A. Visser't Hooft, Ursprung u. Entstehung des Ö.R.d.K., F 1983; Zeugnis – Dienst – Einheit – Erneuerung. Der Ö.R.d.K. stellt sich vor, F 1991.

Olivetaner (Ordo S. Benedicti Montis Oliveti = OSBOliv), 1313 auf dem Monte Oliveto (bei Siena) von Bernhard Tolomei (1272–1348) und zwei Gefährten nach der → Benediktregel gegr. Kongreg., die Clemens VI. 1344 bestätigte. Tolomei leitete die O. von 1322 bis zu seinem Tod als Folge der Pflege von Pestkranken. Trotz ihres streng asketischen Lebens verbreitete sich die Kongreg. schnell, so daß sie im 14. Jh. ungefähr 100 Klöster, größtenteils in It., zählte. Einen Zuwachs erlebte sie im 16. Jh. durch den Anschluß der ›Kongreg. vom hl. Fronleichnam‹, die Andreas di Paolo 1328 ins Leben gerufen hatte. Im 19. Jh. folgte ein fast vollständiger Niedergang. Heute gibt es in Europa und Amerika kaum mehr als 200 O.

Sitz des Generalats ist die Abtei Monte Oliveto (bei Siena). – Die *Olivetanerinnen* blieben zahlenmäßig ohne Bedeutung.

L: Heimbucher I 214–217; M. Scarpini, I monaci benedettini di Monte Oliveto, S. Salvatore Monferrato 1952.

Opus Dei (lat. Werk Gottes), abgekürzte Bez. für ›Societas sacerdotalis Sanctae Crucis et Opus Dei‹, ist eine von dem aragonesischen Priester Josè Maria Escrivá de Balaguer y Albas (1902–75) 1928 in Madrid gegr. Vereinigung von Männern, der 1930 eine weibl. Abteilung folgte 1943 entstand die ›Priesterl. Ges. vom Hl. Kreuz‹, die Pius XII. 1950 unter dem Titel ›Priesterinstitut vom Hl. Kreuz‹ approbierte. Johannes Paul II. erkannte O. D. 1982 den Status einer »persönl. Prälatur« zu. Die Zentrale des O. D. befindet sich seit 1946 in Rom. Auf Wunsch Johannes' XXIII. wurde O. D., das zu den einflußreichsten → Säkularinstituten zählt, in Rom das Centro ELIS (Educazione, Lavoro, Instruzione, Sport) anvertraut. Das O. D. unterhält in Pamplona die 1952 gegr. und 1960 von Johannes XXIII. als Päpstl. Univ. anerkannte Univ. Navarra (mit 8 Fakultäten). Die ungefähr 72000 Mitglieder (Priester und Laien), deren Namen geheim bleiben, verteilen sich auf mehr als 80 Länder in allen Kontinenten, bes. aber in Span. und Lateinamerika. In Dtl. wird die Zahl der Mitglieder auf 1200 geschätzt. Bei den Mitgliedern unterscheidet man vier Gruppen: Numerarii (Zölibatäre; Akademiker), Aggregati (mit philos. u. theol. Studien), Supernumerarii (in Beruf und Familie) und Cooperatores (ohne feste Bindung an die Aufgaben der Gemeinschaft).

Die Spiritualität des O. D. legte Escrivá in dem 1939 veröff. Buch ›Camino‹ (Weg) nieder, das heute mit über 3 Mill. Exemplaren in 34 Sprachen verbreitet ist: traditionell im Religiösen, offen im Weltlichen und ausgerichtet auf die Heiligung des tägl. Lebens durch Beruf und Arbeit, in einem Klima des Gebets und inneren Lebens

Das O. D. wurde immer wieder Gegenstand erbitterter Auseinandersetzungen. Während die einen die Lebenskraft und Geistlichkeit dieser »Laien-Elite im Katholizismus« rühmen, bezeichnen andere dieses Institut als »hl. Maffia« oder »logenähnl. Gebilde«, als Fortsetzung der → Restauration und als Mittel des Integralismus, der aus dem Glauben allein die Antwort auf alle Fragen des privaten und öff. Lebens entnehmen will und deshalb den einzelnen Kultursachgebieten nicht nur die absolute, sondern auch die relative Selbständigkeit abspricht. Auffallend ist ferner die enge Verbindung mit dem Franco-Regime und allg. eine Sympathie für rechtspolit. → Parteien.

Q: J. M. Escrivá De Balaguer, Camino (999 Aphorismen), Madrid 1939, dt.: Der Weg, Bo 1957, Kö [3]1967; Gespräche mit Msgr Escrivá de Balaguer, Kö 1968, [2]1971; G. Rocca, L' »Opus Dei«, R 1985.

L: H. U. v. Balthasar, Friedl. Fragen an das O.D: Christl. Sonntag 16 (1964) 117–118; W. Blank u. a., »O.D.« – Für u. Wider, Osnabrück 1967; S. Bernal, Msgr Josemaria Escrivá de Balaguer. Aufzeichnungen über den Gründer des O.D. Kö 1978; P. Berglar, O.D. Leben u. Werk seines Gründers J. Escrivá, Sa 1983; K. Steigleder, Das O.D., Z 1983; P. Hertel, »Ich verspreche euch den Himmel«

Geistl. Anspruch, ges. Ziele und kirchl. Bedeutung des O.D., D 1985; Opus Dei – Stoßtrupp Gottes oder »heilige Mafia«? Macht und Einfluß des O.D. in der Schweiz und anderswo, hg. v. d. Paulus-Akademie, Z 1992; H. Schützeichel – P. Hertel (Hg.), Opus Dei, D 1992; J. Ropero, Im Bann des O.D. Familie in der Zerreißprobe mit einem Elternführer durch das O.D. v. J. M. Garvey u. W. Feinig, D 1995.

Oratorianer bez. die auf Initative des it. Priesters Philipp Neri (1515–95, kan. 1622) 1552 entstandene und 1575 von Gregor XIII. bestätigte Kongreg. von Weltpriestern und Klerikern (Institutum Oratorii S. Neri = Or). Oratorium hieß der Betsaal, in dem Neri und seine Freunde zusammenkamen. Neri lehnte für seine Priestergemeinschaft jede Form von Regeln oder Gelübde (Versprechen) ab und nannte sie schlicht ›Herberge zur christl. Fröhlichkeit‹. Er verfolgte als Hauptziel, die Stadt Rom mit neuen Methoden der Pastoral (z. B. Predigt für Kinder, → Wallfahrten, rel. Lieder in der Volkssprache, geistl. Übungen) moralisch zu erneuern. Bei tägl. Konferenzen wurden Männer jegl. Alters und Berufs zu einem rel. Leben angeleitet. Trotz seiner treukirchl. Gesinnung blieben Neri Konflikte mit kirchl. Behörden nicht erspart. Der gestrenge Paul IV. (1555–59) untersagte ihm sogar, Beichte zu hören und Wallfahrten zu veranstalten. Dies änderte sich unter den folg. Päpsten, von denen einige Neri zu ihrem Berater und Beichtvater erwählten. Zum Freundeskreis Neris zählten einflußreiche Männer wie Ignatius von Loyola (→ Jesuiten), Karl Borromäus (→ Kath. Reform), Franz von Sales (→ Mystik, → Salesianer). Unter den O. seiner Zeit ragen Caesar Baronius, der auf Neris Zureden das Standardwerk ›Annales ecclesiastici‹ (→ Kirchengeschichte, → Magdeburger Zenturien) verfaßte, und im 19. Jh. Kard. J. H. Newman (1801–90, → Anglokatholizismus) – er gründete 1848 in London das engl. Oratorium – hervor. Paul V. bestätigte 1612 die Statuten, die im Grunde Lebensgewohnheiten im röm. Haus der O. wiedergeben. Sie wurden 1943 und abermals 1969 überarbeitet. Die O. kennen heute noch keine eigenen Gelübde. Die einzelnen Häuser sind selbständig und werden von einem Hausoberen geleitet. Im Mittelpunkt des tägl. Lebens steht die Bibel. Die meisten O. sind in der Pfarrseelsorge tätig, oft mit Spezialaufgaben.

In Dtl. entstand das erste Oratorium 1643 in Kevelaer, dann folgten Aufhausen (1692) und München (1707). Das 19. Jh. brachte einen großen Niedergang. Eine neue Periode begann 1930 mit der Gründung des Oratoriums in Leipzig, das 1952 die päpstl. Bestätigung erlangte. Das Leipziger Oratorium machte sich vor allem um die → Liturgische Bewegung (Kahlefeld, Schürmann, Trilling, Gülden) verdient. Weitere Oratorien in Dresden, Frankfurt/Oder, München, Frankfurt/Main, Aachen, Dortmund, Essen und Heidelberg. K. Pehl gründete 1959 die Telefonseelsorge in Frankfurt, F. Krenzer 1960 die ›Kath. Glaubensinformation‹ (Fernkurse für relig. Suchende).

Das *frz. Oratorium* (Congregatio Oratorii Jesu et Mariae Immaculatae = OrJMI), 1611 von dem Priester und späteren Kard. Pierre de Bérulle († 1629) in Paris gegr., entstand unabhängig vom it. Oratorium. Paul V.

gab 1613 die Bestätigung. Zahlreiche Mitglieder hingen dem → Jansenismus an. Das Oratorium wurde 1792 aufgehoben und 1864 neu errichtet. Im Gegensatz zum Oratorium des Philipp Neri ist das frz. Oratorium zentralistisch angelegt; an der Spitze steht der vom Generalkapitel, das alle 5 Jahre zusammentritt, zunächst auf Lebenszeit, heute nur auf 10 Jahre gewählte Generalsuperior, der von Visitatoren unterstützt wird. Die Mitglieder widmen sich vornehml. dem Unterricht und der Wissenschaft.

L: Ph. Hofmeister, Die Verfassung des Oratoriums des hl. Philippus Neri: Für Kirche u. Recht. Fs. für J. Heckel, Kö 1959, 195–221; J. Gülden, Vom Geist u. Leben des Oratoriums v. hl. Philipp Neri: N. Greinacher (Hg.), Priestergemeinschaften, Mz 1960, 213–239; W. Nigg, Philipp Neri der Spaßvogel Gottes, Fr 1976; P. Murray, Newman the Oratorian, Dublin 1968; M. Depuy, Bérulle et le Sacerdoce, P 1969. – TRE XXV 307–312.

Ordenswesen. Als rel. Orden (lat. ordo = Stand) gilt ein klösterl. Verband mit feierl. Gelübden (Armut, Ehelosigkeit und Gehorsam). Seit dem CIC (→ Kirchenrechtsquellen) zählen auch rel. Kongreg. (mit zeitl. oder ewigen Gelübden) als Orden. Entsprechend der Konst. ›Provida Mater Ecclesia‹ (1947) von Pius XII. werden auch die klosterähnl. Gemeinschaften (ohne Gelübde) und → Säkularinstitute den Ständen der Vollkommenheit zugerechnet und unterstehen damit dem Ordensrecht. Nach dem heutigen Sprachgebrauch der → Röm. Kurie sind alle rel. Lebensformen unter dem Oberbegriff ›Instituta perfecta‹ zusammengefaßt. Das O. entwickelte sich im Laufe von Jh. so vielfältig, daß man, alle untergegangenen Institutionen und Institute eingeschlossen, eine Zahl um 4000 annehmen darf. Dies gilt jedoch nur für das Abendland. Im Morgenland blieb es bei den schon frühzeitig entwickelten Formen; heute kennt man dort hauptsächl. →Basilianer, → Pauliner und → Mechithari(s)ten.

Die Orden werden ihrem Wesen nach in fünf große Gruppen eingeteilt: (1) Regularkanoniker (→ Kanonikerreform), (2) Mönchsorden (→ Mönchtum), (3) → Bettelorden, (4) → Regularklerikerorden und (5) → Ritterorden. (Die wichtigsten von ihnen sind unter den entsprechenden Stichworten zu finden.) Hinsichtl. ihres Apostolats unterscheidet man beschauliche (kontemplative) und tätige (aktive) Orden, gelegentl. auch gemischte Orden, deren Mitglieder Kontemplation und Aktion miteinander verbinden.

L: Annuario Pontificio, Città del Vaticano (jährl.); G. Pelliccia – G. Rocca (Hg.), Dizionario degli Istituti di Perfezione, R 1974ff.; L. Holtz, Gesch. des christl. Ordenslebens, Z 1986, ²1991; N. Heimbucher, Die Orden u. Kongregationen der kath. Kirche, 2 Bde, Pa 1933–1934, (Ndr.) 1989; K. S. Frank, Gesch. des christl. Mönchtums, Da 1993; G. Schwaiger (Hg.), Mönchtum, O. u. Klöster. Ein Lexikon, Mn 1993. – TRE XXV 315–334.

Origenistische Streitigkeiten. Um Origenes († 253/4), den größten Theologen des altkirchl. Ostens, den ersten Dogmatiker eines geschlossenen Systems christl. Weltanschauung, entbrannten zweimal große Auseinandersetzungen. Die ersten zettelte der cypriotische Metropolit Epiphanius von Salamis († 403), der »Ketzerhammer«, an, als er von dem Patriarchen Jerusalems die Verdammung des Origenes forderte (392). Er wandte sich damit gegen Rehabilitierungsversuche des einst von Alexandrien Exkommunizierten (→ Alexandrinische Schule) durch zeitgenössische Theologen von Rang, z. B. Hieronymus († 419/20), der diese von Bethlehem aus betrieb. Unterstützt von dem Patriarchen Alexandriens lehnte der Jerusalemer die kaiserl. Zumutung ab. Das hinderte den Alexandriner nicht, Origenes zu verdammen (399), als unter den Mönchen Ägyptens der Streit erneut ausbrach; so sicherte er sich und seinen Amtsnachfolgern die ungebildeten Mönche für die kirchenpolit. Aktionen Alexandriens. – Bei den Streitigkeiten unter Justinian (527–565) wurden abermals die gleichen Lehren des Origenes beanstandet: Präexistenz der Seelen, Allversöhnung (Wiederbringung aller Dinge, Apokatastasislehre → Pregizerianer), die sog. Akkommodationschristologie (der Inkarnierte paßt sich dem Verstehungshorizont seiner Gläubigen an), Pluralität der Schöpfungswelten, Ewigkeit der Materie. Diesmal waren Mönche Palästinas die Ankläger. Als der Patriarch von Jerusalem vorstellig geworden war, ließ Justinian den Patriarchen von Konstantinopel, Mennas, Lehren häretischen Inhalts aus den Werken des Origenes zusammenstellen (heute wichtige griech. Textbasis für die Rekonstruktion des verlorenen bzw. ausgetilgten Oeuvre) und auf einer endemischen Synode (→ Patriarchate) zu → Konstantinopel (543) verdammen. Diese Liste erhielt ökumenische Geltung dadurch, daß den Akten des 5. Ökumenischen → Konzils (553) diese als 15 ›Anathematismen‹ gegen Origenes postum angefügt wurden. Trotzdem hat die Verketzerung des Origenes dessen literarischen Nachlaß schwer getroffen; er ist heute ein Torso.

Q: Mansi 9, 396–400; ACO IV/1; D-S 403–411.

L: F. Diekamp, Die o. S. im 6. Jh. u. das fünfte allg. Concil, Mr 1899; E. Schwartz, Palladiana: ZNW 36 (1937) 161–204 = Ders., Gesammelte Schriften, Bd. 4, 1960, 294 ff.; M. Villain, Rufin d'Aquilée. La querelle autour d'Origène: Recherches des sciences religieuses 27 (1937) 5–37, 165–197; W. A. Bienert, Dionysius v. Alexandrien. Zur Frage des Origenismus im 3. Jh., B 1978; A. Tripolitis, Origen. A critical reading, F-Bern-NY 1985.

Orthodoxe Ostkirchen gehen auf die → byz. Kirche zurück und sind im Gegensatz zu den → kath. Ostkirchen seit dem → Morgenländischen Kirchenschisma, von zeitweiligen Unionen abgesehen, von der → Röm.-Kath. Kirche getrennt. In dieses vom → Patriarchat Konstantinopel ausgehende Schisma wurden im Lauf der Zeit die übrigen Patriarchate Antiochien, Alexandrien und Jerusalem, die aber Konstantinopel einen Ehrenvorrang zugestehen, verwickelt. Während sich die → Russ.-orthodoxe Kirche 1589 zu einem eigenen Patriarchat erklärte, entstanden im 19. Jh. mehrere orth. Nationalkirchen (→ Nationalkirchl. Bewegungen), z. B. in Serbien 1830, Griechenland 1833, Rumänien 1856, Bulgarien 1870. Heute zählen als selbständige orth. Kirchen: das Ökumenische Patriarchat Konstantinopel, das Patriarchat Alexandrien, das Patriarchat Antiochien, das Patriarchat Jerusalem, die Orth. Kirche von Cypern, die Orth. autokephale Kirche von Griechenland, das Melchitisch-orth. Patriarchat, das Russ.-orth. Patriarchat von Moskau, die Serbische Kirche, die Bulgarische

Kirche, die Rumänische Kirche, das Katholikat von Georgien, die Polnisch-orth. Kirche, die Tschechoslowakische Kirche, die Orth. Kirche von Estland, die Orth. Kirche von Finnland, die Orth. Kirche von Albanien. In der Glaubens- und Sakramentenlehre bestehen unter den o. O. keine Differenzen. Die Unterschiede beziehen sich in erster Linie auf die Kirchensprachen (Liturgie). Die o. O. sind voneinander unabhängig. An der Spitze jeder Kirche steht die Hl. Synode als Versammlung aller Hierarchen; den Vorsitz führt der jeweilige Patriarch bzw. Erzbischof. Seit Jahren wird das erste panorthodoxe Konzil vorbereitet.

Die Päpste in Rom erkennen seit Leo XIII. (1878–1903) die Gültigkeit der in den o. O. gespendeten Sakramente an, weil die orth. Presbyter in der → apost. Sukzession stehen. Das Dekret des 2. →Vatik. Konzils über den Ökumenismus (bes. Art. 14–18) und das Vergessenwollen der Bannsprüche des Jahres 1054 (vgl. die Erklärungen Pauls VI. und des Patriarchen Athenagoras vom 7. 12. 1965, → Morgenländisches Kirchenschisma) bedeuten Meilensteine auf dem Weg der → Ökumen. Bewegung.

Die von dem Benediktiner Augustin von Galen gegr. und 1924 von Pius XI. anerkannte ›Catholica Unio‹, eine Gemeinschaft von Priestern und Laien, ist bestrebt, die Katholiken mit dem geistl. Sondergut der von Rom getrennten orth. wie auch der mit Rom verbundenen kath. Ostkirchen bekanntzumachen, die bes. Nöte dieser Kirchen aufzuzeigen und entsprechende Unterstützung durch Gebet und Gaben zu erreichen.

Zu den getrennten → Ostkirchen zählen noch die alten → nestorianischen und monophysitischen (→ Monophysitismus) Nationalkirchen der Ostsyrer, der Westsyrer, der indischen → Thomas-Christen, der Armenier (→ Armenische Kirche), der Kopten (→ Koptische Kirche) und der Äthiopier (→ Äthiopische Kirche).

Q: N. Thon, Quellenbuch zur Gesch. der Orthodoxen Kirche, Trier 1983.

L: Algermissen 148–278; W. de Vries, Rom u. die Patriarchate des Ostens, Fr 1963; J. Meyendorff, Die o. Kirche gestern u. heute, Sa 1963; B. Spuler, Gegenwartslage der Ostkirchen in ihrer nationalen u. staatl. Umwelt, F [2]1968; P. Bratsiotis (Hg.), Die Orth. Kirche in griech. Sicht, St 1959, [2]1970; F. Heiler, Urkirche u. Ostkirche, Mn 1937, 2. Aufl.: Die Ostkirchen, Mn-Bas 1971; B. Sartorius Die Orth. Kirche, G 1973; Maximos v. Sardes, Das ökum. Patriarchat in der orth. Kirche, Fr 1979; H.-G. Beck, Gesch. der Orth. Kirche im byz. Reich, Gö 1980; C. D. G. Müller, Gesch. der orientalischen Nationalkirchen, Gö 1981; J. Dauvillier, Histoire et Institutions des Églises orientales, Lo 1983. – Atlas KG 30f., 134f.

Orthodoxie (»Rechtgläubigkeit«) resultiert aus einem fundamentalistischen, d.h. buchstabengläubigen Schriftverständnis bei heilsgesch. Offenbarungsfrömmigkeit (Judentum, Christentum, →Islam). Für das Christentum ist charakteristisch, daß O. dem abendländischen MA und dem röm. Katholizismus fremd ist, weil hier das → Papsttum als Lehramt auch Hüter der O. ist.

[1] Die → *Ostkirchen* beanspruchten die O. als erste (frühestes Vorkommen des Begriffes bei Euseb, KG 3,23,2: alexandrinischer Synodal-

brief von 338). Sie kennen als einzige am 1. Sonntag der Fastenzeit den ›Herrentag der O.‹ (→Bilderstreit), an welchem die Namen der Streiter für die O., aber auch der Häretiker, die in deren Namen verdammt wurden, verlesen werden. An der Spitze altchristl. O. steht der Vorkämpfer für das erste ökumenische → Glaubensbekenntnis (Nicaea, 325) und die »Homousie« (Wesenseinheit) von Vater, Sohn und Hl. Geist (→ Arianismus) in Gestalt des Bf. Athanasius von Alexandrien († 373). Er engte den Begriff zur theol. und kirchenpolit. Gruppenbezeichnung ein. Als Verfasser des ›Lebens des hl. Antonius‹ machte er zugleich das Mönchtum (→ Anachoretentum) zum Hort der O., so daß für die Ostkirchen fortan neben der »rechten Lehre« auch das »vollkommene Leben« der »Väter« die zweite Säule war, auf welcher die christl. »Wahrheit« ruhte; ihre → Kirchenlehrer waren stets auch Mönchstheologen. Dies sollte bestimmte Lebensformen wie Priesterehe (→ Zölibat) oder den Gebrauch des »ungesäuerten Brotes« bei der Kommunion (→ Azymiten) zum Prüfstein der O. machen. Die dritte Säule ist die Liturgie bzw. »Doxologie«, wie Basilius von Caesarea/Capp. († 379) sagt, gleichfalls ein Streiter für die »Homousia«, d.h. Gottheit des hl. Geistes. Aus ihr spricht unmittelbar der Geist, der »in alle Wahrheit führt« (Joh 16,13). Für orth. Sicht mußte daher der Zusatz des → Filioque im Meßcredo Häresie sein. Als vierte Säule ostkirchl. O. erwies sich die »Symphonia« von Kaisertum und Kirche (→ Caesaropapismus), die gerade deshalb so konfliktreich war (→ Bilderstreit), weil sie dem gekrönten Staatshaupt geistl. Funktionen als Amtscharisma zusprach. Doch sie war es, weshalb beim Untergang des byz. Reiches (1453) die islamischen Machthaber in dem → Patriarchen den Rechtsnachfolger der »griech. Nation« erblickten. Fortan wurde Konstantinopels Patriarchat zum geistigen Zentrum einer griech.-orth. Kirche, obwohl sie in eine Mehrheit von autokephalen Nationalkirchen wie die → georgische, die → Russ.-orth. und die → Serbisch-orth. Kirche untergliedert war, wenngleich der »ökumenische Patriarch« von Byzanz durch rücksichtslose Gräzisierungspolitik solche Einheit oft gefährdete. Daß nach dem hellenischen Befreiungskrieg die autokephale ›Kirche von Hellas‹ sich 1833 konstituierte, ohne den ökumenischen Patriarchen zu befragen, mußte in Byzanz bes. schmerzl. empfunden werden, zumal da die griech. Verfassung die »Symphonie« zw. Thron und Altar wiederherstellte. Immerhin ist der »ökumenische Patriarch« heute in der Gemeinschaft orth. Kirchen mit 14 autokephalen und 7 »autonomen« National- bzw. Regionalkirchen rangältester Wortführer für 120 Mill. orth. Christen, während seiner Jurisdiktion neben den → Athosklöstern in der Türkei allerdings nur 12000 Gläubige unterstehen.

[2] Der *Protestantismus* brachte im Streit um die »wahre Lehre« der → Reformation eine Erneuerung der Orthodoxie. Eine charakteristische Figur hierfür ist Martin Chemnitz († 1586; → Konkordienbuch); er begründete mit seinem ›Examen concilii Tridentini‹ nicht nur die konfessionelle Kontroverstheologie, sondern eröffnete auch mit seinen ›Loci theologici‹ (postum 1591) die altprot. Orthodoxie. Ihr Kennzeichen war eine funda-

mentalistische Offenbarungslehre, die den Buchstaben der Bibelausgaben mit dem Wort Gottes gleichsetzte (Verbalinspiration) und solche Inspirationslehre auch für Luthers Bibelübersetzung proklamierte (→ Schriftauslegung). Sehr bald wurde die von dem ersten prot. Dogmatiker Melanchthon († 1560) übernommene Methode einer lockeren Verknüpfung wichtiger Themen christl. Glaubens (sog. loci) aufgegeben. Mit dem ›Compendium‹ (1610) des Wittenberger Leonhard Hutter († 1616) setzte sich der Trend zum streng systematisch ausgerichteten Aufbau der Lehre durch, wozu man Anleihen beim Neuaristotelismus (→ Neuscholastik) machte. Dazu zwang schon der Angriff der → Jesuiten auf den luth. »Fideismus«. In der weiteren Entwicklung wurde durch Abraham Calov († 1686) und Johann A. Quenstedt († 1688) die Lutherstadt Wittenberg zur Hochburg altprot. O., während man in Jena, z.B. Johann Gerhard († 1637), eine philos. motivierte Konzilianz in der Darstellung pflegte. Mit dem pommerschen Propst David Hollaz († 1713; Schüler von Calov und Quenstedt) endet die altprot. O. strenger Observanz. Sein ›Examen‹ (1707, viele Neuaufl. bis 1763) läßt nur im Titel aristotelischen Einfluß erkennen. Neben der rationalen Dialektik werden auch irrational-mystische Begriffe wie »Erleuchtung« berücksichtigt, – ein auch in der ma. → Scholastik bekanntes Phänomen (→ Mystik). Im vorliegenden Fall ist es eher Anzeichen dafür, wie die luth. O. dem → Pietismus den Weg bereitete. – Dasselbe wiederholt sich bei den → Ref. Kirchen. Dort setzte der Prozeß systematisierender »Scholastik« schon mit Calvins Nachfolger Theodor de Bèze († 1605) ein (→ Calvinismus). In Dtl. wurde vor allem Hieronymus Zanchi († 1590) der wichtigste Begründer einer altref. Orthodoxie. Seine ›Harmonia confessionum‹ (1577), die wie ein Spiegelbild zur luth. Konkordienformel (→ Konkordienbuch) des gleichen Jahres erscheint, leitete die Auseinandersetzungen um die Prädestinationslehre nicht nur mit der luth. O., sondern auch mit dem holländischen Neuhumanismus ein (Streit um die Willensfreiheit: → Dordrechter Synode). Auch dieser orth. Neocalvinismus zeigt die gleichen Symptome wie die altluth. O.: z.B. den Hang zum Fundamentalismus bis zur Inspirierung der Vokalisation des hebräischen Urtextes im AT (bekanntl. eine Spätform). Vor allem sollte die ref. O. durch Überspitzung ihrer Positionen den → Pietismus ungewollt fördern, indem z.B. die Frage nach der »Präzisheit« (Heiligung des öff. und privaten Lebens) die »wahre Lehre« zugunsten des Ringens um ein »gläubiges Leben« zurücktreten ließ. – Gegenüber der neuzeitl. Theologie (→ Aufklärung, → Liberale Theologie) hatte die prot. O. einen schweren Stand. Ihre Prinzipien (Schriftlehre) lebten im → Freikirchentum und in der → Erweckungsbewegung des 19. Jh. (vgl. auch → Evangelismus) neu auf. Neubearbeitungen wie der ›Hutterus redivivus‹ bezeugen allerdings, daß auch in der Gegenwart systematische Theologie von ihren Lehrbüchern zu lernen bereit ist.

Q: J. KARMIRIS (Hg.), Dogmatica et symbolica monumenta orthodoxae catholicae ecclesiae, 2 Bde, Graz ²1968; DERS. u. E. v. IVÁNKA, Repertorium der Symbole u. Bekenntnisschriften der griech.-orth. Kirchen, D 1969; DAVID HOLLAZ, Examen theologicum acromaticum, 2 Bde, Stargard 1707, (Ndr.) Da 1971; Karl v. Hase (Hg.), Hutterus redivivus, L 1848, ²1883, (Ndr.) 1888 u. ö.; W. Trillhaas (Hg.), Leonhard Hutter, Compendium locorum theologicorum, B 1961.

L: (zu 1) F. Heiler, Urkirche u. Ostkirche, Mn 1937; 2. Aufl.: Die Ostkirchen, neubearbeitet v. H. Hertog u. A. M. Heiler, Ba 1971; P. Bratsiotis (Hg.), Die orth. Kirche in griech. Sicht, St 1959, ²1970; K. Onasch, Einführung in die Konfessionskunde der orth. Kirchen, B 1962; N. A. Nissiotis, Die Ostkirche im ökumenischen Dialog. Kirche u. Welt in orth. Sicht, St 1969; C. Frazee, The orthodox Church and indepent Greece 1821–1852, C 1969; Heyer 10–71; A. Kallis, O. – Was ist das?, Mz 1980. – (zu 2) H. Leube, Calvinismus u. Luthertum im Zeitalter der O., T 1928; M. Geiger, Ev. Theologie im Zeitalter der Hochorthodoxie: EvTh 9 (1949/50) 110–126; H. E. Weber, Reformation, O. u. Rationalismus, II: Der Geist der O., Gü 1951, ²1967; F. Kalb, Die Lehre v. Kultus der luth. Kirche in der Zeit der O., B 1959; C. H. Ratschow, Luth. Dogmatik zw. Reformation u. Aufklärung, 2 Bde, Gü 1964–66; F. W. Kantzenbach, O. u. Pietismus, Gü 1966; A. Kallis, O. – Was ist das?, Mz 1980; R. Schröder, Joh. Gerhards luth. Christologie u. die aristotelische Metaphysik, T 1983.

Osiandrischer Streit, nach dem Nürnberger Prediger und Reformator Andreas Osiander († 1552) benannt, der seit 1549 in Königsberg wirkte. Er überdauerte den Tod Osianders und entzündete sich an der forensisch-juridischen → Rechtfertigungslehre Melanchthons (→ Reformation). Ihr warf Osiander Mißachtung der »wesentl.« Gerechtigkeit Christi (1 Kor 1,30: »Christus, uns *gemacht* von Gott zur Gerechtigkeit«) vor, um seinerseits von einer realen Einwohnung der Gerechtigkeit Christi in den Gläubigen zu sprechen. Obwohl der Streit lokal auf Ostpreußen beschränkt blieb, gehört er doch zu den Lehrstreitigkeiten des → Luthertums, die man mit der Konkordienformel (1577 → Konkordienbuch) geschlichtet zu haben meinte.

Q: G. Seebass, Bibliographie der gedruckten Schriften Andreas Osianders des Älteren (1446–1552), Nieuwkopp 1971; G. Müller – G. Seebass (Hg.), A. Osiander der Ältere, 10 Bde, Gü 1975–96.

L: E. Hirsch, Die Theologie des Osiander u. ihre gesch. Voraussetzungen, Gö 1919; M. Stupperich, Osiander in Preußen 1549–1552, B 1973. – TRE XXV 507–515.

Osterfeststreit. Die mit dem jüdischen mondorientierten Festkalender eng verbundene Sitte, des Todes- u. Auferstehungstages Jesu am 14. nach dem 1. Nisan (= 1. März) zu gedenken (sog. quartadezimanische Berechnung), erhielt sich vor allem in Kleinasien und Palästina bis in das 2. und 3. Jh., obwohl dadurch die Wochentage variierten. Das mußte in hauptstädtischen, vom julischen Sonnenkalender in ihren Feiertagen beherrschten Gemeinden wie Rom als lästig empfunden werden. Deshalb legte man hier Ostern auf den »ersten Tag der Woche«, d. h. den Sonntag nach der Frühjahrs-Tag- und Nachtgleiche, für alle Zeiten fest, zumal da man auch anderswo den wöchentl. Sonntag als »Tag des Herrn« im Gedenken an Jesu Auferstehung feierte. Die Ungleichheit der Ostertermine zw. Ost und West löste bereits Mitte des 2. Jh. anläßl. des Osterbesuches eines kleinasiatischen Bf. in Rom Verstimmungen aus. Um 190 machte Viktor I. jedoch einen ökumenischen Streit daraus, indem er alle Kirchen der

Welt aufforderte, dem röm. Brauch zu folgen und deshalb die Kirchengemeinschaft mit den Gemeinden Kleinasiens abzubrechen. Er stieß dabei weltweit auf Ablehnung. Erst nachdem Konstantin d. Gr. das Gesamtreich erobert hatte, wurde auf kaiserl. Druck durch das 1. Ökumenische → Konzil von Nicaea (325) auch ein gemeinsamer Ostertermin dadurch sichergestellt, daß der Bf. von Alexandrien durch einen sog. Osterfestbrief einen in Ost und West verbindl. Termin ankünden solle.

Q: A. STROBEL, Texte zur Gesch. des frühchristl. Osterkalenders, Mr 1984.

L: B. LOHSE, Das Passahfest der Quartadezimaner, Gü 1953; W. HUBER, Passa u. Ostern. Unters. zur Osterfeier der Alten Kirche, B 1969; A. STROBEL, Ursprünge u. Gesch. des frühchristl. Osterkalenders, B 1972; T. KLAUSER, Der Festkalender der Alten Kirchen: H. FROHNES – U. W. KNORR (Hg.), KG als Missionsgesch., Bd. I, Mn 1974, 377–388; R. CANTALAMESSA, Ostern in der Alten Kirche, Bern-F 1980.

Ostkirchen bez. alle im oström. (byz.) Reich oder außerhalb in Abhängigkeit von diesem bestehenden oder erst später entstehenden Kirchen. Die → Patriarchate von Alexandrien und Antiochien sowie später von Konstantinopel und Jerusalem entwickelten sich aus althergebrachten Vorrangstellungen zu Metropolitansitzen. Außerhalb der Grenzen des byz. Reiches bildeten sich die Persische und → Armenische Kirche als autonome Kirchen. Jede dieser fünf Großkirchen hat einen eigenen Ritus.

Als Folge der christologischen Auseinandersetzungen um das Konzil von Chalkedon im Jahr 451 (→ Chalkedonismus) trennte sich die → nestorianische (assyrisch-orth.) Kirche in Persien als erste von der byz. → Reichskirche. Denselben Weg beschritten die → Maroniten und die Anhänger des → Monophysitismus, die sich als nicht-chalkedonische Kirchen behaupteten, und zwar: die → Koptisch-orth. Kirche, die → Äthiopisch-monophysitische Kirche, die → Syrisch-orth. Kirche, die Orth. Kirche Indiens, die Apost. Kirche Armeniens (→ Armenische Kirche). Diese Kirchen heißen auch morgenländische Kirchen.

Die byz. Kirche konnte sich ebenfalls immer weiter ausbreiten, so daß ihr Ritus beherrschend wurde. Im 9. und 10. Jh. faßte sie in Bulgarien, Serbien und Rußland Fuß; doch entstanden hier erst im 19. Jh. orth. Nationalkirchen (→ Nationalkirchl. Bewegungen). Während die nach dem → Morgenländischen Kirchenschisma von der → Röm.-Kath. Kirche getrennten O., die aus der byz. Reichskirche hervorgegangen sind, als → Orth. O. bez. werden, nennt man die mit Rom weiterhin verbundenen oder nach vorübergehender Trennung wieder verbundenen Kirchen → Kath. (oder: Orientalische) Ostkirchen. Die Bezeichnungen werden freil. nicht überall einheitl. gebraucht, so daß häufig Verwirrung auftritt.

P: Oriens Christianus, R 1901 ff.; Ostkirchl. Studien, Wü 1952 ff.

Q: G. FEDALTO, Hierarchia Ecclesiastica Orientalis. Series episcoporum ecclesiasticorum orientalium, 2 Bde, R 1988.

L: W. DE VRIES, Der christl. Osten in Gesch. u. Gegenwart, Wü 1951; F. HEILER, Die O., hg. v. A. M. HEILER, Mn-Bas 1971; P. KAWERAU, Das Christentum des Ostens, St 1972; W. NYSSEN – P. WIERTZ – H. J. SCHULZ (Hg.), Hb. der Ostkirchenkunde, 2 Bde, D 1984; H.-D. DÖPMANN, Die O. v. Bilderstreit bis zur Kirchenspaltung von 1054, L 1991.

Pactum Ludovicianum, nach dem Alleinerben des karolingischen Reiches, Ludwig dem Frommen (814–840), benannt. 816/7 weilte Stephan IV. in Reims, um Ludwig mit der eigens mitgebrachten »Krone Konstantins« zu krönen, obwohl dieser bereits 813 in Aachen des Vaters Wunsch erfüllt und nach byz. Brauch sich selbst die Krone aufs Haupt gesetzt hatte. Die Verhandlungen zw. dem Papst und dem Krönungskandidaten (das sog. P. L.) legten fest, daß bei der → Papstwahl Laien nicht mitwirken dürften, womit das kaiserl. Prüfungsrecht vor der Inthronisation des Gewählten beschnitten wurde; außerdem sprach das P. dem → Kirchenstaat Rechtshoheit und Selbstverwaltung zu. Es machte auf der einen Seite den krassen Unterschied zw. Vater und Sohn hinsichtl. ihrer Kirchenpolitik evident und kontrastierte andererseits umso mehr zu der sieben Jahre später mit Lothar I. vereinbarten → Constitutio Romana. Daß der Papst noch am Tag der Ausstellung der Urkunde verstarb, gehört zum Schabernack der Geschichte.

Q: E. EICHMANN, Kirche u. Staat, Bd. I, Pa 1912, (Ndr.) 1968, 33f.; MIRBT-ALAND 516.

L: E. E. STENZEL, Abhandlungen u. Untersuchungen zur ma. Gesch., Kö-Graz 1960, 218–248; F. L. GANSHOF, Louis the Pious Reconsidered: History 42 (1957) 171–180.

Pactum Ottonianum, benannt nach Otto I. (936–73), zustandegekommen 962 im Anschluß an die Krönung zum Ks. durch Johannes XII. in Rom, nachdem der dt. Kg. vor der Krönung die polit. Gerechtsame des »Statthalters Petri« beschworen hatte. Der Vertragstext greift einerseits auf das → Pactum Ludovicianum (817), andererseits auf die → Constitutio Romana (824) Lothars I. zurück. Damit war wieder der alte Zustand unter Karl d. Gr. hergestellt, d. h. der gewählte Papst mußte vor der Inthronisation dem dt. Ks. als ›Patricius Romanorum‹ den Treueid leisten. Dafür waren entsprechend den Abmachungen mit Ludwig dem Frommen dem → Kirchenstaat große Gebiete It. zugesprochen bzw. bestätigt worden. Erster Nutznießer des P. O. war allerdings der dt. Ks., als er gegen Johannes XII. vorging und ihn wegen Treuebruchs absetzen ließ.

Q: MG Const. I n. 12; E. EICHMANN, Kirche u. Staat, Bd. I, Pa 1912, (Ndr.) 1968, 3c; MIRBT-ALAND 524f.

L: W. ULLMANN, The Origins of the O.: Cambridge historical journal 11 (1953) 114–128 (Interpolationsthese zum Text; in der Forschung aber umstritten); H. ZIMMERMANN, Ottonische Studien 2: MIÖG Erg. Bd. 20 (1960) 147–190; DERS., Prozeß u. Absetzung Papst Johannes' XII. im Jahre 963: Östr. Archiv für KR 12 (1961) 207–230; DERS., Das Privilegium Ottonianum v. 962 u. seine Problemgesch.: MIÖG Erg.-Bd. 20/1 (1962) 147–190.

Palamismus, benannt nach Gregorios Palamas, einem führenden Mönch der → Athosklöster (als Ebf. von Thessalonike † 1359), zugleich Fürsprecher des dort beheimateten → Hesychasmus. Dies verwickelte ihn in den Hesychastenstreit (1341–51) und gleichzeitig in die sog. Bürgerkriege (1321–54) unter den Palaiologen, die eigentl. dynastische Familienzwistigkeiten waren. Nachdem unter Ks. Andronikos III. Palaiologos (1327–41) die Verhältnisse sich etwas konsolidiert hatten, wurde der Ks. wegen der Bedrohung durch die Osmanen zwecks päpstl. Unterstützung und eines abendländischen Kreuzzuges gegen die Türken in Avignon (→ Avignoner Exil) vorstellig. Schon dies empörte die Hüter der → Orthodoxie, noch mehr aber, daß der kalabresische Mönch Barlaam der griech. Delegation angehörte; denn er hatte die Hesychasten schon immer literarisch bekämpft. Dessen Abwesenheit nutzte Palamas, um ihn in der byz. Hauptstadt als Ketzer zu verdächtigen, und fand dabei Unterstützung durch den Großdomestikos Johannes Kantakuzenos. Dieser war es denn auch, der Gregorios Palamas aus dem Gefängnis holte, in das die theol. Gegner des P. (im hauptstädtischen → Patriarchat) ihn geworfen hatten. Als Ks. Johannes VI. ernannte Kantakuzenos den Gregorios Palamas zum Metropoliten von Griechenland (1349) und bestimmte, daß die Gegner des P. (bzw. Hesychasmus) am Fest der Orthodoxie mit der → Exkommunikation zu belegen seien. Dies überdauerte die kurzfristigen Ereignisse des 14. Jh.

L: H.-G. BECK, Die Gesch. der orth. Kirche im byz. Reich, Gö 1980, 218–236; M. KUNZLER, Gnadenquellen. Symeon von Thessaloniki als Beispiel für die Einflußnahme des P., Trier 1989.

Palatina (Bibliotheca), berühmte Bibliothek der Pfälzischen Kurfürsten in Heidelberg, die Hzg. Maximilian von Bayern nach der Einnahme Heidelbergs durch Tilly Papst Gregor XV. (1621–23) – ob zum Ausgleich für die finanzielle Kriegshilfe, ist heute umstritten – nur ungern überließ. Die kostbare Büchersammlung traf 1623 in Rom ein. Erst 1816 wurden die dt. Handschriften der Heidelberger Universitätsbibliothek als Erbin der P. zurückgegeben. Dieselbe Bibliothek erhielt unter dem Pontifikat Johannes' XXIII. (1958–63) Photokopien der übrigen lat. und griech. Manuskripte von der Vatik. Bibliothek zum Geschenk.

L: L. HAMMERMAYER, Zur Gesch. der Bibliotheca P. in der Vatik. Bibliothek; RQ 55 (1960) 1–42; H.-O. KEUNECKE, Maximilian v. Bayern u. die Entführung der Bibliotheca P. nach Rom: Archiv für Gesch. des Buchwesens 19 (1978) 1401–46; W. BERSCHIN (Hg.), Die P. in der Vaticana. Eine dt. Bibliothek in Rom, Da 1992.

Pallottiner, Mitglieder der ›Ges. des Kath. Apostolates‹ (Societas Apostolatus Catholici = SAC; früher auch: Pia Societas Missionum = PSM), eine 1835 von Vinzenz Pallotti (1795–1850, kan. 1963) gegr., aber erst 1904 von Pius X. endgültig anerkannte Gemeinschaft von Priestern ohne Gelübde, jedoch mit bestimmten Versprechen (Armut, Keuschheit, Gehorsam, Leben in Gemeinschaft, Verzicht auf kirchl. Ehren). Pallotti wirkte als Seelsorger in Rom vielseitig und erfolgreich. Zur Vertiefung, Verbreitung und Verteidigung des kath. Glaubens und einer marianisch geprägten Frömmigkeit (→Marienverehrung) rief er 1835 die gen. Ges. ins Leben; die Priestergemeinschaft stellt eine Art Kerngruppe dar. Pallotti gilt auch als Initiator der → Kath. Aktion. Die P. sind heute in der pfarrl. wie überpfarrl. Seelsorge eingesetzt: in verschiedenen Gruppen und Verbänden, in der Erwachsenenbildung wie in der Jugendarbeit (→ Jugendverbände), in Blindenheimen und Gefängnissen; sie betreuen ferner Katholiken, die im Zirkus- und Schaustellergewerbe oder im Hotel- und Gaststättenbetrieb tätig sind. Zu ihren bes. Aufgaben zählt die Auswandererseelsorge (→ Raphaelswerk). Außerdem wirken P. in der → Mission (Australien, Afrika, Lateinamerika und vor allem in Indien). Bekannt sind ihre Verdienste um das Pressewesen (→ Publizistik). Die heute über 2000 Mitglieder zählende Ges. ist in allen Erdteilen zu finden. Seit 1892 in Dtl., verteilen sich die ungefähr 800 dt. P. auf zwei Provinzen: Limburg (Norddtl.) und Friedberg (Süddtl.). Das Generalat befindet sich in Rom.

Aus der marianisch-apost. Erneuerungsbewegung der P. entwickelte sich nach dem 1. Weltkrieg in Schönstatt (Vallendar/Rhein) die ›Apost. Bewegung von Schönstatt‹, bekannt als → Schönstatt-Werk, das Paul VI. 1964 von den P. trennte.

Pallottinerinnen. [1] Röm. Zweig: Congregatio Sororum Apostolatus Catholici (CSAC), 1843 von V. Pallotti gegr. und 1935 von Pius XI. approbiert. Neben ihrer caritativen Tätigkeit (→ Caritasverbände) stehen sie im Dienst der Kath. Aktion, vor allem in der Erziehung weibl. Jugendlicher.

[2] Dt. Zweig: Congregatio Missionariarum Apostolatus Catholici (CMAC), 1891 in Rom als missionarischer Zweig der it. P. zur Unterstützung der dt. Missionare in Kamerun gegr., seit 1895 ein selbständiger Zweig der P. in Deutschland. Heute arbeiten sie auch in anderen Ländern für verschiedene Aufgaben (Seelsorge, Erziehung weibl. Jugend, Krankenpflege).

P: Das Zeichen; Kath. Apostolat; ferment.

Q: Analecta Piae Societatis Missionum, 3 Bde, R 1910–47; Acta Societatis Apostolatus Catholici, R 1947 ff.; AAS 42 (1950) 176–182; 55 (1963) 65–74.

L: Heimbucher II 614–619; J. Frank, V. Pallotti, Gründer des Werkes v. Kath. Apostolat, 2 Bde, Friedberg 1952–63; H. Schulte, Priesterbildner u. Künder des Laienapostolates. V. Pallotti als Weggefährte zum Priestertum, Limburg 1967; Ders., Gestalt u. Gesch. des »Kath. Apostolats« V. Pallottis, Limburg 1971; P. de Geslin, V. Pallotti. Mit den Augen eines Zeitgenossen, Friedberg ²1974; K. Stelzer, V. Pallotti. Ein Heiliger für heute, Friedberg 1975; H. Hamm, V. Pallotti u. das kath. Apostolat, Mn 1976; T. Frenz, Die Kanzlei der Päpste der Hochrenaissance (1471–1527), T 1985.

Papalismus, auch als röm. Zentralismus oder Kurialismus bekannt, versteht den Nachfolger des Apostels Petrus als alleinigen Statthalter Jesu Christi auf Erden (→ Papsttum). Nach zaghaften Versuchen röm. Bischöfe im 2. und 3. Jh., ihre Autorität auf die Gesamtkirche auszudehnen (→ Ketzertaufstreit, → Osterfeststreit), konnte sich der Primat des röm. Bischofs (Papstes) vom Ende des 4. Jh. an, namentl. unter Leo I. (440–61) und Gelasius I. (492–96), mit Berufung auf Petrus (Mt 16, 18 u. a.) als »princeps apostolorum« im Abendland immer mehr durchsetzen, in erster Linie auf verwaltungsrechtl. Gebiet. Dabei kam es zu wachsenden Konflikten mit den östl. → Patriarchaten. Gleichzeitig löste sich das Papsttum vom → Caesaropapismus des oström. Reiches und legte die Grundlagen für seine weltl. Herrschaft in Zentralitalien, in dem das »patrimonium Petri« (→ Kirchenstaat) und die Pentapolis zu wichtigsten Pfeilern wurden, nicht ohne daß auch → Fälschungen eine erhebl. Rolle dabei spielten. Mit der Zeit wandelte sich so der Papst in Rom vom geistl. Hirten mehr und mehr zum weltl. Machthaber, der vor allem unter Innozenz III. (1198–1216) und Bonifaz VIII. (1294–1303) den Anspruch der Alleinherrschaft über Kirche und Welt erhob. Dies alles geschah in eklatantem Widerspruch zur episkopal-kollegialen und synodalen Verfassung der Kirche im 1. Jahrtausend (→ Synoden). Höchst schädl. für den geistl. Auftrag wirkte sich das Papalsystem im päpstl. → Finanzwesen zur Zeit des → Avignoner Exils und des Abendländischen → Papstschismas aus. Als Gegenkräfte wirkten am Ende des MA der → Konziliarismus und in der NZ der → Episkopalismus und → Gallikanismus. Nach dem → Trienter Konzil fand der P., der jetzt die → Röm.-Kath. Kirche auf allen Gebieten zu dirigieren suchte, so daß man mit Recht von einem kurialen Zentralismus spricht, ein neues Betätigungsfeld in antiprotestantischen Plänen und Aktionen. Den Höhepunkt erreichte er im 1. → Vatik. Konzil mit der Dogmatisierung des päpstl. Jurisdiktionsprimats und der Unfehlbarkeit des päpstl. Lehramts, die in der Kollegialitätslehre des 2. → Vatik. Konzils eine nur geringfügige Modifizierung erlangten. Eine wichtige Funktion in der Praxis des P. erfüllt heute noch das im 16. Jh. aufgebaute päpstl. Nuntiaturwesen (→ Gesandte, → Röm. Kurie). Die in jüngster Zeit neubelebten → Bischofskonferenzen und neugeschaffenen Bischofssynoden stellen dem Papalsystem gegenüber ein nur geringes Gegengewicht dar, weil ihre Beschlüsse stets der Genehmigung des Papstes bedürfen.

→ Ultramontanismus.

Q: M. CAPELLARI, Il trionfo della S. Sede e della chiesa ..., R 1799, (dt.) Triumph des hl. Stuhles u. der Kirche über die Angriffe der mit ihren eigenen Waffen bekämpften u. geschlagenen Neuerer, Au 1833; J. DE MAISTRE, Du Pape, Lyon 1819, édition critique avec une introduction, hg. v. J. LOVIE – J. CHETAIL, Genf 1866, (dt.) Mn 1923.

L: F. HEILER, Altkirchl. Autonomie u. päpstl. Zentralismus, Mn 1941; F. KEMPF, Die päpstl. Gewalt in der ma. Welt: Saggi storici intorno al Papato, R 1959, 117–169; W. ULLMANN, Die Machtstellung des Papsttums im MA, Graz-Kö 1960; L'Ecclésiologie au XIXe siècle, P 1960; H. JEDIN, Ma. Wurzeln des Klerikalismus: K. FORSTER (Hg.), Klerikalismus heute?, Wü 1964, 39–63; Zum Thema Petrusamt u. Papsttum, St 1970; K. O. v. ARETIN, Papsttum u. moderne Welt, Mn 1970; R. ZINNHOBLER, Pius IX. in der kath. Lit. seiner Zeit. Ein Baustein zur Gesch. des Triumphalismus: G. SCHWAIGER (Hg.), Konzil u. Papst. Fs. f. H. Tüchle, Mn-Pa-W 1975, 387–432; F. KEMPF, Die Eingliederung der überdiözesanen Hierarchie in das Papalsystem des kanonischen Rechts v. der Gregorianischen Reform bis zu Innocenz III.: AHP 18 (1980) 57–96.

Papstfabeln, im MA entstandene meist unwahre Erzählungen über Leben oder Taten von Päpsten, um diese entweder zu verherrlichen oder zu schmähen. Am bekanntesten ist die Fabel von der Päpstin Johanna, die nach Chroniken des 13. Jh., vor allem nach Martin von Troppau († 1278 in Bologna), aus Mainz stammte, in Athen studierte und nach dem Tod Leos IV. 855 als Johannes Angelicus zum Papst gewählt wurde. Zwei Jahre später habe sie während einer Prozession zum → Lateran ein Kind geboren und sei an Ort und Stelle gestorben. Obwohl die Glaubwürdigkeit dieser Erzählung, die in verschiedenen Fassungen überliefert ist, schon im 15. Jh. mit guten Gründen bestritten wurde – Platina (eigentl. Bartholomeo Sacchi, † 1481), Leiter der Vatik. Bibliothek, beschrieb zwar in seinen ›Vitae Pontificum‹ die Thronbesteigung der aus Mainz stammenden »Päpstin«, bestritt aber gleichzeitig die Glaubwürdigkeit –, hielt sich der Glaube an die Echtheit dieses Märchens bis in unsere Zeit, meist mit der Absicht, → Papsttum und Kirche in Mißkredit zu bringen.

Zu den P. rechnet man auch berühmte → Fälschungen (z. B. Donatio Constantini) oder die literarische Darstellung der → Honoriusfrage.

Q: MG SS XXIV 514 (Chronik von Metz); MG SS XXII 428 (Chronik des Martin v. Troppau); K. Völker (Hg.), Päpstin Johanna. Ein Lesebuch mit Texten v. MA bis heute, B 1977.

L: I. Döllinger, Die P. des MA, Mn 1863, (Ndr.) F 1962; W. Kraft, Die Päpstin Johanna. Eine motivgesch. Untersuchung, F 1925; C. d'Onofrio, La papessa Giovanna. Roma e papato tra storia e leggenda, R 1979.

Papstgeschichtsschreibung. Die Anfänge der P. sind in den Papstkatalogen zu sehen, die die Kontinuität der Päpste mit der Lehre der Apostel aufweisen sollen. Das sog. Chronograph von 354, auch Liberianischer Katalog genannt, enthält u. a. ein Verzeichnis der röm. Bischöfe von Petrus († ca. 67) bis Liberius (352–366) mit Angabe der Regierungsjahre. Es diente als Grundlage für den zu verschiedenen Zeiten entstandenen ›Liber Pontificalis‹ (Papstbuch) mit Papstbiographien von unterschiedl. Zuverlässigkeit. Während dessen 1. Teil (bis Felix IV. 526–530) wenig hist. Wert zuzumessen ist, enthält der 2. Teil (bis Hadrian II. 867–872) brauchbare Angaben. In späteren Ausgaben sind die Biographien der Päpste vom 12. Jh. bis Martin V. (1417–1431) beigefügt. Platina lehnte sich bei der Abfassung seines ›Liber de vita Christi ac de vitis summorum pontificum Romanorum‹ (V 1479) stark an den Liber Pontificalis an, verzichtete aber nicht auf Kritik, so daß das Buch 1580 auf den Index (→ Bücherzensur) gesetzt wurde. Zahlreiche Chronisten des späten MA stellten die Papstgeschichte in den Mittelpunkt ihrer (Kirchen-)Geschichtsdarstellung. So disponierte Bartholomäus von Lucca (1236–1326) seine KG nach den Pontifikaten der Päpste . Eine wirkl. krit. P. begegnet uns erst im 16. Jh., z. B. bei O. Panvinio († 1568), A. Ciaconio († 1599) und vor allem bei Cesare Baronio (1538–1607), der auf Initiative Philipp Neris (→ Oratorianer) in seinen ›Annales ecclesiastici‹ (12 Bde, R 1588–1607) das → Papsttum bis in das 12. Jh. zum ersten Mal quellenmäßig behandelte und gleichzeitig die sog. → Magdeburger Zenturien (8 Bde, Bas 1559–1574) des Protestanten Matthias Flacius (1520–1575) zu widerlegen suchte. Den Auftakt der quellenkrit. Forschung auf dem

Gebiet der Papstgeschichte gaben die → Mauriner und → Bollandisten. Die Öffnung der Vatik. Archive durch Leo XIII. im Jahre 1881 machte sie unterschiedslos allen Forschern möglich. Der Urkundenforschung im 19. und 20. Jh., vornehml. von in Rom ansässigen Hist. Instituten ausgeführt, verdanken wir Regestenwerke (z. B. von Jaffé, Pflugk-Harttung, Kehr) und Editionen von Papsturkunden. – Papstgesch. Standardwerke schrieben u. a. L. v. Ranke, E. Caspar, J. Haller, L. v. Pastor, J. Schmidlin, F. X. Seppelt. Unter den heutigen Autoren sind bes. zu nennen H. Fuhrmann, F. Kempf, M. Maccarrone, G. Schwaiger, W. Ullmann, H. Zimmermann u. a. (vgl. Bibliographie: Papstgeschichte).

Q: L. Duchesne (Hg.), Liber Pontificalis, 2 Bde, P 1886–92, (Ndr.) P 1955, Bd. 3, hg. v. C. Vogel, P 1957.

L: E. Caspar, Die älteste röm. Bischofsliste, B-Halle 1926, (Ndr.) Hi 1975; W. Nigg, Die Kirchengeschichtsschreibung, Mn 1934; H. Schmidinger, Das Papstbild in der Geschichtsschreibung des späteren MA: RHM 1 (1956/57) 106–129; G. Melville, »De gestis sive statutis Romanorum pontificium«. Rechtssätze in Papstgeschichtswerken: AHP 9 (1971) 377–400.

Päpstliche Kanzlei (Cancellaria Apostolica, vor dem 12. Jh. scrinium = Archiv), eines der ältesten Ämter der → Röm. Kurie. Die P. K. ist zuständig für die Ausfertigung von Schriftstücken, seit dem 11. Jh. vom cancellarius geleitet, der gleichzeitig bibliothecarius war. Um 1100 entstanden die Kurialminuskel (vorher die röm. Kuriale) und die heute noch gebräuchl. Form der Bleibullen (Bleisiegel). Die Notarii erstellten in Zusammenarbeit mit den Abbreviatoren die Konzepte der Urkunden, die Scriptores führten die Reinschrift aus. Spätestens unter Innozenz III. (1198–1216) kennt man die Audientia litterarum contradictarum (auch Audientia publica), bei der betroffene Parteien oder deren Vertreter (Prokuratoren) vor der Bullierung von Urkunden Widerspruch erheben konnten. Vom 16. Jh. an verlor diese Behörde an Bedeutung, bis sie im 19. Jh. ganz aufgelöst wurde. Im 13. Jh. entstand der päpstliche Gerichtshof (→Rota Romana). Die Bearbeitung der Gnadengesuche oblag den Referendarii, die im 15. Jh. die Apost. Signatur bildeten. Die Kanzleiregister wurden von eigenen Beamten geführt. Kanzleiregeln finden sich im ›Liber Diurnus‹ und in den ›Libri Cancellariae‹; unter Johannes XXII. (1316–34) wurden sie in einer eigenen Sammlung publiziert. Zu den wichtigsten Quellen zählen die Papstregister, die die Kopien der Urkunden und Briefe von Päpsten enthalten. Während von frühen Päpsten (z. B. Leo I. und Gregor I.) nur Bruchstücke erhalten sind, liegen die Briefregister Gregors VII. (1073–85) und die Register Innozenz' III. vollständig vor. Außerhalb der P. K. entstanden andere Urkundenformen (Breve, Bulle, Enzyklika, Motu proprio, Papstbrief, Dekretale), die unter Litterae Apostolicae (Apost. Briefe) zusammengefaßt werden. Entsprechend der Kurienreform Pius' X. (1903–14) erfolgen Ausfertigung und Versendung der Bullen allein durch die P. K., die 1910 neue Kanzleiregeln erhielt. Nach der Kurienreform Pauls VI. (1968) ist die vom Kardinal-Kanzler geleitete Cancellaria Apostolica weiterhin die Zentralstelle.

Q: E. v. OTTENTHAL (Hg.), Regulae cancellariae apostolicae, I 1888; M. TANGL, Die Päpstl. Kanzleiordnungen von 1200 bis 1500, I 1894, (Ndr.) 1959; H. FOERSTER (Hg.), Liber diurnus Romanorum pontificum, Bern 1958.
L: P. M. BAUMGARTEN, Aus Kanzlei u. Kammer. Erörterungen zur kurialen Hof- u. Verwaltungsgeschichte im XIII., XIV. u. XV. Jh., Fr 1907; W. v. HOFMANN, Forschungen zur Geschichte der kurialen Behörden v. Schisma bis zur Reformation, 2 Bde, R 1914; P. HERDE, Beiträge zum päpstl. Kanzlei- u. Urkundenwesen im 13. Jh., Kallmünz 1961, [2]1967; DERS., Audientia litterarum contradictarum, 2 Bde, T 1970; L. SANTIFALLER, Liber Diurnus. Studien u. Forschungen, St 1976; T. FRENZ, Die Kanzlei der Päpste der Hochrenaissance (1471–1527), T 1985.

Päpstlicher Hof hieß bis zur Reform der → Röm. Kurie 1968 der Hofstaat des Papstes, bestehend aus Klerikern und Laien, die aber nur z. T. im → Vatikan wohnen. Zu den im Laufe der Jh. entstandenen Ämtern und Titeln gehörten bis 1968 u. a.: Palastkardinäle (Kardinal-Datar, Kardinal-Staatssekretär) – Palastprälaten (Maggiordomo, Maestro di Camera, Uditore, Maestro del Sacro Palazzo) – wirkl. Geheime Kammerherren – Sakristan – wirkl. Geheime Kammerherren mit Schwert und Mantel – Hausprälaten (Antistites Urbani) – Nobelgarde – päpstlicher Zeremonienmeister – überzählige Geheime Kammerherren – Geheime Kammerherren mit Schwert und Mantel – Ehrenkammerherren mit violetter Uniform – Ehrenkammerherren »extra Urbem« – Ehrenkammerherren mit Schwert und Mantel ⟶ Schweizer Garde – Palatin-Ehrengarde – päpstliche Gendarmerie – Geheime Kapläne – Apost. Prediger – Beichtvater – Sänftenträger – Almosenier.

Mit dem Motu Proprio ›Pontificalis Domus‹ vom 28. 3. 1968 hat Paul VI. die Reform des P. H., der jetzt *Päpstl. Haus* (Pontificalis Domus) heißt, durchgeführt. Das Päpstl. Haus besteht wie bisher aus der Päpstl. Kapelle (das sind Würdenträger, die den Papst als Haupt der kath. Kirche bei feierl. Gottesdiensten umgeben) und der päpstl. Familie (das sind Geistliche und Laien, die den Papst als Staatsoberhaupt des Vatikan unterstützen). Die Leitung des Päpstl. Hauses liegt in Händen des Präfekten des Apost. Palastes. Die einzelnen Mitglieder werden vom Papst ernannt, Laien in der Regel für fünf Jahre. Zahlreiche Ämter und Titel sind abgeschafft. Die Ehrenmitglieder der Päpstl. Familie verteilen sich nur noch auf drei Stufen: Apost. Protonotare (mit zwei Klassen) – Ehrenprälaten Seiner Heiligkeit (bisher Päpstl. Hausprälaten) – Kapläne Seiner Heiligkeit (bisher Päpstl. Geheimkämmerer).

Q: Nachkonziliare Dokumentation, Bd. 10: Kurienreform. Motu proprio über die Reform des P. Hauses, kommentiert v. H. SCHMITZ, Trier 1968, 252–273.
L: Annuario Pontificio, Città del Vaticano 1979, 1494–1503; LISTL, Grundriß 233.

Papstschismen (griech. schisma = Spaltung). Den Umstand, daß zwei oder mehr Päpste die oberste Gewalt in der Kirche für sich in Anspruch nahmen, bez. man als Papstschisma. Der Ausdruck Antipapa (Gegenpapst) begegnet erst seit dem 14. Jh. Die Zahl der Gegenpäpste schwankt zw. 25 und 40; sie hängt vom Urteil über die Legitimität einzelner Päpste ab. Die Reihe beginnt mit Hippolytos von Rom († 235) und endet mit Felix V. († 1449). Für die Anerkennung oder Erhebung eines Gegenpapstes gaben nicht immer nur theol. Gründe, sondern oft primär polit. Interessen den Ausschlag. Die offiz. Papstliste (vgl. die Papstliste am Schluß des Buches) entsprach meist den Papstbildern in der röm. Basilika S Paolo fuori le mura, bis Franz Ehrle in ›La Gerarchia cattolica‹ (1904) eine etwas modifizierte Reihenfolge publizierte, die aber 1913 wieder der früheren Abfolge weichen mußte. 1947 wurde die von Angelo Mercati († 1955), Präfekt des Vatik. Geheimarchivs, erstellte ›Serie dei Sommi Pontefici Romani‹ erstmals in das ›Annuario Pontificio‹ (Päpstl. Jahrbuch) aufgenommen. Eine spez. Korrektur nahm Angelo Roncalli vor, indem er sich als Papst den Namen Johannes XXIII. (1958–63) zulegte und damit den gleichlautenden Papst der Pisaner Linie (→ Pisa, Konzil) eliminierte.

Felix II. (355–365) trat, von Ks. Konstantinus II. unterstützt, im arianischen Streit (→Arianismus) gegenüber Liberius (352–366) als Gegenbischof auf. – Neben dem P. zw. Anaklet II. (1130–38) und Innozenz II. (1130–43) erwies sich bes. das nach dem → Avignoner Exil eingetretene P. als überaus verhängnisvoll. Noch im selben Jahr 1378, in dem Urban VI. in Rom zum Papst gewählt wurde, erkor der Großteil der Kardinäle in Fondi Clemens VII., der 1379 in Avignon seine Residenz aufschlug. Infolgedessen teilte sich die Christenheit in Clementisten (Fkr., Schottland, Kastilien, Aragón) und Urbanisten. Selbst später Heiliggesprochene ergriffen gegensätzlich Partei (z.B. Katharina von Siena [† 1380] für Urban VI. und Vinzenz Ferrer [† 1419] für Clemens VII.). Als diese verwirrende und skandalöse Lage mehrere Jahrzehnte andauerte, erstarkte der → Konziliarismus. Weil beide Päpste Nachfolger erhielten und eine gütliche Einigung unmöglich erschien, versammelten sich die Kardinäle 1409 zu einem Generalkonzil in Pisa, während die beiden Päpste Gregor XII. und Benedikt XIII. eigene → Synoden veranstalteten. Das Concilium Pisanum erklärte beide Päpste für abgesetzt und wählte den Kardinal-Ebf. Peter Philargetos von Mailand zum Papst Alexander V. (1409–10), dessen Nachfolger Johannes XXIII. (1410–15) wurde. Da aber die beiden abgesetzten Päpste ebenso wie der Pisaner Papst Anhänger (→ Obödienzen) besaßen, entwickelte sich »die verruchte Zweiheit zur verfluchten Dreiheit« (Ulrich von Richenthal). Erst beim → Konstanzer Konzil (1414–18), das auf Betreiben Ks. Siegmunds von Johannes XXIII. einberufen wurde, gelang die Wahl eines von allen Kardinälen anerkannten Papstes (Martin V. 1417–31), nachdem es in dem umstrittenen Dekret ›Haec sancta synodus‹ vom 6. 4. 1415 das dogmatische Fundament gelegt und Johannes XXIII. nach einem Prozeß abgesetzt hatte. Dieser beugte sich dem Absetzungsurteil, Benedikt XIII. hingegen, der in Perpignan residierte, widersetzte sich der Absetzung, so daß das Schisma zwar offiziell, nicht aber faktisch beendet war. Benedikt XIII. erhielt noch zwei Nachfolger: Clemens VIII., der 1429 zurücktrat, und Benedikt XIV., der ohne Bedeutung blieb. – Zu einem letzten P. kam es, als die in Basel verbliebenen Konzilsväter (→ Baseler Konzil) Eugen IV., der das Konzil nach Ferrara verlegt hatte, absetzten und Herzog Amadeus VIII. von Savoyen zum Gegenpapst (Felix V.) wählten. Dieser unterwarf sich 1449.

L: M. Seidlmayer, Die Anfänge des großen abendländischen Schismas, Mr 1940; W. Ullmann, The Origins of the Great Schism, Lo 1948; K. A. Fink, Zur Beurteilung des Großen abendländischen Schismas: ZKG 73 (1962) 335–343; W. Brandmüller, Zur Frage nach der Gültigkeit der Wahl Urbans VI.: AHC 6 (1974) 78–120; M. Dykmans, La troisième élection du Pape Urbain VI: AHP 15 (1977) 217–264; C. M. D. Crowder, Unity, Heresy and Reform 1378–1460: the Great Schism, NY 1977; Genèse et débuts du Grand Schisme d'Occident. Avignon, 25–28 septembre 1978, P 1980.

Papsttum. Das P. führt seinen Ursprung auf den »Apostel« Petrus zurück, der nach kath. Glaubensverständnis (1. → Vatik. Konzil) als Schlüsselträger (Mt 16,19) mit der Alleinregierung der gesamten Kirche von Jesus betraut worden ist. Insofern ist bei P. meist in erster Linie und oft immer nur an den Papst als den jeweiligen Träger des Petrusamtes zu denken.

[1] *Titel:* Papst (griech. pappas = Vater), im Orient urspr. Bez. für Äbte, Bischöfe und sogar (einfache) Priester, begegnet im Westen vom 3. Jh. an als Titel für Bischöfe, bis dieser Mitte des 5. Jh. fast nur noch für den Bf. von Rom als Ehrentitel gebraucht wurde. Erst Gregor VII. (1073–85) reservierte den Titel Papst ausdrückl. und ausschließl. für den Inhaber des röm. Bischofssitzes, während Gregor I. (590–604) sich aus Protest gegen den »ökumenischen Patriarchen« von → Konstantinopel (→ Patriarchate) bescheiden »servus servorum Dei« gen. hatte. Der heute am meisten verwendete Titel »Heiliger (oder »Heiligster«) Vater« geht auf das 12. Jh. zurück. Im 5. und 6. Jh. nannte der Bf. von Rom sich häufig »vicarius Petri« (Stellvertreter des Petrus), wenngleich dieser Titel noch im 11. und 12. Jh. auch von anderen Bischöfen beansprucht wurde. Bei Innozenz III. (1198–1216) trat der Titel »vicarius Petri« zurück hinter den nun mit universaler Jurisdiktionsgewalt gefüllten Autoritätstitel »vicarius Christi« (bei Innozenz IV. sogar »vicarius Dei«). Der heute viel gebrauchte Titel »Summus Pontifex« für den Papst wurde bis in das 11. Jh. noch für alle Bischöfe verwendet. Der heidnische Titel »Pontifex Maximus« wurde den Päpsten im 14. und 15. Jh. zugeschrieben, nicht aber von ihnen selbst beansprucht. Die ›Internationale Theologenkommission‹ empfahl 1970 fast einstimmig, alle mißverständl. Papsttitel, z. B. »caput Ecclesiae«, »vicarius Christi« und »Summus Pontifex«, zu vermeiden. Die hierarchische und polit. Stellung des Papstes kommt in dem heute noch offiz. Titel zum Ausdruck: »Bischof von Rom, Statthalter Jesu Christi, Nachfolger des Apostelfürsten, Summus Pontifex der gesamten Kirche, Patriarch des Abendlandes, Primas von Italien, Erzbischof und Metropolit der röm. Kirchenprovinz, Souverän des Staates der Vatikanstadt« (Annuario Pontificio).

[2] *Name:* Bis in das 10. Jh. behielten die Päpste ihren bürgerl. Namen bei. Erstmals Johannes XII. (955–964) legte seinen Namen Octavian ab und begründete damit einen Brauch, der seit Sergius IV. (1009–12) nur von Hadrian VI. (1522–23) und Marcellus II. (1555), die ihre Taufnamen

beibehielten, durchbrochen wurde. Es ist nicht möglich, eine exakte Liste der Namen und Regierungsdaten der Päpste zu geben (vgl. die Papstliste am Schluß des Buches). Dies gilt bes. für die beiden ersten Jahrhunderte. Eine weitere Schwierigkeit ist mit den Gegenpäpsten, namentlich während des Abendländischen → Papstschismas oder als Folge davon, gegeben. Interessant sind die Papstmedaillons in der Basilika S. Paolo fuori le mura (Rom).

[3] *Amt:* Schon wegen ihres Sitzes in der Reichshauptstadt, der, angefangen mit Paulus (Röm 15,23 ff.) und Petrus (→ Petrusgrab), alle bedeutenden Christen im 1./2. Jh. nach Rom führte, genoß die röm. Christengemeinde (und damit auch ihr Bf.) schon bald einen – keineswegs juristisch verstandenen – Vorrang vor den übrigen Christengemeinden. Überdies ist zu bedenken, daß sich der kollegiale Episkopat einzelner Gemeinden erst im 2. Jh. (und in Rom selbst gegen Ende dieses Jh.) zu einem monarchischen Episkopat entwickelte. Die gesch. Situation verhalf dem röm. Bf. zu gesteigertem Ansehen, nachdem Ks. Konstantin d. Gr. 330 seine Residenz von Rom – von der »Roma aeterna« (Ewigen Rom) als einem vorchristl.-imperialen Titel – nach Byzanz, das jetzt Konstantinopel hieß, verlegt hatte. In der → Alten Kirche fungierte das röm. Petrusamt als subsidiäre Instanz bei schwerwiegenden Konfliktfällen, d. h. es trat immer dann hervor, wenn die Autorität der Bischöfe oder Patriarchen versagte. Eine bibl. Begründung (bes. Mt 16,18) des Petrusamtes wurde erst im 3. Jh. von Stephan I. (254–257) herangezogen. Einen ersten Höhepunkt erreichte die Primatsstellung des Papstes theol. wie prakt. bei Leo I. (440–461) mit der Lehre von der »plenitudo potestatis«, derzufolge allein der Nachfolger des (hl.) Petrus die Vollgewalt über alle Bischöfe und die gesamte Kirche besitze. Auch wenn dieser Anspruch oft und oft bestritten und im 11. Jh. Hauptursache für das → Morgenländische Kirchenschisma wurde, nach dem → Avignoner Exil durch eine Zwei- bzw. Drei-Päpste-Herrschaft sich selbst desavouierte und damit dem → Konziliarismus zum vorübergehenden Sieg verhalf, so endete diese Linie doch im 1. → Vatik. Konzil (1869/70) mit den Dogmen vom päpstl. Universalepiskopat und von der päpstl. Unfehlbarkeit, die durch die Kollegialitätslehre des 2. → Vatik. Konzils (1962–65) nur scheinbar eine Modifizierung erfuhren.

Das Amt des Papstes endet mit dessen Tod. Diese Regel wurde jedoch im MA nicht selten mit Absetzungen, zuletzt auf dem Konstanzer Konzil, durchbrochen. Cölestin V. (1294) resignierte freiwillig. In einigen Fällen gab es zur selben Zeit mehrere Päpste, ohne daß man mit Sicherheit sagen könnte, welcher Papst der rechtmäßige gewesen ist.

Q: M. MACCARRONE (Hg.), Il primato del vescovi di Roma nel primo millennio. Ricerche e testimonianze, Città del Vaticano 1991.

L: (zu 1) M. MACCARRONE, Vicarius Christi. Storia del titolo papale, R 1952; R. SCHIEFFER, Der Papst als Pontifex Maximus. Bemerkungen zur Gesch. eines päpstl. Ehrentitels: ZSavRGkan 57 (1971) 300–309; Y. CONGAR, Titel, welche für den Papst verwendet werden: Conc. 11 (1975) 538–544; P. STOCKMEIER, Die Übernahme des Pontifex-Titels im spätantiken Christentum: G. SCHWAIGER (Hg.), Konzil u. Papst. Fs. für H. Tüchle, Mn-Pa-W 1975, 75–84.

(zu 2) G. B. Ladner, Die Papstbildnisse des Altertums u. des MA, 3 Bde, R 1941–84; A. Haidacher, Gesch. der Päpste im MA, Fr-Bas-W 1965; B.-U. Hergemöller, Die Gesch. der Papstnamen, Mr 1980.

(zu 3) W. Ullmann, Die Machtstellung des P. im MA, Graz-W-Kö 1960; H. Zimmermann, Papstabsetzungen des MA, Graz-W-Kö 1968; K. A. Fink, Zum Thema: Papstabsetzungen im MA: ThQ 149 (1969) 185–188; H. Küng, Unfehlbar? Eine Anfrage, Z-Ei-Kö 1970; B. Tierney, Origins of Papal Infallibility 1150–1350. A Study on the Concept of Infallibility. Sovereignty and Tradition in the Middle Ages, Lei 1972; A. B. Hasler, Pius IX. (1846–1878). päpstl. Unfehlbarkeit u. 1. Vatik. Konzil. Dogmatisierung u. Durchsetzung einer Ideologie. St 1977; Ders., Wie der Papst unfehlbar wurde. Macht u. Ohnmacht eines Papstes, Mn 1979, B 1981; G. Schwaiger, Päpstl. Primat u. Autorität der Allg. Konzilien im Spiegel der Gesch., Mn-Pa-W 1977; J. Miethke, Geschichtsprozeß u. zeitgenössisches Bewußtsein – Die Theorie des monarchischen Papats im hohen u. späteren MA: HZ 226 (1978) 564–599; M. Wojtowytsch, Das P. u. die Konzile. Von den Anfängen bis Leo I. (440–461), St 1981; W. Klausnitzer, Das P. im Disput zw. Lutheranern und Katholiken ... von der Reformation bis zur Gegenwart, I 1987; G. Haendler, Die Rolle des P. in der KG bis 1200, Gö 1993; Ph. Levillain (Hg.), Dictionnaire historique de la papauté, P 1994. – TRE XXV 647–695.

Umfassende Bibliographie: RHE 1900ff.; AHP 1963ff. Vgl. Bibliographie: Papstgeschichte.

Papstwahl. Weil der Papst stets auch Bf. von Rom ist, wurde er in der → Alten Kirche – wie die anderen Bischöfe auch – vom röm. Klerus und Volk gewählt. Die Vakanz tritt in der Regel durch den Tod des Amtsinhabers ein, nur in ganz seltenen Fällen erfolgte eine freiwillige oder erzwungene Resignation. Vom 4. Jh. an nahmen auswärtige Interessenten (röm. Adelsfamilien, Kaiser, Könige u. a.) Einfluß auf die P. Erst Pius X. (1903–14) erklärte die von einem weltl. Regenten vorgebrachte Exklusive gegen einen bestimmten Kandidaten – zum letzten Mal von Ks. Franz Joseph II. 1903 gegen Kardinal Rampolla – kirchenrechtl. für ungültig. Der Brauch, daß der Neuerwählte seinen Familiennamen ablegt und einen Papstnamen wählt, geht in das 10. Jh. zurück (Octavian nennt sich Johannes XII. 955–964). – Das in Lothars I. → ›Constitutio Romana‹ (824) niedergeschriebene Kaiserrecht bei der P. wurde von Ks. Otto I. im → Pactum Ottonianum (962) erneuert. In einigen Fällen setzte ein Ks. (z. B. Otto I.) oder Kg. (z. B. Heinrich IV.) selbst einen Papst ein. Das Fehlen einer Papstwahlordnung während des 1. Jahrtausends war mit ein Grund dafür, daß es mehrmals zu einem → Papstschisma kam. Nikolaus II. beschränkte im Dekret ›In nomine Domini‹ (1059) das Recht der P. auf die Kardinal-Bischöfe. Alexander III. bestimmte in der Dekretale ›Licet de vitanda‹ (1079), publiziert beim 3. → Laterankonzil, daß nur das Kollegium der Kardinäle den Papst wählen darf und der Gewählte zwei Drittel aller Stimmen benötigt. Um Wahlverzögerungen und Wahlbeeinflussungen zu vermeiden, verordnete das 2. Konzil von → Lyon (1274), daß die P. in einem abgeschlossenen Raum (Conclave) stattfinden muß. – Daß ein Kard. – seit 1389 (Bonifaz IX.) wurden nur Kardinäle zum Papst gewählt – für den Fall seiner Wahl auf bestimmte Bedingungen verpflichtet wurde, geschah erstmals bei der Wahl Innozenz' VI. (1352). Doch die Päpste erklärten solche → Wahlkapitulationen bald für ungültig. – Nach Gregors XV. Konst. ›Aeterni patris‹ (1621) bestehen drei Möglichkeiten der P.: Wahl durch Inspiration, d.h. alle Kardinäle wählen denselben Kandidaten; Wahl durch Kompromiß, indem alle Kardinäle ein Wahlmännergremium (bestehend aus 3, 5 oder 7 Kardinälen) bestimmen; Wahl mit Stimmzettel. Spätere Päpste nahmen geringfügige Änderungen der Papstwahlordnung vor, so Pius XII. 1945 und Johannes XXIII. 1962. Eine einschneidende Maßnahme traf Paul VI. 1970, als er Kardinälen mit Vollendung des 80. Lebensjahres das Recht der P. nahm. Derselbe Papst regelte mit der Konst. ›Romano Pontifici eligendo‹ (1975) die P. neu und setzte eine Reihe früherer Bestimmungen außer Kraft. Demnach ist die Zahl der Wahlberechtigten auf 120 begrenzt. Zur Wahl sind jetzt wieder zwei Drittel der Stimmen plus eine Stimme erforderlich. Die Wahl findet seit Jh. in der Sixtinischen Kapelle des → Vatikans statt (nur Pius VII. wurde 1799 aus polit. Gründen in Venedig gewählt). Seit Hadrian VI. (1522–23) kam 1978 mit dem Polen Karol Wojtyla, der sich den Namen Johannes Paul II. gab, erstmals wieder ein Nichtitaliener auf den Stuhl des Petrus. Ist der neugewählte Papst noch nicht Bf., wird ihm sogleich nach der Wahl die Bischofsweihe gespendet. Der Electus erhält mit Annahme der Wahl die volle päpstl. Gewalt. Nachdem er seinen Papstnamen den Kardinälen bekanntgegeben und von diesen die Huldigung entgegengenommen hat, begibt er sich auf die Loggia von St. Peter, um von dort zum ersten Mal den Segen »Urbi et Orbi« (der Stadt Rom und dem ganzen Erdkreis) zu spenden. Die feierl. Einsetzung in das Papstamt, bis Paul VI. († 1978) als Inthronisation und Krönung mit der dreifachen Krone (Tiara) vorgenommen, erfolgt meist am ersten Sonn- oder Feiertag nach der Wahl. Es ist ein alter Brauch, daß der Papst sein Pontifikat unter einen Wahlspruch stellt (Johannes Paul II.: »Totus tuus« – gemeint ist, daß er ganz der Gottesmutter Maria gehören will). Der Papst wird auf Lebenszeit gewählt. Papstabsetzungen durch weltl. Herrscher oder kirchl. Institutionen (→ Konstanzer Konzil), die meist zur Ernennung oder Wahl eines Gegenpapstes (→ Papstschismen) führten, waren sehr selten. Einige Päpste resignierten gezwungenermaßen, freiwillig vielleicht als einziger Cölestin V. (1294).

Q: MIRBT-ALAND 540; AAS 38 (1946) 65–99 (Pius XII.); AAS 54 (1962) 632–640 (Johannes XXIII.); AAS 67 (1975) 609–645 (Paul VI.); D. JASPER, Das P.dekret v. 1059. Überlieferung u. Textgestaltung, Sigmaringen 1986.

L: J. B. SÄGMÜLLER, Die P. u. die Staaten v. 1447 bis 1555 (Nikolaus V. bis Paul IV.), T 1890, (Ndr.) 1967; H. J. WURM, Die P. Ihre Gesch. u. Gebräuche, Kö 1902; G. J. EBERS, Der Papst u. die röm. Kurie. Bd. 1: Wahl, Ordination u. Krönung des Papstes, Pa 1916; F. GUTMANN, Die Wahlanzeigen der Päpste bis zum Ende der avignonesischen Zeit, Marburg 1931; H. FUHRMANN, Die Wahl des Papstes – ein hist. Überblick: Gesch. in Wiss. u. Unterricht 9 (1958) 762–780; H. G. KRAUSE, Das P.dekret v. 1059 u. seine Rolle im Investiturstreit, R 1960; H. ZIMMERMANN, Papstabsetzungen des Ma, Kö 1968; B. SIRCH, Der Ursprung der bischöfl. Mitra u. päpstl. Tiara, St. Ottilien 1975; P. FREI, Die P. des Jahres 1903 unter bes. Berücksichtigung des östr.-ungarischen Vetos, Bern 1977; G. MAY, Das P.recht in seiner jüngsten Entwicklung. Bemerkungen zu der Apost. Konst. »Romano Pontifici eligendo«: P. LEISCHING – F. POTOTSCHNIG – R. POTZ (Hg.), Ex aequo et bono. W. M. Plöchl zum 70. Geburtstag, I 1977, 231–262; J. LENZENWEGER, Das Kard.kollegium u. die P. 1378: ThpQ 126 (1978) 316–325; D. JASPER, Das Papstwahl Dekret v. 1059, Sigmaringen 1986; R. SCHNEIDER – H. ZIMMERMANN, Wahlen u. Wählen im MA, Sigmaringen 1990. – TRE XXV 696–699.

Papstweissagungen (Papstvatizinien) entsprangen der Sehnsucht nach einem idealen Papst oder Engelspapst (papa angelicus), der die mit irdischer Macht herrschende Kirche zum Geist der Urkirche zurückführt. Die traumhafte Vorstellung von einem Engelspapst, der ein engelhaftes Leben führt, konnte an Ez 34,16 und Apk 7,2 anknüpfen. Erste Spuren finden sich beim Abt Joachim von Fiore († 1202) in seiner Lehre von den drei Zeitaltern (Liber concordiae IV 31), dann bei Bonaventura, der zusammen mit den → Spiritualen den (hl.) Franz von Assisi (→ Franziskaner) als »Engel des 6. Siegels« (Apk 6, 12; 7, 2) ausgab. Viele sahen auch in Cölestin V. (1294), den früheren Mönch Peter vom Morrone (→ Cölestiner), den lange erwarteten papa angelicus. Als aber nach dessen baldiger Resignation der herrscherl. Bonifaz VIII. (1294–1303) die Kirche regierte, wuchs das Verlangen nach einem Engelspapst. Am Ende des MA förderten viele → Bußprediger, z. B. Berthold vom Chiemsee und Girolamo Savonarola, diese utopischen Erwartungen. Noch mehr Anlaß dazu gaben das unwürdige Leben einiger Renaissancepäpste und die reformatorische Kirchenspaltung (→ Reformation).

Bes. Ansehen genießt heute noch die Weissagung des Pseudo-Malachias. Der → Benediktiner Arnold Wion gibt in seinem Buch ›Lignum vitae, ornamentum et decus ecclesiae‹ (V 1595) die erstmals veröff. ›Prophetia S. Malachiae archiepiscopi de summis pontificibus‹ (I 307ff.) als Werk des Ebf. Malachias von Armagh (1094–1148) aus. Die Tatsache, daß Bernhard von Clairvaux (→ Zisterzienser) dem mit ihm befreundeten irischen Ebf. prophetische Kräfte zuschrieb, mag den unbekannten Autor bewogen haben, die Weissagungen diesem Malachias zuzuweisen. Die Prophetie enthält 111 Sinnsprüche (Devisen) der Päpste von Cölestin II. (1143–44) bis Petrus II., d. h. bis zum Ende der Welt. Bis einschließl. Clemens VIII. (1592–1605) stehen hinter den einzelnen Sentenzen die Namen der Päpste, bis Urban VII. (1590) sind sie auch noch mit kurzen Kommentaren versehen. Die Devisen für Gregor XIII. (1572–85), von dem an die Vatizinien einen anderen Charakter aufweisen, und die folg. 39 Päpste wurden nach rückwärts ergänzt, und zwar im Anschluß an ›Epitome Pontificum Romanorum‹ (V 1557) des → Augustiner-Eremiten Onofrio Panvinio (→ Papstgeschichtsschreibung) bis Cölestin II., so daß man sie dem gen. Ebf. Malachias als einem Zeitgenossen zuweisen konnte. Als Verfasser der jüngeren Weissagungen kommt vor allem der → Oratorianer Philipp Neri in Betracht, dessen charismatische Begabung bekannt ist und der das Ergebnis einiger → Papstwahlen seiner Zeit vorausgesagt hat. Zur Erhöhung der Glaubwürdigkeit dieser P. zog man die

Veröffentlichung innerhalb eines größeren bibliographischen Werkes (zunächst bei Wion 1595, dann bei Ciaconio 1602) einem Separatdruck vor.

Älter als die P. sind die Kaiserprophetien, die darum als Vorbild für ein ähnl. Werk dienen konnten.

L: H. GRUNDMANN, Die Papstprophetien des MA: AKG 19 (1928) 77–138; F. BAETHGEN, Der Engelpapst. Idee u. Erscheinung, L 1943; H. TROLL, Die P. des hl. Malachias. Ein Beitrag zur Lösung ihres Geheimnisses, Aschaffenburg 1961, [7]1979; P. BENDER, The Prophecies of St Malachy & St Columbkille, Gerrards Cross 1969; A. TYREL, Le profezie di Malachia, Tn 1973, [3]1978; B. MCGINN, Angel Pope and Papal Antichrist: CH 47 (1978) 155–173; R. ERNST, Die P. des hl. Bischofs Malachias. Johannes Paul II. der letzte Papst, Bietigheim 1985, [5]1988.

Parteien (christl.). Polit. Parteien, die auf eine bestimmte Kirche oder auf das Programm des Christentums ausgerichtet sind, entstanden seit der Mitte des 19. Jh. in Zusammenhang mit → christl.-sozialen Bewegungen. Die Begriffe »christl. Partei« und »christl.-soziale Partei« sind wegen ihrer sozialen Betonung fast identisch. Kath. Laien wurden kirchenpolit. aktiv, um den Einfluß der Kirche spez. im Familien- und Schulwesen zu wahren. Sie vereinigten sich hauptsächl. in der 1848 aus der ›Kath. Vereinigung‹ des Frankfurter Parlaments hervorgegangenen → Zentrumspartei, die 1859–67, angeführt von August Reichensperger, unter der Bez. ›Zentrum‹ im preuß. Abgeordnetenhaus vertreten war. Die 1870 erfolgte Neugründung war vorrangig sozial-polit. und kath. orientiert, erst später erhielt sie eine überkonfessionelle Note. 1918 trennte sich die ›Bayerische Volkspartei‹. ›Sozialdemokratische Partei‹ (SPD) und Zentrum unterstützten im → Reichstag die Friedensregelung von 1917; auch arbeiteten sie miteinander in mehreren Regierungen der Weimarer Republik und im preuß. Parlament, ungeachtet der stark antireligiösen und antikirchl. Einstellung der dt. Sozialdemokraten. Umstritten ist, ob die Auflösung des Zentrums zu den Bedingungen für den Abschluß des Reichskonkordats von 1933 (→Konkordate) gehörte. Die 1945 neu entstandene ›Christl. Demokratische Union‹ (CDU) unter dem Vorsitz Konrad Adenauers (1876–1967) knüpfte in mancher Hinsicht an das alte Zentrum an, war aber von Anfang an interkonfessionell ausgerichtet. In Bayern jedoch wurde an ihrer Stelle die ›Christl.-Soziale Union‹ (CSU) gegr., die stets mit der CDU in Koalition stand. Richtungweisend für die beiden christl. Volksparteien blieb das Ahlener Programm von 1947 – für die SPD das Godesberger Programm von 1959 –, in dem der Begriff »christl. Sozialismus« abgelehnt ist. Mit dem »C« soll zum Ausdruck kommen, daß das polit. Gemeinwohl nur auf christl. Grundlage zu verwirklichen ist. Im prot. Bereich rief Alfred Stoecker (→ christl.- soziale Bewegungen) 1878 in Berlin die ›Christl.-soziale Arbeiterpartei‹ ins Leben; doch weder ihm noch Friedrich Naumann (→ Ev.-sozialer Kongreß) gelang die Gründung einer sozial-liberalen Partei.

Christl.-soziale P. bildeten sich auch in anderen europäischen Ländern. In Östr. entwickelte sich die 1880 geschaffene ›Christl.-soziale Partei‹ vor allem unter dem Priester und Politiker Ignaz Karl Seipel (1876–1932) zu einer Volkspartei, die nach 1945 als ›Österreichische Volkspartei‹ weiterlebte. – Der sizilianische Priester Luigi Sturzo (1871–1959), 1909 aus rel.-polit. Gründen mit der → Exkommunikation belegt, 1925–46 im Exil, gründete die ›National-Demokratische Liga‹ (Lega democratica nazionale); er beteiligte sich 1911 an der Gründung der ›Christl.-Demokratischen Liga‹, von der zumindest eine Linie zur ›It. Volkspartei‹ (Partito Popolare Italiano) führte, der Alcide de Gasperi (1881–1954) bei der Neugründung 1943 den Namen ›Christl.-Demokratische Partei‹ (Partito Democrazia Cristiana = DC) gab, um die polit. Autonomie der Katholiken zum Ausdruck zu bringen. – In Fkr. übte die ›Republikanische Volksbewegung‹ (Mouvement Republicain Populaire) einen beträchtl. Einfluß aus. – In Belgien sammelten sich die Katholiken in der ›Christl.-Sozialen Volkspartei‹. – Die christl. Parteien in Europa sind seit 1945 in der ›Internationalen Union christl. Demokraten‹ (Nouvelles Equipes Internationales) lose zusammengeschlossen; neuestens gehören ihr auch ›christl.-demokratische Exilgruppen Osteuropas‹ an. – Mit völlig anderen Verhältnissen haben es christl. Parteien in Ländern der sog. Dritten Welt zu tun. Hier spielt das soziale Engagement die Hauptrolle.

Q: O. K. FLECHTHEIM (Hg.), Dokumente zur parteipolit. Entwicklung in Dtl., 9 Bde, B 1962–71; Die Kirche in der pluralistischen Ges. u. im demokratischen Staat der Gegenwart, hg. v. der Dt. Bf.konferenz, 1969; Gemeinsame Synode der Bistümer in der BRD, Bd. II, Fr–Bas–W 1977, 185–214; H. BUCHHEIM – F. RAABE (Hg.), Christl. Botschaft u. Politik. Texte des Zentralkomitees der dt. Katholiken zu Politik, Staat, Verfassung u. Recht, Pa 1988.

L: K. BACHEM, Vorgesch., Gesch. u. Politik der Dt. Zentrumspartei, 9 Bde, Kö 1927–32, (Ndr.) Aalen 1967–68; S. JACINI, Storia del Partito Popolare Italiano, Mi 1951; K. BUCHHEIM, Gesch. der christl. P. in Dtl., Mn 1953; E. DEUERLEIN, CDU/CSU 1945 bis 1957, Kö 1957; H. HÜRTEN u.a., Christl. P. in Europa, Osnabrück 1964; R. MORSEY, Die dt. Zentrumspartei 1917–1923, D 1966; D. FRICKE, Die bürgerl. P. in Dtl., 2 Bde, L 1968–70; W. KREITERLING, Kirche – Katholizismus – Sozialdemokratie, Bo-Bad Godesberg 1969; A. AMMON–H. FROEHLING, Die christl. Demokratie Chiles. Die Spaltung der Christdemokratischen Partei (1969), Bo-Bad Godesberg 1971; R. KNOLL, Zur Tradition der christl. sozialen Partei. Ihre Früh- und Entwicklungsgesch. bis zu den Reichsratswahlen 1907, W 1973; K. FORSTER, Kirche u. Politik. Zur Frage der Äquidistanz zw. Kirche u. P., Kö 1974; A. RAUSCHER (Hg.), Kirche – Politik – P., Kö 1974; G. KALTENBRUNNER (Hg.), Das Elend der Christ-Demokraten, Fr–Bas–W 1977; A. MINTZEL, Gesch. der CSU, Kö 1977; R. STRÖBINGER, Kreuz u. roter Stern. Hinter den Kulissen der christl. P. des Ostblocks, D 1977; G. DE ROSA, Luigi Sturzo, Tn 1977; H. ASMUSSEN – R. v. VOSS (Hg.), Die europäischen P. der Mitte, Eichholz 1978; G. GALLI, Storia della D. C., Bari 1978; H. PÜTZ, Die CDU. Entwicklung, Aufbau u. Politik der CDU Dtl., Mn [3]1978; H.-W. KRUMWIEDE, Politik u. kath. Kirche im ges. Modernisierungsprozeß. Tradition u. Entwicklung in Kolumbien, Mn 1980; G. OLZOG – H.-F. WENDE (Hg.), Lexikon zur Gesch. der P. in Europa, St 1981; M. MÖLLER, Kirche u. Sozialdemokratische Partei, Gö 1983; H. J. VEEN (Hg.), Christl. Westeuropa, 2 Bde, Pa 1983; M. L. ANDERSON, Windthorst, Zentrumspolitiker u. Gegenspieler Bismarcks, D 1988; R. KIEFER, Karl Bachem 1858–1945, Mz 1989; H.-P. ULLMANN, Bibliographie zur Gesch. der dt. P. u. Interessenverbände, Gö 1978; F. WENDE (Hg.), Lexikon zur Gesch. der P. in Europa, St 1981; H. H. GLISMAN – H. RODAUER, Wahlen,

P. u. Parteiprogramme in Dtl. seit 1871, Kiel 1990; H.-O. KLEINMANN, Gesch. der CDU 1945–82, St 1993; H. FENSKE, Dt. P.geschichte, Pa 1994. – TRE XXVI 26–37.

Passauer Vertrag (1552). Hatte Moritz von Sachsen durch unerwarteten Stellungswechsel (»Judas von Meißen«) den → Schmalkaldischen Bund geschwächt und dessen Niederlage gegen Karl V. bei Mühlberg (1547) verschuldet, so wurde er durch abermaligen Frontenwechsel zum Retter der → Reformation. Offiziell im Dienst des dt. Ks. stehend (Belagerung der reichsgeächteten Stadt Magdeburg), konspirierte er gegen ihn mit dem frz. Kg. (Preisgabe dt. Reichsstifte Cambrai, Metz, Toul, Verdun). Begünstigt von dem habsburgischen Familienzwist um die Nachfolge Karls V., konnte er einen Handstreich gegen den dt. Ks. wagen, der sich der Gefangennahme gerade noch durch Flucht entziehen konnte. Erschreckt löste das → Trienter Konzil sich auf (Frühjahr 1552). Ferdinand von Östr. griff nicht ein, für ihn war die Türkengefahr schlimmer. Er wurde daher auch Mittler neuer Verhandlungen zw. Ks. und prot. Reichsständen. Das Ergebnis war der P. V. (August 1552), nach dem → Nürnberger und → Frankfurter Anstand die dritte Prolongierung des in Augsburg 1530 in Aussicht genommenen dt. Reformkonzils, zu dem Karl V. sich mit dem → Augsburger Interim erneut willens gezeigt hatte. Der Vertrag von 1552 war also ein Stillhalteabkommen, von dem die prot. Fürsten am meisten profitierten, ausgenommen Moritz von Sachsen, der bereits im Jahr darauf (1553) verstarb.

L: K. E. BORN, Moritz v. Sachsen u. die Fürstenverschwörung gegen Karl V.: HZ 191 (1960) 18–67; H. LUTZ, Christianitas afflicta. Europa, das Reich u. die päpstl. Politik im Niedergang der Hegemonie Karls V. (1552–1556), Gö 1964; F. LAU – E. BIZER, Reformationsgesch. Dtl., Gö 1964, ²1969, 160–166.

Passionisten (Congregatio Passionis = CP), offiz. Bez. ›Unbeschuhte Kleriker vom hl. Kreuz und Leiden unseres Herrn Jesus Christus‹. Die Mitglieder dieser 1737 von Paul vom Kreuz gegr. Kongreg. pflegen in bes. Weise die Andacht zum Leiden Christi. Paolo Francesco Danei (1694–1775, kan. 1867), allg. bekannt als Paul vom Kreuz, lebte als Priester in Gebet und Buße. 1737 gründete er in Orbetello die erste Niederlassung. Da die Regel seinen Gefährten zu streng schien, entschloß sich Paul zu einer gemäßigten Fassung, die 1741 von Benedikt XIV. approbiert wurde. Außer den drei traditionellen Gelübden versprechen die P., die Andacht zum Leiden Christi zu fördern. Dies geschieht vornehml. bei → Volksmissionen und → Exerzitien. Der erfolgreiche Volksmissionar Paul vom Kreuz verbrachte seine letzten Lebensjahre als Ordensgeneral in Rom; hier hat das Generalat der 1769 von Clemens XIV. anerkannten Kongreg. seit 1773 seinen Sitz. Aufschlußreich für Pauls Frömmigkeit, vor allem für seine hauptsächl. von Johannes Tauler (→ Mystik) beeinflußte Passionsmystik, ist sein ›Geistl. Tagebuch‹ (Diario spirituale, 1720). Die P. sind heute in vielen Ländern verbreitet und in zahlreichen →Missionen tätig. Sie fördern die seit 1861 entstehenden Passionsbruderschaften.

Als weibl. Zweig gründete Paul die *Passionistinnen,* die ein Leben der Kontemplation führen. Clemens XIV. billigte 1770 ihre Satzungen.

Q: AMEDEA DELLA MADRE DEL BUON PASTORE (Hg.), Lettere di Paolo della Croce, 4 Bde, R 1924; G. FABIANO (Hg.), Regulae et Constitutiones Congregationis SS. Crucis et Passionis D. N. I. C., R 1958; M. BIALAS (Hg.), Das Geistl. Tagebuch des hl. Paul v. Kreuz, Aschaffenburg 1978.

L: HEIMBUCHER II 341–345; E. ZOFFOLI, I Passionisti, R 1955; E. SPECKER, Johannes v. Kreuz, Lehrer der Mystik, Stans 1957; E. ZOFFOLI, S. Paolo della Croce, 2 Bde, R 1963–67; M. A. CALABRESE, Il diritto dei Passionisti, R 1973; M. BIALAS, Das Leiden beim hl. Paul v. Kreuz (1694–1775), Aschaffenburg 1978.

Pastoralkonferenzen sind Zusammenkünfte von Priestern eines bestimmten Gebietes (Dekanat, Diöz.), bei denen pastoral-theologische, wiss. und allg. wichtige Themen behandelt werden. Solche Priestertreffen fanden in der → Alten Kirche in kleineren Gruppen statt, bis vom 4. Jh. an die Diözesan- und Regionalsynoden (→ Synoden) an ihre Stelle traten. Erst das → Trienter Konzil (1545–63) maß diesen im → MA immer seltener gewordenen Begegnungen bes. Wert zu. Im Dtl. des 19. Jh. wurden die P. häufiger einberufen, bes. im Bt. Konstanz unter Wessenberg (→ Wessenbergianismus). CIC (→ Kirchenrechtsquellen) c. 131 schreibt P. mehrmals im Jahr zur Erörterung liturgischer und moraltheol. Probleme wie auch aktueller Kirchenfragen verpflichtend vor.

Neben diesen offiz. P. gab es noch freiwillige P., die den von Vinzenz von Paul (→ Lazaristen) eingeführten ›Dienstagskonferenzen‹ vergleichbar sind.

P. waren zunächst nur in → Ref. Kirchen bekannt. wobei die Genfer Sitte einer wöchentl. Bibelbesprechung der Predigt vorbildl. wurde. Dies gilt zumindest für die älteste dt. Pastorenkonferenz ref. Prediger Ostfrieslands, die Johann Laski († 1560) 1544 in Emden einführte. Erst seit dem 19. Jh. kennt der luth. → Protestantismus private Pastorenkonferenzen, die ebenfalls der Information wie der theol. und rel. Weiterbildung der Seelsorger dienen.

L: S. CALASSON, De cleri collationibus (can. 131, 591), R 1940; F. J. HUBER, Die wiss. Weiterbildung des Weltklerus in der Erzdiöz. Freiburg, Fr–Bas–W 1957; LISTL, Grundriß 333.

Pataria, Stadtviertel des frühma. Mailand, Zentrum für Wollhandwerk und -handel, Sammelpunkt revolutionärer und rel. Bewegungen des 11. und 12. Jh., z. B. → Humiliaten und »Pauperes Christi« (→ Armutsbewegung). Die mailändischen ›Patarener‹ zeichneten sich durch ihre rel. fundierte Sozialkritik am städtischen Patriziat und an dem durch Heirat mit ihm eng verbundenen Stadtklerus aus. Da dieser damals noch Exponent des dt. → Reichskirchensystems war, wurde die P. zur »natürl. Bundesgenossin« der → Cluniazenser, zumal da sie auch für Mailand und dessen verheirateten Klerus den → Zölibat in das Reformprogramm aufnehmen wollte; ein Aufstand der P. (1057) setzte dies dann auch durch. Trotzdem (auch die Lateransynode von 1060 mit ihrem Beschluß gegen den sog.

Nikolaitismus hatte zugestimmt) verblieben verheiratete Priester und Laien weiterhin in geistl. Ämtern der oberit. Metropole, da der dt. Kg. Heinrich IV. am Fortbestand der Verhältnisse interessiert war. Abermals machte die P. deshalb 1066 einen blutigen Aufstand, der sich diesmal nicht auf Mailand beschränkte, sondern auch andere oberit. Städte erfaßte. Der erste Konflikt zw. Heinrich IV. und Papst Alexander II. war gegeben, der → Investiturstreit vorprogrammiert. Da der Papst, der auf der röm. Synode von 1073 fünf königl. Räte als »Simonisten« bannte, ein Mailänder war, wurde die Vermutung ausgesprochen, er sei an der Bildung der P. beteiligt gewesen.

Q: D–S 691–694.

L: H. GRUNDMANN, Rel. Bewegungen im MA, B 1935, (Ndr.) Da [3]1970 (mit Zusatz: Neue Beiträge zur Gesch. der rel. Bewegungen im MA) = DERS., Ausgewählte Aufsätze, Bd. 1, St 1976, 38–92; C. VIOLANTE, La P. milanese (1054–57), R 1955 (vgl. F. J. SCHMALE: HZ 187 [1959] 376–385); E. WERNER, Pauperes Christi. Studien zu sozial-rel. Bewegungen im Zeitalter des Reformpapsttums, L 1956; DERS., Häresie u. Ges. im 11. Jh., B 1975; G. MICCOLI, Chiesa gregoriana, Fi 1966; J. SIEGWART, Die P. des 11. Jh.: ZSchwKG 71 (1977) 30–92.

Patriarchate. Schon das 1. Ökumenische → Konzil von Nicaea (325) sanktionierte die »althergebrachten Sitten«, d. h. Rechte der Bischöfe von Rom, Alexandrien und Antiochien (can 6), während can. 2f. des sog. 2. Ökumenischen Konzils (Konstantinopel 381) die Rechte Alexandriens und Antiochiens auf die polit. Diözese begrenzten und Konstantinopel als »Neu-Rom« einen bes. Rang nach Rom einräumten. In den Jahren 381–451 sollte sich das Patriarchats- über das Metropolitansystem legen, dessen Prinzip der Gleichrangigkeit dem röm. Primatsanspruch (→ Papsttum) entgegenstand (Ablehnung des can. 28 von Chalkedon [451] durch Leo I.). Aus diesem Gegensatz heraus entfaltete der Osten die Doktrin von der sog. Pentarchia (Rom, Konstantinopel, Alexandrien, Antiochien Jerusalem als 5 gleichrangige P.). Sie wurde bes. in Byzanz gepflegt, dessen Patriarchat durch das Institut der sog. endemischen Synoden (→ Konstantinopel) das Gewohnheitsrecht zuwuchs, in andere P. einzugreifen; dies sollte sogar notwendig werden, seit Antiochien, Jerusalem und Alexandrien in arabische Hände gefallen waren. Daher beanspruchte Konstantinopel im weiteren Verlauf den Titel eines »ökumenischen Patriarchats«, während Gregor d. Gr. (590–604) dem traditionellen Primatsanspruch Roms dadurch gerecht wurde, daß er den Titel »servus servorum Dei« für sich exklusiv festhielt (595). Desungeachtet hielt sich in Byzanz die Idee der »Pentarchie« und löste z. B. das → Photianische Schisma aus.

Q: D–S 351, 661; COD 8, 27, 75, 135, 158; MIRBT-ALAND I; J. DARROUZÈS, Les regestes des patriarches des Constantinoples, 3 Bde, P 1982ff.

L: Chalkedon II 459–490 (E. HERMANN); E. H. FISCHER, Gregor d. Gr. u. Byzanz: ZSavRGkan 36 (1950) 15–144; W. DE VRIES, Rom u. die P. des Ostens, Fr 1963; F. DVORNIK, Byzanz u. der röm. Primat, St 1966 ; DERS. (Hg.), I patriarcati orientali nel primo millennio, R 1968; R. POTZ, Patriarch u. Synode in Konstantinopel. Das Verfassungsrecht des ökumenischen Patriarchen, W 1971; MAXIMOS V. SARDES, Das ökumenische Patriarchat in der orth. Kirche. Auftrag u. Einigung, Fr–Bas–W 1980;

S. RUNCIMAN, Das Patriarchat v. Konstantinopel am Vorabend der türkischen Eroberung bis zum griech. Unabhängigkeitskrieg, Mn 1970.

Patristik (eigentl. »theologia patristica« im Unterschied zur »theologia biblica, scholastica, speculativa«), zunächst als »Patrologia« bez., der interkonfessionellen Kontroverstheologie des 17./18. Jh. zugehörig, findet sich als Begriff zuerst bei der altluth. → Orthodoxie (→ Protestantismus). Als dann am Ende des 18. Jh. mit der → Aufklärung die P. in die Dogmengeschichte aufging, erhielt die »Patrologie« gleichfalls eine historisch-darstellende Aufgabe und gleichzeitige Einschränkung auf die ersten 7 Jahrhunderte. Seitdem ist ihr bes. innerhalb der kath. Fakultäten die Darstellung von ›Leben, Schriften und Lehre der Kirchenväter (→ Kirchenlehrer) zur Aufgabe gemacht worden. Dabei ist die Rückkehr zur systematischen Auswertung der Patrologie unverkennbar, wenn es heißt: »Die übereinstimmende Lehre der Väter, der ›unanimis consensus patrum‹ gilt in der Kirche als unfehlbare Norm der Glaubenslehre« (ALTANER).

L: F. OVERBECK, Die Anfänge der patristischen Lit.: HZ (1882) 417–472, (Ndr.) Da 1954; B. ALTANER, Patrologie, Fr 1938, [5]1958; ALTANER-STUIBER, Patrologie, Fr–Bas–W 1960, [9]1980; W. SCHNEEMELCHER, Wesen und Aufgabe der P. innerhalb der ev. Theologie: EvTh 10 (1950/51) 207–222 = DERS., Gesammelte Aufsätze, Thessaloniki 1974, 1–22; R. MANDOUZE, Mesure et démesure de la patristique: Studia patristica 3/1, B 1961, 3–19. – Vgl. W. SCHNEEMELCHER (Hg.), Bibliographia Patristica, B 1959 ff. – TRE XXVI 97–106.

Patronatswesen. [1] Patron (lat. patronus = Schutzherr) bez. Heilige oder Engel, deren Schutz man bestimmte Kirchen, Personen (Namenspatron), Stände und Berufe, Städte, Länder, Diözesen oder auch spez. Anliegen anvertraut. Im Röm. → Katechismus (1566) findet sich der Wunsch, für Täuflinge Namen von Heiligen auszuwählen, die den Namensinhabern als Vorbild und Schutz dienen sollen. Nach der → Reformation erfolgte die Wahl eines Heiligennamens nicht selten auch als Protest gegen die Ablehnung der → Heiligenverehrung durch die prot. Kirchen.

[2] Patronat (lat. patronatus = Schutzherrschaft) bez. die Rechte und Pflichten, die dem Stifter einer Kirche oder eines Benefiziums (→Benefizialwesen) zukommen. Während in der → Alten Kirche die Seelsorgestellen vom Bf. in Verbindung mit Klerus und Laien besetzt wurden, beschritt das fränkische → Eigenkirchenwesen einen völlig neuen Weg, weil nun der Erbauer oder Inhaber einer Kirche über alles, die Anstellung oder Absetzung des Geistlichen eingeschlossen, bestimmen konnte. Auch wenn der Bf. vom 10. Jh. an wieder das Kirchenamt selbst verlieh, so respektierte er doch die Wünsche des Patronatsherrn. Über die Verleihung der höheren Kirchenämter (Bt., Abtei) entbrannte im 11. Jh. der → Investiturstreit, der im → Wormser Edikt mit einem Kompromiß beigelegt werden konnte. Nunmehr gab sich der Patronatsherr hinsichtl. der Anstellung eines Geistlichen mit dem Vorschlagsrecht (Präsentationsrecht) zufrieden. Trotzdem kam es bis in das 19. Jh. nicht selten vor, daß

weltl. Herrschaften auf die Besetzung kirchl. Stellen starken Einfluß ausübten (→ Kölner Kirchenstreit, → Kulturkampf). Die Ernennung von Bischöfen zählte bei den Verhandlungen für ein → Konkordat fast immer zu den am meisten umstrittenen Punkten. Der CIC (→ Kirchenrechtsquellen) ließ 1918 das Patronatsrecht fortbestehen. Erst das 2. → Vatik. Konzil ersuchte die Patronatsherren um freiwilligen Verzicht auf ihre Privilegien.

L: (Zu 1) D. H. KERLER, Die Patronate der Heiligen, Ulm 1905, (Ndr.) Hi 1968; J. DORN, Beiträge zur Patrozinien-Forschung: AKG 13 (1917) 9–49, 220–255; F. v. SALES DOYÉ, Heilige u. Selige der röm.-kath. Kirche, deren Erkennungszeichen, Patronate u. lebensgesch. Bemerkungen, 2 Bde, Lei 1929; G. ZIMMERMANN, Patrozinien-Wahl u. Frömmigkeitswandel im MA im alten Bt. Würzburg: Würzburger Diözesangesch.-Blätter 20 (1958) 24–126, 21 (1959) 5–124; J. TORSY (Hg.), Der große Namenstagskalender. 3500 Namen u. 1495 Lebensbeschreibungen unserer Heiligen, Ei-Z–Fr–W 1975. – (Zu 2) J. HARDER, Die kath. u. ev. Staats-Patronate in Dtl.: AkKR 127 (1955) 6–68, 313–396; P. LANDAU, Jus patronatus. Studien zur Entwicklung des Patronats im Dekretalenrecht u. der Kanonistik des 12. u. 13. Jh., Kö–W 1975; A. ALBRECHT, P.; HbStKR II 167–203. – TRE XXVI 106–114.

Paulikianer (auch Paulizianer), wahrscheinl. nach dem Apostel Paulus benannte gnostisch-dualistische Sekte (→ Gnosis), die vom 7. bis 9. Jh. in Armenien lebte. Sie lehnten das AT ganz und das NT teilweise ab, z. B. die Gottheit Christi, Taufe, Eucharistie, Ehe, Verehrung des Kreuzes und rel. Bilder, Ämter der Kirche (Hierarchie). Außerdem bekämpften sie den kirchl. Feudalismus. Der Verfolgung durch byz. Kaiser im 9. Jh. (→ Ketzergesetzgebung) entzogen sich die P. durch Anschluß an den Emir von Melitene. Am Ende des 9. Jh. fanden die meisten Anhänger Zuflucht in Thrakien. Ein Großteil kehrte erst in der → NZ zur kath. Kirche zurück.

Q: C. ASTRUC u. a., Les sources grecques pour l'historie des Pauliciens d'Asie Mineure: Travaux et mémoires, Bd. IV, Belgrad 1970, 1–227.

L: F. SCHEIDWEILER, P.probleme: ByZ 43 (1950) 10–39, 366–384; N. G. GARSOIAN, The Paulician Heresy, Den Haag 1967; DIES., Byzantine Heresy, a Reinterpretation, Wa 1971; P. LEMERLE, L'histoire des Pauliciens d'Asie Mineure d'après les sources grecques: Travaux et mémoires, Bd. V, Belgrad 1973, 1–144; E. ROLL, Ketzer zw. Orient u. Okzident. Patarener, P., Bogomilen, St 1978. – TRE XXVI 127–129.

Pauliner (Ordo Fratrum S. Pauli Primi Eremitae = OSPPE), um 1250 von Eusebius (Domkapitular in Gran, † 1270) gegr. Eremitenkongreg. (→ Eremitentum), deren Zentrum das ungarische Kl. Patacs war. Bald entstanden Klöster in Östr., It., Polen und Deutschland. An der Spitze der P., die nach der → Augustinusregel und strengen Satzungen lebten, stand der Ordensgeneral. Ks. Joseph II. (→Josephinismus) hob den Orden 1786 auf.

L: HEIMBUCHER I 588–590.

Pax-Christi-Bewegung. Der von Deutschen verhaftete Bf. P. M. Théas von Montauban predigte am 14. 7. 1944 im Staatsgefängnis von Compiègne Gefangenen der frz. Widerstandsbewegung (résistance) die Feindesliebe und feierte am folg. Tag die erste dem gefangenen Bf. erlaubte Messe für Deutschland. Das war die Geburtsstunde der P. Am 10. 3. 1945 unterzeichneten 40 frz. Bischöfe des Widerstandes, allen voran Kard. Saliège, Ebf. von Toulouse, einen Aufruf zum »Gebetskreuzzug für den Frieden«. Nachdem Bf. Théas von Pius XII. zum Bf. von Lourdes ernannt worden war, wurde der Wallfahrtsort zum geistigen Zentrum der P., wie der Gebetskreuzzug bald umbenannt wurde. 1947 zog nach einem Aufruf des ersten dt. Nationalpräsidenten von Pax Christi ein Kreuzzug mit dem »Aachener Sühnekreuz« durch das Bt. Aachen. 1948 entstand der dt. Zweig der kath. Friedensbewegung (Bf. Théas zelebrierte in Kevelaer mit Deutschen eine hl. Messe). Im selben Jahr fand in Lourdes der erste Internationale Pax-Christi-Kongreß statt. 1951 wurde ein Internationales Sekretariat (Präsident, Generaldelegierter und Sekretär) eröffnet, dessen organisatorischer Aufbau für die einzelnen nationalen Sektionen als Muster diente. Pius XII. erkannte 1952 Pax Christi als »Friedensbewegung der Kirche« an und bestellte den Pariser Ebf. Feltin als Protektor. Im selben Jahr wurde in Bühl das Pax-Christi-Kreuz mit der Aufschrift »Gott ist die Liebe« (in dt., frz., engl. und russ. Sprache) errichtet. Pax-Christi stellte sich u. a. diese Aufgaben: Kirchl. Friedensarbeit (z. B. Weltfriedenstag), internationale Begegnungen in Ost und West, Bewußtseinsbildung und Friedenserziehung, Schutz der Menschenrechte, → Kriegsdienstverweigerung und Zivildienst, gewaltfreie Aktion, Abrüstung und Gewaltverzicht, Friedensdienste, Friedens- und Konfliktforschung, Informationen. Als konkrete Maßnahmen sind zu nennen: Förderung der dt.-frz. Freundschaft (Patenschaften zw. Studenten in Fkr. und der BRD, brüderl. Kontakte und Begegnungen), →Wallfahrten, Kollekten für hungernde Völker und Leprakranke, Hilfe für Studenten aus Übersee, Errichtung von Sühnezeichen, Entwicklungshilfe, Betreuung ausländischer Arbeiter.

→ Friedensbewegung, → Maximilian-Kolbe-Werk.

P: Pax Christi (erscheint in 8 Ländern), Aachen 1955ff., Paris 1947ff.

L: J. Brummet, Die P. Eine Skizze ihrer Gesch., Mn 1955; A. Micewski, Kath. Gruppierungen in Polen. ZNAK u. PAX 1945–1976, Mn–Mz 1978; F. Posset, Krieg u. Christentum. Kath. Friedensbewegung zw. dem Ersten u. Zweiten Weltkrieg unter bes. Berücksichtigung des Werkes v. Max Josef Metzger, Meitingen-Freising 1978; A. Latreille, Un évêque résistant: Mgr P. M. Théas, évêque de Montauban 1940–46: RHE 75 (1980) 284–321; H. Pfister (Hg.), Was ist Pax Christi? Was will Pax Christi? Wie entstand Pax Christi?, Waldkirch 1980.

Pelagianischer Streit. Schon in Rom hatte der engl. Mönch Pelagius die, gemäß Röm 5,12 (»in quo [Adam] omnes peccaverunt«) allg. gelehrte, Erbsünde geleugnet und war aus monastischen Gründen (Vollkommenheitsstreben) für die Möglichkeit christl. Sündenlosigkeit eingetreten. Zum P. S. kam es aber erst, als Pelagius und vor allem sein Anhänger Caelestius auf der Flucht vor den Westgoten (411: Alarich!) in Nordafrika und Palästina solche Anschauungen auf → Synoden vertraten, teils exkommuniziert (Karthago 411), teils anerkannt (Jerusalem und Diospolis 415). Augustin griff seit 412 literarisch, seit 416 auch kirchenpolit. in den Streit ein. In dieser 1. Phase (411–418), in der es um Grundfragen (Erbsünde, Gnade und Willensfreiheit) ging, mußte der, für ein → Lehrzuchtverfahren zuständige, röm. Bisch. Zosimus erst durch ein kaiserl. Edikt aus Ravenna zur Verurteilung des Pelagius gedrängt werden (sog. epistola tractoria, mit dem Verdammungsurteil der gleichzeitigen Synode von Karthago 418 übereinstimmend). – Die 2. Phase des Streites (418–431), in der vornehml. der gleichfalls von den Westgoten aus seinem it. Bischofssitz Eklanum geflohene Julianus Wortführer gegen Augustin war, ging es um Folgeprobleme der Erbsünde (Ehe und Geschlechtslust, Wirkung der Taufe, Schicksal ungetaufter Kinder einerseits, die »gratia gratis data« und die Ungewißheit göttl. Erwählung andererseits). – Die kirchenpolit. Aktivität der Pelagianer auf ökumenischer Ebene, die namhafte Vertreter der antiochenischen Theologie als Fürsprecher für sich gewannen, führte nur dazu, daß sie gleichfalls mit jenen auf dem 3. Ökumenischen Konzil von Ephesus (431) als Ketzer verdammt wurden. In steigendem Maße sollten hernach in Rom Bonifaz I. und Coelestin für die Argumente Augustins gegen Pelagius Verständnis zeigen, was diese sogar bei Leo I. und Gelasius verstärkte, so daß der Pelagianismus allmähl. den → Augustinismus zu einer Schicksalsfrage des röm. Katholizismus bis tief in das → MA hinein machte. Noch im 14. Jh. konnte ein engl. Theologe (Thomas v. Bradwardine, † 1349) gegen Pelagius literarisch zu Felde ziehen, als sei er sein Zeitgenosse.

Q: D–S 220–231, 238–249, 267f.; N–R 338; MIRBT-ALAND 401f., 409–420; A. BRUCKNER (Hg.), Quellen zur Gesch. des P. S., T 1906; A. KUNZELMANN – A. ZUMKELLER u.a., A. Augustinus, Schriften gegen die Pelagianer, 4 Bde, Wü 1955ff.; J. E. CHISHOLM (Hg.), The Pseudo-Augustinian Hypomnesticon against the Pelagians and Celestians, 2 Bde, Fri 1967–80.

L: G. LEFF, Bradwardine and the Pelagians, C 1957; G. I. BONNER, Augustin and modern Research on Pelagianism, Villanova/USA 1972; G. GRESHAKE, Gnade als konkrete Freiheit. Eine Untersuchung zur Gnadenlehre des Pelagius, Mz 1972; O. WERMELINGER, Rom u. Pelagius. Die theol. Position der röm. Bischöfe im P. S. in den Jahren 411–432, St 1975. – TRE XXVI 176–185.

Petrusgrab. P. und Paulusgrab sind schon in den ältesten Belegen (1 Clem 5f.; Eusebius, KG II, 25: »Ich kann die Triumphstätten (tropaia) der Apostel zeigen. Du magst auf den Vatikan gehen oder auf die Straße nach Ostia, du findest die Grabmäler der Apostel, welche diese Kirche gegründet haben«) am Ende des 1. und im 2. Jh. eng verbunden. Ebenso bindet der stadtröm. Festkalender für den 29. Juni ihre Verehrung gemeinsam an die Katakombe S. Sebastiano (Via Appia), nennt aber auch getrennte »Martyrien« am → »Vatikan« und an der »Straße nach Ostia« (Chronograph von 354); letzteres bestätigen zusätzl. die konstantinischen Passionssarkophage in den röm. Museen. Hatte zunächst liturgie- und kirchengesch. Analyse die Lokalisierung gemeinsamer Verehrung an ältesten Grabregionen der Christen aus der Verfolgungssituation unter Ks. Valerian (258) erklären können (LIETZMANN), so haben die auf Anordnung Pius' XII. 1940–49 und 1953–57 unter Leitung des → Jesuiten E. Kirschbaum durchgeführten Grabungen unter den vatik. Grotten bestätigt, daß in der Mitte oder 2. Hälfte des 2. Jh. der sog. Campus P unter dem Hochaltar Berninis, ein offener Gräberplatz inmitten heidnischer Mausoleen, von den Christen verehrt und in den zwanziger Jahren des 4. Jh. sogar als »Grab Petri« angesehen wurde. Deshalb ließ Ks. Konstantin d. Gr. († 337) trotz ungünstiger Bodenverhältnisse dort eine Memorialbasilika (Alt-St. Peter) erbauen. Das Grab Petri selber wie auch dessen sterbl. Überreste lassen sich archäologisch gesichert nicht nachweisen.

Q: Esplorazioni sotto la confessione di Pietro in Vaticano eseguite negli anni 1940–49, 2 Bde, Città del Vaticano 1951.

L: H. LIETZMANN, Petrus u. Paulus in Rom, B [2]1927; T. KLAUSER, Die röm. Petrustradition im Lichte der neuen Ausgrabungen unter der Peterskirche, Kö-Opladen 1956; E. KIRSCHBAUM, Die Gräber der Apostelfürsten, F 1957, [3]1974 (mit einem Nachtragskapitel v. E. DASSMANN); A. v. GERKAN, Zu den Problemen des P.: JbAC 1 (1959) 79–93; K. ALAND, Der Tod des Petrus in Rom: Kg. Entwürfe, Gü 1960, 35–104; J. PRÉAUX (Hg.), Problèmes d'histoire du Christianisme, Bd. 3, Br 1973, 5–13 (C. DELVOYE); M. GUARDUCCI, Petrus. Sein Tod – sein Grab. Chronik einer Entdeckung, Rb 1976; J. FINK, Das P. – Glaube u. Grabung: Vigiliae Christianae 32 (1978) 255–275; E. DINKLER, Petrus u. Paulus in Rom: Gymnasium 87 (1980) 1–37.

Pfaffenspiegel, Titel eines im Jahr 1868 von Otto von Corvin-Wiersbitzki (1812–86) veröff. Buches, dessen 1. Teil er schon 1845 unter dem Titel ›Historische Denkmale des christl. Fanatismus‹ – der 2. Teil folgte 1846 unter dem Titel ›Die Geißler‹ – publiziert hat. Der gescheiterte Schriftsteller verfaßte im Geist des → Deutschkatholizismus kirchenfeindl. Schriften, die trotz Beschlagnahmung durch die Polizei als ›Pfaffenspiegel‹ weite Verbreitung fanden. Im Dritten Reich erschien eine weitere Auflage (Lübeck 1940). Die bis heute letzte Auflage kam 1974 heraus. – Der P. ist, von seiner Kirchenfeindlichkeit abgesehen, wiss. völlig wertlos, da er aus Schmähschriften gesammelte Elaborate gegen Kirche und christl. Glauben – nur gelegentl. Quellennachweise, dafür seitenlange Plagiate, bes. aus Werken des Philosophen Carl Julius Weber († 1832; Das Papsttum; Möncherei), des Ex- → Kapuziners Ammann und des Ex- → Benediktiners Ciocci – zum Inhalt hat. Corvin war in Prozesse verwickelt, die Jahre 1849–55 verbrachte er im Gefängnis. Sein Erfolg wäre ohne die kirchenfeindl. Atmosphäre seiner Zeit kaum erklärbar. Im Vorwort zur 4. Auflage (1870) spricht der Autor seine wahre Absicht aus: »Der offene Zweck dieses Buches ist es, auf offene und ehrl. Weise dieses Fundament zu stürzen, indem auf authentischem, hist. Wege nachgewiesen wird, daß dieser Glaube, den die röm. Kirche als erste Bedingung verlangt, auf handgreifl. Lügen und Fälschungen beruht, die von bewußten und unbewußten Betrügern dem vertrauenden Volke als Wahrheiten und Tatsachen aufgetischt wurden, und daß eigennützige Pfaffen diesen ›frommen Glauben‹ des Volkes stets zu ihrem eigenen Nutzen und zum Schaden der Menschheit ausbeuteten.«

Q: CORVIN-WIERSBITZKI, P., Schwerte [26]1974; H.-J. MALBERG (Hg.), Die Abenteuer des Herrn v. Corvin. Aus seinen Lebenserinnerungen, Schwerte 1970; Der illustrierte P., Mn 1971.

L: C. A. GRAF V. GALEN, Der zerbrochene P., Bocholt 1937; J. SCHNEIDER Wider den P., eine Artikelreihe aus dem »Katholik«, Aschaffenburg 1937.

Pfingstbewegung, eine Frömmigkeitsrichtung des 20. Jh., deren Wurzeln in Auswirkungen der → Erweckungsbewegungen des 19. Jh. (→ Baptisten, → Gemeinschaftsbewegung, → Methodisten) wie auch in der amer. Heiligungsbewegung zu suchen sind.

In den USA gingen Initiativen von dem Erweckungsprediger R. A. Torrey († 1928) und dem Baptistenprediger R. G. Spurling und seinem gleichnamigen Sohn aus; beide wurden aber wegen Bevorzugung der Geistestaufe (mit Zungenreden) von den Baptisten ausgeschlossen. Der Negerprediger W. J. Seymour, ein Schüler des Heiligungspredigers C. H. Parham, sammelte zunächst in Los Angeles (1906: 1. Versammlung mit »Zungenreden«) farbige Anhänger um sich. Die Bewegung breitete sich schnell aus. In Dtl. faßte sie, von Oslo kommend, 1907 in Hamburg, dann in Kassel Fuß. 1913 wurde der ›Christl. Gemeinschaftsbund Mülheim an der Ruhr‹ als Zentrale geschaffen, von der sich aber zahlreiche Pfingstkreise, z. B. die ›Elim-Gemeinden‹ (nach 2 Mos 15,27) des J. Viether in Hamburg, trennten. So verschieden die einzelnen Gruppen und Gemeinschaften der P. auch sind und so wenig sie ein einheitl. Lehrprogramm aufweisen, gemeinsam ist ihnen doch das Selbstverständnis als christl.-endzeitl. (eschatologische) Erweckungsbewegung mit urchristl.-bibl. Elementen. Am meisten schätzt man die Geistestaufe, die sich nach 1 Kor 12–14 in typischen Geistesgaben (Zungenrede, Prophetie, Heilung) ausdrückt. Das Abendmahl wird calvinisch (→ Calvinismus) als Gedächtnismahl begangen. Im Mittelpunkt der Predigt steht die baldige Wiederkunft Christi, der auf Erden das → »Tausendjährige Reich« folgt. Kirchl. Institutionen werden grundsätzl. abgelehnt. Die Anhänger der P. engagieren sich stark in der → Mission (bes. in Afrika). Zahlenmäßig umfaßt die P. 20–30 Mill. Mitglieder, davon ungefähr 70000 in der BRD. Internationale Konferenzen der Weltpfingstbewegung finden seit 1939 (erstmals in Stockholm) statt.

Der P. verwandt sind die → Charismatischen Bewegungen, die Jesus-People-Bewegung und die Church of God des Amerikaners H. J. Tomlinson, in Dtl. als ›Gemeinde Gottes‹ bekannt.

P: Wort + Geist, Erzhausen 1972 ff.

L: P. FLEISCH, Die moderne Gemeinschaftsbewegung in Dtl., Bd. II/2: Die P. in Dtl., Han 1957; K. u. D. RANAGHAN, Catholic Pentecostals, NY 1969; W. J. HOLLENWEGER (Hg.), Die Pfingstkirchen, St 1970; DERS., Christen ohne Schriften, Erl 1976; F. W. BAUTZ, Die P., Gladbeck [2]1976; A. BITTLINGER, Papst u. Pfingstler, F-Bern 1978; HUTTEN 502–558; RELLER 132–147. – TRE XXVI 398–410.

Philipponen, Selbstbezeichnung »Christen«, eine in Ostpreußen lebende, z.T. in Polen verbreitete russ.-orth. Sekte, die auch »priesterlose Theodosier pomorischer Übereinkunft« genannt wird. Sie ist den → Altgläubigen zuzurechnen. Dies bezieht sich vor allem auf ihre Lehre, daß Gott, Christus und die Gottesmutter stete Inkarnationen in Rußland erführen. Andere Eigenarten (Ablehnung des geistl. Priesteramtes, des Kriegsdienstes, des Eides) weisen sie den »Popenlosen« (BESPOVČY) zu, die weithin mit den russ. → Mennoniten identisch waren. Die russ. Staatskirche des 18./19. Jh. sah in den P. Staatsfeinde. Erste Nachrichten gehören der 2. Hälfte des 18. Jh. an. Unter Zar Nikolaus I. (1825–55) fanden weitere von ihnen, insbes. das vom Zaren verfolgte Moskauer Zentrum derselben, in der ostpreuß. Klostersiedlung Zuflucht.

L: A. RAMMELMEYER, Zur Herkunft u. Sprache der P. in Ostpreußen: Ost u. West. Aufsätze zur slavischen Philologie 1 (1966) 113–122; I. GREK-PÜBISOWA, Unterschied in der Sprache von 3 Generationen, von Altgläubigen in den Wojewodschaften Allenstein und Bialystok (polnisch), Br 1968; W. STUHLFATH, P.: Elinger-Kreis, Heft 28 (1969) 50–60.

Photianisches Schisma (867–880), benannt nach Photius († 891/7), zunächst Prinzenerzieher, Hofbeamter, dann Patriarch von Konstantinopel. Es war schon ein Zeichen der Kluft zw. Ost und West, daß Photius 867 die Einladung zu einer »ökumenischen Synode« mit einer Enz. verband, in der den »Lateinern« global die Lehre vom »Ausgang des Geistes vom Vater *und* vom Sohne« sowie die Einfügung des → Filioque ins Meßcredo als »Häresie« angelastet wurden. Gleichzeitig machte man ihnen, in typischer Gleichsetzung von Credo und Liturgie, wie sie der byz. → Orthodoxie eigen war, Riten wie die Mazzen (→ Azymiten) zum Vorwurf. Die Aktivitäten Papst Nikolaus' I. auf dem Balkan (Slawenmission → Byz. Kirche) hatten die Gegensätze verschärft. Photius belegte Nikolaus noch in dessen Todesjahr (867) mit der → Exkommunikation, wurde aber im selben Jahr wegen innerpolit. Wirren selber abgesetzt. So konnte die von ihm selber intendierte »ökumenische Synode« (869–870) Photius exkommunizieren, was Rom anerkannte. Sie sanktionierte allerdings das Konzept von einer »Pentarchie« der → Patriarchate, das Rom (c. 21) zunächst hinnahm. Nur Photius blieb unbeugsam. Nach seiner Rehabilitierung handelte er sich auf seiner »ökumenischen Synode« (879–880) die Anerkennung der Enz. von 867 ein, erkannte aber gleichzeitig die päpstl. Jurisdiktion über die Bulgaren an, was diesmal einen Sieg Roms bedeutete und damit das Ende des Schismas.

Q: PG 102, 721–741; D–S 650–664, spez. 661–664; COD 133–162; MANSI 17, 373–524.

L: F. DVORNIK, Photian and Byzantine ecclesiastical Studies, Lo 1974; D. STIERNON, Konstantinopel IV, Mz 1975; H.-G. BECK, Gesch. der orth. Kirche im byz. Reich, Gö 1980. – TRE XXVI 586–589.

Piaristen (Ordo Clericorum Regularium Pauperum Matris Dei Scholarum Piarum = SP), 1617 von Paul V. als Kongreg. mit einfachen Gelübden und 1621 von Gregor XV. als rel. Orden mit feierl. Gelübden approbiert. Neben den drei übl. Gelübden legen die P. als 4. Gelübde Jugenderziehung ab. Als eigentl. Gründer gilt der span. Priester Joseph von Calasanza (1556–1648, kan. 1767), der in einem röm. Pfarrhaus die erste kostenlose Volksschule (→ Schulwesen) in Europa einrichtete. Als General der ›Kongreg. regulierter Kleriker für fromme Schulen‹ (it. scuole pie = scolopi) lautete sein Name Josephus a Matre Dei. Mannigfache Verdächtigungen führten 1642 zu seiner Absetzung als Ordensgeneral und zur Degradierung seines Ordens zu einer Genossenschaft, doch wenige Jahre später erfolgte die Rehabilitation durch Innozenz X. (1644–55). Clemens IX. gab den P. 1669 alle früheren Rechte zurück. Schnell verbreiteten sie sich jetzt in vielen Ländern Europas, bis der Orden infolge der → Frz. Revolution fast ganz unterging. Erst im 20. Jh. konnten die P., die heute ungefähr 2000 Mitglieder zählen, ihr Wirken als Erzieher und Lehrer bes. in Volksschulen sowie als Seelsorger (z. B. für Taubstumme) fortsetzen.

Q: L. PICANYOL (Hg.), Epistolario di S. Giuseppe Calasanzio, 9 Bde, R 1950–56.

L: HEIMBUCHER II 121–130; C. BAU, Biografia critica de S. Josephus de Calasanza, Ma 1949; L. PICANYOL, Gli Scolopi: M. ESCOBAR (Hg.), Ordine e Congregazione religiose, Bd. 1, Tn 1951, 855–870.

Pietismus (lat. pietas = Frömmigkeit), eine »Frömmigkeits«-Bewegung (17./18. Jh.) des → Protestantismus, die mehr auf die »Echtheit« des Glaubens als dessen → Orthodoxie Wert legte: Die Taufgnade sei durch die »Wiedergeburt im Geiste« zu neuem Leben zu erwecken, so daß die »Wiedergeborenen« sich durch die Werke der Liebe und Heiligung von den Namenschristen unterscheiden und als »Sauerteig« oder »ecclesiola in ecclesia« im Sinne einer »zweiten → Reformation« wirken könnten. Die Betonung puritanischer Weltaskese (→ Puritanismus) geht auf zusätzl. ref. Einflüsse zurück.

[1] Der P. begegnet daher auch zuerst im niederländischen Raum. Bedeutende Vertreter waren der Leidener Prof. Coccejus († 1669), der mit seiner ›Föderaltheologie‹ (verschiedene Bundesschlüsse Gottes mit der Menschheit bestimmen die Heilsgesch.) zugleich den Biblizismus des P. anregte, sowie der Utrechter Prof. Voetius († 1676), der wohl ein schol.-aristotelischer Calvinist war, aber auch ein Vorreiter des P. wurde, weil er neben der Orthodoxie für die »präzise« Beachtung der bibl. Gebote bei der Lebensgestaltung eintrat (sog. »Präzisismus«). Ref. Erwählungsbewußtsein reagierte allerdings auf den Separatismus der »Wiedergeborenen« negativ, was z. B. der Gründer der → Labadisten leidvoll erfuhr.

[2] Der dt.-luth. P. berief sich gerne auf Luthers Ideal einer Kerngemeinde (1526: Vorrede zur »Dt. Messe«). Philipp Jakob Spener († 1705 in Berlin), darin zugleich von Labadie beeinflußt, führte so als Frankfurter »Senior« der Geistlichen die »collegia pietatis« als Bibel- und Erbauungsstunden ein und schuf mit seinen ›Pia desideria‹ (1675) und der ›Einfältigen Erklärung‹ zu Luthers Kleinem → Katechismus (1677: Konfirmation als Ereignis der »Wiedergeburt«) Programm-Schriften des dt. P. – Bei

August H. Francke († 1727), der seinen ›Bußkampf‹ von Lüneburg (1687) als Bekehrungserlebnis und Vorstufe der »Wiedergeburt« für alle zur Norm erhob, gewann der P. eine voluntaristische Note. Der »Hallensische« P. und dessen Zentrum (Anstalten des Waisenhauses mit Armenschule: 1694/95) war außerdem realitätsbezogener. So setzte Francke dem humanistisch-melanchthonianischen Typ der Lateinschule die fortschrittl. Realschule (Neuere Sprachen, Naturkunde, Geographie) entgegen. Diese Schulform gehörte zu einer umfassenderen Reform, die nicht nur die Neuorientierung des → Schulwesens, sondern auch des Wirtschaftslebens »zum Dienste Gottes« ins Auge faßte (1704: ›Großer Aufsatz‹). Solcher Realitätssinn stiftete enge Beziehungen zum preuß. Staat des calvinistisch-frommen »Soldatenkönigs« Friedrich Wilhelm I. († 1740) sowie wirtschaftl. Unternehmungen (Apotheke, Druckerei als Basis der ›Bibelanstalt‹), über die Francke laufend in seinen ›Segensvollen Fußstapfen des noch lebenden Gottes ...‹ (1701–09) berichtete, um bei den Frommen weitere Mittel zur »Ausbreitung des Reiches Gottes« zu erbitten. – In Nikolaus Ludwig Graf von Zinzendorf († 1760) fand der dt.-luth. P. eine eigenwillige Gestaltung. Er vermittelte seiner → Brüderunität den Geist barocker Christusfrömmigkeit, die in den Gesangbüchern bis ins 19. Jh. (wenn auch stark redigiert) fortleben sollte. Barocker Exaltiertheit entsprach eine Inspirationslehre, welche »Theopneustie« nicht an den Bibelbuchstaben knüpfte, sondern die Geisterfüllung mit der Bibellektüre als »Erlebnis« verband. Wie stark die persönl. Frömmigkeit des Grafen auf seine »Brüder« ausstrahlte, zeigen die mystisch-ekstatischen Auswüchse bei den neugegr. Gemeinden der Wetterau (1743–50: sog. Sichtung): Zu dieser Zeit weilte Zinzendorf auf Reisen! Deren Erfahrungen wurden jedoch wie für ihn so auch für seine »Brüder« richtungweisend. So lernte man in Nordamerika 1742 aus dem Konflikt mit den Hallensern und Lutheranern (Mühlenberg → Luthertum) früh, auch innerhalb des P. die konfessionellen Schranken zu achten, und wurde damit zum Bannerträger ökumenischer Denkweise.

[3] Der württembergische P. hingegen blieb schon in seinem Biblizismus regional. Dieser repräsentierte sich eindrucksvoll in den Bibelwerken des Prälaten Joh. A. Bengel († 1734), angefangen mit dessen Ausgabe des NT (1734) und dem Wortkommentar zum NT, dem sog. Gnomon (1742, ^{8}1887). Schwäbische Eigenständigkeit entfaltete auch der Prälat Friedrich Chr. Oetinger († 1782), für dessen realistischen Spiritualismus alle Wege Gottes in der Leiblichkeit endeten. Es war den sog. Pietistenedikten Württembergs (1694, 1743) zu danken, daß diese christl. Kosmosophie (»Philosophia sacra«) in den Kirchenmauern fortleben konnte, ebenso wie sie es den, von dem theosophischen Pfarrer Johann Michael Hahn († 1819) begründeten, ›Hahnschen Gemeinschaften‹ (auch ›Michelianer‹) ermöglichten (→ Gemeinschaftsbewegungen).

[4] Der radikale P. lehnte prinzipiell das → Landeskirchentum ab. Er fand sein Wirkungsfeld bes. dort, wo untergründige Traditionen der →Täuferbewegung bzw. → Schwenckfeldianer fortlebten oder wo litera-

risch mystischer → Quietismus span. bzw. frz. Herkunft (→ Mystik) nachwirkte. Im übrigen förderte ein Lieblingsbuch des P. wie die Apk. visionäre Schwärmerei, deren Kehrseite radikale Kirchenkritik war. Letztere übte z. B. der schleswig-holsteinische Pastor Franz Breckling (des Amtes enthoben, zahlreiche Pamphlete, † 1711), während der Lüneburger Superintendent J. W. Petersen (abgesetzt, † 1727) und dessen Ehefrau († 1724) sich als ekstatisch-visionäre Propheten betätigten, wenn sie das → Tausendjährige Reich verkündeten. Exzentrischer waren die Buttlarsche Rotte im hessischen Allendorf (1702) und die Bordelumer Rotte im Landkreis Flensburg (1739), die den paradiesischen Endzustand vorwegzunehmen gedachten, wobei es zu sexuellen Exzessen gekommen sein soll. Im übrigen erwies der radikale P., der keine Bindung an das kirchl. Dogma kannte, sich als Schrittmacher der → Aufklärung, was der »Freigeist aus dem P.«, Joh. Konrad Dippel († 1734), und der Mitarbeiter an der ›Berleburger Bibel‹ (1726–39, hg. von Joh. Heinrich Haug in 8 Bänden, luth. Übers., pietistisch-mystischer Kommentar), Joh. Christian Edelmann († 1767), beweisen. Letzterer erklärte z. B. Joh 1,1: »Im Anfang war die Vernunft«; sein Pantheismus wurde nicht zu Unrecht des Spinozismus verdächtigt.

[5] Trotz solcher Auswüchse gehört der P. zu den prägenden Perioden der neuzeitl. KG, für die der pietistische Superintendent Gottfried Arnold († 1714) mit seiner ›Unpartheyischen Kirche- und Ketzerhistorie ...‹ (2 Bde, 1699 f., spätere Erg.-Bde) krit. Aspekte entfaltete. Ebenso sind Auswirkungen des P. in nichttheol. Fächern wie Pädagogik, Psychologie oder → Autobiographie unverkennbar.

Q: K. ALAND (Hg.), P. Spener, Pia desideria, B 1940, ³1964, (Ndr.) 1975; E. BEYREUTHER – G. MEYER (Hg.), N. L. v. Zinzendorf, Schriften, 6 Bde, (Ndr.) Hi 1962–63, Erg.-Bde (zu den Hauptschriften), Hi 1964–75; M. SCHMIDT – W. JANNASCH (Hg.), Das Zeitalter des P., Bremen 1965; K. ALAND – E. PESCHKE – M. SCHMIDT (Hg.), Texte zur Gesch. des P. (Spener, Francke, Hahn, Oetinger, Zinzendorf), B 1977 ff.; E. BEYREUTHER (Hg.), P. J. Spener, Schriften, 12 Bde, Hi 1979 ff.; Erg.-Reihe (geplant) 6 Bde (Korrespondenz).

L: A. RITSCHL, Gesch. des P., 3 Bde, Bo 1880–86, (Ndr.) Da 1966; F. W. KANTZENBACH, Orthodoxie u. P., Gü 1966; K. ALAND – E. PESCHKE – M. SCHMIDT (Hg.), Bibliographie zur Gesch. des P., B 1972 ff.; M. SCHMIDT, P., St 1972, ²1978; M. BRECHT – K. DEPPERMANN – A. LINDT u. a., P. u. NZ. Bde 1–3, Bielefeld 1976–78, Bde 4 ff., Gö 1979 ff.; M. GRESCHAT (Hg.), Zur neueren P.forschung, Da 1977; E. BEYREUTHER, Gesch. des P., St 1978; DERS., Frömmigkeit u. Theologie Hi 1980; M. SCHARFE, Die Religion des Volkes. Kleine Kultur- u. Sozialgeschichte des P., Gü 1980; M. SCHMIDT, Der P. als theol. Erscheinung. Ges. Aufsätze, Gö 1983; J. WALLMANN, Der P., Gö 1990. – TRE XXVI 606–631.

(zu 1) J. VAN DER BERG – J. P. DOOREN (Hg.), P. u. Reveil. Referate der Internationalen Tagung: Der P. in den Niederlanden u. seine internationalen Beziehungen, Lei 1978; G. MAI, Die niederdt. Reformbewegung. Ursprünge u. Verlauf des P. in Bremen, Bremen 1979; G. DELLA CROCE, G. Tersteegen, F-Bern 1979; G. TERSTEEGEN, Werke, Bd. 1: Geistl. Reden, Gö 1980, Bd. 8: Briefe, Gö 1981.

(zu 2) E. BEYREUTHER, A. H. Francke, Marburg 1956, ³1969; DERS., N. L. v. Zinzendorf in Selbstzeugnissen u. Bilddokumenten, St 1975; DERS., Die große Zinzendorf-Trilogie, Marburg 1988; H. WEIGELT, P.-Studien, I: Der spenerisch-hallische P., St 1965; C. HINRICHS, Preußentum u. P., Gö 1971; F. E. STOEFFLER, German P. during the Eighteenth Century, Lei 1973; E. PESCHKE, Bekehrung u. Reform. Ansatz u. Wurzel der Theologie A. H. Franckes, B 1977; D. BLAUFUSS, Reichsstadt u. P. P. J. Spener u. G. Spizel aus Augsburg, Nü 1979; DERS., Spener-Arbeiten, Bern-F 1980; S. HIRZEL, Der Graf u. die Brüder. Gesch. einer Gemeinschaft, St 1980; J. WALLMANN, P. J. Spener und die Anfänge des P., T [2]1986.

(zu 3) G. MÄLZER, Bengel u. Zinzendorf. Zur Biographie u. Theologie J. A. Bengels, Witten 1968; G. SCHMALENBERG, P. – Schule – Religionsunterricht. Die christl. Unterweisung im Spiegel der v. P. bestimmten Schulordnung des 18. Jh., Bern 1974; A. ESCH, P. u. Frühindustrialisierung: Nachrichten der Göttinger Akad. der Wiss. phil.-hist. Kl., Gö 1978, 61–115; E. BUSCH, Karl Barth u. die Pietisten. Die P.-Kritik des jungen Karl Barth u. ihre Erwiderung, Mn 1978; R. HAUG, Reich Gottes im Schwabenland. Linien im württembergischen P., Metzingen 1981.

(zu 4) A. LINDT, Gedanken zur Wirkungsgesch. des P. im neuzeitl. Christentum: EvTh 38 (1978) 198–213; M. GRESCHAT (Hg.), Orthodoxie u. P., St 1982; M. BRECHT u. a. (Hg.), Der radikale P., Gö 1983; DERS., Gesch. des P., 4 Bde, Gö 1993 ff.

Pilgerväter nennt man jene Auswanderer, die Engl. 1598 verlassen hatten, weil sich ihrem → Kongregationalismus dort keine Zukunft bot, die aber 1620 den holländischen Zufluchtsort Leiden verließen, weil nach der →Dordrechter Synode für sie keine Aussicht auf Rückkehr bestand. So schifften sie sich auf die ›Mayflower‹ nach »Neu-England« ein und landeten in Massachusetts, um dort ihr Konzept des ›Gottesbundes‹ (Convenant) zu verwirklichen. Für alle Bereiche des kirchl. und polit. Lebens sollte das eine Gesetz Gottes gelten (Heiligung des Werktags und des Sonntags, der Ehe und der Bürgergemeinde u. a. → Puritanismus). Die P. vermittelten der »Neuen Welt« ein bis heute nachwirkendes rel. Sendungsbewußtsein als »Gods own Country«, das gleichzeitig dem amer. Demokratieverständnis sein eigentüml. Pathos verlieh.

Q: The Pilgrim Fathers. A Journal of their Coming ... to New England, Lei 1622, (Ndr.) 1939; D. PLOOJ – R. HARRIS (Hg.), Leyden Documents relating to the Pilgrim Fathers, Lei 1920.

L: G. P. E. MILLER, The New England Mind, Lo 1939, [3]1954; E. DILLON, A Place for Habitation. The Pilgrim Fathers and their Quest, Lo 1973.

Pisa (Konzil). Um das seit 1378 bestehende → Papstschisma zu beseitigen, einigten sich Kardinäle beider → Obödienzen 1408 in Livorno auf ein allg. Konzil in Pisa, das am 25. 3. 1409 eröffnet werden konnte. Die miteinander konkurrierenden Päpste Gregor XII. (röm. Linie!) und Benedikt XIII. wurden, nachdem sie in einem Prozeß als an der Spaltung Schuldige verurteilt worden waren, am 5. 6. 1409 als offenkundige Schismatiker und Häretiker abgesetzt. Nun war der Weg frei für eine → Papstwahl, aus der am 26. 6. 1409 der Mailänder Ebf. Petros Philargis, ein gebürtiger Grieche, als Alexander V. hervorging. Der neue Papst bestätigte die Einberufung ebenso wie die in 22 Sitzungen gefaßten Beschlüsse des Konzils und beendete die Versammlung am 7. 8. 1409. Weitere dringende Reformfragen sollten beim nächsten Konzil in drei Jahren erledigt werden. Weil aber die beiden abgesetzten Päpste weiter regierten, spaltete sich die Christenheit bis zum → Konstanzer Konzil in drei päpstl. →

Obödienzen. Über Ökumenizität und Rechtmäßigkeit des Concilium Pisanum gehen die Ansichten der Kanonisten und Historiker heute noch auseinander.
→ Reformkonzilien.

Q: MANSI 26, 1193–1256; 27, 331–356; RTA VI, (Ndr.) Gö 1956; J. VINCKE, Acta Concilii Pisani: RQ 46 (1938) 81–331.

L: F. J. BLIEMETZRIEDER, Das Generalkonzil im großen abendl. Schisma, Pa 1904; K. A. FINK, Zur Beurteilung des Großen abendl. Schismas: ZKG 73 (1962) 335–343; W. BRANDMÜLLER, Papst u. Konzil im Großen Schisma, Pa 1980. – TRE XXVI 646–649.

Pius-Vereine, benannt nach Pius IX. (1846–78), entstanden aus Widerstand gegen das → Staatskirchentum, spez. gegen vielfältige Maßnahmen des Polizeistaates vor 1848. Den ersten Schritt in Dtl. machte der Mainzer Domkapitular A. F. Lennig (1803–66) 1848 mit der Gründung des ›Piusvereins für rel. Freiheit‹ als Vereinigung kath. Männer. Bald folgten ähnl. Vereinsgründungen, deren Gesamtheit sich bei der ersten Generalversammlung in Mainz (1848) – auch als erster Dt. → Katholikentag gerechnet – als → ›Kath. Verein Deutschlands‹ konstituierte. – Der 1857 in der Schweiz entstandene Piusverein benannte sich 1899 in ›Schweizerischer Katholikenverein‹ um. In Östr. trat 1904 der ›Piusverein zur Förderung der kath. Presse‹ ins Leben.

Eine Besonderheit stellte in Dtl. der ›Akademische Piusverein‹ (1867–1914) dar.
→ Kath. Bewegung.

L: A. BRÜCK, Der Mainzer Lennig-Moufang-Kreis u. die Freiheit der Kirche: L. LENHART (Hg.), Idee, Gestalt u. Gestalter des ersten dt. Katholikentages in Mainz 1848, Mz 1948, 133–152.

Politischer Katholizismus, im Dtl. des 19. Jh. entstandene vielfältige Bewegung kath. Laien (→ Kath. Bewegung), die lange Zeit vor dem → Kulturkampf gegen das mehr und mehr zunehmende Vordringen des modernen Staates in alle Bereiche des polit. und sozialen Lebens opponierten, andererseits aber dieselben Bereiche, insbes. die Möglichkeiten zur Demokratisierung (Parlamentarismus), und sozialen Erfordernisse nach christl. Prinzipien zu gestalten suchten. Es fehlte jedoch zu keiner Zeit an solchen Kräften, die jede Form eines p. K. zugunsten eines rel. Katholizismus ablehnten, z.B. der Schriftsteller Alessandro Manzoni (1785–1873) und der Kirchenhistoriker F. X. Kraus (1840–1901). Katholiken entfalteten polit. Aktivitäten in → Parteien mit christl. Vorzeichen, vor allem in der 1870 gegr. Dt. → Zentrumspartei, in der sich auch Geistliche als Abgeordnete engagierten. Nach dem 2. Weltkrieg verzichtete man auf konfessionelle Abgrenzungen, indem die ›Christl.-Demokratische-Union‹ (CDU) – in Bayern die ›Christl.-Soziale-Union‹ (CSU) – sich als interkonfessionell-christl. und demokratische Volkspartei verstand. Zum Träger des p. K. wurde nun das reich ausgebildete kath. → Vereinswesen, angeführt vom → Zentralkomitee der dt. Katholiken.

Q: A. BERGSTRÄSSER, Der p. K. Dokumente seiner Entwicklung, 2 Bde, Mn 1921,

(Ndr.) Hi 1976; H. Schiel (Hg.), Liberal u. integral. Der Briefwechsel zw. F. X. Kraus u. Anton Stöck, Mz 1974.
L: F. Schnabel, Der Zusammenschluß des p. K. in Dtl. im Jahre 1848, Hei 1910; F. Valjavec, Die Entstehung der polit. Strömungen in Dtl. 1770–1815, Mn 1951, (Ndr.) Königstein 1978; B. Hanssler (Hg.), Die Kirche in der Ges. Der dt. K. u. seine Organisationen im 19. u. 20. Jh., Pa 1961; H. Mohr, Das Kath. Apostolat. Zur Strategie u. Taktik des polit. Katholizismus, B 1962; U. Altermatt, Der Weg der Schweizer Katholiken ins Ghetto. Die Entstehungsgesch. der nationalen Volksorganisationen im Schweizerischen Katholizismus 1848–1919, Ei-Z-Kö 1972; R. Morsey u.a. (Hg.), Zeitgesch. in Lebensbildern, Mz 1973ff.; M. Klöcker, Th. Brüggemann (1796–1866). Eine Studie zur preuß. Gesch. unter bes. Berücksichtigung der Kulturpolitik u. des p. K., D 1975; R. Morsey, Der Untergang des p. K. Die Zentrumspartei zw. christl. Selbstverständnis u. »Nationaler Erhebung« 1932/33, St-Z 1977; G. Lewis, Kirche u. Partei im p. K. Klerus u. Christlichsoziale in Niederöstr. 1885–1907, W 1977; A. Langner (Hg.), Katholizismus im polit. System der Bundesrepublik 1949–1963, Pa 1978; B. Lowitsch, Der Kreis um die »Rhein-Mainische Volkszeitung«, Wie 1980; A. Rauscher (Hg.), Der soziale u. p. K. Entwicklungslinien in Dtl. 1803–1963, 2 Bde, Mn 1981–82; H. Maier, Schriften zu Kirche u. Ges., 3 Bde, Fr-Bas-W 1983–85; K.-E. Lönne, Gesch. des p. K., F 1986.

Prager Frieden (1635). Ks. Ferdinand II. und Kurfürst Johann Georg I. von Sachsen schlossen 1635 in Prag einen Separatfrieden, dem bald die Mehrzahl der prot. Stände beitrat. Das → Restitutionsedikt von 1629 wurde darin prakt. aufgehoben, weil die Anhänger der → Augsburger Konfession die Kirchengüter, die sie vom → Passauer Vertrag (1552) bis 1627 im Besitz hatten, zunächst auf 40 Jahre garantiert erhielten. Dem sächs. Kurfürsten wurde die Obere und Niedere Lausitz als erbl. böhmisches Lehen zugesprochen; er mußte aber die dem Klerus und den kath. Ständen (mit ihren Untertanen) bewilligten Privilegien und Rechte, insbes. die Freistellung von der weltl. Obrigkeit in Kirchenangelegenheiten, wahren; auch die kirchl. → Visitationen durfte er nicht behindern und das Protektionsrecht des Böhmenkönigs über die Stifte und Klöster nicht beeinträchtigen.

In einem Nebenrezeß über Schlesien sagte Ks. Ferdinand II. den Herzögen von Brieg, Liegnitz und Münsterberg-Oels sowie der Stadt Breslau die uneingeschränkte Ausübung der Augsburger Konfession zu. Die Zugeständnisse, welche Ferdinand II. im P. F. den Protestanten machte, waren hauptsächl. durch das Eingreifen Fkr. in den → Dreißigjährigen Krieg (1635) bedingt. Urban VIII. befleißigte sich einer Neutralitätspolitik, die sich aber auf die → Gegenreformation nachteilig auswirken mußte.
L: K. Regpen, Die röm. Kurie u. der Westfälische F., Bd. I/1, T 1962, 361–388.

Pragmatische Sanktion von Bourges (1438). Kg. Karl VII. von Fkr. ließ auf einer Klerusversammlung in Bourges (1. 5. – 7. 6. 1438) die Reformdekrete des → Baseler Konzils prüfen und erklärte sie dann mit einigen Adaptionen als Reichsgesetz, P. S. genannt. In den 23 Artikeln sind bestimmte Vorrechte der päpstl. Kurie (→ Konziliarismus, → Fiskalismus) eingeschränkt oder ganz abgelehnt. Manche Abmachungen fanden Eingang in das 1516 zw. Leo X. und Franz I. geschlossene → Konkordat, das bis zur → Frz. Revolution Gültigkeit besaß und die Grundlage des → Gallikanismus darstellte.

L: N. VALOIS, Histoire de la Pragmatique Sanction de Bourges sous Charles VII, P 1906.

Prämonstratenser (Ordo Praemonstratensis = OPraem), → Chorherren-Orden, nach ihrem Gründer Norbert von Gennep (ca. 1082–1134, kan. 1582) auch Norbertiner genannt. Mit 40 Klerikern lebte der ehem. Kanoniker Norbert von Xanten seit 1120 im Tal von Prémontré (bei Laon) gemäß der → Augustinusregel. Obwohl Honorius II. die Gemeinschaft 1126 als ›Chorherren des hl. Augustinus nach den Gebräuchen der Kirche von Prémontré‹ bestätigte, entwickelte sich doch erst nach der Mitte des 12. Jh. ein eigenes Ordensbewußtsein. Norbert hatte seine Tätigkeit als Wanderprediger fortgesetzt und war 1126 zum Ebf. von Magdeburg ernannt worden. Die P., nach dem Vorbild der → Zisterzienser zentralistisch organisiert, breiteten sich schnell aus, blieben aber unter den vier großen »Prälatenorden« (→ Benediktiner, Zisterzienser und → Augustiner-Chorherren) der kleinste. 630 Abteien waren einmal die höchste Zahl. Der in Mittel- und Osteuropa vorherrschende Titel des Propstes wurde im Lauf der Zeit durch den Titel eines Abtes ersetzt (Ungarn ausgenommen). Die regionale Einteilung des Ordens entsprach weitgehend den Kirchenprovinzen (Zirkarien). Dominikus (→ Dominikaner) übernahm im 13. Jh. den weißen Habit, den eigenen Ritus und die Statuten der P. zum größten Teil. Der Orden erwarb sich große Verdienste um die Kolonisierung und Christianisierung in Mittel-, Ost- und Norddeutschland. Nachdem in der Anfangszeit die kontemplative Richtung (Prémontré) vorgeherrscht hatte, setzte sich später die aktive Zielsetzung (Magdeburg) durch. Clemens III. gestattete den P. 1188 die Übernahme von Pfarreien. Die prakt. Seelsorge blieb eine Hauptarbeit der P. bis auf den heutigen Tag. Nach dem → Trienter Konzil begann eine neue Blüte des Ordens. Die Säkularisation löschte ihn fast völlig aus. Hand in Hand mit dem Wiederaufbau im 19. Jh. ging die Ausdehnung nach Amerika, Afrika und Indien. Der Abt von Prémontré ist gleichzeitig Generalabt. Seit 1937 befindet sich der Sitz des Generalabtes in Rom. Nach dem 2. Weltkrieg begründete der holländische P.-Pater Werenfried van Straaten die ›Ostpriesterhilfe‹ (heute ›Liebeswerk Kirche in Not/Ostpriesterhilfe‹) und den ›Bauorden‹.

Die Doppelklöster der P. bestanden nur kurze Zeit. In Dtl., Friesland und Polen wurden zahlreiche *Prämonstratenserinnen*-Klöster gegr. Die Nonnen führen ein kontemplatives Leben. An der Spitze des Kl. steht die Priorin.

Neben dem regulären → Dritten Orden der P. gibt es noch einen eigenen Orden für Laien.

P: Analecta Praemonstratensia, R 1925ff., Tongerloo 1929ff.

L: HEIMBUCHER I 432–448; B. F. GRASSL, Der P.orden, Tongerloo 1934; N. BACKMUND, Monasticon Praemonstratense, 3 Bde, Straubing 1949–60; A. HUBER, Die

P., Baden-Baden 1955, [2]1961; N. BACKMUND, Monasticon Praemonstratense, 3 Bde, Straubing 1949–1956, Bd. 1 (2 Halbbände), B 1983; K. ELM (Hg.), Norbert v. Xanten, Kö 1984; DERS., G. des P.ordens, Grafenau 1986; W. M. GRAUWEN, Norbert, Eb. v. Magdeburg, Duisburg 1986. – Atlas KG 54.

Pregizerianer, eine pietistische Sondergruppe des alemannischen Raumes, die sich nach dem Tübinger Schloßprediger, dann Stadtpfarrer von Grafenberg, später Haiterbach/Schwarzwald, Christian Gottlob Pregizer († 1824) nennen, ohne sich mit dessen, von J. A. Bengel († 1752) und dem Theosophen Oetinger († 1782) beeinflußten, Theologie (→ Pietismus) zu identifizieren. Ihre Lehre eines → Tausendjährigen Reiches (sog. Chiliasmus) am Ende der Tage und der Wiederbringung aller Dinge (sog. Apokatastasislehre → Allversöhnungslehre) weist sie vielmehr den separatistischen Gruppen des schwäbischen Pietismus zu, z. B. den Hahnschen Gemeinschaften (→ Gemeinschaftsbewegungen), aus deren Kreis sie sich durch die lockeren Gemeinschaftsformen und ihr, auf einem ultraluth. Glauben an die objektive Heilswirkung der Sakramente basierendes, »fröhliches Rechtfertigungschristentum« abheben.

L: F. PFEIL, Christian Gottlob Pregizer u. die Gemeinschaft der P., Hei 1938.

Presbyterial- und Synodalverfassung, sieht in den vollberechtigten Gemeindegliedern zugleich Rechts- und Amtsträger, in den Gemeinden die Basis der Synodalordnung und betont das paritätische Kollegialitätsprinzip. In ihrer »demokratischen« Verfassung ähnelt sie der spätjüdischen Synagogenordnung. Solche Nähe wird bes. an der frühkath. »Ältestenordnung« greifbar, wie sie schon im NT (Apg, Jak, 1 Petr und Past) entgegentritt: Alter legitimiert zum Amt. Dieses Anciennitätsprinzip bestimmte die Verfassung noch, als das Bischofsamt zur Abwehr von → Gnostizismus und → Montanismus geschaffen wurde (Ign, Polyk, 1 Clem), auch wenn die ersten Regionalsynoden den Bischöfen eine bes. geistl. Vollmacht zusprachen. Erst die fortschreitende Klerikalisierung verdrängte die P. u. S. zugunsten einer hierarchisch gestuften Bf.-Kirche. Wie diese sich als Hort der → Orthodoxie verstand, so auch konservativ-oppositionelle Kräfte, die an der P. u. S. festhielten, z. B. in Rom die Separatsgemeinden des Hippolyt (→ Kirchenordnung) und der → Novatianer. Ob hier wie in Karthago (montanistische Sondergemeinde, der Tertullian [→ Montanismus] angehörte) synagogale Traditionsfossilien nachwirkten, ist umstritten. – Das im → MA vorherrschende KR (→ Kanonistik), dessen »autokratische« Struktur im → Papsttum verankert war, zeitigte bei den oppositionellen Gruppen gegensätzl. Reaktionen: Entweder organisierten sie sich hierarchisch-episkopal wie die → Katharer oder sie griffen erneut die P. u. S. auf wie die → Waldenser, deren Überreste in Piemont und Savoyen später bei den Reformierten den Ruf genossen, apost. bzw. frühkath. Ursprungs zu sein. Das mag auch die böhmisch-mährische → Brüderunität zur Mitwirkung eines Waldenser-Ältesten bei ihrer eigenen P. (1499/1500) motiviert haben: er sicherte ihre »Legalität«. Wenn später die ›Erneuerte Brüderunität‹ des 18. Jh. presbyterial verfaßt war (Ältestenrat für jede Gemeinde; Unitätsdirektorium als Kollegium; temporäre

Übertragung des »Generalältestenamtes« auf Christus: 1741), dann ist dies aus dem → Pietismus abzuleiten. – In der Reformationszeit wurde die P. u. S. nur in den → Ref. Kirchen durchgeführt; deren Grundsätze verkündete zuerst eine Kirchenversammlung von Zürich (1523), die später hier wie in Basel modifiziert wurden (→ Presbyterianer; → Calvinismus). Die →Reformation Luthers und ihr Kirchenregiment (→ Landeskirchentum) ging in die Konsistorialverfassung unter dem »Summepiskopat« des Landesherren über. Die P. u. S. der Rhein.-Westfälischen Kirchenordnung (1835) war weniger dem ref. Herrscherhaus Preußen als den ref. Einflüssen im Westen des preuß. Königreiches zu danken (Landeskirchentum). Das erwies sich bei der Lösung der Bindung an den König (1918): Im Westen war das Bemühen um eine P. u. S. »nach Gottes Wort« weit stärker als in den luth. Landeskirchen, die sich dem synodalen Verwaltungsprinzip nicht entzogen, aber doch die Trennung zw. synodaler Gesetzgebung und konsistorialer Exekutive stärker verwirklichten. Ungeteilten Anklang fand die P. u. S. bei den → Freikirchen und dank deren Zunahme nach dem 2. Weltkrieg auch überregionale Verbreitung.

Q: → Kirchenordnungen.

L: G. V. LECHLER, Gesch. der P. seit der Reformation, Lei 1854; K. RIEKER, Grundsätze ref. Kirchenverfassung, L 1899; H. LIETZMANN, Altchristl. Verfassungsgesch., 1914 = Kleine Schriften, Bd. 1, B 1958, 141–185; H. v. CAMPENHAUSEN, Kirchl. Amt u. geistl. Vollmacht in den ersten 3 Jh., T 1953, ²1963, 82–134; W. MAURER, Das synodale ev. Bf.amt seit 1918, B 1955; H.-W. KRUMWIEDE, Zur Entstehung des landesherrl. Kirchenregiments, Gö 1967; A. GANOCZY, Ecclesia ministrans. Dienende Kirche u. kirchl. Dienst bei Calvin, Fr-Bas-W 1968; A. VILELA, La condition collégiale des prêtres au IIIe siècle, P 1971; R. ZOLLITSCH, Amt u. Funktion des Priesters. Eine Untersuchung zum Ursprung u. zur Gestalt des Presbyterrats in den ersten zwei Jh., Fr-Bas-W 1974.

Presbyterianer. Schon John Knox († 1572), ein Schüler Calvins (→ Calvinismus), hatte die Kirche Schottlands zur klass. P.-Kirche gemacht (1560: First Book of Discipline; 1592: Second Book of Discipline). In Engl. setzte sich der Calvinist Thomas Cartwright († 1603) seit 1569 für eine → Presbyterialverfassung ein und damit der Verfolgung durch Elisabeth I. (1558–1603) aus. Die nicht zufällig in Schottland ausbrechende Revolution (1637) gegen den → Anglikanismus hatte 1642 zur Folge, daß auch die engl. Kirche kurzfristig (→ Westminster-Synode 1643–52) unter dem ref. Einfluß der P. stand. Er konnte sich unbehindert in den Presbyterianer-Kirchen der Auswanderer nach Nordamerika (17. Jh.), später in Kanada, Australien und anderswo durchsetzen. Die calvinische Westminster-Confession (1647) erwies sich dabei als ein weltumspannendes Einheitsband. Während im Mutterland selber der Anglikanismus die P. zurückdrängte (ihre Reste erhielten sich nur durch Allianz [→ Allianzbewegungen] mit →Baptisten und → Kongregationalisten; 1876 mußte für die ›Presbyterian Church of England‹ schottische Gründungshilfe gegeben werden), entstand in den USA 1788 die ›Presbyterian Church in the USA‹ und 1858 die ›United Presbyterian Church of North America‹. Es handelt sich um große Kirchen mit weltweiter → Mission, die seit 1958 mit der ›Commission on Ecumenical Mission and Relations‹ ihre Koordinierung und Intensivierung fand. Schon 1875 hatten sich die P. in London als ›Alliance of the Reformed Churches throughout the World holding the Presbyterian System‹ verbunden. Aus diesem ersten konfessionellen Weltbund entstand 1954 unter leichter Namensänderung (»Order« statt »System«) der einflußreiche Ref. Weltbund (→ Ref. Kirchen), der nach dem 2. Weltkrieg den → Luth. Weltbund herausforderte.

Q: D. C. Fabricius, Presbyterianismus, B 1940.

L: J. Moffatt, The Presbyterian Churches, Lo 1928; G. D. Henderson, The Church of Scotland. A short History, Edinburgh 1939; Ders., Presbyterianism, Edinburgh 1954; J.-T. McNeil, The History and Character of Calvinism, NY 1954, Lo [2]1970; B. J. Lake, Story of the Presbyterian Church in the USA, Philadelphia 1956; Algermissen 405f.; HbDThG II 297–299, 351f. (Neuser); L. A. Loetscher, A Brief History of the Presbyterians, Philadelphia 1978. – Atlas KG 101, 116f.

Priestertum aller Gläubigen, auch allg. Priestertum gen., wird unter Ablehnung des spez. oder Amtspriestertums im → MA vertreten von den → Waldensern, → Katharern und → Fratizellen sowie von einzelnen Theologen wie Wyclif und Hus (→ Hussiten) und in der → NZ von den Kirchen der → Reformation sowie den von ihr ausgehenden Religionsgemeinschaften (u. a. → Quäker, → Baptisten, → Täufer). – Dementsprechend bedeutete auch die Laienpredigt (→ Laienbewegung) nur für die (röm.)-kath. Kirche ein Problem. Mit dem Verbot der Predigt von Laien sollte die Verkündigung als zentrale Funktion im Leben der Kirche der eigenmächtigen Verfügung einzelner Christen und christl. Gruppen entzogen werden. Solche Verbote sprachen z. B. das 3. → Laterankonzil (1179) und Gregor IX. 1228 aus. Ebenso stimmten die Dekretalisten (→ Kanonistik) des 13. Jh. gegen die Laienpredigt. Wer heute im Dienst der Röm.-Kath. Kirche lehren oder predigen will, braucht dazu die »kanonische Sendung« (missio canonica; vgl. CIC c. 1327). Diese kann bei Vorliegen gewichtiger moralischer oder dogmatischer Gründe zurückgenommen werden (Suspension; → Lehrverpflichtung).

L: M. Storck, Das Allg. P. bei Luther, Mn 1953; Y. Congar, Der Laie, St 1956, [2]1957; C. Eastwood, The Royal Priesthood of the Faithful, Lo 1963; A. Stein, Ev. Laienpredigt, Gö 1972; W. Brandmüller, Laien auf der Kanzel. Ein Gegenwartsproblem im Lichte der KG: ThG 63 (1973) 321–342; R. Zerfass, Der Streit um die Laienpredigt. Eine pastoralgesch. Untersuchung zum Verständnis des Predigtamtes u. zu seiner Entwicklung im 12. u. 13. Jh., Fr-Bas-W 1974; W. Druckenbrod, Das Verständnis des allg. Priestertums im 19. u. 20. Jh., Bad Honnef 1979; A. Vanhoye, Prêtres anciens, prêtre nouveau selon le Nouveau Testament, P 1980.

Priszillianismus. Priszillian wird seit 373 als führender Kopf eines esoterischen Christentums im westl. Span. greifbar. Ein gnostisch-dualistisches Weltbild (→ Gnosis), das sich mit Sternglauben und astrologischen Praktiken verband, Benutzung von apokryph-häretischen Offenbarungsschriften und vor allem die innerkirchl. Gruppenbildung erinnern stark an den nordafrikanischen → Manichäismus, dem vorübergehend auch Augustin († 430) angehört hatte. Dazu paßt, daß Priszillian ein intellektuell motivierter, asketisch eingestellter Christ war, dessen Vermögen ihm eine gewisse Unabhängigkeit als Laie gewährte, was ihn auch auf den Bischofsthron von Avila (heute Abula, Lusitanien) brachte (380). Vermutlich aber deshalb verfolgten ihn unerbittl. seine bischöfl. Kollegen mit dem Ende, daß er mitsamt sechs Leidens- und Gesinnungsgenossen vom Kaisergericht in Trier wegen »Magie« zum Tode verurteilt wurde (383). Vielleicht war es für das künftige Schicksal des P. ein Glück, daß der okzidentale Usurpator Maximus das Urteil, gegen das der hl. Martin von Tours vergeblich Einspruch erhoben hatte – von dem gleichzeitig in polit. Mission für den unmündigen Ks. Valentinian II. an der Mosel weilenden Bf. Ambrosius wird ein Gleiches nicht berichtet –, durch Enthauptung vollzog (385). Jedenfalls trug die Mitwirkung des dezidierten Heiden Maximus dazu bei, daß nach seinem Sturz (388) Priszillian in den Rang eines Martyrers aufstieg und diesen Ruf bes. im nordwestl. Span. (Galizien) genoß. Der P. erfuhr eine Neubelebung, machte synodale Gegenmaßnahmen (Toledo 400) nötig und beschäftigte sogar Augustin. Indem er sich der Informationen durch den span. Presbyter Orosius bediente, skizzierte Augustin den P. in seinem Werk ›Wider die Häresien‹ (428/9). Daß die Häresie auch weiterhin die span. Bischöfe beunruhigte, geht aus einem Schreiben (ep. 15) Leos I. vom Jahre 447 hervor. Noch Mitte des 6. Jh. sah sich der Bf. von Braga zu einem antipriszillianischen Glaubens- und Synodalbekenntnis, das sichtl. auf Toledo (400) zurückgreift, genötigt. In Galizien sollte sich der P. unter der Herrschaft der Sueben und Westgoten noch am längsten halten.

Q: D–S 187–208, 283–286, 451–456; CSEL 18, 1–106, 148–157 (auch für Orosius, Commonitorium); PL Suppl. 2, 1384–1485 (Canones in Pauli epist.).

L: B. VOLLMANN, Studien zum P., St. Ottilien 1965; H. CHADWICK, Priscillian of Avila, O 1976; J. ORLANDIS – D. RAMOS-LISSÓN, Die Synoden auf der Iberischen Halbinsel bis zum Einbruch des Islam, Pa 1981, 31–51.

Protestantenverein. In Reaktion auf den sog. Agendensturm (→ Agendenstreit) in Baden (1858) zur Verwirklichung der Reformgedanken von Richard Rothe (→ Neuprotestantismus) 1863 begründet, verlangte der dt. P. gleiches Recht für alle theol. Richtungen innerhalb der Kirche, Revision der orth.-luth. Agenden (d. h. der Liturgie) und Lehrfreiheit (→ Lehrverpflichtung) an den theol. Fakultäten. Er wollte den → Protestantismus der neueren Kulturentwicklung annähern. Diesem Programm des Kulturfortschrittes als »Bausteine zum Reiche Gottes« (SCHUBRING) und einer → Liberalen Theologie wurde Martin Rade († 1940 in Marburg) als Hg. der ›Christl. Welt‹ (Gotha 1886–1941) ein einflußreicher Protektor. Nach dem 1. Weltkrieg sah sich der P. mit einer gegenläufigen Theologie konfrontiert und vor allem der harten Kritik Karl Barths (→ Dialektische Theologie) ausgesetzt. Der Tod Martin Rades im 2. Weltkrieg bedeutete auch für den P. das Ende.

Q: Prot. Wochenschrift, 1867–1901; Protestantenblatt, 1902–1941; P. TILLICH, Kirche u. Kultur, T 1924; K. LEESE. Die Kulturkrise der Gegenwart u. die Kirche, H 1924 (vgl. F. GOGARTEN: Zw. den Zeiten 2 [1924] 40ff.); W. SCHUBRING, Vom wahren Wesen u. rel. Wert des Kulturprotestantismus, B 1926 (vgl. K. BARTH: Zw. den Zeiten 4 [1926] 363 ff.)

L: P. SCHMIDT, Der P., Gö 1873; J. RATHJE, Die Welt des freien Protestantismus, St 1952.

Protestantische Freunde (Spottname »Lichtfreunde«), eine Späterscheinung des → Rationalismus, Gegner der restaurativen Kirchenpolitik unter König Friedrich Wilhelm IV. (1840–61), schlossen sich zusammen, als freisinnige Pastoren wie Uhlich (1847 suspendiert) gemaßregelt bzw. suspendiert wurden. Zu ihnen gehörte auch der Hallenser Pastor Wislicenus, 1853 wegen seiner Schrift ›Die Bibel im Lichte der Bildung unserer Zeit‹ zu zwei Jahren Gefängnis verurteilt; er floh dann nach Amerika und lebte seit 1856 in der Schweiz. Von 1846 an betrieb vor allem der Königsberger Divisionspfarrer Julius Rupp († 1884) die Gründung »freier Gemeinden«, nachdem das Toleranzpatent (1847) ergangen war. Polizeiaktionen gegen sie anläßl. der Revolutionen von 1848 und 1850 zeitigten nur neue Gemeindebildungen in Nord- und Mitteldeutschland. Diese schlossen sich 1859 mit denen des → Deutschkatholizismus zum ›Bund freier religiöser Gemeinden‹ (→ Freireligiöse Bewegungen) zusammen, ohne dadurch an rel. Durchschlagskraft zu gewinnen.

Q: J. RUPP, Gesammelte Werke, 12 Bde, hg. v. Ch. ELSENHANS, L-Je 1910–16; R. HOENEN, Die freien ev. Gemeinden in Dtl., T 1930; W. NIGG, Gesch. des rel. Liberalismus, Z–L 1937.

L: J. BREDERLOW, »Lichtfreunde« u. »Freie Gemeinden«. Rel. Protest u. Freiheitsbewegung im Vormärz u. in der Revolution v. 1848/49, Mn-W 1976; F. HEYER (Hg.), Religion ohne Kirche. Die Bewegung der Freireligiösen. Ein Hb, St 1977, 18–24.

Protestantismus. Urspr. ein polit. Begriff (vgl. »Protestation« der prot. Reichsstände auf dem → Reichstag von Speyer 1529), verwirklichte sich der P. zunächst als konfessionelles Kirchentum, artikulierte sich unter Einfluß der → Aufklärung dann als theol. Programm, das man durch Gruppenbildung durchzusetzen suchte, um endl. als prot. »Prinzip« eine jenseits aller Verwirklichung liegende Geltung zu beanspruchen.

[1] Schon mit Speyer 1529 und seinem »Abschied« hatte man lange vor dem → Augsburger Religionsfrieden (1555) das konfessionelle → Landeskirchentum programmiert. Daneben sorgten die → Ref. Kirchen (→ Zwinglianismus, → Calvinismus, → Hugenotten, → Nederlandse Hervormde Kerk) für kirchl. und konfessionelle Pluralität (→ Bekenntnisschriften). Konfessionelle Indolenz förderte diesen Prozeß vermehrter Kirchenbildung im P. auch außerhalb Europas, während die Toleranz der → Sozinianer und → Antitrinitarier vergebl. die Konfessionsmauern niederzureißen suchte. Nur wo die → Gegenreformation Verhältnisse geschaffen hatte wie im Östr. des 18. Jh. (→ Salzburger Emigranten), lebte das urspr. Konzept konfessioneller Selbstverwirklichung fort. Ähnl. erfuhr im gleichen Zeitraum der frz. P. als »Kirche der Wüste« eine innere Verfestigung. Zweifelsohne trug die Minderheitensituation viel dazu bei.

Das gilt auch für den baltischen P., der unter den Polen in Livland der Gegenreformation ausgesetzt war (1563), nach dem Nordischen Krieg (1701–21) aber der → Russ.-orth. Kirche, welche sehr bald die im Frieden von Nystad (1721) den Balten eingeräumten kirchl. Sonderrechte vergaß. Aufschlußreich ist ferner, wie die → Waldenser im 16./17. Jh. in It. eine »Protestantisierung« erfuhren. In Siebenbürgen führten andersgelagerte Verhältnisse zum gleichen Ergebnis. Hier hatten die »Sachsen«, d. h. Deutsche, von jeher eine gut organisierte Volksgruppe, 1545 eine prot. Nationalkirche luth. Bekenntnisses gegr.; die gleichberechtigende Rezeption von Katholiken und Reformierten (1571) änderte daran nichts. In Ungarn hingegen setzte sich im Lauf der Entwicklung ref. Einfluß durch (1562: Ungarisches Bekenntnis = überarbeitete ›Confessio christianae fidei‹ von Theodor Beza; 1567: Annahme der ›Confessio helvetica posterior‹). Nur in Nordamerika, wo nach dem Unabhängigkeitskrieg (1775–83) nachträgl. in die Verfassung die volle → Religionsfreiheit aufgenommen wurde (1787), entfaltete sich im freien Antagonismus der »Denominationen« untereinander ein P. zur konfessionellen Konsolidierung. Wo dt. Emigranten am spez. → Luthertum festhielten und so gegenüber → Anglikanern, → Baptisten, → Methodisten und den presbyterianischen Kirchen (→ Kongregationalismus) in die Minderheitssituation gerieten, traten allerdings auch die hierfür typischen Merkmale der Profilneurose auf (→ Missouri-Synode).

[2] Mit dem → Neuprotestantismus (19./20. Jh.) werden in Dtl. zwei Spielarten des »modernen« P. sichtbar: Die eine begünstigte die Entkonfessionalisierung (→ Liberale Theologie), die andere wollte das → Luthertum »positiv« durch Aufnahme der »modernen« Theologie aktivieren. Beide traten als »Bewegungen« auf – auch darin Kinder der → Aufklärung. Beide bedienten sich moderner Organisationsformen, z. B. eines Vereins wie des → Protestantenvereins mit der ›Prot. Kirchenzeitung‹ (1854–96) oder Kongresse, z. B. des → ›Evangelisch-sozialen Kongresses‹ (1890) bzw. der ›Freien kirchl.-sozialen Konferenzen‹ (1897; → Christl.-soziale Bewegungen). Auch der Weg der »Partei«bildung wurde beschritten. Engl. war darin vorangegangen, z. B. im 18. Jh. die ›Low Church‹ bzw. ›Evangelical Party‹ (→ Evangelikanismus) oder die Gegenpartei der ›High Church Party‹, zu denen sich zu Beginn des 19. Jh. die nichtorganisierte ›Broad Church Party‹ der Gebildeten gesellte. Ähnl. formierte sich die konservativ-luth.-konfessionelle Richtung des Berliner Theologen Hengstenberg († 1869). Er sammelte seine Gefolgschaft zunächst um die ›Ev. Kirchenzeitung‹ (seit 1827), um nach der Revolution von 1848 eine Allianz mit der reaktionären ›Neuen Preuß. Zeitung‹ (später ›Kreuzzeitung‹) bzw. deren Sprecher, dem Berliner Staatsrechtler Stahl († 1861), herzustellen. Diese ›Ev. Allianz‹ beherrschte in der 2. Hälfte des 19. Jh. durch ihre Mittelsmänner die restaurative Kirchen-, Kultur- und Schulpolitik Preußens. – Hingegen war der Entkonfessionalisierungsprozeß im 19. Jh. durch eine Entdogmatisierung der prot. Theologie begleitet. Das äußerte sich in einem Theozentrismus, der das Christusdogma ausklammerte, da-

für aber der Ethisierung des Christentums und Förderung christl. Frömmigkeit das Wort redete (A. Ritschl → Liberale Theologie).

[3] Die Entfaltung des P. zum »prot. Prinzip«, schon vor dem 1. Weltkrieg sich anbahnend, sollte nach dessen Ende von den verschiedensten »Richtungen« vorangetrieben werden. In erster Linie sind hier die verschiedenen und auch in ihren theol. Intentionen unterschiedlichen Vertreter der Dialektischen Theologie zu nennen, bei denen der konfessionelle Standort bezeichnenderweise keine Rolle mehr spielte. In diesem Zusammenhang sei der rel. Sozialist Paul Tillich († 1965) bes. hervorgehoben, der als erster vom »Protestantischen Prinzip« als einer permanenten Kritik an christl. und kirchl. Verwirklichung sprach (Neuprotestantismus). Auch Impulse, die ganz anders motiviert waren als die »Luther-Renaissance« (→ Luthertum), wirkten sich in gleiche Richtung aus, mochten sie nun den »Geschichtlichen Christus« als Paradox des Glaubens im Gegensatz zum »Historischen Jesus« der Liberalen Theologie proklamieren (Martin Kähler in Halle, † 1912) oder die → Rechtfertigung auf Luthers Satz »Gerecht u. Sünder zugleich« (simul iustus – simul peccator) reduzieren und so als Prinzip formulieren (H.-J. Iwand, † 1960; R. Hermann, † 1962). Den gleichen Wandel von Liberaler Theologie zu einem P. der theol. Prinzipientreue läßt sich auch an dem amer. P. beobachten. Vor dem 1. Weltkrieg hatte er sich unter der Losung vom »Social Gospel« als Schrittmacher des sozialen Fortschritts empfohlen (Walter Rauschenbusch, † 1918). Unter dem Einfluß der Dialektischen Theologie führte aber auch hier Reinhold Niebuhr († 1971) die Wende herbei, indem er dem Kulturoptimismus absagte und die Verwirklichung des P. im Alltag (prot. Realismus) zur Direktive machte. Er fand darin in dem Emigranten Paul Tillich einen Helfer und auch systematisch überlegenen Fortsetzer, dessen »Theologie der Korrelation« den P. auf ein weit ausfächerndes Prinzip des »Gott für uns« – »Wir für Gott« ausrichtete.

[4] Der P. der Gegenwart hat also, ungeachtet der Vielfalt seiner Kirchen, die Möglichkeit, sich in einigen grundlegenden Sätzen (Prinzipien) wiederzuerkennen. Genannt seien Direktiven wie »sola scriptura« (Schrift als alleinige Offenbarungsquelle), »solus Christus« (der Inkarnierte als alleiniger Heilsgrund), »sola fides« (Glaube als alleinige Existenzmöglichkeit des Christen), »ecclesia semper reformanda« (Proklamation der permanenten Reformation). Gerade in dieser theol. Prinzipientreue erweist sich der P. als ökumenischer Gesprächspartner.

Q: K. LEESE, Der P. im Wandel der neueren Zeit. St 1941; K. KUPISCH, Quellen zur Gesch. des dt. P. (1871–1945), Gö 1960, Mn 1965; DERS., Quellen zur Gesch. des dt. P. von 1945 bis zur Gegenwart, H 1971; W. PHILIPP, Der P. im 19. u. 20. Jh., Bremen 1965; M. GRESCHAT (Hg.), Theologen u. P. im 19. u. 20. Jh., St 1978.

L: E. HIRSCH, Gesch. der neueren ev. Theologie, Gü 1949, [5]1975; C. W. MÖNNICH, Bürger, Ketzer, Außenseiter. Gesch. des P., Mn 1984; F. MILDENBERGER, Gesch. der dt. ev. Theologie im 19. u. 20. Jh., St 1981.

(Zu 1) G. LOESCHE, Gesch. des P. in Oesterreich, T 1902; E. WERNLE, Der schweizerische P. im 18. Jh., 3 Bde, T 1923–25; F. M. GAETANI, Il Protestantismo in Italia, R 1950; A. KELLER, Die Lage des P. in kath. Ländern, G 1953; W. KAHLE,

Die Begegnung des baltischen P. mit der russ.-orth. Kirche, Lei 1959; M. BUCSAY, Gesch. des P. in Ungarn, St 1959; DERS., Der P. in Ungarn 1521–1977, Graz-W-Kö 1978; J. COCHLOVIUS, Bekenntnis u. Einheit der Kirche im dt. P. 1840–1850, Gü 1980; G. REINGRABNER, Der P. in Österreich, 1981.

(Zu 2) K. BARTH, Die prot. Theologie im 19. Jh., Z 1947, Gü [4]1975; H. STEPHAN-M. SCHMIDT, Gesch. der ev. Theologie in Dtl. seit dem Idealismus, B 1938, [3]1973; Studien zur Theologie u. Geistesgesch. des 19. Jh, Gö 1971ff.; F. FLÜCKIGER, Die prot. Theologie des 19. Jh, Gö 1975; F. W. KANTZENBACH, Programme der Theologie ... Von Schleiermacher bis Moltmann, H–Mn 1978; H.-H. BRANDHORST, Lutherrezeption u. bürgerl. Emanzipation, Gö 1981.

(Zu 3) P. TILLICH, Prot. Prinzip u. proletarische Situation, F 1931; DERS., Prinzip u. Wirklichkeit, Da 1950; T. SIEGFRIED, Das prot. Prinzip in Kirche u. Welt, Hl 1939; H. R. NIEBUHR, The Kingdom of God in America, NY [2]1948, (dt.) Der Gedanke des Reichs Gottes im amer. Christentum, NY 1949; R. MÜLLER, Walter Rauschenbusch. Ein Beitrag zur Begegnung des dt. u. amer. P., Lei 1955; M. WERNER, Der prot. Weg des Glaubens, 2 Bde, T 1955–62; E. KÄHLER (Hg.), Martin Kähler, Gesch. der prot. Dogmatik im 19. Jh., Mn 1962; K. NOWACK, Ev. Kirche u. Weimarer Republik. Zum polit. Weg des dt. P. zw. 1918 u. 1932, Kö-W 1981.

(Zu 4) E. KOTTJE, Die geistige Krise des P., Meisenheim/Glan 1954; H. KÜNG, Rechtfertigung. Die Lehre Karl Barths u. eine kath. Besinnung, Ei 1957; A. BRANDENBURG, Hauptprobleme ev. Theologie, Pa 1957; H. SCHÜTTE, P., Essen 1966; A. HASLER, Luther in der kath. Dogmatik. Darstellung seiner Rechtfertigungslehre in den kath. Dogmatikbüchern, Mn 1968. – Atlas KG 73, 76, 77 B, 92 B, 93, 95, 100f., 117, 123, 127ff.

Publizistik. [1] *Kath.:* Als Reaktion auf die Lit. der → Aufklärung entstand um die Mitte des 18. Jh. ein weit verzweigtes kath. Zeitschriftenwesen, am bedeutendsten später ›Der Katholik‹ (Mainz 1821–1918). Im 19. Jh. begann die kath. Büchereiarbeit mit der Gründung von Buchvereinen (→Buchgemeinschaften), die sich die Verbreitung guter Bücher angelegen sein ließen. Allmähl. wuchs auch die Zahl der kath. Verlage. Neue Möglichkeiten boten sich, seit 1848 die allg. Pressefreiheit gegeben war. Während vor dieser Zeit vor allem Kirchen- und Sonntagsblätter kursierten, erhielten die Katholiken jetzt eine polit. Tagespresse. Im → Kulturkampf stellten die Tageszeitungen – ihre Zahl betrug im Jahr 1878 allein in Dtl. 271 – eine öff. Macht dar, die das Tagesgeschehen stark zu beeinflussen vermochte. Als offiziöses Organ des Hl. Stuhles (→ Papsttum) erscheint seit 1861 ›L'Osservatore Romano‹ (›Der Röm. Beobachter‹). Eine zweite große Macht bedeuteten die ständig wachsenden Pressevereine. Bes. Bedeutung erlangte der 1878 in Düsseldorf gegr. ›Augustinus-Verein zur Pflege der kath. Presse‹, der bis 1933 im Dienst der Verbreitung kath. Lehren und der Förderung der Dt. → Zentrumspartei stand. Aus dem 1901 gegr. ›Kath. Presseverein in Bayern‹ entwickelte sich der ›St.-Michaelsbund‹ als eine der größten kath. Büchereizentralen. Nach der Unterdrückung im Dritten Reich (→ Kirchenkampf) entfaltete die kath. P. in Dtl. bald eine rege Aktivität, wobei die Kirchenzeitungen der einzelnen Bistümer den offiz. Kurs der Kirche in Dtl. widerspiegeln. Die im September 1968 vom dt. Episkopat ins Leben gerufene Wochenzeitung

›Publik‹ wurde schon 1971 ihrer kirchenkrit. Ausrichtung wegen eingestellt. Die → Dt. Bischofskonferenz err. eine Kommission für P. und 1976 die ›Kirchl. Zentralstelle für Medien‹. Die ›Union International de la Presse Catholique‹ (Sitz: Paris) veranstaltet jedes dritte Jahr einen Weltkongreß der kath. Presse. – Johannes XXIII. err. 1960 das Sekretariat für die sozialen Kommunikationsmittel, das an der Vorbereitung des vom 1. → Vatik. Konzil verabschiedeten ›Dekrets über die sozialen Kommunikationsmittel‹ vom 4. 12. 1963 entscheidend mitgewirkt hat. – ›Radio Vatikan‹, von Guglielmo Marconi, dem Erfinder des Radio, err., wurde 1931 durch Pius XI. eingeweiht. Das Programm, für das heute 330 feste Mitarbeiter tätig sind, wird in 34 Sprachen ausgestrahlt. In Dtl. unterhalten Hörfunk und Fernsehen Kirchenfunk-Redaktionen. Als Kontaktpersonen fungieren bischöfl. Beauftragte.

[2] *Ev.:* Die ev. P. ist aus dem → Pietismus, der → Erweckungsbewegung und deren Vereinen und Verbänden als rel. Volkspresse (Erbauungsliteratur; Kalender; Verbandsnachrichten) hervorgegangen. Sie entstammen sämtl. der Privatinitiative, die sich im 19. Jh. als »Vereine zur Förderung christl. Schrifttums« zusätzl. organisierte, aber noch keine Zusammenarbeit kannte. Dies alles verhinderte die Entstehung einer ev. Tagespresse in Dtl. vor dem 1. Weltkrieg; darin ging der außerdt. → Protestantismus voran, so in den skandinavischen Ländern, z. B. ›Christelig Dagblad‹ (Kopenhagen), oder in Amerika, z. B. ›Christian Monitor‹ (Boston). Erst Ende des 19. Jh. förderte die → Innere Mission die Koordinierung der kirchl. Sonntags- und Gemeindeblätter durch regionale Presseverbände wie den für die Prov. Sachsen seit 1891. Diese provinziellen Presseverbände faßte A. Hinderer († 1945) im ›Ev. Presseverband für Deutschland‹ zusammen (1910). Solche Aktivitäten nahmen nach dem 1. Weltkrieg zu, so daß auf der Internationalen ›Pressa‹ in Köln (1928) die ev. P. mit einer Gesamtauflage von ca. 17 Mill. aufwarten konnte. Die Rückschläge im Dritten Reich (→ Kirchenkampf) wurden nach 1945 schnell überwunden. 1956 erschienen 310 ev. Zeitschriften mit einer Auflage von 4,7 Mill. (am bedeutendsten ›Ev. Kommentare‹ und ›Luth. Monatshefte‹). Dazu kommen die Sonntags- und Gemeindeblätter, der bei weitem größte Sektor, der 1975 eine Gesamtauflage von 860 000 in den 17 größten Kirchengebieten aufwies. Versuche einer ev. Tagespresse wurden nicht unternommen, hingegen von Wochenblättern (z. B. ›Christl. Sonntagsblatt‹; ›Christ und Welt‹). Sie konnten aber nicht durchgehalten werden und erlitten ein Schicksal wie ähnl. Bemühungen des kath. Episkopats mit ›Publik‹. Als erfolgreich erwies sich dagegen die Nachrichtenarbeit des Ev. Pressedienstes (epd). Die EKD richtete eine ›Kammer für publizistische Arbeit‹ ein. Das ›Gemeinschaftswerk der Ev. P.‹, von der EKD getragen, besteht seit 1973.

P: Journalistes Catholiques, P 1953 ff.; Communicatio Socialis. Zs. für P. in Kirche u. Welt, Pa 1968 ff.; ev. information, F 1970 ff.

Q: LThK Vat. I 116–135; K. KRAEMER, Welt – Kirche – Presse. Dokumentation des 8. Weltkongresses der Kath. Internationalen Union der Presse v. 2.–6. Juli 1968,

Osnabrück 1968; F. EILERS u.a. (Hg.), Kirche u. P. 13 Kommentare zur Pastoralinstruktion »Communio et Progressio«. Mit dem dt. Originaltext, Pa 1973.
L: W. KISKY, Der Augustinus-Verein zur Pflege der kath. Presse v. 1878 bis 1928, D 1928; G. KAUFFMANN – A. HINDERER, Hb. ev. Presse, B 1929; J. W. NAUMANN (Hg.), Die Presse u. der Katholik, Au 1932; K. BRINGMANN, Die konfessionell-polit. Tages-Presse des Niederrheins im 19. Jh., D 1938; F. LUPSEN (Hg.), Mittler zw. Kirche u. Welt, Witten 1957; E. STAMMLER (Hg.), Die Kirche u. ihre Presse, Mn 1959; K. A. ALTMEYER, Kath. Presse unter NS-Diktatur, B 1962; R. PESCH, Die kirchl.-polit. Presse der Katholiken in der Rheinprov. vor 1848, Mz 1967; M. SCHMOLKE, Die schlechte Presse, Mr 1971; J. HOSSE, Päpstl. Kommission »per le Communicazioni Sociali« 25 Jahre alt: Communicatio Socialis 7 (1974) 40–42; H. WAGNER, Das Ende der kath. Presse, 3 Bde, Aschaffenburg 1974; Hb. Gemeinschaftswerk der Ev. P., F 1975; H.-W. HESSLER, P. einer Botschaft wegen DERS. (Hg.), Protestanten u. ihre Kirche, Mn-W 1976, 288–316; G. GORSCHENEK (Hg.), Katholiken u. ihre Kirche, Mn-W 1976, 314–343; J. HEMELS – M. SCHMOLKE (Hg.), Kath. P. in den Niederlanden, Pa 1977; U. FOHRMANN, Trierer Kulturkampfpublizistik im Bismarckreich. Leben u. Werk des Preßkaplans G. Dasbach, Trier 1977; G. VALERIUS, Dt. Katholizismus u. Lamenais. Die Auseinandersetzung in der kath. P. 1817–1854, Mz 1983; G. MEHNERT, Ev. Presse, Bielefeld 1983; D. V. DADELSEN (Hg.), Emil Dovifat. Die publizistische Persönlichkeit, B 1990. – TRE XXVII 318–328.

Puritanismus und engl. → Calvinismus sind eng verwandt, wobei der Name von den Gegnern (→ Anglikanismus) geprägt wurde, die damit das, bes. von T. Cartwright († 1603) seit 1580 immer wieder betonte, »studium purioris religionis« treffen wollten, mit dem dieser seine Angriffe auf die »widerbiblische« Verfassung, Liturgie und Lehre der Kirche von Engl. legitimierte. Dem Biblizismus ist es auch zuzuschreiben, wenn P. und → Presbyterianismus zusammenfanden. Der Gegensatz zum sinnenfreudigen und sittenverwilderten Zeitalter Elisabeths I. (1558–1603) förderte die sabbatähnl. Sonntagsheiligung, Ablehnung von Theater und Tanz, Kultur und »courtesy«. Eine Gegenwelt der Innerlichkeit und Poesie entstand, die auf der Suche nach psychagogischen Stilmitteln Anleihen bei der kath. Andachtslit. nicht verschmähte; allerdings konnte William Langlands ›Peter der Pflüger‹ (›The Vision of Piers Plowman‹) als insulares Vorbild mit der ›Nachfolge Christi‹ des Thomas von Kempen (→Brüder vom gemeinsamen Leben) als kontinentale Parallele nicht mithalten. Trotz solcher Weltflucht sollte sich in dieser frommen Erbauungswelt der Traktate und Gedichte eine starke Aggressivität unter dem Druck der anglikanisch-katholisierenden Kirchenpolitik anstauen. Das zeigte der Ausbruch einer Revolution 1640: Zusammen mit dem Parlament und der sog. → Westminster-Synode fegte der P. mit eisernem Besen den Anglikanismus aus den Kirchen Engl., um dann allerdings selber unter Oliver Cromwell († 1658) finstere Despotie zu werden. Weite Kreise des Volkes begrüßten daher die Restauration unter dem kath. Hause Stuart (1660–87), während der P. jetzt von der »Zeit der Großen Verfolgung« (1660–88) unter Anspielung auf die diokletianische → Christenverfolgung sprach. Mit dem Sturz der Stuarts in der »Glorious Revolution« (1688) fand sie ein unerwartetes und doch ersehntes Ende. Gerade in der zweiten Bedrängniszeit des P. sind aber die schönsten Blüten seiner Erbauungslit. entstanden, so das rel. Menschheitsepos ›Das verlorene Paradies‹ (1667) von John Milton († 1674), das klassizistische Elemente erkennen ließ, oder die ›Pilgerreise‹ (1678) des → Baptisten John Bunyan, der nach 12 Jahren Gefängnis im Jahr der »Glorreichen Revolution« verstarb. Zu diesen »Evergreens« einer überkonfessionellen Erbauung zählt auch die ›Ewige Ruhe der Heiligen‹ (1649) des Presbyterianers Richard Baxter († 1691), der 1662 mit 200 puritanischen Geistlichen seines Amtes enthoben wurde. Noch heute zeigt das Verhalten der Engländer am Sonntag Formen, die auf die prägende Kraft des P. zurückzuführen sind.

Q: S. R. Gardiner (Hg.), Constitutional Documents of the Puritan Revolution 1625–1660, O 1889, (Ndr.) 1980.

L: W. Haller, The Rise of P., 1938, (Ndr.) NY [3]1957; M. Schmidt, Die Problematik des P. im Lichte seiner Erforschung: ZKG 60 (1941) 207–254; A. Barker, Milton and the Puritan Dilemma 1641–1660, Toronto 1942, [2]1952; J. Chambon, Der P. Sein Weg v. der Reformation bis zum Ende der Stuarts, Z 1944; J. Jeremias, Richard Baxters ›Catholic Theology‹, ihre Voraussetzungen u. Ausformungen, Gö 1956; R. Schlatter, Richard Baxter and Puritan Politics, New Brunswick 1957; C. Gragg, Puritanism in the Period of the Great Persecution 1660–1688, C 1957; J. Marlow, The Puritan Tradition in English Life, Lo 1957; E. S. Morgan, Puritan political Ideas, Indianapolis 1966; H. C. Porter, Puritanism in Tudor England, Lo 1970; L. J. Trinterud, Elizabethan Puritanism, NY 1971; HbDThG II 369–386 (G. Gassmann); H. Ertl, Die scheinheiligen Heiligen. Das Bild der Puritaner im Zerrspiegel satirischer u. polemischer Lit. des 17. Jh., F-Bern 1977.

Quäker (engl. quake = zittern), in den rel. Kämpfen Englands um die Mitte des 17. Jh. entstandene mystisch-enthusiastische Sekte, die zur anglikanischen Staatskirche (→ Anglikanismus) in Opposition stand. Ihr Gründer, der Schuster George Fox (1624–91), ein visionärer rel. Grübler und Schwärmer, gelangte 1647 zur Überzeugung, daß jeder Mensch durch »das innere Licht« (Joh 1, 9) als die Stimme Gottes zur Wahrheit und zum ewigen Heil geführt wird. Der Umstand, daß er während einer Gerichtsverhandlung beim Wort Gott zitterte, brachte seinen Anhängern den Spitznamen Q. (»Zitterer«) ein; sie selbst bezeichneten sich zunächst als ›Children of the Light‹ oder ›Friends of the Truth‹ und nach 1670 als ›Society of Friends‹ (Joh 15, 15). Wegen Ablehnung der anglikanischen Staatskirche, des Eides und des Kriegsdienstes in Engl. gesetzl. unterdrückt und verfolgt, fanden die Q. eine Freistätte in Nordamerika, nachdem William Penn (1644–1718), seit 1667 Q., einen Freistaat (›Pennsylvania‹) für verfolgte Q. und Kolonisten anderer christl. Gruppen gegr. hatte. Die von Penn stammende Verfassung gewährte volle → Religionsfreiheit (Toleranzakte von 1689), verwarf Krieg, Militärdienst, Eid und kirchl. Heirat; außerdem erleichterte sie das Sklavenleben der Neger. Robert Barclay (1648–1690), theol. Haupt der Q. (W: Theologiae verae Christianae Apologia, A 1676), gehört zu den theol. Vorkämpfern der Religionsfreiheit. Nach einem allg. Niedergang im 18. Jh. kam es im 19. Jh. zu Spaltungen (liberale Hicksites; ultrakonservative Wilburites). Große Verdienste erwarben sich die Q. durch ihre Aktivitäten in der → Inneren Mission und auf rel.-sozialem Gebiet. Obwohl die Q. eine »Religion ohne Dogma« propagieren, halten sie am Fundament des christl. Glaubens fest. Gott offenbarte sich am vollkommensten in Christus, dessen Kreuzestod allen Menschen Erlösung brachte. Außer in der von Gott inspirierten Bibel spricht Gottes Geist unmittelbar durch das jedem Menschen innewohnende »innere Licht«. Dogmen, Sakramente, Priester und Kirche werden als überflüssig abgelehnt. Bei ihren Versammlungen herrscht Schweigen vor. Die rel. Einstellung der Q. zeigt sich in der Ablehnung des Krieges, der Todesstrafe, der Sklaverei, jegl. Art von Diskriminierung, des Glückspiels und des Alkohols sowie im Eintreten für interkulturelle Beziehungen, gerechtere Wirtschafts- und Sozialordnung, Gleichberechtigung der Frauen und humane Behandlung der Geisteskranken. Ungewöhnl. große Unterstützung gewährten die Q. während des 2. Weltkriegs und später Notleidenden in verschiedenen Ländern, was 1947 in der Verleihung des Friedensnobelpreises an das ›Friends Service Commitee‹ zum Ausdruck kam. Die Gemeinden der Q. sind demokratisch organisiert. Die Leitung liegt bei Aufsehern oder Ältesten. Bei der durch die Verfassung vorgeschriebenen Trennung von → Kirche und Staat fehlt in den USA eine offiz. Statistik über die Religionsgemeinschaften. Die Q. haben in den USA und in Kanada schätzungsweise 200000, in der übrigen Welt ungefähr 185000 Mitglieder. Dem → Ökumenischen Rat der Kirchen gehört seit 1963 u. a. die konservative Gruppe ›Religious Society of Friends‹ in Kanada an.

P: The Friend, Philadelphia 1827 ff.; Der Q., Bad Pyrmont 1927 ff.
Q: W. PENN, Selected Works, 5 Bde, Lo ^{3}1782, 3 Bde., Lo ^{4}1825; G. FOX, The works, Philadelphia 1831, (Ndr.) NY 1975; DERS., Aufzeichnungen u. Briefe, Übers. v. M. STÄHLIN, T 1908; J. L. NICKALLS (Hg.), The Journal of G. Fox, C 1952, (dt.) Tagebuch, Bad Pyrmont 1950; Book of Christian Discipline of the Religious Society of Friends of England, 3 Bde, Lo 1917–25, (dt.) Christl. Leben – Christl. Wirken, 2 Bde, Bad Pyrmont 1951, ^{2}1952.
L: T. SIPPELL, Werdendes Q.tum, St 1937; H. J. DUMMER, Die Toleranzidee in William Penns Schriften, Lengerich 1940; H. LOUKES, Die Q., St 1965; H. SCHMIDT, Die Formen des rel. Selbstverständnisses u. die Struktur der Autobiographie in G. Fox's Journal, F-Bern 1972; R. C. SCOTT (Hg.), Die Q., St 1974; O. HALLE, Das Q.tum: K. EBERHARDT (Hg.), Was glauben die andern?, Gü 1977, 164–169; RELLER 116–131.

Quartierfreiheit, für die in Rom ansässigen Gesandtschaften (→ Gesandte) geforderte Immunität, die sich auf die Häuser und sogar umliegenden Viertel (»Quartiere«) erstreckte, und Zollfreiheit. Innozenz XI. hob die Q. 1677 auf, um die damit verbundenen Mißbräuche aus der Welt zu schaffen. Daraufhin kam es zu einer schweren Auseinandersetzung zw. dem Papst und dem frz. Kg. Ludwig XIV., der sich mit der Besetzung der päpstl. Territorien Avignon und Comtat-Venaissin rächte. Doch Alexander VIII. erhielt die annektierten Gebiete zurück; außerdem verzichtete der König auf die Quartierfreiheit.
L: J. ORCIBAL, Louis XIV contre Innocent XI. Les appels au futur concile de 1688, P 1949.

Quietismus (lat. quies = Ruhe), eine bes. im 17. Jh. verbreitete Frömmigkeitsform, bei der die Seele Gott gegenüber völlig passiv bleibt. Ähnl. Gedanken und Bewegungen waren aber schon früher anzutreffen, z. B. bei den Euchiten im 5. Jh. (→ Messalianer), bei den Mönchen der → Athosklöster im 14. Jh. und bei den Mystikern (→ Mystik) im späten → MA. Eine Hauptrolle bei den Auseinandersetzungen mit dem Q. spielte der span. Priester Miguel de Molinos (1628–96), der in Rom als Seelsorger erfolgreich wirkte. Anzeigen von verschiedenen Seiten führten 1685 zu seiner Verhaftung; der Prozeß der → Inquisition endete 1687 mit seiner Verurteilung zu lebenslängl. Gefängnis. Alle seine Schriften, das 1675 mit kirchl. Erlaubnis gedruckte Werk ›Guía espiritual‹, wurden auf den Index der verbotenen Bücher (→ Bücherzensur) gesetzt. Molinos beeinflußte vor allem J. M. Guyon (1648–1717) und Bf. Fénelon (1651–1715) sowie die Anhänger des → Pietismus in It., Engl. und Deutschland. Als erfolgreicher Gegenspieler erwies sich Bf. J. B. Bossuet (1627–1704), ein enger Vertrauter Ludwigs XIV. Beide erreichten, daß Innozenz XII. im Breve ›Cum alias‹ (1699) 23 Sätze in Fénelons ›Explication des Maximes des Saints sur la vie intérieure‹ verurteilte. Diese päpstl. Maßnahme behinderte die Entfaltung der mystischen Literatur in Fkr. auf lange Zeit. Noch Pius XII. rechnete in der Enz. ›Corpus Christi mysticum‹ (1943) den Q. zu den falschen Wegen des geistl. Lebens.

Q: D–S 2181–92 (Entwurf des Kard. Casanate); D–S 2201–69 (Errores quietistici Michaelis de Molinos); D–S 3817 (Pius XII.); D–S 2351–74 (Errores F. de Fénelon).
L: J. KRAUS – J. CÁLVET (Hg.), Fénelon. Persönlichkeit u. Werk, Baden-Baden 1953; L. COGNET, Crépuscule des mystiques. Le conflict Fénelon – Bossuet, F 1958; M. BENDISCIOLI, Der Q. zw. Häresie u. Orthodoxie, Wie 1964; P. ZOVATTO, Fénelon e il quietismo, Udine 1968; J. ORCIBAL, Le procès des Maximes des Saintes devant le Saint-Office, R 1968: J. URLINGER, Die geistes- u. sprachgesch. Bedeutung der Berleburger Bibel. Ein Beitrag zur Wirkungsgesch. des Q. in Dtl., Dudweiler 1969.

Quinquennalfakultäten, seit dem 17. Jh. vor allem den dt. Bischöfen vom Hl. Stuhl (→ Papsttum) in der Regel auf 5 Jahre (quinquennium) verliehene und immer wieder bestätigte außergewöhnl. Vollmachten, z. B. hinsichtl. Mischehe, → Ablaß, reservierte Sünden. Aus dieser Privilegierung erwuchsen zahlreiche Konflikte zw. den Bischöfen und den Nuntien (→ Emser Kongreß, → Episkopalismus). Die Q. haben erst seit dem 2. → Vatik. Konzil, das für die Übertragung ständiger Vollmachten an die Bischöfe plädierte, ihre Bedeutung verloren.
L: L. MERGENTHEIM, Die Q. pro foro externo. Ihre Entstehung u. Einführung in dt. Bistümern. Zugleich ein Beitrag zur Technik der Gegenreformation u. zur Vorgeschichte des Febronianismus, 2 Bde, St 1908, (Ndr.) Am 1965.

Qumran, bibl. Ort bei Jericho, wo sich die Essener, eine jüdische Sondergruppe mit radikaler Nahzeiterwartung, ca. 150 v. C. niederließen. Die Beziehungen zwischen Essenern in Q. u. der christlichen Urgemeinde in Jerusalem sind bis heute ungeklärt.

Zwischen 1947 und 1952 wurden in mehreren Höhlen bei Q. 11 Rollen und ca. 570 Fragmente (von Rollen) mit Texten in hebräisch/aramäischer Sprache aus dem frühen Judentum (4.–1. Jahrhundert v. C.) gefunden und im eigens dafür errichteten John-Rockefeller-Museum in Jerusalem untergebracht. Dabei handelt es sich um Texte der Hebräischen Bibel, apokryphe jüdische Bibeltexte und Qumran-eigene Schriften (Gemeinde-Regel, Tempelrolle u. a.). Ein einziges Fragment mit 17, davon 11 eindeutig lesbaren Buchstaben soll eine Stelle des Mk-Evangelium (6,52–53) wiedergeben.

Die von den Autoren Baigent und Leigh aufgestellte Verschwörungsthese, der Vatikan habe die Publikation der gesamten Texte bis heute verhindert, wurde von allen Experten als unhaltbar zurückgewiesen.

P: Revue de Q., Paris 1958 ff.
Q: JOH. MAIER, Die Q-Essener: Die Texte vom Toten Meer, 2 Bde, T 1995.
L: J. MAIER – K. SCHUBERT, Die Q.-Essener, Mn 1973; G. BONANI u. a., Radiocarbon Dating of the Dead Sea Scrolls: Atiqot 20 (1991) 27–32; C. P. THIEDE, Die ältesten Evangelien-Handschriften? Das Markus-Fragment von Q. und die Anfänge der schriftlichen Überlieferung des NT, Wuppertal-Z 1992; M. BAIGENT – R. LEIGH, Verschlußsache Jesus, Mn 1992; B. MAYER (Hg.), Christen u. Christliches in Q?, Rb 1992; K. BERGER, Q. u. Jesus, St ^{6}1994.

Raphaels-Werk. Infolge der vielen Auswanderer im 19. Jh. gründete der Limburger Peter Paul Cahensly (1838–1923), kaufmännischer Volontär in Le Havre, später Abgeordneter der → Zentrumspartei, 1871 in Mainz den *St.-Raphaels-Verein,* den Leo XIII. 1878 als kirchl. Einrichtung anerkannte. Bald entstanden auf Anregung des Gründers weitere Vereine in anderen Ländern (Östr.-Ungarn, It., Belgien, Span., USA). 1890 fand in Luzern die 1. Internationale Auswandererkonferenz statt. Der Verein wurde in Dtl. 1941 verboten, weil er auch Nichtarier unterstützte. Nach dem 2. Weltkrieg ließ er auswandernden Flüchtlingen und Zwangsverschleppten Hilfe zuteil werden. 1951 entstand die ›Internationale Kath. Kommission für Wanderungsfragen‹. Der St.-Raphaels-Verein, heute R.-W. gen., betreut alle, die ihren Wohnsitz auf Dauer oder vorübergehend ins Ausland verlegen wollen. Dazu gehören Auswanderer, Auslandstätige, Flüchtlinge und Heimatlose, ausländische Arbeitnehmer, die in ein drittes Land weiterziehen wollen, nachwandernde Familienangehörige, Personen, die einen Ausländer heiraten, sowie Rückwanderer. Alle diese Aufgaben werden von Beratungsstellen – 26 allein in der BRD – bei den Diözesan-Caritasverbänden wahrgenommen, wie auch das R.-W. selbst dem Dt. Caritasverband unterstellt ist.

In It. suchte der Bf. von Piacenza, Giovanni Battista Scalabrini, dem wachsenden Auswandererproblem mit der Gründung einer eigenen → Missionsgesellschaft (1887) und der »Società S. Raffaele« (1890) zu begegnen. → Auslandsseelsorge.

P: Jahrbuch des R., H 1956ff.

L: W. Nathem, P. P. Cahensly, der Gründer des St.-Raphaels-Vereins, H 1938; L.-E. Reuter, Kath. Kirche als Fluchthelfer im Dritten Reich. Die Betreuung von Auswanderern durch den St. Raphaels-Verein, Recklinghausen-H 1971; C. J. Barry, Geburtswehen einer Nation, Recklinghausen-H 1971.

Rationalismus (lat. ratio = Verstand), eine theologiegesch. Strömung, die sich als Reaktion auf die allg. herrschende → Scholastik in der Theologie und auf Systeme wie Deismus, Fideismus und → Traditionalismus versteht. Nach dem *theol. R.* gelten nur jene Glaubenswahrheiten, die mit dem menschl. Verstand zu »begreifen« sind, so daß die Theologie zur Philosophie wird und am Ende nur noch eine *natürl. Religion* übrigbleibt. Auch wenn sich rationalistische Ansätze in der Theologie vereinzelt zu allen Zeiten (vgl. z. B. Abaelard, † 1142) finden, so konnten sie sich doch erst im Zeitalter der → Aufklärung in großem Umfang durchsetzen. Bes. René Descartes (1596–1650) schuf mit dem methodischen Zweifel als Ausgangspunkt jeglichen Denkens und mit der Selbstgewißheit des Ich (»cogito, ergo sum«) als Fundament allen Philosophierens die Bahn zu einer strikten Trennung zw. Vernunft und Offenbarung, zw. Glauben und Wissen. Im → Protestantismus deckte sich der theol. R. weithin mit der *Neologie* (Neue Theologie), deren Anführer (F. W. Sack, J. J. Spalding, J. F. W. Jerusalem, J. A. Ernesti, J. D. Michaelis, J. S. Semler u. a.) radikale Bibel- und Dogmenkritik übten. Im 19. Jh. schlug sich der R. vor allem in der negativen Bibel- und Wunderkritik (Leben-Jesu-Forschung) nieder. Den dogmenfeindl. R., der in kath. Theologen wie A. Günther (→ Güntherianismus), G. Hermes (→ Hermesianismus) und Jakob Frohschammer (1821–93) einflußreiche Verteidiger fand, verurteilte Pius IX. in der Enz. ›Qui pluribus‹ (1846) und im ›Syllabus errorum‹ (1864). Das 1. → Vatik. Konzil wiederholte diese Verurteilung in der Konst. ›Dei filius‹ (1870).

Q: D-S 2775–80, 2903–14, 3008–20; N-R 7–10, 22–26, 31–44.

L: A. Schweitzer, Gesch. der Leben-Jesu-Forschung, T 1906, [6]1951, 2 Bde, Gü [3]1977; K. Aner, Die Theologie der Lessingzeit, Hl 1929, (Ndr.) Hi 1964; K. Barth, Die prot. Theologie im 19. Jh., Z 1946, 2 Bde, H 1975; W. Philipp, Das Werden der Aufklärung, Gö 1957; E. Bizer, Frühorthodoxie u. R., Z 1963; A. Kolping, Kath. Theologie gestern u. heute, Bremen 1964; K. Feiereis, Die Umprägung der natürl. Theologie in Religionsphilosophie, L 1965; L. Scheffczyk (Hg.), Theologie in Aufbruch u. Widerstreit, Bremen 1965; O. Wenig, R. u. Erweckungsbewegung in Bremen, Bo 1966; T. Manteuffel, Die Geburt der Ketzerei, W 1965; H. Stachowiak, R. im Ursprung, W 1971; G. Ebeling, Krit. R., T 1973; S. Hunke, Glauben u. Wissen, D 1979.

Räubersynode (latrocinium) nannte Leo I. jene Synode von Ephesus (449), die nach dem Willen Ks. Theodosius' II. die Verdammung des Archimandriten Eutyches (→ Eutychianischer Streit) durch den byz. Patriarchen Flavian überprüfen sollte. Schon die Bestellung des Patriarchen Dioskur von Alexandrien, eines dezidierten Gegners Flavians, zum Vorsitzenden ließ eine parteil. Majorisierung der Verhandlungen zugunsten des → Monophysitismus befürchten. Daß aber dann Dioskur die versammelten Bischöfe unter Druck randalierender Soldaten und Mönche setzte, welche in die Konzilskirche der Theotokos zu Ephesus eindrangen, so daß Eutyches zwangsläufig rehabilitiert wurde, erregte den Zorn des Papstes. Außerdem hatten in diesem Tumult die röm. Legaten (→ Gesandte) nicht seinen ›Tomus ad Flavianum‹ verlesen können. Es war in der Tat ein klass. Dokument der abendländischen Zweinaturenlehre, das auf dem 4. Ökumenischen Konzil von Chalkedon (451: → Chalkedonismus) eine wichtige Rolle als gesamtkirchl. Einigungspapier spielen sollte.

Q: J. Flemming, Die Akten des Ephesinischen Konzils v. Jahre 449, Gö 1917; ACO II/1–4; D-S 290–299; Mirbt-Aland 446f.

L: H. Bacht, Die Rolle des orientalischen Mönchtums in den kirchenpolit. Auseinandersetzungen um Chalkedon (431–519): Chalkedon II 193–314, spez. 221–243; W. de Vries, Das Konzil v. Ephesus (449) eine R.?: Orientalia Christiana Periodica 41 (1975) 357–398; A. Grillmeier, Jesus der Christus im Glauben, Bd. I, Fr-Bas-W 1979, 731–750.

Rechtfertigung im Sinne von »gerecht bez. werden« (griech. dikaioûsthai) oder »gerecht sprechen« (griech. dikaioûn) ist ein Zentralbegriff paulinischer Theologie, der im engen Kontext zur »Gerechtigkeit« (griech. dikaiosýne) einmal Gottes, zum andern des Menschen steht. Luthers Wiedergabe »R.« hält richtig den forensischen Charakter der paulinischen Rechtfertigungslehre fest. Er hängt mit der atl. Herkunft zusammen: Für das Verhältnis zw. Gott und seinem Bundesvolk ist das gegenseitige Treuverhalten (= »Gerechtigkeit«) konstitutiv. Daß der Begriff zur Bez. christl. Existenz sich wenig eignet, beweist gleichfalls Paulus, der auch andere wie »Rettung«, »Erlösung« und »Versöhnung« gebraucht oder ergänzend von der R. »aus« bzw. »durch den Glauben« spricht. Offensichtl. resultiert die Begriffswahl aus der theol. Schulung des Paulus als Rabbischüler und zielt auf die judaistischen Gegner in Synagoge und Gemeinde. Jedenfalls vermittelte das NT neben der paulinischen Rechtfertigungslehre auch eine vornehml. an Johannes orientierte, gerne von der »sotería« sprechende Heilslehre, die einer geschichtsfreien-ontischen Auffassung des christl. Glaubens zugängl. war. Dies will die Charakterisierung der R. als »Soteriologie« festhalten. Es liegt auf der Hand, daß der »johanneische Typus« der Heilslehre vorwiegend bei den östl. Kirchen (→ Monophysitismus) Gehör fand. Doch darf nicht übersehen werden, daß in der → Antiochenischen Schule (Pauluskommentare des Theodor von Mopsuestia, † 428) die paulinische Rechtfertigungslehre gepflegt wurde, was dann auch dem Flüchtling Pelagius († nach 418) die kirchenpolit. Unterstützung durch die Antiochener sicherte, ihn aber nicht vor der Verdammung durch das 3. Ökumenische Konzil (Ephesus 431) bewahrte. Die Antiochener empfanden besser als alle Theologen des Ostens (→ Alexandrinische Schule) die heilsgesch. Struktur der paulinischen Rechtfertigungslehre. Das einte sie mit der abendländischen Theologie, die seit den Tagen des → Ambrosiaster die Paulusbriefe zur Basis ihrer theol. Gedanken und Kommentare (so auch Pelagius) gemacht hatte. Bis zu Wyclif († 1384) sorgte der → Pelagianische Streit für die Vertiefung der »paulinischen« Elemente in der ma. Rechtfertigungslehre. Hinzu kam, daß dabei immer die Gnadenlehre des alten Augustin († 430) beschworen wurde (→ Augustinismus); ferner, daß auch der schol. Lehrbetrieb (Sentenzenkommentare → Scholastik) auf einer, primär den Pauluskommentaren entnommenen, hermeneutischen Basis fußte. Das gilt auch für den → Dominikaner Thomas von Aquino, der allerdings mit dem »Habitus«-Begriff seiner Gnadenlehre und ihrer aristotelisch-ontischen Auffassung v. R. als »Eingießung der Gnade« anläßl. der Sakramentsvermittlung dem »johanneischen« Heilsaspekt Rechnung trug. Diese metaphysischen Elemente sollten durch die Kritik des → Ockhamismus und der → Augustiner-Eremiten der Spätscholastik wieder zurückgedrängt werden. Das war die Ausgangsbasis für Luther († 1546), als er unter dem Eindruck des Römerbriefes die ihm eigene Lehre von der R. Gottes durch den sich stets sündig bekennenden Gläubigen (»simul iustus – simul peccator«) entwarf. Letztl. bekannte sich auch das → Trienter Konzil (sess. VI) zu dieser traditionell-paulinischen Rechtfertigungsauffassung des Abendlandes, wenn es um eine Neuformulierung bemüht war, die allerdings an der thomistisch-ontischen Auffassung von der »heiligmachenden Gnade« festhielt. Zugleich aktualisierte man die Rechtfertigungslehre im Sinne der → Gegenreformation dadurch, daß man sie enger an das Sakrament der Beichte (→ Bußpraxis) band und letztere intensivierte.

Hatte im Gefolge der → Aufklärung die → Liberale Theologie des →

Protestantismus die R. in ein kantianisches Konzept ethischer Kategorien überführt, hatten ferner Schleiermacher († 1834; → Erweckungsbewegungen) und seine Schüler die R. in den anthropologischen Bezug von Natur und Gnade eingespannt (E. Brunner, † 1966), so sollte Karl Barth († 1968, → Dialektische Theologie) erneut die Rechtfertigungslehre in ihren urspr. Kontext zur Gotteslehre und Christologie bringen. Konsequenterweise lehnte er es ab, sie als »Mitte und Grenze reformatorischer Theologie« (Ernst Wolf, † 1971) anzuerkennen. Stattdessen stellte er abermals »Versöhnung und Heil« als konstitutive Bezugspunkte der Soteriologie heraus. Diese Sicht war in krit. Auseinandersetzung mit Anselms von Canterbury (→ Scholastik) rationaler Versöhnungslehre (»Cur deus homo«) erarbeitet worden. Es schien also eine theol. Plattform für ein interkonfessionell-abendländisches Verständnis der R. zu geben. Kath. Theologen wie Hans Küng verwiesen denn auch auf die Nähe der Rechtfertigungslehre Karl Barths zu der des Tridentinums. Heute steht daher die Lehre von der R. im Mittelpunkt des zwischenkonfessionellen Gesprächs, das einen reichen literarischen Ertrag zeitigt und zeigt, daß zw. den Konfessionen des Abendlandes einschließl. der → Reformierten Kirchen Brücken des Verstehens vorhanden sind, die sich auf den Pfeilern eines heilsgesch. orientierten, eschatologisch ausgerichteten Geschichtsverständnisses gründen.

Q: D-S 267f., 375, 1124, 1520–1583, ferner Index F 3; N-R 779, 790–851; MIRBT-ALAND 389, 402, 410–412, 661–664, 796, 847–864; E. KINDER (Hg.), Die ev. Lehre v. der R., Lüneburg 1957; H. MEYER – G. GASSMANN (Hg.), R. im ök. Dialog, F 1987; GEMEINSAME RÖM-KATH. U. EV.-LUTH. KOMMISSION (Hg.), Kirche u. R., Pa 1994.

L: H. KÜNG, R. Die Lehre Karl Barths u. eine kath. Besinnung, Ei 1957, [4]1964; U. WICKERT, Studien zu den Pauluskommentaren Theodors v. Mopsuestia, B 1962; O. H. PESCH, Theologie der R. bei M. Luther u. Thomas v. Aquin, Mz 1967; A. HASLER, Luther in der kath. Dogmatik, Mn 1968; G. MÜLLER, Die R.lehre. Gesch. u. Probleme, Gü 1977; O. H. PESCH – A. PETERS, Einführung in die Lehre von Gnade u. Rechtfertigung, Da 1981; O. H. PESCH, »Um Christi willen«: Catholica 35 (1981) 17–57.

Rechtskirche bez. in der ev. Theologie des 19. Jh. den Gegensatz zur Liebeskirche, für die der Kirchenrechtler Rudolf Sohm (1841–1917) nur einen Gehorsam aus Liebe gelten lassen wollte. Zur Zeit des → Modernismus stieß die R. als eine Kirche mit hierarchischer Verfassung weithin auf Geringschätzung, teilweise sogar auf Ablehnung, während sich die Geist- oder Liebeskirche als die einzig wahre Kirche Jesu Christi wachsender Verehrung erfreute. Die Spannung zw. beiden Vorstellungen faßte Alfred Loisy in die Worte: »Jesus hat das Reich Gottes verkündet, gekommen aber ist die Kirche.« Pius XII. erteilte dem spiritualistischen Kirchenbegriff in der Enz. ›Mystici corporis Christi‹ (1943) eine radikale Absage: »Deshalb bedauern und verwerfen wir den verhängnisvollen Irrtum jener, die sich eine selbsterdachte Kirche erträumen, näml. eine nur durch Liebe aufgebaute und erhaltene Ges., der sie – mit einer gewissen Verächtlichkeit – eine andere, die sie R. nennen, gegenüberstellen. Eine solche Unterscheidung einzuführen, ist völlig verfehlt.« Demgegenüber betonte der Papst die Tatsache der Menschwerdung Jesu Christi, der in der Kirche als einer sichtbaren Gemeinschaft fortwirkt.

L: J. Klein, Skandalon. Um das Wesen des Katholizismus, T 1958; H. Dombois, Das Recht der Gnade, Bd. I, Witten 1961, [2]1969; W. Maurer, R. Sohms Ringen um den Zusammenhang zw. Geist u. Recht: ZevKR 8 (1961) 26–60; U. Valeske, Votum Ecclesiae, Mn 1962; N. Timpe, Das kanonistische Kirchenbild v. CIC bis zum Beginn des Vaticanum secundum, L 1978.

Reconquista, »Zurückgewinnung« der von den Arabern (Mauren) beherrschten Gebiete in Spanien. Ausgangspunkt war das kleine Königreich Asturien unter Alfons II. (791–842), das die Erbfolge des kath. Westgotenreichs für sich beanspruchte. In einer ersten Ausdehnungsphase (bis ca. 1000) stieß man bis zum Duero vor (nördl. Teil des heutigen Portugal; Verlegung der Hauptstadt von Oviedo nach León), nach einer Stagnierung, durch die letzte Gegenwehr der Mauren verursacht, dann in einer zweiten Phase (11./12. Jh.) in die südl. Provinzen und ferner in die Zentralgebiete der iberischen Halbinsel. Die Rückgewinnung des span. Südens (Balearen, Valencia, Cordoba und Sevilla) erfolgte im 13. Jh. Die Einnahme Granadas (1492) war der späte, umso triumphalere Abschluß der R.

L: O. Engels, Schutzgedanke u. Landesherrschaft im östl. Pyrenäenraum (9.–13. Jh.), Mr 1970; Ders., R. u. Landesherrschaft, Pa 1989; D. W. Lomax, Die R., Mn 1980. – Atlas KG 60 B.

Redemptoristen (Congregatio Sanctissimi Redemptoris = CSSR). Alfons Maria di Liguori (1696–1787, kan. 1839) widmete sich als Seelsorger in Neapel bes. den ärmeren Volksschichten. Mit mehreren Priestern gründete er 1732 in Scala bei Amalfi eine Gemeinschaft, deren Mitglieder ihre Hauptaufgabe in der Verkündigung des Evangeliums bei →Volksmissionen und in → Exerzitien sahen und die bald die ›Kongreg. des allerheiligsten Erlösers‹ – nach ihrem Initiator auch *Ligurianer* gen. – bildeten. Alfons Maria blieb zeitlebens General (rector maior) der Kongreg.; als Bf. von S. Agata dei Goti (1762–75) kümmerte er sich vornehml. wieder um die Armen. Verdient machte er sich außerdem als Autor moraltheol. Abhandlungen. Sein Hauptwerk ›Homo apostolicus‹, eine Moraltheologie für Beichtväter, erreichte über 100 Auflagen. Pius IX. ernannte ihn 1871 vor allem wegen des Einsatzes im Kampf gegen den → Jansenismus zum Kirchenlehrer; Pius XII. bestellte ihn 1950 zum Patron der Beichtväter und Moraltheologen. – Johannes Klemens Maria Hofbauer (1751–1820, kan. 1909), der erste dt. R., propagierte das Ideal der R. über It. hinaus, zunächst in Östr. und Polen (1787–1808 in Warschau), dann durch Schüler in Fkr., Belgien und in der Schweiz. In Wien arbeitete der sog. Hofbauer-Kreis (Schlegel, Brentano u. a.) gegen Jansenismus und → Josephinismus für die kirchl. → Restauration. In Dtl. konnten die R. erst im 19. Jh. Fuß fassen (1841 erstes Kl. in Altötting). Behinderungen während des → Kulturkampfes zwangen sie, ihre Aktivitäten in südamerikanische Länder zu verlegen, wie sich R. schon seit 1839 in den USA unter Armand Joseph Passerat († 1858) der Deutsch-Amerikaner (vor allem in Pfarrschulen) annahmen. Der dt. Priester und spätere Bf. von Philadelphia, Johannes Nepomuk Neumann († 1860, kan. 1977), trat als erster bei den R. in den USA ein. – In der → Mission engagierten sich die R. hauptsächl. erst nach dem 2. Weltkrieg. Mit der weiteren Ausdehnung im 20. Jh. vermehrten sich auch die Formen ihres Apostolats: Neben der Volksmission, die weiterhin Vorrang genießt, stehen R. in der außerordentl. Seelsorge (Krankenhäuser, Drogensüchtige, → charismatische Bewegung, Cursillo-Kurse u. a.). Auf dem Gebiet der theol. Wiss. taten R. sich als Moral- und Pastoraltheologen hervor (z. B. Bernhard Häring, Viktor Schurr). Die Academia Alfonsiana mit ihren spez. Ausbildungsmöglichkeiten in Moral- und Pastoraltheologie wurde unter Johannes XXIII. (1958–63) der Lateran-Univ. angeschlossen. In Geistingen-Hennef (bei Bonn) unterhalten die R. seit 1903 eine Phil.-Theol. Ordenshochschule. – Benedikt XIV. bestätigte 1749 die Regel, nach der die R. einfache ewige Gelübde ablegen. Die Konstitutionen erfuhren unter Pius XII. und nach dem 2. → Vatik. Konzil eine Modernisierung. Das Generalkapitel als oberstes Gremium wählt den Generaloberen (Sitz: Rom), den 8 Generalkonsultoren unterstützen. An der Spitze jeder Ordensprov. (heute insgesamt 18) steht ein Provinzial. Mit ungefähr 6700 Mitgliedern sind die R. heute die siebtgrößte aller klerikalen Ordensgemeinschaften.

Die *Redemptoristinnen* verehren ebenfalls Alfons Maria von Liguori (und Bf. Falcoja) als Gründer; ihre Regel wurde 1750 von Benedikt XIV. gutgeheißen. Sie gelten als ein dem jeweiligen Diözesanbischof unterstellter kontemplativer Orden mit feierl. Gelübden und strenger Klausur. – In der BRD, in Japan und Bolivien bestehen Schwestern-Institute, z. B. die vor 20 Jahren gegr. ›Missionsschwestern von Gars‹ (Oberbayern).

P: Spicilegium historicum CSSR, R 1953 ff.; Theologie der Gegenwart (früher: Theol. Digest), Bergen-Enkheim 1958 ff.

Q: Monumenta Hofbauerina, 15 Bde, Thorn-Krakau R 1915–51; B. Häring (Hg.), Alfons von Liguori. Jesus lieben lernen, Moers 1991.

L: C. M. Henze, Die Redemptoristinnen, Bo 1931; E. Hosp, Das Erbe des hl. Klemens, W 1953; K. Jockwig, Die Volksmission der R. in Bayern v. 1843 bis 1873: G. Schwaiger – J. Staber (Hg.), Beiträge zur Geschichte des Bt. Regensburg, Bd. 1, Rb 1967, 41–396; E. Dudel, Anwalt Gottes u. der Menschen – Alfons v. Liguori, Bo 1963; Ders., K. Hofbauer. Ein Zeitbild, Bo 1970; O. Weiss, Die R. in Bayern (1790–1909), St. Ottilien 1983; B. Scholten, Die Volksmission der niederdt. R. u. Oblaten während des Ks.reiches (1873–1918), Bo 1978; Ders., Die Volksmission der norddt. R. zw. den Weltkriegen (1918–39), Bo 1980; H. Heinzmann, Das Evangelium neu verkünden. K. M. Hofbauer, I 1986; T. Rey-Mermet, Alfons von Liguori, W-Fr-Bas 1987; B. Weibel, Eine außergewöhnliche Nonne. Maria Celeste Crostarosa, Gründerin der Redemptoristinnen, Konstanz 1995.

Reformation. Waren die → Reformkonzilien des späten → MA, die monastischen Reformbewegungen (→ Brüder vom gemeinsamen Leben) und die sog. → Vorreformatoren wichtige Wegbereiter der R. gewesen, so sollte doch erst der → Augustiner-Eremit Martin Luther (1483–1546) durch seine → Ablaßthesen (1517) und die darauf folg. Disputationen von Heidelberg (1518) und Leipzig (1519) eine breite Bewegung auslösen, in der die verschiedensten Gruppen (Fürsten, Adel, Bürger, Ritter, Bauern) und Strömungen (→ Humanismus; dt. Nationalismus; Selbständigkeitsstreben der Reichsstädte) sich im Kampf gegen die röm. Papstkirche zusammenfanden. Das zeigte sich vor allem nach Leipzig, wo der Ingolstädter Theologieprof. Johannes Eck († 1543) Luther zu einem frontalen Angriff auf die Rechtsstrukturen (→ Kanonistik) der ma. Kirche provoziert hatte. Solche Provokation bereitete den Boden zur weiteren literarischen Aussaat. Luther bestellte ihn mit seinen, jetzt dt. geschriebenen, Kampfschriften des Jahres 1520: ›Von dem Papsttum zu Rom wider den hochberühmten Romanisten zu Leipzig‹, ›An den christl. Adel dt. Nation von des christl. Standes Besserung‹, ›Von der Freiheit eines Christenmenschen‹. Er erntete ein entsprechend weit erschallendes Echo. Den tiefergehenden Angriff auf die Sakramentenlehre der → Röm.-Kath. Kirche (Kritik an der Transsubstantiationslehre, am Entzug des Laienkelchs, am Opfercharakter der Messe, an der Siebenzahl der Sakramente) trug Luther hingegen lat. vor. Die Bannbulle ›Exsurge, Domine‹ (Juli 1520) war die päpstl. Antwort. Doch weder der Wartburgaufenthalt (Übers. des NT) noch die Wittenberger Wirren (→ Zwickauer Propheten) beeinträchtigten die R. Luthers (Gottesdienstordnung von 1523). Hingegen bedeuteten der literarische Zusammenstoß mit Erasmus (→ Humanismus) und die Ablehnung der → Schwärmer sowie der Bauernrevolten (1525) nicht nur für Luther den Verlust der breiten Anhängerschaft, sondern auch für die R. einen Wendepunkt.

Die 2. Phase (1525–50) stand im Zeichen des inneren Ausbaus und der konfessionellen Konsolidierung nach außen. Ersterer war das Ergebnis einer theol. Auseinandersetzung und Profilierung. So liefen die →Abendmahlsstreitigkeiten mit dem Reformator der dt. Schweiz, Huldrych Zwingli (1483–1531), und den oberdeutschen Städten neben der Gestaltung einer eigenständigen Kirche der R. einher. Letztere ließ sich in den Reichsstädten der Schweiz eher durchführen als in Dtl., wo aber nach 1525 landesherrl. → Visitationen die kirchl. Verhältnisse neu regelten (Hessen, Kursachsen). Der Dissensus in der Abendmahlsfrage (1529: → Religionsgespräch Marburg) verursachte die ›Schwabacher Artikel‹, der mit den »Altgläubigen« die → Augsburger Konfession bzw. die ›Confessio Tetrapolitana‹ der Oberdeutschen (1530) und damit konstitutive → Bekenntnisschriften. Der theol. Klärung diente ferner die Abgrenzung von der → Täuferbewegung und vom → Tausendjährigen Reich Münsters (1533–35). Gleichzeitig erforderten landesherrlich geförderte Gottesdienst-, Schul- und Armenordnungen die polit. Absicherung gegenüber Reich und Kirche (→ Schmalkaldischer Bund), so daß die → Reichstage der Reformationszeit eine wichtige Rolle spielten. Daß sie die Ausbreitung der R. begünstigten (→ Nürnberger und → Frankfurter Anstand), war nicht vorauszusehen gewesen. Die Reichskirchenpolitik Karls V.

(1519–56) konnte seit 1547 (Schlacht bei Mühlberg) in Dtl. besser durchgreifen, zumal da einerseits seit 1540 die von ihm begünstigten → Religionsgespräche Melanchthons (1497–1560) den Gegensatz zw. »Altgläubigen« und den »Augsburgischen Anverwandten« abgebaut hatten, andererseits im → Trienter Konzil (1545–63) der Katholizismus konfessionelles Profil gewann. Am Ende der 2. Phase wurden so das → Augsburger Interim (1548), der → Passauer Vertrag (1552) und der → Augsburger Religionsfriede zu markanten Daten des Ausgleiches zw. kaiserl. und landesfürstl. Kirchenpolitik. Ihr Ergebnis waren die konfessionell in sich geschlossenen Territorien und die konfessionelle Spaltung Deutschlands.

Die Abschlußphase (1550–1580) einer innerkonfessionellen Verhärtung der R. wurde im → Luthertum durch die Lehrstreitigkeiten (→ Adiaphoristenstreit; → Antinomisten-, → Majoristen-, → Osiandrischer und Synergistischer Streit → Synergismus; → Gnesiolutheraner) der prot. Fakultäten (Wittenberg, Leipzig, Jena) untereinander vorangetrieben. Am Ende dieses Prozesses stand das Einungswerk der ›Formula Concordiae‹ (1577), das im → Konkordienbuch (1580) seine Rechtsgestalt fand. In dieser konfessionellen Verfestigung faßte die R. auch in den Ostseeländern (Dänemark, Norwegen, Schweden, Finnland) Fuß, was sich beim → Dreißigjährigen Krieg als Politisierung der R. unheilvoll auswirkte, weil es zu Glaubenskriegen führte. Im übrigen kennzeichnet es die Spätphase, daß die Konfessionen einander fremd wurden. Dies gilt vor allem deshalb, weil Calvin bei der von ihm geschaffenen R. in der frz. Schweiz und in Fkr. zwar auch die Bibel als gemeinsame Grundlage gebrauchte, jedoch die Lehre von der Vorherbestimmung (Prädestination) oder »Auserwählung« des Menschen durch Gott (→ Calvinismus) in den Mittelpunkt seiner Theologie stellte (→ Reformierte Kirchen).

Q: D-S 1451-92; Mirbt-Aland 787–813; H. J. Hillerbrand, Brennpunkte der R., Gö 1967; H. Junghans (Hg.), Die R. in Augenzeugenberichten, D 1967, Mn ²1980; R. Kastner (Hg.), Quellen zur R. 1517–1555, Da 1994; KThQ III 1–7, 14–17, 21–30, 99–104.

L: J. N. Bakhuizen van der Brink u. a. (Hg.), Bibliographie de la Réforme 1450–1648, Lei 1958 ff.; J. Lortz, Die R. in Dtl., 2 Bde, Fr 1939–40, ⁶1982, Neuausgabe von P. Manns, Fr-Bas-W 1982; E. W. Zeeden, Die Entstehung der Konfessionen. Grundlagen der Konfessionsbildung im Zeitalter der Glaubenskämpfe, Mn-W 1965; R. Stupperich, Gesch. der R., Mn 1967; H. O. Oberman, Werden u. Wertung der R. Vom Wegestreit zum Glaubenskampf, T 1977, ²1979; E. Iserloh, Gesch. u. Theologie der R. im Grundriß, Pa 1980, ²1982; M. Greschat (Hg.), Gestalten der KG, Bd. 5–6, St 1981–82; R. Wohlfeil, Einführung in die Gesch. der dt. R., Mn 1982; V. Press – D. Stievermann (Hg.), M. Luther. Probleme seiner Zeit, St 1986; H. R. Guggisberg (Hg.), Die R. in Dtl. u. Europa, Gü 1993. – Atlas KG 73.

Reformationsfeste wurden als alljährl. Dankgottesdienste in Norddtl. und Niedersachsen zunächst am Tage der offiz. Einführung der → Reformation in Land bzw. Stadt begangen; Luthers Geburtstag (10. Nov.) oder Todesdatum (18. Febr.) traten zurück. In Süddtl., soweit prot. (seit 1555 →Augsburger Religionsfriede stark rekatholisiert), bevorzugte man den Übergabetag (25. Juni) der → Augsburger Konfession. Nachdem aber

Sachsen 1667 den Tag des Thesenanschlages (31. Okt.) angeordnet hatte, setzte sich dieses Datum für R. allg. durch. Im 19. Jh. wurden die R. zu Manifestationen verschiedenster Zeitströmungen, aber auch zu amtl. Proklamationen genutzt. Ersteres gilt für 95 Thesen des Kieler Propstes Claus Harms († 1855), ein typisches Zeugnis der → Erweckungsbewegung und des konfessionellen → Luthertums, das dieser zum 31. 10. 1817, d.h. im Jubiläumsjahr der → Reformation, veröff., letzteres für die gleichzeitige Einführung der Preuß. Union (→ Unionen) durch kgl. Erlaß. Vorher schon hatten Studenten die 300. Wiederkehr der Reformation genutzt, um auf einem Wartburgfest (18. Okt.) den Reformationsgeist für ihren romantischen Patriotismus zu beschwören; auch weiterhin blieben die Wartburgfeste der dt. Burschenschaft Sprachrohr ihrer Bestrebungen. Den R. hingegen war Dauer nur dadurch verliehen, daß sie nach der Trennung von Staat und Kirche (1918) in prot. Mehrheitsländern gesetzl. geschützte Feiertage wurden; ihre ursprüngl. Verankerung im Kirchenjahr gewannen sie dadurch nicht wieder, so daß ihre Bedeutung schwand.

Q: Sehling IV 470, V 358, 515, VI 399.

L: G. Arndt, Das R. in vergangenen Jh., Je 1917; J. Beckmann (Hg.), Untersuchungen zur Kirchenagende, Gü 1949, 204, 398ff.; G. Kunze, Die gottesdienstl. Zeit: Leiturgia, Bd. I, Kassel 1954, 521; L. Winckler, M. Luther als Bürger u. Patriot. Das Reformationsjubiläum v. 1817 u. der polit. Protestantismus des Wartburgfestes, Lübeck–H 1969; G. Schwaiger (Hg.), Reformationsjubiläen, St 1982.

Reformatio Sigismundi, nach Ks. Sigismund (1410–37) benannte polit. → Flugschrift des 15. Jh., die unter Berufung auf die herrschenden Mißstände eine neue Ordnung in Kirche und Reich (Abschaffung der Leibeigenschaft) forderte. Die 44 Kapitel umfassende Reformschrift wurde unter dem Namen des Ks. Sigismund beim → Baseler Konzil eingebracht und vermutl. anläßl. dieses Konzils verfaßt. Die große Verbreitung des Textes im 15. und beginnenden 16. Jh. wird durch die heute noch nachweisbaren erhaltenen 17 Handschriften und 4 Druckausgaben aus der Zeit zw. 1476 und 1497 belegt. Luther benutzte die R. S. für seine Schrift ›An den christl. Adel‹. Sprache und Diktion finden sich auch in Thomas Müntzers (→ Täufer) berühmtem Aufruf an die Bergknappen.

Q: H. Koller (Hg.), Reformatio Kaiser Sigmunds, St 1964.

L: H. Heimpel, R. S., Priesterehe u. Bernhard v. Chartres: DA 17 (1961) 526–537; K. Mommsen, Die »R. S.«, Basel u. die Schweizer: Schweiz. Zs. für Gesch. 20 (1970) 71–95; M. Hiersemann, Zur Entstehung der R. S.: Zs. für hist. Forschung 9 (1982) 1–13.

Reformierte Kirchen, auch »Nach Gottes Wort R. K.«, nennt man die aus dem Wirken von Reformatoren in der deutschsprachigen Eidgenossenschaft (Zwingli [† 1531] und Bullinger [† 1575] in Zürich; Oekolampad [† 1531] und Oswald Myconius [† 1552] in Basel) und der frz. Schweiz (Calvin [† 1564] und Theodor Beza [† 1605] in Genf; Wilhelm Farel [† 1565] in Bern, Genf, Neuchâtel) hervorgegangenen Kirchen. Da in den → Augsburger Religionsfrieden nur die Kurpfalz einbezogen war und diese mit der Pfälzer Kirchenordnung (1563 → Heidelberger Katechismus) ref. Territorialkirche wurde, erhielten die r. K. erst mit dem Frieden von Osnabrück (1648, → Westfälischer Friede) reichsrechtl. Anerkennung. Dafür besaßen sie von Anfang an größere Möglichkeiten kirchl. Selbstverwirklichung. Dies bekundet die Fülle ref. → Bekenntnisschriften, bei denen die Mehrzahl calvinischen bzw. nachcalvinischen Ursprungs ist. Dem entspricht, daß die r. K. Westeuropas, Nordamerikas und Südafrikas in erster Linie vom → Calvinismus geprägt wurden. Nur die r. K. in Dtl. einschließl. Östr., Ungarn und der Tschechoslowakei standen unter dem Einfluß eines melanchthonianischen → Luthertums. Ansonsten sind → Puritanismus und Presbyterianertum (→ Presbyterialverfassung) viele Merkmale gemeinsam. Das erklärt zugleich, warum trotz kirchenrechtl. Autonomie der Einzelgemeinden (→ Kongregationalismus) überregionale Zusammenschlüsse zustande kamen. So schlossen sich 1549 die Protestanten der dt. und frz. Schweiz im ›Consensus Tigurinus‹ zusammen; Lehrbasis der Verhandlungen zw. Bullinger und Calvin waren die ›Confessio Helvetica prior‹ (1536) und der ›Catéchisme de l'Église de Genève‹ (1542, →Bekenntnisschriften). Hingegen einten sich die frz. Protestanten (→ Hugenotten) auf die ›Confession de Foy et Discipline ecclésiastique‹ (1559: 1. Pariser Nationalsynode); sie war von Calvin entworfen worden. In dessen Geiste bzw. der calvinischen ›Ordonnances ecclésiastiques de l'Église de Genève‹ (1561) verfaßte John Knox († 1572) die ›Confessio fidei et doctrinae per ecclesiam reformatam Regni Scotiae recepta‹ (1560), so daß schon mit diesen drei r. K. dem Calvinismus die Führungsrolle in Westeuropa zufiel. Demgegenüber blieben die belgisch-niederländischen Bekenntnisse (1561: Confessio Belgica; 1571 Emden: Acta synodi ecclesiarum Belgicarum quae sub cruce sunt et per Germaniam et Phrisiam orientalem dispersae) unbedeutend. Auch die als Privatbekenntnis von Bullinger verfaßte ›Confessio Helvetica posterior‹ (1562; später angenommen in der Schweiz, Fkr., Schottland, Ungarn, Polen) gewann nie solche Prägekraft, sondern war eher Beweis eines »Ökumenismus« der r. K. Dagegen erlangte die von den → Presbyterianern Engl. 1646 unter schottischem Einfluß geschaffene ›Westminster Confession‹ von 1647 (Hauptbekenntnis der schottischen Kirche im 17. und 18. Jh. und der nordamer. United Presbyterian Church bis 1967) weltweite Bedeutung: Im Zeitalter der Kolonisation förderte sie mit ihrem calvinistischen Erwählungsglauben die Gründung r. K. außerhalb Europas und Amerikas in Südafrika, Indonesien, Japan und Asien. Im übrigen begünstigte die Homogenität der presbyterianischen Kirchenverfassungen, der gottesdienstl. Ordnungen (»liturgie«lose Predigtgottesdienste, starke Beteiligung der Gemeinde, insbes. auch beim Gesang der »Psalmen«) und der Sakramentsauffassung (Zeichencharakter von Taufe und Abendmahl, das als »Gedächtnis« und Selbstdarstellung der erwählten Gemeinde gefeiert wird) die zwischengemeindl. Kontakte in aller Welt. Lange vor der →Ökumenischen Bewegung haben sich die r. K. im Reformierten Weltbund (1875 Gründungsversammlung in London; 1877 erste Generalversammlung in Edinburgh) zusammengeschlossen. 1970 gehörten ihm 110 Mitgliedskirchen mit ca. 48 Mill. Gemeindegliedern an. Mitgliedskirchen in Dtl. sind die ›Ev.-Ref. Kirche in Nordwestdeutschland‹ und der ›Ref. Bund Deutschlands‹ (seit 1892).

Q: K. R. Hagenbach (Hg.), Leben u. Schriften der Väter u. Begründer der ref. Kirche, 10 Bde, Elberfeld 1857–63; W. Niesel, Bekenntnisschriften u. Kirchenordnungen der nach Gottes Wort ref. Kirche, Z 1938; P. Jacobs (Hg.), Bekenntnisschriften u. Kirchenordnungen in dt. Übers., Neukirchen 1949; Ders., Theologie ref. Bekenntnisschriften in Grundzügen, Neukirchen 1959; Ders., Das Schottische Bekenntnis, Witten 1960; H. Jahr, Stud. z. Überlieferung der Confession de Foi v. 1559, Neukirchen 1964; L. Vischer (Hg.), Ref. Zeugnis heute, Neukirchen 1985.

L: (zur Gesch.) G. Donaldson, The Scottish Reformation, C 1960; J. R. Weerda, Nach Gottes Wort ref. Kirche. Beiträge zu ihrer Gesch. u. ihrem Recht, Mn 1964; J. McNeil, The History and Character of Calvinism, Lo 1970; M. Gabriel, Die ref. Gemeinden in Mitteldtl. Gesch. u. Verfassung einer Bekenntnisminderheit im 18. Jh. u. darnach, Witten 1973; K. Halaski (Hg.), Die ref. K., St 1977; Heyer 649–665 (M. Schmidt); G. W. Locher, Die Zwinglianische Reformation im Rahmen der europäischen KG, Gö 1979. – (Zur Theologie) W. Niesel, Die Theologie Calvins, Mn 1938, ²1957; H. Deppe – E. Bizer, Die Dogmatik der ev.-ref. Kirche, Neukirchen ²1958, 1973; E. Conring, Kirche u. Staat nach der Lehre der niederländischen Calvinisten in der ersten Hälfte des 17. Jh., Neukirchen 1965; HbDThG II 165–352 (W. Neuser). – Atlas KG 116f.

Reformkatholizismus, nach dem Buch ›Reformkatholizismus‹ (1898) des Bamberger Priesters Josef Müller gewählte Bez. für vielfältige Reformbestrebungen in der (dt.) kath. Kirche am Ende des 19. und Anfang des 20. Jh. als Reaktion auf die allg. herrschende → Neuscholastik und gleichzeitig als Ausbruch aus dem Ghetto gegenüber der modernen Kultur. Ähnl. Tendenzen charakterisieren den → Amerikanismus. Zum Unterschied vom radikalen → Modernismus erstrebten sog. Reformkatholiken wie F. X. Kraus, H. Schell, A. Ehrhard, P. Funk, C. Muth, F. von Hügel, S. Merkle, J. Wittig, M. Sagnier und A. Fogazzaro theol., sozial-polit., kulturelle und pastorale Reformen im Einvernehmen mit der kirchl. Obrigkeit. Als Hauptziel verfolgten sie, Leben und Lehre der Kirche mit dem Fortschritt in Kultur und Wiss. zu vereinbaren, ohne das Evangelium der Kirche preiszugeben. Die teilweise sehr leidenschaftl. geführten Auseinandersetzungen bewegten sich um Fragen wie kath. Literatur, christl. → Demokratie, christl. Sozialismus (→ christl.-soziale Bewegungen), kirchl. → Parteien, christl. Gewerkschaften (→ Arbeiterbewegung, → Gewerkschaftsstreit) oder spez. Probleme, z. B. Bücherverbot (→ Bücherzensur), → Zölibat der Priester, Unfehlbarkeit des Papstes (1. → Vatik. Konzil), Bibelkritik, Klerikalismus, dt. Liturgie (→ Liturgische Bewegung), → Gewissensfreiheit. Auf der Gegenseite kämpften die Vertreter des sog. → Ultramontanismus oder Integralismus (z. B. A. Rösler, E. Commer, J. B. Sägmüller, F. X. Kiefl, P. W. Keppler, J. Langbehn), die die mannigfache, zeitbedingte Tradition der Kirche unter allen Umständen festhalten wollten und jegl. Entgegenkommen angesichts gewandelter Zeitverhältnisse ablehnten. Viele Anliegen des R. sind heute als Folge des 2. → Vatik.

Konzils erfüllt, das grundsätzl. Programm stellt sich aber zu jeder Zeit neu.

Q: H. SCHELL, Der Katholizismus als Prinzip des Fortschritts, Wü 1897; DERS., Die neue Zeit u. der alte Glaube, W 1898; J. MÜLLER, R., Bamberg 1898; A. EHRHARD, Der Katholizismus u. das zwanzigste Jh. im Lichte der kirchl. Entwicklung der NZ, St-W 1901; DERS., Liberaler Katholizismus? Ein Wort an meine Kritiker, St-W 1902.

L: R. AUBERT, La théologie catholique au milieu du 20e siècle, P 1954; Y. CONGAR, Vraie et fausse réforme dans l'église, P 1950; A. HAGEN, Der R. in der Diöz. Rottenburg, St 1962; O. SCHROEDER, Aufbruch u. Mißverständnis. Zur Gesch. der reformkath. Bewegung, Graz-W-Kö 1969; O. KÖHLER, Bewußtseinsstörungen im Katholizismus, F 1972; J. HORSTMANN, Katholizismus u. moderne Welt, Mn-Pa-W 1976. → Modernismus.

Reformkonzilien (im späten MA). Schon lange vor dem Abendländischen Papstschisma (1378–1415) hatte die ma. → Kanonistik in krit. Reflexion über die »plenitudo potestatis directae« bzw. »indirectae« (unmittelbare oder vermittelte Amtsvollmacht des → Papsttums über die Gesamtkirche) die Funktion eines »Allg. Konzils« in Krisenzeiten bedacht. Dieser kuriale → Konziliarismus bestimmte das Konzil von → Pisa (1409): Es erhoffte die Verwirklichung der »Reform der Kirche an Haupt und Gliedern« immer noch durch ein intaktes Papsttum, scheiterte aber daran, daß die Kurienkardinäle die Beschränkung ihrer Positionen nicht hinnehmen wollten. Hingegen stand das → Konstanzer Konzil (1414–18) unter dem Einfluß eines prinzipiellen Konziliarismus, der dem »Generalkonzil« als Repräsentant der »Gesamtkirche« die Führung zusprach; sein Sprecher war vor allen der Pariser Universitätskanzler Johannes Gerson († 1429), sein klass. Dokument das Dekret ›Haec sancta synodus‹. Doch auch Konstanz überließ die »causa reformationis« dem »Haupt«, nicht ohne ihm die regelmäßige Einberufung von R. zur Pflicht gemacht zu haben (Dekret ›Frequens‹ von 1417). Wichtigstes Ergebnis war, daß man die polit. Reformwünsche der Nationalstaaten aus dem allg. Reformprogramm herausnahm. Sie wurden von Dtl., Fkr., It., Span. und Engl. in direkten Verhandlungen mit der → Röm. Kurie als → Konkordate ausgehandelt (1418 ff.). Damit war auch die ekklesiologische Neubesinnung, weil in päpstl. Hände gelegt, zum Scheitern verurteilt. Der 3. Reformversuch auf dem → Baseler Konzil (1431–48) wurde zwangsläufig von radikaleren Reformwünschen bestimmt. Diese hatten sich bereits 1324 im ›Defensor pacis‹ des Marsilius von Padua († 1342/3) mit dem Konzept der naturrechtl. Volkssouveränität oder bei dessen Verbannungsgenossen Wilhelm Ockham (→ Ockhamismus) bzw. dessen ›Dialog über die Macht der Kaiser und Päpste‹ (1349) zu Worte gemeldet. Beide griffen auf eine ciceronianisch-augustinische Gesellschaftslehre zurück, so daß man hier von einem »demokratischen Konziliarismus« sprechen kann. Unverblümt erhob er auf dem Konzil mit dem Absetzungsdekret gegen Eugen IV. (1439) seine Stimme. Gleiches tat eine anonyme → Flugschrift (→ Reformatio Sigismundi) des gleichen Jahres. Doch zu diesem Zeitpunkt waren die Befürworter einer »Suprematie« des Allg. Konzils über Röm. Kurie und Papst in Basel bereits unter sich. Das Konzil war 1437 nach Ferrara und hernach zum → Florenzer Unionskonzil (1439) mit den Griechen umfunktioniert worden. Die weitere Verlegung nach Rom (1442) unter Eugen IV. bedeutete faktisch das Ende regelmäßiger R. Das 5. →Laterankonzil (1512/17) zeitigte zwar verspätete Reformbeschlüsse, die aber nicht zur Durchführung kamen.

Q: D-S 941–946; Mirbt-Aland 751ff., 755, 767f., 776, 778; J. Miethke – L. Weinrich (Hg.), Quellen zur Kirchenreform im Zeitalter der großen Konzilien des 15. Jh. Die Konzilien von Pisa u. Konstanz, 2 Bde, Da 1995–1997.

L: B. Tierney, Foundations of the Conciliar Theory, C 1955; H. Jedin, Bischöfl. Konzil oder Kirchenparlament? Bas-St 1963; A. Leidl, Die Einheit der Kirchen auf den spätma. Konzilien v. Konstanz bis Florenz, Pa 1966; J. Pichler, Die Verbindlichkeit der Konstanzer Dekrete, W 1967; J. B. Pascoe, Jean Gerson, Principles of Church Reform, Lei 1973; K. A. Frech, Reform an Haupt und Gliedern, F 1992; I. Hlavacek – A. Patschovsky (Hg.), Reform von Kirche u. Reich zur Zeit der Konzilien von Konstanz (1414–1418) u. Basel (1431–1449), Konstanz 1995.

Regalienstreit, Auseinandersetzung um den 1673 vom frz. Kg. Ludwig XIV. erhobenen Anspruch auf die Regalien (lat. iura regalia = kgl. Rechte), spez. auf das Recht, die Einkünfte eines unbesetzten Bistums innerhalb eines Jahres zu verwalten (zeitl. Regalie) und das freie Bt. neu zu besetzen (geistl. Regalie). Dieses Recht hatten die frz. Könige – aber auch Herrscher in anderen Ländern – schon seit dem späten → MA in mehreren Diözesen praktiziert. Gegen das Konzil von → Lyon (1274) dehnte Ludwig XIV. dieses erworbene Recht 1673 auf alle der frz. Krone unterstehenden Bistümer aus – Höhepunkt des → Gallikanismus – und fand dabei die Zustimmung fast aller frz. Bischöfe und der Generalversammlung des frz. Klerus vom Jahre 1682 (→ Assemblées du clergé). Die kgl. Juristen interpretierten das nicht nur in Fkr., sondern in einigen anderen Ländern herrschende Recht als ein unverzichtbares Recht des unumschränkten Herrschers. Innozenz XI. jedoch erhob mehrmals Protest. Obwohl der R. aus polit. Gründen (Türkengefahr) stillschweigend beigelegt wurde, übten die frz. Könige das ihnen bestrittene Recht bis zur → Frz. Revolution (1789) aus.

L: A. Pöschl, Die Regalien der ma. Kirchen, Graz 1928; H. Thieme, Die Funktion der Regalien im MA: ZSavRGgerm 62 (1942) 57–88; I. Ott, Der Regalienbegriff im 12. Jh.: ebd. 66 (1948) 234–304.

Regensburger Bündnis, auch *Regensburger Konvent,* ein auf Betreiben des päpstl. Legaten Lorenzo Campeggio im Juni 1524 von Östr., den bayr. Herzögen und süddt. Bischöfen gebildeter Zusammenschluß, um die gegen Martin Luther (→ Reformation) und seine Anhänger durch das Wormser Edikt (1521; → Reichstage) verhängte Reichsacht durchzuführen. Veranlassung war, daß zuvor auf dem Nürnberger → Reichstag 1524 die Reichsstände es abgelehnt hatten, die Reichsacht zu vollziehen, wobei Nürnberg zusätzl. das seit 1500 installierte »Reichsregiment« (eine ständige Vertretung der Fürsten bei der Reichsregierung) aus seinen Mauern verdrängte, damit aber zu einer rein kaiserl. Behörde degradierte, die in Esslingen unterkam. Juli 1525 schlossen sich weitere kath. Fürsten im → Dessauer Bündnis zusammen. Erst daraufhin kam auf Betreiben des hessischen Landgrafen Philipp des Großmütigen mit dem Torgauer Bund (1526) ein prot. Gegenbündnis zustande.

Q: G. PFEILSCHIFTER (Hg.), Acta Reformationis Catholicae, Bd. I, Rb 1959, 296, 329–334.

L: W. FRIEDENSBURG, Zur Vorgesch. des Gotha-Torgauer Bündnisses, Marburg 1884; DERS., Der R. Konvent: Hist. Aufsätze, dem Andenken an G. Waitz gewidmet, Han 1886, 502–539; G. MÜLLER, Die röm. Kurie u. die Reformation 1523–1534, Gü 1969, 30–35.

Regularkleriker (lat. clerici regulares), im weiteren Sinn alle Kleriker (Geistliche), die Mitglieder eines religiösen Ordens oder einer Kongregation sind und sich somit von den Säkularklerikern (Weltgeistlichen) unterscheiden; im engeren Sinn aber Mitglieder von im 16. und 17. Jh. entstandenen Ordensgemeinschaften, die sich in erster Linie der prakt. Seelsorge (Predigt, → Volksmission) und der Caritas widmen. Obwohl die R. zu den Religiosen (Ordensleuten) gehören und auch feierl. Gelübde ablegen, fehlen ihnen doch für das Ordensleben wesentl. Elemente: stabilitas loci (kein Klosterwechsel) und Chorgebet.

Zu den wichtigsten R. zählen die → Theatiner, → Barnabiten, → Somasker, → Jesuiten, Kamillianer (→ Hospitaliter), R. der Gottesmutter (1574 von Johannes Leonardi in Lucca gegr., 1621 als Orden anerkannt), die Minderen R. (1588 in Neapel entstanden) und die → Piaristen.

Ähnl. Gemeinschaften: → Passionisten, → Marianer, → Redemptoristen, → Oratorianer, → Lazaristen, → Sulpizianer und → Pallottiner.

L: HEIMBUCHER II 96–340.

Reichsbrüderbund, als ev. Glaubensgemeinschaft 1878 in Lissa (Posen) gegr., dann aber durch den schwäbischen Evangelisten Johann Seitz († 1922), der durch Handauflegung Kranke »heilte«, in Ostdtl. verbreitet und als landeskirchl. → Gemeinschaftsbewegung organisiert (1922: 14 eigene Prediger). Man nennt sich R., »weil wir an die baldige Wiederkunft Jesu Christi zur Aufrichtung seines Königreiches glauben«. Nach dem 2. Weltkrieg übernahm der Württemberger Bruderbund (ca. 40 Gemeinschaften) die älteren Traditionen der Ostbünde.

Q: J. SEITZ, Erinnerungen u. Erfahrungen, Chemnitz 1919, ^{3}1922.

L: H. v. SAUBERZWEIG, Er der Meister, wir die Brüder, Offenbach/M. 1959.

Reichsbruderschaft Jesu Christi nannte 1954 der Jude und Journalist Abram Poljak (geb. 1900 in Jekaterinoslaw), der sich 1933 in Gestapohaft zum Christentum bekehrte, die zunächst 1935 in Jerusalem von ihm gegr. ›Judenchristl. Union‹. Dies geschah, nachdem er im Staat Israel mit seinen Ideen (»Reichsgemeinde« der endzeitl. auf den Messias wartenden Juden neben der heidenchristl. »Leibesgemeinde«, die beim Anbruch des → Tausendjährigen Reiches entrückt wird [vgl. 1 Thess 4, 17], um den Juden das messianische Reich auf palästinensischem Boden zu überlassen) keinen Erfolg gehabt hatte. Hingegen konnte Poljak seit 1951 in Dtl., in der Schweiz, in Fkr. und Engl. Gebetskreise um sich scharen, denen er den Anbruch der Endzeit für 1954, danach das Jahr 1994 als Jahr der »Entrückung« prophezeite.

P: Judenchristl. Gemeinde, 1951 ff.

Q: A. POLJAK, Das Kreuz im Davidstern, Neckargemünd [6]1951; Judenchristen in Israel, Neckargemünd 1951.

L: HUTTEN 235–247.

Reichsdeputationshauptschluß vom 25. 2. 1803 in Regensburg. Der Regensburger → Reichstag setzte 1802 eine außerordentl. Reichsfriedensdeputation ein, welche die aus dem Frieden von Lunéville (1801) erwachsenen linksrhein. Gebietsverluste dt. Fürsten durch geistl. Territorien entschädigen sollte. Von der allg. → Säkularisation der → Reichskirche blieben nur der → Dt. Orden, der Malteserorden (→ Johanniter) und vorerst auch noch das Hochstift Regensburg (für den Mainzer Kurfürst Ebf. Karl-Theodor von Dalberg) ausgenommen. Der russ.-franz. Säkularisationsplan wurde trotz kaiserl. Veto in den Hauptpunkten angenommen. Reichstag und Ks. hatten kaum eine andere Wahl, als den R. anzunehmen. Während die geistl. Kurfürstentümer Köln und Trier aufgehoben wurden, entstanden die prot. Kurfürstentümer Baden, Württemberg und Hessen-Kassel neu, so daß die kath. Reichsstände ihre Stimmenmehrheit im Reichstag einbüßten. Außerdem gingen 18 Fürstbistümer, ungefähr 80 reichsunmittelbare Abteien und mittelbare Stifte sowie mehr als 200 Klöster unter. Ungefähr 3 Mill. Menschen mußten ihre Staatsangehörigkeit wechseln. Bei der Einziehung der Kirchen- und Klostergüter gemäß den §§ 34 und 35 kam es mancherorts, bes. in Bayern unter Minister Montgelas, zu kulturbarbarischen Vorfällen. Die Aufhebung der 18 kath. Hochschulen und zahlreicher Gymnasien, die großteils mit Klöstern verbunden waren, traf das kath. Bildungswesen vernichtend. Mit dem Untergang der Reichskirche erstarkten einerseits das → Staatskirchentum und andererseits der → Ultramontanismus.

Q: MIRBT 560; E. R. HUBER, Dokumente zur dt. Verfassungsgesch., Bd. 1, B 1961, n. 1; E. WALDER, Das Ende des Alten Reiches. Der RDHS v. 1803 u. die Rheinbundesakte v. 1806 nebst zugehörigen Aktenstücken, Bern [2]1962, 15–64; KThQ IV/1 52.

L: H. E. FEINE, Kirch. Rechtsgesch. Die kath. Kirche, Kö–W [5]1972, 595–599; A. SCHARNAGL, Zur Gesch. des R. v. 1803: HJ 70 (1951) 238–259; K. D. HÖMIG, Der R. v. 25. Februar 1803 u. seine Bedeutung für Staat u. Kirche unter bes. Berücksichtigung württembergischer Verhältnisse, T 1969; U. KRÜGER-LÖWENSTEIN, Rußland, Fkr. u. das Reich 1801–1803, Wie 1972. → Säkularisation.

Reichsgottesarbeiter, ein 1904 in Kassel gegr. Berufsverband hauptamtl. innerhalb der dt. → Gemeinschaftsbewegung angestellter Prediger und Helfer, der vornehml. soziale Zwecke (Versorgung von Witwen und Waisen der Mitglieder) im Auge hat. Der Name, auch für die Verbandszeitschrift gebraucht, verwendet den missionarischen Reichsgottesgedanken, der vom → Evangelikanismus primär zur »Erweckung« des → Landeskirchentums beansprucht wird; er hat sich auch in den »Reichsliedern«, dem Gesangbuch der Gemeinschaftsbewegung, niedergeschlagen, das 1862–1901 von Johann Röschmann zusammengestellt wurde. Hatten zunächst die sog. Bahnauer Brüder Ostpreußens eine eigene Bruderschaft gebildet, so haben sie nach 1945 bei ihrer Neukonsolidierung in Württemberg stärker den Kontakt zu den R. gepflegt. Deren Nachwuchs rekrutiert sich vorwiegend aus Schülern, die aus der Evangelistenschule St. Chrischona (Basel-Land), dem ›Johanneum‹ in Wuppertal-Barmen, der Missionsschule Unterweissach bei Backnang, dem Predigerseminar Tabor in Marburg, der Missionsschule Liebenzell und dem ›Paulinum‹ in Berlin kommen.

Reichskirche bez. jenes komplexe Gebilde des → MA, in das verschiedene Traditionsströme (→ Angelsächsische Mission; germanisches → Eigenkirchenwesen; papale Reichsidee [→Translationstheorien]; polit. → Augustinismus) eingingen und das in dem sog. ottonisch-salischen Kirchensystem seine Rechtsordnung, in den »laudes regiae« (Krönungsliturgie) christl. Weihe und in den romanischen Basiliken bzw. Reichsabteien seine noch heute sichtbare Baugestalt fand. Die Anfänge liegen bei den aus geistl. und weltl. Synodalen gleichberechtigt zusammengesetzten Konzilien (»concilia mixta«) des fränkischen Reiches, die darin die frühma. Idee des »Corpus christianum« vorwegnahmen. Sie wurden vom König einberufen, der ihren Beschlüssen durch Verkündung auch Gesetzeskraft verlieh (sog. capitularia). Daran nahm selbst Bonifatius keinen Anstoß, wenn er – wie auf dem ›Concilium Germanicum primum‹ (743) – die Metropolitanverfassung durchsetzen konnte. Das blieb aber Ausnahme und gelang nur im Bereich seines Bt. Mainz mit den Bistümern Büraburg, Erfurt und Würzburg. Karl d. Gr., der an den westfränk. »Generalkonzilien« festhielt, fand auf diese Weise in den austrischen Gebieten seines Reiches ein typisches Institut des röm.-kath. Zentralismus vor. Die wachsenden Räume seines Reiches machten dann dieses Mittel straffer Kirchenorganisation für ihn zu einem Gebot polit. Notwendigkeit. Die Metropolitanverfassung fand daher ebenso wie das röm.-kanonische Recht in seiner Kirchenreform (›admonitio generalis‹ von 789) Eingang. Bei seinem Tode (814) gehörte die Mehrzahl unter den 21 Erzbistümern seines weiten Reiches sogar zu Westfranken, während Dtl. nur die Erzbistümer Mainz, Köln, Trier und Salzburg aufwies. Die Umwandlung der Missionszentren Münster, Osnabrück, Bremen und Paderborn in reguläre Bistümer war dabei den rhein. Metropolen zugute gekommen. Außerdem sicherte der Ks. seinen Einfluß durch gleichmäßig über das Reich verteilte

Verleihung von Besitz oder Privilegien an viele von ihm begründete oder ihm übertragene Reichsklöster.

Die ottonische Kirchenpolitik wandelte auf gleichen Pfaden, als die Slawenmission für sie ein Schwerpunkt wurde. Mit den Missionsbistümern Oldenburg/Holstein, Havelberg und Brandenburg verlieh Otto d. Gr. dem Ebt. Magdeburg (968) zunächst die notwendigen Suffragane, zu denen sich als Ergebnis der Sorbenmission noch Merseburg, Meißen und Zeitz (später Naumburg) gesellten. Die Missionssprengel wurden mit einem königstreuen Episkopat besetzt und so zum polit. Gegengewicht gegenüber den Stammesherzögen (Bayern, Franken, Lothringen, Thüringen). Die Bischöfe fügten ihr Kirchengut als Machtpotential dem Hausgut des Königs hinzu, der seinerseits unbesorgt Reichsgut an die verläßl. Bischöfe delegieren konnte, das nach deren Tod wieder an ihn zurückfiel. Zuweisung von Territorien und Regalien (Gerichtsbarkeit, Zölle, Markt- und Bannrechte) vermittelten wohl hohe Einkünfte, verpflichteten aber auch zum »servitium regis«, so daß im ottonisch-salischen Reichskirchensystem zwei Drittel der Reichskosten (Heer, Verwaltung) von Reichsbischöfen bzw. Reichsäbten bestritten wurden. Wenn die ottonische Erneuerung des Kaisertums (962) im Vertragstext mit dem Papst nur von der »renovatio imperii Francorum« sprach (→ Pactum Ottonianum), so wurde doch dem geweihten Ks. der Titel eines »imperator Augustus« verliehen, so daß jetzt Reichskirchen-Idee und augusteische Reichstradition miteinander verschmolzen. Wahre Träger der R. waren das geistl. Fürstentum und das von Kg. (»regnum«) und Episkopat (»sacerdotium«) bejahte Konzept des »Corpus christianum«, das beiden als »Glieder an dem einen Leib Christi« den gleichen geistl. Rang zusprach. Das erhielt bei der Krönung (Übereignung der Reichsinsignien an den Kg. durch Priesterhand) wie bei der Investitur von Bischöfen bzw. Äbten (Verleihung von Ring und Stab durch den Kg.) symbolische Anschaulichkeit, an der sich später der → Investiturstreit entzündete. Dessen ungeachtet sollte das geistl. Fürstentum als Rechtsgebilde der R. bis zum → Reichsdeputationshauptschluß von Regensburg (1803) fortbestehen.

Q: Mirbt-Aland 525; E. Eichmann, Kirche u. Staat, Bd. I, Mn-Pa-W ²1925, 1968.
L: L. Just – H. Raab – R. Reinhardt (Hg.), Beiträge zur Gesch. der R. in der NZ, Wie 1956ff.; L. Santifaller, Zur Gesch. des ottonisch-salischen Reichskirchensystems, W ²1964; R. Staats, Theologie der Reichskrone. St 1976; H. Hiller, Otto d. Gr. u. seine Zeit, Mn 1980; P. Classen, Karl d. Gr., das Papsttum und Byzanz, Sigmaringen 1985; E. Wolgast, Hochstift u. Reformation. Studien zur Gesch. der R. zw. 1517 u. 1648, St 1995. – Atlas KG 25 D, 35 A.

Reichstage (der Reformationszeit) fallen in die Regierungszeit Ks. Karls V. (1519–56) und werden daher auch von Problemen beherrscht, die sich aus dessen Plan eines christl. Universalreiches mit den habsburgischen Erblanden als Machtbasis ergeben mußten (Fkr. und → Röm. Kurie als Gegner, dt. Reichsfürsten als Nutznießer, türkisches Ungarn als stete Gefahr). – Der R. von Worms (1521) sprach zunächst die Reichsacht gegen Luther und seine Anhänger aus, um mit der reichsrechtl. Durchführung der päpstl. Bannbulle die Röm. Kurie zu neutralisieren, was auch im 1. Krieg gegen Franz I. von Fkr. (1521–47) gelang. Umgekehrt konnten sich die prot. Reichsstände wegen dieses Krieges auf den beiden R. von Nürnberg (1522 und 1524) der Durchführung des Wormser Edikts erfolgreich versagen (→ Regensburger Bündnis). Ähnl. mußte die Mehrheit der kath. Reichsstände auf dem 1. R. von Speyer (1526) die Durchführung abermals vertagen, weil der Ks. nach seinem Sieg über Franz I. sich der »Hl. Liga« von Cognac (Bündnis: Papst, oberit. Städte, Fkr.) konfrontiert und zum 2. Krieg gegen Fkr. (1526–29) gezwungen sah. Der Speyerer Reichstagsabschied gab daher die Durchführung des Ediktes frei: wie jeder »das gegen Gott und Kaiserl. Majestät hoffe ... zu verantworten«. Solche Verantwortung glaubte Karl V. nach dem Waffenstillstand von Cambrai (1529) einfordern zu können. Als er aber auf dem 2. R. von Speyer (1529) die Aufhebung des Abschieds von Speyer 1526 (Rechtsschutz für die bereits erfolgten Reformationen der Landesfürsten) durchsetzte, löste dies eine geschlossene »Protestation« bei den prot. Reichsständen aus. Obwohl sie nur eine Minderheit darstellten, wagte der Ks. nicht, auf der Durchführung der Reichsacht gegen sie zu insistieren. Vielmehr mußte er auf dem R. von Augsburg (1530) deren → Augsburger Konfession persönl. entgegennehmen. Das hing mit der östl. Reichsgefährdung (1529: Belagerung Wiens durch die Türken) zusammen. Dies machte bes. der → Nürnberger Anstand des R. von 1532 evident; er kam einem Religionsfrieden gleich, weil der Ks. von den Reichsständen Geld für den Türkenkrieg brauchte. Der Ks. mußte sogar den → Schmalkaldischen Bund hinnehmen. Noch auf dem sog. trügerischen (dritten) R. zu Speyer (1544) zwang der 4. Krieg mit Fkr. Karl V. zu Konzessionen, »die nach Lage der Dinge zur vollständigen Protestantisierung Deutschlands führen konnten, vielleicht mußten« (H. JEDIN). Erst nach dem Frieden von Crépy (1544) mit Franz I. und dem siegreich beendeten Krieg gegen den → Schmalkaldischen Bund konnte Karl V. auf dem »geharnischten« R. zu Augsburg (1547–48) das → Augsburger Interim diktieren, mit dem er zugleich eine reichskirchl. (d. h. vom → Trienter Konzil unabhängige) Regelung anstrebte. Jetzt endl. wollte er im Sinne des Wormser Dekrets von 1521 ein Exempel statuieren, indem er die Reichsacht gegen Magdeburg (»Unseres Herrgotts Kanzlei«, Zentrum luth. Widerstandes gegen das Interim) vollstrecken ließ. Daß er ausgerechnet den »Judas von Meißen«, den Verräter des Schmalkaldischen Bundes und neugewählten Kurfürsten Moritz von Sachsen, damit betraute (1551), der ihm dann in den Rücken fiel und ihn zur Flucht nach Villach zwang, spricht nicht gerade für seine Menschenkenntnis. Sofort brach der Konflikt mit Fkr. unter Heinrich II. wieder aus (1552–1556): Im Schatten dieses Krieges kam es zum →Augsburger Religionsfrieden (1555). Er wurde mit Ferdinand von Östr. (1503–64) von einem Kg. geleitet, der wegen der weiter bestehenden Türkengefahr auf Ausgleich und Festschreibung des Bestehenden bedacht war. So waren nicht nur die dt. Reichsfürsten (polit. gesehen), sondern auch die ev. Reichsstände (konfessionelle) Nutznießer jener polit. Sachzwänge, welche die R. in der Reformationszeit bestimmten. Daß diese R. zugleich die letzten von europäischem Ausmaß waren, sei darüber nicht vergessen.

Q: KThQ III 31–33 (Worms 1521), 69 (Speyer 1526), 76–77 (Speyer 1529), 80, 85 (Augsburg); RTA Jüngere Reihe.

L: K. Brandi, Ks. Karl V., 2 Bde, Mn 1941, [7]1964; P. Rassow, Die R. zu Augsburg in der Reformationszeit: Augusta 955–1955, Au 1955, 273–282; W. Hollweg, Der Augsburger R. v. 1566 u. seine Bedeutung für die Entstehung der Reformierten Kirchen u. ihres Bekenntnisses, Neukirchen 1964; F. Reuter (Hg.), Der Reichstag zu Worms v. 1521, Worms 1971; E. Meuthen (Hg.), Reichstage u. Kirche, Gö 1991; A. Schindling, Die Anfänge des Immerwährenden R., Mz 1991.

Rekollekten (lat. recollecti = die Zurückgezogenen), hervorgegangen aus Rekollektionshäusern in It., Span. und Fkr., in denen Männer kontemplativ und arm lebten. Das Verlangen nach strenger Beobachtung der Ordensregel führte im 16. Jh. mancherorts zur Gründung von Rekollekten-Häusern oder zu neuen Ordenszweigen mit strenger oder strengster Observanz (→ Observanten). Den → Franziskaner-Observanten (seit 1517 ein selbständiger Orden) traten im 16. Jh. die Reformanten (in It. und Süddtl.), R. und → Alkantariner als ›Fratres minores strictioris observantiae‹ zur Seite. Bes. in Fkr. entstanden zu Beginn des 17. Jh. zahlreiche Rekollektionshäuser, die bald in zwei Rekollekten-Provinzen (Ende des 18. Jh. waren es sogar 9 Prov.) eingeteilt wurden. Dtl. allein zählte im 19. Jh. zwei Rekollekten-Provinzen. Die Vereinigung mit den Franziskanern 1897 bedeutete das Ende der Rekollekten. Charakteristisch für alle R. sind strenge Askese, völlige Armut und missionarischer Eifer.

Q: Fernándes de S. Corde Jesu (Hg.), Bullarium ordinis recollectorum S. Augustini, 2 Bde, R 1954–61.

L: Heimbucher I 720–722; Holzapfel, Hb. der Gesch. des Franziskanerordens, Fr 1909.

Religionsedikte, auf das altchristl. Reichskirchenrecht zurückgehend, sind staatl. Verordnungen, mit denen die Verhältnisse zw. einem Staat und bestimmten Konfessionen oder Religionsparteien, meist in gegenseitigem Einvernehmen zw. → Kirche und Staat, geregelt werden. – Ks. Theodosius I. (379–395) erließ ein Reichsedikt (›Cunctos populos‹ vom 28. 2. 380), in dem er den → Arianismus verbot und gleichzeitig den vom Konzil von Nicaea (325) festgesetzten Glauben an die Gottheit Christi allen Untertanen zur Pflicht machte. – Das beim Wormser → Reichstag (1521) von mehreren Reichsfürsten gebilligte und von Ks. Karl V. publizierte (Wormser) Edikt vom 8. 5. 1521 belegte Martin Luther (→ Reformation) mit der Reichsacht und verfügte gleichzeitig die Vernichtung seiner Schriften. Die Ausführung des Edikts kam jedoch nicht zustande, weil die Mehrzahl der Reichsfürsten den Reformator unterstützte. – Das von Kg. Heinrich IV. von Fkr. erlassene Edikt von Nantes (1598) beendete die → Hugenottenkriege, indem es den Anhängern der ref. Religion (→ Calvinismus) → Gewissens- und Kultfreiheit gewährte sowie den Zugang zu öff. Ämtern eröffnete. Nachdem Kg. Ludwig XIV. im Edikt von Fontainebleau (1685) diese Zugeständnisse aufgehoben hatte, kamen die Reformierten mit dem Toleranzedikt von Versailles (1787) unter Kg. Ludwig XVI. erneut in den Genuß freier Religionsausübung. – Das Wöllnersche R. 1788, benannt nach dem preuß. Justizminister J. C. von Wöllner († 1800), duldete alle Religionsparteien (und auch Sekten) in Preußen. – Das bayr. R. (1818) nahm einen Teil der im bayr. → Konkordat von 1817 gewährten Freiheiten zurück, indem es das Plazet des Landesherrn wieder für notwendig erklärte und die kirchl. Gerichtsbarkeit überwachte. Zur Beruhigung der Katholiken räumte Kg. Maximilian I. Joseph in der Tegernseer Erklärung (1821) einige wichtige Privilegien erneut ein.

L: F. Valjavec, Das Wöllnersche R. in seiner gesch. Bedeutung: HJ 72 (1952) 386–400.

Religionsfreiheit. Solange die Kirche für sich beanspruchte, die allein wahre Religion zu vertreten (→ Alleinseligmachende Kirche), konnte sie vom Standpunkt der Wahrheit und des Heils aus R. nicht gewähren. Die kirchl. Obrigkeit fühlte sich vielmehr strengstens verpflichtet, Andersglaubende innerhalb ihrer Reihen mit schlimmsten Strafen zum rechten Glauben zu bewegen oder hinzurichten (→ Inquisition, → Ketzergesetzgebung). Diese dogmatische Intoleranz war auch den Reformatoren (Luther, Zwingli, Calvin u. a.) eigen. Allerdings setzte sich im Zeitalter der → Reformation in staatskirchenrechtl. Hinsicht das Prinzip »Cuius regio, eius religio« (→ Augsburger Religionsfriede) durch, so daß der weltl. Herrscher im Interesse der polit. Einheit über das rel. Bekenntnis seiner Untertanen bestimmen konnte. Im Laufe der Zeit wurden jedoch Ausnahmen immer häufiger. So erhielten die calvinischen Stände Ungarns im Frieden von Wien (1609) R., ebenso die Anhänger der Böhmischen Konfession im sog. Majestätsbrief vom 9. 7. 1609. Im selben Jahr gab Kg. Matthias den prot. Reichsständen in Oberöstr. Religionsfreiheit. Der Begriff → »Gewissensfreiheit« (conscientia libera) begegnet im Reichsrecht zum ersten Mal im → Westfälischen Frieden (1648). Allerdings gewährte man hier nur die Freiheit der Wahl zw. kath. oder prot. Bekenntnis. Erst im Zeitalter der → Aufklärung drang der Gedanke rel. Toleranz stärker durch. Vom Ende des 18. Jh. an wurden die → Menschenrechte in die Verfassungen einzelner Staaten aufgenommen, wenn auch nicht ohne Protest der Päpste von Pius VI. (1775–99) über Gregor XVI. (1831–46) und Pius IX. (1846–78) bis Pius X. (1903–14), der R. als Ausdruck eines Menschenrechts respektierte. Ein deutl. Wandel setzte unter Pius XII. (1939–58) ein. Der eigentl. Durchbruch zur R. erfolgte erst unter dem Pontifikat Johannes' XXIII. (1958–63), insbes. durch das 2. → Vatik. Konzil mit der Erklärung über die R. vom 7. 12. 1965, in der das Recht des Menschen auf Irrtum anerkannt ist. Zur Gewissens- und R. im weiteren Sinn gehört auch, daß der Staat kirchl. Autoritäten nicht behindert, wenn sie die Freiheit der Religionsausübung verteidigen.

P: Gewissen u. Freiheit, Bern 1973ff.
Q: LThK Vat. II 703–748 (lat. u. dt. Text); M. Hoffmann (Hg.), Toleranz u. Reformation, Gü 1979; H. R. Guggisberg (Hg.), Rel. Toleranz. Dokumente zur Gesch. einer Forderung, St 1983.
L: J. Lecler, Gesch. der R. im Zeitalter der Reformation, 2 Bde, St 1965; R. Aubert, Die R. v. »Mirari vos« bis zum »Syllabus«: Conc. 1 (1965) 584–591; Conc. 2 (1966) Heft 8 (J. Lecler, P. Pavan, L. Vischer, P. Huizinga); K. Rahner – H. Maier – U. Mann – M. Schmaus, R. Ein Problem für Staat u. Kirche, Mn 1966; J. Hamer – Y. Congar, Die Konzilserklärung »Über die R.«, Pa 1967; E.-W. Bökkenförde, Die Erklärung über die R. »Dignitatis humanae«, Mr 1967; R. Coste, Théologie de la liberté religieuse. Liberté de conscience. Liberté de religion, Gembloux 1969; H. Lutz (Hg.), Zur Gesch. der Toleranz u. R., Da 1977; R. Sebott, R. u. Verhältnis v. Kirche u. Staat. Der Beitrag John Courtney Murray's zu einer modernen Frage, R 1977; H. Helbling (Hg.), R. im 20. Jh., Osnabrück 1977; L. Novoa, R. in Span. Gesch. – Problematik – Zukunftsperspektiven, Bern 1978; C. Schneider, Ursprung u. Ursachen der christl. Intoleranz: ZRG 30 (1978) 193–218; A. Müller, Der Weg der kath. Kirche zur R.: J. Brantschen – P. Selvatico (Hg.), Unterwegs zur Einheit. Fs. für H. Stirnimann, Fri-Fr-W 1980, 419–434; C. Geffré (Hg.), La liberté religieuse dans le Judaisme, le Christianisme et l'Islam, P 1981; G. Ebeling, Die Toleranz Gottes ...: ZThK 78 (1981) 442–464.

Religionsgespräche, schon der altkirchl. Christenheit bekannt (z. B. Karthago 411 → Donatismus), gewannen zur Zeit der → Reformation aktuelle Bedeutung. Die frühesten Zeugnisse kommen aus der Schweiz. Jan. 1520: Ilanzer Religionsgespräch zw. dem prot. Prediger Johannes Komander und dem kath. Abt Schlegel wegen Reformierung Graubündens; Jan. und Okt. 1523: Züricher Disputationen Zwinglis (Einführung der Reformation); Mai/Juni 1526: Badener Disputation zw. Ökolampad (→ Ref. Kirchen) und Johann Eck (→ Reformation), die zur Verurteilung Zwinglis als Ketzer führte; 1528: Berner sog. Winkeldisputation (Einführung des »neuen Glaubens«). Es lassen sich noch weitere »Disputationen« als Auftakt zur Reformierung der Schweiz und außerhalb derselben bis nach Hamburg (1528) nachweisen. Dieser Typ der R., zu dem auch Luthers Disputation mit Eck in Leipzig (1519) zu zählen ist, hat das Besondere an sich, daß zwar polit. Instanzen sie einberufen, die R. selbst aber nach Art der ma. Disputationen an den → Univ., spez. der »Disputationes quodlibetales«, durchgeführt werden.

Von diesem Typ unterscheidet sich jener der vierziger Jahre, dessen R. den irenischen Ausgleich zw. den Konfessionen suchen. An ihnen waren daher auch nicht Luther, sondern Melanchthon (bis zu seinem Tode) und überhaupt Theologen des Ausgleiches auf beiden Seiten beteiligt. Das gilt für das Leipziger Religionsgespräch (1539), das hinter dem Rücken des sächs. Hzg. zustande kam. Auch Ks. Karl V. (1519–56) war an diesen R. interessiert, so daß er seinen Bruder Ferdinand zum Leiter des Religionsgesprächs von Hagenau (1540) bestellte, das im übrigen als Theologenkonvent tagte. Ebenso kam das im selben Jahr stattfindende Wormser Gespräch (Nov.–Dez. 1540) durch kaiserl. Initiative zustande, wobei der Ks. sich durch seinen Kanzler Granvella († 1550) vertreten ließ. Ein Vergleichsentwurf (sog. Wormser Buch) wurde ausgearbeitet, das dem Regensburger → Reichstag (1541) zu reichsrechtl. Beratung dienen sollte. Parallel zu ihm vollzog sich April–Mai 1541 das Regensburger Religionsgespräch. An ihm war als päpstl. Legat der reformfreudige Kard. Contarini († 1542; → Vorreformatoren) beteiligt, der vor allem in der → Rechtfertigungslehre (›tractatus de iustificatione‹) eine Brücke zur Überwindung der Gegensätze sah. Tatsächl. entstand auf dieser Basis eine Unionsformel (sog. Regensburger Buch), deren Aussagen über Kirche, Abendmahl und Beichte jedoch nicht die Zustimmung der Protestanten fanden, während die Altgläubigen sie wegen der Lehre von einer doppelten Gerechtigkeit als »zweideutig« bezeichneten. Der Versuch Karls V. vor dem dt. Reichstag, wie es auch schon beim Augsburger Reichstag gedacht war, eine Bekenntnisunion zustande zu bringen, war damit gescheitert. Man wird daher die R. der vierziger Jahre aus den Traditionen der dt. → Reichskirche abzuleiten haben. Schon Karl d. Gr. hatte im → Adoptianischen Streit auf der Synode von Aachen (800) in ähnl. Weise über dogmatische Fragen disputieren lassen (Alkuin gegen Bf. Felix von Urgel, Verfechter der Adoptionsformel).

Davon zu unterscheiden sind die späteren R. der Landesfürsten, die mit diesen Instituten unter Usurpierung des Reichskirchenrechtes die konfessionellen Spannungen innerhalb ihrer Territorien zu mildern hofften. Typisch hierfür ist das Leipziger Religionsgespräch (1631) unter Kurfürst Johann Georg I. von Sachsen (1611–1656) oder das »liebreiche Religionsgespräch« von Thorn (1645) unter Kg. Wladislaw IV. (1632–48), das sich um den Ausgleich zw. Lutheranern, Reformierten einerseits und den → Unitariern andererseits drehte, aber zum Ausbruch des → synkretistischen Streites führte. Das Kasseler Religionsgespräch (1661) unter Landgraf Wilhelm IV. von Kassel und das Berliner Religionsgespräch (1662/3) unter Kurfürst Friedrich Wilhelm (1640–1688) dienten wiederum dem konfessionellen Landesfrieden und waren die letzten ihrer Art.

Q: W. NEUSER, Die Vorbereitung der R. v. Worms u. Regensburg 1540/1, Neukirchen 1974; G. MÜLLER, Die R. der Reformationszeit, Gü 1980; KThQ III 78 (Marburg 1529), 92 (Worms 1540), 93 (Regensburg 1541).

L: L. v. MURALT, Die Badener Disputation 1526, L 1926; H. LEUBE, Calvinismus u. Luthertum, Bd. I, 1928; W. HERBST, Das Regensburger R. v. 1601, Gü 1928; R. STUPPERICH, Der Humanismus u. die Wiedervereinigung der Konfessionen, L 1936; O. VASELLA, Abt Theodul v. Schlegel v. Chur u. seine Zeit, Fr 1954, 53–63; B. MOELLER, Zwinglis Disputationen: ZSavRGkan 56 (1970) 275–324, 60 (1974) 213–364; O. SCHEIB, Die Reformationsdiskussionen in der Hansestadt Hamburg 1522–1528, Mr 1976; I. MAGER, Brüderlichkeit u. Einheit. Georg Calixt u. das Thorner Religionsgespräch: Beiträge zur Gesch. Westpreußens 7 (1981) 209–238; M. HOLLERBACH, Das Religionsgespräch als Mittel der konfessionellen u. polit. Auseinandersetzung im Dtl. des 16. Jh., F-Bern 1982.

Religiöser Sozialismus. Die Auseinandersetzungen zw. Kirche und Sozialismus setzten in der 2. Hälfte des 19. Jh. ein. Während offiz. Kirchenführer den Anhängern des Sozialismus im allg. Kirchen- bzw. Christentumsfeindlichkeit nachsagten, setzten sich die sog. rel. Sozialisten gerade gegen diese pauschale Verurteilung zur Wehr. Als Vorläufer der innerhalb der

→ christl.-sozialen Bewegungen nicht immer positiv gewerteten rel. Sozialisten können z.B. Saint-Simon (1760–1825) in Fkr. und W. Weitling (1808–71) in Dtl. gelten. Den Durchbruch schaffte der aus dem → Pietismus hervorgegangene württembergische Theologe Christoph Friedrich Blumhardt (1842–1919; nicht zu verwechseln mit seinem Vater, dem sog. Möttlinger!) – er mußte wegen seines Eintritts in die ›Sozialdemokratische Partei‹ (1899) und als deren Landtagsabgeordneter aus dem Pfarramt scheiden – mit seiner Reichstheologie, d.h. mit dem Gedanken der Schaffung des Reiches Gottes auf Erden (»neuer Himmel und neue Erde«), in dem Eintracht, Frieden und Gerechtigkeit unter den Menschen herrschen. In der Schweiz trugen vor allem der Züricher Pfarrer Hermann Kutter (1869–1931; W: Sie müssen. Ein Offenes Wort an die christl. Ges., B 1903) und der Züricher Theologieprof. Leonhard Ragaz (1868–1945; er verzichtete 1921 auf seinen Lehrstuhl, um sich den → Arbeitervereinen zu widmen), Gründer des ›Kreises der Religiösen Sozialisten‹ und der Zs. ›Neue Wege‹, Blumhardts Gedankengut weiter. Auf kath. Seite erwies sich bes. Pfarrer Wilhelm Hohoff mit seiner Devise »Nicht Christentum und Sozialismus, sondern Christentum und Kapitalismus stehen einander gegenüber wie Feuer und Wasser« als Gesprächspartner. Doch auch der schweizerische R. S. sollte sich in der Frage »Polit. oder rel. Verwirklichung?« spalten. Unter dem Einfluß von Kutter zog sich der ref. Theologe Karl Barth (1886–1968) seit 1919 mehr und mehr zurück. Und doch sollte ausgerechnet er durch einen Vortrag auf dem 1. Religiös-sozialen Kongreß im thüringischen Tambach die Idee des R. S. nach Dtl. hinübertragen. Hier übernahm der damalige Berliner Theologe Paul Tillich (→ Neuprotestantismus) mit seiner Thesenreihe »Der Sozialismus als Kirchenfrage« (1919) die Rolle eines Fürsprechers, der in der Synthese von R. S. und polit. Sozialismus die »erfüllte Zeit« (kairos) prot. Selbstverwirklichung erblickte. Für ihn wie für den → ›Bund der rel. Sozialisten‹ (1926–33), bei dem u.a. E. Heimann, K. Mennicke, P. Tillich und G. Wünsch führend wirkten, mußte daher 1934 zum Jahr der »sozialistischen Entscheidung« (Titel eines 1933 erschienen Buches von Tillich!) werden, jedoch in einem ganz anderen Sinn: Der Frankfurter Prof. Tillich verlor mit Adorno u.a. seinen Lehrstuhl und mußte in die Emigration. Dies bedeutete für den R. S. zunächst das Ende einer Wirksamkeit, die im wesentl. in der Weckung des sozialen Gewissens eines verbürgerlichten Christentums zu erblicken ist. Im → Kirchenkampf stand die Mehrheit der rel. Sozialisten gegen den Nationalsozialismus Hitlers. Nach 1945 engagierten sich in der DDR Männer wie Emil Fuchs und Arthur Rackwitz für ein fortschrittl. Christentum. In Kassel entstand 1948 der ›Bund rel. Sozialisten‹ neu. Der ›Internationale Bund der rel. Sozialisten‹ wurde 1929 gegr.; er umfaßt heute Vereinigungen in mehreren europäischen Ländern. Die internationale Bewegung ›Christen für den Sozialismus‹ nahm 1971 ihren Ausgang in China.

Pius XI. erklärte in der Enz. ›Quadragesimo anno‹ (1931) die Unvereinbarkeit des Sozialismus mit der Lehre der Kirche, bekannte sich aber gleichzeitig zu einer differenzierten Beurteilung dessen, was als Sozialismus gilt. Eine noch vorsichtigere Stellung bezog Johannes XXIII. in der Enz. ›Mater et Magistra‹ (1961). Dasselbe läßt sich im Blick auf das Sozialismus-Verständnis bestimmter → Parteien sagen, so daß eine allg. gültige Verurteilung heute nicht mehr vertretbar erscheint.

P: Neue Wege, Z 1906ff.; Blätter für r. S., Wü 1920–27; Zs. für Religion u. S., Wü 1929–33; Neue Blätter für den S., Wü 1930–33; Christ u. Sozialist, F 1949ff., Essen 1973ff.

Q: P. Tillich, Grundlinien des r. S., B 1923; E. Fuchs, Predigten eines r. Sozialisten, Gotha 1928; L. Ragaz, Von Christus zu Marx u. v. Marx zu Christus, Wernigerode 1929, (Ndr.) H 1972; M. Vester (Hg.), Die Frühsozialisten 1789–1848, 2 Bde, Reinbek 1970–71; R. Breipohl (Hg.), Dokumente zum r. S. in Dtl., Mn 1972; W. Dirks u.a. (Hg.), Christen für den S., Bd. 2: Dokumente, St 1975; A. Pfeiffer, R. Sozialisten. Dokumente der Weltrevolution, Olten-Fr 1976; C. Ragaz u.a. (Hg.), L. Ragaz in seinen Briefen, 3 Bde, Z 1966–1992; R. Brassel – W. Spieler, L. Ragaz. Eingriffe ins Zeitgeschehen, Texte, Luzern 1995.

L: P. Tillich, Zum Problem des r. S., Gö 1927; E. Dietz, W. Hohoff u. der Bund der kath. Sozialisten, Karlsruhe 1928; M. Mattmüller, L. Ragaz u. der r. S., 2 Bde, Z 1957–68; H. Kutter, H. Kutters Lebenswerk, Z 1965; R. Breipohl, R. S. u. bürgerl. Geschichtsbewußtsein zur Zeit der Weimarer Republik, Z 1971; T. Ulrich, Ontologie, Theologie, ges. Praxis. Studien zum r. S. Paul Tillichs u. Carl Mennickes, Z 1971; G. Humbert, Katholiken u. r. Sozialisten in der Weimarer Zeit. Insbes. H. Mertens, E. Michel u. das Rote Blatt der kath. Sozialisten, Bochum 1975; G. Ewald (Hg.), R. S., St 1977; K.-J. Meier, C. Blumhardt, Christ, Sozialist, Theologe, Bern-F 1979; F. Focke, Sozialismus aus christl. Verantwortung, Wuppertal 1981; A. Lindt, Eine Studie zur Gesch. u. Theol. des r. S., Z 1987; K. Lipp, R. S. u. Pazifismus, Pfaffenweiler 1995. – TRE XI 689–707.

Reliquienverehrung, eng mit dem frühchristl. → Martyrerkult zusammenhängend, ist bereits in vorkonstantinischer Zeit (2./3. Jh) nachweisbar.

[1] Für die altchristl. R. lassen sich drei Phasen unterscheiden: (a) die »Intimation«, d.h. eine private oder im Kreis Gleichgesinnter geübte R., für die sepulkrale Bauten (Mausoleen in religionsgesch. Erbfolge der antiken Heroen; Grüfte in den Katakomben; nordafrikanische Privatkapellen) durch fromme Initiative err. wurden. Noch Anfang des 5. Jh. sollte die »Auffindung« der Gebeine des Protomartyrers Stephanus (Apg 7) bei Jerusalem dieser »privaten« Form der R. neues Leben vermitteln. Sie gehört bereits der zweiten Phase (b), dem »Zeitalter der Invention« an, das im Zeichen kirchl. Aktivität steht. Motor dieser Entwicklung war der nachkonstantinische Brauch, Martyrerreliquien unter oder im Altar zu bergen. Selbst staatl. Verbote (386 und 447) vermochten die »Translationen« von den Friedhöfen in die Altarräume nicht zu unterbinden. (c) Die dritte Phase der »Multiplikationen« ist durch den Zwang einer steigenden Nachfrage gekennzeichnet, den kirchl., staatl. und privater Frömmigkeitsbedarf ausüben. Ihr Kennzeichen ist ferner die Ausweitung der R. durch andere Objekte, z.B. Kreuzreliquien (→ Kreuzverehrung) oder Schleier (Soros) der Gottesmutter (Theotokos; vgl. die byz. → Marienverehrung).

Private Frömmigkeit verstand es, durch sog. Kontaktreliquien (brandea) das heilbringende Objekt in die eigenen Häuser zu bringen. Im übrigen wurde in dieser Endphase (6./7. Jh.) die R. zu einem wichtigen Instrument zwischenkirchl. Beziehung, indem Rom (Laurentiuskult) und die östl. Patriarchate (Euphemiakult in Konstantinopel; Kreuzkult in Jerusalem) die ihnen zu Gebote stehenden Reliquien in alle Welt versandten.

[2] Im frühen und hohen MA setzten sich solche expandierenden Tendenzen der R. fort. Dazu trug das Patrozinienwesen (→ Patronatswesen) stark bei. Man liebte es, die Kirchenbauten und damit ihr Heiltum nicht nur einem, sondern zwei oder mehreren Schutzheiligen anzuvertrauen, d.h. eine Mehrheit von Reliquien zu beschaffen (je mehr, umso besser). Könige und Adelige führten ihre persönl. Schutzheiligen in Reliquiaren auf Reisen mit sich. Vor allem signalisiert das ma. → Wallfahrtswesen, wie solche an den Translationen zw. 600 und 1200 abzulesende Pluralisierung letztl. den hochberühmten Reliquien, die aufgesucht werden mußten, nur zugute kam. Im späten MA wirkte sich beides forcierend auf die R. aus. Das Ablaßwesen trug dazu nicht wenig bei. Ein anschaul. Beispiel bietet das Wittenberger »Heiltum« zu Beginn des 16. Jh., dessen fast uferloser Reliquienschatz über einen → Ablaß von fast 2 Mill. Jahren und ebenso vielen Quadragenen verfügte. Das Bemühen, die neugegr. Universitätsstadt an der Elbe attraktiv zu machen, dürfte den kurfürstl. Sammeleifer bes. motiviert haben. Kaum zufällig aber kam aus dieser Stadt auch die grundsätzl. Kritik an der R. (→ Reformation), deren Auswüchse schon das 4. Laterankonzil (1215, c. 62) bekämpft hatte und das → Trienter Konzil (1563, sess. 25) erneut unter die Lupe nahm.

Q: D-S 1821–25; CIC c. 1255 § 5; MIRBT-ALAND 786; COD 239.

L: (zu 1) A. GRABAR, Martyrium. Recherches sur le culte des reliques et l'art chrétien antique, 3 Bde, P 1943–46, (Ndr.) P 1980; B. KÖTTING, Der frühchristl. Reliquienkult u. die Bestattung im Kirchengebäude, Kö 1965; C. ANDRESEN, Die Kirchen der alten Christenheit, St 1971, 511–522; F. PFISTER, Der Reliquienkult im Altertum, (Ndr.) B-NY 1974. – (zu 2) S. BEISSEL, Die Verehrung der Heiligen u. ihrer Reliquien in Dtl. im MA, 2 Bde, Fr 1890–92; E. A. STÜCKELBERG, Reliquien u. Reliquiare, Z 1896; DERS., Gesch. der Reliquien in der Schweiz, 2 Bde, Z 1902–08; O. CLEMEN, Die Volksfrömmigkeit des ausgehenden MA, Dresden-L 1937; H. BUSCHHAUSEN, Die spätröm. Metallscrinia u. frühchristl. Reliquiare, Bd. I: Der Middle Ages, Princeton 1978; A. ANGENENDT, Heilige u. Reliquien. Die Gesch. ihres Kultes v. frühen Christentum bis zur Gegenwart, Mn 1994. – Atlas KG 28.

Restauration (lat. restaurare = erneuern, wiederherstellen) bez. alle Bestrebungen, die im Widerstreit mit der Gegenwart frühere Gegebenheiten zu neuem Leben erwecken und bewahren wollen (Konservativismus). Für diese Tendenz sind in der KG die Pontifikate Pius' VII. (bes. seit 1814), Leos XII. (1823–29), Pius' VIII. (1829–30), Gregors XVI. (1831–46) und mit Einschränkungen auch Pius' IX. (1846–78) charakteristisch. Am Beginn steht die kirchenpolit. Aktivität des Kard. Ercole Consalvi (1757–1824), dem beim → Wiener Kongreß (1814) mit der Wiederherstellung des → Kirchenstaates ein grandioser Erfolg gelang. Auch die im 19. Jh. geschlossenen → Konkordate dienten in erster Linie der R. kirchl. Rechte. Unter den Literaten wirkten vor allem Joseph Marie de Maistre (1753–1828; Du pape, 2 Bde., Lyon 1819) und François-René Chateaubriand (1768–1848; Le génie du christianisme, P 1802) für eine Kirche, wie sie unter dem Ancien régime bestand, in dem kirchl. und weltl. Autoritäten eng zusammenarbeiteten. Diese jahrhundertalte Verbundenheit verhinderte, daß die Kirche den gewandelten Verhältnissen in der Theologie ebenso wie in der Politik und im sozialen Bereich (→ Soziale Frage) gebührend Rechnung trug, ja, ließ sie im Gegenteil als zutiefst reaktionär und antidemokratisch erscheinen.

→ Religionsedikte, → Ultramontanismus.

L: J. Leflon, La crise révolutionnaire 1789–1846, P 1949; F. Delekat, Reformation, Revolution u. R., drei Grundbegriffe der Gesch.: ZThK 49 (1952) 85–119; K. S. Latourette, Christianity in a Revolutionary Age, 3 Bde, NY 1958–61; H. Maier, Revolution und Kirche, Fr 1959, [3]1973; E. E. Y. Hales, Revolution and Papacy 1769–1846, Notre Dame/Ind. 1966; W. M. Hahn, Romantik u. kath. R., Mn 1970.

Restitutionsedikt, am 6. 3. 1629 von Ks. Ferdinand II. als authentische Erklärung des → Augsburger Religionsfriedens (1555) erlassen. Demnach mußten alle seit 1552 bzw. 1555 von Protestanten eingezogenen, nicht reichsunmittelbaren kath. Kirchengüter zurückgegeben u. die reichsunmittelbaren Erz- u. Hochstifte, Klöster u. Abteien mit Geistlichen nach kanonischem Recht besetzt werden. Der Herrscher in einem reichsunmittelbaren geistl. Territorium verlor beim Übertritt zum »anderen« Glauben das Recht auf die Regierung (reservatum ecclesiasticum = geistl. Vorbehalt). Die den Protestanten in der Declaratio Ferdinandea (1555) gemachten Zugeständnisse wurden für ungültig erklärt. Bei der Durchführung des R. gingen die kaiserl. Kommissionen, bes. was die Rückgabe des Kirchengutes betraf, mit Rücksichtslosigkeit vor. Schon nach zwei Jahren waren die Erzbistümer Bremen und Magdeburg, 5 Bistümer, ungefähr 150 Kirchen und Klöster sowie ebenso viele Pfarreien wieder im Besitz der kath. Kirche. Als Folge davon schlossen sich die prot. Stände noch enger zusammen, um einen gezielten Gegenschlag führen zu können. Hinzu kam, daß Fkr. und Schweden gegen den Ks. und die kath. Kirche Partei ergriffen, so daß das Schicksal der kath. Sache bald besiegelt war (→ Dreißigjähriger Krieg, → Prager Friede, → Westfälischer Friede). Das R. war rechtl. zwar gültig und auch begründet, polit. aber unklug und hinsichtl. der Durchführung verhängnisvoll.

Q: M. C. Lundorp, Acta publica, Bd. III, F 1668, 1048–1055.

L: K. Repgen, Die röm. Kurie u. der Westfälische Friede, Bd. I/1, T 1962, 157–189; H. Urban, Das R. Versuch einer Interpretation, Mn 1968; H. Ströle-Bühler, Das R. von 1629 im Spannungsfeld zw. Augsburger Religionsfrieden 1555 u. dem Westfälischen Frieden 1648, R 1992; M. Frisch, Das R. Ks. Ferdinands II. v. 6. März 1629, T 1993. – Atlas KG 91.

Ritenstreit. Infolge Meinungsverschiedenheiten über die Art und Weise der Missionierung, spez. über die Frage, ob chinesische und indische Sitten und Gebräuche (u.a. Ahnenkult, Konfuziusverehrung), vor allem aber rel. Riten und Zeremonien, fortbestehen dürften, erwuchs der → Mission in ostasiatischen Ländern im 17. und 18. Jh. großer Schaden. Der → Jesuit Matteo Ricci (1552–1610) gilt als Gründer der modernen Chinamission. Für ihn stand außer Zweifel, daß zuerst die gebildeten Schichten für den christl. Glauben gewonnen und ihre kulturellen und sozialen Verhältnisse respektiert werden müßten. Doch schon unter seinem Nachfolger und Gegner Niccolo Longobardi (1566–1655), der jede Anpassung (Akkommodation) in sprachl. und ritueller Hinsicht ablehnte, kam es zu heftigen Konflikten unter den Missionaren, wobei die Ritenfeindlichkeit der span. Franziskaner- und Dominikaner-Missionare sowie der Mitglieder des Pariser Missionsseminars (→ Missionsgesellschaften) zur Verschärfung der Lage beitrug. Nachdem Clemens XI. 1704 die Missionsmethode der Jesuiten verurteilt hatte, reagierte der anfangs dem Christentum gewogene Ks. Kanghi gegenüber Rom noch ablehnender und drang auf strikte Beobachtung der chinesischen Riten. Benedikt XIV. bestätigte mit der Bulle ›Ex quo singulari‹ (1742) den eingeschlagenen Kurs, den erst Pius XII. 1939 zugunsten einer zeitgemäßen Anpassung änderte. Mit demselben Problem sahen sich die Missionare in Madura (Südindien) konfrontiert. Wieder war es ein Jesuit, der Italiener Roberto de Nobili (1577–1656), der sich für eine Anpassung an die indische Mentalität und Kultur einsetzte. Doch der päpstl. Legat (→ Gesandte) Maillard de Tournon entschied 1704 gegen die landesübl. Riten und wurde in seiner Entscheidung 1744 von Benedikt XIV. bestätigt. Als Folge davon mußten die Katholiken in Indien wie in China schwere Verfolgungen von Seiten weltl. Obrigkeiten erleiden. Gleichzeitig wurde ein erfolgreiches Wirken der Missionare auf lange Zeit vereitelt.

L: B. Biermann, Die Anfänge der neueren Dominikanermission in China, Mr 1927; K. S. Latourette, A History of Christian Missions in China, Lo-NY 1929; J. Bettray, Die Akkommodationsmethode des P. Matteo Ricci in China, R 1955; B. Biermann, Notizen zum R.: ZMR 46 (1962) 296–302; O. Ferreux, Histoire de la Mission en Chine (1699–1950): Annales de la Congrégation de la Mission 127 (1963) 3–530; G. Dunne, Das große Exempel. Die Chinamission der Jesuiten, St 1965; K. Schatz, Inkulturationsprobleme im ostasiatischen R. des 17./18. Jh.: StZ 104 (1979) 593–608; C. V. Collani, Die Figuristen in der Chinamission, F-Bern 1981.

Ritterorden (geistl.). Zur Zeit der → Kreuzzüge vereinigten sich christl. Ritter (auch »milites christiani« geheißen), um Heilig-Land-Pilgern Schutz zu gewähren und arme und kranke Pilger zu pflegen; später führten sie zur Eroberung oder Verteidigung des Hl. Landes gegen Mohammedaner und Heiden auch Kriege. Die Mitglieder der R., die keine eigene, sondern eine aus Regeln anderer Orden (→ Benediktiner, → Augustiner, → Zisterzienser) zusammengesetzte Regel besaßen, legten die gewöhnl. drei Mönchsgelübde ab und verpflichteten sich außerdem zum Kampf gegen die Ungläubigen. An der Spitze des einzelnen R. stand der Großmeister. Die Mitglieder wurden nach adeligen Rittern, Ordenskaplänen und Waffenbrüdern unterschieden. Die Mitglieder der weibl. R. widmeten sich vor allem dem Gebet und dem Dienst an Kranken. Fast alle R. gingen infolge der → Säkularisation unter.

Zu den bedeutendsten R. gehören die → Johanniter, → Templer, → Grabesritter und der → Deutsche Orden. Außerdem bestanden zahlreiche kleinere Ritterorden:

Ritterorden von Alcántara, 1157 von den Brüdern Barientos gegen die Mauren gegr., 1177 von Alexander III. bestätigt, später dem Hl. Stuhl in Rom direkt unterstellt. Der Orden trägt seinen Namen nach dem Grenzplatz Alcántara, den er 1213 erhielt. Seit 1546 durften die Ritter heiraten. Kg. Alfons XII. von Span. (1875–85) stellte den von der frz. Republik aufgelösten Orden wieder her. Heute lebt er als span. Militärorden fort.

→ *Annunziaten.*

Aviz-Orden, 1145 von Kg. Alfons I. als »nova militia« gegen die Mauren gegr., 1204 von Innozenz III. bestätigt. Die Ritter, die nach der von dem Zisterzienser-Abt Johannes Cirita verfaßten Regel (1162) lebten, nannten sich nach der 1166 vom Orden eroberten Stadt Evora ›Brüder der hl. Maria von Evora‹, seit 1211 aber nach der Stadt Aviz (Portugal). Auf das Zölibatsversprechen (→ Zölibat) verzichtete man später. Im 19. Jh. wurde der Aviz-Orden als militärischer Verdienstorden verliehen.

Spitalbruderschaft v. dt. Haus St. Marien zu Jerusalem. Die Mitglieder standen im Dienst der Kranken, Pilger, Witwen und Waisen.

Schwertbrüder (fratres militiae Christi), 1202 von dem Zisterzienser Theoderich als Hilfe bei der Missionierung Livlands gegr.; sie vereinigten sich aber schon 1236 mit dem Dt. Orden.

Ritter v. hl. Georg; Ritter v. hl. Mauritius; Ritter v. hl. Michael; Ritter v. der Unbefleckten Empfängnis Marias u. s. w.

→ *Antoniter.*

Während einige Orden als staatl. oder päpstl. Militär- oder Verdienstorden weiterlebten, entwickelten sich andere zu rel. Ordensgemeinschaften.

→ Bernhardinisches Zeitalter.

L: H. PRUTZ, Die geistl. R. Ihre Stellung zur kirchl., polit., ges. u. wirtschaftl. Entwicklung des MA, B 1908, (Ndr.) B 1977; H. V. HUELSEN, Tragödie der R., Mn 1948; H. BORST (Hg.), Das Rittertum im MA, Da 1976; J. FLECKENSTEIN – M. HELLMANN (Hg.), Die geistl. R. Europas, Sigmaringen 1980; L. DARLEN – A. BRAUN-WEIN (Hg.), Gesch. u. Recht geistl. R., Fribourg 1990; E. Z. NOWAK (Hg.), Die R. zw. geistl. u. weltl. Macht im MA, Thorn 1990.

Ritualmord als Tötung eines Menschen während einer rituellen Handlung (Gottesdienst) beruht in den meisten Fällen auf falscher Beschuldigung. Wie Christen von Heiden, so wurden später Häretiker von Christen des R. beschuldigt. Diese Beschuldigungen richteten sich seit dem 12. Jh. zunächst in Fkr., dann auch in Engl., Dtl. und Span. sehr oft gegen Juden (→ Judenverfolgung), die vor allem (getaufte) Kinder zur Verhöhnung Jesu Christi bei ihren Gottesdiensten getötet haben sollen. Um Geständnisse zu erreichen, kam auch die Folter zur Anwendung. Zu den bekanntesten Fällen zählt der Tod des zweijährigen Simon von Trient, der hundert

Jahre später in das Martyrologium Romanum (1584) aufgenommen wurde. Nach dem Prozeß (ca. 1475) wurden 14 Juden getötet und alle übrigen im Territorium des Trienter Bf. ansässigen Juden vertrieben. Zur Diffamierung und Diskriminierung der Juden fanden bis in die neueste Zeit sog. Judenspiele statt. Mehrere Päpste verwendeten sich für die grundlos verdächtigten Juden, freil. ohne großen Erfolg. Innozenz IV. verurteilte in einer Bulle vom 5. 7. 1247 Judenverfolgung wegen R. und wies darauf hin, daß Blutgenuß den Juden verboten sei. Als Gründe für Beschuldigung des R. kamen vor allem rel. Fanatismus, → Antijudaismus (aus rel. Motiven), Besitzgier, Sündenböcke für Katastrophen (Erdbeben, Hungersnot, Seuche u.a.) in Betracht. Johannes XXIII. verbot 1961 den Kult aller mit R. verbundenen Personen.

Q: H. Rengstorf – S. v. Kortzfleisch (Hg.), Kirche und Synagoge, 2 Bde, St 1968–70; MG Ep saec. XIII, Bd. II, 298.

L: M. Stern, Die päpstl. Bullen über die Blutbeschuldigungen, Mn 1900; H. Schramm, Der jüdische R., B 1943; C. Roth, The Ritual Murders Libel and the Jews, NY 1953; W. Seiferth, Synagoge u. Kirche im MA, Mn 1964; H. Knaut, Das Testament des Bösen. Kulte, Morde, Schwarze Messen, St 1979; M. Eder, Die »Deggendorfer Gnad«. Entstehung u. Entwicklung einer Hostienwallfahrt im Kontext von Theologie u. Gesch., Passau 1992; R. Erb, Die Legende vom R. Zur Gesch. der Blutbeschuldigung gegen Juden, B 1993.

Romantik, in erster Linie eine geistes- und kulturgesch. Bewegung in der 1. Hälfte des 19. Jh., die bei ihrer Betrachtung der Welt auf christl. Gedanken und Werte zurückging und dabei dem Irrationalen, dem Historischen und dem organisch Gewachsenen bes. Aufmerksamkeit und Wertschätzung schenkte. Die romantische Mentalität schließt »eine Reaktion der Empfindsamkeit gegen die Kälte der Vernunft, eine mystische Auffassung des Universums, eine Reaktion gegen den Individualismus zugunsten der Werte der Gemeinschaft und die Rehabilitierung der Tradition und Geschichte« (R. Aubert) ein. In der Ekklesiologie lag der Akzent auf der Kirche als einem lebendigen und gesch. Organismus (bes. bei dem Tübinger und später Münchner Theologen Johann Adam Möhler; → Tübinger Schulen). Einflußreich wirkten der Münsteraner Kreis der Gräfin Amalie Gallitzin (1748–1806) mit Bernhard Overberg, Franz von Fürstenberg, den Brüdern Droste-Vischering und Friedrich Leopold von Stolberg, der Landshuter Kreis mit Michael Sailer an der Spitze und in Wien der Kreis um Klemens Maria Hofbauer (→ Redemptoristen) und Friedrich Schlegel. Namhafte Protestanten traten zur kath. Kirche über. Im ev. Bereich kamen Einflüsse der R. in der → Erweckungsbewegung zur Geltung.

Innerhalb der KG weist die R. starke Verwandtschaft mit der → Kath. Bewegung und der → Restauration auf.

Q: L. Scheffczyk (Hg.), Theologie in Aufbruch u. Widerstreit. Die dt. kath. Theologie im 19. Jh., Bremen 1965.

L: P. Funk, Von der Aufklärung zur R., Mn 1925; J. R. Geiselmann, Lebendiger Glaube aus geheiligter Überlieferung, Mz 1942; H. Grassl, Aufbruch zur R., Mn 1968; H. Fries – G. Schwaiger (Hg.), Kath. Theologen Dtl. im 19. Jh., Mn 1975; G. Schwaiger, Joh. M. Sailer. Der bayer. Kirchenvater, Mn-Z 1982.

Romfreie kath. Kirchen. In enger Verbindung mit der → Utrechter Union, bestehend aus den altkath. (→ Alt-Kath. Kirche) Bistümern DtL., der Niederlande, der Schweiz, Östr., Polens, der Tschechoslowakei, Jugoslawiens, der USA, Kanadas, der Kirchenverbände Fkr. und Schwedens, stehen die beiden romfreien kath. Diöz. Span. und Portugals sowie die rund 2,5 Mill. umfassende unabhängige kath. Kirche der Philippinen. Insgesamt zählt man auf der Welt ungefähr 3 Mill. von Rom getrennte Katholiken. – Die Röm.-Kath. Kirche in China ist seit 1949 von Rom getrennt. Die Wiederaufnahme der Beziehungen zw. dem Hl. Stuhl und der kommunistischen Regierung in Peking scheitert immer wieder an der diplomatischen Vertretung Taiwans beim → Vatikan. Die ungefähr 2 Mill. Katholiken in China verfügen im Gegensatz zur chinesischen Verfassung (Art. 46) nur über eine minimale → Religionsfreiheit.

Romideologie, läßt sich dank der Romdichtung von der Antike bis in die Gegenwart verfolgen, nicht zuletzt auch deshalb, weil sie von der christl. Romidee aufgenommen wurde. Dazu war das negative Rombild abzubauen, das vornehml. von der jüdischen Apokalyptik (Sib) kolportiert wurde und als Babylon-Rom-Typologie auch im NT seine Spuren hinterlassen hat (1 Petr 5,13, Apk 14,8, 17,2ff., 18,2f.). Erst mit der Romkritik des → MA kommen diese Einflüsse wieder zum Durchbruch (Carmina burana, Gedicht 41: Ende 12. Jh.). In der → Alten Kirche hingegen überwog die R. eines Vergil, wobei das Brüderpaar Romulus-Remus einerseits, die Apostelfürsten Petrus und Paulus andererseits sich zu einer Gründertypologie ausbauen ließen, die das heidnische »Roma aeterna« und das »Roma christiana« miteinander verband (Epigramme von Papst Damasus, Dichtungen des Ambrosius, Prudentius, Paulinus, alle Ende des 4. Jh.). Es gab auch eine topographische R., die in dem »christl. Rom« das erneuerte »Jerusalem« sah; sie schlug sich in Bildprogrammen nieder (vgl. Triumphbogen von S. Maria Maggiore, Apsismosaik von S. Pudenziana in Rom); auch stadtröm. Kirchenbauten wie S. Croce in Gerusalemme, S. Stefano in Rotondo waren von ihr beeinflußt. Die R. als Reformprogramm einer »renovatio«, sei es Roms oder sei es seiner Weltherrschaft als »caput mundi«, sollte vor allem im MA eine wichtige Rolle spielen, die nicht nur im Ringen zw. → Papsttum und Kaisertum als polit. Waffe gebraucht wurde, sondern sich auch in liturgischen Details (z. B. Papstsegen »urbi et orbi« von der Loggia des → Lateran-Palastes) niederschlug. Aufs engste verband sich aber dann die R. mit der Renaissance (Petrarca, † 1374); sie beschwor sowohl die heidnische wie die christl. Vergangenheit der Tiberstadt, um Rom als »Haupt der Welt, das des Erdkreises Zügel in Händen hält«, zu preisen. In dieser »synkretistischen« Gestalt gewann die R. bis in die Gegenwart ihre Kontinuität.

Q: B. KYTZLER (Hg.), Roma aeterna. Lat. u. griech. Romdichtung v. der Antike bis in die Gegenwart, Z-Mn 1972.

L: E. PFEIL, Die fränkische u. die dt. Romidee des frühen MA, Mn 1923; F. KLINGNER, Rom als Idee, L 1927: DERS., Röm. Geisteswelt, Mn [4]1961, 631–652; P. E.

Schramm, Kaiser, Rom u. Renovatio, L 1929, (Ndr.) Da 1962; H. Fuchs, Der geistige Widerstand gegen Rom in der alten Welt, B 1938; W. Müller, Die hl. Stadt. Roma quadrata, himmlisches Jerusalem u. die Mythe v. Weltnabel, St 1961; V. Buchheit, Christl. R. im Laurentius-Hymnus des Prudentius: Polychronion. Fs. für F. Dölger, Hei 1966, 121–144.

Römische Kurie (Curia Romana) bez. seit dem 11. Jh. die päpstl. Behörde, die sich im Laufe von Jh. von einem kleinen Mitarbeiterstab zu einem ausgebauten Behördenapparat entwickelt hat, der dem Papst bei der Leitung der Gesamtkirche zur Verfügung steht.

In den ersten Jh. wurde der Papst als Bf. von Rom von den Organen des röm. Bt. und von benachbarten Bischöfen unterstützt, vom 4. Jh. an kam die Hilfe der → Synoden hinzu. Mit der Ausbildung des röm. Primats (→ Papsttum, → Vatik. Konzil) über die abendländisch-lat. Kirche – darüber hinaus spielte der röm. Bischof vornehml. eine schiedsrichterl. Rolle – entstanden eigene Behörden, an deren Spitze zunächst die 7 Pfalzrichter (iudices palatini) fungierten. Von einer R. K. im eigentl. Sinn kann man erst vom 11. Jh. an reden, als in enger Verbindung mit dem Primatsanspruch Roms eine zentralistische Kirchenregierung im lat. Westen sich durchsetzte, nicht zuletzt um den Preis der Abspaltung der griech.-byz. Kirche (→ Morgenländisches Kirchenschisma). Einen immer größeren Einfluß erlangte nun das → Kardinalskollegium, das im → Konsistorium unter dem Vorsitz des Papstes den Kurs der Kirche bestimmte, bis es durch die von Sixtus V. (1585–90) neugeschaffenen Kardinalskongregationen weithin ausgeschaltet wurde. Die Konsistorien – man unterscheidet geheime, halböff. und öff. Konsistorien, je nachdem ob nur Kardinäle oder auch Bischöfe und Laien teilnehmen – dienten dem Papst bald nurmehr dazu, wichtige Entscheidungen (z. B. Ernennung von Kardinälen und Bischöfen) und Verlautbarungen zu publizieren. Sog. Kurienkardinäle standen den Kongregationen, deren Zahl im Lauf der Jh. auf 12 anwuchs, Gerichten (Pönitentiarie, Signatur, Rota) und Ämtern (Kanzlei, Datarie, Kammer, Staatssekretariat) als Präfekten vor.

Eine erste gründl. Reform der R.K. führte Pius X. mit der Konst. ›Sapienti consilio‹ von 1908 durch, die dann dem CIC (1918) zugrunde gelegt wurde. Nach dem 2. Vatik. Konzil nahm Paul VI. mit der Konst. ›Regimini Ecclesiae‹ vom 6. 8. 1967 die dringend notwendig gewordene Kurienreform großen Stils vor. Ein Jahr später erließ er die allg. Geschäftsordnung der R.K.

Die R.K. zeigt heute folg. Aufbau:

Päpstl. Sekretariat (früher Staatssekretariat): die verwaltungstechnische Spitze des gesamten kurialen Apparates mit dem Substitut als Vorgesetzten.

Rat für die öffentlichen Angelegenheiten der Kirche (das sog. Außenministerium).

Kongregationen (vergleichbar den Ministerien weltl. Regierungen): für die Glaubenslehre (1), die Bischöfe (2), die oriental. Kirchen (3), die

Sakramente und den Gottesdienst (4), den Klerus (5), die Glaubensverbreitung (6), die Selig- und Heiligsprechungsprozesse (7) und das kath. Bildungswesen (8).

Gerichtshöfe: Apost. Pönitentiarie; Oberstes Tribunal der Apost. Signatur; Sacra → Rota Romana.

Sekretariate für die Einheit der Christen (1), die Nichtchristen (2) und die Nichtglaubenden (3).

Räte, Kommissionen und Komitees.

Ämter: Apost. Kammer; Präfektur für die wirtschaftl. Angelegenheiten des Hl. Stuhls; Verwaltung der Güter des Apost. Stuhls; Präfektur des päpstl. Hauses; Amt für päpstl. Zeremonien; Päpstl. Chor; Zentralamt für kirchl. Statistik; Dombauhütte von St. Peter; Vatik. Apost. Bibliothek; Vatik. Geheimarchiv.

Alle Behörden besitzen nur administrativ-exekutive Funktionen; sie unterstehen dem Päpstl. Sekretariat, das sozusagen die Spitze der Pyramide darstellt. Die Konferenz der Kardinal-Präfekten der Kongreg. dient nur dem Austausch von Informationen. – Die Gesamtzahl des Personals der R.K. stieg 1977 auf 3146 (1961: 1322). Die Internationalisierung erfolgte nicht in allen Gremien (die Italiener meist in der Mehrheit).

Die offiz. Vertretung einer Diöz. bei den päpstl. Kongreg. und Ämtern in Rom für das forum externum heißt Agenzie.

Q: AAS 1 (1909) 9-135 (Konst. »Sapienti consilio« v. 29. 6. 1908); AAS 59 (1967) 885-928 (Konst. »Regimini Ecclesiae Universae« v. 15. 8. 1967); Nachkonziliare Dokumentation, Bd. 10 u. 47: Kurienreform, kommentiert u. eingel. v. H. SCHMITZ, Trier 1968–76; Annuario Pontificio, Città del Vaticano 1980.

L: J. H. BANGEN, Die r. K., Mr 1854; W. v. HOFMANN, Forschungen zur Gesch. der kurialen Behörden v. Schisma bis zur Reformation, 2 Bde, R 1914; K. JORDAN, Die Entstehung der r. K.: ZSavRGkan 28 (1939) 97-152; N. DEL RE, La Curia Romana. Lineamenti storico-giuridici, R 1952, [3]1970; E. PITZ, Die r. K. als Thema der vergleichenden Sozialgesch.: QF 58 (1978) 216–359; C. WEBER, Kardinäle u. Prälaten in den letzten Jahrzehnten des Kirchenstaates. Elite-Rekrutierung, Karriere-Muster u. soz. Zusammensetzung der kurialen Führungsschicht zur Zeit Pius' IX. (1846–1878), St 1978; E. GATZ (Hg.), R. K., kirchl. Finanzen, Vatik. Archiv. Fs. für H. Hoberg, 2 Bde, R 1979; J. LISTL, Grundriß 222-233; P. M. BAUMGARTEN, Die R. K. um 1900, hg. v. C. WEBER, Kö-W 1986. – Atlas KG 108f.

Römisch-Katholische Kirche. Am Anfang nur eine Kirche (una ecclesia) Jesu Christi, aufgeteilt in einzelne Ortskirchen oder Kirchengemeinden, bildeten sich innerhalb des Imperium Romanum Diözesen oder Bistümer, die bestimmten Kirchenprovinzen oder → Patriarchaten angegliedert waren. Entsprechend ihrer Kirchensprache gehörten die Diözesen des lat. Ritus zum »Patriarchat« des Westens, an dessen Spitze der Bf. von Rom stand, der im Laufe der Jh. in die Position des Papstes (→ Papsttum) hineinwuchs. Infolge des → Morgenländischen Kirchenschismas, das Mitte des 11. Jh. seinen Anfang nahm, gingen die R.K. (lat. Ritus) auf der einen und die → orth. Ostkirchen (mit byz.-slawischem Ritus) auf der anderen Seite immer mehr ihre eigenen Wege, nur durch kurzweilige

Unionen (→ Kath. Ostkirchen) verbunden. Obwohl im dogmatischen Bereich weitgehende Übereinstimmung herrscht und deshalb auch Abendmahlsgemeinschaft gestattet ist, verhindern Unterschiede hinsichtl. der Kirchenverfassung (Papsttum) bis heute die Wiedervereinigung. Dagegen bestehen zw. R.K. und den aus der → Reformation hervorgegangenen Kirchen und Gemeinschaften auch glaubensmäßige Differenzen (Eucharistie, Weihepriestertum u. a.). – Die R. K. ist streng hierarchisch organisiert. Der Papst, gleichzeitig Bf. von Rom, besitzt die universale Jurisdiktionsgewalt (inklusive lehramtl. Unfehlbarkeit bei ex-cathedra-Erklärungen) über die gesamte R.K.; er kann also gegebenenfalls in den einzelnen Diöz. als Teilkirchen letztentscheidend eingreifen (1. → Vatik. Konzil). – Neben den lat. Diöz. bestehen verschiedene orientalische Riten, d.h. Unierte oder Kath. Ostkirchen, die den Primat des Papstes anerkennen; sie haben eigene Patriarchen, ein eigenes KR (→ Kirchenrechtsquellen), eigene Liturgien (und eigene Kirchensprachen). Für sie ist in der → Röm. Kurie die ›Kongregation für die orientalischen Kirchen‹ zuständig.

Die R.K. in der BRD umfaßt 5 Kirchenprovinzen (München-Freising, Bamberg, Freiburg, Köln, Paderborn) mit 21 Bistümern. Die Kirchensprengel in der DDR sind in der Berliner Ordinarienkonferenz zusammengefaßt.

L: Annuario Pontificio, R 1912ff.; Kirchl. Hb., Fr. bzw. Kö 1908ff.; Algermissen 1–75 (H. Fries); Heyer 309–554; W. Löser (Hg.), Die R.-K. K., F 1986.

Rosenkreuzer, auch Rosenkreutzer, nach dem legendären Christian Rosenkreutz († 1484) benannte Geheimbünde im 17. und 18. Jh., die ethisch-humanitäre und mystisch-reformatorische Ziele verfolgten. Anstöße zur Gründung geheimer → Bruderschaften wie die der R. gingen von dem württembergischen prot. Theologen und Kirchenführer J. V. Andreae († 1654) aus. In zahlreichen Schriften kämpfte er für eine christl. Erneuerung der Kirche, des Staates und der Ges. durch Pansophie und geheime Wissenschaften (u. a. Alchemie und Magie). Aus solchen Ideen erwuchs Mitte des 18. Jh. der Orden der Gold- und Rosenkreuzer, dem aber auch mystische Gedanken, bes. eine der → Gnosis verwandte Erlösungslehre, nicht fremd blieben. Während die R. am preuß. Hof unter Kg. Friedrich Wilhelm II. (seit 1781 Mitglied) großen Einfluß ausübten, wurden sie in Rußland durch Katharina d. Gr. (1762–96) und in Östr. durch Ks. Joseph II. (1765–90) verboten. In manchen Gegenden bestanden enge Beziehungen zw. R. und → Freimaurern. Der Orden mit den Symbolen Rose und Kreuz ging um 1800 unter.

H. Spencer Lewis gründete 1915 den ›Alten mysthischen Orden des Rosenkreuzes‹, der bald auch in Europa Anhänger fand.

Eine Wiedergeburt in neuem Gewand erlebten die R. im 20. Jh. in den USA, angeführt von Max Heindel (Pseudonym für Max von Grashoff); nach 1945 entstand ein dt. Zweig in Darmstadt. In ihrem Programm finden sich anthroposophische Lehren und okkultistische Bräuche. Die Kirchen werden grundsätzl. abgelehnt.

Q: J. V. ANDREAE, Chymische Hochzeit. Christiani Rosenkreuz, hg. v. R. v. DÜLMEN, St [3]1981; Ders., Theophilus, St 1973; H. S. LEWIS, Das Myst. Leben Jesu 1981.
L: H. JENNINGS, Die R. Ihre Gebräuche u. Mysterien, B 1912, Schwarzenburg 1977; W. E. PEUCKERT, Die R., Je 1928, [2]1974; H. GRASSL, Aufbruch zur Romantik, Mn 1968; K. R. H. FRICK, Die Erleuchteten. Gnostisch-theosophische u. alchemistisch-rosenkreuzerische Geheimges., Graz 1973; F. A. YATES, Aufklärung im Zeichen des Rosenkreuzes, St 1975; R. VAN DÜLMEN, Die Utopie einer christl. Ges., Bd. 1, St 1978; G. WEHR, Christian Rosenkreuz, Fr 1980; G. STEINER, Freimaurer u. R., Weinheim 1985; M. HEINDEL, Die Weltanschauung der R. oder Mystisches Christentum, Da 1991; R. EDIGHOFFER, Die R., Mn 1995.

Rosminianer (Institutum Charitatis = IC; it. Istituto della Carità), von Antonio Rosmini-Serbati 1828 auf dem Monte Calvario (bei Domodossola) gegr. und 1839 von Gregor XVI. bestätigte Kongreg. von Priestern, Klerikern und Laienbrüdern. Die R. legen ewige Gelübde ab; sie wirken aus Gottes- und Nächstenliebe in Schule, Pfarrseelsorge und →Volks- und Heidenmission (bes. Afrika). Der General hat seinen Sitz in Rom.

A. Rosmini (1797–1855), 1821 Priester, als Philosoph und Theologe gleichermaßen bedeutend. Bei seinem Engagement für einen it. Nationalstaat (Risorgimento) geriet er in Konflikt mit Papst und → Röm. Kurie, bes. mit Kard.-Staatssekretär Giacomo Antonelli (1806–76). Trotzdem wollte Pius IX. ihn zum Kard. erheben. In seinem Buch ›Delle cinque piaghe della Santa Chiesa‹ (1832–33 verfaßt, aber erst 1848 anonym veröff.) untersuchte er den it. und östr. Katholizismus; dabei konstatierte er »fünf Wunden«: Trennung zw. Klerus und Laien bei der Liturgie; ungenügende Bildung des Klerus; keine Zusammenarbeit unter den Bischöfen (zu große Abhängigkeit der Bischöfe von den Fürsten); Bischofswahl durch weltl. Autoritäten; Knechtschaft der Kirchengüter. Während seine polit. Schriften auf den Index (→Bücherzensur) kamen (1849), erklärte Pius IX. die philos. Werke ungeachtet heftiger Anfeindungen 1854 für rechtgläubig. Erst lange nach seinem Tod beurteilte Leo XIII. im Dekret ›Post obitum‹ (1887) 40 aus Rosminis Schriften willkürl. exzerpierte Sätze, z.B. über die Gottesschau und Gotteserkenntnis, als häretisch. Heute kann Rosmini faktisch als voll rehabilitiert gelten.

P: Rivista Rosminiana, Pallanza bzw. Domodossola 1906ff.
Q: D–S 3201–3241 (errores); N–R 58–59, 909–910; D–S 3154 (Dekret der Indexkongreg. v. 1881).
L: G. PUSINERI, Rosmini, fondatore dell' Istituto della Carità, Domodossola [2]1929; A. HILCKMAN, Antonio Rosmini nach hundert Jahren: Hochland 53 (1960/61) 440–451; F. PFURTSCHELLER, Von der Einheit des Bewußtseins zur Einheit des Seins. Zur Grundlegung der Ontologie bei A. Rosmini-Serbati, F 1977; K. H. MENKE, Vernunft u. Offenbarung nach Antonio Rosmini, I 1979.

Rota Romana, vermutl. nach dem im Kreis (rota) zusammensitzenden Richterkollegium benannter Gerichtshof der → Röm. Kurie, der urspr. ›Audientia sacri palatii‹ hieß. Aus der Beratungsrunde der ständigen Auditoren entwickelte sich im 13. Jh. eine Institution mit eigenen Verfahrensregeln und vom 14. Jh. an mit mehreren Kammern. Entscheidend für die Organisation wurde Johannes' XXII. Konst. ›Ratio iuris‹ (1331), die gemeinsame Beratung der Auditoren zur Pflicht macht. Bildeten im → MA Zivil- und Strafsachen die Hauptsache, so wurde der R. R. diese Materie in der → NZ ganz entzogen, nicht zuletzt als Folge der unter Sixtus V. (1585–90) err. Kardinals-Kongregationen, so daß sie vorwiegend als oberstes Berufungsgericht für Prozesse im Bereich des → Kirchenstaates diente. Erst Pius X. (1903–14) machte die R. R. mit der Bulle ›Sapienti consilio‹ (1908) wieder zum höchsten Gerichtshof der Kirche, der vor allem als Berufungsgericht entscheidet. Zu den Hauptaufgaben zählen alle Ehenichtigkeitsfälle. Paul VI. bestätigte 1968 die neue Verfassung der R. R., an deren Spitze der Dekan als dienstältester Auditor steht.

Q: AAS 2 (1910) 783–850; AAS 26 (1934) 449–491; Sanctae Romanae Rotae Decisiones seu Sententiae, R 1909ff.

L: F. E. Schneider, Die Röm. Rota. Bd. 1, Pa 1914; Ders., Über den Namen R.: RQ 41 (1933) 29–43; R. Puza, Res iudicata: Rechtskraft u. fehlerhaftes Urteil in den Decisionen der röm. R., Graz 1973; K. W. Nörr, Ein Kapitel aus der Gesch. der Rechtsprechung: Die R. R.: Ius Commune 5 (1975) 192–209; M. Wegan, Ehescheidung. Auswege mit der Kirche, Graz-W-Kö 1982.

Russisch-orthodoxe Kirche, eine der 14 orth. autokephalen Kirchen, die sich selbständig verwalten, in Dogma, Liturgie und Kult aber der Mutterkirche verbunden blieben und von ihr auch anerkannt wurden.

Schon im Reich von Kiew (944–1054) hatte der Metropolit eine von Byzanz gebilligte Sonderstellung als »großer autokephaler Erzbischof«. Nur die Bischöfe von Nowgorod konnten im Norden eine gleiche hegemoniale Rolle beanspruchen. Der 1. Mongolensturm (1223ff.) brachte allerdings einen Wandel, indem der Metropolit von Kiew um den Erhalt seiner west- und südruss. Diözese kämpfen mußte, während der Metropolit von Moskau sich aus dem Kreis der übrigen Erzbistümer als Sprecher gesamtkirchl. Belange qualifizieren konnte. Seit dem 14. Jh. auch von orth. Patriarchen in → Konstantinopel als Erbe der »Kathedra von Kiew« anerkannt und zum »Metropoliten von Kiew und ganz Rußland« bestellt, war derselbe an den Unionsverhandlungen des → Florenzer Konzils (1437/39) beteiligt, unterschrieb auch das Unionsdekret mit den Griechen; durchsetzen in Moskau ließ es sich allerdings nicht. Es kam zum »Akt von 1448«, mit dem sich die orth. Kirche des Moskauer Großfürstentums für autokephal erklärte. Hingegen blieb die daraufhin von Byzanz und vor allem von Rom betriebene Aufwertung des Metropoliten von »Kiew, Galicien und ganz Rußland« (1458) wirkungslos. Nach dem Fall Konstantinopels (1453) konnte Moskau ungehindert das Erbe des »Zweiten Rom« für sich beanspruchen und sich zum »Dritten Rom« proklamieren. Daß mit solchem Anspruch eine gefährl. Isolierung von der Gesamtkirche bzw. der »Ökumene« eingeleitet wurde, zeigte sich erst später. Zunächst lebte die r.-o. Kirche von rel. Impulsen des → Mönchtums. Kiew war auch darin ein Abbild von Konstantinopel, daß seine Mauern neben den Palästen auch zahlreiche Klöster beherbergte. Sein Höhlenkloster wurde zum Kulturzentrum des vormongolischen Rußland. Die Tatarenzeit (14./15. Jh.) zeigte zudem zahlreiche Klostergründungen, deren Ikonen, z.B. die

»Gottesmutter von Vladimir«, auch darin ihren byz. Vorbildern glichen, daß sie Ziel frommer → Wallfahrt und so rel. Zentren gesamtkirchl. Einflusses wurden. Dieser Macht sah sich beim Aufstieg zum gottgewollten »Zartum« (Kaisertum) Iwan d. Gr. († 1505) konfrontiert. Er hatte gehofft, mit Hilfe der Mönchspartei der »Uneigennützigen« (asketischer Verzicht auf Klostergut) sein Machtpotential zu vergrößern, sah sich darin aber getäuscht. Hingegen schuf der Bund mit einem selbstbewußten Mönchtum unter Iwan dem Schrecklichen († 1584) jene bipolare »Symphonie« von Staat und Kirche, für die Byzanz Vorbild sein konnte (Hundertkapitelsynode von Moskau 1551). Die Errichtung des »Patriarchats von Moskau und ganz Rußland« (1589) war Rückkehr zum Ursprung; sie erhielt daher auch die Anerkennung durch den ökumenischen Patriarchen von Konstantinopel.

Die Dynastie der Romanows (1613–1917), aber auch die Unterbindung der traditionellen Bande zw. Kiew und Byzanz durch die Inkorporierung der Ukraine (1654) gaben einem schon immer vorhandenen »russ. → Gallikanismus« neuen Auftrieb. Seine Verankerung in der Volksfrömmigkeit erkannte der Patriarch Nikon (1652–1666), dessen graecophile Reform mit seiner eigenen Absetzung und dem Raskól (→ Altgläubige) endete. Die Beseitigung des Patriarchats und die Institutionalisierung des ›Heiligsten regierenden Synods‹ durch Peter d. Gr. (1672–1725) waren die Folge, das vom Naturrecht der Aufklärung geprägte Reformprogramm des »Vaters der russ. Theologie«, Feofan Prokopovic († 1738), die Kehrseite dieser Entwicklung, die durchaus »westlich« orientiert war. Sie stand im Zeichen der »russ. Staatskirche« des 19. Jh., wobei die Kluft zw. Kirche und Gläubigen noch mehr vertieft wurde, zumal da die → Säkularisation des Kirchen- und Klostergutes das russ. Mönchtum stark beeinträchtigte. Weithin wurden → russ. Sekten zu Gralshütern asketischer Tradition. Zusammen mit den freikirchl. Einflüssen des Westens (→ Baptisten, → Stundismus) ergibt sich so für das 19. Jh. ein diffuses Bild der staatskirchl. Situation.

Das erklärt, warum aus den Trümmern der Oktoberrevolution (1917) das russ. Patriarchat erneut erstand und trotz des ›Dekrets über die Freiheit des Gewissens, die kirchlichen und rel. Gemeinschaften‹ von 1918 (Trennung von → Kirche und Staat, von Kirche und Schule; Kirchenvermögen als Volkseigentum) sich halten konnte, auch wenn die Gottlosenpropaganda schwere Einbußen brachte. Die Loyalitätserklärung des Patriarchen Sergios († 1944) zum Sowjetstaat unmittelbar nach der Haftentlassung (1927), die Unterstützung des »Vaterländischen Krieges« (1941) schufen neue Kontakte. Seit 1943 besteht ein ›Rat für die rel. Angelegenheiten beim Ministerrat der UdSSR‹ (so seit 1966 offiz. Titel). Er erhob gegen den Beitritt der r.-o. K. zum → Ökumenischen Rat der Kirchen (1961) keinen Einspruch, sah vielmehr die Mitarbeit an den Prager Friedenskonferenzen und die Zusammenarbeit mit der »kleinen Ökumene« (prot. Kirchen Mittel-, Ost- und Südosteuropas) gerne. Heute bildet man den geistl. Nachwuchs in den Seminaren Moskau, Leningrad und Odessa aus und treibt theol. Fortbildung in den Geistl. Akademien Leningrad und Zagorsk bei Moskau.

Q: P. Hauptmann – G.-G. Stricker (Hg.), Die Orth. Kirche in Rußland. Dokumente ihrer Gesch. 860–1980, Gö 1988.

L: H. Schaeder, Moskau – das Dritte Rom, H 1929, Bad Homburg [3]1963; W. Kahle, Die Begegnung des baltischen Protestantismus mit der r. K., Lei 1959; I. Chrysostomus, KG Rußlands der neuesten Zeit, 3 Bde, Mn-Sa 1965–68; R. Stupperich (Hg.), Die r. K. in Lehre u. Leben, Witten 1966; K. Onasch, Russ. KG, Gö 1967; M. Klimenko, Die Ausbreitung des Christentums in Rußland seit Vladimir d. Hl. bis zum 17. Jh., B 1969; H.-D. Döpmann – H. P. Niess, Kirche in Rußland zw. Tradition u. Glaube, St 1977; E. Bryner, Der geistl. Stand in Rußland. Sozialgesch. Untersuchung zu Episkopat u. Gemeinde. Die Geistlichkeit der r. K. im 18. Jh., St 1980; Pitrim (Hg.), Die R.-o. K., St 1986; G. Adler (Hg.), Tausend Jahre heiliges Rußland, Fr-Bas-W 1987; G. Schulz, Das Landeskonzil der Orth. Kirche in Rußland 1917/18, Gö 1995. – Atlas KG 44, 81, 93, 110, 131, 133, 135, 150.

Russische Sekten. Abgesehen von den → Altgläubigen sind verschiedene Sektentypen zu unterscheiden. [1] Der eine Typ lebt aus jenen sektiererischen Traditionen, die die byz. Ketzergesetzgebung in den Untergrund gedrängt und denen sie damit aber auch Kontinuität verliehen hatte. Sie verbanden sich allzu leicht mit altruss., finnisch-ugrischem Heidentum. Zu diesem Typ gehören z. B. die Skopzen (»Selbstverstümmler«), deren Ritus Ausdruck eines Dualismus nach Art der Bogomilen war. Die Chlysten zogen aus ihm die umgekehrte Folgerung einer libertinist. Askese.

[2] Der andere Sektentyp resultiert aus westl. Kontakten mit den → Katharern, → Waldensern oder → Hussiten; zu ersteren hat man die »Zweifler« oder »Schwankenden« (typische Fremdbezeichnungen), zu den zweiten die »Tuchschneider« (Strigólniki) und zu den dritten die »Judaisierenden« (Židovstvujuščie) zu zählen. Diesen Gruppen des 14. und 15. Jh. war die Ablehnung kirchl. Hierarchie und des Heiligen- bzw. Ikonenkultes gemein; sie insistierten auf dem exklusiven Offenbarungsgehalt der hl. Schrift. In Reaktion darauf beschloß vielleicht die »Hundertkapitelsynode« (Stogláv) von 1551 eine russ.-orth. Bibelausgabe.

[3] Eine weitere Gruppe bilden neuzeitl. S. wie die → Duchobórzen und → Stundisten. Sie konnten auch wie die »Namensverehrer« (Imjaslavcy) an die mystisch-spekulativen Traditionen der → Athosklöster anknüpfen, wenn sie den Namen Gottes als Hypostase verehrten; trotz →Exkommunikation durch den hl. Synod (1913) hielten sie sich im Kaukasus als kleine, von einem »Rat der Zwölf« geleitete Gemeinschaft bis 1927. Die »Seufzenden« (Wezdychency) hingegen wähnten um 1900 in Kaluga durch ihr mit Röm 8,26 legitimiertes Zungenreden den Anbruch des »Dritten Reiches« des Geistes nach dem des Vaters und des Sohnes zu bezeugen, was an Joachim von Fiore († 1202) erinnert. Die »Milchtrinker« (Molokanen; als Fastenritus), die schon 1805 Religionsfreiheit hatten, dachten sehr aufklärerisch (›Glaubenslehre‹; ›Katechismus‹, gedruckt in Genf 1905–08) und hatten eine antihierarchische Presbyterialordnung.

Gemeinsam mit den ihnen verwandten »Sabbatfastern« (Subbotniki) wurden sie noch 1959 in ihrem Kerngebiet Tambow registriert.

[4] Apokalyptische S. tauchen immer wieder auf, so Ende des 19. Jh. die »Henochleute« (Jenochóvcy) an der unteren Wolga, als man für 1900 das Weltende erwartete; doch nicht dieses trat ein, sondern die Verbannung nach Polen. Ebenso lösten die Bürgerkriege nach 1917 Endzeiterwartungen bei den Schaschkovcy (nach ihrem Sektengründer benannt) aus; diese wurden 1924 aufgelöst wie hernach noch viele andere, die sich nach ihrem Gründer nannten. Dieser Sektentyp gilt von vornherein als staatsfeindlich.

[5] Als letzter Typ seien Gemeinschaften wie die »Vereinigten Evangeliumschristen« und die → Baptisten gen., die eigentl. nur durch das Selbstverständnis der → russ.-orth. Kirche in diese Kategorie verwiesen werden.

L: K. K. Grass, Die r. S., L 1907–13, (Ndr.) L 1966; R. Stupperich, R. S., Witten 1938; J. Chrysostomus, Die »Pomorskie Otvety« als Denkmal der Anschauungen der russ. Altgläubigen gegen Ende des 1. Viertels des 18. Jh., R 1957, ²1973; P. Hauptmann, Altruss. Glaube, Gö 1963; Heyer 689–695.

Sabbatarier, auch Sabbatisten, sind christl. Sekten, welche die Feier des Sabbat hochschätzen. Die ältesten S. waren die → Ebioniten, eine judenchristl. Sekte am Ende des 1. Jh. in Palästina und Syrien. Als Anhänger des mosaischen Gesetzes vertraten sie mehrere christl. Irrlehren. In der → NZ zählen zu den S. im 17. Jh. die Seventh-Day-Baptisten und im 19. Jh. die Neuisraeliten sowie manche Gruppen der Church of God und die Siebenten-Tags-Adventisten. Verwandt mit den S. erscheinen in Rußland die Subbotniki (Sabbatfeierer) seit dem 18. Jh. (→ russ. Sekten).

L: W. KOLARZ, Die Religionen in der Sowjetunion, Fr 1963; L. M. PÁKOZDY, Der siebenbürgische Sabbatismus. Seine Entstehung u. seine Entwicklung v. Unitarismus zum Judentum, St 1973.

Sabellianismus. Sabellius, geborener Libyer, griech. schreibender alexandrinischer Theologe, kam ca. 217 nach Rom und wurde dort Verfechter des Monarchianismus (These von der »Alleinherrschaft« des einen Gottes), der sich gegen die metaphysische Logoschristologie (bereits in seiner Präexistenz regierte der Christus über diese Welt) und eine sich entwikkelnde Trinitätstheologie wandte. Indem er auf die sog. prosopographische Exegese des AT und die Doppeldeutungsmöglichkeit des griech. prósopon (Maske; Person) zurückgriff, vertrat er die Anschauung, der *eine* Gottvater habe sich unter der Maske Jesu von Nazareth als »Sohnvater« offenbart, so daß Gott selber am Kreuz gelitten habe (sog. Patripassianismus), und offenbare sich nach der Himmelfahrt unter der Maske des Hl. Geistes. Nach der → Exkommunikation durch Papst Calixt dürfte Sabellius wieder in seine Heimat zurückgekehrt sein. Jedenfalls wird seine Lehre von den drei »Formen« (modi; daher auch Modalismus) des einen Gottwesens Mitte des 3. Jh. von mehreren Bischöfen in der sog. Pentapolis vertreten. Als der Bf. von Alexandrien sie darüber zur Rede stellte und diese ihrerseits in Rom Rückendeckung suchten, kam es zum literarischen Streit zw. den beiden Dionysius von Rom und Alexandrien, wobei die These von der »Wesenseinheit« (Homousia) zw. Vater und Sohn eine Rolle spielte. Sie sollte dann durch das 1. Ökumenische → Konzil von Nicaea (325) zur Formel der → Orthodoxie werden. Deshalb berichtet später auch einer ihrer Repräsentanten, Athanasius von Alexandrien, darüber (→ Arianismus). Noch F. Schleiermacher († 1834) erhoffte sich vom S. eine zeitgemäße Trinitätslehre.

Q: D–S 112–115; MIRBT-ALAND 209–213; M. TETZ (Hg.), F. Schleiermacher u. die Trinitätslehre, Gü 1969; KThQ I 104–106.

L: A. GRILLMEIER, Jesus der Christus im Glauben der Kirche, Bd. I, Fr-Bas-W 1979, 283f.

Sackbrüder (lat. Fratres saccati; it. Sacchetti), auch Bußbrüder Jesu Christi (Fratres de Poenitentia Jesu Christi), 1248 von Raimund Attanulfi auf dem Mont Fenouillet bei Hyères gegr. und 1251 von Innozenz IV. anerkannt. Sie lebten in radikaler Buße und Armut; später widmeten sie sich auch dem Studium und der Seelsorge. Nach der Aufhebung durch das 2. Konzil von → Lyon (1274) – vermutl. deshalb, weil sie die rechte Lehre und die entsprechende Kirchenordnung zu gefährden schienen – schlossen sich die zu dieser Zeit mindestens 112 Niederlassungen zählenden S. in großer Zahl → Bettelorden an.

Q: COD 302f.

L: HEIMBUCHER I 540f.; K. ELM, Ausbreitung, Wirksamkeit u. Ende der provençalischen S. (Fratres de Poenitentia Jesu Christi) in Dtl. u. den Niederlanden: Francia 1 (1971) 257–324. – Atlas KG 56 A.

Saeculum obscurum. Nachdem der Humanismus das → MA insgesamt als »finsteres Jahrhundert« bez. hatte, engte der Kirchenhistoriker Caesar Baronius († 1607) den Begriff in seinen ›Annales‹ (→ Kirchengeschichte, → Magdeburger Zenturien) auf die Zeit zw. 880 und 1046 ein, als das → Papsttum den stadtröm. Adelsgeschlechtern ohnmächtig ausgeliefert war. Vieles, was Bf. Liutprand von Cremona († ca. 970) in seiner ›Chronique scandaleuse‹ über die Geschwister Marozia und Theodora bzw. deren Mutter (Verdikt der »Pornokratie«) berichtet hat, hielt der hist. Nachprüfung nicht stand. Der Skandalgeschichten (Leichenschändung an Papst Formosus, Erdrosselung seines Nachfolgers Stephan VI.) bleibt genug. Nachweisl. waren das 9.–11. Jh. eine Epoche der rotierenden Papstabfolgen (44 Päpste!). Unverkennbar spielt bei diesem Niedergang eine Rolle, daß die Karolinger ebenso wie die Langobarden als »Patricii Romanorum« ausfielen. Mit dem »Dux Romanorum« Theophylakt († ca. 924), zugleich Exarch von Ravenna, wird außerdem byz. Einfluß greifbar. Sein Enkel Alberich war noch mächtiger († 954); er führte den Titel »Patricius« offiz. (wohl durch Byzanz verliehen). Er war es auch, der Odo von Cluny (→ Cluniazenser) das Marienkloster auf dem Aventin als stadtröm. Residenz überließ und so ungewollt der → Gregorianischen Reform einen hauptstädtischen Stützpunkt verschaffte. Seinem letzten Wunsch kamen die Römer durch Wahl seines Sohnes Octavian (alias Johann XII.) zum Papst nach (→ Papstwahl); dieser vereinte so weltl. und geistl. Gewalt über Rom in seiner Hand. Der Adelskämpfe innerhalb der Stadt konnte aber auch er nicht Herr werden. Als er sich außerdem durch Berengar von Ivrea, dem neuen Herrn über Oberitalien, bedroht sah, rief er den dt. Kg. Otto 960 zu Hilfe, die dieser sich durch die Kaiserkrönung (962) und das → Pactum Ottonianum bezahlen ließ. Damit war abermals die Zukunft des Papsttums dank dem dt. Königtum als »Steigbügelhalter« in seinem Aufstieg gesichert. Das Gerangel der Tusculaner und Crescentier um die Papstwürde hörte aber noch nicht auf. Erst als die Crescentier in der Person Silvesters III. aufgaben, wobei die Abfindungssumme für solche »Abdankung« durch die jüdische Bankiersfamilie der Pierleone (Verwandte Gregors VII.?) erbracht wurde (1046), war der Weg zu einer Konsolidierung frei.

Q: MG SS rer. germ., hg. v. BECKER, Han [3]1915 (»Antapodosis« des Liutprandt); MIRBT-ALAND 523.

L: H. ZIMMERMANN, Papstabsetzungen des MA, Graz 1968; DERS., Das dunkle Jh., Graz 1971; T. E. MOEHS, Gregorius V. (966–999), A Biographical Study, St 1972; K.-J. HERRMANN, Das Tuskulanerpapsttum (1012–1046), St 1973.

Säkularinstitute (Instituta saecularia), seit dem 18. Jh., hauptsächl. aber erst in unserem Jh. entstandene Gemeinschaften, deren Mitglieder, Kleriker wie Laien, das Leben nach den ev. Räten (Armut, Gehorsam und Ehelosigkeit) mit einem weltl. Beruf verbinden. Sie kennen keine spez. Kleidung, kein Klosterleben nach einer bestimmten Regel und keinen festgelegten Lebensstil. Ihr rechtl. Status blieb ungeklärt, bis Pius XII. in den Konst. ›Provida Mater Ecclesia‹ (1947) und ›Primo feliciter‹ (1948) diese Gemeinschaften ausdrückl. anerkannte und von den Religiosen (Orden und Genossenschaften) wie von den Ges. gemeinsamen Lebens ohne Gelübde kanonistisch absonderte. Das 2. → Vatik. Konzil definierte sie als »Apostolat in der Welt und gleichsam von der Welt her« (Dekret über die zeitgemäße Erneuerung des Ordenslebens, Nr. 11). Die 1. Weltkonferenz der S. als Zusammenschluß aller kirchl. anerkannten Institute von unterschiedl. Strukturen und Spiritualitäten fand 1972 in Nemi (bei Rom) statt.

Der Idee eines S. begegnen wir erstmals bei Angela Merici (1474–1540), der Gründerin der → Ursulinen. Dagegen scheiterte die Engländerin Mary Ward (→ Englische Fräulein) im 17. Jh. mit einem ähnl. Vorhaben an der strengen Klausurforderung der → Röm. Kurie.

Als eigentl. Vater der S. kann Pierre-Joseph Picot de Clorivière († 1820) gelten. Er gründete 1790 zwei Gemeinschaften, die im Vergleich zu den traditionellen Orden und Kongreg. einen neuen Typ darstellten: die ›Ges. der Priester vom Herzen Jesu‹, die 1852 von Pius IX. als S. für Priester Anerkennung fand, und zusammen mit Adelaide de Cicé die ›Ges. der Töchter vom Herzen Mariä‹, die Pius IX. 1853 als fromme Vereinigung empfahl, von Leo XIII. aber den rel. Orden zugerechnet wurde.

Nach dem 1. Weltkrieg entstanden in Mailand die ›St. Paulusgesellschaft‹ im Geist des Kard. Ferrari und die von Pater Gemelli gegr. ›Missionare des Königtums Christi‹. In der Folgezeit trat in verschiedenen Ländern eine Vielzahl ähnl. Gemeinschaften (»piae uniones«) ins Leben, die aber nur zum geringen Teil vom Papst oder zuständigen Bf. genehmigt wurden. Zu diesen zählen z. B. die 1919 von Pater Businelli gegr. ›Apostel des Heiligsten Herzens‹, das von Pater Eymieu err. Institut ›Notre Dame du Travail‹ und die von Pater Kentenich († 1968) ins Leben gerufenen Schönstattpriester (→ Schönstatt-Werk). – Derselbe Pater Kentenich gründete 1926 die ›Vereinigung der Marienschwestern vom Kath. Apostolat in Schönstatt.‹ In Fkr. entstand 1937 auf Initiative des → Dominikaners J. M. Perrin das internationale S. ›Caritas Christi‹, das Pius XII. 1955 approbierte. Mitglieder können nur Frauen sein. Eine der jüngsten Gründungen sind die seit 1949 bestehenden ›Bonifatius-Schwestern‹, die in der Benediktiner-Abtei Schweiklberg a. d. Donau ihren Ausgang nahmen und in der Diaspora wie in der → Mission tätig sind.

Die ev. Konvente tragen viele verwandte Züge mit den S.; zu den bekanntesten gehören Loccum und Amelungsborn.

Q: J. BEYER (Hg.), De Institutis Saecularibus Documenta, Rb 1962, (dt.) Die kirchl. Urkunden für die Weltgemeinschaften, Ei 1963.

L: N. C. HEUTGER, Ev. Konvente in den welfischen Landen u. der Grafschaft Schaumburg, Hildesheim 1961; H. A. TIMMERMANN, Die Weltgemeinschaften im dt. Sprachraum. Mit einem bibliographischen Anhang, Ei 1963; J. BEYER, Die S : Hb. der Pastoraltheologie, Bd. IV, Fr-Bas-W 1969, 573–586; N. MARTIN, Der Ordenspartisan. Zur Soziologie der S. in der kath. Kirche, Fr 1969; J. HALKENHÄUSER, Kirche u. Kommunität. Ein Beitrag zur Gesch. u. zum Auftrag der kommunitären Bewegung in den Kirchen der Reformation, Pa 1978; H. HIRSCHLER – E. BERNEBURG, Geschichten aus dem Kl. Loccum, Han 1980; C. JOEST, Spiritualität ev. Kommunitäten, Gö 1995.

Säkularisation (lat. saecularis = weltlich) als hist.-polit. und juristischer Begriff – erstmals nachgewiesen 1646 bei den Vorverhandlungen zum → Westfälischen Frieden – bez. die Entziehung kirchl. Hoheits- wie auch Besitz- und Nutzrechte durch den Staat ohne Zustimmung der Kirche.

Das MA kennt eine Reihe von Eingriffen in kirchl. Güter und Liegenschaften, am bekanntesten die auf Betreiben des frz. Kg. Philipp d. Schönen durchgeführte S. der → Templer. Bei der von Kg. Heinrich VIII. von Engl. († 1547) angeordneten S. wurden innerhalb weniger Jahre fast 1000 Klöster und Stifte aufgelöst (→ Anglikanismus). Zahlreich waren die S. (vor allem Bistümer und Klöster) durch prot. Landesfürsten, legitimiert durch Friedensverträge (→ Augsburger Religionsfriede, → Westfälischer Friede). Einzelne Säkularisationspläne im 17. Jh. scheiterten jedoch an der Kirchenpolitik kath. Dynastien (Habsburger, Wittelsbacher, Lothringer u. a.). Die schon von dem Natur- und Völkerrechtslehrer Samuel Frhr. von Pufendorf († 1694) theoretisch geforderte und von der → Aufklärung begünstigte Total-Säkularisation kam auch im östr. → Josephinismus nicht zur Durchführung, wenngleich Ks. Joseph II. (1765–90) in Östr. über 700 Klöster aufhob und deren Vermögen in einem Religionsfonds vereinigte. Zu Beginn der Frz. Revolution enteignete der frz. Staat alle Kirchengüter, verpflichtete sich allerdings, für die kirchl. Bedürfnisse aufzukommen. 1790 wurden 51 Bistümer und die Mehrzahl der Klöster aufgehoben. Ungefähr zur selben Zeit trafen den → Kirchenstaat erste S., bis er 1870 gegen Protest Pius' IX. an das neuerr. Königreich It. angegliedert wurde. – Die eigentl. S. erfolgte, als Fkr. im Frieden von Lunéville (1801) alle linksrhein. Gebiete des Reiches zugesprochen erhielt. Der Regensburger → Reichsdeputationshauptschluß von 1803 sanktionierte die hauptsächl. von den Großmächten Fkr. und Rußland bestimmten Gebietsveränderungen. Dies bedeutete gleichzeitig das Ende der → Reichskirche. – Enteignungen kirchl. Vermögens geschahen auch noch später, angefangen bei Fkr. (1905) über Rußland (1918) bis in unsere Zeit.

Q: K. ZEUMER, Quellensammlung zur Gesch. der dt. Reichsverfassung in MA u. NZ, L 1904, [2]1913; E. R. HUBER, Dokumente zur dt. Verfassungsgesch., 2 Bde, St 1961–64, 3 Bde, [2]1961–66, Bd. 1, [3]1978; R. v. OER, Die S. 1803. Vorbereitung – Diskussion – Durchführung, Gö 1970.

L: A. M. SCHEGLMANN, Gesch. der S. im rechtsrhein. Bayern, 3 Bde, Rb 1903–08; J. BUHOLZER, Die S. kath. Kirchengüter während des 18. u. 19. Jh. Lz 1921;

H. MÜSSENER, Die S. der kath. Kirche in Dtl., D 1927; H. E. FEINE, Kirchl. Rechtsgesch. Die kath. Kirche, Kö-W 1950, [5]1972; G. SCHWAIGER, Das Ende der Reichskirche u. seine unmittelbaren Folgen: StM 79 (1968) 136–148; H. MÜLLER, S. u. Öffentlichkeit am Beispiel Westfalens, Mr 1971; R. BÜTTNER, Die S. der Kölner geistl. Institutionen, Kö 1971; G. SCHWAIGER, Das Ende der Reichskirche u. die S. in Dtl.: DERS. (Hg.), Kirche u. Theologie im 19. Jh., Gö 1975, 11–24; K. J. BENZ, Zu den kulturpolit. Hintergründen der S. v. 1803: Saeculum – Jahrbuch 26 (1975) 364–385; A. RAUSCHER (Hg.), Säkularisierung u. S. vor 1800, Mn-Pa-W 1976; A. LANGNER (Hg.), S. u. Säkularisierung im 19. Jh., Mn-Pa-W 1978; D. STUTZER, Die S. 1803. Der Sturm auf Bayerns Kirchen u. Klöster, Rosenheim 1978; R. LILL, Die S. u. die Auswirkungen des Napoleonischen Konkordats in Dtl.: A. v. REDEN-DOHNA (Hg.), Dtl. u. It. im Zeitalter Napoleons, Wie 1979, 91–103; H. C. MEIMPEL, Die Vermögenssäkularisation 1803/10. Verlauf u. Folgen der Kirchengüterenteignung in verschiedenen dt. Territorien, 2 Bde, Mn 1979. – Atlas KG 97 C-D.

Säkularisierung (Verweltlichung; lat. saeculum = Welt) bez. im Unterschied zur → Säkularisation seit dem 19. Jh. ganz allg. den Emanzipierungsprozeß von der Vormundschaft der Kirche, wobei die Frage, wie christl. Glaube und neuzeitl. Geistesleben zu vereinbaren seien, im Mittelpunkt steht. Beide Begriffe werden allerdings nicht immer streng auseinandergehalten.

L: M. STALLMANN, Was ist S.?, T 1960; H. LÜBBE, S. Gesch. eines ideenpolit. Begriffs, Fr-Mn 1965, [2]1975; O. MANN, Die gescheiterte Säkularisation. Ein Irrgang der europäischen Philosophie, T 1968; H. BÜRKLE, Die Reaktion der Religionen auf die S., Neuendettelsau 1969; O. CHADWICK, The Secularization of the European Mind in the Nineteenth Century, C 1975; H. G. SCHENK, Die Entchristlichung Europas (1750–1900), Bas 1977; H. BLUMENBERG, Die Legitimität der NZ, 3 Bde, F 1977; R. MARBACH, S. u. sozialer Wandel im 19. Jh. Die Stellung v. Geistlichen zu Entkirchlichung u. Entchristlichung in einem Bezirk der Hannoverschen Landeskirche, Gö 1978; J. DELUMEAU, Stirbt das Christentum?, Olten 1978; U. RUH, S. als Interpretationskategorie, Fr-Bas-W 1980; H.-H. SCHREY (Hg.), S., Da 1982; R. SCHLÖGL, Glaube u. Rel. in der S. Die kath. Stadt. Köln, Aachen, Münster 1700–1840, Mn 1995.

Salamanca (Schule von). Der → Dominikaner Francisco de Vitoria († 1546), seit 1526 erster Lehrstuhlinhaber für Dogmatik an der seit 1243 bestehenden Univ. S., brach die bisherige Vorherrschaft des Nominalismus (»via moderna« → Spätscholastik) und machte die »Summa« des Thomas von Aquino (→ Thomismus) zum Standardwerk der dogmatischen Vorlesungen. Daß damit keine Restauration der → via antiqua beabsichtigt war, lehrt die gleichzeitige Entfernung der ›Summa sententiarum‹ des Petrus Lombardus (→ Scholastik) aus dem Lehrbetrieb. Wie »modern« die Schule von S. war, veranschaulicht ihr Hauptwerk, die ›loci theologici‹ des Melchior Cano († 1560), eines Schülers des gen. Francisco, der selber nichts veröff. (die ›Summa sacramentorum‹ ist postum von Schülern zusammengestellt). Wie schon der Buchtitel verrät, war Cano von der humanistischen Lokalmethode ähnl. wie Melanchthon beeinflußt, nur daß der Spanier ein System von 10 »Fundorten« entwarf und so zum »Vater der theol. Methodologie« wurde (LANG). Die Wirkungsbreite von

S. zeigte das → Trienter Konzil: Nicht weniger als 66 »doctores« aus S. waren hier vertreten, darunter als Konzilstheologe der Dominikaner Pedro de Soto († 1563), der mit seiner augustinisch-thomistischen Lehre von der »Selbstwirksamkeit der Gnade« der reformatorischen Gnadenlehre entgegentrat. Der Schule von S. ist es daher auch als Erfolg zuzuschreiben, daß Thomas von Aquino 1567 von Pius V. zum »Doctor ecclesiae« erklärt wurde. Heute bez. man gerne die Wirksamkeit der Schule von Salamanca, die sich auch für außereuropäische Probleme des span. Weltreiches (Natur- und Völkerrecht) interessierte und damals als »Goldenes Zeitalter der Scholastik« gerühmt wurde, als »Zweite Scholastik«.

L: A. Lang, Die Loci theologici des Melchior Cano u. die Methode des dogmatischen Beweises, Mn 1925.

Salesianer. [1] *Missionare des hl. Franz von Sales* (M. S. F. S.) von Annecy, von Bf. J. Rey und P. Mermier 1838 gestiftete und von Gregor XVI. 1843 anerkannte Kongreg. für die Seelsorge unter Armen, Jugendlichen und Nichtkatholiken.

[2] *Gesellschaft des hl. Franz von Sales* (Societas S. Francisci Salesii = S. S.; seit 1946 S. Don Boscos = S. D. B.), von Giovanni Bosco 1859 in Turin gegr. und von Pius IX. 1874 approbierte Kongreg. von Priestern und Laienbrüdern zur Erziehung und Ausbildung gefährdeter Jugendlicher (→ Schulwesen). Als Patron verehrt sie den hl. Franz von Sales (→ Mystik). Der visionär begabte Giovanni Bosco (1815–88, kan. 1934) wirkte seit 1841 in Turin als Priester unter Jugendlichen, für die er Tagesheime errichten ließ. Bald gründete er spez. Schulen. Außerdem machte er sich um das Presseapostolat verdient. Die S. Don Boscos legen einfache Gelübde ab; sie sind neben der Pfarrseelsorge mit bes. Seelsorgeaufgaben (Jugendarbeit, → Exerzitien, → Publizistik, → Volks- und Heidenmission) betraut. Seit 1964 unterhalten sie in Rom (vorher in Turin) eine eigene päpstl. Univ., für die dt. Provinzialate in Köln und München sowie das Provinzialat Wien eine Phil.-Theol. Hochschule in Benediktbeuern.

[3] *Oblaten des hl. Franz von Sales* (O. S. F. S.), 1873 in Troyes vom Generalsuperior A. Brisson gegr. und 1887 von Leo XIII. bestätigt, widmen sich der Jugend und der Mission.

[4] *Don-Bosco-Schwestern (FMA),* 1872 von Don Bosco und Maria Mazzarello als ›Töchter Mariens, Hilfe der Christen‹ gegr., stehen im Dienst weibl. Jugendlicher und arbeiten außerdem in der Heidenmission.

[5] *Fromme Vereinigung der salesianischen Mitarbeiter,* 1850 von Don Bosco gegr. und 1876 von Pius IX. anerkannt; die Mitglieder wirken als Dritter Orden (→ Terziaren) im Geist der → Kath. Aktion.

P: Bollettino Salesiano, Tn 1875 ff.; Salesianum, R 1939 ff.; Salesianische Nachrichten, 1898 ff.

L: Lemoyne, Memorie biografiche, 20 Bde, Tn 1898–1948; Heimbucher II 392–399, 419, 426–428, 667; G. Salotti – E. F. Fritz, Der hl. Joh. Bosco, Mn 1955; Don Bosco in aller Welt, 1959; Endres, Don Bosco als Erzieher u. Psychologe, Mn 1966; P. Stella, Don Bosco nella storia della religiosità cattolica, 2 Bde,

Z 1968–69; G. KRANZ, Sie lebten das Christentum, Rb 1973, [3]1978, 60–77; E.-J. LAJEUNIE, Franz v. Sales. Leben – Lehre – Werk, Eichstätt 1975; M. GONSÁLEZ, Origen de las Missiones Salesianas, Guatemala 1978.

Salesianerinnen, offiz. ›Orden von der Heimsuchung Marias‹, auch Visitantinnen (Ordo de Visitatione Beatae Mariae Virginis = O.V.M.), 1610 in Annecy vom hl. Franz von Sales (→ Mystik, → Salesianer) und von der hl. Johanna Franziska Frémiot von Chantal (1572–1641) zur Kontemplation und zum Dienst für Arme und Kranke gegründet. 1618 erkannte Paul V. die S. als Orden nach der → Augustinusregel an. Die meisten Klöster entstanden in Fkr., einige auch in Asien und den USA. Am bekanntesten wurde das Kl. Paray-le-Monial, von dem die bes. durch Maria Margareta Alacoque (1647–90, kan. 1920) geförderte Andacht zum hl. Herzen Jesu ihren Ausgang nahm. Die → Frz. Revolution konnte die Klöster nur kurzfristig unterdrücken. 1951 schlossen sich die bis dahin selbständigen Klöster in einer Konföderation (mit der Generalmutter an der Spitze) zusammen.

L: HEIMBUCHER I 641–646; G. JOPPIN, La Visitation, Mulhouse 1959; G. KRANZ, Herausgefordert v. ihrer Zeit. Sechs Frauenleben, Rb 1976, 94–119, 184–185.

Salvatorianer (Societas Divini Salvatoris = SDS; Ges. des Göttl. Heilandes), 1881 in Rom von dem dt. Priester J. B. Jordan († 1918) als ›Apost. Lehrgesellschaft‹ (später mußte das Wort »apost.« gestrichen werden) gegr., 1922 von Pius XI. endgültig anerkannt. Die Mitglieder, Priester und Brüder, legen einfache Gelübde ab; neben dem Unterricht in verschiedenen Schulen widmen sie sich der → Volks- und Heidenmission (Afrika). Erst unter P. Pfeiffer († 1945), dem 2. Generalsuperior, breitete sich der Orden in europäischen Ländern sowie in Nord- und Südamerika aus. Das 1. Generalkapitel fand 1902 in Rom statt.

Salvatorianerinnen (Sorores Divini Salvatoris; Schwestern vom Göttl. Heiland), von Jordan zusammen mit Theresia von Wüllenweber († 1907), der 1. Generaloberin, 1888 in Tivoli gegr. und 1926 von Pius XI. endgültig approbiert. Sie gründeten Niederlassungen in Europa und Amerika; ihre Hauptaufgabe sehen sie im Kranken- und Sozialdienst sowie in der Mission (bes. Afrika).

P: Annales Societatis Divini Salvatoris, R 1894ff.

L: P. PFEIFFER, J. B. Jordan u. seine Gründungen, R 1930; HEIMBUCHER II 411–416; 70 Jahre Schwestern v. Göttl. Heiland. Chronica Societatis Divini Salvatoris, 7 Bde, R 1958; A. KIEBELE u. a. (Hg.), Die S. in Gesch. u. Gegenwart, R 1981.

Salzburger Emigranten. Während der → Gegenreformation wurden in manchen Ländern Protestanten gewaltsam ausgewiesen. Dies geschah vor allem im Erzstift Salzburg. Hier erließ sogar noch Fürst-Ebf. Leopold Anton von Firmian (1679–1744) 1731 ein Emigrationsedikt. Daraufhin wanderten über 20000 Protestanten aus, hauptsächl. nach Preußen, aber auch nach Nordamerika.

L: G. Florey, Bischöfe, Ketzer, Emigranten. Der Protestantismus im Lande Salzburg, Graz-W-Kö 1967; H. Schilling, Niederländische Exulanten im 16. Jh., Gü 1972; A. Marsch, Gesch. der S. Protestanten u. ihre Emigration 1731/32, Graz-W-Kö 1977; Ders., Die S. E. in Bildern, Weißenhorn [2]1979; F. Ortner, Reformation, Kath. Reform und Gegenreformation in Salzburg, Salzburg 1981; W. W. Schnabel, Österr. Exulanten in oberdt. Reichsstädten, Mn 1992; M. Walker, The Salzburg Transaction, Ithaca 1993.

Sammlungen oder Kollekten (lat. colligere = sammeln) nehmen unter den verschiedenen Einnahmequellen der Kirche schon immer eine bedeutsame Stelle ein; in Ländern, die keine Pflicht zur → Kirchensteuer kennen und in denen → Kirche und Staat getrennt sind, stellen sie die wichtigste freiwillige Abgabe dar. Die S. sind für kirchl. oder sozial-caritative Zwecke bestimmt; in erster Linie dienen sie dort, wo keine anderen Kircheneinnahmen gegeben sind, zur Bestreitung der Personal- und Sachkosten (Gottesdienst, → Mission, Erziehung, Caritas) einer Pfarrei oder Diözese.

Die Regelung des kirchl. Abgabenwesens ist vielgestaltig: von Spenden und S. über Kirchenbeiträge bis zur → Kirchensteuer. Eine Neuordnung wurde im 18./19. Jh. unerläßl., als in einzelnen Ländern Kirche und Staat sich trennten, der Staat sich immer mehr zu einem bürgerl. Rechtsstaat entwickelte und die Kirche zu einer unabhängigen Größe wurde. Kirchl. Finanzfragen sind meist auch in → Konkordaten und → Kirchenverträgen geregelt.

Die kath. Kirche in Dtl. führt seit jüngster Zeit zwei bedeutende S. durch: *Adveniat* (in der Adventszeit) und *Misereor* (in der Fastenzeit). Auf Initiative des Kölner Ebf. Kard. Joseph Frings († 1979) gründeten die dt. Bischöfe 1959 das Werk Misereor »Gegen den Hunger in der Welt«. Mit den Erträgnissen sollen die hungernden Völker in aller Welt die Möglichkeit erhalten, für ihren Lebensunterhalt selbst aufzukommen. Die S. von 1959 bis 1975 ergaben über 1 Milliarde DM. Die seit 1961 durchgeführte S. Adveniat findet allein für seelsorgl. Aufgaben in Lateinamerika Verwendung. Dabei werden auch Forschungen über die humanen und soziologischen Voraussetzungen der christl. Verkündigung finanziert. Die Spenden ergaben von 1961 bis 1977 insgesamt 945 Mill. DM. Solche S. bestehen auch in anderen Ländern. – Die ev. Kirchen in Dtl. praktizieren die S. *Brot für die Welt;* in der Schweiz bekannt als S. *Brot für die Brüder.* → Finanzwesen.

L: Misereor, Zeichen der Hoffnung. Beiträge zur kirchl. Entwicklungsarbeit, Mn 1976; Damit die Hoffnung ... 20 Jahre Fastenaktion Misereor, hg. v. Bischöfl. Hilfswerk Misereor, Aachen 1977; M. Stolleis, Kirchl. Sammlungswesen: HbStKR II 437–451.

Sankt-Ansgarius Werk, auf Initiative des Stockholmer Bf. J. Erik Müller 1925 für Bayern err. und 1926 auf Betreiben des Pfarrers Peter Louis († 1956) auf das übrige Dtl. ausgedehnt – die kirchl. Errichtung für die Erzdiözese Köln erfolgte 1955 durch Erzbf. Kard. J. Frings († 1979) –, sieht seine Hauptaufgabe in der ideellen und materiellen Hilfe für die kath. Kirche in den nordischen Ländern. – Das Werk ist benannt nach Ansgar, der 801 in der Picardie geboren wurde, als → Benediktiner die Klosterschule in Corvey (Weser) leitete und als erster Bf. das 831 gegr. Bt. Hamburg regierte, das aber schon 848 nach der Zerstörung Hamburgs durch die Wikinger im Bt. Bremen aufging. Bei seinem zweiten Zug nach Dänemark err. er Missionsstationen; später kam er auch nach Schweden. Ansgar († 865) gilt als »Apostel des Nordens«.

P: St. Ansgar. Jb. des St.-Ansgarius-Werkes, Kö 1957ff.

L: Ph. OPPENHEIM, Ansgar u. die Anfänge des Christentums, Mn 1931; H. DÖRRIES, Ansgar u. die älteste sächs. Mission: DERS., Wort u. Stunde, Bd. II, Gö 1969, 129–189.

Säulenheilige ragen aus dem Kreis des orientalischen → Mönchtums, das absonderl. Formen der Askese zu erfinden bes. einfallsreich war (→ Inklusen, → Messalianer), im wahrsten Sinne des Wortes »hervor«, und aus ihnen wiederum der Syrer Symeon Stylites d. Ältere († 459), der bis ins 10. Jh. hinein viele Nachfolger (auch weibl.) finden sollte. Symeon, der sich der Eremitenkolonie (→ Eremitentum) in der sog. Cynegoria Choria östl. von Antiochien entziehen wollte, tat dies in der originellen Weise, daß er auf einer von ihm immer höher err. Säule (angebl. bis zu 20 m) weltabgewandte Askese übte. Darin ist er – und die S. – dem → Anachoretentum zuzuweisen. Es wiederholte sich hier wie dort das gleiche Schicksal: Das »Heiligtum des Symeon« (Ka'lat Simean, heute in Ruinen noch erhalten) wurde zum vielbesuchten → Wallfahrtsort, der über eine komplexe Anlage von verschiedenen Zweckbauten und Kirchen verfügte. Der Verlust der ostsyr. Gebiete an die Araber trieb im 7. Jh. die S. in den Westen und in Städte (Rom, Byzanz). Hier ließen sich Bewunderung und → Almosen der Gläubigen leichter einheimsen.

L: K. HOLL, Der Anteil der Styliten am Aufkommen der Bilderverehrung, 1907 = DERS., Gesammelte Aufsätze, Bd. II, T 1928, 388–398; C. ANDRESEN, Die Kirchen der alten Christenheit, St 1971, 431, 506–509.

Schauspiel (geistl.). Das geistl. S. des → MA, bes. in Klöstern gepflegt, aber auch von Weltgeistlichen und Laien auf Kirch- und Marktplätzen aufgeführt, stand in enger Verbindung zum Gottesdienst (Passions-, Oster-, Weihnachtsspiel u. a.). Am Ende des MA wurde es, vor allem in Fkr., mehr und mehr zum rel. Volksspiel (Mysterienspiele mit heilsgesch. Themen). Zu dieser Zeit erlangte auch das Schulspiel wachsende Bedeutung und Verbreitung. In der → NZ bedienten sich allen voran → Jesuiten des rel. S. bei der katechetischen Unterweisung (Jesuitendrama). Namentl. im Barock erfreute sich die volksdramatische Gestaltung rel. Themen großer Beliebtheit. Viel besucht bis in unsere Tage sind die meist auf ein Gelübde (z. B. wegen Seuche) beruhenden Passionsspiele (in Freiburg, Oberammergau, Erl u. a.). – In den ev. Kirchen nutzte man mit Vorliebe die → Reformationsfeste zur Aufführung geistl. Schauspiele.

Q: K. FRONING (Hg.), Das Drama des MA, 3 Bde, St 1891; W. LIPPHARDT (Hg.), Lat. Osterfeiern u. Osterspiele, 6 Bde, B 1975–81.

L: F. MICHAEL, Die geistl. Passionsspiele in Dtl., Baltimore 1947; L. SCHMIDT, Das dt. Volksschauspiel, B 1962; J. M. VALENTIN, Le Théâtre des Jesuites dans le pays de langue allemand (1554–1680), 3 Bde, F-Bern 1978; H. A. FRENZEL, Gesch. des Theaters 1470–1890, Mn 1984; R. SCHMID, Raum, Zeit und Publikum des geistl. Spiels, Mn 1975; E. UKENA, Die dt. Mirakelspiele, 2 Bde, F-Bern 1975.

Schiedsgerichtsbarkeit im Sinne einer freien Richterwahl bei Zivilprozessen war schon dem spätröm. Bürgerrecht bekannt. Das scheint in vorkonstantinischen Zeiten den Christen nicht zustatten gekommen zu sein, denn → Kirchenordnungen empfehlen die S. nur innerhalb der Gemeinde, d. h. vor dem Bischof. Nach der → Konstantinischen Wende empfahl sich dieses Verfahren (»audientia episcopalis«) weiterhin, da die Gerichte überwiegend in Händen der Notabeln, d. h. damals der Heiden lagen; Konstantin d. Gr. machte sie 318 durch Edikt daher auch legal. Umgekehrt bot es für heidnische Bürger Nachteile, wenn ein weiterer Erlaß 333 auch ihnen dieses aufzwang. Mit Ks. Justinians Gesetz ›Cunctos populos‹ von 380, das Heiden und Häretikern die Gerichtsbarkeit absprach, wurde es ohnedies obsolet. Offiz. abgeschafft wurde das Institut für Ostrom 398 und für Westrom 408.

L: C. ANDRESEN, Die Kirchen der alten Christenheit, St 1971, 398–400.

Schmalkaldischer Bund (1531–1546). Schon 1525 hatte Philipp von Hessen, begeisterter Anhänger der → Reformation, mit Kurfürst Johann von Sachsen einen Schutzbund gegen das → Dessauer Bündnis kath. Reichsstände, den sog. Torgauer Bund, geschlossen, dem andere ev. Reichsstände des Nordens beitraten. Im größeren Ausmaß wiederholte sich dies 1531 im S. B., dem zusätzl. Braunschweig-Lüneburg und -Grubenhagen, vor allem aber oberdt. Städte wie Straßburg, Konstanz und Ulm beitraten, so daß das prot. Machtpotential innerhalb und außerhalb von Dtl. zunahm, zumal da die »Verfassung zur eilenden Hilfe und Gegenwehr« (1535) ein Bundesheer vorsah. Doch auch ohne dieses zeitigte das Bündnis erste Erfolge im → Nürnberger Anstand (1532), dem nach einer weiteren Ausdehnung des → Protestantismus (1534: Reformation in Württemberg und Pommern; 1539: Herzogtum Sachsen, Brandenburg) der → Frankfurter Anstand (1539) folgte. Solcher polit. Machtzuwachs machte sich in vielen Dingen, z. B. bei den Religionsprozessen, die gegen die prot. Fürsten und Städte beim Reichskammergericht geführt wurden, geltend. Daß man über solchen Vorteilen auch zu Bekenntnisaktionen fähig war, beweist die Bundesversammlung von Schmalkalden 1537, die sich mit dem von Ks. und Papst betriebenen Konzil befaßte, sich ihm versagte und für die Luther die sog. Schmalkaldischen Artikel (→ Konkordienbuch) verfaßte. – Die unselige Doppelehe des hessischen Landgrafen Philipp (reichsrechtl. mit Tod und Verlust des Landes zu ahnden) zwang jedoch denselben zum Geheimvertrag mit dem dt. Kaiser (1541) und lähmte hinfort den S. B. Dieser endete im sog. Schmalkaldischen Krieg (1546–47), aus dem Karl V. als Sieger hervorging.

Q: H. VOLZ – H. ULRICH, Urkunden u. Aktenstücke zur Gesch. v. M. Luthers S. Artikeln, B 1957; E. FABIAN (Hg.), Die S. Bundesabschiede 1530–36, 2 Bde, T 1958; DERS., Die Beschlüsse der oberdt. S. Städtetage 1530–36, 3 Bde, T 1959–60.
L: E. FABIAN, Die Entstehung des S. B. u. seiner Verfassung, T 1956, 2. erweiterte Aufl., Kö-Graz-W 1962; G. DOMMASCH, Die Religionsprozesse ... u. die Erneuerung des S. B. 1534–36, T 1961; R. SCHELP, Die Reformationsprozesse der Stadt Straßburg am Reichskammergericht zur Zeit des S. B., Kaiserslautern 1965; W. METZGER (Hg.), Die S. Artikel, Gü ^{2}1977.

Scholastik als allg. Phänomen der Geistes-, Philosophie- und Theologiegesch. resultiert aus dem dialektischen Bezug von Autorität (Offenbarung) und Rationalität (spekulative Interpretation) in einem geschlossenen System; sie ist daher jeder → Orthodoxie eigen. Im christl. Bereich beschränkt man gerne den Begriff auf das → MA, weil die Früh-, Hoch- und Spät-S. am längsten das abendländische Geistesleben beherrschte.

[1] Die Früh-Scholastik (11./12. Jh.) war als »monastische« Theologie vor allem an Kloster- und Domschulen zuhause, welche Konformität des Denkens, Bindung an Tradition und an den Lehrer (Magister) begünstigten. Die literarischen Gattungen dieser Frühphase kamen aus altchristl. Überlieferung und überdauerten das ganze MA. Bibelkommentare mit ihren »Quaestiones« und »Distinctiones« (→ Schriftauslegung) hatten zudem ihren »Sitz im Leben« in der tägl. Bibellektüre (lectio divina). Das gilt auch für die »Glossen« (Erläuterungen am Rande oder zw. den Zeilen des Bibeltextes). Die ›glossa ordinaria et interlinearis‹ von Laon gewann dabei ihre Monopolstellung, weil sie neben den Psalmen alle Paulusbriefe erläuterte. Zur Exegese der hl. Schriften wurden auch die »sententiae«, d.h. die Aussprüche der → Kirchenlehrer und -väter herangezogen, zu denen sich später auch die Urteile der »magistri« gesellten. Sie wurden nach der Methode des »Ja und Nein« (sic et non) kommentiert und so integriert. Die theol. Diskussion der Früh-Scholastik beherrschte die augustinisch-platonische Erkenntnismetaphysik, so in dem zweiten → Abendmahlsstreit und vor allem aber dem Universalienstreit zw. Wilhelm von Champeaux († 1122) in Paris und Roscellinus († nach 1120) in Tours; ersterer betonte dabei den ontologischen Charakter der »Allgemeinbegriffe« im Unterschied zu den immanenten »Einzeldingen« (universalia ante res). Diese Metaphysik der Heilsbegriffe fand ihren klass. Ausdruck bei Anselm († 1109), zunächst Abt von Le Bec (Normandie), dann Ebf. von Canterbury, in seiner Glaubensformel (»Credo ut intelligam«) und in seinem ontologischen Gottesbeweis (Gott als oberste Chiffre abstrahierenden Denkens = höchste Seinsstufe).

[2] Die Hoch-Scholastik (12./14. Jh.) leitete zwei sich ablösende Krisen ein. Die »Neue Theologie« (Petrus Abaelard, † 1142), vor allem im städtischen → Schulwesen beheimatet, ließ die Dialektik bzw. rationale Kritik zur Erhärtung dogmatischer Sätze zu, womit sie die platonisch-augustinische Metaphysik in Frage stellte. Der Bund zw. Offenbarung und Vernunftwahrheit war gefährdet. An die Stelle einer gnoseologischen Metaphysik trat eine anthropologische Ethik unter der Formel ›Scito te ipsum‹

(Traktat von Abaelard). Zwei → Lehrzuchtverfahren zwangen Abaelard zum Widerruf seiner »Irrtümer«, zu denen auch seine konzeptualistische Erkenntnislehre gehörte (→ Bernhardinisches Zeitalter). Während die → Mystik der Viktoriner von dem »Einbruch« des → Rationalismus unberührt blieb, unternahm Petrus Lombardus († 1160), Scholasticus an Notre Dame, mit seinen ›Vier Bücher Sentenzen‹ eine krit. Synthese. Sie wog die Kirchenväterzitate nach dialekt. Methode im »Pro et contra« gegeneinander aus und kam so zu seiner ›Summa sententiarum‹, die nach dem Vorbild des ›Decretum Gratiani‹ (→ Kanonistik) und deren Formalmethode der »concordantia discordantium« gearbeitet war. Die zweite Krise ergab sich aus dem »Einbruch« arabischer Naturwiss. und Philosophie. Letztere hatte neben der aristotelischen Dialektik (sog. kleines Organon) auch die Metaphysik des Aristoteles (›großes Organon‹) in ihr Weltbild integriert (→ Averroismus). Die Einführung des Aristotelesstudiums löste in Paris zunächst ungeheure Unruhen aus (→ Lehrverpflichtung), wurde aber dann durch das Zusammenstehen der beiden → Bettelorden im Pariser Mendikantenstreit (1250–60) überwunden. Aus diesem Bündnis ging die Hoch-Scholastik hervor. Der Unterschied zw. → Dominikanern und → Franziskanern bestand nur darin, daß letztere der augustinischen Willensmetaphysik auch weiterhin ein größeres Mitspracherecht einräumten. Der Kontrast zw. Thomas von Aquino († 1274) und Johannes Fidenza gen. Bonaventura († 1274) bzw. zw. → Thomismus und → Skotismus innerhalb der → Generalstudien führte vielmehr zum fruchtbaren Dialog unter der gemeinsamen Formel von der Philosophie als »Magd des Herrn« (ancilla Domini), d. h. der Theologie.

[3] Diese Gemeinsamkeit zerbrach in der Spät-Scholastik (14./15. Jh.), die im Zeichen des → Ockhamismus als → via moderna stand. Der Wandel machte nicht nur die Abkehr von der Metaphysik zur Logik deutlich, sondern auch der spätscholastische Nominalismus, der allg. Gattungsbegriffe (universalia) mied, um Spezialbegriffen der »Begrenzung« (termini) den Vorrang zu geben. Dies begünstigte Spezialwissen (kaum zufällig) bei Franziskanern wie Roger Bacon († 1294), der die Philosophie sogar als »Hindernis« bez., um Sprache, Mathematik, Optik zu studieren und Experimente zu wagen (Physik: ›de utilitate scientiarum‹). Umgekehrt förderte die Abkehr von spekulativer Theologie einen kirchl. Positivismus und heilsgesch. Pragmatismus, der sich auf die göttl. Allmacht (»potentia absoluta«) bei allen Problemen zurückzog. Daß letzterer auch vom → Konziliarismus beschworen wurde, kennzeichnet die Spät-Scholastik als »Herbst des MA«. → Neuscholastik.

Q: H.-U. Wöhler, Texte zum Universalienstreit, 2 Bde, B 1992–94.

L: M. Grabmann, Gesch. der schol. Methode, 2 Bde, Fr 1909–11, (Ndr.) Da 1955; J. Hirschberger, Gesch. der Philosophie, Bd. I, F [3]1957; A. M. Schmidt, S., Gö 1969; J. de Vries, Grundbegriffe der S., Da [2]1983; J. Pieper, S., Mn [2]1986.

(zu 1) A. M. Landgraf, Dogmengesch. der Früh-S., 4 Bde, Rb 1952–56; Ders., Einführung in die Gesch. der theol. Lit. der Frühscholastik, Rb 1956.

(zu 2) M. Grabmann, Die Werke des hl. Thomas v. Aquin, M. [2]1949; M.-D.

Chenu, Das Werk des hl. Thomas v. Aquino, Hei 1960; E. Gössmann, Metaphysik u. Heilsgesch. Eine theol. Untersuchung der Summa Halensis, Mn 1964; L. Grane, Peter Abälard, Gö 1969; W. Breidert, Das aristotelische Kontinuum in der S., Mr 1970, ²1980 (zu Gerhard v. Brüssel, 13. Jh.).

(zu 3) J. Huizinga, Der Herbst des MA, St ⁷1953; H. A. Oberman, Spätscholastik u. Reformation, Bd. I: Der Herbst der ma. Theologie, Z 1965.

Schönstatt-Werk, marianisch-apost. Erneuerungsbewegung, 1914 von Pater Joseph Kentenich (1885–1968) im Heiligtum der ›Dreimal Wunderbaren Mutter von Schönstatt‹ (bei Vallendar/Rhein) zunächst im Rahmen der → Marianischen Kongreg. des Studienheims der → Pallottiner gegr., konstituierte sich 1919 als ›Apost. Bund‹, der in den folg. Jahren sich zur ›Apost. Bewegung‹ ausweitete. Im Dritten Reich (→ Kirchenkampf) wurde das S. unterdrückt, sein Gründer mit mehreren Mitarbeitern in das Konzentrationslager Dachau deportiert. Es umfaßt heute: 1. die Verbände der Schönstätter Säkularpriester, der Schönstätter Diözesanpriester, der Marienbrüder, der Marienschwestern, der Frauen von Schönstatt und des Schönstätter Familienwerks; 2. den Apost. Bund mit jeweils selbständigen Gemeinschaften für Priester, Männer, Frauen und Familien; 3. die Apost. Liga, die in ihren Teilgemeinschaften Mitglieder und Mitarbeiter kennt; 4. die Volks- und Wallfahrtsbewegung. Das S. sieht unter der Losung der »marianischen Christusgestaltung« der Welt und des »neuen Menschen in der neuen Gemeinschaft« seine Aufgabe in der Mithilfe an einer umfassenden Erneuerung des christl. Lebens in Kirche und Welt, vorzügl. durch Formung von Laien nach einem von Kentenich geschaffenen aszetisch-pädagogischen System. Charakteristisch für die Spiritualität Schönstatts sind das Liebesbündnis mit der Dreimal Wunderbaren Mutter, die Betonung des prakt. Vorsehungsglaubens, die Lehre vom Bindungsorganismus und das Streben nach hochherziger Werktags- und Werkzeugsfrömmigkeit. Das Werk, dessen oberste Leitung bei einem Generalpräsidium liegt, ist in allen Kontinenten verbreitet.

P: Regnum, Vallendar 1965 ff.; basis, Vallendar 1967 ff.

Q: J. Kentenich, Aus dem Glauben leben. Predigten, bearb. v. G. Ritter, 11 Bde, Vallendar 1970–79; Ders., Das Lebensgeheimnis Schönstatts, hg. v. J. Schmitz, 2 Bde, Vallendar 1971–72; Ders., Texte zum Verständnis Schönstatts, Vallendar 1974; Ders., Neue Väter – Neue Welt, hg. v. H. Puthen, Vallendar 1976.

L: H. Mohr, Das Kath. Apostolat, B 1962; J. Lammerskötter (Hg.), S. – Zur Gesch. u. Struktur einer Apost. Bewegung, Mr 1963; E. Monnerjahn, Häftling 29392. Der Gründer des S. als Gefangener der Gestapo, Vallendar ³1975; Ders., Pater Joseph Kentenich – Ein Leben für die Kirche, Vallendar 1975, ²1979.

Schriftauslegung konnte das frühe Christentum schon vom Spätjudentum lernen: Ältester Zeuge Mitte des 1. Jh. ist Paulus (→ vgl. Kommentare zu 1 Kor 9,8 ff.). Von ihm übernahm es die, auf dem prophetischen Weissagungsbeweis fußende, typologische S. (vgl. Röm 15,4; Kommentare zu 1 Kor 10,1–11), die messianologisch-apokalyptische S. als sog. christologische Exegese des AT (viele Belege im NT) und vor allem die, zur Rechtfertigung der griech. Übers. des hebräischen AT (sog. Septuaginta = LXX) entwickelte, Lehre von der Verbalinspiration (vgl. 2 Tim 3,16) mit dem daraus folgenden Prinzip eines abgeschlossenen Schriftenkanons AT/NT. Diese spätjüdischen Impulse wurden durch das orth. Rabbinertum des 2. Jh. unterbunden. Dafür vermittelte das liberale Judentum der Diaspora die verfeinerten Methoden spätantiker Hermeneutik (Allegorese) und Textphilologie, um den »Schriften« einen tiefer liegenden, bis in die Höhen metaphysischen Seins vordringenden »Sinn« abzuhorchen oder ihnen eine »Moral« abzugewinnen. Der größte Theologe des griech. Ostens, Origenes († ca. 254), verband z. B. die Prinzipien der S. mit einem mittelplatonisch geprägten, dreigestuften Welt- und Menschenbild. Ausgehend von der Materie bzw. Körperlichkeit des Buchstabens, forderte er als unterste Stufe der S. die hist.-grammatikalische Interpretation, der eine moralische, die Seele bzw. den Willen ansprechende Auslegung zu folgen habe; erst dann könne die allegorisch-mystische Deutung der Texte die ewiggültigen Wahrheiten auf höchster Ebene erschließen. Demgegenüber beschränkte sich die aristotelische Wissenschaftlichkeit der → Antiochenischen Schule auf die grammatikalische Textphilologie (Textrezensionen zum NT), griff lieber auf die typologische Exegese mit ihrem Verheißungsschema zurück und förderte so durch bedeutende Kommentarwerke (z. B. Theodors von Mopsuestia, † 428) die heilsgesch. Schrifterklärung. – Im Westen hingegen reduzierte Augustin († 430) die metaphysischen Prämissen der S. auf den bipolaren Bezug von Objekt (res) und das sie »bezeichnende« Wort (verbum), das seinem Wesen nach nur »Zeichen« (signum) und symbolischer Hinweis auf transzendentale Wahrheiten sein kann.

Das → MA, zunächst unter dem Einfluß des »Augustinus magister« stehend, dann Impulse der griech. Väter (z. B. Johannes von Damaskus, † vor 754) aufnehmend, vereinte die augustinische Lehre vom doppelten Wortsinn (sensus litteralis – sensus spiritualis) mit der vom dreifachen Schriftgebrauch zur S. nach dem vierfachen Schriftsinn der buchstäbl., sinnbildl. und erbaul. Auslegung: »líttera gésta docét, quid crédas állegoría, móralis quíd agás, quo téndas ánagogía« (Merkvers des Spätma.). Das hatte schon Johannes Cassianus († 430/5, Abt in Marseille) vertreten (coll. 14,8), sollte sich aber ebensowenig durchsetzen wie andere altchristl. Handbücher der Schriftauslegung. Im übrigen stand die ma. S. im Zeichen der Kirchenväter und → Kirchenlehrer (→ Patristik). Deren exegetische Beiträge unter, zw. oder am Rande der Bibeltexte als »glossa« festzuhalten, war allgemein üblich. Die ›Glossa ordinaria et interlinearis‹ der Kathedralschule von Laon (11. Jh.) sowie deren Erweiterung in Paris durch Petrus Lombardus († 1160) zur ›magna glossatura‹ erwiesen sich als bes. einflußreich. So trug im MA die S. als Mutterboden dogmatisch-systematischer Reflexion wesentl. zur Homogenität der → Scholastik bei.

Während im Antagonismus von → Reformation und → Gegenreformation das → Trienter Konzil (sess. IV: 1546) weiterhin dem »Lehramt« der Kirche die authentische S. anvertraute, proklamierten die Reformatoren die Vorherrschaft des Schriftprinzips (»sola scriptura«). Dabei ließ die paulinische → Rechtfertigungslehre als »Mitte« der Schrift und hermeneutischer Skopus differenzierte Akzente und Schrifturteile zu. Nach Luther war »Schrift« nur, »was Christum treibet«. Vor allem der Römerbrief, den Luther kommentierte (1515/6), sollte im → Protestantismus immer wieder Anstöße theol. Neubesinnung vermitteln (Calvin: 1540; John Wesley: 1738 → Methodisten; Karl Barth: 1918 → Dialekt. Theologie). Allerdings führte die altluth. → Orthodoxie abermals die Verbalinspiration ein und förderte so einen buchstabengläubigen Schriftfundamentalismus. Er sollte sich vornehml. in → Freikirchen und christl. Sondergruppen bis in die Gegenwart erhalten, während die → Aufklärung mit dem hist. Denken zugleich dem Protestantismus der → Neuzeit die Bibelkritik von Reimarus († 1768) bis Wrede († 1906) vermittelte. Ihrer konnte der neuzeitl. Katholizismus sich leichter erwehren, zumal da seit dem 1. → Vatik. Konzil das »unfehlbare« Lehramt seine Funktion der S. der → Bibelkommission übertragen hatte. Der Zwang derselben, sich mit Detailfragen hist.-krit. Textanalyse (z. B. in der Synoptikerfrage die Zweiquellentheorie) befassen zu müssen, wobei immer wieder Revisionen notwendig wurden, machte dies Verfahren jedoch fragwürdig, so daß Pius XII. in der Enz. ›Divino afflante Spiritu‹ (1943) unter der Prämisse der kath. Bindung der Forschung die Anwendung wiss. Methoden auf die Bibel freigab. Dies erwies sich fortan als Motor der Kontaktaufnahme zw. kath. und prot. Bibelwiss., so daß die gegenwärtige Forschung mehrere »ökumenische« Kommentarreihen und Fachorgane der Bibelwiss. kennt. Umgekehrt führten Anstöße, die von Schleiermacher († 1834) und Dilthey († 1911) kamen, zur Verneinung einer voraussetzungslosen Exegese im Protestantismus. Die Bejahung eines dogmatischen bzw. existentialphilosophischen Vorverständnisses führte hier allerdings auch zu neuen Gegensätzen, wie die exegetischen Arbeiten von Karl Barth († 1968) und Rudolf Bultmann († 1976) mit dessen Entmythologisierungsprogramm auf der anderen Seite demonstrierten.

Q: D-S 350–354, 1501–08, 3280–94, 3372f., 3394–3417, 3503–09, 3512–28, 3561–78, 3591–93, 3628–30, 3650–54, 3681f. (sog. Comma johanneum), 3792–96, 3825–31, 3999a–e; N-R 83–154; COD 639–641; Mirbt-Aland 466, 641f., 843f.

L: A. Schweitzer, Gesch. der Leben Jesu-Forschung. Von Reimarus zu Wrede, 1906, T [6]1951; H. de Lubac, Exégèse médiévale, 4 Bde, P 1958–64; K. Scholder, Ursprünge u. Probleme der Bibelkritik, Mn 1966; H. Feld, Die Anfänge der modernen bibl. Hermeneutik in der spätma. Theologie, Wie 1977; R. Schäfer, Bibelauslegung in der Gesch. der Kirche, Gü 1980; H. Reventlow, Bibelautorität u. Geist der Moderne, Gö 1980; H. Beintker, Leben mit dem Wort. Hb. zur S. Martin Luthers, Erl 1985; A. Buchholz, Schrift Gottes im Lehrstreit. Luthers Schriftverständnis u. S. in seinen drei großen Lehrstreitigkeiten der Jahre 1521–1528, F-B-Bern-NY-P-W 1993; M. Hengel – M. Löhr (Hg.), S. im antiken Judentum u. im Urchristentum, T 1994.

Schulbrüder (Fratres Scholarum Christianarum = FSC; Frères des écoles chrétiennes; Brüder der christl. Schulen), eine 1681 in Reims und 1684 in

Paris von dem Priester Johannes Baptist de La Salle gegr. und 1725 von Benedikt XIII. anerkannte Kongreg. von Laien, die sich der Erziehung und Ausbildung Jugendlicher widmen. J. B. de La Salle (1651–1719, kan. 1900) bildete 1684 mit einigen Laien eine Gemeinschaft, die sich ›Brüder der christl. Freischulen‹ nannte und zur größten Laienkongreg. für Erziehung und Unterricht wurde (→ Schulwesen). Die S. leben nach den ev. Räten. Außer Volksschulen err. La Salle Sonntagsschulen für berufstätige Jugendliche (1699 die erste Gewerbeschule), sog. Sonderschulen, z. B. für schwer erziehbare Kinder, und Lehrerseminare (1684 Seminar für Lehrer auf dem Land). Er zählt zu den Initiatoren der Volksschul- und Lehrerbildung in Fkr., indem er vor allem den Unterricht in Klassen einführte und das Latein gegenüber der Muttersprache an die zweite Stelle setzte. Pius XII. ernannte ihn 1950 zum Patron der Lehrer. Der raschen Ausbreitung der S. in Fkr. folgte während der → Frz. Revolution ein ebenso schneller Niedergang. Dennoch brachte das 19. Jh. eine neue Blüte nicht nur in Fkr., sondern erstmals auch in ganz Europa und Amerika sowie in Missionsländern. Heute sind die S. – ihre Gesamtzahl beträgt ungefähr 10 000 in 80 Ländern – in 1125 Volks- bzw. Armenschulen tätig. Der Generalobere hat seinen Sitz in Rom. Hier wurde 1976 das letzte Generalkapitel abgehalten.

Es gibt eine Vielzahl von Gemeinschaften und Instituten, die sich ebenfalls als S. bezeichnen, z. B. das ›Institutum Fratrum Instructionis Christianae de Ploërmel‹ (FICP), 1820 von Jean-Marie de Lamennais gegr. (seit 1824 Hauptsitz in Ploërmel/Bretagne), die ›Frères des Écoles chrétiennes‹ und die → Maristen-Schulbrüder.

→ Piaristen.

Q: Regel der Brüder der christl. Schulen, W 1903; L. M. AROZ, Jean-Baptiste de La Salle. Documents bio-bibliographiques (1625–1758), 2 Bde, R 1977–79.

L: HEIMBUCHER II 433–444; G. RIGAULT, Histoire générale de l'Institut des Frères des Ecoles Chrétiennes, 9 Bde, P 1937–53; K. ZÄHRINGER, Die S. des hl. J. B. de La Salle, Fr 1962; M. SAUVAGE – M. CAMPOS, J.-B. de la Salle, expérience et enseignement spirituels. Annoncer l'Evangile aux pauvres, P 1977.

Schulwesen als öff. Institut gehört der → Neuzeit an und ist eng verbunden mit der Einführung des Schulzwanges im absolutistischen Fürstenstaat des 17. Jh. Verfolgt man aber die Vorformen der Schulgesetzgebung (in Preußen erst 1717; vgl. das Generallandschulreglement von 1763) bis in die Zeit der → Reformation, die ihrerseits auf ma. Schulordnungen des 13. Jh. zurückgriff, dann erweist sich das städtische S. als ein wichtiger, die Jahrtausende überdauernder Kulturträger.

[1] Schon in der Spätantike hatten Großstädte wie Alexandrien, Antiochien, Athen und Konstantinopel die Bestallung von Prof. der Grammatik, der Rhetorik, aber auch der Philosophie für sich beansprucht. In Rom bot dies im 4./5. Jh. sogar die Chance für die heidnische Opposition, antichristl. Kulturpolitik im christl.-theodosianischen Staat zu treiben, als der weström. Kaiserhof nach Mailand, dann nach Ravenna verlegt wurde.

Die Beanspruchung des Schulmonopols seitens des christl. Staates unter Theodosius II. (Edikt von 425: cod. Theod. XIV 9,3) tastete die städtische Schulhoheit nicht an. Erst Justinian d. Gr. († 562) griff mit der Schließung der Univ. Athen (526) direkt ein.

[2] Im frühen → MA lebten die Kloster- u. Kathedralschulen von spätantik-monastischen Bildungstraditionen. Das gilt im hohen MA auch für die → Artistenfakultäten, doch konnten diese dank des neuerwachten städtischen S. größere Freiheit entfalten. Sowohl im Antagonismus zu den → Generalstudien als auch als integrierte Disziplinen der → Univ. wurden sie zum Mittler profaner Bildungstraditionen der Antike an Renaissance und → Humanismus. Es ist kaum Zufall, daß vornehml. in freien Reichsstädten die »studia humanitatis« blühten, die wohl vom Patriziat gefördert, in erster Linie aber von den Ratsschreibern repräsentiert wurden. Dessenungeachtet legten an den städtischen Elementarschulen Kleriker als Lehrer ihren Lese- und Schreibübungen rel. Stoffe zugrunde. Doch schon das späte MA kannte ein profanes S., an das die Reformation anknüpfen konnte, die angesichts der Auflösung der Klöster und deren Bildungsfunktionen für Äquivalente zu sorgen hatte. Luther wandte sich diesbezügl. ›An die Ratsherren aller Städte deutschen Lands, daß sie christl. Schulen aufrichten und halten sollen‹ (1524), während der »praeceptor Germaniae«, Philipp Melanchthon († 1560), mit dem letzten Abschnitt seines ›Unterrichts der Visitatoren an die Pfarrherren‹ (1528) Lehrpläne vorlegte, wonach Deutschunterricht nicht vorgesehen war, um die »armen Kinder nicht mit solcher Mannigfaltigkeit zu beschweren«. Der Humanist an der Seite Luthers plädierte für eine Reform der Lateinschulen (1526: ›In laudem novae scholae‹) und überwies die dt. Unterrichtssprache an Luthers → Katechismen. Solche humanistische Orientierung an den Lateinschulen übernahmen die Schulordnungen von Braunschweig und Hamburg (1528), von Wittenberg (1533) und Schleswig-Holstein (1542). War es Zufall, daß dieser Typ lat. »Gelehrtenschulen« prot. Prägung sich in leerstehenden Klöstern niederließ (Flensburg, Grimma, Meißen, Schul-Pforta, Blaubeuren, Maulbronn, Tübingen als Beispiele), während mit den »Kollegien« der → Jesuiten ein neuer Schultyp der → Gegenreformation im neuen Gehäuse seiner Barockbauten entstand? Erst später sollten beide Schulen mit den sog. Ritterakademien des 16./17. Jh. (Savoyen, Liegnitz, Lüneburg, Kassel u. a.) sich einem Bildungsideal verpflichten, das anstelle von Latein dem künftigen »Kavalier« der absolutistischen Fürstenhöfe Europas Französisch anbot. Nur die → Schulbrüder und → Piaristen ließen sich die Volks- und Mittelschulen angelegen sein. Demgegenüber waren die Armen- und Realschulen der Halleschen Anstalten (1695) August Hermann Franckes (→ Pietismus) wohl fortschrittlicher (Naturwiss.!), übertrugen aber mit ihrer Internatserziehung der »Gottseligkeit« das pietistische Programm der »ecclesiola in ecclesia« in das Schulwesen.

[3] Neue Impulse vermittelte hingegen der Philanthropinismus der → Aufklärung mit seinem Ruf »Zurück zur Natur« (Rousseau, † 1778 als

Protestant; 1762: Erziehungsroman ›Emile‹). Allerdings bevorzugte man auch hier das Internat als Erziehungsinstitut (1774: 1. Philanthropinum durch Basedow, † 1790 in Dessau). Der Wille aber, durch eine neuhumanistische Erziehung mit den »natürl.« Mitteln der Pädagogik zu gestalten und so das S. aus den konfessionellen Klammern zu lösen, war offensichtlich. Zugleich bewies der Schweizer Pestalozzi († 1827), mit dem die Gesch. der sozialpädagogischen Heime für Arme und Waisenkinder beginnen sollte, daß an eine Absage an schlichte Frömmigkeit als optimistischen Gottvaterglauben damit nicht gedacht war. Im übrigen hatte der Aufklärungsstaat bereits mit dem »Schul-Methodus« von Gotha (1642) das Volks-S. zu seinem Aufgabengebiet erklärt und die Schulpflicht eingeführt. Damit wurde eine → Säkularisierung des S. größten Ausmaßes eingeleitet, die den christl. Konfessionen nur für den Religionsunterricht ein Mitspracherecht beließ (sog. Simultanschule in konfessionell gemischten Gebieten). Wenn dabei die sog. Konfessionsschule, die Lehrer und Schüler gleichen Glaubensbekenntnisses einte, im 19. Jh. die Regel war (für Preußen durch das sog. Volksschulunterhaltungsgesetz von 1906 geregelt), dann resultierte dies aus den konfessionellen Hoheitsrechten der Landesherren (→ Augsburger Religionsfrieden). In deren Auftrag übten noch bis 1918 die Pfarrer die sog. geistl. Schulaufsicht aus. – Aus Fkr. hingegen kamen im 19. Jh. neue Anstöße zu einem kath. Schulwesen. Schon seit 1800 waren hier die → Armen Schulschwestern, dann die → Schulbrüder (→ Katechismus) um kath. Erziehung bemüht. Dem kam die, von der Frz. Revolution favorisierte, »Freiheit« der Bildung zugute, die den Schulorden durch Ks. Napoleon III. als Unterrichtsfreiheit verbrieft wurde (1850). Da weiterhin Trennung von → Kirche und Staat oberstes Gesetz blieb, was sowohl das Volksschulgesetz von 1882 (Staatl. Volksschulen mit Schulzwang unter Ausschluß jeden Religionsunterrichtes) als auch das Schulgesetz von 1959 (Konfessionslosigkeit des staatl. S.) berücksichtigten, kann man die konfessionelle Privatschule als ein Nebenprodukt der Frz. Revolution bezeichnen. In Amerika hatte diese Entwicklung mit der Erklärung der → Religionsfreiheit für alle Menschen (1776: ›Bill of Rights‹) bereits noch früher angefangen. Sie führte mit dem Institut von konfessionellen, aber staatsfreien Univ. (Colleges) die Trennung von Staat und Kirche noch konsequenter durch. Anders verlief die Entwicklung in Italien. Hier konnte der von dem Piemonteser Giovanni Don Bosco († 1885) begründete Schulorden der → Salesianer den kath. Erziehungsgedanken dem »Risorgimento« so integrieren, daß trotz Trennung von Staat und Kirche (1870) in It. die Christlichkeit des S. nie umstritten war. In Östr. hingegen beendete das → Konkordat von 1855 den → Josephinismus, so daß hinfort Volks- und Hochschulen (1855: Umwandlung des Jesuitenkollegs und der Theol. Fakultät in Innsbruck) dem episkopalen und kurialen Einfluß offen standen. Auch in Dtl. sah sich der Katholizismus trotz → Kölner Kirchenstreit und Bismarckschem → Kulturkampf zu keinem Schulkampf herausgefordert, vom → Protestantismus ganz zu schweigen.

[4] Erst die Trennung von Thron und Altar (→ Staatskirchentum) nach 1918 und die Weimarer Verfassung (§ 146: simultane Gemeinschaftsschule als »Regelschule«) führten Schulkämpfe in Dtl. herauf. Die Durchführung des § 146 scheiterte am gemeinsamen Widerstand der prot. und kath. »Elternbewegungen«. Deren Vorbild ist in den Niederlanden zu suchen, wo man im sog. Schulkrieg (seit 1920) gleichberechtigte und staatl. subventionierte konfessionelle Privatschulen, damit aber auch ein pluralistisches S. durchsetzte. Dies konnte niemals Ziel kurialer Schulpolitik sein; vgl. Leo XIII. anläßl. der Centennarfeier für Petrus Canisius (→ Katechismus) und die Enz. ›Militantis ecclesiae‹ (1. 8. 1897). Die Erziehungsenzyklika ›Divini illius magistri‹ Pius' XI. (31. 12. 1929) machte daher die Konfessionsschule verbindl., die auch im Reichskonkordat von 1933 (→ Kirchenkampf) für Dtl. garantiert wurde. Für die → Bekenntnisschule hatte sich auch der Protestantismus auf dem Stuttgarter → Kirchentag 1921 ausgesprochen, überließ aber die Durchsetzung solcher Forderung anderen: im Westen Dtl. dem ›Reichsverband dt. ev. Schulgemeinden‹ (gegr. 1920 in Wuppertal), im Osten dem ›Ev. Reichselternbund‹ (gegr. 1922 in Berlin). Letzterem half die Umbenennung ›Dt. Bund für christl.-ev. Erziehung in Haus und Schule‹ (1934) ebenso wenig wie ersterem die Kontaktaufnahme mit Holland (1936: Gründung eines ›Internationalen Verbandes christl. Erziehung‹, Utrecht); beide wurden 1937 verboten. Sie hatten verschiedene Zielvorstellungen, was sich erneut nach 1945 zeigte; denn weder in Treysa (1945) noch auf einer späteren Synode der EKD (1958) legte man sich auf einen bestimmten Schultyp fest. Wie der dt. Katholizismus begnügte man sich, die Möglichkeiten des Grundgesetzes (§ 146: Volksschule, je nach Bekenntnis der beantragenden Eltern; § 147: Privatschulen unter bestimmten Auflagen; § 149: Religionsunterricht als ordentl. Lehrfach in Übereinstimmung mit den Religionsgesellschaften) auszuschöpfen. → Konkordate der Röm. Kurie mit dt. Bundesländern brachten deren Vorstellungen zur Rechtsgeltung.

L: (allg.) E. Paulsen, Gesch. des gelehrten Unterrichtes an den dt. Schulen u. Univ. v. Ausgang des MA bis zur Gegenwart, 2 Bde, L ^{3}1919–21; J. van den Driesch – J. Esterhues, Gesch. der Erziehung u. Bildung, 2 Bde, Pa ^{4}1956–57; T. Ballauf – K. Schaller, Pädagogik, 3 Bde, Fr 1969–73; J. Stanzel, Die Schulaufsicht im Reformwerk des J.I. von Felbiger (1724–1788), Pa 1976.

(zu 1) H.-I. Marrou, Gesch. der Erziehung im klass. Altertum, Fr 1957; H. T. Johanns, Erziehung u. Bildung in der heidnischen u. christl. Antike, Da 1976.

(zu 2) T. v. Sicard, Luther u. die Schule, Gü 1947; E. Reimers, Rechte u. Grenzen einer Berufung auf Luther, Weinheim 1958; L. Boehm, Das ma. Erziehungs- u. Bildungswesen: Propyläen. Gesch. der Lit., Bd. II, B 1982, 143–181; Joh. Fried (Hg.), Schulen und Studium im sozialen Wandel des Hohen und Späten MA, Sigmaringen 1986; E. Paul, Gesch. der christl. Erziehung, 2 Bde, Fr-Bas-W 1993–95.

(zu 3) E. Horn, Führer durch das höhere S. in Dtl. mit bes. Berücksichtigung der Alumnate, B-Mr 1911; A. Simon - K. H. Beale, History of Freedom of teaching in American Schools, NY 1941; A. Simon, La liberté de l'enseignement, Bru 1952; T. Zeldin, Conflicts in French Society. Anticlericalism, education and morales in 19th Century, Lo 1971.

(zu 4) E. Troeltsch, Die Trennung v. Kirche u. Staat, der staatl. Religionsunterricht u. die theol. Fakultäten, T 1907; J. SCHRÖTELER, Bekenntnisschule, Gemeinschaftsschule u. Weltliche Schule im Lichte kirchl. Entscheidungen des 19. Jh. Schule u. Erziehung 16 (1928) 161–197; Das Ringen um das sog. Reichsschulgesetz. Dokumente der parlamentarischen Verhandlungen 1919–1927, Kö 1956; M. STALLMANN, Christentum u. Schule, St 1958; J. ESTERHUES, Zur Gesch. der Bekenntnis-Schule: Grundsätze kath. Schulpolitik, Fr 1958, 87–110; J. STANZEL, Die Schulaufsicht im Reformwerk des J. J. v. Felbiger (1724–1788), Pa 1976; P. ALBRECHT, Das niedere S. im Übergang v. 18. zum 19. Jh., T 1995.

Schwärmer wandte Martin Luther († 1546) als Verdikt gegen alle an, die nicht seiner Glaubensüberzeugung waren. Er konnte auch von »Schwarmgeistern« reden, z.B. im Fall des Andreas Bodenstein gen. Karlstadt († 1541), eines Wittenberger Fakultätskollegen, obwohl dieser gemeinsam mit ihm die Leipziger Disputation gegen Johann Eck (1519 → Reformation) bestritten hatte; allerdings hatte er während Luthers Aufenthalt auf der Wartburg gegen dessen Willen radikale Reformen in Wittenberg vorgenommen (→ Zwickauer Propheten). Als späterer Pfarrer von Orlamünde, der mystischen Spekulationen nachhing und ämterlose »Gemeinden der geisterfüllten Heiligen« zu verwirklichen suchte, trat Karlstadt 1523 mit Pfarrer Thomas Müntzer in Allstedt bei Eisleben in Verbindung, der gleichfalls von der dt. → Mystik beeinflußt war, jedoch noch weitergehende, sozialrevolutionäre Ziele verfolgte. Sowohl gegen den »Allstedter Geist« wie auch gegen Karlstadt schrieb Luther dann sein Pamphlet ›Wider die himmlischen Propheten‹ (1524). Daß er hiermit zwei verschiedene Geister in einen Topf geworfen hatte, wurde an der weiteren Entwicklung der beiden sichtbar. Während Müntzer in Mühlhausen als Führer der thüringischen Bauernbewegung auftrat und nach der unglückl. Schlacht bei Franckenhausen hingerichtet wurde (1525), zog Karlstadt aus der Niederlage die Folgerung des Verzichtes auf jede sozialreformerische Betätigung. Nach unruhigen Wanderjahren kam er über Straßburg in die Schweiz, wo er in Zürich zunächst Prediger war, bis er seit 1534 in Basel (abermals als Prof.) unbehindert wirken konnte. Die Reformationsforschung neigt daher dazu, das Verdikt S. wohl für einen revolutionär-apokalyptischen →Spiritualisten wie Müntzer gelten zu lassen, verweist hingegen einen humanistischen Spiritualisten wie Karlstadt einer anderen Gruppe zu. Zu ihr gehören Johannes Denck in Nürnberg († ca. 1527) und Sebastian Franck († 1542/43 in Basel), die auch für die geistesgesch. Entwicklung der Folgezeit Bedeutung gewannen. Das gilt erst recht für die anderen zeitgenössischen Gruppen, die außerhalb der Konfessionalität standen, z.B. die → Antitrinitarier (→ Sozinianer), die → Täuferbewegung und sonstige → Spiritualisten. Sie alle unter dem Sammelbegriff eines »linken Flügels der Reformation« oder der »radikalen Reformation« zu koordinieren, hieße die Unterschiede nach Herkunft und Wegrichtung verwischen.

Q: WA 18, 37ff. (LUTHER); H. FAST (Hg.), Der linke Flügel der Reformation, Bremen 1962, 249–360; L. FISCHER (Hg.), Die luth. Pamphlete gegen T. Müntzer, Hl 1976.

L: K. HOLL, Gesammelte Aufsätze, Bd.1, T 1923, 420–467 (Luther u. die S.); W. MAURER, Luther u. die S., 1952 = DERS., Kirche u. Gesch., Bd. I, Gö 1970, 103–133; K. G. STECK, Luther u. die S., Mn 1955; H. GERDES, Luthers Streit mit den S. um das rechte Verständnis des Gesetzes Mosis, Gö 1955; HbDThG II 27–33 (B. LOHSE), 568–581 (G. A. BENRATH).

Schweizergarde (Guardia Svizzera Pontificia). Einige Soldaten aus der Schweiz standen schon im 14. Jh. in päpstl. Dienst. Julius II. (1503–13) ernannte die S. zu seiner persönl. Leibwache; im Januar 1506 trafen 150 Schweizer aus Zürich in Rom ein. Karl von Bourbon nahm als Oberbefehlshaber der kaiserl. Truppen in Oberit. 1527 die Stadt Rom ein (Sacco di Roma). Dabei kam es am 6. Mai – noch heute der Tag der Vereidigung der Schweizer Rekruten im → Vatikan – zu einem furchtbaren Blutbad, das ungefähr 20000 Tote forderte, darunter 147 Schweizer Gardisten; die übrigen 42 konnten sich mit Clemens VII. in die Engelsburg retten. Unter Paul III. wurde die S. 1548 wieder eingesetzt, bis der Papst zur Zeit Napoleon Bonapartes vorübergehend auf ihren Schutz verzichten mußte.

Nach dem Reglement Pius' X. vom 13. 3. 1914 umfaßte die S. 6 Offiziere, 1 Kaplan, 15 Unteroffiziere und 110 Wachsoldaten (Hellebardiere), sämtl. aus Schweizer Kantonen (Tessin ausgenommen). Johannes XXIII. nahm 1959 eine Neuorganisation vor (Beschränkung der Gesamtzahl auf 100). Aufnahme finden nur kath. Schweizer Bürger im Alter von 19 bis 25 Jahren, die die Rekrutenzeit in der Schweiz. Armee abgeleistet haben und sich auf mindestens zwei Jahre verpflichten. An der Spitze steht der Kommandant. Nach Auflösung der Nobelgarde, der Palatingarde und der päpstl. Gendarmerie 1970 unter Paul VI. besteht jetzt nur noch die S., die seit 1971 allein für den Schutz des Papstes und des gesamten Vatikan zuständig ist. Das jüngste Reglement von 1976, von Paul VI. auf 5 Jahre ad experimentum in Kraft gesetzt, verringerte die Zahl der S. auf 90.

L: P. KRIEG, Die S. in Rom, Lz 1960; Annuario Pontificio per l'anno 1979, Città del Vaticano 1979, 1503–1505.

Schwenckfeldianer, eine bes. in Pennsylvania fortbestehende Gruppe, die auf den schlesischen Adeligen Kaspar Schwenckfeld von Ossig († 1561) zurückgeht. Zunächst Anhänger der → Reformation, hatte dieser sich 1526 von Luther getrennt, um dann vor allem in Süddtl. durch Reisen, Briefe und Erbauungsschriften Gleichgesinnte an sich zu binden, ohne Gemeinden zu organisieren. Sein radikales Geistchristentum lehnte Sakramente (Taufe, Abendmahl) im großkirchl. Verständnis ab. Wichtigste Heilsfunktion wird dem Glauben an die Vergottung des Fleisches bei dem fleischgewordenen Christus zugesprochen, durch den auch die »Kinder Gottes« als höhere Stufe der Christen an der Gottwerdung teilhaben. Diese Christusmystik (Christosophie) verbanden er u. seine Anhänger mit einer hochgespannten Ethik der Christusförmigkeit. Brach Luther über die S. als → Schwärmer das Richtscheit, so neigt heute die Reformationsforschung dazu, sie den → Spiritualisten zuzuordnen, zumal da sie sich gerade dadurch von dem übl. Kirchentum absetzen, daß sie diesem die geistl. Vollmacht absprechen.

L: H. WEIGELT, Spiritualistische Tradition im Protestantismus. Die Gesch. des Schwenckfeldertums in Schlesien, B 1973; A. SCIEGIENNY, Homme charnel, homme spirituel. Etude sur la christologie de Caspar Schwenckfeld (1489–1561), Wie 1975; HbDThG II 587–591 (G. A. BENRATH).

Seelhaus, eine wohltätige Stiftung, um Pilgern, armen und kranken Reisenden, Hilfsbedürftigen und Obdachlosen für kürzere oder längere Zeit Unterkunft und Verpflegung zu gewähren.

L: A. SCHULTZE, Augustin u. der Seelteil des germanischen Erbrechts. Studien zur Entstehungsgesch. des Freiteilrechtes, L 1928; F. ELSENER, Vom Seelgerät zum Geldgeschäft. Wandlungen einer rel. Institution: Fs. f. Joh. Bärmann, Mn 1975, S. 85ff.

Semipelagianismus, ein postumer und wenig glückl. Begriff aus der Konkordienformel von 1577 (→ Konkordienbuch), weil mit ihm nicht der → pelagianische Streit des 5. Jh., sondern der Streit um die Gnaden- und Erwählungslehre des alten Augustinus (5./7. Jh.) angesprochen wird (→ Augustinismus). Der Kirchenvater war durch sein Paulusstudium (Röm 9–11), dann durch Anfragen nordafrikanischer, hernach auch südgallischer Mönche seit 426 zu negativen Auskünften über die menschl. Willensfreiheit und Verdienstlichkeit frommer Werke gekommen, die nicht nur den Vulgärkatholizismus, sondern auch die Mönche in ihrem Vollkommenheitsstreben beunruhigen mußten. In Marseille griff Abt Johannes Cassianus († ca. 430/5), auf der Insel Lérins (vor Cannes) der Einsiedler Vinzenz († vor 450) Augustinus ohne Namensnennung an – beide voller Respekt vor dem Angegriffenen. Dessen Anhänger Tiro Prosper von Aquitanien († nach 455), damals noch Mönch in Marseille, polemisierte gleichfalls anonym gegen seinen Abt, gegen Vinzenz aber mit offenem Visier, und sorgte so dafür, daß die südgallische Kirche das nächste halbe Jh. über die heilspartikularistische oder universalistische Deutung christl. Erwählung diskutierte. Die Synode von Arles (475) ließ durch Faustus, damals noch Abt von Lerinum, später Bf. von Reji, ein Gutachten ausarbeiten (›de gratia Dei libri duo‹), das ein klass. Dokument des S. darstellt, zumal da seine heilsuniversalistische Position sowohl dem kirchl. Anspruch heilsgesch. Weltgeltung wie auch dem traditionellen → Synergismus des Katholizismus entsprach. Wenn später Ebf. Caesarius von Arles († 542) die Verurteilung des S. auf der Synode von Orange 529 mit Erfolg betrieb, dann leiteten ihn kirchenpolit. Motive. Ausgestanden war die Frage damit noch nicht, zumal da die Verwerfungssätze von Arausio II ein Cento aus den augustinischen Spätschriften zur Gnadenlehre waren und daher nichts Neues beitrugen. Da sie aber in die Sammlungen von → Kanones aufgenommen wurden, vermittelten sie die späte Gnadenlehre Augustins und damit den Augustinismus der Folgezeit.

Q: S. KOPP – A. ZUMKELLER (Hg.), Des Augustinus Schriften gegen die Semipelagianer, Wü 1955; D–S 370–400; N–R 349f., 767–783.

L: F. WÖRTER, Beiträge zur Dogmengesch. des S., Pa 1898; DERS., Zur Dogmengesch. des S., Mr 1899; GORDON LEFF, Bradwardine and the Pelagians, C 1957.

Sendgericht, bischöfl. Gericht, das seit dem frühen → MA nicht nur in der Bischofsstadt, sondern auch in den Urpfarreien tagte, zunächst unter dem Vorsitz des Bf., dann seines Vertreters (Offizial, meist Archidiakon), um das Leben der Kleriker wie der Laien zu überprüfen und Vergehen zu ahnden. Das S. wurde meist in Verbindung mit einer → Visitation gewöhnl. zweimal im Jahr abgehalten. Abt Regino von Prüm († 915) verfaßte eine viel benutzte Anleitung zur Abhaltung von S. und Visitationen. Aus den Sendgeschworenen wurden im Lauf der Zeit Sendschöffen, die zum Urteil beitrugen. Vom 11. Jh. an ging die kirchl. Gerichtsbarkeit, von Ausnahmen abgesehen, mehr und mehr in die Hand des Archidiakons, später des Ortspfarrers, über, so daß der Bf. einen wichtigen Verwaltungsbereich verlor. Gegenstand des S. waren öff. Vergehen gegen göttl. und kirchl. Gesetze. Als Beweismittel dienten Eid (für Freie), Gottesurteil (für Unfreie), Zeugen und Urkunden. Zu den Sendgerichtsstrafen (entsprechend den Bußbüchern, → Bußpraxis) zählten: Gebete, → Fasten, Almosen, → Wallfahrten, später (vom 10. Jh. an) meist Naturalien oder Geld, aber auch körperl. Züchtigung. Mißbräuche des S. führten im späten MA zu heftigen Klagen (→ Gravamina). Das → Trienter Konzil (sessio 24: de ref., c. 20) machte wieder den Bf. zum alleinigen Sendgerichtsherrn. Es dauerte freilich noch einige Zeit, bis der Archidiakon in der Praxis auf sein angestammtes Recht verzichtete. Erst in der → Aufklärung kam das S. langsam außer Übung. Dies hinderte aber nicht, daß im 19. Jh. mancherorts das S. wiedererstand, wenn auch nur für kurze Zeit. Spätestens seit dem CIC (→ Kirchenrechtsquellen) ist die archidiakonale Gerichtsbarkeit und Verwaltung zu Ende. Als oberster Richter in der Diöz. gilt wieder der Bf., vertreten durch Offizial und Generalvikar.

In manchen prot. Kirchen lebte das S. als Kirchen- oder Sittengericht fort (→ Konsistorium), nicht selten auch als Instrument des Landesherrn.

Q: A. M. KOENIGER (Hg.), Quellen zur Gesch. der S. in Dtl., Mn 1910; S. SCHÜSSLER, Sendprotokolle des 16. Jh.: Jb. des Vereins für KG Westfalens (1914/15) 93ff.

L: A. M. KOENIGER, Die S. in Dtl., Mn 1907; L. PFLEGER, Die S. u. Kirchenvisitationen im Elsaß: Archiv für elsässische KG (1934) 67–106; A. M. KOENIGER, Die Erneuerung des S. in der Diöz. Fulda, Bo 1938.

Serbisch-orth. Kirche, eine der 14 autokephalen (→ Russ.-orth. Kirche) Kirchen der → Orthodoxie. Aus Anlaß des → lat. Kaiserreiches bzw. der serbischen Staatsgründung durch die Nemanjiden (1167–1371) hervorgegangen, erhielt ihr erster Primas – der aus dem Herrscherhaus stammende und aus dem serbischen → Athoskloster Hilander kommende Mönch Sabbas (»Sava«, später Nationalheiliger) – die Weihe zum autokephalen Ebf. durch den byz. Patriarchen von Nicaea (1219). Seit 1235 war Pećs ständiger Amtssitz. Die eigenmächtige Erhebung zum großserbischen Patriarchat durch Kg. Stefan Dušan (1331–55) führte 1346 zum Konflikt mit dem ökumenischen Patriarchen (→ Konstantinopel). Dies wie die türkische Fremdherrschaft nach der verlorenen Schlacht auf dem Amselfeld (1389) förderte die Entwicklung zur serbischen Nationalkirche mit griech.-orth. Liturgie. Dergestalt hielt sich das Patriarchat von Pečs im Reich der Osmanen – von einer kurzfristigen Entmachtung und Unterstellung unter das griech. Ebt. Ochrid abgesehen (1459–1557) – bis 1766, um abermals degradiert, jetzt aber dem Ebt. Prizren unterstellt zu werden. Die serbischen Volksaufstände Anfang des 19. Jh. erbrachten für das serbische Patriarchat die dritte Urständ, diesmal mit Sitz in Karlovic und von Österreichs Gnaden (1848). Die serbische Autokephalie (1879 bestätigt) blieb nach dem 1. Weltkrieg im Königreich der Serben, Kroaten und Slowenen erhalten. Die Unterstellung der bisher getrennten serbischen Landeskirchen (1924) bedeutete sogar Machtausweitung, aber auch den Zwang zu einer Kirchenpolitik des Ausgleichs mit der Röm.-Kath. Kirche in Kroatien und Slowenien. Dieser konfessionelle Gegensatz, in der dt. Okkupation (1941 ff.) noch polit. vertieft, wurde durch die zentralistische Kirchenverfassung (1947: 5 Metropolen, 19 Erzbistümer unter dem Patriarchat von Belgrad) innerhalb der Volksrepublik Jugoslawien nicht abgebaut. Ihres Kirchenguts beraubt und aus der Öffentlichkeit zurückgedrängt, kann sich die S. K. zudem nicht mehr auf ihre nationalkirchl. Tradition stützen, die eher in Emigrantengemeinden (Chicago) fortlebt. Kaum zufällig haben hingegen die Bogomoljci (»Gottesanbeter«) in erneuerter Form (orth. Spiritualität; pietistische Frömmigkeit) durch diese Entwicklung Auftrieb bekommen.

Q: A. Theiner, Vetera monumenta Slavorum meridionalium, Bd. I, R 1863; Bd. II, Zagreb 1874.

L: V. Pospischil, Das Patriarchat der s. K., W 1966. – Atlas KG 55 A, 93, 131 A, 134 A.

Serviten (Ordo Servorum Mariae = OSM), aus der Florenzer Laienbruderschaft der »Diener Mariens« (auch »Marienknechte«) hervorgegangener Orden mit der →Augustinusregel, 1256 von Alexander IV. bestätigt, nach kurzer Auflösung von Nikolaus IV. 1290 abermals und von Benedikt XI. 1304 endgültig approbiert. Mittelpunkt der S., die kontemplatives und aktives Leben miteinander verbinden, war das Eremitenkloster auf dem Monte Senario (bei Florenz). Philipp Benitius († 1285), 5. Generalprior des Ordens, bearbeitete die Ordenssatzungen neu. Martin V. zählte die S. 1424 zu den → Bettelorden. In der NZ breiteten sie sich in fast allen Ländern Europas, in Amerika, Australien und Südafrika aus (1984: 822 Niederlassungen mit 6552 Mitgliedern). Die Reformkongregation der → Observanten war von 1411 bis 1570 vom Orden der S. getrennt. Die S. machen sich auch um die theol. Wissenschaft verdient. In Rom unterhalten sie heute die Theol. Fakultät Marianum.

Servitinnen, Dienerinnen Mariens, seit dem 13. Jh. als 2. Orden der S. von dem Generalprior Ph. Benitius gegr., leben ebenfalls nach der Augustinusregel, vorwiegend in Kontemplation. Manche Klöster stehen im Dienst der Mädchenerziehung.

Der von Juliana von Falconieri († 1341) gestiftete Dritte Orden der S., auch *Mantellaten* genannt, widmet sich bes. der Krankenpflege.

Q: A. Morini – P. Soulier (Hg.), Monumenta Ordinis Servorum Mariae, 20 Bde, Br–Fi 1897–1930.

L: Heimbucher I 576–588; A. M. Wimmer, Der hl. Philipp Benizi, Fr 1932; M. Bernos, Recherches sur l'ordre des servites en Provence 1483–1720, R 1977.

Sethianer nannten sich christl. Gnostiker (→ Gnosis), die in »Schet« (hebräische Worterklärung 1 Mos 4,25: »Ersatzmann«, d. h. für den von Kain erschlagenen Abel) den Garanten der »reinen« Erlösertradition erblickten. Die »Mutter aller Lebendigen« (Zoē: griech. Worterklärung nach 1 Mos 3,20) habe den »Vollkommenen« geschaffen, dann aber auch die Sintflut ausgelöst, als die Bosheit sich vermehrte, um so den »reinen Samen« Seths, d. h. die »Vollkommenen«, auszusondern. Aus ihnen sei Christus abzuleiten. War bisher nur christl. Polemik unsere literarische Quelle, so bewiesen, wenn auch späten Datums, die Originalschriften des sensationellen Papyrusfundes von Nag Hammadi in Oberägypten (1945/46), welche große Rolle die Gestalt des Seth in den Mythen der Gnosis (Adamasapokalypse, Ägypterevangelium, Apokalypse des Dositheos) spielte. Auch die spätjüdische Lit. (Haggada) befaßte sich mit ihm, wobei die Samaritaner insbes. Seth gerne für die »Reinheit« ihrer Überlieferung beanspruchten. In den Rang eines »Erlösers« erhoben ihn die christl. Gnostiker der Sethianer.

Q: W. Förster (Hg.), Die Gnosis, 2 Bde, Z-St-Mn 1969, ²1979.

L: A. F. J. Klijn, Seth in Jewish, Christian and Gnostic Literature, Lei 1977.

Siegburger Reform. Das vom Kölner Ebf. Anno II. um 1064 gegr. Benediktiner-Kloster Siegburg wurde schon nach wenigen Jahren von Fruttuaria (Piemont) mit Mönchen besetzt, die mit ihrem Reformprogramm Anhänger vor allem in Norddeutschland, in den Niederlanden, aber auch in Bayern und Östr. fanden. So wurde das Kl. Siegburg zusammen mit dem Kl. St. Pantaleon in Köln zu einem bedeutenden monastischen Reformzentrum. Neu wirkte in verfassungsrechtl. Hinsicht, daß der Ortsbischof die Herrschaft über ein der S. R. angehörendes Kl. ausübte und auf diesem Weg laikale Gewalten als oberste Jurisdiktionsträger ausschaltete. Charakteristisch ist ferner die Mitarbeit der Mönche in der Seelsorge.

L: J. Semmler, Die Klosterreform v. Siegburg, Bo 1959. – Atlas KG 48 A.

Silvestriner (seit 1301: Ordo S. Silvestri = OSilv), benannt nach Silvestro Guzzolini aus Osimo († 1267), der 1231 auf dem Monte Fano ein Kl. err. und bald noch andere Klöster nach der → Benediktregel gründete, die Innozenz IV. 1247 als eigene Kongreg. anerkannte. Die Mönche leben in äußerster Armut und nach strengen Fastenvorschriften. Der Orden konnte sich erst im 19. Jh. über Mittelitalien hinaus ausbreiten. 1873 entstand ein Missionskloster auf Ceylon. In den USA faßten S. 1911 Fuß.

Die in das 13. Jh. zurückgehenden *Silvestrinerinnen* gelangten über It. nicht hinaus und gingen im 19. Jh. unter.

Q: P. WEISSENBERGER, Die ältesten Statuta monastica der S.: RQ 47 (1939) 31–109.
L: HEIMBUCHER I 211–212; B. SERPILLI, Le più antiche costituzioni silvestrine: Benedictina 10 (1956) 211–258.

Sizilianische Vesper. Karl Anjou, dem die Röm.Kurie zunächst Sizilien als Lehen in Nachfolge der Hohenstaufer übertrug (1265), der ihr aber dann als Führer der it. Guelfen (Machtausweitung in It.) und Kg. von Sizilien bald lästig wurde, hoffte, unter dem »französischsten aller Päpste«, Martin IV. (1281–85), seine weitgespannten Pläne zu verwirklichen. Er wollte von Sizilien aus nicht nur die Levante als Kg. von Jerusalem (1277) beherrschen, sondern im Bündnis mit Venedig (1281) auch das → Lat. Kaiserreich von Byzanz wiedererrichten. Der Aufstand der Sizilianer (30. 3. 1282) zerstörte solche Machtträume in einem Blutbad. Mit Hilfe Peters III. von Aragon, der gleichfalls von den Balearen aus ein Auge auf Sizilien geworfen hatte und dank Heirat mit einer Stauferprinzessin auch Erbansprüche geltend machen konnte, vertrieb man die Franzosen. Im Frieden von Anagni (1295) wurde später zw. Rom und dem Hause Aragon ein Übereinkommen hergestellt, so daß fortan span. Einfluß in Sizilien wirksam wurde, was noch heute die Bauten bezeugen.
L: S. RUNCIMAN, Die s. V. Der Volksaufstand v. 1282 u. die europäische Gesch. im 13. Jh., Mn 1959, [2]1976; B. RILL, Sizilien im MA, St-Z 1995.

Sklaverei und Christentum. [1] Wohl war in der Spätantike der »doũlos« ein »Unfreier«, immerhin wußte man den wirtschaftl. Nutzen des »oikétes« (»Hausgehilfen«) zu schätzen und räumte ihm als »libertus«, d.h. »Freigelassenem«, gewisse Aufstiegschancen ein, ohne damit das allg. Sozialgefüge zu ändern. Die kaiserl. Hof- und Reichsverwaltung griff gerne auf Sklaven zurück, wobei diese auf »Freilassung« wegen guter Dienstleistung hofften. Die Christen fanden sich damit ab, waren eher stolz darauf, wenn unter ihnen sich auch »die von der Hausgenossenschaft (oikétai) des Kaisers« (Phil 4,22) befanden. Innerhalb der Gemeinde selber ließ man soziale Unterschiede nicht gelten (Gal 3,28), außerhalb derselben aber fortbestehen (1 Kor 7,20–24; vgl. Kol 3,22–25; Eph 6,5–9; 1 Tim 6,1f.) und nutzte sie sogar zu einem Christentum der Demut (1 Petr 2,18ff.). Eine rel. Minderheit hatte zudem keine Chance, ein Programm der Sklavenbefreiung durchzusetzen. Es wäre außerdem wenig opportun gewesen, es zu entfalten. Selbst nach der → Konstantinischen Wende betrieb man die Abschaffung der S. nicht, berücksichtigte vielmehr in den → Kanones die Besitzrechte der »Herren«, wenn man auch gegen Übergriffe durch christl. Herren einschritt; man war zufrieden, daß die staatl. Gesetzgebung konfessionelle Belange achtete (Verbot christl. Sklaven für Juden u.s.w.). Nur in östl. Mönchskreisen, wo noch stoisch-popularphilosophische Argumente gegen die S. lebendig waren, trat man für ihre Abschaffung oder für die »Freilassung« als Christenpflicht ein. Anders im Westen, wo schon der lat. Ausdruck »servus« dessen ökonomischen Nutzen betonte; dort konnte die Synode von Agde (509) Bischöfen und Äbten die Freilassung von Sklaven untersagen. Typisch für diese altchristl. Ambivalenz sind zwei Briefe des Mönchpapstes Gregor d. Gr. (590–604): Einmal preist er im Geiste röm. Stoa (Seneca!) die Freilassung als gutes Werk (ep. VI 12), das andere Mal aber heißt er harte Disziplinierung von Kirchensklaven für gut (ep. IX 200).

[2] Die ökonomische Wertung begünstigte sichtl. den Sklavenhandel im christl. MA. Schon die Etymologie von »slavus« (mittellat. sclavus, frz. esclave, it. schiavo) führt auf die ottonischen Slavenkriege des 10./11. Jh. zurück: Die slavischen Gefangenen wurden als »Sklaven« verkauft, wobei die Schwertmission (→ Ritterorden) in ihnen verstockte »Heiden« sah. Der Sklavenhandel selbst, da unchristl., wurde den »Verworfenen« (span. Juden und Arabern) überlassen. Nach Ausschöpfung des dt. Sklavenmarktes gingen diese im Mittelmeer auf Piraterie und Menschenraub aus, wobei auch die Kreuzfahrer für vermehrtes Angebot sorgten. Denen war es dabei gleichgültig, ob sie muselmanische »Ungläubige« oder griech.-orth. Christen (Opfer des lat. Kaisertums) verkauften. Päpstl. Protest war vergebl., zumal da das 3. → Laterankonzil (1179) die Sklaverei als Strafmittel gegen Ketzer (c. 24) und die → Kanonistik gegen Priesterehen (Priesterkinder sind unfrei: Decr. Grat. II c 15, q 8, 3; → Zölibat) sanktioniert hatten. Dafür hatten Orden wie die → Mercedarier und → Trinitarier sich dem Loskauf von Sklaven verschrieben. Die »Renaissance« des röm. Rechtes unter den Staufern im 13./14. Jh. wie aber auch der in der → Scholastik fortlebende Rechtspositivismus (vgl. Thomas, Summa contra gentiles I 96) trugen nicht wenig dazu bei, daß fortan auch Christen (Genueser, Pisaner, Venezianer, Spanier) sich am Sklavenhandel beteiligten. Ihre Hemmungen fielen endgültig gegenüber den Negersklaven, wobei rassistische Aversionen, calvinistisches Erwählungsbewußtsein der Europäer und Goldgier ein unheilvolles Bündnis eingingen.

[3] So wurde das 15. Jh. der Weltentdeckungen zum Jh. der Sklaverei. Die Portugiesen bauten ihre, zur Sicherung des Seeweges nach Indien angelegten, Stützpunkte rund um Afrika zu Negermärkten aus, um den europäischen Sklavenhandel zu beliefern. Dieser konnte sich dadurch abgesichert fühlen, daß Nikolaus V. die Neger unter die »Feinde des Christentums« eingestuft hatte (1452: Bulle »Dum diversas«). Vor allem Amerika meldete im Verlauf der Jh. steigenden Bedarf an. Zunächst hatten die span. Eroberer im Geist der → Reconquistà die »Indianer« vor die Alternative einer Zwangstaufe oder Verlust des Lebens bzw. der Freiheit gestellt, wobei letzteres als geringeres Übel vorgezogen wurde. Vergebl. suchten die → Missionsorden (seit 1500 die → Franziskaner auf den Antillen, dann in Mexiko; seit 1509/10 die → Dominikaner, seit 1531 in Peru) dem entgegenzuwirken. Hierbei ist der Missionar Bartolomè de Las Cásas († 1566) bes. hervorzuheben, weil er durch seine lauten Proteste zumindest der Weltöffentlichkeit die Augen öffnete. Die sog. Reduktionen (Isolierung der christl. Indios von der versucherischen Umwelt; Selbstverwaltung ihrer Farmen unter Missionaren; berühmtes Beispiel der → »Jesuitenstaat« von Paraguay) konnten aber nicht verhindern, daß die

Indios den Anforderungen ungewohnter Arbeit auf den Plantagen nicht gewachsen waren. Vor allem die span. und portug. »Conquistadoren« waren in ihren Großbetrieben auf »Nachschub«, und zwar bei der gesteigerten Konkurrenz durch die sog. »Südstaaten« Nordamerikas auf billigen, bedacht. So wurden denn in den nächsten Jh. neben Afrika noch andere Kontinente wie Indien zu »Lieferanten«. Seit Beginn der Negerimporte aus Afrika (1510/11) sollen in 350 Jahren ca. 35 Mill. Sklaven nach Amerika verfrachtet worden sein. Alle seefahrenden Nationen Europas waren an diesem »Geschäft« beteiligt.

[4] Erst im 18. Jh. erhob die kleine Gruppe der → Quäker die Forderung nach vollständiger Abschaffung (abolition) der Sklaverei. Von ihrer Kolonie Pennsylvanien aus polemisierten sie seit 1727 gegen die Sklaverei in den Südstaaten – allerdings erfolglos, weil die Reeder in London und Liverpool bei der engl. Regierung intervenierten. Erst als William Wilberforce († 1833) im engl. Parlament sich zum Sprecher dieses Protestes machte, verbot dieses zunächst den Sklavenhandel (1807), später die Sklaverei überhaupt (1834). In Furcht, durch die »abolition« das Weltmonopol im Baumwollhandel zu verlieren, ließen es die Südstaaten lieber zum Sezessionskrieg (1861–65) kommen; ihre Niederlage beendete zwar für Amerika die Skalverei, aber nicht die Negerfrage.

Q: B. de Las Casas. Werksauswahl, 3 Bde, Pad 1995–1996.

L: (Allg.) J. F. Maxwell, Slavery and the Catholic Church, Chichester-Lo 1975.

(zu 1) J. Vogt, S. u. Humanität, Wie 1965; Ders., Zum Forschungsstand: Gymnasium 87 (1980) 436–446; H. Koepstein, Zur S. im ausgehenden Byzanz, E 1956; H. Chantraine, Freigelassene u. Sklaven im Dienste der röm. Kaiser, Bc 1967; H. Gülzow, C. u. S. in den ersten drei Jh., Bo 1970; H. Langenfeld, Christianisierungspolitik u. Sklavengesetzgebung der röm. Kaiser v. Konstantin bis Theodosius II, Bo 1977; J. Christes, Sklaven u. Freigelassene als Grammatiker u. Philosophen im antiken Rom, Wie 1979; M. I. Finley, Die Sklaverei in der Antike, Mn 1981; F. Laub, Die Begegnung des frühen Christentums mit der antiken Sklaverei, St 1983.

(zu 2) F. Schaub, Studien zur Gesch. der S. im Früh-MA, B-L 1913; C. Verlinden, L'origine de »sclavus«, »esclave«: Archivum Latinitatis medii aevi 17 (1943) 97–128; Ders., L'esclavage dans l'Europe médiévale, 2 Bde., Brügge 1955–77.

(zu 3) J. Höffner, C. u. Menschenwürde, Trier 1943, 2. Aufl.: Span. Kolonialethik im »Goldenen Zeitalter«, Trier 1969; W. Peukert, Der atlantische Sklavenhandel v. Dahonney 1740–1797, Wie 1978; R. Zoller (Hg.), Amerikaner wider Willen. Beiträge zur Sklaverei in Lateinamerika u. ihren Folgen, F 1994; M. Gillner, B. de Las Casas u. die Eroberung des indianischen Kontinents, St 1995.

(zu 4) A. Lotz, Staatskirche u. Freikirche. Die engl. Bekenntnisse im Kampf um die Aufhellung v. Sklavenhandel u. S., L 1929; S. Miers, Britain and the Ending of the Slave trade, NY 1975.

Skotismus. Der → Franziskaner Johannes Duns Scotus († 1308 in Köln, vorher in Paris und Oxford lehrend) war der scharfsinnigste Denker der → Scholastik (daher »doctor subtilis«). Im Gegensatz zu dem → Dominikaner Thomas von Aquino († 1274 → Thomismus) und dessen aristotelischer Seinsmetaphysik (Gott = »höchstes Sein« = »höchstes Gut«) betonte der Franziskaner die Unbestimmbarkeit Gottes (Gott = »höchster

Wille«), der deshalb besser durch Liebe (nach Augustin: Ausdruck des Wollens) als durch den Intellekt »erkannt« wird. Solche Absage an das Denken und an eine Welt hypothetisch-ontologischer Begriffe konvergierte mit der Leugnung einer höheren Seinsstufe der »Allgemeinbegriffe« (→ Universalienstreit); diese eigne vielmehr dem Einzelding in seinem Dasein. Auch die skotistische Heilslehre betonte die Prävalenz göttl. Handelns (acceptatio divina). Die Erwählung gründet in Gottes »absolutem Willen«, ist kontingentes Ereignis in der Heilsgeschichte. Die Gnade der Rechtfertigung basiert auf dem übernatürl. gewirkten Habitus der Liebe, der auch dem Gläubigen die Möglichkeit läßt, im Bußsakrament (→ Bußpraxis) durch verdienstl. Strafreue (»attritio« – »meritum de congruo«) bei seiner Heiligung mitzuwirken.

Im Unterschied zum Thomismus sollte der S. erst am Ende des 16. Jh. durch die Erfurter Barfüßer zur anerkannten Ordenstheologie der Franziskaner werden. Die unmittelbare Schülergeneration hatte zunächst den Meister an spitzfindigen Begriffsanalysen zu überbieten versucht (Verabsolutierung der Unterscheidung zw. »geordneter Macht« und »absoluter Vollmacht Gottes«: potentia Dei ordinata – absoluta). Zu dieser »älteren Schule« des S. im 14. Jh. gehörten z. B. der Magister Antonius in Paris († 1320) und der Duns-Schüler Francesco de Maironis († nach 1328). Erst die »jüngere Schule« des 15./16. Jh. wurde sich der theol. Weite des skotistischen Erbes bewußt, in ihrem Antagonismus zur → Neuscholastik und deren Thomismus dazu motiviert. Solches Selbstbewußtsein schlug sich in Skotuskommentaren, vor allem zum »opus Oxoniense« des »Schotten« (Vorlesungen zum Sentenzenkommentar des Petrus Lombardus → Scholastik), nieder und bot zugleich die Basis, sich vom → Ockhamismus zu distanzieren. Zu dieser 2. Generation des S. gehören: Petrus Tartaretus, seit 1500 Dr. theol. in Paris, dann Universitätsrektor, ferner der Franziskaner Francesco Lychetus († 1520), ab 1510 Dozent in Neapel, Kommentator von Duns Scotus, seit 1518 Ordensgeneral; ihm ist insbes. die Promotion des Duns Scotus zum Ordenstheologen zuzuschreiben. Der franziskanische Geschichtsschreiber Lucas Wadding († 1657) vollendete diese Integrierung durch Drucklegung der »Opera omnia« in 12 Bänden (Lyon 1639 ff.). 1891 ff. erschien in Paris eine Zweitausgabe in 26 Bänden und bewies, daß auch im 19. Jh. der S. sich neben dem Neuthomismus behauptete. Seit dem → MA Verfechter der »Unbefleckten Empfängnis« Mariens (→ Marienverehrung), konnte der S. zudem im 19. und 20. Jh. späte Erfolge zeitigen.

Q: C. BALIČ (Hg.), Joannis Duns Scoti opera omnia, R 1950 ff; D-S 1400, 2800–04.
L: F. GARCIA, Lexicon scholasticum philosophico-theologicum in quo termini, definitiones ... I. Duns Scoti declarantur, R 1910, (Ndr.) 1974; B. ROTH, F. v. Maironis. Sein Leben, seine Werke, seine Lehre v. Formalunterschied, Werl 1936; L. MEIER, Die Barfüßerschule zu Erfurt, Mr 1958; E. GILSON, J. Duns Scotus. Einführung in die Grundgedanken seiner Lehre, D 1959; W. DETTLOFF, Die Entwicklung der Akzeptations- u. Verdienstlehre v. Duns Scotus bis Luther, mit bes. Berücksichtigung der Franziskanertheologen, Mr 1963; E. STADTER, Psychologie u. Metaphysik der menschl. Freiheit. Die ideengesch. Entwicklung zw. Bonaventura u. Duns Scotus,

Mn 1971; L. HONNEFELDER, Ens inquantum ens. Der Begriff des Seienden als solchem als Gegenstand der Metaphysik nach der Lehre des Johannes Duns Scotus, Mr 1980; TRE IX 218–240 (W. DETTLOFF – L. HONNEFELDER).

Somasker (Ordo Clericorum Regularium a Somasca = CRS), von dem venezianischen Laien Girolamo Miano = Hieronymus Aemiliani († 1537, kan. 1767) 1528 gegr. und später nach ihrem Mutterhaus in Somasca (bei Mailand) benannte ›Compagnia dei servi dei poveri‹, die Paul III. 1540 als Gemeinschaft von Regularklerikern bestätigte und Pius V. 1568 zu einem Orden nach der → Augustinusregel erhob. Wie ihr Gründer widmen sich die S. der Erziehung und Ausbildung von Waisen und Armen; sie sind aber auch in der Krankenpflege und in der Pfarrseelsorge eingesetzt. Im 19. Jh. erlebte der Orden, dem auch Laien angehören können, eine neue Blüte; gleichzeitig erfolgten Klostergründungen in Amerika. Der Generalsuperior hat heute seinen Sitz in Rom (früher in Como).

Die als weibl. Zweig 1680 in Genua gegr. *Somaskerinnen* (Somasche) sind ebenfalls in der Erziehung Jugendlicher, bes. von Waisen und Armen, tätig.

L: HEIMBUCHER II 110–112; P. BIANCHINI, Origine e sviluppo della Compagnia dei servi dei poveri: Rivista dell'Ordine dei PP. Somaschi 31 (1956) 100–111, 134–192, 229–237; 32 (1957) 11–28, 103–116.

Sonntagsschule, ging – im Unterschied zur →Christenlehre jüngeren Datums – aus dem engl. Frühindustrialismus (Kinderarbeit zur Exportsteigerung) und dem engl. → Puritanismus hervor. Dessen Sonntagsheiligung trieb die kindl. Analphabeten am Sonntag auf die Straßen und in die Verwahrlosung. Seit 1781 ließ deshalb der Londoner Zeitungsverleger Robert Raikes († 1811) durch besoldete Lehrkräfte im Proletariatsviertel East London Unterricht in Lesen und Schreiben erteilen. Sehr bald mußte man wegen des starken Zustroms auf freiwillige Sonntagsschulen-Helfer zurückgreifen, die sich 1803 als ›London Sunday School Union‹ zusammenschlossen. Gleichzeitig entstanden S. in Amerika als Ersatz des in den konfessionslosen Staatsschulen ausfallenden Religionsunterrichts. Seitdem und deshalb spielte in »Gods own land« das Sonntagsschulen-Wesen mit seinem Heer ehrenamtl. Lehrkräfte in allen Denominationen eine einflußreiche Rolle. Hier entstand auch nach voraufgegangenen regionalen Zusammenschlüssen die ›World Sunday School Association‹ (1907), nachdem sich gezeigt hatte, daß die S. auch auf den Missionsfeldern der prot. Kirchen große Erfolge zeitigte. Heute finden die Weltkonferenzen des ›Weltrates für christl. Erziehung und Sonntagsschulverbände‹ (so der neue Name seit 1947), der in 60 Ländern weltweit organisiert ist und eine eigene Zs. ›World Christian Education‹ (NY 1948ff.) herausbringt, regelmäßig statt.

In Dtl. wurde die S. durch den Hamburger → Baptisten J. G. Oncken († 1884) bekannt; er hatte sie in London kennengelernt. Angesichts der großstädtischen Unkirchlichkeit Hamburgs übernahm J. H. Wichern (→

Innere Mission) die S. in sein »Rauhes Haus« und empfahl sie damit den kirchl. Kreisen. In Dtl., wo die Schulpflicht eingeführt war (in Engl. erst 1870), konnte sie sich zudem auf die rel. Unterweisung konzentrieren (→ Schulwesen). Gerade dies machte die S. in → Freikirchen (Baptisten; → Methodisten; →Ev. Allianz) heimisch, die auf diese Weise die Gemeindearbeit zu aktivieren verstanden (›Sonntagsschulenverband der Vereinigung Ev. Freikirchen in Dtl.‹; Kinderblatt: ›Der Morgenstern‹; Helferblatt: ›Dienst am Kinde‹). Als ihnen die geistl. Schulaufsicht bzw. die Konfessionsschule genommen wurde (1918), entdeckten auch die Landeskirchen die S., gaben ihr aber im »Kindergottesdienst« ein Modell, das an die Christenlehre der Reformationszeit anknüpfen oder die Getauften auch als Kinder zu Trägern des Gottesdienstes machen wollte.

L: J. W. Sommer, Die Entstehung der S., Bremen 1930; M. Levy, Der Sabbath in Engl. Wesen u. Entwicklung des engl. Sonntags, L 1933; E. Jung, S. als Kindergottesdienst, 1944; W. Rohrdorf, Sabbat und Sonntag in der Alten Kirche, Z 1972.

Soziale Frage meint die Frage nach den sozialen Verhältnissen, spez. der Arbeiter, im 19. Jh. und den Versäumnissen vor allem der → Röm.-Kath. Kirche angesichts einer im Zug der Industrialisierung wachsenden Proletarisierung.

→ Christl.-soziale Bewegungen, →Sozialenzykliken, → Sozialer Katholizismus.

P: Friedewalder Beiträge zur s. F., 1950 ff.

Q: Texte zur kath. Soziallehre, 2 Bde, hg. v. Bundesvorstand der Kath. Arbeitnehmer-Bewegung Dtl., Kevelaer 1975–76; A. Utz – B. Gräfin v. Galen (Hg.), Die kath. Sozialdoktrin in ihrer gesch. Entfaltung. Eine Sammlung päpstl. Dokumente v. 15. Jh. bis in die Gegenwart, 4 Bde, Aachen 1976; E. R. Huber – W. Huber, Staat u. Kirche im 19. u. 20. Jh. Dokumente, Bd. III, B 1983, 273–334.

L: (Allg.) Ev. Soziallexikon, St 1954, 7. neu bearbeitete u. erweiterte Aufl. hg. v. T. Schober – M. Honecker – H. Dahlhaus, St 1980; Kath. Soziallexikon, I-Graz 1964, 2. überarbeitete u. erweiterte Aufl. hg. v. A. Klose – W. Mantl – V. Zsifkovits, I-Graz ²1990. – (Spez.) A. M. Knoll, Der s. Gedanke im modernen Katholizismus, W 1932; O. v. Nell-Breuning, Die soziale Enz., Kö 1932, ³1950; E. Thier, Die Kirche u. die s. F., Gü 1950; E. Filthaut, Dt. Katholikentage u. s. F. 1848–1958, Essen 1960; W. O. Shanahan, Der dt. Protestantismus vor der s. F. 1815–1871, Mn 1962; H. ten Doornkaat, Die ökumenischen Arbeiten zur s. F., Z-F 1954; F. J. Stegmann, Gesch. der s. Ideen im dt. Katholizismus: H. Grebing (Hg.), Dt. Hb. der Politik, Bd. 3, Mn 1969, 325–560; H. Kals, Die s. F. in der Romantik, Königstein 1974; G. Brakelmann, Kirche, s. F. u. Sozialismus, Bd. I, Gü 1977; S. H. Pfürtner – W. Heierle, Einführung in die kath. Soziallehre, Da 1980; M. Greschat, Das Zeitalter der Industriellen Revolution, St 1980; E. J. Kouri, Der dt. Protestantismus u. die soziale Frage, B 1984.

Sozialenzykliken. Zu den sozialen Rundschreiben rechnet man vor allem diese: ›Rerum novarum‹ (15. 5. 1891) von Leo XIII.; ›Quadragesimo anno‹ (15. 5. 1931) von Pius XI.; ›Mater et Magistra‹ (15. 5. 1961) von Johannes XXIII. und ›Populorum progressio‹ (26. 3. 1967) von Paul VI. Hinzu kommt noch der aus Anlaß der 80-Jahr-Feier von ›Rerum novarum‹ verfaßte Apost. Brief ›Octogesima adveniens‹ (14. 5. 1971) von Paul VI. an Kard. M. Roy, den Vorsitzenden der Päpstl. Kommission ›Justitia et Pax‹ und des Vatik. Laienrates, ein Dokument, das nach Inhalt, Form und Aussagekraft einer Enzyklika gleichgesetzt werden kann. Ein der Zeit entsprechender Fortschritt in den päpstlichen Verlautbarungen ist allein schon daran zu ersehen, daß z. B. in ›Rerum novarum‹ nur von der »Lage der Arbeiter« die Rede ist, ›Quadragesimo anno‹ dagegen schon für die Schaffung einer »sozialen Ordnung« plädiert und ›Mater et Magistra‹ die vielfältigen Sozialprobleme auf internationaler Ebene in den Mittelpunkt stellt. Noch konkretere Probleme (Urbanisierung, Stellung der Frau, Diskriminierungen, Recht auf Auswanderung, Beschaffung von Arbeitsplätzen u. a.) spricht Paul VI. in dem erwähnten Brief an. Johannes Paul II. betont in der Enz. ›Laborem exercens‹ (14. 9. 1981) den absoluten Vorrang der menschl. Arbeit gegenüber dem Kapital u. zieht die entsprechenden Konsequenzen.

Q: Texte zur kath. Soziallehre. Die sozialen Rundschreiben der Päpste u. andere kirchl. Dokumente mit einer Einführung v. O. v. NELL-BREUNING, hg. v. Bundesverband der Kath. Arbeitnehmer-Bewegung (KAB) Dtl., Kevelaer 1975, 31976.

L: O. v. NELL-BREUNING, Soziallehre der Kirche. Erläuterung der lehramtl. Dokumente, W 1977; J. MESSNER, Die Magna Charta der Sozialordnung. 90 Jahre Rerum novarum, Kö 1981; W. KERBER – H. ERTL – M. HAINZ (Hg.), Kath. Gesellschaftslehre im Überblick. 100 Jahre Sozialverkündigung der Kirche, F 1991.

Sozialer Katholizismus, am Ende des 19. Jh. aufgekommener Begriff, der in Korrespondenz steht mit dem Begriff »Liberaler Katholizismus«. Älter sind die in Fkr. zw. 1830 und 1848 gebräuchl. Begriffe »socialisme catholique« und »socialisme chrétien«, wiederum hauptsächl. als Gegenbegriffe zu »individualisme« oder »libéralisme« verstanden, so daß also die älteste Bedeutung des Wortes »Sozialismus« in »Antiindividualismus« zu sehen ist. Ein Bedeutungswandel in unserem heutigen Sinn erfolgte erst mit den Werken von Pierre Joseph Proudhon (1809–65; ›Qu'est-ce que la propriété‹, 1840) und Karl Marx (1818–83; ›Misère de la Philosophie‹, 1847, gegen Proudhons »Bourgeois-Sozialismus« gerichtet).

Als Initiatoren eines s. K. in Fkr. gelten u. a. Frédéric Le Play (1806–82), Begründer der ›Société internationale des hautes études d'économie sociale‹, Félicité de Lamennais (1782–1854; → Liberalismus) und Albert de Mun (1841–1913), der mit Abbé Maignen nach 1870 die Arbeiter in den ›Cercles ouvriers‹ zusammenfassen wollte. In Belgien ist vor allem der Nationalökonom Charles Périn (›De la richesse dans les sociétés chrétiennes‹, 1861) zu erwähnen. In Dtl., dem Ursprungsland einer »realistischeren kath. Sozialbewegung« (R. AUBERT), ragen hervor Gestalten wie der Parlamentarier und Prof. Franz Joseph Buß (1803–78; → Katholikentage), Adolf Kolping (1813–65; → Kolpingwerk) und der Mainzer Bf. Wilhelm Ketteler (1811–77), der 1848 mit seinen sechs Adventspredigten über die → Soziale Frage und seiner Rede beim Mainzer Katholikentag ungewöhnl. große Aufmerksamkeit erregte (→ christl.-soziale Bewegungen).

Allg. fällt auf, daß der s. K. in erster Linie von Laien-Katholiken repräsentiert wurde, während die offiz. Kirchenführer, von wenigen Ausnahmen abgesehen, untätig blieben. Erst unter Leo XIII. (1878–1903) erfolgte langsam eine Wende von der polit. zur sozialen Aktion (→ Sozialenzykliken) und damit eine Stärkung des s. K. (→ Arbeiterbewegung).

L: G. Goyau, Autour du catholicisme social, P 1901; J.-B. Duroselle, Les débuts du catholicisme social en France 1822–1870, P 1951; H. Maier, Revolution u. Kirche. Studien zur Frühgesch. der christl. Demokratie 1789–1901, Fr 1959, ³1973; F. H. Müller, Kirche u. Industrialisierung. S. K. in den Vereinigten Staaten u. in Dtl. bis zu Pius XII., Osnabrück 1971; A. Rauscher (Hg.), Der s. u. polit. Katholizismus. Entwicklungslinien in Dtl. 1803–1963, 2 Bde, Mn 1981–82; H. Ludwig – W. Schroeder, Sozial- u. Linkskatholizismus, F 1990; M.-D. Chenu, Kirchl. Soziallehre im Wandel, Luzern 1991.

Sozinianer, eine nach dem it. Humanisten Lelio Sozzini († 1562 in Zürich) und dessen Neffen Fausto Sozzini († 1605 in Polen) benannte prot. Minderheit, die den → Antitrinitariern zuzuzählen ist und in ihrem freisinnigen Christentum mit den → Unitariern (»Polnischen Brüdern«) verbunden war. Das setzte sie dem Vorwurf des → Arianismus und aufgrund des Codex Theodosianus bzw. des Reichsedikts von 380 (!) auch der reichsgesetzl. Verfolgung aus (Reichstag von Warschau 1658) und vertrieb sie in die Ostseegebiete, vor allem aber in die Niederlande und nach Engl. Von dort gelangten sie nach Nordamerika, so daß ihr biblizistisch-pragmatisches Christentum eine weltweite Bedeutung gewann. Heute sieht die Forschung in ihnen Pioniere der → Aufklärung und nutzt sie als Nachweis, daß die → NZ erste Ansätze bereits im christl. → Humanismus der Reformationszeit besitze. → Evangelismus.

L: B. Stasiewski, Reformation u. Gegenreformation in Polen, Mr 1960; A. Stella, Ricerche sull' socianesimo: Bollettino del Istituto di storico della Società e dello Stato Veneziano 3 (1961) 77–120; P. Wrzecionko, Die Theologie des Rakower Katechismus: Kirche im Osten 6 (1973) 73–116; Ders., Humanismus u. Aufklärung im Denken der polnischen Brüder: ebd. 9 (1966) 83–100; Ders. (Hg.), Reformation u. Frühaufklärung in Polen. Studien über den Sozinianismus u. seinen Einfluß auf das westeuropäische Denken im 17. Jh., Gö 1977; L. Szczucki (Hg.), Socianism and its role in the culture of XVIth to XVIIth centuries, Lo 1983.

Spiritaner (Congregatio Sancti Spiritus = CSSp). Claude-François Poullart-des-Places (1679–1709), zunächst Jurist, seit 1707 Priester, gründete während seiner Studienzeit 1703 das Pariser ›Seminar vom Hl. Geist‹ für arme Theologiestudenten, aus dem sich später durch Zusammenschluß der leitenden Männer (1734) die ›Kongreg. vom Hl. Geist‹, S. gen., entwickelte. 1804 wurden die S. mit der Mission in den frz. Kolonien betraut. Nach der Vereinigung mit der ›Kongreg. vom Hl. Herzen Mariens‹ 1848 richtete F. M. Libermann die S. vor allem auf die »Bekehrung der schwarzen Rasse« aus. Die dt. S. haben ihre Hauptniederlassung seit 1895 in Knechtsteden (Rheinland).

L: J. T. Rath, Gesch. der Kongreg. v. Hl. Geist, 2 Bde, Knechtsteden 1972.

Spiritualen, »geistlich Gesonnene« (vgl. 1 Kor 2,12ff.) nannten sich im 13. Jh. → Franziskaner, die im → Armutsstreit jeden Besitz des Ordens rigoros ablehnten. Sie sahen sich als Vorboten einer endzeitl., nur vom Hl.

Geist beherrschten Kirche der Mönche. Ihr theol. Sprecher Gerhard von Borgo San Donnino (Paris) hatte in seinem ›Liber Introductorius in Evangelium aeternum‹ (vgl. Apk 14,6) die Schriften des Zisterzienser-Abtes Joachim von Fiore († 1201/2) 1254 dadurch aktualisiert, daß er die Prophezeiung eines »Geistzeitalters« durch den kalabresischen Abt konkretisiert und dessen Anbruch für 1260 angekündet hatte. Dieses Jahr werde zugleich das Ende der Papstkirche (als »Reich des Sohnes« und der Priester, nach dem »Reich des Vaters«, d. h. der Laien und Könige) bedeuten. Das trug ihm Verurteilung (1255) und seit 1258 lebenslängl. Klosterhaft ein. Es lähmte vor allem nicht den franziskanischen Rigorismus, machte allerdings »S.« zu einer Fremdbezeichnung durch die Gegner, die allzu gerne die verschiedenen Gruppen unter den S. in einen Topf warfen. So bestanden große Unterschiede zw. den Anhängern des Franziskaners Petrus Johannes Olivi († 1298), dessen theol. Anthropologie (Leib-Seele-Problem) häretische Züge trug, und seinem Ordensbruder Petrus von Fossombrone († 1337), auch Angelo Clareno gen., der als Sprecher der »Armen Eremiten« sogar am Papsthof in Avignon (→ Avignoner Exil) Fürsprecher fand und mit seiner ›Gesch. der sieben Heimsuchungen des Ordens der Minderbrüder‹ eine klass. Selbstdarstellung der S. bot, die nicht mit den → Fraticelli auf eine gleiche Stufe gestellt werden dürfen.

Q: D-S 803–808, 900–904, 908, 910–916; COD 207–211.

L: H. GRUNDMANN, Studien über Joachim v. Fiore, L 1927, (Ndr.) 1966; DERS., Ausgewählte Aufsätze, Bd. II, St 1977; E. BENZ, Ecclesia spiritualis. Kirchenidee u. Geschichtstheologie der franziskanischen Reformation, St 1934, (Ndr.) 1969; L. v. AUW, Angelo Clareno et les Spirituels franciscains, Lagny 1952; DERS., Angelo Clareno et les Spirituels italiens, R 1979; H. W. BLOOMFIELD – M. E. REEVES, The Penetration of Joachism in the Northern Europe: Speculum 29 (1954) 772–793; S. GIEBEN, Bibliographia Oliviana, 1885–1967: Collectanea franciscana 38 (1968) 167–195; Chi erano gli Spirituali? Atti convegno internazionale Assisi 16–18 ott. 1975, Assisi 1976; W. H. J. SCHACHTEN, Ordo salutis. Das Gesetz als Weise der Heilsvermittlung. Zur Kritik des hl. Thomas v. Aquin an Joachim v. Fiore, Mn 1980.

Spiritualismus wird gerne zur Kennzeichnung des sog. linken Flügels der → Reformation gebraucht, der sich von Luther absetzte und daher von diesem als → »Schwärmer« in Bausch und Bogen verdammt wurde. Ein differenzierendes Urteil kann hingegen nicht übersehen, daß Sebastian Franck († 1542), Valentin Weigel († 1588) und der Schuster Jakob Böhme († 1624) einen mystischen S. repräsentieren, der in Gestalt der ›Theologia Deutsch‹ (→ Theologia crucis) und der ›Nachfolge Christi‹ des Thomas von Kempen († 1471) auch von Luther geschätzt wurde, vorher zudem bei den → Brüdern vom gemeinsamen Leben zuhause gewesen war. Selbst jener apokalyptische S., der sich revolutionär gab (Thomas Müntzer → Zwickauer Propheten, Melchior Hoffmann † 1543, Bernt Rothmann † 1535), nach der Katastrophe des »Reiches Christi« zu Münster (1535 → Tausendjähriges Reich) dies aber chiliastisch-prophetisch sublimierte (David Joris † 1556), läßt sich auf einen libertinistisch-vorreformatorischen S. (→ Brüder und Schwestern des freien Geistes) zurückführen.

Hingegen wies der humanistische S., der schon durch die Ablehnung der Kindertaufe (→ Täuferbewegung) neuzeitl. Individualismus vorwegnahm, in die Zukunft; er sollte sich bei den → Mennoniten, den Familisten des Heinrich Niclaes († 1570/80) und den → Schwenckfeldianern organisatorische Gestalt und dadurch Dauer geben. Die Kritik an christl. Dogmen durch den S. (→ Antitrinitarier, → Sozinianer) bereitete der → Aufklärung die Wege.

Q: H. Fast (Hg.), Der linke Flügel der Reformation, Bremen 1962, 196–248; H. N. Janowski (Hg.), G. Groote, Thomas v. Kempen u. die Devotio moderna, Olten 1978.

L: A. Séguenny, Spiritualistische Philosphie als Antwort auf die rel. Frage des XVI. Jh., Wie 1978; G. Chimansky, Christ ohne Kirche. Rückfrage beim ersten Radikalen der Reformation: Sebastian Franck, St 1980; B. Quast, S. Francks »Kriegbüchlein des Friedens«. Studien zum radikalreformatorischen S., T 1993.

Staatskirchentum bez. ein System, bei dem → Kirche und Staat unter staatl. Oberherrschaft so eng miteinander verbunden sind, daß die Kirche als Kirche des Staates erscheint. Das S. begann schon mit Ks. Theodosius I. (379–395), setzte sich fort im byz. Herrschaftsbereich (→ Caesaropapismus) und war in vielen Ländern des Abendlandes vom späten → MA bis in das 19. Jh., teilweise sogar bis in das 20. Jh. (in Span. noch unter Francisco Franco, † 1975) die Regel (→ Reichskirche). Namentl. im konfessionellen Absolutismus lag die höchste Gewalt über Staat und Kirche im Interesse der Glaubenseinheit beim weltl. Regenten (z. B. Kg. Philipp II. von Span., 1556–98, und Königin Elisabeth I. von Engl., 1558–1603). Spez. Formen des S. begegnen uns im → Episkopalismus, → Gallikanismus, → Febronianismus und → Josephinismus. Die beide Bereiche betreffenden Angelegenheiten waren im Staatskirchenrecht und im Kirchenrecht (→ Kanonistik) geregelt. Zu Konflikten kam es häufig bei der Ernennung von Bischöfen, im → Schulwesen und auf dem Ehesektor (→ Kölner Wirren, → Kulturkampf).

In den Kirchen der → Reformation gehörte das S. aufgrund der kirchl. Verfassung (Verbindung von Thron und Altar; → Landeskirchentum; → Zwei-Reiche-Lehre) zur allg. Kirchenform. In skandinavischen Ländern führte die Entwicklung zur Staatskirchenhoheit (z. B. in Norwegen).
→ Kirchenverträge, → Konkordat.

Q: E. R. Huber – W. Huber, Staat u. Kirche im 19. u. 20. Jh. Dokumente zur Gesch. des dt. Staatskirchenrechts, 3 Bde, B 1973–81; E. Gatz (Hg.), Akten zur preuß. Kirchenpolitik in den Bistümern Gnesen-Posen, Kulm u. Ermland aus dem polit. Archiv des Auswärtigen Amtes Bonn (1885–1914), Mz 1976.

L: H. Raab, Kirche u. Staat v. der Mitte des 15. Jh. bis zur Gegenwart, Mn 1966; E. Plassmann, Staatskirchenrechtl. Grundgedanken der dt. Kanonisten an der Wende v. 18. zum 19. Jh., Fr-Bas-W 1968; A. W. Ziegler, Religion, Kirche u. Staat in Gesch. u. Gegenwart, Bd. I, Mn 1969; W. Hubatsch (Hg.), Absolutismus, Da 1973; E. Friesenhahn – U. Scheuner (Hg.), HbStKR der BRD, 2 Bde, B 1974–75; K. O. v. Aretin, Der aufgeklärte Absolutismus, Wie 1974; E. Kovács, Ultramontanismus u. S. im Theresianisch-Josephinischen Staat, W 1975; J. Stanzel, Die Schulaufsicht im Reformwerk des Johann Ignaz v. Felbiger (1724–88) in Recht u.

Praxis des aufgeklärten Absolutismus, Pa 1976; G. DENZLER (Hg.), Kirche u Staat auf Distanz. Hist. u. aktuelle Perspektiven, Mn 1977; F. G.v. BUSSE, Gemeinsame Angelegenheiten v. Staat u. Kirche, Mn 1978; H. MUSSINGHOFF, Theol. Fakultäten im Spannungsfeld v. Staat u. Kirche, Mz 1979; H. LEHMANN, Das Zeitalter des Absolutismus, St 1980.

Steyler Missionswerk, populäre Bez. für die von Arnold Janssen 1875 gegr. ›Gesellschaft des Göttl. Wortes‹ (Societas Verbi Divini = SVD). Der 1861 in Münster zum Priester geweihte Janssen (1837–1909, 1975 seliggesprochen) entdeckte als Beauftragter für das ›Gebetsapostolat zur Wiedervereinigung der getrennten Christen in Deutschland‹ sein Interesse für die Mission. 1875 eröffnete er infolge des dt. → Kulturkampfes im holländischen Steyl (an der Maas) das erste dt. kath. Missionshaus St. Michael. Noch zu seinen Lebzeiten folgten weitere Gründungen: das Missionshaus St. Raphael in Rom (1888), das Missionspriesterseminar St. Gabriel in Mödling bei Wien (1889), das Missionshaus Heilig-Kreuz in Neiße (1892) und das Missionshaus St. Wendel. Bei seinem Tod waren Steyler Missionare und die ebenfalls von Janssen gestifteten *Steyler Missionsschwestern* in allen Erdteilen vertreten, vorrangig in Ostasien. Zu Janssens Hauptanliegen zählte neben dem Gebet um die Wiedervereinigung der Christen die Heranbildung eines einheimischen Klerus in den Missionsländern. Der erste chinesische Kard., Thomas Tien, war Mitglied der SVD, die 1933 die Kath. Univ. in Peking übernahm. Die Konst. der Ges. wurden erst 1910 endgültig bestätigt. 1928 verlegte der Generalsuperior seinen Sitz nach Rom. In Dtl. entstanden drei Provinzen.

Janssen, der eine eigene Druckerei und einen eigenen Verlag gründete, machte sich auch um das kath. Presseapostolat (→ Publizistik) in Dtl. verdient. Seine Monatszeitschrift ›(Die Neue) Stadt Gottes‹ erscheint heute noch. Bes. Förderung ließ Janssen der Familie als Fundament des christl. Lebens zuteil werden. Die Steyler → Exerzitien-Bewegung wirkt stark auf das rel. Leben ein.
→Missionsgesellschaften.

L: HEIMBUCHER II 403–411; 75 Jahre im Dienst des Göttl. Wortes, Steyl 1952; F. BORNEMANN, Arnold Janssen, der Gründer des S. M. 1837–1909; Steyl 1970; DERS., Erinnerungen an Arnold Janssen, Gründer des S. M., Steyl [2]1974; F.-J. EILERS – H. HELF (Hg.), Er säte Gottes Wort. Arnold Janssen 1837–1909, Nettetal 1987.

Stigmatisierung. Schon das Wort S. ist christl. Herkunft (Gal 6,17: »stigmata«, das sind Narben und Wunden, die Paulus als »Sklave Christi« davontrug); der Antike war sakrale Tätowierung wie auch die der Sklaven zwar geläufig, nicht aber der Vorgang selber in seiner Lokalisierung: Handflächen, linke Brust und an den Füßen. Dieser tritt erst spät auf, wobei die von der → Kreuzzugsbewegung ausgelöste Passionsfrömmigkeit (Passionsliturgie, Passionsmysterien und -meditation, → Theologia crucis) eine große Rolle spielte. Für die psychosomatischen Hintergründe ist beachtenswert, daß überwiegend Frauen sich unter den Stigmatisierten befinden (vgl. GÖRRES II 242–444), anfängl. vor allem Ordensfrauen bzw. -brüder, im 19. und 20. Jh. steigend auch Laien, dort wieder überwiegend weibl. Geschlechtes.

Den ersten und klass. Fall einer S. ohne anderweitige Blutungsphänomene stellt Franz von Assisi († 1226) dar. Der Ordensheilige der → Franziskaner, dessen S. am Monte La Verna (1224) durch verschiedene Berichte auch psychosomatisch bes. gut verständl. wird, ist kaum zufällig der sensibelste unter allen Heiligen. Das macht unwahrscheinl., daß der »poverello« in einer ekstatischen Seraph-Vision sich selber die S. beibrachte; vgl. das ältere Beispiel der → Begine Marie von Oignies († 1213 Lüttich), ferner das allg. Phänomen christl. Tätowierung, z. B. den → Dominikaner Heinrich Seuse († 1366) mit seinem IHS auf der Brust. In jüngsten Zeiten waren vermehrt fromme Frauen an der S. beteiligt; vgl. das Beispiel der Therese Neumann von Konnersreuth († 1962; stigmatisiert seit 1926).

Q: H. BOEHMER – F. WIEGANG – C. ANDRESEN (Hg.), Analekten zur Gesch. des Franciscus v. Assisi, T [2–3]1961, 61–64.

L: J. v. GÖRRES, Die christl. Mystik, 4 Bde, Mn-R 1836–42; J. M. HÖCHST, Träger der Wundmale Christi, 2 Bde, Wie 1951–52; DERS., Von Franziskus zu Pater Pio u. Therese Neumann. Eine Gesch. der Stigmatisierten, Stein [3]1974; S. BORELLI – R. FÜRST, Die Stigmatisation: Praxis 49 (1960) 389–396; J. STEINER, Therese Neumann v. Konnersreuth. Ein Lebensbild nach authentischen Berichten, Tagebüchern u. Dokumenten, Mn-Z 1963, [6]1971; DERS., Visionen der Therese Neumann, 2 Bde, Mn-Z 1973, [3]1978; J. HANAUER, Konnersreuth als Testfall, Mn 1972; H. CANCIK, Grundzüge franziskanischer Leidensmystik. Zur Religionsgesch. des Schmerzes: DERS. (Hg.), Rausch – Ekstase – Mystik, D 1978, 95–119.

Studentenseelsorge. [1] *Kath.:* Die Anfänge der S. liegen in den ma. → Bursen (Studentenhäusern) und den von → Jesuiten gegr. und geförderten → Marianischen Kongregationen. Eine gezielte geistl. Führung kath. Studenten setzte aber erst Ende des 19. Jh. ein. Freiburg erhielt in Joseph Schober († 1930) einen der ersten Studentenpfarrer. 1905 fand in Würzburg die erste Tagung der kath. Studentenseelsorger statt, bei der konkrete Maßnahmen (Vorträge, Exerzitien, Gottesdienste, Predigten, soziale Hilfen u. a.) getroffen wurden. Darüber hinaus nahmen sich einzelne Priester und Theologen (z. B. Michael Faulhaber in Straßburg, Fritz Tillmann in Bonn und Carl Sonnenschein in Berlin) der Studenten in bes. Weise an. 1917 wurde in Frankfurt die ›Vereinigung von kath. Studenten- und Studentinnenseelsorgern für das dt. Sprachgebiet‹ gegründet. Der dt. Episkopat verabschiedete bei seiner Konferenz in Fulda (1927) Richtlinien für die S. Während des Dritten Reiches (→ Kirchenkampf) war eine S. kaum möglich. Nach 1945 entstanden ›Kath. Hochschulgemeinden‹ (KHG), die von Studenten- oder Hochschulpfarrern betreut werden und von den Hochschulinstitutionen offiz. anerkannt sind. – Den dt. Hochschulgemeinden vergleichbar bestehen in Fkr. ›Centres‹, die eucharistisch und missionarisch zugleich ausgerichtet sind.

Die → Dt. Bischofskonferenz entzog der ›Kath. Dt. Hochschuleinigung‹ die kirchl. Anerkennung und die finanzielle Unterstützung. An deren

Stelle trat daraufhin die ›Arbeitsgemeinschaft kath. Studenten- und Hochschulgemeinden‹; ihre Satzung fand 1978 die Billigung der Bischofskonferenz.

[2] *Ev.:* Schon vor dem 1. Weltkrieg entstanden an den Universitäten ev. → Studentenvereinigungen, deren »Altfreunde« die Betreuung durch sog. »Reisesekretäre« finanzierten; darunter befanden sich der spätere Präses der → Reformierten Kirche, P. Humburg († 1945), und der spätere Bf. von Hannover, H. Lilje († 1977). Als sich im Verlauf unseres Jh. ›Ev. Studentengemeinden‹ bildeten, fanden sich bald auch Studentenpfarrer, die nach 1935 häufig der → Bekennenden Kirche angehörten. Die Studentenpfarrer trafen sich zu regelmäßigen Konferenzen. Nach 1945 beauftragten die einzelnen Landeskirchen haupt- oder nebenamtl. Studentenpfarrer, die aber jeweils für den gesamten Hochschulbereich zuständig sind. Ihre Hauptaufgabe liegt in der rel. Weiterbildung und persönl. Beratung der Studenten. Regelmäßige Konferenzen dienen vor allem dem Austausch von Erfahrungen.
→ Studentenvereinigungen.

L: J. SCHOFER, Studenten-Seelen u. Präses-Sorgen, Fr 1927; H. LILJE u. a., Der Student vor Gott, B 1928; F. DOMMANN, S. in Dtl.: Civitas 12 (1957) 279–285; P. BENKART – W. RUF (Hg.), Hb. der S. Gesch. u. Gestalt, Pa 1965.

Studentenvereinigungen, christl. [1] *Kath.:* Im → MA schlossen sich die Studenten an den → Univ. nach Nationen (Landsmannschaften) zusammen; die meisten bildeten in → Bursen eine Wohngemeinschaft. Erst im 19. Jh. entstanden christl. S.: Wingolfbund 1830, Unitas-Verein 1837, Schweizerischer Studentenverein 1841, Kath. Hochschuljugend Österreichs 1846, Cercle catholique des étudiants de Paris 1844, Federazione Universitaria cattolica italiana (FUCI) 1892. Eine wichtige Rolle spielten die sog. Verbindungen: ›Cartellverband der kath. dt. Studenten-Verbindungen‹ (CV) 1856, ›Kartellverband der kath. Studentenvereine Deutschlands‹ (KV) 1866, ›Verband der wiss. kath. Studentenvereine Unitas‹ (UV) 1860. Einige Jugendbünde kannten eigene Studentengemeinschaften, z. B. Quickborn-Hochschulring und Bund Neudeutschland-Hochschulring. Nach der prekären Lage im Dritten Reich (→ Kirchenkampf) wurden ›Kath. Hochschulgemeinden‹ (KHG) gegr. Neben den alten Vereinigungen (CV, KV, UV) kamen stark polit. orientierte Studentengruppen auf: Ring Christl.-Demokratischer Studenten (RCDS), Ring kath. dt. Burschenschaften (RKDB), Christophorus, Hochschulgemeinschaft der Dt. Pfadfinderschaft St. Georg (DPSG), Verband der → Marianischen Kongreg. studierender Jugend. Der dt. Episkopat rief 1956 das Cusanuswerk zur Förderung kath. Studenten ins Leben. Alle kath. Verbände sind der ›Kath. Dt. Studenten-Einigung‹ angeschlossen. Die nationalen S. sind in der ›Internationalen Studenten- und Akademikervereinigung Pax Romana‹ (Sitz: Fribourg) und im ›World Student Christian Federation‹ (Sitz: Genf) verbunden.

[2] *Ev.:* Der 1830 in Erlangen gegr. Wingolfbund war die erste christl. Studentenvereinigung. Für ev. Studenten entstanden 1897 die ›Dt. Christl. Studenten-Vereinigung‹ (DCSV) und 1904 die ›Dt. Christl. Vereinigung studierender Frauen‹ (DCVSF) mit betont rel. Zielsetzung (Vorträge, Bibelabende). Nach dem 2. Weltkrieg wurden ›Ev. Studentengemeinden‹ gegr., die von einzelnen Landeskirchen unterstützt werden.
→ Studentenseelsorge.

Q: H. HAGEN – W. KOSCH, Die Studenten-Verbindungen im kath. Dtl., Mn 1924; H. BANNACH (Hg.), Adreßbuch Altfreundschaft der ev. Studentengemeinde in Dtl., St 1951; K. KUPISCH, Studenten entdecken die Bibel. Die Gesch. der DCSV, H 1964; K. AHLHEIM, Die Studentengemeinde als Feld ev. Erwachsenenbildung, 1976; Dt. Hochschulführer, Bo (jährl.).

Studitenmönche. Das durch den Konsular Studios innerhalb der Landmauer Konstantinopels erbaute, zunächst den → Akoimeten zugeeignete und nach dem Erbauer benannte Kloster Studios (468: Weihe der Basilika Johannes der Täufer, noch heute als Ruine erhalten), sollte im 9. und 10. Jh. kirchenpolit. und theologiegesch. Bedeutung gewinnen, nachdem eine neue Mönchsgemeinschaft, deren Abt Theodoros Studites († 826) im → Bilderstreit eine führende Rolle als Sprecher der → Orthodoxie spielte, das Kl. übernommen hatte. Die Klosterordnung beeinflußte zudem einen großen Teil der → Athosklöster; in einer von dem früheren Studitenabt und nachmaligen Patriarchen Alexios Studites († 1043) überarbeiteten Gestalt wirkte sie auch nach → Rußland, spez. auf die ukrainischen Klöster. Unter den S. befanden sich einflußreiche Kirchenpolitiker der → byz. Kirche, die Zusammenstöße weder mit dem Ks. noch mit seinem → Patriarchat fürchteten. Nur vom Studioskloster aus konnte Joseph Bryennios († ca. 1431) für den Patriarchen von Cypern mit beiden verhandeln, um dessen heiml. Union mit Rom zu verwirklichen. Vor allem waren die S. bedeutsame Theologen, z. B. Symeon der Neue Theologe († 1022), der sog. Vater des → Hesychasmus, oder dessen Biograph Niketas Stethatos († nach 1054), der am Vorabend des → Morgenländischen Kirchenschismas im kaiserl. verordneten Glaubensdisput die griech. Orthodoxie gegenüber dem Westen erfolgreich verteidigte.

Q: PG 99, 1825ff.; J. LEROY – F. SCHWARZ, Studitisches Mönchtum. Spiritualität u. Lebensform. Theodoros Studites: Monastische Epigramme, Graz 1969.

L: H.-G. BECK, Kirche u. theol. Lit. im byz. Reich, Mn 1959, ²1977, 491–496; W. VÖLKER, Praxis u. Theorie bei Symeon dem Neuen Theologen, Wie 1975.

Stundismus bez. russ. → Erweckungsbewegungen, die von den »Stunden« pietistisch-schwäbischer Emigranten Südrußlands ihren Ausgang nahmen (2. Hälfte des 19. Jh.). Das Mißtrauen der → Russ.-orth. Kirche wuchs, als man, beeinflußt von → Mennoniten, die Glaubenstaufe aus biblizistischen Gründen übte. Zu schweren Verfolgungen bis hin zur Deportierung kam es unter dem Prokurator Pobjedonoscev (1880–1905) jedoch erst, als der S. selbst in der russ. Aristokratie und am Leningrader Hof Anhänger fand. Das Toleranzedikt von 1905 (als Folge einer Revolution) kam auch den Stundo-Baptisten zugute. Man reorganisierte sich als ›Bund russ. Baptisten‹ und daneben neu als ›Allruss. Bund der Evangeliumschristen‹ (1909) in getrennten Gemeinden, ungeachtet der polizeil. Verfolgungen (seit 1929). Erst nach dem »Vaterländischen Krieg« entstand 1944 in Moskau der ›Rat der Union der ev.-baptist. Christen der UdSSR‹ (AUCEB), seit 1962 Mitglied des Ökonomischen Rats der Kirchen, heute 5300 Gemeinden oder Gruppen mit 545000 Mitgliedern.

L: W. GUTSCHE, Die westl. Quellen des russ. S., Kassel 1956; DERS., Religion und Evangelium in Sowjetrußland (1917–1944), Kassel 1959; H. BRANDENBURG, Christen im Schatten der Macht. Die Gesch. des S. in Rußland, Wuppertal 1974; W. KAHLE, Ev. Christen in Rußland u. der Sowjetunion. I. S. Prochanow (1869–1935) u. der Weg der Evangeliumschristen u. Baptisten, Kassel 1978.

Stuttgarter Schuldbekenntnis, 1945 anläßl. des ersten offiz. Besuches des → Ökumenischen Rates der Kirchen beim Rat der EKD am 18. und 19. Okt. entstanden. Es war vor allem von den ev. Bischöfen Otto Dibelius († 1967) und Martin Niemöller († 1984) verfaßt, aber von allen Ratsmitgliedern unterzeichnet worden, darunter Hans Lilje († 1977), Hans Asmussen († 1968) und Gustav Heinemann (später Bundespräsident, † 1976). Das S. S. sprach von der schuldhaften Solidarität der → Bekennenden Kirche mit dem dt. Volk und wollte so erste Brücken zu den Kirchen der Siegermächte schlagen. Die sog. *Darmstädter Erklärung* (August 1947) knüpfte gewissermaßen daran an, auch wenn das ›Wort des Bruderrates der EKD zum polit. Weg unseres Volkes‹ eine Schulderklärung des »linken Flügels« der Bekennenden Kirche (K. Barth, † 1968; M. Niemöller) darstellte: Man habe übersehen, »daß der ökonomische Materialismus der marxistischen Lehre die Kirche an den Auftrag ... im Diesseits hätte gemahnen müssen« (n. 5). Beide Schuldbekenntnisse wurden in prot. Kreisen der Nachkriegszeit viel diskutiert.

Q: M. GRESCHAT (Hg.), Im Zeichen der Schuld. 40 Jahre S. S., Neukirchen 1985.
L: H. LUDWIG, Die Entstehung des Darmstädter Wortes, Dortmund 1977; M. GRESCHAT (Hg.), Die Schuld der Kirche. Dokumente u. Reflexionen zur Stuttgarter Schulderklärung vom 18./19. Oktober 1945, Mn 1982; G. BESIER – G. SAUTER, Wie Christen ihre Schuld bekennen. Die Stuttgarter Erklärung 1945, Gö 1985.

Subordinatianismus (lat. subordinatio = Unterordnung). Eine Trinitätslehre der »Unterordnung« stand am Anfang der dogmengesch. Entwicklung. Soweit spätjüdische Religionsphilosophie (vgl. Philo von Alexandrien, † nach 40) und synagogale Liturgie (»Tersanctus« von Jes 6, vgl. 1 Clem 34,98 entstanden) auf sie Einfluß nahmen, begünstigten sie eine sog. Engelschristologie, für die im Gefolge des atl. Monotheismus Christus nur ein »untergeordneter« Bote sein konnte (vgl. Hermas-Apokalypse, Rom; Irenäus von Lyon, – beide Ende des 2. Jh.). Doch auch Einflüsse der spätantiken Logosmetaphysik führten zum S., wie die christl. → Apologeten Justin und Athenagoras (2. Hälfte 2. Jh.) und die Theologen Hippolyt von Rom und Origenes von Alexandrien (beide 1. Hälfte 3. Jh.) beweisen. Umstritten bleibt nur, ob der S. spätjüdischer oder griech. Provenienz den → Arianismus inaugurierte. Mit des letzteren Verurteilung durch das 2. Ökumenische → Konzil von Konstantinopel (381) schied der S. als Häresie aus der Entwicklung aus.

Q: D-S 151.

L: J. Barbel, Christos Angelos, Bo 1941, (Ndr.) 1965; W. Marcus, Der S. als historiologisches Problem, Mn 1963; R. Lorenz, Arius judaizans? Untersuchung zur dogmengesch. Einordnung des Arius, Gö 1980.

Suburbikarische Bistümer heißen die um die Stadt (Urbs) Rom gelegenen 7 Bistümer Albano, Ostia, Porto Santa Rufina, Palestrina, Sabina, Frascati und Velletri, die zusammen mit anderen Bistümern Mittelitaliens die Kirchenprovinz Rom bilden. Ihre Bischöfe nahmen als Kardinal-Bischöfe den höchsten Rang im Kollegium der Kardinäle ein. Seit dem Motu Proprio Johannes' XXIII. vom 11. 4. 1962 besitzen sie keine Jurisdiktion mehr über ihre Bistümer, sondern tragen nur noch den Titel ihrer suburbikarischen Bistümer (→ Kardinalskollegium).

Sulpizianer (Societas Presbyterorum a S. Sulpitio = SS), von dem → Oratorianer Jean Jacques Olier (1608–57), Pfarrer von St-Sulpice in Paris, 1642 gegr. Kongreg. von Weltpriestern ohne Gelübde, die sich vor allem der Erziehung von Klerikern in Seminaren – das Seminar St-Suplice in Paris wurde zum Vorbild vieler Priesterseminare – widmen und neben den Oratorianern die Reform des Klerus im 17. Jh. vorantrieben. Eucharistischer Kult und → Marienverehrung genossen Vorrang. Für die priesterl. Spiritualität der Ges. wirkte der Oratorianer Pierre Bérulle richtungweisend. Unter den S. finden sich hervorragende Theologen. Die S. breiteten sich außerhalb Fkr. bes. in Kanada (Montreal 1642) und Nordamerika, später auch in Asien aus. Die 1921 von Benedikt XV. und 1931 von Pius XI. genehmigten Konst. sind heute noch in Geltung. Die Kongreg. wird vom Generalsuperior geleitet.

L: Heimbucher II 586–592; P. Pourrat, Jean Jacques Olier, P 1932; P. Boisard, La Compagnie de Saint-Sulpice, trois siècles d'histoire, 2 Bde, P 1959.

Suprematsakte (Act of Supremacy). Bereits 1531 hatte der engl. Kg. Heinrich VIII. (1509–47) dem engl. Klerus die Anerkennung als »Schutzherr und Oberstes Haupt der engl. Kirche und Geistlichkeit« abverlangt. Die Einschränkung »so weit das Gesetz Christi dies erlaubt« fiel fort, als die engl. Kirche bzw. Heinrich VIII. sich von Rom lossagte und das engl. Parlament die S. von 1534 verkündete (→ Anglikanismus). Der Kg. besaß nun iurisdiktionelle und liturgische Vollmachten, die er zunächst dazu nutzte, zw. 1535–39 ca. 2000 Klöster in seiner Eigenschaft als ›Supreme Head in Earth of the Church of England‹ aufzulösen (→ Säkularisation). Diese Bez. des Kg. wurde allerdings bei der Erneuerung der S. und des sog. Suprematseids (1559) unter Elisabeth I. (1558–1603) durch den einschränkenden Titel eines ›Obersten Regenten (supreme governor) des Staates in ecclesiasticis et politicis‹ ersetzt, der Wort und Sakrament von den Obliegenheiten ausnahm.

Q: A. G. DICKENS – D. CARR (Hg.), The Reformation in England, Lo 1967, (Ndr.) 1971, 47–68.
L: HbDThG II 354f., 369ff., 377 (G. GASSMANN).

Syllabus (griech. syllabos = Verzeichnis), zusammen mit der Enz. ›Quanta cura‹ (1864) von Pius IX. an alle kath. Bischöfe verschickte Sammlung von 80 Irrtümern, die derselbe Papst bei verschiedenen Gelegenheiten verurteilt hatte. Der S. stieß weithin auf Ablehnung vor allem deshalb, weil neben wirkl. Häresien wie Pantheismus, Naturalismus und → Rationalismus auch sog. Zeitirrtümer, die in Wirklichkeit aber zeitgemäße Forderungen bedeuteten (z.B. Ende der weltl. Herrschaft des Papstes, Trennung von → Kirche und Staat, Presse- und Meinungsfreiheit), ebenso verdammt wurden. Insgesamt interpretierte man dieses Dokument als Opposition der Kirche gegen die moderne Kultur und Wiss., letztl. als einen Sieg des → Ultramontanismus, wie ihn z. B. Clemens Schrader (Der Papst und die modernen Ideen, W 1865) propagierte.

Gelegentl. wird auch das Dekret ›Lamentabili sane exitu‹ (1907) des Hl. Offiziums (→ Röm. Kurie) als S. bez.; es verurteilte 65 Thesen – meist Schriften Alfred Loisys (→ Modernismus) entnommen –, die u.a. die Autorität des kirchl. Lehramtes, die Inspiration der Bibel, das Problem Dogma und Glaube, Fragen der Christologie und der Sakramente betrafen. Wie einst Pius IX. ließ jetzt Pius X. eine Enz. (›Pascendi‹ vom 8. 9. 1907) folgen, mit der er die integralistische Richtung (Ultramontanismus) in Kirche und Theologie bestätigte.

Q: D-S 2901–2980; 3401–3466; N-R 22–26, 314; MIRBT 602; KThQ IV/1 97. → Modernismus.
L: F. HEINER, Der S. in ultramontaner u. antiultramontaner Beleuchtung, Pa 1905; D. MCELRATH, The S. of Pius IX. Some Reactions in Engl., Lv 1964; B. SCHNEIDER, Der S. Pius' IX. u. die dt. Jesuiten: AHP 6 (1968) 371–392. → Modernismus.

Syneisakten (griech.-heidnisches Spottwort »die Hergelaufenen«, lat.-christl. virgines subintroductae) gehören als Institut sexueller Enthaltsamkeit (sog. Josephsehe) der frühen Christenheit an (1 Kor 7, 16–18). Gleichgesinnte Asketen unter Männern und Frauen wollten sich zu höchster Tugendleistung anspornen, indem sie als »Bruder« und »Schwester« in »geistl. Ehe« keusch zusammenlebten. Literarische Quellen wie altchristl. → Kanones lassen erkennen, daß dieses im Osten, in Syrien, Ägypten, Nordafrika und Span. noch im 6. Jh. nachweisbare Brauchtum Entartungen zeitigte, die der Zielsetzung ins Gesicht schlugen und daher zu Verboten führten. Dies sollte sich bei der Praxis des →Zölibats im frühen MA wiederholen, der kaum aus dem Institut der S., vielmehr aus monastischer Askese (→ Mönchtum) abzuleiten ist.

Q: H. KOCH, Quellen zur Gesch. der Askese, T 1933, 23–76; W. SCHNEEMELCHER (Hg.), Ntl. Apokryphen, Bd. II, T [3]1964, 91-109.
L: H. ACHELIS, Virgines subintroductae, L 1902; H. KOCH, Virgines Christi, L 1907; E. FEHRLE, Die kultische Keuschheit im Altertum, L 1910; A. DE SANTOS

Otero, Der apokryphe Titusbrief: ZKG 74 (1963) 1–14; R. Reynolds, Virgines subintroductae in Celtic Christianity: Harvard Theological Review 61 (1968) 547–566; T. N. Zissis, The Fathers arguments on celibacy and their sources, Thessalonike 1973; G. Denzler, Das Papsttum u. der Amtszölibat, Bd. 1, St 1973, 8–11.

Synergismus meint die »Zusammenarbeit« der göttl. Gnade und des menschl. Willens bei der Heilsverwirklichung des Christen, was seit Paulus (Röm, Gal) zu den Grundproblemen christl. Glaubens gehört. Der S. verschärfte den Gegensatz zw. → Alexandrinischer und → Antiochenischer Schule, dessen theol. Wertung noch heute die Gemüter bewegt (vgl. Ritter und Mühlenberg). Im → Pelagianischen Streit und im → Semipelagianismus wurde deutl., daß der Meinungsstreit zugleich mit dem Gegensatz zw. dem jungen und dem alten Augustinus (→ Augustinismus) identisch ist. Noch im 14. Jh. veranlaßte dies Thomas von Bradwardine († 1349), in seiner ›Causa contra Pelagium‹, als sei er dessen Zeitgenosse, theol. Farbe zu bekennen.

Sowohl → Reformation wie → Gegenreformation hatten sich mit dem S. zu befassen – Kennzeichen seiner transkonfessionellen Problematik. Im sog. synergistischen Streit standen sich die → Gnesiolutheraner Amsdorf († 1565) und Flacius († 1575; → Magdeburger Zenturien) als Repräsentanten des exklusiven Gnadenstandpunktes auf der einen Seite und die Wittenberger »Philippisten« andererseits als Verfechter eines humanistischen S. gegenüber. Mit dem → Molinismus aber brach kurz darauf im kath. Lager ein Gnadenstreit aus, bei dem es um das Zusammenwirken menschlicher Willensfreiheit und göttl. Gnadenhilfe im klass.-traditionellen S. ging.

L: A. M. Ritter, Die Gnadenlehre Gregors v. Nyssa: H. Dörrie (Hg.), Gregor v. Nyssa u. die Philosophie, Lei 1976, 195–239; E. Mühlenberg, Synergism in Gregory of Nyssa: ZNW 68 (1977) 93–122 (vgl. A. M. Ritter, Kerygma u. Logos, Gö 1979, 421 ff.); R. Bring, Das Verhältnis v. Glauben u. Werken in der luth. Theol., Mn 1955, 64 ff.; HbDThG II 121–125 (B. Lohse).

Synkretismus (»Klüngelei der Kreter«, die nach Plutarch, de fratrum amore 2, trotz innerer Zwiste nach außen stets geschlossen auftraten, sonst übel beleumdet waren; vgl. Tit 1, 12) erscheint als theol. Schimpfwort zuerst im sog. synergistischen Streit und wurde dem Helmstedter Prof. Georg Calixt (alias Kallisen, † 1656) angehängt. Das konfessionelle → Luthertum unter Führung des Wittenberger Prof. A. Calov († 1686) verleumdete damit dessen Bemühungen um einen Ausgleich mit den Reformierten auf dem »liebreichen« Thorner → Religionsgespräch (1645), konnte aber mit seiner Anklageschrift (1655) nicht erreichen, daß die luth. → Univ. die Helmstedter wegen Verstoßes gegen die Konkordienformel (→ Konkordienbuch) des Irrglaubens anklagten. Die Theorie des Calixt, in den ersten 5 Jh. sei die Reinheit der Lehre in der einen Kirche gewahrt worden, erst dann sei diese dem → Papsttum verfallen, der sog. Consensus quinquesaecularis, biete daher auch die Möglichkeit überkonfessioneller Einigung, sollte hingegen seinen berühmten Schüler Leibniz († 1716, → Aufklärung) zu Unionsbestrebungen anregen.

Erst durch die Religionswiss. des 19. und 20. Jh. ist S. zu einem neutralen Fachausdruck geworden, der die gegenseitige Beeinflussung der Religionen in ihrem Zusammenleben und die »Vermischung« fremdartiger Frömmigkeit im Auge hat.

Q: A. CALOV, Consensus repetitus fidei vere Lutheranae, L 1655; G. CALIXT, Werke in Auswahl, hg. v. H-W. KRUMWIEDE – INGE MAGER, Gö 1971 ff., spez Bd. 6: Unions- u. Kontroversschriften.

L: H. LEUBE, Kalvinismus u. Luthertum im Zeitalter der Orthodoxie, Bd. I, T 1928; S. GÖRANSSON, Schweden u. Dtl. während der synkretistischen Streitigkeiten: ARG 42 (1951), 220–243; H. SCHÜSSLER, Georg Calixt. Theologie u. Kirchenpolitik, Wie 1961; J. WALLMANN, Der Theologiebegriff bei Johann Gerhard u. Georg Calixt, T 1961; G. DENZLER, Die Propagandakongreg. in Rom u. die Kirche in Dtl. im ersten Jahrzehnt nach dem Westfälischen Frieden, Pa 1969, 197–200; P. ENGEL, Die eine Wahrheit in der gespaltenen Christenheit. Untersuchung zur Theologie G. Calixts, Gö 1976.

Synoden (griech. synodoi = Zusammenkünfte) traten zuerst Ende des 2. Jh. zur Abwehr des → Montanismus zusammen, wobei die Bischöfe, wie einst das → Apostelkonzil, für sich beanspruchten, in Übereinstimmung mit dem Hl. Geist zu entscheiden (Apg 15,28). Der Kreis klerikaler Synodalen erweiterte sich in den → Christenverfolgungen (3. Jh.) durch die Charismatiker (sog. Confessores → Martyrerkult; → Mönchtum). Mit dem 4. Jh. wurden die S. zum regulären Institut der Kirchenprovinzen. Deren S. tagten zweimal im Jahr, während ökumen. → Konzilien als Organe nachkonstantinischer Kirchenpolitik aus gegebener Veranlassung vom Ks. einberufen wurden, z. B. die S. von Serdika (342/3) in Sachen des alexandrinischen Bf. Athanasius (→ Orthodoxie). Um die Kodifizierung von Synodalbeschlüssen nordafrikanischer S. machten sich Augustinus († 430) und sein Ebf. Aurelius von Karthago verdient. Besaß das byz. → Patriarchat schon im 4. Jh. das Vorrecht »endemischer« S., die sich aus zufällig in → Konstantinopel weilenden Bischöfen zusammensetzten, so beanspruchte seit Leo d. Gr. auch der Bf. von Rom dasselbe Recht. Das sollte für die Folgezeiten noch Bedeutung gewinnen. Zunächst stand die Entwicklung im Zeichen der landeskirchl. S. bei den Westgoten (Reichssynoden von Toledo seit 436) und Franken. Als »concilia mixta«, die neben den Bischöfen und Äbten auch weltl. Synodale zuließen, wurzelten beide in germanischen Rechtsvorstellungen (→ Eigenkirchenwesen). Daran änderte die → Karolingische Reform nichts. Erst die → Cluniazenser Reformbewegung erneuerte das Institut altchristl. Diözesan-S. und stellte es in den Dienst monastischer Erneuerung. Die → Gregorianische Reform des → Papsttums hingegen machte die → Lateransynoden des 11. Jh. sowie die sog. Legatensynoden (das sind von einem päpstl. → Gesandten einberufene und präsidierte S. in verschiedenen Ländern) zu ihrem Willensorgan und knüpfte darin an stadtröm. Traditionen an. Erst im hohen → MA gewannen die Provinzialsynoden als Ausführungsorgane päpstl. Generalkonzilien die gleiche Bedeutung, wie sie hernach den Nationalkonzilien in der → NZ zufallen sollte.

Nach den → Reformkonzilien des späten MA trat mit dem → Trienter Konzil der Typ einer unter dem Papst tagenden S. (5. → Lateransynode) wieder in Erscheinung. Er lebte in den großen Kirchenversammlungen des 1. und 2. → Vatik. Konzils fort.

Auf Anregung des 2. Vatik. Konzils berief Paul VI. 1967 die Bischofssynode als Vertretung des Gesamtepiskopats zu einem beratenden Gremium. Damit wurden synodale Impulse ausgelöst, die im dt. Raum mit der ›Gemeinsamen Synode der Bistümer in der BRD‹ zum ersten Mal manifest wurden (1971–75); sie stellt überdies einen neuen Synodaltypus der → Röm.-Kath. Kirche dar, insofern auch Laien vollberechtigt daran beteiligt waren.

Q: Vgl. Bibliographie, Konziliengeschichte; L. BERTSCH u.a. (Hg.), Gemeinsame Synode der Bistümer in der BRD. Beschlüsse der Vollversammlung. Offiz. Gesamtausgabe, Bd. I, Fr-Bas-W 1976.

L: L. COENEN, Gemeinde u. Synode, Gö 1952 (vgl. ZevKR 3 [1953/54] 74–86); J. SAWICKI, Bibliographia synodorum particularium, Città del Vaticano 1967; J. NEUMANN, Die Bf.synode: ThQ 147 (1967) 1–27; R. POTZ, Patriarchat u. S. in Konstantinopel. Das Verfassungsrecht des ökumenischen Patriarchates, W 1971; H. FROST, Strukturprobleme ev. Kirchenverfassungen, Gö 1972, 173–181, 314–319; J. NEUMANN, Synodales Prinzip. Der größere Spielraum im KR, Fr-Bas-W 1973; H. J. SIEBEN, Die Konzilsidee der Alten Kirche, Pa 1978; M. WOJTOWYTSCH, Papsttum u. Konzile v. den Anfängen bis zu Leo I. (440–461), St 1981.

Syrisch-orthodoxe Kirche → monophysitischer Konfession, nach ihrem Organisator Jakob Baradai († 578) auch »Jakobitische« und zur Unterscheidung von der → nestorianischen Kirche Ostsyriens »westsyr. Kirche« genannt. Konfessionelles Geburtsdatum ist das → Konzil von Chalkedon (451), dessen Zweinaturenlehre (→ Chalkedonismus) den → Monophysitismus herausforderte. Als hervorragender Sprecher des Protestes im Namen der → Orthodoxie erwies sich der Patriarch von Antiochien, Severus, der deshalb abgesetzt und nach Alexandrien verbannt wurde (ca. 519; → koptisch-orth. Kirche). Die Opposition zur byz. Religionspolitik ebnete dafür aber im Perserreich die Wege: Anfang des 7. Jh. entstand eine, sehr bald die Autokephalie erlangende, Metropole für Mesopotamien (Tagrit bei Mossul). Innermonophysitische Schismen (im 6. Jh. das zw. Jakobiten und orth. Kopten; im 9. Jh. wegen einer liturgischen Formel) konnten die Lebenskraft der nichtchalkedonensischen Kirche nicht brechen. Im 12. Jh. unterstanden dem jetzt in Amida residierenden Patriarchen 20 Metropoliten und 100 Bischöfe. Dieses Jh. der »syr. Renaissance« (KAWERAU) war eine Blütezeit syr. Lit., die nach ersten Anfängen als Übersetzungslit. jetzt ihre Eigenständigkeit gewann. Der Zerfall durch gegenseitig sich bekämpfende →Patriarchate im 13. Jh. machte der zweite Mongolensturm unter Timur-Lenk (Ende des 14. Jh.) ein Ende. Aus den Ruinen brach aber erneut ungebrochenes Leben monophysitischer Frömmigkeit. Im fernen Indien rief z. B. die Ankunft eines jakobitischen Bf. unter den → Thomas-christen die Südindische monophysitische Kirche ins Leben (1665), mit dem Erfolg, daß heute die Mehrzahl der Gläubigen (eine Mill.) Südinder bilden, die Minderheit hingegen in den Stammgebieten oder in Nord- bzw. Südamerika lebt.

L: P. Kawerau, Die jakobitische Kirche im Zeitalter der syr. Renaissance, B ²1960; B. Spuler, Die morgenländischen Kirchen, Lei-Kö 1964, 170–216; W. Hage, Die syr.-jakobitische Kirche in frühislamischer Zeit nach orientalischen Quellen, Wie 1966; F. Heiler, Die Ostkirchen, Mn-Bas 1971, 336–344, 550ff.; J. Madey, Der v. dir, Vater, ausgeht u. v. deinem Sohne nimmt. Der Hl. Geist im Beten der Syro-Antiochenischen K., Pa 1980; R. Kuster, Die s.-o. K. Ihre Gesch. u. Herkunft, Bern 1989. – Atlas KG 9 B, 26f., 130.

Taboriten nennt man jene radikalen → Hussiten, deren Zentrum das südböhmische Tabor (vgl. Ri 4,6) war und bei denen apokalyptisch-endzeitl. Erwartungen die »revolutionäre Durchsetzung einer absolut christl. Sozialordnung« motivierten, in der »das Gottesgesetz im Sinne des absoluten Naturrechts und des radikalen Christusgesetzes auf das ganze soziale Leben übertragen und ... durch die Gemeinde der christl. Gotteskämpfer gewaltsam der Ges. auferlegt« wird (TROELTSCH). Die Forderung eines »hl. Krieges« war weniger atl. als sozialrevolutionär bedingt, vielleicht auch durch die engl. Bauernaufstände von 1381 (→ Lollarden) ausgelöst. Jedenfalls entfalteten die T. ihre »Kampftheologie«, deren Vorbild weniger die »hl. Kriege« des AT denn der »Gottesstaat« der atl. Richterzeit waren, erst nach Überwindung der sog. chiliastischen Krise von 1421 (→ Täuferbewegungen). Wesentl. trug dazu der Taboriten-Bischof Biskupeč von Pilgram als Verfasser einer ›Confessio Taboritarum‹ und deren Apologie ›Chronicon‹ bei. Doch erst nach der Niederlage der T. gegen den böhmischen Adel in der Schlacht bei Lipan (1434) und nach der Zerstörung von Tabor (1453) im Krieg der → Hussiten kam für seine Gedanken die Stunde: Versprengte T. verbreiteten das »Evangelium des Umsturzes«, das Gottes- und Naturrecht gleichsetzte, im Westen.

L: E. TROELTSCH, Die Soziallehren der christl. Kirchen u. Gruppen, B 1912; N. COHN, Das Ringen um das Tausendjährige Reich, Prag 1961; R. SCHWARZ, Die apokalyptische Theologie Thomas Müntzers u. der T., T 1977.

Taizé (nahe Cluny in Burgund), Sitz einer ev. Mönchsgemeinschaft, geistl. Zentrum mit weltweiter Ausstrahlung. Roger Schutz (geb. 1915) sammelte 1939 als reformierter Theologiestudent in Lausanne ev. Freunde zu gemeinsamer, vom Gebet getragener Arbeit um sich. 1940 fand er in T. ein Anwesen, worin er während des Krieges Flüchtlinge aufnahm. 1942 schlossen sich ihm zwei Brüder an, doch die Gestapo verjagte bald alle. 1944 kehrten sie zu Vieren zurück. Ostern 1949 legten die ersten sieben Brüder ihre Profeß (Gelübde der Armut, der Keuschheit und des Gehorsams) ab. Dieses Ereignis gilt als das Geburtsdatum der ›Communauté de Taizé-lès-Cluny‹, die sich bis 1952 offiz. so nannte. Ihren bes. Auftrag sieht die Communauté, der R. Schutz als Prior vorsteht, im Gebet und in der Arbeit für die sichtbare Einheit aller Christen. Frère Schutz und Frère Max Thurian nahmen auf Einladung Johannes' XXIII. als Beobachter am 2. → Vatik. Konzil (1962–65) teil. Seit 1967 besteht eine direkte Kooperation zw. der Communauté und dem → Ökumenischen Rat der Kirchen. Gute Beziehungen unterhält die Gemeinschaft von T. auch zu den → orth. Ostkirchen, die unweit der Versöhnungskirche in T. seit 1965 ein panorth. Zentrum besitzen, sowie zur Röm.-Kath. Kirche. Die ökumenische Grundhaltung zeigt sich auch darin, daß 1969 erstmals ein röm.-kath. Bruder in T. eintrat und seit 1973 Frère Klaus, ein kath. Priester, der Communauté angehört. Große Anziehungskraft üben die Ökumenischen Jugendtreffen (Vorläufer waren die sog. Baugemeinschaften) und die von der Communauté de T. veranstalteten ›Konzile der Jugend‹ aus. Grund-

anliegen des ersten Konzils der Jugend (1974), an dem ungefähr 40000 Jugendliche aus vielen Ländern und Kirchen teilnahmen, war, wie in einem bei der Eröffnung verlesenen ›Ersten Brief an das Volk Gottes‹ zum Ausdruck kam, die Erneuerung einer »Kirche der Seligpreisungen«. Prior Schutz lebte im Herbst 1976 über 6 Wochen in einem Slumgebiet von Kalkutta und verfaßte dort mit einer interkontinentalen Gruppe von Jugendlichen den ›Zweiten Brief an das Volk Gottes‹, der im Dezember 1976 in Notre-Dame (Paris) zum ersten Mal öff. verlesen wurde.
→ Una-Sancta-Bewegung.

Q: R. SCHUTZ, Die Regel v. T. Mit dem Brief »Das Unverhoffte gestalten«. Neuausgabe dt./frz., Fr-Bas-W [10]1978; DERS., Warten auf das Ereignis Gottes. Aktualisierung der Regel v. T., Fr-Bas-W 1971; DERS., Dynamique du provisoire, Taizé 1965, (dt.) Die Dynamik des Vorläufigen, Fr-Bas-W 1978; T. u. das Konzil der Jugend, Fr-Bas-W [2]1976; DERS., Im Heute Gottes leben, Fr-Bas-W [3]1980.

L: F. BIOT, Ev. Ordensgemeinschaften, Mz 1962, 104–116; A. STÖKL, T. Gesch. u. Leben der Brüder v. T., Gü 1977, [3]1978; R. BRICO, T. Frère Roger u. die Gemeinschaft, Fr-Bas-W 1979; K. SPINK, Frère Roger, Gründer von T., Fr-Bas-W 1987.

Taubstummenseelsorge. Als Väter der Taubstummenfürsorge gelten Abbé de L'Epée, der 1770 in Paris die erste Anstalt für Taubstumme (mit Gebärdensprache) gründete, und Samuel Heinicke, dem die Gründung einer ähnl. Anstalt (allerdings mit Lautsprachenmethode) 1778 in Leipzig zu verdanken ist. – Neben Ordensgemeinschaften, z.B. St. Josefsschwestern von Ursberg und Liobaschwestern, entstanden im 19. Jh. mehrere Orden, die sich ausschließl. den Taubstummen widmen, u.a. ›Societas Mariae pro educatione Surdorum et Mutorum‹ (SMSM), 1830 von Antonio Provolo in Verona gegr.; ›L'Oeuvre de Larnay‹ (bei Poitiers), 1833 von Abbé Charles-Joseph Chaubier de Larnay gestiftet; ›Congregatio parvae Missionis ad surdos-mutos‹ (PMSM), 1872 von Giuseppe und Cesare Gualandi ins Leben gerufen. – Selbsthilfeverbände, z.B. ›Verband der kath. Gehörlosen Deutschlands‹ (1925), bildeten sich erst in unserem Jh. – Kirchenamtl. Stellen nahmen sich ebenfalls erst in unserem Jh. der pastoralen Betreuung der Taubstummen an. 1928 entstand in Erfurt die ›Arbeitsgemeinschaft der ev. Gehörlosenseelsorger Deutschlands‹; das kath. Gegenstück besteht erst seit 1951. 1961 bildete sich der mehrere Nationen umfassende ›Ökumenische Arbeitskreis für ev. Gehörlosenseelsorger‹.

P: Epheta, Fr-Bas-W 1952ff.; Unsere Gemeinde, Melsungen 1952ff.; Mitteilungen zur Gehörlosenseelsorge, Fr-Bas-W 1953ff.

L: HEIMBUCHER II 419, 428; E. KOLB, Ein Versuch mit Taubstummen-Kirchenhelfern, Z 1952; DERS., Gedanken zur Arbeit an den erwachsenen Taubstummen, Z 1954; DERS., Taubstummengemeinde, Z 1961.

Täuferbewegungen bes. Art wurden durch die → Reformation ausgelöst (sog. linker Flügel der Reformation). Sie sind sowohl von altchristl. Parallelerscheinungen, z.B. von der Wiederholung der Taufe beim Übertritt zu einer christl. Sekte oder zum → Donatismus (sog. »Wiedertaufe«, Anabaptismus) oder beim Rücktritt in die Großkirche (sog. → Ketzertaufe), als auch von den neuzeitl. → Baptisten zu unterscheiden. Ihre von einem naiven »Primitism« (F. H. Littell) getragene Bemühung um Wiederherstellung des »wahren Christentums« wird von dem Willen zu einer »radikalen Reformation« beherrscht. Er artikulierte sich allerdings recht unterschiedl., einmal in einem libertinistischen Täufertum von kurzer Dauer (St. Gallen, Appenzell), zum andern als »apokalyptisch-gewaltsames« und zum dritten als »gewaltloses ev. Täufertum« (G. A. Benrath). Im übrigen war es für die T. der Reformationszeit kennzeichnend, daß sie gleichzeitig an den verschiedensten Orten auftraten und darin für den Rückblick eruptiv wirken. Eine eigenständige Bewegung löste in Mitteldeutschland Thomas Müntzer († 1525, → Zwickauer Propheten) mit seiner eschatologischen Bußtaufe aus, die sich darin an dem Bußprediger und Täufer Johannes orientierte (Mt 3,1–12; Lk 3,1–18), dann aber durch das → Tausendjährige Reich von Münster desavouiert wurde. Eigenständig waren aber auch die T. im oberdt. Raum (Augsburg, Straßburg), in der deutschsprachigen Schweiz (Zürich) oder in mährischen Landen. Überregionale Kontakte der T. untereinander resultierten in erster Linie aus der beispiellos brutalen Verfolgung, die ihnen sowohl von Evangelischen, die um ihre orth. Reputation besorgt waren, als auch von Katholiken zuteil ward, und die dann nach dem → Augsburger Religionsfrieden (1555) von beiden gemeinsam, weil reichsrechtl. abgesichert, betrieben wurde. Das machte die Taufgesinnten zu »gehetzten Häretikern« (R. Bainton), die von Ort zu Ort fliehen mußten, um der Hinrichtung zu entgehen. Nur gelegentl. fand man sich zu »Martyrersynoden« oder auch Streitgesprächen zusammen. Letzteres gilt z. B. für eine Zusammenkunft in Nikolsburg/Mähren (1527), wo der fränkische Volksprediger Hans Hut († 1527) und der Waldshuter Balthasar Hubmaier (1528 in Wien als Ketzer verbrannt) miteinander disputierten und so die T. Mährens koordinierten. Das gleiche Jahr führte auch die Taufgesinnten der dt. Schweiz, deren Zentrum Zürich Konrad Grebel († 1526) und Felix Manz (1527 hingerichtet) begründet hatten, in Schleitheim bei Schaffhausen zusammen. Aus dem Treffen ging das von Michael Sattler (gleichfalls noch 1527 hingerichtet) verfaßte Schleitheimer Täuferbekenntnis hervor. Es ist das klass. Dokument täuferischer Gewaltlosigkeit, dessen humanistischer Grundzug die Gemeinsamkeiten mit Zwingli († 1531) erkennen läßt.

Erst die zweite Generation unter den Taufgesinnten entwickelte einen stärkeren Gemeinschaftssinn, zumal da außerhalb der Reichsgrenzen sich ihr mehr Möglichkeiten boten. Das gilt vor allem für die von dem Tiroler Jakob Hutter (1536 hingerichtet) begründeten und nach ihm benannten Hutterischen Brüder in Mähren. Ihre Vorsteher Peter Ridemann († 1556) und Peter Walpot († 1578) erweiterten die traditionellen Forderungen der Weltabsage (Eides- und → Kriegsdienstverweigerung; Gewaltlosigkeit) durch die der Gütergemeinschaft (Hutterische »Brüderhöfe« bzw. »Haushaben«), die dank des rel. Glaubenseifers sich auch bewährte und so für das Fortleben täuferischen Gedankengutes sozusagen die wirtschaftl. Basis schuf. Solche ökonomischen Auswirkungen lassen sich auch bei der T. des Menno Simons († 1561) und den nach ihm benannten → Mennoniten beobachten. Ihre wirtschaftl. Leistungsfähigkeit sicherte ihnen vor allem in den Ländern des ref. Erwählungsglaubens das Verständnis ihrer Mitbürger, und es ist kaum Zufall, daß sie zuerst in den Niederlanden, wo einst Melchior Hofmann (ca. 1500–43) das Täufertum eingeführt hatte, anerkannt wurden (1577). Als die Taufgesinnten allerdings von dort in die Vereinigten Staaten auswanderten, erwies sich rel. Indolenz als Wurzel einer steten Zersplitterung. Dieser gerne als »mennonitischer Konfessionalismus« bez. Umstand hat jedoch die Fortdauer nicht beeinträchtigt. Er erwies sich vielmehr als Motor einer steten Vermehrung. Heute tragen z.B. amer. Mennoniten die Hauptlast der internationalen Täuferforschung. Im übrigen ist es vor allem Ernst Troeltsch († 1923) zu danken, daß er im Anschluß an Max Weber die Bedeutung der T. als Wegbereiter der modernen Welt herausstellte. Auf europäischem Boden vertraten sie aus eigenstem Interesse als erste den Gedanken konfessioneller Toleranz; in der »Neuen Welt« aber nutzten sie ihre Unabhängigkeit vom Staat, um das Programm des Gewaltverzichtes zu verwirklichen.

Q: R. Friedmann (Hg.), Glaubenszeugnisse oberdt. Taufgesinnter, Gü 1967; L. Muralt – W. Schmidt – H. Fast (Hg.), Quellen zur Gesch. der Täufer in der Schweiz, 4 Bde, Gü 1951–74; R. v. Dülmen (Hg.), Das Täuferreich zu Münster 1534–1535. Berichte u. Dokumente, Mn 1974.

L: E. Troeltsch, Die Soziallehren der christl. Kirchen u. Gruppen, T 1912; R. Bainton, Studies on the Reformation, Boston 1962, 119–129; H. J Hillerbrand, Die polit. Ethik des oberdt. Täufertums, Lei 1962; Ders., Bibliographie des Täufertums 1520–1630, Gü 1962; F. H. Littell, Das Selbstverständnis der Täufer, Kassel 1966; C. Baumann, Gewaltlosigkeit im Täufertum, Lei 1968; C. Windthorst, Täufer. Taufverständnis. Balthasar Hubmaiers Lehre zw. traditioneller u. reformatorischer Theologie, Lei 1976; R. v. Dülmen, Reformation als Revolution, Mn 1977; A. Friesen – H. J. Goertz (Hg.), Thomas Müntzer, Da 1978; K. Deppermann, Melchior Hoffmann. Soziale Unruhen u. apokalyptische Visionen im Zeitalter der Reformation, Gö 1979; M. Holzach, Das vergessene Volk. Ein Jahr bei den dt. Hutterern in Kanada, H 1980; E. Wolgast, Th. Müntzer. Ein Zerstörer der Ungläubigen, Gö-Z 1981; U. Bubenheimer, Th. Müntzer, Kö 1989; K. Ebert, Th. Müntzer. Von Eigensinn und Widerspruch, Königstein 1987; H.-J. Goertz, Die Täufer, Mn 1988; Ders., Th. Müntzer, Mn 1989; B. Lohse, Th. Müntzer in neuer Sicht, Gö 1991.

Tausendjähriges Reich (Chiliasmus; Millenniarismus), ein »Friedensreich« ungetrübter Daseinsfreude am Ende der → Weltgeschichte. Der immanent-apokalyptische Rahmen dieses Wunschtraumes geht auf seinen spätjüdischen Ursprung (Endreich des Messias auf palästinensischem Boden) zurück. Er blieb auch bei Übernahme des Gedankens durch das →Urchristentum erhalten (Zwischenreich Christi, das die endgültige Gottesherrschaft vorbereitet: 1 Kor 15,23–28; Apk 20,1–15). In dieser Gestalt war das T. R. frühchristl. Theologen wie Papias von Hierapolis (1. Hälfte des 2. Jh.), Justin († 156, → Apologeten), Irenaeus von Lyon und Tertullian von Karthago (beide Ende 2. und Anfang des 3. Jh.) ein verbindl. Dogma. Der Spiritualismus der → Alexandrinischen Schule konnte solche innerweltl. Endzeithoffnung umso leichter überwinden, weil sie und mit ihr auch das johanneische Schriftenkorpus im NT schon sehr früh (z. B. durch die → Markionitische Kirche, aber auch das kleinasiatische Christentum) kritisiert worden war.

Anders verlief die Entwicklung im Westen, wo Augustin († 430) mit seinem »Gottesstaat« ein geschichtstheol. Konzept entwarf, wonach das T. R. bereits mit dem auferstandenen Christus und damit dem Christentum angebrochen sei und mit seiner Wiederkunft enden werde. Das gab der Kirche eine heilsgesch. Funktion. Diese Auffassung beherrschte dann auch Denken und Bilder des MA.

Im 16. Jh. erst ergriff der Chiliasmus erneut bei → Täuferbewegungen und → Taboriten Besitz von den Herzen. Das »T. R.« von Münster (1534/35), das Jan van Leiden als »König« des »Königreichs Zion« proklamierte (Vielweiberei, Terrorregiment) brach jedoch im Ansturm des belagernden Heeres zusammen (grausame Bestrafung der Rädelsführer) und wirkte sich nachteilig für die Taufgesinnten aus (Verfolgungen). Umgekehrt bewies das starke Echo, das der schwäbische Kürschner Melchior Hoffmann († 1543 im Gefängnis zu Straßburg) mit seinen Predigten und ihrer Ankündigung eines endzeitl. Jerusalem, das vom Himmel herabkommen werde (Apk 21), allerorten (Livland, Schweden, Ostfriesland) fand, wie gerade im Abendland die urchristl. Vorstellung vom T. R. Urständ feiern konnte.

Im Unterschied hierzu ist die Reaktivierung des Millenniarismus in der NZ bei → Adventisten und → Mormonen sowie bei den → Zeugen Jehovas einer gesteigerten Orientierung am AT zuzuschreiben.

L: H. BIETENHARD, Das T. R. Eine bibl. theol. Studie, Z 1953; N. COHN, Das Ringen um das T. R., Mn 1961; B. TÖPFER, Das kommende Reich des Friedens. Zur Entwicklung chiliastischer Zukunftshoffnungen im Hochmittelalter, B 1964; G. PODSKALSKY, Byz. Reichseschatologie, Mn 1972; G. LIST, Chiliastische Utopie und radikale Reformation, Mn 1973; N. COHN, Das neue irdische Paradies. Revolutionärer Millenarismus und mystischer Anarchismus im ma. Europa, Reinbek 1988; St. HEID, Chiliasmus u. Antichrist-Mythos, Bonn 1993.– TRE VII 729–745.

Tempelgesellschaft, auch ›Deutscher Tempel‹, entstanden aus dem von dem Pietisten (→ Pietismus) C. Hoffmann († 1885) mit C. Paulus († 1893) 1854 in Ludwigshafen gegr. ›Ev. Verein zur Errichtung des Reiches Gottes auf Erden in Jerusalem‹. Hoffmann brach 1861 mit der württembergischen Landeskirche (→ Landeskirchen) und gründete den ›Deutschen Tempel‹, dessen erster Bf. er selbst wurde. Bald übernahm der Kaufmann G. D. Hardegg († 1879) die Leitung, entzweite sich aber mit Hoffmann. Trotzdem wanderten beide 1868 nach Palästina aus und err. dort Kolonien, u. a. in Haifa, Jaffa, Sarona und Jerusalem. Später entstanden Niederlassungen in Rußland und Nordamerika. Neuer Differenzen wegen trennte sich Hardegg von der Tempelgesellschaft. Noch Ende des

19. Jh. ließen sich viele Mitglieder in Afrika nieder. Im 2. Weltkrieg oder kurz danach gingen die letzten Gemeinden unter; die restl. Anhänger siedelten sich auf Zypern, in Dtl. (Baden-Württemberg) oder Australien an. Der Staat Israel zahlte der T. 1962 eine Entschädigung in Höhe von 54 Mill. DM. Die T. verzichtet auf dogmatische Lehren, sie kennt auch keine Bibel. Ihre Aufgabe sieht sie in der geistigen und leibl. Vervollkommnung des Menschen und im Aufbau des Gottesreiches auf Erden. Jesus gilt als eine menschliche Person. Als eine Art Taufe praktiziert man die »Darstellung« der Kinder vor der Gemeinde; als Abendmahl wird das »Versöhnungs- und Verbrüderungsfest« (mit Brot und Wein) gefeiert. Die Organisation gliedert sich in Zentralleitung, Tempelrat, Gebiets- und Gemeindeleitungen. Die einzelnen Gemeinden besitzen Selbständigkeit. Mitglied wird man durch eine schriftl. Erklärung.

P: Die Warte des Tempels, 1845ff.

L: 100 Jahre Templer, 1961; A. CARMEL, Die Siedlungen der württembergischen Templer in Palästina 1868–1918, St 1973; RELLER 206–215.

Templer (Fratres militiae Templi bzw. Pauperes commilitones Christi Templique Salomonis), zum Schutz des hl. Grabes in Jerusalem und seiner Pilgerbesucher 1119 begründeter → Ritterorden (1128 durch Honorius II. anerkannt). Frucht der → Kreuzzugsbewegung und Kind des → Bernhardinischen Zeitalters, erfreute sich der 1139 dem Papst unmittelbar unterstellte, von allen Steuern befreite Orden in Fkr. bes. Gunst beim Adel als Schutzschild gegen den kgl. Fiskus. Das durch Stiftungen vermehrte Ordensvermögen erregte umgekehrt die Habsucht des frz. Kg. Philipp IV. (1285–1314). Er zettelte gegen die T., die seit 1291 (Fall der letzten Kreuzfahrerbastion Akkon) auf Cypern residierten, ein Ketzerverfahren an (→ Ketzergesetzgebung) und ließ in seinem Lande alle Ordensangehörigen verhaften (1305). Damit begann die »Tragödie« der T., die in Wahrheit die Tragik des zeitgenössischen, in frz. Abhängigkeit geratenen → Papsttums war (→ Avignoner Exil). Willfährig wurden vom frz. Episkopat → Inquisitionen durchgeführt, wobei die Folter die benötigten Geständnisse erbrachte (dramatischer Wechsel von der Selbstbezichtigung zum Widerruf durch den Großmeister Jakob von Molay auf dem Scheiterhaufen in Paris 1313). Sie boten Clemens V. die Rechtsbasis zur Ordensaufhebung (1312: Bulle ›Vox in excelso‹). Während das Vermögen der T. in Dtl. an den Orden der → Johanniter, in Portugal an den → Christusorden fiel, eignete sich in Fkr. der Kg. dasselbe an und erfuhr so einen, bei seinen Auseinandersetzungen mit dem Adel sehr willkommenen, finanziellen Machtzuwachs. Noch heute erinnert die Bez. der Pariser Börse als »Temple« an diesen frühen Vorgang einer → Säkularisation. Im 18. Jh. versuchten → Freimaurer aufgrund des Gerüchtes, der Orden habe heiml. in Schottland fortbestanden, die Organisation neu aufzubauen und den ehemaligen Besitz für sich zu beanspruchen. Vergeblich! Erst nach dem 2. Weltkrieg entstand der Orden der T. in überkonfessionell-christl. Gestalt neu und mit dem Ziel des »Kampfes« gegen das moderne Heidentum. Die 20 Priorate in Dtl. und Übersee besitzen keine hist. Kontinuität mit den T. der Anfänge.

Q: MIRBT-ALAND 74; COD 312–336; R. HIESTAND (Hg.), Papsturkunden für T. u. Johanniter, Gö 1972.

L: G. SCHNÜRER, Die urspr. T.-Regel, Fr 1903; H. FINKE, Papsttum u. Untergang des T.ordens, 2 Bde, Mr 1907; H. NEU, Bibliographie des T.ordens 1927–1965, Bo 1965; J. CHARPENTIER, Die T., St 1965; L. DAILLIEZ (Hg.), Bibliographie du Temple, P 1972; M. L. BULST-THIELE, Sacrae Domus Militae Templi Hierosolymitani Magistri, Gö 1974; A. GUGGENBERGER, Die T. im Wandel der Zeit, Au 1977; N. BARBER, The Trial of the Templars, Lo 1978; J. CHARPENTIER, Macht und Geheimnis der T. Bundeslade – Abendländische Zivilisation – Kathedralen, Olten 1978; J. DE MAHIEU, Die T. in Amerika oder Das Silber der Kathedralen, T 1979; P. PARTNER, The Murdered Magicians: The Templers and their myth, O 1982; A. DEMURGER, Die T. Aufstieg u. Untergang 1118–1314, Mn 1992; A. BECK, Der Untergang der T., Fr-Bas-W 1992; M. HAUF, Der Mythos der T., Olten 1995.

Territorialsystem (Territorialismus). Der Territorialherr bestimmt als weltl. Souverän zugunsten der konfessionellen Einheit seines Territoriums auch das Bekenntnis und die Religionsausübung seiner Untertanen. Wenn auch dieses T. bereits im späten → MA anzutreffen war, so gedieh es doch vor allem im 17. und 18. Jh. auf dem Boden der → Aufklärung und des Absolutismus. Dieses staatskirchenrechtl. System lieferte die theoretische Grundlage (bei Christian Thomasius, Hugo Grotius, Samuel Pufendorf u. a.) für das landesherrl. Kirchenregiment. Es fand aber auch bei kath. Regenten, namentl. im → Josephinismus, Anwendung. Mit dem Untergang des östr. Kaiserreichs (1918) und einzelner Monarchien hörte auch das T. auf. Dem T. vergleichbar ist der Summepiskopat (das Ober-Bischoftum), der in ev. Kirchen aus der Notsituation (deshalb auch Notbischof!) entstand und dem Landesherrn die oberste Kirchengewalt zusprach. Nach dem Naturrechtler C. Thomasius (1655–1728) jedoch kam die Kirchenhoheit dem Landesfürsten aufgrund seiner Territorialhoheit zu. → Staatskirchentum.

L: M. HECKEL, Staat u. Kirche nach den Lehren der ev. Juristen Dtl. in der ersten Hälfte des 17. Jh.: ZSavRGkan 42 (1956) 117–247; 43 (1957) 202–308.

Terziaren bez. Mitglieder eines sog. Dritten Ordens. Man unterscheidet weltl. und klösterl. T. Zuerst scharten die Orden der → Franziskaner und → Dominikaner Männer und Frauen um sich, die nach christl. Vollkommenheit strebten, bestimmte Gebete verrichteten, aber weiterhin außerhalb eines Kl. lebten und sich nicht selten durch caritative und soziale Tätigkeiten auszeichneten. Nach einer Regel in Gemeinschaft lebende Frauen bzw. Männer, vornehml. wieder T. der Franziskaner und Dominikaner, schlossen sich im 14. Jh. zu größeren Vereinigungen und im 15. Jh. zu Kongregationen zusammen. Im Laufe der Zeit lockerte sich das Verhältnis zu einem bestimmten Orden, dem zumindest die oberste Leitung der einzelnen Terziaren-Vereinigungen zustand. Die Terziaren-Häuser wiesen eine große Vielfalt hinsichtl. ihrer Verfassung (Klausur, Gelübde) auf, bis Pius V. allen Klöstern mit feierl. Gelübden die Klausur vorschrieb. In neuerer Zeit entstanden Kongreg., die nur einfache Gelübde kennen, oder Genossenschaften, die dem Ortsbischof unterstehen und deren Mitglieder höchstens private Gelübde ablegen.

L: F. VAN DEN BORNE, Die Anfänge des Franziskanischen Dritten Ordens, Mr 1925; W. ERREN, Einführung in die Regel des 3. Ordens des hl. Dominikus, Vechta 1927; HEIMBUCHER I 529–539, II 9–16; P. A. DUVAL, Über den Ursprung des Dritten Ordens: Wort u. Antwort 3 (1962) 192–197.

Tetragamie-Streit. Die Frage, ob der byz. Ks. Leon VI. (886–912) eine »vierte Heirat« habe eingehen dürfen, führte nicht nur zum Streit zw. dem Ks. und dem → Patriarchat von Konstantinopel, sondern auch zw. diesem und Papst Sergius III. in Rom, den der Byzantiner in dieser Angelegenheit konsultiert hatte und der keine kanonischen Bedenken äußerte (auch die 3. Frau Leons VI. war 901 kinderlos verstorben). Darauf heiratete der Ks. seine Geliebte Zoe Karbonopsina, die ihm 905 den langersehnten Sohn Konstantinos VII. Porphyrogennetos (913–959) schenkte. Der stark an die persönl. Probleme des engl. Kg. Heinrich VIII. (1509–47) erinnernde Fall ist auch insofern eine Parallele, als er zu den Meilensteinen auf dem Weg zum → Morgenländischen Kirchenschisma (1054) zw. Byzanz und Rom gehört.

L: H.-G. BECK, Gesch. der orth. Kirche im byz. Reich, Gö 1980, 118–124.

Theatiner (Ordo Clericorum Regularium vulgo Theatinorum = OTheat), 1524 in Rom von Cajetan di Tiene († 1547, kan. 1671) und Giampietro Carafa, damals Bf. von Chieti (lat. Theate; deshalb der Ordensname T.), später Papst Paul IV. (1555–59), als Klerikerorden nach der → Augustinusregel gegr. und im selben Jahr von Clemens VII. bestätigt. Die beiden Gründer waren Mitglieder der um 1515 entstandenen röm. Bruderschaft, gewöhnl. ›Oratorium der göttl. Liebe‹ (→ Oratorianer) gen., die Frömmigkeitsleben und Krankendienst miteinander verband. Das Hauptziel der T. lag in einem vorbildl. Priesterleben, bei dem auch die wiss. Betätigung einen bes. Platz einnahm, und in der Heranbildung gewissenhafter Seelsorger. Aus dem Orden gingen zahlreiche Bischöfe hervor, die sich in der Durchführung der vom → Trienter Konzil verordneten Reform der Kirche, insbes. des Klerus, verdient machten. Die T. verbreiteten sich lange Zeit nur in It., bes. in Venedig und Neapel, bis sie im 17. Jh. auch im Ausland Niederlassungen errichteten: München 1662, Prag 1663, Salzburg 1684, Wien 1703. Viel später konnten sie in Span. und Amerika Fuß fassen. Heute sind T. auch in der Mission (Afrika) tätig. Als Patron des Ordens genießt die Gottesmutter Maria vorrangige Verehrung.

Die von Ursula Benincasa († 1618) 1583 in Neapel gegr. ›Kongreg. der Oblaten von der Unbefleckten Jungfrau Maria‹ und die 1617 gegr. ›Kongreg. der Eremitinnen‹ wurden 1623 von Gregor XV. bestätigt und 1633 dem Orden der T. angeschlossen, weshalb sie auch *Theatinerinnen* heißen.

P: Regnum Dei. Collectanea Theatina, R 1944 ff.

L: P. PASCHINI, S. Gaetano da Thiene, Gian Pietro Carafa e le origini dei Chierici Regolari Teatini, R 1926; HEIMBUCHER II 97–106; P. A. KUNKEL, The Theatines in the History of Catholic Reform before the establishment of Lutheranism, Wa 1941.

Theologia crucis (Christi), Theologie der Leidensnachfolge Christi. Sie wurzelt in der Kreuzesmeditation vor dem Crucifixus in den Zellen der → Zisterzienser (→ Bernhardinisches Zeitalter; vgl. das zu Unrecht Bernhard von Clairvaux zugeschriebene »Caput cruciatum«) und ferner in der ma. → Mystik, nicht aber in der → Kreuzzugsbewegung und deren höfischen bzw. volkstüml. Kreuzliedern. Einen gewissen Höhepunkt erreichte sie am Vorabend der → Reformation, wo sie auch die → Laienbewegungen erfaßte, vor allem aber die sog. → Devotio moderna prägte (vgl. WESSEL GANSFORT, De magnitudine Dominicae Passionis, ca. 1480; → Brüder vom gemeinsamen Leben; → Windesheimer Kongregation). Luther wurde so durch den Generalvikar der → Augustiner-Eremiten, Johann von Staupitz († 1524), mit der ›Leidenstheologie‹ bekannt und brachte später (1516–18) mit der ›Deutschen Theologia‹ eines Frankfurter »Deutschherren« (Anfang 15. Jh.) ein klass. Dokument der spätma. Kreuzesmystik zum Druck. Bleibenden Einfluß auf das → Luthertum gewann sie aber nicht. → Schwärmer wie Thomas Müntzer († 1525), der die Kreuzesmystik als Theologie der Leidensnachfolge entfaltete, standen dem entgegen, nicht minder die altluth. → Orthodoxie. Barocke Frömmigkeit vermittelte Impulse wohl dem → Pietismus, bes. dem Grafen Zinzendorf († 1760; → Brüderunität), dem sie jedoch das »reformatorische Anliegen« nur vertieften. Die T.c. fand vielmehr im nachtridentinischen Katholizismus (→ Neuscholastik) und vor allem in der Mystik der → Karmeliten (Therese von Jesus alias Therese vom Kreuz oder von Ávila, † 1582; Johannes vom Kreuz, † 1591) starken Anklang. Deren Leidenstheologie fand dann in der »Heiligen des Atomzeitalters« (A. COMBES), Therese von Lisieux († 1897), und auch noch in der Moderne eindrucksvolle Ausprägung, während der moderne → Protestantismus in dem Norweger Friedensnobelpreisträger Dag Hammarskjöld (General-Sekretär der UNO; † Sept. 1961: ungeklärter Flugzeugabsturz bei Ndola, Sambia) ein Beispiel säkularer Leidgestaltung von nicht minderer Überzeugungskraft aufweisen kann.

L: K. HOLL, Luther u. die Schwärmer, B 1922 = Gesammelte Aufsätze, Bd. I, T [7]1948, 420–467, spez. 425ff.; E. WOLF, Staupitz u. Luther, Gü 1927; W. v. LOEWENICH, Luthers »T.c.«, Mn 1929, [5]1967; J. v. WALTHER, Mystik u. Rechtfertigung, Gü 1937; E. SCHERING, Mystik u. Tat. Therese v. Jesus, Johannes v. Kreuz u. die Selbstbehauptung der Mystik, Mn-Ba 1959; F. W. WENTZLAFF-EGGEBERT, Kreuzzugsdichtung des MA, B 1960; R. SCHÄFER, Glaube u. Werk. Beobachtungen zu Dag Hammarskjölds geistl. Tagebuch: ZThK 67 (1970) 348ff.; K. SCHWARZWÄLLER, »T. c.« Luthers Lehre von der Prädestination nach »de servo arbitrio«, Mn 1970; H. RELLER – M. SEITZ, Herausforderung: Rel. Erfahrung, Gö 1980.

Theologiegeschichte (in Dtl.). Die T. entsprang den kontroverstheol. Debatten des 17. Jh., ihrer Rückbesinnung auf die »Theologie der Väter« oder »Patrologie« (zuerst bei dem Lutheraner Johann Gerhard, † 1637). Letztere entwickelte sich im 19. Jh. zur → Dogmengesch. und erweiterte sich zur T., wobei gerade diese in ihren theol. Urteilen den Ursprung der literarischen Gattung aus einer systematisch-theol. Disziplin verriet. Die

T. des 19./20. Jh. läßt sich daher auch nur in konfessioneller Aufgliederung darstellen.

[1] Zweifelsohne war die theologiegesch. Rückbesinnung der kath. Theologie des 19. Jh. durch die → Romantik begünstigt. Die Impulse kamen vorwiegend von »Laientheologen« wie Franz von Baader († 1841) und Joseph von Görres († 1848), die sich zugleich mit der Verklärung des → Papsttums durch die sog. → Kath. Bewegung in Fkr. (de Maistre, Lamennais, Chateaubriand, → Ultramontanismus) unterstützt sahen. Ähnl. wirkte sich romantischer Geschichtssinn im → Anglokatholizismus aus. John Henry Newman († 1890) erteilte in seinem ›Essay on the Development of Christian Doctrine‹ (1845) dem → Protestantismus und aller Traditionslosigkeit die Absage (Introduction § 5: »To be deep in History is to cease to be a Protestant«) und konvertierte zum Katholizismus. Wesentl. reflektierter begründete die Schultheologie ihren → Traditionalismus, weil er auf dt. Boden in Auseinandersetzung mit dem Idealismus Hegels († 1831) zu begründen war. Dies gilt z. B. für die kath. → Tübinger Schule, aus deren Vertretern J. A. Möhler († 1838) hervorgehoben sei, weil seine ›Symbolik‹ (1832) noch im 19. Jh. Spurenelemente kontroverstheol. Anfänge der T. erkennen läßt, wenn auch in weit sublimierter Form. Auch der → Historismus hinterließ seine Spuren, indem er noch heute unentbehrl. Dokumentarbände zeitigte, z. B. H. Denzingers ›Enchiridion symbolorum et definitionum‹ (1854; 36. Aufl. 1977) oder dokumentierende Darstellungen wie die 7 Bände ›Conciliengeschichte‹ (1855–74) des gelehrten Rottenburger Bf. Karl Joseph Hefele († 1893; Bd. 8–9 von Joseph Hergenröther: 1885–90). Die Bejahung der krit.-hist. Methode, die übrigens die interkonfessionelle Zusammenarbeit förderte, erhielt durch das Konzept einer → Hist. Theologie ihre theol. Begründung. Dessenungeachtet begünstigte in der 2. Hälfte des 19. Jh. die → Neuscholastik die ältere Forderung des → Jesuiten Dionysius Petau († 1652), den kath. Traditionsbeweis auch hist. zu begründen (W: De theologicis dogmatibus, 5 Bde, P 1643–50). Beide Entwicklungsstränge mündeten in neuester Zeit dann in das ›Handbuch der Dogmengeschichte‹ (Fr-Bas-W 1951 ff.), dessen Konzept der Dogmatiker Michael Schmaus als Hg. begründete: Sein systematischer Aufriß berücksichtigt innerhalb der dogmatischen Lehrstücke die Prinzipien einer immanent-hist. Entwicklung durch Anwendung der sog. Längsschnittmethode.

[2] Weit stärker beeinflußten philos. und methodologische Erwägungen im 19. Jh. die Selbstdarstellungen prot. Theologie und ihrer Gesch. Lehrreich hierfür ist die unterschiedl. Reaktion der beiden → Tübinger Schulen auf den Idealismus eines Hegel († 1831). Der Protestant Christian Ferdinand Baur († 1860) wandte konsequent dessen geschichtsspekulative Kategorien eines Dreitaktes von These, Antithese, Synthese auf die Gesch. des → Urchristentums an. Sein Paulusbuch (1845) und vor allem das ›Lehrbuch der christl. Dogmengeschichte‹ (1847) entfalten die T. als einen geschichtsimmanenten, dialektischen Entwicklungsprozeß des glaubenden Selbstverständnisses. Als Prozeß der Selbstauflösung seiner intel-

lektuell-rationalen Begründung, welcher mit der → Reformation und der Wiederentdeckung des Evangeliums Jesu von Gottvater zum Abschluß gekommen sei, verstand Adolf von Harnack († 1930) in seinem ›Lehrbuch der Dogmengeschichte‹ (3 Bde, T 1909ff.) die Entwicklung. Dadurch wurde zugleich die neuzeitl. T. aus der Dogmengesch. und deren Darstellungsaufgabe ausgeklammert. Harnack setzte sich damit auch im Vorlesungszyklus der Fakultäten durch. Nur sein Berliner Antipode Reinhold Seeberg († 1935) führte in seinem ›Lehrbuch der Dogmengeschichte‹ (5 Bde, L 1895ff.; 3./4. Aufl. 1930, danach die Nachdrucke von 1953 und 1970) die Darstellung bis zum 1. → Vatik. Konzil (1869–70) fort und räumte so der neuzeitl. T. größeren Raum und Bedeutung ein. Dieser Aussagewert für die Gesch. des → Protestantismus wurde im Verlauf des 20. Jh. noch dadurch unterstrichen, daß bedeutende Vertreter der ev. Theologie unterschiedlichster Richtungen die Entwicklung des 19. Jh. darstellten. Hier wären zu nennen Ferdinand Kattenbusch († 1935), Schüler Ritschls und so Repräsentant → Liberaler Theologie, Martin Kähler († 1912), Exponent der sog. bibl. Theologie, ferner Karl Barth († 1968) als Haupt der → Dialektischen Theologie und als deren Gegenpol Emmanuel Hirsch († 1972), für den die Reformation im dt. Idealismus ihre Vollendung gefunden hatte. Daß man allseitig bei Friedrich Schleiermacher († 1834), dem »Kirchenvater des 19. Jh.« und »Vater der Hermeneutik« (W. Dilthey, † 1911) einsetzen konnte, ließ in der theol. Situation nach den beiden Weltkriegen der T. dieses vorangegangenen Jh. ein bes. Gewicht zukommen, zumal da es prot. Prinzip entspricht, neben dem Dogma auch dem Bibelwort und seiner Auslegung eine vorrangige Aussage zuzumessen.

Q: G. MURAS (Hg.), Textbuch zur dt. systematischen Theologie u. ihrer Gesch. v. 16. bis 20. Jh., 2 Bde, T 1955–61; L. SCHEFFCZYK (Hg.), Theologie im Aufbruch u. Widerstreit. Die dt. kath. Theologie im 19. Jh., Bremen 1965; E. HÜBNER, Ev. Theologie in unserer Zeit, Bremen 1966; M. GRESCHAT (Hg.), Theologen des Protestantismus im 19. u. 20. Jh., 2 Bde, S 1978. Vgl. Bibliographie: Quellenwerke.
L: (zu 1) M. GRABMANN, Die Gesch. der kath. Theologie seit dem Ausgang der Väterzeit, Fr 1933, (Ndr.) Da 1961, ²1980; M. SCHMAUS – J. GEISELMANN – A. GRILLMEIER (Hg.), Hb. der Dogmengesch., Fr-Bas-W 1951ff.; K. RAHNER, Schriften zur Theologie, Bd. I, Ei-Kö 1954, 49–90, Bd. IV, Ei-Kö 1957, 11–25; A. KOLPING, Kath. Theologie gestern u. heute. Thematik u. Entfaltung dt. kath. Theologie v. I. Vaticanum bis zur Gegenwart, Bremen 1964; H. VORGRIMLER – R. VANDER GUCHT (Hg.), Bilanz der Theologie im 20. Jh., 3 Bde, Fr-Bas-W 1969–70; DIES., Bilanz der Theologie im 20. Jh.: Bahnbrechende Theologen, Fr-Bas-W 1970; J. NOLTE, Dogma in Gesch. Versuch einer Kritik des Dogmatismus in der Glaubensdarstellung, Fr-Bas-W 1971; W. SCHULZ, Dogmenentwicklung als Problem der Geschichtlichkeit der Wahrheitserkenntnis, R 1973; J. ROGGE, Zur Frage kath. u. ev. Dogmenhermeneutik: ThLZ 98 (1973) 641–655; H. FRIES – G. SCHWAIGER (Hg.), Kath. Theologen Dtl. im 19. Jh., 3 Bde, Mn 1975; M. WEITLAUFF, Zur Entstehung des »Denzinger«: HJ 96 (1978) 312–371; M. BRANDL, Die dt. kath. Theologen der NZ. Ein Repertorium, Bd. 2: Aufklärung, Sa 1978; H. FRIES – G. KRETSCHMAR (Hg.), Klassiker der Theologie, 2 Bde, Mn 1981–83.

(zu 2) K. BARTH, Die prot. Theologie im 19. Jh., Z 1946, [6]1994; E. HIRSCH, Gesch. der neueren ev. Theologie im Zusammenhang mit den allg. Bewegungen des europäischen Denkens, 5 Bde, Gü 1949, [5]1975; M. KÄHLER, Gesch. der prot. Dogmatik im 19. Jh., Mn 1962; K. M. BECKMANN, Unitas Ecclesiae. Eine systematische Studie zur T. des 19. Jh., Gü 1967; F. FLÜCKIGER – W. ANZ, Theologie u. Philosophie im 19. Jh., Gö 1975; G. BECKER, Theologie in der Gegenwart, Rb 1978; F. MILDENBERGER, Gesch. der dt. ev. Theologie im 19. u. 20. Jh., St 1981; B. HÄGGLUND, Gesch. der Theologie, Mn 1983; G. STRECKER (Hg.), Theologie im 20. Jh., T 1983; D. LANGE (Hg.), F. Schleiermacher 1768–1834, Gö 1985; H. ZAHRNT, Die Sache mit Gott. Die prot. Theol. im 20. Jh., Mn [8]1988; H. G. KLEMM, Studien zur Geistes- u. T., Erl 1995.

Thomas-Christen sind Christen verschiedener Konfessionen an der südwestindischen Malabarküste (Staat Kerala), die ihren Ursprung nach zweifelhaften Überlieferungen auf den Apostel Thomas – sein Grab in Mylapore bei Madras ist eine Wallfahrtsstätte (→ Wallfahrt) – zurückführen. Obwohl sie dem nestorianischen Katholikos v. Seleukia-Ktesiphon (→ Nestorianische Kirchen) unterstanden, bauten sie eine eigene Kirchenorganisation auf. Als die → Röm. Kurie den portugiesischen Kolonisatoren – Vasco da Gama landete 1498 an der Malabar-Küste – das Patronat über alle Christen in Indien übertrug, setzte der Konflikt mit den syr. Christen ein. Diese mußten auf der Synode von Diamper (1599), die der portugiesische Ebf. Alexis de Menezes von Goa einberufen hatte, dem → Nestorianismus abschwören und sich Rom unterwerfen. Diese erzwungene Union mit der röm. Kirche dauerte nur bis 1653, wenngleich es der Kurie in Rom gelang, einen Großteil der abgetrennten Gemeinden später zurückzugewinnen. Versuche von Jesuiten-Missionaren (z. B. Franz Xaver seit 1542) zur Latinisierung erfolgten immer wieder. Größere Erfolge waren dem Jesuiten Roberto de Nobili (1577–1656) beschieden. Da er aber hinsichtl. des hinduistischen Ritus erhebl. Konzessionen machte, kam es mit Rom zum → Ritenstreit, der erst Mitte des 18. Jh. beigelegt werden konnte. Als die T. 1653 ihren Archidiakon Thomas Palakomatta zum Ebf. erhoben, brach das Schisma mit Rom aus: Ein Teil der T. schloß sich den → Jakobiten an, der kath. Teil erhielt einen der röm. Propaganda-Kongreg. (→ Röm. Kurie) unterstellten Apost. Vikar. Seit 1896 wird die unierte Syromalabarische Kirche in Indien von einheimischen Bischöfen geleitet, seit 1923 besitzt sie eine eigene Hierarchie (mit der Metropole Ernakulam).

Die *Syro-Malankaren* gehen auf zwei jakobitische Bischöfe zurück, die 1930 zur Röm.-Kath. Kirche übertraten; sie behielten aber ihren westsyr.-antiochenischen Ritus und besitzen heute eine eigene kirchl. Organisation (mit der Metropole Trivandrum).

Q: J. WICKI, Documenta indica (1540–75), 9 Bde, R 1948–66.

L: P. J. PODIPARA, Die T., Wü 1966; N. J. THOMAS, Die Syr.-Orth. Kirche der Südindischen T. Gesch. – Kirchenverfassung, Wü 1967; SPULER 226–231, 237 f.; ALGERMISSEN 102 f.; ASSFALG 345–348; HEYER 325, 363 f.; E. R. HAMBYE – J. MADEY, 1900 Jahre T. in Indien, Fri 1972; C. MALANCHARUVIL, The Syro Malankara Church, Emakulam 1974; P. VERGHESE (Hg.), Die Syr. Kirchen in Indien, St 1974.

Thomismus. Thomas von Aquino († 1274), leuchtender Stern der → Scholastik, Fürsprecher der Synthese von Natur und Gnade, von »theologia naturalis« und »theologia revelata«, von aristotelischer Substanz- und augustinischer Willensmetaphysik, blieb ungeachtet mehrmaliger Erhebung zur Lehrautorität seines Ordens, der → Dominikaner (Beschlüsse der Ordensgeneralkapitel von Mailand 1278, Paris 1286, Saragossa 1309, Metz 1313), in der ma. → Theologiegesch. eine umstrittene Figur. Gerade der Meinungsstreit förderte aber einen »Thomismus«. Wohl verfehlte die Abwehr krit. Beanstandungen an dem Aquinaten oft dessen System einer rational-logischen Ausgewogenheit (vgl. die Aufstellung bei O. H. Pesch: LThK X 163ff.). Weder theol. Engagement noch aktualisierende Aufwertung des größten ma. Systematikers können aber dem T. abgesprochen werden.

In der *1. Phase* (13./14. Jh.) stand Abwehr der Kritik im Vordergrund, die in erster Linie von → Franziskanern vorgetragen wurde. An ihrer Spitze stritt Wilhelm von Mare († 1298) mit seinem ›Correctorium fratris Thomae‹, in dessen Buchtitel die Bezeichnung »Bruder« für Thomas durchaus aufrichtig gemeint war. War das Werk doch durch die bischöfl. Verurteilung des Aristotelismus (Paris 1277) verursacht, der dann noch die von Cambridge 1284 und 1286 folgten. Hatten nicht die beiden → Bettelorden gemeinsam für die Einführung des Aristotelesstudiums nach den neueren Übersetzungen der Araber, d.h. auch der aristotelischen Metaphysik, beim Pariser → Generalstudium gegen den Episkopat gekämpft? Ähnl. Motive schwangen mit, wenn auch Dominikaner in die Thomaskritik einstimmten, z.B. der Pariser Magister und spätere Bf. von Meaux, Durandus de S. Porciano († 1334), der zu den »Sentenzen« des Petrus Lombardus (→ Scholastik) einen antithomistischen Kommentar schrieb (Stegmüller, Rep. I 8492), bei dem ähnl. wie bei Wilhelm von Mare augustinisches Gedankengut die Basis der Kritik bildete. Im übrigen charakterisiert es diese ältere, vornehml. in Paris lokalisierte Thomistenschule, daß sie durch Abstriche an Thomas und seiner theologischen Stringenz für ihn Anerkennung einzuhandeln gedachte. Das erhoffte für ihn spez. auf dem Gebiet der Erkenntnistheorie der Dominikaner Hervaeus Natalis († 1323 als Ordensgeneral), im Bereich der Abendmahls- und Kirchenlehre sein Ordensbruder Jean Quidort alias Johannes von Paris († 1306).

Die *2. Phase* des T. im 15./16. Jh. überwand solche innere Unsicherheit. Wohl bewegte man sich weiterhin auf traditionellen Bahnen, wenn man z.B. wie der Pariser »princeps Thomistarum«, Johannes Capreolus († 1444), ›Defensiones Theologiae D. Thomae de Aquino‹ schrieb und solche Verteidigung in Gestalt eines Kommentars zu den ›Sentenzen‹ des Lombarden vortrug. Als dessen authentischer Interpret galt aber jetzt Thomas selber, dessen ›Summa theologiae‹ und ›Quaestiones disputatae‹ daher auch laufend von Capreolus zitiert wurden. Die zwangsläufige Folge war die Ablösung des Lombarden durch die ›Summa‹ des Aquinaten als Lese- und Lehrbuch des universitären Schulbetriebs, die ihrerseits jetzt zum Gegenstand einer obligatorischen Kommentierung wurde. Auf diesem Gebiet brillierten vor allem die Italiener, an ihrer Spitze der Dominikaner-Kardinal Thomas de Vio Cajetanus († 1534) und der Ordensgeneral Franciscus de Sylvestris († 1528), indem beide klass. Thomaskommentare schrieben, die deshalb auch in die sog. Leonina aufgenommen wurden; der erstere kommentierte die ›Summa theologiae‹, der zweite die ›Summa contra gentiles‹. Im übrigen bezeugt der T. der 2. Phase als → via antiqua die starke Dynamik thomistischer Eigenständigkeit am Vorabend der →Reformation.

Das gilt auch für die *3. Phase* im 16./17. Jh., als der T. bes. in Span. eine weitere Pflegestätte fand. Vor allem der Schule von → Salamanca sowie den durch das → Trienter Konzil ausgelösten Impulsen der → Gegenreformation ist es zu danken, daß jetzt erst Thomas von Aquino zum »Doctor ecclesiae« (→ Kirchenlehrer) erhoben wurde (1567). Die → Jesuiten verhielten sich gegenüber dem T. zunächst eklektisch distanziert.

Erst im 19. Jh. machten die Jesuiten den Neuthomismus (→ Neuscholastik) zu ihrer Sache: Das charakterisiert die *4. Phase* im 19. Jh. und gilt auch noch für den Anfang des 20. Jh. Ihr T. basierte auf einer von Leo XIII. inaugurierten Standardausgabe für das literarische Erbe des Aquinaten, die »editio Leonina«. Sie trägt zurecht den Papstnamen, weil Leo XIII. es war, der 1879 Thomas zum verbindl. Interpreten der kath. Theologie erklärte (CIC c. 1366 § 2: »Angelicus Doctor«). So ist die Gesch. des T. zugleich die einer Wiederentdeckung seines Stifters.

P: Vgl. M.-D. CHENU, Das Werk des hl. Thomas von Aquino, Hei 1960, 393–396.

Q: D-S 3135–40, 3601–24, 3665–67; MIRBT-ALAND 635–737; Editio Leonina, (bisher) 26 Bde, R 1882ff.; Summa Theologica (Die dt. Thomas-Ausgabe), (bisher) 31 Bde, Hei-Graz-W-Kö 1933ff.; F. FELSTER (Hg.), Declarationes Magistri Guilelmi de la Mare OFM de variis sententiae S. Thomae Aquinatis, Mr 1956.

L: E. GILSON, Le Thomisme, P 1919, [5]1947; G. M. MANSER, Das Wesen des T., Fri 1932, [3]1939; P. WYSER, Thomas v. Aquin, Bern 1950; DERS., Der T., Bern 1951; M.–D. CHENU, Das Werk des hl. Thomas v. Aquin, Hei [2]1960 (2. Erg.-Bd. zur dt. Thomas-Ausgabe); J. PIEPER, Thomas v. Aquin. Leben u. Werk, Mn 1958, (Ndr.) 1981; DERS., Scholastik. Gestalten u. Probleme der ma. Philosophie, Mn 1960, 1978; M. A. SCHMIDT, Scholastik, Gö 1969, 137–181; O. H. PESCH, Th. v. Aquin, Mz [2]1989; J. P. TORREL, Magisterthomas, Fr-Bas-W 1995.

Toleranzakte, 1689 nach der »Glorious Revolution« vom engl. Parlament erlassen, gewährte allen Dissenters oder Nonkonformisten, d. h. allen, die nicht der Anglik. Kirche (→ Anglikanismus) angehörten, Katholiken, → Unitarier und Atheisten ausgenommen, Duldung, forderte aber von ihnen den kirchl. Suprematseid und gewährte ihnen keinen Zugang zu Staatsämtern. Mit diesem Entgegenkommen konnte sich die → Aufklärung (z. B. Freidenker und → Freimaurer) ungehinderter entfalten, bes. seit George I. 1714 Kg. geworden war. Jetzt erschienen auch liberale Zeitungen und Zeitschriften; fortschrittl. orientierte → Akademien und Gesellschaften wurden gegründet.

L: R. B. BARLOW, Citizenship and Conscience. A Study in the Theory and Practice of Religious Toleration in England during the 18th Century, Philadelphia 1963.

Toleranzedikt von Mailand (313). »Es ist so gut wie sicher, daß es kein Mailänder Edikt gegeben hat« (J. Vogt: RAC III 329); nur vereinzelt (Anastos) wird aus Laktanz (de mortibus persecutorum 48) und Euseb (KG X 5, 1–14) gefolgert, bei dem Zusammentreffen zw. Ks. Konstantin d. Gr. und seinem späteren Gegner Licinius im Februar 313 in Mailand sei ein gemeinsames Toleranzedikt zustande gekommen. Allg. versteht man die Zusammenkunft als Abgrenzung der Einflußsphären (Teilung in West und Ost) und Proklamierung einer allg. (auch den Christen dienl.) → Religionsfreiheit, wobei Konstantin als dem Älteren und in Rom Residierenden die traditionelle Wahrnehmung des Pontifex-Maximus-Amtes zufiel. Das alles entsprach den Traditionen liberaler Religionspolitik des spätröm. Reiches.

L: H. Dörries, Konstantin d. Gr., St 1958, ²1967, 37–42; M. V. Anastos, The Edict of Milan (313): Revue des études byzantines 25 (1967) 13–41; Ders., Studies in Byzantine Intellectual History, Lo 1979 (Complementary Notes to the Edict of Milan); T. Christensen, C. Galerius Valerius Maximinus. Studier over Politik og Religion i Romerriget 305–315, København 1974, 222–229 (litterae Constantini).

Toleranzpatent, von Ks. Joseph II. (→ Josephinismus) 1781 erlassen, gewährte den Lutheranern und Reformierten sowie den orth. Griechen private Ausübung ihrer Religion und in bürgerl. Hinsicht größere Gleichberechtigung mit den Katholiken. Die Röm.-Kath. Kirche behielt aber ihre Vorrangstellung. Das T. wirkte in manchen geistl. Territorien des Reiches (Salzburg, Köln, Trier) vorbildhaft, ungeachtet der Proteste aus Rom. Volle Gleichberechtigung erlangten die östr. Protestanten erst 80 Jahre später unter Ks. Franz Joseph I. (1848–1916).

Die Juden Österreichs kamen 1782 in den Genuß eines ähnl. T.; sie durften jetzt z. B. ein Handwerk erlernen oder die Univ. besuchen.

L: G. Frank, Das Toleranz-Patent Ks. Josephs II., W 1882; Ch. H. O'Brien, Ideas of Religious Toleration at the Time of Joseph II. A Study of the Enlightenment among Catholics in Austria, Philadelphia 1969; G. Reingrabner, Protestanten in Österreich. Gesch. und Dokumentation, W 1981.

Traditionalismus im allg. Sinn ist eine einseitig der Tradition verhaftete Haltung (→ Orth. Ostkirchen), im spez. Sinn eine antirationalistische philos.-theol. Richtung des 19. Jh., vor allem in Fkr. (vom Ende der → Frz. Revolution bis 1830), Belgien und Dtl., die sich bei der Bestimmung des Verhältnisses von Glaube und Wissen nur auf die Offenbarung und Offenbarungstradition als einzige Quelle menschl. Erkenntnis stützt. Der strenge T. (auch Fideismus) erklärt sich also als eine Reaktion auf den individualistischen → Rationalismus und den aufklärerischen Anthropozentrismus. Den Skeptizismus betrachtet der T. eher als eine Bestätigung seiner Auffassungen. Zu den wichtigsten Vertretern des T. in Fkr. während der 1. Hälfte des 19. Jh. zählen in erster Linie Joseph de Maistre (1753–1821), Louis de Bonald (1754–1840) und Félicité de Lamennais (1782–1854). Mit seinen »Hauptirrtümern« rüttelte der T. an den Fundamenten der Philosophie und Theologie: Die Philosophie verliert ihre Eigenständigkeit und endet im Skeptizismus; in der Theologie herrscht die Offenbarung als alleinige Erkenntnisquelle. Das Wirken des Menschen scheidet wegen der Alleinwirksamkeit Gottes ganz aus. Nach dem gemäßigten T. (u.a. Bonnetty † 1879, Ventura † 1861, Ubaghs † 1875) entstammen nur die moralischen und rel. Ideen der Offenbarung, die Existenz Gottes hingegen kann mit der Vernunft erkannt werden. Das 1. → Vatik. Konzil verwarf den extremen T., indem es erklärte, die Entscheidung des Menschen für den Glauben sei frei und rational begründbar. So lautete auch der Antimodernisteneid (→ Modernismus).

Als Folge des 2. → Vatik. Konzils entstand eine sog. Traditionalistenbewegung, angeführt von dem durch Paul VI. 1976 suspendierten frz. Alt-Erzbf. Marcel Lefebvre (geb. 1905) als Repräsentanten der Konzilsgegner und eines traditionalistischen Denkens. Das Konzil selbst ließ sich grundsätzl. die Rückkehr zur wahren bibl.-apost. Tradition angelegen sein. → Hermesianismus, → Modernismus.

Q: D-S 2811–14, 3015–20; N-R 7–10, 22–57, 78–82; M. J. LE GOUILLOU – L. LE GOUILLOU, La condamnation de Lamennais, P 1982.

L: N. HÖTZEL, Die Uroffenbarung im frz. T., Mn 1962; Y. CONGAR, Der Fall Lefebvre. Schisma in der Kirche, Fr-Bas-W 1976; P. ANTES, Traditionalisten u. Progressive. Kath. Theologie in Fkr.: MThZ 29 (1978) 377–395; W. GEPPERT, Marcel Lefebvre, Ankläger u. Angeklagter Roms, T 1980; A. W. SCHIFFERLE, Marcel Lefebvre. Zur Problematik des Traditionsverständnisses, Kevelaer 1983; R. LACHNER, Zw. Rationalismus u. T. Offenbarung u. Vernunft bei Jakob Froschammer, Mr 1995; A. BUCKENMAIER, Schrift u. Tradition seit dem Vatikanum II, Pa 1996.

Translationstheorien behaupten eine Erbfolge (»Übertragung«) und treten vornehml. in polit., kultur-, aber auch stadtgesch. (→ Romideologie) Kontexten auf. Dieses allg. Phänomen, das an Epochenschwellen mit einem gesteigerten Geschichtsbewußtsein gebunden und um die »Legitimität« (engl. legacy) seines Neuaufbruches besorgt ist, fand im christl. Denken eine bes. Ausformung. Angeregt durch die Daniel-Apokalpyse (Kap. 2) und durch die Weltchroniken von Euseb und Hieronymus (→ Kirchengeschichte) vermittelt, war das christl. Geschichtsbild von der Vorstellung von vier einander ablösenden Weltreichen und damit einer durch göttl. Allmacht übertragenen Weltherrschaft (»translatio imperii«) geprägt worden. Zunächst wurde das Geschichtsschema daher auch polit. auf die »translatio imperii Romanorum« in der sog. Konstantinischen Schenkung (ca. 774–778, Begründung päpstl. Gebietsforderungen in Italien; → Fälschungen) angewandt. Leo III. schlug alsbald daraus für sich Kapital, indem er Karl d. Gr. 800 in Rom sozusagen als »Mittelsmann« zum röm. Ks. krönte. Dieser führte hinfort den Titel ›Augustus, a Deo coronatus‹, während Nikolaus I. gegenüber den Bischöfen Karls d. Kahlen von einem »Erbrecht« sprechen konnte, das die »Autorität des apost. Stuhles« bestätigt habe (865). Die karolingische Münzprägung sprach lieber von der »Renovatio imperii Romanorum«, die ottonische von der »Renovatio imperii Francorum«, doch noch Otto I. d. Gr. akzeptierte den Titel ›Dei gratia imperator Augustus‹ (962: sog. → Pactum Ottonianum). Er bezeugte damit die heilsgesch. Verankerung einer langüberlieferten röm. Weltherrschaft.

Dieses theol. wie polit. Gewicht hatte das Konzept längst verloren, als man an den ma. → Universitäten von der »translatio studii« sprach, um sich als Erben des antiken Kulturerbes zu verstehen. Es war daher nur konsequent, wenn am Ausgang des → MA Humanisten wie Petrarca († 1374), gerade weil sie die Antike wiederentdeckt hatten, nicht nur die Theorie von der »Übertragung« röm. Kultur auf Fkr. preisgaben, sondern auch das ältere Konzept von den vier einander ablösenden Weltreichen; jetzt sprach man vielmehr von dem »Verfall des Reiches« (declinatio imperii), erster Auftakt der literarischen Gattung »Niedergang Roms«. In der Tat waren → Humanismus und Renaissance von einem gesch. Selbstbewußtsein getragen, das keiner T. mehr bedurfte.

Q: E. EICHMANN, Kirche u. Staat, Bd. I, Pa 1912, (Ndr.) 1968, 8, 65, 79; MIRBT-ALAND 504, 513, 515, 525.

L: P. E. SCHRAMM, Ks., Rom u. Renovatio. Studien zur Gesch. des röm. Erneuerungsgedankens v. Ende des karolingischen Reiches bis zum Investiturstreit, Lo 1929, Da ³1975; H. GRUNDMANN, Sacerdotium – Regnum – Studium. Die Wertung der Wiss. im 13. Jh.: AKG 34 (1951) 5–21 = Ausgewählte Aufsätze, Bd. 3, St 1978, 274–291, spez. 278ff.; P.-A. VAN DEN BAAR, Die kirchl. Lehre v. der »translatio imperii Romani« bis zur Mitte des 13. Jh., R 1956; A. BUCK, Das Geschichtsdenken der Renaissance, Krefeld 1957; W. GOEZ, Translatio imperii, T 1958; H. FUHRMANN, Konstantinische Schenkung u. Silvesterlegende in neuer Sicht: DA 15 (1959) 523–540.

Trappisten, nach dem Reformkl. La Trappe (Normandie) gewählte volkstüml. Bez. für die ›Reformierten Zisterzienser‹ (Ordo Cisterciensium Reformatorum = OCR) oder ›Zisterzienser der Strengen Observanz‹ (Ordo Cisterciensium Strictioris Observantiae = OCSO). Armand-Jean Le Bouthillier de Rancé (1626–1700) bekehrte sich nach einem sehr weltl. Leben, resignierte als Kommendatarabt auf 5 Zisterzienserklöster, wurde 1651 Priester und 1664 Abt von La Trappe. Zahlreiche Schwierigkeiten überwindend, führte er eine strenge Reform im Geist des urspr. Cîteaux ein: Gebet, Stillschweigen, Kontemplation, Askese (vegetarisches Leben), Handarbeit. Bald schlossen sich 5 Klöster der Zisterzienser an. Clemens XI. approbierte die Statuten 1705. Am Ende des 18. Jh. entstand eine Zweigniederlassung in Valsainte (Schweiz). Als Folge der → Frz. Revolution, die auch die Trappistenklöster aufhob, kam es zu Klostergründungen außerhalb Fkr. in mehreren europäischen Ländern sowie in Kanada. Gregor XVI. schloß sie alle 1834 zur ›Kongreg. der Zisterziensermönche Unserer Lieben Frau von La Trappe‹ zusammen. Während das Kl. Sept-Fons in Treue zum Gründer die »alte Reform« behauptete, trennte sich La Trappe 1847 als »neue Reform« entsprechend den → Consuetudines von Cîteaux ganz ab. 1892 bildeten sich aus drei Reformkongregationen die ›Reformierten Zisterzienser Unserer Lieben Frau von La Trappe‹ als ein eigener Orden mit dem Generalabt an der Spitze. Die Konst. von 1894 erlangten erst 1925 die Bestätigung Pius' XI. und wurden nach dem 2. → Vatik. Konzil modernisiert. Nachdem die T. 1902 als legitime Nachfolger des alten Zisterzienserordens anerkannt worden sind, bestehen seitdem zwei Zisterzienserorden (so daß die Bez. T. sachl. nicht mehr zutrifft). – Die einzelnen Abteien besitzen Selbständigkeit. Höchste Instanz ist das Generalkapitel. Der Generalabt, gleichzeitig Erzabt von Cîteaux, residiert in Rom. Die T. verbinden kontemplatives Leben mit theol. Studium bzw. mit körperl. Arbeit (für den Lebensunterhalt). Der Orden ist heute in allen Erdteilen vertreten: ca. 85 Mönchs- und ca. 50 Nonnenklöster mit ungefähr 3500 Mönchen und 2000 Nonnen. Die einzige Trappistenabtei in Dtl. ist Mariawald bei Heimbach. Zu den bekanntesten T. unserer Zeit gehören der Franzose Thomas Merton (1915–68), Priester-Mönch in der von Fkr. aus gegr. Trappistenabtei Gethsemani (Kentucky), Autor geistl. Schriften (u. a. Der Berg der sieben Stufen, 1950; Weltl. Tagebuch, 1960; Wie der Mond stirbt, 1976), und Ernesto Cardenal (geb. 1925), Novize von Th. Merton, später ausgetreten, heute Kulturminister von Nicaragua, einer der wichtigsten Lyriker Lateinamerikas (u. a. Zerschneide den Stacheldraht. Südamerikanische Psalmen, 1967). – Die → Missionskongreg. von → Mariannhill entstand 1909 durch Abtrennung von den Trappisten.

Trappistinnen, auch ›Zisterzienserinnen von der Strengen Observanz‹, 1689 ebenfalls von Le Bouthillier de Rancé gestiftet, in ihrer Gesch. eng verwandt mit den Trappisten. Als Mutterkloster gilt das 1796 von A. de Lestrange, dem 2. Reformer der T., gegr. Kl. La Sainte-Volonté-de-Dieu (Kt. Wallis). Die einzige Trappistinnenabtei in Dtl. ist heute Maria Frieden bei Schleiden (Eifel).

P: Collectanea OCR, Westmalle 1934–64.

Q: Les réglements de l'Abbaye de Notre-Dame-de-la-Trappe, P 1960; T. MERTON, Der Berg der sieben Stufen, Z 1985.

L: HEIMBUCHER I 363–373; CH. GROLLEAU – G. CHASTEL, L'Ordre de Cîteaux. La Trappe, P 1954, 21954; J. B. CHAUTARD, Les Cisterciennes Trappistines, Sept-Fons 21922, 51955; L. J. LEKAI, Gesch. u. Wirken der Weißen Mönche. Die Cistercienser, hg. v. A. SCHNEIDER, Kö 1958; A. J. KRAILSHEIMER, Armand-Jean de Rancé. Abbot of La Trappe. His Influence in the Cloister and the World, O 1974 (vgl. dazu Cistercienser-Chronik 83 [1976] 107–120); P. DE GROX, Mönchtum als Willenssache. Das Mönchsideal des Reformators v. La Trappe, Abt A.-J. le Bouthillier de Rancé: Cistercienser-Chronik 83 (1976) 46–106; E. OTT, Thomas Merton – Grenzgänger zw. Christentum u. Buddhismus, Wü 1977; S. RICHTER, Th. Merton in letzten Äußerungen: Cistercienser-Chronik 85 (1978) 135–139; B. SCHELLENBERGER, Die Gesch. der T. in Dtl.: K. ELM – P. JOERISSEN – J. J. ROTH (Hg.), Die Zisterzienser. Ordensleben zw. Ideal u. Wirklichkeit, Kö 1980, 297–301; M. FURLONG, Alles, was ein Mensch sucht. Thomas Murton, ein exemplarisches Leben, Fr-Bas-W 1982.

Trienter Konzil, Concilium Tridentinum (1545–1563), nach kath. Zählung das 19. Ökumenische → Konzil. Das seit Jahrzehnten von verschiedenen Seiten immer dringlicher geforderte Konzil kam lange nicht zustande, weil vor allem Clemens VII. (1523–34) antiröm. und konziliaristische (→ Konziliarismus) Auswirkungen fürchtete und obendrein kirchenpolit. Erwägungen großes Gewicht beimaß. Nach drei vergebl. Einberufungen berief Paul III. (1534–49) mit der Bulle ›Laetare Jerusalem‹ (1544) eine Kirchenversammlung für den 15. 3. 1545 nach Trient und benannte drei Hauptaufgaben: Beendigung des Religionsstreits (→ Reformation), allg. Reform der Kirche und Befreiung der Christen von Unterdrückung durch Ungläubige (Muslems). Eröffnet aber wurde das T. K. erst am 13. 12. 1545 in Gegenwart von nur 31 Bischöfen, in der Mehrzahl Italiener.

Das Konzil beschloß am 22. 1. 1546, Dogma und Kirchenreform parallel zu behandeln. Während der *1. Tagungsperiode* (13. 12. 1545 – 2. 6. 1547) wurden in 10 Sessiones (Sitzungen) wichtige Definitionen und Dekrete verabschiedet, u. a. über Bibel, Erbsünde, Rechtfertigung, Taufe und Firmung. Bei der 8. Sessio am 11. 3. 1547 beschlossen die Teilnehmer, das Konzil nach Bologna zu verlegen. Nach dem Tod Pauls III. wurde der bisherige Konzilspräsident Del Monte zum Papst (Julius III.) gewählt; unter seinem Pontifikat fand die *2. Tagungsperiode* (1. 5. 1551 – 28. 4. 1552) in Bologna statt. In den Sessiones 11–16 wurden Dekrete über Eucharistie, Buße und Letzte Ölung sowie über prakt. Reformpunkte angenommen. Abordnungen von Protestanten aus Dtl. kehrten nach kurzer Zeit heim, weil sie mit ihren Forderungen (z. B. Unterwerfung des Papstes unter die Entscheidungen des Konzils, erneute Diskussion früherer Beschlüsse) nicht durchdrangen. Polit. Umstände führten am 28. 4. 1552 zur Auflösung des Konzils. Pius IV. (1559–65) verfügte schon am 29. 11. 1560 die Fortsetzung der Versammlung. Die in Naumburg versammelten prot. Fürsten (1561) entschieden, der Einladung nicht nachzukommen. Auch die dt. Bischöfe blieben fern, um den → Augsburger Religionsfrieden (1555) nicht zu gefährden. Die *3. Tagungsperiode* (18. 1. 1562 – 4. 12. 1563) umfaßte die Sessiones 17–25, in denen man sich auf Beschlüsse über die Residenzpflicht der Bischöfe, Meßopfer, Priesterweihe, Ehe, Fegfeuer, Heiligen- und Reliquienverehrung, Ablaß, Priesterseminar u. a. einigte. Zu den dem Konzil vorgelegten Denkschriften gehörte das sog. Reformlibell Ks. Ferdinands (1562).

Die Bedeutung des T. K. liegt hauptsächl. darin, daß es Antwort gab auf die prot. → Reformation und eine innere Erneuerung der Kirche in die Wege leitete. »Es gab der Theologie wie der Glaubensverkündigung klare Normen, es grenzte lehramtl. ab, aber es trennte nicht, wo nicht schon Trennung war« (JEDIN).

Pius V. veröffentlichte im Auftrag des Konzils den ›Index der verbotenen Bücher‹ (→ Bücherzensur), das sog. Tridentinische → Glaubensbekenntnis (Professio fidei Tridentina) mit Gehorsamsversprechen gegenüber dem Hl. Stuhl, den ›Röm. → Katechismus‹, 1568 das (revidierte) Röm. Brevier und 1570 das Röm. Missale (→ Liturgische Bücher). Gregor XIII. (1572–85) beauftragte die Nuntien (→ Gesandte) mit der Überwachung der Durchführung der Konzilsbeschlüsse. Die nachtridentinische Reform und dementsprechend die nachtridentinische Epoche der Kirche gingen eigentl. erst mit Pius XII. (1939–58) zu Ende.

Q: Concilium Tridentinum, (bisher) 13 Bde, Fr 1901ff.; D-S 1500–1850; MIRBT-ALAND 843–952; COD 636–775; KThQ III 105–108.

L: H. JEDIN, Gesch. des Konzils v. Trient, 4 Bde, Fr 1950–75; DERS., Kleine Konziliengesch., Fr-Bas-W 1959, [8]1978, 81–103, 180; R. BÄUMER (Hg.), Concilium Tridentinum, Darmstadt 1979.

Trinitarier (Ordo Sanctissimae Trinitatis redemptionis captivorum = OST), von dem Franzosen Johannes von Matha († 1213) gegr. Orden zum Loskauf und Austausch christl. Gefangener und Sklaven, die in Händen der Sarazenen waren. Innozenz III. approbierte 1198 die von dem Pariser Bf. Odo und dem Abt Absalon von St. Viktor ausgearbeiteten Regeln. Im folg. Jahr wurde die Ordensgründung dem Sultan von Marokko offiz. mitgeteilt. Die T. stehen auch im Dienst der Seelsorge und der Krankenpflege. Der Orden verbreitete sich über Fkr. hinaus bes. in It. und Span., später auch in Übersee. Heute wirken die T. vor allem in der → Mission (Madagaskar) und der Seelsorge für Strafgefangene.

Trinitarierinnen, 1236 gegr. weibl. Zweig der T., leben in strenger Klausur.

Der *Dritte Orden der Trinitarier,* hervorgegangen aus der → Bruderschaft der Hl. Dreifaltigkeit (Trinitas), steht Laien offen, die in der Welt leben.

Q: Acta Ordinis Sanctissimae Trinitatis, R 1919ff.

L: HEIMBUCHER I 448–455; R. KRALIK, Gesch. des T.ordens, W 1919; B. STÜTZ, Der hl. Johannes v. Matha, W 1958.

Tschechoslowakische Hussitische Kirche, 1920 in Prag gegr. Nationalkirche (→ Nationalkirchl. Bewegungen), die wegen Verweigerung der in Rom erbetenen Reformen (Demokratisierung der Kirche, Entfeudalisierung, Priesterehe, Messe in der Volkssprache u. a.) entstand. Als Gründer gilt ein Kreis von Priestern unter Führung des Religionslehrers Karl Farský und des Pfarrers Bohumil Zahradník (»Jednota« = privater Klerusverband). Die Verfassung ist presbyterianisch; die Hierarchie umfaßt Patriarch, Bischöfe und Priester. 1946 erfolgte eine Verfassungsänderung. Die T.H.K. kommt der kommunistischen Regierung des Landes weit entgegen.

→ Los-von-Rom-Bewegung.

Q: U. DASKE, Die T.H.K. in der dt. theol. Literatur u. in Selbstzeugnissen, F 1987.

L: R. URBAN, Die T.H.K., Königstein 1973.

Tübinger Schulen. [1] *Kath.:* Der 1812 in Ellwangen begonnene theol. Lehrbetrieb (›Kath. Landesuniversität‹) wurde 1817 in Tübingen als Kath.-Theol. Fakultät der Univ. fortgesetzt und entwickelte sich schnell zum Zentrum einer die schulmäßige → Scholastik vernachlässigenden theol. Richtung, die von dem Dogmatiker J. S. Drey († 1853), dem Moraltheologen J. B. Hirscher († 1865) u. dem Kirchenhistoriker J. A. Möhler († 1838) grundgelegt wurde. In der zweiten Generation vertraten der Exeget J. Kuhn († 1887), der Dogmatiker F. A. Staudenmaier († 1856) und der Kirchenhistoriker K. J. Hefele († 1893, seit 1869 Bf. von Rottenburg) ihr Programm, bis es in dem Dogmatiker P. Schanz († 1905), dem Moraltheologen F. X. Linsenmann († 1898) und dem Kirchenhistoriker F. X. Funk († 1907) einen gewissen Abschluß erreichte. Als Sprachrohr diente seit 1819 die heute noch bestehende ›Theol. Quartalschrift‹. Die kath. T. S. ging nach dem Urteil des als Gründer geltenden Drey die glückl. Mittelstraße zw. ungesundem Mystizismus vieler Romantiker und engstirnigem → Rationalismus später Aufklärer. Dabei knüpfte man in vielen Punkten an den Ingolstädter Theologen und späteren Regensburger Bf. J. M. Sailer (1751–1832) an. Unter Voraussetzung der Geschichtlichkeit der Offenbarung verwandten die Vertreter der T. S. die historisch-kritische Methode; gleichzeitig räumten sie der philos. und theol. Spekulation einen gebührenden Platz ein, wobei die enge Bindung der Offenbarung an die in der Kirche unter dem Beistand des hl. Geistes fortlebende Überlieferung (Tradition) als Grundprinzip galt. Charakteristisch für die kath. T. S. ist, daß Theologie sich nicht in reiner Theorie erschöpfte, sondern stets auf das Leben und Denken der jeweiligen Gegenwart ausgerichtet blieb. Dies führte notwendigerweise zu ungezählten Auseinandersetzungen bei aktuellen Fragen von Kirche und Welt.

[2] *Ev.:* In der Ev.-Theol. Fakultät der Univ. Tübingen folgte auf eine offenbarungsgläubige (supranaturalistische) Zeit (Storr † 1805, Brüder J. F. Flatt † 1821 und K. Ch. Flatt † 1843, J.Ch.F. Steudel † 1837) unter F. Ch. Baur († 1860) als einflußreichem Vorkämpfer eine radikal krit. orientierte Theologengeneration. Namentl. D. F. Strauß († 1874) wurde mit seinem ›Leben Jesu‹ (1835) der Wortführer einer hyperkrit. Bibelinterpretation (→ Schriftauslegung).

L: E. ZELLER, Vorträge und Abhandlungen gesch. Inhalts, Bd. I, L 1865, 267–434; F. C. BAUR, Die Univ. Tübingen in ihrer Vergangenheit u. Gegenwart, T 1877; DERS., Für u. wider die T. Schule, hg. v. K. SCHOLDER, (Ndr.) St 1975; K. BARTH, Die prot. Theologie im 19. Jh., Z 1946, [3]1960; J. R. GEISELMANN, Die kath. T. Schule. Ihre theol. Eigenart, Fr-Bas-W 1964; P. HÜNERMANN, Der Reflex des dt. Idealismus in der kath. T.S.: Philos. Jb. 73 (1965) 48–74; L. SCHEFFCZYK (Hg.), Theologie in Aufbruch u. Widerstreit. Die dt. kath. Theologie im 19. Jh., Bremen 1965; E. HÜBNER, Ev. Theologie in unserer Zeit, Bremen 1966, [3]1969; W. KASPER, Verständnis der Theologie damals u. heute: DERS., Glaube u. Gesch., Mz 1970, 9–32; ThQ 150 (1970) Heft 1; H. FRIES – G. SCHWAIGER (Hg.), Kath. Theologen Dtl. im 19. Jh., 3 Bde, Mn 1975; H. HARRIS, The Tübingen School, O 1975; R. REINHARDT, Die kath.-theol. Fakultät im ersten Jh. ihres Bestehens: DERS. (Hg.), T. Theologen u. ihre Theologie. Quellen u. Forschungen zur Gesch. der Kath.-Theol. Fakultät Tübingen, T 1977, 1–42; M. BRECHT (Hg.), Theologen u. Theologie an der Univ. Tübingen, T 1977; A. SCHILSON, Lessing u. die kath. T. Schule: ThQ 160 (1980) 256–277; A. P. KUSTERMANN, »Kath. Tübinger Schule«. Beobachtungen zur Frühzeit eines theologiegeschichtl. Begriffs: Catholica 36 (1982) 65–82.

Turiner Grabtuch, Leichentuch (4,36 m × 1,10 m) von gelbl. Farbe, das den Abdruck eines menschl. Leichnams zeigt, der mit dem Leichnam Jesu, den Joseph von Arimathaia in feines Gewebe aus Leinen (griech. sindon) eingewickelt hat (Mk 15,46), identisch sein soll. Der Abdruck des sog. Antlitzes Jesu ist rostbraun und hebt sich ab; Blutflecke zeigen sich in schwärzl. Farbe. Das T. G. kam 1578 auf Umwegen nach Turin, wo es in der Kathedrale verwahrt und zeitweise zur Verehrung ausgestellt wird. 1898 durfte es erstmals photographiert werden. Das T. war über 500 Jahre im Besitz des Hauses Savoyen, bis es Exkönig Umberto II. 1982 testamentarisch Papst Johannes Paul II. vermachte. Schon der frz. Kirchenhistoriker Ulysse Chevalier († 1923) brachte schwerwiegende Argumente gegen die Echtheit als Leichentuch Jesu vor. Neuere Forscher kommen aber auch zu positiven Ergebnissen. Nach einer glaubwürdigen Version wurde das T. G. wahrscheinl. 1355 im Auftrag des Herrn von Savoie und Lirey, Geoffroy I. von Charny, hergestellt. Der damalige Bf. von Troyes, Heinrich von Poitiers, ermittelte sogar den Künstler, der das Bild Christi auf das Tuch gemalt hatte und verbot daraufhin die Schaustellung. Doch die Verehrung des Grabtuches dauerte an, bes. im späteren → MA. Zu dieser Zeit wurden mehrere Grabtücher des Heilands angefertigt, die späteren Generationen als echte Reliquien erschienen. Eine mögl. Erklärung für die Blutspuren auf dem T. G. ist, daß irgendeiner in der Nachfolge Christi das Leiden des Herrn Jesus, insbes. die Geißelung, die Dornenkrönung und die Wundmale, körperl. nachvollzog und danach in das G. eingewickelt wurde. Solche Fälle ereigneten sich noch im 19. Jahrhundert.

L: U. CHEVALIER, Etude critique sur l'origine du St-Suaire, P 1900; A. L. MAYER, Das G. v. Turin als typisches Beispiel spätma. Schaudevotion: Archiv f. Liturgiewiss. 4 (1956) 348–364; R. K. WILCOX, Das Turnier G. Ein Beweis für die Auferstehung Jesu, D-W 1978; W. BULST, Das G. v. Turin. Zugang zum hist. Jesus? Der neue Stand der Forschung, Karlsruhe 1978; J. WALSH, Das G. Christi, Bergisch Gladbach 1980; I. WILSON, Eine Spur von Jesus. Herkunft u. Echtheit des T. G., Fr-Bas-W 1980; O. SCHEUERMANN, Das Tuch. Neueste Forschungsergebnisse zum T. G., R [2]1983; M. ZEHETBAUER, Jesus? Die Ergebnisse der Grabtuchforschung, Planegg 1986; W. BULST –H. PFEIFFER, Das T. G. und das Christusbild, 3 Bde, F 1987–1991; W. BULST, Betrug am Turiner Grabtuch. Der manipulierte Carbontest, F 1990; K. HERBST, Kriminalfall Golgatha, D 1992; L. PICKNETT – C. PRINCE, Die Jesus-Fälschung. L. da Vinci u. das T. G., Bergisch-Gladbach 1995.

Ubiquitätslehre, Lehre von der »Allgegenwart« (ubiquitas) Gottes (Leo I.: »Deus totus ubique«), die auch christologisch verstanden wurde (so Augustin: »Christus totus ubique«). Vertreter des ma. Nominalismus wie Johannes von Paris (alias J. Quidort, † 1306) oder Wilhelm von Ockham (→Ockhamismus) wandten sie zuerst auf die Realpräsenz Christi in der verwandelten Hostie an. Dieses Problem einer sakramentalen Christologie war nicht nur durch die gesteigerte Häufigkeit der Meßfeiern gestellt, es ergab sich auch aus der nominalistischen Konsubstantiationslehre (Brot und Leib Christi bestehen in der Hostie nebeneinander und zusammen: Gegensatz zur thomistischen Transsubstantiationslehre). Da Luther († 1546) in seiner Abendmahlslehre an der Konsubstantiation festhielt (→ Abendmahlsstreitigkeiten, → Reformation), übernahm er auch die Ubiquitätslehre. Von den → Ref. Kirchen wurde sie abgelehnt: Christi Leib verbleibe im Himmel nach der Himmelfahrt, sei daher nie im eucharistischen Brot gegenwärtig (»Extra Calvinisticum« luth. Polemik). Oberdeutsche wie Johannes Brenz († 1570) und Jakob Andreae († 1590) hingegen, der Verfasser der Konkordienformel (→ Konkordienbuch), traten für die U. ein (Abendmahlsbekenntnis von 1559) und wurden darob als »Ubiquisten« persifliert.

Q: T. Birch (Hg.), W. v. Ockham, Tractatus de sacramento altaris, Burlington 1930.
L: P. Browe, Die häufige Kommunion im MA, Mr 1938; H. Grass, Die Abendmahlslehre bei Luther u. Calvin, Gü 1940, [2]1954; E. Iserloh, Gnade u. Eucharistie in der philos. Theologie des W. v. Ockham, Wie 1956; A. Peters, Realpräsenz. Luthers Zeugnis v. Christi Gegenwart im Abendmahl, B 1960; R. Damerau, Die Abendmahlslehre des Nominalismus, Gie 1963; J. Wohlmuth, Realpräsenz u. Transsubstantiation im Konzil v. Trient, Rb 1972.

Ultramontanismus (lat. ultra montes = jenseits der Berge, d. h. Rom) bez. ganz allg. den nachtridentinischen zentralistisch-integralistischen Katholizismus. Seit der Mitte des 18. Jh. von innerkirchl. Gegnern für die Vertreter des Universalepiskopats und der Infallibilität des Papstes (1. → Vatik. Konzil) gebraucht, wurde »ultramontan« gleichbedeutend mit kurialistisch und aufklärungsfeindl. (→ Aufklärung). Im 19. Jh. erlebte der Begriff U. einen teilweisen Bedeutungswandel, indem jetzt in erster Linie polit. engagierte Katholiken, denen ein »undeutsches« Verhalten vorgeworfen wurde, als Ultramontane galten. Folglich rangierte auch das ›Deutsche Zentrum‹ (→ Zentrumspartei) in den Augen seiner Gegner als »ultramontane Partei« (→ christl.-soz. Bewegungen, →Parteien). Daneben lebte im innerkirchl. Bereich die alte umfassende Bedeutung weiter.

Grundpfeiler dieses U. sind Konservatismus (Festhalten an Normen, Traditionen, Institutionen) und Zentralismus (Straffung des Kirchenapparats, Ausbau der Jurisdiktionsgewalt wie der geistl. Macht des Papstes und beherrschende Stellung der → Röm. Kurie). In Verbindung damit standen eine ausgeprägte Kirchen- und Andachtsfrömmigkeit – gelegentl. auch eine übertriebene Papstverehrung – sowie häufig Intoleranz gegenüber Andersdenkenden. Stationen auf dem Weg waren die Vorrangstellung der schol. Philosophie und Metaphysik sowie die Lehre vom Universalepiskopat und von der Unfehlbarkeit des Papstes. Die → Frz. Revolution, das Ende der alten Kirchenverfassung und eine fortschreitende → Säkularisierung ließen gerade Fkr. und Dtl. zu Geburtsstätten des U. im 19. Jh. werden. In der Auseinandersetzung mit dem → Staatskirchentum suchten nationale Kirchen engeren Anschluß an die röm. Zentralgewalt. Darüber hinaus förderten → Romantik und → Restauration auch im kirchl. Bereich Autorität und Tradition (→ Traditionalismus). Zum U. »von oben« kam die meist von Laien getragene ultramontane Bewegung, die manche widersprüchl. Züge aufweist und, soweit sie mit dem → polit. Katholizismus parallel lief, neben den vorherrschenden konservativen Zielen auch zur Wegbereiterin eines polit. liberalen und → sozialen Katholizismus wurde. Breite Wirkung erreichten Werke wie ›Génie du Christianisme‹ (1802) von Chateaubriand und ›Du Pape‹ (1819) von de Maistre. Zu den führenden Gestalten in Fkr. zählten Abbé Combalot, die Bischöfe Gousset und Parisis, der Lamennais-Schüler Gerbet, der Kirchenhistoriker Rohrbacher und nicht zuletzt der → Benediktiner Gueranger, dessen Kl. Solesmes sich als Festung des U. erwies. Als Zentren wirkten Wien (Hofbauer, Schlegel, Jarcke), das Rheinland (Binterim), München (Görres, Phillips, Windischmann) und bes. Mainz (Liebermann, Heinrich). Für die Verbreitung der »röm. Ideen« sorgten in Fkr. die Zeitschriften ›L'Univers‹ und ›Correspondance de Rome‹, in Dtl. der Mainzer ›Katholik‹ und die Münchener ›Historisch-politischen Blätter‹. Als Multiplikatoren im Volk dienten → Volksmissionen von → Jesuiten und → Redemptoristen. Auf die Dauer wurde der U. im 19. Jh. zu einer eng-konfessionalistischen, kurialistischen Gegenreform, die die Freiheit von Lehre und Forschung (→ Lehrverpflichtung) in Theologie und Philosophie unterdrückte – als Reaktion traten sog. Liberale wie der Münchener Kirchenhistoriker J. I. von Döllinger (1799–1890) auf den Plan –, einer mitunter krankhaften Andachtsfrömmigkeit das Wort sprach und die Katholiken immer mehr ins geistige Ghetto führte; dies alles umso leichter, als Päpste wie Gregor XVI. und Pius IX. den U. in Rom tatkräftig förderten. Papst und Kurie verstärkten die Entwicklung mit Hilfe von Nuntien (→ Gesandte), z.B. Viale-Prelà in München und Fornari in Paris, sowie der jesuitisch-röm. und neuschol. Theologie. Denunziationen und Indizierungen (→ Bücherzensur) erfolgten in großer Zahl. Seinen Hauptsieg errang der U. beim 1. Vatik. Konzil mit dem Dogma von der Unfehlbarkeit des päpstl. Lehramtes – auch Neo-U. genannt –, das noch unter Pius X. (→ Modernismus) und Pius XII. in Theologie und Leben der Kirche wirksam blieb. Erst das 2. → Vatik. Konzil versuchte eine Wendung zu einem kollegialen Kirchenverständnis, ohne dieses aber voll zu erreichen.

Q: KThQ IV/1 67.

L: J. LEUTE, Der U. in Theorie und Praxis, B 1911; H. RAAB, Zur Gesch. u. Bedeutung des Schlagwortes »ultramontan« im 18. u. frühen 19. Jh.: HJ 81 (1962) 159–173; K. BUCHHEIM, U. u. Demokratie. Der Weg der dt. Katholiken im 19. Jh., Mn 1963; C. WEBER, Aufklärung u. Orthodoxie am Mittelrhein 1820–1850, Pa 1973;

O. Weiss, Der U.: Zs. für bayr. Landesgesch. 41 (1978) 821–877; R. F. Costigan, Rohrbacher and the Ecclesiology of Ultramontanism, R 1980.

Una-Sancta-Bewegung. Noch im Jh. der → Reformation fehlte es nicht an Versuchen, die Wiedervereinigung der getrennten Christen (gemäß Joh 17,21) auf der Grundlage des Glaubens an die Gottessohnschaft Jesu Christi zu erreichen; ebenso in den folg. Jahrhunderten. Mit neuer Dringlichkeit wurde dieses Anliegen im 19. Jh. von Vertretern des → Reformkatholizismus, die man wegen ihrer Kontakte zu nichtkath. Christen schnell als nicht mehr rechtgläubig einstufte, und in unserem Jh. innerhalb des → Protestantismus von der → Hochkirchl. Bewegung (→ Anglikanismus) aufgegriffen. In manchen Zeiten und an manchen Orten lief die U. parallel mit der → Ökumenischen Bewegung.

Eine neue Phase in den gegenseitigen Beziehungen begann mit den auf Initiative von Lord Halifax und auf Einladung von Kard. D. Mercier in Mecheln geführten Gespräche zw. Anglikanern und Katholiken 1921, 1923, 1925 und 1926. Der → Benediktiner Lambert Beauduin († 1960) von Mont César in Löwen rief 1925 in Amay-sur-Meuse ein Unionskloster ins Leben, das 1939 nach Chevetogne (Namur) verlegt wurde (einflußreiche Zs. ›Irénikon‹). Der → Dominikaner Charles Dumont gründete in Paris das Studienzentrum ›Istina‹ (gleichnamige Zs.) für die → Ostkirchen; sein Ordensbruder Yves Congar (geb. 1904) startete mit der Buchreihe ›Unam Sanctam‹ (seit 1937) den theol. Dialog zw. den Großkirchen und formulierte die »Prinzipien eines kath. Ökumenismus«.

Die Pfarrer H. Hansen und H. Mosel gründeten 1918 die ›Hochkirchl. Vereinigung‹, die als Reaktion auf den liberalen Protestantismus (→ Liberale Theologie) und im Interesse der »einen Kirche« (Una Sancta) eine eigene Katholizität anzielte (z.B. dt. Messe mit Abendmahl, Stundengebet, Privatbeichte, kirchl. Amt nach altkirchl. Überlieferung). Spätere Vorsitzende waren Pfarrer Drobnitzky und der Theologe Friedrich Heiler († 1967). Enge Kontakte bahnten sich an zum → Berneuchener Kreis. Im Laufe der Jahre entstanden Una-Sancta-Kreise (zuerst 1938 in Gauting bei München). Der Priester M. J. Metzger (1944 v. den Nationalsozialisten hingerichtet) bereitete mit der ›Bruderschaft Una Sancta‹ den Boden für konkrete Schritte auf dem Weg zur Wiedervereinigung; er fand in Pfarrer Matthias Laros († 1965) einen treuen Sachwalter seiner Anliegen. Als weitere Wegbereiter der Una-Sancta sind vor allem zu nennen A. Rademacher († 1939); M. Pribilla († 1956), R. Grosche († 1967), K. Adam († 1966). Die erste große Una-Sancta-Tagung fand 1947 im Kloster Niederaltaich statt.

Die offiz. kath. Kirche hielt sich lange Zeit zurück. Pius XI. approbierte zwar 1924 die von dem → Benediktiner A. von Galen gegr. ›Catholica Unio‹ (Generalsekretariat: Fribourg), die bes. durch Gebet die Wiedervereinigung der christl. Ostkirchen mit der Röm.-Kath. Kirche zu erreichen suchte; in der Enz. ›Mortalium animos‹ (1928) hingegen distanzierte er sich von den immer weitere Kreise erfassenden ökumenischen Bestrebungen. Das Hl. Offizium, heute Glaubenskongregation (→ Röm. Kurie), beanspruchte im Monitum ›Cum compertum‹ (1948) für alle mit der christl. Einheit verbundenen Themen die alleinige Zuständigkeit, bis es mit der Instruktion ›Ecclesia catholica‹ (1949) die Verantwortung den Bischöfen übertrug. 1946 entstand unter der Aufsicht von Ebf. Jaeger (Paderborn) und Bf. Stählin (Oldenburg) der ›Ev. und kath. ökumenische Arbeitskreis‹, der 1947 von Hl. Offizium anerkannt wurde, 1957 in Paderborn das Johann-Adam-Möhler-Institut für Konfessionskunde; weitere ökumenische Institute wurden an Universitäten (kath.: Münster, München, Tübingen; ev.: Heidelberg, München, Bochum) errichtet. Die Benediktinerabtei Niederalteich ließ sich unter Abt E. Heufelder ökumenische Probleme bes. angelegen sein (›Una Sancta. Rundbriefe‹). – Eine neue Phase setzte mit dem Pontifikat Johannes' XXIII. (1958–63) ein. Er gründete 1960 das (röm.) Sekretariat zur Förderung der Einheit der Christen (→ Röm. Kurie) und berief an dessen Spitze den dt. Kurienkardinal A. Bea SJ († 1968). Diese Behörde beeinflußte auch Vorbereitung und Durchführung des 2. → Vatik. Konzils (1962–65) und hielt enge Verbindung mit den zahlreichen Delegierten von Kirchen und kirchl. Gemeinschaften. Die Konzilserklärung über die Religionsfreiheit und das Konzilsdekret über den Ökumenismus bedeuten Meilensteine auf dem Weg zur Wiedervereinigung der Christen und christl. Kirchen. In feierl. Zeremonien »tilgten« Paul VI. und Patriarch Athenagoras am 7. 12. 1965 die gegenseitigen Exkommunikationssentenzen (→ Exkommunikation) des Jahres 1054 »aus dem Gedächtnis der Kirche« (→ Morgenländisches Kirchenschisma). Offiz. theol. Kommissionen und Arbeitsgemeinschaften mit Mitgliedern aus verschiedenen Kirchen und Konfessionen sind heute eine Selbstverständlichkeit. Das größte Hindernis auf dem Weg zur Wiedervereinigung bedeutet die Institution des → Papsttums.

Die alljährl. Weltgebetswoche (18.–25. Januar; in manchen Gegenden die Woche vor Pfingsten) um die Einheit im Glauben geht auf den amer. Anglikaner P. J. F. Wattson zurück. 1908 führten einige anglikanische und röm.-kath. Gemeinden in den USA eine gemeinsame Gebetswoche durch.

Auch die Communauté von → Taizé zählt die Einheit aller Christen zu ihren Hauptanliegen.

P: Irénikon, 1926ff.; Una Sancta. Rundbriefe, 1946ff.; Catholica, 1946ff.; Materialdienst des Konfessionskundl. Instituts Bensheim, 1950ff.; Istina, 1954ff.

Q: T. SARTORY (Hg.), Die kath. Kirche u. die getrennten Christen. Papst- u. Bischofsworte 1939–56, D 1957; P. MISNER (Hg.), Friedrich von Hügel, Nathan Söderblom, Friedrich Heiler. Briefwechsel 1909–1931, Pa 1981.

L: F. HEILER, Ev. Katholizität, Mn 1926; R. AUBERT, Le Saint-Siège et l'Union des Églises, Bru 1947; F. HEILER, Utopie oder Wirklichkeit der Una-Sancta-Arbeit?: Ökumenische Einheit, Heft 1 (1948); M. LAROS, Schöpferischer Friede der Konfessionen. Die U., ihr Ziel u. ihre Arbeit, Recklinghausen 1950; A. VOLKMANN (Hg.), Vierzig Jahre Hochkirchl. Bewegung in Dtl. u. in Nachbarländern, Mn-Bas 1958; G. REIDICK, Zur U., Meitingen 1958; B. BARLOW, The Conversations at Malines: Louvain Studies 4 (1972) 51–72; F. W. KANTZENBACH, Einigungsbestrebungen im Wandel der KG, Gü 1979; P. LENGSFELD (Hg.), Ökumenische Theologie, Mr 1980.

Uniformitätsakte (1559), Beschluß des engl. Parlaments unter Elisabeth I. (1558–1603), die unter der »kath.« Maria Tudor (1553–1558) außerkraftgesetzte »prot.« Liturgie Eduards VI. (1547–53) wiedereinzuführen, wobei charakteristische Modifikationen vorgenommen wurden. Das ›Book of Common Prayer‹ hatte in seiner Erstgestalt (1549) den Opfercharakter der Messe durch Verlagerung der Wandlung in die Rubrik der »Anamnese« bzw. in die ihr folg. »Epiklese« (Gebete der »Wiedererinnerung« an die Macht des Verrates bzw. um Herabkunft des Geistes auf die »Gaben« nach griech. Vorbild) eliminiert, um dann in der Zweitgestalt (1552) auch die Epiklese fortfallen zu lassen. Die U. hingegen ersetzte das spiritualistische Konzept einer Realpräsenz des Christus im »Gedächtnis« der Gemeinde (1549) durch die Formulierung einer sakramentalen Realpräsenz, ohne allerdings eine Transsubstantiation (→ Abendmahlsstreitigkeiten) zu postulieren. Ein konservativer Zug der U. war ferner, daß abermals Bilder, Kreuze, Priestergewänder und Kirchenmusik zugelassen wurden. So stellt die U., die Karl II. (1660–85) aus dem kath. Hause der Stuarts 1662 erneuerte, einen Meilenstein für die Kirche von England auf ihrem Wege zum → Anglikanismus dar.

L: J. E. Neale, The Elizabethan Acts of Supremacy and Uniformity: English Historical Review 65 (1950) 303–332; C. W. Dugmore, The Mass and the English Reformers, Lo 1958; C. S. Meyer, Elizabeth I. and the Religious Settlement 1559, St. Louis 1960.

Unio Apostolica, in Paris gegr. Priesterverein, seit 1921 Erzbruderschaft der Weltpriester des heiligsten Herzens Jesu. Heute besteht fast in jeder Diöz. eine U. A., deren Mitglieder sich durch beständige Treue in den geistl. Übungen unter Leitung eines geistl. Direktors um ein vorbildl. priesterl. Leben und Wirken bemühen. Wahlspruch: »Omnia sacratissimo Cordi Jesu per Mariam Immaculatam«. Pflichten: Tägl. Führung des Rechenschaftsberichtes, monatl. Verantwortung vor dem Beichtvater und alljährl. Zuwendung einer hl. Messe für die verstorbenen Mitglieder. Privilegien: erhöhte Weihevollmachten für Andachtsgegenstände, Rosenkränze und Kruzifixe.

L: W. Sierp, Unio Apostolica, Warendorf 1938, Mr ^{2}1949.

Unionen im Protestantismus. Seit seinem Bestehen (17. Jh.) war Brandenburg-Preußen (→ Landeskirchentum) auf konfessionelle Einung seiner luth. und ref. Untertanen bedacht. Doch erst durch die Freiheitskriege kam gegen den Widerstand der → Altlutheraner die → Altpreuß. Union zustande (1816ff.). Rechtsgrundlage war der Summepiskopat des preuß. Kg., der mit seinen Agendenreformen (→ Agendenstreit) das »ius liturgicum« in Anspruch nahm, wogegen F. W. Schleiermacher sich 1824 in der Schrift ›Über das liturgische Recht ev. Landesfürsten‹ wandte. Daß aber auch andere Motive mitschwangen, ist unverkennbar, so ein durch den → Pietismus gefördertes Bewußtsein überkonfessioneller Zusammengehörigkeit, ferner die Abwertung jeder Konfessionalität durch die → Aufklärung. Das beweisen die gleichzeitigen Unionen im Herzogtum Nassau (1817), in der Rheinpfalz (1818), im Großherzogtum Hessen (1817–22), in Baden (1821), Kurhessen/Waldeck (1821) und in Dessau (1827). Wohl sollte der Unionsgedanke durch Vereine und Werke der → Inneren Mission im kirchenfreien ev. Christentum und nicht zuletzt durch die mit der Industrialisierung eintretende Verschiebung der Konfessionsverhältnisse neue Nahrung finden. Doch die Reaktion eines engagierten Neuluthertums (→ Luthertum) ebenso wie die Begünstigung der »Konföderation« durch die Kirchenleitungen als Alternativen des Ausgleiches ließen diese Impulse nicht zur Entfaltung kommen. Noch im → Kirchenkampf machten sich innerhalb der → Bekennenden Kirche fortbestehende Spannungen zw. den luth. Landeskirchen und den Kirchen der Altpreuß. Union bemerkbar, so daß von einer »innerevangelischen Unionsproblematik« noch heute gesprochen werden kann, trotz der »Leuenberger Konkordie« (→ Abendmahlsstreitigkeiten). Von solchen gesch. Belastungen freie Unionen kamen auf dem Missionsfeld zw. den jungen Kirchen leichter zustande. Erwähnt seien ›The United Church of South India‹ (1901), ›The Church of Christ in China‹ (1927), ferner ›The Church of Christ in Japan‹ (1940) und ›The United Church of Christ in the Philippines‹ (1948).

Q: G. RUHBACH (Hg.), Kirchenunionen im 19. Jh., Gü [2]1968.

L: J. WEBSTER GRANT (Hg.), Die unierten Kirchen, St 1973; H. W. KRUMWIEDE, Gesch. des Christentums, Bd. III, St 1977, 120–127; HEYER 665–683; K. WAPPLER, Der theol. Ort der preuß. Unionsurkunde v. 27. 9. 1817, B 1978; F. W. KANTZENBACH, Einigungsbestrebungen im Wandel der KG, Gü 1979; G. BESIER, Preuß. Kirchenpolitik in der Bismarckära. Die Diskussion in Staat u. Ev. Kirche um eine Neuordnung der kirchl. Verhältnisse Preußens zw. 1866 u. 1872, B 1980.

Unionen in der Röm.-Kath. Kirche. Bestrebungen Roms, die Kircheneinheit mit → Ostkirchen wiederherzustellen, datieren schon seit dem → Morgenländischen Kirchenschisma. Auch wenn die großen Unionen mit der byz. Kirche auf dem 2. Konzil von → Lyon (1274) und dem → Florenzer Konzil (1439) bald zerbrachen, kam es doch immer wieder zu Vereinigungen mit einzelnen Ostkirchen (→ Kath. Ostkirchen). Bes. bedeutend ist die 1595/96 in Brest-Litowsk zustandegekommene Union der Weißrussen und Ukrainer mit Rom. Die letzte größere Union schloß die malankarische Kirche in Indien (→ Thomas-Christen) 1930 mit Rom. Alle mit Rom unierten Ostkirchen umfassen ungefähr 10 Mill. Gläubige.

Zu Unionen mit reformatorischen Kirchen (→ Reformation) kam es bis heute nicht. Hier handelte es sich immer um Einzelkonversionen. Im Gegensatz zu ihnen vertritt der 1953 wegen Bejahung des Papsttums aus der württembergischen Landeskirche ausgeschlossene Pfarrer Richard Baumann (geb. 1899) den Grundsatz, daß er »mit allen«, d. h. wenigstens mit der ganzen Landeskirche, zur → Röm.-Kath. Kirche kommen müsse.

L: W. DE VRIES, Der christl. Osten in Gesch. u. Gegenwart, Wü 1951; DERS., Rom u. die Patriarchate des Ostens, Fr 1963; F. HEILER, Die Ostkirchen (Neubearbeitung von: Urkirche u. Ostkirchen), Mn-Bas 1971; P. EISENKOPF, Leibniz u. die Einigung der Christenheit, Pa 1976; R. BAUMANN, Stuttgart–Rom. Zur Versöhnung in der Christenheit, Rottweil 1975; DERS., Mein 80. Jahr, Rottweil 1980.

Unitarier negieren als → Antitrinitarier die Dreipersönlichkeit Gottes und meist auch die Gottheit Jesu. Einzelne Leugner der Trinität gab es von Anfang an, ihre Zahl wuchs aber zur Zeit des → Humanismus und der → Reformation. Bekannte Persönlichkeiten sind u. a. Michael Servet (Werke: De trinitatis erroribus, 1531; Restitutio Christianisimi, 1553), der wegen seines Irrglaubens 1553 in Genf verbrannt wurde, und die Brüder Lelio und Fausto Sozzini (→ Evangelismus, → Sozinianer). Eigene Sekten der U. bildeten sich vor allem in den Reihen des → Protestantismus. E. Davidis scharte 1568 in Siebenbürgen die ersten antitrinitarischen Gemeinden um sich – im selben Jahr gestand ihnen Kg. Johannes II. Zapolya volle → Religionsfreiheit zu –, die sich aber erst ab 1638 U. nannten. Nach der Vertreibung aus Polen, wo die U. unter Fausto Sozzini von Raków aus eine rege Wirksamkeit entfalteten, flüchteten sie nach Holland. Dank der in Engl. herrschenden deistischen Philosophie und rationalistischen Theologie konnten sie bald in Engl. Fuß fassen (u. a. Biddle, Whiston), kamen aber nicht in den Genuß der → Toleranzakte von 1689. Unter den ehemals anglik. Geistlichen Lindey und Priestley gewannen die U. an Zahl und Einfluß. Ende des 18. Jh. entstanden in den USA mehrere unitarische Gemeinden. Die Harvard Divinity School in Cambridge/Mass. wurde 1819 ihr geistiges Zentrum. 1825 entstand die ›American Unitarian Association‹ (Sitz: Boston); sie ging 1961 mit der ›Universalist Church of America‹ in die ›Unitarian Universalist Association‹ auf. Der 1900 gegr. ›Internationale Rat der U. und anderer liberaler rel. Denker‹ trägt heute den Namen ›Weltbund für freies Christentum‹. Die U. vertreten ein ethisch-humanistisches Christentum. Sie bedienen sich häufig christl. Etiketten (Taufe, Abendmahl, Konfirmation). Für die Ablehnung der Lehre von der Dreipersonalität Gottes verweisen sie auf die Bibel, die sie allein nach der Vernunft auslegen. Die Unitarische Kirche in Rumänien ist die einzige mit einem Bischof. – Pfarrer Clemens Taesler gründete 1927 den ›Dt. U.-Bund‹ (Sitz: Frankfurt a. M.) und fungierte als Vorsitzender.

L: O. SCHAUMANN, Der Unitarismus als rel. Gemeinschaft, Ladenburg 1956; W. WRIGHT (Hg.), A Stream of Light, Boston 1975; HEYER 728–735; W. DEPPERT (Hg.), Der Einfluß der U. auf die europ.-amerik. Geistesgesch., H 1990.

Unitoren, auch Fratres Unitores, Kongreg. armenischer → Dominikaner, die unter Kg. Hethum II. († 1307) als Missionare nach Armenien (→ Armenische Kirchen) gerufen wurden, und armenischer Priester; 1330 auf der Grundlage der in manchen Teilen geänderten Dominikanerregel gegr. und 1331 von Johannes XXII. bestätigt. 1356 kamen die U. unter die Jurisdiktion des Ordens der Dominikaner; unter manchen Aspekten (bes. hinsichtl. des Ritus) sind sie das armenische Spiegelbild der Dominikaner. Die Kongreg. ging im 19. Jh. unter.

Universitäten des MA waren freie Korporationen (einzige Ausnahme: die staatl. Univ. Neapel, 1224 von Friedrich II. gegr.; Studienzwang für Untertanen), sei es im kirchl.-monastischen oder im städt.-profanen Raum.

Als »universitas magistrorum et scholarium« organisierte man ein → Generalstudium, d. h. die wiss. Ausbildung nach verbindl. Studienplan. Kaiserl. und kirchl. Privilegien bzw. Stiftungen beeinträchtigten die genossenschaftl. Struktur nicht. Auch bei den kaiserl., päpstl. und städt. U. des 13. und 14. Jh. erhielt sie sich; vgl. die Gründung der Univ. Leipzig (1409) durch Professoren und Studenten, die von den → Hussiten aus Prag – Ks. Karl IV. hatte hier 1348 die älteste dt. Univ. gegr. – vertrieben worden waren. Im 15. und 16. Jh. ergriffen steigend Landesfürsten als Gründer die Initiative (z. B. 1505 Wittenberg/Sachsen durch Kurfürst Friedrich d. Weisen), was zugleich den Verlust der Zusammensetzung »inter nationes« (Nation als studentische Gruppeneinheit) bedeutete. Im Zeitalter der → Reformation und → Gegenreformation war eine Konfessionalisierung der U. unvermeidl. (1527 prot. Gründung der Univ. Marburg; 1527 ff.: Ausbau der stadtröm. → Kollegien und des Collegium Romanum zur sog. Gregoriana unter Gregor XIII.). Viele dieser landesherrl. konfessionellen U. wie Dillingen (1554), Helmstedt (1567), Altdorf bei Nürnberg (1580), Rinteln an der Weser (1621), Duisburg (1655) blieben Eintagsfliegen, andere wie Königsberg (1544), Jena (1558), Würzburg (1582), Graz (1586), Gießen (1607), Kiel (1665), Innsbruck (1672), Halle (1694) und Breslau (1702) waren jedoch von Dauer. Im 18. Jh. der → Aufklärung konnte die von Kurf. Georg August v. Hannover (1683–1760) gegr. Univ. Göttingen Eigenart entfalten und so in Dtl. kurzfristig führend werden. Die hier zuerst praktizierte Freiheit von Forschung und Lehre wurde später als Leitnorm durch Wilhelm von Humboldt († 1835), Gründer der Univ. Berlin (1809), für das 19. und 20. Jh. verbindlich gemacht, wobei er allerdings auf die dt. Freiheitsbewegung, die Aktivitäten der sog. Burschenschaften und den Idealismus zurückgriff. Das besagte aber auch, daß die Neugründungen des 19. Jh. wie Breslau (1811), Bonn (1818), München (1826) in erneuerter Gestalt das Korporationsrecht für sich beanspruchten.

War bis dahin die Existenz theol. Fakultäten als Beitrag zur »universitas litterarum« unbestritten, so verzichteten im 20. Jh. städt. Gründungen wie Frankfurt/M. (1914), Hamburg und Köln (beide 1919) zum ersten Mal auf sie und signalisierten damit den Wandel des Wissenschaftsbegriffs im 19. Jh. Nach der Trennung von → Kirche und Staat (1919) ließen sich theol. Fakultäten nur durch → Konkordate bzw. → Kirchenverträge an den U. halten. Das rettete sie auch durch das sog. Dritte Reich hindurch. Im Pluralismus von U. und sonstigen Hochschulen, der durch den Kulturföderalismus der westdt. Bundesländer zudem gefördert wurde (seit 1948), erwies es sich, daß die Theologie nicht mehr als eine unentbehrl. Disziplin des »orbis litterarum« empfunden wird. Ihre Zugehörigkeit zu den U. ist eine offene Frage, die vielleicht eine befriedigendere Beantwortung erhalten würde, wenn nicht nur sie selber, sondern auch die U. unabhängig von Staat und Kirche als freie »Körperschaften« ihre Stimme erheben könnten.

Q: E. Anrich (Hg.), Die Idee der dt. U., Da 1956 (Auszüge aus Schelling, Fichte, Schleiermacher, Humboldt); H. Rüthing (Hg.), Die ma. U., Gö 1973.
L: H. S. Denifle, Die U. des MA, Bd. I (bis 1400; einziger Bd.), B 1885; H. Rashdall – F. M. Powicke – A. B. Emden, The Universities of the Europe in the Middle Ages, Lo 1936, (Ndr.) 1964; R. Jaspers, Vom lebendigen Geist der U., Hei 1946; J. Barion, Universitas u. U., Bo 1954; L. Raiser, DIe U. im Staat, Hei 1958; M. Baltus, Die phil.-theol. Hochschulen in der BRD, B-NY 1965; A. B. Cobban, The medieval Universities, Lo 1975; F. Cardini – M. T. Fumagalli Beonio-Brocchieri (Hg.), U. im MA. Die europ. Stätten des Wissens, Mn 1991; R. A. Müller, G. der Univ. Von der ma. Universitas zur dt. Hochschule, Mn 1990; T. Pester, Gesch. der U.en u. Hochschulen im dt.-sprachigen Raum von den Anfängen bis 1945, Jena 1990; R. Rexroth, Dt. Universitätsstiftungen von Prag bis Köln, Kö-W 1992; W. Rüegg, G. der Universität in Europa, Bd. I, Mn 1993; A. Patschovsky – H. Rabe, Die U. in Alteuropa, Konstanz 1994. – TRE X 788–795; XXVI 572–576.

Urchristentum. Wie schon die Urgemeinde von Jerusalem (→ Apostelkonzil), so durchziehen große Spannungen auch die Gesch. des U. Sie resultieren einmal aus einer theol. Entwicklung bis hin zu einem häretischen Christentum ohne Jesus von Nazareth (→ Gnostizismus), zum anderen aus dem Verlust hist. Kontinuität mit den Anfängen, indem das palästinensische U. durch Ks. Hadrian 138 aus Jerusalem und Palästina vertrieben wird. Hier für die 1. Phase der Kirchengeschichte die Endmarke zu setzen, empfiehlt auch der Quellenbefund, das NT, dessen jüngste Schrift (2 Petr) in die Mitte des 2. Jh. zu datieren ist. Solche Grenzziehung macht allerdings die Erweiterung der Quellenbasis für das U. durch Heranziehung der sog. → Apost. Väter, ferner der apokryphen Evangelien und Apostelschriften notwendig, um den vielfachen Strömungen und Ausdrucksformen der Anfangsperiode gerecht werden zu können. Alle Quellen des »Apost. und nachapost. Zeitalters« (heute nur noch selten für U. gebraucht), einschließl. des lukanischen Geschichtswerkes und der Gemeindeordnungen (Pastoralbriefe; Didache), sind theol. Natur. Man kann sie daher auch als frühchristl. → Theologiegesch. alias als eine Gesch. ntl. Theologien zusammenfassen. Deren Entwicklung verläuft von den stürmischen Anfängen einer hochgespannten Apokalyptik (U. als eschatologische Gemeinde der Endzeit) über die → »Hellenisierung« des Christuskerygma bis hin einerseits zu dessen Verfremdung durch die → Gnosis, andererseits zu dessen Verfestigung im sog. Frühkatholizismus. Letzterer suchte für die urchristl. Erlösungslehre nach Garanten der Überlieferung (→ Apost. Sukzession; Verbalinspiration → Schriftauslegung; ntl. Kanonbildung) und nach dogmatischen Normen ihrer → Orthodoxie (Bekenntnis- oder Taufcredo). Eine theol. Vorentscheidung wird allerdings verlangt, wenn man den theol. Gehalt der urchristl. Quellen als »Theologie des NT« zusammenfaßt, wie R. Bultmann († 1976), der Paulus einerseits und Johannes andererseits zu Schwerpunkten der Darstellung macht, oder W. G. Kümmel, der Jesus, Paulus und Johannes als »Hauptzeugen« benennt und darin vielleicht mehrheitl. das Urteil ntl. Forschung von heute repräsentiert. Allerdings konfrontiert solche Einbeziehung Jesu von Nazareth in die Gesch. des U. mit einer prinzipiellen Problematik bei der Darstellung des Urchristentums. Sie wird unterschiedl. gelöst. H. Conzelmann entscheidet wie Bultmann: »Leben und Lehre Jesu sind die Voraussetzung der → KG. Ihre Darstellung gehört nicht *in* diese, sondern *vor* sie«. Die Gegenposition wird für eine Einbeziehung plädieren müssen. Sie mit soziologischen Kategorien zu untermauern (Theissen: U. als palästinensische »Jesusbewegung«), übersieht die prinzipielle Diskontinuität des urchristl. Osterglaubens. Solcher Einwurf ist auch gegenüber E. Schillebeeckx zu erheben, nach dem die von den Jüngern im irdischen Wirken Jesu gewonnene Gotteserfahrung sich durch dessen Auferstehung bestätigt gesehen habe. Letztl. ist es aber dem ntl. Quellenbefund und dessen christologischem Pluralismus zuzuschreiben, wenn für prot. wie kath. Forschung in ihren eigenen Reihen das Urdatum des U. stets kontrovers bleiben wird.

Q: Nestle-Aland (Hg.), Novum Testamentum graece, St [26]1979; E. Hennecke – W. Schneemelcher, Ntl. Apokryphen in dt. Übers., 2 Bde, T 1959–64, [4]1968–71; K. Wengst (Hg.), Schriften des U., 2 Bde, Mn 1982–84; E. Weidinger, Die Apokryphen. Verborgene Bücher der Bibel, Aschaffenburg 1988.
L: R. Bultmann, Das U. im Rahmen der antiken Religionen, Z 1949, [3]1963; H. Conzelmann, Gesch. des U., Gö 1969, [4]1978; K. H. Schelkle, Theologie des NT, 5 Bde, D 1968–76; W. G. Kümmel, Die Theologie des NT nach seinen Hauptzeugen, Gö 1969, [3]1976; R. Schnackenburg – J. Ernst – J. Wanke (Hg.), Die Kirche des Anfangs, Fr-Bas-W 1978; A. Grillmeier, Jesus der Christus im Glauben der Kirche, 2 Bde, Fr-Bas-W 1979–81; K. Müller (Hg.), Zur Gesch. des U., Fr-Bas-W 1979; G. Theissen, Studien zur Soziologie des U., T 1979; W. Schneemelcher, Das U., St 1981; H. C. Kee, Das frühe Christentum in soziologischer Sicht, Gö 1982; J. Blank, Vom U. zur Kirche, Mn 1982; A. Hamman, Die ersten Christen, St 1985; L. Schenke, Die Urgemeinde, St 1980; H. D. Betz, Hellenismus u. U., T 1990; W. Rebell, Ntl. Apokryphen u. apostol. Väter, Mn 1992; J. Becker, Das U. als gegliederte Epoche, St 1993; W. A. Meeks, U. u. Stadtkultur. Die soziale Welt der paulinischen Gemeinden, Gü 1993; K. Berger, Theologiegeschichte des U., St [2]1995; H.-J. Klauck, Die rel. Umwelt des U., 2 Bde, St 1995–96.

Ursulinen (Ordo Sanctae Ursulae = OSU), 1535 von Angela Merici (1474–1540, kan. 1807) in Brescia gegr. Genossenschaft der hl. Ursula, die eigentl. nur Laien (nach Art eines Dritten Ordens → Terziaren) umfassen sollte, die in ihren Familien leben und sich vor allem der Mädchenerziehung widmen. Paul III. bestätigte 1544 die Neugründung als → ›Bruderschaft von der hl. Ursula‹. Zahlreiche Gemeinschaften der hl. Ursula mit unterschiedl. Regeln entstanden bes. in Oberitalien, später auch in anderen Ländern. Bf. Karl Borromeo von Mailand (→ Borromäerinnen, → Kath. Reform) gründete 1566 die ›Ges. der hl. Ursula‹ und erreichte, daß die U. gemeinsam leben und Gelübde ablegen. – Während die U. in Fkr. als Folge der → Frz. Revolution von 1789 aufgehoben wurden, setzte im Dtl. des 19. Jh. eine Blüte ein. 1907 bildete sich der Verband selbständiger dt. Ursulinenklöster. Leo XIII. hatte 1900 den Zusammenschluß aller U. in der ›Röm. Union‹ gutgeheißen.

In Fkr. gründete die Ursuline Françoise de Bremond-Avignon 1596 die

›Schwestern der christl. Lehre‹, die Paul V. 1614 zu einem Orden nach der → Augustinusregel erklärte.

Q: Weisungen der hl. Mutter Angela an die Ges. der hl. Ursula, Werl (o. J.); S. A. Merici, La regola de la compagnia di Santa Orsola, R 1975.

L: Heimbucher I 628–639; A. Wienand II 286–308; S. M. D. Hunt, Der Orden der hl. Ursula, Ms. Brentwood 1961; K. Seibel-Royer, Die hl. Angela Merici. Gründerin des ersten weibl. Säkularinstituts, Graz-W-Kö 1966; T. Ledochowska, A. Merici et la compagnie des Ste Ursule à la lumière des documents, 2 Bde, R 1967; M.-P. Desaing, Die U., Fribourg 1968; A. Conrad, Mit Klugheit, Mut u. Zuversicht. Angela Merici u. die U., Mz 1994.

Utrechter Union. 1889 begründeten die alt-kath. Bischöfe von Holland, Dtl. und der Schweiz in Utrecht die ›Internationale Alt-Kath. Bischofskonferenz‹, die sog. U. U. Als Ehrenprimas fungiert jeweils der Ebf. von Utrecht. Die einzelnen Mitgliedskirchen sind in rechtl. wie in lehrmäßiger Hinsicht selbständig. Nach der ›Utrechter Erklärung‹ (1889) gilt als Grundsatz: »Wir halten darum fest an dem Glauben der → alten Kirche, wie er in den ökumenischen Symbolen und in den allg. anerkannten dogmatischen Entscheidungen der ökumenischen → Synoden der ungeteilten Kirche des 1. Jahrtausends ausgesprochen ist«. Die U. U. umfaßt 8 autonome Nationalkirchen: Altkath. Kirche der Niederlande, Kath. Kirche der Alt-Katholiken in Dtl., Christkath. Kirche der Schweiz, Östr. Altkath. Kirche, Alt-Kath. Kirche in der Tschechoslowakei, Polnisch-Kath. Kirche in Polen, Polnisch-National-Kath. Kirche in den USA und in Kanada, Kroatische National-Kath. Kirche in Jugoslawien. Neben den → Bischofskonferenzen kommt den Internationalen Altkatholikenkongressen (erstmals 1890 in Köln) eine bes. Bedeutung zu.

→ Alt-Kath. Kirche, → Kirche von Utrecht.

L: V. Conzemius, Katholizismus ohne Rom. Die altkath. Kirchengemeinschaft, Z-Ei-Kö 1969; Algermissen 584–587; Heyer 554–574.

Valentinianer, Anhänger und Schüler des Gnostikers Valentinus († nach 160; → Gnosis), der ca. 135 in Rom zahlreiche Hörer um sich scharte, die er auch nach seinem Fortgang durch Briefe, Psalmen und Homilien an sich zu fesseln verstand. Ob zu letzteren auch das 1945 in Chenoboskion (Mittelägypten) gefundene ›Evangelium der Wahrheit‹ (→ Gnosis) gehört, ist umstritten. Besonders einflußreich wurde Valentinus aber durch die literarisch sich betätigenden und im Westen lebenden V.: Ptolemaeus (ca. 180), dessen ›Brief an Flora‹ ein klass. Dokument gnostischer Werbeliteratur (unter Verheimlichung der spekulativen »Mysterien«) darstellt, und dessen Zeitgenosse Herakleon, der den ersten Kommentar zu Joh. verfaßte (durch die Widerlegung des Origenes [→ Alexandrinische Schule] z. T. rekonstruierbar). Eben wegen dieses starken Einflusses unter gebildeten Christen des 2. Jh. fanden die V. mehrere kath. Gegendarstellungen; nicht weniger als fünf sind erhalten, die allerdings das System verschieden vorstellen, was die Rekonstruktion seiner urspr. Gestalt nicht gerade erleichtert.

L: W. FOERSTER, Die Gnosis, Bd. I, Z-Mn 1969, ²1979, 162–314; vgl. M. GUARDUCCI, Valentiniani a Roma: Mitteilungen des Dt. Archäologischen Instituts, Röm. Abteilung 80 (1973) 169–189; R. TREMBLAY, La manifestation et la vision de Dieu selon saint Irénée de Lyon, Mr 1978.

Vallombrosaner (Congregatio Vallis umbrosae Ordinis s. Benedicti = CVUOSB), um 1039 von dem Florentiner Mönch Johannes Gualberto († 1073, kan. 1193) in Vallombrosa (bei Florenz) gegr. Kongreg. nach der → Benediktregel und eigenen Statuten. Aus Protest gegen die damals weit verbreiteten Übel der Simonie und der Priesterehe (→ Gregorianische Reform) hervorgegangen, führten die V. ein gemeinsames Leben in strenger Kontemplation. Bald entstanden Tochterklöster. Der Gründer trennte zw. Mönchen und Laienbrüdern und unterwarf alle Mitglieder der Gerichtsbarkeit des Generalsuperiors. Viktor II. approbierte 1055 die neue Kongregation. Im 15. und 17. Jh. entschloß man sich zu leichten Reformen.

Der auf die Vallombrosaner-Nonne Bertha (Bardi) zurückgehende weibl. Zweig, die *Vallombrosanerinnen* (seit 1150), übte unter der Äbtissin Humilitas († 1310) auf das neugegr. Kl. S. Maria (bei Faenza) eine starke Anziehungskraft aus.

L: HEIMBUCHER I 320–325; D. MEADE, The constitutional development of the monastic congregation of Vallombrosa 1035–1484, R 1960; S. BOESCH GAJANO, Storia e tradizione Vallombrosiane: Bollettino dell'Istituto Storico Italiano per il Medio Evo e Archivio Muratoriano 76 (1964) 99–215.

Vatikan. Die Vatikanstadt umfaßt ein im Westen der it. Hauptstadt Rom gelegenes, durch die → Lateranverträge von 1929 geschaffenes Staatsgebiet (Stato della Città del Vaticano) von 44 Hektar, dem der Papst als souveräner Herrscher vorsteht. Der um die Peterskirche gelegene Komplex von Palästen und Gärten wird von der Leoninischen Mauer (nach Papst Leo IV. 847–855) umschlossen. Exterritoriale Gebiete sind u. a. der

Lateranpalast und die Lateranbasilika (→ Lateran), die Basiliken Santa Maria Maggiore und S. Paolo fuori le Mura, die Paläste der Kongreg. für die Glaubensverbreitung (nahe der Piazza di Spagna) und der Kongreg. für die Glaubenslehre (früher Hl. Offizium, → Röm. Kurie) in Rom sowie der Papstpalast und die Villa Barberini in Castel Gandolfo. Die Verwaltung des V. liegt in Händen eines Gouverneurs. Das Wappen zeigt die päpstl. Insignien (Mitra und Schlüssel) in einem roten Schild. Die Flagge ist gelb-weiß (mit den päpstl. Abzeichen im weißen Feld). Im V. gilt die it. Währung; zw. beiden Staaten besteht eine Währungsunion. Als Polizei fungiert die → Schweizer Garde. Der V. hat eine eigene Post (mit eigenen Briefmarken), eine eigene Druckerei, eine Radiostation und Sternwarte. Berühmt sind die Vatik. Museen sowie die Vatik. Bibliothek und das Vatik. Geheimarchiv (alle öff. zugängl.).

Wie der Hl. Stuhl, ein vom Vatikan-Territorium unabhängiges Völkerrechtssubjekt, Legaten und Nuntien (→ Gesandte) in vielen Ländern unterhält, so sind heute umgekehrt bei ihm Diplomaten aus 92 Ländern akkreditiert. Zur Regierung der → Röm.-Kath. Kirche über den ganzen Erdkreis bedient sich der Papst in erster Linie der Kongregationen, Ämter und Sekretariate (→ Röm. Kurie).

L: Annuario Pontificio, R 1912ff.; R. Faber, Der V. Gesch. u. Gegenwart, Mn 1968; P. Poupard, Der V. heute. Geleitwort v. A. Dell'Acqua, Pa 1969; F. Leist, Der Gefangene des V. Strukturen päpstl. Herrschaft, Mn 1971; Hieronymus, V. intern, St 1973; L. Zeppegno – F. Bellegrandi, Guida ai misteri e piaceri del Vaticano, Mi (o. J.); J. Mercier, Vingt siècles d'histoire du Vatican, P-Limoges 1976; Redig de Campos, Die Kunstschätze des V., Fr-Bas-W [4]1977; F. Mayer, V., Z 1979; T. Natalini u. a., Das Geheimarchiv des V., St-Z 1992.

Vatikanische Konzilien. Weil das erstmals im → Vatikan (genauer: in der Peterskirche) abgehaltene Ökumenische → Konzil 1869/70 zwar fristlos vertagt, aber nie fortgesetzt und auch nicht offiz. beendet worden ist, gilt es als das Erste und das jüngst stattgefundene Konzil der Jahre 1962–65 als das Zweite Vatikanische Konzil.

1. Vatikanisches Konzil. Der Eröffnung am 8. 12. 1869 war ein ›Pariser Korrespondenz‹ überschriebener Artikel der Jesuiten-Zs. ›Civiltà Cattolica‹ vorausgegangen, in dem zum Ausdruck kam, daß man in Fkr. die Dogmatisierung der päpstl. Unfehlbarkeit erwarte. Um solchen Tendenzen entgegenzuwirken, verschickte der bayr. Ministerpräsident von Hohenlohe an einige Staaten eine Depesche. Zur selben Zeit schrieb der Münchener Kirchenhistoriker Ignaz von Döllinger (1799–1890) unter dem Pseudonym Janus in der Augsburger ›Allg. Zeitung‹ fünf Artikel ›Der Papst und das Konzil‹ (kurz danach als Buch erschienen). Die dt. Bischöfe suchten mit einem Hirtenbrief die Aufregung in der Öffentlichkeit zu dämpfen.

Das Konzil zählte ungefähr 700 stimmberechtigte Mitglieder. In der Sessio III (24. 4. 1870) wurde die gegen den → Rationalismus gerichtete Konst. ›Dei Filius‹ über den kath. Glauben angenommen. Sie enthält in vier Kapiteln Aussagen über das Dasein und die Erkenntnis eines persönl. Gottes (1), die Notwendigkeit der göttl. Offenbarung (2), das Wesen des Glaubens (3) und das Verhältnis von Glauben und Wissen (4). Dazwischen beschäftigten sich die Konzilsväter mit Fragen der kirchl. Disziplin und der Seelsorge, über die aber wegen der vorzeitigen Vertagung des Konzils keine Beschlüsse verabschiedet wurden.

Das Schicksal des Konzils war von Anfang an mit dem Problem der Unfehlbarkeit (Infallibilität) des Papstes belastet, dessen Definition von den einen ersehnt und von den anderen befürchtet wurde. Verhängnisvoll erwies sich, daß die zu Beginn gewählte Deputation für Glaubensfragen nur mit Befürwortern der Unfehlbarkeitslehre (Infallibilisten) besetzt war. Die gegen eine Dogmatisierung eingestellten Bischöfe waren hauptsächl. in Dtl., Östr., Ungarn, Fkr. und Nordamerika zuhause. In Dtl. tat sich Döllinger mit seinen ›Röm. Briefen vom Konzil‹ (unter dem Pseudonym Quirinus ebenfalls zuerst in der ›Allg. Zeitung‹ publiziert) als Führer der Opposition hervor. Am 6. 3. 1870 wurde aufgrund einer Weisung Pius' IX., dem an einer definitiven Aussage über die Unfehlbarkeit sehr gelegen war, und auf eine Petition von ungefähr 450 Konzilsvätern hin Kap. 11 des Entwurfs über die Kirche ein Anhang über die Unfehlbarkeit des Papstes angefügt. Die Glaubensdeputation arbeitete anhand von Verbesserungsvorschlägen die Kap. 11 und 12 über den Primat des Papstes in vier neue Kapitel um, die allein als Gegenstand der am 13. Mai beginnenden Beratungen dienten. Ein Hauptdissens bestand hinsichtl. des Verhältnisses zw. der päpstl. Gewalt und der Kompetenz des Gesamtepiskopats. Bei der Abstimmung über die päpstl. Unfehlbarkeit am 11. 7. stimmten 451 Väter mit Ja (placet), 88 mit Nein (non placet), 62 mit einem bedingten Ja (placet iuxta modum). Die endgültige Aussage, über die am 18. 7. abgestimmt wurde, lautet: »Daß der röm. Papst, wenn er vom Lehrstuhl aus (»ex cathedra«) spricht, d. h. wenn er seines Amtes als Hirt und Lehrer aller Christen waltet und kraft seiner höchsten Apost. Amtsgewalt endgültig entscheidet, eine Lehre über Glauben oder Sitten sei von der ganzen Kirche festzuhalten, er auf Grund des göttl. Beistandes, der ihm im hl. Petrus verheißen ist, sich jener Unfehlbarkeit erfreut, mit welcher der göttl. Erlöser seine Kirche bei der endgültigen Bestimmung über eine Lehre in Sachen des Glaubens oder der Sitten ausgerüstet haben wollte; und daß deshalb solche endgültigen Entscheidungen des röm. Papstes durch sich selber, nicht aber durch die Zustimmung der Kirche (»ex sese, non autem ex consensu ecclesiae«) unabänderlich sind.« Jetzt stimmten 533 Väter mit Ja und nur 2 Väter mit Nein. Die geringe Zahl der Neinstimmen erklärt sich daraus, daß die Opposition (ungefähr 70 Bischöfe) mit Billigung des Papstes der Abstimmung ferngeblieben und großteils schon abgereist war. In derselben Sitzung beschloß man, die Versammlung »sine die« zu vertagen; am folg. Tag brach der dt.-frz. Krieg aus. Zwei Monate später besetzten piemontesische Truppen die Stadt Rom. Pius IX. fühlte und erklärte sich als »Gefangener des Vatikan«. Der → Kirchenstaat war damit endgültig untergegangen.

Nach dem Konzil verweigerte schließl. auch nicht ein Bf. die geforderte Unterwerfung, wenngleich mancher Gewissenskonflikt durchzustehen war. In der Folgezeit drehte sich die Auseinandersetzung bes. um die Interpretation des Infallibilitätsdogmas: Während die röm.-kuriale Seite eine nahezu uneingeschränkte Position des Papstes verteidigte, forderten andere Bischöfe und vor allem Theologen, daß der Papst bei unfehlbaren Entscheidungen stets an den Glaubenssinn der Gesamtkirche (consensus ecclesiae) gebunden bleibe und vor einer Definition prüfen müsse, ob die betreffende Lehre in der Bibel oder apost. Tradition verankert sei. Auch das 2. Vatikanische Konzil brachte hierüber keine letzte Klarheit. Als die Vorwürfe, das Konzil sei weder frei noch ökumenisch gewesen, nicht verstummten, häuften sich die Exkommunikations- und Absetzungssentenzen gegen führende Theologen (Döllinger, Reinkens u.a.). Da der Protest auch in Kreisen des Kirchenvolkes Resonanz fand, entstanden in Dtl. und in der Schweiz »alt-kath. Kirchengemeinschaften« (→ Alt-Kath. Kirche).

Q: Mirbt 605–607; COD 777–792; KThQ IV/1 98; D-S 3050–3075; N-R 381–382, 388.

L: J. Friedrich, Gesch. des V. K., 3 Bde, Bonn 1877–83, Ann Arbor (Ndr.) 1985; C. Butler – H. Land, Das V. Konzil, Mn 1933, [2]1961; R. Aubert, Vaticanum I, Mz 1965; G. Schwaiger (Hg.), Hundert Jahre nach dem ersten Vatikanum, Rb 1970; Ders., Der Weg des Papsttums vom Ersten zum Zweiten Vaticanum: Catholica 32 (1978) 74–83; A. B. Hasler, Pius IX. (1846–1878), päpstl. Unfehlbarkeit u. 1. V. Konzil, St 1977; Ders., Wie der Papst unfehlbar wurde, Mn 1979, B 1981; G. Denzler, Ergebnisse der Diskussion um A. B. Haslers Veröffentlichungen zum Ersten Vatik. Konzil: Conc. 17 (1981) 680–685; K. Schatz, Vaticanum I 1869–1870, 3 Bde, Pa 1992–1993.

2. Vatikanisches Konzil: Von Johannes XXIII. am 25. 1. 1959 in der Basilika S. Paolo fuori le mura überraschend angekündigt und am 25. 12. 1961 nach Rom einberufen, wurde das 2. Vatikanische Konzil – nach offiz. kath. Zählung das 21. Ökumenische Konzil – am 11. 10. 1962 in Gegenwart des Papstes und von 2540 Konzilsvätern (von 2908 teilnahmeberechtigten) in der Peterskirche zu Rom eröffnet. Das Präsidium setzte sich aus 10 Kardinälen zusammen. Für die Leitung der Plenarversammlungen, Generalkongregationen genannt, bestellte der Papst 5 Kardinäle als Moderatoren. Nur 17 von 73 in 10 Fachkommissionen ausgearbeitete Entwürfe (Schemata) wurden dem Konzil zur Beratung vorgelegt. Über 200 Theologen fungierten als Konzilsberater (Periti). Die Zahl der Vertreter (mit Beobachterstatus) nichtkath. Kirchen oder kirchl. Gemeinschaften betrug zu Beginn 35 und am Ende 93. Als Hauptziel der Bischofversammlung bez. Johannes XXIII. in der Eröffnungsrede ein allg. »aggiornamento«, d.h. eine umfassende und zeitgemäße Erneuerung der Kirche in Lehre und Leben unter Verzicht auf Verurteilungen. Wenn auch die Hauptarbeit in den einzelnen Kommissionen zu leisten war, so kamen doch ungezählte Reformvorschläge und Reformforderungen in den insgesamt 168 Generalkongreg. zur Sprache. Daneben wurden auch nur schriftl. Interventionen an die entsprechenden Konzilsgremien gerichtet. Die Dauer des Konzils erstreckte sich über vier Perioden.

1. Konzilsperiode (11. 10. – 8. 12. 1962): Generalkongreg. 1–36. Die Mitglieder der einzelnen Kommissionen wurden entgegen dem kurialen Plan vom Konzil selbst aufgrund von Listenvorschlägen einzelner Bischofsgruppen gewählt. Das von Johannes XXIII. 1960 errichtete Sekretariat für die Einheit der Christen unter seinem Präsidenten Kard. Augustin Bea nahm den Rang einer Kommission ein. Nach dem Tod Johannes' XXIII. (3. 6. 1963) beschloß sein Nachfolger Paul VI. die Fortsetzung des Konzils.

2. Konzilsperiode (29. 9. – 4. 12. 1963): Generalkongreg. 37–79. Bei der Wiedereröffnung unterstrich Paul VI. den pastoralen Charakter der Versammlung und die Wichtigkeit der Diskussion über das Wesen der Kirche, spez. des Bischofsamtes. Das Präsidium wurde um zwei auf 12 Kardinäle erweitert; von diesen sollten vier Kardinäle (Agagianian, Döpfner, Lercaro und Suenens) die Generalkongregationen als Moderatoren leiten. Erstmals wurden 11 Laien als Zuhörer (Auditores) zugelassen, später auch einige Pfarrer und Frauen. Eine andere Neuheit war die Einrichtung eines Konzils-Presseamtes.

3. Konzilsperiode (14. 9. – 21. 11. 1964): Generalkongreg. 80–127: Heftige Debatten entstanden über die auf Anordnung des Papstes in die Konst. ›Lumen gentium‹ über die Kirche aufgenommene ›Nota explicativa praevia‹, mit der die Primatsstellung des Papstes innerhalb des Bischofskollegiums gewährleistet blieb. Außerdem kam es zu kontroversen Meinungsäußerungen über Themen wie → Religionsfreiheit und das Verhältnis Kirche und Judentum.

4. Konzilsperiode (14. 9. – 8. 12. 1965): Generalkongreg. 128–168. Paul VI. kündigte die Errichtung einer Bischofssynode an (→ Synoden). Dringende Fragen wie Geburtenregelung und → Zölibat der Priester durften auf Weisung des Papstes nicht im Plenum erörtert werden. Am 8. 12. 1965 schloß Paul VI. das Konzil, das im Laufe von 4 Perioden folg. Dokumente erarbeitet und verabschiedet hat: 4 Konstitutionen (Kirche; Liturgie; Offenbarung; Kirche und moderne Welt), 9 Dekrete (Hirtenaufgabe der Bischöfe; Ökumenismus; kath. Ostkirchen; Dienst und Leben der Priester; Ausbildung der Priester; Ordensleben; Mission; Laienapostolat; Massenmedien) und 3 Erklärungen (Religionsfreiheit; nichtchristl. Religionen; christl. Erziehung).

Vielfache Schwierigkeiten stellten sich ein bei der Verwirklichung der Konzilsbeschlüsse, zu denen Kommissionen konkrete Ausführungsbestimmungen erarbeitet hatten. Hinzu kamen theol. Auseinandersetzungen über die Interpretation bestimmter Konzilstexte. Um Alt-Ebf. Lefebvre, den Paul VI. 1976 mit der Strafe der Suspension belegte, sammelt sich seit Jahren eine wachsende Schar von Katholiken, die dem Konzil Verrat wesentl. traditionellen Glaubensgutes vorwerfen und deshalb bestimmten Konzilsbeschlüssen den Gehorsam verweigern.

Q: Acta et documenta Concilio Oecumenico Vaticano II apparando: Series I (Antepraeparatoria), 4 Bde, R 1960–61; Series II (Praeparatoria), 2 Bde, R 1964–68; Sacrosanctum Oecumenicum Concilium Vaticanum II. Constitutiones, Decreta, Declarationes, Città del Vaticano 1966 (amtl. Ausgabe); COD ^{3}1973, 817–1135; LThK Vat. Konst., Dekrete u. Erklärungen, lat. u. dt., 3 Bde, Fr-Bas-W 1966–68; K. Rahner – H. Vorgrimler, Kleines Konzilskompendium, Fr-Bas-W 1966, ^{18}1985; J. C. Hampe (Hg.), Die Autorität der Freiheit, 3 Bde, Mn 1967; Acta Synodalia Sacrosancti Concilii Oecumenici Vaticani II, Città del Vaticano 1970ff.

L: W. Seibel – L. A. Dorn – G. Denzler, Tagebuch des Konzils, 3 Bde, Nü-Eichstätt 1964–66; D. A. Seeber, Das Zweite Vaticanum, Fr-Bas-W 1966; H. J. Pottmeyer (Hg.), Die Rezeption des 2. V. K., Düsseldorf 1986; O. H. Pesch, Das Zweite V. K., Wü 1993; F.-X. Kaufmann – A. Zingerle (Hg.), Vatikanum II u. Modernisierung, Pa 1996.

Vereinigte Evangelisch-Lutherische Kirche Deutschlands (VELKD). Schon immer hatte das → Luthertum innerhalb des → Protestantismus eine Führungsrolle aufgrund der Majorität und der »Erstgeburtsrechte« beansprucht. Im Verlauf des 19. Jh. sah man sich jedoch angesichts der → Unionen im Protestantismus zu einer organisierten Vertretung der luth. Interessen genötigt. Anlaß war die polit. Einverleibung Schleswigholsteins und Hannovers durch Preußen (1866). Wohl gelang es, eine Eingliederung in die → Altpreuß. Union zu verhindern und den luth. Bekenntnisstand für beide Landeskirchen zu erhalten. Man war aber hellhörig geworden. Mit der ›Allg. Ev. Luth. Konferenz‹ (1868) und der ›Allg. Ev. Luth. Kirchenzeitung‹ wurden Institutionen geschaffen, durch die sich luth. Konfessionalität der breiten Öffentlichkeit und den Behörden verständl. machen konnte. Letzteres geschah seit 1927 durch luth. → Bischofskonferenzen. So war man auch im → Kirchenkampf auf eine gemeinsame Kirchenpolitik vorbereitet (seit 1936 als ›Rat der ev. luth. Kirche Deutschlands‹). Aus diesem Kampf heraus kam es 1948 zur Gründung der VELKD durch 9 luth. Landeskirchen, aus deren Kreis im weiteren Verlauf (Ost-West-Spannungen) Sachsen, Thüringen und Mecklenburg ausscheiden mußten. Heute bilden die Bischöfe von Hannover, Bayern, Braunschweig, Hamburg–Schleswig/Holstein–Lübeck–Eutin (= Nordelbingische Kirche) und Schaumburg-Lippe eine Bischofskonferenz, deren Vorsitz wechselt. Die Generalsynode bestellt ihrerseits die Mitglieder der Kirchenleitung; beide haben im Luth. Kirchenamt Hannover eine gemeinsame Verwaltung. 1970 gehörten zur VELKD ca. 17,2 Mill. Lutheraner, die im übrigen durch den Verlust der östl. Gebiete gegenüber den Unierten und → Reformierten Kirchen eine Minderheit geworden sind.

Q: J. Frank – E. Wilkens (Hg.), Ordnungen u. Kundgebungen der VELKD, H-B 1966.

L: P. Fleisch, Das Werden der VELKD: ZevKR 1 (1951) 51ff., 404ff.; C.-J. Roepke, Christen in der Gemeinschaft der Kirche: H.-W. Hessler, Protestanten u. ihre Kirche, Mn 1976, 151–216; V. Vatja (Hg.), Die Ev. luth. Kirche. Vergangenheit u. Gegenwart, St 1977.

Vereinswesen (kirchl.). Wenn auch kirchl. Vereine oder Vereinigungen schon vor der in Dtl. seit 1848 gegebenen rechtl. Möglichkeit zur Bildung von Vereinen gegr. wurden, so vermehrte sich ihre Zahl doch erst von der 2. Hälfte des 19. Jh. an.

[1] *Kath.:* Im kath. Bereich unterscheidet man streng zw. privaten kath. Vereinen und kirchen-offiz. Vereinen (hierzu zählen auch die Drittorden [→Terziaren] und → Bruderschaften). Von allg. Bedeutung war der 1848 in Mainz als Zusammenschluß der → Pius-Vereine gegr. ›Kath. Verein‹, nach 1890 als → ›Volksverein für das kath. Deutschland‹ wiedererrichtet (→ Katholikentage). Wichtige Einzelvereine u.a.: Missionsvereine, Arbeitervereine (→ Arbeiterbewegung), Gesellenvereine (→ Kolpingwerk), → Akademikervereine, → Jugendverbände sowie ungezählte Vereine mit bes. Zwecksetzung. Unter den kirchl. Vereinen ragt die → Kath. Aktion, die vor allem zw. den beiden Weltkriegen eine große Aktivität entfaltete, hervor. Heute ist das kath. V. derart weit verzweigt und ausgebildet, daß eine detaillierte Aufzählung hier unmögl. ist.

[2] *Ev.:* Namentl. im → Pietismus zeigte sich eine starke Tendenz zu Gemeinschaftsbildungen, nicht selten aus Opposition gegen kirchl. Institutionen. Solche Vereinigungen zur Verteidigung und Ausbreitung des Glaubens (deshalb → Bibel- und → Missionsgesellschaften) entstanden aufgrund der polit. Freiheit in Engl. schon im 17. und 18. Jh. In Dtl. erfolgte ein erster Schritt mit der ›Dt. → Christentumsgesellschaft‹ (1780 in Basel). Im 19. Jh. folgten der →›Gustav-Adolf-Verein‹ und der Luth. ›Gotteskasten‹ (→ Martin-Luther-Bund). Unter den Wohltätigkeitsvereinen ragen die von Th. Fliedner und J. H. Wichern ins Leben gerufenen diakonischen Einrichtungen (→ Innere Mission) hervor. Daneben gab es zahlreiche zweckspezifische Vereine (für → Sonntagsschulen, Kindergarten, Gefängnisfürsorge, Jugendarbeit u.a.). Betont konfessionellen oder kirchenpolit. Charakter trugen Gründungen wie der ›Reformierte Bund‹ (1884) und ›Der Ev. Bund‹ (1886) zur Unterstützung in der Diaspora lebender ev. Christen. Nach 1945 erfuhr das ev. V. einen vorher kaum gekannten Aufschwung.

L: Kirchl. Hb., Fr 1908ff.; Taschenbuch der Ev. Kirchen in Dtl., St 1955ff; K. Pönninghaus, Kirchl. Vereine zw. Rationalismus u. Erweckung, F-Bern 1982.

Vermögensverwaltung der Kirche war in vorkonstantinischer Zeit nur bedingt als Kollektenverwaltung möglich (→ Finanzwesen). Sachvermögen (Kirchenräume, Friedhöfe) konnte nur privat- oder sepulkralrechtl. erworben werden (Erwerb eines »titulus«, d.h. Hauses, daher die sog. Titelkirchen Roms bis in nachkonstantinische Zeit, oder eines Grabareals, z.B. an der Via Appia »Ad Catacumbas« durch Bf. Zephyrinus). Nach der →»Konstantinischen Wende« hingegen wurde eingezogenes Tempelgut den Kirchen zugesprochen, außerdem erhielten sie das Recht des Grunderwerbs und der Erbfähigkeit (321). Der Vermögenszuwachs war zusätzl. dadurch begünstigt, daß der kirchl. Grundbesitz von Steuern befreit war. Allerdings mußten die Bischöfe oft die Privilegien einklagen, wobei man gegen überhöhte Belastungen durch Kommunalbehörden vom Staat »Verteidiger« (defensores) anfordern konnte; dies hatten heidnische Priester früher auch getan. Der Verwaltungsgrundsatz einer Unveräußerlichkeit kirchl. Vermögens war gleichfalls heidnisch-sakralrechtl. Tradition. Sie konnte allerdings im Westen nicht verhindern, daß germanisch-westgotische Traditionen (→ Eigenkirchenwesen) die Integrität kirchl. Vermögens bedrohten. Diese Fehlentwicklung wurde zusätzl. dadurch begünstigt, daß in der altkirchl. V. grundsätzl. die Verfügungsgewalt dem Bf. zustand, auch wenn gelegentl. die Zustimmung der anderen Kleriker zu seinen Transaktionen verlangt wurde (Karthago 401, c. 5; 421: c. 9; so auch Leo I., ep. 17). Die orientalischen Kirchen hingegen kennen bereits den sog. Oikonomos, d.h. den Kirchenbeamten ohne geistl. Weihen, dafür aber mit ökonomischen Kenntnissen. Das 4. Ökumenische → Konzil von Chalkedon (451) führte solche Fachleute offiz. ein (c. 26), sah allerdings auch die Wahl aus dem Kreis der Kleriker vor; natürl. blieb der »Ökonom« weisungsgebunden. Unter ausdrückl. Bezug auf den Kanon 26 wurde er auch durch das 7. Ökumenische Konzil von Nicaea (787) für alle Bischofskirchen und Klöster obligatorisch gemacht. Vielleicht schwebte Karl d. Gr. (→ Karolingische Reform) dieses byz. Institut als Vorbild vor, wenn er in seinen ›Capitularia‹ von 789 und 794 nicht nur das → Zehntgebot (10% agrarischer Erträgnisse nach 4 Mos 18) einschärfte, sondern auch für Bistümer und Abteien und deren Rechtsstreitigkeiten sog. advocati einführte, die Nichtkleriker sein müßten; diese weltl. »Vögte« sollten dann auf die kirchl. V. starken Einfluß gewinnen. Im Wandel der Zeiten und Veränderungen der kirchl. Vermögensverhältnisse erwies sich das Bibelgebot des »Zehnten« (neben 4 Mos 18 vgl. 1 Mos 14,20; Lk 18,12) noch am beständigsten. Es überdauerte die → Reformation in Gestalt des »Kornzehnten«, der vornehml. in Landgemeinden zur Basis der Pfarrbesoldung wurde (die → »Pfründen« erhielten sich in nordischen Ländern bis in das 20. Jh.). Es überdauerte aber auch die industrielle Revolution, wobei es nicht nur bei den →Reformierten Kirchen, sondern auch bei → Freikirchen und Sekten eine starke Finanzkräftigkeit auslöste; hier lag die V. ausschließl. in Händen der Presbyterien bzw. Gemeinden.

Konsequent in ihrem bischöfl. Zentralismus blieb nur die päpstl. Vermögensverwaltung. Der Bf. von Rom blieb ihr »Haupt« auch, als im 6. und 7. Jh. das »Patrimonium Petri« (→ Kirchenstaat) entstand. So ließ Gregor d. Gr. die sizilianischen Latifundien »Sancti Petri« durch einen stadtröm. Diakon als »rector Siciliae« verwalten. Das Beispiel zeigt zugleich, daß solcher Zentralismus gerade in Krisenzeiten (Hungersnöte in Rom) auch Vorteile bot. Außerdem waren ihm, anfangend mit dem ›Liber Pontificalis‹, fortsetzend mit dem ›Liber diurnus‹ und ›Liber censuum‹, die laufenden Bestandsaufnahmen für Kirchenvermögen und Einkünfte zu danken. Die »summa potestas« des hochma. → Papsttums sollte im Verein mit der → Röm. Kurie durch päpstl. Verleihung von → Ablässen, geistl. Ämtern und Pfründen (→ Benefizialwesen) letztere zu mehren wissen. Das erwies sich in der Krise des Abendländischen → Papstschismas für das Papsttum als lebensrettend, weil solche päpstl. Hoheitsrechte in Geld konvertibel waren. Die Aufspaltung Europas in verschiedene

Papstobödienzen schaltete allerdings im Transfergeschäft auch die Bankiers ein. Diese sollten sogar unentbehrl. werden, als die Renaissancepäpste für ihre Prachtbauten vermehrte Kapitalansprüche stellten. Aus den daraus sich ergebenden Mißständen entstand u. a. der Protest der Reformation, die ihrerseits in der V. ein »weltlich Geschäft« sah.

Q: L. DUCHESNE – C. VOGEL (Hg.), Liber Pontificalis, 3 Bde, P 1886–1957; P. FABRE – L. DUCHESNE – G. MOLLAT (Hg.), Le »Liber censuum«, P 1910–52; H. FOERSTER (Hg.), Liber diurnus Romanorum pontificum, Bern 1958.

L: U. STUTZ, Die Verwaltung u. Nutzung des kirchl. Vermögens in den Gebieten des weström. Reiches, B 1894; E. PERELS, Die kirchl. Zehnten im karolingischen Reich, B 1904; vgl. U. STUTZ: ZSavRGgerm (1908) 180–224; W. PLÖCHL, Das kirchl. Zehntwesen in Niederösterreich, W 1935; G. BOVINI, La proprietà ecclesiastica e la condizione giuridica della chiesa in età preconstantiniana, Mi 1949; V. PFAFF, Der Liber censuum v. 1192: Vierteljahresschrift für Sozial- u. Wirtschaftsgesch. 44 (1957) 78–96, 105–120, 220–242, 325–351; J. FAVIER, Les finances pontificales à l'époque du grand schisme d'Occident 1378–1409, P 1966; A. ESCH, Bankiers der Kirche im großen Schisma: QF 46 (1966) 350–355, 392f.; DERS.: Vierteljahresschrift für Sozial- u. Wirtschaftsgesch. 81 (1974) 433–457; H. GAERTMAN More veterum. Il Liber pontificalis e gli edifici ecclesiastici di Roma, Groningen 1975; R. STAATS, Deposita pietatis. Die Alte Kirche u. ihr Geld: ZThK 76 (1979) 1–29; HbStKR II 91–116 (C. MEYER), 117–160 (S. MARX).

Via antiqua – via moderna waren die beiden Schlagworte, an denen sich die geistige Auseinandersetzung an den europäischen → Universitäten des 15. Jh. durch Gruppenbildung polarisierte. Dazu trug der → Ockhamismus viel bei. Hatten bisher → Thomismus und → Skotismus ihre Gegensätze dialogisch und dialektisch auf der Basis der gleichen Erkenntnismetaphysik ausgetragen, so war durch den ockhamistischen Nominalismus (→ Scholastik) der gemeinsame »Paukboden« eines fruchtbaren Lehrstreites verlassen worden. Die Schlagworte bekunden auf der einen Seite ein gesteigertes Traditionsbewußtsein, das vornehml. dem aristotelischen Thomismus zugute kam, auf der anderen jedoch eine Fortschrittsgläubigkeit, welche die neuzeitl. »Moderne« vorwegnahm.

Thomisten und Skotisten als Repräsentanten der »via antiqua« befanden sich zunächst in der Defensive. Das machen nicht nur deren Werktitel sichtbar (z. B. ›Defensio doctrinae Fratris Thomae‹ des Dominikanergenerals Hervaeus Natalis, † 1323), sondern beweisen auch ihre Bemühungen bei der → Röm. Kurie um eine Verurteilung der »Modernisten« (z. B. 1346/47 die antithomistischen Sätze des Nikolaus von Autrecourt). Im weiteren Verlauf nahm aber sichtl. das Selbstbewußtsein der »Konservativen« zu, z. B. bei dem Dominikanergeneral Thomas Cajetan de Vio († 1534), Repräsentant einer humanistisch fundierten Restauration des Thomismus. In Luther traf er 1518 zu Augsburg mit einem von der »via moderna« geprägten Theologen zusammen. An dessen Studienort Erfurt war seit 1392 schon der Ockhamismus heimisch gewesen. Die »Modernisten« hatte das Abendländische → Papstschisma aus Paris über ganz Europa, in Dtl. insbes. nach Heidelberg (1386) und Köln (1389), vertrieben; an dem Kölner → Generalstudium, von jeher Domäne der Dominikaner, konnte sich nach harten Kämpfen allerdings die »via antiquorum alti sermonis doctorum« behaupten. Überhaupt sollte es allmähl. zu einem akademisch-streitbaren Nebeneinander der beiden »Wege« kommen. In Tübingen bestanden seit 1477 sogar eigene → Bursen für sie; die Theol. Fakultät war paritätisch mit ihnen besetzt. Hier wirkte der »Modernist« Gabriel Biel († 1495), dessen »Collectorium« auch von Luther benutzt, von dem Reformator hernach aber kritisiert wurde. In der Tat läßt sich fragen, ob sich nicht bereits mit den »moderni« der Spätscholastik der Realitätsbegriff neuzeitl. Naturwissenschaftlichkeit zu Wort gemeldet hat.

Q: D-S 1028–1049; G. A. Benrath (Hg.), Wegbereiter der Reformation, Bremen 1967, 25–79; W. Werbeck – U. Hoffmann (Hg.), Gabrielis Biel Collectorium circa quattuor libros sententiarum, T 1973ff.

L: G. Ritter, Studien zur Spätscholastik, 2 Bde, Hei 1921–22; L. Grane, Contra Gabrielem. Luthers Auseinandersetzung mit Gabriel Biel in der ›Disputatio contra scholasticam theologiam‹ 1517, København 1962; H. A. Oberman, Der Herbst der ma. Theologie, Z 1965; Ders.: ARG 64 (1973) 13–33; R. Paqué, Das Pariser Nominalistenstatut. Zur Entstehung des Realitätsbegriffes der neuzeitl. Naturwissenschaft (Occam, Buridanus u. Petrus Hispanus, Nikolaus v. Autrecourt u. Gregor v. Rimini), B 1970; P. Wilpert – A. Zimmermann, Antiqui und Moderni. Traditionsbewußtsein u. Fortschrittsbewußtsein im späten MA, B 1974.

Vienne. Das Konzil von Vienne gilt als ökumenisch, weil vier Patriarchen unierter Kirchen (→ Patriarchate Konstantinopel, Jerusalem, Aquileja, Grado) daran teilnahmen. Das von Oktober 1311 bis Mai 1312 in der südfrz. Rhonestadt, nahe dem Avignoner »Exil« des Papstes Clemens V. tagende Konzil stand unter frz. Einfluß; es hatte die »Tragödie« des Ordens der → Templer abzusegnen. Wohl oder übel mußte es die Verdammung aussprechen, zumal da Kg. Philipp IV. mit einem postumen Prozeß gegen Bonifaz VIII. drohte. Dafür handelte der Papst die Zusage eines → Kreuzzuges durch den frz. Kg. ein, der allerdings die frz. Kreuzzugssteuern der nächsten fünf Jahre für sich beanspruchte. Die anderen Beschlüsse über die Kirchenreform, über die Vollkommenheitslehre der → Beginen und Begharden sowie gegen das Haupt der franziskanischen → Spiritualen, Petrus Olivi († 1298), standen mehr am Rande. V., das man das »letzte Generalkonzil« des MA genannt hat, wies nur in zwei Punkten über sich hinaus: Das Schwergewicht der Diskussion verlagerte sich in Kommissionen, die in V. zum ersten Mal gebildet wurden. Ein weiteres Novum war, daß die zahlreichen Bischofsbeschwerden über staatl. Übergriffe nach »Nationen« zusammengefaßt und verhandelt wurden.

Q: COD 309–377; D-S 891–908; Mirbt-Aland 749.

L: E. Müller, Das Konzil v. V. 1311–1312. Seine Quellen u. seine Gesch., Mr 1934; J. Koch, Das Gutachten des Aegidius Romanus über die Lehren des Petrus Johannes Olivi: Scientia sacra. Fs. für Kardinal Schulte, Kö-D 1935, 142–168; J. Lecler, V., Mz 1965.

Vinzentinerinnen. Der Pfarrer Vinzenz von Paul (→ Lazaristen) gründete 1617 am Anfang seiner caritativen Tätigkeit die ›Confrérie des Dames de la Charité‹, eine Vereinigung von Frauen, die sich armen und alleinstehenden Kranken widmeten. Aus den Dames de la Charité gingen auf Initiative des Vinzenz von Paul und der Louise de Marillac 1634 die ›Filles de la Charité de St-Vincent de Paul‹ – in Dtl. V. gen. – hervor, eine Kongreg. von Frauen, die sich durch ein Gelübde zum Dienst für die Armen verpflichten. Innozenz X. approbierte 1654 diese Frauenvereinigung, Clemens IX. bestätigte 1668 ihre Regel. Die V. oder ›Töchter der christl. Liebe‹ – mancherorts auch als → ›Barmherzige Schwestern‹ bekannt – unterstehen seit 1655 dem Generalsuperior der Lazaristen; sie wirken heute hauptsächl. in Krankenhäusern und Altenheimen.

Die ›Straßburger Kongreg. der V.‹ entstand 1734 (Mutterhaus seit 1827 in Straßburg) und wurde 1884 durch Leo XIII. anerkannt. Auch sie verehrt Vinzenz von Paul als ihren Patron und geistigen Stifter.

L: HEIMBUCHER II 461–471; J. F. SIX – H. N. LOOSE, Vinzenz v. Paul, Fr-Bas-W 1980; O. SCHNELLE, Die Armen sind unsere Herren: Der hl. Vinzenz v. Paul, Fr-Bas-W 1981; A. M. RICHARTZ, Eine ungewöhnliche Mutter. Louise von Marillac, Leutesdorf 1988; S. SARNEEL, Den Menschen zuliebe. Louise v. Marillac, Fr-Bas-W 1990.

Vinzenzkonferenzen sind Vereinigungen kath. Laien, die sich caritativ außerordentl. engagieren und Vinzenz von Paul (→ Lazaristen, → Vinzentinerinnen) als Vorbild und Patron verehren.

Der Student A. Friedrich Ozanam (1813–53) organisierte zusammen mit E. Bailly 1833 in Paris die erste V., später ›Societé de S. Vincent de Paul‹ benannt. Ihre Hauptaufgabe besteht in der Unterstützung Armer und Unterdrückter. Die Societé ist kirchl. anerkannt und hat einen Kard. als Protektor. Ähnl. Gründungen erfolgten um die Mitte des 19. Jh. in Italien, Dtl. (die erste dt. Konferenz 1845 in München), den Niederlanden und USA. Neben Werken der Caritas in Schulen und Betrieben leistet man Familienhilfe durch Hausbesuche. Priester fungieren als Geistl. Beiräte. Die ›Gemeinschaft der Vinzenzkonferenzen Deutschlands‹ (Sitz: Köln) gehört als Fachverband zum Dt. → Caritasverband, an dessen Gründung 1897 die Vinzenz-Vereine maßgebl. beteiligt gewesen sind. Heute gibt es in 112 Ländern rund 40000 Konferenzen mit 750000 Mitgliedern, davon 400 V. mit etwa 4000 Mitgliedern allein in der BRD.

Als weibl. Zweig bestehen in Dtl. die *Elisabethkonferenzen,* benannt nach der Landgräfin Elisabeth von Thüringen (1207–1231, kan. 1235), die sich bes. nach dem Tod ihres Gemahls (1227) im Dienst an Armen und Kranken erschöpfte. In Trier entstand 1840 der erste Elisabethverein als caritative Vereinigung von Frauen zur Pflege Armer und Kranker. Bald folgten solche Vereine auch in anderen Diözesen. 1951 schloß sich die ›Gemeinschaft der Elisabethkonferenzen in Deutschland‹ mit der ›Vinzentinischen Weltvereinigung der Dames de la Charité‹ zusammen (Sitz: Paris).

P: Vinzenz-Blätter, Kö 1912ff.

L: A. FOUCAULT, Histoire de la Societé de S. Vincent de Paul, P 1933; H. AUER, 100 Jahre Vinzenzverein in Dtl.: Vinzenz-Blätter 33 (1950) 40–54; Hb. der Vinzenzgemeinschaft, Fr 1961; F. MOLINARI, Le Conferenze di S. Vincenzo in Italia:

Spiritualità e Azione del laicato italiano, Padua 1969, 59–103; H. Rost, Der Zweck des Vinzenz-Vereins, Au 1949; V. Conzemius, Ozanam, Begründer der V., Fribourg-H 1983.

Visitation (lat. visitatio = Besuch). Visitationen einzelner Pfarreien durch Bischöfe oder deren Vertreter (im → MA die Archidiakone) begegnen wir in den → Ostkirchen seit dem 4. Jh. und in der → Röm.-Kath. Kirche seit dem 6. Jh.; sie dienten dazu, die Seelsorge wie das Kirchengut zu überprüfen und vor allem Mißstände zu beseitigen. Häufig in Verbindung mit der Firmung durchgeführt, rückten solche V. in nächste Nähe zum → Sendgericht – wenn sie nicht sogar mit diesem zusammenfielen –, bei dem der Bf. zusammen mit dem weltl. Herrscher über kirchl. und weltl. Angelegenheiten Gericht hielt. Im MA gehörten diese Besuche zum Aufgabenbereich des Archidiakons. Bes. im 15. Jh. häuften sich die V. der Klöster. Diese Zeit kennt auch die V. einzelner Pfarrsprengel durch weltl. Landesherren. Das → Trienter Konzil (sessio 24, c. 3) verpflichtete alle Bischöfe, die Pfarreien spätestens jedes zweite Jahr zu visitieren und dabei die rechte Lehre u. die moralischen Zustände zu kontrollieren. Die nachtridentinische V. erwies sich so als ein bedeutendes Instrument für die Reform des kirchl. Lebens. Die Visitationsakten sind höchst aufschlußreich für die kirchl.-rel. Situation der Kirche im 16. und 17. Jahrhundert. Luth. Landesherren verfolgten bei ihren V. hauptsächl. den Zweck, kath. Pfarrer zu entfernen und die finanziellen Voraussetzungen für die Pfarrseelsorge zu gewährleisten. Bei dieser Gelegenheit drangen sie auch auf die Einführung prot. → Kirchenordnungen. Nach CIC c. 343 müssen die Pfarreien eines Bt. mindestens alle 5 Jahre visitiert werden.

Eine bes. Form der V. ist die *Visitatio liminum (Apostolorum),* der Besuch der »Schwellen der Apostel«, d. h. der Gräber der Apostel Petrus und Paulus in Rom, und damit des Papstes. Seit dem MA waren die Bischöfe der röm. Kirchenprov. dazu verpflichtet, vom 11. Jh. an auch die Erzbischöfe, um das Pallium entgegenzunehmen und dem Papst einen Gehorsamseid zu schwören, seit 1234 auf Anordnung Gregors IX. hin alle Bischöfe, wobei die Häufigkeit vom Maß der Entfernung abhing (citramontani, ultramontani, ultramarini; dementsprechend seit Sixtus V. im 16. Jh. alle 3–10 Jahre). CIC c. 340 macht den Bischöfen zur Pflicht, alle 5 Jahre einen Statusbericht ihrer Diöz. dem → Apost. Stuhl vorzulegen 1975 neu geregelt). Erst in jüngster Zeit werden die Bischöfe einer Kirchenprovinz oder eines Landes gemeinsam in Rom vorstellig.

Q: E. Sehling, Die ev. Kirchenordnungen des XVI. Jh., 5 Bde, L 1902–13; Fortsetzung: T 1955 ff.; A. Franzen (Hg.), Die V.protokolle der ersten nachtridentinischen V. im Erzstift Köln unter Salentin v. Isenburg i. J. 1569, Mr 1960; F. Schrader (Hg.), Die V. der kath. Klöster im Erzbistum Magdeburg durch die ev. Landesherren 1561–1651, Mr 1969. Weitere Editionen verzeichnet bei E. W. Zeeden – H. Molitor (s. u.); Répertoire des visites pastorales de la France, P 1977 ff.

L: F. M. Cappello, De visitatione liminum, 2 Bde, R 1912–13; J. Pater, Die bischöfl. visitatio liminum ss. Apostolorum, Pa 1914; G. Inger, Das kirchl. V.recht im ma. Schweden, Lund 1961; W. Hellinger, Die Pfarr-V. nach Regino v. Prüm: ZSavRGkan 79 (1962) 1–116, 80 (1963) 76–137; E. W. Zeeden – H. Molitor

(Hg.), Die V. im Dienst der kirchl. Reform, Mr 1967, [2]1977 (Bibliographie und archival. Verzeichnis); C. R. CHENEY, Episcopal Visitation of Monasteries in the Thirteenth Century, Lei-Kö-Lo [3]1983; C. REINHARDT – H. SCHNABEL-SCHÜLLE (Hg.), Repertorium der Kirchen-Visitationsakten, Bd. 1: Hessen, St 1982; W. ZEEDEN, P. T. LANG (Hg.), Kirche und V., St 1984.

Völkerwanderung (375–568). In vorkonstantinischer Zeit war das Christentum nur indirekt von dem Alptraum der Mittelmeervölker, einer »Barbaren«-Invasion, betroffen (im Markomannenkrieg 166–180: Aufforderung zum Kriegseinsatz durch den Heiden Kelsos; in der »Krise der alten Welt« des Pestjahres 250: heidnische Opferaktionen → Christenverfolgungen). Eher profitierte es von der Bedrohung Roms durch die Westgermanen, die 260 den »limes Romanus« überrannten und so die Soldatenkaiser (235–305) vollauf beschäftigten, so daß es unter ihnen zur Großkirche aufsteigen konnte. Erst nach der → Konstantinischen Wende bekam die reichskath. Kirche die Folgen der V. unmittelbar zu spüren. Jetzt wurde sie auch von den Kirchenvätern als Anklage (so Salvian von Marseille, † ca. 480) und von den Bischöfen als Bedrohung empfunden. Die Abdrängung der ostgermanischen Stämme durch die Hunnen in den Westen (375) löste eine Folge verschiedener Invasionswellen aus, die sich auch auf die kirchl. Verhältnisse auswirkten. Die Westgoten hatten durch Wulfilas → Mission († 383) und seine gotische Bibelübersetzung den → Arianismus übernommen. Sein → Rationalismus und nicht zuletzt die Christologie kamen germanischer Religiosität entgegen, so daß auch die Vandalen und Ostgoten arianisch wurden. Kannte man bis dahin nur in Nordafrika das Phänomen konkurrierender Kirchengemeinden (→ Donatismus), so machte die V. es jetzt im spätantiken Westen allgemein. Für das dortige Christentum bot sich allerdings zugleich die Chance, sich als »röm.-kath.« zu profilieren. Wie stark dieser »röm.« Katholizismus faszinierte, beweisen die Übertritte der Franken (498: Taufe Chlodwigs in Reims) und der Westgoten unter Rekkared I. (589: 3. Reichskonzil von Toledo). Sie waren die folgenreichsten Daten der Völkerwanderung. Während im it. Ostgotenreich (493–553) und it. Langobardenreich (568–774) die Kluft zw. der arianisch-germanischen Oberschicht und der kath. Kirche noch breiter wurde, zumal da es im nordafrikanischen Vandalenreich (429–535) zu Katholikenverfolgungen gekommen war, konnte in den Reichen der Westgoten und Franken dank des Bündnisses mit der kath. Kirche die Basis der ma. Entwicklung entstehen. Sie war von Anfang an ein Spannungsfeld zw. feudal-regionalem Landeskirchentum (→ Eigenkirchenwesen) und synodal-dekretalistischem KR (→ Kanones; → Kanonistik) als Ausdruck kath. Universalität. Diese Bipolarität ermöglichte das sog. → Mittelalter, das daher als letzte Frucht der V. gewertet werden kann, weil es ohne die Spannung zw. regnum (Königtum) und sacerdotium (Priestertum) undenkbar ist.

Q: G. KUTSCHA, Der Weg ins Abendland. Zeugnisse der V., Hei 1978.

L: H. v. SCHUBERT, Gesch. der christl. Kirche im Frühma., T 1921, (Ndr.) Da 1976; K. D. SCHMIDT, Die Bekehrung der Ostgermanen zum Christentum, Bde 1–2, Gö 1939–42; J. FISCHER, Die V. im Urteil der zeitgenössischen kirchl. Schriftsteller

Galliens unter Einbeziehung des hl. Augustinus, Waibstadt (bei W) 1948; F. BEHN, Römertum u. V., St 1963; K. SCHÄFERDIEK, Die Kirche in den Reichen der Westgoten u. Suewen bis zur Errichtung der westgotischen kath. Staatskirche, B 1967; H. J. DIESNER, V., L 1976, Gü ²1980; J. BADEWIEN, Geschichtstheologie u. Sozialkritik im Werk Salvians v. Marseille, Gö 1980; G. HAENDLER, Die abendländische Kirche im Zeitalter der V., B 1980.

Volksmission, im Unterschied zur Pfarrseelsorge als außerordentl. Seelsorge eingeschätzt, hat ihre Vorläufer in den Wanderpredigern der → Alten Kirche und in den ma. → Buß- und Sittenpredigern, die meist rel. Orden wie den → Franziskanern (z. B. Bernhardin von Siena, Johannes von Capestrano) und → Dominikanern (z. B. Vinzenz Ferrer und Hieronymus Savonarola) angehörten. Im 16. Jh. entstand eine Reihe von (Kleriker-)Kongregationen und Orden (→ Oratorianer, → Theatiner, → Barnabiten, → Somasker, → Kapuziner, → Jesuiten u. a.), die vornehml. auf V. orientiert blieben. Innerhalb des Jesuitenordens verstand man »missio« zunächst als päpstl. Auftrag zur Glaubensverbreitung, dann aber galt jede Glaubensverkündigung im Auftrag der kirchl. Autorität als »missio«. Neben den Jesuiten, die das tridentinische Reformprogramm (→ Trienter Konzil) in erster Linie unter den gebildeten Schichten mit Predigt und Katechese verwirklichen halfen, zeichneten sich die Priestergemeinschaft des Vinzenz von Paul (→ Lazaristen) mit ihren V. bei der armen Landbevölkerung in Fkr. und die → Redemptoristen als eigentl. Volksmissionare in bes. Weise aus. Eine Blüte erlebte die V. in der 2. Hälfte des 19. Jahrhunderts. CIC c. 1349 macht den Pfarrern die Abhaltung einer V. spätestens alle 10 Jahre zur Pflicht. Nach dem 2. Weltkrieg bediente man sich, von den Verhältnissen dazu gezwungen, neuer Formen (Kapellenwagenmission, Zeltmission u. a.). – Die organisierte V. in einer Pfarrei oder an einem bestimmten Ort dauert in der Regel mehrere Tage (evt. auch Wochen); sie wird von mehreren Priestern durchgeführt, die ihre Hauptaufgabe in der Verkündigung des christl. Glaubens und in der Spendung des Buß- und Eucharistiesakramentes erblicken.

In den prot. Kirchen propagierte im 19. Jh. erstmals Pastor Johann Hinrich Wichern (→ christl.-soz. Bewegungen) die »Evangelisation« oder V. als eine wichtige Aufgabe der ganzen Kirche, um die wachsende Entchristlichung aufzuhalten. Den Anfang machte er 1874 mit der Berliner Stadtmission. Die 1908 von M. Hennig gegr. Wichern-Vereinigung mühte sich um eine Verchristlichung des Volkes durch Wort und Schrift. Mit HILBERTS Buch ›Kirchl. Volksmission‹ (1916) begann eine neue Phase in der »Schaffung wahrhaft lebendiger Gemeinden.« 1926 trat der ›Dt. ev. Verband für Volksmission‹ ins Leben. Die ›Ev. Wochen‹ und ›Bibelwochen‹ bedeuteten für ungezählte Christen eine geistl. Stütze inmitten des → Kirchenkampfes im Dritten Reich. Nach 1945 praktizierte man, ebenso wie die kath. Kirche, neue Formen der V.: u. a. Zeltmission, →Kirchentage, ev. → Akademien.

L: E. GATZ, Rhein. V. im 19. Jh., dargestellt am Beispiel des Ebt. Köln, D 1963; K. KRIECH, Wesentl. V. heute, W 1963; K. JOCKWIG, Die V. der Redemptoristen in

Bayern v. 1843 bis 1873: G. SCHWAIGER – J. STABER (Hg.), Beiträge zur Gesch. des Bt. Regensburg, Bd. 1, Rb 1967, 41–408; E. BEYREUTHER, Kirche in Bewegung. Gesch. der Evangelisation u. V., B 1968; B. SCHOLTEN. Die V. der Redemptoristen vor dem Kulturkampf im Raum der niederdt. Ordensprov., Bo 1976; DERS., Die V. der niederdt. Redemptoristen u. Oblaten während des Kaiserreiches (1873–1918), Bo 1978.

Volksverein für das katholische Deutschland, 1890 auf Betreiben des Zentrumspolitikers Ludwig v. Windthorst (1812–91, → Zentrumspartei) als sozial-polit. Gesamtorganisation gegründet. Mit dem Sitz in Mönchen-Gladbach knüpfte man an den dort ansässigen Verband ›Arbeiterwohl‹ (seit 1880) an. Zweck des wegen seiner demokratischen Grundsätze heftig bekämpften Vereins waren »die Bekämpfung der Irrtümer und Umsturzbestrebungen auf sozialem Gebiet und die Verteidigung der christl. Ordnung und Gesellschaft.« (Satzung, Art. 1). Der V. leistete ein umfangreiches Schulungsprogramm (Kurse), unterhielt zahlreiche Beratungsstellen (Volksbüros) und verbreitete seine Ideen in einflußreichen Schriften. Unter den führenden Persönlichkeiten sind neben Windthorst die kath. Sozialpolitiker Franz Hitze (1851–1921), der auch als Mitbegründer des V. und Promotor christl. Gewerkschaften (→ Arbeiterbewegung) gilt, August Pieper (1866–1942), lange Zeit Generalsekretär bzw. Generaldirektor des V., und Heinrich Brauns (1868–1939) zu nennen. Der V. war ein Hauptbeteiligter am sog. → Gewerkschaftsstreit. Zählte der V. zu Beginn des 1. Weltkriegs ungefähr 800000 Mitglieder, so verlor er nach dem Krieg schnell an Einfluß, erlangte aber seit seiner Aufnahme in die → Kath. Aktion (1928) wachsende Bedeutung, bis er 1933 vom Nationalsozialismus (→ Kirchenkampf) verboten wurde. Die vom V. aufgebaute soial.-wiss. Fachbibliothek gehört heute zum Erbe des ›Kath.-Sozialen Zentralinstituts‹ in Mönchen-Gladbach.

Der V. wirkte als Vorbild für andere Länder: 1904 entstand als Zusammenschluß mehrerer Vereine der ›Schweizer Katholische Volksverein‹ (Sitz: Luzern) mit einem Direktorium an der Spitze. In Östr. bildeten zahlreiche Vereine 1909 den ›Kath. Volksbund‹.

L. E. RITTER, Die kath. soziale Bewegung Dtl. im 19. Jh. u. der V., Kö 1954; J. MEIER, Der Schweizer kath. Verein in seinem Werden u. Wirken, Lz 1954; W. SPAEL, Das kath. Dtl. im 20. Jh., Wü 1964; O. V. NELL-BREUNING, Der V. für das kath. Dtl.: StZ 190 (1972) 35–50; G. SCHOELEN, Bibliographisch-hist Hb. des V. f. d. k. D., Mz 1982; H. HEITZER, Der sozialen Gerichtigkeit verpflichtet. Der V. f. d. k. D. 1890–1933, Kö 1990; G. KLEIN, Der V. f. d. k. D., 1890–1933, Pa 1996.

Vorreformatoren für das 14. und 15. Jh. benannte bereits im 19. Jh. die ›KG in Biographien‹ von F. BÖHRINGER, um auch für die → Reformation die Kontinuität mit der »Kirche Christi und ihren Zeugen« herauszustellen. Um 1900 neigte eine, durch das 1. Vatik. Konzil motivierte, krit.-kath. Lutherforschung dazu, im → Ockhamismus eine negative Wurzel der Reformation aufgedeckt zu haben, näml. das Mißverstehen kath. Synthese durch den »Modernisten« Luther (→ via antiqua – via moderna; → Modernismus) zu betonen, um damit die Diskontinuität zu unterstreichen

(z. B. H. S. DENIFLE, Luther und das Luthertum, 2 Bde, Mz 1904–09). Neuerdings geht man wieder den Spuren der »Wegbereiter der Reformation« nach und setzt z. T. schon mit den → Waldensern ein (G. A. Benrath). Hist. Kausalität dürfte es vielleicht besser gerecht werden, wenn man für die Ableitung auch nicht die Reformbewegungen eines John Wyclif († 1384) oder Jan Hus († 1415) beansprucht, sondern sich auf Reformtheologen wie Nikolaus v. Kues († 1464) und die Niederländer Johann Pupper von Goch († 1475), Johann Ruckrath von Wesel († 1479), Wessel Gansfort († 1489) sowie auf die → Brüder vom gemeinsamen Leben beschränkt. Hier werden rel. Frömmigkeitsimpulse greifbar, die auf Verinnerlichung des Christentums drängen, darin aber auch einen latenten Protest gegen dessen »Vermarktung« (→ Ablaß; → Finanzwesen; → Vermögensverwaltung) durch die spätma. Kirche enthalten, dem zugleich Reformwille eigen ist. So gesehen, wird man unter den »V.« auch einen christl. → Humanismus vor der Zeit der Reformation berücksichtigen müssen, angefangen mit Marsilio Ficino († 1499) bis hin zu Erasmus von Rotterdam († 1536), dessen literarische Auseinandersetzung mit Luther (→Reformation) einem kath. Reformwillen entsprang. Solche humanistischen Motivationen sind auch bei Kard. Gasparo Contarini († 1542), Gesprächspartner Melanchthons auf dem Regensburger → Religionsgespräch, selber Mittelpunkt eines Reformkreises in Venedig, vorhanden. Ihm sind noch weitere it. Reformfreunde zuzurechnen, z. B. in Rom die → Oratorianer ›Von der göttl. Liebe‹ (1517–27), denen anfängl. auch der Stifter des Ordens der → Theatiner angehörte. Neuere Darstellung (H. Jedin u. a.) hat für die kath. Reformansätze vor und neben der Reformationsbewegung, die auch auf dt. Boden nachzuweisen sind, den Begriff der → Kath. Reform geprägt, um so die innerkath. Kontinuität festzuhalten, gleichzeitig aber auch davon die nicht mehr kath. denkenden »Reformer« zu unterscheiden (→ Evangelismus; → Gegenreformation). Diese Problematik und ihre Entscheidung wird von der Wertung des Reformkonzils von Trient (→ Trienter Konzil) mitbestimmt.

Q: G. A. BENRATH (Hg.), Wegbereiter der Reformation, Bremen 1967, 414–541; DERS. (Hg.), Reformtheologen des 15. Jh., Gü 1968.

L: F. BÖHRINGER, Die V. des 14. u. 15. Jh.: DERS., Die Kirche Christi u. ihre Zeugen II 4/1 f., St-Z 1856–58, ²1873–77; P. WUNDERLICH, Die Beurteilung der Vorreformation in der dt. Geschichtsschreibung seit Ranke, Erl 1930; H. JEDIN, Kath. Reformation oder Gegenreformation?, Lz 1946; H. OBERMAN, Forerunners of the Reformation, Lo 1966; G. STRAUSS (Hg.), Pre-Reformation in Germany, Lo 1972; J. MEIER, Der priesterl. Dienst nach Johannes Gropper (1503–1559). Der Beitrag eines dt. Theologen zur Erneuerung des Priesterbildes im Rahmen eines vortridentinischen Reformkonzeptes für die kirchl. Praxis, Mr 1978.

Vulgata (lat. vulgata editio = allg. verbreitete Ausgabe; Bez. seit dem 13. Jh.). Von Damasus I. beauftragt, übertrug Hieronymus († 419/20) in den Jahren 383–406 den Bibeltext aus griech. und hebräischen Vorlagen ins Lateinische. Die Übers. sollte die durch zahlreiche ältere Übers. (sog. Vetus Latina, nach Augustinus, doctrina christiana II 15,2, auch »Itala«

bez. = altlat. Bibel) entstandene Textverwirrung beseitigen. Doch beeinträchtigte Hieronymus die angestrebte Vereinheitlichung dadurch, daß er unterschiedl. vorging. Das hängt auch mit dem Ortswechsel während der Arbeiten zusammen. In Rom, wo er in einem einzigen Jahr (!) die Evangelien übersetzte, benutzte Hieronymus eine altlat. Vorlage, die er nach griech. Handschriften revidierte (ep. ad Damasum). In der Muße von Bethlehem aber übertrug er das AT fast ausschließl. aus dem Hebräischen selber. Für die Paulus- und Kath. Briefe wird in der ntl. Forschung des Hieronymus Verfasserschaft bestritten. Die spätere Überlieferungsgesch. der V. erschwert die Lösung dieser Frage. Die ›Vetus Latina‹ drang dank ihres Fortlebens in der Liturgie abermals in den Bibeltext, der dadurch verwilderte. Um 800 fertigte auf Betreiben Karls d. Gr. Alkuin (→ Karolingische Reform) eine Rezension, der im 11. Jh. (Canterbury) und 13. Jh. (Paris) weitere »Verbesserungsversuche« folgten. Das → Trienter Konzil (sess. IV im Jahr 1546) erklärte die V. für kanonisch und beschloß eine authentische Ausgabe. Die von Papst Sixtus V. 1590 veranlaßte ›Sixtina‹ enthielt aber so viele Fehler, daß Clemens VIII. ihr seine Revision folgen lassen mußte (1592), die ihrerseits als ›Clementina‹ erst in der 3. Aufl. der offiz. lat. Bibeltext werden konnte (1598). 1907 übertrug Pius X. den → Benediktinern in Rom (Abtei S. Anselmo) die Wiederherstellung der hieronymianischen V., die heute noch nicht abgeschlossen ist.

Q: Ep. Hieronymi ad Damasum: E. NESTLE, Novum Testamentum, Textum Vaticanum, St [11]1971; Biblia sacra iuxta latinam Vulgatam versionem ..., R 1926ff. (bis 1972: 14 Bde); A. COLUNGA – L. TURRADO (Hg.), Biblia sacra iuxta Vulgatam Clementinam, Ma 1946, [4]1965; R. WEBER u.a. (Hg.), Biblia s. iuxta Vulgatam versionem, 2 Bde, St 1969; COD 604f.; D-S 1506–1508.

L: F. STUMMER, Einführung in die lat. Bibel, Pa 1928; B. FISCHER, Die Alkuin-Bibel, Fr 1957; K. TH. SCHAEFER, Die altlat. Bibel, Fr 1957; G. DENZLER, Kard. G. Sirleto, Mn 1964, 117–141;G. Q. A. MEERSHOEK, La latin biblique d'après St. Jerôme, Nijmegen 1966; R. LOEWE, The Medieval History of the Latin Vulgate: The Cambridge History of the Bibel, Bd. II, C 1969, 102ff., 514ff.; K. ALAND (Hg.), Die alten Übers. des NT, B 1972; V. REICHMANN, Zur Gesch. der V.: TRE VI 178–181.

Wahlkapitulation, enthält Bedingungen, auf die ein (weltl. oder) geistl. Fürst vor der Wahl vom Wahlgremium verpflichtet wird. Solche W. waren in den Bistümern des → Hl. Röm. Reiches Dt. Nation seit dem 13., bes. aber seit dem 15. Jh. üblich. Neben den kaiserl. und bischöfl. gab es vom 14. Jh. an auch päpstl. Wahlkapitulationen. Mit diesen Versprechungen wollte man eine Willkürregierung des neuen Bischofs oder Papstes ausschließen. Andererseits spielten neben machtpolit. (finanziellen) Erwägungen zeitweise auch reformkirchl. Pläne eine wichtige Rolle. So mußten sich z.B. Paul II. (1464–71) und Julius II. (1503–13) aufgrund einer W. zur Einberufung eines Konzils und zur Reform der → Röm. Kurie im voraus verpflichten.

Die → Bischofswahl lag erst seit dem 12. Jh. in Händen des Klerus der Kathedrale. Das 2. → Laterankonzil (1139) ließ allein den Mitgliedern des Domkapitels das Recht der Wahl des Bf.; die Domkapitulare verstanden es bald, ihre Machtposition auf dem Weg der W. zu vergrößern. Das 3. → Laterankonzil (1176) beschränkte das Recht der →Papstwahl auf die Kardinäle (→ Kardinalskollegium), die dann seit 1352 (Konklave Innozenz' VI.) bis in das 18. Jh. häufig W. aufstellten. Daran vermochte auch das → Trienter Konzil nichts zu ändern. Freilich hielten sich die meisten Päpste – so schon Innozenz VI. (1352–62) – nicht an ihren Eid gebunden, um nicht in die Gefahr des → Konziliarismus zu geraten. Streitigkeiten waren oft die unausbleibliche Folge. Erst Innozenz XII. (1691–1700) untersagte mit der Konst. ›Ecclesiae catholicae‹ (1695) jede Form der W. für Bischöfe, konnte aber nicht jede vorausgehende Übereinkunft ausschließen. Pius X. verbot 1904 päpstl. Wahlkapitulationen.

Q: M. THUMSER, Der Konflikt um die W. zwischen dem Bamberger Domkapitel und Bischof Philipp von Henneberg. Quellen zum Bamberger Bistumsstreit 1481/82, Bamberg 1990.

L: G. WEIGEL, Die W. der Bamberger Bischöfe 1328–1693, Bamberg 1909; K. KLOE, Die W. der Bischöfe zu Speyer (1272–1802), Speyer 1928; G. KLEINHEYER, Die kaiserl. W., Hei 1968; R. R. HEINISCH, Die bischöfl. W. im Erzstift Salzburg, 1514–1688, W 1977; K. MAIER, Das Domkapitel v. Konstanz u. s. W.en, St 1990.

Waldenser. Der reiche Kaufmann Petrus Waldes († ca. 1205/6) von Lyon, durch eine provençalische Bibelübers. zu den ›Evangelischen Räten‹ der Bergpredigt bekehrt, verteilte seinen Reichtum unter die Armen und brach mit Gleichgesinnten zur apost. Wanderpredigt (Mt 10) in der Landessprache auf. Die zeitgenössische Buß- und → Armutsbewegung ebnete die Wege, bischöfl. und päpstl. Verbote der Laienpredigt (→ Laienbewegungen) hingegen versperrten sie. Dies wurde weder dadurch überwunden, daß man als »Arme von Lyon« (auch »Leonistae«) sich räumlich anbinden ließ, noch dadurch, daß man 1179 in Rom um die Erlaubnis zur Laienpredigt einkam. Ob Waldes damals ein ihm in Lyon 1180 vorgelegtes → Glaubensbekenntnis der Behörden unterschrieb, ist ungewiß. Jedenfalls predigte er weiterhin. Gemeinsam mit den → Katharern wurde er von Lucius III. auf der Synode von Pavia 1184 als Häretiker verurteilt. Dieses Urteil zu entkräften führten W. wie Durandus von Osca († nach 1210) öff. Glaubensdisputationen durch, die in der Tat ihre dogmatische

Rechtgläubigkeit (›liber antiheresis‹) bezeugten. Dieser Zweig der W. unterwarf sich später der Kirche (1208) und nannte sich ›Kath. Arme‹ (1210 anerkannt). Der andere Zweig hingegen fiel nach dem Tode des Waldes der Radikalisierung, in ihrer Kirchenkritik wie in manchen Anschauungen (Verweigerung von Eid und → Kriegsdienst), anheim und organisierte seine Laienkirche (eigene Gottesdienste; Sakramentsverwaltung; Geistliche, darunter auch Frauen, als Prediger). Die Verurteilung durch Innozenz III. (4. → Laterankonzil 1215, cap. 3) und die Anwendung der → Ketzergesetzgebung auf sie verdammten die W. in den »Untergrund«, trieben sie aber auch weit über Südfrankreich und Oberitalien hinaus. Entlang der Alpentäler drangen ihre Sendlinge über Passau, Regensburg nach Östr., Ungarn und vor allem nach Böhmen. Dort vermittelten die W. den → Hussiten bzw. → Taboriten neue Impulse, aus denen auch die → Böhmischen Brüder Nutzen zogen, als sie 1480 in Brandenburg verfolgte W. aufnahmen. Ähnl. sollten in der → NZ von Savoyen und Piemont Fernwirkungen ausgehen. Dort lösten Unterdrückungsmaßnahmen staatl. und kirchl. Behörden nach Aufhebung des Ediktes von Nantes (→ Hugenotten) 1685 einen bewaffneten (!) Aufstand aus (1689), dem noch schwerere Verfolgungen auf dem Fuß folgten. Erst das it. ›Risorgimento‹ (1848) beendete für die piemontesischen W. die Rechtlosigkeit, der sie sich bis dahin durch Flucht nach Dtl. oder Übersee nur bedingt hatten entziehen können. Seit 1857 intensivierte sich die Auswanderung nach Südamerika (jetzt aus wirtschaftl. Gründen), so daß heute am Rio de la Plata eine Waldenser-Kirche besteht. Daneben sind die reformiert-presbyterial organisierten W. am stärksten in It. (Sizilien) vertreten; ihre Geistlichen werden in Rom an einer eigenen Waldenser-Fakultät ausgebildet.

Q: D–S 760f., 790–797, 809; N–R 294, 498, 527, 560, 729; MIRBT-ALAND 603–606; K. V. SELGE, Die ersten W. Bd. II: Der Liber Antiheresis des Durandus v. Osca, B 1967; A. PATSCHOVSKY – K. V. SELGE (Hg.), Quellen zur Gesch. der W., Gü 1973; D. KURZE, Quellen z. Ketzergesch. Brandenburgs u. Pommerns, B-NY 1975.

L: G. SPINI, Risorgimento e Protestanti, Na 1956; K. V. SELGE, Die ersten W., 2 Bde, B 1967; W. ERK (Hg.), W. Gesch. u. Gegenwart, F 1971; J. GONNET – A. MOLNÁR, Les Vaudois au Moyen Age, T 1974; T. KIEFNER, Die W. auf ihrem Weg aus dem Val Cluson durch die Schweiz nach Dtl. 1532–1755, 2 Bde, Gö 1980–85; DERS., Die Privilegien der nach Dtl. gekommenen W., 2 Bde, St 1990; G. TOURN, Gesch. der W-.Kirche. Das einzigartige Schicksal einer Volkskirche v. 1170 bis zur Gegenwart (aus dem It. übers. v. R. BUNDSCHUH), Erl 1980, ^{2}1983; A. MOLNÁR, Die Waldenser, Gö 1980, Fr-Bas-W 1993; M. SCHNEIDER, Europäisches Waldensertum im 13. und 14. Jh. Gemeinschaftsform – Frömmigkeit / Sozialer Hintergrund, B 1981; A. LACOSTE, Henri Arnauld u. die W. Der Kampf um die Rückkehr in die heimatlichen Täler, F-Bern 1982; B. LOVISA, It. W. u. das prot. Dtl. 1655–1989, Gö 1994.

Wallfahrt, auch Pilgerfahrt, bez. das Wallen oder Fahren zu hl. Stätten, um dort im Gebet Gott auf direktem Weg oder über bestimmte Heilige um dringende Hilfe zu bitten oder für empfangene Hilfe Dank zu sagen. Dabei spielen Motive der Buße (→ Bußpraxis) oder Sühne oder auch Gelübde häufig mit. Schon im 3. und 4. Jh. pilgerten Christen aus verschiedenen Ländern nach Palästina, das wegen des irdischen Lebens Jesu als das »Heilige Land« gilt. Als Araber und Seldschuken christl. Wallfahrern immer mehr Hindernisse in den Weg legten, vereinigten sich große Massen zu → Kreuzzügen, um Palästina aus der Gewalt der »Heiden« zu befreien.

Aus der → Heiligenverehrung entwickelte sich die W. zu den Gräbern oder Reliquien von Heiligen. Eine bevorzugte Stelle nahmen die Gräber der Apostel Petrus (→ Petrusgrab) und Paulus in Rom ein. Ungewöhnl. viele Menschen strömen dort in jenen Jahren zusammen, die seit Bonifaz VIII. (1294–1303) als → Heiliges Jahr gefeiert werden. Als hervorragender Wallfahrtsort galt schon im → MA das Grab des Apostels Jakobus in Santiago de Compostela.

Beliebt ist die W. zu sog. Gnadenbildern, die Anlaß bieten für Marien-Wallfahrten, oder zu Orten, an denen sich Marienerscheinungen (→ Marienverehrung) ereignet haben, z.B. Lourdes, Fatima, Tschenstochau, Altötting. Vor allem im MA pilgerten Christen zu Orten mit → Bluthostien, z.B. Walldürn, Wilsnack, Heiligenblut, Bolsena. Erst im 19. Jh. begannen Wallfahrten zum Rock Christi in Trier und zum Leichentuch Jesu in Turin (→ Turiner Leichentuch).

Die Kritik am Wallfahrtswesen, von Mönchen am Ende des MA ebenso erhoben wie von Anhängern der → Reformation im 16. Jh., verwarf die W. entweder grundsätzl. oder zielte auf nicht geringe Mißstände.

Q: H. Donner, Pilgerfahrt ins Hl. Land. Die ältesten Berichte christl. Palästinapilger (4.–7. Jh.), St 1979; K. Herbers (Hg.), Dt. Jakobspilger u. ihre Berichte, T 1988.

L: B. Kötting, Peregrinatio religiosa, Mr 1950, (Ndr.) 1979; K. Kolb, Große W. in Europa, Wü 1976; H. J. Lutz, W. im Bt. Regensburg, Mn-Z 1981; C. Zrenner, Die Berichte der europ. Jerusalempilger (1475–1500), F-Bern 1981; H. Jedin, Die dt. Romfahrt von Bonifatius bis Winckelmann, Krefeld (o.J.); K. Herbers, Der Jakobsweg, T 1986, [4]1991; R. Plötz (Hg.), Europäische Wege der Santiago-Pilgerfahrt, T 1989; W. Kreuer, Tagebuch der Heilig Land-Reise des Grafen Gaudenz von Kilchberg, im Jahre 1470, Pa 1991; G. P. Woeckel, Pietas Bavarica, Weißenhorn 1994; N. Ohler, Pilgerleben im MA., Fr-Bas-W 1994; E. Aretz u.a. (Hg.), Der Heilige Rock zu Trier, Trier 1995.

Wardanischer Krieg. 451 führte der Armenierfürst Wardan einen Kampf zur Erhaltung seines Volkes und des christl. Glaubens gegen die Perser, in dem er selber unterlag und fiel, sein Volk sich aber auf die Dauer behaupten konnte. Die sich mit wechselnden Erfolgen bis 484 hinziehenden Religionskriege sind jedenfalls der Grund, warum die → Armenische Kirche nicht die Zweinaturenlehre von Chalkedon 451 (→ Chalkedonismus, → Konzile) annahm, sondern sich als Armenisch-orth. Kirche im 6. Jh. dem → Monophysitismus anschloß. Noch heute dauert jedoch die Verehrung Wardans als Nationalheiliger (Namenstag im Festkalender) bei den Armeniern fort und manifestiert so eine bes. bei der östl. → Orthodoxie festzustellende Verbindung von konfessionellem und nationalem Pathos.

L: S. Weber, Die kath. Kirche in Armenien, Fr 1903, 430ff.; K. Sarkissian, The Council of Chalcedon and the Armenian Church, Lo 1965; Heyer 284–308.

Weiße Väter (Patres Albi = PA), von dem Ebf. von Algier und späteren Kard. Ch. M. A. Lavigerie (1825–92) 1868 in Algier gegr. und von Pius X. 1908 approbierte ›Ges. der Missionare von Afrika‹, bestehend aus Priestern und Laien, die zwar keine Gelübde, wohl aber einen Missionseid ablegen. Patronin ist die Maria Immaculata, »die Herrin und Königin Afrikas.« Zunächst nur Missionare unter den Moslems in Algerien, arbeiteten die W. V. schon bald in der Afrikamission, für die Lavigerie Prinzipien aufstellte, die vor allem den Aufbau selbständiger Ortskirchen zum Ziel hatten. In seinem ausführl. ›Mémoire secret‹ (1878) an die Adresse der Propagandakongregation in Rom (→ Röm. Kirche) unterbreitete er Pläne für eine schnelle Missionierung und plädierte für Abschaffung der → Sklaverei. Unerläßlich erschien es ihm, daß die Missionare die Landessprache beherrschten. Noch im selben Jahr vertraute Leo XIII. den W. V. die Mission in Zentralafrika an. – Bezeichnend für die Missionstätigkeit der W. V. sind eine vierjährige Vorbereitung der → Katechumenen auf die Taufe, die Heranbildung einheimischer Priester sowie → Katecheten und in neuester Zeit verstärkter Einsatz für Entwicklungshilfe. An der Spitze der Ges. der W. V. steht der General (Sitz: Rom). Das dt. Provinzialat befindet sich in Köln.

Die ebenfalls von Lavigerie, einem großen Marienverehrer, 1869 gegr. und 1909 von Pius X. anerkannten ›Missionsschwestern Unserer Lieben Frau von Afrika‹, auch *Weiße Schwestern* gen., unterstützen die W. V. bei der Arbeit in der Mission. Das Mutterhaus ist in Birmandreis bei Algier.

L: HEIMBUCHER II 623–632; J. PERRAUDIN, Lavigerie. Ses principes missionaires, Fri 1941; G. D. KITTLER, Spezialisten für Afrika, F 1961; X. DE MONTCLOS, Lavigerie, le Saint Siège et l'Église de l'avènement de Pie IX à l'avènement de Leon XIII, P 1965; F. RENAULT, Lavigerie, l'esclavage et l'Europe, 2 Bde, P 1971.

Weltgebetswoche für die Einigung der getrennten Christenheit, 18.–25. Januar, in manchen Gegenden die Woche vor Pfingsten, als Ausdruck des gemeinsamen Suchens, des Gehorsams gegen Jesus Christus und der Sehnsucht, die bestehenden Hindernisse zu überwinden, von dem amer. anglik. (→ Anglikanismus) Geistlichen Paul J. Francis Wattson († 1940), der 1909 mit einer von ihm gegr. Gemeinschaft katholisch wurde, ins Leben gerufen. Schon 1908 versammelten sich einige anglik. und röm.-kath. Gemeinden in den USA zu einer ersten Gebetswoche, die dann in den folg. Jahrzehnten in vielen christl. Kirchen praktiziert wurde. Die Päpste unterstützen diese W. seit Pius X. (1903–14).

Älter noch ist die von der → Evangelischen Allianz seit 1846 durchgeführte Gebetswoche (1. Woche im Januar). Während die ev. → Landes- und Freikirchen in Dtl. die W. in der Pfingstwoche begehen, hält der → Ökumenische Rat der Kirchen wie die Röm.-Kath. Kirche an der Woche vom 18. bis 25. Januar fest.

L: R. AUBERT, La semaine de prières pour l'unité chrétien, Lv 1950; Gebetswoche für die Einheit der Christen, St 1963.

Weltgeschichte als universale Deutung allen Geschehens war latentes Ziel aller Geschichtsschreibung, nur die Weite des Geschichtshorizontes, weil vom jeweiligen Wissensstand abhängig, variierte. Schon die älteste W., die ›Tatsachenerforschung‹ (griech. pragmatiké historía) des Polybios († 120 vor Chr.), wollte dartun, wie Rom zur Beherrscherin der Oikumene, d. h. des Mittelmeerraumes, geworden sei. Wohl setzte sie aus bestimmten Gründen erst beim 2. Punischen Krieg ein (220 vor Chr.), Anfang und Ende der W. war für sie jedoch die Gründung Roms. Diese Darstellung »ab urbe condita« beherrschte die Antike fortan (Livius, † 17 nach Chr.) bzw. die Latinität und ließ sich unter christl. Einfluß auch als W. »ab orbe condita« durchhalten. Allerdings war damit eine theol. Begründung gefordert, wie sie z. B. Augustins ›Gottesstaat‹ bot. Auf dieser Basis schrieb Orosius (→ Geschichtlichkeit) die erste christl. W. Da die Universalität ihrer weltgesch. Betrachtungen dank ihrer geschichtsmetaphysischen Prämissen nicht der »pragmatischen« Begründung durch Entdeckung neuer Welten und Ausweitung des empirischen Wissenshorizontes bedurfte, konnte dieser Typ von W. sich unangefochten bis in das 18. und 19. Jh. erhalten (Herder, Hegel u. a.). Die »Tatsachenforschung« des → Historismus im Übergang vom 19. zum 20. Jh. zerschlug eine geschichtsphilos. Auswertung der W. Der Historiker J. Burckhardt († 1897), der den Verlust humanistischer »Mitte« bei dem hist. Positivismus stark empfand, konnte mit seinen wertenden ›Weltgeschichtlichen Betrachtungen‹ nur kurzlebenden Ersatz schaffen. Hingegen eröffneten sich neue Perspektiven, als empirische Geschichtsforschung sich mit anderen Disziplinen (Archäologie und deren Unterdisziplinen, neuerdings sogar der Weltarchäologie; Ethnologie; Geographie; Paläontologie bzw. Vorgeschichte; Sozial- und Wirtschaftsgeschichte) vereinte und in steigendem Maße über eine globale »Datenbank« verfügt. Dies hat wieder eine W. in pragmatischer Gestalt zur Diskussion gestellt (Toynbee). Nach dem 2. Weltkrieg entstanden daher mehrere und mehrbändige Werke wie die ›Propyläen-Weltgeschichte‹ oder die ›Saeculum-Weltgeschichte‹ und Spezialzeitschriften wie ›Saeculum. Jb. für Universalgesch.‹ (1950 ff), ›Cahiers d'histoire mondiale‹, ›Welt als Gesch.‹ (beide 1953 ff). Die Kirchengeschichtsschreibung reagierte auf solche Diskussionen, indem sie ihre Selbstdarstellung als »Missionsgeschichte« forderte und auch durchführte (LATOURETTE). Sie hat allerdings damit zugleich die Frage ausgelöst, ob die Darstellung der weltweiten Verbreitung des Christentums und seiner Kirchen sie nicht in die zweifelhafte Nähe einer Erfolgsgeschichte rückt.

Q: POLYBIOS, dt. Übers. v. H. DREXLER, 3 Bde, Z–St 1961; OROSIUS, dt. Übers. v. A. LIPPOLD, Z–Mn (in Vorbereitung). – J. G. HERDER, Idee zur Philosophie der Gesch. der Menschheit, 1785 = Ausgewählte Werke, hg. v. W. DOBBE, Bd. 4, B–Wr ^{4}1969; F. W. HEGEL, Philosophie der Gesch., 1822–23 = Sämtl. Werke, Bd. 11, St 1928; J. BURCKHARDT, Weltgesch. Betrachtungen, St 1905, hg. v. R. STADELMANN, Da 1962; A. J. TOYNBEE, Der Gang der W., 2 Bde, St 1949–58.

L: K. S. LATOURETTE, A History of the Expansion of Christianity, NY 1937–45; A. HEUSS, Zur Theorie der W., B 1968; DERS., Möglichkeiten einer W. heute: Saeculum 19 (1968) 3–16; DERS., Über die Schwierigkeit, W. zu schreiben: Saeculum 27 (1976) 1–35; W. HARDTWIG, Gesch.schreibung zw. Alteuropa u. moderner Welt. Jacob Burckhardt in seiner Zeit, Gö 1974; H. FROHNES – H.-W. GENSICHEN – G. KRETSCHMAR (Hg.), KG als Missionsgesch., Mn 1974ff.; H. W. GOETZ, Die Geschichtstheologie des Orosius, Da 1980.

Wessenbergianismus, das theol. und kirchenpolit. Programm des Ignaz Heinrich Freiherrn von Wessenberg (1774–1860). Als Generalvikar (1802–13) des Konstanzer Bf. K. Th. von Dalberg setzte sich Wessenberg, ein Kind der (kath.) → Aufklärung und ein Anhänger des → Episkopalismus, vor allem für eine zeitgemäße Ausbildung der Theologiestudenten und Fortbildung der Geistlichen ein. Zu diesem Zweck begründete er das ›Archiv für Pastoralkonferenzen‹ (1804–27). Ebenso wichtig erschien ihm die rel. Bildung des Volkes durch Predigt, Unterricht und Gottesdienst. Die Einführung der Landessprache in die Liturgie (die Messe ausgenommen) und die Veröffentlichung des Konstanzer Gesangbuchs (1812) sollten eine aktive Mitfeier der Gläubigen ermöglichen. Traditionelle Frömmigkeitsformen (z.B. → Bruderschaften, → Wallfahrt, → Ablaß, → Heiligenverehrung) gerieten mehr und mehr außer Übung. Große Verdienste erwarb sich Wessenberg um die Volksschule (→ Schulwesen) und andere Schultypen.

Beim → Wiener Kongreß (1815) plädierte Wessenberg als Bevollmächtigter Dalbergs für eine dt. Nationalkirche (→ Nationalkirchl. Bewegungen), die von einem Primas geleitet werden und nur locker mit Rom verbunden sein sollte. Er drang aber mit diesem Plan gegenüber Rom und den Mittelstaaten, die das → Territorialkirchensystem bevorzugten, ebenso wenig durch wie mit seinem Einsatz für ein → Konkordat zw. Rom und dem Dt. Bund.

Weil Pius VII. die Wahl Wessenbergs zum Kapitularvikar (1817) nicht anerkannte, kam es zu heftigen Auseinandersetzungen zw. Rom und der badischen Regierung. So wurde Wessenberg noch mehr Anhänger eines gemäßigten → Staatskirchentums. Nach der Auflösung des Bt. Konstanz (1821) bzw. der Übertragung des Konstanzer Bt. auf Freiburg – nicht zuletzt geschehen, um Wessenbergs Ernennung zum Bf. zu umgehen – verzichtete Wessenberg auf jede kirchenoffiz. Tätigkeit; er lebte fortan als Privatier, ganz der Schriftstellerei hingegeben.

Q: K. ALAND, Wessenberg-Studien, Bd. III: Zs. für die Gesch. des Oberrheins NF 66 (1958) 475–511 (Bibliographie Wessenbergs); K. ALAND –W. MÜLLER (Hg.), I. H. v. Wessenberg. Unveröff. Manuskripte u. Briefe, 8 Bde (geplant), Fr–Bas–W 1968ff.

L: W. MÜLLER, Wessenberg in heutiger Sicht: ZSchwKG 58 (1964) 293–308; E. KELLER, Die Konstanzer Liturgiereform unter I. H. v. Wessenberg: Freiburger Diözesanarchiv 85 (1965); U. ENGELMANN, I. H. v. Wessenberg u. die Kirche: HJ 91 (1971) 46–69; KARL-HEINZ BRAUN, Kirche u. Aufklärung – I. H. von Wessenberg, Mn 1989.

Westfälischer Friede Nach an getrennten Orten (Münster: Dt. Reich und Fkr.; Osnabrück: Dt. Reich und Schweden) geführten Vorverhandlungen wurde der W. F. am 24. Oktober 1648 von einer Reichsdeputation unterschrieben. Damit fand der → Dreißigjährige Krieg seinen Abschluß. Abgesehen von den für Dtl. einschneidenden polit. Bestimmungen fällte er auch für die dt. Konfessionsverhältnisse folgenreiche Entscheidungen.

[1] Für prot. und kath. Landeskirchen blieben der → Passauer Vertrag (1552) und der → Augsburger Religionsfriede (1555) weiterhin verbindlich. Das Jahr 1624 galt als sog. Normaljahr, d. h. es legte den konfessionellen Zustand für alle Zeiten fest. Damit wurde zugleich das 1555 den Landesherren zugesprochene »ius reformandi« eingeschränkt. Nur für die östr. Erbländer sollten die Bestimmungen des Normaljahres nicht gelten: Die ›declaratio Ferdinandea‹ zum Augsburger Religionsfrieden zahlte sich jetzt zugunsten einer Rekatholisierung aus. Im übrigen wurde das sog. → Corpus Evangelicorum, d. h. die ev. Reichsstände, reichsrechtl. anerkannt, so daß fortan der konfessionelle Ausgleich durch direkte Verhandlungen mit dem gleichgestellten → Corpus Catholicorum ermöglicht war.

[2] Die Reformierten sollten den »Augsburgischen Konfessionsverwandten« (das sind die Unterzeichner der → Augsburger Konfession von 1530) zugerechnet werden und so an den Segnungen des Augsburger Religionsfriedens teilhaben. In ihrem Verhältnis zu den Lutheranern hatte das Jahr des W. F. als Normaljahr zu gelten. Auch hier wurde das »ius reformandi« bzw. das Prinzip »Cuius regio, eius religio« des → Landeskirchentums dadurch eingeschränkt, daß landesfürstl. Konfessionswechsel Konsequenzen nur noch für die Hofgemeinde haben sollte, hingegen mußte der Landesfürst die finanzielle Fürsorge für die ihm bei seinem Konfessionswechsel folgende Gemeinde selber übernehmen. Die Friedensbestimmungen von Münster/Osnabrück rüttelten nicht an dem »reservatum ecclesiasticum« (»Geistlicher Vorbehalt«) des Augsburger Religionsfriedens, der den Protestanten wohl am meisten geschadet hatte. Trotzdem legte Innozenz X. mit dem Breve ›Zelo domus Dei‹ vom 26. 11. 1648 gegen den W. F. Protest ein. In der Tat schadete die Zementierung der konfessionellen Verhältnisse dem dt. Katholizismus am meisten.

Q: K. ZEUMER, Quellensammlung zur Gesch. der dt. Reichsverfassung in MA u. Neuzeit, L 1904, 332–379; K. MÜLLER (Hg.), Instrumenta Pacis Westphalicae. Die Westfälischen Friedensverträge, Bern 1975; KThQ III 132.

L: K. REPGEN, Die röm. Kurie und der W. F., Bd. I/1: Papst, Kaiser u. Reich 1521–1644, T 1962; F. DICKMANN, Der W. F., Mr 1959, 4. Aufl. mit Nachtrag des seit 1964 erschienenen Schrifttums zum W. F., zusammengestellt v. W. BECKER, Mr [5]1984; G. DENZLER, Die Propagandakongregation in Rom u. die Kirche in Dtl. im ersten Jahrzehnt nach dem W. F., Pa 1969, 164–172; H. LAHRKAMP, Die Friedensproteste des päpstl. Nuntius Chigi: Quellen u. Forschungen zur Gesch. der Stadt Münster NF 5 (1970) 281–287; H. DUCHHARDT (Hg.), Bibliographie zum W. F., Mr 1996.

Westminster-Synode (Westminster Assembly of Divines), 1643–52 in London veranstaltete → Synode von Theologen und Parlamentariern zur Reform der anglik. Kirche (→ Anglikanismus) gemäß dem schottischen Presbyterianismus (→ Presbyterialverfassung, → Presbyterianer). Dabei wurden eine calvinisch (→ Calvinismus) ausgerichtete Confession mit strenger Prädestinationslehre sowie der Große und Kleine → Katechismus (sog. Westminster-Katechismen) verabschiedet, die 1647 die Billigung durch das Parlament fanden. In der folg. Zeit setzte sich der Presbyterianismus zwar in Schottland und Nordamerika durch, nicht aber in Engl., weil hier die Independenten unter Oliver Cromwell (1599–1658) den Kurs bestimmten. Die W. dauerte einige Jahre, ohne offiz. aufgelöst zu werden.

Q: E. F. K. Müller, Bekenntnisschriften der ref. Kirchen, L 1903.

L: S. W. Carruthers, The Westminster Confession of Faith, Manchester 1938; J. H. Leith, The Assembly at Westminster. Reformed Theology in the Making, Richmond 1973; HbDThG II 351f. (W. Neuser).

Wiener Kongreß, vom Oktober 1814 bis Juni 1815 dauernde Zusammenkunft der Delegierten von 8 europäischen Staaten in Wien, um nach dem Sturz Napoleons I. die polit. Verhältnisse in Europa neu zu regeln. Diese »Wiener Ordnung« bestand im wesentl. bis zum 1. Weltkrieg. Kard. Consalvi (1757–1825) konnte als päpstl. → Gesandter die Wiederherstellung des → Kirchenstaates (ohne Avignon und Venaissin) durchsetzen. Einem → Konkordat zw. dem Hl. Stuhl und dem Dt. Bund, der das → Hl. Röm. Reich Dt. Nation ablöste und dem 38 Staaten unter Führung von Östr. angehörten, hätte er zugestimmt; dieser Plan scheiterte jedoch hauptsächl. an dem Widerstand Württembergs und Bayerns. Schon bereitete er in Verhandlungen mit Vertretern einzelner Staaten künftige Konkordate (1817 mit Fkr. und Bayern, 1821 mit Preußen) vor. Entschieden aber wehrte er sich, wie auch Klemens Maria Hofbauer (→ Redemptoristen, → Romantik, → Ultramontanismus), gegen eine vor allem von Wessenberg (→ Wessenbergianismus) erstrebte dt. Nationalkirche. Pius VII. protestierte gegen das Vertragswerk, weil die Hauptanliegen der Kirche, z. B. Aufhebung der → Säkularisation, unberücksichtigt blieben. Die Bundesakte, das vom W. K. ausgehandelte Grundgesetz, enthielt einen einzigen Kirchenartikel (Art. 16), der die verschiedenen christl. Religionsparteien hinsichtl. ihrer staatsbürgerl. und polit. Rechte gleichstellte. Außerdem wurde den Nuntien (→ Gesandte) das Recht des Doyens im diplomatischen Korps zuerkannt.

Q: J. L. Klüber, Acten des W. K. 1814 u. 1815, 9 Bde, Erl 1815–35, (Ndr.) Osnabrück 1966; Mirbt 567; H. Spiel (Hg.), Der W. K. in Augenzeugenberichten, D 1965, Mn 1978; A. Roveri (Hg.), La missione Consalvi e il Congresso di Vienna, 2 Bde, R 1970–71; K. Müller, Quellen zur Gesch. des W. K., Da 1986.

L: E. Ruch, Die röm. Kurie u. die dt. Kirchenfrage auf dem W. K., Bas 1917; A. Roveri, La Santa Sede tra rivoluzione Francese e restaurazione. Il Cardinale Consalvi 1813–1815, Fi 1974.

Wiener Konkordat, 1448 zw. Ks. Friedrich III. und Papst Nikolaus V. geschlossen, enthält Vereinbarungen, die in wichtigen Punkten (Annaten, Servitien, Reservationen [→ Finanzwesen], Bestätigung der → Bischofswahl u. a.) das Konstanzer → Konkordat und die Reformbeschlüsse des → Baseler Konzils weithin unberücksichtigt ließen und damit die dringend notwendige Kirchenreform ignorierten. Obwohl Calixt III. (1455–58) das

W. K. nur als ein Privileg ansah, das die → Röm. Kurie nicht binden sollte, galt es bis zur → Säkularisation (1803) als Reichsgesetz.

Q: MIRBT-ALAND 777; MERCATI, Raccolta I 177–185.

L: H. RAAB, Die Concordata Nationis Germanicae, Wie 1956; H. HÜRTEN, Die Mainzer Akzeptation v. 1439: AmrhKG 11 (1959) 42–75; A. MEYER, Das W.K. v. 1448 – eine erfolgreiche Reform des Spätmittelalters: QF 66 (1986) 108–152.

Wilhelmiten (Ordo Fratrum Eremitarum S. Guillelmi), nach dem Einsiedler Wilhelm von Malavalle († 1157) benannte, um 1157 in Malavalle (Bt. Grosseto) gegr. Vereinigung von → Eremiten, die nach der → Benediktregel und den Gewohnheiten (→ consuetudines) der → Zisterzienser lebten. Ihr Zusammenschluß mit den → Augustiner-Eremiten dauerte nur bis 1266. Nach einer raschen Verbreitung im 13. Jh. setzte schon im 14. Jh. ein langsamer Niedergang ein; doch ging der Orden erst im 19. Jh. ganz unter. Die W. führten ein eremitisches oder zönobitisches (→ Koinobitentum) Leben. Obwohl die Feier der Liturgie und die Kontemplation Vorrang genossen, übten sie auch prakt. Seelsorge.

L: K. ELM, Beiträge zur Gesch. des W.ordens, Kö-Graz 1962; DERS., Die Bulle »Ea quae iudicio« Clemens' IV. (30. VIII. 1266). Vorgesch., Überlieferung, Text u. Bedeutung: Augustiniana 14 (1964) 500–522; 15 (1965) 54–67, 493–520; 16 (1966) 95–145; DERS., W. in Brandenburg u. Pommern: Augustiniana 16 (1966) 89–94.

Windesheimer Kongregation. 1394/95 schlossen sich im niederländischen Raum vier → Augustiner-Chorherrenstifte zu einer Reformkongreg. (→ Kongregationen) zusammen, denen sich bis 1403 drei weitere Männerklöster, in der 1. Hälfte des 15. Jh. sogar 37 Männer- und 9 Frauenklöster, in der 2. Hälfte aber 22 Männer- und nur ein Frauenkloster anschlossen. Nach 1500 kamen jeweils drei Männer- und Frauenklöster hinzu. Daraus erhellt, daß diese monastische Erneuerungsbewegung ihren Höhepunkt in der ersten Hälfte des 15. Jh. erlebte. Damit korrespondiert, daß im gen. Zeitraum auch andere Kongregationen mit ihren Klöstern sich der W. K. anschlossen, so 1412 das Groenendaaler Kapitel und 1430 das Neußer Kapitel, und daß ferner weitere Neugründungen entstanden. Eine Liste des Jahres 1464 führt insgesamt 68 Männer- und 13 Frauenklöster auf. Gemeinsam mit den → Brüdern vom gemeinsamen Leben beweist die W. K., wie stark die Reformkräfte einer Verinnerlichung kath. Glaubens im Übergang vom 15. zum 16. Jh. waren. Deshalb wird sie gerne auch den → Vorreformatoren zugerechnet. Sicherlich repräsentiert die W. K. eindrucksvoll die → Devotio moderna im »Herbst des Mittelalters« (OBERMAN); sie wurde 1961 wiedererrichtet.

Q: W. KOHL – E. PERSOONS – A. G. WEILER (Hg.), Monasticon Windeshemense, Bru 1976ff.

L: L. SCHMITZ-KALLENBERG, Die W. K.: HJ 36 (1915) 306–316, 598–608; P. HOFMEISTER, Die Verfassung der W. Augustinerkongreg.: ZSavRGkan 30 (1941) 165–270; H. M. FRANKE, Der Liber Ordinarius der Regularkanoniker der W. K., Leverkusen-Opladen-Bonn 1981. – Atlas KG 68 A.

Wormser Konkordat, auch »Calixtinum« gen. nach Papst Calixt II., der als Ebf. Guido von Vienne noch 1111 Kg. Heinrich V. bannte, mit dem er dann das Konkordat schloß. Das W. K. beendete 1122 den dt. → Investiturstreit. Seine Kompromißlösung, die eine Kommission von Kardinälen und dt. Fürsten aushandelte, griff mit der Unterscheidung zw. den geistl. Funktionen (spiritualia) und dem materiellen Besitzertrag (temporalia) der kirchl. Ämter auf Begriffe zurück, die der Kanonist und Bf. von Chartres, Ivo († 1115), erarbeitet hatte. Dessen Schüler Hugo von Fleury († 1120) hatte sie in der dem engl. Kg. Heinrich I. gewidmeten Schrift ›De regia potestate et sacerdotali dignitate‹ entwickelt; sie hatte sich außerdem bei der Lösung des engl. Investiturstreites als praktikabel erwiesen. Das W. K. unterschied sich nur durch seine Doppellösung: [1] In Dtl. sollte die Wahl nach kanonischem Recht erfolgen bei Anwesenheit des Kg. oder seines Vertreters. Erst nach der Wahlhandlung durfte der eine oder andere die Investitur durch Übergabe des Szepters und Belehnung mit den »Regalien« (Münz-, Zoll-, Markt-, Gerichts- und sonstige Hoheitsrechte) vornehmen. Die abschließende Bischofsweihe und -inthronisation waren ein rein kirchl. Akt, der in der Überreichung des Bischofsrings seinen symbolischen Höhepunkt fand, da er mit der Übergabe des Krummstabes verbunden war. [2] In It. und Burgund entfiel die kgl. Anwesenheit beim Wahlakt; die Investitur mit Ring und Stab erfolgte sofort nach der Wahl; der weltliche Belehnungsakt mit den Regalien wurde erst ein halbes Jahr später nachgeholt. – Während der Bamberger Fürstentag das W. K. noch im gleichen Jahr bestätigte, verkündete es Calixt II. erst im März 1123 auf dem 1. → Laterankonzil, dem er »ökumenischen« Rang, sich selber aber die Repräsentation der »ecclesia universalis« zusprach, deren Hoheitsrechte gegenüber dem Reich er gewahrt sehen wollte. Im Hinblick auf die Regelung für Burgund und Oberitalien bedeutete das W. K. in der Tat für das → Papsttum einen Sieg über das dt. Königtum.

Q: MG Libelli de lite II 642–647, 472–494; Eichmann, Kirche und Staat, Bd. I, Pa 1912, 27f., 121f.; Mirbt-Aland 571; W. Fritz (Hg.), Quellen zum W. K., B 1955, ²1968; KThQ II 24h.

L: A. Hofmeister, Das W. K. Zum Streit um seine Bedeutung. Mit einer textkrit. Beilage, Da 1915, (Ndr.) 1962; V. Labhart, Zur Rechtssymbolik des Bischofsringes, Graz-W-Kö 1963; R. Foreville, Lateran I–IV, Mz 1970, 56ff.; P. Classen, Das W. K. in der dt. Verfassungsgeschichte: J. Fleckenstein (Hg.), Investiturstreit und Reichsverfassung, Sigmaringen 1973, 411–460; M. Minninger, Von Clermont zum W. K., Kö 1978.

Zehnt, die Abgabe des 10. Teils der Erträge (von Früchten, bes. Getreide, und Tieren) oder später des Einkommens, war schon in der → Alten Kirche neben freiwilligen Opfergaben für den Unterhalt des Klerus und für caritative Bedürfnisse bekannt. Erste Zeugnisse für kirchl. Zehntforderungen, von der weltl. Macht zum Ausgleich für eingezogenes Kirchengut (→ Säkularisation) konzediert, sind für den Osten vom 4. Jh. an und für den Westen spätestens im 6. Jh. (2. Synode von Mâcon 585; Synode von Heristal 779 für das gesamte Frankenreich) nachgewiesen. Das ganze → MA hindurch verlangten die Pfarrer der Taufkirchen und die Besitzer der → Eigenkirchen von ihren Untertanen den Z., wobei die Eigenkirchenherren aber den größten Teil dieses Z. für sich behielten, da sie u. a. die Baulast der Kirche zu tragen hatten. Vom Z. befreit waren gewöhnl. Klöster und Adelige. Es fehlte aber nicht an Zehntstreitigkeiten, z. B. über die Frage, ob auch Laien Zehntforderungen stellen dürften. Die Zehnterträge waren bis in das 18. Jh. hinein eine Form der → Kirchensteuer und betrugen mindestens die Hälfte aller kirchl. Einkünfte. Daneben gab es außerordentliche Abgaben, die vom Klerus und von kirchl. Institutionen eingetrieben wurden, z. B. der vom Papst vorgeschriebene → Kreuzzugs-Zehnt oder der sog. Türken-Zehnt (d. h. der Z. als Pflichtbeitrag zum Krieg gegen die Türken). Den ersten Angriff auf das kirchl. Zehntwesen machte 1789 die frz. Nationalversammlung (→ Frz. Revolution). Die Zehntforderungen endeten in den meisten Ländern (ausgenommen z. B. It.) spätestens im Jahr 1848, als Kirche und moderne Staaten ihre eigenen Wege gingen.

L: Kuujo, Das Zehntwesen in der Erzd. Hamburg-Bremen, H 1949; H. F. Schmid, Byz. Z.wesen: Jb. der Östr. Byz. Ges. 6 (1957) 45–110; L. Vischer, Die Z.forderung in der Alten Kirche: ZKG 70 (1959) 201–217; D. Lindner, Vom ma. Z.wesen in der Salzburger Kirchenprov.: ZSavRGkan 46 (1960) 277–302; H. E. Feine, Kirchl. Rechtsgesch. Die kath. Kirche, Kö-W ^{5}1972, 193–196.

Zensur (lat. censura = Bewertung): [1] dogmatische Verurteilung einer theol. Ansicht als Irrtum oder Häresie (CIC c. 1324);

[2] kanonistische Bestrafung, um den Schuldigen zur Besserung (Medizinalstrafe) zu bewegen (→ Exkommunikation, Interdikt, Suspension u. a.). Seit dem hohen → MA wurde die Exkommunikation häufig aus kirchenpolit. oder rein wirtschaftl. (→ Zehnt) Gründen verhängt. Pius IX. setzte anstelle der → Abendmahlsbulle mit der Konst. ›Apostolicae Sedis moderationi‹ (1869) eine in einigen Punkten modifizierte Neuordnung des Zensurwesens in Kraft.

[3] → Bücherzensur (Index); → Lehrverpflichtung.

L: W. Speyer, Büchervernichtung u. Z. des Geistes bei Heiden, Juden u. Christen, St 1981; C. Weber, KG, Z. u. Selbstzensur (1860–1914), Kö 1994.

Zentralkomitee der deutschen Katholiken. Vorläufer ist das beim →Katholikentag in Bamberg 1868 gegr. ›Zentralkomitee der kath. Vereine Deutschlands‹ (bestehend aus 4 Adeligen und 3 Geistlichen), das sich aber schon vier Jahre später als Folge des → Kulturkampfes auflöste. Doch beim Katholikentag in Krefeld 1898 lebte es als ›Zentralkomitee für die Generalversammlung der Katholiken Deutschlands‹ wieder auf und bestand bis zur Auflösung im sog. Dritten Reich (→ Kirchenkampf).

Das heutige Z. der dt. K. (seit 1952), an dessen Spitze der Präsident und vier Vizepräsidenten sowie der Generalsekretär stehen (Sitz: Bonn-Bad Godesberg), repräsentiert alle Kräfte des Laienapostolats (→ Kath. Aktion); es ist ein beratendes Organ für die Dt. → Bischofskonferenz in staatl. wie in kirchl. Fragen und fördert die Meinungsbildung innerhalb der Kirche. Neben Vollversammlungen, regelmäßigen Sitzungen und Arbeitsgemeinschaften gehören Vorbereitung und Durchführung der Katholikentage zu seinen einflußreichsten Veranstaltungen. Das jetzige Statut wurde nach dem 2. → Vatik. Konzil 1967 in Kraft gesetzt. Im Z. der dt. K. sind ungefähr 330 kirchl. Verbände und Organisationen zusammengefaßt.

Q: H. Buchheim – F. Raabe (Hg.), Christl. Botschaft u. Politik, Pa 1988.
L: B. Vogel, Das Z. d. d. K., die Räte des Laienapostolats u. die Verbände: G. Gorschenek (Hg.), Katholiken u. ihre Kirche, Mn–W 1976, 112–122.

Zentrumspartei, Name für die 1870/71 im Dt. → Reichstag und im preuß. Abgeordnetenhaus entstandenen kath. Fraktionen, die sich wegen ihrer polit. Position zw. Konservativen und Liberalen (nach einer anderen Version entsprechend der Sitzordnung im preuß. Landtag und in der Frankfurter Nationalversammlung) als Zentrum (lat. centrum = die Mitte eines Kreises) bez. Die Mitglieder dieser Z. (→ Parteien) hielten sich für Vertreter der Katholiken und verteidigten die Unabhängigkeit der → Röm.-Kath. Kirche gegen den erstarkenden → Liberalismus und vor allem während des → Kulturkampfes. Zu den hervorragendsten Persönlichkeiten zählen der Zentrumsführer Windthorst (→ Kulturkampf, → Volksverein für das kath. Dtl.), H. Mallinckrodt (1821–74), die Brüder Reichensperger und Bf. Ketteler von Mainz (→ Christl.-soziale Bewegungen). 1878 stellte die Z. die stärkste Fraktion im Reichstag und blieb auch später eine beherrschende Partei. Als Sprachrohr des Zentrums, das sich erst 1911 als ›Deutsche Zentrumspartei‹ organisierte, diente die Zeitung ›Germania‹. Zusammen mit der ›Sozialdemokratischen Partei Deutschlands‹ (SPD) erarbeitete die Z. die Weimarer Reichsverfassung (1919). 1918 trennte sich die ›Bayr. Volkspartei‹ vom Zentrum. Die Z. stimmte 1933 für Hitlers Ermächtigungsgesetz (→ Kirchenkampf), wurde aber schon bald danach im Zusammenhang mit dem → Konkordat zw. der Reichsregierung und dem Hl. Stuhl (1933) unter ihrem Vorsitzenden Prälat Ludwig Kaas (1981–1952) »geopfert«.

Q: R. Morsey (Hg.), Protokolle der Reichstagsfraktion u. des Fraktionsvorstands der Dt. Z. 1926–33, Mz 1969.
L: K. Bachem, Vorgesch., Gesch. u. Politik der Dt. Z., 9 Bde, Kö 1927–32, (Ndr.) Aalen 1967–68; R. Morsey, Die Dt. Z. 1917–23, D 1966; D. Junker, Die dt. Z. u. Hitler 1932/33, St 1969; U. Mittmann, Fraktion u. Partei. Ein Vergleich v. Zentrum u. Sozialdemokratie im Ks.reich, D 1976; R. Morsey, Der Untergang des polit. Katholizismus, St-Z 1977; H. Hömig, Das preuß. Zentrum in der Weimarer Republik, Mz 1979; M. L. Anderson, Windthorst, O 1981; W. Becker, Die Minderheit als Mitte. Die dt. Z. in der Innenpolitik des Reiches 1871–1933, Pa 1986.

Zeugen Jehovas (d.h. Gottes), aus einer Splittergruppe der → Adventisten unter Führung des amer. Großkaufmanns Charles Taze Russell (1852–1916), der Mitglied der → Inneren Mission der Kongregationalistenkirche und des ›Christl. Vereins Junger Männer‹ (→ Jugendverbände) war, in Pittsburgh-Allegheny (Pennsylvania) entstandene rel. Gemeinschaft, deren Mitglieder seit 1931 Z. J. (vorher ›Ernste Bibelforscher‹) heißen. Russell organisierte in Pittsburgh die Firma ›Zions Watch Tower Tract Society‹, aus der sich die ›Watch Tower Bible and Tract Society‹ als das organisatorische und geistige Zentrum der Z. J. entwickelte. Alle drei Jahre wählen die eingetragenen Mitglieder aus ihren Reihen ein sog. Direktorium (Board of Directors) von sieben Personen; diese wieder wählen aus ihren Reihen den Präsidenten auf Lebenszeit. Bisherige Präsidenten: Russell (1881–1916), Joseph Franklin Rutherford (1917–42), Nathan Homer Knorr (seit 1942). Neben dem Hauptbüro in New York (Brooklyn) bestehen heute 92 ausländische Zweigbüros in allen Ländern (in Dtl. zuerst 1903 in Barmen-Elberfeld, heute in Wiesbaden). – Die ›Watch Tower Bible and Tract Society‹ (dt. Wachtturm-Gesellschaft = WTG) erhebt den Anspruch, »Vertreter Gottes auf Erden« zu sein. Eigentl. Fundament oder ideologische Grundlage der gesamten WTG-Organisation ist die Lehre von einer angebl. in »dieser Generation« herbeigekommenen »Zeit des Endes der Welt«, in der die Z. J. die Hauptrolle spielen. Angaben für den Weltuntergang wurden schon öfter gemacht (1799, 1914, 1925, 1942, 1975). Jesus Christus gilt als ein Geistgeschöpf (→ Arianismus). Die Kirchen mit ihren Sakramenten werden abgelehnt. Der zweite Präsident Rutherford übte in seinen zahlreichen Schriften heftige Polemik bes. gegen die → Röm.-Kath. Kirche, die er die »Hure Babylon« nannte. Die Hauptaktivität der Z. J. liegt im Schrifttum und im Unterricht (Predigt, Hausbesuche). Mitglieder in der BRD ca. 100000, weltweit ca. 2,5 Mio.

P: DER WACHTTURM (IN 79 SPRACHEN); ERWACHET.

Q: M. GEBHARD (Hg.), Die Z. J. Eine Dokumentation, L-Je-B 1971.

L: G. PAPE, Ich war Zeuge J., Aschaffenburg [5]1978; C. WEIS, Z. J. Zeugen Gottes?, Salzburg 1984; R. NOBEL, Falschspieler Gottes, H 1984; L. NEIDHART, Die Z.J., Altenberge 1986; B. WASS, Leben in der Wahrheit. Zwölf Jahre Zeugin Jehovas, Sa 1989; E. TÜRK, Die Z.J. kommen, Limburg 1996.

Zillertaler Emigranten. Schon seit dem 16. Jh. lebten im Zillertal (Nordtirol) Katholiken, die luth. Lehren anhingen (deshalb auch Inklinanten genannt), vergleichbar den Anhängern des → Evangelismus in It., ohne aber ganze Lutheraner (→ Luthertum) zu sein. Um die Glaubenseinheit in Tirol zu wahren, verfügte Ks. Ferdinand I. am 12. 1. 1837 ihre Ausweisung. Die meisten Exulanten siedelten sich in Zillerthal (Schlesien) an. Der kaiserl. Erlaß verstieß nicht gegen den → Wiener Kongreß (Bundesakte Art. 16), weil die sog. Inklinanten keiner der offiz. anerkannten Religionsparteien angehörten. Doch stieß diese von Metternich verfochtene reaktionäre Kirchenpolitik immer mehr auf Opposition bei den Liberalen.

L: E. SAUSER, Die Zillertaler Inklinanten u. ihre Ausweisung im Jahre 1837, I 1959.

Zins ist Kapitalertrag aus Gewährung eines Darlehens. Zinsbeschränkungen kannte schon das Judentum. So verbot Moses, von armen Juden Z. zu fordern; von reichen Israeliten und Nichtjuden dagegen durfte man Z. nehmen. Kanonistische Zinsverbote galten in der → Alten Kirche seit der Synode von Elvira (ca. 324) und dem Konzil von Nicaea (325; → Konzilien); sie beschränkten sich zunächst auf Kleriker, wurden in der Karolingerzeit (→ Karolingische Reform) auf Laien ausgedehnt. Im hohen → MA suchten sowohl der Kirchenrechtler Gratian (→ Kanonistik) wie der → Dominikaner-Theologe Thomas von Aquino (→ Scholastik) dem wachsenden Zinswucher mit strengen Verboten entgegenzuwirken. Nach dem 2. → Laterankonzil (1139) machten Wucherer sich der Ehrlosigkeit (Infamie) schuldig; auch wurden sie ohne Zeichen der Reue nicht kirchl. beerdigt. Das Konzil von → Vienne (1311) schätzte Zinsnehmen als Sünde ein. Gegenüber den im späten MA zahlreich gewordenen Ausnahmen vom Zinsverbot, das geschickte Kaufleute ohnedies zu umgehen wußten, schärfte das 5. → Laterankonzil (1512–17) die Zinsverbote ein. Ähnl. urteilte Luther (1520: Sermon vom Wucher; 1524: Von Verkaufshandlung u. Wucher), darin der bäuerlichen Welt verhaftet, während das städtische Milieu des → Calvinismus Brücken zum Kapitalismus schlug. Erst im 19. Jh. trugen päpstl. Verlautbarungen zum Z. den wirtschaftl. Verhältnissen Rechnung. Nach CIC c. 1543 ist das Zinsnehmen grundsätzl. erlaubt.

Q: COD 13 (Nicaea c. 17), 176 (Lateranum II, c. 13), 602–603 (Lateranum V); WA 6, 36ff.; 15, 293ff.

L: F. X. FUNK, Gesch. des kirchl. Z.verbotes, T 1876; K. HOLL, Die Frage des Z.nehmens u. des Wuchers in der ref. Kirche: Festgabe für K. MÜLLER, T 1922, 178–197 = Gesammelte Schriften III 85–403; M. AUSTEN, Das kanonische Z.verbot: ThG 25 (1933) 441–455; E. RAMP, Das Z.problem, Z 1949; J. LE GOFF, Wucherzins und Höllenqualen. Ökonomie und Religion im MA, St 1988.

Zisterzienser (Sacer Ordo Cisterciensis = OCist). Hatte schon der Stifter und erste Abt des Benediktinerklosters Cîteaux (Dep. Côte d'Or), Robert von Molesme († 1108), auf strenge Einhaltung der → Benediktregel geachtet, so wurde doch erst sein 2. Amtsnachfolger Stephan Harding (1110–33), der mit einer neuen Regel (1118: ›Charta caritatis‹) benediktinischer Liberalität den Abschied gab, zum eigentl. Gründer des Zisterzienserordens. Sehr bald entstanden Tochterklöster, unter ihnen Clairvaux (1115), dessen Stifter und erster Abt Bernhard (→ Bernhardinisches Zeitalter) viel für die Verbreitung des Ordens tat. Doch war diese in erster Linie von der monastischen Reformbewegung der Zeit getragen (→ Augustiner-Chorherren; → Prämonstratenser). Die zentralistisch-aristokratische Verfassung verlieh den Z. zudem eine bisher unbekannte Stoßkraft, weshalb man ihn zu Recht als den ersten Orden im strengen Wortsinn bez. hat. Das zisterziensische Filiationsprinzip, das die Mutterklöster für ihre Gründungen verantwortl. machte, schuf wegen der eindeutigen Unterstellungsverhältnisse eine straffe Organisation. Alljährl. wurden die Klöster von ihren Mutterklöstern bzw. deren Äbten visitiert (bis dahin unbe-

kannt), während Cîteaux selbst durch die Äbte der vier ältesten Tochterklöster, darunter Clairvaux, überprüft wurde (→ Visitation). Für Geschlossenheit nach außen sorgte außerdem das alljährl. Generalkapitel aller Äbte. Sie zu wahren, machte der schnelle Ausbreitungsprozeß notwendig: Ende des 12. Jh. gehörten dem Orden 500 Konvente an; Anfang des 14. Jh. waren es ca. 700 Klöster. Diese erstreckten sich über ganz Europa, beherrschten vor allem das von der → Kreuzzugsbewegung erregte Fkr. und vermittelten überall eine an den in allen Zellen der Z. hängenden Kruzifixen orientierte Frömmigkeit der Kreuzmeditation (→ Trappisten). Letztere erklärt zugleich das starke Echo in der ma. Frauenwelt (500 Abteien Anfang des 16. Jh.), wobei die *Zisterzienserinnen* bes. die → Marienverehrung pflegten, was zugleich der ekstatischen Visionsmystik im Orden eine Heimat sicherte. Im übrigen verrieten die Zisterzienser-Klöster mit ihren betont schlichten, aber hochragenden Gotteshäusern (Dachreiter anstelle von Glockentürmen!) frz. Ursprung (Baustil der Frühgotik in Burgund). Der Rationalität des Baustiles entsprach eine sachbezogene Klosterwirtschaft, die man Laienbrüdern überließ, während die Mönche der strengen Klausur unterlagen, um ihren geistl.-asketischen Aufgaben gerecht zu werden. Dies monastische Laienbruder-Institut wurde bes. gepflegt, wobei es landwirtschaftl. Musterleistungen zeitigte. Noch heute entfaltet trotz mancher Krisen in seiner Gesch. der Orden der Z. reges Leben, ohne aber seinen ma. Einfluß wiedererlangt zu haben.
Reformierte Z. → Trappisten.

P: Collectanea Ordinis Cisterciensium Reformatorum, Westmalle u. a. 1934–64, Suppl. 1955 ff.; Cistercienser-Chronik, Bregenz 1889 ff.; Citeaux, Westmalle 1959 ff.; La Documentation Cistercienne, Rochefort 1970 ff.; Bibliographie général de l'ordre Cistercien, Rochefort 1979 ff.

Q: J. TURK, Cistercii statuta antiquissima, Città del Vaticano 1949; J. DE LA CROIX BOUTON – J. B. VAN DAMME, Les ... textes de Citeaux, Achel-Saint Remy 1974; J. HOCHREITER, Bernhard von Clairvaux. Geistl. Tagebuch, St. Ottilien 1989, [2]1990.

L: HEIMBUCHER I 330–362; H. HAHN, Die frühe Kirchenbaukunst der Z., B 1957; F. PFURTSCHELLER, Die Privilegierung des Z.ordens im Rahmen der allg. Schutz- u. Exemtionsgesch. v. Anfang bis zur Bulle »Parvus fons« (1265), Bern-F 1972; W. KRÖNIG, Altenberg u. die Baukunst der Z., Altenberg 1973; L. J. LEKAI (Hg.), The Cistercians. Ideals and Reality, Kent/USA 1977; Z.-Studien, B 1975 ff.; Dictionnaire des auteurs cisterciens, 2 Bde, Rochefort 1975–79; K. ELM u. a. (Hg.), Die Z. Ordensleben zw. Ideal u. Wirklichkeit, Kö 1980; A. SCHNEIDER (Hg.), Und sie folgten der Regel St. Benedikts. Die Cistercienser u. d. benediktin. Mönchtum, Kö 1981; M. TOEPFER, Die Konversen der Z., B 1983; JEAN LECLERCQ, Bernhard von Clairvaux, Mü 1990. – Atlas KG 52–53.

Zivilehe. Die obligatorische Z. hat sich seit der → Reformation im Kampf gegen die (kath.) Kirche mit ihrem seit dem → Trienter Konzil (Dekret ›Tam etsi‹) erhobenen Anspruch auf alleinige Kompetenz im Eherecht durchgesetzt. In Dtl., Östr. und der Schweiz gilt die pflichtmäßige Z., durch die allein bürgerlich-rechtl. Ehewirkungen entstehen, seit dem Personenstandsgesetz von 1875 (erneuert 1937 und 1957). In manchen anderen Ländern wird die fakultative kirchl. Eheschließung mit bürgerl.

Rechtswirkung praktiziert, z. B. in Italien und Großbritannien. Die → EKD hat sich 1954 gegen die fakultative kirchl. Eheschließung ausgesprochen, um Komplikationen bei konfessionell verschiedenen Ehen zu vermeiden.

L: D. SCHWAB, Grundlagen u. Gestalt der staatl. Ehegesetzgebung in der NZ bis zum Beginn des 19. Jh., Bielefeld 1967; LISTL, Grundriß 588–596 (P. MIKAT).

Zivilkonstitution des Klerus (Constitution civile du clergé), am 12. 7. 1790 von der Konstituierenden Versammlung in Paris beschlossen, um die kirchl. Verhältnisse in Fkr. nach Ausbruch der Frz. Revolution neu zu regeln. Das seit 1516 geltende → Konkordat wurde damit außer Kraft gesetzt. Zu den wichtigsten Bestimmungen zählen u. a. Neueinteilung der Bistümer (statt 135 nur noch 83), zahlenmäßige Verringerung der Pfarreien, Besoldung des Klerus durch den Staat, Wahl der Bischöfe und Pfarrer durch polit. Wahlgremien, Einsetzung der Bischöfe durch den zuständigen Ebf. (ohne Bestätigung durch den Papst), Einschränkung der bischöfl. Amtsgewalt durch den Priesterrat. Das Programm deckte sich weitgehend mit dem kirchl. und polit. → Gallikanismus des 18. Jh. Die Mehrzahl des niederen Klerus erklärte sich mit der Z. des Klerus einverstanden. Dagegen weigerten sich zwei Drittel der geistl. Abgeordneten und alle Bischöfe mit Ausnahme von sieben, den geforderten Eid auf die Verfassung und damit auch auf die Z. d. K. zu leisten. Von den in der Pfarrseelsorge tätigen Geistlichen stimmte ungefähr die Hälfte mit Nein. Die Regierung suchte den Widerstand zu brechen. So wurden z. B. 16 Karmelitinnen von Compiège hingerichtet (→ Karmeliten). Es dauerte lange, bis Pius VI. mit dem Breve ›Quot aliquantum‹ (1791) die Z. d. K. verurteilte. Kurze Zeit später erklärte er die Weihen neuer Bischöfe als illegitim und unkanonisch. Der Konflikt endete erst mit der Aufhebung der Z. d. K. durch das Konkordat von 1801.

Q: A. THEINER, Documents inédits relatifs aux affaires religieuses de la France 1790–1800, Bd. 1, P 1857; E. WALDER, Staat u. Kirche in Fkr., Bern 1953, 102–135.

L: A. LATREILLE, L'Église catholique et la Révolution française, 2 Bde, P 1946–50; H. MAIER, Revolution u. Kirche, Fr 1959, Mn ^{3}1976.

Zölibat (lat. caelebs = unverheiratet). Einzelne Aussagen des NT (Mt 19,12: Z. »um des Himmelreiches willen«; 1 Kor 7,7 und 7,32) führten in Verbindung mit asketisch-dualistischen Zeitströmungen dazu, daß der Z. (Jungfräulichkeit) in der → Alten Kirche (bei → Kirchenlehrern) im allg. eine höhere Wertschätzung genoß als die Ehe und diese gelegentl. sogar gering geschätzt oder gar verachtet wurde. Obwohl kein direkter Bezug zum Amt oder Leben des Priesters sichtbar wird – eher das Gegenteil (Pastoralbriefe) –, galt schon bald als ungeschriebenes Gesetz, daß ein zölibatärer Priester nach der Weihe nicht mehr heiraten durfte, andernfalls mußte er aus dem Amt scheiden. Im 4. Jh. häuften sich die Versuche und auch kanonischen Bestimmungen, legitim verheiratete Kleriker (vom Subdiakon bis zum Bf.) zu ehel. Enthaltsamkeit zu verpflichten. Während das → Konzil von Nicaea (325) dieses Ansinnen zurückwies, sprachen sich → Synoden im Westen (in Span., im Frankenreich und dann erst in Rom) für eine solche Gesetzgebung aus. Vom 5. Jh. an forderten mehrere Synoden von den zölibatären wie von den verheirateten Kandidaten ein Enthaltsamkeitsversprechen (mancherorts auch von den rechtmäßigen Priesterfrauen: episcopa, presbytera, diaconissa). Das zu manchen Zeiten häufige Zusammenleben zölibatärer Priester mit zölibatären Frauen (auch Nonnen), → Syneisakten gen., wurde von vielen Synoden streng verurteilt, da Verstöße gegen die Enthaltsamkeitsforderung nicht zu übersehen waren. Die → Ostkirchen blieben bis heute bei der von der 2. Trullanischen Synode (691) getroffenen Regelung, daß auch verheiratete Männer zu Priestern geweiht werden können und als Priester ihre Ehe uneingeschränkt fortsetzen dürfen; im Fall der → Bischofswahl jedoch muß die Trennung von der Ehefrau (mit deren Einverständnis) erfolgen. Eine Eheschließung nach der Diakons- oder Priesterweihe bleibt ausgeschlossen. Im Westen wurde die Enthaltsamkeitsdisziplin für Kleriker trotz ungezählter Verstöße und Mißstände aufrechterhalten und immer wieder neu eingeschärft. Vor allem die Reformpäpste des 11. Jh. (→ Gregorianische Reform) bekämpften die konkubinarischen Geistlichen und deren Konkubinen – zu dieser Zeit kamen zölibatäre Kandidaten für die Aufnahme in den Klerus bevorzugt in Betracht – mit harten Strafen. Als Motive herrschten nicht nur ein kultischer Reinheitsbegriff und ein spiritualistisches Priesterbild vor, sondern mehr noch Überlegungen wie diese, daß auf diese Weise der Klerus aus weltl. Abhängigkeit (→ Eigenkirchenwesen) gelöst und der Kirchenbesitz vor Aufteilung an Priesternachkommen bewahrt werden könnten. Eine letzte strenge Maßnahme traf das 2. → Laterankonzil (1139), indem es den Empfang der höheren Weihe (vom Subdiakon an) zu einem trennenden Ehehindernis erklärte. Während bisher die Heirat eines Priesters zwar verboten, aber jederzeit gültig war, wenn auch der verheiratete Priester sein Amt niederlegen mußte, galt von jetzt an die Heirat eines Priesters als ein rechtl. unwirksamer Akt, der noch dazu die → Exkommunikation zur Folge hatte. Außerdem blieben jetzt die einer ungültigen Priesterehe entstammenden Kinder mit dem Makel der Illegitimität behaftet. Die ungezählten Verstöße gegen das Zölibatsgesetz – erst jetzt kann man von einem allg. verpflichtenden Gesetz reden – veranlaßten Päpste, Konzilien und Synoden nicht nur das → MA hindurch, sondern ebenso nach dem → Trienter Konzil (1545–63), das das Zölibatsgesetz gegenüber den Angriffen der Reformatoren unverändert verteidigte, bis in unsere Gegenwart dazu, Bedeutung und Notwendigkeit der priesterl. Ehelosigkeit zu betonen. Als Hauptgründe werden in neuerer Zeit eine innigere Verbindung des Priesters mit Jesus Christus und ungeteiltere Hingabe im Dienst der Seelsorge geltend gemacht. Befreiung (Dispens) von der mit der Subdiakonats-, jetzt erst mit der Diakonatsweihe übernommenen Verpflichtung zum Z. erteilten Päpste nur in seltenen Ausnahmen (z. B. für Engl. im 16. Jh. u. für Fkr. in den Jahren nach der Großen Revolution), bis Paul VI. (1963–78) die Möglichkeit zur kirchl. Eheschließung eines Priesters eröffnete, mit der jedoch das Ausscheiden aus dem Priesterstand (sog. Laisierung) verbunden ist. Hoffnungen, das Zölibatsgesetz könnte ganz oder teilweise aufgehoben werden, wurden mit Pauls VI. Enz. ›Sacerdotalis caelibatus‹ (1967) zunichte gemacht. Johannes Paul II. (seit 1978) zeigte sich in dieser Hinsicht von Anfang an zu keiner Änderung des bestehenden Gesetzes bereit; auch erschwerte er die Dispens von der gesetzl. Verpflichtung zum Z., um die seit 1962 steigenden Priesterehen – man schätzt die Zahl der verheirateten Priester auf ca. 60000 – gering zu halten. – Für verheiratete Männer besteht seit 1967 auch in der → Röm.-Kath. Kirche die Möglichkeit der Zulassung zur Diakonatsweihe ohne Zölibatsversprechen. Unverheiratete müssen jedoch vor der Weihe zum Diakon die Ehelosigkeit versprechen.

Q: Akten Papst Paul VI. Rundschreiben über den priesterl. Z. Lat.-dt. (Nachkonziliare Dokumentation 8), Trier 1968; Bischofssynode 1971. Das Priesteramt, Ei 1972; G. Denzler, Das Papsttum u. der Amtszölibat, 2 Teil-Bde, St 1973–76, 139–180, 379–445; Dienst aus der größeren Liebe zu Christus. Schreiben Papst Johannes Pauls II. an die Priester, Fr-Bas-W 1979.

L: W. Bertrams, Der Z. des Priesters, Wü [2]1962; E. Schillebeeckx, Der Amtszölibat, D 1967; B. Kötting, Der Z. in der alten Kirche, Mn 1968; M. Boelens, Die Klerikerehe in der Gesetzgebung der Kirche, Pa 1968; A. Franzen, Z. u. Priesterehe in der Auseinandersetzung der Reformationszeit u. der kath. Reform des 16. Jh., Mr 1969, [3]1971; R. Gryson, Les origines du célibat ecclésiastique du premier au septième siècle, Gembloux 1970; J. Coppens (Hg.), Sacerdoce et célibat. Etudes historiques et théologiques, Gembloux-Lv 1971; K. Hagemann, Der Z. der röm.-kath. Kirche, Königstein 1971; H. Heimerl, Der laisierte Priester. Seine Rechtsstellung, Graz 1973; G. Denzler, Das Papsttum u. der Amtszölibat, 2 Bde, St 1973–76; H.-U. Wili, Zur Zölibatspflicht der Weltkleriker im kath. Kirchenrecht: Theol. Berichte IV, Z-Ei-Kö 1974, 183–244; P. Picard, Zölibatsdiskussion im kath. Dtl. der Aufklärungszeit, D 1975; K. P. Winninger, Ordonner des prêtres. Le celibat une loi, le ministère une nécessité, P 1977; H.-J. Vogels, Pflichtzölibat, Mn 1978; W. Leinweber, Der Streit um den Z. im 19. Jh., Mr 1978; G. Denzler (Hg.), Priester für heute. Antworten auf das Schreiben Papst Johannes Paul II. an die Priester, Mn 1980, 2. Aufl.: Wozu Priester, Mn 1982; F. Klostermann, Gemeinde ohne Priester. Ist der Z. eine Ursache?, Mz 1981; C. Cochini, Origines apostoliques du célibat sacerdotal, P 1981; A. L. Barstow, Married Priests and the Reforming Papacy: The Eleventh-Century Debates, NY/Toronto 1982; P. Brown, Die Keuschheit der Engel. Sexuelle Entsagung, Askese u. Körperlichkeit am Anfang des Christentums, Mn 1991; A. W. Sipe, Sexualität u. Z., Pa 1992; G. Denzler, Gesch. des Z., Fr 1993; L. Schmugge, Kirche, Kinder, Karrieren. Päpstl Dispense von der unehelichen Geburt im Spätmittelalter, Z 1994.

Zunftwesen, entfaltete sich aufgrund eines freien Genossenschaftsrechtes als »Gilde« erst im frühma. Städte- und organisierten Handwerkerwesen (11./12. Jh.). Wohl kannte die Antike Berufsvereinigungen, z. B. die Innung der Salzfischhändler (corpus salariorum), der Gastwirte (popinarii) oder der Feldmesser (agrimensores). Wurden letztere in der Kaiserzeit verstaatlicht, so alle Innungen unter Alexander Severus (222–235): »aus den auf freiwilligem Zusammenschluß beruhenden Genossenschaften wurden Zwangsvereine« (LIEBENAM). Im übrigen blieben in vorkonstantinischer Zeit Christen die Türen zum röm. Vereinswesen verschlossen. Das gilt auch für das nachkonstantinische 4./5. Jh., weil ähnl. wie bei den Stadtverwaltungen das Z. weithin eine »Provinz« paganer Tradition und heidnischer Opposition geworden war. Die Zerstörung spätröm. Stadtkultur durch die → Völkerwanderung ließ es garnicht erst zu einem christl. Z. kommen, zumal da die weiteren Jh. im Zeichen der Agrarwirtschaft und ihres Feudalwesens standen. Mit dem Aufstieg der oberit. Städte im 11./12. Jh. aber blühte das Z. wieder auf, wobei neue Handwerkerzweige (z. B. Webindustrie) auch neue Gilden (z. B. des spez. Handelskaufmanns) ins Leben riefen. Andere Gilden wie die »sodalitas magistrorum« (→ Generalstudium; → Universität) hingegen lebten von der Renaissance röm. Rechtstraditionen im oberit. Raum. Die Integrierung des frühma. Z. in das kirchl. war dann ein zweiter Schritt (Entstehung der → Bruderschaften, vor allem als Hospitalgenossenschaften → Hospitaliter). Da jedes Handwerk seinen Heiligen hatte (→ Heiligenverehrung), verfügten die ma. Zünfte nicht nur über eigene Altäre, die sie finanzierten, sondern waren auch an der Gestaltung der Heiligenfeste intensiv beteiligt. Ihren Höhepunkt erreichte diese Verkirchlichung im 15. Jahrhundert. Mit dem Schwinden des rel. Engagement bes. in den Gesellenbruderschaften stellten sich allerdings im 16. Jh. auch Entartungserscheinungen ein, die Luther in einem Nachwort zu seinem ›Sermon von dem hochwürdigen Sakrament des hl. wahren Leichnams‹ anprangerte. Wohl hoben → Reformation und → Neuzeit die städtisch-kommunalrechtl. Verankerung eines kirchl. Z. auf. Im prot. Bereich konnten sich jedoch Bruderschaften wie der Kaland in säkularer Gestalt (z. B. als Feuer- und Hagelversicherung) bis heute erhalten. In kath. Ländern hingegen kommt die kirchl. Einbindung des Z. kaum zufällig bei der Fronleichnamsprozession (→ Fronleichnamsfest) noch heute zur Darstellung, in der die Gilden mit den Fahnenbildern ihrer Heiligen zu sehen sind. Nach der Prozession werden die Fahnenbilder im Kirchenschiff aufgehängt.

L: W. LIEBENAM, Zur Gesch. u. Organisation des röm. Vereinswesens, L 1890, (Ndr.) Aalen 1964; A. STÖCKLE, Spätröm. u. byz. Zünfte, L 1911, (Ndr.) 1963; H. PLANIK, Kaufmannsgilde u. städtische Eidgenossenschaft ... im 11. u. 12. Jh.: ZSavRGgerm 60 (1940) 1–116; P. DUBARC, Confréries du Saint-Esprit et communautés d'habitants au moyen-âge: Revue d'histoire de droit français et étranger 36 (1958) 349–367, 555–558; P. WILPERT – W. P. ECKERT, Beiträge zum Berufsbewußtsein des ma. Menschen, B 1964; O. G. OEXLE, Die ma. Gilden. Ihre Selbstdeutung u. ihr Beitrag zur Formung sozialer Strukturen: A. ZIMMERMANN (Hg.), Soziale Ordnungen im Selbstverständnis des MA, B 1979, 203–226.

Zwei-Reiche-Lehre. Der »Gottesstaat« von Augustinus († 430) mit seinem gesch.-theol. Konzept eines Mit- und Gegeneinanders von zwei »Bürgerschaften« (duae civitates) sollte nicht zuletzt deshalb eine so tiefgreifende, das abendländische Geschichtsbild beeinflussende Wirkungsgeschichte haben, weil der Antagonismus der beiden »Gemeinwesen« mit ihren unterschiedl. Zielvorstellungen (Gottesliebe – Selbstliebe; Weltlichkeit als Mittel bzw. als Endzweck) mißverstanden wurde. Indem man den geschichtseschatologischen Rahmen außer Acht ließ, kam man zu einem Geschichtsbild christl. Immanenz. In ihm bildeten Reich und Kirche die einander gegenüberstehenden Tragsäulen, auf welchen der weitgespannte Rundbogen der einen Christenheit (Corpus christianum) ruhte, weil das Spannungsverhältnis durch die gemeinsame christl. Dienstobliegenheit aufgefangen wurde. Wurde der → Augustinismus dank seiner einseitigen Augustinus-Interpretation für die abendländische → Theologiegeschichte, spez. deren → Rechtfertigungslehre, geschichtsmächtig, so der »Polit. Augustinismus« (H.-X. Arquillière) dank einer verkürzenden Interpretation für die westeuropäischen Soziallehren. Daß ausgerechnet der Mönchspapst Gregor I. (590–604) dies inaugurierte, so daß der »Gottesstaat« zur Lieblingslektüre Karls d. Gr. werden konnte, illustriert die vielfache Beobachtung des »fruchtbaren Mißverständnisses« in der Geistes- und Theologiegeschichte. Ebenso konnte Gregor VII. (→ Gregorianische Reform) im 11. Jh. solcher Politisierung der Z. die Losung von der »Freiheit der Kirche« (libertas ecclesiae) entlehnen und sie gegen die Überfremdung der Kirche durch das Reich ins Feld führen. Die »prästabilisierte Harmonie« eines christl. Universums erwies sich jedoch schon im → Investiturstreit als illusionär. In ihren theol. Prämissen sollte sie später zudem durch den → Ockhamismus angezweifelt werden. Sie war nur als »Zweiregimenterlehre« durchzuhalten, die scharf zw. Gottes unberechenbarem Handeln (Offenbarung) und den diese Geschichtswelt beherrschenden Mächten unterschied. Aus solcher spätnominalistischer Wurzel ist die Z. Martin Luthers († 1546) hervorgegangen, die kaum zufällig in der Auseinandersetzung mit dem → Humanismus eines Erasmus († 1536) ihren literarischen Niederschlag fand. Luther griff gleichzeitig zur Begründung auf den Gegensatz von Weltlichkeit und Christlichkeit bzw. von »Sünder und Gerechter zugleich« (simul peccator, simul justus) und dem ihm korrespondierenden Gegensatz von »Gesetz« und »Evangelium« seiner → Rechtfertigungslehre zurück. Das sollte man nicht übersehen, wenn der neuzeitl. Prozeß der → Säkularisierung bedacht wird, die Luther mit seiner Z. zweifelsohne begünstigte.

Q: Mirbt-Aland 510; U. Duchrow – H. Hoffmann – C. Windhorst (Hg.), Die Vorstellung v. Zwei Reichen u. Regimenten bei Luther, Gü 1972, ²1978; N. Hasselmann (Hg.), Gottes Wirken in seiner Welt. Zur Diskussion um die Zweireichelehre, 2 Bde, H 1980; KThQ I 91.

L: H.-X. Arquillière, L'Augustinisme politique, P 1934, ²1955 (weitere L : Bibliographia Augustiana, hg. v. C. Andresen, Da ²1973, 209 ff.); J. Heckel, Lex charitatis, Mn 1953, Kö ²1973; H. Bornkamm, Luthers Lehre v. den zwei Reichen in dem Zusammenhang mit seiner Theologie, Gü 1958, ³1969; S. Grundmann, Kirche u. Staat nach der Z. Luthers: Im Dienste der Rechte in Kirche u. Staat. Fs. F. Arnold, W 1963, 38–56; H.-H. Schrey (Hg.), Reich Gottes u. Welt. Die Lehre Luthers v. den zwei Reichen, Da 1969; G. Sauter (Hg.), Zur Z. Luthers, Mn 1973; R. Ohlig, Die Z. Luthers in der Auslegung der dt. luth. Theologie der Gegenwart seit 1945, Bern-F 1974; U. Duchrow, Christenheit u. Weltverantwortung. Traditionsgesch. u. systemat. Struktur der Z., St 1969, ²1983; Ders. (Hg.), Zwei Reiche u. Regimente. Ideologie oder ev. Orientierung?, Gü 1977; M. Jacobs, Kirche u. Staat im Verständnis M. Luthers: G. Denzler (Hg.), Kirche u. Staat auf Distanz, Mn 1977, 57–73; N. Hasselmann (Hg.), Z. Diskussion um die Z., 2 Bde, H 1980.

Zwei-Schwerter-Theorie. Der ntl. Kontext Lk 22,35–38 (Leidensankündigung) erklärt, warum die Darreichung zweier Schwerter durch die Jünger (an sich schon eine Geste des Mißverständnisses) spät zur Deutung des Verhältnisses zw. Reich (regnum; imperium) und Kirche (sacerdotium; ecclesia universalis) herangezogen und dann noch unterschiedl. gedeutet wurde (z.B. Alkuin, † 804: ›Leib und Seele‹; Walafrid, † 849: die beiden Testamente hl. Schrift). Erst im → Investiturstreit wurde das Wort »ecce duo gladii hic« zur Begründung der Z. herangezogen (11./12. Jh.). Ihr gab das ›Decretum Gratiani‹ (→ Kanonistik) Mitte des 12. Jh. eine dekretalistische und damit papalistische Ergänzung durch Verlautbarungen des Papstes Gelasius I. (492–496). Sie sprachen allerdings nicht von »zwei Schwertern«, sondern von den »zwei Gewalten«, waren immerhin schon früher zur Deutung des Verhältnisses von → Kirche und Staat herangezogen worden (z.B. von Nikolaus I. gegenüber Ks. Michael von Byzanz: 855). Die gelasianische Zweigewaltentheorie konnte sich daher im Verlauf der weiteren Diskussion des 13./14. Jh. mit der Z. vermischen, wobei dieselbe sich auf die Frage konzentrierte, wie man die »zwei Schwerter« (duo gladii) zu deuten habe. Wohl war man sich einig, daß das eine als »weltlich« (temporalis), das andere als »geistlich« (spiritualis) zu kennzeichnen sei. Streitpunkt war vielmehr, was die Überreichung der beiden Schwerter zu bedeuten habe. Die kuriale Z. sah in der Übergabe der beiden Schwerter (uterque gladius) die intentionale Ausstattung des Papstes durch Christus sowohl mit geistl. wie auch weltl. Macht (potestas) und folgerte gleichzeitig, daß der Papst von sich aus das Gerichtsschwert an den Ks. delegiert habe; dies begründe die papale Hegemonie gegenüber dem Reich (sog. hierokratische Z., am schroffsten formuliert 1302 von Bonifaz VIII. in der Bulle ›Unam sanctam‹). Demgegenüber vertrat die imperiale, d.h. von Vertretern des Reichsgedankens geäußerte Theorie der Gewaltenteilung die Meinung, die Delegation der Macht sei paritätisch sowohl dem Papst als »geistl. Schwert« wie dem Ks. als »weltl. Schwert« unmittelbar von Christus zuteil geworden. Die kaiserl. Z. tastete dabei die Überlegenheit des »geistl. Schwertes« nicht an, das eben »nicht töte, sondern lebendig mache« (Decretum Gratiani c. 6 C 33 q. 2).

Q: E. Eichmann, Kirche u. Staat, Bd. I, Pa 1912, 41; Bd. II, Pa 1912, 9f.; Mirbt-Aland 543–546, 462f., 746; D-S 347, 870–875.

L: L. Knabe, Die gelasianische Zweigewaltentheorie bis zum Ende des Investiturstreites, B 1936; W. Levison, Die ma. Lehre v. den Schwertern: DA 9 (1952) 14–42; E. Feine, Kirchl. Rechtsgesch., T ⁵1972, 299–311; W. Ullmann, Die Machtstellung des Papsttums im MA, Graz-W-Kö 1960; Ders., Gelasius I. (492–496). Das Papsttum an der Wende v. der Spätantike zum MA, St 1981.

Zwickauer Propheten nannte man 1521 in Wittenberg die beiden Tuchmacher Storch und Drechsel sowie den früheren Wittenberger Studenten Stübner, die sich durch die dortigen Unruhen (radikale Reform der Messe durch Abendmahlsfeiern »in beiderlei Gestalt«, Propagierung einer Auflösung der Klöster, Einstellung des Messelesens durch die Augustiner) in die kurfürstl.-sächs. Residenz hatten ziehen lassen. Vielleicht waren sie auch von dem früheren Z. Pfarrer Thomas Müntzer (enthauptet 1525) entsandt, der selber mit Zwickauer Tuchknappen gegen die kath. Kirche einen Aufruhr angezettelt hatte und deshalb im April 1521 vertrieben worden war. Jedenfalls steigerten sich nach Ankunft der Z. P. im Dezember die Wittenberger Unruhen: Im Januar 1522 löste sich die dt. → Augustiner-Kongregation auf; im gleichen Monat wurde das kirchl. Stiftungsvermögen sozialen Zwecken zugeführt; im Februar fegte der Bildersturm die Kirchen leer. Das veranlaßte Luther, gegen den Willen seines Kurfürsten die Wartburg zu verlassen (6. März) und in seinen berühmten Invokavitpredigten (9.–16. März) in Wittenberg gegen die → Schwärmer zu wettern. Nur die schon entstandene »Ordnung des gemeinen Beutels« (soziale Hilfskasse) ließ er fortbestehen, d. h. die Umwandlung des kirchl. Stiftungsvermögens hieß er gut. Mit ihr nahm aber die prot. Kirchenbildung (→ Reformation) ihren Anfang.

Q: Sehling I/1 697f.; H. Barge, Aktenstücke zur Wittenberger Bewegung, L 1912, (Ndr.) 1966; S. Bräuer – W. Ullmann (Hg.), Thomas Münzer. Theol. Schriften aus dem Jahr 1523, B ²1982.

L: P. Wappler, Thomas Münzer in Zwickau u. die Z. P., (Programm Zwickau) 1908, (Ndr.) L 1966; N. Müller, Die Wittenberger Bewegung 1521 u. 1522, L 1911; C. Hinrichs, Luther u. Müntzer, ihre Auseinandersetzung über Obrigkeit u. Widerstandsrecht, B 1952, ²1962; T. Nipperdey, Theologie u. Revolution bei Thomas Müntzer: ARG 54 (1963) 145–179 = W. Hubatsch (Hg.), Wirkungen der dt. Reformation bis 1555, Da 1967, 263–285.

Zwinglianismus. Mit Fug und Recht läßt sich die Frage stellen, ob der »Leutpriester« am Züricher Großmünster, Huldrych Zwingli (1484–1531), sich nicht ähnl. wie Martin Luther († 1546, → Reformation) zu Abstrichen an seinem Reformprogramm hätte gezwungen gesehen, wenn ihn nicht der frühe Tod als Feldprediger (1531 in Kappel am Albis) hinweggerafft hätte. So konnte sich auch innerhalb der → Ref. Kirche dt. Zunge ein ref. Konfessionalismus der prinzipiellen Distanz zum → Luthertum und zur → Kath. Reform entfalten, der im weiteren Verlauf aber auch Modifizierung an dem theol. Erbe zulassen konnte. Diesem Z. sind der engste Mitarbeiter Zwinglis in Zürich, Leo Jud († 1542), der Humanist und Reformator Basels, Johannes Oekolampad († 1531), dessen Nachfolger Oswald Myconius († 1552), vor allem aber der Nachfolger Zwinglis in Zürich, Heinrich Bullinger († 1575), zuzurechnen. Aus ihrer Gemeinschaftsarbeit ist das ›Erste Helvetische Bekenntnis‹ (›Confessio Helvetica prior‹) von 1536 hervorgegangen, das die konfessionelle Profilierung der deutschsprachigen Schweiz einleitete. In der ›Confessio Helvetica posterior‹ (1566) fand es eine von Bullinger zunächst privat erstellte

Ausarbeitung, die dann seit 1566 in der Pfalz offiz. galt und in dieser Fassung zu einer der am meisten verbreiteten → Bekenntnisschriften der ref. Kirchen wurde.

Q: H. ZWINGLI, Sämtliche Werke. Hist.-krit. Gesamtausgabe 16 Bde, Z 1904ff., (Ndr.) Z 1982; DERS., Schriften, 4 Bde, Z 1995; KThQ III 47, 57, 74; H. BULLINGER, Werke (3 Abteilungen), Z 1972ff.; Th. BRUNNSCHWEILEER – S. LUTZ (Hg.), H. Zwingli Schriften, 4 Bde, Z 1995.

L: Zwingliana, (bisher) 22 Bde, Z 1904ff.; F. BÜSSER, Das kath. Zwinglibild, Z 1968; U. GÄBLER, H. Zwingli im 20. Jh. Forschungsbericht u. annotierte Bibliographie 1897–1972, Z 1975; G. W. LOCHER, Die Zwinglische Reformation im Rahmen der europäischen KG, Gö 1979; DERS., Zwingli u. die schweiz. Reformation, Gö 1982; M. HAAS, H. Zwingli, Leben und Werk des Züricher Reformators, Z ^{3}1982; W. KÖHLER, H. Zwingli, neu hg. von E. KOETT, Z-Kö 1984; W. P. STEPHENS, The Theology of H. Zwingli, O 1985; F. BLANKE – I. LEUSCHNER, H. Bullinger. Vater der ref. Kirche, Z 1990.

Papstliste

Während die Päpste in früheren Listen Ordinalzahlen aufwiesen (so trug Pius XII. 1939–58 die Nummer 262), verzichtet das ›Annuario Pontificio‹ heute auf diese Durchzählung und bietet die Namen der sog. Gegenpäpste (→ Papstschismen) eingerückt.

Hl. Petrus	–67 (?)
Hl. Linus	67–76
Hl. Anaclet I.	76–88
Hl. Clemens I.	88–97
Hl. Evaristus	97–105
Hl. Alexander I.	105–115
Hl. Sixtus I.	115–125
Hl. Telesphorus	125–136
Hl. Hyginus	136–140
Hl. Pius I.	140–155
Hl. Anicet	155–166
Hl. Soter	166–175
Hl. Eleutherus	175–189
Hl. Victor I.	189–199
Hl. Zephyrinus	199–217
Hl. Calixtus I.	217–222
Hippolytus	217–235
Hl. Urban I.	222–230
Hl. Pontianus	230–235
Hl. Anterus	235–236
Hl. Fabianus	236–250
Hl. Cornelius	251–253
Novatianus	251
Hl. Lucius I.	253–254
Hl. Stephanus I.	254–257
Hl. Sixtus II.	257–258
Hl. Dionysius	259–268
Hl. Felix I.	269–274
Hl. Eutychianus	275–283
Hl. Cajus	283–296
Hl. Marcellinus	296–304
Hl. Marcellus I.	308–309
Hl. Eusebius	309
Hl. Miltiades	311–314
Hl. Silvester I.	314–335
Hl. Marcus	336
Hl. Julius I.	337–352
Liberius	352–366
Felix II.	355–365
Hl. Damasus I.	366–384
Ursinus	366–367
Hl. Siricius	384–399
Hl. Anastasius I.	399–401
Hl. Innozenz I.	401–417
Hl. Zosimus	417–418
Hl. Bonifatius I.	418–422
Eulalius	418–419
Hl. Coelestin I	422–432
Hl. Sixtus III.	432–440
Hl. Leo I.	440–461
Hl. Hilarius	461–468
Hl. Simplicius	468–483
Hl. Felix III. (II.)	483–492
Hl. Gelasius I.	492–496
Anastasius II.	496–498
Hl. Symmachus	498–514
Laurentius	498. 501–505
Hl. Hormisdas	514–523
Hl. Johannes I.	523–526
Hl. Felix IV. (III.)	526–530
Bonifatius II.	530–532
Dioskur	530
Johannes II.	533–535
Hl. Agapet I.	535–536
Hl. Silverius	536–537
Vigilius	537–555
Pelagius I.	556–561
Johannes III.	561–574
Benedikt I.	575–579
Pelagius II.	579–590
Hl. Gregor I.	590–604
Sabinian	604–606
Bonifatius III.	607
Hl. Bonifatius IV.	608–615
Hl. Deusdedit	615–618
Bonifatius V.	619–625
Honorius I.	625–638
Severinus	640

Johannes IV.	640–642
Theodor I.	642–649
Hl. Martin I.	649–655
Hl. Eugen I.	654–657
Hl. Vitalianus	657–672
Adeodatus II.	672–676
Donus	676–678
Hl. Agatho	678–681
Hl. Leo II.	682–683
Hl. Benedikt II.	684–685
Johannes V.	685–686
Konon	686–687
Theodor	687
Paschalis	687
Hl. Sergius I.	687–701
Johannes VI.	701–705
Johannes VII.	705–707
Sisinnius	708
Constantinus I.	708–715
Hl. Gregor II.	715–731
Hl. Gregor III.	731–741
Hl. Zacharias	741–752
Stephan II. (III.)	752–757
Hl. Paul I.	757–767
Constantinus II.	767–769
Philipp	768
Stephan III. (IV.)	768–772
Hadrian I.	772–795
Hl. Leo III.	795–816
Stephan IV. (V.)	816–817
Hl. Paschalis I.	817–824
Eugen II.	824–827
Valentin	827
Gregor IV.	827–844
Johannes	844
Sergius II.	844–847
Hl. Leo IV.	847–855
Benedikt III.	855–858
Anastasius	855
Hl. Nikolaus I.	858–867
Hadrian II.	867–872
Johannes VIII.	872–882
Marinus I. (Martin II.)	882–884
Hl. Hadrian III.	884–885
Stephan V. (VI.)	885–891
Formosus	891–896
Bonifatius VI.	896
Stephan VI. (VII.)	896–897
Romanus	897
Theodor II.	897
Johannes IX.	898–900
Benedikt IV.	900–903
Leo V.	903
Christophorus	903–904
Sergius III.	904–911
Anastasius III.	911–913
Lando	913–914
Johannes X.	914–928
Leo VI.	928
Stephan VII. (VIII.)	928–931
Johannes XI.	931–935
Leo VII.	936–939
Stephan VIII. (IX.)	939–942
Marinus II. (Martin III.)	942–946
Agapet II.	946–955
Johannes XII.	955–964
Leo VIII.	963–965
Benedikt V.	964
Johannes XIII.	965–972
Benedikt VI.	973–974
Bonifatius VII. (zunächst Gegenpapst 974)	984–985
Benedikt VII.	974–983
Johannes XIV.	983–984
Johannes XV.	985–996
Gregor V.	996–999
Johannes XVI.	997–998
Silvester II.	999–1003
Johannes XVII.	1003
Johannes XVIII.	1004–1009
Sergius IV.	1009–1012
Benedikt VIII.	1012–1024
Gregor VI.	1012
Johannes XIX.	1024–1032
Benedikt IX.	1032–1044
Silvester III.	1045
Benedikt IX.	1045
Gregor VI.	1045–1046
Clemens II.	1046–1047
Benedikt IX.	1047–1048

Damasus II.	1048
Hl. Leo IX.	1049–1054
Victor II.	1055–1057
Stephan IX. (X.)	1057–1058
Benedikt X.	1058–1059
Nikolaus II.	1059–1061
Alexander II.	1061–1073
Honorius II.	1061–1072
Hl. Gregor VII.	1073–1085
Clemens III.	1084–1100
Sel. Victor III.	1086–1087
Sel. Urban II.	1088–1099
Paschalis II.	1099–1118
Theoderich	1100–1102
Albert	1102
Silvester IV.	1105–1111
Gelasius II.	1118–1119
Gregor VIII.	1118–1121
Calixtus II.	1119–1124
Honorius II.	1124–1130
Coelestin II.	1124
Innozenz II.	1130–1143
Anaklet II.	1130–1138
Viktor IV.	1138
Coelestin II.	1143–1144
Lucius II.	1144–1145
Sel. Eugen III.	1145–1153
Anastasius IV.	1153–1154
Hadrian IV.	1154–1159
Alexander III.	1159–1181
Victor IV.	1159–1164
Paschalis III.	1164–1168
Calixtus III.	1168–1178
Innozenz III.	1179–1180
Lucius III.	1181–1185
Urban III.	1185–1187
Gregor VIII.	1187
Clemens III.	1187–1191
Coelestin III.	1191–1198
Innozenz III.	1198–1216
Honorius III.	1216–1227
Gregor IX.	1227–1241
Coelestin IV.	1241
Innozenz IV.	1243–1254
Alexander IV.	1254–1261
Urban IV.	1261–1264
Clemens IV.	1265–1268
Sel. Gregor X.	1271–1276
Sel. Innozenz V.	1276
Hadrian V.	1276
Johannes XXI.	1276–1277
Nikolaus III.	1277–1280
Martin IV.	1281–1285
Honorius IV.	1285–1287
Nikolaus IV.	1288–1292
Hl. Coelestin V.	1294
Bonifatius VIII.	1294–1303
Sel. Benedikt XI.	1303–1304
Clemens V.	1305–1314
Johannes XXII.	1316–1334
Nikolaus V.	1328–1330
Benedikt XII.	1335–1342
Clemens VI.	1342–1352
Innozenz VI.	1352–1362
Sel. Urban V.	1362–1370
Gregor XI.	1371–1378
Urban VI.	1378–1389
Bonifatius IX.	1389–1404
Innozenz VII.	1404–1406
Gregor XII.	1406–1415
Clemens VII.	1378–1394
Benedikt XIII.	1394–1423
Alexander V.	1409–1410
Johannes XXIII.	1410–1415
Martin V.	1417–1431
Eugen IV.	1431–1447
Felix V.	1440–1449
Nikolaus V.	1447–1455
Calixtus III.	1455–1458
Pius II.	1458–1464
Paul II.	1464–1471
Sixtus IV.	1471–1484
Innozenz VIII.	1484–1492
Alexander VI.	1492–1503
Pius III.	1503
Julius II.	1503–1513
Leo X.	1513–1521
Hadrian VI.	1522–1523
Clemens VII.	1523–1534
Paul III.	1534–1549
Julius III.	1550–1555
Marcellus II.	1555

Papstliste

Paul IV.	1555–1559
Pius IV.	1560–1565
Hl. Pius V.	1566–1572
Gregor XIII.	1572–1585
Sixtus V.	1585–1590
Urban VII.	1590
Gregor XIV.	1590–1591
Innozenz IX.	1591
Clemens VIII.	1592–1605
Leo XI.	1605
Paul V.	1605–1621
Gregor XV.	1621–1623
Urban VIII.	1623–1644
Innozenz X.	1644–1655
Alexander VII.	1655–1667
Clemens IX.	1667–1669
Clemens X.	1670–1676
Sel. Innozenz XI.	1676–1689
Alexander VIII.	1689–1691
Innozenz XII.	1691–1700
Clemens XI.	1700–1721
Innozenz XIII.	1721–1724
Benedikt XIII.	1724–1730
Clemens XII.	1730–1740
Benedikt XIV.	1740–1758
Clemens XIII.	1758–1769
Clemens XIV.	1769–1774
Pius VI.	1775–1799
Pius VII.	1800–1823
Leo XII.	1823–1829
Pius VIII.	1829–1830
Gregor XVI.	1831–1846
Pius IX.	1846–1878
Leo XIII.	1878–1903
Hl. Pius X.	1903–1914
Benedikt XV.	1914–1922
Pius XI.	1922–1939
Pius XII.	1939–1958
Johannes XXIII.	1958–1963
Paul VI.	1963–1978
Johannes Paul I.	1978
Johannes Paul II.	1978–

Personenregister

Abaelard, P. 103, 124, 490, 538, 539
Abraham 279
Abraham a Santa Clara 149
Absalom von St. Viktor 593
Adam 60
Adam von St. Viktor 417
Adam, K. 598
Addai 420
Adenauer, K. 457
Adolf von Essen 386
Adorno, T. 512
Aegidius von Rom 100
Aelred von Rievaulx 417
Aemiliani, H. 557
Aëtios von Antiochien 201
Agagianian, G. P. 611
Agobard von Lyon 247
Agricola, J. 67
Akakios von Konstantinopel 45
Alacoque, M. M. 534
Alarich 464
Alberich 529
Albert der Große 105, 126, 187, 236
Albrecht II. 381
Albrecht V. von Bayern 234, 356
Albrecht V. von Österreich 393
Albrecht von Mainz 37
Albrecht von Preußen 181
Alexander I. 253
Alexander II. 37, 295, 461
Alexander III. 255, 256, 271, 275, 298, 300, 304, 347, 361, 454, 517
Alexander IV. 99, 100, 551
Alexander V. 429, 451, 472
Alexander VI. 238, 338
Alexander VIII. 233, 488
Alexander Severus 641
Alexios 47
Alexios Studites 566
Alexis de Menezes 585
Alexy 432
Alfons I. 517
Alfons II. 494
Alfons XII. 517
Algermissen, K. 336
Alkuin 39, 42, 89, 216, 266, 511, 623, 644
Allioli, J. F. 127
Altaner, B. 462
Altenstein, C. 358
Amadius VI. von Savoyen 65
Amadeus VIII. von Savoyen 113, 452
Amalrich von Bena 58, 59
Aman, J. 394
Ambrosius von Mailand 59, 216, 269, 321, 333, 348, 359, 390, 479, 519
Ammann, F. S. 466
Ammon 75
Amsdorf, N. 570
Anaklet II. 361, 451
Anderson, J. 227
Andreae, J. 340, 522, 596
Andreas von Ungarn 180
Andresen, C. 185
Andrewes, L. 64
Andronikos III. Palaiologos 445
Angela Merici 530, 605
Angeld, C. 164
Angelo Clareno 170, 561
Anno II. 552
Anselm von Canterbury 101, 216, 416, 493, 538
Ansgar 536
Antonelli, G. 523
Antonin von Florenz 260
Antonius der Große 61, 72, 440
Antonius von Padua 234
Antonius von Paris 556
Apollinaris von Laodicea 73, 74, 213
Appel, A. 432
Arausio II. 549
Aristeides von Athen 74
Ariston von Pella 74
Aristoteles 58, 89, 105, 269, 417, 539
Arius 82, 83, 142
Arminius, J. 87, 88, 189
Arnauld, Angelique 282
Arnauld, Anton 282
Arndt, E. M. 181
Arnobius von Sicca 74
Arnold, G. 53, 471
Arnold von Brescia 88, 125
Arnoldi, W. 182
Arnulf von Rhodos 267
Arsenios 75
Assemani, J. S. 389
Asmussen, H. 110, 567
Asterius 68
Athanasius von Alexandrien 47, 61, 69, 74, 75, 83, 91, 92, 254, 321, 322, 381, 440, 528, 571
Athenagoras von Athen 74
Athenagoras I. 414, 432, 439, 567, 599
Augustinus, Aurelius (354–430) 36, 42, 48, 49, 53, 65, 70, 75, 76, 81, 98, 100–104, 149, 188, 189, 216, 230, 240, 241, 269, 277, 281, 282, 288, 296, 297, 305, 307, 314, 317, 321, 323, 352, 383, 388, 390–392, 408, 410, 417, 465, 478, 479, 492, 541, 549, 556, 570, 571, 578, 596, 622, 628, 642, 643
Augustinus († 604) 238
Aurelian 68
Aurelius Prudentius 269
Aurelius von Karthago 188, 296, 571
Averroes 58, 105

Baader, F.-X. von 166, 370, 583
Bacon, R. 93, 539
Baeumker, K. 423
Bailly, E. 617
Bajus, M. 107, 108, 281, 282
Baker – Eddy, M. 166
Balduin II. von Konstantinopel 378
Baltus, J. F. 258
Baltzer, J. B. 250
Bandinelli, R. 298
Báñez, D. 408
Baradai, J. 572
Barclay, R. 487
Barientos 517
Barlaam 445
Barnabas 78, 111
Baronius, C. 317, 380, 436, 448, 529
Barth, K. 51, 52, 110, 116,

176, 184, 314, 479, 493, 512, 542, 567, 584
Bartholomäus von Lucca 448
Basedow, J. B. 545
Basilides von Alexandrien 244
Basilius der Große 69, 114, 115, 173, 321, 322, 333, 381, 410, 440
Batiffol, P. 406
Bauer, B. 127
Baumann, R. 601
Baur, A. 306
Baur, F. C. 185, 240, 243, 264, 265, 368, 583, 594
Baxter, R. 486
Bea, A. 432, 434, 599, 611
Beatrice 103
Beauduin, L. 372, 598
Bebel, A. 168
Becket, T. 256
Begel, J. A. 128
Bellarmin, R. 49, 67, 143, 185, 306
Bénard, L. 391
Benedikt XI. 187, 551
Benedikt XIII. 187, 343, 409, 429, 451, 472, 543
Benedikt XIV. 43, 115, 142, 186, 263, 282, 338, 459, 495, 516
Benedikt XIV. 451
Benedikt XV. 127, 142, 212, 230, 323, 568
Benedikt von Aniane 119, 171, 246, 409
Benedikt von Nursia 119, 120, 121, 333, 391, 409
Bengel, J. A. 470, 476
Benigni, U. 407
Benincasa, U. 581
Berdjajew, N. 67
Berengar von Ivrea 529
Berengar von Tours 36
Bernhard von Clairvaux 70, 88, 119, 124, 125, 349, 386, 417, 456, 582, 637
Bernhard von Oviedo 114
Bernhardin von Asti 299
Bernhardin von Siena 123, 149, 620
Bernini, G. L. 466
Bernold von St. Blasien 262
Bertha (Bardi) 607
Berthold von Chiemsee 456
Berthold von Regensburg 149
Berthold von Rohrbach 138
Bertrand de Got 105
Berulle, P. de 193, 194, 436, 568
Bessarion 152, 219
Beyerhaus, P. 202
Beyschlag, W. 206
Beza, T. 441, 481, 498
Biddle, J. 602
Biel, G. 431, 616
Bihlmeyer, K. 53, 318
Binterim, A. J. 597
Bischoff, J. G. 422
Biskupeč von Pilgram 574
Bismark, Otto von 168, 200, 206, 239, 274, 310, 353, 354
Bisping, A. 128
Bitter, G. 306
Bittlinger, A. 160
Blandrata, G. 71
Blumhardt, C. 274
Blumhardt, C. F. 512
Bodelschwingh, F. von 81, 125, 274
Bodelschwingh, F. 116
Bodenstein, A. 547
Böhme, J. 417, 561
Böhringer, F. 621
Boëthius 269
Bogomil 135
Bolland, J. 136
Bolzano, B. 250
Bonald, L. de 588
Bonaventura 89, 126, 222, 236, 416, 456, 539
Bonifatius, W. 62, 119, 179, 194, 238, 303, 399, 505
Bonifaz I. 465
Bonifaz VIII. 37, 49, 73, 172, 197, 232, 254, 298, 323, 330, 447, 456, 616, 626, 644
Bonifaz IX. 454
Bonnetty, A. 589
Bonomelli, G. 143
Booth, W. 256
Borromäus, K. 59, 137, 144, 215, 262, 312, 436, 605
Bosco, G. 533, 545
Bossuet, J. B. 232, 306, 488
Boŭsset, W. 258, 369
Boyer, A. 306
Braig, C. 405
Brauns, H. 621
Breckling, F. 471
Breit, T. 110
Bremond, H. 193
Bremond-Avignon, F. de 605
Brentano, C. 494
Brent, C. H. 212
Brenz, J. 596
Breŭer, J. G. 335
Brigitta von Kildare 137
Brigitta von Schweden 131
Brisson, A. 533
Brockhaus, C. 176
Brück, G. 96
Brunner, E. 184, 493
Bruno von Köln 303
Bryennios, J. 566
Bucer, M. 154, 163, 164, 172
Buchman, F. N. D. 412
Büttner, A. 103
Bugenhagen, J. 322
Bullinger, H. 118, 153, 498, 499, 645
Bultmann, R. 184, 243, 289, 369, 542, 604
Bunyan, J. 486
Buonaiuti, E. 406
Burckhard, J. 107
Burckhardt, J. 628
Bŭs, C. de 186
Bussemer 225
Buß, F. J. 166, 308, 310, 559
Businelli 530
Buzzetti, V. 423

Cabrini, F. S. 102
Cäcilia 153
Caelestius 464
Caesar, J. 103, 294
Caesarius von Arles 549
Cahensly, P. P. 490
Cajetan, T. 37, 356, 587, 615
Calixt I. 528
Calixt II. 248, 267, 339, 633
Calixt III. 170, 631
Calixt, G. 53, 376, 570
Calov, A. 376, 441, 570
Calvin, J. 71, 108, 118, 148, 153, 154, 155, 172, 174, 208, 257, 306, 329,

441, 477, 497, 498, 499, 509, 542
Campbell, A. 108
Campbell, T. 108
Campeggio, L. 502
Camus, J. P. 270
Canisius, P. 117, 163, 306, 312, 329, 546
Cano, M. 532
Cantimori, D. 207
Capranica, D. 333
Carafa, G. 208, 581
Cardenal, E. 591
Cardijn, J. 80, 309
Carnegie, A. 230
Cartwright, T. 477, 485
Casel, O. 372
Casey, W. 108
Caspar, E. 449
Cassiodor 89
Cervini, M. 208, 312
Cesarini, G. 113, 219
Chamberlain, H. S. 178
Chaminade, G. J. 384
Champagnat, M. J. B. 387
Chantal, J. F. Frémiot de 534
Chappuis, J. 298, 323
Chardin, T. de 426
Chateaubriand, F. R. 515, 583, 597
Chaubier de Larnay, C. J. 575
Cheltchiz, P. von 136
Chemnitz, M. 117, 340, 376, 440
Chenŭ, M. D. 426
Chevalier, U. 595
Chlodwig I. 399, 619
Christian I. von Sachsen 353
Christian IV. von Dänemark 191
Christoffel, E. 274
Chrodegang von Metz 297
Chrysostomos, J. 68, 321, 322
Chrysostomos von Athen 250
Ciaconio, A. 448, 457
Cicé, A. de 530
Cicero 269, 270
Ciocci 466
Cisneros, G. Y. de 208
Cisneroz, F. X. de 312, 415
Claret y Clará, A. M. 170, 171
Clark, F. E. 292
Clavius, C. 294
Clemens, F. J. 423
Clemens III. 475
Clemens V. 105, 298, 579, 616
Clemens VI. 254, 434, 451
Clemens VII. 111, 299, 548, 581, 591
Clemens VIII. (reg. 1592–1605) 65, 186, 408, 456, 623
Clemens VIII. (reg. 1423–29) 451
Clemens IX. 283, 469, 617
Clemens XI. 43, 192, 196, 282, 283, 392, 409, 516, 590
Clemens XII. 228
Clemens XIII. 215
Clemens XIV. 35, 43, 284, 317, 459, 460
Clemens von Alexandrien 47, 75, 244, 416
Clemens von Rom 78
Clemens von Utrecht 61
Clemens Wenzeslaus von Trier 195
Clément, F. 392
Coccejus, J. 469
Cochläus, J. 174, 356
Codde, P. 283, 331
Cölestin I. 465
Cölestin II. 456
Cölestin V. 172, 453, 455, 456
Colbert, J. B. 232
Coligny, G. 112, 154
Colin, J. C. M. 387
Collenbusch, S. 110
Colombini, J. 283
Colombini, K. 283
Colonna, O. 343
Colonna, V. 208
Columban der Jüngere 410
Combalot, T. 597
Combes, A. 582
Comboni, D. 400
Comenius, J. A. 136
Commer, E. 500
Commodian 66
Condé, H. 112, 154
Condren, C. de 193
Congar, Y. 426, 598
Consalvi, E. 253, 325, 514, 631
Contarini, G. 208, 312, 511, 622
Conzelmann, H. 604, 605
Corvin-Wiersbitzki, O. von 466
Cotelier, J. B. 78
Coustant, P. 392
Cranach, L. 67
Cranmer, T. 172
Cromwell, O. 338, 435, 631
Cullmann, O. 432
Cusani, M. S. 186
Cusanus, N. 344
Cyprian von Karthago 41, 48, 74, 314, 426
Cyrill von Alexandrien 159, 201, 321, 399, 411, 421
Czerski, J. 182

d'Achéry 392
Dalberg, K. T. 273, 504, 629
Dale, R. W. 338
Damascenus, J. 75
Damasus I. 359, 519, 522
Damiani, P. 171
Danei, P. F. 459
Daniel, Y. 82
Dante, A. 103
Darby, J. N. 166, 176
Daudet, L. 38
David von Dinant 59
Davidis, E. 602
Decius 165, 426
Deharbe, J. 306, 423
Dehn, G. 145
Delehaye, H. 136
Denck, H. 51, 547
Denifle, H. S. 423, 622
Denis, C. 406
Denzinger, H. 117, 185, 423, 583
Dereine, C. 98
Descartes, R. 93, 490
Deveuster, D. 157
Dibelius, O. 567
Didacus von Azevedo 187
Diderot, D. 93
Didymos 47
Diesbach, A. von 144
Dietenberger, J. 306
Dietrich von Freiberg 417
Dilthey, W. 252, 264, 542, 584
Dinter, A. 178
Diodor von Tarsus 68
Diokletian 183, 313, 383
Dionysios von Alexandrien 47, 528

Dionysius Areopagita 416
Dionysius Exiguus 138, 297, 303
Dionysius der Kartäuser 304, 417
Dionysius von Portugal 169
Dionysius von Rom 528
Dionysos 83
Dioskur I von Alexandrien 201, 346, 491
Dippel, J. K. 471
Dölger, F. J. 54, 155
Döllinger, J. I. von 55, 137, 310, 317, 370, 419, 423, 597, 608, 609, 610
Döpfner, J. 611
Dolcino von Novara 234
Dominikus 186, 187, 380, 475
Dominikus von Preußen 386
Donatus von Karthago 188
Dostojewski, F. 67, 410
Drechsel, T. 645
Drey, J. S. 593, 594
Dreyfus, A. 38
Droste zu Vischering, C. A. von 259, 334, 335
Drummond, H. 421
Dubois, P. 232
Duchesne, L. 267
Duff, F. 363
Duilhé, M. A. 405
Dumont, C. 598
Dunin, M. 334
Duns Scotus, J. 187, 236, 555, 556
Dupanloup, F. A. P. 233
Durandus de S. Porciano 586
Durandus von Osca 46, 624
Duvergier de Hauranne, J. A. 282

Ebeling, G. 240, 316
Echter von Mespelbrunn 261
Eck, J. 174, 496, 510, 547
Eckert, E. 145
Eckhart 138, 187, 417
Edelmann, J. C. 471
Eduard III. 237
Eduard VI. 154, 172, 600
Egeria 347
Ehrhard, A. 264, 318, 406, 500
Ehrle, F. 423, 451
Einhard von Aachen 266
Elias von Cortona 88, 89
Eliot, J. 401
Elisabeth I. von England 62, 63, 85, 477, 485, 562, 568, 600
Elisabeth von Thüringen 254, 276, 617
Elliot, W. 60
Emanuel d'Alzon 90
Emser, H. 174
Engel, L. 273
Engels, F. 81
Epiphanius von Salamis 197, 244, 437
Erasmus von Rotterdam, D. 59, 99, 102, 257, 270, 305, 431, 496, 622, 643
Eriugena, J. S. 59
Ernesti, J. A. 490
Ernst von Bayern 235
Erthal, J. J. von 195
Escriva de Balagner, J. M. 435
Espen, Z. B. van 214
Étienne, N. 363
Euagrius 61
Eudes, J. 193
Eugen III. 88, 125, 304
Eugen IV. 99, 113, 219, 339, 451, 501, 502
Eunomius 201
Eusebius 463
Eusebius von Caesarea 66, 75, 165, 186, 240, 317, 388, 390, 439, 465, 588, 589
Eusebius von Vercelli 297
Eustathius von Sebaste 69, 332
Eutyches 201, 491
Eymieu 530

Faber, P. 283
Fages, M. de Jesus 90
Falcoja, T. 495
Falk, J. 274, 353, 358
Farel, W. 498
Farský, K. 593
Faulhaber, M. von 318, 319, 564
Faustus 549
Faydit, P. 258
Febronius, J. 214, 215
Feldmann, P. 385
Felix II. 451
Felix IV. 448
Felix V. 113, 451, 452
Felix von Cantalice 215
Felix von Urgel 39, 511
Feltin, M. 464
Fénelon, F. 143, 306, 488
Ferdinand I. 97, 136, 221, 287, 356, 459, 507, 510, 592, 636
Ferdinand II. 191, 234, 356, 474, 515
Ferdinand II. von Aragonien 338
Ferdinand I. von Österreich 409
Ferrari, A. 530
Ferrari, B. 111
Feuerbach, L. 229, 252
Fichte, J. G. 91, 95, 181, 252
Ficino, M. 42, 622
Fidelis von Sigmaringen 300
Fidenza, J. 539
Finney, C. G. 203
Firmian, L. A. von 534
Fischer, G. 81
Fisher, J. 65
Flacius, M. 39, 96, 243, 317, 380, 381, 448, 570
Flaminio, M. A. 208
Flatt, J. F. 594
Flatt, K. C. 594
Flavian 491
Fleury, C. 306
Fliche, A. 318
Fliedner, F. 274
Fliedner, T. 183, 613
Fogazzaro, A. 500
Forbin-Janson, C. de 403
Formosus 529
Fornari, R. 597
Fornari, M. V. 65
Foucauld, C. de 332
Fox, G. 487
Francesco de Maironis 556
Franciscus Sylvester 587
Franck, S. 547, 561
Francke, A. H. 86, 128, 148, 274, 401, 403, 470, 544
Franco, F. 562
Franzelin, J. B. 423
Franz von Assisi 37, 88, 89, 109, 123, 140, 199, 220, 221, 222, 456, 564

Franz I. von Frankreich 154, 178, 232, 339, 507
Franz I. von Österreich 227, 287
Franz Joseph I. von Österreich 287, 353, 588
Franz Joseph II. von Österreich 454
Franz von Paula 199
Franz von Sales 270, 417, 429, 436, 534
Franz Xaver 283, 399, 585
Freux, A. de 209
Friedrich, Johann 55, 57
Friedrich I. 67, 70, 88, 125, 255, 275, 349, 361, 364, 602
Friedrich II. 180, 219, 236, 275, 313, 325, 349, 350, 361, 364, 379
Friedrich III. 113, 339, 631
Friedrich IV. von Dänemark 401
Friedrich III. von der Pfalz 252, 339
Friedrich IV. von der Pfalz 191
Friedrich V. von der Pfalz 191
Friedrich der Große 93, 227
Friedrich der Weise 603
Friedrich Wilhelm von Preußen 511
Friedrich Wilhelm I. von Preußen 470
Friedrich Wilhelm II. von Preußen 522
Friedrich Wilhelm III. von Preußen 229, 373
Friedrich Wilhelm IV. von Preußen 58, 286, 335, 480
Frings, J. 535
Frohschammer, J. 491
Fuchs, E. 145, 512
Fuhrmann, H. 449
Fulgentius von Ruspe 101
Funk, F. X. 53, 318, 594
Funk, P. 406, 500
Fürstenberg, F. von 518

Gabler, J. P. 252
Gajowniczek, F. 392
Galen, A. von 439, 598
Galen, C. A. 320
Galerius 165
Gallitzin, A. 518
Gansfort, W. 582
Garibaldi, G. 227
Garrigou-Lagrange, M. J. 128, 406, 426
Gasparri, P. 323
Gasperi, A. de 458
Geiselmann, J. R. 185
Geissel, J. von 259
Gelasius I. 216, 446, 465, 644
Gemelli, A. 530
Geoffroy I. von Charny 595
George I. von England 587
Gerbet, P. O. 597
Gerhard, J. 270, 441, 582
Gerhard von Borgo San Donnino 222, 561
Gerhardinger, K. 86
Gerhardt, P. 57
Gerhoh von Reichersberg 99, 124, 125, 417
German von Auxerre 138
Gerson, J. 138, 344, 417, 431, 501
Gerstenmaier, E. 183
Gibbon, E. 60
Gibbons, J. 60
Giberti, G. M. 208
Gide, A. 143
Giustiniani, T. 295
Godin, H. 82
Göhre, P. 274
Goethe, J. W. von 91, 104, 227, 229, 273, 401
Goeze, J. M. 39
Görres, J. J. von 44, 245, 310, 329, 334, 370, 583, 597
Götzel, G. 305
Gogarten, F. 184
Goldener, J. 155
Gomarus, F. 189
Gonzaga, G. 208
Gousset, T. M. J. 597
Grabmann, M. 423
Grafe, H. H. 225
Graham, B. 203
Granvella, N. P. de 510
Grashoff, M. von 522
Gratian 134, 148, 295, 298, 323, 637
Grebel, K. 576
Gregor I. 73, 119, 138, 217, 249, 289, 321, 324, 348, 417, 449, 452, 461, 554, 614, 643
Gregor VII. 133, 147, 239, 249, 262, 277, 325, 359, 364, 413, 415, 449, 452, 529, 643
Gregor IX. 88, 134, 187, 188, 236, 247, 275, 276, 298, 323, 347, 349, 355, 380, 396, 478, 618
Gregor X. 379
Gregor XI. 105
Gregor XII. 343, 429, 451, 472
Gregor XIII. 107, 110, 111, 112, 114, 239, 257, 284, 294, 299, 312, 323, 333, 356, 384, 386, 389, 436, 456, 592, 603
Gregor XIV. 296
Gregor XV. 191, 391, 445, 455, 469, 581
Gregor XVI. 43, 132, 241, 245, 249, 259, 295, 334, 360, 370, 380, 387, 395, 509, 514, 523, 533, 590, 597
Gregor der Erleuchter 84
Gregor von Nazianz 103, 322
Gregor von Nyssa 258, 416
Gregor von Rimini 101, 102, 430
Gregorios Palamas 260, 444, 445
Greving, J. 174
Grillmeier, A. 185
Groote, G. 138, 139
Grosche, R. 598
Grosseteste, R. 236
Großmann, G. 251
Grotius, H. 87, 530
Gualandi, C. 575
Gualandi, G. 575
Guardini, R. 372
Guastalla, T. 111
Guido von Vienne 633
Gülden, J. 436
Guéranger, P. 371
Guise, Franz von 268
Gul von Utrecht 385
Gunkel, H. 258, 369
Günther, A. 250, 424, 491
Guerin, P. 80
Guizo de Chastel 174, 303
Gustav II. Adolf von Schweden 191
Guy 267
Guyon, J. M. 488
Guzman, D. 186

Hadrian 78, 604
Hadrian II. 448
Hadrian IV. 99, 364
Hadrian VI. 312, 452, 455
Haenchen, A. 243
Häring, B. 495
Haffner, H. 423
Hahn, J. M. 235, 274, 470
Haile Selassie I. 92
Halifax, C. 64, 65, 598
Halitgar von Cambrai 149
Halkin, F. 137
Haller, J. 449
Hammarskjöld, D. 582
Hardegg, G. D. 578
Harleß, A. von 377
Harms, C. 200, 376, 498
Harms, L. 200, 377
Harnack, A. von 184, 185, 206, 207, 243, 258, 265, 318, 369, 584
Harnack, T. 377
Hase, K. A. von 424
Hauer, J. W. 181
Haug, J. H. 471
Haydn, J. 227
Hébert, M. 406
Hecker, J. 60
Hefele, K. J. 267, 317, 583, 593
Hegel, G. W. F. 95, 184, 229, 252, 264, 368, 583, 628
Hegesipp 77
Heiler, F. 64, 265, 373, 398, 598
Heimann, E. 512
Heindel, M. 522
Heinemann, G. 567
Heinicke, S. 575
Heinrich, J. B. 597
Heinrich I. von England 633
Heinrich II. 216, 507
Heinrich III. 171, 249, 325
Heinrich IV. 112, 277, 454, 461
Heinrich V. 277, 339, 633
Heinrich VIII. von England 62, 138, 338, 531, 568, 581
Heinrich IV. von Frankreich 508
Heinrich IV. von Navarra 112, 268
Heinrich von Poitiers 595
Heinrich der Seefahrer 170
Heitmüller, F. 145, 225
Helena 155, 347, 348
Hengstenberg, E. W. 377, 481
Hennig, M. 620
Herakleios 151, 348, 411, 425
Herakleon 607
Herakles 47
Herbert von Cherbury 93
Herder, J. G. 181, 227, 270, 273, 628
Hergenröther, J. 317, 423, 583
Hermann, A. 358
Hermann von Kastl 304
Hermann, R. 482
Hermann von Salza 180
Hermas 78
Hermes, G. 258, 259, 491
Hertling, G. von 245
Herwegen, I. 372
Herzog, E. 55
Hesselblad, E. 131
Hessels, J. 107
Hethum II. 602
Hettinger, F. 423
Heufelder, E. 599
Heussi, Karl 405
Heyer, F. 336
Heykamp von Deventer 55
Hieronymus 59, 126, 128, 129, 240, 262, 269, 321, 359, 438, 589, 622, 623
Hieronymus, A. 557
Hieronymus von Prag 271
Hieronymus von Stridon 262
Hilbert, D. 620
Hinderer, A. 484
Hinkmar von Reims 73, 123
Hinsenkamp 144
Hippolyt von Rom 66, 186, 257, 313, 314, 322, 351, 419, 451, 476, 567
Hirsch, E. 584
Hirscher, J. B. 593
Hitler, A. 71, 80, 318, 319, 320, 339, 512, 635
Hitze, F. 79, 621
Hofacker, L. 200
Hofbauer, J. K. M. 494, 518, 597, 631
Hoffäus, P. 306
Hoffmann, C. 578
Hoffmann, Melchior 561, 577, 578
Hofmann, J. C. von 377
Hohenlohe, C. von 608
Hohoff, W. 512
Hollaz, J. 441
Holl, K. 377
Holzhauser, B. 111, 112
Hommer, J. 334
Honorius I. 266, 267
Honorius II. 475, 579
Honorius III. 37, 115, 187, 302
Hontheim, J. N. von 214, 215
Hormisdas 45
Hossenfelder, J. 178
Hrabanus Maurus 149
Huber, V. A. 168
Hubmaier, B. 576
Hügel, F. von 406, 500
Hugo der Große 171
Hugo von Fleury 633
Hugo v. Jerusalem 286
Hugo von St. Cher 187
Hugo von St. Viktor 417
Humbert von Silva Candida 36, 249, 413
Humboldt, W. von 43, 603
Humburg, P. 565
Hume, D. 83
Humilitas 607
Hundeshagen, C. B. 368
Hus, J. 67, 135, 142, 271, 313, 343, 478, 622
Hut, H. 576
Hutten, K. 336
Hutten, U. von 192
Hutter, J. 394, 576
Hutter, L. 441
Hyazinth von Casale 300

Ibas von Edessa 190
Ignatius 78
Ignatius von Antiochien 78, 213
Ignatius von Loyola 209, 283, 284, 285, 333, 436
Innozenz II. 304, 361, 451
Innozenz III. 46, 62, 83, 117, 133, 151, 180, 197, 210, 256, 267, 271, 275, 289, 325, 330, 349, 350, 361, 364, 389, 409, 447, 449, 452, 517, 593, 625
InnozenzIV. 73, 99, 276, 302, 350, 364, 379, 452, 518, 528, 552
Innozenz V. 187
Innozenz VI. 455, 624
Innozenz VIII. 260, 267

Innozenz X. 282, 408, 469, 617, 630
Innozenz XI. 112, 233, 488, 502
Innozenz XII. 233, 488, 624
Institoris, H. 260
Irenäus von Lyon 77, 213, 244, 321, 567, 577
Irving, E. 278, 279, 421
Isabella I. von Kastilien 338
Isabella von Protugal 170
Isidor von Sevilla 269
Ivo von Chartres 99, 277, 633
Iwan der Große 525
Iwan der Schreckliche 525
Iwand, H.- J. 482

Jablonski, D. E. 43, 141
Jaeger, K. 599
Jaeger, W. 54, 258, 270
Jaffe, T. 449
Jagello, W. 272
Jakob I. von Aragón 396
Jakob von Molay 579
Jakobus, 76, 255, 267, 281, 626
Jallet, F. 177
Jandel, V. A. 187
Jansen, C. 107, 281, 282
Janssen, A. 400, 563
Jarcke, C. E. 597
Jaricot, M. P. 402, 403
Jatho, K. 367
Jedin, H. 233, 316, 318, 622
Jellinghaus, T. 235
Jeremias 149
Jeremias II. 389
Jerusalem, J. F. W. 490
Joachim von Fiore 66, 222, 456, 526, 561
Jogand-Pages, G. 228
Johann III. von Portugal 48
Johann V. von Portugal 338
Johann von Sachsen 537
Johann Georg I. von Sachsen 474, 511
Johann ohne Land 364
Johann Wilhelm von Pfalz-Neuburg 192
Johanna 448
Johanna von Valois 65
Johannes VI. 445
Johannes VIII. 158
Johannes XII. 444, 452, 454, 529
Johannes XV. 256
Johannes XXII. 67, 89, 116, 169, 224, 323, 396, 430, 449, 523, 602
Johannes XXIII. (reg. 1958–1963) 65, 160, 167, 218, 220, 300, 301, 324, 337, 343, 363, 395, 432, 434, 435, 445, 451, 455, 484, 495, 509, 513, 548, 558, 568, 574, 599, 610, 611
Johannes XXIII. (reg. 1410–1415) 343, 451
Johannes, 41, 49, 421, 604
Johannes Angelicus 448
Johannes Capreolus 586
Johannes Cassianus 333, 541, 549
Johannes Chrysostomos 68, 321, 322
Johannes der Almosengeber 286
Johannes der Täufer 60, 115, 149, 382, 492, 576
Johannes Cirita 517
Johannes Gualbertus 607
Johannes Kantakuzenos 445
Johannes Klimakos 416
Johannes Paul II. 284, 392, 455, 559, 641
Johannes Scholastikos 297, 425
Johannes Scotus Eriugena 416
Johannes vom Kreuz 302, 417, 582
Johannes von Capestrano 123, 149, 187, 620
Johannes von Damaskus 130, 417, 541
Johannes von Gott 110, 111, 268
Johannes von Matha 593
Johannes von Metz 246
Johannes von Paris 232, 586, 596
Johannes II. Zapolya 602
Jonas 243
Jordan, J. B. 534
Jordan von Sachsen 187
Joris, D. 561
Joseph 140, 157
Joseph von Arimathia 135, 594
Joseph von Calasanza 294, 469
Joseph II. von Österreich 35, 93, 143, 195, 287, 288, 327, 427, 463, 522, 531, 588
Joseph von Paris 300
Juan de Olmillos 58
Jud, L. 645
Julian von Halikarnass 346
Juliana von Falconieri 552
Juliana von Lüttich 230
Julianus 194
Julianus von Eklanum 465
Julius I. 213
Julius II. 35, 48, 170, 325, 361, 548, 624
Julius III. 333, 592
Julius Africanus 77
Jüngel, E. 185
Jungmann, J. A. 372
Jung-Stilling 104, 110, 200
Justin der Martyrer 41, 74, 197, 567, 577
Justinian 45, 51, 70, 71, 73, 133, 150, 153, 159, 188, 189, 190, 194, 297, 342, 393, 425, 438, 537, 544

Kaas, L. 635
Kähler, M. 482, 584
Kahlefeld, H. 436
Kanghi 516
Kant, J. E. 93, 95, 229, 252, 258, 352, 423
Karl II. von England 172, 600
Karl IV. 112, 603
Karl V. 95, 96, 97, 150, 178, 220, 245, 286, 330, 356, 427, 459, 496, 505, 507, 508, 510, 511, 537
Karl VII. von Frankreich 474
Karl der Große 39, 42, 85, 121, 130, 133, 194, 216, 266, 303, 325, 368, 444, 505, 511, 589, 614, 623, 643
Karl der Kahle 158, 589
Karl II. von Anjou 172, 364, 553
Karl von Bourbon 548
Karl von Miltitz 245

Karl Friedrich 200
Karl Theodor von Bayern 427
Karlstadt, A. 547
Kaspar, M. K. 84
Kassiodor 269
Katharina I. von Rußland 237
Katharina die Große 522
Katharina von Genua 65
Katharina von Hohenzollern 126
Katharina von Medici 112
Katharina von Schweden 131
Katharina von Siena 105, 451
Kattenbusch, F. 584
Kaunitz-Rietberg, A. W. von 287
Kehr, P. F. 449
Keller, S. 203
Kelsos 619
Kempf, F. 449
Kentenich, J. 530, 540
Keppler, P. W. 500
Kerullarios, M. 413, 414
Ketteler, W. von 167, 310, 559, 635
Kiefl, F. X. 500
Kierkegaard, S. 184
Kingsley, C. 168
Kirsch, J. P. 155
Kirschbaum, E. 466
Klages, L. 229
Klaus 574
Klauser, T. 54
Klein, F. 60
Kleutgen, J. 423
Kliefoth, T. 185
Kneble, J. 64
Knigge, A. von 273
Knoodt, F. P. 250
Knorr, N. H. 636
Knox, J. 118, 155, 477, 499
Kolde, D. 305
Köhler, W. 185
Kolbe, M. 392
Kolping, A. 166, 335, 559
Komander, J. 510
Konrad von Marburg 276
Konrad von Masovien 180
Konstantin 151
Konstantin der Große 69, 70, 83, 165, 188, 194, 213, 307, 325, 329, 341, 342, 360, 388, 443, 453, 466, 537, 588
Konstantin II. 69, 83, 451
Konstantin V. 130
Konstantinos 413
Konstantinos VII. Porphyrogennetos 581
Kopp, G. 241
Korum, M. F. 241
Kottwitz, H. E. von 200
Kowalski, J. 385
Kozlowska, F. 385
Kraus, F. X. 318, 406, 473, 500
Krause, R. 178
Krebs, F. 421, 422
Krell, N. 353, 367
Krenzer, F. 436
Krüger, G. 54
Kuhn, J. 593
Kümmel, W. G. 604
Küng, H. 367, 493
Kukat, C. 236
Kutter, H. 145, 512
Kuyper, A. 238
Kyros von Alexandros 266

Labadie, J. de 355, 469
Laberthonnière, L. 406
Lacordaire, J. B. H. 187, 310, 370
Lagarde, Paul de 181
Lagerlöf, S. 67
Lagrange, M. J. 128, 406
Lainez, D. 283
Laktanz 588
Lambert, F. 322
Lamennais, H. F. R. 310, 370, 559, 583, 588, 597
Lamennais, J. M. de 177, 543
Landgraf, A. M. 423
Lanfranc 36
Langbehn, A. J. 70, 500
Langland, W. 485
Lapôtre, A. 406
Laros, M. 598
La Salle, J. B. de 543
Las Casas, B. de 187, 554
Laski, J. 460
Lassalle, F. 81, 168, 353
Lataste, J. J. 188
Laura 104
Laurentius von Brindisi 299
Lavigerie, Ch. M. A. 627
Lazarus 267
Le Bouthillier de Rancé, A. J. 590, 591
Ledóchowska, M. T. 403
Lefebvre, M. 38, 140, 360, 395, 589, 611
Leffler, S. 178
Leibniz, G. W. 43, 571
Leiden, J. van 578
Lellis, C. de 296
Lennig, A. F. 473
Leo I. 79, 101, 201, 212, 238, 345, 413, 446, 449, 453, 461, 465, 479, 491, 571, 596, 614
Leo II. 267
Leo III. 130, 216, 589
Leo IV. 448, 607
Leo IX. 79, 249, 413
Leo X. 37, 142, 170, 222, 232, 267, 338, 339, 361, 430, 474
Leo XII. 156, 514
Leo XIII. 43, 48, 60, 71, 79, 80, 90, 102, 110, 120, 126, 127, 128, 129, 132, 133, 142, 143, 167, 177, 201, 228, 230, 242, 263, 309, 325, 337, 354, 355, 370, 387, 395, 407, 423, 425, 429, 439, 449, 490, 523, 530, 546, 558, 560, 587, 605, 617, 627
Leo von Achrida 413
Leon VI. 581
Leonardi, J. 503
Leopold II. 287
L'Epée 575
Le Play, F. 559
Le Roy, E. 406
Lercaro, G. 611
Lessing, G. E. 39, 93, 94, 227
Lessius, L. 281
Lestrange, A. de 591
Leunis, J. 384
Leutheuser, J. 178
Lewis, S. H. 522
Liberatore, M. 423
Liberius 448, 451
Libermann, F. M. 560
Licinius 588
Liebermann, B. F. L. 597
Liebknecht, K. 168
Lietzmann, H. 54, 243, 318
Liguori, A. von 494, 495
Lilje, H. 116, 378, 565, 567
Lindey, E. 602
Link, J. C. 397
Linsenmann, F. X. 594

Liutprand von Cremona 529
Livius 628
Löhe, J. K. W. 183, 200, 373, 377, 390, 404
Löschert, J. 111
Loew, J. 82
Loisy, A. 406, 407, 493, 569
Longinus 135
Longo, M. L. 300
Longobardi, N. 516
Lortz, J. 233
Lothar I. 173, 444, 454
Lothar III. 364
Loof, F. 54
Lovis, P 535
Lubac, H. des 426
Lübich, C. 220
Lubieniecki, S. 72
Lucius III. 271, 275, 624
Ludendorff, M. 181
Ludwig der Fromme 35, 122, 173, 444
Ludwig I. von Bayern 86, 250
Ludwig IX. von Frankreich 349
Ludwig XI. von Frankreich 338
Ludwig XIII. von Frankreich 391
Ludwig XIV. von Frankreich 90, 232, 233, 268, 282, 488, 502, 509
Ludwig XVI. von Frankreich 223, 509
Ludwig von Fossombrone 299
Lüpke, H. von 190
Lukas von Prag 136
Lukian 68
Luthardt, C. E. 377
Luther, M. 36, 37, 52, 57, 67, 70, 71, 96, 100, 102, 117, 128, 136, 148, 163, 164, 178, 185, 210, 242, 243, 257, 261, 270, 305, 306, 338, 340, 357, 376, 377, 386, 404, 417, 422, 424, 427, 431, 441, 469, 477, 482, 491, 492, 496, 497, 498, 502, 507, 508, 509, 510, 537, 542, 544, 547, 548, 561, 582, 596, 615, 616, 621, 622, 637, 642, 643, 645
Lutz, J. von 353
Lychetus, F. 556
Mabillon, J. 392
Maccarrone, M. 449
Macedonius von Konstantinopel 381
Mack, A. 109
Madauss, E. 385
Magni, V. 300
Mahrenholz, C. 373
Maignen, A. 559
Maignen, C. 60
Maistre, J. M. de 310, 515, 583, 588, 597
Major, G. 381
Makarios 75, 396
Malachias von Armagh 456
Mallinckrodt, H. 635
Mani 383
Manning, E. 59, 64
Manz, F. 576
Manzoni, A. 473
Marca, P. de 232
Marcel, G. 270
Marcellus II. 452
Marconi, G. 484
Marechal, J. 423
Maret, H. L. C. 233
Margareta von Navarra 154
Margarete von Valois 112
Marheineke, P. K. 252
Mari, 420
Maria 56, 65, 123, 140, 421
Maria die Katholische 234, 600
Maria de Escobar 131
Maria Magdalena 380
Maria von Cerrellò 396
Maria Theresia von Jesus 86, 87
Maria Theresia von Österreich 261, 287
Marie von Oignies 564
Marillac, L. de 617
Markion 186, 388
Markus von Aviano 300
Maron 389
Marozia 529
Marsilius von Padua 344, 501
Martène, E. 392
Martin, V. 318
Martin I. 262, 266, 411
Martin IV. 105, 553
Martin V. 113, 187, 343, 448, 451, 551
Martin von Bracara 75
Martin von Tours 266, 479
Martin von Troppau 448
Marx, K. H. 81, 145, 252, 559
Mathilde von Tuszien 325
Matthäus von Bascio 299
Maugeret, M. 225
Maurras, C. 38
Maurus 391
Max Emmanuel v. Bayern 196
Maximilian I. von Bayern 191, 196, 445
Maximilian I. Joseph 509
Maximilian II. von Österreich 235
Maximinus Daia 165
Maximus 479
Maximus Confessor 411, 416
Mazzarello, M. 533
Mazenod, C. J. E. de 429
Mazzini, G. 156
Mechithar von Sebaste 392, 393
Melanchthon, P. 38, 67, 96, 97, 117, 172, 174, 185, 221, 243, 257, 270, 340, 352, 441, 442, 497, 510, 532, 544, 622
Meletius von Antiochien 69
Melito von Sardes 74
Mendelssohn, M. 70
Menez, A. 222
Menius, J. 381
Mennas 438
Mennicke, K. 512
Mercati, A. 451
Mercier, D. 65, 598
Merkle, S. 94, 155, 406, 500
Mermier, P. 533
Merton, T. 591
Meruzanes 84
Method 151, 399
Metternich, C. W. L. 253, 636
Metzger, M. J. 598
Miano, G. 557
Michael VIII. Palaeologus 379
Michael von Byzanz 644
Michael von Cesena 89, 224
Michaelis, J. D. 490
Michaelis, W. 236
Miller, W. 40
Milleret, M. E. de Jesus 90
Milton, J. 486

Minocchi, S. 406
Minucius Felix, M. 74
Mirandola, G. Pico della 42
Modersohn, C. 134
Möhler, J. A. 240, 265, 317, 424, 518, 583, 593
Mohammed 279, 388
Molas y Vallvé, M. R. 157
Molina, L. de 281, 408
Molinos, M. de 488
Mommsen, T. 70
Monod, S. 225
Montalembert, C. F. R. 310, 370
Montanus 412
Monte, G. M. del 592
Montfaucon, B. de 392
Montgelas, M. J. 235, 273, 504
Moody, D. L. 203
Morigia, G. 111
Moritz von Sachsen 459, 507
Mormon 414
Morone, G. 208
Moroni 414
Moses 637
Mosheim, J. L. von 53, 94, 185, 240, 317
Mosterts, C. 291
Mott, J. R. 402
Moufang, F. C. J. 423
Mozart, W. A. 227, 273
Mühlenberg, H. M. 377
Müller, J. 500
Müller, J. E. 535
Müller, L. 176, 204, 319
Müntzer, T. 498, 547, 561, 576, 582, 645
Mulert, H. 336
Mun, A. de 559
Murri, R. 38, 406
Mussolini, B. 318, 339, 362
Muth, K. 406, 500
Myconius, O. 498, 645

Napoleon I. 57, 111, 155, 181, 195, 224, 233, 339, 346, 393, 548, 631
Napoleon III. 545
Nasser, G. A. el 346
Natalis, H. 586, 615
Naumann, F. 81, 206, 207, 274, 457
Neercassel, J. van 331
Nell-Breuning, O. von 241
Neri, P. 215, 312, 436, 437, 448, 456
Nero 66, 165
Nestorius 142, 420, 421
Neumann, J. N. 495
Neumann, T. 564
Newman, J. H. 64, 65, 104, 436, 583
Niclaes, H. 562
Nicolai, C. F. 273
Niebuhr, R. 482
Niehaus, H. 422
Niemöller, M. 116, 176, 319, 567
Nietzsche, F. 181, 423
Niketas Stethatos 566
Nikolaos Kabasilas 416
Nikolaus I. 247, 589, 644
Nikolaus II. 364, 454
Nikolaus III. 89
Nikolaus IV. 355, 551
Nikolaus V. 339, 554, 631
Nikolaus von Amsdorf 381
Nikolaus von Autrecourt 615
Nikolaus von Basel 138
Nikolaus von Kues 135, 344, 622
Nikolaus I. von Rußland 468
Nicolovius 358
Nikon von Moskau 54, 525
Nilus 199
Nobili, R. de 516, 585
Noet 366
Norbert von Gennep 475
Norbert von Xanten 475
Noris, E. 100
Novatian 426

Oberlin 274
Ocaña, F. de 58
Ochino, B. 71, 72, 208, 299
Ockham, W. von 89, 101, 344, 430, 501, 596
O' Connell, D. 310
Octavian 452, 454, 529
Odilo von Cluny 171, 247
Odo von Cluny 171, 529
Odo von Paris 593
Oekolampad, J. 498, 510, 645
Oetinger, F. C. 470, 476
Olevianus, K. 253
Olier, J. J. 193, 568
Olivi, P. J. 89, 561, 616
Oncken, J. G. 108, 109, 557
Orel, A. 80
Origenes 46, 50, 75, 416, 437, 438, 541, 567, 607
Orosius von Braga 165, 240, 479, 628
Osiander, A. 442
Ossius von Córdoba 68
Ottaviani, A. 143
Ottheinrich von der Pfalz 304
Otto I. der Große 133, 325, 444, 454, 506, 529, 589
Otto I. von Griechenland 250
Otto, W. F. 270
Overberg, B. 518
Ozaham, A. F. 156, 310, 617

Pacelli, E. 318
Pachomius 61, 173, 332
Palakomatta, T. 585
Palamas, G. 260, 444, 445
Palladius 61
Pallotti, V. 445, 446
Panvinio, O. 448, 456
Paolo, A. di 434
Papias von Hierapolis 78, 577
Parham, C. H. 467
Parisis, P. L. 597
Parker, M. 118
Parsch, P. 128, 372
Pascal, B. 282
Pascal, J. 282
Paschalis I. 173
Paschalis II. 277, 409
Passerat, A. J. 495
Pastor, L. von 449
Patrick 103, 278
Paul I. von Rußland 286
Paul II. 254, 338, 559, 624
Paul III. 140, 208, 209, 238, 276, 283, 299, 312, 548, 557, 592, 605
Paul IV. 70, 127, 142, 436, 581
Paul V. 140, 191, 210, 299, 374, 408, 436, 468, 534, 605

Paul VI. 38, 132, 140, 157, 160, 168, 214, 218, 220, 239, 254, 290, 301, 311, 324, 332, 392, 395, 414, 432, 439, 446, 449, 450, 455, 520, 524, 548, 558, 559, 572, 589, 599, 611, 641
Paul vom Kreuz 459, 460
Paul von Samosata 40, 68, 366
Paulinus von Antiochien 69, 519
Paulinus von Nola 269, 333
Paulus 41, 59, 60, 76, 77, 111, 160, 193, 197, 307, 388, 398, 453, 463, 492, 519, 540, 563, 570, 604, 626
Paulus, C. 578
Pecci, V. G. 143
Peeters, P. 136
Pehl, K. 436
Pelagius 68, 101, 464, 465, 492
Pelletier, R. V. 380
Penn, W. 487
Périn, C. 559
Pernet, E. 90
Perrin, I. M. 530
Pesch, H. 169
Pestalozzi, J. H. 545
Petau, D. 583
Peter der Große 525
Peter III. von Aragon 553
Petersen, C. 183
Petersen, J. W. 471
Petrarca, F. 102, 103, 104, 269, 519, 590
Petri, L. A. 389
Petrus 158, 172, 219, 325, 446, 448, 452, 453, 519, 609, 626
Petrus II. 456
Petrus d'Ailly 431
Petrus Damiani 199, 249, 295
Petrus Lombardus 124, 532, 539, 541, 556, 586
Petrus Nolascus 396
Petrus Philargetos 472
Petrus Venerabilis 279
Petrus von Alcántara 48
Petrus von Fossombrone 170, 561
Petrus von Fournier 99
Petrus vom Morrone 171, 456
Pfaff, C. M. 213
Pfanner, F. 384, 385
Pfefferkorn, J. 192, 290
Pfeiffer, P. 534
Pflug, J. von 356
Pflugk-Harttung, J. von 449
Philipp II. von Spanien 107, 409, 562
Philipp IV. der Schöne 105, 172, 232, 531, 579, 616
Philipp, B. 551
Philipp von Hessen 178, 503, 537
Philipovič, D. 161
Phillips, G. 597
Philo von Alexandrien 47, 416, 567
Philostorgius 201
Photius 345, 425, 468
Picard, F. 90
Picot de Clorivière, P. J. 530
Pieper, A. 621
Pierleone 529
Pierre d'Ailly 344
Pilatus 361
Pippin 303, 325
Pithou, P. 232
Pius IV. 48, 127, 142, 356, 365, 592
Pius V. 35, 65, 99, 107, 112, 142, 170, 187, 271, 295, 306, 312, 322, 323, 374, 386, 533, 557, 580, 592
Pius VI. 195, 223, 288, 395, 427, 509, 639
Pius VII. 127, 129, 150, 224, 233, 253, 284, 325, 339, 455, 514, 629, 631
Pius VIII. 159, 334, 514
Pius IX. 35, 42, 48, 55, 84, 90, 127, 132, 137, 153, 170, 241, 245, 247, 259, 263, 267, 276, 325, 353, 354, 361, 365, 368, 370, 384, 386, 387, 395, 407, 409, 419, 473, 491, 494, 509, 514, 523, 530, 531, 533, 569, 597, 609, 634
Pius X. 38, 102, 103, 127, 128, 129, 140, 241, 246, 302, 305, 306, 309, 315, 323, 337, 362, 368, 370, 372, 374, 385, 395, 406, 407, 424, 445, 449, 454, 509, 520, 524, 548, 569, 597, 623, 624, 627
Pius XI. 38, 43, 49, 90, 119, 129, 130, 167, 196, 212, 241, 254, 279, 294, 309, 318, 319, 323, 339, 362, 363, 402, 432, 439, 446, 484, 512, 534, 546, 558, 568, 598
Pius XII. 38, 82, 103, 120, 131, 177, 228, 248, 290, 301, 309, 318, 319, 363, 372, 374, 384, 386, 395, 399, 426, 435, 437, 455, 464, 466, 488, 493, 494, 495, 509, 516, 530, 542, 543, 592, 597
Planck, G. J. 336
Platina, B. 448
Platon 42, 82, 103, 258
Platz, H. 167
Plöger, W. 306
Plutarch 570
Pobedonoscer, K. P. 161, 191, 566
Podiebrad, G. 272
Pohier, J. 143
Pole, R. 208
Poljak, A. 40, 503, 504
Polybios 628
Polykarp von Smyrna 78, 390
Pombal 285
Porphyrius 269
Poullart-des-Places, C. F. 560
Poyntz, M. 196
Pregizer, C. G. 476
Pribilla, M. 598
Priestley, J. B. 602
Priszillian 478, 479
Prohászka, O. 143
Prokolos von Athen 105, 257, 416, 417
Prokop, A. 271
Prokopovič, F. 525
Prosper von Aquitanien 101, 549
Proudhon, P. J. 559
Provolo, A. 575
Prudentius 519
Pseudo-Isidor 323
Ptolemaeus 607
Pufendorf, S. von 261, 531, 580
Pupper von Goch, J. 622
Pusey, E. B. 64

Quadratus von Athen 74
Quenstedt, J. A. 376, 441
Quesnel, P. 282
Quidort, J. 586, 596
Quinet, C. A. 306
Quirinius 609

Rackwitz, A. 512
Radbertus Paschasius 36
Rade, M. 207, 479
Rademacher, A. 598
Radstock 108
Ragaz, L. 145, 512
Rahner, H. 209
Rahner, K. 49, 423, 426
Raikes, R. 557
Raimund Attanulfi 528
Raimund von Peñafort 187, 396
Rampolla, M. 133, 454
Ranke, L. von 95, 233, 264, 449
Ratramnus 36
Raumer, K. O. von 311
Rauschenbusch, W. 482
Rautenstrauch, F. S. 287
Regino von Prüm 550
Reichensperger, A. 311, 457, 635
Reimarus, H. S. 94, 542
Reinkens, H. 55, 250, 610
Reitzenstein, R. 243, 258
Rekkared I. 619
Remond, J. 82
Renan, E. 127
Rendtorff, H. 413
Reuchlin, J. 70, 192, 290
Reusch, F. H. 55, 423
Reventlow 181
Rey, J. 533
Ricci, M. 516
Richard von St. Viktor 417
Richelieu, A. J. 191, 194, 232
Richer, E. 232
Ridemann, P. 576
Riegger, P. von 287
Ritschl, A. 184, 265, 369, 422, 482, 584
Rittelmeyer, F. 163
Ritter, K. B. 398
Robertson, F. W. 338
Robert von Molesme 637
Robespierre, M. de 223, 281
Röschmann, J. 505
Rösler, A. 500
Roger I. von Sizilien 408
Roger II. von Sizilien 361
Rohling, A. 71
Rohrbacher, R. F. 597
Romilli, B. 59
Romuald von Camaldoli 199, 295
Ronge, J. 182
Roscellinus 538
Rosenberg, A. 319
Rosenkreutz, C. 522
Rosenthal, G. D. 64
Rosmini-Serbati, A. de 523
Rosweyde, H. 136
Roth, J. 67
Rothe, R. 422, 479
Rothmann, B. 561
Rousseau, J. J. 544
Ruckrath von Wesel, J. 622
Rudolf 295
Rudolf II. 294
Rudolf von Worms 380
Rupert von Deutz 66, 416
Rupp, J. 480
Russel, C. T. 636
Rutherford, J. F. 636
Ruysbroek, J. van 138

Sabbas (Sava) 550
Sabellius 528
Sacchi, B. 448
Sack, F. W. 490
Sadoleto, J. 208
Saegmüller, J. B. 500
Sagnier, M. 500
Sailer, J. M. 94, 518, 594
Saint-Simon, C. H. 512
Saladin 349
Saliège, J. G. 464
Salvian von Marseille 619
Sangnier, M. 38
Sartre, J. P. 143
Sattler, M. 576
Savonarola, G. 149, 187, 312, 456, 620
Scalabrini, G. B. 102, 103, 490
Scott, W. 108
Seeberg, R. 584
Segarelli, G. 149
Seidl, A. 305
Seipel, J. K. 457
Seitz, J. 503
Semler, J. S. 490
Seneca 554
Seppelt, F. X. 155, 449
Serapion von Antiochien 186
Sergios I. von Konstantinopel 266
Sergios von Moskau 525
Sergius I. 348
Sergius III. 360, 581
Sergius IV. 452
Seripando, G. 312
Servet, M. 71, 72, 602
Seuse, H. 138, 187, 417, 564
Severos von Antiochien 346, 411, 572
Seymour, W. J. 467
Seyringer, N. 393
Shaftesbury, A. A. C. 93
Siger von Brabant 105
Sigismund 271, 343, 451, 498
Silvester I. 325
Silvester III. 529
Silvestro Guzzolini 552
Simon von Trient 517
Simons, M. 394, 577
Siricius 359
Sirleto, G. 143, 294
Sixtus IV. 43, 48, 51, 58, 142, 187
Sixtus V. 110, 301, 312, 341, 520, 524, 618, 623
Smedt, C. De 136
Smith, J. 414, 415
Smyth, J. 108
Soden, H. von 289
Söderblom, N. 371, 431
Sohm, R. 493
Sohnrey, H. 190
Soliman II. 286
Solowjow, W. S. 67
Sommer, H. 157
Sonnenschein, C. 167, 564
Sophronios von Jerusalem 266
Sorbon, R. de 146
Sordi, D. 423
Soto, P. de 533
Souverain, N. 185, 257
Sozzini, F. 72, 560, 602
Sozzini, Lelio 560, 602
Spalding, I. I. 490
Spangenberg, J. G. von 141, 214
Spaventa, B. 252
Spee, F. 261
Spener, P. J. 163, 235, 274, 355, 469

Spinoza, B. 93
Spittler, C. F. 164
Sprenger, J. 260
Spurgeon, C. H. 108, 203
Spurling, R. G. 467
Suarez, F. de 49, 423
Suenens, L. J. 611
Suhard, E. C. 82
Susanna von Klettenberg 104
Symeon der Andächtige 410
Symeon Stylites der Ältere 61, 536
Symeon der Theologe 259, 410, 416, 566
Symeon von Mesopotamien 396
Szymański, B. 215
Schaeder, H. H. 243, 258
Schäzler, K. 423
Schanz, P. 593
Schatz, K. 316
Scheeben, M. 423
Schell, H. 51, 406, 500
Schelling, F. W. 252
Scheppers, V. 111
Schildge, W. 52
Schillebeeckx, E. 605
Schiller, F. 91
Schlegel, K. W. F. 494, 518, 597
Schlegel, T. 510
Schleiermacher, F. 42, 200, 229, 406, 493, 528, 542, 584, 600
Schlink, E. 432
Schlink, K. 385
Schmaus, M. 185, 583
Schmidlin, J. 155, 403, 449
Schmidt, K. D. 316, 318, 405
Schmidt, M. 316
Schmidt, W. 422
Schneider, C. 258
Schnitzer, J. 406
Schober, J. 564
Schönborn, J. P. von 111
Schopenhauer, A. 181
Schott, A. 372
Schrader, C. 569
Schrenk, G. 203
Schröckh, J. M. 287
Schürmann, H. 436
Schulte, A. 403
Schulte, J. F. 55
Schulz, P. 367
Schurr, V. 495
Schutz, R. 574, 575
Schwaiger, G. 449
Schwaner, W. 181
Schwartz, A. 294, 296
Schwarz, F. W. 421
Schwedt, H. H. 259
Schweitzer, A. 229
Schwenckfeld, K. 417, 548
Stählin, W. 398, 599
Stahl, F. J. 481
Stanger, F. 235
Stäudlin 318
Staudenmaier, F. A. 593
Staupitz, J. von 100, 582
Steenoven, C. 331
Stefan Dušan 550
Steiner, R. 162
Stephan I. 314, 453
Stephan II. 325
Stephan IV. 444
Stephan VI. 247, 529
Stephan Harding 637
Stephan von Thiers 248
Stephanus 513
Steudel, J. Ch. F. 594
Stöcker, A. 70, 80, 81, 168, 206, 207, 274, 457
Stöckl, A. 423
Stolberg, F. L. von 518
Stommel, E. 258
Storch, N. 645
Storr, G. C. 594
Straaten, W. van 157, 475
Strauß, D. F. 127, 229, 368, 594
Struth, H. 215
Stübner 645
Sturzo, L. 458
Stutz, U. 194

Taesler, C. 602
Talleyrand, C. M. de 223
Tamisier, E. 200
Taparelli d'Azeglio, L. 423
Tarrisse, G. 391, 392
Tartaretus, P. 556
Tatian der Syrer 74, 197
Tauler, J. 138, 187, 417, 459
Tavelli, J. 283
Taxil, L. 228
Taylor, J. H. 401
Temple, W. 212
Teresa 157, 158
Teresa von Ávila 48, 302, 417, 582
Tersteegen, G. 110
Tertullian von Karthago 74, 75, 77, 165, 215, 243, 257, 314, 388, 476, 578
Tetzel, J. 52
Thadden-Trieglaff, R. von 180, 327
Théas, P. M. 463, 464
Theoderich von Dünamünde 517
Theoderich der Große 269
Theodor von Celles 347
Theodor von Mopsuestia 190, 420, 492, 541
Theodora 529
Theodoret von Cyrus 68, 190
Theodoros Studites 566
Theodosius I. 83, 201, 241, 313, 329, 341, 381, 382, 383, 398, 508, 562
Theodosius II. 70, 491, 544
Theophilos 135
Theophylakt 529
Therese von Lisieux 417, 582
Thimme, W. 317
Thomas 585
Thomas de Torquemada 276
Thomas von Aquino 43, 105, 126, 135, 187, 231, 236, 279, 352, 417, 423, 424, 492, 532, 533, 539, 554, 555, 586, 587, 637
Thomas von Bradwardine 101, 465, 570
Thomas von Kempen 99, 139, 485, 551
Thomas Becket 256
Thomasius, C. 261, 580
Thomasius, G. 135, 377
Thukydides 103
Thurian, M. 574
Thurneysen, E. 184
Tiele-Winckler, E. von 183
Tien, T. 563
Tiene, C. di 581
Tillich, P. 184, 422, 482, 512
Tillmann, F. 144, 564
Tilly, J. 191, 445
Timur-Lenk 237, 420, 572
Todt, R. 80
Toland, J. 53
Tolomei, B. 434
Tomlinson, E. J. 467
Torelli von Guastalla 111

Torrey, R. A. 467
Tournon, M. de 516
Toustain, C. F. 392
Toynbee, A. 316, 628
Trajan 165
Treitschke, H. von 70
Triller, G. 144
Trilling, W. 436
Troeltsch, E. 264, 369, 405, 422, 574, 577
Truszkowska, S. 215
Tüchle, H. 53, 405
Tyndale, W. 154
Tyrrell, G. 406, 407
Tzschirner, H. G. 318

Ubaghs, G. C. 589
Ubertino von Casale 89
Uhlich, L. 480
Ullmann, W. 449
Ulmer, F. 390
Ulrich von Augsburg 256
Ulrich von Richenthal 451
Urban II. 37, 162, 350, 408
Urban IV. 172, 230
Urban V. 105, 283
Urban VI. 131, 254, 451
Urban VII. 456
Urban VIII. 35, 196, 256, 282, 333, 363, 408, 474
Urlsperger, A. 169
Urlsperger, S. 164
Ursel de Clermont-Tonnère 90
Ursinus, Z. 253
Ussher, J. 185

Valdes, P. 208
Valens 426
Valentinian I. 383
Valentinian II. 479
Valentinus 244, 257, 607
Valerian 165, 426, 466
Valla, L. 76
Varlet, D. 331
Vasco da Gama 585
Ventura di Raulica, G. 589
Vera, A. 252
Vergil 519
Vermigli, P. M. 154, 208
Viale-Prelà, M. 597
Viether, J. 467
Vigilius 190
Vigouroux, F. 128
Viktor I. 442
Viktor II. 607
Vilmar, A. 376, 378
Vinzenz von Lerins 549
Vinzenz Ferrer 149, 187, 234, 451, 620
Vinzenz von Paul 86, 149, 156, 363, 460, 616, 617, 620
Virchow, R. 353
Visser't Hooft, W. A. 433
Vitoria, F. de 532
Vives, J. L. 85
Voetius, G. 39, 469
Vogelsang, K. von 167, 310
Voillaume, R. 331
Volkening, J. H. 200
Voltaire, F. M. 93, 227
Vosmeer, S. 331
Vrau, P. 200

Waal, A. de 155
Wadding, L. 556
Wagner, R. 70
Wala 173
Walafrid Strabo 644
Walch, J. G. 336
Waldes, P. 624, 625
Wallenstein, A. 191
Walpot, P. 576
Walther, C. F. W. 404
Walther von der Vogelweide 350
Ward, M. 196, 530
Wardan 626
Wattson, P. I. F. 599, 627
Weber, C. J. 466
Weber, L. 169
Weber, M. 577
Weigel, V. 417, 561
Weishaupt, J. A. 273
Weitling, W. 512
Weling, A. von 134
Welser, E. 144
Werthmann, L. 157
Wesley, C. 397
Wesley, J. 397, 542
Wessenberg, I. H. von 460, 629, 631
Whiston, W. 602
White, E. G. 40
White, J. 40
Whitefield, G. 397
Wichern, J. H. 168, 179, 182, 274, 557, 613, 620
Wieland, C. M. 227
Wilberforce, W. 555
Wilfrith von York 61, 399
Wilhelm II. von Preußen 168
Wilhelm IV. von Kassel 511
Wilhelm de la Mare 586
Wilhelm von Champeaux 538
Wilhelm von Hirsau 262
Wilhelm von Malavalle 632
Wilhelm von Oranien 154, 419
Wilhelm von St. Thierry 417
Wiliams, R. 108
Willebrands, J. 432, 434
Willibrord 61, 399
Windischmann, F. 597
Windischmann, K. J. 259
Windthorst, L. von 308, 621, 635
Winfrid Bonifatius 62, 119, 179, 194, 238, 303, 399, 505
Winter, E. 288
Wion, A. 456, 457
Wislicenus, A. 480
Wittig, J. 406, 500
Witt, F. H. 153
Wittmann, G. M. 86
Wittmann, M. 127
Witzel, G. 306, 356
Wladislaw IV. 511
Wöllner, J. C. von 509
Wojtýla, K. 284, 392, 455
Wolf, E. 318, 493
Wolker, L. 291, 372
Wolter, M. 126
Wolter, P. 126
Woronin, N. J. 108
Wrede, W. 369, 542
Wulfia 619
Wüllenweber, T. von 534
Wurm, T. 204, 320
Wünsch, G. 145, 512
Wyclif, J. 67, 142, 271, 343, 374, 478, 492, 622

Young, B. 414

Zaccaria, A. M. 111
Zahradnik, B. 593
Zanchi, H. 441
Zeller, C. H. 274
Zenobia von Palmyra 68
Zenon 45
Zephyrinius 613
Zerbolt von Deventer 139
Ziegenbalg, B. 401
Zimmer, F. 183
Zimmermann, H. 449
Zimmermann, K. 251
Zinzendorf, N. L. von 141, 274, 289, 401, 470, 582
Ziska, J. 271
Zoe Karbonopsina 581
Zosimus 465
Zwingli, H. 36, 97, 118, 148, 153, 174, 257, 299, 496, 498, 509, 510, 576, 645

Literatur und Geschichte zum Nachschlagen

Herbert A. und
Elisabeth Frenzel
Daten deutscher Dichtung
Chronologischer Abriß der deutschen Literaturgeschichte in 2 Bänden
Band 1
Von den Anfängen bis zum jungen Deutschland
dtv 3003
Band 2
Vom Realismus bis zur Gegenwart
dtv 3004

Horst Dieter Schlosser
dtv-Atlas zur deutschen Literatur
dtv 3219

Leopold Hirschberg
Der Taschengoedeke
Bibliographie deutscher Erstausgaben
dtv 3026

Der Kleine Pauly
Lexikon der Antike
Herausgegeben von Konrat Ziegler, Walther Sontheimer und Hans Gärtner
5 Bände
dtv 5963

Michael Grant und
John Hazel
Lexikon der antiken Mythen und Gestalten
Mit 390 Abbildungen, Stammbäumen und Karten
dtv 3181

Klaus-Jürgen Matz
Wer regierte wann?
Regententabellen zur Weltgeschichte
dtv 3294

Werner Hilgemann und
Hermann Kinder
dtv-Atlas zur Weltgeschichte
2 Bände
dtv 3001 und
dtv 3002

Konrad Fuchs und
Heribert Raab
Wörterbuch zur Geschichte
dtv 3364

Georg Denzler und
Carl Andresen
Wörterbuch Kirchengeschichte
dtv 3245

Naturwissenschaft im dtv

Gerald Hühner
»Zwei mal zwei ist vier?«
Mutmaßungen über Selbstverständliches · dtv 33004

Philip Johnson-Laird
Der Computer im Kopf
Formen und Verfahren der Erkenntnis · dtv 30499

Lynn Margulis,
Dorion Sagan
Geheimnis und Ritual
Die Evolution der menschlichen Sexualität
dtv 30557

Josef H. Reichholf
Comeback der Biber
Ökologische Überraschungen · dtv 30537

Josef H. Reichholf
Das Rätsel der Menschwerdung
Die Entstehung des Menschen im Wechselspiel mit der Natur · dtv 33006

Mark Ridley
Darwin lesen
Eine Auswahl aus seinem Werk · dtv 30519

Jeanne Rubner
Was Frauen und Männer so im Kopf haben
dtv 30524

Nancy M. Tanner
Der Anteil der Frau an der Entstehung des Menschen
Eine neue Theorie zur Evolution
dtv 30591

Rudolf Treumann
Die Elemente
Feuer, Erde, Luft und Wasser in Mythos und Wissenschaft
dtv 30583

Frederic Vester
Denken, Lernen, Vergessen
Was geht in unserem Kopf vor?
dtv 30395

Frederic Vester
Neuland des Denkens
Vom technokratischen zum kybernetischen Zeitalter
dtv 33001

Kurt Weis
Was ist Zeit?
Zeit und Verantwortung in Wissenschaft, Technik und Religion
dtv 30525

Berthold Wiedersich
Das Wetter
Entstehung, Entwicklung, Vorhersage
dtv 30552

Fred Alan Wolf
Die Physik der Träume
Von den Traumpfaden der Aborigines bis ins Herz der Materie
dtv 33005